시스템 성능 엔지니어링
Systems Performance
Second Edition

Systems Performance Second Edition
by Brendan Gregg

Authorized Translation from the English language edition, entitled SYSTEMS PERFORMANCE 2nd Edition by BRENDAN GREGG, published by Pearson Education, Inc. Copyright ⓒ 2021 Pearson Education Inc.

All rights reserved. No part of this book may be reproduced or transmitted in any form or by any means, electronic or mechanical, including photocopying, recording or by any information storage retrieval system, without permission from Pearson Education, Inc.
Korean language edition published by INSIGHT PRESS Co., Ltd, Copyright ⓒ 2025
Korean language translation rights arranged with PEARSON EDUCATION, INC. through Agency One, Seoul, Korea.

이 책의 한국어판 저작권은 에이전시 원을 통해 저작권자와의 독점 계약으로 (주)도서출판인사이트에 있습니다. 저작권법에 의해 한국 내에서 보호를 받는 저작물이므로 무단전재와 무단복제를 금합니다.
또한 저작권자의 명시적 허락 없이는 이 책의 어떤 부분도 AI 시스템을 교육/훈련시킬 목적으로 사용할 수 없습니다.

시스템 성능 엔지니어링
시스템 성능 분석과 문제 해결을 위해 알아야 할 거의 모든 것

초판 1쇄 발행 2025년 11월 4일

지은이 브렌던 그레그   옮긴이 이호연   펴낸이 한기성   표지 디자인 오필민   제작·관리 이유현
영업·마케팅 김진불   경영지원 박미경   용지 유피에스   출력·인쇄 예림인쇄   후가공 이레금박
제본 예림원색

펴낸곳 (주)도서출판인사이트   등록번호 제2002-000049호   등록일자 2002년 2월 19일
주소 서울특별시 마포구 연남로5길 19-5   전화 02-322-5143   팩스 02-3143-5579
이메일 insight@insightbook.co.kr

Copyright ⓒ (주)도서출판인사이트   ISBN 978-89-6626-496-4 93000

책값은 뒤표지에 있습니다. 잘못 만들어진 책은 구입처에서 교환하실 수 있습니다.
이 책의 정오표는 https://blog.insightbook.co.kr에서 확인할 수 있습니다.

프로그래밍 인사이트

시스템 성능 엔지니어링

시스템 성능 분석과 문제 해결을 위해 알아야 할 거의 모든 것

브렌던 그레그 지음 | 이호연 옮김

인사이트

차례

옮긴이의 글   xx
머리말   xxii

1장 소개   1

1.1 시스템 성능   1
1.2 역할   3
1.3 활동   4
1.4 관점   6
1.5 성능 분석의 어려움   6
    1.5.1 주관성   6   •   1.5.2 복잡성   7   •   1.5.3 복합 원인   8   •   1.5.4 여러 성능 문제   8
1.6 지연시간   9
1.7 관측가능성   11
    1.7.1 카운터, 통계, 지표   11   •   1.7.2 프로파일링   14   •   1.7.3 트레이싱   15
1.8 실험   18
1.9 클라우드 컴퓨팅   20
1.10 방법론   21
    1.10.1 60초 리눅스 성능 분석   21
1.11 사례 연구   22
    1.11.1 느린 디스크   22   •   1.11.2 소프트웨어 변경   26   •   1.11.3 추가 자료   28
1.12 참고 자료   28

2장 방법론 — 31

2.1 용어 — 32

2.2 모델 — 34
2.2.1 테스트 중인 시스템 34 • 2.2.2 큐 시스템 35

2.3 개념 — 35
2.3.1 지연시간 35 • 2.3.2 시간 스케일 37 • 2.3.3 트레이드오프 38
2.3.4 튜닝을 위한 노력 39 • 2.3.5 적합성의 수준 41
2.3.6 분석을 언제 중단할 것인가 42 • 2.3.7 성능 개선의 한시성 43
2.3.8 부하 vs. 아키텍처 44 • 2.3.9 규모 확장성 45 • 2.3.10 지표 47
2.3.11 사용률 48 • 2.3.12 포화도 50 • 2.3.13 프로파일링 51 • 2.3.14 캐싱 51
2.3.15 모른다는 것을 아는 것들 54

2.4 관점 — 55
2.4.1 자원 분석 55 • 2.4.2 워크로드 분석 56

2.5 방법론 — 58
2.5.1 가로등 반방법론 60 • 2.5.2 임의 변경 반방법론 61
2.5.3 다른 사람 비난 반방법론 62 • 2.5.4 전용 체크리스트 방법론 62
2.5.5 문제 내역서 63 • 2.5.6 과학적 방법론 64 • 2.5.7 진단 사이클 66
2.5.8 도구 방법론 66 • 2.5.9 USE 방법론 67 • 2.5.10 RED 방법론 76
2.5.11 워크로드 특성화 77 • 2.5.12 드릴다운 분석 79
2.5.13 지연시간 분석 81 • 2.5.14 R 방법론 83 • 2.5.15 이벤트 트레이싱 83
2.5.16 기준 통계 85 • 2.5.17 정적 성능 튜닝 86 • 2.5.18 캐시 튜닝 87
2.5.19 마이크로 벤치마킹 87 • 2.5.20 성능 최적화를 위한 지침 88

2.6 모델링 — 89
2.6.1 엔터프라이즈 환경 vs. 클라우드 환경 90 • 2.6.2 시각적 성능 식별 91
2.6.3 암달의 확장성 법칙 93 • 2.6.4 일반 확장성 법칙 94 • 2.6.5 큐 이론 95

2.7 수용량 계획 — 99
2.7.1 리소스 한계 99 • 2.7.2 요인 분석 102 • 2.7.3 스케일링 솔루션 103

2.8 통계 — 104
2.8.1 성능 향상 정량화 104 • 2.8.2 평균 105
2.8.3 표준 편차, 백분위, 중앙값 107 • 2.8.4 변동 계수 108
2.8.5 다봉 분포 108 • 2.8.6 극단값 109

2.9 모니터링 — 110
2.9.1 시간에 따른 패턴 110 • 2.9.2 모니터링 제품 112
2.9.3 부팅 시점부터의 요약 113

2.10 시각화 113
    2.10.1 꺾은선 차트 113 • 2.10.2 산점도 114 • 2.10.3 히트맵 115
    2.10.4 타임라인 차트 117 • 2.10.5 표면도 118 • 2.10.6 시각화 도구 119

2.11 연습 문제 119

2.12 참고 자료 120

3장   운영 체제   123

3.1 용어 124

3.2 배경지식 126
    3.2.1 커널 126 • 3.2.2 커널 및 사용자 모드 128 • 3.2.3 시스템 콜 130
    3.2.4 인터럽트 132 • 3.2.5 클럭과 유휴 상태 136 • 3.2.6 프로세스 138
    3.2.7 스택 141 • 3.2.8 가상 메모리 143 • 3.2.9 스케줄러 145
    3.2.10 파일 시스템 147 • 3.2.11 캐싱 149 • 3.2.12 네트워킹 150
    3.2.13 장치 드라이버 151 • 3.2.14 멀티프로세서 151 • 3.2.15 선점 152
    3.2.16 자원 관리 153 • 3.2.17 관측가능성 도구 153

3.3 커널 154
    3.3.1 유닉스 155 • 3.3.2 BSD 156 • 3.3.3 솔라리스 157

3.4 리눅스 158
    3.4.1 리눅스 커널 개발 159 • 3.4.2 systemd 166 • 3.4.3 KPTI (멜트다운) 168
    3.4.4 확장 BPF(Extended BPF) 168

3.5 기타 주제 169
    3.5.1 PGO 커널 170 • 3.5.2 유니커널 171
    3.5.3 마이크로 커널 및 하이브리드 커널 171 • 3.5.4 분산 운영 체제 172

3.6 커널 비교 172

3.7 연습 문제 174

3.8 참고 자료 174
    3.8.1 추가 자료 177

4장   관측가능성 도구   179

4.1 도구 적용 범위 180
    4.1.1 정적 성능 분석 도구 181 • 4.1.2 비상 도구 181

4.2 도구 유형 — 184

4.2.1 고정 카운터 184 • 4.2.2 프로파일링 186 • 4.2.3 트레이싱 188
4.2.4 모니터링 189

4.3 관측가능성 소스 — 192

4.3.1 /proc 194 • 4.3.2 /sys 199 • 4.3.3 지연 어카운팅 200
4.3.4 netlink 201 • 4.3.5 tracepoint 202 • 4.3.6 kprobe 208
4.3.7 uprobe 212 • 4.3.8 USDT 214 • 4.3.9 하드웨어 카운터(PMC) 216
4.3.10 기타 관측가능성 소스 220

4.4 sar — 222

4.4.1 sar(1) 적용 범위 223 • 4.4.2 sar(1) 모니터링 223
4.4.3 sar(1) 실시간 모니터링 227 • 4.4.4 sar(1) 관련 문서 228

4.5 트레이싱 도구 — 229

4.6 관측가능성 도구 관찰하기 — 230

4.7 연습 문제 — 231

4.8 참고 자료 — 232

5장 애플리케이션 — 235

5.1 애플리케이션 기초 — 236

5.1.1 목표 238 • 5.1.2 일반적인 경우 최적화하기 240 • 5.1.3 관측가능성 240
5.1.4 빅 오(Big O) 표기법 240

5.2 애플리케이션 성능 기법 — 242

5.2.1 I/O 크기 변경 242 • 5.2.2 캐싱 243 • 5.2.3 버퍼링 243 • 5.2.4 폴링 244
5.2.5 동시성과 병렬성 244 • 5.2.6 논블로킹 I/O 250
5.2.7 프로세서 바인딩 251 • 5.2.8 성능 최적화를 위한 지침 252

5.3 프로그래밍 언어 — 252

5.3.1 컴파일 언어 253 • 5.3.2 인터프리터 언어 255 • 5.3.3 가상 머신 256
5.3.4 가비지 컬렉션 257

5.4 방법론 — 258

5.4.1 CPU 프로파일링 259 • 5.4.2 Off-CPU 분석 262
5.4.3 시스템 콜 분석 266 • 5.4.4 USE 방법론 267 • 5.4.5 스레드 상태 분석 268
5.4.6 락 분석 274 • 5.4.7 정적 성능 튜닝 275 • 5.4.8 분산 트레이싱 276

5.5 관측가능성 도구 — 277
5.5.1 perf 278 • 5.5.2 profile 282 • 5.5.3 offcputime 283 • 5.5.4 strace 285
5.5.5 execsnoop 287 • 5.5.6 syscount 288 • 5.5.7 bpftrace 289

5.6 유의사항 — 295
5.6.1 누락된 심벌 295 • 5.6.2 누락된 스택 297

5.7 연습 문제 — 298

5.8 참고 자료 — 300

6장 CPU — 303

6.1 용어 — 304

6.2 모델 — 305
6.2.1 CPU 아키텍처 306 • 6.2.2 CPU 메모리 캐시 306 • 6.2.3 CPU 실행 큐 307

6.3 개념 — 308
6.3.1 클럭 속도 308 • 6.3.2 명령어 309 • 6.3.3 명령어 파이프라인 309
6.3.4 명령어 너비 311 • 6.3.5 명령어 크기 311 • 6.3.6 SMT 311
6.3.7 IPC, CPI 312 • 6.3.8 CPU 사용률 313
6.3.9 사용자 시간/커널 시간 비율 314 • 6.3.10 포화 상태 315
6.3.11 선점 315 • 6.3.12 우선순위 역전 315
6.3.13 멀티프로세스, 멀티스레드 316 • 6.3.14 워드 크기 318
6.3.15 컴파일러 최적화 319

6.4 아키텍처 — 319
6.4.1 하드웨어 319 • 6.4.2 소프트웨어 333

6.5 방법론 — 338
6.5.1 도구 방법론 339 • 6.5.2 USE 방법론 340 • 6.5.3 워크로드 특성화 341
6.5.4 프로파일링 343 • 6.5.5 사이클 분석 348 • 6.5.6 성능 모니터링 349
6.5.7 정적 성능 튜닝 350 • 6.5.8 우선순위 튜닝 351 • 6.5.9 리소스 제어 352
6.5.10 CPU 바인딩 352 • 6.5.11 마이크로 벤치마킹 352

6.6 관측가능성 도구 — 354
6.6.1 uptime 355 • 6.6.2 vmstat 358 • 6.6.3 mpstat 359 • 6.6.4 sar 360
6.6.5 ps 361 • 6.6.6 top 362 • 6.6.7 pidstat 364 • 6.6.8 time, ptime 364
6.6.9 turbostat 366 • 6.6.10 showboost 367 • 6.6.11 pmcarch 367
6.6.12 tlbstat 369 • 6.6.13 perf 370 • 6.6.14 profile 382
6.6.15 cpudist 384 • 6.6.16 runqlat 385 • 6.6.17 runqlen 386
6.6.18 softirqs 387 • 6.6.19 hardirqs 388 • 6.6.20 bpftrace 389
6.6.21 기타 도구 392

6.7 시각화 — 395

6.7.1 사용률 히트맵 396 ● 6.7.2 1초 미만 오프셋 히트맵 397
6.7.3 플레임 그래프 398 ● 6.7.4 FlameScope 401

6.8 실험 — 403

6.8.1 임의 부하 생성 403 ● 6.8.2 SysBench 403

6.9 튜닝 — 404

6.9.1 컴파일러 옵션 404 ● 6.9.2 스케줄링 우선순위 및 클래스 405
6.9.3 스케줄러 옵션 405 ● 6.9.4 스케일링 거버너 407
6.9.5 프로세서 전원 상태 407 ● 6.9.6 CPU 바인딩 408
6.9.7 배타적 CPU 셋 408 ● 6.9.8 리소스 제어 409 ● 6.9.9 보안 부팅 옵션 409
6.9.10 프로세스 옵션(BIOS 튜닝) 410

6.10 연습 문제 — 410

6.11 참고 자료 — 411

7장 메모리 — 415

7.1 용어 — 416

7.2 개념 — 418

7.2.1 가상 메모리 418 ● 7.2.2 페이징 419 ● 7.2.3 요구 페이징 421
7.2.4 메모리 오버커밋 423 ● 7.2.5 프로세스 스와핑 423
7.2.6 파일 시스템 캐시 사용 424 ● 7.2.7 사용률 및 포화도 424
7.2.8 메모리 할당자 425 ● 7.2.9 공유 메모리 425 ● 7.2.10 워킹 셋 크기 426
7.2.11 워드 크기 426

7.3 아키텍처 — 427

7.3.1 하드웨어 427 ● 7.3.2 소프트웨어 434 ● 7.3.3 프로세스 가상 주소 공간 440

7.4 방법론 — 446

7.4.1 도구 방법론 446 ● 7.4.2 USE 방법론 447 ● 7.4.3 사용 특성 파악 449
7.4.4 사이클 분석 451 ● 7.4.5 성능 모니터링 451 ● 7.4.6 메모리 누수 탐지 451
7.4.7 정적 성능 튜닝 452 ● 7.4.8 리소스 제어 453
7.4.9 마이크로 벤치마킹 454 ● 7.4.10 메모리 축소 방법론 454

7.5 관측가능성 도구 — 454

7.5.1 vmstat 455 ● 7.5.2 PSI 457 ● 7.5.3 swapon 458 ● 7.5.4 sar 458
7.5.5 slabtop 460 ● 7.5.6 numastat 461 ● 7.5.7 ps 462 ● 7.5.8 top 464
7.5.9 pmap 465 ● 7.5.10 perf 466 ● 7.5.11 drsnoop 471 ● 7.5.12 wss 471
7.5.13 bpftrace 473 ● 7.5.14 기타 도구 478

7.6 튜닝 ... 481
7.6.1 튜닝 파라미터 481 • 7.6.2 여러 페이지 크기 483
7.6.3 메모리 할당자 484 • 7.6.4 NUMA 바인딩 485 • 7.6.5 리소스 제어 485

7.7 연습 문제 ... 486

7.8 참고 자료 ... 488

8장 파일 시스템 ... 491

8.1 용어 ... 492

8.2 모델 ... 494
8.2.1 파일 시스템 인터페이스 494 • 8.2.2 파일 시스템 캐시 494
8.2.3 2단계 캐시 495

8.3 개념 ... 496
8.3.1 파일 시스템 지연시간 496 • 8.3.2 캐시 497
8.3.3 임의 접근 I/O vs. 순차 접근 I/O 497 • 8.3.4 프리패치 498
8.3.5 미리 읽기 500 • 8.3.6 Write-Back 캐시 500 • 8.3.7 동기적 쓰기 501
8.3.8 Raw I/O와 Direct I/O 502 • 8.3.9 논블로킹 I/O 503
8.3.10 메모리 매핑 파일 503 • 8.3.11 메타데이터 504
8.3.12 논리적 I/O vs. 물리적 I/O 505 • 8.3.13 연산들은 동일하지 않습니다 509
8.3.14 특수 파일 시스템 510 • 8.3.15 액세스 타임스탬프 510 • 8.3.16 용량 510

8.4 아키텍처 ... 511
8.4.1 파일 시스템 I/O 스택 511 • 8.4.2 VFS 512 • 8.4.3 파일 시스템 캐시 513
8.4.4 파일 시스템 특징 516 • 8.4.5 파일 시스템 유형 519 • 8.4.6 볼륨과 풀 528

8.5 방법론 ... 530
8.5.1 디스크 분석 530 • 8.5.2 지연시간 분석 531 • 8.5.3 워크로드 특성화 533
8.5.4 성능 모니터링 536 • 8.5.5 정적 성능 튜닝 537 • 8.5.6 캐시 튜닝 538
8.5.7 워크로드 분리 538 • 8.5.8 마이크로 벤치마킹 538

8.6 관측가능성 도구 ... 540
8.6.1 mount 541 • 8.6.2 free 542 • 8.6.3 top 543 • 8.6.4 vmstat 543
8.6.5 sar 543 • 8.6.6 slabtop 544 • 8.6.7 strace 545 • 8.6.8 fatrace 546
8.6.9 LatencyTOP 547 • 8.6.10 opensnoop 548 • 8.6.11 filetop 549
8.6.12 cachestat 550 • 8.6.13 ext4dist (xfs, zfs, btrfs, nfs) 551
8.6.14 ext4slower (xfs, zfs, btrfs, nfs) 553 • 8.6.15 bpftrace 554
8.6.16 기타 도구 562 • 8.6.17 시각화 564

8.7 실험 ... 566
8.7.1 임의 부하 생성 566 • 8.7.2 마이크로 벤치마크 도구 567
8.7.3 캐시 플러싱 569

8.8 튜닝 570
8.8.1 애플리케이션 호출 570 ● 8.8.2 ext4 572 ● 8.8.3 ZFS 574

8.9 연습 문제 576

8.10 참고 자료 578

9장 디스크 581

9.1 용어 582

9.2 모델 583
9.2.1 기본적인 디스크 583 ● 9.2.2 디스크 내장 캐시 584 ● 9.2.3 컨트롤러 585

9.3 개념 586
9.3.1 시간 측정 586 ● 9.3.2 시간 스케일 589 ● 9.3.3 캐싱 590
9.3.4 임의 접근 I/O vs. 순차 접근 I/O 591 ● 9.3.5 읽기/쓰기 비율 593
9.3.6 I/O 크기 593 ● 9.3.7 같은 IOPS라도 모두 다르다 593
9.3.8 데이터 전송이 아닌 디스크 명령 594 ● 9.3.9 사용률 595
9.3.10 포화도 596 ● 9.3.11 I/O 대기율 597 ● 9.3.12 동기 vs. 비동기 598
9.3.13 디스크 I/O vs. 애플리케이션 I/O 599

9.4 아키텍처 599
9.4.1 디스크 유형 599
    9.4.1.1 자기 회전식 드라이브 600 ● 9.4.1.2 반도체 드라이브 606
    9.4.1.3 영구 메모리 610
9.4.2 인터페이스 611 ● 9.4.3 저장 장치 유형 613
9.4.4 운영 체제 디스크 I/O 스택 618

9.5 방법론 623
9.5.1 도구 방법론 623 ● 9.5.2 USE 방법론 624 ● 9.5.3 성능 모니터링 626
9.5.4 워크로드 특성화 627 ● 9.5.5 지연시간 분석 630
9.5.6 정적 성능 튜닝 631 ● 9.5.7 캐시 튜닝 632 ● 9.5.8 리소스 제어 632
9.5.9 마이크로 벤치마킹 633 ● 9.5.10 스케일링 634

9.6 관측가능성 도구 635
9.6.1 iostat 636 ● 9.6.2 sar 642 ● 9.6.3 PSI 643 ● 9.6.4 pidstat 644
9.6.5 perf 645 ● 9.6.6 biolatency 648 ● 9.6.7 biosnoop 651
9.6.8 iotop, biotop 654 ● 9.6.9 biostacks 656 ● 9.6.10 blktrace 658
9.6.11 bpftrace 662 ● 9.6.12 MegaCli 667 ● 9.6.13 smartctl 668
9.6.14 SCSI 로깅 670 ● 9.6.15 기타 도구 671

9.7 시각화 671
9.7.1 꺾은선 차트 672 ● 9.7.2 지연시간 산점도 672
9.7.3 지연시간 히트맵 673 ● 9.7.4 오프셋 히트맵 674 ● 9.7.5 사용률 히트맵 675

9.8 실험 675
9.8.1 임의 부하 생성 676 ● 9.8.2 부하 발생기 제작 676
9.8.3 마이크로 벤치마크 도구 677 ● 9.8.4 임의 접근 읽기 예제 677
9.8.5 ioping 678 ● 9.8.6 fio 679 ● 9.8.7 blkreplay 679

9.9 튜닝 679
9.9.1 운영 체제 튜닝 옵션 680 ● 9.9.2 디스크 장치 튜닝 파라미터 681
9.9.3 디스크 컨트롤러 튜닝 옵션 681

9.10 연습 문제 682

9.11 참고 자료 684

10장 네트워크   687

10.1 용어 688

10.2 모델 689
10.2.1 네트워크 인터페이스 689 ● 10.2.2 네트워크 컨트롤러 690
10.2.3 프로토콜 스택 691

10.3 개념 692
10.3.1 네트워크 및 라우팅 692 ● 10.3.2 프로토콜 693 ● 10.3.3 캡슐화 694
10.3.4 패킷 크기 694 ● 10.3.5 지연시간 696 ● 10.3.6 버퍼링 698
10.3.7 연결 백로그 699 ● 10.3.8 인터페이스 교섭 699 ● 10.3.9 혼잡 회피 700
10.3.10 사용률 701 ● 10.3.11 로컬 연결 701

10.4 아키텍처 702
10.4.1 프로토콜 702 ● 10.4.2 하드웨어 712 ● 10.4.3 소프트웨어 715

10.5 방법론 725
10.5.1 도구 방법론 726 ● 10.5.2 USE 방법론 727 ● 10.5.3 워크로드 특성화 728
10.5.4 지연시간 분석 730 ● 10.5.5 성능 모니터링 732
10.5.6 패킷 스니핑 732 ● 10.5.7 TCP 분석 734 ● 10.5.8 정적 성능 튜닝 735
10.5.9 리소스 제어 736 ● 10.5.10 마이크로 벤치마킹 737

10.6 관측가능성 도구 737
10.6.1 ss 738 ● 10.6.2 ip 741 ● 10.6.3 ifconfig 742 ● 10.6.4 nstat 743
10.6.5 netstat 744 ● 10.6.6 sar 748 ● 10.6.7 nicstat 751
10.6.8 ethtool 752 ● 10.6.9 tcplife 753 ● 10.6.10 tcptop 755
10.6.11 tcpretrans 755 ● 10.6.12 bpftrace 757 ● 10.6.13 tcpdump 766
10.6.14 Wireshark 768 ● 10.6.15 기타 도구 769

10.7 실험 — 770

10.7.1 ping 770 • 10.7.2 traceroute 771 • 10.7.3 pathchar 773
10.7.4 iperf 773 • 10.7.5 netperf 774 • 10.7.6 tc 775 • 10.7.7 기타 도구 776

10.8 튜닝 — 776

10.8.1 시스템 단위 튜닝 777 • 10.8.2 소켓 옵션 783 • 10.8.3 설정 784

10.9 연습 문제 — 785

10.10 참고 자료 — 786

11장 클라우드 컴퓨팅 — 791

11.1 배경지식 — 792

11.1.1 인스턴스 유형 794 • 11.1.2 확장 가능한 아키텍처 795
11.1.3 수용량 계획 796 • 11.1.4 스토리지 799 • 11.1.5 멀티테넌시 800
11.1.6 오케스트레이션(쿠버네티스) 801

11.2 하드웨어 가상화 — 803

11.2.1 구현 806 • 11.2.2 오버헤드 808 • 11.2.3 리소스 제어 816
11.2.4 관측가능성 820
    11.2.4.1 특권 게스트/호스트 821 • 11.2.4.2 게스트 827 • 11.2.4.3 전략 829

11.3 OS 가상화 — 830

11.3.1 구현 832 • 11.3.2 오버헤드 836 • 11.3.3 리소스 제어 839
11.3.4 관측가능성 845
    11.3.4.1 기존 도구들 847 • 11.3.4.2 호스트 848 • 11.3.4.3 게스트(컨테이너) 857 •
    11.3.4.4 전략 861

11.4 경량 가상화 — 862

11.4.1 구현 863 • 11.4.2 오버헤드 864 • 11.4.3 리소스 제어 864
11.4.4 관측가능성 865

11.5 기타 유형 — 866

11.6 비교 — 868

11.7 연습 문제 — 869

11.8 참고 자료 — 870

— Systems

12장 벤치마킹 875

12.1 배경지식 876
12.1.1 벤치마킹을 하는 이유 876 • 12.1.2 효과적인 벤치마킹 878
12.1.3 벤치마킹 실패 881

12.2 벤치마킹 유형 891
12.2.1 마이크로 벤치마킹 891 • 12.2.2 시뮬레이션 894 • 12.2.3 리플레이 895
12.2.4 산업 표준 896

12.3 방법론 899
12.3.1 수동적 벤치마킹 899 • 12.3.2 능동적 벤치마킹 900
12.3.3 CPU 프로파일링 904 • 12.3.4 USE 방법론 906
12.3.5 워크로드 특성화 906 • 12.3.6 커스텀 벤치마크 906
12.3.7 연속 부하 증가 907 • 12.3.8 정상 여부 검사 910
12.3.9 통계적 분석 911 • 12.3.10 벤치마킹 체크리스트 912

12.4 벤치마크 질문 914

12.5 연습 문제 916

12.6 참고 자료 916

13장 perf 919

13.1 하위 명령어 개요 921

13.2 원 라이너 923
사용할 수 있는 이벤트 923 • 이벤트 집계 924 • 프로파일링 925
정적 트레이싱 926 • 동적 트레이싱 927 • 리포팅 929

13.3 perf 이벤트 930

13.4 하드웨어 이벤트 932
13.4.1 빈도수 샘플링 933

13.5 소프트웨어 이벤트 935

13.6 tracepoint 이벤트 936

13.7 Probe 이벤트 937
13.7.1 kprobe 937 • 13.7.2 uprobe 940 • 13.7.3 USDT 943

13.8 perf stat 945
13.8.1 옵션 945 • 13.8.2 인터벌 통계 946 • 13.8.3 CPU별 밸런스 947
13.8.4 이벤트 필터 947 • 13.8.5 섀도우 통계 948

13.9 perf record — 948
　13.9.1 옵션 949 • 13.9.2 CPU 프로파일링 950 • 13.9.3 스택 추적 950

13.10 perf report — 951
　13.10.1 TUI 952 • 13.10.2 STDIO 952

13.11 perf script — 954
　13.11.1 플레임 그래프 956 • 13.11.2 트레이스 스크립트 956

13.12 perf trace — 957
　13.12.1 커널 버전 958

13.13 기타 명령어 — 958

13.14 perf 문서 — 960

13.15 참고 자료 — 960

14장 Ftrace — 963

14.1 활용 가능성 개요 — 965

14.2 tracefs(/sys) — 967
　14.2.1 tracefs 구성 요소 968

14.3 Ftrace 함수 프로파일러 — 970

14.4 Ftrace 함수 트레이싱 — 973
　14.4.1 trace 사용하기 973 • 14.4.2 trace_pipe 사용하기 975 • 14.4.3 옵션 976

14.5 tracepoint — 977
　14.5.1 필터 978 • 14.5.2 트리거 979

14.6 kprobe — 980
　14.6.1 이벤트 트레이싱 980 • 14.6.2 인자 981 • 14.6.3 리턴 값 983
　14.6.4 필터와 트리거 983 • 14.6.5 kprobe 프로파일링 984

14.7 uprobe — 984
　14.7.1 이벤트 트레이싱 984 • 14.7.2 인자 및 리턴 값 985
　14.7.3 필터 및 트리거 986 • 14.7.4 uprobe 프로파일링 986

14.8 Ftrace function_graph — 986
　14.8.1 그래프 트레이싱 986 • 14.8.2 옵션 988

14.9 Ftrace hwlat — 988

14.10 Ftrace 히스토그램 트리거 — 990

14.10.1 단일 키 990 • 14.10.2 필드 991 • 14.10.3 지시자 992
14.10.4 PID 필터 993 • 14.10.5 다중 키 993 • 14.10.6 스택 트레이스 키 994
14.10.7 합성 이벤트 995

14.11 trace-cmd — 998

14.11.1 하위 명령어 개요 999 • 14.11.2 trace-cmd 원 라이너 1000
14.11.3 trace-cmd vs. perf(1) 1003 • 14.11.4 trace-cmd function_graph 1004
14.11.5 KernelShark 1005 • 14.11.6 trace-cmd 문서 1006

14.12 perf ftrace — 1007

14.13 perf-tools — 1007

14.13.1 도구 사용 분야 1008 • 14.13.2 단일 목적 도구 1008
14.13.3 다목적 도구 1010 • 14.13.4 perf-tools 원 라이너 1011
14.13.5 예시 1014 • 14.13.6 perf-tools vs. BCC/BPF 1015
14.13.7 문서 1016

14.14 Ftrace 문서 — 1016

14.15 참고 자료 — 1017

15장 BPF — 1019

15.1 BCC — 1022

15.1.1 설치 1023 • 15.1.2 도구 사용 분야 1024
15.1.3 단일 목적 도구 1024 • 15.1.4 다목적 도구 1026
15.1.5 원 라이너 1027 • 15.1.6 다목적 도구 사례 1029
15.1.7 BCC vs. bpftrace 1030 • 15.1.8 문서 1031

15.2 bpftrace — 1032

15.2.1 설치 1033 • 15.2.2 도구 1033 • 15.2.3 원 라이너 1034
15.2.4 프로그래밍 1038 • 15.2.5 참고 자료 1047 • 15.2.6 문서 1055

15.3 참고 자료 — 1056

16장 사례 연구 — 1059

16.1 원인 불명의 성능 향상 — 1059

16.1.1 문제 정의 1060 • 16.1.2 분석 전략 1060 • 16.1.3 통계 1061
16.1.4 구성 1064 • 16.1.5 PMC 1065 • 16.1.6 소프트웨어 이벤트 1067
16.1.7 트레이싱 1068 • 16.1.8 결론 1070

16.2 추가 정보 — 1071

16.3 참고 자료 — 1071

부록 A USE 방법론: 리눅스	1073
부록 B sar 요약	1079
부록 C bpftrace 원 라이너	1081
부록 D 연습 문제 해답(일부)	1091
부록 E 시스템 성능 분야의 주요 인물	1095
용어사전	1100
찾아보기	1108

기술로도, 사람으로도
참 멋진 Deirdre Straughan에게.
우리가 해냈어요.

옮긴이의 글

역자가 성능 분석에 매료된 것은 2021년 브렌던 그레그(Brendan Gregg)의 책 《BPF 성능 분석 도구: BPF 트레이싱을 통한 리눅스 시스템 관측가능성과 성능 향상》(인사이트, 2021)을 번역하면서였습니다. 그 당시에는 시스템의 성능을 과학적으로 분석하고 최적화할 수 있는 방법들이 이렇게나 체계적으로 존재한다는 사실에 큰 충격을 받았습니다. 그 책에서는 CPU, 메모리, 디스크, 네트워크 등 각 컴포넌트의 성능을 심층적으로 분석하는 방법들을 다양한 도구와 함께 보여주었고, 이를 통해 성능 최적화의 무한한 가능성을 깨달았습니다. 이후로 성능 분석 분야에 깊이 매료되어, 이 기술을 통해 시스템의 내부를 탐구하기 시작했습니다.

《시스템 성능 엔지니어링(Systems Performance: Enterprise and the Cloud)》 2판을 번역하면서, 성능 분석의 중요성과 그 방법론을 다시 한 번 체감할 수 있었습니다. 이 책은 브렌던 그레그의 풍부한 경험과 깊이 있는 지식을 바탕으로, 엔터프라이즈와 클라우드 환경에서 시스템 성능을 분석하고 최적화하는 데 필요한 거의 모든 것을 다룹니다. CPU, 메모리, 스토리지, 네트워크 등 각 시스템 컴포넌트의 성능 특성과 병목 현상을 이해하고 해결하는 방법을 상세히 설명하여, 성능 분석의 기초부터 고급 기술까지 폭넓은 내용을 포괄합니다.

성능 분석은 단순한 문제 해결을 넘어, 시스템의 전반적인 이해와 개선을 목표로 합니다. 이 책은 각 장에서 설명하는 성능 분석 도구와 기법 들을 통해 독자들이 실제 환경에서 직면하는 다양한 문제를 효과적으로 해결할 수 있도록 돕습니다. 또한, 저자가 제시하는 다양한 사례 연구와 실습 예제는 독자들이 이론을 실제에 적용하는 데 큰 도움을 줍니다. 특히, 클라우드 환경에서의 성능 분석은 전통적인 온프레미스 환경과는 다른 도전 과제를 제시합니다. 이 책은 이러한 클라우드 환경에서의 성능 최적화 방법을 체계적으로 설명하여, 현대의 IT 인프라에서 성능 문제를 이해하고 해결하는 데 필요한 지침을 제공합니다. 이는 클라우드 네이티브 애플리케이션의 성능을 극대화하고, 효율적인 자원 관리를 가능하게 합니다.

성능 분석은 단순히 도구 사용을 넘어 시스템의 동작 원리를 깊이 이해하고 문제의 근본 원인을 찾아내는 과정입니다. 이 책에서 소개하는 다양한 도구들은 독자들이 성능 문제를 식별하고 해결하는 데 큰 도움이 될 것입니다. 특히, 필자의 풍부한 경험에서 우러나온 통찰력과 조언들은 성능 분석을 더욱 효과적으로 수행하는 데 많은 도움이 됩니다. 마지막으로, 번역 과정에서 많은 분의 도움을 받았습니다. 이 자리를 빌려 진심으로 감사의 말씀을 전합니다. 이 책이 성능 분석에 관심 있는 독자 여러분께 유용한 참고서가 되기를 바랍니다. 더불어, 성능 분석의 중요성을 이해하고 시스템 최적화를 통해 더 나은 성과를 이루어내길 바랍니다.

머리말

> 세상에는 우리가 이미 알고 있는 것들(known-knowns)이 있습니다. 즉, 우리가 알고 있다는 사실을 알고 있는 것이죠. 한편 모른다는 걸 아는 것들(known-unknowns)도 있습니다. 다시 말해, 우리가 모르는 사실들이 있다는 걸 알고 있습니다. 하지만 모른다는 걸 모르는 것들(unknown-unknowns)도 있습니다. 즉, 우리가 모른다는 사실조차 모르는 것들이 있다는 것입니다.
> — 미국 국방장관 도널드 럼즈펠드(Donald Rumsfeld), 2002년 2월 12일

위의 인용문은 기자회견 참석자들의 웃음을 자아냈지만, 이는 복잡한 기술 시스템에서뿐만 아니라 지정학적 문제에서도 중요한 원칙을 잘 설명해 줍니다. 성능 문제는 시스템의 어느 부분에서나 발생할 수 있으며, 특히 우리가 전혀 모르는 부분(즉, 우리가 모른다는 사실조차 인지하지 못한 영역)에서 발생할 가능성이 큽니다. 이 책은 이러한 문제들을 밝히고 분석하기 위한 방법론과 도구들을 제공합니다.

2판에 대하여

필자는 8년 전 초판을 쓸 때, 이 책이 시간이 지나도 유용하도록 오래 쓰일 수 있게 계획했습니다. 각 장은 먼저 변하지 않는 중요한 기술들(모델, 아키텍처, 방법론)을 다루고, 이후 변화가 빠른 기술들(도구들과 튜닝)을 예제로 수록했습니다. 예제 도구와 튜닝 기법은 시간이 지나면 구식이 될 수 있지만, 변하지 않는 중요한 기술들을 학습해 놓으면, 꼭 예시로 제시된 도구들이 아니더라도 최신 분석 도구나 튜닝 기법을 스스로 파악할 수 있을 것입니다.

지난 8년 동안 리눅스에는 많은 변화가 있었는데, 그중 하나가 바로 확장 BPF입니다. 이 커널 기술은 넷플릭스와 페이스북을 포함한 여러 회사에서 사용되는 새로운 세대 성능 분석 도구의 기반이 되었습니다. 이번 2판에서는 BPF에 대한 설명과 BPF 도구들을 추가했으며, 이 주제에 대한 더 심도있는 참고 자료도 수록했습니

다.[Gregg 19] 리눅스 perf와 Ftrace 도구들도 많은 발전을 이루었기에 별도의 장을 통해 이들을 추가로 다루었습니다. 리눅스 커널은 다양한 성능 기능과 기술을 새롭게 제공하며, 이에 대한 내용도 다루었습니다. 또한 클라우드 컴퓨팅 가상 머신을 동작시키는 하이퍼바이저와 컨테이너 기술에도 상당히 많은 변화가 있었기 때문에 관련 내용을 업데이트했습니다.

이 책의 초판에서는 리눅스와 솔라리스를 동등하게 다루었지만, 그동안 솔라리스의 시장 점유율이 현저히 줄었으므로[ITJobsWatch 20], 이번 2판에서는 솔라리스 관련 내용을 대폭 줄이고 리눅스 관련 내용을 더욱 많이 포함시켰습니다. 하지만 다른 운영 체제의 개념을 비교하며 살펴봄으로써 운영 체제와 커널에 대한 이해를 높일 수 있습니다. 따라서 이 판에는 리눅스 외에도 솔라리스 그리고 여타 운영 체제에 대한 내용이 포함되어 있습니다.

지난 6년간 필자는 넷플릭스에서 시니어 성능 엔지니어로 근무하며 넷플릭스 마이크로서비스 환경에 시스템 성능 기술을 적용해 왔습니다. 이 과정에서 하이퍼바이저, 컨테이너, 런타임, 커널, 데이터베이스, 애플리케이션의 성능을 개선해 왔으며, 필요한 경우 새로운 방법론과 도구 들을 개발하기도 했으며, 클라우드 성능 분야와 리눅스 커널 엔지니어링 분야의 전문가들과 협력했습니다. 이러한 경험들을 통해 이번 2판을 개선할 수 있었습니다.

이 책에 대하여

《시스템 성능 엔지니어링》 2판을 펼치는 독자 여러분, 환영합니다. 이 책은 운영 체제와 애플리케이션의 성능에 대해 다루며, 엔터프라이즈 서버와 클라우드 컴퓨팅 환경 모두에 맞춰 작성되었습니다. 이 책의 내용은 클라이언트 장치와 데스크톱 운영 체제 분석에도 도움이 될 것입니다. 필자는 여러분이 어떤 시스템을 사용하든 그 시스템을 최대한 활용할 수 있도록 돕고자 합니다.

개발이 부단히 진행되는 애플리케이션 소프트웨어를 다루다 보면, 운영 체제 성능 특히 수십 년간 개발되고 조정되어 온 커널 성능은 이미 해결된 문제라고 생각할 수도 있습니다. 그러나 그렇지 않습니다! 운영 체제는 여러 물리적 장치를 관리하고, 새롭고 다양한 애플리케이션 워크로드를 처리하는 매우 복잡한 소프트웨어입니다. 커널 역시 끊임없이 발전하며, 특정 워크로드의 성능을 개선하기 위한 기능이 추가되고, 시스템이 확장되면서 새롭게 맞닥뜨리게 되는 병목도 제거됩니다.

예를 들어, 2018년 멜트다운 취약점(Meltdown vulnerability)을 완화하기 위해 도입된 커널 변경 사항은 성능 저하를 초래할 수 있습니다. 운영 체제의 성능을 분석하고 개선하는 작업은 계속되어야만 하며, 이는 지속적인 성능 향상을 위해 필수입니다. 애플리케이션 성능 또한 운영 체제 관점에서 분석할 수 있는데, 이렇게 하면 애플리케이션 전용 도구만으로는 놓치기 쉬운 추가적인 단서를 발견할 수 있습니다. 이 책에서는 이러한 내용도 다루겠습니다.

운영 체제 관련

이 책은 인텔 프로세서에서 리눅스 기반 운영 체제를 사용한 시스템 성능 연구를 중심으로 합니다. 하지만 다른 커널과 프로세서 환경에서 연구를 하는 데도 도움이 되도록 구성했습니다.

별도로 언급하지 않는 한, 예제에 사용된 특정 리눅스 배포판은 중요하지 않습니다. 예제는 주로 우분투 배포판을 사용하며, 필요할 때 다른 배포판과의 차이점을 설명합니다. 또한, 예제는 베어 메탈(bare metal), 가상화 환경, 프로덕션 및 테스트 환경, 서버와 클라이언트 장치 등 다양한 시스템 유형을 다룹니다.

필자는 전문가로 일하면서 다양한 운영 체제와 커널을 다루어 왔으며, 이를 통해 각 운영 체제 설계에 대해 더 깊이 이해하게 되었습니다. 독자 여러분 역시 폭넓은 이해를 얻을 수 있도록 이 책에서는 유닉스, BSD, 솔라리스, 윈도에 대해서도 일정 부분 언급했습니다.

기타 내용

수록되어 있는 성능 도구들의 화면 캡처의 예는, 단순히 보여지는 데이터만이 아니라 사용할 수 있는 데이터의 유형들도 설명하고 있습니다. 이 도구들은 직관적이고 별다른 설명 없이도 이해할 수 있도록 데이터를 제시하는데, 초기 유닉스 도구처럼 익숙한 스타일이 많이 반영되어 있습니다. 화면 캡처는 이러한 도구들이 어떤 일을 하는지 보여주는 강력한 방법이며, 추가 설명이 거의 필요하지 않습니다. (만약 도구가 자세한 설명을 필요로 한다면, 이는 설계의 실패일 수 있습니다!)

깊이 있는 이해를 통해 쓸모 있는 통찰을 얻을 수 있다고 생각한 경우 특정 기술의 역사에 대해 간략히 언급하기도 했습니다. 또한 이 분야의 주요 인물들을 알아 두는 것도 유용할 수 있습니다. 성능 분석 및 기타 컨텍스트에서 이들의 작업을 접할 가능성이 있기 때문입니다. 부록 E에 주요 인물들의 "인명록(who's who)"을 실었습니다.

이 책의 몇 가지 주제는 필자가 이전에 쓴 《BPF 성능 분석 도구(*BPF Performance Tools*)》[Gregg 19]에서도 다룬 바 있습니다. 특히 BPF, BCC, bpftrace, tracepoint, kprobe, uprobe 및 다양한 BPF 기반 도구들이 그렇습니다. 더 많은 정보를 원한다면 해당 책을 참조하기 바랍니다. 이 책에서 이러한 주제를 설명할 때는 필자의 이전 책을 바탕으로 한 경우가 많으며, 때로는 동일한 텍스트와 예제가 사용되기도 했습니다.

이 책에서 다루지 않는 내용

이 책은 성능 분석에 초점을 맞추고 있습니다. 책에 제시된 예제들을 따라 하려면 소프트웨어 설치나 컴파일 같은 다소간의 시스템 관리 작업이 필요한 경우도 있습니다(이 책에서는 다루지 않습니다).

이 책에서는 운영 체제 내부 구조에 대해서도 간략히 정리하는데, 관련 기술에 대한 심도있는 정보는 별도의 전문 서적에서 더 자세히 다룹니다. 고급 성능 분석 주제는 간략히 소개되어 있어, 필요할 때 추가 자료를 통해 더 깊이 학습할 수 있습니다. 이 머리말의 끝부분에 있는 참고 자료 부분도 살펴보세요.

이 책의 구성

1장 "소개"에서는 시스템 성능 분석에 대해 소개하는데, 주요 개념을 간략하게 정리하고 성능 관련 활동의 예를 다룹니다.

2장 "방법론"에서는 성능 분석과 튜닝을 위한 배경 지식을 제공하며, 용어, 개념, 모델, 관찰 및 실험 방법론, 수용량 계획, 분석 및 통계 등의 내용이 포함됩니다.

3장 "운영 체제"에서는 성능 분석을 하는 독자를 위해 커널 내부 구조에 대해 간략하게 정리합니다. 이 내용은 운영 체제가 수행하는 작업을 해석하고 이해하기 위한 기초 배경 지식입니다.

4장 "관측가능성 도구"에서는 사용할 수 있는 시스템 관측가능성 도구의 유형과 그 도구들이 기반하고 있는 인터페이스 및 프레임워크에 대해 소개합니다.

5장 "애플리케이션"에서는 애플리케이션 성능 주제와 운영 체제에서 이를 관찰하는 방법에 대해 설명합니다.

6장 "CPU"에서는 프로세서, 코어, 하드웨어 스레드, CPU 캐시, CPU 인터커넥트, 장치 인터커넥트 및 커널 스케줄링을 다룹니다.

7장 "메모리"에서는 가상 메모리, 페이징, 스와핑, 메모리 아키텍처, 버스, 주소 공간 및 메모리 할당자에 대해 설명합니다.

8장 "파일 시스템"에서는 파일 시스템 I/O 성능을 중점적으로 설명하며, I/O 경로에 관여하는 여러 캐시 계층에 대해서도 함께 살펴봅니다.

9장 "디스크"에서는 저장 장치, 디스크 I/O 워크로드, 스토리지 컨트롤러, RAID 및 커널 I/O 서브시스템에 대해 설명합니다.

10장 "네트워크"에서는 네트워크 프로토콜, 소켓, 인터페이스 및 물리적 연결에 대해 다룹니다.

11장 "클라우드 컴퓨팅"에서는 클라우드 컴퓨팅에 일반적으로 사용되는 운영 체제 및 하드웨어 기반 가상화 방법과 그에 따른 성능 오버헤드, 테넌트 격리 및 관측 가능성 특징을 소개합니다. 이 장에서 하이퍼바이저와 컨테이너를 다루고 설명합니다.

12장 "벤치마킹"에서는 벤치마킹을 정확하게 수행하는 방법과 다른 사람의 벤치마크 결과를 해석하는 방법을 보여줍니다. 벤치마킹은 예상보다 다루기 어려운 부분이 많기에, 흔히 범하는 실수를 피하고 벤치마크 결과를 올바르게 이해하는 방법을 설명합니다.

13장 "perf"에서는 표준 리눅스 프로파일링 도구인 perf(1)와 주요 기능들에 대해 간략하게 정리합니다. 이 책 전반에서 perf(1)을 사용하는 데 필요한 참고 자료입니다.

14장 "Ftrace"에서는 표준 리눅스 트레이싱 도구인 Ftrace에 대해 간략히 정리하는데, 특히 커널 코드 실행을 탐색해 나가는데 적합합니다.

15장 "BPF"에서는 표준 BPF 프론트엔드인 BCC와 bpftrace에 대해 간략히 정리합니다

16장 "사례 연구"는 넷플릭스에서 발생한 성능 문제를 분석한 사례 연구로, 실제 프로덕션 성능 문제를 처음부터 끝까지 어떻게 분석했는지 보여줍니다.

1장에서 4장까지는 필수적인 배경지식을 제공합니다. 이 부분을 읽은 후, 필요에 따라 책의 나머지 부분을 참고할 수 있으며, 특히 5장에서 12장까지는 특정 분석 대상을 중심으로 다룹니다.

13장에서 15장까지는 고급 프로파일링 및 트레이싱 도구를 다루며, 하나 이상의 트레이싱 도구에 대해 세부적인 수준에서 배우려는 사람이라면 이 장들을 선택해 읽으면 됩니다.

16장은 스토리텔링 접근 방식을 사용하여 성능 엔지니어의 작업에 대한 더 큰 그림을 그립니다. 성능 분석을 처음 접한다면 이 장에서 여러 가지 다양한 도구를 사용해 성능 분석을 하는 예를 먼저 살핀 후, 다른 장들을 읽고 나서 돌아와 다시 읽어도 됩니다.

이 책을 참고 자료로 활용하는 방법

이 책은 시스템 성능 분석을 하는 사람들에게 향후 여러 해 동안 유용할 수 있도록 배경지식과 방법론들에 초점을 맞춰 작성했습니다.

이를 위해 많은 장이 두 부분으로 구성되어 있습니다. 첫 번째 부분은 용어, 개념 및 방법론으로 구성되어 있으며, 앞으로 여러 해가 지나도 유의미한 내용으로 남게 될 것입니다. 두 번째 부분은 첫 번째 부분을 구현한 방법, 즉 아키텍처, 분석 도구 및 튜닝 파라미터들이 포함되어 있으며, 시간이 지나면 다소 구식이 될 수 있지만, 사례로서는 여전히 유용할 것입니다.

트레이싱 예제

운영 체제를 깊이 탐구해야 할 경우가 종종 있으며, 트레이싱 도구가 이를 가능하게 합니다.

이 책의 초판 이후 확장 BPF가 개발되어 리눅스 커널에 통합되었으며, 이는 BCC와 bpftrace 프론트엔드를 사용하는 새로운 세대 트레이싱 도구의 기반이 되었습니다. 이 책은 BCC와 bpftrace, 그리고 리눅스 커널의 내장 Ftrace 트레이싱 도구에 중점을 둡니다. BPF, BCC 및 bpftrace는 필자가 이전에 쓴 책 [Gregg 19]에서 더 자세히 다룹니다.

리눅스 perf도 이 책에서 설명하고 있으며, perf는 트레이싱을 할 수 있는 또 다른 도구이기도 합니다. 그러나 perf는 트레이싱보다는 보통 샘플링 및 PMC 분석 기능에 중점을 둔 장들에서 설명합니다.

여러분은 이 책에서 다룬 트레이싱 도구 외에도 다른 도구가 필요하거나 사용하고 싶을 수도 있으며, 그래도 괜찮습니다. 중요한 것은 '시스템에 대해 던질 수 있는 질문'이지, 도구 자체가 아닙니다. 실제로는 이러한 질문들과 그것을 제기하는 방법론이 오히려 가장 이해하기 어려운 부분이 될 수 있습니다.

대상 독자

이 책이 의도하는 대상 독자는 주로 시스템 관리자들과 기업 및 클라우드 컴퓨팅 환경의 운영자들입니다. 또한 이 책은 운영 체제와 애플리케이션 성능에 대해 이해가 필요한 개발자, 데이터베이스 관리자, 그리고 웹 서버 관리자들에게도 유용한 참고 자료가 될 수 있습니다.

대규모 컴퓨팅 환경을 가진 회사(넷플릭스)의 성능 엔지니어로 일하면서, 필자는 여러 성능 문제를 동시에 해결해야 하는 시간 압박 속에서 SRE(site reliability engineers, 사이트 신뢰성 엔지니어)와 개발자들과 협력해 왔습니다.

필자는 넷플릭스 코어 SRE(NETFLIX CORE SRE)에서 순환 당직근무(on-call rotation)도 해보았으며 이런 압박을 직접 경험했습니다. 많은 사람에게 성능은 최우선 업무가 아니며, 보통 사람들은 현재 당면한 문제를 해결하는 데 필요한 만큼만 알면 됩니다. 여러분의 시간이 한정되어 있음을 알기에 필자는 이 책을 가능한 한 짧게 만들고 특정 장으로 바로 건너뛸 수 있는 구조로 구성했습니다.

또 다른 대상 독자는 학생들인데, 이 책은 시스템 성능 수업을 위한 부교재로도 적합합니다. 필자는 전에 이러한 과목을 가르쳐 본 경험이 있으며, 어떤 유형의 자료가 학생들이 성능 문제를 해결하는 데 효과적인지 알고 있기에, 이를 반영해 책의 내용을 선택했습니다.

여러분이 학생이 아니더라도 각 장의 연습 문제를 통해 학습 내용을 복습하고 적용할 수 있습니다. 몇몇 고급 연습 문제도 선택할 수 있도록 함께 넣어 놓았는데, 이 문제들을 해결할 수 있으리라 기대하지는 않습니다(아마도 해결하기 대단히 어려울 터이나, 최소한 생각해볼 만한 가치를 지닌 문제들입니다).

회사 규모라는 관점에서, 이 책은 수십 명의 성능 전담 직원이 있는 회사를 포함해, 그 회사가 크든 작든 적용할 만한 충분한 세부 정보를 담고 있습니다. 규모가 작은 많은 회사들에게 이 책은 필요할 때 참고하는 자료로 쓰일 테고, 일상적으로는 일부 내용만 사용하게 될 겁니다.

표기법

이 책 전반에서 다음과 같은 표기법이 사용됩니다.

예시	설명
netif_receive_skb()	함수 이름
iostat(1)	매뉴얼 페이지 1장에서 참조된 명령어
read(2)	매뉴얼 페이지 2장에서 참조된 시스템 콜
malloc(3)	매뉴얼 페이지 3장에서 참조된 C 라이브러리 함수 호출
vmstat(8)	매뉴얼 페이지 8장에서 참조된 관리 명령어
Documentation/...	리눅스 커널 소스 트리에 있는 리눅스 관련 문서
kernel/...	리눅스 커널 소스 코드
fs/...	리눅스 커널 소스 코드, 파일 시스템
CONFIG_...	리눅스 커널 설정 옵션(Kconfig)
r_await	커맨드 라인 입력 및 출력
mpstat 1	입력한 명령어 또는 주요 세부사항 강조
#	슈퍼유저(root) 셸 프롬프트
$	일반 사용자(non-root) 셸 프롬프트
^C	명령어가 중단됨(Ctrl-C)
[...]	생략

추가 자료, 참고 자료, 참고 문헌

각 장의 끝에는 해당 주제와 관련된 참고 자료가 정리되어 있어, 각 장별로 필요한 자료를 쉽게 찾아볼 수 있습니다. 아래에 운영 체제 및 성능 분석 관련 심화된 배경 지식에 도움이 될 참고 자료를 엄선해 놓았습니다.

[**Jain 91**] Jain, R., *The Art of Computer Systems Performance Analysis: Techniques for Experimental Design, Measurement, Simulation, and Modeling*, Wiley, 1991.

[**Vahalia 96**] Vahalia, U., *UNIX Internals: The New Frontiers*, Prentice Hall, 1996.

[**Cockcroft 98**] Cockcroft, A., and Pettit, R., *Sun Performance and Tuning: Java and the Internet*, Prentice Hall, 1998.

[**Musumeci 02**] Musumeci, G. D., and Loukides, M., *System Performance Tuning*, 2nd Edition, O'Reilly, 2002.

[**Bovet 05**] Bovet, D., and Cesati, M., *Understanding the Linux Kernel*, 3rd Edition, O'Reilly, 2005. (번

역서는 《리눅스 커널의 이해》 박장수 옮김, 한빛미디어, 2006)

[McDougall 06a] McDougall, R., Mauro, J., and Gregg, B., *Solaris Performance and Tools: DTrace and MDB Techniques for Solaris 10 and OpenSolaris*, Prentice Hall, 2006.

[Gove 07] Gove, D., *Solaris Application Programming*, Prentice Hall, 2007.

[Love 10] Love, R., *Linux Kernel Development*, 3rd Edition, Addison-Wesley, 2010. (번역서는 《리눅스 커널 심층 분석》 황정동 옮김, 에이콘, 2012)

[Gregg 11a] Gregg, B., and Mauro, J., *DTrace: Dynamic Tracing in Oracle Solaris, Mac OS X and FreeBSD*, Prentice Hall, 2011.

[Gregg 13a] Gregg, B., *Systems Performance: Enterprise and the Cloud*, Prentice Hall, 2013. (번역서는 《시스템 성능 분석과 최적화: 엔터프라이즈에서 클라우드 환경까지 아우르는》 오현석 옮김, 위키북스, 2015)

[Gregg 19] Gregg, B., *BPF Performance Tools: Linux System and Application Observability*, Addison-Wesley, 2019. (번역서는 《BPF 성능 분석 도구: BPF 트레이싱을 통한 리눅스 시스템 관측가능성과 성능 향상》 이호연 옮김, 인사이트, 2021)

[ITJobsWatch 20] ITJobsWatch, "Solaris Jobs," *https://www.itjobswatch.co.uk/jobs/uk/solaris.do#demand_trend*, accessed 2020.

감사의 글

이 책 초판을 구입한 모든 분, 특히 책을 추천했거나 회사에서 이 책을 필독서로 만들어 주신 모든 분께 감사드립니다. 초판에 보내준 여러분의 응원에 힘입어 이번 2판이 만들어지게 되었습니다. 감사합니다.

이 책은 시스템 성능을 다룬 최신의 책이지만, 최초의 책은 아닙니다. 필자보다 먼저 이 분야의 작업을 해 주신 저자들께 감사드립니다. 이 책은 그분들의 작업에 의지했고 참조해 쓰였습니다. 특히 아드리안 코크로프트(Adrian Cockcroft), 짐 마우로(Jim Mauro), 리차드 맥두걸(Richard McDougall), 마이크 루키데스(Mike Loukides) 그리고 라즈 자인(Raj Jain)에게 감사드립니다. 그분들께 도움을 받은 것처럼, 저도 이 책을 통해 여러분께 도움이 되기를 바랍니다.

이번 2판에 피드백을 주신 모든 분께 감사드립니다.

디어드리 스트로건(Deirdré Straughan)은 필자의 이전 책에 이어 이번 책에서도 전반적으로 매 페이지를 더 좋게 만들기 위해 다양한 방법으로 많은 도움을 주었습니다. 그녀는 기술 교정 분야에서의 오랜 경험을 바탕으로 이 작업을 도왔습니다.

여러분이 읽고 있는 이 글은 그녀와 저, 우리 둘의 노력의 결과입니다. 우리는 단순히 시간을 함께 보내는 것뿐만 아니라(지금은 결혼까지 했습니다) 일도 함께 하고 있습니다. 고마워요.

필립 마렉(Philipp Marek)은 IT 포렌식 전문가(forensics specialist)이며, IT 아키텍트, 그리고 오스트리아 연방 컴퓨팅 센터(Austrian Federal Computing Center)에 근무 중인 성능 엔지니어입니다. 그는 이 책의 모든 주제에 대해 일찌감치부터 기술 피드백을 해왔으며(놀라운 기여입니다) 이 책의 초판에서는 문제점들을 지적해 주기도 했습니다. 필립은 1983년 6502에서 프로그래밍을 시작했으며 그 이후로도 계속해서 CPU 사이클을 절약하고 성능을 개선하는 방법을 연구해 왔습니다. 필립, 당신의 전문성과 끈질긴 작업에 감사드립니다.

쇼피파이(Shopify)의 데일 하멜(Dale Hamel)도 모든 장을 리뷰해주었는데 여러 가지 클라우드 기술에 대한 중요한 인사이트와 이 책 전반에 걸쳐 일관된 또 다른 시각을 더해주었습니다. BPF 책을 도와준 직후 바로 다시 이런 도움을 줘서 고마워요, 데일!

이소발렌트(Isovalent)의 다니엘 보크만(Daniel Borkmann)은 여러 장에 대해 심도있는 기술 피드백을 해주었는데, 특히 네트워킹 관련 장에서는 복잡한 기술적 내용을 이해하는 데 큰 도움이 되었습니다. 다니엘은 리눅스 커널 메인테이너로서 커널 네트워크 스택과 확장 BPF 분야에서 오랜 경험을 가지고 있습니다. 다니엘의 전문성과 그 철저함에 감사를 표합니다.

13장 perf에 도움을 준 perf 메인테이너인 레드햇(Red Hat)의 아날도 카르발료 데 멜로(Arnaldo Carvalho de Melo)와 Ftrace를 고안하고 이를 다룬 14장에 도움을 준 VM웨어(VMware)의 스티븐 로스테드(Steven Rostedt)에게 특히 감사한 마음을 가지고 있는데, 이 두 주제에 대해서 이 책의 초판에서는 충분히 잘 다루지 못했기 때문입니다. 이 책을 작성하는 과정에서 그들이 준 도움과는 별개로 고급 성능 도구들을 만든 그들의 탁월한 작업에도 깊은 감사의 마음을 가지고 있는데, 필자가 넷플릭스에서 수없이 많은 프로덕션 이슈들을 해결하는데 해당 도구들을 사용했기 때문입니다.

도미닉 케이(Dominic Kay)가 몇몇 장을 선택해 살펴보고 가독성과 기술적 정확성을 향상시킬 더 많은 방법을 찾아줘 좋았습니다. 도미닉은 이 책의 초판 때도 도움을 주었습니다(이 책 초판을 쓰기 전 그는 썬 마이크로시스템즈(Sun Microsystems)의 성능 분야에서 근무하던 필자의 동료였습니다). 고맙습니다, 도미닉.

현재 넷플릭스에서 필자와 함께 성능 관련 업무를 하는 동료 아메르 아더(Amer Ather)는 몇몇 장에 대해 탁월한 피드백을 제공해주었습니다. 아메르는 복잡한 기술을 이해하고 싶을 때 찾게 되는 엔지니어입니다. 버라이즌(Verizon)의 재커리 존스(Zachary Jones) 또한 복잡한 주제에 대한 피드백과 성능 전문 지식을 공유해 책의 품질을 높여주었습니다. 아메르와 재커리, 고맙습니다.

몇몇 리뷰어가 여러 개의 장을 맡아 특정 주제와 관련된 논의에 참여해 주셨습니다. 아마존(Amazon)의 알레한드로 프로아뇨(Alejandro Proaño), 페이스북(Facebook)의 비카쉬 샤르마(Bikash Sharma), 로스 알라모스 국립 연구소(Los Alamos National Laboratory)의 코리 루에닝회너(Cory Lueninghoener), 아마존의 그렉 던(Greg Dunn), 오토메트릭(Ottometric)의 존 아라스지드(John Arrasjid), 아마존의 저스틴 개리슨(Justin Garrison), 아마존의 마이클 하우젠블라스(Michael Hausenblas), 그리고 쓰렛 스택(Threat Stack)의 패트릭 케이블(Patrick Cable)이 그분들입니다. 이 책을 위해 여러분 모두가 보내 주신 도움과 쏟아 주신 열정에 감사드립니다.

또한 질문에 답변해 주고 적시에 기술적 피드백을 해주신 페이스북의 아디탸 사르와데(Aditya Sarwade), 넷플릭스의 앤드류 캘라틴(Andrew Gallatin), 바스 스밋(Bas Smit), 줄 랩(JUUL Labs)의 조지 네빌-닐(George Neville-Neil), 페이스북의 젠스 악스뵈(Jens Axboe), 구글(Google)의 조엘 페르난데스(Joel Fernandes), 넷플릭스의 랜달 스튜어트(Randall Stewart), 구글의 스테판 에라니안(Stephane Eranian), 그리고 레드햇의 토케 횔란드-외르겐센(Toke Høiland-Jørgensen)에게도 감사드립니다.

앞서 출간된 필자의 책 《BPF 성능 분석 도구》에 도움을 줬던 분들도 간접적으로 도움을 주게 되었는데, 이번 2판에 수록된 몇몇 자료는 그 책에 기반한 것입니다. 옐로우브릭 데이터(Yellowbrick Data)의 앨러스테어 로비트슨(Alastair Robertson), 페이스북의 알렉세이 스타로보이토프(Alexei Starovoitov), 다니엘 보크만(Daniel Borkmann), 넷플릭스의 제이슨 코크(Jason Koch), 넷플릭스의 메리 마르치니(Mary Marchini), 리나로(Linaro)의 마사미 히라마츠(Masami Hiramatsu), 에피씨OS(EfficiOS)의 마티우 데스노이어스(Mathieu Desnoyers), 페이스북의 송용홍(Yonghong Song) 님 등에게 그 개선 작업에 대한 감사 인사를 전했었습니다. 감사의 글 전문은 《BPF 성능 분석 도구》 참조하세요.

이번 2판은 초판을 기초로 만들어졌습니다. 초판에 수록된 감사의 글에서 그 작업을 지원하고 기여한 많은 분께 감사를 표했습니다. 간단히 요약하자면, 여러 장에 걸쳐 필자는 아담 레벤탈(Adam Leventhal), 카를로스 카르데나스(Carlos Cardenas), 대릴 고브(Darryl Gove), 도미닉 케이(Dominic Kay), 제리 젤리넥(Jerry Jelinek), 짐 마우로(Jim Mauro), 맥스 브루닝(Max Bruning), 리차드 로웨(Richard Lowe), 그리고 로버트 무스타치(Robert Mustacchi)로부터 기술 피드백을 받았습니다. 필자는 아드리안 코크로프트(Adrian Cockcroft), 브라이언 칸트릴(Bryan Cantrill), 댄 맥도널드(Dan McDonald), 데이비드 파체코(David Pacheco), 키쓰 웨솔로프스키(Keith Wesolowski), 마르셀 쿠쿨제빅-피어스(Marsell Kukuljevic-Pearce), 그리고 폴 에글톤(Paul Eggleton)에게서도 피드백과 지원을 받았습니다. 로흐 부버나스(Roch Bourbonnais)와 리차드 맥두걸(Richard McDougall)로부터는 간접적인 도움을 받았는데 앞서 그분들이 수행한 성능 엔지니어링 작업을 통해 필자가 많은 것을 배웠기 때문입니다. 제이슨 호프만(Jason Hoffman)은 초판이 나올 수 있도록 뒤에서 도움을 주었습니다.

리눅스 커널은 복잡하며 늘 변화가 있으므로 아주 많은 심도 있는 주제들을 간략히 정리해준 lwn.net의 조나단 콜벳(Jonathan Corbet)과 제이크 엣지(Jake Edge)의 뛰어난 작업에도 감사를 드립니다. 그분들의 많은 글을 이 책이 참조했습니다.

피어슨(Pearson)의 편집장 그렉 도엔치(Greg Doench)가 보내준 도움, 격려 그리고 융통성으로 인해 이 책을 만드는 과정이 전보다 더 효율적으로 만들어졌음에 특별히 감사드립니다. 세부사항에 주의를 기울여서 책을 훌륭하게 내놓을 수 있도록 도움을 준 피어슨(Pearson)의 컨텐츠 프로듀서인 줄리 나힐(Julie Nahil)과 프로젝트 매니저 레이첼 폴(Rachel Paul)에게 감사드립니다. 이 책의 텍스트를 개선하는 수많은 방법을 찾아준 킴 윔프셋(Kim Wimpsett)에게 감사드립니다. 그는 필자가 쓴 길고 전문적인 다른 기술 서적들의 교정 담당자이기도 합니다.

그리고 미첼, 당신의 인내와 이해에 감사드립니다.

이 책 초판을 집필한 이후에도 필자는 성능 엔지니어로서 애플리케이션부터 베어메탈에 이르기까지 스택 곳곳에 쌓여있는 이슈들을 디버깅 하면서 일해 오고 있습니다. 이제 필자는 성능 튜닝 하이퍼바이저를 가지고, JVM을 포함한 런타임을 분석하며, Ftrace와 BPF를 포함한 트레이싱 도구를 프로덕션에서 사용하면서, 그리고

— Systems

넷플릭스 마이크로서비스 환경과 리눅스 커널에서의 빠른 변화의 속도에 직면하면서 많은 새로운 경험을 쌓았습니다. 이 중 아주 많은 부분이 글로 잘 정리되지 않았고, 이번 2판에 필요한 내용을 검토하는 것만으로도 벅찰 지경이었습니다. 하지만 필자는 도전을 좋아합니다.

1장

Systems Performance Second Edition

소개

컴퓨터 성능 분석은 흥미롭고 다양하며 도전적인 분야입니다. 1장에서는 성능 분야에 대해 소개합니다. 이번 장에서는 다음의 내용을 알아봅니다.

- 시스템 성능의 개념, 역할, 활동, 관점에 대해 이해하기
- 관측가능성 도구와 실험 도구의 차이점을 이해하기
- 성능 관측가능성 기초 개념 익히기: 통계, 프로파일링, 플레임 그래프, 트레이싱, 정적 계측 및 동적 계측
- 여러 방법론의 역할과 리눅스 60초 체크리스트에 대해 배우기

이번 장은 향후 다룰 다른 장들에 대한 참조가 포함되어 있기에, 시스템 성능과 이 책에 대한 소개라는 양 측면에서 활용할 수 있습니다. 그리고 마지막에 시스템 성능 분석이 실제 어떻게 이루어지는지 보여주는 사례 연구를 함께 보여주고 있습니다.

1.1 시스템 성능

시스템 성능 분석은 소프트웨어와 하드웨어의 모든 핵심 구성 요소를 포괄하여 컴퓨터 시스템 전체의 성능을 연구하는 과정입니다. 데이터가 지나는 경로의 모든 요소, 저장 장치에서부터 애플리케이션 소프트웨어에 이르기까지, 이 모두가 성능에 영향을 미칠 수 있고 성능 분석의 대상입니다. 분산 시스템의 경우 여러 서버와 애플리케이션까지 모두 포함합니다. 대상 환경의 데이터 경로를 보여주는 다이어그

램이 없다면 찾아보거나 직접 그려보세요. 이 다이어그램은 각 구성 요소 간의 관계를 이해하고 성능 개선의 전 영역에서 간과되는 부분이 없도록 하는데 도움이 될 것입니다.

시스템 성능 분석의 일반적인 목표는 지연시간을 줄여 최종 사용자 경험을 개선하고, 컴퓨팅 비용을 절감하는 것입니다. 비효율성을 제거하고 시스템 스루풋(throughput, 처리량)을 향상시키며, 시스템 전반을 튜닝함으로써 비용을 절감할 수 있습니다.

그림 1.1은 단일 서버에서 볼 수 있는 일반적인 시스템의 소프트웨어 스택으로, 운영 체제 커널과 함께 데이터베이스와 애플리케이션 계층도 예시로 포함되어 있습니다. **풀 스택**(full stack)이라는 용어는 때로 데이터베이스, 애플리케이션, 웹 서버를 포함하는 애플리케이션 환경만을 의미하기도 합니다. 하지만 시스템 성능에 대해 얘기할 때 **풀 스택**은 애플리케이션부터 하드웨어(메탈(metal)이라 부르기도 합니다)에 이르기까지 시스템 라이브러리, 커널 및 하드웨어 자체까지 포함하는 전체 소프트웨어 스택을 의미합니다.

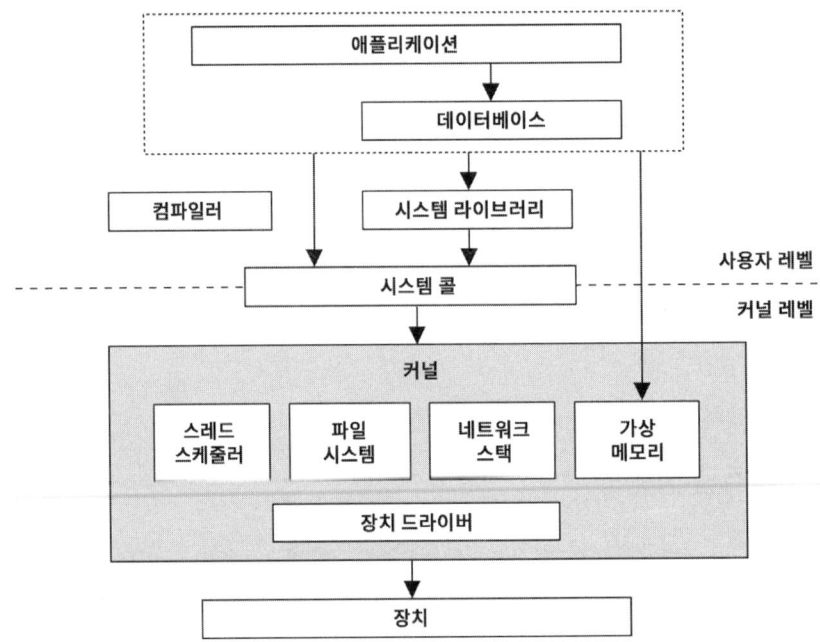

그림 1.1 일반적인 시스템 소프트웨어 스택

그림 1.1에는 컴파일러도 포함되어 있는데, 이는 시스템 성능에 컴파일러가 영향을 미칠 수 있기 때문입니다. 이 스택에 대해서는 3장 "운영 체제"에서 다루고, 그 다음에 오는 여러 장에서 더 자세히 설명하겠습니다.

이어지는 절에서는 시스템 성능에 대해 더 상세히 설명합니다.

1.2 역할

시스템 성능 관련 업무는 다양한 전문가들의 협력을 통해 이뤄지는 활동으로, 여기에는 시스템 관리자, 지원 팀, 애플리케이션 개발자, 네트워크 엔지니어, 데이터베이스 관리자, 웹 관리자, 기타 지원 인력 등이 포함됩니다. 이들 중 대다수는 주로 자기 전문 분야의 성능 문제만 주목하기 때문에(네트워크 팀은 네트워크만, 데이터베이스 팀은 데이터베이스만 점검하는 등), 성능 문제의 근본 원인이나 발생 요인을 파악하기 위해서는 여러 팀 간의 협력이 필수적입니다.

일부 회사들은 performance engineer(성능 엔지니어)라는 직책을 두어 시스템 성능에 전문적으로 집중하게 합니다. 이들은 다른 팀들과 협력하여 환경 전반에 대한 종합적인 성능 분석을 수행하며, 이러한 접근은 복잡한 성능 문제를 해결하는 데 핵심적인 역할을 할 수 있습니다. 또한, 성능 분석과 전체 환경에 대한 수용량 계획(capacity planning)을 위한 더 나은 도구를 찾고 개발하는 핵심적인 역할을 합니다.

예를 들어 넷플릭스(Netflix)에는 클라우드 성능 팀이 있으며, 필자도 그 팀의 일원입니다. 저희 팀은 성능 분석과 관련해서 마이크로서비스 및 SRE(Site Reliability Engineering, 사이트 신뢰성 엔지니어링) 팀을 지원하며, 모두가 사용할 수 있는 성능 도구를 개발합니다.

성능 엔지니어가 많은 기업에서는 각 엔지니어가 하나 혹은 몇몇 분야를 전문적으로 다루며 보다 깊이 있는 지원을 제공할 수 있습니다. 예를 들어, 대규모 성능 엔지니어링 팀에는 커널 성능, 클라이언트 성능, 특정 프로그래밍 언어 성능(예: 자바), 런타임 성능(예: JVM), 성능 분석 도구 사용과 같은 다양한 분야의 전문가들이 포진되어 있습니다.

1.3 활동

시스템 성능 관련 활동은 매우 다양합니다. 아래는 개념 단계부터 개발, 프로덕션 배포에 이르기까지 소프트웨어 프로젝트 생명 주기 전반에 걸쳐 이상적으로 수행되어야 하는 활동입니다. 이 책에서는 이러한 활동을 수행하는 다양한 방법론과 도구 들을 다룰 예정입니다.

1. 향후 제품을 위한 성능 목표 및 성능 모델 설정하기
2. 프로토타입 소프트웨어나 하드웨어의 성능 특성 파악하기
3. 개발 중인 제품을 테스트 환경에서 성능 분석하기
4. 제품의 신규 버전에 대해 회귀 테스트(non-regression testing)[1] 수행하기
5. 제품 출시 전 벤치마크 테스트 실시하기
6. 대상 환경에서의 개념 증명(proof-of-concept) 테스트하기
7. 프로덕션 환경에서 성능 튜닝하기
8. 운영 중인 프로덕션 소프트웨어 모니터링하기
9. 프로덕션 성능 문제 발생 시 성능 분석 수행하기
10. 발생한 프로덕션 성능 문제에 대해 사후 분석(incident review) 실시하기
11. 프로덕션 분석을 개선하기 위한 성능 분석 도구 개발하기

1단계부터 5단계까지는 전통적인 소프트웨어 제품 개발 프로세스의 일환으로, 일반 소비자 제품이든 기업 내부용 서비스든 상관없이 수행하는 활동입니다. 제품이 출시된 후에는 대상 환경(고객사 혹은 로컬 환경)에서 개념 증명 테스트를 수행해 봅니다(이 과정을 건너뛰고 제품을 대상 환경에 직접 배포하고 설정을 진행하기도 합니다). 만일 대상 환경에서 문제가 발생하는 경우(단계 6~9), 이는 개발 단계에서 해당 문제를 발견하고 수정하지 못했음을 의미합니다.

성능 엔지니어링은 가능하면 하드웨어 선택이나 소프트웨어 작성 전부터 시작해야 하며, 첫 단계로 목표 설정과 성능 모델 작성을 해야 합니다. 그러나 종종 이러한 초기 단계 없이 개발을 진행하고 나중에 문제가 발견될 때까지 성능 엔지니어링을 미루는 경우가 있습니다. 이렇게 접근하면 추후 문제가 더 복잡하게 될 수 있는데, 개발의 각 단계를 거치면서 이전 단계에서 내린 아키텍처 결정으로 인해 성능

---

[1] (옮긴이) 신규 버전에서의 변경사항이 기존 기능의 성능에 영향을 주는지를 테스트합니다.

문제를 해결하기가 점점 더 어려워집니다.

클라우드 컴퓨팅은 초기 단계(단계 1~5)를 건너뛰고 바로 개념 증명 테스팅(POC, 단계 6)를 수행할 수 있는 새로운 방법들을 제공합니다. 그중 하나인 **카나리아 테스팅**(canary testing)은 신규 소프트웨어를 프로덕션 환경 전체가 아닌 일부분(단일 인스턴스)에만 적용해 테스트해보는 방식입니다. 또 다른 방법은 **블루-그린 배포**(blue-green Deployment)[2]가 있습니다. 여기서는 두 개의 거의 동일한 프로덕션 환경(하나는 '블루', 다른 하나는 '그린')을 준비해, 하나는 현재 버전을 실행하고 다른 하나는 새 버전을 배포한 후, 트래픽을 점진적으로 새 환경(그린)으로 이동시키며 문제가 있는지 확인합니다. 문제가 발생할 경우 쉽게 이전 환경(블루)으로 돌아갈 수 있습니다.

이처럼 안전한 실험 옵션 덕분에, 새 소프트웨어는 종종 사전 성능 분석 없이도 프로덕션에서 테스트되며 필요시 신속히 원래 상태로 복구할 수 있습니다. 하지만 필자는 시간이 허락된다면, 최상의 성능을 달성하기 위해 초기 단계의 활동들도 함께 수행할 것을 권장합니다(물론, 출시 시점의 압박으로 인해 더 빨리 프로덕션에 배포해야 하는 경우도 있을 수 있습니다).

수용량 계획(capacity planning)은 앞서 언급한 여러 활동 중 일부를 포함하는 개념입니다. 설계 단계에서는 개발 중인 소프트웨어의 자원 사용량을 분석하여, 설계가 목표 성능을 충족할 수 있을지를 평가합니다. 배포 후에는 실제 자원 사용량을 지속적으로 모니터링하여, 문제가 발생하기 전에 예측하는 작업이 수용량 계획에 포함됩니다.

프로덕션 환경에서 발생하는 성능 문제 분석(단계 9)에는 SRE들이 참여할 수도 있으며, 이 단계 이후에는 사건을 검토하고 디버깅 기법을 공유하며 향후 같은 문제가 발생하지 않도록 방지책을 모색하는 사후 분석(incident review) 미팅이 이어집니다. 이러한 미팅은 개발자 회고(retrospective)와 유사한 성격을 띱니다. (회고 그리고 이와 관련한 주의점에 대해서는 [Corry 20]을 참고하세요.)

회사의 환경과 제품에 따라 활동과 절차는 달라질 수 있으며, 많은 경우 위에서 설명한 10가지 단계를 그대로 수행하지는 않습니다. 여러분의 업무는 이 활동들 중 몇 가지에만 집중되거나, 특정 하나의 활동에만 초점을 맞출 수도 있습니다.

---

2 넷플릭스에서는 레드-블랙 배포(red-black deployment)라는 용어를 사용합니다.

1.4 관점

다양한 활동에 집중하는 외에도, 성능 분석은 다른 관점에서 접근할 수 있습니다. 그림 1.2에는 성능 분석의 두 가지 관점이 나와 있는데, 워크로드(workload, 작업 부하) 분석과 리소스(resource) 분석입니다. 각 접근법은 소프트웨어 스택을 서로 다른 방향에서 분석하는 방법입니다.

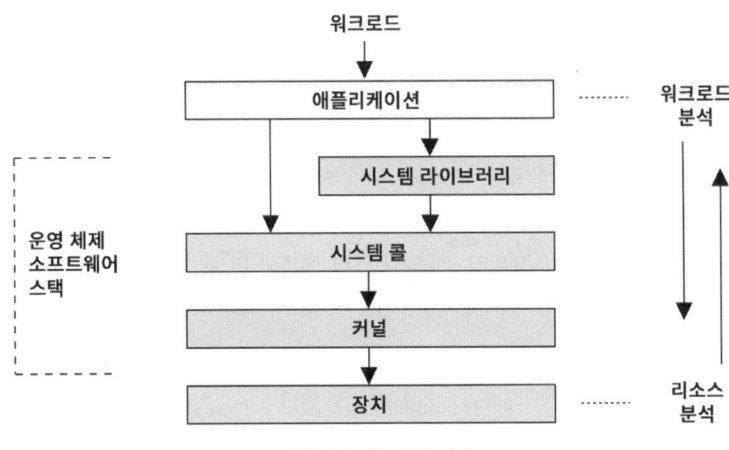

그림 1.2 성능 분석 관점

리소스 분석은 시스템 자원을 관리하는 시스템 관리자들이 주로 사용하는 접근법입니다. 반면, 워크로드 분석은 작업 부하의 성능을 책임지는 애플리케이션 개발자들이 주로 사용합니다. 각각의 관점은 고유의 장점이 있으며, 이에 대해서는 2장에서 더 상세히 다룰 예정입니다. 까다로운 문제를 다룰 때는 이 두 가지 관점을 모두 시도해 보면 좋습니다.

1.5 성능 분석의 어려움

시스템 성능 엔지니어링은 여러 이유로 도전적이고 복잡한 분야입니다. 주관이 개입할 여지가 있는 데다 복잡하며, 단일 원인으로 설명되지 않는 경우가 많고, 여러 문제가 동시에 얽혀 있을 수 있기 때문입니다.

1.5.1 주관성

기술 분야는 대체로 **객관적인** 경향이 있으며, 기술 산업에 종사하는 사람들은 흑백 논리로 사물을 보는 경향이 있습니다. 소프트웨어 문제 해결에 있어서도 이는 마찬가지인데, 버그는 명확하게 존재하거나 존재하지 않으며, 고쳐지거나 고쳐지지 않은 상태로 나뉩니다. 이러한 버그는 주로 오류 메시지로 나타나며, 이를 통해 쉽게 해석하고 오류의 존재를 파악할 수 있습니다.

반면 성능의 경우 주관적인 면이 꽤 있습니다. 성능 문제가 존재하는지 여부를 명확히 알 수 없는 경우도 있고, 문제가 있다고 하더라도 해결되었는지 불분명한 경우도 있습니다. 또한 현재 시스템의 성능이 어떤 사용자에게는 '나쁜' 성능으로 보일 수 있지만, 다른 사용자에게는 '좋은' 성능으로 여겨질 수도 있습니다.

다음 정보를 생각해 보겠습니다.

평균 디스크 I/O 응답 시간은 1ms이다.

이게 '좋을'까요 '나쁠'까요? 응답 시간 또는 지연시간은 가장 좋은 지표 중 하나이지만, 이를 해석하기는 쉽지 않습니다. 특정 지표가 '좋은지 나쁜지'는 어느 정도 애플리케이션 개발자나 실 사용자의 성능 기대치에 달려 있습니다.

이러한 주관성은 목표를 명확하게 설정함으로써 객관화할 수 있습니다. 예를 들어, 목표 평균 응답 시간을 정하거나, 요청의 일정 비율이 특정 지연시간 이내에 처리되어야 한다는 기준을 세우거나 하는 식입니다. 2장 "방법론"에서는 주관성을 다루는 다른 방법도 설명하는데, 여기에는 문제를 연산 지연시간의 비율로 기술하는 지연시간 분석 등이 있습니다.

1.5.2 복잡성

성능 분석은 주관성뿐만 아니라 시스템 자체의 복잡성과 분석을 어디서부터 시작해야 할지 명확하지 않다는 점 때문에도 도전적인 분야입니다. 클라우드 컴퓨팅 환경에서는 어느 서버 인스턴스부터 먼저 살펴봐야 할지 알 수 없는 경우도 있습니다. 때로 네트워크나 데이터베이스가 성능이 낮을 것이라는 가설을 세우는 방식으로도 시작할 수 있지만 성능 분석가는 그런 추측이 맞는지 확인해야만 합니다.

독립적으로 분석했을 때는 잘 작동하는 서브시스템이지만, 이러한 서브시스템들 사이의 복잡한 상호작용 때문에 성능 문제가 비롯될 수도 있습니다. 이러한 문제는 한 구성 요소의 오류가 다른 구성 요소에 성능 문제를 일으키는 **캐스케이딩 실패** (cascading failure)로 인해 발생할 수 있습니다. 결과적으로 발생하는 문제를 이해하기 위해서는 구성 요소 간의 복잡한 관계를 풀고, 각 요소가 어떻게 영향을 미쳤는지 파악해야 합니다.

병목 또한 복잡하고 여러 예상하지 못한 방식으로 연관되어 있기 마련입니다. 한 곳의 병목 현상 해결이 우리의 바람과 달리 단지 병목 지점을 시스템의 다른 위치로 옮기는 것에 불과해서 전체 성능에는 큰 변화가 없는 경우도 있습니다.

시스템의 복잡성과는 별도로 프로덕션 워크로드의 복잡한 특성이 성능 문제를 일으킬 수도 있습니다. 이런 경우는 실험 환경에서는 결코 재현할 수 없거나, 어쩌다 한 번씩 간헐적으로만 재현되는 경우도 있습니다.

복잡한 성능 문제를 해결하기 위해 종합적인 접근법이 필요할 때도 있습니다. 전체 시스템(시스템 내부는 물론 외부와의 상호작용까지)을 조사해 봐야 할 수도 있습니다. 이를 위해서는 다양한 범위에 걸친 기술을 이해해야 하며, 성능 엔지니어링이 폭넓고 지적으로 도전적인 작업이 되는 이유이기도 합니다.

이러한 복잡성을 헤쳐나가는 데에는 다양한 방법론이 사용될 수 있으며, 2장에서 소개할 예정입니다. 6장부터 10장까지는 CPU, 메모리, 파일 시스템, 디스크, 네트워크 등 각 시스템 자원에 대한 구체적인 방법론을 다룹니다. (여담으로 복잡한 시스템의 분석은 사회공학적 측면에서도 연구되는 주제인데, 정유 유출 사고나 금융 시스템 붕괴와 같은 사회공학적 사례를 분석한 서적도 있습니다.[Dekker 18])

어떤 경우에는 이러한 자원들 간의 상호작용 자체만으로도 성능 문제가 발생할 수도 있습니다.

1.5.3 복합 원인

일부 성능 문제는 하나의 근본 원인보다는 여러 요인이 복합적으로 작용하여 발생하기도 합니다. 예를 들어, 세 개의 정상적인 이벤트가 동시에 발생해 성능 문제를 일으키는 상황을 떠올려 보세요. 각각의 이벤트가 별개로 발생했을 때는 문제가 아니지만, 동시에 발생함으로 인해 성능 문제가 생길 수 있습니다.

복합 원인 외에도 여러 성능 문제가 존재할 수 있습니다.

1.5.4 여러 성능 문제

성능 문제를 찾는 것 자체는 보통 어렵지 않은데, 복잡한 소프트웨어는 보통 많은 성능 문제를 가지고 있기 때문입니다. 이런 예를 보고 싶다면 여러분이 사용 중인 운영 체제나 애플리케이션의 버그 데이터베이스에서 '**성능**'이란 단어를 검색해 보세요. 놀랄 수도 있습니다! 대부분의 경우, 이미 알려졌지만 아직 해결되지 않은 성능 문제가 다수 있을 것입니다. 심지어 고성능으로 평가받는 소프트웨어에서도 마찬가지입니다. 이는 성능을 분석할 때 마주칠 수 있는 또 다른 어려움이라 할 수 있습니다. 따라서 실제 과제는 성능상 문제를 찾는 게 아니라 어떤 문제나 문제들이 가장 문제가 되는지 식별하는 것이라 할 수 있습니다.

이를 위해 성능 분석가는 각 문제의 규모를 **정량화** 할 수 있어야 합니다. 일부 성능 문제는 사용 중인 워크로드에 해당되지 않거나 매우 미미한 영향만 줄 수 있습니다. 이상적인 경우라면 각 문제를 정량화 할 뿐 아니라 각각을 해결하면 얼마나 속도 향상을 가져올 수 있는지도 추산해야 합니다. 이런 정보는 의사 결정권자들이 엔지니어링이나 운영 자원을 어디에 투자해야 할지 판단할 때 유용합니다.

성능 정량화에 가장 적합한 지표 중 하나는 **지연시간** 입니다(물론 사용 가능한 경우에만).

1.6 지연시간

지연시간은 기다리는 데 소요된 시간을 측정하는 것으로, 필수 성능 지표로 아주 널리 사용됩니다. 넓은 의미에서 특정 작업이 완료되는 데 걸리는 시간을 의미하는데, 애플리케이션 요청, 데이터베이스 쿼리, 파일 시스템 연산 등에 소요되는 시간을 말합니다. 예를 들어, 링크를 클릭하고 웹사이트의 콘텐츠가 화면에 그려지기 시작한 후, 완전히 로드되기까지 걸리는 시간을 지연시간이라고 할 수 있습니다. 지연시간은 고객과 웹사이트 제공자 모두에게 중요한 지표입니다. 지연시간이 길어지면 고객이 불만을 느끼고 다른 사이트로 이동할 수 있기 때문입니다.

지연시간은 최대 속도 향상을 추정할 수 있게 해주는 지표이기도 합니다. 그림 1.3은 디스크 I/O 지연시간을 보여주는 사례인데, 여기서 데이터베이스 쿼리는 총 100ms(지연시간)가 소요되었고 이 중 80ms는 디스크 읽기를 기다리느라 대기하고 있습니다(블록됨, off-CPU). 만약 디스크 읽기를 없애거나 캐싱을 통해 개선할 수 있다면, 최대로 얻을 수 있는 성능 향상은 100ms에서 20ms(100 − 80)로, 5배 더 빠르게 될 수 있습니다. 이게 바로 속도 향상 추정치이며, 그 계산으로 성능 문제를 정량화 하기도 했습니다. 이는 반대로 디스크 읽기가 쿼리 속도를 최대 5배까지 늦출 수 있다는 것을 보여줍니다.

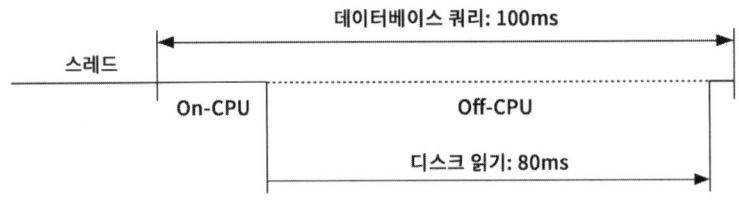

그림 1.3 디스크 I/O 지연시간의 예

이런 계산은 다른 지표로는 불가능합니다. 일례로 초당 I/O 작업 수(IO operation per second, IOPS)는 I/O 유형에 따라 달라지며, 서로 다른 두 IOPS는 직접 비교하기 어려운 경우가 많습니다. 어떤 변경에 의해 IOPS가 80% 줄어든다고 해도 성능에 끼치는 영향이 얼마나 될지 예측하기란 쉽지 않습니다. 만약 IOPS는 5분의 일로 줄었음에도 각 I/O의 데이터 크기(바이트 단위)는 10배로 늘어난다면 어떻게 될까요?

지연시간은 구체적인 맥락을 정의하지 않으면 모호할 수 있습니다. 예를 들어, 네트워크에서 '지연시간'은 연결을 수립하는데 걸리는 시간을 의미할 수도 있고(데이터 전송 시간 제외), 또는 데이터 전송 시간을 포함한 전체 연결 지속 시간을 의미할 수도 있습니다(예: DNS 지연시간 측정). 이 책에서는 이런 모호함을 방지하기 위해 용어를 명확하게 구분하여 사용할 것입니다. 앞선 예에서는 **연결 지연시간**(connection latency)과 **요청 지연시간**(request latency)으로 명확히 구분할 수 있습니다. 또한, 각 장의 시작 부분에서 해당 장에서 다룰 주제에 특정한 지연시간의 의미를 소개하겠습니다.

지연시간이 유용한 지표이긴 하지만 필요할 때 언제 어디서나 사용하지는 못합니다. 일부 서브시스템은 평균 지연시간만을 제공하기도 하고, 어떤 영역은 지연시간을 전혀 제공하지 않을 수도 있습니다. 새로운 BPF[3] 기반 관측가능성 도구를 이용하면, 원하는 임의의 지점에서 지연시간을 측정할 수 있으며, 지연시간의 전체 분포 데이터를 얻을 수 있습니다.

---

3 BPF는 원래 버클리 패킷 필터(Berkeley Packet Filter)의 줄임말이었지만, 지금은 마치 고유명사처럼 쓰이입니다.
(옮긴이) 현재는 eBPF(extended BPF, 확장 BPF)로 확장되면서 네트워크 필터링을 넘어 커널 성능 분석, 보안, 추적 등 다양한 영역에 사용됩니다. 그래서 더 이상 단순한 약어라기보다 기술 자체를 가리키는 고유명사처럼 쓰이고 있습니다.

1.7 관측가능성

관측가능성(Observability)이란 관찰을 통해 시스템을 이해하는 능력을 의미하며, 이를 가능하게 하는 도구들을 말합니다. 여기에는 카운터, 프로파일링, 트레이싱을 사용하는 도구들이 포함되지만, 벤치마크 도구들은 해당되지 않습니다. 이는 벤치마크 도구들이 워크로드 실험(experiment)을 통해 시스템 상태를 변화시키기 때문입니다.[4] 프로덕션 환경에서는 실험 도구들이 리소스 경합(resource contention)을 일으켜 워크로드에 영향을 미칠 수 있으므로, 가급적이면 관측가능성 도구(observability tool)들을 우선적으로 사용하는 게 좋습니다. 이와는 반대로 유휴 상태의 테스트 환경이라면, 하드웨어 성능을 확인하기 위해 벤치마킹 도구들을 먼저 사용하는 것이 유용할 수 있습니다.

이번 절에서는 카운터, 지표, 프로파일링, 트레이싱에 대해 소개하겠습니다. 관측가능성에 대해서는 4장에서 더 자세히 설명하는데 시스템 전반에 대한 관측가능성과 프로세스별 관측가능성을 비교하고, 리눅스 관측가능성 도구와 그 내부 구조에 대해 다룹니다. 5장부터 11장까지는 장별로 해당 장의 내용과 관련된 관측가능성을 다루는 절(section)이 포함되어 있습니다. 예를 들어, 6.6절에서는 CPU 관측가능성 도구에 대해 다룹니다.

1.7.1 카운터, 통계, 지표

애플리케이션과 커널은 작업 수행 횟수, 바이트 수, 지연시간 측정치, 자원 사용량, 오류 비율 등 자신들의 상태와 활동에 관한 데이터를 제공합니다. 이들은 대체로 소프트웨어 내에 하드코딩된 **카운터**(counter)라는 정수 변수로 구현됩니다. 이 카운터 중 일부는 누적되어 값이 계속 증가합니다. 성능 분석 도구는 이러한 누적 카운터를 다양한 시점에 읽어 시간에 따른 변화율, 평균값, 백분위수 등의 통계를 계산할 수 있습니다.

예를 들어, vmstat(8) 유틸리티는 /proc 파일 시스템 내의 커널 카운터를 기반으로 가상 메모리 통계와 기타 시스템 정보를 요약하여 출력합니다. 다음은 48개의 CPU로 구성된 프로덕션 API 서버에서 vmstat(8)을 실행한 예시입니다.

---

[4] (옮긴이) 벤치마크 도구는 CPU·메모리·네트워크에 인위적인 부하를 걸어 시스템 상태 변화를 일으킨 뒤 성능을 측정합니다. 반면 관측가능성 도구는 이미 발생한 시스템 상태를 그대로 관찰한다는 점에서 다릅니다.

```
$ vmstat 1 5
procs -----------memory---------- --swap-- ----io---- --system-- ------cpu-----
 r  b   swpd   free   buff  cache   si   so    bi    bo    in     cs us sy id wa st
19  0      0 6531592 42656 1672040   0    0     1     7    21    33 51  4 46  0  0
26  0      0 6533412 42656 1672064   0    0     0     0 81262 188942 54  4 43  0  0
62  0      0 6533856 42656 1672088   0    0     0     8 80865 180514 53  4 43  0  0
34  0      0 6532972 42656 1672088   0    0     0     0 81250 180651 53  4 43  0  0
31  0      0 6534876 42656 1672088   0    0     0     0 74389 168210 46  3 51  0  0
```

이 데이터는 시스템 전체의 CPU 사용률이 약 57%(cpu 아래의 us + sy 칼럼, 53 + 4가 2회 나옴)임을 보여줍니다. 여기 나온 칼럼들은 6장과 7장에서 자세히 설명합니다.

지표(metric)는 대상을 평가하고 모니터링하기 위해 선정된 통계입니다. 대부분의 회사는 모니터링 에이전트를 사용해 정기적으로 선택된 통계(지표)를 기록하고, 이를 그래픽 인터페이스로 시각화하여 시간에 따른 변화를 차트로 표시합니다. 모니터링 소프트웨어는 이러한 측정값을 기반으로 사용자 정의 알림(alert)을 생성할 수도 있는데, 문제가 감지되었을 때 이메일로 스탭들에게 알릴 수 있습니다.

카운터부터 알림까지의 이러한 계층 구조는 그림 1.4에서 설명하고 있습니다. 이 그림은 용어를 이해하는데 도움을 주기 위한 가이드로 제공되었지만, 실제로 업계에서는 이러한 용어들이 엄격하게 사용되지는 않습니다. **카운터, 통계, 지표**와 같은 용어들은 흔히 호환해 사용하곤 합니다. 또한 알람은 전용 알림 시스템뿐만 아니라 계층 어느 곳에서나 생성될 수 있습니다.

측정된 지표들을 그래프로 나타내기도 하는데, 그림 1.5는 앞서 언급한 vmstat(8) 출력과 동일한 서버를 모니터링하는 그라파나(Grafana) 도구의 화면입니다.

이와 같은 선 그래프는 수용량 계획에 유용하며, 자원이 언제 소진될지 예측하는데 도움이 됩니다.

성능 통계를 해석하는 능력은 해당 통계들이 어떻게 산출되었는지 이해함으로써 향상될 수 있습니다. 평균, 분포, 모달(봉우리), 극단값을 포함한 통계에 대한 내용은 2장 "방법론"의 2.8절 "통계"에 개략적으로 정리되어 있습니다.

그림 1.5에 나타난 그래프들처럼, 때로는 시계열 지표(time-series metrics)[5]만으로도 성능 문제를 해결할 수 있습니다. 문제가 발생한 정확한 시점을 파악하기만 해도, 해당 시점에 있었던 소프트웨어 변경이나 설정 변경과의 관련성을 찾아내고,

---

5 (옮긴이) 시계열 지표는 시간의 흐름에 따라 측정된 값들을 기록한 데이터로, 예를 들어 CPU 사용률, 메모리 사용량, 네트워크 트래픽 등의 변화 추이를 시간축 기준으로 연속적으로 표현한 것입니다.

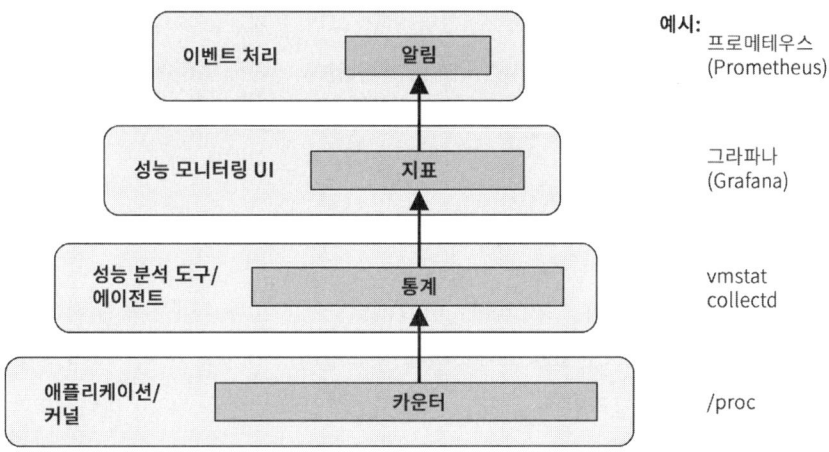

그림 1.4 성능 계측 용어

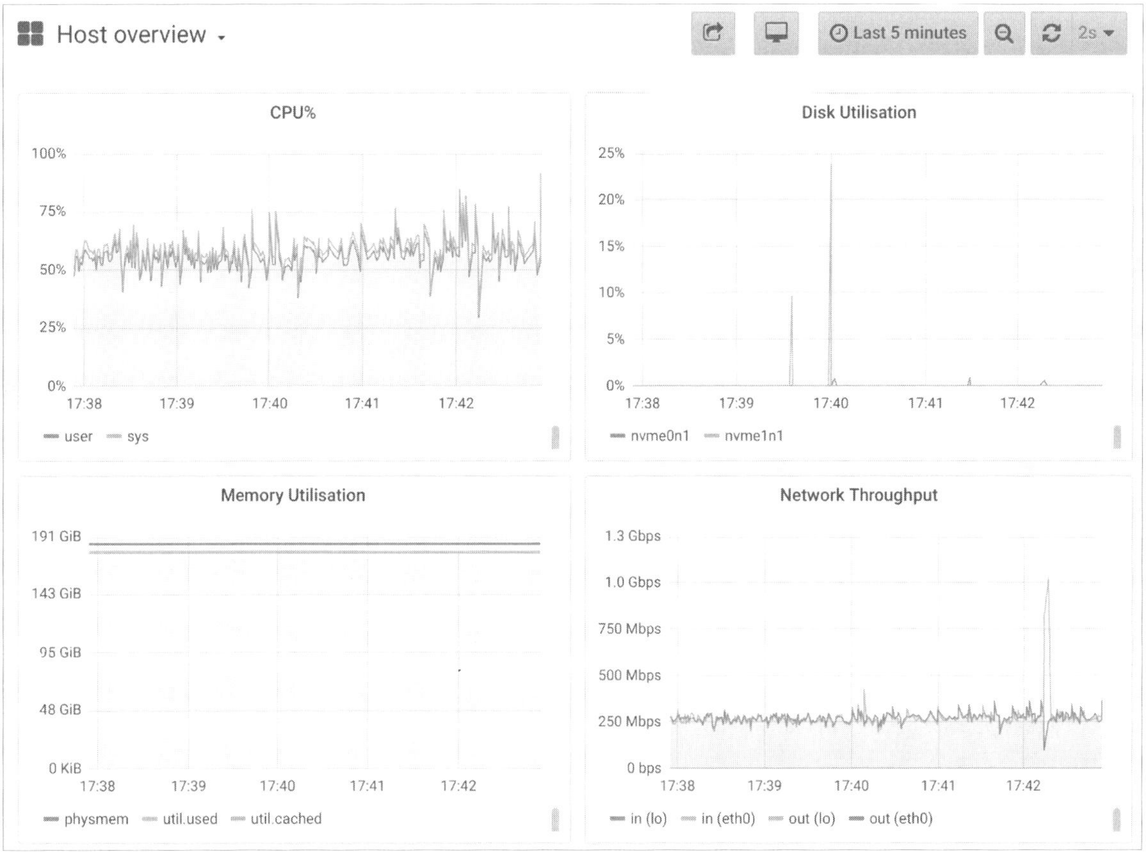

그림 1.5 시스템 지표 GUI (그라파나(Grafana))

필요하다면 이전 상태로 되돌릴 수 있습니다. 그러나 지표들이 문제가 있는 방향(CPU나 디스크 문제)을 가리킬 뿐, 구체적인 원인을 설명하지 않을 때도 있습니다. 이럴 때는 프로파일링이나 트레이싱 도구를 사용하여 깊이 파고들어 원인을 찾아야 합니다.

1.7.2 프로파일링

시스템 성능에서 **프로파일링**(profiling)이라는 용어는 보통 샘플링을 수행하는 도구의 사용을 의미하는데, 일부 측정값을 샘플로 잡아서 대상의 전반적인 상태를 대략적으로 파악하는 방식입니다. 가장 흔한 프로파일링 대상은 CPU입니다. CPU 프로파일링은 대개 정해진 시간 간격(timed-interval)마다 CPU에서 실행되는 코드 경로를 샘플링하여 사용 패턴을 파악하는 식으로 진행합니다.

플레임 그래프(flame graph)는 CPU 프로파일링 데이터를 효과적으로 분석할 수 있는 시각화 도구입니다. 이를 통해 시간에 따른 CPU 사용량 변화를 시각적으로 표현함으로써, 단순한 CPU 문제뿐 아니라 사용 패턴을 통해 다양한 유형의 문제를 식별할 수 있습니다. 가령 CPU 사용량이 갑작스럽게 증가한 시점을 분석하여, 그 원인이 CPU가 락을 획득하기 위해 무한 대기하는 상황(예: 스핀 락(spinlock))인지, 또는 다른 이유인지 알 수 있습니다. 이는 락 경합(lock contention) 문제를 식별하는 데 도움이 됩니다.

플레임 그래프는 또한 메모리 할당 함수(malloc())에서 과도한 CPU 시간을 소모하는 경우와 같은 메모리 문제를 분석하는 데도 유용한데, 어떤 코드 경로가 이러한 메모리 할당을 요청했는지를 확인해 볼 수도 있습니다. 더 나아가, 느리거나 레거시(legacy)의 코드 경로에서 소모된 CPU 시간을 관찰해 봄으로써 잘못 구성된 네트워킹과 관련된 성능 문제를 발견할 수도 있습니다. 이처럼 플레임 그래프는 시간에 따른 CPU 사용 패턴을 보여줌으로써 다양한 성능 문제의 원인을 파악하는 데 도움을 줍니다.

그림 1.6은 iperf(1) 네트워크 마이크로 벤치마크 도구를 사용하여 발생한 CPU 사이클을 보여주는 CPU 플레임 그래프의 예시입니다.

이 플레임 그래프는 CPU가 바이트 복사 작업(copy_user_enhanced_fast_string()에 해당하는 부분)과 TCP 전송(tcp_write_xmit()을 포함하는 왼쪽 탑 부분)에 각각 얼마나 많은 시간을 소비하는지 비교해 보여줍니다. 각 탑의 너비는 소모된 CPU 시간에 비례하며, 세로 축은 코드 경로를 나타냅니다.

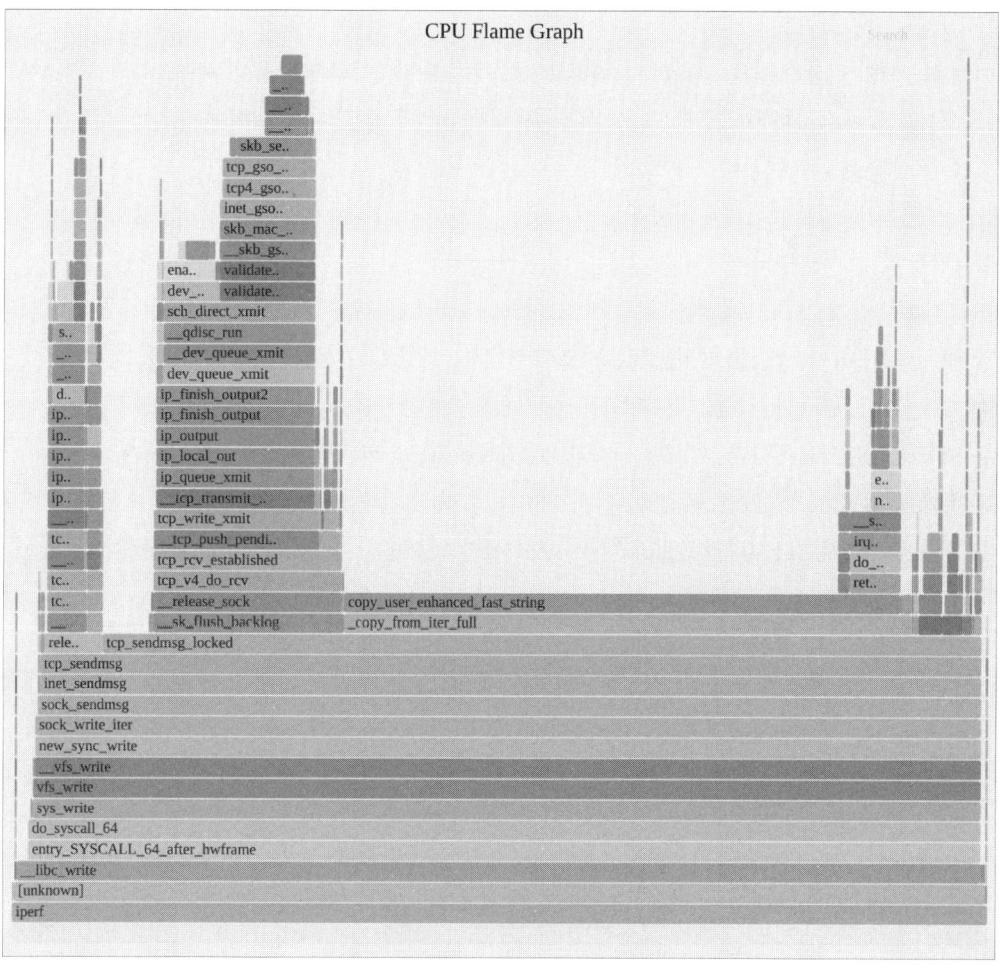

그림 1.6 플레임 그래프를 통한 CPU 프로파일링

프로파일링 도구에 대해서는 4장, 5장, 6장에서 설명하며, 플레임 그래프의 시각화에 대해서는 6.7.3절 "플레임 그래프"에서 설명합니다.

1.7.3 트레이싱

트레이싱(Tracing)은 시스템 내에서 발생하는 이벤트들을 기록하고 추적하는 과정입니다. 이렇게 수집된 이벤트 데이터는 저장되어 추후 분석에 활용되거나, 실시간으로 사용자가 원하는 요약 정보나 다른 처리를 위해 쓰일 수 있습니다. 이러한 트레이싱 도구들 중에는 리눅스 strace(1) 같이 시스템 콜을 트레이싱하거나, 리눅스 tcpdump(8) 같이 네트워크 패킷을 트레이싱하기 위한 특수 목적 도구들도 있습니다다. 또한, 모든 소프트웨어 및 하드웨어 이벤트의 실행을 분석할 수 있는 범용 트레이싱 도구(예: 리눅스의 Ftrace, BCC, bpftrace)도 있습니다. 이러한 범용 트레이서들은 정적 및 동적 계측, 그리고 프로그래밍을 위해 BPF와 같은 다양한 이벤트 소스를 활용합니다.

정적 계측

정적 계측이란 소스 코드에 하드 코딩된 소프트웨어 계측점을 말합니다. 리눅스 커널에는 디스크 I/O, 스케줄러 이벤트, 시스템 콜 등을 계측하기 위한 수백 개의 정적 계측점이 있습니다. 리눅스에서 커널 정적 계측 기술은 tracepoint라 불리며, 사용자 공간 소프트웨어의 정적 계측 기술은 USDT(user statically defined tracing, **사용자 레벨 정적 트레이싱**)으로 불립니다. USDT는 libc와 같은 라이브러리에서 함수 호출을 계측하거나, 여러 애플리케이션에서 서비스 요청을 계측하는 데 사용됩니다.

정적 계측을 사용하는 도구의 예로는 execsnoop(8)이 있습니다. 이 도구는 execve(2) 시스템 콜을 추적하는 tracepoint를 계측하여, 트레이싱(실행)을 하는 동안 생성된 새로운 프로세스들을 출력합니다. 다음의 execsnoop(8) 실행 예시는 SSH 로그인을 트레이싱 한 결과입니다.

```
# execsnoop
PCOMM            PID    PPID   RET ARGS
ssh              30656  20063    0 /usr/bin/ssh 0
sshd             30657  1401     0 /usr/sbin/sshd -D -R
sh               30660  30657    0
env              30661  30660    0 /usr/bin/env -i PATH=/usr/local/sbin:/usr/
local...
run-parts        30661  30660    0 /bin/run-parts --lsbsysinit /etc/update-motd.d
00-header        30662  30661    0 /etc/update-motd.d/00-header
uname            30663  30662    0 /bin/uname -o
uname            30664  30662    0 /bin/uname -r
uname            30665  30662    0 /bin/uname -m
10-help-text     30666  30661    0 /etc/update-motd.d/10-help-text
50-motd-news     30667  30661    0 /etc/update-motd.d/50-motd-news
cat              30668  30667    0 /bin/cat /var/cache/motd-news
cut              30671  30667    0 /usr/bin/cut -c -80
tr               30670  30667    0 /usr/bin/tr -d \000-\011\013\014\016-\037
head             30669  30667    0 /usr/bin/head -n 10
80-esm           30672  30661    0 /etc/update-motd.d/80-esm
lsb_release      30673  30672    0 /usr/bin/lsb_release -cs
[...]
```

앞의 결과에서 짧은 시간 동안만 동작하는 프로세스(short-lived processes)들도 확인할 수 있는데, top(1) 같은 다른 관측가능성 도구들은 이러한 정보를 놓칠 수 있기 때문에 특히 유용합니다. 프로세스들이 짧은 시간 동안만 동작한다 하더라도 성능 문제를 일으키는 원인이 될 수 있기 때문에 주의해야 합니다.

tracepoint와 USDT probe에 대한 더 많은 정보는 4장을 참고하세요.

동적 계측

동적 계측은 소프트웨어 실행 중에 계측점을 생성하는 방식으로, 메모리 내의 명령어를 수정하여 계측 루틴을 삽입합니다. 이는 디버거가 실행 중인 소프트웨어의 특정 함수에 브레이크포인트를 삽입하는 방식과 유사합니다. 디버거는 브레이크포인트에 도달해 활성화되면 실행 흐름을 대화형 디버거로 전환시키는 반면, 동적 계측은 사용자가 정의한 루틴을 실행하고 대상 소프트웨어의 실행을 계속 진행시킵니다. 이를 통해 실행 중인 어떤 소프트웨어에서도 사용자 맞춤형 성능 통계를 생성할 수 있게 해주며, 관측가능성이 부족해 전에는 불가능했거나 엄두도 못 낼 정도로 어려웠던 문제들이 이제는 해결될 수 있습니다.

동적 계측은 기존의 관측 방법과 매우 다르기 때문에 처음에는 그 역할을 이해하기 어려울 수 있습니다. 기존에 해왔던 운영 체제 커널을 살펴보는 방식은, 마치 어두운 방 안에서 엔지니어들이 필요하다고 여긴 몇몇 지점에만 촛불(시스템 카운터, 정적 계측)을 켜놓고 그 빛에 의존해 방을 탐험하는 것과 비슷합니다. 동적 계측은 여러분이 원하는 어느 곳이든 밝게 비출 수 있는 손전등과 같습니다.

동적 계측은 1990년대에 처음 개발되었으며[Hollingsworth 94], 이와 함께 **동적 트레이싱 도구**(dynamic tracers)라 불리는 도구들도 함께 만들어졌습니다(예: kerninst[Tamches 99]). 리눅스에서의 동적 계측은 2000년에 처음 개발되었고[Kleen 08] 2004년부터 커널에 통합되기 시작했습니다(kprobe). 그러나 이 기술들은 잘 알려지지 않았고 사용하기 어려웠습니다. 이 상황은 2005년 썬 마이크로시스템즈(Sun Microsystems)가 사용하기 쉽고 프로덕션에서 안전한 DTrace를 출시하면서 변화되었습니다. 필자는 DTrace 기반 도구들을 많이 개발했으며, 이러한 도구들은 시스템 성능 분석에 있어 동적 계측의 중요성을 보여주었고, DTrace와 동적 계측이 널리 알려지게 하는 데 기여했습니다.

— Systems

BPF

BPF는 원래 버클리 패킷 필터(Berkeley Packet Filter)의 약자였지만, 현재는 리눅스의 최신 동적 트레이싱 도구를 구동하는 핵심 기술로 발전했습니다. BPF는 처음에 tcpdump(8) 필터 표현식의 실행 속도를 높이기 위해 개발된 커널 내 미니 가상 머신으로 시작되었습니다. 2013년 이후 BPF는 확장되어서(그런 이유로 때때로 eBPF[6]로 불립니다) 커널 내에서 안전하고 빠르게 자원에 접근할 수 있는 범용 실행 환경이 되었습니다. BPF의 새로운 용도 중 하나는 트레이싱 도구로, BCC(BPF Compiler Collection, BPF 컴파일러 모음)와 bpftrace 프론트엔드를 사용해 프로그래밍할 수 있습니다. 앞서 언급한 execsnoop(8)는 BCC 기반 도구입니다.[7]

BPF는 3장에서 설명하며, 15장에서는 BCC와 bpftrace 같은 BPF 트레이싱 프론트엔드에 대해 소개합니다. 다른 장에서는 BPF 기반 트레이싱 도구를 각 장의 관측 가능성 섹션에서 설명하는데, 예를 들어 CPU 트레이싱 도구는 6장 "CPU"의 6.6절 "관측가능성 도구"에서 다룹니다. 필자가 출간한 다른 트레이싱 도구들에 관한 책들도 있습니다(DTrace 도구[Gregg 11a], BPF 도구[Gregg 19]).

perf(1)와 Ftrace 또한 BPF 프론트엔드와 유사한 기능을 제공하는 트레이싱 도구입니다. perf(1)와 Ftrace는 13장과 14장에서 다룹니다.

1.8 실험

관측가능성 도구들과는 별개로 **실험**(experimentation) 도구들도 있는데, 특히 벤치마킹 도구가 있습니다. 이러한 도구는 인공적인 워크로드를 시스템에 적용하고 성능을 측정하는 방식으로 실험을 수행합니다. 이 과정은 주의깊게 이루어져야 하는데, 실험 도구가 테스트 중인 시스템의 성능을 교란시킬 수 있기 때문입니다.

벤치마킹 도구는 크게 두 가지로 나뉩니다. 첫 번째는 클라이언트가 애플리케이션 요청을 발생시키는 것과 같은 실제 환경의 작업 부하를 시뮬레이션하는 **매크로 벤치마킹**(macro-benchmark) 도구입니다. 두 번째는 CPU, 디스크, 혹은 네트워크 같은 특정 구성 요소를 개별적으로 테스트하는 **마이크로 벤치마크**(micro-bench-

---

6 이 확장(extended) BPF는 초기에 eBPF라는 용어로 따로 구분해 사용하였지만, 현재는 그냥 BPF라고 불립니다.
7 필자는 이 도구의 초기 버전을 DTrace용으로 개발했습니다. 그 이후 BCC와 bpftrace 같은 다른 트레이싱 도구용으로도 개발했습니다.

mark) 도구입니다. 이를 비유하자면, 경주용 자동차의 라구나 세카 레이스웨이(Laguna Seca Raceway)에서의 랩 타임(lap time)은 매크로 벤치마크라 할 수 있고, 차의 최고속도와 0에서 60mph까지 가속하는 시간은 마이크로 벤치마크로 볼 수 있습니다. 두 벤치마크 모두 중요하지만, 마이크로 벤치마크는 보통 디버깅이 쉽고, 결과를 반복해 확인하기도 용이하며, 이해하기도 더 쉽고 안정적이라는 장점이 있습니다

다음은 iperf(1)를 사용해 두 유휴 서버 간의 TCP 네트워크 스루풋을 테스트하는 마이크로 벤치마크 예시입니다. 이 벤치마크는 10초간(-t 10) 실행되며 초당 평균치(-i 1)를 출력합니다.

```
# iperf -c 100.65.33.90 -i 1 -t 10
------------------------------------------------------------
Client connecting to 100.65.33.90, TCP port 5001
TCP window size: 12.0 MByte (default)
------------------------------------------------------------
[  3] local 100.65.170.28 port 39570 connected with 100.65.33.90 port 5001
[ ID] Interval       Transfer     Bandwidth
[  3]  0.0- 1.0 sec   582 MBytes  4.88 Gbits/sec
[  3]  1.0- 2.0 sec   568 MBytes  4.77 Gbits/sec
[  3]  2.0- 3.0 sec   574 MBytes  4.82 Gbits/sec
[  3]  3.0- 4.0 sec   571 MBytes  4.79 Gbits/sec
[  3]  4.0- 5.0 sec   571 MBytes  4.79 Gbits/sec
[  3]  5.0- 6.0 sec   432 MBytes  3.63 Gbits/sec
[  3]  6.0- 7.0 sec   383 MBytes  3.21 Gbits/sec
[  3]  7.0- 8.0 sec   388 MBytes  3.26 Gbits/sec
[  3]  8.0- 9.0 sec   390 MBytes  3.28 Gbits/sec
[  3]  9.0-10.0 sec   383 MBytes  3.22 Gbits/sec
[  3]  0.0-10.0 sec  4.73 GBytes  4.06 Gbits/sec
```

이 출력 결과에서는 처음 5초 동안 약 4.8Gbps의 스루풋[8]을 보이다가 이후 약 3.2Gbps로 떨어지는 것을 확인할 수 있습니다. 이것은 스루풋이 쌍봉 분포 형태를 띤다는 것을 보여주는 흥미로운 결과입니다. 성능 개선을 위해 3.2Gbps의 분포에 주목하고 이를 설명할 수 있는 다른 지표들을 찾아볼 수 있습니다.

실험적 도구 없이 관측가능성 도구만으로 프로덕션 서버에서 이러한 성능 문제를 디버깅 할 때의 한계를 생각해 보세요. 네트워크 스루풋은 클라이언트 워크로드

---

[8] 이 도구의 출력에는 '대역폭(Bandwidth)'이라는 용어가 사용되었는데, 이는 용어를 잘못 사용한 것입니다. 대역폭은 가능한 처리량의 최대치를 의미하는데 iperf(1)는 이것을 측정하지 않습니다. iperf(1)은 네트워크 워크로드의 현재 처리량을 측정하는데, 이게 **스루풋**(throughput)입니다.

의 자연스러운 변동성[9]으로 인해 초단위로 변할 수 있으며, 네트워크 스루풋 분포(예: 쌍봉 분포)가 명확하게 드러나지 않을 수 있습니다. iperf(1)과 같은 도구를 사용해 고정된 워크로드로 테스트하면, 클라이언트의 변동성을 제거하여 외부 네트워크 스로틀링이나 버퍼 사용률과 같은 다른 요인들에 의한 변동성을 더 명확하게 드러낼 수 있습니다.

앞서 추천했던 것처럼, 프로덕션 시스템에서는 우선 관측 도구를 사용해 문제를 분석하는 것이 좋습니다. 하지만 관측 도구가 너무 많기 때문에, 실험 도구가 더 빠른 결과를 제공할 수 있는 상황인데도 이 도구들로 작업하느라 시간을 허비할 수 있습니다. 몇 년 전 시니어 성능 엔지니어인 로흐 부버내(Roch Bourbonnais)로부터 배운 비유를 말씀드리겠습니다. "여러분에게는 관측과 실험이라는 두 손이 있습니다. 한 가지 유형의 도구만 사용하는 것은 한 손으로 문제를 해결하려는 것과 같습니다."

6장에서 10장까지는 각 장의 주제와 연관된 실험 도구들을 소개합니다. 예를 들어 6장 "CPU"의 6.8절 "실험"에서 CPU 관련 실험 도구들에 대해 소개합니다.

1.9 클라우드 컴퓨팅

클라우드 컴퓨팅은 수요에 따라 컴퓨팅 자원을 배포하는 방식으로, **인스턴스**(instances)라 불리는 소형 가상 시스템을 계속 늘려가며 애플리케이션을 배포할 수 있어 빠른 확장이 가능합니다. 이는 짧은 시간 내에 클라우드에서 추가 자원을 쉽게 확보할 수 있기 때문에 엄격한 용량 계획의 필요성을 줄였습니다. 그러나 클라우드 컴퓨팅은 성능 분석의 필요를 높이는 측면도 있습니다. 클라우드를 사용하면 일반적으로 분당 또는 시간당 요금이 부과되는데, 성능 향상으로 더 적은 시스템을 사용할 수 있다면 즉시 비용 절감으로 이어질 수 있기 때문입니다. 같은 시나리오를 기업 데이터 센터와 비교해 보면, 데이터 센터의 경우 여러 해 고정된 지원 계약에 묶여 있기에 계약 종료 전까지는 비용을 절감을 달성하기 어렵습니다.

클라우드 컴퓨팅과 가상화로 인해 새롭게 발생한 어려움에는, 다른 **테넌트**(tenant)[10]가 성능에 미치는 영향 관리(때로는 **성능 격리**(performance isolation)라고도

---

9 (옮긴이) 서비스 트래픽은 시간대별로 변화가 클 수 있으며, 마케팅이나 특정 이벤트로 인해 트래픽이 변동할 수도 있습니다.
10 (옮긴이) 클라우드 환경에서 '테넌트'는 리소스를 공유하는 개별 사용자나 기업을 가리킵니다. 예를 들어, AWS의 EC2 인스턴스가 실행되는 하나의 물리적 머신은 다수의 테넌트가 사용할 수 있습니다.

합니다) 그리고 각 테넌트가 다른 사용자의 물리적 시스템을 보지 못하도록 막는 일이 포함됩니다. 예를 들어, 시스템이 적절히 관리되지 않으면 이웃 테넌트와의 경쟁으로 인해 디스크 I/O 성능이 저하될 수 있습니다. 일부 환경에서는 물리적 디스크의 실제 사용량을 각 사용자가 관찰할 수 없게 만들어 놓은 경우도 있는데, 그러한 경우에는 이런 종류의 문제를 파악하기가 어렵습니다.

이 주제들은 11장 "클라우드 컴퓨팅"에서 다룹니다.

1.10 방법론

방법론은 시스템 성능을 분석할 때 권장되는 단계를 문서화하는 방법입니다. 방법론이 없으면 성능 검사는 그저 슬쩍 찔러보는 것이 될 수 있는데, 성능 향상점을 발견할 희망에 부풀어 무작위로 아무거나 시도하는 것과 같습니다. 이는 시간이 많이 소요되고 비효율적일 뿐만 아니라 중요한 부분을 놓칠 수 있습니다. 2장 "방법론"에서는 시스템 성능 분석과 관련된 다양한 방법론을 소개합니다. 다음은 필자가 어떤 성능 문제를 다루든 가장 먼저 확인하는 방법론으로, 도구 기반 체크리스트입니다.

1.10.1 60초 리눅스 성능 분석

이 체크리스트는 대부분의 리눅스 배포판에서 사용할 수 있는 기존 도구를 활용하여, 성능 문제 조사 시작 60초 동안 수행할 수 있는 리눅스 도구 기반 체크리스트입니다.[Gregg 15a] 표 1.1에는 확인해 볼 명령어와 무엇을 체크할지, 그리고 이 책에서 해당 명령어를 더 자세히 설명한 위치가 정리되어 있습니다.

표 1.1 60초 리눅스 성능 분석 체크리스트

#	도구	체크리스트	절
1	uptime	부하 평균을 통해 부하가 증가하는지 혹은 감소하는지 확인 (1분, 5분, 15분 평균을 비교해 보기)	6.6.1
2	dmesg -T | tail	커널 오류 (OOM 이벤트 등)	7.5.11
3	vmstat -SM 1	시스템 전체에 대한 통계(실행 큐의 길이, 스와핑, 전반적인 CPU 사용률)	7.5.1
4	mpstat -P ALL 1	CPU별 부하 균형(부하가 한 CPU에 집중되면 스레드 분산에 문제가 있을 수 있음)	6.6.3
5	pidstat 1	프로세스별 CPU 사용률 조사(예상치 못한 CPU 사용량 확인, 각 프로세스별 사용자/시스템 CPU 시간 확인)	6.6.7

(다음 쪽에 이어짐)

6	iostat –sxz 1	디스크 I/O 통계 파악(IOPS 및 스루풋, 평균 대기시간, 동작 시간)	9.6.1
7	free –m	메모리 사용률 체크(파일 시스템 캐시 포함)	8.6.2
8	sar –n DEV 1	네트워크 장치 I/O 검사(패킷 및 스루풋)	10.6.6
9	sar –n TCP,ETCP 1	TCP 통계 분석(연결량, 재전송률)	10.6.6
10	top	전체 개요 확인	6.6.6

이 체크리스트는 동일한 지표들을 다룰 수 있는 모니터링 GUI가 있다면, 이를 통해서도 시각적으로 확인해 볼 수 있습니다.[11]

2장 "방법론"뿐만 아니라 후속 장들에는 USE 방법론(USE method), 워크로드 특성화(workload characterization), 지연시간 분석과 같이 성능 분석을 위한 다양한 방법론이 더 많이 소개됩니다.

1.11 사례 연구

시스템 성능 분석에 익숙하지 않은 분이라면, 어떤 성능 개선 작업이 왜, 언제 필요한지 보여주는 사례 연구가 현재 여러분의 환경에 이러한 활동들을 적용하는데 도움이 될 것입니다. 여기서는 두 가지 가상의 사례를 보여드리겠습니다. 하나는 디스크 I/O 관련 성능 문제, 다른 하나는 소프트웨어 변경에 따른 성능 테스트입니다.

이 사례들은 이 책의 다른 장에서 설명하는 성능 분석 활동에 대해 보여줍니다. 여기서 제시하는 접근법은 하나의 예시일 뿐, 유일한 방법이거나 반드시 옳은 방식이라는 의미는 아닙니다. 성능 분석 활동이 이런 방식으로도 수행할 수 있다는 점을 독자 여러분이 비판적으로 검토해볼 수 있도록 사례를 보여주는 것입니다.

1.11.1 느린 디스크

수밋은 중규모 회사의 시스템 관리자입니다. 데이터베이스 팀이 데이터베이스 서버 중 한 대에 '느린 디스크'가 있다고 도움을 요청하는 티켓을 등록했습니다.

---

[11] 이 체크리스트는 CLI 도구를 활용한 즉각적인 분석을 목적으로 합니다. 맞춤형 대시보드를 구성할 수도 있겠지만, 현재는 이 체크리스트보다 훨씬 다양하고 세밀한 지표를 제공하는 모니터링 솔루션이 많습니다. 개인적으로는 이 체크리스트용 대시보드보다는 USE 방법론이나 다른 전략을 위한 맞춤형 대시보드가 더 의미 있다고 생각합니다.

이 문제를 파악하기 위한 수밋이 한 첫 번째 단계의 일은 상황에 대해 더 많이 알아보고 문제 상황을 명확하게 정리하는 것입니다. 티켓에는 디스크 속도가 느리다는 이야기는 있지만, 이게 실제로 데이터베이스 문제를 일으키고 있는지에 대한 정보는 없었습니다. 이에, 수밋은 다음과 같은 질문들을 통해 세부 정보를 요청했습니다.

- 현재 데이터베이스에 성능 문제가 있습니까? 문제가 있다면 어떻게 측정되었나요?
- 이 문제가 발생한 지 얼마나 되었나요?
- 최근에 데이터베이스에 어떠한 변경사항이 있었나요?
- 디스크를 문제 원인으로 의심한 이유는 무엇인가요?

데이터베이스 팀은 이렇게 답변했습니다. "최근에 1,000밀리초를 초과하는 쿼리 로그가 여럿 발생했습니다. 보통 이런 일은 발생하지 않지만, 지난 주부터는 시간당 수십 건이 발생하고 있습니다. AcmeMon을 통해 디스크 사용률이 높은 것을 확인했습니다."

이는 실제로 데이터베이스에 문제가 있다는 것과 디스크가 문제의 원인이라는 가설이 추측일 수도 있음을 보여줍니다. 수밋은 디스크 뿐만 아니라 다른 자원에 대해서도 신속히 점검하고자 합니다. 만약 이러한 추정이 틀렸다면 다른 가능성도 열어둬야 하기 때문입니다.

AcmeMon은 회사에서 사용하는 기본 서버 모니터링 시스템으로(가상의 도구), 운영 체제가 제공하는 표준 성능 지표를 기반으로 하고 있으며 이러한 지표들의 시간에 따른 성능 그래프 기록을 제공합니다. 이는 mpstat(1), iostat(1)과 같은 시스템 유틸리티가 제공하는 지표와 동일합니다. 수밋은 AcmeMon에 접속하여 직접 상황을 살펴보았습니다.

수밋은 USE 방법론(2.5.9절 "USE 방법론")이라 불리는 방법론을 사용해 자원 병목 지점을 신속하게 찾는 것부터 시작했습니다. 데이터베이스 팀의 보고대로 디스크의 사용률은 80% 정도로 높았지만, 다른 자원들(CPU, 네트워크)은 사용률이 훨씬 낮았습니다. 과거 데이터는 지난주에 디스크 사용률이 지속적으로 증가해 왔지만, CPU 사용률은 일정함을 보였습니다. AcmeMon은 디스크의 포화 상태나 오류 통계를 제공하지 않기 때문에 USE 방법론을 수행해보기 위해 서버에 직접 접속하여 몇 가지 명령을 실행했습니다.

수밋은 첫 단계로 /sys에서 디스크 오류 카운터를 검사했는데 오류는 없었습니다. 그 후 그는 iostat(1)을 실행해 시간이 지남에 따라 디스크의 활용도와 포화도 지표가 어떻게 변하는지 1초 단위로 살펴보았습니다. AcmeMon에서는 1분 단위로 80% 사용률을 보고했지만, 1초 단위로 살펴본 결과, 디스크 사용률의 변화가 심하게 변동하며 자주 100%에 도달하고 이로 인해 포화 상태가 발생해 디스크 I/O 지연 시간이 증가하는 것을 볼 수 있었습니다.

수밋은 이 현상이 데이터베이스 작업을 방해하고 있는지, 그리고 쿼리와 직접적인 관련이 있는지 확인하기 위해 BCC/BPF 트레이싱 도구인 offcputime(8)을 사용하여 데이터베이스가 커널에 의해 일시 중단될 때마다(스케줄 해제) 대기한 시간과 스택 트레이스를 기록했습니다. 스택 트레이스 결과를 살펴보니 쿼리 중 파일 시스템 읽기 작업이 발생할 때 데이터베이스가 자주 블록되는 것을 확인할 수 있었습니다. 이는 수밋에게 충분한 증거였습니다.

이제 문제는 '왜' 디스크 부하가 증가했는가 입니다. 디스크 성능 통계를 살펴본 결과, 높은 부하 상태에서 디스크가 정상적으로 작동하고 있음을 알 수 있었습니다. 수밋은 이 현상을 더 깊이 이해하기 위해 워크로드 특성을 분석하기 시작했습니다. 그는 iostat(1)을 사용해 IOPS, 스루풋(throughput, 처리량), 평균 디스크 I/O 지연시간, 읽기/쓰기 비율을 측정했습니다. 더 자세한 분석을 위해 디스크 I/O 수준에서의 트레이싱을 할 수도 있었지만 이미 부하가 높다는 명확한 근거를 가지고 있었기 때문에, 수밋은 디스크 자체의 문제가 아닌 높은 부하로 인한 문제로 결론지었습니다.

수밋은 확인한 내용을 티켓에 추가하고, 디스크를 분석하는데 사용한 명령어들의 화면 캡처를 첨부했습니다. 그의 요약에 따르면, 디스크 부하가 높아서 I/O 지연 시간이 증가했고 이로 인해 쿼리 속도가 느려졌으나, 부하 상황을 고려할 때 디스크 자체는 정상적으로 작동하고 있는 것으로 보입니다. 이러한 문제의 원인을 파악하기 위해 수밋은 "데이터베이스 부하가 증가했습니까?"라는 간단한 질문을 던졌습니다.

데이터베이스 팀은 데이터베이스 부하가 증가하지 않았으며 시간당 쿼리 개수(AcmeMon은 이를 보고하지 않습니다)가 안정적이었다고 답했습니다. 이는 앞에서 발견한 다른 사실인 CPU 사용률이 일정했다는 점과도 일치합니다.

수밋은 CPU 사용량이 눈에 띄게 증가하지 않고도 디스크 I/O 부하가 증가할 수 있는 다른 요인이 무엇일지 고민하고 동료들과 논의했습니다. 한 동료가 파일 시스템의 파편화(fragmentation) 가능성을 제기했는데, 이는 파일 시스템 사용량이 100%에 가까워질 때 예상되는 현상입니다. 그러나 수밋이 이를 살펴본 결과 파일 시스템 사용량이 30%에 불과함을 확인할 수 있었습니다.

수밋은 디스크 I/O의 정확한 원인을 파악하기 위해 드릴다운 분석(Drill-down analysis)[12]을 수행해 볼 수 있었지만, 시간이 많이 걸릴 수 있다는 점을 알고 있었습니다. 그래서 그는 커널 I/O 스택에 대한 자신의 지식을 바탕으로, 빠르게 살펴볼 수 있는 다른 가능성을 생각해보았습니다. 그는 디스크 I/O가 주로 파일 시스템 캐시(페이지 캐시) 미스로 인해 발생한다는 것을 기억해냈습니다.

수밋이 cachestat(8)[13]을 사용해서 파일 시스템 캐시 히트율을 확인했고, 현재 91%임을 알게 되었습니다. 이 수치는 높아(좋아) 보이지만 비교할 과거 데이터가 없어 확실하지 않았습니다. 수밋은 비슷한 워크로드를 처리하는 다른 데이터베이스 서버에 접속해 그곳의 캐시 적중률이 98% 이상임을 발견했습니다. 또한, 다른 서버들에서는 파일 시스템 캐시의 크기가 훨씬 더 크다는 것을 발견했습니다.

수밋은 이제 파일 시스템 캐시 크기와 서버 메모리 사용 현황을 주의 깊게 살펴보았습니다. 그리고 그동안 간과해 왔던 것을 발견했습니다. 개발 프로젝트의 프로토타입 애플리케이션이 메모리를 점차 많이 잡아먹고 있었습니다. 심지어 아직 프로덕션 수준의 부하가 가해진 것도 아니었습니다. 이 프로토타입 애플리케이션이 소비하는 메모리는 파일 시스템 캐시에 할당될 수 있는 메모리를 줄여, 그 결과 캐시 히트율이 낮아져 더 많은 파일 시스템 읽기가 디스크 읽기를 증가시키는 것이었습니다.

수밋은 애플리케이션 개발 팀에 연락하여 데이터베이스 문제를 언급하며, 애플리케이션을 중단시키고 다른 서버로 옮길 것을 요청했습니다. 이 조치가 취해진 후, 수밋은 AcmeMon을 통해 파일 시스템 캐시가 원래 크기로 복구되면서 디스크 사용률이 점진적으로 감소하는 것을 관찰했습니다. 느린 쿼리 문제가 사라졌고, 그는 문제가 해결되었다고 판단하여 티켓을 닫았습니다.

---

[12] 이 방법론은, 2.5.12절 "드릴다운 분석"에서 다룹니다.
[13] 이 BCC 트레이싱 도구에 대해서는 8.6.12절 "cachestat"에서 다룹니다.

1.11.2 소프트웨어 변경

파멜라는 소규모 회사의 성능 및 확장성 엔지니어로서 모든 성능 관련 문제에 관여합니다. 애플리케이션 개발자가 새로운 핵심 기능을 개발했는데, 그 기능을 적용하더라도 성능에 문제가 없을지 확신이 서지 않는 상황이었습니다. 파멜라는 새 애플리케이션을 프로덕션에 배포하기 전에 비회귀(non-regression) 테스트[14]를 해보기로 했습니다.

파멜라는 테스트에 사용할 수 있는 서버를 확보하고, 사용해 볼 만한 클라이언트 부하 시뮬레이터를 찾아보았습니다. 조금 오래되었고, 알려진 버그와 여러 가지 제약사항이 있긴 했지만 애플리케이션 팀에서 작성한 것이 하나 있었습니다. 그녀는 이를 사용해 보기로 했지만, 현재 프로덕션 워크로드와 유사한 부하를 적절히 재현하는지 확인하고 싶었습니다.

테스트 서버를 현재 배포 구성에 맞게 설정한 파멜라는 클라이언트 부하 시뮬레이터를 다른 시스템에서 대상 시스템으로 실행했습니다. 클라이언트 워크로드의 특성은 액세스 로그를 살펴보면 파악할 수 있는데, 이를 위한 사내 도구가 이미 있었습니다. 파멜라는 이 도구를 사용해 다양한 시간대의 프로덕션 서버 로그를 분석하고, 시뮬레이터와 실제 워크로드를 비교했습니다. 결과적으로 시뮬레이터는 평균적으로는 프로덕션과 비슷한 부하를 가하지만, 변동성은 반영하지 못하는 것으로 나타났습니다. 그녀는 이를 기록해 두고, 분석을 계속 진행했습니다.

이 시점에서 파멜라는 여러 접근 방식을 선택할 수 있었지만, 가장 쉬운 방법인 클라이언트 시뮬레이터로 서버가 한계에 도달할 때까지 부하를 점차 늘려가는 방법을 택했습니다(스트레스 테스트(stress test)라고도 함). 클라이언트 시뮬레이터는 초당 클라이언트 요청 횟수를 설정할 수 있으며, 파멜라는 초기에 기본값인 1,000요청/초를 사용했습니다. 그러나 그녀는 좀 더 정밀한 결과를 얻기 위해 100요청/초에서 시작해 100요청/초씩 증가시키며 한계에 도달할 때까지 각 부하 수준을 1분씩 실험하기로 했습니다. 그녀는 테스트를 자동으로 실행하고 결과를 파일로 수집하는 셸 스크립트를 작성했으며, 이 결과는 후에 다른 도구를 사용해 그래프로 시각화할 계획이었습니다.

부하를 가한 상태에서, 파멜라는 제약 요인을 파악하기 위해 능동적 벤치마크를

---

14 어떤 사람들은 회귀(regression) 테스팅이라고 부르지만, 소프트웨어나 하드웨어의 변경이 성능 퇴보(회귀)를 유발하지는 않는다는 것을 확인하기 위해 의도된 활동이므로 비회귀(non-regression) 테스팅이 올바른 표현입니다.

수행했습니다. 서버 자원과 스레드는 대체로 유휴 상태인 것으로 보였습니다. 클라이언트 시뮬레이터는 요청 처리량이 초당 약 700에서 한계점에 도달해 수렴하는 것을 보여주었습니다.

파멜라는 새 소프트웨어 버전으로 전환하여 동일한 테스트를 반복했습니다. 이번에도 역시 700요청/초 지점에서 수렴했습니다. 제약 요인을 찾아보았지만 이번에도 아무것도 찾을 수 없었습니다.

그녀는 두 실험 결과를 부하 대비 시간당 완료된 요청 그래프로 그려서 확장성 프로필을 시각적으로 비교해 보았지만 눈에 띄는 차이는 없었습니다. 둘 다 700요청/초 정도에서 급작스럽게 한계에 도달하는 것 같아 보였습니다.

두 소프트웨어 버전이 유사한 성능 특성을 보여주었지만, 파멜라는 확장성의 한계를 초래하는 제약 요인을 찾을 수 없었기 때문에 만족할 수가 없었습니다. 파멜라는 서버 리소스만을 검토했기 때문에 이 한계는 아마도 애플리케이션 로직의 문제 때문이거나 네트워크나 클라이언트 시뮬레이터와 같은 다른 요인에 의한 것일 수 있었습니다.

파멜라는 다른 접근 방식이 필요할지도 모른다고 생각했습니다. 예를 들어, 일정한 속도로 연산을 실행한 후 자원 사용률(CPU, 디스크 I/O, 네트워크 I/O)을 분석해 이를 단일 클라이언트 요청에 따른 사용률로 표현할 수 있도록 하는 것입니다. 그녀는 시뮬레이터를 초당 700요청으로 설정하고 현재와 새 소프트웨어에서 자원 소비량을 측정했습니다. 같은 부하에 대해 현재 소프트웨어는 32개의 CPU를 평균 20% 사용했으며, 새 소프트웨어는 동일한 부하에 대해 같은 CPU에서 30%의 사용률을 보였습니다. 이 부분에서는 더 많은 CPU 자원을 소비하기 때문에 새 소프트웨어가 약간 퇴행한 것 같아 보였습니다.

700요청/초의 한계에 대한 궁금증을 해소하기 위해 파멜라는 더 높은 부하를 실험하고 네트워크, 클라이언트 시스템, 클라이언트 부하 발생기를 포함한 모든 데이터 경로를 검토하였습니다. 또한, 그녀는 서버와 클라이언트 소프트웨어에 대해 드릴다운 분석을 수행했습니다. 그리고 체크한 내용을 나중에 참조할 수 있도록 화면 캡처와 함께 문서로 정리했습니다.

클라이언트 소프트웨어(시뮬레이터)를 조사하던 중 스레드 상태 분석을 실시했고, 이 소프트웨어가 단일 스레드로 구성되어 있음을 발견했습니다. 이 단일 스레드는 한 CPU에서 100% 사용률을 보였습니다. 파멜라는 이제 이것이 제약의 원인이었음을 확신할 수 있게 되었습니다.

실험 삼아 파멜라는 여러 클라이언트 시스템에서 클라이언트 소프트웨어를 병렬로 실행시켰습니다. 이 방식으로 그녀는 현재와 새 소프트웨어 모두에서 서버의 CPU 사용률을 100%까지 끌어올렸습니다. 현재 버전은 초당 3,500개의 요청을 처리했고, 새 버전은 2,300개의 요청을 처리했습니다. 이는 앞서 발견된 자원(CPU) 사용 패턴과 일치하는 결과였습니다.

파멜라는 새 소프트웨어 버전에서 성능 저하가 발생했다는 사실을 애플리케이션 개발자들에게 알리고, 성능 저하의 원인을 찾기 위해 CPU 플레임 그래프를 사용해 CPU 사용을 프로파일링해서 관련 코드 경로를 탐색하기 시작했습니다. 또한, 그녀는 평균적인 프로덕션 부하만 테스트되었고, 변동성 있는 부하는 테스트되지 않았다는 점을 기록했습니다. 마지막으로, 클라이언트 부하 발생기가 단일 스레드로 동작하므로 이것이 병목 지점이 될 수 있다는 점도 버그로 보고했습니다.

1.11.3 추가 자료

더 자세한 사례분석은 16장 "사례 연구"에 수록되어 있으며, 여기에서는 특정 클라우드 성능 문제를 어떻게 해결했는지를 설명합니다. 2장에서는 성능 분석에 사용하는 여러 방법론을 소개하고, 그 다음 장부터는 필요한 배경지식과 구체적인 내용을 다룰 것입니다.

1.12 참고 자료

[**Hollingsworth 94**] Hollingsworth, J., Miller, B., and Cargille, J., "Dynamic Program Instrumentation for Scalable Performance Tools," *Scalable High-Performance Computing Conference (SHPCC)*, May 1994.

[**Tamches 99**] Tamches, A., and Miller, B., "Fine-Grained Dynamic Instrumentation of Commodity Operating System Kernels," *Proceedings of the 3rd Symposium on Operating Systems Design and Implementation*, February 1999.

[**Kleen 08**] Kleen, A., "On Submitting Kernel Patches," *Intel Open Source Technology Center*, http://halobates.de/on-submitting-patches.pdf, 2008.

[**Gregg 11a**] Gregg, B., and Mauro, J., *DTrace: Dynamic Tracing in Oracle Solaris, Mac OS X and FreeBSD*, Prentice Hall, 2011.

[**Gregg 15a**] Gregg, B., "Linux Performance Analysis in 60,000 Milliseconds," Netflix Technology

Blog, *http://techblog.netflix.com/2015/11/linux-performance-analysis-in-60s.html*, 2015.

[Dekker 18] Dekker, S., *Drift into Failure: From Hunting Broken Components to Understanding Complex Systems*, CRC Press, 2018.

[Gregg 19] Gregg, B., *BPF Performance Tools: Linux System and Application Observability*, Addison-Wesley, 2019. (번역서는 《BPF 성능 분석 도구: BPF 트레이싱을 통한 리눅스 시스템 관측가능성과 성능 향상》 이호연 옮김, 인사이트, 2021)

[Corry 20] Corry, A., *Retrospectives Antipatterns*, Addison-Wesley, 2020.

2장

Systems Performance Second Edition

방법론

> 한 사람에게 물고기를 주면 하루를 먹일 수 있다.
> 그 사람에게 물고기 잡는 방법을 가르치면 평생을 먹일 수 있다.
>
> 중국 속담

필자는 신입 시스템 관리자로 기술 커리어를 시작했는데, 명령어 도구들과 지표들만 공부하면 성능에 대해 배울 수 있을 거라 생각했습니다만 그것은 틀린 생각이었습니다. 매뉴얼 페이지를 처음부터 끝까지 읽으며 페이지 폴트, 컨텍스트 스위치, 기타 여러 가지 시스템 지표의 정의를 배웠지만, 이 지표들을 어떻게 활용해야 할지, 각종 징조를 해결책으로 어떻게 옮겨 나가야 할지 알지 못했습니다.

성능 이슈가 있을 때마다 선임 시스템 관리자들은 문제를 신속하게 파악하기 위해 도구들과 지표들을 이용하는 자신들만의 절차가 있다는 것을 알게 되었습니다. 그들은 어떤 지표가 중요하고, 언제 해당 지표가 문제를 나타내는지, 그리고 어떻게 조사를 좁혀나가는지를 알고 있었습니다. 이러한 노하우는 매뉴얼 페이지에 나와있지 않았으며, 보통 선임 관리자나 엔지니어의 어깨 너머로 습득해야 하는 것이었습니다.

이후 필자는 필자만의 성능 **방법론**(methodologies)을 수집하고, 문서화하고, 공유하고, 개발해 왔습니다. 이번 장에서는 이러한 방법론들과 시스템 성능에 필수적인 개념, 용어, 통계, 시각화 등 배경지식을 다룹니다. 이번에는 이론을 먼저 다루고, 후속 장들에서는 구현에 집중할 것입니다.

이번 장에서는 다음의 내용을 알아봅니다.

- 핵심 성능 지표인 지연시간(latency), 사용률(utilization), 포화도(saturation)에 대해 이해하기
- 측정된 시간을 스케일해서 나노초 수준까지 이해하기
- 튜닝에 따르는 트레이드오프(trade-off), 튜닝 대상, 분석 중단 시점에 대해 이해하기
- 부하 문제와 아키텍처 문제 구별하기
- 자원 분석과 워크로드 분석에 대해 알아보기
- USE 방법론, 워크로드 특성화, 지연시간 분석, 정적 성능 튜닝 및 성능 최적화 지침(performance mantras)를 포함해 여러 가지 성능 분석 방법론 따라해보기
- 통계와 큐 이론(Queueing Theory)의 기초 이해하기

이 책의 모든 장(chapter) 중에서 이번 장이 초판이 출간된 이후 가장 적게 바뀌었습니다. 소프트웨어, 하드웨어, 성능 도구 그리고 성능 튜닝 파라미터까지 모두 변화가 있었지만, 이론과 방법론은 변하지 않았습니다. 이 장은 바로 시간이 지나도 변하지 않는 그런 기술을 다룹니다.

이번 장은 세 부분으로 구성되어 있습니다.

- 배경: 용어, 기본 모델, 핵심 성능 개념 및 관점에 대해 설명합니다. 이 책의 나머지 부분에서는 이들 상당수를 이미 알고 있다고 가정하고 기술합니다.
- 방법론: 관찰적 및 실험적 성능 분석 방법론을 설명하고, 모델링과 수용량 설계에 대해 설명합니다.
- 지표: 성능 통계와 모니터링 및 시각화에 대해 설명합니다.

여기서 소개하는 여러 방법론은 뒤에 나올 장들에서 더 상세히 다룰 터인데, 5장부터 10장까지의 각 장 및 12장의 "방법론" 절을 참고하기 바랍니다.

2.1 용어

다음은 시스템 성능에 대해 이야기할 때 사용하는 핵심 용어입니다. 이어지는 장에서도 용어를 추가로 소개하고, 여러 가지 상황에서 각 용어가 어떤 의미인지 설명하겠습니다.

- IOPS(Input/output operations per second, 초당 입출력 연산 횟수): IOPS는 데이터 전송 연산에 대한 측정값 중 하나입니다. 디스크 I/O의 경우 IOPS는 초당 읽기와 쓰기 횟수를 의미합니다.
- 스루풋(throughput): 단위 시간당 처리량을 말합니다. 특히 통신 분야에서는 이 용어가 **데이터 전송 속도**(data rate, 초당 바이트 수 또는 초당 비트 수)를 의미합니다. 분야에 따라(예: 데이터베이스) 스루풋은 **연산 속도**(operation rate, 초당 작업 수 또는 초당 트랜잭션 수)를 의미하기도 합니다.
- 응답 시간(response time): 연산이 완료될 때까지 걸리는 시간을 의미합니다. 이 시간에는 대기시간과 처리에 소요되는 시간(service time), 그리고 결과를 전송하는 데 걸리는 시간이 포함됩니다.
- 지연시간(latency): 지연시간은 요청에 대한 처리를 받기까지 기다려야 하는 시간을 의미합니다. 어떤 경우에는 지연시간이 전체 연산시간을 의미하기도 하며, 그런 경우에는 응답 시간과 동일합니다. 2.3절 "개념"의 예제를 살펴보십시오.
- 사용률(utilization): 요청을 처리하는 자원의 경우 사용률은 해당 자원이 얼마나 바쁜가를 측정하는 기준입니다. 이는 특정 기간 동안 해당 자원이 작업을 활발히 수행한 시간의 합계로 표현할 수 있습니다. 저장 장치를 제공하는 자원의 경우, 사용률이란 단어가 용량 중 얼마를 사용했는지를 나타낼 수도 있습니다(예: 메모리 사용률).
- 포화도(saturation): 어떤 자원의 큐에 처리하지 못한 작업이 얼마나 많이 남아있는지 그 정도를 표시합니다.
- 병목 지점(bottleneck): 시스템 성능에서 병목 지점이란 전체 시스템의 성능을 제약하는 자원을 의미합니다. 시스템의 병목 지점을 알아내서 제거하는 것이 시스템 성능 향상 활동의 핵심입니다.
- 워크로드(workload): 시스템에 가해지거나 적용되는 부하를 워크로드라고 합니다. 데이터베이스의 경우 워크로드는 클라이언트가 보낸 데이터베이스 쿼리와 명령입니다.
- 캐시(cache): 더 느린 저장 장치와 직접 통신하지 않고도 데이터를 빠르게 처리하기 위해 사용되는 저장 공간입니다. 이 저장 공간은 비교적 작지만, 제한된 양의 데이터를 복사하거나 버퍼링하여 성능을 향상시킵니다. 경제적인 이유로 캐시는 일반적으로 느린 저장 장치보다 작은 용량으로 구성됩니다.

이 책 끝부분에 있는 용어사전에는 필요할 때 참조할 수 있도록 기본적인 용어가 정리되어 있습니다.

2.2 모델

다음에 소개하는 간단한 모델은 시스템 성능과 관련한 기본 원칙들을 보여줍니다.

2.2.1 테스트 중인 시스템

테스트 중인 시스템(system under test, SUT)의 성능을 그림 2.1에서 도식화했습니다.

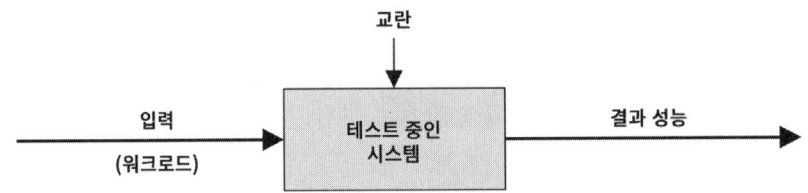

그림 2.1 테스트 중인 시스템의 블록 다이어그램

시스템 성능에 영향을 미칠 수 있는 여러 가지 교란(간섭, perturbation) 요인을 고려해야 합니다. 이러한 요인에는 예약된 시스템 활동, 시스템을 사용하는 다른 사용자, 그리고 기타 다른 워크로드가 포함됩니다. 교란의 원인은 명확하지 않을 수 있으므로, 시스템 성능을 주의 깊게 분석해야 합니다. 특히 일부 클라우드 환경에서는 이러한 분석이 매우 어려울 수 있습니다. 왜냐하면 게스트 SUT에서는 같은 물리적 호스트에서 발생하는 다른 활동(다른 테넌트의 작업)을 볼 수 없기 때문입니다.

현대 환경 분석의 또 다른 어려움은 여러 네크워크 구성 요소가 입력 워크로드를 처리해야 한다는 점인데, 로드 밸런서, 프락시 서버, 웹 서버, 캐싱 서버, 애플리케이션 서버, 데이터베이스 서버, 스토리지 시스템 등이 그 예입니다. 이렇게 복잡한 환경에서는 각 구성 요소를 단순히 매핑하는 것만으로도 이전에 간과했던 교란 요소를 밝혀낼 수 있습니다. 또한, 이러한 환경을 큐 시스템 네트워크로 모델링하여 분석적인 연구를 수행할 수도 있습니다.

2.2.2 큐 시스템

일부 구성 요소나 자원은 큐 시스템(queueing system)으로 모델링할 수 있으며, 이를 통해 다양한 환경에서의 성능을 예측할 수 있습니다. 디스크는 보통 큐 시스템으로 모델링 되며, 이를 통해 부하가 걸렸을 때 응답 시간이 어떻게 저하되는지를 예측할 수 있습니다. 그림 2.2는 간단한 큐 시스템을 보여줍니다.

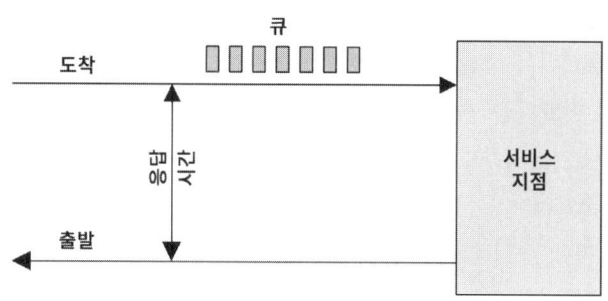

그림 2.2 간단한 큐 시스템 모델

2.6절 "모델링"에서 소개될 큐 이론(Queueing theory)은 큐 시스템 및 큐 시스템으로 이루어진 네트워크에 대해 연구하는 분야입니다.

2.3 개념

다음에 설명하는 내용들은 시스템 성능을 이해하는 데 필요한 중요한 개념으로, 이 장의 나머지 부분과 책 전반에서는 이미 알고 있다고 가정합니다. 여기서는 각 주제에 대해 일반적인 설명만 할 텐데, 구현에 따른 구체적인 세부사항은 앞으로 나올 각 장의 아키텍처를 설명한 절에서 다룹니다.

2.3.1 지연시간

환경에 따라서는 지연시간(latency)이 성능 향상의 주요 목표가 될 수도 있습니다. 다른 분야에서도 보통 스루풋과 디볼이 매우 중요한 분석 대상 중 하나입니다.

지연시간을 설명해 주는 사례로, 그림 2.3은 HTTP GET 요청과 같은 네트워크 전송을 데이터 전송과 지연시간으로 나눠서 보여줍니다.

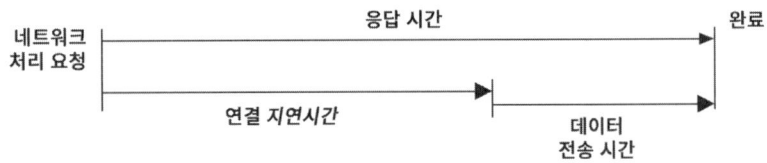

그림 2.3 네트워크 연결 지연시간

지연시간은 어떤 연산이 수행되기 전에 기다려야 하는 시간을 의미합니다. 위의 예에서 연산은 데이터 전송을 위한 네트워크 처리 요청입니다. 이 연산이 일어나기 전에 시스템은 네트워크 연결이 수립되기를 기다려야 합니다. 이에 걸리는 시간이 바로 이 연산의 지연시간입니다. 지연시간과 연산 시간을 합친 시간이 **응답 시간**(response time)입니다.

지연시간은 측정 위치에 따라 다르게 나타날 수 있기 때문에, 어떤 요소에서 해당 지연이 발생했는지를 함께 표시하곤 합니다. 예를 들어, 웹사이트를 로딩하는데 걸리는 시간은 3개의 다른 위치에서 측정된 각각 다른 시간인 **DNS 지연시간**, **TCP 연결 지연시간** 그리고 **TCP 데이터 전송 시간**의 합으로 구성될 수 있습니다. DNS 지연시간은 전체 DNS 연산에 걸리는 시간을 말합니다. TCP 연결 지연시간은 초기화(TCP 핸드세이크)에 걸리는 시간만을 의미합니다.

더 높은 수준에서 보면, 이러한 모든 지연시간은 더 큰 지연시간의 일부로 간주될 수 있습니다. 예를 들어, 사용자가 웹사이트 링크를 클릭한 순간부터 페이지가 완전히 로드될 때까지의 전체 시간이 지연시간으로 표현될 수 있습니다. 이 경우 지연시간에는 앞서 설명한 네트워크를 통해 웹 페이지를 가져오는 시간과 브라우저가 페이지를 렌더링하는 시간도 포함됩니다. '지연시간'이라는 단어는 다소 모호할 수 있으므로, 이를 수치화할 때는 '요청 지연시간', 'TCP 연결 지연시간'처럼 측정 대상을 명확하게 구분하는 것이 좋습니다.

지연시간은 시간을 기준으로 하는 측정 기준이므로 여러 가지 계산이 가능합니다. 성능 이슈는 지연시간으로 정량화할 수 있고, 이 경우 모두 동일한 단위(시간)를 사용하기 때문에 순위를 매길 수 있습니다. 지연시간이 줄어들거나 없어지는 경우를 가정한 성능 향상 예측도 가능합니다. 그러나 이러한 계산은 지연시간이 아닌 다른 측정 기준(예: IOPS)을 사용할 경우 정확하지 않을 수 있습니다.

참고를 위해 시간의 크기별 단위와 약자를 표 2.1에 정리해 두었습니다.

표 2.1 시간 단위

단위	약자	1초를 기준으로 한 비율
분	m	60
초	s	1
밀리초	ms	0.001 또는 1/1000 또는 1×10^{-3}
마이크로초	μs	0.000001 또는 1/1000000 또는 1×10^{-6}
나노초	ns	0.000000001 또는 1/1000000000 또는 1×10^{-9}
피코초	ps	0.000000000001 또는 1/1000000000000 또는 1×10^{-12}

가능하다면 확인하고자 하는 지표들의 상호 비교를 위해 측정 기준을 시간이나 지연시간으로 변환해 보는 것이 좋습니다. 예를 들어 초당 100번의 네트워크 I/O와 50번의 디스크 I/O를 비교해야 한다고 했을 때, 어느 쪽이 성능이 더 좋을지 어떻게 알 수 있을까요? 이것은 아주 복잡한 문제입니다. 네트워크 홉(hop) 수, 네트워크 패킷 드롭 비율과 재전송 비율, I/O 크기, I/O가 임의 접근인지 순차 접근인지 여부, 디스크 종류 등 고려할 요소가 많기 때문입니다. 하지만 이를 지연시간으로 변환하여 네트워크 I/O 전체에 100ms가 걸리고 디스크 I/O 전체에 50ms가 걸린다는 것을 비교해 보면 차이를 명확하게 확인할 수 있습니다.

2.3.2 시간 스케일

시간을 숫자로 비교할 때라도, 다양한 연산에 시간이 얼마나 걸릴지 대략적인 감을 잡고 서로 다른 부분에서 어느 정도 지연이 생기는지 적정하게 예상할 수 있다면, 이 역시 도움이 됩니다. 여러 시스템 구성 요소는 매우 다른 시간 스케일(자릿수 차이)로 동작하는데, 그 차이가 얼마나 큰지 가늠하기 어려울 정도입니다. 표 2.2에 3.5GHz 프로세서의 레지스터 액세스 시간을 기준으로 다양한 연산의 예상 지연시간을 예시로 정리해 두었습니다. 우리가 다뤄야 할 시간 스케일의 차이를 보여주기 위해, 이 표에서는 각 연산에 걸리는 평균 시간을 CPU 사이클이 1초가 걸리는 가상의 시스템으로 스케일링 해서 표시하였습니다. 실제로 우리가 사용하는 CPU는 1사이클에 약 0.3나노초(30억분의 1초)가 걸리지만, 여기서는 이해를 돕기 위해 1사이클에 1초가 걸린다고 가정하고 예시로 정리했습니다.

표 2.2 시스템 지연시간의 시간 스케일 예시

이벤트	지연시간	스케일 된 지연시간
1 CPU 사이클	0.3나노초	1초
L1 캐시 액세스 시간	0.9나노초	3초
L2 캐시 액세스 시간	3나노초	10초
L3 캐시 액세스 시간	10나노초	33초
메인 메모리 액세스(DRAM, CPU에서)	100나노초	6분
SSD I/O (플래시 메모리)	10-100마이크로초	9-90시간
회전식 디스크 I/O	1-10밀리초	1-12개월
샌프란시스코 - 뉴욕 간 인터넷	40밀리초	4년
샌프란시스코 - 영국 간 인터넷	81밀리초	8년
경량 하드웨어 가상화 부팅	100밀리초	11년
샌프란시스코 - 호주 간 인터넷	183밀리초	19년
OS 가상화 시스템 부팅	<1초	105년
TCP 타이머 기반 재전송(retransmit)	1-3초	105-317년
SCSI 명령 타임아웃	30초	3천년
하드웨어(HW) 가상화 시스템 부팅	40초	4천년
물리적 시스템 재부팅	5분	3만2천년

보다시피 CPU 사이클은 매우 작은 시간 스케일에서 동작합니다. 예를 들어 여러분의 눈에서 이 페이지까지의 거리가 약 0.5미터라면, 빛이 이 거리를 이동하는 데 걸리는 시간은 약 1.7ns입니다. 이 짧은 시간 동안 CPU는 5 사이클 이상의 연산을 실행하며 여러 개의 명령어를 처리할 수 있습니다.

CPU 사이클과 지연시간에 대해서는 6장 "CPU"를, 디스크 I/O 지연시간에 대해서는 9장 "디스크"를 참고하세요. 인터넷 지연시간은 10장 "네트워크"에서 더 많은 예제와 함께 설명합니다.

2.3.3 트레이드오프

성능 트레이드오프(trade-off)의 일반적인 원칙을 이해하는 것이 중요합니다. 그림 2.4를 보면 좋음/빠름/저렴 중 '두 가지만 가능'한 트레이드오프 관계와 IT 프로젝트에 맞춰 이를 그린 그림이 나란히 있습니다.

많은 IT 프로젝트에서는 비용 절감과 기한 준수를 우선시하고, 성능 개선은 후순위로 미룹니다. 하지만 이러한 초기 선택은 더 이상의 성능 향상이 불가능해져

그림 2.4 세 가지 중 두 가지만 만족 가능한 트레이드오프 관계

서 나중에 문제가 될 수 있는데, 예를 들어 최적이 아닌 저장 장치 아키텍처를 선택해 데이터를 채워 넣거나, 비효율적으로 구현된 프로그래밍 언어나 운영 체제를 사용하거나, 종합적인 성능 분석 도구가 없는 컴포넌트를 선택한 경우가 이에 해당됩니다.

성능 튜닝에서 흔히 발생하는 트레이드오프 중 하나는 CPU와 메모리 간의 관계입니다. 메모리는 결과를 캐시하는데 사용할 수 있고, 이는 CPU의 사용을 감소시킵니다. CPU 자원이 넉넉한 현대 시스템에서는 CPU를 소비해 데이터를 압축함으로써 메모리 사용을 줄이는 방식으로 이런 관계를 역전시킬 수도 있습니다.

튜닝 가능한 여러 파라미터는 서로 트레이드오프 관계인 경우가 자주 있습니다. 다음은 그 몇 가지 예입니다.

- 파일 시스템 레코드 크기(또는 블록 크기): 애플리케이션의 I/O 크기와 비슷한 작은 레코드 크기를 사용하면 임의 접근 I/O를 수행할 때 성능이 더 좋아지며, 애플리케이션 실행 중에 파일 시스템 캐시를 더 효율적으로 사용할 수 있습니다. 반대로 레코드 크기를 크게 하면 파일 시스템 백업과 같은 연속 전송에서 성능이 향상됩니다.
- 네트워크 버퍼 크기: 작은 버퍼는 연결당 메모리 오버헤드를 줄여 시스템이 더 많은 연결을 처리할 수 있게 됩니다. 반대로 버퍼 크기를 늘리면 네트워크의 스루풋이 증가합니다.

시스템을 변경할 때는 이러한 트레이드오프 관계를 신중히 검토해야 합니다.

2.3.4 튜닝을 위한 노력

성능 튜닝은 시스템에서 작업이 이루어지는 가장 가까운 지점에서 수행하는 것이 가장 효과적입니다. 즉, 애플리케이션이 부하를 유발한다면 애플리케이션 내부에서 튜닝을 해야 한다는 의미입니다. 표 2.3은 소프트웨어 스택에서의 튜닝 가능 지점을 보여줍니다.

애플리케이션 수준에서 튜닝을 진행하면 불필요한 데이터베이스 쿼리를 줄이거나 없애 성능을 크게 향상시킬 수 있습니다(예: 20배). 저장 장치 수준으로 내려가서 튜닝을 진행한다면 I/O 속도를 향상시키거나 I/O 자체를 없앨 수 있을지도 모르지만, 이미 시스템 콜과 같은 상위 운영 체제 스택 코드 실행 비용이 발생한 후이므로 성능 향상은 상대적으로 적습니다(예: 20% 향상).

표 2.3 튜닝 대상 예제

레이어	튜닝 지점의 예
애플리케이션	애플리케이션 로직, 요청 큐 크기, 수행하는 데이터베이스 쿼리
데이터베이스	데이터베이스 테이블 구조, 인덱스, 버퍼
시스템 콜	메모리 매핑 또는 읽기/쓰기, 동기화 또는 비동기화 관련 I/O 플래그
파일 시스템	레코드 크기, 캐시 크기, 파일 시스템 튜닝 파라미터, 저널링(journaling)[1]
저장 장치	RAID 수준, 디스크 개수와 유형, 저장 장치 파라미터

애플리케이션 수준에서 성능 향상을 꾀해야 하는 이유가 하나 더 있습니다. 요즘은 신속한 기능 개발을 목표로 하는 환경이 많아서 주 단위 또는 일 단위로 소프트웨어가 변경되기 때문입니다.[2] 따라서 애플리케이션을 개발하고 테스트 할 때 정확도(correctness)에만 초점을 맞추고, 상용화 이전에는 성능을 측정하거나 최적화하는데 시간을 거의 할당하지 않는 경향이 있습니다. 성능 측정이나 최적화는 나중에 성능이 실제로 문제가 되는 경우에 진행됩니다.

비록 애플리케이션 수준에서 하는 튜닝이 가장 효율적일 수는 있으나, 관찰의 시작점을 애플리케이션에 두는 게 항상 가장 효율적이지는 않습니다. 예를 들어, 느린 쿼리는 CPU 사용 시간이나 파일 시스템 및 디스크 I/O 관점과 같은 하위 계층에서 이해하는 것이 더 유리할 수 있습니다. 이런 정보는 운영 체제 도구를 이용해 관찰할 수 있습니다.

많은 환경(특히 클라우드 컴퓨팅)에서 애플리케이션은 지속적으로 개발되고, 매

---

1 (옮긴이) 저널링(journaling)은 파일 시스템에서 데이터를 기록하기 전에 변경 내용을 별도의 로그(journal)에 먼저 저장해 두는 방식입니다. 이를 통해 시스템 오류나 예기치 않은 종료 시에도 데이터 일관성을 유지할 수 있습니다.
2 넷플릭스의 클라우드와 쇼피파이(Shopify)도 이러한 급격한 변경이 일어나는 환경으로, 하루에도 수많은 변경이 발생합니다.

주 또는 매일 프로덕션 환경에 변경 사항이 반영됩니다. 이러한 환경에서는 애플리케이션 코드 변경을 통해 성능 개선이나 회귀 오류 수정이 자주 이루어지기 때문에, 운영 체제 수준의 튜닝이나 모니터링은 간과되기 쉽습니다. 그러나 운영 체제 성능 분석은 운영 체제뿐만 아니라 애플리케이션 문제도 파악할 수 있으며, 때로는 애플리케이션 내부에서만 분석하는 것보다 더 쉽게 문제를 발견할 수 있기 때문에 운영 체제 분석을 소홀히 해서는 안 됩니다.

2.3.5 적합성의 수준

조직이나 환경이 달라지면 성능 요구사항도 달라집니다. 여러분이 전에 보았거나 가능하다고 알고 있던 수준보다 훨씬 깊은 분석을 일상적으로 수행하는 조직에 몸담을 일이 있을 수도 있습니다. 반대로 여러분이 새로 몸담은 조직이 아주 기초적인 분석조차도 대단하게 여기고 성능 측정 같은 걸 전에는 해본 적이 없음을 알게 될 수도 있습니다(이 경우 성과는 내기 쉽겠죠!).

이것은 어떤 조직은 맞고 어떤 조직은 틀렸다는 의미가 아닙니다. 단지 성능 분석에 대한 투자 대비 효용(return on investment, ROI)이 다름을 의미할 뿐입니다. 대규모 데이터 센터나 클라우드 환경을 운용하는 기업은 성능 엔지니어 팀을 두고 커널 내부부터 CPU 성능 카운터까지 모든 것을 측정하고 분석하며, 다양한 트레이싱 도구를 자주 사용합니다. 이들은 성능 모델을 만들고 향후 성능 요구를 정확히 예측하는 방법을 개발하기도 합니다. 연간 수백만 달러를 컴퓨팅에 투자하는 환경에서라면 성능 전담팀 운영이 충분히 정당화되는데, 그 팀이 이뤄내는 성능 향상이 바로 ROI가 되기 때문입니다. 반면, 컴퓨팅 예산이 비교적 적은 소규모 스타트업은 표면적인 성능 체크만 수행하고, 서드파티 모니터링 솔루션에 의존해 성능을 확인하고 경고를 받는 경우가 많습니다.

그렇지만 1장에서 소개한 바와 같이 시스템 성능은 단지 비용 절감만이 아니라 최종 사용자 경험에도 중요합니다. 스타트업 기업은 웹사이트나 애플리케이션 지연시간을 개선하기 위해 성능 엔지니어링에 투자해야 할 필요성을 느낄 수 있습니다. 여기서 ROI는 비용 절감보다는 고객 만족도 향상입니다.

가장 극단적인 환경의 예로 증권 시장이나 초 단타매매를 하는 트레이더를 들 수 있습니다. 이들에게는 성능이나 지연시간이 너무나 치명적이기 때문에 막대한 노력과 비용이 정당화될 수 있습니다. 뉴욕 증시와 런던 증시 사이의 지연시간을 6밀리초로 줄이기 위해 3억 달러에 달하는 대서양 횡단 케이블을 깔려는 시도가 이런 사례의 하나입니다.[Williams 11]

성능 분석을 할 때 적합성의 수준은 분석을 언제 중단할지를 결정하는 데도 중요한 역할을 합니다.

2.3.6 분석을 언제 중단할 것인가

성능 분석을 할 때 직면하는 큰 도전 중 하나는 언제 멈춰야 할지 결정하는 일입니다. 세상에는 사용해 볼 만한 도구들도 너무 많고, 검토해야 할 사항도 너무 많기 때문입니다!

필자가 최근 다시 시작한 성능 강의에서 수강생들에게 세 가지 원인이 있는 성능 이슈를 제시하면, 일부 학생은 한 가지 원인을 찾은 후 멈추고, 다른 학생은 두 가지를 찾은 후 멈추며, 또 다른 학생은 세 가지 모두를 찾아냅니다. 심지어 어떤 학생들은 성능 문제의 더 많은 원인을 찾으려고 계속 노력하기도 합니다. 누가 옳을까요? 세 가지 원인을 모두 찾아내는 것이 당연해 보일 수 있지만, 현실 세계의 문제에서는 원인이 몇 개인지 알 수 없는 경우가 많습니다.

다음은 성능 분석 중단을 고려할 수 있는 세 가지 시나리오와 몇 가지 개인적인 경험입니다.

- 성능 문제의 주요 원인을 설명할 수 있을 때: 한 자바 애플리케이션이 이전보다 세 배 더 많은 CPU를 사용하고 있었습니다. 필자가 찾은 첫 번째 문제는 예외 처리 스택이 CPU를 많이 사용한다는 점이었습니다. 그런 다음, 해당 스택에서 소비된 시간을 정량화해 보니 전체 CPU 사용량의 12%만 차지한다는 것을 알게 되었습니다. 만약 그 수치가 66%에 가까웠다면, 성능 저하가 세 배인 원인을 설명할 수 있기 때문에 분석을 중단할 수 있었을 것입니다. 그러나 12%에 불과했기 때문에 필자는 계속 살펴볼 필요가 있었습니다.
- 잠재적 ROI가 분석 비용보다 적을 때: 필자가 작업 중인 몇몇 성능 문제는 연간 수천만 달러로 추산되는 성능 향상을 가져올 수 있습니다. 이러한 문제는 필자가 몇 달 동안 분석에 투자하는 개인 시간(엔지니어링 비용)을 충분히 정당화합니다. 반면에 여타 성능 개선 작업, 예컨대 작은 마이크로서비스 성능 개선 같은 사안들은 수백 달러의 효과가 있을 수 있으나, 한 시간의 엔지니어링 시간을 들여 분석하는 것조차 가치가 없을 수 있습니다. 다만 예외적으로, 회사 시간에 할

일이 없을 때(실제 그럴 일은 거의 없습니다)나 이 문제가 나중에 더 큰 문제의 징후일 수 있다고 의심되는 경우에는 문제가 커지기 전에 디버깅하는 게 가치가 있을 수 있습니다.
- 더 큰 ROI가 기대되는 다른 문제가 있을 때: 앞의 두 가지 시나리오가 해당되지 않더라도, 더 큰 ROI가 기대되는 다른 문제가 우선순위가 될 수 있습니다.

여러분이 풀타임 성능 엔지니어로 일한다면, 잠재적 ROI가 일상적인 업무에서 분석 우선순위를 정하는 기준이 될 것입니다.

2.3.7 성능 개선의 한시성

환경의 성능 특성은 사용자 증가, 새 하드웨어 설치, 소프트웨어나 펌웨어의 업데이트 등에 의해 시간에 따라 변할 수도 있습니다. 현재 10Gbit/s 네트워크 인프라로 제한된 환경은 100Gbit/s로 업그레이드되면 디스크나 CPU 성능에서 병목이 발생할 수 있습니다.

성능 개선 권장 사항, 특히 튜닝 파라미터 값은 특정 시점에만 유효할 수 있습니다. 성능 전문가가 추천한 설정은 일주일 후 새로운 소프트웨어나 하드웨어 업그레이드 또는 사용자 증가로 인해 더 이상 유효하지 않을 수 있습니다.

인터넷에서 찾은 튜닝 파라미터 값으로 성능을 빠르게 개선할 수 있지만, 이는 일부 상황에 해당합니다. 이러한 값이 여러분의 시스템이나 워크로드에 맞지 않거나, 한때는 적절했지만 지금은 그렇지 않거나, 소프트웨어 버그를 우회하기 위한 임시 방편이라면 오히려 성능 저하를 초래할 수 있습니다. 이후 소프트웨어 업그레이드로 해당 버그가 수정되면, 이러한 행위는 다른 사람의 벽장을 뒤져서 자신에게 적합하지 않은 아무 약이나 가져와서 먹거나, 날짜가 지난 약을 먹거나, 단기 처방으로 나온 약을 먹는 것과 비슷합니다.

튜닝 파라미터에 대한 추천 사항을 훑어보며 어떤 파라미터가 있고, 과거에 이런 값을 어떻게 변경해야 했는지 알아보는 것은 유용할 수 있습니다. 그러나 이러한 파라미터가 여러분의 시스템과 워크로드에 적합한지, 그리고 어떻게 적용할지를 판단하는 것은 여러분의 몫입니다. 다만 아무리 추천 목록을 참고하더라도 중요한 파라미터를 놓칠 수 있기에 유의해야 합니다. 다른 사람들이 해당 항목을 튜닝할 필요가 없었거나, 튜닝했더라도 해당 사례를 공유하지 않았을 수 있기 때문입니다.

튜닝 파라미터를 변경할 때는 버전 관리 시스템에 변경 이력을 상세한 설명과 함께 저장하면 도움이 됩니다(퍼펫(Puppet), 솔트(Salt), 셰프(Chef) 같은 설정 관리 도구들을 사용하고 있다면 유사한 작업을 이미 수행하고 있을 것입니다). 이렇게 하면 나중에 언제, 왜 튜닝 파라미터가 변경되었는지 확인할 수 있습니다.

2.3.8 부하 vs. 아키텍처

애플리케이션 성능이 저하되는 이유는 실행 중인 하드웨어와 소프트웨어 설정, 즉 아키텍처와 구현의 문제일 수 있습니다. 하지만 단순히 부하가 애플리케이션에 과도하게 걸리면서 큐가 길어지고 대기시간이 늘어나는 경우에도 성능이 나빠질 수도 있습니다. 그림 2.5는 부하와 아키텍처의 관계를 보여줍니다.

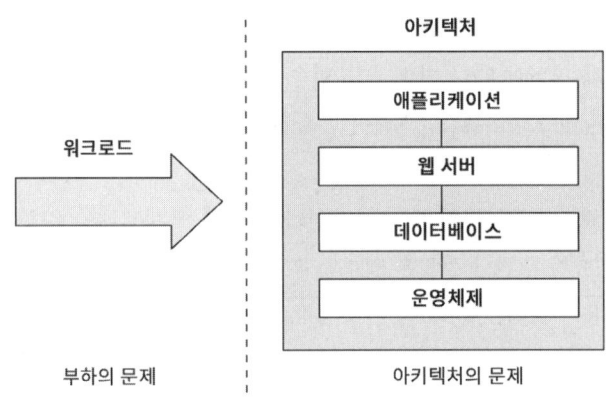

그림 2.5 부하 vs. 아키텍처

아키텍처를 분석한 결과 큐의 길이는 길지만 개별 작업의 수행 자체에는 문제가 없다면 과부하가 원인일 수 있습니다. 클라우드 환경이라면 이 시점이 바로 새로운 서버 인스턴스를 추가해 부하를 분산시켜야 할 때입니다.

반면, 성능 저하가 아키텍처의 문제일 수도 있습니다. 예를 들어, 단일 스레드 애플리케이션이 CPU를 바쁘게 사용하고 다른 CPU는 유휴 상태인데도 요청이 큐에 쌓이는 경우, 이는 멀티스레드를 사용하지 않았기 때문에 성능이 단일 스레드 아키텍처에 의해 제한되는 것입니다. 또 다른 아키텍처 문제의 예로는, 멀티스레드 프로그램에서 여러 스레드가 동시에 하나의 자원(락)을 사용하려고 경쟁하는 상황이 있습니다. 이 경우, 한 번에 하나의 스레드만 작업을 진행할 수 있고, 다른 스레드는 그 자원이 사용 가능해질 때까지 대기해야 하므로 전체 성능이 저하됩니다.

부하 문제는 멀티스레드 애플리케이션에서 모든 CPU가 이미 최대한 활용되고 있음에도 불구하고, 요청이 계속해서 큐에 쌓이는 경우입니다. 이 경우 성능은 사용 가능한 CPU 용량에 의해 제한되는데, 즉 얼마나 많은 부하를 각 CPU가 처리할 수 있느냐에 달려 있습니다.

2.3.9 규모 확장성

시스템에 가해지는 부하가 증가할 때, 성능이 어떻게 변화하는지를 규모 확장성(scalability)이라 합니다. 그림 2.6은 부하가 증가함에 따라 시스템의 스루풋이 어떻게 변화하는지를 보여주는 전형적인 시스템 프로파일링 결과입니다.

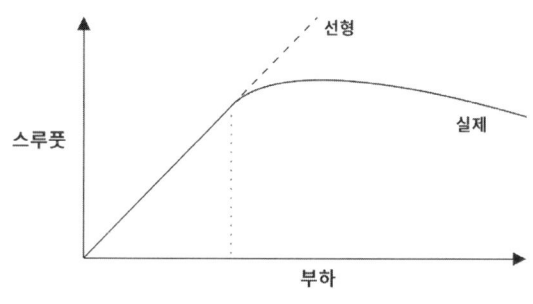

그림 2.6 부하에 따른 스루풋 변화

일정 기간 동안은 선형적인 확장성을 보이다가, 자원에 대한 경쟁이 시작되는 지점(가는 점선으로 표시됨)에서 스루풋이 감소하기 시작합니다. 이렇게 두 가지 다른 성능 패턴 사이의 경계 지점을 **무릎점**(knee point)이라고 합니다. 이 지점을 넘어서면 자원 경쟁이 심화되어 스루풋이 선형 확장성을 벗어나게 됩니다. 그러다가 마침내 늘어난 경쟁과 간섭이 야기하는 오버헤드 때문에 완료되는 작업이 줄어들기 시작하고 전체 스루풋이 감소합니다.

이 지점은 시스템의 특정 구성 요소가 100% 사용률에 도달할 때 발생하며, 이를 **포화 지점**(saturation point)이라고 합니다. 이처럼 구성 요소가 더 이상 추가 작업을 처리할 여유가 없고, 100%에 가까워질수록 큐잉(대기 작업이 줄을 서는 현상)이 자주 발생하며, 그 큐의 길이가 상당해지기 시작합니다.

이러한 프로파일을 대략적으로 보여주는 시스템의 예로는 계산 작업이 많은 애플리케이션이 있습니다. 더 많은 작업의 처리를 위해 애플리케이션의 스레드를 늘리게 되면, 부하가 심해지고 CPU 사용률이 100%에 가까워집니다. 이때부터 응답 시간이 느려지기 시작하는데, 이는 CPU 스케줄러가 작업을 처리하는데 걸리는 시간이 길어지기 때문입니다. 최대 성능을 보이는(100% 사용률을 보이는) 지점에 도달한 후에도 추가 스레드를 계속 늘리면, 스루풋이 점차 감소합니다. 이는 더 많은 컨텍스트 스위치가 발생해 CPU 자원이 소모되고, 그로 인해 완료되는 작업이 줄어들면서 악순환이 발생하기 때문입니다.

x축의 '부하'를 CPU 코어와 같은 자원으로 바꿔도 동일한 그래프를 볼 수 있습니다. 이 주제에 대해서는 2.6절 "모델링"에서 더 자세히 다루겠습니다.

이러한 비선형적인 확장성 저하는 평균 응답 시간이나 대기시간에서도 나타나는데, 그림 2.7의 그래프가 잘 보여줍니다.[Cockcroft 95]

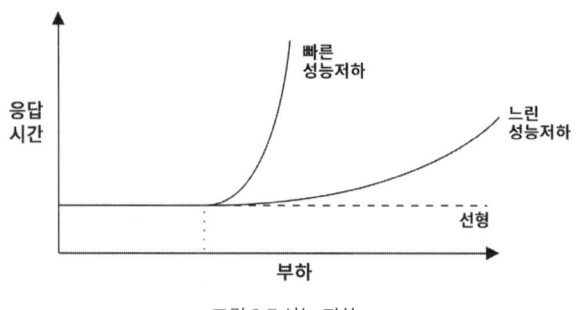

그림 2.7 성능 저하

길어지는 응답 시간은 당연히 바람직하지 않습니다. 위 그림에서 '빠른' 성능 저하는 주로 메모리 부하 상황에서 발생하는데, 이는 시스템이 메인 메모리를 확보하기 위해 메모리 페이지를 디스크로 옮길 때 일어납니다. 반면, '느린' 성능 저하는 CPU 부하 상황에서 발생할 수 있습니다.

또 다른 '빠른' 성능 저하의 예로는 디스크 I/O가 있습니다. 부하와 그에 따른 디스크 사용률이 증가함에 따라 I/O가 큐에 쌓일 가능성이 높아집니다. 유휴 상태의 회전식 디스크는 I/O를 약 1ms 내에 처리할 수 있지만, 부하가 증가하면 이 시간이 10ms까지 증가할 수 있습니다. 이는 2.6.5절 "큐 이론"의 "M/D/1과 60% 사용률"에 설명되어 있으며, 디스크 성능에 대해서는 9장 "디스크"에서 다룹니다.

응답 시간 측면에서 선형 확장성을 유지하려면, 애플리케이션이 작업을 큐에 추가하는 대신 자원이 부족할 때 오류를 반환하는 식으로 설계되어야 합니다. 예를 들어 웹 서버는 요청을 큐에 넣는 대신 503 "Service Unavailable" 오류를 반환함으로써 정상적으로 처리된 요청의 응답 시간을 일정하게 유지할 수 있습니다.

2.3.10 지표

성능 지표(performance metrics)는 관심 대상을 측정하기 위해 시스템, 애플리케이션, 또는 추가 도구에서 선택한 통계입니다. 이 지표들은 성능 분석과 모니터링의 대상이며, 커맨드 라인에서 수치로 보거나 시각화를 통해 그림으로 살펴볼 수 있습니다.

일반적인 시스템 성능 지표로는 다음과 같은 것들이 있습니다.

- 스루풋(throughput): 초당 연산량 또는 데이터 처리량
- IOPS: 초당 I/O 동작 수
- 사용률(utilization): 백분율로 표시되는 자원이 바쁜 정도
- 지연시간(latency): 연산에 사용한 시간으로, 평균 또는 백분율로 표시

스루풋은 맥락에 따라 의미가 다를 수 있습니다. 데이터베이스 스루풋은 보통 초당 쿼리나 요청(연산) 수로 측정합니다. 네트워크 스루풋은 초당 비트 수(b/s)나 초당 바이트 수(B/s)로 측정합니다.

IOPS는 스루풋 지표지만, I/O 연산(읽기나 쓰기)을 1로 칩니다. 이처럼 상황에 따라 정의는 달라질 수 있습니다.

오버헤드

성능 지표는 공짜로 얻을 수 없습니다. 지표를 수집하고 저장하기 위해서는 CPU 사이클을 어느 정도 소비해야 하며, 이로 인해 오버헤드(overhead)가 발생하여 측정 대상 시스템의 성능에 부정적인 영향을 미칠 수 있습니다. 이를 **관찰자 효과**(observer effect)라 합니다(참고로, 종종 이 개념을 하이젠베르크(Heisenberg)의 불확정성 원리(Uncertainty Principle)와 혼동하는 경우가 있는데, 불확정성 원리는 위치나 운동량 같은 물리적인 특성을 측정할 때 정밀도의 한계가 있음을 설명하는 이론입니다).

지표 문제

소프트웨어 개발사가 지표를 제시할 때 각 값을 주의 깊게 선택해서, 버그 없이 정확하고 완전하게 투명성을 제공한다고 믿고 싶을 것입니다. 그렇지만 실제로 각 지표는 혼동을 줄 수 있고, 복잡하며, 신뢰할 수 없거나 부정확할 수 있으며, 때로는

(버그로 인해) 그냥 틀렸을 수도 있습니다. 어떤 지표는 특정 소프트웨어 버전에서는 정확했지만, 새로운 버전에서 바뀐 코드나 실행 경로를 반영하지 못하는 경우도 종종 있습니다.

성능 지표의 문제에 관해서는 4장 "관측가능성 도구"의 4.6 "관측가능성 도구 관찰하기"를 참고하세요.

2.3.11 사용률

사용률(utilization)[3]은 운영 체제에서 CPU나 디스크와 같은 장치의 사용 상태를 나타내는 데 자주 쓰이는 용어입니다. 사용률은 시간을 기준으로 하거나 수용량(capacity)을 기준으로 할 수 있습니다.

시간 기반 사용률

시간을 기준으로 한 사용률은 큐 이론에서 수학적으로 정의된 개념입니다. 예를 들어 [Gunther 97]에서는 다음과 같이 정의합니다.

> 서버나 자원이 특정 기간 동안 얼마나 많은 시간을 바쁘게 동작했는지를 측정하고, 이를 전체 관찰 시간으로 나눈 비율

이는 다음과 같은 비율로 표현할 수 있습니다.

$$U = B/T$$

여기서 U는 사용률, T는 관찰 기간, B는 T 중 시스템이 동작 중인 총 시간입니다.

이 값은 대부분의 운영 체제 성능 도구에서 '사용률'이라는 지표로 제공됩니다. 디스크 모니터링 도구인 iostat(1)에서는 이 값을 %b라고 표시하며, 이는 가동시간 비율(percent busy)이라는 의미입니다. 이 용어는 B/T 측정값을 잘 표현합니다.

사용률 값은 어떤 구성 요소가 얼마나 사용되는지를 잘 보여줍니다. 어떤 요소의 사용률이 100%에 가깝다면 자원 획득 경쟁이 벌어져 성능이 심각하게 떨어질 가능성이 높습니다. 이러한 상황에서는 다른 지표를 더 측정해 보고 해당 자원이 전체 시스템의 병목 지점이 맞는지 여부를 판단해야 합니다.

어떤 구성 요소는 여러 작업을 동시에 처리할 수 있습니다. 이러한 경우, 사용률이 100%에 도달하더라도 성능 저하가 크게 발생하지 않는데, 추가 작업을 받아들

---

[3] 몇몇 지역에서는 utilisation으로 표기함

일 수 있기 때문입니다. 이를 이해하기 위해 건물의 엘리베이터를 생각해 봅시다. 엘리베이터는 층간을 이동하고 있을 때는 사용 중인 것으로, 어떤 층에 머물러 기다리고 있을 때는 유휴 상태인 것으로 간주할 수 있습니다. 그러나 엘리베이터가 호출에 응답하느라 100% 바쁘게 움직이고 있더라도, 여전히 더 많은 승객을 태울 수 있을지도 모릅니다.[4]

100% 사용 중인 디스크가 더 많은 작업을 받아들여 처리할 수 있는 경우도 있습니다. 예를 들어, 디스크 캐시의 쓰기 버퍼를 사용해 작업을 임시로 저장한 후 나중에 완료할 수 있습니다. 스토리지 어레이(storage array)에서도 특정 디스크가 100% 사용 중이어서 전체적으로 100% 사용률을 나타낼 수 있지만, 배열 내에 여전히 유휴 상태인 디스크가 많다면 더 많은 작업을 받아들일 수도 있습니다.

수용량 기반 사용률

수용량 기반(capacity-based) 사용률은 IT 전문가들이 수용량 계획 시 사용하는 사용률의 다른 정의입니다.[Wong 97]

> 시스템이나 구성 요소(예: 디스크 드라이브)는 특정 양의 스루풋을 제공할 수 있습니다. 성능 수준의 관점에서 볼 때 시스템이나 구성 요소는 자신의 수용량(최대 제공 성능) 중 일정 수준의 비율로만 동작합니다. 이런 비율을 사용률이라 합니다.

이 정의는 시간 대신 수용량을 기준으로 사용률을 정의합니다. 이 경우, 100% 사용률에 도달한 디스크는 더 이상 추가 작업을 처리할 수 없음을 의미합니다. 반면, 시간 기반 정의에서는 100% 사용률이 단순히 해당 구성 요소가 주어진 시간 동안 계속 바쁘게 동작했음을 의미합니다.

> 100% 바쁘다고 해서 자신의 능력을 100% 활용한다는 의미는 아닙니다.

앞서 살펴본 엘리베이터의 예시로 다시 정리하면, 100% 수용량은 최대 허용 무게까지 사람이 타고 있어서 더 이상 승객을 태울 수 없는 상태를 의미합니다.

이상적으로는 장치에 대해 두 가지 유형의 사용률을 모두 측정할 수 있다면 가장 바람직합니다. 예를 들어, 어떤 디스크가 쉬지 않고 100% 동작 중이라면 경합으로

---

4 (옮긴이) 완전히 가동 중인 상태, 즉 100% 사용률이라 하더라도 작업 처리 대기열(버퍼 등)을 통해 추가 요청을 받아들일 수 있다는 의미입니다.

인해 성능이 저하되기 시작할 수 있고, 100% 수용량을 다 썼다면 더는 작업을 받을 수 없습니다. 안타깝게도 이 두 가지를 모두 파악하는 것은 일반적으로 어렵습니다. 디스크의 경우 수용량을 산정하기 위해서는 디스크 컨트롤러가 어떻게 동작하는지 알고 수용량을 예측해야 합니다. 하지만 현재 디스크는 이 같은 정보를 제공하지 않습니다.

이 책에서는 **사용률**(utilization)라는 용어가 주로 시간 기반 사용률, 즉 **비유휴 시간**(nonidle time)을 의미합니다. 수용량 기반 사용률은 메모리 사용률과 같이 일부 양적 측정치를 나타낼 때 사용합니다.

2.3.12 포화도

자원에 요청되는 작업량이 처리할 수 있는 양을 초과하는 정도를 포화도(saturation)라 합니다. 포화는 사용률이 100%일 때(수용량 기준)부터 일어납니다. 자원이 포화된 경우 추가 작업을 처리할 수 없게 되어 작업이 큐에 쌓이기 시작합니다. 이 관계는 그림 2.8에 나타나 있습니다.

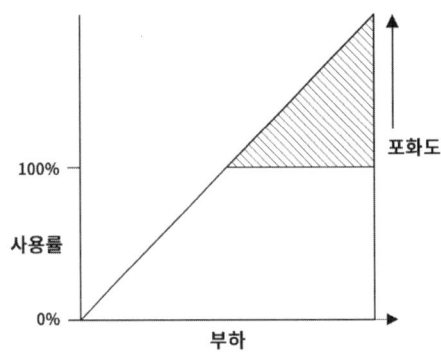

그림 2.8 사용률과 포화도의 관계

이 그림은 부하가 늘어나 사용률이 수용량 100%를 넘은 뒤, 포화도가 선형적으로 증가하는 모습을 보여줍니다. 포화도는 정도에 관계없이 성능 문제로 이어질 수 있습니다. 이는 작업이 큐에서 대기하는 동안 지연이 발생해 시간이 낭비되기 때문입니다. 시간 기반 사용률(가동시간 비율)로 볼 때, 자원이 작업을 병렬로 처리할 수 있는 정도에 따라 대기열 사용(큐잉)이나 포화 상태는 100% 사용률에 도달하기 전에 발생할 수 있습니다. 예를 들어, 자원이 한 번에 하나의 작업만 처리할 수 있다면, 사용률이 50%일 때도 추가 작업이 들어오면 큐에 쌓이게 됩니다.

2.3.13 프로파일링

프로파일링(profiling)은 대상 시스템의 활동을 기록하여 나중에 검토하고 이해할 수 있도록 하는 것입니다. 컴퓨터 성능 분야에서 프로파일링은 보통 일정 간격으로 시스템 상태를 샘플링(sampling)하고, 나중에 해당 샘플들을 분석하는 형태로 이루어집니다.

IOPS나 스루풋 같은 앞서 다룬 지표들과 달리, 샘플링을 사용하면 대상 시스템의 활동을 대략적으로 관찰할 수 있습니다. 이때 얼마나 자세히 파악할 수 있는지는 샘플링의 간격에 따라 달라집니다.

예를 들어, CPU 명령어 포인터나 스택 트레이스를 촘촘하게 샘플링하면 어떤 코드 경로가 CPU 자원을 많이 사용하는지 꽤 자세히 파악할 수 있습니다. 이 주제에 대해서는 6장 "CPU"에서 다룹니다.

2.3.14 캐싱

캐싱(caching)은 성능 향상을 위한 일반적인 기법 중 하나입니다. 캐시는 느린 저장 장치에서 가져온 결과를 더 빠른 저장 장치에 저장하여 참조 시간을 줄이는 방법입니다. 예를 들어, 디스크 블록을 메인 메모리(RAM)에 캐싱하는 경우가 있습니다.

캐시는 여러 단계로 구성할 수 있습니다. CPU는 보통 메인 메모리에 빠르게 접근하기 위해 여러 단계의 하드웨어 캐시(Level 1, 2, 3)를 사용합니다. 아주 빠르지만 크기는 작은 캐시(Level 1)에서 시작해, 단계가 올라갈수록 크기가 커지고 접근 지연시간은 길어집니다. 이는 저장 용량과 지연시간 사이의 경제적 트레이드오프입니다. 캐시를 몇 개의 단계로 구성할지와 캐시의 크기는 칩 내 가용 공간에서 최대한 성능을 내는 방향으로 결정됩니다. 이들 캐시에 대해서는 6장 "CPU"에서 다룹니다.

시스템에는 이 외에도 많은 캐시가 존재하며, 대부분 메인 메모리를 저장 장치로 사용하는 소프트웨어 기반 캐시입니다. 뒤에 나오는 3.2.11절 "캐싱"에서 이러한 캐시 계층에 대한 목록을 확인할 수 있습니다.

각 캐시의 성능을 이해하려면 **히트율**(hit ratio, 적중률)을 살펴보는 것이 도움이 됩니다. 히트율은 필요한 데이터를 캐시에서 찾은 횟수(hit, 히트)와 전체 접근 횟수(hit+miss, 히트+미스)를 비교하는 비율입니다.

히트율 = 히트 횟수 / (히트 횟수 + 미스 횟수)

히트율이 높을수록 더 빠른 장치에서 데이터를 성공적으로 찾은 횟수가 많다는 의미입니다. 그림 2.9는 캐시 히트율이 증가함에 따라 예상되는 성능 향상을 보여줍니다.

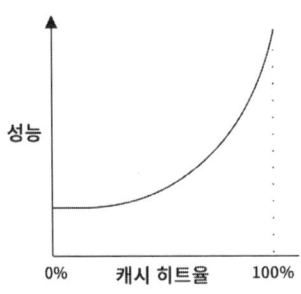

그림 2.9 캐시 히트율과 성능

그래프에서 보듯이, 히트율 98%와 99% 사이의 차이는 10%와 11% 사이의 차이보다 성능 향상에 훨씬 더 큰 영향을 미칩니다. 이렇게 비선형적인 패턴이 나타나는 이유는 캐시 히트와 미스의 속도 차이 때문입니다. 히트와 미스 시 데이터를 읽어오는 두 저장 장치 간의 속도 차이가 클수록, 그래프의 기울기는 더 가파르게 변합니다.

캐시 성능을 이해하는데 도움이 되는 또 다른 지표는 **시간당 미스 횟수(miss rate)**입니다. 이는 미스가 발생할 때마다 성능에 미치는 영향과 비례하므로 해석하기 쉽습니다.

예를 들어 워크로드 A와 B가 같은 작업을 서로 다른 알고리즘으로 수행하며, 디스크 읽기를 피하기 위해 메인 메모리 캐시를 사용한다고 합시다. A의 캐시 히트율은 90%이고, B의 히트율은 80%라 하겠습니다. 이 정보만 가지고 보면 A가 더 좋은 성능을 보인다고 생각할 수도 있습니다. 하지만 만약 A의 초당 미스 횟수가 200회/초이고 B는 20회/초라면 어떨까요? 이 경우 워크로드 B는 10배 더 디스크를 적게 읽게 되며, A보다 더 빠르게 작업을 완료할 것입니다. 이를 확실히 하기 위해 각 워크로드의 전체 실행 시간을 다음과 같이 계산할 수 있습니다.[5]

---

5 (옮긴이) 히트 지연시간을 1ms, 미스 지연시간을 10ms라 가정하고 두 사례를 비교해보면 다음과 같습니다. A의 경우 미스율은 10%이며 초당 미스 횟수가 200회/s이므로 A의 초당 액세스 회수는 2000회입니다(200/0.1 = 2000). 따라서 A 실행 시간 = (1800 × 1ms) + (200 × 10ms)를 통해 3.8초라는 결과를 확인할 수 있습니다. 반면 B의 경우 미스율은 20%이며 초당 미스 횟수가 20회/s이므로 B의 초당 액세스 회수는 100회입니다(20/0.2 = 100). 계산에 따라 B 실행 시간 = (80 × 1ms) + (20 × 10ms)는 0.28초로 A보다 작다는 것을 확인할 수 있습니다.

실행 시간 = (초당 히트 횟수 × 히트 시 지연시간) + (초당 미스 횟수 × 미스 시 지연시간)

이 공식에서는 평균적인 미스 시 지연시간과 히트 시 지연시간을 사용하며, 전체 작업이 직렬로 이루어진다고 가정합니다.

알고리즘

캐시 관리 알고리즘과 정책은 제한된 캐시 공간에 어떤 데이터를 저장할지를 결정합니다. 이러한 정책에는 캐시 유지 정책(retention policy)과 축출 정책(eviction policy)이 있습니다.

캐시 유지 정책 중 하나인 MRU(most recently used, 최근 사용 우선)은 가장 최근에 사용된 데이터를 캐시에 우선적으로 남겨두는 방식입니다. 반면, LRU(Least Recently Used, 최소 최근 사용)은 캐시 축출 정책에 해당하며, 캐시에 빈 공간이 필요할 때 가장 오랫동안 사용되지 않은 데이터를 제거합니다. 이로 인해 MRU 유지 정책과 비슷한 역할을 합니다.

또 다른 정책으로는 MFU(most frequently used, 최대 사용 빈도)와 LFU(least frequently used, 최소 사용 빈도) 정책도 사용할 수 있습니다. 또한 LRU만큼 철저하지는 않지만 비용이 덜 드는 방식으로 NFU(not frequently used, 적은 사용 빈도) 정책을 사용할 때도 있습니다.

캐시의 상태: 차가움, 따뜻함, 뜨거움

캐시의 상태를 나타내는 용어로는 다음과 같은 것들이 있습니다.

- 차가움(cold): 캐시가 비어 있거나 불필요한 데이터로 가득 찬 상태입니다. 차가운 캐시의 히트율은 0에 가깝습니다(캐시가 비었거나, 막 채워지기 시작한 경우).
- 따뜻함(warm): 유용한 데이터가 들어있긴 하지만 히트율이 높지 않은 상태를 의미합니다.
- 뜨거움(hot): 자주 요청되는 데이터로 가득 차 있어서 히트율이 높은 상태입니다(예: 히트율 99% 이상).
- 온기(warmth): 캐시가 뜨겁거나 차가운 정도를 의미합니다. 캐시의 온기를 늘리는 행동은 캐시 히트율을 높이려는 작업을 의미합니다.

캐시가 처음 초기화됐을 때는 차가운 상태로 시작되지만 시간이 지남에 따라 데이터를 채워가며 따뜻해집니다. 캐시 크기가 크거나 다음 수준의 저장 장치가 느린 경우(또는 그 두 가지 모두 성립되는 경우), 캐시에 데이터가 채워지고 따뜻해지기까지 시간이 걸립니다.

예를 들어, 필자가 작업한 저장 장치는 128GB DRAM을 파일 시스템 캐시로, 600GB 플래시 메모리를 2단계 캐시로, 회전식 디스크를 저장 장치로 사용했습니다. 임의 읽기 작업을 처리할 때, 디스크는 초당 약 2,000회의 읽기 작업을 수행했습니다. 이는 I/O 크기가 8KB인 경우, 캐시는 초당 16MB(2,000 × 8KB)의 속도로 따뜻해진다는 것을 의미합니다. 따라서 1, 2단계 캐시가 모두 차가운 경우 DRAM 캐시 전체가 따뜻해지려면 2시간이 넘게 걸렸고, 플래시 메모리 캐시는 10시간 넘게 걸렸습니다.

2.3.15 모른다는 것을 아는 것들

머리말에서 소개한 것처럼 이미 알고 있는 것들(known-knowns), 모른다는 것을 아는 것들(known-unknowns) 그리고 모른다는 것을 모르는 것들(unknown-unknowns)의 개념은 성능 분석에서 매우 중요합니다. 다음은 시스템 성능 분석에 대한 각 개념의 설명과 예시입니다.

- 이미 알고 있는 것들(known-knowns): 여러분이 알고 있는 것들입니다. 성능 지표를 확인해야 한다는 것을 알고 있고, 그 현재 값도 알고 있습니다. 예를 들어 CPU 사용률을 확인해야 한다는 것을 알고 있으며, 그 값이 평균 10%임을 알고 있습니다.
- 모른다는 것을 아는 것들(known-unknowns): 여러분이 모른다는 사실을 인지하고 있는 것들입니다. 성능 지표나 서브시스템의 존재를 확인할 수 있다는 것을 알고 있지만, 여러분은 아직 그것을 살펴보지 않았습니다. 예를 들어 CPU를 바쁘게 만드는 원인을 찾기 위해 프로파일링을 사용할 수 있다는 것을 알지만, 아직 이를 수행하지 않은 상태입니다.
- 모른다는 것을 모르는 것들(unknown-unknowns): 여러분이 모른다는 사실조차 인지하지 못한 것들입니다. 예를 들어, 장치 인터럽트가 CPU 자원을 많이 소모할 수 있다는 사실을 모른다면, 이를 확인조차 하지 않을 것입니다.

성능 분석 분야에서는 "알면 알수록 모르는 것이 더 많아진다(The more you know, the more you don't know)"는 말이 있습니다. 시스템에 대해 더 깊이 공부할수록, 더 많은 모른다는 것을 모르는 것들이 있음을 알게 되고, 이는 다시 모른다는 것을 아는 것들로 바뀌어 성능 분석에서 확인할 수 있게 됩니다.

2.4 관점

성능 분석에는 일반적으로 두 가지 관점이 있으며, 각각의 관점에는 다른 분석 대상, 지표, 접근 방법이 있습니다. 이 두 가지 관점은 워크로드 분석(workload analysis)과 자원 분석(resource analysis)입니다. 이들은 그림 2.10과 같이 운영 체제 소프트웨어 스택을 하향식(top-down)으로 분석하거나 상향식(bottom-up)으로 분석하는 것으로 생각할 수 있습니다.

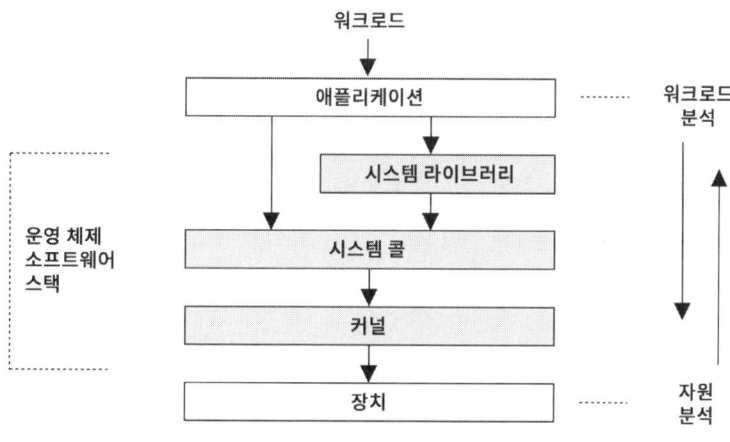

그림 2.10 분석 관점

2.5절 "방법론"에서 각 방식에 적용할 수 있는 구체적인 전략을 소개하겠습니다. 각 관점에 대해서는 이번 절에서 더 자세히 다룹니다.

2.4.1 자원 분석

자원 분석은 시스템 자원을 먼저 살펴보는 데서 시작합니다. 여기에는 CPU, 메모리, 디스크, 네트워크 인터페이스, 버스, 인터커넥트(interconnect) 등이 포함됩니다. 이 분석은 주로 시스템 관리자가 수행하는데, 이들은 물리적 자원에 대한 책임이 있습니다. 자원 분석에서 다루는 활동은 다음과 같습니다.

- 성능 문제 조사: 특정 자원이 성능 문제를 일으키고 있는지 확인합니다.
- 수용량 계획: 새로운 시스템을 설계할 때 자원의 크기를 결정하거나, 기존 시스템 자원이 언제 고갈될지 예측하는 데 도움을 줍니다.

이 분석 관점은 사용률에 초점을 맞춰서 언제 어떤 자원이 한계에 도달하거나 근접할지를 파악하는 데 중점을 둡니다. CPU와 같은 일부 자원은 사용률 지표가 쉽게 제공되지만, 다른 자원은 다른 여러 가지 지표를 통해 사용률을 추산해야 합니다. 예를 들어, 네트워크 인터페이스의 사용률은 현재 송수신 데이터의 스루풋(초당 송신/수신 Mbit/s)을 알려진 대역폭 또는 예상 최대 대역폭과 비교하여 추정할 수 있습니다.

자원 분석에 적합한 지표는 다음과 같습니다.

- IOPS
- 스루풋
- 사용률
- 포화도

이 지표들은 특정 자원이 처리하도록 요청 받은 작업이 무엇인지 그리고 주어진 부하에 대해 해당 자원이 얼마나 사용되었거나 포화되었는지를 측정합니다. 또한, 지연시간과 같은 다른 지표도 자원이 주어진 부하에 얼마나 잘 대응하고 있는지 측정하는 데 유용할 수 있습니다.

자원 분석은 성능 분석에서 매우 흔한 접근 방식입니다. 이 주제에 대한 문서와 자료가 많이 제공되어 있다는 점도 널리 사용되는 이유 중 하나입니다. 이러한 문서는 운영 체제의 각종 상태를 출력하는 도구인 vmstat(8), iostat(1), mpstat(1) 등에 초점을 맞추고 있습니다. 하지만 이러한 문서를 읽을 때는 이 관점이 여러 관점 중 하나일 뿐, 유일한 관점이 아님을 이해하는 것이 중요합니다.

2.4.2 워크로드 분석

워크로드 분석은 애플리케이션에 가해진 부하와 그에 대한 애플리케이션의 응답, 즉 애플리케이션의 성능을 검사합니다. 이 분석 방법은 애플리케이션 개발자나 지원 부서에서 가장 많이 사용하는데, 이들이 애플리케이션 소프트웨어와 그 설정을 책임지는 사람들이기 때문입니다.

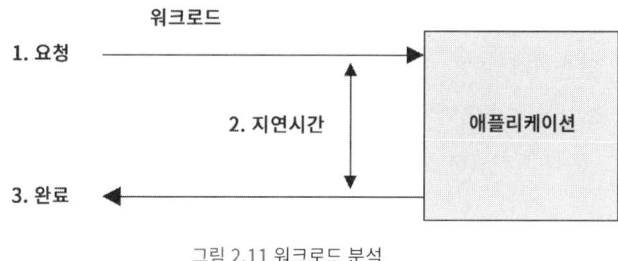

그림 2.11 워크로드 분석

워크로드 분석의 목표는 다음과 같습니다.

- 요청: 애플리케이션에 가해진 부하
- 지연시간: 애플리케이션의 응답 시간
- 완료: 오류 발생 여부 확인

워크로드 요청을 분석하는 작업에는 보통 각 부하의 속성을 확인하고 요약하는 과정이 포함됩니다. 이와 같은 과정을 **워크로드 특성화**(workload characterization)라고 합니다(자세한 내용은 2.5절 "방법론" 참고). 데이터베이스의 경우 클라이언트 호스트, 데이터베이스 이름, 테이블, 쿼리 문자열 등이 주요 특성으로 포함될 수 있습니다. 이러한 데이터를 분석하면 불필요하거나 불균형한 작업을 찾아내는데 도움이 될 수 있습니다. 수행 성능이 뛰어난(짧은 지연시간) 작업이라도, 이런 특성을 검토해 보면 부하를 줄이거나 없앨 수 있는 방법을 찾을 수도 있습니다. 가장 빠른 쿼리는 전혀 실행하지 않는 쿼리라는 점을 명심하세요.[6]

지연시간(응답 시간)은 애플리케이션 성능을 나타내는 가장 중요한 지표입니다. MySQL 데이터베이스라면 쿼리 지연시간이고, 아파치 웹 서버라면 HTTP 요청의 지연시간일 것입니다. 이 맥락에서 지연시간은 응답 시간과 같은 의미로 사용됩니다. (이에 관해서는 2.3.1절 "지연시간"에서 자세히 설명했습니다.)

워크로드 분석에는 문제를 발견하고 확인하는 작업이 포함됩니다. 예를 들어 지연시간이 허용 가능한 한계를 넘어선다면, 그 지연시간의 근원을 찾아서(드릴다운 분석) 해당 요소를 수정한 다음 지연시간이 줄어들었는지 확인하는 식입니다. 이러한 분석의 시작 지점은 애플리케이션이라는 점을 기억하세요. 일반적으로 지연시간을 분석하기 위해서는 애플리케이션, 라이브러리, 운영 체제(커널)까지 더 깊이 파고 들어가야 합니다.

---

6 (옮긴이) 쿼리 시간을 줄이는 것보다 캐싱 등을 통해 쿼리를 완전히 생략하는 것이 더 좋다는 의미입니다.

시스템 문제는 이벤트 완료와 관련된 특성(오류 발생 여부 등)을 조사하면서도 발견할 수 있습니다. 요청이 빠르게 완료되었더라도 그 이유가 오류로 인한 조기 종료라면, 요청이 재시도되어야 하기에 지연시간은 점점 늘어날 수밖에 없습니다.

워크로드 분석에 적합한 주요 지표는 다음과 같습니다.

- 스루풋(초당 트랜잭션 수)
- 지연시간

이 지표들은 요청 처리 속도와 응답 성능을 측정하는데 유용합니다.

2.5 방법론

성능은 나오지 않고 한편으론 복잡한 시스템 환경에 직면했을 때, 가장 먼저 겪는 어려움은 어디서부터 분석을 시작하고 어떤 방법으로 진행할 것인가 입니다. 1장에서 말했듯이, 성능 문제는 소프트웨어, 하드웨어 그리고 데이터 경로에 있는 어떤 구성 요소에서라도 발생할 수 있습니다. 여기서 얘기하는 방법론들은 분석을 어디서 시작할지 보여주고 따를 만한 효과적인 절차를 제시한다는 측면에서, 이러한 복잡한 시스템에 접근하는 여러분을 도와줄 수 있습니다.

이번 절에서는 시스템 성능 분석과 튜닝을 위한 여러 방법론과 절차에 대해 설명하는데, 그중 일부는 필자가 만든 것입니다. 이런 방법론은 초보자가 처음 시작할 때 가이드로 활용될 수 있고, 전문가에게는 전에 알고 있던 중요한 사항들을 상기하는데 도움이 됩니다. 일부 피해야 할 반방법론(anti-methodology)에 대해서도 설명하겠습니다.

각 방법론의 역할을 파악하는데 도움이 되도록 관찰적 분석이나 실험적 분석 등과 같이 여러 유형으로 분류해 표2.4에 정리해 두었습니다.

표 2.4 일반적인 시스템 성능 분석 방법론

절	방법론	유형
2.5.1	가로등 반방법론	관찰적 분석
2.5.2	임의 변경 반방법론	실험적 분석
2.5.3	다른 사람 비난 반방법론	가설적 분석
2.5.4	전용 체크리스트 방법론	관찰적 및 실험적 분석
2.5.5	문제 내역서	정보 수집

2.5.6	과학적 방법론	관찰적 분석
2.5.7	진단 사이클	분석 생명 주기
2.5.8	도구 방법론	관찰적 분석
2.5.9	USE 방법론	관찰적 분석
2.5.10	RED 방법론	관찰적 분석
2.5.11	워크로드 특성화	관찰적 분석, 수용량 계획
2.5.12	드릴다운 분석	관찰적 분석
2.5.13	지연시간 분석	관찰적 분석
2.5.14	R 방법론	관찰적 분석
2.5.15	이벤트 트레이싱	관찰적 분석
2.5.16	기준(baseline) 통계	관찰적 분석
2.5.17	정적 성능 튜닝	관찰적 분석, 수용량 계획
2.5.18	캐시 튜닝	관찰적 분석, 튜닝
2.5.19	마이크로 벤치마킹	실험적 분석
2.5.20	성능 최적화 지침	튜닝
2.6.5	큐 이론	통계적 분석, 수용량 계획
2.7	수용량 계획	수용량 계획, 튜닝
2.8.1	성능 향상 정량화	통계적 분석
2.9	성능 모니터링	관찰적 분석, 수용량 계획

성능 모니터링, 큐 이론, 수용량 계획(capacity planning)은 이 장의 후반부에서 다룹니다. 이곳에 정리한 방법론 중 몇몇은 향후 다른 장에서 별개의 맥락으로 살펴보고, 특정 분야 성능 분석과 관련된 추가적인 방법론도 그때 설명 드리겠습니다. 표 2.5에는 이러한 추가적인 방법론이 정리되어 있습니다.

표 2.5 성능 분석 방법론(추가)

절	방법론	유형
1.10.1	60초 리눅스 성능 분석	관찰적 분석
5.4.1	CPU 프로파일링	관찰적 분석
5.4.2	Off-CPU 분석	관찰적 분석
6.5.5	사이클 분석	관찰적 분석
6.5.8	우선순위 튜닝	튜닝
6.5.8	리소스 제어	튜닝
6.5.9	CPU 바인딩	튜닝

(다음 쪽에 이어짐)

7.4.6	누수 탐지	관찰적 분석
7.4.10	메모리 축소 방법론	실험적 분석
8.5.1	디스크 분석	관찰적 분석
8.5.7	워크로드 분리	튜닝
9.5.10	스케일링	수용량 계획, 튜닝
10.5.6	패킷 스니핑	관찰적 분석
10.5.7	TCP 분석	관찰적 분석
12.3.1	수동적 벤치마킹	실험적 분석
12.3.2	능동적 벤치마킹	관찰적 분석
12.3.6	커스텀 벤치마킹	소프트웨어 개발
12.3.7	연속 부하 증가	실험적 분석
12.3.8	정상 여부 검사	관찰적 분석

다음 절부터는 비교를 위해 가장 일반적으로 사용되지만 약점이 많은 방법론(반방법론도 포함)부터 차례로 설명합니다. 성능 문제를 분석할 때는 제일 먼저 '문제 내역서'를 만든 다음 다른 방법론을 사용해 나가는 것이 좋습니다.

2.5.1 가로등 반방법론

가로등(Streetlight) 반방법론(Anti-Method)은 실제로는 특정 방법론이 없는 것을 의미합니다. 사용자는 자신이 친숙하거나 인터넷에서 찾은 도구를 사용하며, 또는 그냥 시스템을 보면서 뭔가 눈에 띄는 일이 벌어지고 있지 않나 살펴봅니다. 이런 접근법이 통할 수도 있고 그렇지 않을 수도 있지만, 여러 유형의 문제를 그냥 지나치기 쉽습니다.

성능 튜닝 또한 비슷한 방식으로 진행되며, 익숙하거나 이미 알려진 튜닝 파라미터들을 임의로 변경해 성능 개선이 일어나는지 확인합니다.

이 방법론은 단지 익숙하다는 이유만으로 발생한 문제와는 관계가 없는 도구를 사용하거나 튜닝를 시도하게 되어, 문제를 발견하는 데 시간이 오래 걸릴 수 있습니다. 이 방법론이 가로등 반방법론이라 불리는 이유는 **가로등 효과**(streetlight effect)라는 관찰 편향성에서 유래했기 때문입니다. 다음과 같은 비유로 설명할 수 있습니다.

어느 날 밤 한 주정뱅이가 가로등 아래서 뭔가를 찾고 있는 것이 보였습니다. 무엇을 찾고 있냐고 경찰관이 물어보자 주정뱅이는 열쇠를 잃어버렸다고 대답했습니다. 경찰도 함께 열쇠를 찾아봤지만 찾을 수가 없었습니다. 경찰은 물었습니다. "열쇠를 이 가로등 아래에서 잃어버린 것이 확실해요?" 주정뱅이는 대답했다. "아니요. 하지만 여기가 제일 밝거든요."

성능 분석에서 비슷한 상황은 특별히 top(1)을 사용할 이유가 없는데 다른 도구의 출력을 읽는 방법을 몰라서 그냥 top 화면만 들여다보고 있는 경우를 들 수 있습니다.

이처럼 가로등 반방법론을 통해 문제를 찾아내더라도 찾고자 하는 진짜 문제가 아닐 수도 있습니다. 이에 비해 다른 체계적인 방법론들은 발견된 문제를 정량적으로 분석할 수 있어, 오탐지(false positive)를 더 신속하게 걸러내고, 더 심각한 문제에 우선순위를 둘 수 있습니다.

2.5.2 임의 변경 반방법론

임의 변경(Random Change)은 실험적인 반방법론입니다. 사용자는 문제가 사라질 때까지 문제가 어디일지 임의로 추정하고 수정하는 과정을 반복합니다. 각 변경 후에는 성능 개선이나 오류 수정 여부를 확인하기 위해 결과 지표를 살펴봅니다. 예를 들어 애플리케이션의 총 실행 시간, 연산에 걸리는 시간, 지연시간, 연산율(초당 연산 횟수), 스루풋(초당 바이트 수) 등을 확인합니다. 절차는 다음과 같습니다.

1. 변경할 대상(예: 튜닝 파라미터)을 임의로 선택합니다.
2. 대상을 한쪽 방향으로 변경시킵니다.
3. 성능을 측정합니다.
4. 대상을 반대 방향으로 변경시킵니다.
5. 성능을 측정합니다.
6. 3단계나 5단계의 결과가 초기 성능보다 더 나았으면 변경사항을 채택하고, 1단계로 돌아갑니다.

이러한 과정을 통해 언젠가는 테스트 부하에 대해 적용 가능한 튜닝 방법을 찾아낼 수는 있습니다. 하지만 시간이 많이 소요되고, 최종적으로 얻는 튜닝이 장기적으로는 의미가 없는 것일 수도 있습니다.

예를 들어, 애플리케이션의 성능이 좋아진 이유가 데이터베이스나 운영 체제의 버그를 우회했기 때문일 수도 있습니다. 해당 버그가 나중에 수정된다면 애플리케이선은 더는 의미가 없는 튜닝을 적용한 상태가 되고, 애초 왜 그런 변경이 적용됐었는지 아무도 정확하게 알 수 없게 됩니다.

이런 변경은 실제 환경에서 피크 부하가 걸리면서 생기는 더 심각한 문제의 원인을 제대로 이해하고 적용한 변경이 아니기에, 변경을 원래대로 돌릴 필요가 생길 수도 있다는 위험 역시 안고 있습니다.

2.5.3 다른 사람 비난 반방법론

다른 사람 비난(Blame-Someone-Else) 반방법론은 보통 다음 단계를 거칩니다.

1. 여러분이 책임지지 않는 시스템이나 환경의 구성 요소를 찾습니다.
2. 해당 구성 요소에 문제가 있다고 가정합니다.
3. 문제를 해당 구성 요소를 담당하는 팀에게 넘깁니다.
4. 만약 문제가 아닌 것으로 밝혀지면 1로 다시 갑니다.

> "네트워크 문제일지도 모릅니다. 네트워크 팀에 연락해서 패킷 손실 같은 게 있었는지 확인해 주실래요?"

이 방법론을 사용하는 사람은 성능 문제를 검토하기보다는 다른 사람의 문제로 만들어 버립니다. 다른 팀의 문제가 아니라고 판명되면 해당 팀의 자원을 낭비하는 것입니다. 이 반방법론은 가정을 뒷받침 하는 데이터가 부족한지 여부를 보면 알 수 있습니다.

이 방법론의 희생자가 되지 않으려면 문제를 제기하는 쪽에 어떤 도구를 사용하여 성능 오류를 판단하였는지와 실행 화면을 요청하고, 해당 정보를 어떻게 분석했는지를 물어보세요. 그런 다음 해당 자료를 가지고 제3자의 의견을 추가로 물어볼 수 있습니다.

2.5.4 전용 체크리스트 방법론

미리 준비된 체크리스트에 따라 테스트하는 방식은 흔히 사용되는 방법론으로, 개발 지원 인력이 짧은 시간 안에 어떤 시스템을 검사하거나 튜닝해 달라는 요청을 받을 때 자주 사용되곤 합니다. 보통 새로운 서버나 애플리케이션이 프로덕션 환경에 배포된 후, 지원 전문가가 반나절 동안 실질적인 부하가 걸린 상태에서 일반적인 문제를 점검할 때 이 방법론을 사용합니다. 이런 체크리스트는 특정 상황에 맞게(ad-hoc) 작성되며, 비슷한 유형의 시스템에서 겪은 최근 경험과 문제를 바탕으로 작성되는 경우가 많습니다.

다음은 체크리스트의 예입니다.

- iostat -x 1 을 실행하고 r_await 칼럼을 살펴보십시오. 부하가 걸린 상태에서 이 값이 일관되게 10(ms) 이상이라면, 디스크 읽기 속도가 느리거나 디스크가 과부하 상태일 수 있습니다.

체크리스트에는 이러한 검사가 10여 개 이상 들어갈 수 있습니다.

이 체크리스트는 짧은 시간 안에 큰 효과를 낼 수 있지만, 분석을 수행하는 시점에 따른 권장 사항일 뿐이므로(2.3절 "개념"을 참조), 최근 상태를 반영하려면 자주 업데이트 되어야 합니다. 또한 이러한 체크리스트는 주로 튜닝 가능한 매개변수와 같이 쉽게 문서화 되어 있는 이미 알려진 문제에 집중하는 경향이 있으며, 소스 코드나 환경의 특수한 수정사항에는 적용되지 않을 수 있습니다.

만약 지원 전문가들로 구성된 팀을 운영하고 있다면, 전용 체크리스트는 팀원 모두가 공통적인 문제를 어떻게 점검해야 하는지 알도록 하는 효과적인 방법이 될 수 있습니다. 체크리스트는 명확하고 구체적으로 작성되어야 하며, 각 문제를 어떻게 발견하고 해결할지를 명시해야 합니다. 하지만 이 목록은 지속적으로 업데이트 해야 한다는 것을 꼭 염두에 두어야 합니다.

2.5.5 문제 내역서

문제 내역서(Problem Statement) 작성은 지원 부서 직원들이 문제를 처음 마주쳤을 때 수행하는 기본적인 작업입니다. 이는 보통 고객들에게 다음과 같은 질문을 함으로써 이루어집니다.

1. 성능에 문제가 있다고 생각한 이유는 무엇입니까?
2. 지금까지는 시스템 성능에 문제가 없었습니까?
3. 최근에 변경된 것이 있습니까? 소프트웨어, 하드웨어, 혹은 부하에 변화가 있었습니까?
4. 이 문제를 지연시간이나 실행시간으로 표현할 수 있습니까?
5. 이 문제가 다른 사람이나 애플리케이션에도 영향을 끼쳤습니까? (아니면 당신만 경험한 문제입니까?)

6. 실행 환경은 어떻습니까? 어떤 소프트웨어나 하드웨어를 사용하고 있습니까? 각각의 버전과 설정은 어떻습니까?

이런 질문과 대답 과정에서 종종 문제의 원인과 해결책을 빠르게 찾을 수 있습니다. 그렇기 때문에 여기서 문제 내역서를 방법론의 하나로 포함시켜 두었으며, 이는 새로운 이슈를 마주칠 때마다 여러분이 가장 먼저 해야 할 접근법이기도 합니다.

필자는 어떠한 서버에도 로그인하지 않고 어떤 지표도 살펴보지 않은 채 문제 내역서 방법론만 가지고 전화상으로 성능 문제를 해결해 온 경험이 있습니다.

2.5.6 과학적 방법론

과학적 방법론은 알지 못하는 것에 대해 가설을 수립하고 이를 검증하여 연구하는 방법론입니다. 이는 다음의 5가지 단계로 이루어집니다.

1. 질문
2. 가설
3. 예측
4. 테스트
5. 분석

질문은 성능 문제 내역서입니다. 이로부터 어떤 원인으로 인해 그렇게 낮은 성능이 야기되었는지 가설을 세울 수 있습니다. 그 후 실험이나 관찰을 통한 테스트를 구성하고, 가설에 기반한 예측을 검증합니다. 테스트 데이터를 수집한 다음, 이를 분석하는 것이 마지막 단계입니다.

예를 들어 메모리 크기가 더 작은 시스템으로 애플리케이션을 마이그레이션한 다음 애플리케이션 성능이 나빠졌음을 발견했다고 합시다. 이 경우, 성능이 나빠진 원인이 더 작아진 파일 시스템 캐시 때문이라는 가설을 세울 수 있습니다. 이를 확인하기 위해 두 시스템의 캐시 미스율을 비교하는 관찰 테스트를 수행해 볼 수 있는데, 캐시가 작은 시스템에서 미스율이 더 높을 것으로 예상됩니다. 또한, 시스템의 캐시 크기를 늘려가며(RAM 추가) 확인해보는 실험 테스트를 수행해볼 수도 있는데, 성능이 향상되리라 예측할 수 있습니다. 더 간단한 실험 테스트로는, (가능하다면) 튜닝 파라미터를 사용해 캐시 크기를 인위적으로 줄여 성능이 악화되는지를 확인해 볼 수 있습니다.

몇 가지 예를 더 살펴보겠습니다.

예제 (관찰적 방식)

1. 질문: 데이터베이스 쿼리를 느리게 만드는 원인은 무엇입니까?
2. 가설: 시끄러운 이웃(다른 클라우드 테넌트)이 디스크 I/O를 수행해서 데이터베이스 디스크 I/O와의 충돌이 발생합니다. (파일 시스템 I/O에 지연이 발생할 것입니다.)
3. 예측: 쿼리 중간에 파일 시스템 I/O의 지연시간을 측정해 본다면 파일 시스템이 쿼리 속도 저하의 원인임을 확인할 수 있을 것입니다.
4. 테스트: 데이터베이스 파일 시스템 지연시간을 쿼리 지연시간으로 나눈 비율을 보면 전체의 5%가 안 되는 시간만이 파일 시스템 대기에 쓰였음을 알 수 있습니다.
5. 분석: 파일 시스템이나 디스크는 느린 쿼리의 주 원인이 아닙니다.

비록 문제 자체를 해결할 수는 없었지만 시스템 환경에서 성능 저하의 원인이 될 수 있는 몇몇 커다란 요소를 제외시킬 수 있었습니다. 이 문제를 검토하는 사람은 다시 2단계로 가서 새로운 가설을 만들 수 있습니다.

예제 (실험적 방식)

1. 질문: 왜 호스트 A에서 C로 HTTP 요청을 하면 B에서 C로 요청할 때보다 더 오래 걸릴까요?
2. 가설: 호스트 A와 호스트 B가 서로 다른 데이터 센터에 있습니다.
3. 예측: 호스트 A를 호스트 B와 같은 데이터 센터로 옮기면 문제가 해결될 것입니다.
4. 테스트: 호스트 A를 옮기고 성능을 측정해 봅니다.
5. 분석: 성능이 개선되었으며, 가설과 일치합니다.

만약 문제가 해결되지 않았다면 새로운 가설을 세우기 전에 실험에 사용한 변경사항을 다시 원상복귀(이 경우에는 호스트 A를 원래 위치로 되돌림)해야만 합니다. 여러 요인을 한번에 바꾸면 어느 것이 원인이었는지 파악하기 더 어려워집니다!

예제 (실험적 방식)

1. 질문: 왜 파일 시스템 캐시가 커졌음에도 불구하고 파일 시스템 성능이 저하되었습니까?
2. 가설: 더 큰 캐시는 더 많은 엔트리(레코드)를 저장하고, 이를 관리하기 위해 더 많은 연산이 필요합니다.
3. 예측: 레코드 크기를 점진적으로 작게 하면, 동일한 양의 데이터를 저장하기 위해 더 많은 엔트리를 사용하게 되어 성능이 점진적으로 악화될 것입니다.
4. 테스트: 동일한 워크로드를 점진적으로 더 작은 레코드 크기로 테스트해 봅니다.
5. 분석: 측정 결과를 그래프로 나타내 보니 예측과 일치했습니다. 이제 캐시 관리 로직에 대해 드릴다운 분석을 수행합니다.

위의 사례는 의도적으로 성능을 저하시키면서 대상 시스템에 대해 더 많은 정보를 얻기 위한 부정적 테스트(negative test)의 한 예입니다.

2.5.7 진단 사이클

과학적 방법론과 유사하게, **진단 사이클**(diagnosis cycle)은 다음의 단계로 이루어집니다.

$$가설 \rightarrow 계측 \rightarrow 데이터 \rightarrow 가설$$

과학적 방법론과 마찬가지로 이 방법에서도 데이터를 수집하여 가설을 신중하게 검증합니다. 다만 여기서는 수집된 데이터가 새로운 가설을 빠르게 도출할 수 있고, 그 다음 해당 가설을 검증하거나 다시 세밀하게 다듬는다는 점이 특징입니다. 이는 의사가 일련의 검사를 통해 환자의 병을 진단하고 각각의 테스트 결과를 근거로 가설을 다듬어 가는 것과 비슷합니다.

이 두 접근법은 모두 이론과 데이터 사이의 균형을 잘 잡아줍니다. 가능한 한 빠르게 가설에서 데이터로 넘어가도록 해야 하며, 이렇게 해야 잘못된 가설을 빠르게 배제하고, 더 나은 가설을 세울 수 있습니다.

2.5.8 도구 방법론

다음은 도구를 중심으로 한 접근법 입니다.

1. 사용 가능한 성능 도구를 모두 나열합니다(새로운 도구를 설치하거나 구매할 수도 있습니다).
2. 각 도구가 제공하는 유용한 측정 지표를 나열합니다.
3. 각 지표에 대해 어떤 해석이 가능할지 나열합니다.

이런 과정을 거치면 실행할 도구, 수집할 지표 및 그 지표를 어떻게 해석할지에 대한 처방전과 같은 체크리스트를 만들 수 있습니다. 이 방법은 꽤 효율적이긴 하나, 가로등 반방법론과 마찬가지로 사용 가능한(또는 알려진) 도구에만 의존하게 되므로 시스템에 대해 불완전한 관점을 가질 수 있다는 문제가 있습니다. 더 나쁜 점은 사용자가 이러한 불완전성을 인식하지 못하면, 그로 인해 필요한 문제 해결책을 찾지 못할 수 있다는 점입니다. 예를 들어, 동적 트레이싱과 같은 맞춤형 도구가 필요할 때 이 방법론 만으로는 결코 해당 문제를 알아내거나 해결할 수 없을지도 모릅니다.

도구 방법론은 실제로 자원의 병목이나 오류 같은 문제를 식별하는 데 도움이 되지만, 그것이 항상 효율적이지는 않습니다. 일례로 사용 가능한 도구와 지표가 많을수록 하나씩 검토하는 데 더 많은 시간이 걸릴 수 있습니다. 게다가 여러 도구가 비슷한 기능을 제공한다면 각각의 장단점을 비교해야 하기 때문에 더 상황이 악화됩니다. 예를 들어 파일 시스템 마이크로 벤치마크 도구의 경우, 선택할 수 있는 도구가 십여 가지가 넘을 때도 있지만 실제로 필요한 도구는 하나일 수도 있습니다.[7]

2.5.9 USE 방법론

사용률(Utilization), 포화도(Saturation), 오류(Error)를 분석하는 USE 방법론은 성능 검토 초기 단계에서 시스템의 병목 지점을 분석하기 위해 사용해야 합니다.[Gregg 13b] 이 방법론은 시스템 자원에 초점을 맞추며, 다음과 같이 정리할 수 있습니다.

모든 자원에 대해 사용률, 포화도, 오류를 검사합니다.

각 용어의 정의는 다음과 같습니다.

---

7 덧붙이자면, 여러 도구의 중복 사용을 옹호하는 논거로 필자가 들었던 이야기 중 하나는 "경쟁은 좋은 것" 이라는 주장입니다. 물론 비슷한 기능을 하는 도구들을 함께 사용하면 결과를 상호 검증하는 데 도움이 될 수 있습니다(필자도 Ftrace로 BPF 도구들을 자주 검증합니다). 그러나 중복되는 도구가 많아지면, 개발자 입장에서는 그 시간에 더 유의미한 작업을 할 수 있었을지도 모르고, 최종 사용자 역시 각 도구를 평가하고 선택하느라 시간을 낭비할 수 있습니다.

- 자원: 모든 물리적 서버 기능 구성 요소(CPU, 버스 등)를 의미합니다. 소프트웨어 자원도 관련 지표가 의미가 있다면 일부 검사해야 합니다.
- 사용률: 일정 기간 동안 자원이 실제로 작업을 수행하는 데 쓰인 시간의 비율입니다. 다만 어떤 자원은 사용 중이더라도 추가 작업을 받아들일 수도 있습니다. 반대로, 더 이상 작업을 받을 수 없는 정도는 포화도로 나타냅니다.
- 포화도: 어떤 자원이 바로 처리할 수 없는 추가 작업을 얼마나 가지고 있는지를 보여주는 척도로, 보통 큐에 이런 추가 작업이 들어갑니다. 이것을 압력(pressure, 부하)이라고도 합니다.
- 오류: 발생한 오류 이벤트의 수를 의미합니다.

단, 일부 자원 유형(예: 메인 메모리)에서는 사용률이 시간에 기반한 비율이 아닌 자원의 용량을 얼마나 사용했는지를 의미합니다. 이는 앞서 2.3.11절 "사용률"에서 설명한 시간 기반 정의와는 다른 개념입니다. 어떤 자원의 가용량을 100% 사용한다면 추가 작업을 받아들일 수 없기 때문에 해당 작업은 큐에 쌓이거나(포화됨), 오류를 반환합니다. 이 또한 USE 방법론으로 식별할 수 있습니다.

오류는 반드시 조사해야 하는데, 성능 저하를 일으킬 수 있고 오류가 자동으로 복구되는 경우에는 바로 감지하지 못 할 수 있기 때문입니다. 이러한 오류에는 실패해 재시도된 작업이나, 중복된 장치 풀(redundant devices pool) 내에서 일부 장치가 고장난 상황이 포함됩니다.

도구 방법론과 반대로 USE 방법론은 도구가 아니라 시스템 자원을 하나하나 검토하는 과정입니다. 이를 통해 살펴볼 질문 목록을 작성한 후에야 어떤 도구로 해답을 찾을 수 있는지 검토할 수 있습니다. 도구로 답을 찾지 못하는 경우라도 답이 없는 질문이 있다는 사실은 성능 분석가에게 매우 유용합니다. 이제 그것은 '모른다는 것을 모르는 것'에서 '모른다는 것을 아는 것'이 되었기 때문입니다.

USE 방법론은 전체 자원을 가능한 한 빨리 검토할 수 있도록 몇몇 핵심적인 지표만 분석하도록 방향을 정해줍니다. 먼저 이 방법론을 시도한 다음, 문제를 발견하지 못했다면 다른 방법론을 활용할 수 있습니다.

절차

USE 방법론의 절차는 그림 2.12의 흐름도에 나와 있습니다. 특이한 점은 사용률이나 포화도보다 오류를 먼저 살펴본다는 것입니다. 오류는 보통 해석하기 쉽고(객관적이며 주관적이지 않기 때문) 다른 지표를 살펴보기 전에 오류 여부를 먼저 분석해 제외하는 것이 시간을 더 절약하는 길입니다. 두 번째로는 사용률보다는 더 빠르게 해석할 수 있는 포화도를 검토하는데, 포화도는 어떤 수준이라도 문제가 될 수 있기 때문입니다.

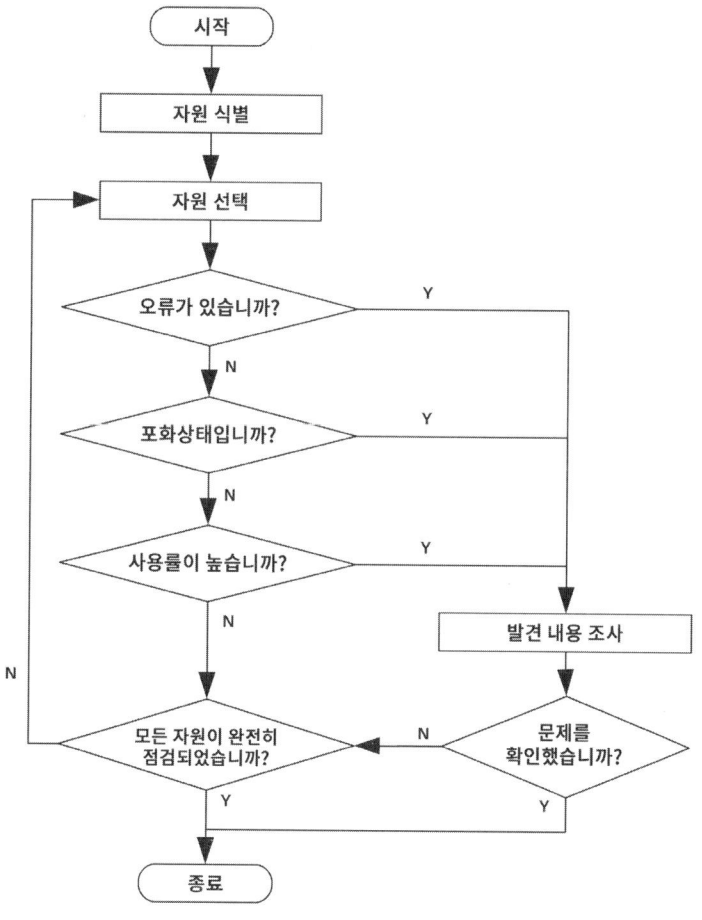

그림 2.12 USE 방법론 절차

이 방법론은 시스템의 병목일 가능성이 있는 문제를 식별합니다. 불행히도 시스템에는 둘 이상의 성능 문제가 있을 수 있으며, 첫 번째로 발견한 문제가 가장 중요한 문제가 아닐 수도 있습니다. 따라서 발견한 각 문제는 다른 방법론들을 사용해 검토한 다음 필요하다면 다시 USE 방법론으로 돌아와서 다른 자원을 검사해야 합니다.

지표 표현하기

USE 방법론에서 사용되는 지표는 다음과 같이 표현됩니다.

- 사용률: 일정 기간 동안 자원이 사용된 비율을 백분율로 표현(예: "CPU 하나가 90% 사용률로 동작 중입니다.")
- 포화도: 큐의 길이로 표현(예: "CPU의 평균 실행 큐 길이가 4입니다")
- 오류: 보고된 오류의 수로 표현(예: "이 디스크 드라이브에는 50개의 오류가 발생했습니다.")

때로는 직관에 반하는 것처럼 보일 수 있지만, 장시간 전체 사용률이 낮더라도 포화 상태와 성능 문제가 발생할 수 있습니다. 전체적으로는 낮은 사용률을 보일지라도, 짧은 시간 동안 사용률이 급격히 올라간 경우 포화 상태와 성능 문제가 발생할 수 있기 때문입니다. 예를 들어, 일부 모니터링 도구는 5분 간격으로 평균 사용률을 보고하는데, CPU 사용률은 초 단위로 급격히 변동할 수 있기 때문에, 5분 평균치만으로는 순간적으로 100%에 도달한 사용률이 묻혀버려 포화 상태를 감지하지 못할 수도 있습니다.

고속도로 요금소를 생각해봅시다. 사용률은 몇 개의 부스가 요금을 받고 있는지로 나타낼 수 있습니다. 100% 사용률이라면 빈 부스가 없어서 다른 차 뒤에서 대기해야 한다는 의미입니다(포화). 어느 날의 일일 평균 사용률이 40%라는 이야기를 들었다고 합시다. 그 수치를 가지고 그날 하루 종일 다른 차 뒤에서 기다리는 차는 없었다, 라고 말할 수 있겠습니까? 아마도 혼잡시간대에는 사용률이 100%에 도달해 대기하는 차가 있었을 것입니다. 하지만 일일 평균만으로는 이러한 상황을 파악하기 어렵습니다.

자원 목록

USE 방법론의 첫 단계는 자원 목록을 작성하는 것입니다. 가능한 한 포괄적인 목록을 작성해 보세요. 다음은 일반적인 서버 하드웨어 자원 목록과 구체적인 예입니다.

- CPU: 소켓, 코어, 하드웨어 스레드(가상 CPU)
- 메인 메모리: DRAM
- 네트워크 인터페이스: 이더넷 포트, 인피니밴드(Infiniband)

- 저장 장치: 디스크, 스토리지 어댑터
- 가속기(accelerator): GPU, TPU, FPGA 등
- 컨트롤러: 저장 장치, 네트워크
- 인터커넥트(interconnect): CPU, 메모리, I/O

각 구성 요소는 보통 특정 유형 하나에 속합니다. 예를 들어, 메인 메모리는 용량과 관련된 자원이며, 네트워크 인터페이스는 I/O와 관련된 자원입니다(즉, IOPS나 스루풋과 관련됨). 구성 요소에 따라 여러 유형의 특성을 가질 수 있는 경우도 있습니다. 예를 들어, 저장 장치는 I/O 관련된 특성과 용량 관련된 특성을 동시에 가질 수 있습니다. 성능 병목 현상을 유발할 수 있는 모든 유형을 검토해 참고해 보세요. 참고로 I/O 자원은 요청을 큐에 쌓아두고 처리하는 큐 시스템으로 더 깊이 살펴볼 수도 있음에 유의하세요.

일부 물리적 구성 요소, 예를 들어 CPU 캐시와 같은 하드웨어 캐시는 체크리스트에서 제외할 수 있습니다. USE 방법론은 높은 사용률이나 포화 시 성능이 저하되어 병목 현상이 나타날 수 있는 자원을 검토할 때 가장 유용합니다. 하지만 캐시는 높은 사용률에서 오히려 성능이 좋아집니다. 이런 자원은 다른 방법론으로 검토해 보아야 합니다. 어떤 자원을 포함시킬지 확신할 수 없다면, 일단 목록에 포함한 후 실제로 해당 지표가 얼마나 유용한지 확인해 보세요.

기능 블록 다이어그램

자원을 나열하는 또 다른 방법으로는 그림 2.13과 같은 시스템 기능 블록 다이어그램(functional block diagram)을 찾아보거나 직접 그리는 방법이 있습니다. 이러한

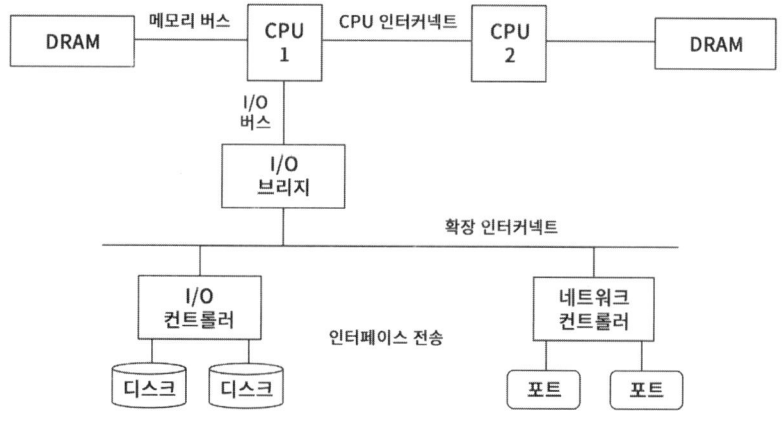

그림 2.13 프로세서가 두 개인 시스템의 기능 블록 다이어그램 예시

다이어그램은 자원 간의 관계를 보여주기 때문에 데이터의 흐름에서 나타날 수 있는 병목 지점을 찾을 때 유용합니다.

CPU, 메모리, I/O 인터커넥트나 버스 같은 요소들은 흔히 간과되곤 합니다. 다행히도 이런 요소들이 시스템의 병목인 경우는 드문데, 보통 높은 스루풋을 내도록 설계되었기 때문입니다. 하지만 불행히도 이런 요소에 문제가 있는 경우에는 해결하기 어려울 수 있습니다. 이러한 경우에는 메인보드를 업그레이드하거나, 부하를 줄이기 위한 다른 방법들을 채택해야 합니다. 예를 들어, '제로 카피(zero copy)' 소프트웨어 기법[8]은 메모리 버스의 부하를 줄이는 유용한 방법입니다.

인터커넥트에 대해서는 6.4.1절 "하드웨어"의 CPU 성능 카운터를 참고합니다.

지표

자원 목록을 작성한 후에는 사용률, 포화도, 오류 등에 어떤 지표를 사용할지 검토하세요. 표 2.6에 몇몇 자원과 지표의 유형, 그리고 사용 가능한 구체적 지표(일반적인 OS 기준) 사례를 정리했습니다.

표 2.6 USE 방법론 지표의 예

자원	유형	지표
CPU	사용률	CPU 사용률(CPU별 사용률 또는 시스템 전체 평균)
CPU	포화도	실행 큐 길이, 스케줄러 지연, CPU 부하(리눅스 PSI)
메모리	사용률	가용 메모리(시스템 전역)
메모리	포화도	스와핑(익명 페이징), 페이지 스캐닝, 메모리 부족 이벤트, 메모리 부하(리눅스 PSI)
네트워크 인터페이스	사용률	최대 대역폭 대비 수신 스루풋, 최대 대역폭 대비 송신 스루풋
저장 장치 I/O	사용률	장치 사용 시간의 비율(%)
저장 장치 I/O	포화도	큐 길이, I/O 부하(리눅스 PSI)
저장 장치 I/O	오류	장치 오류("소프트 오류", "하드 오류")

이런 지표는 특정 기간 동안의 평균값이거나 횟수로 표현될 수 있습니다.

---

[8] (옮긴이) 제로 카피(zero copy)는 데이터 전송 시 메모리 복사를 최소화하거나 없애 CPU와 메모리 버스의 부하를 줄이는 기술입니다. 예를 들어, 네트워크에서 sendfile() 시스템 콜을 사용하면 디스크 데이터를 애플리케이션으로 복사하지 않고 네트워크로 직접 전송할 수 있습니다.

모든 조합에 대해 이 과정을 반복하고, 각 지표를 구하는 방법을 함께 포함시키세요. 현재 이용할 수 없는 지표들도 표시해 두어야 하며, 이는 '모른다는 것을 아는 것'에 해당합니다. 이렇게 해서 30개 내외로 이루어진 지표 목록을 얻게 될 텐데, 그중 일부는 측정하기 어렵거나 아예 측정할 수 없을 수도 있습니다. 다행히도 대부분의 문제는 보통 측정하기 쉬운 지표에서 발견할 수 있습니다(예: CPU 포화, 메모리 포화도, 네트워크 인터페이스 사용률, 디스크 사용률 등). 따라서 이들 지표를 먼저 확인하는 것이 좋습니다.

좀 더 어려운 복합 지표의 예는 표 2.7에 정리되어 있습니다.

표 2.7 USE 방법론 고급 지표의 예

자원	유형	지표
CPU	오류	하드웨어 검사 예외[9](예: CPU 캐시 오류)
메모리	오류	malloc() 실패 등 (기본 Linux 커널 설정에서는 오버커밋(overcommit) 때문에 이런 일이 드묾)
네트워크	포화도	네트워크 인터페이스나 OS의 포화 관련 오류 (예: 리눅스 '오버런(overrun)')
스토리지 컨트롤러	사용률	컨트롤러에 따라 다름 (현재 활동에 대해 최대 IOPS나 스루풋을 제공하는 경우도 있음)
CPU 인터커넥트	사용률	최대 대역폭 대비 포트별 스루풋(CPU 성능 카운터)
메모리 인터커넥트	포화도	메모리 지연(stall) 사이클, 대기로 사이클을 많이 소모한 명령어 확인(CPU 성능 카운터)
I/O 인터커넥트	사용률	최대 대역폭 대비 버스 스루풋 (하드웨어에 성능 카운터가 있을 수 있음. 예: 인텔 "uncore" 이벤트)

이들 중 일부는 표준 운영 체제 도구로는 제공되지 않을 수 있으며, 동적 트레이싱이나 CPU 성능 모니터링 카운터(Performance monitoring counter, PMC)가 필요할 수 있습니다.

부록 A에는 리눅스 시스템을 위한 USE 방법론 체크리스트 예시가 포함되어 있으며, 리눅스 관측가능성 도구 세트를 사용해 하드웨어 자원에 대한 모든 조합을 분석하는 내용이 담겨 있습니다. 또한, 다음 절에서 설명할 일부 소프트웨어 자원도 포함되어 있습니다.

---

9 예를 들어, 캐시 라인에 대한 복구 가능한 오류 수정 코드(error-correcting code, ECC) 정보를 제공하기도 합니다(CPU가 지원한다면). 몇몇 커널은 이 지표 증가가 감지되면 해당 CPU를 오프라인으로 전환하기도 합니다.

소프트웨어 자원

일부 소프트웨어 자원도 유사한 방법으로 검토할 수 있습니다. 이 경우 전체 애플리케이션이 아닌 특정 소프트웨어 컴포넌트에 대해 USE 방법론을 적용하게 됩니다. 다음은 그러한 예입니다.

- 뮤텍스 락(Mutex locks): 사용률은 락이 잠혀 있던 시간으로 측정할 수 있으며, 포화도는 해당 락을 기다리고 있는 스레드의 대기시간으로 측정할 수 있습니다.
- 스레드 풀(Thread pools): 사용률은 스레드들이 작업을 처리하는데 바빴던 시간으로 측정할 수 있으며, 포화도는 스레드 풀에서 서비스되기 위해 대기하고 있는 요청의 수로 측정할 수 있습니다.
- 프로세스/스레드 수: 시스템에는 생성할 수 있는 프로세스나 스레드의 수에 제한이 있을 수 있으며, 이러한 경우 현재 사용 중인 개수에 따라 사용률을 집계할 수 있습니다. 한계치에 도달한 경우 스레드 할당을 위해 대기하는 것은 포화도로, 할당 실패는 오류로 집계할 수 있습니다(예: "cannot fork").[10]
- 파일 디스크립터 수: 파일 디스크립터 역시 프로세스/스레드처럼 생성 가능 수에 제한이 있을 수 있으며, 이 경우에도 사용률과 포화도를 유사하게 평가할 수 있습니다.

해당 지표들이 여러분의 환경에 적용하기 적절치 않다면, 지연시간 분석과 같은 대안적인 방법론을 적용할 수 있습니다.

추천하는 해석 방법

다음은 각 지표에 대한 일반적인 해석 방법입니다.

- 사용률: 사용률이 100%라면 보통 병목 현상이 일어났다는 신호입니다(포화도를 살펴보고 시스템에 미치는 영향을 확인해 최종 판단하세요). 60%를 넘어서는 사용률은 문제가 될 수 있는데, 그 이유는 측정 간격에 따라 60% 정도로 집계되었지만, 실제로는 짧은 시간 동안 100%를 초과하는 경우가 숨겨져 있을 수 있기 때문입니다. 또 하나의 이유는 하드디스크와 같은 자원은(CPU는 아님) 일반

---

[10] (옮긴이) 커널에서 프로세스나 스레드를 만들 수 없을 때(fork() 실패, ulimit 초과 등)는 기다리지 않고 바로 실패하므로, 이 경우는 오류입니다. 반면, 사용자 공간의 스레드 풀처럼 스레드를 당장 만들 수 없어도 큐에 넣고 기다릴 수 있는 구조에서는 이런 대기 상태를 포화로 볼 수 있습니다.

적으로 연산 도중에 (더 우선순위가 높은 작업을 위해) 중단시키거나 할 수 없기 때문입니다. 이처럼 선점이 불가능한 자원 같은 경우에는 사용률이 늘어남에 따라 큐 대기에 따른 지연이 더 자주 일어나고 눈에 띄는 수준이 됩니다. 60% 이상의 사용률에 대해서는 2.6.5절의 "큐 이론"을 참고하세요.
- 포화도: 0이 아닌 경우 문제가 될 수 있습니다. 포화도는 대기 큐의 길이나 대기 시간으로 측정할 수 있습니다.
- 오류: 오류가 한 번이라도 일어났다면 살펴볼 만한 가치가 있습니다. 특히 성능이 좋지 않은데 오류가 늘어나고 있다면 더욱 그렇습니다.

사용률이 낮고 포화 및 오류가 없는 상태를 해석하는 것은 비교적 쉬워서 자주 충분히 검토되지 않는 경우가 많습니다. 그러나 이러한 상태를 확인하는 것은 겉보기보다 훨씬 더 유용할 수 있습니다. 이를 통해 해당 자원의 문제가 아닐 가능성을 식별하며, 문제 없는 영역을 배제해 검토 범위를 좁히고, 실제 문제 발생 영역에 집중할 수 있습니다.

리소스 제어

클라우드 컴퓨팅 및 컨테이너 환경에서는 시스템을 공유하고 있는 테넌트의 자원을 제한하거나 조절하기 위해 소프트웨어 리소스 제어가 사용될 수 있습니다. 예를 들어 메모리, CPU, 디스크 I/O, 네트워크 I/O를 제한하는 방식입니다. 리눅스 컨테이너는 이러한 자원 제어를 위해 cgroups를 사용합니다. 이와 같은 자원 제약 역시 물리적 자원처럼 USE 방법론을 통해 검토할 수 있습니다.

가령, '메모리 사용률'은 테넌트가 사용할 수 있는 최대 메모리 대비 사용한 메모리 크기를 의미합니다. '메모리 포화도'는 테넌트가 메모리 할당을 요청했을 때, 해당 제한에 도달하여 할당 오류가 발생하거나, 테넌트 내에서 메모리가 부족해 스왑이 발생하는 것을 가리킵니다. 이는 호스트 시스템에 메모리 여유 공간이 충분해 메모리 부하가 심하지 않은 경우에도 발생할 수 있습니다. 이러한 제한 사항에 대해서는 11장 "클라우드 컴퓨팅"에서 자세히 설명합니다.

마이크로서비스

마이크로서비스 아키텍처(microservice architecture)는 특성상 너무 많은 자원 지표를 가지고 있어 분석에 어려움이 있습니다. 각 서비스별로 수많은 지표가 존재하기 때문에 이를 모두 확인하기 어려울 뿐더러, 지표가 아직 존재하지 않는 영역을 간과하고 넘어갈 수도 있습니다. USE 방법론은 마이크로서비스에서도 이러한 문제를 해결할 수 있습니다. 예를 들어, 넷플릭스 마이크로서비스에서 일반적으로 사용하는 USE 지표는 다음과 같습니다.

- 사용률: 인스턴스 클러스터 전체의 평균 CPU 사용률
- 포화도: 전체 요청 중 상위 1%의 가장 긴 지연시간을 가지고 포화도 여부를 판단합니다. 이 값을 평균 지연시간과 비교해 차이가 크면 시스템이 과부하 상태일 가능성이 높다고 판단합니다.
- 오류: 요청 오류

이 세 가지 지표는 이미 넷플릭스에서 클라우드 모니터링 도구인 Atlas를 사용해 각 마이크로서비스에 대해 검토되었기 때문에 검증된 방법입니다.[Harrington 14]

서비스(애플리케이션)에 특화된 유사한 방법론으로는 RED 방법론이 있습니다.

2.5.10 RED 방법론

RED 방법론은 일반적으로 마이크로서비스 아키텍처의 클라우드 서비스와 같은 서비스에 초점을 맞춥니다. 여기서는 사용자 관점에서의 서비스 상태(health)를 모니터링하는 세 가지 지표를 확인할 수 있으며, 이는 다음과 같이 간략히 정리할 수 있습니다.[Wilkie 18]

> 모든 서비스에 대해 요청률, 오류, 지속 시간을 확인하십시오.

각 지표들은 다음과 같습니다.

- 요청률(Request rate): 초당 서비스 요청의 개수
- 오류: 실패한 요청의 개수
- 지속 시간(Duration): 요청들이 완료되기까지 소요된 시간(평균뿐만 아니라 백분율과 같은 분포 통계를 고려하세요. 2.8절 "통계"를 보세요).

여러분의 작업은 마이크로서비스 아키텍처를 다이어그램으로 그리고 각 서비스에 대해 요청률, 오류, 지속 시간이라는 이들 세 가지 지표가 모니터링 되도록 하는 것입니다(분산 트레이싱 도구들이 이러한 다이어그램을 자동으로 제공할 겁니다).

RED 방법론의 장점은 빠르고 따라하기 쉬우며 포괄적이라는 점에서 USE 방법론과 유사합니다.

이 방법론을 개발한 톰 윌키(Tom Wilkie)는 Prometheus(프로메테우스)[11]와 Grafana(그라파나) 대시보드를 사용하여 USE 및 RED 방법론 지표의 구현을 개발하기도 하였습니다.[Wilkie 18] 이 두 방법론은 상호보완적인데 USE 방법론은 시스템의 상태(health)를, RED 방법론은 사용자의 상태(health)를 확인하는 데 사용합니다.

확인할 지표에 요청률을 포함하면 성능 문제의 원인을 조사하는데 중요한 초기 실마리가 나오는데, 성능 문제의 원인이 부하 때문인지 아키텍처 문제인지 파악하는데 도움이 됩니다(2.3.8절 "부하 vs. 아키텍처" 참조). 만일 요청률은 일정한데 요청 완료 시간이 늘어났다면, 이는 아키텍처의 문제일 가능성이 큽니다. 반면, 요청률과 지속 시간이 모두 증가했다면, 이는 부하 문제일 가능성이 큽니다. 이러한 경우 워크로드 특성화를 통해 더 자세히 조사할 수 있습니다.

2.5.11 워크로드 특성화

워크로드 특성화(workload characterization)는 가해진 부하로 인해 발생하는 문제를 식별하는 간단하고 효과적인 방법입니다. 이 방법론은 시스템의 성능 결과보다는 시스템에 가해진 **입력**(load, 부하)에 초점을 맞춥니다. 왜냐하면 여러분의 시스템에 구조적, 구현적, 설정상의 문제가 전혀 없더라도, 해당 시스템의 처리 한계를 넘어서는 부하가 들어오면 그 자체로 성능 문제가 생길 수 있기 때문입니다.

다음과 같은 질문을 통해 워크로드의 특성에 대해 파악할 수 있습니다.

- 누구? 누가 부하를 받거나 발생시키고 있습니까? 프로세스 ID, 사용자 ID, 원격 IP 주소는 어떻게 됩니까?
- 왜? 부하의 호출 경로는 어떻게 될까요? 코드 경로는? 스택 트레이스는?
- 무엇? 부하의 특성은 무엇입니까? IOPS, 스루풋, I/O 방향(읽기/쓰기), I/O 유형이 어떻게 됩니까? 필요하다면 분산(표준 편차)을 포함해서 살펴보세요.
- 어떻게? 부하가 시간에 따라 어떻게 변합니까? 매일 정해진 어떤 패턴이 있습니까?

---

11 (옮긴이) 시스템 모니터링과 알림을 위한 오픈 소스 도구입니다. 시계열 데이터베이스를 사용하여 지표를 수집하고, 쿼리 언어를 지원해 실시간으로 분석을 수행할 수도 있습니다.

이런 사항을 모두 검토하는 것은 유용할 수 있는데, 심지어 답이 어떨지 확실히 예상되더라도 그렇습니다. 실제로 답을 하다 보면 놀랄 만한 결과를 마주할 수도 있습니다.

다음 시나리오를 생각해 봅시다. 웹 서버 풀이 사용하는 데이터베이스에 성능 문제가 있습니다. 데이터베이스를 사용 중인 웹 서버의 IP 주소를 체크해 사용자를 꼭 확인해야 할까요? 여러분은 데이터베이스의 사용자 IP가 당연히 웹 서버 풀의 IP 주소일 것이라 생각하고 확인하지 않을 수도 있습니다. 하지만 혹시나 해서 데이터베이스의 사용자 IP들을 확인해 본 결과, 거의 전 인터넷이 데이터베이스에 요청을 보내 부하를 증가시키고 성능을 저하시키고 있음을 발견했습니다. 실제로는 DoS(Denial of Service, 서비스 거부) 공격을 받고 있었던 것입니다!

보통 가장 큰 성능 향상은 이런 성능 분석 과정에서 불필요한 부하를 제거하면서 이뤄집니다. 때때로 오동작하는 애플리케이션에 의해 불필요한 작업이 발생하기도 하는데, 가령 루프에 갇힌 스레드는 불필요하게 CPU 시간을 잡아먹습니다. 때로는 잘못된 설정 때문에 부하가 발생하기도 합니다. 예를 들어, 전체 시스템 백업을 여유로운 시간이 아닌 피크 시간대에 수행하는 경우가 있을 수 있습니다. 심지어 앞서 이야기한 DoS 공격 역시 잘못된 설정으로 인해 발생하기도 합니다. 워크로드의 특성을 파악하면 이런 문제를 파악할 수 있고, 관리나 재설정을 통해 불필요한 부하를 없앨 수 있습니다.

만일 발견한 부하를 제거할 수 없다면 시스템 리소스 제어를 통해 부하를 조절할 수도 있습니다. 예를 들어, 시스템 백업은 압축을 위해 CPU 자원을 사용하고, 압축 데이터를 송신할 때 네트워크 자원을 사용하기 때문에 프로덕션 데이터베이스에 간섭을 일으킬 수 있습니다. 이러한 경우 리소스 제어를 이용해서 데이터베이스에 영향을 끼치지 않으면서 백업이 더 천천히 이루어질 수 있도록 네트워크와 CPU 사용량을 조절할 수 있습니다(물론 시스템이 리소스 제어를 지원해야만 가능합니다).

문제를 식별하는 것 외에도, 워크로드 특성화 결과는 모의실험 벤치마크 설계에 유용한 입력 자료로 사용될 수 있습니다. 만약 측정한 부하가 평균에 가깝다면 이상적인 경우 상세한 분산과 표준 편차도 얻을 수 있습니다. 이런 정보는 예상되는 다양한 부하를 모의실험 할 때 아주 중요한데, 평균적인 부하만 가지고 실험을 하기보다 편차를 활용할 수 있기 때문입니다. 평균과 분산(표준 편차)에 대한 자세한 내용은 2.8절 "통계"와 12장 "벤치마킹"을 살펴보세요.

또한 워크로드 분석은 부하의 문제를 파악하게 해주므로 부하의 문제와 아키텍처의 문제를 구별하는 데도 도움이 됩니다. 부하와 아키텍처에 대해서는 2.3.8 "부하 vs. 아키텍처"에서 이미 소개했습니다.

워크로드 특성화를 수행하는 데 필요한 도구와 지표는 대상에 따라 달라집니다. 일부 애플리케이션은 클라이언트의 활동에 대해 자세한 로그를 남기는데, 이는 통계적 분석의 자료가 될 수 있습니다. 이런 로그를 사용해 클라이언트의 사용 행태에 대한 일간 또는 월간 보고를 제공할 수도 있고, 더 깊게 파고들어 분석할 수도 있습니다.

2.5.12 드릴다운 분석

드릴다운 분석(drill-down analysis)은 문제를 높은 수준에서 시작하여 점차 초점을 좁혀가면서 흥미롭지 않은 부분을 제외하고, 흥미로운 영역을 깊이 파고드는 방식입니다. 이 과정에서 보통 소프트웨어 스택의 하위 계층을 파고들며, 필요하면 하드웨어까지도 탐구하여 문제를 야기한 근본 원인을 찾아나갑니다.

시스템 성능 드릴다운 분석 방법론은 다음의 3단계로 이루어집니다.[McDougall 06a]

1. 모니터링: 주요 지표들을 계속 수집하면서, 문제가 있는 경우 이를 식별하거나 경고하는 과정입니다.
2. 식별: 잠정적인 문제가 있다면 특정 자원이나 관심 영역으로 조사를 좁히고 가능한 병목 지점을 찾습니다.
3. 분석: 근본 원인을 찾고 문제를 정량화 하기 위해 시스템의 특정 영역을 더 심도 있게 검사해 봅니다.

모니터링은 기업 전사적으로 수행되며, 모든 서버나 클라우드 인스턴스의 결과를 통합할 수 있습니다. 과거에도 이러한 작업을 수행하기 위한 기술이 있었는데, 네트워크에 연결된 모든 장치를 모니터링할 수 있는 SNMP(Simple Network Monitoring Protocol, 단순 네트워크 모니터링 프로토콜)가 그 예입니다(물론 시스템이 SNMP를 지원해야만 가능합니다). 현대의 모니터링 시스템은 각각의 시스템에서 지표를 수집하고 전달하는 소프트웨어 에이전트인 **익스포터**(exporter)를 사용하는데, 결과 데이터는 모니터링 시스템에 기록되며 프론트엔드 GUI로 시각화됩니다.

이렇게 하면 지표를 지속적으로 수집할 수 있어 장기간에 걸친 패턴을 발견하는 데 유용합니다(커맨드 라인 도구를 사용해 단편적으로 살펴보던 과거의 방식으로는 이런 패턴을 확인하기 어려웠습니다). 또한 많은 모니터링 솔루션은 문제일 가능성이 있는 상황이 발생하면 경고를 제공하며, 이를 통해 다음 단계로 분석을 진행할 수 있습니다.

식별 단계는 서버를 직접 분석하고 CPU, 디스크, 메모리 등 시스템 구성 요소를 확인하는 과정이 수반됩니다. 과거에는 vmstat(8), iostat(1), mpstat(1) 같은 커맨드 라인 도구를 사용했으나, 최근에는 동일한 지표를 빠르게 분석할 수 있는 다양한 GUI 대시보드가 사용됩니다.

분석 단계에서는 의심스러운 영역을 더 깊이 조사하기 위해 트레이싱이나 프로파일링 도구들이 사용됩니다. 이와 같은 심도 있는 분석을 위해서는 직접 맞춤화된 도구를 만들거나, 소스 코드의 내부를 들여다 보는 과정(소스 코드가 있다면)이 필요할 수도 있습니다. 이 과정에서 근본 원인을 찾기 위해 소프트웨어 스택의 각 계층을 벗겨나가면서 깊이 파고드는 작업(드릴다운 과정)이 주로 이루어집니다. 리눅스에서 이를 수행하기 위한 도구로는 strace(1), perf(1), BCC 도구들, bpftrace, Ftrace가 있습니다.

이 3단계 방법론의 구현 예로, 넷플릭스 클라우드에서 사용된 기술들은 다음과 같습니다.

1. 모니터링: 넷플릭스의 오픈 소스 클라우드 전역 모니터링 시스템인 아틀라스(Atlas)를 사용합니다. [Harrington 14]
2. 식별: 단일 인스턴스를 분석하는 GUI 대시보드인 넷플릭스 perfdash를 사용하는데, 이는 USE 방법론 지표들도 함께 보여줍니다. (과거에는 넷플릭스 벡터(Vector)로 불렸습니다.)
3. 분석: 여러 유형의 플레임 그래프를 생성하는 넷플릭스 플레임커맨더(FlameCommander)와 SSH 세션을 통해 실행할 수 있는 커맨드 라인 도구들이 Ftrace 기반 도구, BCC 도구들, bpftrace 등을 사용합니다.

넷플릭스에서 이 3단계 방법론을 사용하는 사례를 들자면, 아틀라스(Atlas)를 통해 문제가 특정 마이크로서비스에 있음을 파악한 후, perfdash를 사용하여 해당 문제를 특정 자원으로 좁혀 나갑니다. 그 다음 플레임커맨더(FlameCommander)를 통해 해당 자원을 소모하는 코드 경로를 세부적으로 파악하고, BCC 도구와 맞춤형 bpftrace 도구들을 사용해 이를 계측합니다.

다섯 번 왜?

드릴다운 분석 단계에서 사용할 수 있는 추가 방법론으로 "다섯 번 왜(Five whys)?" 기법이 있습니다.[Wikipedia 20] 이는 스스로에게 "왜?"라고 묻고, 그 질문에 답하는 과정을 총 다섯 번(또는 그 이상) 반복하는 것입니다. 다음 예와 같은 방식으로 '왜'라는 질문을 합니다.

1. 여러 쿼리에 대해 데이터베이스 성능이 나빠지기 시작했습니다. 왜 그렇습니까?
2. 메모리 페이징(스왑) 때문에 디스크 I/O에서 지연이 발생했습니다. 왜 그렇습니까?
3. 데이터베이스 메모리 사용량이 너무 커졌습니다. 왜 그렇습니까?
4. 메모리 할당자(allocator)가 예상보다 더 많은 메모리를 소모합니다. 왜 그렇습니까?
5. 할당자에 메모리 파편화 문제가 있습니다.

이는 실제 있었던 예로, 예기치 않게 시스템의 메모리 할당 라이브러리를 수정할 수 있는 계기가 되었습니다. 이런 수정이 가능했던 것은 계속해서 질문을 던지고 파고들어서 핵심 문제를 파악했기 때문입니다.

2.5.13 지연시간 분석

지연시간 분석은 어떤 연산이 완료되기까지 걸린 시간을 분석합니다. 그 후 근본 원인을 식별하고 정량화할 수 있을 때까지 더 작은 구성 요소로 나누고, 지연시간이 가장 큰 더 작은 구성 요소가 나올 때까지 계속 나눠서 각 부분이 얼마나 걸렸는지를 파악하는 작업을 반복합니다. 드릴다운 분석과 비슷하게 지연시간 분석도 지연시간의 근본 원인을 찾을 때까지 소프트웨어 스택의 각 단계를 계속 파고들어갑니다.

이 방법론은 먼저 시스템에 가해진 워크로드를 살펴보고, 애플리케이션이 해당 부하를 어떻게 처리하는지 살펴봅니다. 그 후 운영 체제 라이브러리, 시스템 콜, 커널, 장치 드라이버까지 파고들어 갑니다.

예를 들어, MySQL 쿼리 지연시간을 분석하려면 다음과 같은 질문을 단계적으로 답해 나가야 합니다(답도 예시로 적어두었습니다).

1. 쿼리 처리 시 지연이 발생합니까? (예)
2. 쿼리 처리 시간 중 CPU 시간이 더 깁니까, 아니면 CPU 외의 대기시간이 더 깁니까? (CPU 외)
3. CPU 외의 대기시간에서 주로 어떤 작업을 기다리고 있습니까? (파일 시스템 I/O)
4. 파일 시스템 I/O 시간은 주로 디스크 I/O 때문입니까? 아니면 락 경쟁 때문입니까? (디스크 I/O)
5. 디스크 I/O 시간은 주로 대기하느라 소모된 시간입니까? 아니면 I/O 처리에 소모된 시간입니까? (I/O 처리)
6. I/O 처리 시간은 주로 I/O 초기화에 소모된 시간입니까, 아니면 데이터 전송에 소모된 시간입니까? (데이터 전송)

위의 예시에서 각 단계는 지연시간을 두 부분으로 나누어 질문하고 더 큰 쪽을 분석하는 과정을 반복했습니다. 일종의 이진 탐색처럼 지연시간을 분석하는 방식이라고 할 수 있습니다. 이 과정은 그림 2.14에 표현되어 있습니다.

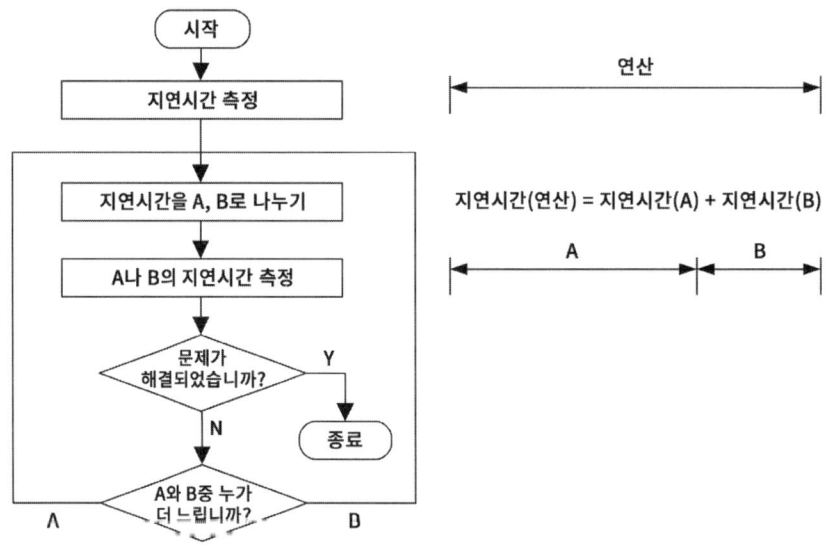

그림 2.14 지연시간 분석 절차

이처럼 지연시간 방법론은 A나 B 가운데 더 느린 것을 식별하고, 느린 쪽을 다시 A와 B로 나눠 분석하는 과정을 반복합니다.

데이터베이스 쿼리에 대한 지연시간 분석은 R 방법론의 대상이기도 합니다.

2.5.14 R 방법론

R 방법론은 오라클 데이터베이스를 위해 개발된 성능 분석 방법론으로, 오라클의 트레이스 이벤트(Trace event)를 기반으로 지연시간의 원인을 찾는 데 초점이 맞춰져 있습니다.[Millsap 03] 이는 "비즈니스에 최대의 경제적 가치를 더해주는 응답 시간 기반의 성능 향상 방법론"이라 기술되어 있으며, 쿼리 처리 시 어느 부분에서 가장 많은 시간을 소모하는지 식별하고 수치화하는 데 초점을 둡니다. 이 기법은 데이터베이스를 분석하는 데 쓰이기는 하지만 이 접근법 자체는 어느 시스템에서든 사용할 수 있기 때문에 여기서 향후 검토가 가능한 방안으로 언급해 둘 만한 가치가 있습니다.

2.5.15 이벤트 트레이싱

시스템은 불연속적인 이벤트를 처리하면서 동작합니다. 이런 이벤트에는 CPU 명령어, 디스크 I/O 및 기타 디스크 명령, 네트워크 패킷, 시스템 콜, 라이브러리 호출, 애플리케이션 트랜잭션, 데이터베이스 쿼리 등이 있습니다. 성능 분석은 보통 이러한 이벤트를 초당 연산 횟수, 초당 처리된 바이트 수, 평균 지연시간 등과 같은 것으로 요약합니다. 때로 이러한 요약에는 중요한 세부사항이 빠질 수도 있지만, 개별적으로 분석할 때 이벤트를 가장 잘 이해할 수 있게 되는 경우도 있습니다.

네트워크 문제를 해결하는 과정에서 tcpdump(8) 같은 도구를 활용해 모든 패킷을 분석해야 하는 경우도 흔히 있습니다. 다음의 명령어는 패킷을 한 줄로 요약해서 이벤트별로 출력하는 사례입니다.

```
# tcpdump -ni eth4 -ttt
tcpdump: verbose output suppressed, use -v or -vv for full protocol decode
listening on eth4, link-type EN10MB (Ethernet), capture size 65535 bytes
00:00:00.000000 IP 10.2.203.2.22 > 10.2.0.2.33986: Flags [P.], seq
1182098726:1182098918, ack 4234203806, win 132, options [nop,nop,TS val 1751498743
ecr 1751639660], length 192
00:00:00.000392 IP 10.2.0.2.33986 > 10.2.203.2.22: Flags [.], ack 192, win 501,
options [nop,nop,TS val 1751639684 ecr 1751498743], length 0
00:00:00.009561 IP 10.2.203.2.22 > 10.2.0.2.33986: Flags [P.], seq 192:560, ack 1,
win 132, options [nop,nop,TS val 1751498744 ecr 1751639684], length 368
00:00:00.000351 IP 10.2.0.2.33986 > 10.2.203.2.22: Flags [.], ack 560, win 501,
options [nop,nop,TS val 1751639685 ecr 1751498744], length 0
00:00:00.010489 IP 10.2.203.2.22 > 10.2.0.2.33986: Flags [P.], seq 560:896, ack 1,
win 132, options [nop,nop,TS val 1751498745 ecr 1751639685], length 336
00:00:00.000369 IP 10.2.0.2.33986 > 10.2.203.2.22: Flags [.], ack 896, win 501,
options [nop,nop,TS val 1751639686 ecr 1751498745], length 0 [...]
```

필요에 따라 tcpdump(8)를 사용해 더욱 상세한 정보들도(예: 패킷 덤프 등) 출력할 수 있습니다(10장 "네트워크" 참고).

저장 장치 I/O를 블록 장치 이벤트별로 살펴볼 수도 있는데, biosnoop(8)(BCC/BPF 기반)을 이용해 트레이싱할 수 있습니다.

```
# biosnoop
TIME(s)      COMM        PID    DISK    T SECTOR      BYTES    LAT(ms)
0.000004     supervise   1950   xvda1   W 13092560    4096     0.74
0.000178     supervise   1950   xvda1   W 13092432    4096     0.61
0.001469     supervise   1956   xvda1   W 13092440    4096     1.24
0.001588     supervise   1956   xvda1   W 13115128    4096     1.09
1.022346     supervise   1950   xvda1   W 13115272    4096     0.98
[...]
```

이 biosnoop(8)은 I/O 완료 시간(TIME(s)), I/O 시작 프로세스 정보(COMM, PID), 디스크 장치(DISK), I/O 유형(T), I/O 크기(BYTES) 및 I/O 지속 시간(LAT(ms))을 출력합니다. 이 도구에 대한 더 자세한 내용은 9장 "디스크"를 참고하세요.

또 다른 트레이싱 대상으로는 시스템 콜이 있습니다. 리눅스에서는 strace(1)과 perf(1)의 trace 하위 명령어로 시스템 콜을 트레이싱할 수 있습니다(5장 "애플리케이션" 참고). 이들 도구는 타임스탬프를 출력하는 옵션도 제공합니다.

이벤트를 트레이싱할 때는 다음 정보를 확인해 보세요.

- 입력: 이벤트 요청에 대한 특성(이벤트 유형, I/O 방향, 크기 등)
- 시간: 시작 시간, 끝 시간, 지연시간(시작과 끝 시간의 차이)
- 결과: 오류 상태, 이벤트의 결과(예: 성공적인 전송의 크기)

때로는 요청이나 결과 등 이벤트의 특성을 분석하는 것만으로 성능 문제를 이해하게 되는 경우도 있습니다. 이벤트 타임스탬프는 지연시간을 분석하는 데 아주 유용하기 때문에 이벤트 트레이싱 도구를 사용할 경우 자주 포함시킵니다. 앞서 다룬 tcpdump(8) 예시에선 -ttt 옵션을 사용하여 패킷들 사이의 시간 차를 계산한 타임스탬프를 함께 출력했습니다.

단지 현재 발생하는 이벤트만 살펴보는 것이 아니라, 과거의 이벤트를 분석하면 추가적인 정보를 얻을 수 있습니다. 예를 들어, **지연시간 극단값(latency outlier)**이라고 불리는 비정상적으로 긴 지연시간을 가지는 이벤트는, 해당 이벤트 자체가 아닌 이전 이벤트들 때문에 발생할 수 있습니다. 예를 들어, 큐의 끝에 있는 이벤트는 지연시간이 아주 크지만, 이는 큐의 앞에 있던 다른 이벤트 때문이지 그 자신의 특성 때문에 그런 것은 아닐 수 있습니다. 이런 경우는 이벤트 트레이싱을 통해 알아낼 수 있습니다.

2.5.16 기준 통계

현업의 환경에서는 모니터링 솔루션을 사용해 서버 성능 지표를 기록하고, 이를 x축을 시간으로 한 꺾은선 차트(line chart) 형태로 시각화하는 것이 일반적입니다(2.9절 "모니터링" 참고). 이러한 차트는 특정 지표가 최근에 변했는지를 보여주며, 만일 변했다면 해당 지표가 얼마나 변화했는지를 간단히 파악할 수 있게 해줍니다.

때로는 추가로 라인을 그려 과거의 평균이나 시간 범위를 포함시켜 현재와 비교할 수 있도록 하기도 합니다. 예를 들어, 많은 넷플릭스 대시보드는 현재 시간 범위와 비교하기 위해 이전 주의 동일 시간 범위를 보여주는 별도의 라인을 그려줍니다. 이를 통해 화요일 오후 3시의 동작을 지난주 화요일 오후 3시와 직접 비교할 수 있습니다.

이러한 접근 방식은 이미 모니터링된 지표와 이를 시각화하는 GUI를 사용하는 데 유용합니다. 하지만 모니터링되지 않은 커맨드 라인 지표나 시스템 지표들도 많습니다. 여러분은 이러한 지표들에 익숙하지 않을 수 있으며, 이러한 지표들만을 보고 해당 서버가 '정상' 상태인지 아니면 문제가 있는 상태인지 판단하기 어려울 수 있습니다.

이 문제는 새로운 것이 아니며, 꺾은선 차트를 사용하는 모니터링 솔루션이 널리 사용되기 이전부터 해결하기 위한 방법론이 있었습니다. 바로 **기준 통계**(baseline statistics) 수집입니다. 이는 시스템이 '정상' 부하 상태일 때 모든 시스템 지표를 수집하여 나중에 참조할 수 있도록 텍스트 파일이나 데이터베이스에 기록해 두는 것입니다. 기준 통계 수집은 관측 도구들을 실행하고, 기타 소스들(예: /proc 파일을 cat(1) 명령어로 읽기)로부터 지표를 수집하는 셀 스크립트 형태로 작성할 수 있습니다. 프로파일링 도구와 트레이싱 도구들을 함께 사용하면 모니터링 제품들로는 보통 기록하지 않는 더 세부적인 내용을 포함시킬 수 있습니다. 단, 이러한 도구들은 프로덕션 환경에 영향을 줄 수 있으므로 오버헤드에 주의해야 합니다. 기준 통계는 시스템이나 애플리케이션의 변경 전후뿐만 아니라 일정한 간격으로(예: 매일) 수집하여 성능 차이를 분석하는 데 사용될 수 있습니다.

만약 기준 통계가 수집되지 않았거나 모니터링이 불가능한 경우, 커널 카운터 기반의 관측가능성 도구를 대안으로 사용할 수 있습니다. 이러한 도구들은 여러 지표에 대해 부팅 이후 현재까지의(summary-since-boot) 평균값을 보여주므로, 현재 활동과 비교할 수 있습니다. 이 방법은 정교하지 않지만, 없는 것보다는 낫습니다.

2.5.17 정적 성능 튜닝

정적 성능 튜닝은 아키텍처 설정의 문제에 초점을 맞추는데, 이는 다른 방법론들이 부하가 가해졌을 때의 성능, 즉 **동적 성능**(dynamic performance)에 집중하는 것과 대조됩니다.[Elling 00] 정적 성능 분석은 시스템이 유휴 상태일 때, 즉 부하가 걸려 있지 않을 때 수행할 수 있습니다.

정적 성능 분석과 튜닝을 위해서는 시스템의 모든 구성 요소를 점검해야 합니다.

- 구성 요소가 타당합니까? (예: 구버전(outdated) 사용 여부, 전력 부족(underpowered) 등)
- 현재 설정이 의도한 워크로드에 타당하게 구성되어 있습니까?
- 의도한 워크로드에 맞는 최선의 상태로 자동 설정되어 있습니까?
- 구성 요소에 오류가 발생해서 현재 성능이 저하된 상태입니까?

다음 예는 정적 성능 튜닝을 통해 발견할 수 있는 문제점들입니다.

- 네트워크 인터페이스 교섭(negotiation)이 10Gbit/초 대신 1Gbit/초로 선택된 경우
- RAID 풀에 있는 디스크 중 하나에 오류 발생한 경우
- 오래된 버전의 운영 체제, 애플리케이션, 혹은 펌웨어를 사용하는 경우
- 파일 시스템이 거의 꽉 차 있는 경우(성능 저하를 유발할 수 있음)
- 워크로드의 I/O 크기와 파일 시스템 레코드 크기가 일치하지 않는 경우
- 애플리케이션이 실수로 부하가 심한 디버그 모드로 실행된 경우
- 서버가 실수로 네트워크 라우터로 잘못 설정된 경우(IP 포워딩 활성화)
- 서버가 인증 등과 같은 리소스를 로컬이 아닌 원격 데이터 센터에서 가져오도록 설정된 경우

다행히 이런 유형의 문제는 쉽게 점검할 수 있습니다. 정작 어려운 건 이를 잊지 말아야 한다는 겁니다.

2.5.18 캐시 튜닝

애플리케이션이나 운영 체제는 I/O 성능 향상을 위해 애플리케이션부터 디스크에 이르는 단계마다 여러 캐시를 사용합니다. 이러한 캐시들에 대해서는 뒤에 나오는 3.2.11절 "캐싱"에 정리되어 있습니다. 아래는 각 수준의 캐시를 튜닝하는 일반적인 전략입니다.

1. 가능한 한 스택의 상위 수준(작업이 수행되는 위치에 가깝게)에 캐시를 배치하여 캐시 히트 시 발생하는 운영 오버헤드를 줄입니다. 이 위치는 더 많은 메타데이터를 사용할 수 있어 캐시 유지 정책을 개선할 수 있습니다.
2. 캐시가 활성화되어 제대로 동작하는지 확인합니다.
3. 캐시 히트/미스 비율과 시간당 미스 횟수를 점검합니다.
4. 캐시 크기가 동적이라면 현재 크기가 얼마인지 확인합니다.
5. 워크로드에 맞게 캐시를 튜닝합니다. 이 과정은 캐시에서 제공하는 튜닝 파라미터에 따라 달라집니다.
6. 워크로드를 캐시에 맞춰 튜닝합니다. 이는 불필요한 캐시 소비자를 줄여 캐시 공간을 확보하는 것이 포함됩니다.

중복 캐싱에도 주의하십시오. 예를 들어, 두 개의 서로 다른 캐시가 메인 메모리를 소모하면서 같은 데이터를 이중으로 캐시할 수 있습니다.

또한 각 수준별로 캐시를 튜닝하면 전반적으로 어느 정도의 성능 향상을 얻을 수 있는지 고려하십시오. 예를 들어, CPU L1 캐시 튜닝은 캐시 미스 시 L2 캐시에서 데이터를 가져오기 때문에 몇 나노초 단위의 성능 향상만을 가져올 수 있습니다. 하지만 CPU L3 캐시를 튜닝하면 더 느린 DRAM 접근을 줄일 수 있어 전체 성능 향상이 더 클 것입니다. 이러한 CPU 캐시에 대해서는 6장 "CPU"에서 설명합니다.

2.5.19 마이크로 벤치마킹

마이크로 벤치마킹은 단순하고 인공적인 부하의 성능을 테스트합니다. 이는 실세 환경에서 자연스러운 부하를 테스트하는 매크로 벤치마킹(혹은 산업 벤치마킹)과는 다릅니다. 매크로 벤치마킹은 실제 워크로드 시뮬레이션을 통해서 실행되기 때문에 벤치마킹 수행 및 분석이 어려울 수 있습니다.

반면, 마이크로 벤치마킹은 다루는 요소가 적어 이해하기가 더 쉽고, 수행 과정도 덜 복잡합니다. 흔히 사용되는 마이크로 벤치마크 도구로는 리눅스 iperf(1)이 있으며, 이는 TCP 스루풋 테스트를 수행하여 외부 네트워크 병목을 찾아냅니다. 이는 프로덕션 부하 중에 TCP 카운터를 검사하여 다른 방법으로는 식별하기 어려운 병목을 찾아낼 수 있습니다.

마이크로 벤치마킹은 워크로드를 적용하고 성능을 측정해 주는 마이크로 벤치마크 도구를 사용해 수행할 수 있습니다. 또는 **부하 발생기**(load Generator)를 사용해 워크로드를 적용하고, 성능 측정은 다른 관측가능성 도구를 통해 수행할 수도 있습니다(부하 발생기의 예는 12장 "벤치마킹"의 12.2.2절 "시뮬레이션"에 있습니다). 어떤 방식을 택하든 괜찮지만, 마이크로 벤치마킹 도구를 사용하고 다른 도구로 성능을 재검증하는 것이 가장 안전할 수 있습니다.

마이크로 벤치마크의 예시와 추가적으로 고려할 요소들은 다음과 같습니다.

- 시스템 콜 시간: fork(2), execve(2), open(2), read(2), close(2) 등에 걸리는 시간을 측정
- 파일 시스템 읽기: 캐시된 파일을 1바이트부터 1메가바이트까지 다양한 크기로 변화시키면서 읽기 측정
- 네트워크 스루풋: 소켓 버퍼 크기를 변화시켜가면서 TCP 엔드포인트 간 데이터를 전송하면서 측정

마이크로 벤치마킹은 테스트하려는 작업을 가능한 한 빠르게 여러 번 반복하여 수행합니다. 그리고 이러한 반복 작업이 모두 완료되는 데 걸린 총 시간을 측정합니다. 이렇게 측정한 총 시간을 작업의 횟수로 나누면 작업 하나당 평균 시간을 계산할 수 있습니다.

이후에 나올 각 장에 구체적인 마이크로 벤치마킹 방법론, 그리고 검사할 대상과 특성의 목록이 수록되어 있습니다. 벤치마킹에 대한 주제는 12장 "벤치마킹"에서 더 자세히 다룹니다.

2.5.20 성능 최적화를 위한 지침

성능 최적화 지침(Performance Mantra)은 성능을 최대한 향상시키기 위한 튜닝 방법론으로 가장 효과적인 것부터 가장 덜 효과적인 것 순서로 수행할 항목을 정리한 것인데, 다음과 같습니다.

1. 그것을 하지 마세요.
2. 그것을 하되, 반복하지 마세요.
3. 그것을 덜 하세요.
4. 그것을 나중에 하세요.
5. 그것을 눈에 띄지 않게 하세요.
6. 그것을 동시에 하세요.
7. 그것을 더 저렴하게 하세요.

다음은 이들 각각에 대한 몇 가지 사례입니다.

1. 그것을 하지 마세요: 불필요한 작업을 제거합니다.
2. 그것을 하되, 반복하지 마세요: 캐싱을 사용합니다.
3. 그것을 덜 하세요: 리프레시(refresh), 폴링(polling), 업데이트 빈도를 줄입니다.
4. 그것을 나중에 하세요: 라이트 백(Write-back) 캐싱을 사용합니다.
5. 그것을 눈에 띄지 않게 하세요: 피크 시간대를 피해 작업하도록 작업을 스케줄링 합니다.
6. 그것을 동시에 하세요: 싱글 스레드에서 멀티스레드로 전환합니다.
7. 그것을 더 저렴하게 하세요: 더 빠른 하드웨어를 구입합니다.

이 방법론은 필자가 가장 선호하는 방법 중 하나로, 넷플릭스에서 스콧 에몬스(Scott Emmons)에게 배운 것입니다. 그는 이 방법론을 크레이그 핸슨(Craig Hanson)과 팻 크레인(Pat Crain)에게서 배웠다고 합니다(문서로 만들어진 참고 자료는 아직 찾지 못했습니다).

2.6 모델링

시스템을 분석적으로 모델링하면 다양한 목적으로 사용할 수 있는데, 특히 성능이 부하나 자원의 증가에 따라 어떻게 확장되는지를 연구하는 규모 확장성 분석(scalability analysis)에 유용합니다. 여기서 자원은 CPU 코어와 같은 하드웨어이거나 프로세스나 스레드와 같은 소프트웨어 자원일 수 있습니다.

분석적 모델링은 프로덕션 시스템의 관찰('측정')과 실험적 테스트('시뮬레이션')

에 이은 세 번째 유형의 성능 평가 활동으로 볼 수 있습니다.[Jain 91] 성능은 이 세 가지 활동 중 적어도 두 가지 이상을 함께 수행할 때 가장 잘 이해할 수 있습니다(예: 분석적 모델링과 시뮬레이션 또는 시뮬레이션과 측정 등).

기존 시스템을 분석하는 것이라면 먼저 측정부터 시작할 수 있습니다. 즉, 부하 특성을 평가하고, 부하의 결과로 나타나는 성능을 살펴봅니다. 대상 시스템이 아직 프로덕션 시스템과 같은 부하를 받고 있지 않거나, 프로덕션 부하보다 더 큰 부하를 테스트하고 싶다면 워크로드 시뮬레이션을 통해 실험적 분석을 수행할 수 있습니다. 이러한 측정이나 시뮬레이션 결과는 분석적 모델링에 사용될 수 있으며, 이를 통해 성능을 예측할 수 있습니다.

규모 확장성 분석 결과 특정 지점 이후로는 자원의 제약으로 성능이 선형적으로 증가하지 않는다는 사실을 발견할 수도 있습니다. 이를 **무릎점**(knee point)이라고 하는데, 이 지점에서 성능이 선형적으로 확장되다가 경합으로 바뀝니다. 무릎점의 존재 여부와 위치를 파악하면, 규모 확장을 방해하는 성능 문제를 조사할 수 있습니다. 이렇게 함으로써 이러한 문제들이 프로덕션 시스템에서 발생하기 전에 해결할 수 있습니다.

이들 각 단계에 대한 더 자세한 내용은 2.5.11절 "워크로드 특성화"와 2.5.19절 "마이크로 벤치마킹"을 참고하십시오.

2.6.1 엔터프라이즈 환경 vs. 클라우드 환경

모델링을 활용하면 거대한 규모의 엔터프라이즈 시스템을 직접 소유하지 않고도 시뮬레이션할 수 있지만, 이러한 대규모 환경의 성능은 때로 아주 복잡하고 어려워서 정확히 모델링하기 어려울 수 있습니다.

클라우드 컴퓨팅을 이용하면 어떤 규모의 환경이든 단기(벤치마킹에 필요한 기간 동안) 임대가 가능합니다. 성능을 예측하기 위한 수학적 모델을 만드는 대신, 부하 특성을 분석하고 시뮬레이션한 다음, 클라우드 안에서 여러 가지 규모로 실험해 볼 수 있습니다. 이를 통해 발견할 수 있는 무릎점 등이 서로는 유사할 수 있지만, 이제는 이론적 모델이 아니라 계측 데이터에 기반한 결과이므로 더욱 정밀할 것입니다. 또한 실제 환경에서 테스트해 봄으로써 모델로서는 확인할 수 없었던 제한 사항을 발견할 수도 있습니다.

2.6.2 시각적 성능 식별

충분한 실험 결과를 모은 후, 이를 규모 확장에 따른 성능 변화 그래프로 나타내면 특정한 패턴이 보일 수 있습니다.

그림 2.15는 스레드 개수 변화에 따른 애플리케이션의 스루풋을 보여줍니다. 여기서는 스레드가 8개 되는 지점에서 기울기가 변하는 무릎점을 관찰할 수 있습니다. 이제 이 현상을 가지고 애플리케이션이나 시스템 설정 등에서 8과 연관되는 설정값이 있는지 검토할 수 있습니다.

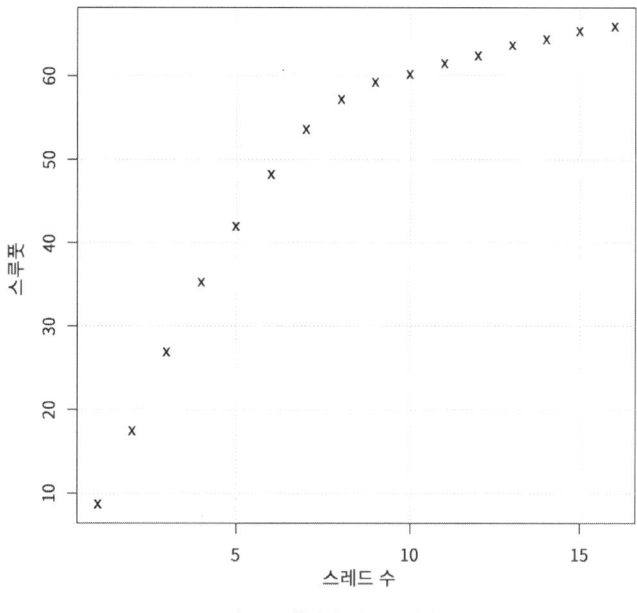

그림 2.15 확장성 테스트 결과

위의 경우 8코어 시스템이었으며, 각 코어에는 2개의 하드웨어 스레드가 있었습니다. 이 현상이 CPU 코어 개수와 관련이 있다는 것을 좀 더 심도있게 확인하려면 스레드가 8개보다 적은 경우와 많은 경우의 CPU의 효과를 살펴보고 비교해야만 합니다(예: IPC, 6장 "CPU"를 참고). 또는, 코어 개수가 다른 시스템에서 동일한 테스트를 반복 수행하여 무릎점이 예상대로 변하는지 실험적으로 검증할 수도 있습니다.

정형화된 모델을 사용하지 않고도 시각적으로 식별할 수 있는 여러 확장성 프로파일이 몇 가지 있는데, 그림 2.16에서 볼 수 있습니다.

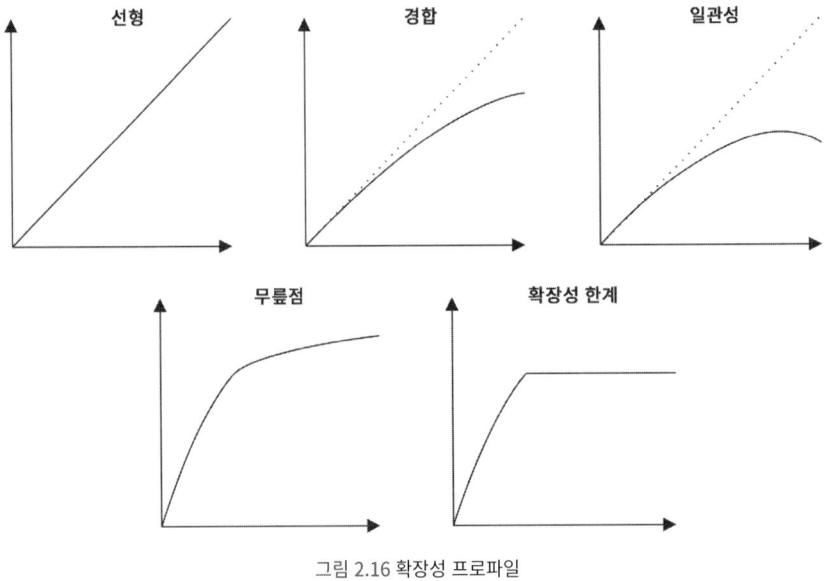

그림 2.16 확장성 프로파일

각 프로파일의 x축은 확장성 차원이고, y축은 그에 따른 성능(스루풋, 초당 트랜잭션 수 등)입니다. 패턴은 다음과 같습니다.

- 선형(linear) 확장성: 자원이 늘어남에 따라 성능이 이에 비례해서 증가합니다. 물론 이런 확장성이 계속될 수는 없으며, 다른 확장성 패턴의 초기 단계일 수 있습니다.
- 경합(contention): 아키텍처의 일부 구성 요소를 공유하고 순차적으로 사용해야만 할 경우, 이런 공유되는 자원에 대한 경합으로 확장의 효과가 감소하기 시작합니다.
- 일관성(coherence): 데이터의 일관성을 유지하는데 드는 오버헤드(예: 변경 사항 전파 등)가 확장에 따른 이득을 넘어서기 시작합니다.
- 무릎점(knee point): 확장성 프로파일이 변화되는 지점에 도달했습니다.
- 확장성 한계(ceiling): 더 이상 확장할 수 없는 한계에 도달한 경우입니다. 이는 버스나 인터커넥트가 최대 스루풋에 도달하는 장치 병목이거나, 소프트웨어가 부과한 한계(시스템 자원 제어)일 수 있습니다.

시각화를 통한 식별이 쉽고 효과적이기는 하지만 수학적 모델을 사용하면 시스템 확장성에 대해 더 많은 정보를 얻을 수 있습니다. 모델이 데이터를 예상치 못한 방식으로 벗어날 수도 있는데, 그런 일이 발생한다면 해당 부분은 검토해 볼 만한 좋은 지점입니다. 모델에 문제가 있고 결국 여러분이 시스템을 잘못 이해하고 있는 경우이거나, 시스템의 확장성 자체에 진짜로 문제가 있는 경우이기 때문입니다. 다음 절에서는 암달의 확장성 법칙과 일반 확장성 법칙 및 큐 이론에 대해 소개합니다.

2.6.3 암달의 확장성 법칙

컴퓨터 아키텍트 진 암달(Gene Amdahl)의 이름을 딴 이 법칙[Amdahl 67]은 시스템의 확장성에 대한 모델로 병렬적으로 확장이 불가능한 부하 내의 순차적 구성 요소에 대해 다룹니다. 이는 CPU, 스레드, 부하 등의 확장성을 연구할 때 유용합니다.

암달의 확장성 법칙은 앞서 설명한 확장성 프로파일 중에 경합 형태로 나타나며, 이는 순차적인 자원이나 워크로드 구성 요소에 대한 경합을 설명해 줍니다. 암달의 법칙은 다음과 같이 정의할 수 있습니다.[Gunther 97]

$$C(N) = N/(1 + \alpha(N-1))$$

여기에서의 $C(N)$은 상대적 수용량을 의미하고 N은 CPU 개수나 사용자 부하 등의 확장성 차원을 나타냅니다. 계수 α는 ($0 <= \alpha <= 1$) 순차성의 정도를 표현하며, 이 값이 클수록 선형 확장에서 벗어납니다.

암달의 확장성 법칙은 다음 단계를 통해 적용해 볼 수 있습니다.

1. 기존 시스템을 관찰하거나 마이크로 벤치마킹 또는 부하 발생기를 사용해 실험적으로 N 범위에 대한 데이터를 수집합니다.
2. 회귀 분석을 통해 암달 계수(Amdahl parameter, α)를 결정합니다. 이를 위해 gnuplot이나 R과 같은 통계 소프트웨어를 사용할 수 있습니다.
3. 결과를 분석합니다. 수집된 데이터 지점을 모델 함수와 함께 그래프로 나타내어 확장성을 예측하고, 데이터와 모델 간의 차이를 시각적으로 확인할 수 있습니다. 이를 위해 gnuplot이나 R 같은 도구를 사용할 수 있습니다.

다음은 암달의 확장성 법칙 회귀 분석을 위한 gnuplot 예제 코드로, 이 과정을 어떻게 수행하는지 보여줍니다.

```
inputN = 10                    # rows to include as model input
alpha = 0.1                    # starting point (seed)
amdahl(N) = N1 * N/(1 + alpha * (N - 1))
# regression analysis (non-linear least squares fitting)
fit amdahl(x) filename every ::1::inputN using 1:2 via alpha
```

R 언어를 사용한 회귀 분석도 비슷한 양의 코드로 수행할 수 있습니다. R의 nls() 함수를 사용해 비선형 최소 제곱법(nonlinear least squares fitting)으로 계수를 계산한 후, 그 계수를 이용해 그래프를 그릴 수 있습니다. 이번 장 마지막의 참고문헌 [2]의 "성능 확장성 모델(Performance Scalability Models)"에서 R과 gnuplot의 전체 코드를 볼 수 있습니다.[Gregg 14a]

암달의 확장성 법칙 함수의 예는 다음 절에서 확인할 수 있습니다.

2.6.4 일반 확장성 법칙

일반 확장성 법칙(Universal Scalability Law, USL)은 예전에는 **슈퍼 순차 모델**(super-serial model)이라 불렸으며[Gunther 97], 닐 건터 박사(Dr. Neil Gunther)가 개발했습니다. 이 법칙에는 일관성 유지(coherence) 지연을 고려한 파라미터가 들어갑니다. 이는 앞서 설명한 확장성 프로파일 중에 일관성 유지 형태로 나타나며, 여기에는 경합에 의한 영향도 반영되어 있습니다.

USL은 다음과 같이 정의할 수 있습니다.

$$C(N) = N/(1 + \alpha(N-1) + \beta N(N-1))$$

여기서 $C(N)$, N, α는 암달의 법칙과 동일하며, β는 일관성 계수입니다. $\beta == 0$ 이면, 이 식은 암달의 법칙과 동일해집니다.

그림 2.17에서 암달의 법칙과 USL의 예제 그래프를 확인할 수 있습니다.

입력 데이터의 변위가 커서 확장성 프로필을 시각적으로 파악하기 어려울 수 있어, 추가적인 측정치를 함께 표현했습니다. 원으로 표시된 10개의 데이터 포인트는 모델에 제공된 것이며, 이를 기반으로 암달과 USL 모델의 추정치를 나타냅니다. 추가로 10개의 데이터 포인트가 × 표식으로 도표에 표시됐는데, 이 × 표식으로 모델의 예측을 실제와 대조해 볼 수 있습니다.

USL 분석에 대해서 더 알고 싶다면 [Gunther 97]와 [Gunther 07]를 보세요.

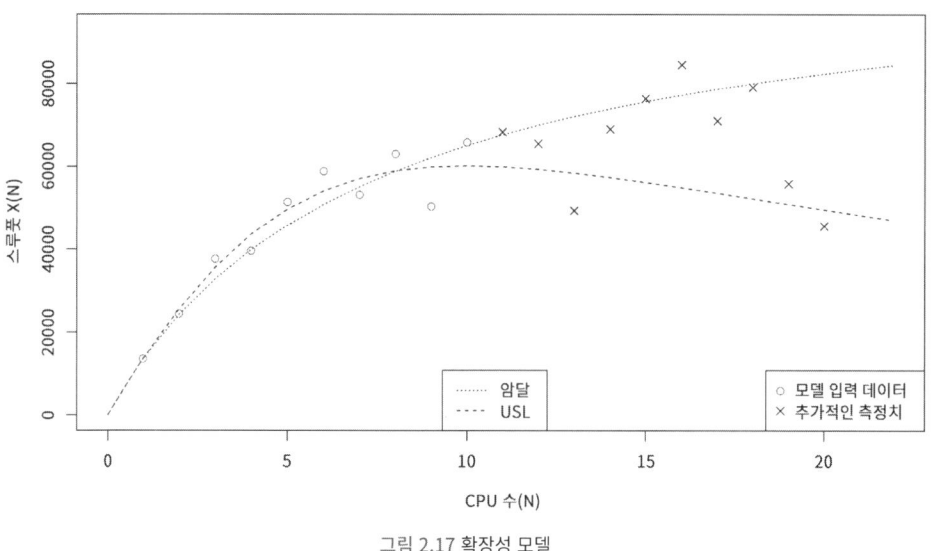

그림 2.17 확장성 모델

2.6.5 큐 이론

큐 이론(Queueing Theory)은 대기열 시스템을 수학적으로 연구하는 분야로, 큐 길이, 대기시간(지연시간), 사용률(시간 기준)을 분석하는 방법을 제공합니다. 컴퓨터의 많은 구성 요소는 하드웨어나 소프트웨어를 막론하고 **큐 시스템**(queueing systems)으로 모델링할 수 있습니다. 여러 대기열로 구성된 시스템을 모델링하는 것을 **큐 네트워크**(queueing networks)라 합니다.

이번 절에서는 큐 이론의 역할을 정리하고 역할을 더 잘 이해할 수 있는 예제를 제공합니다. 이 분야의 연구는 아주 광범위하며, 다른 서적 [Jain 91], [Gunther 97]에서 상세하게 다루고 있습니다.

큐 이론은 여러 수학과 통계학 이론을 토대로 만들어졌는데, 확률 분포, 추계적 프로세서, 얼랭(Agner Krarup Erlang)의 C 공식(얼랭이 큐 이론을 만들었습니다), 리틀(Little's Law)의 법칙 등이 그러한 이론입니다. 리틀의 법칙은 다음과 같이 쓸 수 있습니다

$$L = \lambda W$$

어떤 시스템의 평균 요청 횟수 L이 평균 큐 도착률(유입률) λ와 평균 처리 시간 W의 곱으로 정의됩니다. 이는 큐에도 적용될 수 있으며, 여기서 L은 큐 내 요청 수,

W는 큐에서의 평균 대기시간을 나타냅니다. 예를 들어 시스템의 평균 도착률 λ가 5요청/초이고, 각 요청의 평균 처리 시간 W가 2초인 경우, 시스템 내 평균 요청 수 L은 10요청이 됩니다.

큐 시스템은 다음과 같은 질문들에 대한 답을 제공합니다.

- 부하가 2배가 되면 평균 응답 시간은 얼마가 됩니까?
- 프로세서를 추가하고 나면 평균 응답 시간에는 어떤 영향이 있겠습니까?
- 부하가 2배로 늘어나는 경우, 시스템의 응답 시간 중 가장 느린 상위 10%가 100ms 이하로 유지될 수 있을까요?

응답 시간 외에도 사용률, 큐 길이, 실행 중인 처리 작업의 개수 등의 다른 요소들도 연구 대상이 될 수 있습니다.

간단한 큐 시스템 모델을 그림 2.18에서 볼 수 있습니다.

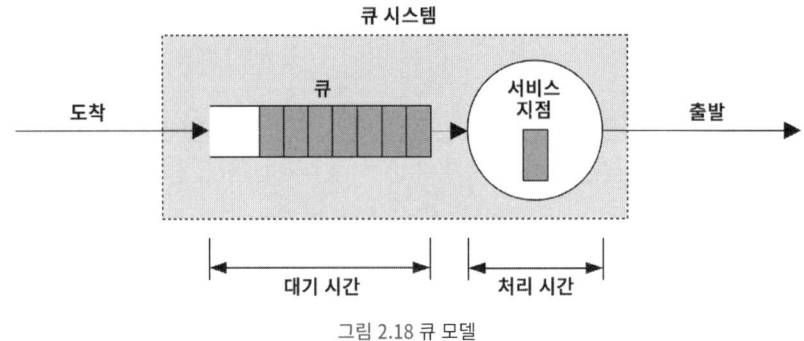

그림 2.18 큐 모델

이 그림에는 큐에서 가져온 작업을 처리하는 하나의 서비스 지점이 있습니다. 큐 시스템은 서비스 지점을 여러 개 갖기도 하는데, 이렇게 하면 작업을 동시에 처리할 수 있습니다. 큐 시스템에서는 이런 서비스 지점을 서버(server)라 부르기도 합니다.

큐 시스템은 세 가지 요소로 구분할 수 있습니다.

- 큐 도착 패턴: 큐 시스템에서 각 요청의 도착 시각 사이의 간격을 설명합니다. 이는 랜덤, 고정 시간 또는 포아송(Poisson) 분포(도착 시간이 지수 분포를 따름)와 같은 유형일 수 있습니다.

- 처리 시간 분포: 서비스 지점에서 처리하는 시간을 설명합니다. 이는 확정적(지정된 시간에 완료), 지수적 또는 다른 분포 유형일 수 있습니다.
- 서비스 지점 수: 하나 또는 여러 개일 수 있습니다.

이 요소들은 켄달 표기법(Kendall's notation)을 이용해 표현할 수 있습니다.

켄달 표기법

이 표기법은 큐 시스템의 각 특성을 특정한 기호로 표현합니다. 표기 방식은 다음과 같습니다.

$$A/S/m$$

각각은 큐 도착 패턴(A), 처리 시간 분포(S), 서비스 지점 수(m)를 나타냅니다. 또한 시스템의 버퍼 개수나 총 요청 수, 처리 정책 등의 더 많은 요소를 추가한 켄달 표기의 확장도 있습니다.

일반적으로 연구되는 큐 시스템은 다음과 같습니다.

- M/M/1: 마르코프 도착(Markovian arrivals)(도착 시간이 지수 분포), 마르코프 처리 시간(지수 분포), 서비스 지점 한 개
- M/M/c: M/M/1과 같지만, 여러 개의 서비스 지점
- M/G/1: 마르코프 도착, 처리 시간 어떤 분포든 가능(일반 분포, Generic), 서비스 지점 한 개
- M/D/1: 마르코프 도착, 확정적 처리 시간(처리 시간 고정), 서비스 지점 한 개

M/G/1은 회전식 하드 디스크의 성능을 연구할 때 주로 사용됩니다.

M/D/1과 60% 사용률

큐 이론의 간단한 예로, 워크로드에 대해 확정적으로 응답하는 디스크를 단순화한 모델을 살펴보겠습니다. 이 모델은 M/D/1입니다.

이 모델에 다음과 같은 질문을 던져 보겠습니다. "디스크의 응답 시간이 사용률이 증가함에 따라 어떻게 변화합니까?"

큐 이론에 따르면 M/D/1에서 응답 시간은 다음과 같이 계산할 수 있습니다

$$r = s(2 - \rho)/2(1 - \rho)$$

여기서 r은 응답 시간으로 처리 시간 s와 사용률 ρ에 따라 결정됩니다.

처리 시간이 1ms이고, 사용률이 0에서 100%까지 변화하는 경우의 관계를 그림 2.19에서 확인할 수 있습니다.

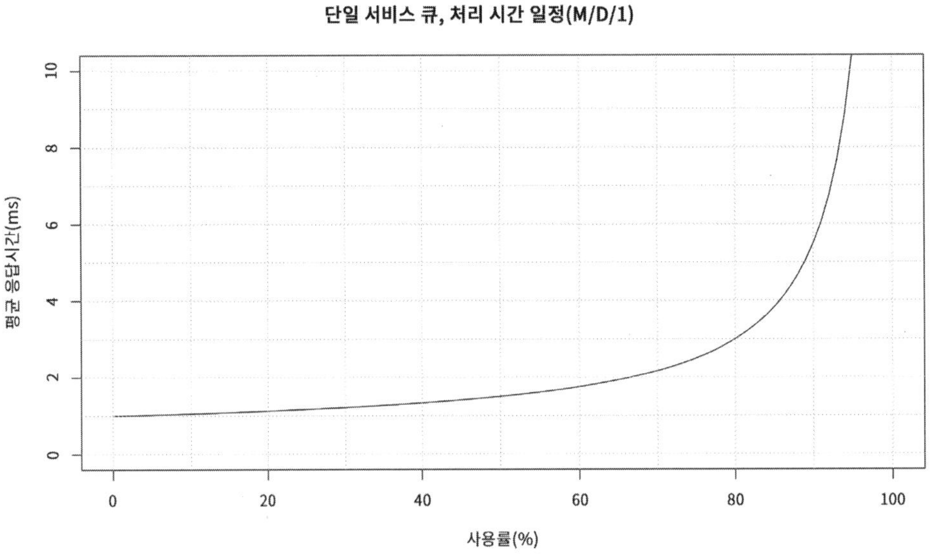

단일 서비스 큐, 처리 시간 일정(M/D/1)

그림 2.19 M/D/1에서 사용률과 평균 응답 시간의 관계

사용률이 60%가 넘어가면 평균 응답 시간이 두 배가 됩니다. 80%라면 세 배가 됩니다. 디스크 I/O 지연시간이 애플리케이션의 제약 자원이 되는 경우가 많기 때문에, 평균 지연시간이 두 배 또는 그 이상 증가하면 애플리케이션 성능에 심각한 악영향을 미칠 수 있습니다. 이 같은 이유로 디스크 사용률은 그 값이 채 100%에 이르기도 전에 문제가 되기 시작합니다. 왜냐하면 디스크는 (보통) 처리 중인 요청을 중간에 중단할 수 없고, 차례로 기다리는 수밖에 없는 큐 시스템이기 때문입니다. 디스크는 우선순위가 높은 프로세스가 가로채 선점(preemption)해 사용할 수 있는 CPU 등의 구성 요소와는 다릅니다.

이 그래프는 앞에서 던졌던 질문(부하가 두 배가 되면 응답 시간은 어떻게 됩니까?)에 대해, 특히 사용률이 부하와 관련 있는 경우에 대한 답을 제공합니다.

이 모델은 단순합니다. 또한 어떤 관점에서는 최선의 경우를 보여주는 것이기도 합니다. 처리 시간이 변화(예: M/G/1나 M/M/1)하면 평균 응답 시간은 더 높아질 수 있습니다. 그림 2.19에는 표시되지 않았지만, 기존의 90번째 및 99번째 백분위 응답 시간, 즉 상위 10% 및 상위 1%의 응답 시간은 60% 사용률을 넘어서면 급격하게 악화됩니다.

암달의 법칙과 관련해 앞서 소개한 gnuplot 예제와 마찬가지로 실제 코드를 보여주면 어떤 작업을 해야 할지 파악하는 데 도움이 될 것입니다. 이번에는 R 통계 소프트웨어를 사용했습니다. [R Project 20]

```
svc_ms <- 1                # average disk I/O service time, ms
util_min <- 0              # range to plot
util_max <- 100            # "
ms_min <- 0                # "
ms_max <- 10               # "
# Plot mean response time vs. utilization (M/D/1)
plot(x <- c(util_min:util_max), svc_ms * (2 - x/100) / (2 * (1 - x/100)),
    type="l", lty=1, lwd=1,
    xlim=c(util_min, util_max), ylim=c(ms_min, ms_max),
    xlab="Utilization %", ylab="Mean Response Time (ms)")
```

앞에서 본 M/D/1 식을 plot() 함수에 전달했습니다. 이 코드의 대부분은 그래프의 범위, 선의 속성, 축의 레이블 등을 지정합니다.

2.7 수용량 계획

수용량 계획은 시스템이 부하를 어떻게 처리하고, 부하 크기 변화를 얼마나 잘 다룰 수 있을지를 검토하는 것입니다. 이 계획은 리소스 제한 파악, 요인 분석, 모델링 등의 여러 가지 방법으로 이루어집니다. 모델링은 이미 다루었으며, 여기서는 나머지 두 가지를 설명합니다. 또한 이번 절에서는 확장성을 확보하는 방법으로 로드 밸런서(load balancer)와 샤딩(sharding)에 대해서도 설명합니다. 이런 주제에 대해서는 "수용량 계획의 기술(The Art of Capacity Planning)"을 참고하세요. [Allspaw 08]

특정 애플리케이션의 수용량 계획을 하려면 정량적인 성능 목표를 수립하는 것이 유리합니다. 이를 결정하는 방법은 5장 "애플리케이션"의 앞부분에서 논의할 것입니다.

2.7.1 리소스 한계

이 접근법은 부하가 있을 때 병목이 될 자원을 찾는 것입니다. 병목이 되는 이유로는 단순히 하드웨어 리소스를 모두 사용하는 경우도 있지만, 소프트웨어 설정에 의해 제한이 부가되는 경우도 있습니다. 특히 컨테이너 환경에서는 이러한 소프트웨어 제한으로 인해 병목이 발생할 수 있습니다. 이 방법은 다음과 같은 단계를 거칩니다.

1. 서버 요청의 (시간당) 발생 속도를 측정하고, 이를 계속 모니터링합니다.
2. 하드웨어와 소프트웨어의 자원 사용률을 측정하며, 이를 계속 모니터링합니다.
3. 서버 요청에 대해 어떤 자원을 사용하는지를 표현합니다.
4. 이미 알려진(또는 실험을 통해 산출한) 각 자원의 제약에 따라 처리 가능한 서버 요청이 얼마가 될지 3의 결과를 가지고 추정합니다.

먼저 서버의 역할과 서버가 처리하는 요청의 종류를 파악하는 것부터 시작합니다. 예를 들어 웹 서버는 HTTP 요청을, 네트워크 파일 시스템(NFS)은 NFS 프로토콜에 따른 요청(연산)을, 데이터베이스 서버는 쿼리 요청(또는 쿼리를 포함하는 더 큰 집합인 명령어 요청)을 처리합니다.

다음 단계는 요청당 시스템 자원 소비를 판단하는 것입니다. 이를 위해 기존 시스템에서 현재 (시간당) 요청률과 자원 사용률을 측정할 수 있습니다. 그 후 추정을 통해 어떤 자원이 더 빨리 100% 사용률에 도달할지와 그 시점의 요청률을 예상할 수 있습니다.

현재 운용 중인 시스템이 아니라 앞으로 곧 운용할 시스템의 경우, 마이크로 벤치마킹 도구나 부하 발생 도구를 사용하여 테스트 환경에서 의도된 요청을 시뮬레이션하고 자원 사용률을 측정할 수 있습니다. 클라이언트에 충분한 부하를 주어 실험하면 시스템의 한계를 찾아낼 수 있을지도 모릅니다.

모니터링해야 할 자원으로는 다음과 같은 것이 있습니다.

- 하드웨어: CPU 사용률, 메모리 사용량, 디스크 IOPS, 디스크 스루풋, 디스크 용량(사용률), 네트워크 스루풋
- 소프트웨어: 가상 메모리 사용량, 프로세스/태스크/스레드 수, 파일 디스크립터

여러분이 관찰하고 있는 기존 시스템이 현재 초당 1,000요청을 처리한다고 가정해 봅시다. 가장 바쁜 자원은 16개의 CPU로, 평균 40% 사용률을 보였습니다. 따라서 CPU 사용률이 100%가 되면 병목이 되리라 예상할 수 있습니다. 이제 던져야 할 질문은 "CPU가 병목이 되는 시점에서 시간당 요청률은 얼마일 것인가?"입니다.

요청별 CPU% = 전체 CPU%/요청 = 16 × 40%/1,000 = 요청별 0.64% CPU

최대 요청/초 = 100% × 16 CPU/요청별 CPU% = 1,600/0.64 = 2,500요청/초

따라서 2,500요청/초에서 CPU가 100% 사용률을 보이리라 예측할 수 있습니다. 다만 이 최대 수용량 추정치는 대략적일 뿐 정확하지는 않습니다. CPU가 최대 사용률에 도달하기 전에 다른 제약 요인이 성능을 제한할 수도 있기 때문입니다.

이 예제에서는 한 시점에서의 값, 즉 애플리케이션 스루풋(요청/초)이 1,000인 상황에서 장치 사용률이 40%인 지점만을 고려했습니다. 하지만 시간의 흐름에 따라 모니터링이 가능했다면 여러 시점의 스루풋과 사용률 값을 가지고 추정의 정확도를 높일 수 있었을 것입니다. 그림 2.20은 이러한 데이터 포인트를 시각적으로 처리하고 최대 애플리케이션 스루풋을 추정하는 방법을 보여줍니다.

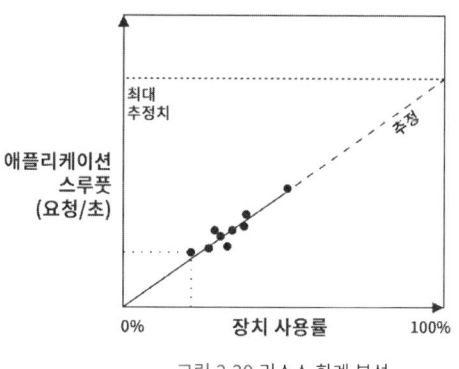

그림 2.20 리소스 한계 분석

지금까지의 분석 결과, 최대 초당 2,500개의 요청을 처리할 수 있다고 추정할 수 있습니다. 하지만 이 수치가 현재 시스템의 워크로드에 충분한가요? 이 질문에 답하기 위해서는 현재 시스템의 일별 액세스 패턴에서 목격할 수 있는 순간 최대 요청 부하가 어느 정도인지 이해해야 합니다. 시스템을 지속적으로 모니터링해왔다면, 순간 최대 부하가 어느 정도인지 이미 알고 있을 것입니다.

왜 순간 최대 요청이 중요할까요? 하루 100,000개의 웹사이트 요청을 처리하는 웹 서버를 생각해봅시다. 이 수치만 보면 요청 수가 많아 보이지만, 이를 평균으로 나누면 초당 1개의 요청에 불과하여 큰 값이 아닙니다. 하지만 100,000개의 요청이 초당 1개씩 꾸준히 들어오는 것이 아니라, 웹사이트에 새로운 콘텐츠가 게시된 직후에 대부분 발생한다면 상황이 달라집니다. 새로운 콘텐츠가 게시된 후 몇 초 동안 엄청난 양의 요청이 몰릴 수 있기 때문에, 순간 최대 요청이 중요한 것입니다.

2.7.2 요인 분석

새 시스템을 구매하고 배치할 때 원하는 성능을 달성하기 위해 여러 요소를 조정할 수 있습니다. 디스크나 CPU의 개수, RAM의 양, 플래시 장치(SSD 등) 사용 여부, RAID 구성, 파일 시스템 설정 등이 여기에 해당됩니다. 보통 최소한의 비용으로 요구되는 성능을 달성하는 것이 목표입니다.

최적의 가성비를 찾기 위해 모든 조합을 시험해 볼 수도 있습니다. 하지만 그런 작업은 수작업으로 할 수 있는 양을 금방 벗어납니다. 변경할 수 있는 값이 둘 있는 요인이 8가지만 된다고 해도 256번에 걸쳐 테스트해 보아야 하기 때문입니다.

이를 해결하는 방법은 일부 조합만 테스트하는 것입니다. 다음은 최고 성능이 나오는 시스템 구성을 알고 있을 때 적용해 볼 수 있는 접근법입니다.

1. 모든 요소를 최대로 설정해 놓고 성능을 테스트해 봅니다.
2. 각 요인을 하나하나 따로 변경하면서 성능을 테스트해 봅니다(앞에서 최대로 놓았으므로 각 요인이 하나씩 줄어들 때마다 성능은 감소할 것입니다).
3. 성능 측정값에 따라 각 요소의 변경에 따른 성능 저하를 %로 표시하십시오. 또한 각 요인을 변경함에 따라 절약할 수 있는 비용을 함께 기록하십시오.
4. 최대 성능(그리고 최대 비용)부터 시작해 비용을 절약하면서도 요구 성능을 충족시키기 위해 어떤 요소를 변경할지를 3에서 측정한 비용과 성능 저하를 고려해 결정합니다.
5. 4에서 결정한 설정이 원하는 성능을 제공하는지 실험을 통해 검증하십시오.

8가지 요소가 있는 시스템의 경우 위의 방법을 사용하면 10번만 테스트해 보면 됩니다.

예를 들어, 1GB/초의 읽기 스루풋과 워킹 셋 크기(자주 접근하는 데이터의 집합 크기)가 200GB인 새 저장 장치 시스템을 계획한다고 가정해 봅시다. 최대 구성은 4개의 CPU, 256GB의 DRAM, 2개의 듀얼포트 10GbE 네트워크 카드, 점보 프레임, 그리고 암호화나 압축은 꺼놓은 상태이니, 2GB/초를 보았습니다(암호화와 압축은 비용이 큽니다). 프로세서를 2개로 줄이니까 성능이 30% 감소하고, 네트워크 카드를 1개로 줄이면 25%, 점보 프레임을 사용하지 않으면 35%, 암호화를 켜면 10%, 압축을 켜면 40%, DRAM을 줄이면 워킹 셋 데이터를 전부 캐싱할 수 없게 되어 성능이 90% 감소했습니다. 이러한 성능 저하와 비용 절감을 고려해 가장 좋은 가격 대비 성능 비율을 보이면서 원하는 성능을 만족하는 시스템을 계산할 수 있습니다. 아마도 프로세서 2개에 네트워크 카드를 1개만 사용하면 $2 \times (1 - 0.30) \times (1 - 0.25) = 1.04\text{GB}/$초 정도로 우리가 원하는 성능을 맞출 수 있을 것입니다. 물론 그 후 실제로 이렇게 구성한 시스템이 원하는 성능을 내는지 검사해 봐야 합니다. 이 요소들이 함께 사용되었을 때 예상했던 성능과는 다른 결과치를 보이는 경우에 대비해야 하기 때문입니다.

2.7.3 스케일링 솔루션

더 높은 성능 요구조건을 만족시킨다는 것은 보통 더 큰 시스템을 의미하며, 이를 **수직 확장**(vertical scaling) 전략이라 부릅니다. 반면에 **로드 밸런서**(load balancers)라 불리는 시스템들을 앞단에 두어서 부하를 여러 시스템에 나누되, 한 시스템처럼 보이게 하는 것은 **수평 확장**(horizontal scaling)이라고 합니다.

클라우드 컴퓨팅은 수평 확장에서 더 나아가 커다란 시스템 하나 대신 작은 가상 시스템을 많이 사용해 전체 시스템을 구축하는 것을 의미합니다. 이를 통해 부하와 요구되는 처리량에 따라 연산 자원을 구입할 때 더 세밀한 단위로 조정할 수 있고, 연산 자원을 조금만 늘려야 할 경우에도 효율적으로 대응할 수 있습니다. 엔터프라이즈 메인프레임처럼 초기에 대규모 구매(지원 계약도 포함)를 해야 할 필요가 없기 때문에 프로젝트 초기 단계에서는 엄밀하게 수용량 계획을 세울 필요가 줄어듭니다.

클라우드 확장을 자동화하는 기술도 있는데, 가령 AWS의 **오토 스케일링 그룹**(Auto Scaling Group, ASG)은 사용량 지표에 따라 인스턴스 수를 늘리거나 줄이는 맞춤형 확장 정책을 만들 수 있습니다. 이는 그림 2.21에 나타나 있습니다.

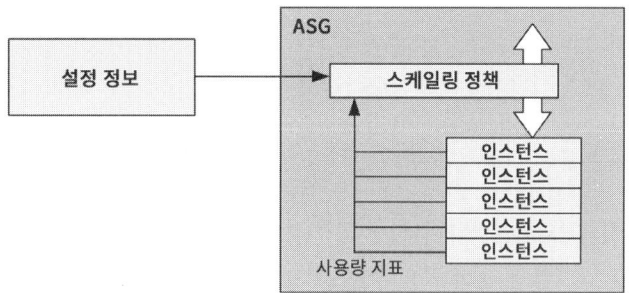

그림 2.21 오토 스케일링 그룹

넷플릭스는 보통 CPU 사용률을 60%로 유지하는 ASG를 사용하며, 부하에 따라 인스턴스 수를 조절해 목표 사용률을 유지합니다. 예를 들어, 트래픽이 급증하면 ASG가 더 많은 인스턴스를 추가하여 CPU 사용률을 낮추고, 트래픽이 줄어들면 인스턴스 수를 줄여서 자원을 효율적으로 사용합니다.

컨테이너 오케스트레이션(container orchestration) 시스템도 자동 스케일링을 지원합니다. 가령 쿠버네티스(Kubernetes)는 수평적 포드 오토스케일러(horizontal pod autoscaler, HPA)를 지원해서 CPU 사용률이나 다른 맞춤형 지표를 기반으로 포드(Pod)(컨테이너)의 수를 조정할 수 있습니다.[Kubernetes 20a]

데이터베이스의 일반적인 확장 전략은 **샤딩(sharding)**입니다. 샤딩은 데이터를 논리적인 부분에 따라 분리해서 각각을 별도의 데이터베이스(또는 중복된 데이터베이스 그룹)로 관리하는 것입니다. 예를 들어, 고객 데이터베이스를 고객 이름의 알파벳 범위에 따라 각각 나눌 수 있을 것입니다. 샤딩에서는 데이터를 나눌 키를 효과적으로 선택하는 것이 부하를 고르게 분산시키는 데 결정적인 요소입니다.

2.8 통계

통계 사용법과 통계의 한계를 명확히 이해하는 것이 중요합니다. 이번 절에서는 성능 문제를 통계(지표)를 사용해 정량화하는 방법과 평균, 표준 편차, 백분위 등의 통계 유형에 대해 살펴보겠습니다.

2.8.1 성능 향상 정량화

성능 문제와 해당 문제를 고침으로써 얻을 수 있는 잠재적인 성능 개선을 정량화할 수 있으면, 문제를 서로 비교하거나 개선사항에 우선순위를 매기는 데 유용합니다. 이런 작업은 관찰 또는 실험을 통해 이루어질 수 있습니다.

관찰 기반

관찰을 통해 성능을 정량화하는 방법은 다음과 같습니다.

1. 신뢰할 만한 지표를 선택합니다.
2. 성능 문제를 해결함으로써 얻을 수 있는 성능 향상을 예측합니다.

예를 들어 보겠습니다.

- 관찰한 사항: 애플리케이션 요청이 10ms 걸립니다.
- 관찰한 사항: 전체 시간 중 9ms가 디스크 I/O입니다.
- 제안: 애플리케이션이 I/O를 메모리에 캐시하도록 설정합니다. DRAM의 예상 지연시간은 ~$10\mu s$ 정도입니다.
- 성능 향상 예측: 10 ms → 1.01 ms (10 ms − 9 ms + $10\mu s$) = ~9배 향상

2.3절 "개념"에서 소개한 바와 같이 지연시간은 구성 요소 간의 직접 비교가 가능하여 이런 계산에 적합합니다.

이처럼 지연시간을 통계 지표로 사용할 경우, 애플리케이션 요청에서 동기식 구성 요소들 간의 시간을 측정해야 한다는 사실을 기억하세요. 백그라운드 디스크 I/O(쓰기 버퍼 디스크 플러시)와 같은 비동기적 이벤트는 애플리케이션 성능에 직접적인 영향을 미치지 않습니다.

실험 기반

실험적으로 성능 문제를 정량화하는 방법은 다음과 같습니다.

1. 수정사항을 적용합니다.
2. 신뢰할 만한 지표를 가지고 적용 전과 적용 후를 정량적으로 비교합니다.

예를 들면, 다음과 같습니다.

- 관찰: 애플리케이션 트랜잭션이 평균 10ms가 걸립니다.
- 실험: 애플리케이션의 스레드 개수를 더 늘려서 큐에 쌓이는 요청을 줄여봅니다.
- 관찰: 애플리케이션의 트랜잭션 평균 시간이 2ms로 감소했습니다.
- 성능 향상: 10ms → 2ms = 5배 향상

프로덕션 환경에서 수정사항을 적용하는 비용이 너무 크다면, 이런 방법은 적절하지 않을 수 있습니다. 이 경우에는 관찰 기반 방법이 사용되어야 합니다.

2.8.2 평균

평균은 데이터 집합을 대표하는 하나의 값으로, 중심 경향(central tendency)을 보여주는 값입니다. 가장 일반적인 평균은 **산술 평균**(arithmetic mean, 또는 간단히

mean)으로 모든 값의 합을 전체 개수로 나눈 것입니다. 다른 유형으로는 기하 평균(geometric mean)과 조화 평균(harmonic mean)이 있습니다.

기하 평균

기하 평균(geometric mean)은 모든 값을 곱한 결과의 n번째 제곱근(n은 값의 개수)입니다. [Jain 91]에 그렇게 기술되어 있으며, 이를 네트워크 성능 분석에 쓰는 예제도 볼 수 있습니다. 만약 커널 네트워크 스택의 성능 향상을 각 레이어별로 별도로 측정했다면 전체 성능 향상의 평균은 얼마가 될까요? 각 레이어가 동일한 패킷을 처리하기 때문에 성능 향상은 서로 '승수 효과(multiplicative)'가 나타납니다. 따라서 기하 평균으로 가장 잘 표현될 수 있습니다.

조화 평균

조화 평균(harmonic mean)은 전체 값의 개수를 각 값의 역수 합으로 나눈 것입니다. 이는 전송 속도의 평균을 낼 경우에 더 적합한 평균입니다. 예를 들어, 800Mbyte의 데이터를 전송하는데, 첫 100Mbyte는 50Mbyte/초로, 나머지 700Mbyte는 속도가 느려져서 10Mbyte/초로 전송하는 경우 평균 전송 속도를 구해보겠습니다. 조화 평균을 사용해 답을 구해보면 800/(100/50 + 700/10) = 11.1Mbyte/초가 나옵니다.

기간에 따른 평균

성능을 논할 때 우리가 검토하는 많은 지표는 기간에 따른 평균입니다. 한 CPU가 '50% 사용률'에 도달하지 못했다고 한다면, 이는 어떤 기간 동안 CPU를 50% 이하로 사용했다는 의미로, 그 기간은 초, 분, 시간 등일 수 있습니다. 평균에 대해 분석하려면 사용된 기간이 얼마인지를 아는 것이 중요합니다.

예를 들어, 고객 중 한 명이 CPU 포화(스케줄러 지연) 때문에 성능 문제를 겪은 적이 있습니다. 그때 성능 모니터링 도구를 통해 CPU 사용률이 80%를 초과한 적이 있는지 살펴보았지만, 그런 수치는 아예 없었습니다. 모니터링 도구가 **5분 평균**을 보고하고 있었기 때문에 특정 시점에 몇 초 동안 100% 사용률에 도달했던 순간들을 가려버린 것입니다.

감쇠 평균

시스템 성능에서는 **감쇠 평균**(decayed average)을 간혹 사용하기도 합니다. uptime(1) 같은 도구들이 보고하는 시스템 '부하 평균(load average)'이 이에 해당합니다.

감쇠 평균도 어떤 기간의 지표를 측정하지만, 과거보다 최근의 값에 가중치를 더 부여합니다. 이를 통해 단기간의 급격한 변화가 평균에 미치는 영향을 줄입니다.

6.6절 "관측가능성 도구"의 "부하평균(Load Averages)"에서 이에 대해 더 자세히 다룹니다.

평균의 한계

평균값은 요약 통계라는 특성 때문에 세부사항을 드러내지 못한다는 한계가 있습니다. 필자는 평균 지연시간은 1ms에 가까웠지만, 디스크 I/O 지연시간 극단값(latency outliers)이 가끔 100ms를 초과하는 많은 사례를 봐왔습니다. 데이터를 더 잘 이해하려면 2.8.3절 "표준편차, 백분율, 중앙값", 2.10절 "시각화"에서 다루는 추가적인 통계들을 사용해야 합니다.

2.8.3 표준 편차, 백분위, 중앙값

표준 편차와 백분위(예: 99번째 백분위(99th percentile))는 데이터 **분포**에 대한 정보를 제공해주는 통계 기법입니다. 표준 편차는 데이터 값들이 평균에서 얼마나 떨어져 있는지를 측정하며, 이 값이 더 클수록 데이터의 분산이 큽니다. 99번째 백분위는 어떤 분포의 99%번째 위치에 있는 값을 의미합니다(상위 1%의 값). 그림 2.22는 **정규분포**(normal distribution)에서의 최댓값과 최솟값, 표준 편차 및 백분위를 시각적으로 보여줍니다.

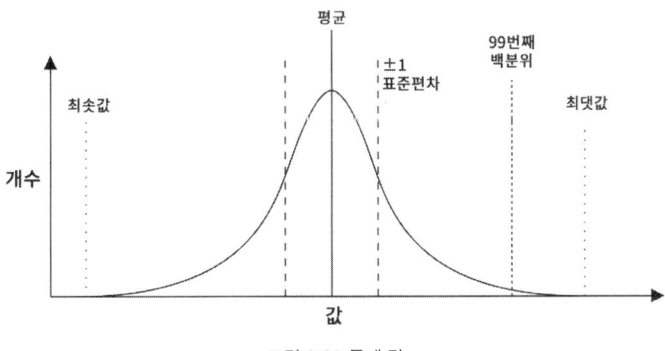

그림 2.22 통계 값

90, 95, 99, 99.9번째 백분위는 요청 지연시간의 성능 모니터링에서 가장 느린 요청을 정량화하는 데 사용됩니다. 이러한 백분위 값은 서비스 수준 합의서(service-level agreement, SLA)에도 포함되어 대부분의 사용자가 납득할 수 있는 성능 수준을 보장하는 데 사용됩니다.

50번째 백분위는 중앙값(median)이라고 하는데, 이는 데이터가 전반적으로 어떤 위치에 있는지를 보여줍니다.

2.8.4 변동 계수

표준 편차는 평균에 상대적인 값이기 때문에, 표준 편차와 평균을 함께 고려해야 분산 정도를 제대로 이해할 수 있습니다. 예를 들어, 표준 편차 값이 50이라는 사실만으로 알 수 있는 것은 거의 없습니다. 여기에 평균이 200이라는 사실을 추가하면 훨씬 많은 것을 알 수 있습니다.

변동 계수(Coefficient of Variation, CoV 또는 CV)는 표준 편차를 평균으로 나눈 비율로, 분산을 단일 지표로 표현하는 방법입니다. 앞의 예에서 CV는 25%였습니다. CV가 작으면 산점도도 작은 것입니다.

또 다른 분산 표현 방법은 z 값으로, 이는 값이 평균에서 표준 편차 단위로 얼마나 떨어져 있는지를 나타냅니다.

2.8.5 다봉 분포

앞의 그래프를 보면 평균, 표준 편차, 백분위 등에 한 가지 문제점이 있는데, 이것들은 정규분포와 비슷하거나, 단봉(unimode, 봉우리가 하나인) 분포를 위해 고안된 것입니다. 그러나 시스템 성능 데이터는 흔히 두 개 이상의 봉우리를 가진 양봉(bimodal) 분포를 보이곤 합니다. 예를 들어 시스템의 지연시간 그래프를 그리면, 지연시간이 짧은 분포와 긴 분포가 각각 다른 두 개의 봉우리로 나타날 수 있습니다. 이는 실행된 코드 경로에 따라 달라질 수 있는데, 지연시간이 짧은 분포는 빠른 코드 경로에서 발생한 것이고, 지연시간이 긴 분포는 느린 코드 경로에서 발생한 것일 수 있습니다. 또 다른 예로, 지연시간이 짧은 분포는 캐시 히트로 인한 것이고, 지연시간이 긴 분포는 캐시 미스로 인한 것일 수 있습니다. 때로는 이러한 두 분포 외에도 여러 분포가 동시에 나타날 수 있습니다.

그림 2.23은 읽기와 쓰기가 섞여 있는 부하의 디스크 I/O 지연시간의 분포를 보여줍니다. 각 연산은 임의 접근 I/O와 순차 접근 I/O가 포함되어 있습니다

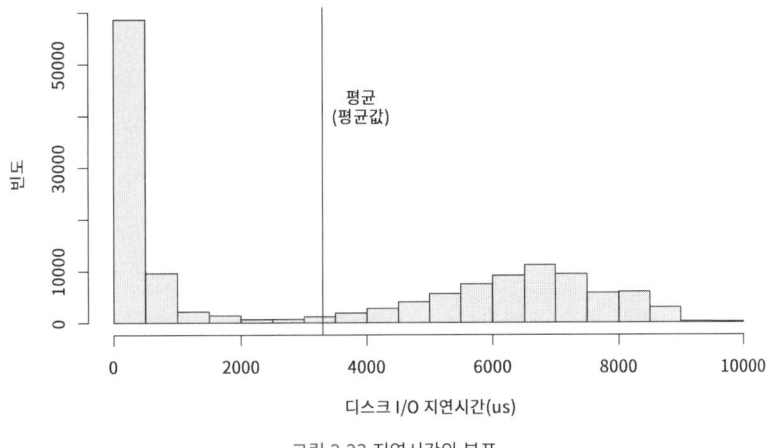

그림 2.23 지연시간의 분포

이 히스토그램에는 두 개의 봉우리가 보입니다. 왼쪽의 봉우리는 1ms 이하의 지연시간으로, 디스크 캐시에 히트한 경우입니다. 오른쪽 봉우리는 7ms 근처에서 피크를 이루며, 이는 디스크 캐시 미스와 임의 접근 때문에 생긴 것입니다. 평균 I/O 지연시간은 3.3ms로 수직선으로 표기되어 있지만, 이 경우에는 평균이 중심 경향을 보여주는 값이 아닙니다(앞서 설명된 것과 마찬가지로). 실제로는 거의 그 반대라고 볼 수 있습니다. 이런 분포에서는 평균을 지표로 사용하면 심각하게 틀린 정보를 제공하게 됩니다.

> 평균 6인치의 강을 건너다 익사한 사람이 있었다.
> — W. I. E. 게이츠(W. I. E. Gates)

성능 지표로 사용된 평균을 볼 때마다 (특히 지연시간의 경우는 더) "분포가 어떻게 됩니까?"하고 물어야 합니다. 2.10절 "시각화"에서 다양한 예와 함께 여러 시각화 및 지표가 이러한 분포를 얼마나 잘 보여주는지에 대해 설명하겠습니다.

2.8.6 극단값

통계에서 또 다른 문제는 **극단값**(outlier)이 있다는 것입니다. 극단값은 예상되는 분포(단봉 또는 다봉)에 잘 들어맞지 않는 극단적으로 작거나 큰 값을 말합니다.

극단값의 한 예로 디스크 I/O 지연시간 극단값(latency outliers)을 들 수 있습니다. 대부분은 0 ~ 10ms에 들어가지만 아주 가끔 디스크 I/O가 1,000ms 넘게 걸릴 수 있습니다. 이런 식의 지연시간 극단값은 심각한 성능 문제를 야기합니다. 하지만 최대치를 제외한 대부분의 지표 유형으로는 이러한 극단값을 식별하기 어렵습니다(최대치는 그래프를 통해 쉽게 찾아낼 수 있지만, 이렇게 드물게 발생하는 극단적인 값은 일반적인 지표로는 파악하기 어렵습니다). 또 다른 예는 TCP 타이머 기반의 재전송으로 인해 발생하는 네트워크 I/O 지연시간 극단값이 있습니다.

정규분포의 경우 극단값이 있으면 평균이 조금 변할 가능성이 있습니다만, 중앙값은 변하지 않을 가능성이 높습니다(다만, 극단값이 매우 크면 평균이 변할 수 있으므로 이를 고려할 필요가 있습니다). 극단값을 식별하는 데는 표준 편차나 99번째 백분위수를 사용하면 조금 더 유리할 수 있습니다. 하지만 극단값이 얼마나 자주 발생하는지에 따라 식별 가능성은 달라질 수 있습니다.

다봉 분포, 극단값, 그 외의 복잡하지만 자주 나타나는 현상을 더 잘 이해하려면 히스토그램 등을 사용해 전체 분포를 살펴봐야 합니다. 2.10절 "시각화"에서 이런 방법을 더 다루겠습니다.

2.9 모니터링

시스템 성능 모니터링은 성능 통계를 시간별로(시계열, time series) 저장하는데, 이를 사용해 현재와 과거를 비교하고, 시간에 따른 사용 패턴을 식별할 수 있습니다. 이 정보는 수용량 계획, 사용량 증가 정량화, 최대 사용률 분석을 살펴보는데 유용합니다. 또한 과거 이력은 과거에 있었던 '정상적' 범위와 평균값을 보여줌으로써 현재의 성능 지표 값을 이해하기 위한 맥락을 제공해 줄 수 있습니다.

2.9.1 시간에 따른 패턴

시간에 따른 패턴의 예를 그림 2.24, 2.25, 2.26에서 확인할 수 있습니다. 각 그래프는 클라우드 컴퓨팅 서버의 파일 시스템 읽기를 여러 다른 시간 간격으로 표시한 것입니다.

이들 그래프는 하루 중 패턴을 보여주는데, 오전 8시경에 활동이 증가하고, 오후에는 약간 감소한 뒤 밤사이에는 줄어듭니다. 더 긴 스케일의 표는 주말에 활동이 더 적음을 보여줍니다. 30일 차트에서는 두 개의 짧은 스파이크도 보입니다.

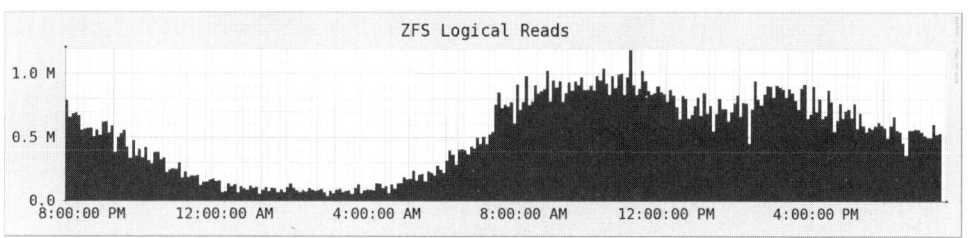

그림 2.24 활동 모니터링: 하루

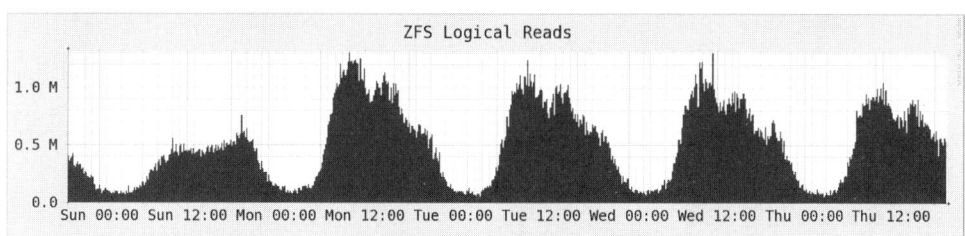

그림 2.25 활동 모니터링: 5일간

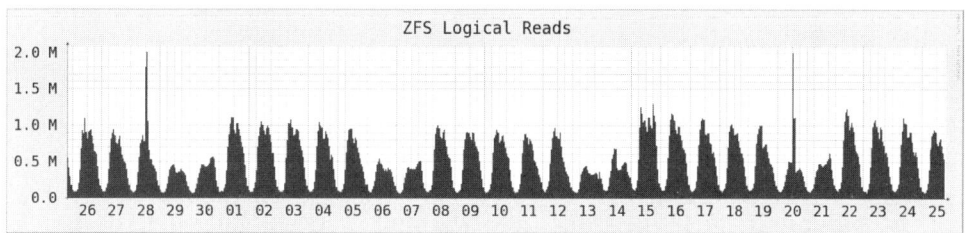

그림 2.26 활동 모니터링: 30일간

이 그래프들이 보여주는 것처럼 여러 주기를 포함한 다양한 시간 기반 패턴을 과거 데이터에서 발견할 수 있습니다.

- 시간별: 애플리케이션 환경에서 매시간 수행되는 활동(모니터링, 보고 작업 등)이 있을 수 있습니다. 이런 활동이 5분이나 10분 주기로 일어나는 경우도 흔합니다.
- 일간별: 업무 시간(오전 9:00부터 오후 5:00까지)에 따른 사용의 일간 패턴이 있을 수도 있으며, 서버가 여러 타임 존에 걸쳐 서비스를 제공한다면 시간대는 더 늘어나기도 합니다. 인터넷 서버의 경우 전 세계 사용자 활동 시간대에 따라 패턴이 달라집니다. 다른 일간 활동으로는 밤에 로그 기록 작업(logrotate)이 동작하거나 백업을 하는 것 등이 있습니다.

- 주간별: 일간 패턴과 마찬가지로 주말과 주중에 따라 바뀌는 주간 패턴이 있습니다.
- 분기별: 재무 보고는 보통 분기별로 이루어집니다.
- 연간별: 학교 일정 및 휴가 기간에 따라 연간 패턴이 달라질 수 있습니다.

또한 웹사이트에 새로운 콘텐츠를 게시하거나 미국의 블랙 프라이데이/사이버 먼데이와 같은 특별 행사로 인해 발생하는, 다른 비정기적인 부하 증가도 있을 것입니다. 비정기적인 부하 감소도 일어날 수 있는데, 정전이나 인터넷 장애 또는 대형 스포츠 경기 결승전(모두가 경기를 시청하느라 제품을 사용하지 않는 경우) 등이 원인이 될 수 있습니다.[12]

2.9.2 모니터링 제품

시스템 성능 모니터링을 위한 여러 서드 파티 제품들이 있습니다. 이러한 제품들은 보통 데이터를 아카이빙하고 브라우저 기반의 대화형 그래프를 제공하며, 알림 기능을 설정할 수 있습니다.

이 같은 도구 중 일부는 시스템에서 통계 정보를 수집하기 위해 **에이전트**(agents, exporters로도 알려져 있음)를 실행하기도 합니다. 에이전트는 운영 체제의 관측가능성 도구(iostat(1)나 sar(1) 같은)를 실행해 해당 출력을 파싱하거나(비효율적임), 운영 체제 라이브러리나 커널 인터페이스에서 직접 데이터를 읽어옵니다. 모니터링 제품들은 웹 서버, 데이터베이스, 언어 런타임 등의 특정 대상으로부터 통계를 내보내는 맞춤형 에이전트도 지원합니다.

분산 환경이 대두되고 클라우드 컴퓨팅의 사용이 늘어나면서 때로 수백 또는 수천에 이르는 수많은 시스템을 모니터링해야 할 필요가 늘었습니다. 이 같은 경우 중앙 집중화된 모니터링 도구가 아주 유용합니다. 모든 환경을 한 인터페이스를 통해 모니터링할 수 있기 때문입니다.

구체적인 사례로 넷플릭스 클라우드는 20만 개 이상의 인스턴스로 구성되며, 아틀라스(Atlas)라는 클라우드 전반을 모니터링하는 도구를 사용해 모니터링합니다. 이 도구는 넷플릭스가 이런 스케일로 운영하기 위해 자체 제작했으며 오픈 소스로

---

12 필자가 넷플릭스의 SRE 교대 당직 근무(on-call rotation) 중일 때, 이런 상황에 대비하기 위한 전통적이지 않은 몇 가지 분석 방법을 배웠습니다. 의심스러운 정전에 대해서는 소셜 미디어를 확인하라는 것과 중요 스포츠 경기 결승전 결과를 알고 싶으면 팀 채팅방에서 물어보라는 것입니다.

제공됩니다.[Harrington 14] 기타 모니터링 제품들에 대해서는 4.2.4절 "모니터링"에서 논의합니다.

2.9.3 부팅 시점부터의 요약

모니터링을 수행하지 않은 경우라면 부팅 시점부터의 요약 값을 운영 체제에서 찾을 수 있는지 살펴보십시오. 이 값을 현재의 지표값과 비교할 수 있습니다.

2.10 시각화

시각화를 이용하면 텍스트를 사용해 살펴보는 것보다 더 많은 데이터를 관찰할 수 있습니다. 또한 시각화를 통해 패턴을 인식하거나, 패턴을 매칭하는 것이 가능해지기도 합니다. 여러 지표가 있는 경우에는 시각화를 통해 각 상관관계를 쉽게 살펴볼 수 있습니다. 프로그램으로 상관관계를 찾는 것은 어렵지만 눈으로 보고 인식하는 것은 훨씬 쉽습니다.

2.10.1 꺾은선 차트

꺾은선 차트(**라인 그래프**라고도 함)는 기본적인 시각화 방법 중 하나로, 매우 잘 알려져 있습니다. 주로 시간의 흐름에 따른 성능 지표 변화를 살펴볼 때 사용되는데, x축에 시간을 표시합니다.

그림 2.27은 20초 동안의 평균 디스크 I/O 지연시간을 보여주는 예시입니다. 이 값은 MySQL 데이터베이스를 실행 중인 프로덕션 클라우드 서버에서 측정한 것입니다. 이 서버에서 느린 쿼리의 원인으로 디스크 I/O 지연이 의심되었습니다.

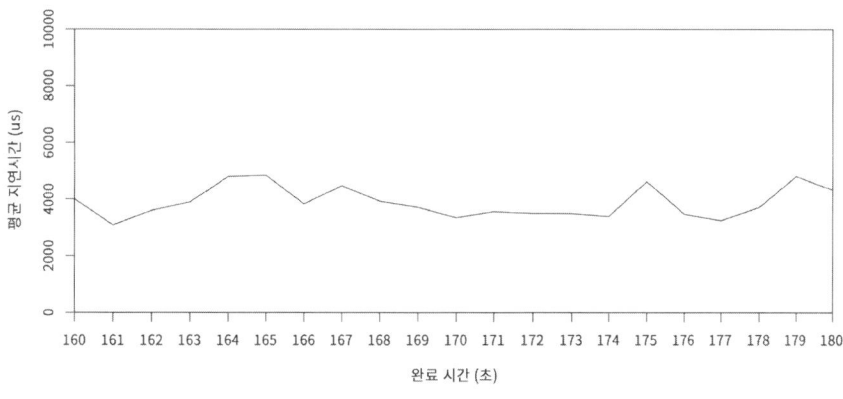

그림 2.27 평균 지연시간 꺾은선 차트

앞 쪽 꺾은선 차트는 평균 4ms 내외의 읽기 지연시간을 비교적 일정하게 보여주는데, 이 값은 해당 디스크에서 예상되는 값보다 큰 것입니다.

여러 개의 선을 그려서 연관된 데이터를 동일한 축 위에 표시할 수도 있습니다. 이 예에서는 각 디스크별로 선을 그려서 디스크가 비슷한 성능을 보이는지 확인할 수 있습니다.

통계 값도 그래프로 그릴 수 있는데, 이를 통해 데이터 분포에 대해 더 많은 정보를 얻을 수 있습니다. 그림 2.28은 같은 범위의 디스크 I/O 이벤트를 초당 평균, 중앙값, 표준 편차, 백분위와 함께 표시한 것입니다. 그림 2.27에 비해 y축 범위가 8배 더 커졌다는 점에 주목하십시오.

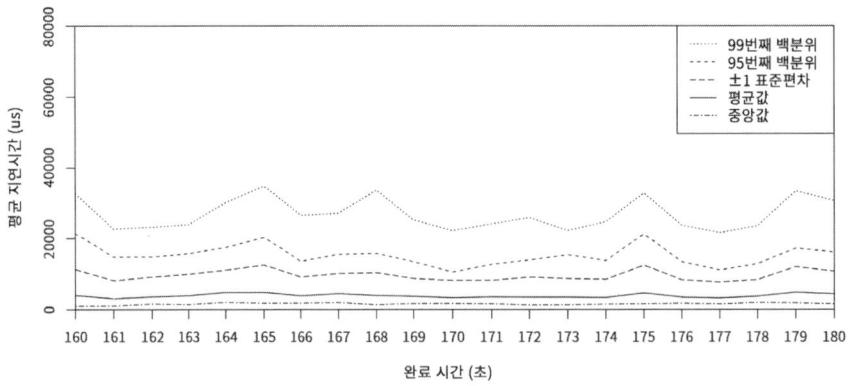

그림 2.28 중앙값, 평균, 표준편차, 백분위

이 그래프는 평균이 예상보다 더 높은 이유, 즉 분포에 대기시간이 큰 I/O가 포함되어 있다는 사실을 보여줍니다. 특히 99번째 백분위가 보여주듯 I/O 중 1%는 20ms 보다도 더 오래 걸렸습니다. 중앙값을 보면 I/O 지연값이 예상대로 1ms 내외임을 알 수 있습니다.

2.10.2 산점도

그림 2.29는 같은 기간의 디스크 I/O 이벤트를 산점도(scatter plot)로 보여주는데, 이를 통해 모든 데이터를 한눈에 확인할 수 있습니다. 각 디스크 I/O는 하나의 점으로 표현되며, x축은 완료 시간을 y축은 지연시간을 나타냅니다.

이제 평균 지연시간이 예상보다 높았던 원인을 완전히 이해할 수 있습니다. 디스크 I/O 중 지연시간이 10ms, 20ms 또는 심지어 50ms 이상인 경우가 많았기 때문입니

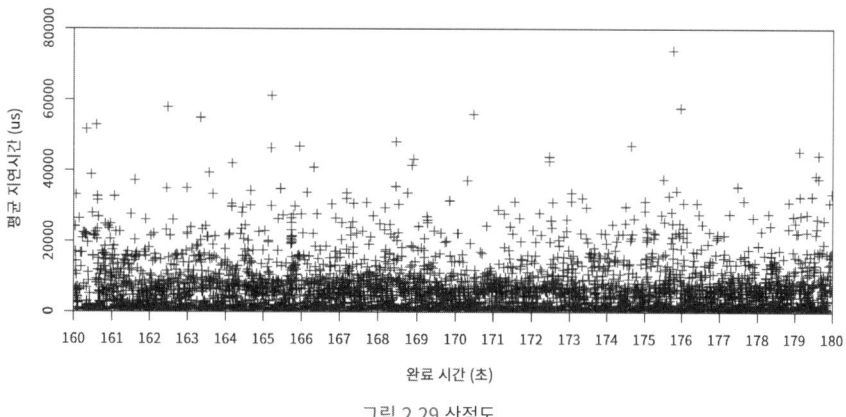

그림 2.29 산점도

다. 산점도는 모든 데이터를 보여주기 때문에 이러한 극단값의 존재가 드러납니다.

I/O 중 상당수는 밀리초 이하가 소요되어서 x축 근처에 점이 밀집해 있습니다. 이 경우 각 점이 겹쳐서 구별하기가 어렵기 때문에 산점도의 해상도가 문제가 됩니다. 이런 현상은 데이터가 늘어나면 더 가중됩니다. 전체 클라우드에서 가져온 수백만 개의 데이터를 한 산점도에 표시한다고 상상해보면, 점들이 겹쳐져 알아보기 어려운 '점의 벽'이 될 것입니다. 또 다른 문제는 데이터를 수집하고 처리해야 하는 양입니다. 모든 I/O에 대해 x좌표와 y좌표를 구해야 하므로 상당한 양이 됩니다.

2.10.3 히트맵

히트맵(heat maps, 더 적절하게는 **칼럼 양자화**(column quantization)라고 함)에서는 x와 y를 버킷(bucket)이라고 하는 일정한 범위로 양자화해서[13] 산점도에서 데이터 개수가 늘어났을 때 생길 수 있는 문제를 해결합니다. 각 버킷은 더 큰 픽셀(정사각형이나 직사각형)로 표현되고, x축과 y축의 각 버킷에 속하는 이벤트의 개수는 색깔로 표시합니다. 산점도에는 점이 그려지는 밀도도 제한될 수밖에 없지만 히트맵에서는 양자화를 통해 한 시스템이건 수천 시스템에서 온 데이터건 개수에 관계없이 처리할 수 있습니다. 전에는 히트맵이 디스크 오프셋(예: TazTool[McDougall 06a]) 같은 곳에 사용되었는데, 필자가 지연시간, 사용률 그리고 기타 지표를 분석할 때 사용하는 방법을 고안해 냈습니다. 지연시간 히트맵은 2008년에 출시된 썬 마이크로시스템즈 ZFS 스토리지 어플라이언스의 애널리틱스(Analytics)에 처음 포함되었

---

[13] (옮긴이) 양자화란 연속적인 값을 일정한 구간(버킷)으로 나누어 대표 값으로 바꾸는 과정입니다. 이렇게 하면 세밀한 데이터를 집계하여, 데이터가 많을 때도 전체적인 패턴을 쉽게 파악할 수 있습니다

으며[Gregg 10a][Gregg 10b], 현재는 Grafana 같은 성능 모니터링 제품에서 흔히 쓰이고 있습니다.[Grafana 20]

앞서 그래프로 표시한 데이터를 히트맵으로 나타낸 것이 그림 2.30입니다.

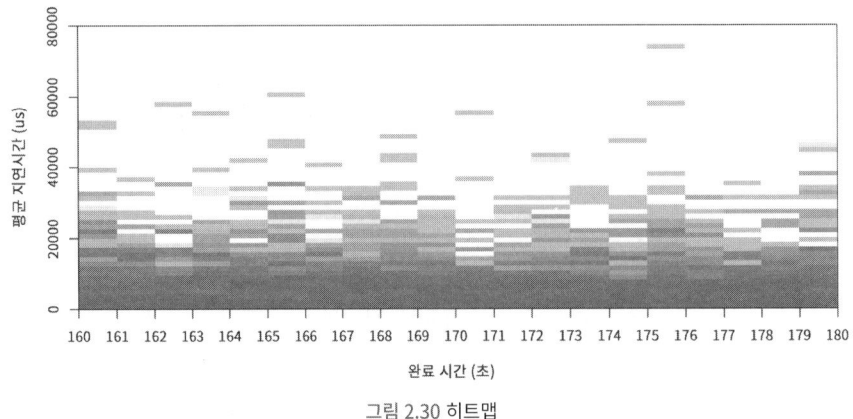

그림 2.30 히트맵

지연시간이 큰 극단값은 히트맵에서 큰 값을 표현하는 블록을 보면 알 수 있습니다. 보통 이러한 극단값은 자주 나타나지 않기 때문에(때로는 단 한 번일 수도 있습니다), 해당 블록은 옅은 색일 것입니다. 산점도에서는 파악하기 어려웠던 데이터 패턴이 히트맵에서는 드러나기 시작합니다.

이 디스크 I/O 트레이스의 전체 범위(이전에 보인 적이 없음)를 초 단위로 전부 다 표시한 것이 그림 2.31의 히트맵입니다.

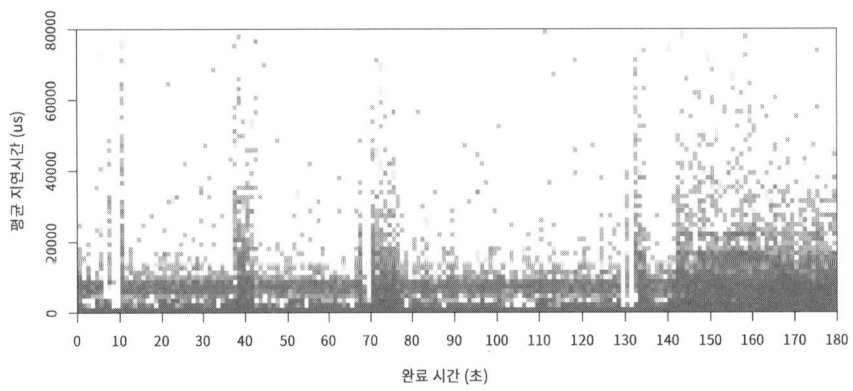

그림 2.31 히트맵: 전체 범위

범위가 9배 커졌음에도 그래프는 아직도 알아보기 쉽습니다. 전체 범위 중 많은 부분에서 다봉 분포를 볼 수 있는데, 일부 봉우리는 I/O 지연시간이 거의 0에 가깝고 (아마도 캐시 히트일 것입니다), 다른 하나는 1ms보다 약간 작은 값에 분포해 있습니다(디스크 캐시 미스 시의 연산일 것입니다).

히트맵의 다른 예는 6장 "CPU"의 6.7절 "시각화", 8장 "파일 시스템"의 8.6.18절 "시각화", 그리고 9장 "디스크"의 9.7.3절 "지연시간 히트맵"에 수록되어 있습니다. 필자의 웹사이트에도 지연시간, 사용률 그리고 초 단위 이하 오프셋(subsecond-offset) 히트맵의 예가 수록되어 있습니다.[Gregg 15b]

2.10.4 타임라인 차트

타임라인 차트는 일련의 작업들을 타임라인 위에 막대로 보여줍니다. 주로 프론트엔드 성능 분석(웹 브라우저)에서 사용되며, **워터폴 차트**(waterfall charts)라고도 불리며 네트워크 요청들의 타이밍을 보여줍니다. 그림 2.32는 파이어폭스 웹 브라우저에서 확인할 수 있는 타임라인 차트의 예시입니다.

그림 2.32에서 첫 번째 네트워크 요청이 강조 처리되었는데, 이 요청의 지속 시간이 수평 막대로 표시되며, 지속 시간의 구성 요소들도 색으로 구분되어 표시됩니다. 오른쪽 패널에는 이들에 대한 설명도 있는데, 첫 번째 요청에서 가장 시간이 많이 걸린 구성 요소는 '대기 중(Waiting)'으로 서버로부터 HTTP 응답을 기다리고 있

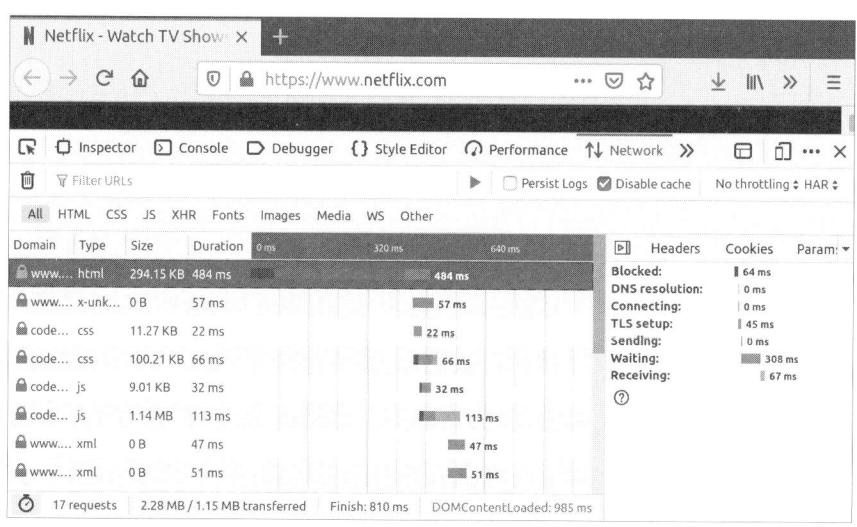

그림 2.32 파이어폭스 타임라인 차트

습니다. 요청 2부터 요청 6은 첫 번째 요청이 데이터 수신을 시작한 후에 시작되며, 아마도 첫 번째 요청의 데이터에 의존하고 있을 가능성이 큽니다. 차트에 명확한 의존성 화살표가 포함되면 이는 간트(Gantt) 차트 유형이 됩니다.

백엔드 성능 분석(서버)에서는 스레드나 CPU의 타임라인을 보여주기 위해 비슷한 차트를 사용합니다. KernelShark[KernelShark 20]와 Trace Compass[Eclipse 20] 같은 소프트웨어가 이러한 예입니다. KernelShark 화면의 예시는 14장 "Ftrace"의 14.11.5절 "KernelShark"를 보십시오. 'Trace Compass'는 스레드 간의 의존성을 보여주는 화살표도 그려주는데, 여기서는 스레드 하나가 다른 스레드를 깨우는 관계입니다.

2.10.5 표면도

표면도(Surface Plot)는 데이터를 3차원 면으로 표현한 것입니다. 3차원 값이 한 점에서 다음 점으로 급격하게 변화하지 않는 경우라면 구불구불한 언덕으로 나타나기 때문에 사용하기가 가장 좋습니다. 표면도는 보통 **와이어프레임 모델**(wire-frame model)로 렌더링됩니다.

그림 2.33은 CPU별 사용률을 나타낸 와이어프레임 표면도입니다. 이 그래프는 60초 동안 여러 서버에서 초당 사용률을 측정한 값을 기반으로 하고 있습니다(이 그림은 300대의 물리적 서버에 5,312개의 CPU가 있는 데이터 센터에 대한 이미지의 일부를 잘라온 것입니다).[Gregg 11b]

각 평면에서 각 줄은 각 서버의 16개의 CPU를 표현합니다. 각 열은 60초 동안의 사용률 측정값(60개)이며, 표면의 높이는 사용률 값입니다. 또한 색상도 사용률에 따라 설정됩니다. 필요하다면 색상과 채도를 사용해 네 번째와 다섯 번째 시각화 차원으로 활용할 수 있을 것입니다(만약 해상도가 충분하다면 여섯 번째 차원을 표시하기 위해 무늬를 넣을 수도 있습니다).

서버를 표현하는 각 16×60 사각형들을 전체 평면 위에 바둑판처럼 배치했습니다. 따로 표시하지 않아도 이미지 내에서 몇몇 서버 사각형은 쉽게 구분할 수 있습니다. 오른쪽 약산 아래에 있는 고원지대는 해당 CPU가 거의 언제나 100% 활용 중임을 의미합니다.

그리드 선을 사용하면 미세한 높이 변화를 눈에 띄게 해줍니다. 흐릿한 선이 보일 수 있는데, 이는 특정 CPU가 지속적으로 낮은 활용도(10% 이내)로 사용하는 경우입니다.

그림 2.33 와이어프레임 표면도: 데이터센터 CPU 사용률

2.10.6 시각화 도구

유닉스에서의 성능 분석은 과거부터 텍스트 기반 도구 사용에 초점이 맞춰져 있었는데, 그래픽 지원이 제한적이었기 때문입니다. 이러한 텍스트 기반 도구는 로그인 세션에서 빠르게 실행할 수 있고, 데이터를 실시간으로 보고할 수 있습니다. 반면, 시각화를 사용하려면 훨씬 더 많은 시간이 소요되고, 때로는 트레이싱으로 데이터를 수집한 후 보고를 위한 데이터 가공을 수행해야 하는 번거로운 과정을 거쳐야 할 때도 있습니다. 긴급한 성능 문제를 처리할 경우 지표를 얼마나 빨리 얻어낼 수 있느냐가 아주 결정적인 요소가 될 수도 있습니다.

최신의 시각화 도구들은 시스템 성능을 실시간으로 볼 수 있게 해주며 브라우저나 모바일 장치에서도 시각화된 정보를 확인할 수 있습니다. 이러한 기능을 제공하는 도구들이 많이 있으며, 그중 일부는 클라우드 환경 전체를 모니터링할 수 있습니다. 1.7.1절 "카운터, 통계, 지표"에서는 그런 도구 중 하나인 그라파나(Grafana) 화면을 예시로 들었으며, 4.2.4절 "모니터링"에서는 기타 모니터링 도구들에 대해 설명합니다.

2.11 연습 문제

1. 성능에 대한 다음 주요 용어에 관한 질문에 답하시오.
    - IOPS란 무엇입니까?
    - 사용률(utilization)이란 무엇입니까?

- 포화도(saturation)란 무엇입니까?
- 지연시간(latency)이란 무엇입니까?
- 마이크로 벤치마킹이란 무엇입니까?

2. 여러분의 환경(또는 가상의 환경)에서 사용할 수 있는 다섯 가지 방법론을 선택하시오. 선택한 방법론을 어떤 순서로 활용할지 정하고, 왜 각 방법론을 선택했고 그런 순서를 택했는지 설명하시오.

3. 평균 지연시간만을 성능 지표로 사용할 경우 생길 수 있는 문제점을 기술하시오. 99번째 백분위 값을 도입하면 이런 문제점을 해결할 수 있습니까?

2.12 참고 자료

[Amdahl 67] Amdahl, G., "Validity of the Single Processor Approach to Achieving Large Scale Computing Capabilities," *AFIPS*, 1967.

[Jain 91] Jain, R., *The Art of Computer Systems Performance Analysis: Techniques for Experimental Design, Measurement, Simulation and Modeling*, Wiley, 1991.

[Cockcroft 95] Cockcroft, A., *Sun Performance and Tuning*, Prentice Hall, 1995.

[Gunther 97] Gunther, N., *The Practical Performance Analyst*, McGraw-Hill, 1997.

[Wong 97] Wong, B., *Configuration and Capacity Planning for Solaris Servers*, Prentice Hall, 1997.

[Elling 00] Elling, R., "Static Performance Tuning," *Sun Blueprints*, 2000.

[Millsap 03] Millsap, C., and J. Holt., *Optimizing Oracle Performance*, O'Reilly, 2003.

[McDougall 06a] McDougall, R., Mauro, J., and Gregg, B., *Solaris Performance and Tools: DTrace and MDB Techniques for Solaris 10 and OpenSolaris*, Prentice Hall, 2006.

[Gunther 07] Gunther, N., *Guerrilla Capacity Planning*, Springer, 2007.

[Allspaw 08] Allspaw, J., *The Art of Capacity Planning*, O'Reilly, 2008.

[Gregg 10a] Gregg, B., "Visualizing System Latency," *Communications of the ACM*, July 2010.

[Gregg 10b] Gregg, B., "Visualizations for Performance Analysis (and More)," USENIX LISA, *https://www.usenix.org/legacy/events/lisa10/tech/#gregg*, 2010.

[Gregg 11b] Gregg, B., "Utilization Heat Maps," *http://www.brendangregg.com/HeatMaps/utilization.html*, published 2011.

[Williams 11] Williams, C., "The $300m Cable That Will Save Traders Milliseconds," The Telegraph, *https://www.telegraph.co.uk/technology/news/8753784/The-300m-cable-that-willsave-trad-*

ers-milliseconds.html, 2011.

[**Gregg 13b**] Gregg, B., "Thinking Methodically about Performance," *Communications of the ACM*, February 2013.

[**Gregg 14a**] Gregg, B., "Performance Scalability Models," *https://github.com/brendangregg/Perf-Models*, 2014.

[**Harrington 14**] Harrington, B., and Rapoport, R., "Introducing Atlas: Netflix's Primary Telemetry Platform," Netflix Technology Blog, *https://medium.com/netflix-techblog/ introducing-atlas-netflixs-primary-telemetry-platform-bd31f4d8ed9a*, 2014.

[**Gregg 15b**] Gregg, B., "Heatmaps," *http://www.brendangregg.com/heatmaps.html*, 2015.

[**Wilkie 18**] Wilkie, T., "The RED Method: Patterns for Instrumentation & Monitoring," Grafana Labs, *https://www.slideshare.net/grafana/the-red-method-how-to- monitoring-yourmicroservices*, 2018.

[**Eclipse 20**] Eclipse Foundation, "Trace Compass," *https://www.eclipse.org/tracecompass*, accessed 2020.

[**Wikipedia 20**] Wikipedia, "Five Whys," *https://en.wikipedia.org/wiki/Five_whys*, accessed 2020.

[**Grafana 20**] Grafana Labs, "Heatmap," *https://grafana.com/docs/grafana/latest/features/ panels/ heatmap*, accessed 2020.

[**KernelShark 20**] "KernelShark," *https://www.kernelshark.org*, accessed 2020.

[**Kubernetes 20a**] Kubernetes, "Horizontal Pod Autoscaler," *https://kubernetes.io/docs/tasks/ run-application/horizontal-pod-autoscale*, accessed 2020.

[**R Project 20**] R Project, "The R Project for Statistical Computing," *https://www.r-project.org*, accessed 202

3장

Systems Performance Second Edition

운영 체제

시스템 성능 분석을 위해서는 운영 체제와 커널에 대해 깊이 이해해야 합니다. 시스템 콜이 어떻게 수행되는지, 커널이 CPU에 스레드를 어떻게 스케줄링하는지, 제한된 메모리가 성능에 어떤 영향을 미치는지, 또는 파일 시스템이 어떻게 I/O를 처리하는지 등의 시스템 동작에 대해 여러 가설을 만들고 테스트를 자주 하게 될 것입니다. 동작을 이해하고 가설을 세우는 이러한 활동은 운영 체제와 커널에 대한 깊은 지식이 있어야만 가능합니다.

이번 장에서는 다음의 내용을 알아봅니다.

- 컨텍스트 스위치, 스와핑, 페이징, 선점(preemption) 등 커널 용어 학습하기
- 커널의 역할과 시스템 콜에 대해 이해하기
- 인터럽트, 스케줄러, 가상 메모리, I/O 스택 등 커널 내부 구조가 어떻게 동작하는지 이해하기
- 유닉스에서 리눅스로 넘어오면서 커널 성능 관련 기능이 어떻게 추가되었는지 살펴보기
- 확장 BPF에 대한 기본적인 이해를 넓히기

이번 장에서는 운영 체제와 커널에 대해 전반적으로 살펴보겠습니다. 이후의 장에서는 여기서 소개된 내용들을 기본 지식으로 간주하고 추가적인 설명을 진행하게 됩니다. 운영 체제 수업을 듣지 않은 독자라면 이번 장을 집중 속성 강좌로 여겨주시기 바랍니다. 여러분이 알고 있는 내용과 다른 부분을 집중적으로 살펴보세요.

마지막에 시험을 보겠습니다(농담입니다. 간단한 퀴즈입니다). 커널 내부에 대한 더 자세한 정보는 이번 장의 맨 뒤에 있는 참고 자료 목록을 살펴보세요.

이번 장은 세 부분으로 나누어집니다.

- 용어 부분에서는 필수적인 용어를 정리합니다.
- 배경지식 부분에서는 운영 체제와 커널의 핵심 개념에 대해 설명합니다.
- 커널 부분에서는 리눅스와 기타 커널의 구현 세부내용에 대해 설명합니다.

CPU 스케줄링, 메모리, 디스크, 파일 시스템, 네트워킹, 그리고 다양한 성능 도구들은 후속 장에서 더 자세히 설명할 것입니다.

3.1 용어

참고를 위해, 이 책에서 사용되는 운영 체제와 관련된 주요 용어를 소개합니다. 이들 중 다수는 이번 장과 후속 장에서 더 상세히 다뤄질 개념들입니다.

- 운영 체제(operating system): 시스템을 부팅하고 프로그램을 실행하기 위해 설치된 소프트웨어와 파일을 의미합니다. 운영 체제에는 커널, 관리 도구, 시스템 라이브러리 등이 포함됩니다.
- 커널(kernel): 시스템을 관리하는 프로그램으로, 하드웨어 장치, 메모리, CPU 스케줄링 등을 관리합니다(커널 모델에 따라 다를 수 있음). 커널은 하드웨어에 직접 액세스할 수 있는 특권 CPU 모드에서 실행됩니다. 이 특권 모드를 **커널 모드**라고 부르기도 합니다.
- 프로세스(process): 프로그램을 실행하기 위한 운영 체제의 추상화된 환경입니다. 프로그램은 보통 **사용자 모드**(user mode)에서 실행되며, 시스템 콜이나 트랩을 통해 커널 모드에 접근할 수 있습니다(예: 장치 I/O 수행).
- 스레드(thread): 운영 체제가 CPU에서 실행되도록 스케줄링할 수 있는 실행 컨텍스트입니다. 커널에는 여러 스레드가 존재하며, 프로세스는 하나 이상의 스레드를 포함할 수 있습니다.
- 태스크(task): 리눅스에서 실행 가능한 단위로, 경우에 따라 단일 스레드 프로세스, 멀티스레드 프로세스의 스레드, 또는 커널 스레드를 가리키기도 합니다.

- BPF 프로그램: BPF[1] 실행 환경에서 동작하는 커널 모드 프로그램입니다.
- 메인 메모리: 시스템의 물리적 메모리(예: RAM)를 말합니다.
- 가상 메모리: 멀티태스킹과 과할당(oversubscription)을 가능하게 하는 메모리 추상화로, 물리 메모리보다 훨씬 큰 공간을 제공해 마치 무한한 자원처럼 보입니다.
- 커널 공간(kernel space): 커널이 사용하는 가상 메모리 주소 공간입니다.
- 사용자 공간(user space): 프로세스가 사용하는 가상 메모리 주소 공간입니다.
- 사용자 영역 소프트웨어(user land): 사용자 수준의 프로그램과 라이브러리(/usr/bin, /usr/lib...)를 말합니다.
- 컨텍스트 스위치(context switch): 실행 중인 단일 스레드나 프로세스를 다른 스레드나 프로세스로 전환하는 작업으로, 이는 커널 CPU 스케줄러의 일반적인 동작입니다. 여기에는 현재 CPU 레지스터 세트(스레드 컨텍스트)를 새로운 세트로 전환하는 과정이 포함됩니다.
- 모드 스위치(mode switch): 사용자 모드와 커널 모드 사이를 전환하는 것을 말합니다.
- 시스템 콜(system call, 또는 syscall): 사용자 프로그램이 커널에게 장치 I/O 등 커널 특권이 필요한 연산을 수행하도록 요청하는 명확히 정의된 프로토콜입니다.
- 프로세서(processor): 하나 이상의 CPU를 포함하는 물리적인 칩을 의미합니다. **프로세스(process)**와 혼동하지 않도록 주의해야 합니다.
- 트랩(trap): 시스템 루틴(특권이 필요한 동작)을 요청하기 위해 커널에 전달되는 신호입니다. 트랩에는 시스템 콜, 프로세스 예외, 인터럽트 등의 유형이 있습니다.
- 하드웨어 인터럽트(hardware interrupt): 물리적 장치에서 커널에 전달되는 신호로, 보통은 I/O 처리를 요청하는데 사용됩니다. 인터럽트는 트랩의 한 종류입니다.

추가 용어는 용어 사전에서 확인할 수 있으며, **주소 공간**(address space), **버퍼**(buffer), CPU, **파일 디스크립터**(file descriptor), POSIX, **레지스터**(registers) 같은 용어가 수록되어 있습니다.

---

1 BPF는 원래 버클리 패킷 필터(Berkeley Packet Filter)의 줄임말이었지만, 이제는 마치 고유명사처럼 쓰이게 되었기에 현재는 버클리(Berkeley) 연구소나 패킷, 혹은 필터링과는 거의 관계가 없습니다.

3.2 배경지식

이어지는 절에서는 운영 체제와 커널 개념에 대해 포괄적으로 다루는데, 어떤 운영 체제든 이해하는 데 도움이 될 것입니다. 내용 파악에 도움이 되도록 이번 절에서는 리눅스 구현 세부사항을 일부 다룹니다. 3.3절 "커널"과 3.4절 "리눅스"에서는 유닉스, BSD, 리눅스 커널 구현 세부사항에 초점을 맞춥니다.

3.2.1 커널

커널은 운영 체제의 핵심 소프트웨어입니다. 무엇을 수행하는지는 커널 모델에 따라 달라지는데, 리눅스와 BSD를 포함한 유닉스 계열 운영 체제에서는 CPU 스케줄링, 메모리, 파일 시스템, 네트워크 프로토콜, 시스템 장치(디스크, 네트워크 인터페이스 등)를 관리하는 **모놀리식**(monolithic) 커널이 사용됩니다. 이 모델은 그림 3.1에 나타나 있습니다.

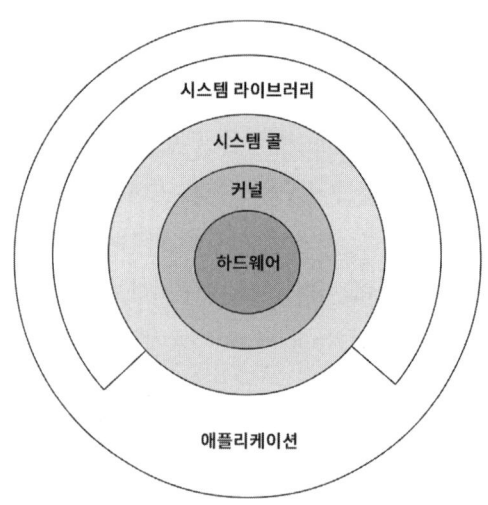

그림 3.1 모놀리식(monolithic) 운영 체제 커널의 역할

이 그림에는 시스템 라이브러리도 표시되어 있는데, 이들은 시스템 콜만으로는 부족한 보다 풍부하고 사용하기 쉬운 프로그래밍 인터페이스를 제공합니다. 애플리케이션에는 데이터베이스, 웹 서버, 관리 도구, 운영 체제 시스템 셸 등 모든 사용자 수준의 소프트웨어가 포함됩니다.

이 그림에서 시스템 라이브러리는 열린 고리 형태로 나타나 있습니다. 이는 애플리케이션이 꼭 시스템 라이브러리를 거치지 않고도, 운영 체제의 허용 범위 내에서 시스템 콜(syscall)을 직접 호출할 수 있다는 것을 나타내기 위한 표현입니다.[2] 이러

---

[2] 이 모델에는 몇 가지 예외가 있습니다. 네트워킹에 사용되기도 하는 커널 우회(kernel bypass) 기술에서는 사용자 레벨에서 하드웨어에 직접 접근할 수도 있습니다(10.4.3절 "소프트웨어"의 "커널 우회" 항목 참조). 또한, 메모리 매핑(memory-mapped) I/O, 메이저 폴트(7.2.3절 "요구 페이징" 참고), sendfile(2) 및 리눅스 io_uring(5.2.6절 "논블로킹 I/O" 참고)에서는 시스템 콜 인터페이스 오버헤드 없이 하드웨어 I/O를 수행하기도 합니다(초기화를 위해 시스템 콜이 일부 사용되기는 합니다).

한 예시로, 고 언어(Golang) 런타임은 libc 시스템 라이브러리를 필요로 하지 않는 자체적인 시스템 콜 계층을 가지고 있습니다. 전통적으로 이 부분은 완전한 고리로 그려왔는데, 이는 중심에 있는 커널부터 특권(privilege)이 줄어듦[3]을 표현하기 위한 것이었습니다(원래 이 모델은 유닉스의 조상격인 멀틱스(Multics)에서 비롯된 것입니다[Graham 68]).

다른 커널 모델도 존재하는데 **마이크로 커널**(microkernel)은 크기가 작은 커널로 대부분의 기능을 사용자 모드 프로그램으로 이동시키는 방식이고, **유니 커널**(uni-kernel)은 커널 코드와 애플리케이션 코드를 함께 단일 프로그램으로 컴파일해 사용하는 방식입니다. 윈도 NT 커널과 같은 **하이브리드 커널**(hybrid kernels)도 있는데, 이는 모놀리식 커널과 마이크로 커널의 접근 방식을 혼합하여 사용합니다. 이에 대한 내용은 3.5절 "기타 주제"에 간략하게 정리되어 있습니다.

리눅스는 최근 확장 BPF(Extended BPF)라 불리는 새로운 소프트웨어 유형을 도입하며 모델이 약간 변화되었습니다. 확장 BPF는 커널 내에서 효율적이고 안전한 코드 실행을 지원하는 프레임워크로, 이러한 커널 모드 애플리케이션은 BPF 헬퍼(helper)라 불리는 커널 내부 API를 활용할 수 있습니다. 이로 인해 기존의 애플리케이션 및 시스템 기능을 BPF로 재구성하여 보안과 성능을 개선할 수 있는 가능성이 열렸습니다. 이 변화는 그림 3.2에서 더 자세히 살펴볼 수 있습니다.

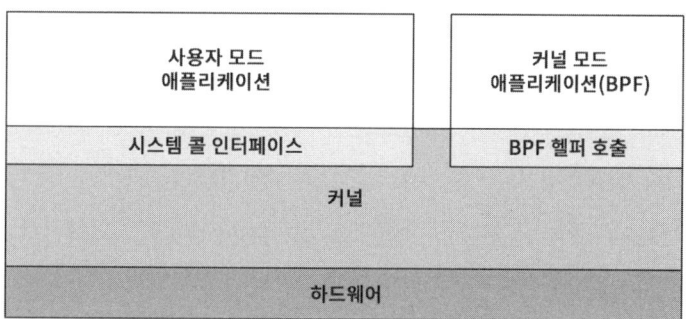

그림 3.2 BPF 애플리케이션

확장 BPF는 3.4.4절 "확장 BPF"에서 설명합니다.

---

3 (옮긴이) 그림 3.1은 CPU 권한 수준을 설명할 때 사용하는 특권 링(Privilege ring)의 한 형태로, 중심의 커널이 가장 높은 권한을 가지고, 바깥으로 갈수록 권한이 줄어듭니다.

커널 실행

커널은 보통 수백 수천만 줄에 이르는 코드로 구성된 방대한 프로그램입니다. 주로 사용자 수준 프로그램이 시스템 콜을 하거나 장치가 인터럽트를 보내는 등 요청에 따라 동작합니다. 일부 커널 스레드는 비동기적으로 동작하며, 여기에는 커널 클럭 루틴과 메모리 관리 작업 같은 관리 기능이 포함됩니다. 하지만 이런 작업은 가능한 한 가볍게 동작하도록 개발되어 있어서 CPU 자원을 거의 소비하지 않습니다.

웹 서버처럼 잦은 I/O를 수행하는 워크로드는 대부분 커널 컨텍스트에서 실행됩니다. 반면, 계산 중심(compute-intensive)의 워크로드는 사용자 모드에서 커널의 방해 없이 실행되는 경향이 있습니다. 커널이 이러한 계산 집약적 워크로드의 성능에 영향을 미치지 않으리라 생각하기 쉽지만, 실제로는 그렇지 않은 경우가 많습니다. 가장 대표적인 사례는 여러 스레드가 동시에 CPU 자원을 필요로 할 때, 커널 스케줄러가 어떤 스레드를 먼저 실행하고 어떤 스레드를 기다리게 할지 결정해야 하는 상황에서 CPU 경합이 발생할 수 있습니다. 이처럼 커널이 성능에 제약을 줄 수 있는 상황도 있지만, 반대로 커널은 스레드가 실행될 CPU를 선택할 때 캐시 효율성이나 메모리 지역성(locality)을 고려하여 성능을 크게 향상시킬 수도 있습니다.

3.2.2 커널 및 사용자 모드

커널은 **커널 모드**(kernel mode)라고 하는 특별한 CPU 모드에서 실행되는 유일한 프로그램입니다. 커널 모드에서는 모든 장치에 마음대로 접근할 수 있고, 특권이 필요한 명령을 실행할 수 있습니다. 커널은 멀티태스킹을 지원하기 위해 장치 접근을 중재하며, 명시적으로 허가된 경우를 제외하고 프로세스와 사용자가 다른 프로세스나 사용자의 데이터에 접근하지 못하도록 제한합니다.

사용자 프로그램(프로세스)은 **사용자 모드**(user mode)에서 실행되며, I/O와 같이 특권이 필요한 연산은 시스템 콜을 통해 커널에 요청합니다.

프로세서는 작업의 보안 수준에 따라 커널 모드(높은 권한)와 사용자 모드(낮은 권한)를 구분합니다. 여기에는 특권 수준을 나타내는 '링'이라는 구조를 사용하는데, 주로 **특권 링**(privilege ring) 혹은 **보호 링**(protection ring)이라고 부릅니다(그림 3.1 모델을 따름). 예를 들어 x86 프로세서는 0부터 3까지의 네 가지 링을 가지고 있으며, 이 중에서 주로 사용자 모드(가장 낮은 권한)와 커널 모드(가장 높은 권한), 그리고 필요한 경우 하이퍼바이저(가상화를 관리하는 소프트웨어)를 위한 세 가지 링만 사용합니다. 장치에 접근하기 위한 특권 명령어는 커널 모드에서만 허용되는데, 이를 사용자 모드에서 실행하려고 하면 시스템은 **예외**(exception)를 발생시키고, 이 예외는 커널이 처리합니다(예: 권한 거부 오류).

일반적인 커널에서 시스템 콜은 커널 모드로 전환한 후 해당 시스템 콜 코드를 실행하는 방식으로 수행됩니다. 이 과정은 그림 3.3에 설명되어 있습니다.

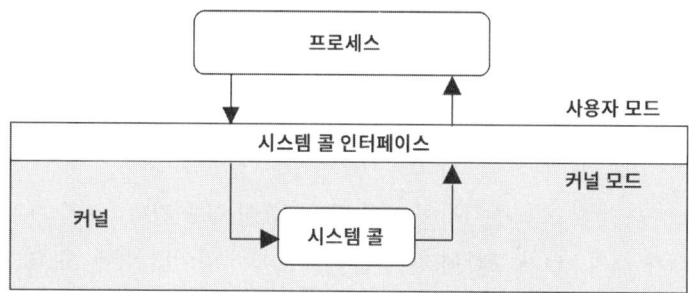

그림 3.3 시스템 콜 실행 모드

사용자 모드와 커널 모드 사이의 전환을 **모드 스위치**(mode switch)라고 합니다.

모든 시스템 콜은 모드 스위치를 수행합니다. 그중 일부는 **컨텍스트 스위치**(context switch)도 수반하는데, 이는 디스크나 네트워크 I/O 같이 대기 상태(blocking)가 필요한 작업에서 발생하며, 컨텍스트 스위칭을 통해 한 스레드가 대기 상태일 때 다른 스레드가 실행될 수 있도록 합니다.

모드 전환과 컨텍스트 스위치는 약간의 오버헤드(CPU 사이클)가 소모되기 때문에,[4] 이를 줄이기 위한 다양한 최적화 방법이 있습니다.

- 사용자 모드 시스템 콜: 몇몇 시스템 콜은 사용자 모드 라이브러리만으로도 구현할 수 있습니다. 이를 위해 리눅스 커널은 vDSO(virtual dynamic shared object, 가상 동적 공유 객체)라는 메커니즘을 사용합니다. vDSO는 커널의 특정 함수들을 사용자 모드의 프로세스 가상 메모리 공간에 직접 매핑하여, 시스템 콜을 보다 효율적으로 실행할 수 있도록 합니다. 예를 들어, gettimeofday(2), getcpu(2)와 같은 시스템 콜이 이 방식으로 처리됩니다.[Drysdale 14]
- 메모리 매핑: 요구 페이징(demand paging, 7.2.3절 "요구 페이징" 참고)뿐만 아

---

4 최근 멜트다운(Meltdown) 취약점에 대한 패치로 인해 컨텍스트 스위치 비용이 높아졌습니다. 3.4.3절 "KPTI(멜트다운)"을 참조하세요.

니라 데이터 저장이나 기타 장치 I/O에도 메모리 매핑이 사용되며, 이를 통해 시스템 콜 오버헤드를 줄일 수 있습니다.

- 커널 우회(kernel bypass): 사용자 모드 프로그램이 시스템 콜이나 전형적인 커널 경로를 우회하여 하드웨어 장치들에 직접 접근할 수 있도록 하는 방법입니다. 이는 특히 네트워킹과 같은 영역에서 성능을 크게 향상시키는 데 도움이 됩니다. 대표적인 예로, 네트워킹 분야에서 사용되는 DPDK(Data Plane Development Kit, 데이터 플레인 개발 키트)가 있습니다.
- 커널 모드 애플리케이션: 과거 커널 내에 구현된 TUX 웹 서버나[Lever 00], 최근의 확장 BPF 기술 같은 애플리케이션을 말합니다(그림 3.2에 도식화되어 있습니다).

커널 모드와 사용자 모드는 각각 별도의 소프트웨어 실행 컨텍스트를 가지며, 여기에는 스택과 레지스터가 포함됩니다. 일부 프로세서 아키텍처(예: SPARC)는 커널에 별도의 주소 공간을 사용하므로, 모드 전환 시 가상 메모리 컨텍스트도 변경해야 합니다.

3.2.3 시스템 콜

시스템 콜(system call 혹은 syscall)은 커널에게 특권이 필요한 시스템 루틴을 요청하는 방법입니다. 사용 가능한 시스템 콜의 개수는 수백 개에 달하지만, 커널을 단순하게 유지하려는 유닉스 철학에 따라 이 숫자를 최소화하려는 노력이 계속되고 있습니다.[Thompson 78] 시스템 콜은 직접 호출할 수도 있지만, 대부분은 사용자 공간의 시스템 라이브러리를 통해 보다 정교한 인터페이스 형태로 사용됩니다(이러한 접근 방식이 개발과 유지보수가 용이합니다). 운영 체제에는 일반적으로 C 표준 라이브러리(예: libc이나 glibc 라이브러리)가 포함되어 있어서 자주 사용되는 다양한 시스템 콜에 대해 사용하기 쉬운 인터페이스를 제공합니다.

표 3.1에는 주요 시스템 콜이 정리되어 있습니다.

표 3.1 주요 시스템 콜

시스템 콜	설명
read(2)	파일 데이터 읽기
write(2)	파일 데이터 쓰기
open(2)	파일 열기
close(2)	파일 닫기

fork(2)	새 프로세스 생성
clone(2)	새 프로세스나 스레드 생성
exec(2)	새 프로그램을 실행
connect(2)	네트워크 호스트에 연결
accept(2)	네트워크 연결 수립
stat(2)	파일 상태 정보 확인
ioctl(2)	I/O 특성이나 기타 다른 기능을 설정
mmap(2)	파일을 메모리 주소 공간에 매핑
brk(2)	힙 영역 확장
futex(2)	사용자 공간에서 사용할 수 있는 뮤텍스(Fast mutex)

각각의 시스템 콜에 대한 매뉴얼(man) 페이지는 보통 운영 체제와 함께 제공되는데, 사용 방법에 대해서는 거기에 잘 문서화되어 있습니다. 시스템 콜의 인터페이스는 대체로 단순하고 일관되며, 오류 발생 시 오류 코드를 사용하여 설명합니다(예: "해당 파일 또는 디렉터리가 없음"을 의미하는 ENOENT 등).[5]

대부분의 시스템 콜은 이름 자체로 목적이 명확하게 드러나 이해하기 쉽지만, 다음과 같은 일부 시스템 콜은 그렇지 않을 수 있습니다.

- ioctl(2): 커널에 일반적인 호출로 처리하기 어려운 여러 동작을 요청할 때 자주 사용되는데, 특히 시스템 관리 도구에서 수행하고자 하는 동작들이 이에 해당하고, 다른 (더 적당한) 시스템 콜이 없을 때 사용됩니다. 뒤에 나오는 예제를 참고하세요.
- mmap(2): 실행 파일이나 라이브러리를 프로세스 주소 공간에 매핑하거나 파일을 메모리에 매핑할 때 사용합니다. 때로는 프로세스 작업 메모리 할당에 brk(2) 기반 malloc(2) 대신 mmap(2)을 통한 메모리 매핑 방식을 사용하기도 합니다(하지만 항상 성능이 좋아지는 것은 아닙니다. 시스템 콜은 줄어들지만 메모리 매핑을 관리하는 비용이 늘어납니다).
- brk(2): 프로세스의 작업 메모리 크기를 결정하는 힙 포인터를 확장하기 위해 사용됩니다. 보통 시스템 메모리 할당 라이브러리에서 malloc(3) 메모리 할당 호출이 기존의 힙 공간에서 메모리를 더 이상 할당할 수 없는 경우 이 시스템 콜을 사용합니다. 7장 "메모리"를 참고하세요.

---

5 glibc는 이러한 오류를 정수형 변수인 errno(오류 번호, error number)를 통해 제공합니다.

- futex(2): 이 시스템 콜은 사용자 공간 락의 일부, 특히 블록될 가능성이 있는 부분을 처리하기 위해 사용됩니다.

익숙하지 않은 시스템 콜이 있다면, 해당 매뉴얼 페이지에서 더 많은 정보를 찾을 수 있습니다. (시스템 콜은 man 페이지의 2번 섹션에 있습니다)

ioctl(2) 시스템 콜은 이름만으로는 어떤 작업을 수행하는지 명확하지 않아 이해하기 어려울 수 있습니다. 이를 쉽게 설명하기 위해 예시를 들어보겠습니다. 리눅스의 perf(1) 도구는 시스템 성능을 측정하며, 시스템 내부 자원에 접근해 특권이 필요한 작업들을 수행해야 합니다(6장 "CPU"에서 설명합니다). 이런 작업을 처리하기 위해 리눅스 커널은 perf_event_open(2)라는 단일 시스템 콜을 추가했는데, ioctl(2)에서 사용할 수 있는 파일 디스크립터(fd)를 리턴합니다. 사용자는 이 fd를 대상으로 ioctl(2)을 다양한 파라미터와 함께 호출하여 원하는 동작을 수행할 수 있습니다. 예를 들어, ioctl(fd, PERF_EVENT_IOC_ENABLE)는 성능 계측을 활성화합니다. 각 특권이 필요한 작업마다 시스템 콜을 새로 추가하는 대신, ioctl(2)에 PERF_EVENT_IOC_ENABLE 같은 인수를 전달하는 방식이 훨씬 간편하기 때문에 이런 설계가 채택되었습니다.

3.2.4 인터럽트

인터럽트(interrupt)는 프로세서에 전달되는 신호로 발생한 어떤 이벤트의 처리가 필요함을 알립니다. 이 신호는 프로세서의 현재 작업을 중단시키고 이벤트를 처리하기 위해 (사용자 모드인 경우) 커널 모드로 전환됩니다. 이 과정에서 프로세서는 현재 스레드의 상태를 저장한 후 **인터럽트 서비스 루틴**(interrupt service routine, ISR)을 실행하여 이벤트를 처리합니다.

인터럽트의 종류에는 외부 하드웨어에 의해 생성되는 비동기 인터럽트와 소프트웨어 명령어에 의해 생성되는 동기 인터럽트라는 것이 있는데, 이들은 그림 3.4에 표현되어 있습니다.

그림 3.4은 커널로 전송되는 인터럽트 종류들에 대해서 간략히 표현한 그림으로, 인터럽트는 먼저 CPU로 전달되고, CPU가 해당 이벤트를 처리하기 위해 ISR을 실행합니다.

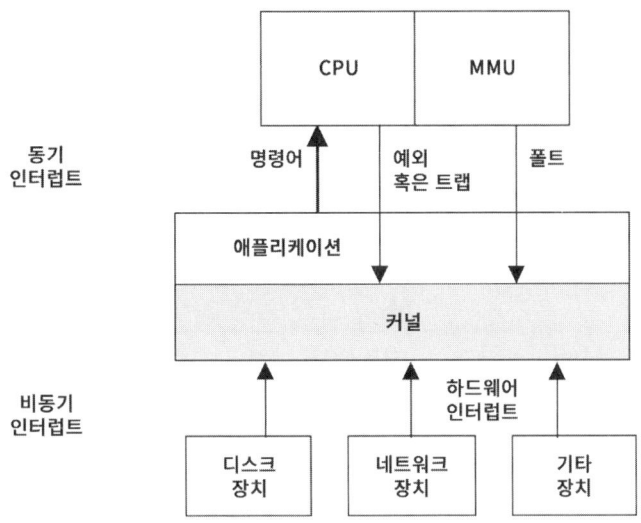

그림 3.4 인터럽트 유형

비동기 인터럽트

하드웨어 장치는 인터럽트 처리 요청(interrupt service request, IRQ)을 프로세서에 보낼 수 있는데, 이러한 요청은 현재 실행 중인 소프트웨어와는 별개로 비동기적으로 도착합니다. 하드웨어 인터럽트의 예로는 다음과 같은 것들이 있습니다.

- 디스크 I/O가 완료되었음을 알리는 디스크 장치
- 오류 상태를 나타내는 하드웨어
- 패킷 도착을 알리는 네트워크 인터페이스
- 키보드 및 마우스 입력과 같은 입력 장치

비동기 인터럽트의 개념을 설명하기 위한 예시 시나리오가 그림 3.5에 표현되어 있는데, 이는 CPU 0에서의 시간 흐름을 보여줍니다. 이 시나리오의 앞부분에서는 데이터베이스(MySQL)가 실행 중인데, 디스크로부터 파일 시스템의 내용을 읽느라 대기하는 동안 스케줄러는 다른 스레드(자바 애플리케이션)로 컨텍스트를 전환합니다. 잠시 후 디스크 I/O가 완료되지만, 이 시점에서 데이터베이스는 더 이상 CPU 0에서 실행되고 있지 않습니다. 그림 3.5의 점선으로 표시된 것처럼, 데이터베이스에 대한 I/O 완료 인터럽트(completion interrupt)가 비동기적으로 발생합니다.

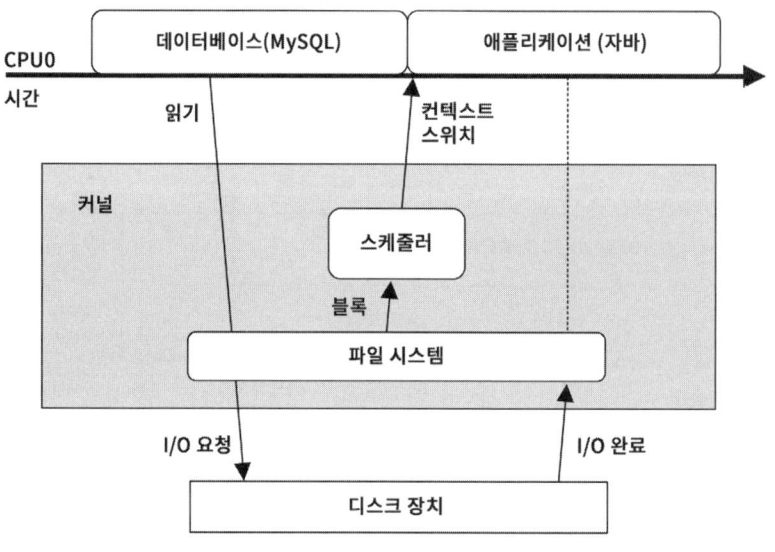

그림 3.5 비동기 인터럽트의 예

동기 인터럽트

동기 인터럽트는 소프트웨어 명령어에 의해 생성됩니다. 다음은 **트랩**(trap), **예외**(exception), **폴트**(fault) 같은 용어를 사용해 여러 유형의 소프트웨어 인터럽트를 설명한 것입니다. 이 용어들은 흔히 상호호환적으로 사용됩니다.

- 트랩: int(인터럽트)와 같은 명령어를 이용해 커널에 의도적으로 접근하는 경우입니다. 이 방식은 시스템 콜 호출에서도 사용되며, 리눅스 x86에서는 int 0x80 명령어를 syscall 핸들러 벡터와 함께 호출하여 시스템 콜을 처리할 수 있습니다. 이때 int 명령어는 소프트웨어 인터럽트를 발생시킵니다.
- 예외: 명령어가 0으로 나누기를 수행하는 경우 같은 예외적인 상황을 의미합니다.
- 폴트: 주로 메모리 이벤트에 해당하는데, 가령 MMU(memory management unit, 메모리 관리 유닛) 매핑 없이 메모리 위치에 접근할 때 발생하는 **페이지 폴트**(page faults)와 같은 상황을 말합니다. 7장 "메모리"를 참고하세요.

비동기 인터럽트와는 다르게, 동기 인터럽트는 현재 CPU에서 실행 중인 소프트웨어 명령어와 직접적인 관련이 있습니다.

인터럽트 스레드

인터럽트 서비스 루틴(Interrupt service routine, ISR)은 현재 스레드에 미치는 영향을 최소화하기 위해 가능한 한 빨리 처리를 마치도록 설계됩니다. 만약 인터럽트가 많은 작업을 수행해야 하거나, 특히 락(lock)으로 인해 대기해야 하는 경우, 별도의 인터럽트 스레드를 사용해서 처리할 수 있으며, 이 스레드는 커널에 의해 스케줄링됩니다. 이는 그림 3.6에 나타나 있습니다.

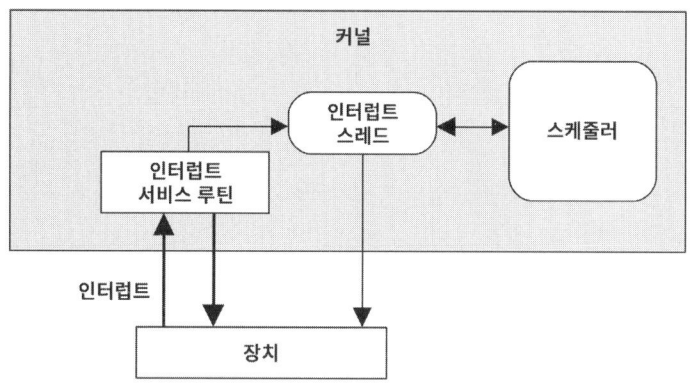

그림 3.6 인터럽트 처리

인터럽트 스레드의 구현 방법은 커널 버전에 따라 다릅니다. 리눅스에서는 장치 드라이버를 두 부분으로 나눌 수 있습니다. 전반부 처리(top half)는 인터럽트 이벤트 자체를 빠르게 처리하고, 나머지 작업은 후반부 처리(bottom half)에서 나중에 처리하도록 스케줄링합니다. [Corbet 05] 전반부 처리는 새로운 인터럽트가 지연되지 않도록 인터럽트 비활성화 모드에서 실행되므로, 매우 빠르게 처리되어야 합니다. 그렇지 않으면 새로운 인터럽트의 도착이 늦어져서 추가 지연시간이 발생하고, 너무 오랫동안 새 인터럽트가 지연되면 다른 스레드에 문제가 발생할 것입니다. 후반부 처리는 **태스크릿**(tasklet) 또는 **워크 큐**(work queue)로 구성될 수 있습니다. 워크 큐는 커널에 의해 스케줄링될 수 있는 스레드이며, 필요시 대기(sleep) 상태로 전환될 수 있습니다.

예를 들어, 리눅스 네트워크 드라이버는 인바운드 패킷(inbound packet)에 대한 IRQ를 처리하는 top half와 패킷을 네트워크 스택으로 전달하는 bottom half로 구성됩니다. 이 bottom half는 softirq(소프트웨어 인터럽트)로 구현됩니다.

인터럽트 도착 시점부터 처리가 완료될 때까지의 시간을 **인터럽트 지연시간**(interrupt latency)이라고 합니다. 이는 하드웨어와 구현 방식에 따라 다르며, 실시간(real-time) 시스템이나 저지연(low-latency) 시스템에서는 중요한 연구 주제입니다.

인터럽트 마스킹

커널의 일부 코드 경로는 안전하게 인터럽트될 수 없습니다. 예를 들어, 시스템 콜 중에는 스핀 락을 획득하는 커널 코드가 있는데, 이 스핀 락은 인터럽트에서도 필요할 수 있습니다. 이런 락이 걸린 상태에서 인터럽트가 발생할 경우 데드락(deadlock)이 발생할 수 있습니다. 이를 방지하기 위해, 커널은 CPU의 **인터럽트 마스크(interrupt mask)** 레지스터를 설정하여 일시적으로 인터럽트를 마스킹(차단)합니다. 그러나 인터럽트 비활성화 시간은 가능한 한 짧아야 하며, 그렇지 않으면 다른 인터럽트에 의해 깨워진 애플리케이션이 정확한 시간에 실행되지 못할 수 있습니다. 엄격한 응답 시간 요구 조건이 있는 **실시간(real-time)** 시스템에서는 특히나 중요합니다. 인터럽트 비활성화 시간은 성능 분석의 대상이기도 합니다(Ftrace irqsoff 트레이서는 이러한 분석을 직접 지원하며, 14장 "Ftrace"에서 다룹니다).

마스크 불가능 인터럽트(non-maskable interrupts, NMI)라는 것도 있는데, 우선순위가 높은 중요한 이벤트를 절대 무시할 수 없을 때 사용됩니다. 이러한 NMI는 하드웨어나 시스템의 심각한 문제를 처리하는 데 자주 사용됩니다. 예를 들어 리눅스는 IPMI(Intelligent Platform Management Interface, 지능형 플랫폼 관리 인터페이스) 와치독 타이머(watchdog timer)를 사용하여 일정 시간 동안 인터럽트가 발생하지 않는 경우 커널이 멈춘 것처럼 보이는지(deadlock 등) 확인합니다. 만약 그렇다면, 해당 와치독은 NMI 인터럽트를 발생시켜 시스템을 강제로 재부팅합니다.[6]

3.2.5 클럭과 유휴 상태

초기 유닉스 커널의 핵심 요소 중 하나는 타이머 인터럽트에 의해 실행되는 clock() 루틴입니다. 역사적으로 clock()은 초당 60, 100 또는 1,000번 실행되었으며(초당 사이클 수를 나타내는 헤르츠(Hertz)로 표현되기도 함)[7], 각 실행을 틱(tick)[8]이라고

---

6 IPMI 와치독은 하드웨어 기반이지만, 리눅스에서는 시스템 멈춤을 소프트웨어로 감지하는 NMI 와치독도 있습니다.[Linux 20d]
7 기타 주기(rates)로는 리눅스 2.6.13에서 250, Ultrix에서 256, OSF/1에서 1,024 등을 사용할 수 있습니다.[Mills 94]
8 리눅스에서는 틱과 비슷한 시간 단위인 **지피**(jiffies)도 추적합니다.

합니다. 클럭의 역할은 시스템 시간을 업데이트하고, 타이머와 스레드 스케줄링을 위한 타임 슬라이스를 만료시키며, CPU 통계를 관리하고, 콜아웃(callout, 스케줄된 커널 루틴)을 실행하는 것입니다

커널에는 몇 가지 성능 문제가 있었는데, 최신 커널에서는 이를 개선했습니다.

- 틱 지연시간(Tick latency): 100Hz 클럭의 경우, 타이머가 다음 틱에서 처리될 때까지 최대 10ms의 추가 지연시간이 발생할 수 있었습니다(틱이 다 처리되어야 타이머가 다시 처리될 수 있기 때문). 이는 고해상도 실시간 인터럽트로 대체되어 대기 없이 즉시 실행되도록 개선되었습니다.
- 틱 오버헤드(Tick overhead): 틱은 CPU 사이클을 소모하며, 애플리케이션에 약간의 지연을 일으킬 수 있습니다. 이는 운영 체제 **지터**(jitter)[9]의 원인 중 하나입니다. 또한, 최신 프로세서들은 유휴 시간 동안 일부 부품의 전원을 끄는 동적 전원 관리 기능을 가지고 있습니다. 그러나 clock() 루틴의 주기적인 틱은 CPU가 완전히 유휴 상태로 전환되는 것을 방해하여 불필요한 전력 소모를 유발할 수 있습니다.

최신 커널들은 대부분의 기능을 클럭 루틴에서 요청에 따른 인터럽트로 전환해 **틱이 없는 커널**(tickless kernel)을 만들었습니다. 이를 통해 오버헤드를 줄이고 프로세서가 더 오랫동안 절전 상태를 유지하도록 하여 전력 효율성을 높입니다.

리눅스의 클럭 루틴은 `scheduler_tick()`이며, CPU 부하가 전혀 없을 때는 클럭 호출을 생략하는 기능도 갖추고 있습니다. 클럭 자체는 일반적으로 250Hz로 동작하며(CONFIG_HZ Kconfig 옵션과 변수로 설정됨), NO_HZ 기능(CONFIG_NO_HZ와 변수로 설정됨)으로 호출 빈도를 줄일 수 있는데, 현재는 대부분 활성화되어 있습니다.[Linux 20a]

유휴 스레드

CPU가 수행할 작업이 없을 때, 커널은 **유휴 스레드**(idle thread)라는 대기용 임시(placeholder) 스레드를 스케줄링합니다. 이 스레드는 단순히 루프를 돌며 실행할 새 작업이 있는지 확인합니다. 최신 리눅스에서는 idle task가 hlt(halt) 명령어를 호

---

9 (옮긴이) 지터란 시스템의 응답 시간의 변동을 의미하며, 예측 불가능한 지연으로 인해 애플리케이션의 성능을 저하시킬 수 있습니다.

출해 다음 인터럽트가 수신될 때까지 CPU를 절전 상태로 전환할 수 있고, 이를 통해 전력을 절감합니다.

3.2.6 프로세스

프로세스는 사용자 수준 프로그램을 실행하기 위한 환경입니다. 프로세스는 메모리 주소 공간, 파일 디스크립터, 스레드 스택 그리고 레지스터로 구성됩니다. 어떤 면에서 프로세스는 자체 스택과 레지스터 집합을 가지고 단 하나의 프로그램만 돌릴 수 있다는 점에서 초기 가상 컴퓨터 모습과 유사합니다.

커널은 프로세스를 멀티태스킹 방식으로 처리하며, 보통 한 시스템에서 수천 개의 프로세스가 동시에 실행될 수 있습니다. 각 프로세스는 고유한 정수값 **프로세스 ID(PID)**로 식별됩니다.

프로세스는 하나 이상의 스레드를 포함할 수 있으며, 각 스레드는 프로세스 주소 공간을 공유하고 동일한 파일 디스크립터를 사용합니다. 스레드는 스택, 레지스터, 명령어 포인터(Instruction Pointer, **프로그램 카운터**(Program Counter)라고도 함)로 구성된 실행 컨텍스트입니다. 여러 스레드를 사용하면 한 프로세스가 여러 CPU에서 병렬적으로 실행될 수 있습니다. 리눅스에서는 스레드와 프로세스를 모두 **태스크**(tasks)라 부릅니다.

커널이 시작할 때 최초로 실행되는 프로세스는 'init'이며, 기본적으로 /sbin/init을 통해 시작되고 PID 1을 가집니다. 이는 사용자 공간 서비스를 시작하는 프로세스로, 유닉스에서는 /etc에 위치한 시작 스크립트를 실행하는 방식으로 동작합니다(Unix System V의 이름을 따서 SysV 방식이라고 부릅니다). 현대 리눅스 배포판들은 주로 systemd 소프트웨어를 사용하여 서비스를 시작하고 서비스 간 의존성을 관리합니다.

프로세스 생성

유닉스 시스템에서 프로세스는 보통 fork(2) 시스템 콜을 사용해 만듭니다. 리눅스에서 C 라이브러리는 보통 다목적 clone(2) 시스템 콜을 감싸는 형태로 fork 함수를 구현합니다. 이 시스템 콜은 현재 실행 중인 프로세스를 복제하여 새 PID를 부여합니다. 새 프로세스가 만들어진 후에는 exec(2) 또는 그 변형(예: execve(2)) 시스템 콜을 호출하여 다른 프로그램의 실행을 시작할 수 있습니다.

그림 3.7은 셸(bash)이 ls 명령을 실행할 때 프로세스가 어떻게 생성되는지 보여줍니다.

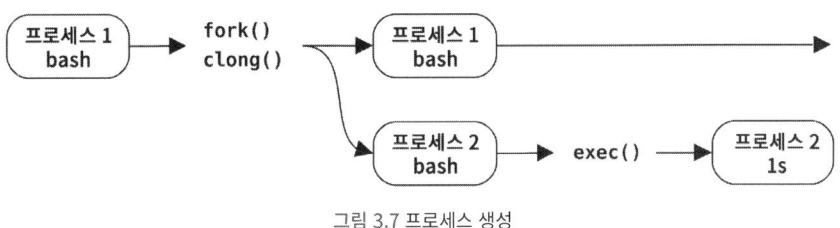

그림 3.7 프로세스 생성

fork(2) 또는 clone(2) 시스템 콜은 copy-on-write(COW, 쓰기 시 복사) 전략을 사용하여 성능을 향상시킵니다. 이렇게 하면 모든 내용을 복사하는 대신, 기존 주소 공간에 대한 참조만 추가합니다. 두 프로세스(원래와 복제된 것) 중 하나가 참조된 주소 공간의 메모리를 수정하면 그때 해당 부분에 대한 별도의 복사본이 생성됩니다. 이러한 방식으로 메모리 복사의 필요를 지연시키거나 없애, 메모리와 CPU 사용량을 줄일 수 있습니다.

프로세스 생명 주기

프로세스가 생성되어 동작하고 종료되기까지의 생명 주기가 그림 3.8에 단순화되어 표시되어 있습니다. 최신 멀티스레드 운영 체제에서는 스레드가 스케줄링되고 실행되며, 이런 스레드의 상태가 프로세스 상태와 어떻게 대응되는지는 세부 구현에 따라 달라집니다(더 자세한 다이어그램은 그림 5.6과 그림 5.7을 참조하십시오).

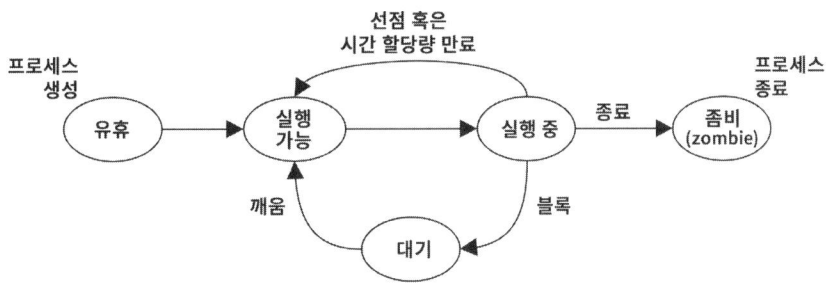

그림 3.8 프로세스 생명 주기

프로세서에서 실행 중(on-proc) 상태는 CPU에서 실제로 작업을 수행하는 상태입니다. 실행 준비 상태(ready-to-run)는 프로세스가 실행할 준비가 완료되었지만, 아직 자신의 차례가 돌아오지 않아 CPU 실행 큐에서 기다리고 있는 상태입니다. 대부분의 I/O 작업은 프로세스를 블록 상태로 만들며, 이 경우 프로세스는 대기(sleep) 상태로 들어가고, I/O 작업이 완료되면 다시 깨어납니다. 좀비(zombie) 상태는 프로세스가 종료될 때 발생하는데, 이 상태에서는 부모 프로세스가 해당 프로세스의 종료 상태 정보를 수집(reap)하거나, 커널에 의해 해당 프로세스가 제거될 때까지 계속 남아있습니다.

프로세스 환경

그림 3.9는 프로세스 환경을 보여줍니다. 프로세스 환경은 프로세스의 주소 공간에 있는 데이터와 커널에 존재하는 메타데이터(컨텍스트)로 구성됩니다.

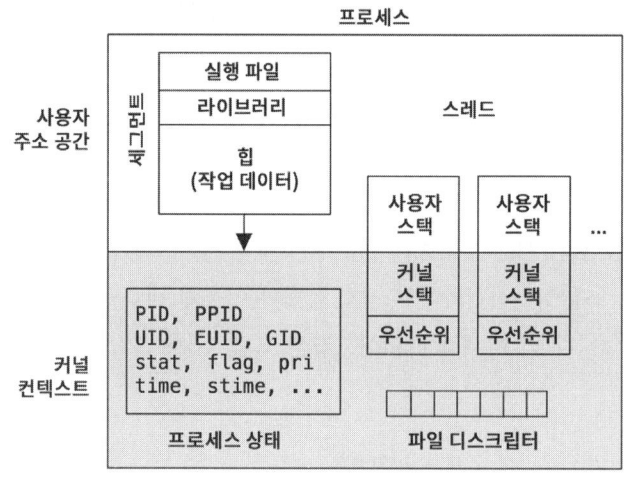

그림 3.9 프로세스 환경

커널 컨텍스트는 여러 가지 프로세스 속성과 통계로 구성됩니다. 여기에는 프로세스 ID(PID), 소유자의 사용자 ID(UID), 그리고 기타 여러 가지 시간이 포함됩니다. 이러한 정보는 보통 ps(1)과 top(1) 명령어를 통해 살펴볼 수 있습니다. 또한 프로세스 환경은 열린 파일을 참조하는 파일 디스크립터를 가지고 있으며, 보통 여러 스레드는 이 파일 디스크립터를 공유합니다.

이 예제는 두 스레드를 보여줍니다. 각 스레드는 커널 컨텍스트[10]에 있는 우선순위와 사용자 주소 공간에 있는 스택 등의 메타데이터를 포함합니다. 이 그림에서 유의할 점은 스택 공간의 크기가 비율에 맞게 그려지지 않았는데, 실제로 커널 컨텍스트는 프로세스 주소 공간에 비해 매우 작습니다.

사용자 주소 공간은 실행 파일, 라이브러리, 힙 등으로 구성된 프로세스의 메모리 세그먼트(segment)를 포함합니다. 더 자세한 사항은 7장 "메모리"를 참고하세요.

리눅스에서 각 스레드는 자체의 사용자 스택과 커널 예외(exception) 스택을 가지고 있습니다.[11][Owens 20]

3.2.7 스택

스택은 임시 데이터를 위한 메모리 저장 영역으로, LIFO(Last-In First-Out, 후입선출) 리스트로 구성됩니다. 스택은 보통 CPU 레지스터 세트에 비해 덜 중요한 데이터를 저장하는 데 사용됩니다. 가령, 함수가 호출되면 리턴 주소가 스택에 저장됩니다. 또한, 함수 호출 이후에도 값이 필요한 일부 레지스터들은 스택에 저장됩니다.[12] 함수 실행이 끝나면 필요한 레지스터들을 복원하고, 스택에서 리턴 주소를 가져와 호출한 함수로 실행을 넘겨 재개합니다. 스택은 또한 함수에 파라미터를 전달하는 데도 사용될 수 있습니다. 이처럼 함수 실행과 관련된 데이터 세트를 **스택 프레임**(stack frame)이라고 부릅니다.

스레드의 스택에 저장된 모든 스택 프레임에 있는 리턴 주소를 확인하면, 현재 실행 중인 함수로의 호출 경로를 볼 수 있습니다(이 과정을 스택 워킹(stack walking)이라고 합니다).[13] 이 호출 경로를 **스택 백 트레이스**(stack back trace) 또는 **스택 트레이스**(stack trace)라고 부릅니다. 성능 엔지니어링(performance engineering)에서는 이를 간단히 '스택'이라 줄여 부르기도 합니다. 이러한 스택은 무엇이

---

10 커널 컨텍스트는 x86 프로세서처럼 사용자 주소와 겹치지 않는 제한된 범위의 주소 공간을 사용하거나, SPARC 프로세서처럼 사용자 주소와 별개의 독립된 주소 공간을 가질 수도 있습니다.
11 CPU별로 구성된 특수 목적의 커널 스택도 있으며, 그 중에는 인터럽트를 처리하기 위한 스택도 있습니다.
12 프로세서 ABI의 함수 호출 규약(calling convention)에는 함수 호출 후에도 값을 유지해야 하는 레지스터(비휘발성)와 호출된 함수에 의해 스택에 저장되는 레지스터('callee-saves')가 상세히 명시되어 있습니다. 그 외의 레지스터는 휘발성으로 간주되어 호출된 함수에 의해 변경될 수 있으며, 호출하는 함수 측에서 값을 유지하려면 직접 스택에 저장해야 합니다.
13 스택 워킹과 이를 수행하는 다양한 기법들(프레임 포인터 기반, debuginfo, last branch record, ORC 등)에 대한 자세한 내용은 필자의 책 《BPF 성능 분석 도구》의 2.4장 "스택 트레이스 추적"을 참고하세요.[Gregg 19]

왜 실행되고 있는지를 파악할 수 있게 해주며, 디버깅과 성능 분석을 할 때도 매우 유용합니다.

스택을 읽는 방법

다음은 트레이싱 도구가 출력한 (리눅스) 커널 스택의 예로, TCP 전송 시 어떤 경로를 거치는지를 보여줍니다.

```
tcp_sendmsg+1
sock_sendmsg+62
SYSC_sendto+319
sys_sendto+14
do_syscall_64+115
entry_SYSCALL_64_after_hwframe+61
```

스택은 보통 잎부터 뿌리로 가는 순서(leaf-to-root order)로 출력되므로, 출력된 첫 번째 줄은 현재 실행 중인 함수이며 그 아래에는 부모 함수, 그 다음에는 조부모 함수의 순서로 계속됩니다. 위의 예시에서는 `tcp_sendmsg()` 함수가 실행 중이고, 이 함수는 `sock_sendmsg()`에 의해 호출됩니다. 함수 이름 오른쪽에 있는 명령어 오프셋(offset)은 함수 내에서의 위치를 나타냅니다. 첫 번째 줄은 `tcp_sendmsg()`의 오프셋 1을 보여주며(이는 두 번째 명령어일 것입니다), 이는 `sock_sendmsg()`의 오프셋 62에 의해 호출되었음을 알 수 있습니다. 이 오프셋은 어떤 코드 경로가 선택되어 실행되었는지를 명령어 수준까지 세부적으로 이해하고자 할 때 유용합니다.

스택을 읽어 내려가면 함수, 부모, 조부모 등 전체 계보를 볼 수 있습니다. 이와는 반대로 스택을 아래에서 위로 읽으면 현재 함수로의 코드 경로를 따라가며 여기까지 어떻게 왔는지 이해할 수 있습니다.

스택은 소스 코드의 내부 실행 경로를 보여줍니다. 따라서 이러한 함수들에 대해서는 소스 코드를 제외한 별도의 문서가 없는 경우가 많습니다. 위의 예제에서는 리눅스 커널 소스 코드가 문서라 할 수 있습니다. 예외적으로, 함수가 API의 일부인 경우에는 문서화되어 있을 수 있습니다.

사용자 스택과 커널 스택

시스템 콜이 실행되는 동안 프로세스는 두 개의 스택을 가집니다. 하나는 사용자 수준 스택이고, 다른 하나는 커널 수준 스택입니다. 그림 3.10은 이러한 스택의 범위를 보여줍니다.

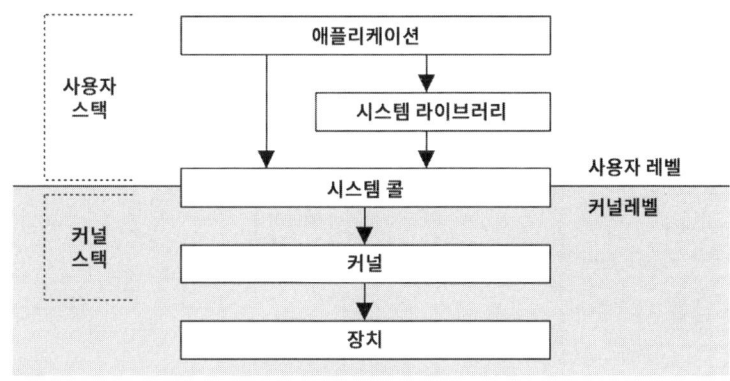

그림 3.10 사용자 스택과 커널 스택

시스템 콜을 실행하는 동안 스레드는 별도의 커널 스택을 사용하기 때문에, 해당 스레드의 사용자 스택은 변화하지 않습니다. (단, 시그널 핸들러는 설정에 따라 사용자 스택을 빌려서 사용하기도 합니다.)

리눅스에는 여러 목적을 위한 다양한 커널 스택이 있습니다. 시스템 콜은 각 스레드에 할당된 커널 예외 스택(kernel exception stack)을 사용하며, 소프트 및 하드 인터럽트(IRQs)와 관련된 스택도 따로 존재합니다.[Bovet 05]

3.2.8 가상 메모리

가상 메모리는 컴퓨터 시스템에서 중요한 역할을 합니다. 이 기술은 메인 메모리를 추상화하여, 각 프로세스나 커널이 자신만의 독립적인 주소 공간을 갖도록 하며, 이 공간은 거의 무한대처럼 보입니다.[14] 이러한 추상화 덕분에 여러 프로세스와 커널이 경합을 걱정하지 않으면서도 동시에 실행될 수 있어 멀티태스킹이 가능해집니다. 또한, 가상 메모리는 실제 메인 메모리보다 큰 용량의 메모리를 사용하는 것처럼 보이게 하거나, 여러 프로세스가 메모리를 겹쳐 사용할 수 있도록 합니다. 이는 운영 체제가 필요에 따라 메인 메모리와 2차 저장 장치(디스크) 사이에서 데이터를 교환함으로써 가능합니다.

그림 3.11에 가상 메모리의 역할이 그려져 있습니다. 1차 메모리는 메인 메모리(RAM)이며, 2차 메모리는 저장 장치(디스크)입니다.

---

14 64비트 프로세서에서는 가상 메모리가 무한대에 가깝지만, 32비트 프로세서에서는 32비트 주소의 한계로 인해 가상 메모리가 4GB(2^{32})로 제한됩니다(커널에 따라 이보다 더 적은 용량으로 제한될 수도 있습니다).

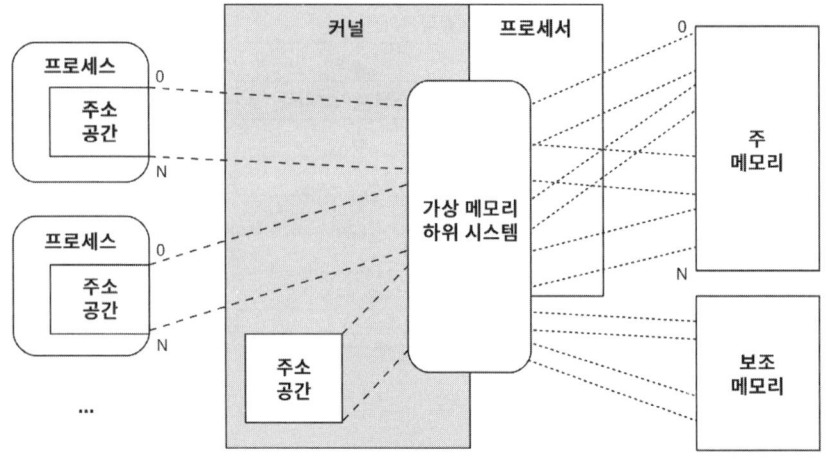

그림 3.11 가상 메모리 주소 공간[15]

가상 메모리는 운영 체제와 프로세서의 지원을 통해 구현됩니다. 가상 메모리는 실제 메모리가 아니며, 대부분의 운영 체제는 가상 메모리에 데이터가 처음 채워질 때(써질 때) 해당 메모리 영역을 실제 메인 메모리에 할당합니다.

가상 메모리에 대한 더 많은 내용은 7장 "메모리"를 참고하세요.

메모리 관리

가상 메모리는 2차 저장 장치를 활용해 메인 메모리를 확장할 수 있게 해주지만, 커널은 가장 자주 사용되는 데이터를 메인 메모리에 유지하려고 노력합니다. 이를 위해 커널은 두 가지 방식을 사용합니다.

- 프로세스 스와핑(Process swapping): 프로세스 전체를 메인 메모리와 2차 저장 장치 사이에서 교환합니다.
- 페이징(Paging): 메모리의 작은 단위인 페이지(예: 4KB)를 메인 메모리와 2차 저장 장치 사이에서 이동합니다.

---

[15] 프로세스 가상 메모리는 주소가 0부터 시작하는 것으로 보일 수 있지만, 현대의 커널은 일반적으로 프로세스의 가상 주소 공간을 약간의 오프셋을 두고 시작합니다(예: 0x10000 또는 임의 주소). 이 방식의 장점 중 하나는 NULL(0) 포인터를 역참조하는 흔한 프로그래밍 오류가 발생할 때, 해당 프로그램이 중단(SIGSEGV) 되도록 한다는 점입니다. 0번지는 유효한 주소가 아니기 때문에 이러한 오류가 발생하면 프로그램이 중단됩니다. 이는 일반적으로 더 선호되는 방식인데, 실수로 0번지의 데이터를 역참조해 프로그램이 잘못된 데이터를 처리하면서 계속 실행되는 상황보다 낫기 때문입니다.

프로세스 스와핑은 초기 유닉스에서 사용된 방법으로, 심각한 성능 저하를 일으킬 수 있습니다. 페이징은 더 효율적인 방식으로, 페이지 기반 가상 메모리가 도입되면서 BSD에 추가되었습니다. 두 경우 모두 최근에 가장 적게 사용되었거나 사용되지 않은 메모리를 2차 저장 장치로 이동시키며, 필요할 때만 다시 메인 메모리로 가져옵니다.

리눅스에서는 **스와핑**(swapping)이라는 용어가 **페이징**(paging)을 의미하는 데 사용됩니다. 리눅스 커널은 (예전의) 유닉스 방식인 프로세스나 스레드 전체를 교환하는 프로세스 스와핑을 지원하지 않습니다.

페이징과 스와핑에 대한 더 많은 내용은 7장 "메모리"를 보세요.

3.2.9 스케줄러

유닉스와 그 파생 운영 체제들은 시분할 시스템으로, 여러 프로세스가 실행 시간을 나누어 동시에 실행될 수 있게 해줍니다. 여러 프로세서 또는 단일 프로세서에서 프로세스를 스케줄링하는 역할은 **스케줄러**(scheduler)가 담당하며, 스케줄러는 운영 체제 커널의 핵심 구성 요소입니다. 그림 3.12에 스케줄러의 역할이 나타나 있는데, 스케줄러는 스레드(리눅스의 경우 태스크)를 관리하며, 각각을 CPU에 할당해 줍니다.

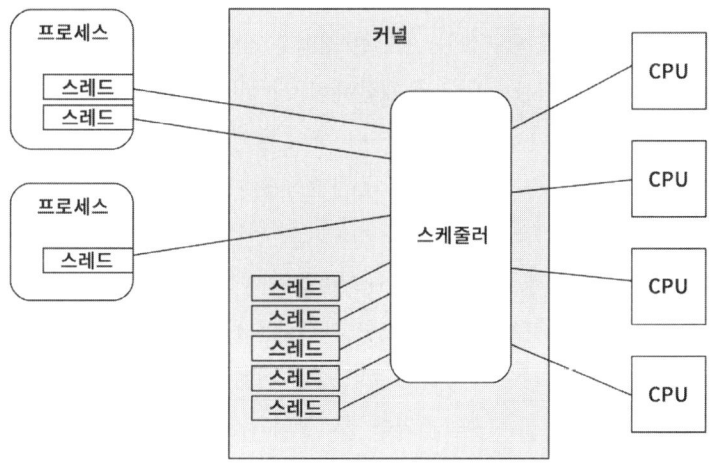

그림 3.12 커널 스케줄러

스케줄러의 주요 목적은 CPU 시간을 활성 프로세스와 스레드 간에 나누어 주고, **우선순위**(priority)를 설정하여 더 중요한 작업이 더 빨리 실행될 수 있도록 하는 것입니다. 스케줄러는 실행 준비 상태에 있는 모든 스레드를 추적하며, 전통적으로는 **실행 큐**(run queue)라고 하는 각 우선순위별 큐를 통해 관리합니다.[Bach 86] 최신 커널에서는 CPU별로 이러한 큐를 구현하거나, 큐 외의 다른 데이터 구조를 사용하여 스레드를 추적하기도 합니다. 실행을 원하는 스레드 수가 사용 가능한 CPU보다 많을 경우, 우선순위가 낮은 스레드는 자신의 차례를 기다려야 합니다. 대부분의 커널 스레드는 사용자 수준의 프로세스보다 더 높은 우선순위로 실행됩니다.

스케줄러는 특정 워크로드의 성능을 향상시키기 위해 프로세스 우선순위를 상황에 따라 조정할 수도 있습니다. 워크로드는 다음과 같이 분류하기도 합니다.

- CPU 중심(CPU-bound): 과학적 계산이나 수학적 분석처럼 많은 계산을 수행하는 애플리케이션으로, 보통 몇 초에서 며칠 이상까지 긴 실행 시간을 가질 수 있습니다. 이러한 워크로드는 CPU 자원에 의해 실행 속도가 좌우됩니다.
- I/O 중심(I/O-bound): 웹 서버나 파일 서버, 대화형 셸과 같이 계산보다는 I/O 작업이 주를 이루는 애플리케이션으로, 낮은 응답 시간이 중요합니다. 이러한 워크로드는 부하가 커지면 저장 장치나 네트워크 I/O에 의해 처리 한계가 결정됩니다.

유닉스 이래로 스케줄러는 CPU 중심의 워크로드를 식별하여 우선순위를 낮추는 정책을 흔히 사용합니다. 이를 통해 I/O 중심의 워크로드(낮은 응답 시간이 중요함)가 더 빨리 실행될 수 있습니다. 이러한 정책은 최근 CPU에서 실행된 시간(계산 시간)과 경과된 실제 시간의 비율을 계산하여, 이 비율이 높은 프로세스의 우선순위를 낮추는 방식으로 구현됩니다.[Thompson 78] 이 메커니즘은 주로 I/O 작업을 수행하는 짧은 실행 프로세스, 특히 사용자와 상호작용하는 프로세스에 우선권을 부여합니다.

최신 커널은 여러 **스케줄링 클래스**나 **스케줄링 정책**(리눅스)을 지원하며, 각 클래스는 우선순위와 실행 가능한 스레드를 관리하는 데 서로 다른 알고리즘을 사용합니다. 여기에는 실시간 스케줄링도 포함되며, 이는 중요하지 않은 작업(커널 스레드를 포함한)보다 더 높은 우선순위를 부여합니다. 또한 실시간 스케줄링은 선점(preemption) 기능을 함께 지원하여, 예측 가능하고 낮은 응답 시간이 필요한 실시간 시스템의 요구를 충족시킵니다. (선점에 대해서는 나중에 설명합니다.)

6장 "CPU"에서 커널 스케줄러와 스케줄링 알고리즘에 대해 더 자세히 다룹니다.

3.2.10 파일 시스템

파일 시스템은 데이터를 파일과 디렉터리로 구조화한 것입니다. 파일과 디렉터리에 접근하기 위해 보통 POSIX 표준을 기반으로 한 파일 기반 인터페이스를 사용합니다. 커널은 다양한 파일 시스템을 지원하며, 동일한 파일 시스템을 여러 개 사용할 수 있습니다. 파일 시스템을 제공하는 것은 운영 체제의 중요한 역할 중 하나로, 한때는 운영 체제의 가장 중요한 역할로 여겨지기도 했습니다.[Ritchie 74]

운영 체제는 전역 파일 네임스페이스(namespace)를 제공하는데, 이는 루트('/')에서 시작하는 트리 구조로 되어있습니다. 파일 시스템은 **마운트(mount)**라는 과정을 통해 자신의 트리 구조를 특정 디렉터리(마운트 포인트)에 연결함으로써 이 트리 구조에 합쳐집니다. 이를 통해 사용자는 파일 시스템 유형과 관계없이 일관된 방식으로 파일을 투명하게 다룰 수 있습니다

일반적인 운영 체제의 파일 계층 구조는 그림 3.13과 같이 구성될 수 있습니다.

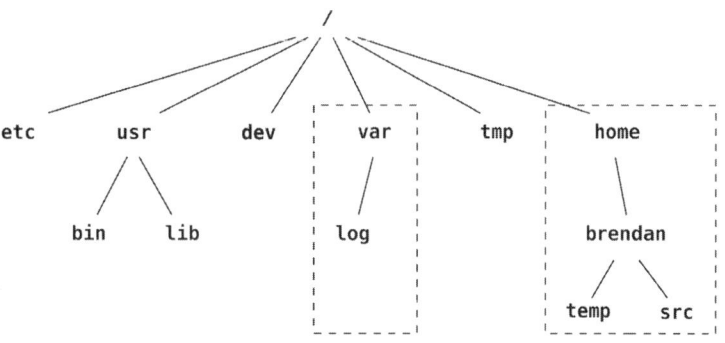

그림 3.13 운영 체제의 파일 계층 구조

최상위 디렉터리에는 etc(시스템 설정 파일), usr(시스템 제공 사용자 프로그램 및 라이브러리), dev(장치 노드), var(시스템 로그와 같은 가변 파일), tmp(임시 파일), home(사용자 홈 디렉터리) 등이 있습니다. 앞의 그림에서 var와 home은 각각 별도의 파일 시스템 인스턴스와 저장 장치에 존재할 수 있지만, 파일 트리의 다른 구성 요소들과 동일한 방식으로 접근할 수 있습니다.

대부분의 파일 시스템 유형은 저장 장치(디스크)를 사용하여 데이터를 저장합니다. 그러나 /proc 및 /dev 같은 몇 가지 파일 시스템은 커널에 의해 동적으로 생성됩니다.

커널은 프로세스를 파일 네임스페이스의 특정 부분으로 격리할 수 있는 여러

방법을 제공합니다. 예를 들어 chroot(8), 리눅스의 마운트 네임스페이스(mount namespaces) 등이 있으며, 이는 주로 컨테이너에서 사용됩니다(11장 "클라우드 컴퓨팅" 참조).

VFS

가상 파일 시스템(Virtual file system, VFS)은 파일 시스템 유형을 추상화하기 위한 커널 인터페이스로, 원래 썬 마이크로시스템즈가 유닉스 파일 시스템(Unix file system, UFS)과 네트워크 파일 시스템(NFS)이 쉽게 공존할 수 있도록 개발한 것입니다. VFS의 역할은 그림 3.14에 나와 있습니다.

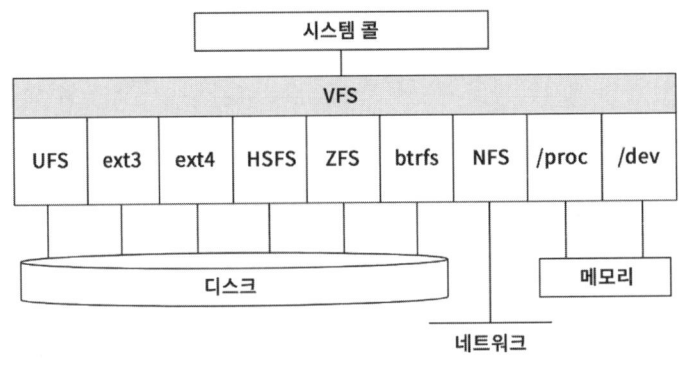

그림 3.14 가상 파일 시스템

VFS 인터페이스 덕분에 새로운 파일 시스템 유형을 커널에 추가하는 것이 쉽습니다. 또한 앞에서 설명한 것과 같이 VFS는 전역 파일 네임스페이스를 제공해서 사용자 프로그램과 애플리케이션이 파일 시스템 유형에 관계없이 일관된 방식으로 접근할 수 있게 해줍니다.

I/O 스택

저장 장치 기반의 파일 시스템 환경에서, 사용자 수준 소프트웨어부터 저장 장치에 이르는 경로를 I/O 스택이라 합니다. 이는 앞에서 보여드린 전체 소프트웨어 스택의 일부입니다. 그림 3.15는 일반적인 I/O 스택을 보여줍니다.

그림 3.15는 파일 시스템을 우회하여 블록 장치로 직접 접근하는 경로도 보여줍니다. 이 경로는 관리 도구나 데이터베이스에서 가끔 사용되곤 합니다.

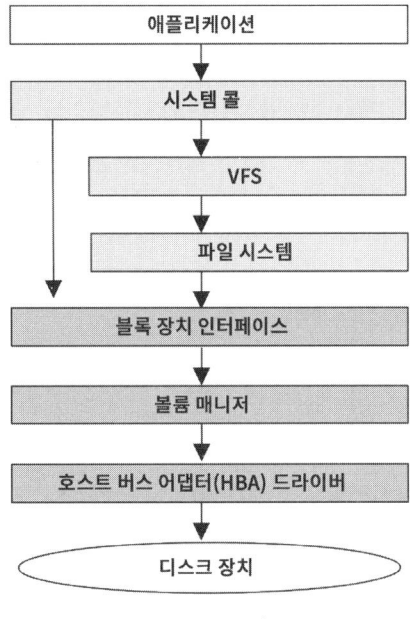

그림 3.15 일반적인 I/O 스택

파일 시스템과 성능에 대한 자세한 내용은 8장 "파일 시스템"에서 다루고, 파일 시스템의 기반이 되는 저장 장치에 대해서는 9장 "디스크"에서 다룹니다.

3.2.11 캐싱

과거부터 디스크 I/O는 지연시간이 높았기 때문에, 소프트웨어 스택의 여러 계층에서는 이러한 지연을 피하기 위해 읽기를 캐시하고 쓰기를 버퍼링하는 방법을 사용해 왔습니다. 캐시의 종류는 표 3.2에 나열되어 있습니다.

표 3.2 디스크 I/O에 대한 캐시 레이어의 예

	캐시	예시
1	클라이언트 캐시	웹 브라우저 캐시
2	애플리케이션 캐시	—
3	웹 서버 캐시	아파치(Apache) 캐시
4	캐시 서버	memcached
5	데이터베이스 캐시	MySQL 버퍼 캐시
6	디렉터리 캐시	dcache
7	파일 메타데이터 캐시	inode 캐시

(다음 쪽에 이어짐)

8	운영 체제 버퍼 캐시	버퍼 캐시
9	파일 시스템 1차 캐시	페이지 캐시, ZFS ARC
10	파일 시스템 2차 캐시	ZFS L2ARC
11	장치 캐시	ZFS vdev
12	블록 캐시	버퍼 캐시
13	디스크 컨트롤러 캐시	RAID 카드 캐시
14	저장 어레이 캐시	—
15	디스크상 캐시	—

예를 들어, 버퍼 캐시는 최근에 사용된 디스크 블록을 저장하는 메인 메모리의 영역입니다. 요청한 블록이 캐시에 있는 경우, 디스크 I/O로 인한 높은 지연시간을 피하고 즉시 해당 데이터를 제공할 수 있습니다.

사용되는 캐시의 종류는 시스템과 환경에 따라 다를 수 있습니다.

3.2.12 네트워킹

현대 커널은 내장된 네트워크 프로토콜 스택을 제공하여 시스템이 네트워크를 통해 통신하고 분산 시스템 환경에 참여할 수 있게 합니다. 이 스택을 **네트워킹 스택**(networking stack) 또는 주로 사용되는 TCP와 IP 프로토콜에서 이름을 따서 **TCP/IP 스택**(TCP/IP stack)이라고 합니다. 사용자 수준 애플리케이션은 **소켓**(socket)이라고 하는 프로그래밍 가능한 종단점을 통해 네트워크에 접근합니다.

네트워크에 연결되는 물리적 장치는 네트워크 인터페이스로, 보통 **네트워크 인터페이스 카드**(network interface card, NIC)에 의해 제공됩니다. 과거에는 시스템 관리자가 네트워크 인터페이스에 IP 주소를 수동으로 할당하여 네트워크와 통신할 수 있게 하는 것이 중요한 임무였습니다. 하지만 현재는 DHCP(Dynamic Host Configuration Protocol, 동적 호스트 설정 프로토콜)을 통해 이러한 매핑이 자동으로 이루어집니다.

네트워크 프로토콜은 자주 변경되지 않지만, 최근에는 새로운 전송 프로토콜인 QUIC가 널리 채택되고 있습니다(10장 "네트워크"에 다룹니다). TCP 옵션이나 TCP 혼잡 제어 알고리즘과 같은 프로토콜의 옵션 변경이나 성능 향상은 더 자주 발생할 수 있으며, 이러한 경우 대개 커널의 지원이 필요합니다(사용자 공간 프로토콜 구현은 예외). 또한 새로운 네트워크 인터페이스 카드(NIC)를 지원하려면, 커널에 새로운 장치 드라이버가 필요할 수 있습니다.

네트워킹이나 네트워크 성능에 대해서는 10장 "네트워크"에서 자세히 다룹니다.

3.2.13 장치 드라이버

커널은 다양한 물리적 장치와 서로 대화할 수 있어야 하며, 이런 대화는 **장치 드라이버**(device drivers)를 통해 이루어집니다. 장치 드라이버는 장치를 관리하고 장치에 대한 I/O를 수행하는 커널 소프트웨어입니다. 장치 드라이버는 보통 하드웨어 장치를 개발한 벤더에서 제공하며, 일부 커널은 시스템을 재시작하지 않고 드라이버를 로드하거나 언로드할 수 있는 **플러그인 방식의 장치 드라이버**(pluggable device driver)를 지원합니다.

장치 드라이버는 **문자**(character) **장치** 및 **블록**(block) **장치** 인터페이스를 제공합니다. 문자 장치(raw device라고도 함)는 버퍼링 없이 순차적으로 I/O를 수행하며, I/O 크기는 최소 한 문자 단위로 처리할 수 있으며, 이는 장치에 따라 달라집니다. 이러한 장치로는 키보드나 시리얼 포트(초기 유닉스의 종이 테이프, 라인 프린터 포함)가 있습니다.

블록 장치는 블록 단위(전통적으로 512바이트)로 I/O를 수행하며, 블록 오프셋을 기반으로 임의 접근이 가능합니다(오프셋 0은 블록 장치의 시작 지점을 의미합니다). 초기 유닉스에서는 블록 장치 인터페이스도 성능을 향상시키기 위해 블록 장치 버퍼에 대한 캐시를 제공했습니다. 이때 메인 메모리의 일부를 캐시에 사용했으며, 이를 버퍼 캐시라 불렀습니다. 리눅스에서는 이 버퍼 캐시가 페이지 캐시의 일부로 통합되었습니다.

3.2.14 멀티프로세서

멀티프로세서 지원을 통해 운영 체제는 여러 CPU를 사용하여 작업을 병렬로 처리할 수 있습니다. 보통은 모든 CPU를 동등하게 취급하는 SMP(symmetric multiprocessing, **대칭형 멀티 프로세싱**) 방식으로 구현됩니다. 그러나 병렬로 실행되는 스레드들이 메모리와 CPU 자원을 접근하고 공유하는 과정에서 발생하는 문제들 때문에 기술적으로 어려운 작업입니다. 또한, NUMA(non-uniform memory access, **불균형 메모리 접근**) 아키텍처가 적용된 멀티프로세서 시스템에서는 성능 최적화에 추가적인 어려움이 발생합니다. NUMA 구조에서는 프로세서가 가까운 메모리에 더 빠르게 접근할 수 있지만, 먼 메모리에는 지연이 발생할 수 있습니다. 이 주제에 대한 더 자세한 내용은 6장 "CPU"에서 스케줄링과 스레드 동기화를 포함해 더 자세히 다루고, 7장 "메모리"에서 메모리 액세스와 아키텍처에 대해 자세히 설명하겠습니다.

IPI

멀티프로세서 시스템에서는 CPU 간 조율이 필요한 경우가 종종 있습니다. 예를 들어 캐시된 메모리 변환 엔트리가 더 이상 유효하지 않게 되면, 다른 CPU들에게 이를 알려 캐시 일관성을 유지해야 합니다. 이러한 작업을 수행하기 위해 한 CPU가 다른 CPU나 모든 CPU에게 즉시 작업을 수행하도록 요청하는 것을 IPI(Inter-Processor Interrupt, 프로세서 간 인터럽트)라고 합니다(SMP 호출 또는 CPU 교차 호출(CPU across call)이라고도 합니다). 이러한 IPI는 가능한 한 빠르게 실행되도록 설계되어 다른 스레드에 대한 방해를 최소화합니다.

IPI는 선점(preemption)에도 사용될 수 있습니다.

3.2.15 선점

커널 선점 지원을 통해 우선순위가 높은 사용자 수준 스레드가 커널을 인터럽트하고 실행을 점유할 수 있습니다. 이를 통해 항공기와 의료 장비와 같은 엄격한 응답 시간이 요구되는 실시간 시스템의 구현이 가능합니다. 선점을 지원하는 커널은 **완전 선점형**(fully preemptible) 커널이라 불리지만, 실제로는 여전히 선점이 불가능한 소규모의 임계 코드 경로가 있기 마련입니다.

리눅스에서 지원하는 또 다른 방식은 **자발적 커널 선점**(voluntary kernel preemption)입니다. 이 방식은 커널 코드 내에 미리 정의된 논리적인 중단 지점에서 선점 여부를 검사하고 필요할 경우 수행하는 방식입니다. 이를 통해 완전 선점형 커널의 복잡성을 줄이면서도 일반적인 워크로드에 대해 낮은 지연시간으로 선점을 제공할 수 있습니다. 자발적 커널 선점은 리눅스에서 보통 CONFIG_PREEMPT_VOLUNTARY Kconfig 옵션을 통해 활성화할 수 있습니다. 또한 모든 커널 코드(중요한 임계 구역 제외)를 선점 가능하게 하는 CONFIG_PREEMPT와 선점을 비활성화하여 스루풋을 증가시키는 CONFIG_PREEMPT_NONE 옵션도 있습니다. 후자는 지연시간이 늘어나는 단점이 있습니다.

3.2.16 자원 관리

운영 체제는 CPU, 메모리, 디스크, 네트워크 등의 시스템 자원에 대한 접근을 미세하게 조정할 수 있는 다양한 설정을 제공합니다. 이러한 설정을 **리소스 제어**(resource controls)라고 하며, 이를 통해 여러 애플리케이션의 실행이나 클라우드 컴퓨팅 환경에서 여러 테넌트의 성능을 관리하는 데 활용할 수 있습니다. 이러한 제어는 프로세스(또는 프로세스 그룹)별로 자원 사용을 고정된 한도 내로 제한하거나, 좀 더 유연한 방식으로 접근해 가용 자원을 여러 프로세스나 프로세스 그룹이 공유할 수 있도록 합니다.

초기의 유닉스 및 BSD에서는 프로세스별로 기본적인 리소스 제어가 가능했습니다. 예를 들어 nice(1)로 CPU 우선순위를 조정하거나 ulimit(1)으로 일부 자원의 최대 사용량을 제한할 수 있었습니다.

리눅스에서는 cgroups(control groups, 컨트롤 그룹)이 개발되어 2.6.24(2008) 버전에 통합되었으며, 이후 다양한 추가 제어 기능들이 도입되어 왔습니다. 이러한 내용은 커널 소스의 Documentation/cgroups에 문서화되어 있습니다. 또한, 리눅스 4.5(2016)에서는 더 개선된 통합 계층 구조인 **cgroup v2**가 도입되었으며, 이 역시 Documentation/admin-guide/cgroup-v2.rst에 문서화되어 있습니다.

각각의 자원 제어에 대해서는 이후 여러 장에서 자세히 다루겠습니다. 예를 들어 11장 "클라우드 컴퓨팅"에서는 OS 가상화된 테넌트의 성능을 관리하는 방법에 대해서 설명합니다.

3.2.17 관측가능성 도구

운영 체제는 커널, 라이브러리, 프로그램으로 구성됩니다. 이들 프로그램에는 시스템 활동을 관찰하고 성능을 분석하기 위한 도구들이 포함되며, 주로 /usr/bin과 /usr/sbin에 설치됩니다. 또한, 서드 파티 도구를 추가로 설치하여 관측가능성을 확장할 수 있습니다.

관측가능성 도구와 각 도구가 만들어진 바탕이 되는 운영 체세 구성 요소에 내해서는 4장에서 설명합니다.

3.3 커널

이번 절에서는 성능에 중점을 두고 유닉스 계열 커널의 구현 세부사항을 논의합니다. 배경지식으로 유닉스, BSD 그리고 솔라리스(Solaris) 같은 초기 커널들의 성능 특성에 대해 설명할 것입니다. 리눅스 커널에 대해서는 3.4절 "리눅스"에서 좀 더 상세히 논의하겠습니다.

커널 간의 차이점에는 지원하는 파일 시스템(8장 "파일 시스템" 참고), 시스템 콜(syscall) 인터페이스, 네트워크 스택 아키텍처, 실시간 지원 여부, 그리고 CPU, 디스크 I/O, 네트워킹에 대한 스케줄링 알고리즘 등이 포함될 수 있습니다.

표 3.3에서 리눅스와 다른 커널 버전 간의 시스템 콜 개수를 비교했습니다. 이는 운영 체제 매뉴얼 페이지의 2번 섹션에 있는 항목 수를 기준으로 만들었는데, 대략적인 비교지만 서로 간의 차이를 확인할 수 있습니다.

표 3.3 커널 버전별 문서화된 시스템 콜 개수

커널 버전	시스템 콜 개수
Unix Version 7	48
SUN OS (Solaris) 5.11	142
FreeBSD 12.0	222
Linux 2.6.32-21-server	408
Linux 2.6.32-220.el6.x86_64	427
Linux 3.2.6-3.fc16.x86_64	431
Linux 4.15.0-66-generic	480
Linux 5.3.0-1010-aws	493

이 표에서는 문서화된 시스템 콜만 비교했습니다. 실제로는 운영 체제 소프트웨어 내부에서 사용되는 시스템 콜도 많기 때문에 그 차이는 더욱 클 수 있습니다.

> 유닉스는 처음에 20개의 시스템 콜만 있었습니다. 하지만 현재의 리눅스(유닉스의 직접적인 후계자)에는 천 개 정도의 시스템 콜이 있습니다. …… 저는 단지 각 요소의 크기가 커지고 복잡도가 늘어나는 것이 걱정스러울 뿐입니다.
>
> 켄 톰슨(Ken Thompson), ACM 튜링(Turing) 100주년 기념 강연, 2012년

리눅스는 복잡성이 점점 증가하고 있으며, 새로운 시스템 콜이나 다른 커널 인터페이스를 통해 그 복잡도를 사용자에게 노출하고 있습니다. 그렇게 증가한 복잡도로

인해 학습, 프로그래밍, 디버깅하는데 더 많은 시간이 소요되게 되었습니다.

3.3.1 유닉스

유닉스(Unix)는 켄 톰슨(Ken Thompson), 데니스 리치(Dennis Ritchie), 그리고 AT&T 벨 랩(Bell Labs)의 연구진이 1969년과 그 후 몇 년에 걸쳐 개발했습니다. 정확한 기원은 유닉스 시분할 시스템(UNIX Time-Sharing System)에 다음과 같이 설명되어 있습니다.[Ritchie 74]

> 첫 번째 버전은 우리 중 한 명(톰슨)이 작성했습니다. 톰슨은 기존 컴퓨터 시스템에 만족할 수 없었는데, 거의 사용되지 않는 PDP-7을 하나 발견했고, 좀 더 사용하기 편한 환경을 만들기 시작했습니다.

유닉스의 개발자들은 이전에 멀틱스(Multics, Multiplexed Information and Computer Services, 다중 정보 및 컴퓨터 서비스)라는 운영 체제에서 작업했습니다. 유닉스는 경량화된 멀티태스크 운영 체제와 커널로 개발되었으며, 원래의 이름은 멀틱스의 multi를 uni로 바꾼 말장난에서 비롯된 UNICS(UNiplexed Information and Computing Service, 단일 정보 및 컴퓨팅 서비스)였습니다. "UNIX 구현(UNIX Implementation)"에는 다음과 같이 쓰여 있습니다.[Thompson 78]

> 커널은 유닉스 코드에서 사용자가 자기 입맛대로 바꿀 수 없는 유일한 요소입니다. 이런 이유로 커널은 '무엇을 어떻게 처리할지' 같은 선택은 최대한 줄여야 합니다. 그렇다고 해서 같은 일을 하도록 수많은 옵션을 사용자에게 떠넘기라는 뜻은 아닙니다. 그보다는 특정 작업을 처리하는 한 가지 방법만을 제공하되, 그 방법이 여러 옵션 중에서 가장 단순하고 기본적인 요소만을 포함해야 한다는 의미입니다.

유닉스의 커널은 작았지만 높은 성능을 달성하기 위해 몇 가지 중요한 기능을 제공했습니다. 프로세스에 스케줄러 우선순위를 지정할 수 있어서, 우선순위가 높은 작업의 실행 지연을 줄일 수 있었습니다. 디스크 I/O는 효율성을 위해 큰(512바이트) 블록으로 수행되었으며, 메모리 내 장치별 버퍼 캐시를 사용해 디스크 데이터를 캐시할 수 있었습니다. 유휴 프로세스는 저장 장치로 스왑해 내보냄으로써 더 바쁜 프로세스들이 메인 메모리에서 계속 실행되게 할 수 있었습니다. 또한 시스템은 당

연히 멀티태스킹이 가능했기 때문에 여러 프로세스가 동시에 실행되어 작업 스루풋을 높일 수 있었습니다.

네트워킹, 다중 파일 시스템, 페이징과 같은 오늘날 표준으로 여겨지는 기능들을 지원하기 위해 커널은 점점 더 확장되었습니다. BSD, 썬OS(솔라리스), 그리고 나중에 등장한 리눅스 등 여러 파생 운영 체제들이 생겨나면서 커널의 성능 경쟁이 치열해졌고, 이로 인해 더 많은 기능과 코드가 추가되었습니다.

3.3.2 BSD

BSD(Berkeley Software Distribution, 버클리 소프트웨어 배포) 운영 체제는 UC 버클리에서 유닉스 6판의 개선 작업에서 시작해 1978년에 처음 배포되었습니다. 오리지널 유닉스 코드는 AT&T의 소프트웨어 라이선스가 필요했기 때문에, 1990년대 초반까지 이 유닉스 코드는 새로운 BSD 라이선스하에서 다시 작성되어 FreeBSD를 포함한 무료 배포판이 가능해졌습니다.

다음은 성능과 관련된 주요 BSD 커널 개발 내용입니다.

- 페이징된 가상 메모리(Paged virtual memory): BSD는 페이징된 가상 메모리를 유닉스에 도입했습니다. 메인 메모리를 비우기 위해 전체 프로세스를 스왑 아웃하는 대신, 더 작은 LRU(least-recently-used, 가장 오랫동안 사용되지 않은) 메모리 조각을 페이징할 수 있습니다. 7.2.2절 "페이징"을 참고하세요.
- 요구 페이징(Demand paging): 물리적 메모리가 가상 메모리에 매핑되는 시점을 실제로 메모리에 쓰기를 시작하는 시점으로 미뤄, 사용되지 않을 페이지들에 대한 초기 성능 및 메모리 비용을 피할 수 있습니다. BSD가 요구 페이징을 유닉스로 도입했습니다. 7.2.2절 "페이징"을 참고하세요.
- FFS: 버클리 고속 파일 시스템(Berkeley Fast File System)은 디스크 할당을 실린더 그룹으로 묶어 단편화(fragmentation)를 크게 줄이고 회전 디스크에서의 성능을 향상시켰으며, 더 큰 디스크와 기타 개선사항도 지원합니다. FFS는 UFS를 포함한 많은 파일 시스템의 기초가 되었습니다. 8.4.5절 "파일 시스템 유형"을 참고하세요.
- TCP/IP 네트워크 스택: BSD는 유닉스를 위한 첫 고성능 TCP/IP 네트워크 스택을 개발했으며, 4.2BSD(1983)에 포함되었습니다. BSD의 네트워크 스택은 여전히 성능이 좋다고 알려져 있습니다.

- 소켓: 버클리 소켓은 연결 엔드포인트를 위한 API로, 4.2BSD에 포함되었으며 네트워킹의 표준이 되었습니다. 10장 "네트워크"를 참고하세요.
- Jails: 경량 OS 수준 가상화로 여러 게스트가 하나의 커널을 공유할 수 있게 해줍니다. Jail은 FreeBSD 4.0에서 처음 발표되었습니다.
- 커널 TLS: 전송 계층 보안(transport layer security)은 현재 인터넷에서 흔히 사용되며, 커널 TLS은 TLS 처리의 상당 부분을 커널로 이동시켜 성능을 향상시킵니다.[16][Stewart 15]

리눅스만큼 인기 있지는 않지만 BSD는 넷플릭스의 CDN(content delivery network, 콘텐츠 전송 네트워크)이나, NetApp, Isilon 등의 파일 서버 같이 성능이 중요한 환경에서 사용됩니다. 넷플릭스는 2019년 CDN에서 FreeBSD의 성능에 대해 다음과 같이 설명했습니다.[Looney 19]

> "FreeBSD와 상용 부품을 사용해서, 16코어 2.6GHz CPU에서 55% 이하의 CPU 사용률로 TLS-암호화 연결에서 90Gb/s를 달성했습니다."

FreeBSD의 내부 구조에 대한 훌륭한 참고 자료로는 에디슨웨슬리(Addison-Wesley Professional) 출판사에서 출간한 *The Design and Implementation of the FreeBSD Operating System*, 2nd Edition[McKusick 15]이 있습니다.

3.3.3 솔라리스

솔라리스(Solaris)는 유닉스 및 BSD에서 파생된 커널 및 운영 체제로, 썬 마이크로시스템즈가 1982년에 만들었습니다. 원래 이름은 썬OS(SunOS)로, 썬 워크스테이션에 최적화되어 개발되었습니다. 1980년대 말에 AT&T는 새로운 유닉스 표준인 유닉스 시스템 V 릴리스 4(Unix System V Release 4, SVR4)를 개발했으며, 이는 SVR3, 썬OS, BSD 그리고 제닉스(Xenix)의 기술을 기반으로 개발되었습니다. 이에 따라 썬은 SVR4 기반의 새로운 커널을 만들고 운영 체제의 이름을 솔라리스로 재브랜딩했습니다.

솔라리스 커널 개발의 주요 특징 중 특히 성능과 관련된 내용은 다음과 같습니다.

---

16 넷플릭스 CDN에 사용되는 FreeBSD OCA(open connect appliances, 오픈 커넥트 어플라이언스)의 성능을 향상시키기 위해 개발되었습니다.

- VFS: 가상 파일 시스템(Virtual File System)은 여러 파일 시스템이 공존할 수 있도록 돕는 추상 인터페이스입니다. 썬은 처음에 NFS와 UFS를 함께 사용할 수 있도록 VFS를 만들었습니다. VFS는 8장 "파일 시스템"에서 다룹니다.
- 완전 선점형 커널: 실시간 작업과 같이 우선순위가 높은 작업에 대해 낮은 지연 시간을 보장할 수 있습니다.
- 멀티프로세서 지원: 1990년 초반, 썬은 대칭/비대칭 멀티 프로세싱(ASMP와 SMP)에 대한 커널 지원을 개발하며 멀티프로세서 운영 체제 지원에 많은 투자를 해왔습니다. [Mauro 01]
- 슬랩 할당자(Slab allocator): SVR4의 버디 할당자(buddy allocator)를 대체한 슬랩 메모리 할당자는 CPU별 캐시에 미리 할당된 버퍼를 두어 빠르게 재사용함으로써 메모리 할당 성능을 향상시킵니다. 이 할당자 유형은 리눅스를 비롯한 여러 커널에서 표준으로 자리잡았습니다.
- DTrace: 정적, 동적 트레이싱 프레임워크 및 도구로, 프로덕션 시스템에서 전체 소프트웨어 스택을 실시간으로 관찰할 수 있습니다. 리눅스에는 BPF와 bpftrace가 유사한 관측가능성을 제공합니다.
- 존(Zones): 운영 체제 기반 가상화 기술로, 동일한 호스트 커널을 공유하는 운영 체제 인스턴스를 여럿 만들 수 있게 해줍니다. 앞서 다룬 FreeBSD jail 기술과 유사합니다. OS 가상화는 현재 리눅스 컨테이너로 널리 사용되고 있습니다. 11장 "클라우드 컴퓨팅"을 참고하세요.
- ZFS: 엔터프라이즈 수준의 기능과 성능을 갖춘 파일 시스템입니다. 이제는 리눅스를 포함한 다른 운영 체제에서도 사용할 수 있습니다. 8장 "파일 시스템"을 참고하세요.

오라클(Oracle)은 2010년에 썬 마이크로시스템즈를 인수했으며, 솔라리스는 현재 오라클 솔라리스라고 불립니다. 솔라리스에 대한 자세한 내용은 이 책의 초판에서 다룹니다.

3.4 리눅스

리눅스는 인텔 개인용 컴퓨터를 위한 무료 운영 체제로 1991년 리누스 토르발스(Linus Torvalds)가 만들었습니다. 리누스는 USENET(뉴스그룹)에 다음과 같이 프로젝트를 공지했습니다.

저는 386(486) AT 복제 컴퓨터에서 사용할 (무료) 운영 체제를 만들고 있습니다 (이건 단순한 취미 프로젝트로, gnu처럼 크고 전문적인 프로젝트는 아닙니다). 4월부터 시작했으며, 이제 거의 준비가 되어갑니다. 미닉스에서 좋아하는 점이나 싫어하는 점에 대해 피드백을 주시면 감사하겠습니다. 왜냐하면 제 운영 체제가 미닉스를 꽤 닮았기 때문입니다(다른 것도 비슷하지만, 특히 (현실적인 이유로 인해) 파일 시스템의 물리적 구조가 같습니다).

여기서 언급된 미닉스(MINIX) 운영 체제는 소형 컴퓨터용으로 개발된 무료, 경량 유닉스 버전이었습니다. BSD 또한 무료 유닉스 버전을 제공할 의도가 있었지만, 당시에는 법률적인 문제를 해결하지 못한 상태였습니다.

리눅스 커널은 여러 다른 운영 체제에서 널리 쓰이던 일반적인 아이디어들을 바탕으로 만들어졌습니다.

- 유닉스(및 멀틱스): 운영 체제 계층 구조, 시스템 콜, 멀티태스킹, 프로세스, 프로세스 우선순위, 가상 메모리, 전역 파일 시스템, 파일 시스템 권한, 디바이스 노드, 버퍼 캐시
- BSD: 페이징 가상 메모리, 요구 페이징, FFS, TCP/IP, 네트워크 스택, 소켓
- 솔라리스: VFS, NFS, 페이지 캐시, 통합 페이지 캐시, 슬랩 할당자
- 플랜 9: 프로세스나 스레드(작업) 사이에서 자원 공유를 필요에 따라 조절할 수 있게 해주는 자원 포크(resource forks, rfork)

리눅스는 이제 서버, 클라우드 인스턴스, 스마트폰을 포함한 임베디드 장치에 이르기까지 폭넓게 사용되고 있습니다.

3.4.1 리눅스 커널 개발

리눅스 커널 개발에서 특히 성능과 관련된 중요한 항목들은 다음과 같습니다. 괄호 안의 숫자는 해당 기능이 처음 소개된 리눅스 커널 버전입니다.

- CPU 스케줄링 클래스: NUMA(불균일 메모리 접근) 환경에서 더 나은 선택을 가능하게 하는 스케줄링 도메인(scheduling domain, 2.6.7) 등 여러 고급 CPU 스케줄링 알고리즘이 개발되었습니다. (6장 "CPU" 참고)
- I/O 스케줄링 클래스: 다양한 블록 I/O 스케줄링 알고리즘이 개발되었는데, 그

중에는 deadline(마감, 2.5.39), anticipatory(예측, 2.5.75), CFQ(completely fair queueing, 완전 공정 큐, 2.6.6) 등이 있습니다. 다만 리눅스 5.0부터는 더 새로운 멀티 큐 I/O 스케줄러 만을 지원하기 위해 이러한 알고리즘들은 삭제되었습니다. (9장 "디스크" 참고)

- TCP 혼잡 제어 알고리즘: 리눅스는 다양한 TCP 혼잡 제어 알고리즘을 설정할 수 있으며, 리노(Reno), 큐빅(Cubic), DCTCP, BBR 등을 지원합니다. (10장 "네트워크" 참고)
- 오버커밋(Overcommit): OOM(out-of-memory, 메모리 부족) 킬러와 함께 사용되며, 더 적은 메모리로 더 많은 프로그램을 실행할 수 있게 해주는 전략입니다. (7장 "메모리" 참고).
- Futex(2.5.7): **빠른 사용자 공간 뮤텍스**(fast user-space mutex)의 약자로 사용자 영역에서 고성능 동기화 요소를 제공합니다.
- Huge page(2.5.36): 커널과 MMU가 커다란 메모리 페이지를 미리 할당해 사용할 수 있도록 지원합니다. (7장 "메모리" 참고)
- OProfile(2.5.43): CPU 사용 그리고 여타 이벤트를 조사하기 위한 시스템 프로파일러(프로파일링 도구)로, 커널과 애플리케이션 모두에 사용할 수 있습니다.
- RCU(2.5.43): 커널이 제공하는 읽기-복사-갱신(Read-Copy-Update) 동기화 메커니즘으로, 여러 읽기 연산이 갱신 연산과 동시에 일어날 수 있도록 하여, 읽기 작업이 많은 데이터의 성능과 확장성을 향상시킵니다.
- epoll(2.5.46): 여러 개의 열린 파일 디스크립터에서 발생하는 I/O 작업을 효율적으로 대기할 수 있게 해주는 시스템 콜입니다. 이를 통해 서버 애플리케이션의 성능을 개선할 수 있습니다.
- 모듈화된 I/O 스케줄링(2.6.10): 리눅스는 블록 장치 I/O 스케줄링 알고리즘을 플러그인 방식으로 제공하여 유연하게 사용할 수 있습니다. (9장 "디스크" 참고)
- DebugFS(2.6.11): 커널이 데이터를 사용자 영역에 노출하기 위해 사용하는 단순한 인터페이스로, 일부 성능 도구에서 활용됩니다.
- Cpusets(2.6.12): 특정 프로세스 그룹에 배타적으로 CPU를 할당합니다.
- 자발적 커널 선점(2.6.13): 완전 선점 방식의 복잡성을 피하면서도 지연시간이 적은 스케줄링 방식입니다.
- inotify(2.6.13): 파일 시스템 이벤트를 감시할 수 있는 프레임워크입니다.

- blktrace(2.6.17): 블록 I/O 이벤트를 트레이스할 수 있는 프레임워크와 도구입니다(나중에 tracepoint에 통합 되었습니다).
- splice(2.6.17): 파일 디스크립터와 파이프 사이에 사용자 공간을 거치지 않고 데이터를 빠르게 이동시킬 수 있는 시스템 콜입니다. (파일 디스크립터 간에 데이터를 효율적으로 이동시키는 sendfile(2) 시스템 콜이 현재는 splice(2) 함수를 감싸서 구현되었습니다.)
- 지연 어카운팅(delay accounting)(2.6.18): 태스크별 지연상태를 추적합니다. (4장 "관측가능성 도구" 참고)
- IO 어카운팅(2.6.20): 프로세스별로 여러 저장 장치 I/O 통계를 측정합니다.
- DynTicks(2.6.21): 동적 틱(dynamic tick)은 CPU가 유휴 상태일 때 커널 타이머 인터럽트(clock, 클럭)를 발생시키지 않게 해서(tickless, 틱 없음), CPU 리소스와 전력을 절약합니다.
- SLUB(2.6.22): 슬랩 메모리 할당자의 단순화된 새 버전입니다.
- CFS(2.6.23): 완전 공정 스케줄러(Completely Fair Scheduler)로, CPU 스케줄링 알고리즘의 하나입니다. (6장 "CPU" 참고)
- cgroups(2.6.24): 컨트롤 그룹(Control Groups)은 프로세스 그룹별로 자원 사용을 측정하고 제한할 수 있게 해줍니다.
- TCP LRO(2.6.24): TCP 대규모 수신 오프로드(Large Receive Offload, LRO)는 네트워크 드라이버와 하드웨어가 패킷들을 네트워크 스택으로 보내기 전에 더 큰 크기로 합칠 수 있게 해줍니다. 리눅스 패킷 송신 경로에서는 대규모 송신 오프로드(Large Send Offload, LSO)도 지원합니다.
- latencytop(2.6.25): 운영 체제의 지연시간 원인을 관찰하고 계측하기 위한 도구입니다.
- tracepoint(2.6.28): 커널 내 논리적 실행 지점에 위치한 정적 계측 지점(**정적 프로브**(static probe)라고도 부름)으로, 트레이싱 도구들이 이를 사용해 커널 동작을 분석할 수 있습니다(예전에는 **커널 마커**(kernel marker)라고도 했습니다). 트레이싱 도구는 4장 "관측가능성 도구"를 참고하세요.
- perf(2.6.31): 리눅스 성능 이벤트(Linux Performance Events, perf)는 성능 관찰을 위한 도구의 모음입니다. CPU 성능 카운터 프로파일링과 정적, 동적 트레이싱이 포함됩니다. (6장 "CPU" 참고)

- No BKL(2.6.37): 커널 내 잔존하던 빅 커널 락(big kernel lock, BKL)을 제거함으로써 성능 병목을 해결했습니다.
- Transparent Huge page(2.6.38): 메모리 기능인 huge page를 쉽게 사용할 수 있게 돕는 프레임워크입니다. (7장 "메모리" 참고)
- KVM: 커널 기반 가상 머신(Kernel-based Virtual Machine, KVM) 기술은 쿰라넷(Qumranet)이 리눅스용으로 개발한 기술입니다. 쿰라넷은 2008년 레드햇에 인수되었습니다. KVM을 통해 독립적인 커널을 실행하는 가상 운영 체제 인스턴스를 생성할 수 있습니다. (11장 "클라우드 컴퓨팅" 참고)
- BPF JIT(3.0): BPF 바이트코드(bytecode)를 네이티브 명령어(native instruction)로 컴파일하여 패킷 필터링 성능을 향상시키는 JIT(Just-In-Time) 컴파일러입니다.
- CFS 대역폭 관리(bandwidth control)(3.2): CPU 쿼터(quota)와 스로틀링(throttling)을 지원하는 CPU 스케줄링 알고리즘입니다.
- TCP anti-bufferbloat(3.3+): 버퍼링으로 인한 지연 문제를 해결하기 위해 다양한 개선 사항이 도입되었습니다. 여기에는 패킷 데이터 전송을 위한 Byte Queue Limits(BQL, 3.3), CoDel 큐 관리(3.5), TCP small queue(3.6), PIE(Proportional Integral Controller Enhanced) 패킷 스케줄러(3.14) 등이 있습니다.
- uprobe(3.5): 사용자 레벨 소프트웨어의 동적 트레이싱을 위한 인프라로, perf나 SystemTap 같은 도구가 사용합니다.
- TCP early retransmit(3.5): 빠른 재전송을 촉발하는 데 필요한 중복 ACK(Acknowledgment)를 줄이기 위한 것으로 RFC 5827 규격을 따릅니다.
- TFO(3.6, 3.7, 3.13): TCP 빠른 연결 설정(TCP Fast Open, TFO)은 TFO 쿠키를 이용해서 TCP 3방향 핸드 셰이크를 단일 SYN 패킷으로 줄여 성능을 향상시킵니다. 3.13부터 기본값으로 설정되었습니다.
- NUMA 밸런싱(3.8+): NUMA 시스템에서 커널이 메모리 위치들을 자동적으로 균형을 맞추도록 하여, CPU 인터커넥트(Interconnect) 트래픽을 감소시키고 성능을 향상시킵니다.
- SO_REUSEPORT(3.9): 소켓 옵션의 하나로, 동일한 포트에 여러 수신 소켓을 바인딩 할 수 있도록 해서 멀티스레드 확장성을 향상시킵니다.
- SSD 캐시 장치(3.9): SSD 장치를 느린 회전 디스크의 캐시로 사용할 수 있도록

- bcache(3.10): 블록 장치 인터페이스에서 SSD를 캐시로 사용하는 기술입니다.
- TCP TLP(3.10): TCP 종단 손실 탐지(Tail Loss Probe)는 패킷 손실이 발생했을 때 전송 지연을 줄이기 위해 빠르게 회복을 시작하는 방법입니다. 패킷 손실이 의심될 때 타이머 기반 재전송을 기다리는 대신 더 짧은 프로브 타임아웃(Probe Timeout, PTO) 후에 새로운 데이터나 마지막 ACK되지 않은 세그먼트를 전송해서 더 빠른 회복을 시도합니다.
- NO_HZ_FULL(3.10, 3.12): **타이머 없는 멀티태스킹(timerless multitasking)** 혹은 **틱없는 커널(tickless kernel)**이라고도 부르며, 클럭 틱이 없이도 스레드가 정상 동작하도록 하여 워크로드에 방해를 주지 않도록 합니다.[Corbet 13a]
- 멀티 큐 블록(Multiqueue block) I/O(3.13): 단일 요청 큐(request queue)가 아닌 CPU별 I/O 제출 큐(submission queues)를 지원해 확장성을 향상시킵니다. 특히 초당 입출력 처리량(IOPS)이 높은 SSD 장치에서 효과적입니다.[Corbet 13b]
- SCHED_DEADLINE(3.14): 최단 마감 우선(Earliest Deadline First, EDF) 스케줄링을 구현하는 추가적인 스케줄링 정책입니다.[Linux 20b]
- TCP autocorking(3.14): 커널이 작은 쓰기 작업들을 자동으로 묶어, 한 번에 전송해 패킷 수를 줄입니다. TCP_CORK setsockopt(2) 없이도 자동으로 작은 쓰기 작업을 합쳐서 보냅니다.
- MCS 락(lock)과 qspinlocks(3.15): CPU별 구조를 활용한 효율적인 커널 락으로, MCS는 락을 최초로 발명한 멜로-크러미(Mellor-Crummey)와 스캇(Scott)의 이름에서 따왔습니다.[Mellor-Crummey 91][Corbet 14]
- 확장 BPF(3.18+): 안전한(secure) 커널 모드 프로그램을 실행하기 위한 커널 내(in-kernel) 실행 환경입니다. 확장 BPF의 많은 부분이 4.x 계열에서 추가되었습니다. kprobe 이벤트에 대한 지원은 3.19에, tracepoint에 대한 것은 4.7에, 소프트웨어 및 하드웨어 이벤트에 대한 것은 4.9에, cgroups에 대한 것은 4.10에 추가되었습니다. 한계가 있는 루프(bounded loop)는 5.3에 추가되었는데, 복잡한 애플리케이션을 사용할 수 있도록 명령어 한계값을 늘렸습니다. 3.4.4절 "확장 BPF"를 참고하세요.
- Overlayfs(3.18): 기존 파일 시스템 위에 가상 파일 시스템을 생성하여 원본 파일을 수정하지 않고도 변경을 가능하게 하는 유니온 마운트 파일 시스템(union

mount file system)입니다. 컨테이너에서 자주 사용됩니다.

- DCTCP(3.18): 데이터 센터 TCP(Data Center TCP) 혼잡 제어 알고리즘은 높은 버스트 허용량(burst tolerance), 낮은 지연시간 그리고 높은 스루풋 제공을 목표로 합니다. [Borkmann 14a]
- DAX(4.0): 직접 액세스(Direct Access, DAX)는 사용자 공간이 비휘발성(persistent) 메모리 저장 장치에서 버퍼 오버헤드 없이 직접 데이터를 읽을 수 있도록 지원합니다. ext4 파일 시스템에서 DAX를 사용할 수 있습니다.
- 큐잉 스핀 락(Queued spinlocks)(4.2): 경합이 발생하는 상황에서 더 좋은 성능을 제공하며, 4.2에서 스핀 락 커널 구현의 기본값이 되었습니다.
- TCP 락리스 리스너(lockless listener)(4.4): TCP 수신 소켓의 커널 코드 경로 중 빠른 경로(fast path)의 경우 락을 사용하지 않아 성능이 향상됩니다.
- cgroup v2(4.5, 4.15): cgroups에 대한 통합된 계층 구조는 초기 커널부터 존재했으며, 4.5에서 안정화 된 기능으로 분류되어 cgroup v2라는 이름으로 공개되었습니다.[Heo 15] cgroup v2 CPU 컨트롤러는 4.15에서 추가되었습니다.
- epoll 확장성(4.5): 멀티스레드 확장성을 위해, epoll(7)은 이벤트마다 동일한 파일 디스크립터에서 대기 중인 모든 스레드를 깨우지 않도록 최적화되어, 여러 스레드가 동시에 깨어나 과부하를 일으키는 썬더링 허드(thundering herd) 문제를 해결합니다.[Corbet 15]
- KCM(4.6): 커널 연결 멀티플렉서(Kernel Connection Multiplexor, KCM)는 TCP를 통한 효율적인 메시지 기반 인터페이스를 제공합니다.
- TCP NV(4.8): 뉴 베가스(New Vegas, NV)는 10Gbps 이상의 높은 대역폭 네트워크에 적합한 TCP 혼잡 제어 알고리즘입니다.
- XDP(4.8, 4.18): XDP(eXpress Data Path, 고속 데이터 경로)는 고성능 네트워킹을 위한 BPF 기반의 프로그램 가능 경로입니다.[Herbert 16] 4.18에서는 네트워크 스택 대부분을 우회할 수 있는 AF_XDP 소켓 주소 계열이 추가되었습니다.
- TCP BBR(4.9): BBR(Bottleneck Bandwidth and RTT, 병목 대역폭 및 RTT)은 패킷 손실과 버퍼링 딜레이(bufferbloat)로 어려움을 겪는 네트워크에서 지연시간과 스루풋을 개선하는 TCP 혼잡 제어 알고리즘입니다.[Cardwell 16]
- 하드웨어 지연 트레이서(hardware latency tracer)(4.9): 하드웨어 및 펌웨어로 인해 발생하는 시스템 지연시간을 탐지할 수 있는 Ftrace 트레이서로, SMI(Sys-

tem Management Interrupts, 시스템 관리 인터럽트)도 탐지할 수 있습니다.
- perf c2c(4.10): 캐시 투 캐시(Cache-to-Cache, c2c) perf 하위 명령어는 CPU 캐시 성능 문제, 특히 거짓 공유(False Sharing)를 파악하는 데 도움을 줍니다.
- 인텔 CAT(4.10): 인텔 캐시 할당 기술(Intel Cache Allocation Technology, CAT)을 통해 작업에 전용 CPU 캐시 공간을 할당할 수 있습니다. 컨테이너 환경에서 이 기술을 사용하면 시끄러운 이웃 문제(noisy neighbor problem)를 줄일 수 있습니다.
- 멀티 큐 I/O 스케줄러(Multiqueue I/O schedulers): BFQ, Kyber(4.12): BFQ(Budget Fair Queueing, 예산 공정 큐) 멀티 큐 I/O 스케줄러는 특히 느린 저장 장치를 사용하는 대화형 애플리케이션의 I/O 지연시간을 줄여 성능을 향상시킵니다. BFQ는 5.2에서 크게 개선되었습니다. Kyber I/O 스케줄러는 빠른 멀티 큐 장치에서 최적의 성능을 발휘하도록 설계되었습니다.[Corbet 17]
- 커널 TLS(4.13, 4.17): 커널 TLS의 리눅스 버전입니다.[Edge 15]
- MSG_ZEROCOPY(4.14): 애플리케이션과 네트워크 인터페이스 간에 패킷 바이트의 추가 복사가 발생하지 않도록 하는 send(2) 플래그입니다.[Linux 20c]
- PCID(4.14): 프로세스 컨텍스트 ID(Process-Context ID, PCID)에 대한 지원으로, 컨텍스트 스위치 시 TLB 플러시를 피하는 데 도움을 주는 MMU 기능입니다. 이는 멜트다운 취약성을 완화하기 위한 커널 페이지 테이블 격리(Kernel Page Table Isolation, KPTI) 패치로 인한 성능 오버헤드를 줄여줍니다. 3.4.3절 "KPTI(멜트다운)"를 참고하세요.
- PSI(4.20, 5.2): PSI(Pressure stall information, 부하 스톨 정보)는 CPU, 메모리 또는 I/O에서 지연된 시간을 보여주는 새로운 지표 세트입니다. 5.2에는 PSI 모니터링을 지원하기 위해 PSI가 한계점에 도달하면 알려주는 기능(PSI threshold notification)이 추가되었습니다.
- TCP EDT(4.20): TCP 스택은 패킷 전송 시간 관리를 위해 일반적으로 타이머 큐를 사용했으나, 4.20에서 EDT(Early Departure Time, 조기 출발 시간)로 전환되었습니다. 이는 패킷 전송을 위해 타이밍 휠 스케줄러(timing-wheel scheduler)를 사용하며, 더 나은 CPU 효율성과 더 작은 큐를 제공합니다.[Jacobson 18]
- 멀티 큐 I/O(Multi-queue I/O)(5.0): 5.0에서는 멀티 큐 블록 I/O 스케줄러가 기본값이 되었으며 기존의 클래식 스케줄러들은 삭제되었습니다.

- UDP GRO(5.0): UDP Generic Receive Offload(GRO, 범용 수신 오프로드)는 드라이버와 네트워크 카드가 패킷을 집계하여 상위 스택으로 전달할 수 있게 함으로써 성능을 향상시킵니다.
- io_uring(5.1): 공유 링 버퍼를 사용하여 애플리케이션과 커널 간의 빠른 통신을 가능하게 하는 범용 비동기 인터페이스입니다. 주로 빠른 디스크와 네트워크 I/O에 사용합니다.
- MADV_COLD, MADV_PAGEOUT(5.4): 이 madvise(2) 플래그는 메모리가 필요하지만 당장은 사용하지 않겠다는 힌트를 커널에 제공합니다. MADV_PAGEOUT은 메모리를 즉시 회수할 수 있다는 힌트도 제공합니다. 이 플래그들은 특히 메모리가 제한된 임베디드 리눅스 장치에서 유용합니다.
- 다중 경로(MultiPath) TCP(5.6): 단일 TCP 연결의 성능과 신뢰성을 향상시키기 위해 여러 네트워크 링크(예: 3G와 WiFi)를 사용할 수 있습니다.
- 부팅 시간 트레이싱(Boot-time tracing)(5.6): Ftrace가 초기 부팅 프로세스를 트레이싱할 수 있습니다. (후반부 부팅 프로세스 정보는 systemd를 통해 확인할 수 있습니다. 3.4.2절 "systemd"를 참고하세요.)
- 과열 부하(Thermal pressure)(5.7): 스케줄러가 열 스로틀링을 고려하여 더 나은 작업 배치를 결정합니다.
- perf 플레임 그래프(5.8): perf(1)은 플레임 그래프 시각화를 지원합니다.

락킹, 드라이버, VFS, 파일 시스템, 비동기 I/O, 메모리 할당, NUMA, 새로운 프로세서 명령어 지원, GPU 및 성능 도구 perf(1)과 Ftrace와 관련된 작은 성능 향상도 많이 있지만, 여기서는 다루지 않았습니다. systemd의 도입으로 시스템 부팅 시간도 개선되었습니다.

이어지는 절에서는 리눅스에서 성능 관련 세 가지 중요한 주제인 systemd, KPTI 그리고 확장 BPF에 대해 더 자세히 다룹니다.

3.4.2 systemd

systemd는 리눅스에서 널리 사용되는 서비스 관리자로, 원래 유닉스 init 시스템을 대체하기 위해 개발되었습니다. systemd는 종속성을 고려한 서비스 시작과 서비스 시간 통계를 제공하는 등의 여러 기능을 갖추고 있습니다.

시스템 성능 최적화 작업 중 하나는 시스템의 부팅 시간을 줄이는 것입니다. systemd의 시간 통계를 통해 어떤 부분을 조정해야 할지 확인할 수 있습니다. 전체 부팅 시간은 systemd-analyze(1)을 사용하여 다음과 같이 확인할 수 있습니다.

```
# systemd-analyze
Startup finished in 1.657s (kernel) + 10.272s (userspace) = 11.930s
graphical.target reached after 9.663s in userspace
```

이 출력은 시스템이 9.663초 만에 부팅되었음을 보여줍니다(이 경우, graphical.target에 도달했습니다). 더 많은 정보는 critical-chain 하위 명령을 사용하여 확인할 수 있습니다.

```
# systemd-analyze critical-chain
The time when unit became active or started is printed after the "@" character.
The time the unit took to start is printed after the "+" character.

graphical.target @9.663s
└─multi-user.target @9.661s
  └─snapd.seeded.service @9.062s +62ms
    └─basic.target @6.336s
      └─sockets.target @6.334s
        └─snapd.socket @6.316s +16ms
          └─sysinit.target @6.281s
            └─cloud-init.service @5.361s +905ms
              └─systemd-networkd-wait-online.service @3.498s +1.860s
                └─ystemd-networkd.service @3.254s +235ms
                  └─etwork-pre.target @3.251s
                    └─cloud-init-local.service @2.107s +1.141s
                      └─systemd-remount-fs.service @391ms +81ms
                        └─sstemd-journald.socket @387ms
                          └─system.slice @366ms
                            └─.slice @366ms
```

이 출력은 지연시간을 유발하는 단계(이 경우에는 서비스)들의 순서(critical path)를 보여줍니다. 가장 느린 서비스는 systemd-networkd-wait-online.service였으며, 시작하는데 1.86초가 소요되었습니다.

또 다른 유용한 하위 명령어로는 blame이 있는데, 이는 초기화 과정에서 가장 오래 걸린 항목들을 표시해줍니다. plot 하위 명령어는 SVG 다이어그램을 생성합니다. 자세한 정보는 systemd-analyze(1) 매뉴얼 페이지를 참고하세요.

3.4.3 KPTI (멜트다운)

2018년 리눅스 4.14에 추가된 커널 페이지 테이블 격리(kernel page table isolation, KPTI) 패치는 인텔 프로세서의 '멜트다운(Meltdown)' 취약성을 경감시키기 위한 것입니다. 이전 리눅스 커널 버전에서는 비슷한 목적의 KAISER 패치가 있었으며, 다른 커널들 역시 유사한 경감 대책을 채택했습니다. 이러한 경감 대책들은 보안 문제를 해결하긴 하지만, 시스템 콜 및 컨텍스트 스위치 시 추가적인 CPU 사이클과 TLB 플러싱(flushing)을 발생시켜 프로세서 성능 저하를 가져옵니다. 이를 보완하기 위해 리눅스는 같은 릴리스에서 프로세스 컨텍스트 ID(PCID) 지원을 추가했는데, PCID를 지원하는 프로세서에서 일부 TLB 플러싱을 피할 수 있도록 합니다.

필자는 넷플릭스 클라우드 프로덕션 워크로드에서 KPTI의 성능 영향을 평가해 보았는데, 시스템 콜 발생 비율(속도)에 따라 성능 저하가 0.1%에서 6% 사이인 것으로 나타났습니다(시스템 콜이 더 자주 발생할수록 성능 저하가 더 큽니다).[Gregg 18a] 이러한 비용은 추가적인 튜닝을 통해 더욱 줄일 수 있습니다. 예를 들어, Huge Page를 사용해 TLB 플러시를 더 빠르게 복구할 수 있고, 시스템 콜의 발생률을 줄이기 위해 트레이싱 도구를 사용하여 호출되는 시스템 콜을 분석할 수 있습니다. 이러한 트레이싱 도구들 중 다수는 확장 BPF(Extended BPF)를 사용하여 구현되었습니다.

3.4.4 확장 BPF(Extended BPF)

BPF는 버클리 패킷 필터(Berkeley Packet Filter)를 의미하며, 1992년에 패킷 캡처 도구의 성능을 향상시키기 위해 개발된 기술입니다.[McCanne 92] 2013년에 알렉세이 스타로보이토프(Alexei Starovoitov)는 BPF를 대대적으로 다시 작성할 것을 제안했는데[Starovoitov 13], 이후 대니얼 보크먼(Daniel Borkmann)과 함께 이를 발전시켜 2014년 리눅스 커널에 포함시켰습니다.[Borkmann 14b] 이를 통해 BPF는 네트워킹, 관측가능성, 보안 등 다양한 용도로 사용될 수 있는 범용 실행 엔진으로 변모했습니다.

BPF 자체는 유연하고 효율적인 기술로, 명령어 세트, 저장 객체(맵), 헬퍼 함수로 구성됩니다. BPF는 자체의 가상 명령어 세트 스펙을 가지고 있어 가상 머신으로 간주되기도 합니다. BPF 프로그램은 커널 모드에서 실행되며 (앞서 그림 3.2에 표시된 것처럼) 소켓 이벤트, tracepoint, USDT probe, kprobe, uprobe, perf_events 같은 이벤트에 따라 실행되도록 설정됩니다. 이러한 구성 요소는 그림 3.16에 나와 있습니다.

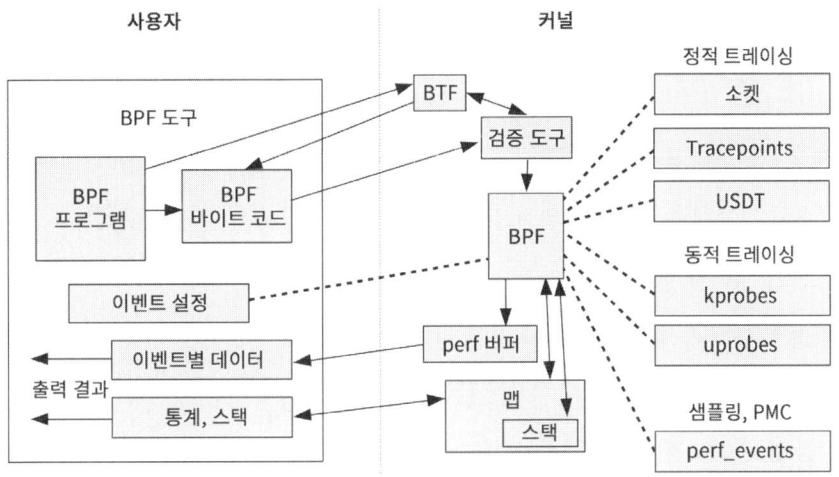

그림 3.16 BPF 컴포넌트

BPF 바이트코드는 먼저 안전을 확인하는 검증 도구(verifier)를 통과해야만 하는데, 이는 BPF 프로그램이 커널에 충돌을 일으키거나 오류를 발생시키지 않도록 보장합니다. 또한 BPF 프로그램은 데이터 유형과 구조를 이해하기 위해 BPF 유형 포맷(BPF Type Format, BTF) 시스템을 사용할 수 있습니다. BPF 프로그램은 이벤트별 데이터를 내보내는 효율적인 방법인 perf 링 버퍼를 통해 데이터를 출력하거나, 통계 수집에 적합한 맵을 통해 데이터를 출력할 수 있습니다.

BPF는 시스템 성능 분석에서 매우 중요한 역할을 합니다. 이는 기존의 커널 이벤트 소스(tracepoint, kprobe, uprobe, perf_events)를 프로그래밍 가능하게 하여 새로운 세대의 효율적이고 안전한 트레이싱 도구를 지원합니다. 예를 들어, BPF 프로그램은 I/O의 시작과 끝을 타임스탬프를 기록하여 지속 시간을 측정하고 이를 맞춤형 히스토그램으로 출력할 수 있습니다. 이 책에는 BCC와 bpftrace 프론트엔드를 사용하는 다양한 BPF 기반 프로그램이 포함되어 있습니다. 이 프론트엔드들에 대해서는 15장에서 다룹니다.

3.5 기타 주제

커널과 운영 체제와 관련하여 간략히 정리할 만한 주제들로는 PGO 커널, 유니커널(Unikernels), 마이크로 커널(microkernels), 하이브리드 커널(hybrid kernels) 그리고 분산 운영 체제가 있습니다.

3.5.1 PGO 커널

프로파일 기반 최적화(Profile-guided optimization, PGO), 또는 피드백 지향 최적화(feedback-directed optimization, FDO)라고도 부르는 이 기술은 CPU 프로파일 정보를 사용하여 컴파일러의 성능 최적화 결정을 개선하는 방법입니다.[Yuan 14a] PGO는 커널 빌드에도 적용될 수 있으며 절차는 다음과 같습니다.

1. 프로덕션 환경에서 CPU 프로파일을 수집합니다.
2. 해당 CPU 프로파일을 기반으로 커널을 다시 컴파일 합니다.
3. 새로 컴파일한 커널을 프로덕션 환경에 배포합니다.

이를 통해 특정 워크로드에 맞춰 성능이 향상된 커널을 만들 수 있습니다. JVM 같은 런타임은 이러한 작업을 자동으로 수행하며, JIT(Just-in-Time) 컴파일과 연계해 런타임 성능을 바탕으로 자바 메서드를 다시 컴파일합니다. 반면, PGO 커널을 만드는 과정은 수동 작업이 필요합니다.

관련된 컴파일 최적화에는 링크 시간 최적화(Link-time optimization, LTO)가 있습니다. LTO는 전체 바이너리를 한 번에 컴파일하여 전체 프로그램을 아우르는 최적화를 가능하게 합니다. 마이크로소프트 윈도 커널은 LTO와 PGO를 여러 부분에서 적극적으로 사용하며, PGO를 통해 5~20%의 성능 향상을 달성했습니다.[Bearman 20] 구글 역시 LTO와 PGO 커널을 사용해 성능을 향상시키고 있습니다.[Tolvanen 20]

GCC와 Clang 컴파일러, 그리고 리눅스 커널 모두 PGO를 지원합니다. 커널 PGO는 보통 특별한 계측 기능을 가진 커널을 실행해 프로파일 데이터를 수집합니다. 구글에서는 이러한 특수 커널 없이도 프로파일 데이터를 수집할 수 있는 AutoFDO 도구를 배포했는데, AutoFDO는 일반 커널에서 perf(1)를 사용해 프로파일을 수집한 후, 이를 컴파일러가 사용할 수 있는 형식으로 변환합니다.[Google 20a]

최근 PGO 또는 AutoFDO를 사용한 리눅스 커널 빌드와 관련된 문서로는 2020년 리눅스 플럼버 컨퍼런스(Linux Plumber's Conference)에서 마이크로소프트[Bearman 20]와 구글[Tolvanen 20]이 발표한 두 가지 발표 자료가 있습니다.[17]

---

17 이 외에도 리눅스 3.13을 대상으로 2014년에 작성된 문서가 있었지만, 최신 커널에서는 채택하기 어려웠습니다.[Yuan 14b]

3.5.2 유니커널

유니커널(Unikernels)은 커널, 라이브러리, 애플리케이션 소프트웨어를 하나로 결합한 단일 애플리케이션 머신 이미지로, 일반적으로 하드웨어 VM이나 베어메탈(bare metal)상의 단일 주소 공간에서 실행됩니다. 이렇게 하면 성능 및 보안 면에서 잠재적인 이점이 있는데, 더 적은 명령어 텍스트로 인해 CPU 캐시 히트율이 높아지고, 보안 취약점이 줄어듭니다. 그러나 문제점도 있는데 SSH, 셸, 혹은 시스템에 로그인해서 디버그할 수 있는 성능 도구가 없으며, 이러한 도구들을 추가할 어떤 방법도 없을 수 있다는 점입니다.

프로덕션 환경에서 유니커널의 성능을 튜닝하려면 새로운 성능 도구와 지표를 개발해야 합니다. 개념 증명의 일환으로 필자는 Xen dom0에서 domU 유니커널 게스트를 프로파일링하고 CPU 플레임 그래프를 생성하는 기본적인 CPU 프로파일러를 만들었던 적이 있습니다.[Gregg 16a]

유니커널의 예로 MirageOS가 있습니다.[MirageOS 20]

3.5.3 마이크로 커널 및 하이브리드 커널

이 장의 대부분에서는 유닉스와 유사한 모놀리식 커널(monolithic kernels)에 대해 설명하였습니다. 모놀리식 커널에서는 장치 관리 코드를 포함한 모든 코드가 하나의 큰 커널 프로그램으로 실행됩니다. 반면, **마이크로 커널**(microkernel) 모델에서는 커널 소프트웨어를 최소화합니다. 마이크로 커널은 메모리 관리, 스레드 관리, 프로세스 간 통신(inter-process communication, IPC) 등 필수 기능만 지원합니다. 파일 시스템, 네트워크 스택, 드라이버 등은 사용자 모드 소프트웨어로 구현되어 쉽게 수정하고 교체할 수 있습니다. 예를 들어 데이터베이스나 웹 서버뿐만 아니라 네트워크 스택도 선택할 수 있습니다. 마이크로 커널은 드라이버 충돌이 전체 커널 충돌로 이어지지 않기 때문에 더 높은 결함 허용성(fault-tolerant)을 제공합니다. QNX와 Minix 3가 마이크로 커널의 예입니다.

마이크로 커널의 단점은 I/O 및 기타 기능을 수행할 때 별도의 IPC 단계가 필요해 성능이 저하될 수 있다는 점입니다. 이를 해결하기 위한 **하이브리드 커널**(hybrid kernels)은 마이크로 커널과 모놀리식 커널의 장점을 결합한 것입니다. 하이브리드 커널은 성능에 중요한 서비스들을 다시 커널 공간으로 이동시켜 IPC 대신 직접적인 함수 호출을 사용함으로써, 모놀리식 커널처럼 동작하면서도 마이크로 커널의 모듈화된 설계와 결함 허용성은 유지합니다. 대표적인 하이브리드 커널로는 Windows NT 커널과 Plan 9 커널이 있습니다.

3.5.4 분산 운영 체제

분산 운영 체제는 네트워크로 연결된 여러 독립적인 컴퓨터 노드에서 논리적으로 하나의 운영 체제 인스턴스를 구성해 실행합니다. 각 노드에는 일반적으로 마이크로 커널이 사용됩니다. 벨 연구소(Bell Labs)에서 만든 플랜 9(Plan 9)와 인페르노 (Inferno) 운영 체제는 대표적인 분산 운영 체제의 예입니다.

이 모델은 혁신적인 설계였지만, 널리 사용되지는 않았습니다. 플랜 9와 인페르노의 공동 제작자인 롭 파이크(Rob Pike)는 여러 가지 이유를 설명하면서 [Pike 00] 에서 다음과 같이 언급했습니다.

> "1970년대 말과 1980년대 초반에 유닉스가 운영 체제 연구를 죽였다는 주장이 있었는데, 이유는 아무도 다른 것을 시도하지 않았기 때문입니다. 필자는 당시 그 말을 믿지 않았습니다. 지금은 그 주장이 못마땅하지만 사실일 수도 있다고 받아들이고 있습니다(마이크로소프트도 그러하죠)."

오늘날 클라우드에서 컴퓨트 노드(compute nodes)를 스케일링하는 일반적인 모델은 동일한 OS 인스턴스 그룹 전체에 부하를 분산(load-balance)하는 식인데, 이 모델에서는 부하에 따라 인스턴스 수가 확장될 수 있습니다. 자세한 내용은 11.1.3절 "수용량 계획"을 참고하세요.

3.6 커널 비교

어느 커널이 가장 빠를까요? 이는 운영 체제 설정과 워크로드 그리고 커널의 관여도에 따라 달라질 것입니다. 일반적으로 필자가 예상하기로는 리눅스가 기타 커널들을 성능에서 훨씬 앞설 터인데, 이는 성능 향상을 위한 다방면의 광범위한 작업, 애플리케이션 및 드라이버 지원, 그리고 아주 널리 사용되고 있는 점과 성능 이슈들을 발견해서 보고하는 거대한 커뮤니티 때문일 것입니다. 1993년부터 세계에서 가장 빠른 슈퍼컴퓨터 500대를 선정해 발표하는 TOP500 리스트에 따르면, 2017년에는 최상위 500개의 슈퍼컴퓨터가 모두 리눅스를 사용하게 되었습니다.[TOP500 17]

몇몇 예외가 있기는 한데, 예를 들어 넷플릭스는 클라우드에서 리눅스를, CDN에서는 FreeBSD를 사용합니다.[18]

커널 성능은 보통 마이크로 벤치마크(micro-benchmark)로 비교되는데, 이는 실수를 범하기 쉽습니다. 가령 특정 시스템 콜을 대상으로 한 벤치마크에서 어떤 커널이 훨씬 빠르다고 하더라도, 해당 시스템 콜이 실제 워크로드에서 사용되지 않을 수도 있습니다. 커널 성능을 정확하게 비교하는 것은 시니어 성능 엔지니어의 업무로, 몇 주가 걸릴 수 있습니다. 자세한 방법론은 12.3.2절 "능동적 벤치마킹(Active Benchmarking)"을 참고하세요.

이 책의 초판에서 필자는 이 절의 결론으로, 리눅스에는 완성도가 높은 동적 트레이싱 도구가 없어서 큰 성능 향상을 놓칠 수 있다는 점을 지적했습니다. 초판이 나온 이후 필자는 리눅스 성능 엔지니어로 일하며, 확장 BPF 기반의 BCC와 bpftrace 등 리눅스에 없던 동적 트레이서를 개발했습니다. 자세한 내용은 15장과 필자의 이전 책을 참고하세요.[Gregg 19]

3.4.1절 "리눅스 커널 개발"에는 이 책의 초판과 이번 판 사이, 즉 커널 버전 3.1과 5.8 사이에 발생한 수많은 리눅스 성능 관련 개발 내용들이 정리되어 있습니다. 주요 개발 사항 중 앞서 정리되지 않은 내용이 OpenZFS인데, OpenZFS는 현재 리눅스를 주요 커널로 지원하며 높은 성능과 다양한 파일 시스템 옵션을 제공합니다.

그러나 이러한 리눅스 발전은 복잡성을 동반합니다. 리눅스에는 매우 많은 성능 기능과 튜닝 파라미터들이 있어 워크로드마다 이를 설정하고 튜닝하는 것이 어려워졌습니다. 필자는 튜닝되지 않은 상태로 운영되는 배포 사례도 많이 보았습니다. 커널 성능을 비교할 일이 있다면 각 커널이 튜닝되었는지 여부를 항상 확인하세요. 이 책의 후반부 장과 각 장의 튜닝 관련 절이 이 문제를 개선하는 데 도움이 되리라 생각합니다.

---

[18] 넷플릭스의 CDN 워크로드에서는 FreeBSD가 더 높은 성능을 발휘하는데, 특히 넷플릭스 OCA 팀이 만든 커널 개선 사항 덕분입니다. 이러한 성능은 주기적으로 테스트되며, 가장 최근인 2019년에는 리눅스 5.0과 FreeBSD를 프로덕션 환경에서 비교한 테스트가 있었고, 필자는 해당 분석 작업을 도왔습니다.

3.7 연습 문제

1. 다음 운영 체제 용어에 관한 질문에 답하시오.
   - 프로세스, 스레드, 태스크의 차이점은 무엇입니까?
   - 모드 스위치와 컨텍스트 스위치의 차이점은 무엇입니까?
   - 페이징과 프로세스 스와핑의 차이점은 무엇입니까?
   - I/O 중심 워크로드와 CPU 중심 워크로드의 차이점은 무엇입니까?

2. 다음 개념에 대한 질문에 답하시오.
   - 커널의 역할에 대해 설명하시오.
   - 시스템 콜의 역할에 대해 설명하시오.
   - VFS의 역할과 I/O 스택에서 VFS가 어떤 위치에 있는지 설명하시오.

3. 다음 심화 질문에 답하세요.
   - 스레드가 CPU를 떠나는 이유에 어떤 것이 있는지 나열하시오.
   - 가상 메모리와 요구 페이징의 장점에 대해 설명하시오.

3.8 참고 자료

[Graham 68] Graham, B., "Protection in an Information Processing Utility," *Communications of the ACM*, May 1968.

[Ritchie 74] Ritchie, D. M., and Thompson, K., "The UNIX Time-Sharing System," *Communications of the ACM 17*, no. 7, pp. 365-75, July 1974.

[Thompson 78] Thompson, K., *UNIX Implementation*, Bell Laboratories, 1978.

[Bach 86] Bach, M. J., *The Design of the UNIX Operating System*, Prentice Hall, 1986.

[Mellor-Crummey 91] Mellor-Crummey, J. M., and Scott, M., "Algorithms for Scalable Synchronization on Shared-Memory Multiprocessors," *ACM Transactions on Computing Systems*, Vol. 9, No. 1, *https://www.cs.rochester.edu/u/scott/papers/1991_TOCS_synch.pdf*, 1991.

[McCanne 92] McCanne, S., and Jacobson, V., "The BSD Packet Filter: A New Architecture for User-Level Packet Capture", *USENIX Winter Conference*, 1993.

[Mills 94] Mills, D., "RFC 1589: A Kernel Model for Precision Timekeeping," *Network Working Group*, 1994.

[Lever 00] Lever, C., Eriksen, M. A., and Molloy, S. P., "An Analysis of the TUX Web Server," *CITI Technical Report 00-8*, *http://www.citi.umich.edu/techreports/reports/citi-tr-00-8.pdf*, 2000.

[Pike 00] Pike, R., "Systems Software Research Is Irrelevant," *http://doc.cat-v.org/bell_labs/utah2000/utah2000.pdf*, 2000.

[Mauro 01] Mauro, J., and McDougall, R., *Solaris Internals: Core Kernel Architecture*, Prentice Hall, 2001.

[Bovet 05] Bovet, D., and Cesati, M., *Understanding the Linux Kernel*, 3rd Edition, O'Reilly, 2005. (번역서는《리눅스 커널의 이해》박장수 옮김, 한빛미디어, 2003)

[Corbet 05] Corbet, J., Rubini, A., and Kroah-Hartman, G., *Linux Device Drivers*, 3rd Edition, O'Reilly, 2005. (번역서는《리눅스 디바이스 드라이버》이해영 박재호 옮김, 한빛미디어, 2005)

[Corbet 13a] Corbet, J., "Is the whole system idle?" LWN.net, *https://lwn.net/Articles/558284*, 2013.

[Corbet 13b] Corbet, J., "The multiqueue block layer," LWN.net, *https://lwn.net/Articles/552904*, 2013.

[Starovoitov 13] Starovoitov, A., "[PATCH net-next] extended BPF," Linux kernel mailing list, *https://lkml.org/lkml/2013/9/30/627*, 2013.

[Borkmann 14a] Borkmann, D., "net: tcp: add DCTCP congestion control algorithm," *https://git.kernel.org/pub/scm/linux/kernel/git/torvalds/linux.git/commit/ ?id=e3118e8359bb7c59555aca-60c725106e6d78c5ce*, 2014.

[Borkmann 14b] Borkmann, D., "[PATCH net-next 1/9] net: filter: add jited flag to indicate jit compiled filters," netdev mailing list, *https://lore.kernel.org/netdev/1395404418-25376-1git-send-email-dborkman@redhat.com*/T, 2014.

[Corbet 14] Corbet, J., "MCS locks and qspinlocks," LWN.net, *https://lwn.net/Articles/590243*, 2014.

[Drysdale 14] Drysdale, D., "Anatomy of a system call, part 2," LWN.net, *https://lwn.net/Articles/604515*, 2014.

[Yuan 14a] Yuan, P., Guo, Y., and Chen, X., "Experiences in Profile-Guided Operating System Kernel Optimization," *APSys*, 2014.

[Yuan 14b] Yuan P., Guo, Y., and Chen, X., "Profile-Guided Operating System Kernel Optimization," *http://coolypf.com*, 2014.

[Corbet 15] Corbet, J., "Epoll evolving," LWN.net, *https://lwn.net/Articles/633422*, 2015.

[Edge 15] Edge, J., "TLS in the kernel," LWN.net, *https://lwn.net/Articles/666509*, 2015.

[Heo 15] Heo, T., "Control Group v2," Linux documentation, *https://www.kernel.org/doc/Documentation/cgroup-v2.txt*, 2015.

[McKusick 15] McKusick, M. K., Neville-Neil, G. V., and Watson, R. N. M., *The Design and Implementation of the FreeBSD Operating System*, 2nd Edition, Addison-Wesley, 2015.

[Stewart 15] Stewart, R., Gurney, J. M., and Long, S., "Optimizing TLS for High-Bandwidth Applicationsin FreeBSD," *AsiaBSDCon, https://people.freebsd.org/~rrs/asiabsd_2015_tls.pdf*, 2015.

[Cardwell 16] Cardwell, N., Cheng, Y., Stephen Gunn, C., Hassas Yeganeh, S., and Jacobson, V., "BBR: Congestion-Based Congestion Control," ACM queue, *https://queue.acm.org/detail.cfm?id=3022184*, 2016.

[Gregg 16a] Gregg, B., "Unikernel Profiling: Flame Graphs from dom0," *http://www.brendangregg.com/blog/2016-01-27/unikernel-profiling-from-dom0.html*, 2016.

[Herbert 16] Herbert, T., and Starovoitov, A., "eXpress Data Path (XDP): Programmable and High Performance Networking Data Path," *https://github.com/iovisor/bpf-docs/raw/master/Express_Data_Path.pdf*, 2016.

[Corbet 17] Corbet, J., "Two new block I/O schedulers for 4.12," LWN.net, *https://lwn.net/Articles/720675*, 2017.

[TOP500 17] TOP500, "List Statistics," *https://www.top500.org/statistics/list*, 2017.

[Gregg 18a] Gregg, B., "KPTI/KAISER Meltdown Initial Performance Regressions," *http://www.brendangregg.com/blog/2018-02-09/kpti-kaiser-meltdown-performance.html*, 2018.

[Jacobson 18] Jacobson, V., "Evolving from AFAP: Teaching NICs about Time," netdev 0x12, *https://netdevconf.info/0x12/session.html?evolving-from-afap-teaching-nics-about-time*, 2018.

[Gregg 19] Gregg, B., *BPF Performance Tools: Linux System and Application Observability*, Addison-Wesley, 2019. (번역서는 《BPF 성능 분석 도구: BPF 트레이싱을 통한 리눅스 시스템 관측가능성과 성능 향상》 이호연 옮김, 인사이트, 2021)

[Looney 19] Looney, J., "Netflix and FreeBSD: Using Open Source to Deliver Streaming Video," FOSDEM, *https://papers.freebsd.org/2019/fosdem/looney-netflix_and_freebsd*, 2019.

[Bearman 20] Bearman, I., "Exploring Profile Guided Optimization of the Linux Kernel," Linux Plumber's Conference, *https://linuxplumbersconf.org/event/7/contributions/771*, 2020.

[Google 20a] Google, "AutoFDO," *https://github.com/google/autofdo*, accessed 2020.

[Linux 20a] "NO_HZ: Reducing Scheduling-Clock Ticks," Linux documentation, *https://www.kernel.org/doc/html/latest/timers/no_hz.html*, accessed 2020.

[Linux 20b] "Deadline Task Scheduling," Linux documentation, *https://www.kernel.org/doc/Documentation/scheduler/sched-deadline.rst*, accessed 2020.

[Linux 20c] "MSG_ZEROCOPY," Linux documentation, *https://www.kernel.org/doc/html/latest/networking/msg_zerocopy.html*, accessed 2020.

[Linux 20d] "Softlockup Detector and Hardlockup Detector (aka nmi_watchdog)," Linux documentation, *https://www.kernel.org/doc/html/latest/admin-guide/lockup-watchdogs.html*, accessed 2020.

[MirageOS 20] MirageOS, "Mirage OS," *https://mirage.io*, accessed 2020.

[Owens 20] Owens, K., et al., "4. Kernel Stacks," Linux documentation, *https://www.kernel.org/doc/html/latest/x86/kernel-stacks.html*, accessed 2020.

[Tolvanen 20] Tolvanen, S., Wendling, B., and Desaulniers, N., "LTO, PGO, and AutoFDO in the Kernel," Linux Plumber's Conference, *https://linuxplumbersconf.org/event/7/contributions/798*, 2020.

3.8.1 추가 자료

운영 체제와 커널은 흥미롭고 방대한 주제입니다. 이번 장에서는 필수적인 내용만 간략히 다루었습니다. 이 장에서 언급된 자료들 외에도, 다음 자료들은 리눅스 기반 운영 체제를 포함한 다양한 운영 체제에 적용될 수 있는 훌륭한 참고 자료들입니다.

[Goodheart 94] Goodheart, B., and Cox J., *The Magic Garden Explained: The Internals of UNIX System V Release 4*, an Open Systems Design, Prentice Hall, 1994.

[Vahalia 96] Vahalia, U., *UNIX Internals: The New Frontiers*, Prentice Hall, 1996.

[Singh 06] Singh, A., *Mac OS X Internals: A Systems Approach*, Addison-Wesley, 2006.

[McDougall 06b] McDougall, R., and Mauro, J., *Solaris Internals: Solaris 10 and OpenSolaris Kernel Architecture*, Prentice Hall, 2006.

[Love 10] Love, R., *Linux Kernel Development*, 3rd Edition, Addison-Wesley, 2010. (번역서는 《리눅스 커널 심층 분석》 황중동 옮김, 에이콘, 2012)

[Tanenbaum 14] Tanenbaum, A., and Bos, H., *Modern Operating Systems*, 4th Edition, Pearson, 2014.

[Yosifovich 17] Yosifovich, P., Ionescu, A., Russinovich, M. E., and Solomon, D. A., *Windows Internals, Part 1 (Developer Reference)*, 7th Edition, Microsoft Press, 2017.

4장

관측가능성 도구

운영 체제는 역사적으로 시스템 소프트웨어와 하드웨어 구성 요소를 관찰하기 위한 다양한 도구를 제공해 왔습니다. 처음 접하는 사람에게는 이렇게 도구가 많으니 뭐든지(아니면 적어도 중요한 것은 모두 다) 관찰할 수 있을 것처럼 보입니다. 하지만 실제로는 많은 부분에서 공백이 있었고, 시스템 성능 전문가들은 간접적인 도구와 통계를 이용해 시스템의 동작을 추측하고 해석해야 했습니다. 예를 들어, 네트워크는 패킷 하나하나까지 분석할 수 있었지만(네트워크 스니핑), 디스크 I/O는 그 정도로 세밀하게 들여다보기가 어려웠습니다.

리눅스에서는 동적 트레이싱 도구의 출현으로 관측가능성이 크게 발전했는데, BPF 기반의 BCC와 bpftrace가 그러한 도구입니다. 어둠 속에 감추어져 있던 부분이 이제는 밝혀졌는데, biosnoop(8)과 같은 도구를 통해 디스크 I/O 하나하나까지도 세밀하게 관찰할 수 있게 되었습니다. 그렇지만 여전히 많은 회사들과 상용 모니터링 제품들은 시스템 트레이싱을 도입하지 않고 있으며, 이로 인해 얻을 수 있는 인사이트를 놓치고 있습니다. 필자는 새로운 트레이싱 도구들이나 이미 넷플릭스와 페이스북(Facebook) 같은 회사에서 사용하고 있는 도구들을 개발하고, 공개하고, 설명하는 데 앞장서 왔습니다.

이번 장에서는 다음의 내용을 알아봅니다.

- 정적 성능 도구 및 비상 도구에 대해 알아보기.
- 카운터, 프로파일링 그리고 트레이싱과 같은 도구들의 유형과 오버헤드에 대해 이해하기

- /proc, /sys, tracepoint, kprobe, uprobe, USDT 그리고 PMC와 같은 관측가능성 소스를 통해 학습하기
- 통계 저장을 위한 sar(1) 설정 방법 학습하기

1장에서는 카운터, 프로파일링, 트레이싱과 같은 다양한 관측 도구와 정적 및 동적 계측에 대해 간략하게 소개했습니다. 이번 장에서는 이러한 관측가능성 도구와 데이터 소스에 대해 자세히 설명하는데, 여기에는 시스템 활동 리포터(system activity reporter) sar(1)에 대한 설명이 포함되어 있습니다. 그리고 트레이싱 도구들도 소개합니다. 이 내용은 리눅스 시스템의 관측가능성을 이해하는 데 필수적인 기초 지식이 될 것입니다. 이어지는 6장에서 11장까지는 이 도구들과 관측 소스를 활용하여 특정 문제를 해결하는 방법을 다루고, 13장에서 15장까지는 트레이싱 도구들을 심도 있게 설명합니다.

이번 장에서는 우분투 리눅스 배포판을 예로 사용하지만, 다른 리눅스 배포판에서도 대부분의 도구는 동일하게 작동합니다. 또한, 이러한 성능 분석 도구 중 일부는 처음 유닉스에서 개발되었으며, 유사한 기능을 하는 도구들이 다른 운영 체제나 커널에도 존재합니다.

4.1 도구 적용 범위

그림 4.1은 필자가 제작한 운영 체제 다이어그램으로 각각의 구성 요소와 관련된 리눅스 워크로드 관측가능성 도구[1]들을 표시해 놓았습니다.

이들 도구 대부분은 CPU, 메모리, 디스크와 같은 특정 자원에 초점이 맞춰져 있으며, 각각의 자원에 대한 세부 내용은 이후 장들에서 다룹니다. 여러 영역을 분석할 수 있는 다목적 도구들도 몇 가지 있는데, 이 장의 후반부에서 소개되는 perf, Ftrace, BCC, bpftrace가 이에 해당합니다.

---

[1] 2000년대 중반에 성능에 대해 가르치는 수업에서 필자만의 커널 다이어그램을 칠판에 그리고 거기에 여러 가지 성능 도구와 그것들이 뭘 관측하는지 이름을 붙여 놓고 설명하곤 했는데, 이러한 방식이 도구들의 적용 범위를 이해하는 데 매우 효과적이라는 것을 알게 되었고, 이후 디지털 버전도 제작해 발표했습니다. 이 다이어그램들은 전 세계적으로 널리 사용되고 있으며, 필자의 웹사이트에서 다운로드할 수 있습니다. [Gregg 20a]

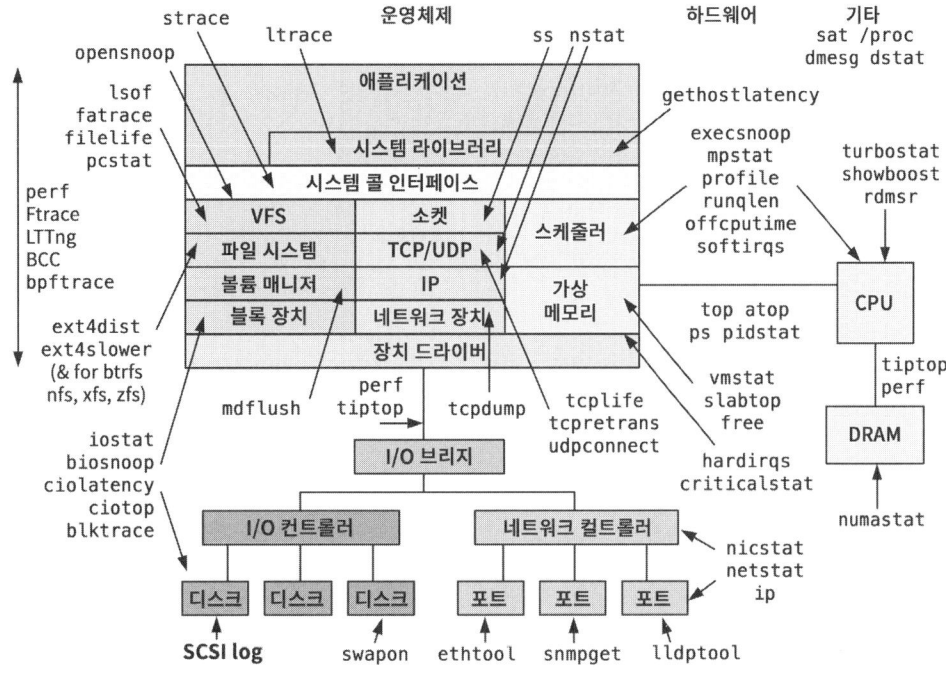

그림 4.1 리눅스 워크로드 관측가능성 도구

4.1.1 정적 성능 분석 도구

앞서 언급한 워크로드 관측 도구 외에도 다른 유형의 도구가 있습니다. 이는 작업 부하로 인해 활성화된 상태가 아닌 휴면 상태일 때의 속성을 검사하는 정적 성능 분석 도구입니다. 이는 2장 "방법론"의 2.5.17절 "정적 성능 튜닝"에서 **정적 성능 튜닝 방법론**에서 설명했으므로, 이러한 도구들을 그림 4.2에서 보여주고 있습니다.

설정과 구성 요소 관련 이슈를 확인할 때는 그림 4.2에 있는 도구들을 사용할 수 있음을 기억하세요. 때로는 단순히 설정을 잘못해 성능 문제가 생길 수도 있습니다.

4.1.2 비상 도구

프로덕션 환경에서 성능 문제가 발생해 디버그를 위해 여러 성능 도구가 필요할 때, 해당 도구들이 설치되지 않았음을 발견할 수도 있습니다. 더 나쁘게는, 서버에 성능 문제가 발생하면 도구를 설치하는데 평소보다 시간이 더 오래 걸려 비상 상황이 늘어진다는 것입니다.

— Systems

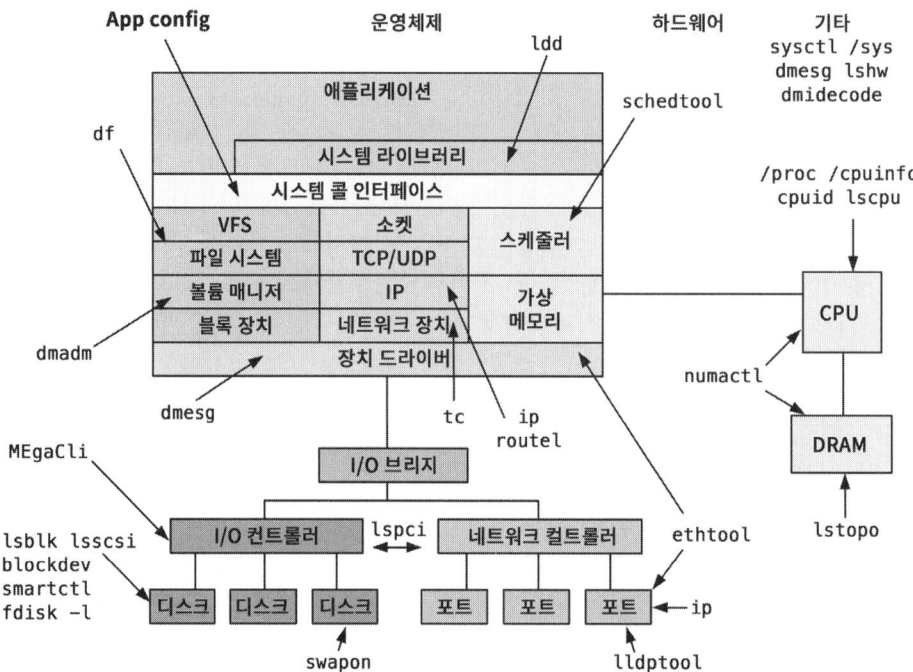

그림 4.2 리눅스 정적 성능 튜닝 도구

표 4.1은 리눅스에서 추천하는 설치 패키지와 비상 도구(crisis tools)를 제공하는 소스 저장소를 보여줍니다. 이 표에는 Ubuntu/Debian용 패키지 이름이 나와 있으며, 다른 리눅스 배포판에서는 이름이 다를 수 있습니다.

표 4.1 리눅스 비상 도구 패키지

패키지	제공하는 도구
procps	ps(1), vmstat(8), uptime(1), top(1)
util-linux	dmesg(1), lsblk(1), lscpu(1)
sysstat	iostat(1), mpstat(1), pidstat(1), sar(1)
iproute2	ip(8), ss(8), nstat(8), tc(8)
numactl	numastat(8)
linux-tools-common linux-tools-$(uname -r)	perf(1), turbostat(8)
bcc-tools (aka bpfcc-tools)	opensnoop(8), execsnoop(8), runqlat(8), runqlen(8), softirqs(8), hardirqs(8), ext4slower(8), ext4dist(8), biotop(8), biosnoop(8), biolatency(8), tcptop(8), tcplife(8), trace(8), argdist(8), funccount(8), stackcount(8), profile(8), and many more
bpftrace	Bpftrace 그리고 opensnoop(8), execsnoop(8), runqlat(8), runqlen(8), biosnoop(8), biolatency(8)의 기본 버전 등

perf-tools-unstable	opensnoop(8), execsnoop(8), iolatency(8), iosnoop(8), bitesize(8), funccount(8), kprobe(8) 의 ftrace 버전
trace-cmd	trace-cmd(1)
nicstat	nicstat(1)
ethtool	ethtool(8)
tiptop	tiptop(1)
msr-tools	rdmsr(8), wrmsr(8)
github.com/brendangregg/ msr-cloud-tools	showboost(8), cpuhot(8), cputemp(8)
github.com/brendangregg/ pmc-cloud-tools	pmcarch(8), cpucache(8), icache(8), tlbstat(8), resstalls(8)

넷플릭스 같은 대기업에는 운영 체제와 성능을 전담하는 팀이 있어, 프로덕션 시스템에 필요한 모든 패키지가 설치되어 있는지 확인합니다. 기본 리눅스 배포판에는 procps와 util-linux 정도만 기본으로 설치되어 있으므로, 나머지 패키지는 모두 추가로 설치해야 합니다.

컨테이너 환경에서는 시스템 전체에 접근할 수 있는 권한을 가진 디버깅 컨테이너를 만들고,[2] 여기에 모든 도구를 미리 설치해 두는 것이 유용할 수 있습니다. 이 디버깅 컨테이너 이미지는 컨테이너 호스트에 설치해 필요할 때 배포하여 사용할 수 있습니다.

도구 패키지 설치만으로는 충분하지 않을 때가 많습니다. 커널과 사용자 공간 소프트웨어도 이러한 도구들을 지원하도록 구성할 필요가 있을 수 있기 때문입니다. 예를 들어, 트레이싱 도구는 CONFIG_FTRACE와 CONFIG_BPF 같은 커널 설정 옵션을 활성화해야 합니다. 프로파일링 도구는 소프트웨어가 스택 워킹(stack walking)을 지원하도록 설정되어 있어야 하며, 이를 위해 모든 소프트웨어(시스템 라이브러리인 libc, libpthread 등을 포함한 전체 소프트웨어)가 프레임 포인터를 사용해 컴파일되어야 하거나, debuginfo 패키지를 설치해 dwarf 스택 워킹을 지원해야 할 수 있습니다.

회사에서 아직 이러한 작업을 하지 않았다면, 각 성능 도구가 제대로 작동하는지 확인하고, 위기 상황이 발생하기 전에 문제를 해결해 두는 것이 좋습니다.

다음 절에서는 성능 관측가능성 도구에 대해 좀 더 자세히 설명합니다.

---

2 분석할 대상 컨테이너와 네임스페이스를 공유하도록 설정할 수도 있습니다.

4.2 도구 유형

성능 관측가능성 도구는 시스템 전반을 보는지, 프로세스별 상태를 보는지에 따라 나누고, 그걸 다시 카운터를 기반으로 하는지 이벤트를 기반으로 하는지에 따라 나누는 방식이 유용합니다. 그림 4.3은 이런 특성에 따라 리눅스 도구를 분류한 모습을 보여줍니다.

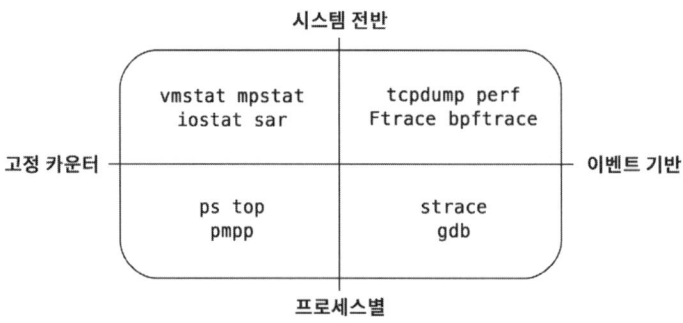

그림 4.3 관측가능성 도구 유형

어떤 도구들은 하나 이상의 유형에 속할 수 있습니다. 가령 top(1)은 프로세스에 대한 정보 뿐만 아니라 시스템의 상태를 요약한 정보(예: uptime, load average 등)를 제공합니다. 또한, 시스템 전반을 다루는 이벤트 도구들도 단순히 시스템 전체 정보를 보여주는 것만이 아니라, 특정 프로세스(-p PID)별로 필터링하여 특정 프로세스만 확인할 수 있는 기능을 제공하기도 합니다.

이벤트 기반 도구로는 프로파일링 도구와 트레이싱 도구가 있습니다. 프로파일링 도구는 이벤트에 대한 일련의 스냅숏을 통해 시스템 동작을 관찰하며, 대상을 대략적으로 분석합니다. 트레이싱 도구는 대상이 되는 모든 이벤트를 추적하고, 수집된 이벤트를 처리하여 맞춤형 카운터를 생성하는 등의 후처리를 할 수 있습니다. 카운터, 트레이싱 및 프로파일링은 1장에서 다뤘습니다.

이제부터 모니터링을 수행하는 도구 뿐만 아니라 고정 카운터, 트레이싱, 프로파일링을 사용하는 리눅스 도구에 대해 설명하겠습니다.

4.2.1 고정 카운터

커널은 시스템 통계를 제공하기 위해 다양한 카운터를 관리합니다. 이러한 카운터는 주로 이벤트가 발생할 때마다 증가하는 정수(unsigned int) 값으로 구현됩니다.

예를 들어 수신된 네트워크 패킷, 처리된 디스크 I/O, 발생된 인터럽트의 수를 세는 카운터들이 있습니다. 모니터링 소프트웨어는 이러한 카운터를 지표(metric)로 노출합니다(4.2.4절 "모니터링" 참고).

일반적으로 커널은 이벤트 발생 횟수를 기록하는 카운터와 이벤트에 소요된 전체 시간을 기록하는 카운터를 함께 관리합니다. 이를 통해 이벤트가 발생한 횟수와 이벤트의 평균 시간(혹은 지연시간)을 계산해 제공할 수 있습니다. 이 값들은 누적되므로 일정 시간 간격(예: 1초)으로 두 카운터를 읽어 그 차이를 계산하면, 초당 이벤트 수와 평균 지연시간을 구할 수 있습니다. 많은 시스템 통계가 이러한 방식으로 계산됩니다.

성능 측면에서 카운터는 기본적으로 활성화되어 있고 커널이 지속적으로 관리하고 있기 때문에 '공짜'로 여겨집니다. 카운터 사용 시 발생하는 유일한 오버헤드는 값을 사용자 공간으로 읽어오는 것뿐입니다(이는 무시해도 좋을 만큼 작습니다). 다음은 시스템 전반 또는 프로세스별로 이러한 카운터 값을 읽는 도구들에 대해 설명하겠습니다.

시스템 전반

이 도구들은 시스템 전반의 활동을 관찰하는데, 커널 카운터를 사용하여 시스템 소프트웨어나 하드웨어 자원이라는 맥락에서 살펴봅니다. 리눅스 도구로는 다음과 같은 것이 있습니다.

- vmstat(8): 시스템 전반의 가상 메모리 및 물리적 메모리 통계
- mpstat(1): CPU별 사용률
- iostat(1): 디스크별 I/O 사용률 (블록 장치 인터페이스 기준)
- nstat(8): TCP/IP 스택 통계
- sar(1): 다양한 통계 제공, 과거 기록을 저장하여 보고할 수도 있음

이 도구들은 보통 시스템의 모든 사용자(root 이외 사용자)가 사용할 수 있으며, 이러한 통계는 모니터링 소프트웨어에 의해 그래프로 표시되는 경우가 많습니다.

대부분의 도구는 실행 결과를 출력할 간격과 개수를 지정할 수 있습니다. 예를 들어 vmstat(8)에서 간격을 1초, 개수를 3으로 지정한 경우 다음과 같습니다.

```
$ vmstat 1 3
procs -----------memory---------- ---swap-- -----io---- -system-- ------cpu----
 r  b   swpd   free   buff  cache   si   so    bi    bo   in   cs us sy id wa st
 4  0 1446428 662012 142100 5644676    1    4    28   152   33    1 29  8 63  0  0
 4  0 1446428 665988 142116 5642272    0    0     0   284 4957 4969 51  0 48  0  0
 4  0 1446428 685116 142116 5623676    0    0     0     0 4488 5507 52  0 48  0  0
```

출력의 첫 줄은 부팅 시점부터 현재까지의 평균값을 보여주는 요약 정보입니다. 이는 vmstat(8)이 초기 UNIX에서 개발될 때의 의도였습니다. 그다음 두 줄은 1초 간격으로 측정된 현재의 활동을 보여줍니다. 하지만 현재 리눅스 버전에서는 첫 번째 줄에 부팅 이후의 평균값과 현재 값을 혼합해서 보여줍니다. 즉, 첫 번째 줄의 메모리 관련 열(예: free, buff, cache)은 현재 값을 나타내고, 나머지 열은 부팅 시점부터의 평균값을 나타냅니다. vmstat(8) 명령어에 대한 더 자세한 설명은 7장에서 다룹니다.

프로세스별

이 도구들은 커널이 관리하는 프로세스별 카운터를 사용해 각 프로세스의 활동을 관찰합니다. 리눅스 도구로는 다음과 같은 것이 있습니다.

- ps(1): 프로세스 상태(process status)를 보여주며, 메모리와 CPU 사용률을 포함한 다양한 프로세스 통계를 제공합니다.
- top(1): CPU 사용률이나 다른 통계를 기준으로 정렬된 프로세스 목록을 보여줍니다.
- pmap(1): 프로세스 메모리 세그먼트와 각 사용 통계를 표시합니다.

이러한 도구는 보통 /proc 파일 시스템에서 통계를 가져옵니다.

4.2.2 프로파일링

프로파일링은 대상의 동작을 샘플이나 스냅숏 형태로 수집하여 특징을 파악하는 과정입니다. CPU 사용률은 프로파일링에서 자주 분석하는 항목으로, 타이머 기반으로 명령어 포인터나 스택 트레이스를 기록하여 CPU를 사용하는 코드 경로를 분석합니다. 이러한 데이터는 보통 모든 CPU에서 일정한 주기(예: 100Hz(초당 사이클) 등)로 1분 정도의 짧은 시간 동안 수집됩니다. 프로파일링 도구는 대상의 활동과 동일한 주기로 데이터를 수집하는 록스텝 샘플링(lockstep sampling)을 피하기 위해, 100Hz 대신 99Hz를 사용하는 경우가 많습니다. 록스텝 샘플링은 주기가 일치할 경우 이벤트가 과도하거나 부족하게 기록될 수 있어, 이를 방지하기 위해 99Hz를 선택하는 것입니다.

또한 프로파일링은 CPU 캐시 미스나 버스 활동과 같이 시간과 관련 없는 하드웨어 이벤트를 기반으로 할 수도 있습니다. 이러한 분석 결과는 관련된 코드 경로도 보여주는데, 개발자가 코드의 메모리 사용률을 최적화할 때 매우 유용한 정보입니다.

고정 카운터와는 달리 프로파일링(및 트레이싱)은 보통 필요할 때만 활성화해서 사용되곤 하는데, 이는 데이터를 수집하고 저장하는 데 약간의 CPU 오버헤드가 발생할 수 있기 때문입니다. 이 오버헤드의 크기는 사용하는 도구와 계측하는 이벤트의 발생 횟수에 따라 달라집니다. 타이머 기반 프로파일링 도구는 일반적으로 더 안전한데, 샘플링 주기가 정해져 있어 프로파일링 이벤트가 얼마나 자주 발생할지 예측할 수 있습니다. 또한, 샘플링 주기를 낮게 설정하여 오버헤드를 최소화할 수 있습니다.

시스템 전반

다음은 시스템 전반의 활동에 초점을 맞춘 리눅스 프로파일링 도구들입니다.

- perf(1): 표준 리눅스 프로파일링 도구로, profile 하위 명령어가 있습니다.
- profile(8): BCC 도구 중 하나로, BPF 기반의 CPU 프로파일러입니다. 커널 컨텍스트에서 스택 트레이스를 발생 빈도별로 집계합니다(15장 "BPF"에서 다룸).
- Intel VTune Amplifier XE: 소스 브라우징과 그래픽 인터페이스를 제공하는 리눅스 및 윈도 프로파일링 도구

이들은 단일 프로세스를 대상으로 사용할 수도 있습니다.

프로세스별

다음은 개별 프로세스의 활동에 초점을 맞춘 리눅스 프로파일링 도구들입니다.

- gprof(1): GNU 프로파일링 도구로, 컴파일러가 추가한 프로파일링 정보(예: gcc -pg)를 분석합니다.
- cachegrind: Valgrind 툴킷의 일부로, 하드웨어 캐시 사용률(및 기타 정보)를 프

로파일링하고, kcachegrind로 시각화할 수 있습니다.
- Java Flight Recorder(JFR): 각 프로그래밍 언어는 언어 컨텍스트를 검사하는 자체 특수 목적 프로파일링 도구가 있습니다. 예를 들어, Java는 JFR이 있습니다.

프로파일링 도구에 대한 더 많은 정보는 6장 "CPU"와 13장 "perf"에서 다룹니다.

4.2.3 트레이싱

트레이싱은 발생한 이벤트를 모두 빠짐없이 기록하여, 나중에 분석할 수 있도록 이벤트에 관한 세부 정보를 저장하거나 요약을 생성하는 방식입니다. 이는 프로파일링과 비슷하지만, 일부 이벤트만 샘플링하는 것이 아니라 모든 이벤트를 수집하고 분석하는 것이 목적입니다. 트레이싱은 프로파일링보다 더 많은 CPU를 사용하고, 이벤트 저장 작업으로 인해 오버헤드가 발생하여 시스템 성능에 영향을 줄 수 있습니다. 이로 인해 프로덕션 환경에 부정적인 영향을 미칠 수 있으며, 측정한 타임스탬프가 왜곡될 가능성도 있습니다. 따라서 트레이싱도 프로파일링처럼 필요할 때만 사용하는 것이 일반적입니다.

로깅(Logging)은 오류와 경고처럼 자주 발생하지 않는 이벤트를 로그 파일에 기록해 나중에 읽을 수 있도록 하는 방식입니다. 이는 기본적으로 활성화된 빈도 낮은 트레이싱으로 볼 수 있습니다. 대표적인 예시로 시스템 로그가 있습니다.

다음은 시스템 전반 및 프로세스별 트레이싱 도구의 예입니다.

시스템 전반

이 트레이싱 도구들은 시스템 전반의 활동을 관찰하는데, 커널 트레이싱 기능을 이용해 시스템 소프트웨어나 하드웨어 자원이라는 맥락에서 살펴봅니다. 리눅스 도구로는 다음과 같은 것이 있습니다.

- tcpdump(8): 네트워크 패킷 트레이싱(libpcap 사용)
- biosnoop(8): 블록 I/O 트레이싱(BCC 또는 bpftrace 사용)
- execsnoop(8): 새 프로세스 트레이싱(BCC 또는 bpftrace를 사용)
- perf(1): 표준 리눅스 프로파일링 도구로, 이벤트 트레이싱도 가능
- perf trace: 시스템 콜을 시스템 전반에서 트레이싱하는 perf의 특수 하위 명령어
- Ftrace: 리눅스 내장 트레이싱 도구

- BCC: BPF 기반 트레이싱 라이브러리 및 도구 모음
- bpftrace: BPF 기반 트레이싱 도구(bpftrace(8)) 및 도구 모음

perf(1), Ftrace, BCC, bpftrace는 4.5절 "트레이싱 도구"에서 소개하며, 13장부터 15장을 할애해 자세히 설명합니다. BCC와 bpftrace를 사용해서 만들어진 100개 이상의 트레이싱 도구가 있는데, 그 중에는 biosnoop(8)와 execsnoop(8) 같은 것이 있습니다. 이 책 전반에 더 많은 예가 수록되어 있습니다.

프로세스별

이 트레이싱 도구들은 개별 프로세스의 활동에 초점을 맞추며, 이 도구들이 사용하는 운영 체제의 트레이싱 메커니즘(예: ptrace)도 프로세스별로 동작하도록 설계되어 있습니다. 리눅스 도구로는 다음과 같은 것이 있습니다.

- strace(1): 시스템 콜 트레이싱
- gdb(1): 소스 레벨 디버거

디버거는 이벤트별로 데이터를 관찰할 수 있지만, 이를 위해 대상 프로세스 실행을 중단시켰다가 다시 재개해야 합니다. 이는 엄청난 오버헤드를 수반하기 때문에 프로덕션 용도로는 적합하지 않습니다.

perf(1)와 bpftrace 같은 일부 시스템 전반을 트레이싱 하는 도구들은 단일 프로세스를 대상으로 필터링할 수 있는 기능도 제공합니다. 이를 통해 훨씬 적은 오버헤드로 실행할 수 있어, 이러한 도구들이 지원되는 경우 우선적으로 고려됩니다.

4.2.4 모니터링

모니터링에 대해서는 2장 "방법론"에서 소개했습니다. 앞서 다룬 도구 유형들과는 달리 모니터링은 나중에 필요할 때를 대비해 통계값을 지속적으로 기록하는 방식입니다.

sar(1)

단일 운영 체제 호스트를 모니터링하는 전통적인 도구로는 시스템 활동 리포터(System Activity Reporter), 즉 sar(1)이 있습니다. 이 도구는 AT&T 유닉스에서 처음 개발되었으며, 시스템 전반의 상태를 기록하는 카운터 기반 도구입니다. sar(1)

은 이러한 카운터들의 상태를 주기적으로 기록하기 위해 정해진 시간에 자동으로 실행(주로 cron을 통해)되는 에이전트(agent)를 사용합니다. sar(1) 도구는 커맨드 라인에서 다음과 같은 정보를 보여줍니다.

```
# sar
Linux 4.15.0-66-generic (bgregg)    12/21/2019      _x86_64_        (8 CPU)

12:00:01 AM     CPU     %user    %nice   %system   %iowait    %steal     %idle
12:05:01 AM     all      3.34     0.00      0.95      0.04      0.00     95.66
12:10:01 AM     all      2.93     0.00      0.87      0.04      0.00     96.16
12:15:01 AM     all      3.05     0.00      1.38      0.18      0.00     95.40
12:20:01 AM     all      3.02     0.00      0.88      0.03      0.00     96.06
[...]
Average:        all      0.00     0.00      0.00      0.00      0.00      0.00
```

기본적으로 sar(1)은 (활성화된 경우) 저장된 통계를 불러와 최근의 시스템 통계를 보여줍니다. 또한 지정된 간격과 횟수에 따라 현재 시스템의 활동을 모니터링하도록 옵션을 지정할 수 있습니다.

sar(1)는 수십 가지의 시스템 통계를 기록할 수 있으며, CPU, 메모리, 디스크, 네트워킹, 인터럽트, 전력 사용률 등에 대한 정보를 제공합니다. 이 내용은 4.4절 "sar"에서 더 상세하게 다룹니다.

서드 파티 모니터링 도구들은 흔히 sar(1)이나 이 도구들이 사용하는 것과 똑같은 관측 통계를 기반으로 만들어지며 네트워크를 통해 이들 지표를 보여줍니다.

SNMP

네트워크 모니터링을 위한 전통적인 기술로는 간이 네트워크 관리 프로토콜(Simple Network Management Protocol, SNMP)이 있습니다. 네트워크 장치와 운영 체제들은 대부분 SNMP를 지원하므로, 별도의 서드 파티 에이전트나 익스포터를 설치할 필요가 없습니다. SNMP는 기본적인 운영 체제 지표들을 많이 포함하고 있지만, 최신 애플리케이션들까지는 충분히 커버하지 못합니다. 그래서 최근에는 대부분의 환경에서 맞춤형 에이전트 기반 모니터링으로 전환되는 추세입니다.

에이전트

현대의 모니터링 소프트웨어는 각 시스템에서 에이전트(익스포터(exporter) 또는 플러그인(plugin)이라 함)를 실행하여 커널과 애플리케이션의 지표를 기록합니다.

여기에는 MySQL 데이터베이스 서버, 아파치(Apache) 웹 서버, Memcached 캐싱 시스템 등 특정 애플리케이션을 모니터링하는 에이전트가 포함될 수 있습니다. 이러한 에이전트는 시스템 카운터만으로는 알 수 없는 상세한 애플리케이션 요청 지표를 제공할 수 있습니다.

리눅스용 모니터링 소프트웨어와 에이전트로는 다음과 같은 것들이 있습니다.

- Performance Co-Pilot(PCP): 성능 지표를 수집하는 수십 가지 에이전트(성능 지표 도메인 에이전트(Performance Metric Domain Agents, PMDA)라 불림)를 지원하는데, BPF 기반 지표도 포함됩니다.[PCP 20]
- Prometheus(프로메테우스): 데이터베이스, 하드웨어, 메시징, 스토리지, HTTP, API, 로깅 등을 위한 수십 가지 익스포터를 지원합니다.[Prometheus 20]
- collectd: 다양한 플러그인을 지원하는 모니터링 도구입니다.

그림 4.4는 모니터링 아키텍처의 예로, 지표들을 저장하는 모니터링 데이터베이스 서버와 클라이언트 UI를 제공하는 모니터링 웹 서버로 구성됩니다. 에이전트는 시스템에서 수집한 지표 데이터를 데이터베이스 서버로 보내거나 그 자리에서 직접 사용할 수 있도록 하며, 클라이언트 UI는 이 데이터를 꺾은선 차트나 대시보드 형태로 시각화하여 보여줍니다. 예를 들면, 그래파이트 카본(Graphite Carbon)은 모니터링 데이터베이스 서버로 사용되고, Grafana는 모니터링 웹 서버/대시보드로 사용됩니다.

모니터링 제품은 수십 가지가 있으며, 각각 다양한 대상 유형에 맞춰 수백 가지의 에이전트를 지원합니다. 이 책에서 모든 제품을 다루지는 않습니다. 다만 여기

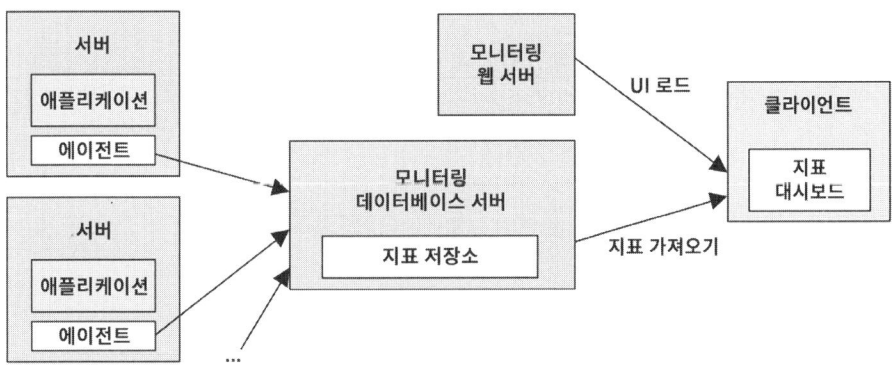

그림 4.4 모니터링 아키텍처 사례

서 짚고 넘어갈 공통분모가 하나 있는데, 바로 커널 카운터에 기반한 시스템 통계입니다. 이 통계는 보통 vmstat(8), iostat(1)와 같은 시스템 도구들이 제공하는 정보와 동일합니다. 따라서 이 도구들을 익히면 여러분이 커맨드 라인 도구들을 사용해 보지 않았다 하더라도 모니터링 제품들을 이해하는데 도움이 될 것입니다. 이런 시스템 도구들에 대해서는 책의 뒷부분에서 더 자세히 다룹니다.

몇몇 모니터링 제품들은 시스템 도구들을 실행하고 그 결과 텍스트 출력을 분석하여 시스템 지표를 읽어오는 비효율적인 방법을 사용하기도 합니다. 그러나 더 좋은 모니터링 제품들은 커널 인터페이스와 라이브러리를 통해 지표 데이터를 직접 읽어옵니다(이는 커맨드 라인 도구들이 사용하는 방식과 동일합니다). 다음 절에서는 지표를 읽어오는 주요 방법들, 즉 커널 인터페이스와 같은 가장 기본적인 공통 요소에 초점을 맞추어 설명합니다.

4.3 관측가능성 소스

이번 절에서는 리눅스에서 성능 관측 도구들이 데이터를 수집하는 다양한 인터페이스에 대해 설명합니다. 이러한 정보는 표 4.2에 요약되어 있습니다.

표 4.2 리눅스 관측가능성 소스

유형	소스
프로세스별 카운터	/proc
시스템 전반 카운터	/proc, /sys
장치 설정 및 카운터	/sys
Cgroup 통계	/sys/fs/cgroup
프로세스별 트레이싱	ptrace
하드웨어 카운터(PMC)	perf_event
네트워크 통계	netlink
네트워크 패킷 캡처	libpcap
스레드별 지연 지표	지연 어카운팅(Delay accounting)
시스템 전반 트레이싱	함수 프로파일링(Ftrace), tracepoint, 소프트웨어 이벤트, kprobe, uprobe, perf_event

이제 시스템 성능 통계의 주요 소스인 /proc와 /sys에 대해 자세히 살펴보겠습니다. 이어서 지연 어카운팅, netlink, tracepoint, kprobe, USDT, uprobe, PMC 등 리눅스에서 사용하는 다른 정보 소스들을 설명합니다.

13장 "perf", 14장 "Ftrace", 15장 "BPF"에서 다루는 트레이싱 도구들은 이들 소스 중 많은 부분을 활용하는데, 시스템 전반을 대상으로 한 트레이싱을 많이 사용합니다. 트레이싱 소스의 범위는 그림 4.5에 나타나 있으며, 각 이벤트와 그룹명이 함께 표시되어 있습니다. 가령 block:은 모든 블록 I/O tracepoint를 가리키는 소스입니다(예: block:block_rq_issue).

그림 4.5에는 PostgreSQL 데이터베이스(postgres:), JVM 핫스팟 컴파일러(hotspot:), libc(libc:)와 같은 몇 가지 USDT 소스도 표시되어 있습니다. 사용하는 사용자 레벨 소프트웨어에 따라 더 많은 소스가 있을 수 있습니다.

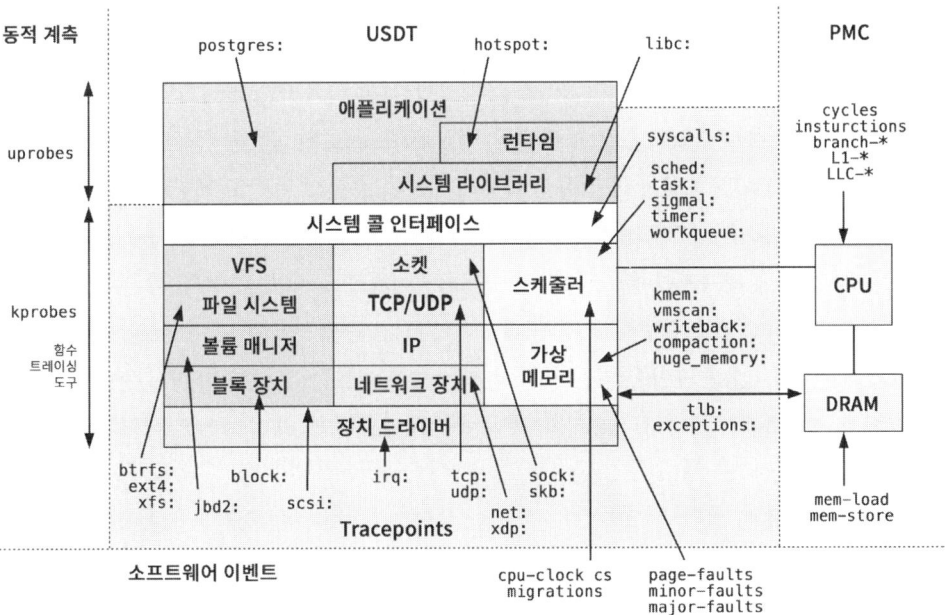

그림 4.5 리눅스 트레이싱 소스

tracepoint, kprobe, uprobe의 작동 방식과 내부 구조에 대해서는 필자가 저술한 《BPF 성능 분석 도구》의 제2장에서 자세히 설명하고 있습니다.[Gregg 19]

4.3.1 /proc

/proc은 커널 통계를 제공하는 파일 시스템 인터페이스입니다. /proc에는 여러 디렉터리가 들어 있는데, 각 프로세스 ID에 해당하는 디렉터리가 있으며, 이 안에는 프로세스별 정보와 통계가 담긴 여러 파일이 있습니다. 각 파일은 커널의 데이터 구조와 연결되어 있습니다. 또한, 리눅스에서는 시스템 전반에 대한 정보를 제공하는 추가 파일들도 /proc에 포함되어 있습니다.

/proc 파일 시스템은 커널에 의해 동적으로 생성되며, 저장 장치에 영구적으로 보관되지 않고 시스템 메모리에만 존재합니다. 대부분의 파일은 읽기 전용으로, 관측가능성 도구들이 통계를 수집하는데 사용합니다. 일부 파일은 쓰기가 가능하며, 이를 통해 프로세스나 커널의 동작을 제어할 수 있습니다.

이 /proc 파일 시스템 인터페이스는 매우 편리한데, 디렉터리 트리를 통해 커널 통계를 사용자 영역에 직관적으로 노출하는 프레임워크를 제공하기 때문입니다. 또한 open(), read(), close()와 같은 POSIX 파일 시스템 콜을 사용하므로, 개발자에게는 익숙한 프로그래밍 인터페이스를 제공합니다. 사용자는 커맨드 라인에서 cd, cat(1), grep(1), awk(1) 같은 명령어를 사용해 이 파일 시스템을 탐색할 수 있습니다. 또한 /proc은 파일 접근 권한을 활용해 사용자 수준의 보안도 제공합니다. 일반적인 프로세스 관측가능성 도구들(ps(1), top(1) 등)이 실행할 수 없는 아주 드문 경우에도 /proc 디렉터리에서 셸 빌트인 명령어(예: echo, cd 등)를 사용해 일부 프로세스를 디버깅할 수 있습니다.

대부분의 /proc 파일을 읽는 데 수반되는 오버헤드는 무시할 만한 수준이지만, 페이지 테이블을 하나하나 살펴봐야 하는 일부 메모리 맵 관련 파일은 예외입니다.

프로세스별 통계

/proc에는 프로세스별 통계를 제공하는 여러 파일이 있습니다. 다음은 사용할 수 있는 파일의 예입니다(리눅스 5.4). 다음의 예시처럼 PID 18733를 확인할 수 있습니다.[3]

```
$ ls -F /proc/18733
arch_status    environ    mountinfo    personality    statm
attr/          exe@       mounts       projid_map     status
```

---

3 현재 프로세스(셸)에 대한 정보를 확인하려면 /proc/self를 살펴볼 수도 있습니다.

```
autogroup        fd/              mountstats       root@            syscall
auxv             fdinfo/          net/             sched            task/
cgroup           gid_map          ns/              schedstat        timers
clear_refs       io               numa_maps        sessionid        timerslack_ns
cmdline          limits           oom_adj          setgroups        uid_map
comm             loginuid         oom_score        smaps            wchan
coredump_filter  map_files/       oom_score_adj    smaps_rollup
cpuset           maps             pagemap          stack
cwd@             mem              patch_state      stat
```

실제로 볼 수 있는 파일 목록은 커널 버전이나 CONFIG 옵션에 따라 다를 수 있습니다.

프로세스별 성능 관측가능성과 관련된 파일은 다음과 같습니다.

- limits: 해당 프로세스에 부과된 자원 제한을 보여줍니다.
- maps: 매핑된 메모리 영역을 보여줍니다.
- sched: 다양한 CPU 스케줄러 통계를 보여줍니다.
- schedstat: CPU 런타임, 지연시간, 타임 슬라이스 정보를 보여줍니다.
- smaps: 매핑된 메모리 영역과 사용 통계를 보여줍니다.
- stat: 프로세스 상태, CPU 및 메모리 사용률 등 다양한 통계를 포함해 보여줍니다.
- statm: 메모리 사용 요약 정보를 보여줍니다(페이지 단위).
- status: stat 및 statm 정보를 레이블과 함께 보여줍니다.
- fd: 현재 열어둔 파일 디스크립터에 대한 심볼릭 링크를 보여주는 디렉터리입니다(fdinfo도 참고).
- cgroup: Cgroup 멤버십 정보(어떤 Cgroup에 속해 있는지)를 보여줍니다.
- task: 각 태스크(스레드)별 통계를 보여주는 디렉터리입니다.

다음은 top(1)이 프로세스별 통계를 /proc에서 읽는 방식을 strace(1)로 트레이싱한 사례입니다.

```
stat("/proc/14704", {st_mode=S_IFDIR|0555, st_size=0, ...}) = 0
open("/proc/14704/stat", O_RDONLY)         = 4
read(4, "14704 (sshd) S 1 14704 14704 0 -"..., 1023) = 232
close(4)
```

이 예는 프로세스 ID 14704 디렉터리에서 'stat' 파일을 열고 해당 내용을 읽는 과정을 보여줍니다.

top(1) 명령어는 시스템에 있는 모든 활성 프로세스에 대해 이러한 과정을 반복합니다. 많은 프로세스가 있는 시스템에서는 이러한 반복 작업으로 인해 상당한 오버헤드가 발생할 수 있습니다. 특히 top(1)의 일부 버전은 화면이 업데이트될 때마다 모든 프로세스에 대해 이 작업을 반복하므로, 그 결과 top(1) 자체가 가장 높은 CPU 사용률을 기록하는 프로세스로 나타날 수 있습니다. 이는 모든 프로세스를 지속적으로 모니터링하고 갱신하려는 작업을 반복하면서, 실제로 top 자체가 시스템에서 가장 많은 CPU 자원을 사용하게 되기 때문입니다.

시스템 전반에 대한 통계

리눅스는 /proc 파일 시스템을 확장하여 시스템 전반에 대한 통계를 제공합니다. 다음과 같은 파일이나 디렉터리가 추가되어 있습니다.

```
$ cd /proc; ls -Fd [a-z]*
acpi/        dma           kallsyms      mdstat         schedstat      thread-self@
buddyinfo    driver/       kcore         meminfo        scsi/          timer_list
bus/         execdomains   keys          misc           self@          tty/
cgroups      fb            key-users     modules        slabinfo       uptime
cmdline      filesystems   kmsg          mounts@        softirqs       version
consoles     fs/           kpagecgroup   mtrr           stat           vmallocinfo
cpuinfo      interrupts    kpagecount    net@           swaps          vmstat
crypto       iomem         kpageflags    pagetypeinfo   sys/           zoneinfo
devices      ioports       loadavg       partitions     sysrq-trigger
diskstats    irq/          locks         sched_debug    sysvipc/
```

시스템 전반의 성능 관측가능성과 관련된 파일은 다음과 같습니다.

- cpuinfo: 물리적 프로세서 정보(가상 CPU 정보, 모델, 이름, 클럭 속도, 캐시 크기 등)를 보여줍니다.
- diskstats: 모든 디스크 장치의 디스크 I/O 통계를 보여줍니다.
- interrupts: CPU당 인터럽트 카운터를 보여줍니다.
- loadavg: 평균 부하율을 보여줍니다.
- meminfo: 시스템 메모리 사용 내역을 자세히 보여줍니다.
- net/dev: 네트워크 인터페이스 통계를 보여줍니다.
- net/netstat: 시스템 전반의 네트워킹 통계를 보여줍니다
- net/tcp: 활성 TCP 소켓 정보를 보여줍니다
- pressure/: PSI(Pressure stall information, 부하 스톨 정보)를 보여줍니다

- schedstat: 시스템 전반의 CPU 스케줄러 통계를 보여줍니다.
- self: 현재 프로세스 ID 디렉터리에 대한 심볼릭 링크로, 편의를 위해 제공되는 파일입니다.
- slabinfo: 커널 슬랩 할당자 캐시 통계를 제공합니다.
- stat: CPU, 디스크, 페이징, 스왑, 프로세스 등 커널과 시스템 자원 통계 요약을 보여줍니다.
- zoneinfo: 메모리 존 정보를 보여줍니다.

시스템 전반을 조사하는 도구는 이러한 정보를 읽어 들입니다. 예를 들어 다음은 vmstat(8)이 /proc을 읽는 것을 strace(1)로 추적한 결과입니다.

```
open("/proc/meminfo", O_RDONLY)         = 3
lseek(3, 0, SEEK_SET)                   = 0
read(3, "MemTotal:        889484 kB\nMemF"..., 2047) = 1170
open("/proc/stat", O_RDONLY)            = 4
read(4, "cpu  14901 0 18094 102149804 131"..., 65535) = 804
open("/proc/vmstat", O_RDONLY)          = 5
lseek(5, 0, SEEK_SET)                   = 0
read(5, "nr_free_pages 160568\nnr_inactive"..., 2047) = 1998
```

이 출력 결과는 vmstat(8)이 meminfo, stat, vmstat를 읽고 있었다는 것을 보여줍니다.

CPU 통계 정확도

시스템 전반의 CPU 사용률 통계는 /proc/stat 파일을 통해 확인할 수 있으며, 이는 모니터링 에이전트나 vmstat(8), mpstat(1), sar(1) 같은 여러 도구에서 활용됩니다. 다만 이러한 통계의 정확도는 커널 설정에 따라 달라집니다. 기본적으로 CONFIG_TICK_CPU_ACCOUNTING 설정을 사용해 CPU 사용률을 측정하는데, 이 방식은 '클럭 틱'이라는 시간 단위로 측정합니다.[Weisbecker 13] 클럭 틱은 시스템 설정(CONFIG_HZ)에 따라 달라지며, 일반적으로 4밀리초입니다.[4] 대부분의 경우 이 정도의 측정 간격은 충분히 정확합니다.

그러나 더 높은 정확도가 필요하다면 약간의 성능 저하를 감수하고 고해상도 카

---

4 (옮긴이) 보통 CONFIG_HZ=250이 사용되며, 이는 커널이 1초에 250번의 타이머 인터럽트를 발생시킨다는 뜻입니다. 따라서 1초(1000밀리초)를 250으로 나누면 각 클럭 틱의 길이는 4밀리초가 됩니다.

운터를 사용하는 옵션들을 선택할 수 있습니다. 예를 들어 VIRT_CPU_ACCOUNT-ING_NATIVE와 VIRT_CPU_ACCOUNTING_GEN 설정을 통해 정확도를 높일 수 있으며, 또한 IRQ_TIME_ACCOUNTING 옵션을 사용하면 인터럽트(IRQ) 처리 시간을 더 정확하게 측정할 수 있습니다. CPU 사용률을 더 정확하게 측정하는 또 다른 방법은 MSR 또는 PMC를 사용하는 것입니다.

파일 내용

/proc 파일은 보통 텍스트 형식으로 되어 있어서 아래와 같이 커맨드 라인에서도 쉽게 읽을 수 있고, 셸 스크립트로 처리할 수도 있습니다. 다음은 그 예입니다.

```
$ cat /proc/meminfo
MemTotal:        15923672 kB
MemFree:         10919912 kB
MemAvailable:    15407564 kB
Buffers:            94536 kB
Cached:           2512040 kB
SwapCached:             0 kB
Active:           1671088 kB
[...]
$ grep Mem /proc/meminfo
MemTotal:        15923672 kB
MemFree:         10918292 kB
MemAvailable:    15405968 kB
```

이 방식은 편리하지만, 커널이 통계를 텍스트로 인코딩하고, 사용자 영역 도구가 이 텍스트를 분석하는 데는 약간의 추가 비용이 발생합니다. 파일을 읽어들이는 방식보다 효율적인 방법은 4.3.4절에서 소개되는 "netlink" 바이너리 인터페이스입니다.

/proc의 내용은 proc(5) 매뉴얼 페이지에 문서화되어 있으며, 리눅스 커널 문서인 Documentation/filesystems/proc.txt[Bowden 20]에도 정리되어 있습니다. 일부 항목은 더 자세한 문서가 존재하는데, diskstats은 Documentation/iostats.txt에 정리되어 있고, 스케줄러 통계는 Documentation/scheduler/sched-stats.txt에 설명되어 있습니다. 문서 외에도, 커널 소스 코드를 분석하면 /proc의 각 항목이 어떻게 생성되는지 파악할 수 있으며, /proc 정보를 사용하는 도구들의 소스 코드를 참고하는 것도 도움이 될 것입니다.

몇몇 /proc 항목은 CONFIG 옵션에 따라 달라지는데, schedstats는 CONFIG_

SCHEDSTATS 옵션으로 활성화되며, sched는 CONFIG_SCHED_DEBUG로 그리고 pressure는 CONFIG_PSI 옵션으로 활성화됩니다.

4.3.2 /sys

리눅스는 /sys에 마운트된 sysfs 파일 시스템을 제공합니다. 이 파일 시스템은 2.6 커널부터 도입되어 커널 통계에 대한 디렉터리 구조를 제공합니다. 오랫동안 변화되어 왔고 최상위 디렉터리에 여러 시스템 통계를 제공하고 있는 /proc과는 다릅니다. sysfs는 원래 장치 드라이버 통계를 제공하기 위해 설계되었으며, 이후 다양한 통계 유형을 포함하도록 확장되었습니다.

예를 들어, 다음은 CPU 0에 대한 /sys 파일을 보여줍니다(일부만 표시).

```
$ find /sys/devices/system/cpu/cpu0 -type f
/sys/devices/system/cpu/cpu0/uevent
/sys/devices/system/cpu/cpu0/hotplug/target
/sys/devices/system/cpu/cpu0/hotplug/state
/sys/devices/system/cpu/cpu0/hotplug/fail
/sys/devices/system/cpu/cpu0/crash_notes_size
/sys/devices/system/cpu/cpu0/power/runtime_active_time
/sys/devices/system/cpu/cpu0/power/runtime_active_kids
/sys/devices/system/cpu/cpu0/power/pm_qos_resume_latency_us
/sys/devices/system/cpu/cpu0/power/runtime_usage
[...]
/sys/devices/system/cpu/cpu0/topology/die_id
/sys/devices/system/cpu/cpu0/topology/physical_package_id
/sys/devices/system/cpu/cpu0/topology/core_cpus_list
/sys/devices/system/cpu/cpu0/topology/die_cpus_list
/sys/devices/system/cpu/cpu0/topology/core_siblings
[...]
```

여기에 나열된 파일 중 상당수는 CPU 하드웨어 캐시에 대한 정보를 제공합니다. 다음은 각 파일의 내용을 출력해 보여주고 있습니다(grep(1)을 사용하여 파일 이름을 출력 결과에 포함했습니다).

```
$ grep . /sys/devices/system/cpu/cpu0/cache/index*/level
/sys/devices/system/cpu/cpu0/cache/index0/level:1
/sys/devices/system/cpu/cpu0/cache/index1/level:1
/sys/devices/system/cpu/cpu0/cache/index2/level:2
/sys/devices/system/cpu/cpu0/cache/index3/level:3
$ grep . /sys/devices/system/cpu/cpu0/cache/index*/size
/sys/devices/system/cpu/cpu0/cache/index0/size:32K
/sys/devices/system/cpu/cpu0/cache/index1/size:32K
```

```
/sys/devices/system/cpu/cpu0/cache/index2/size:1024K
/sys/devices/system/cpu/cpu0/cache/index3/size:33792K
```

이 결과는 CPU 0이 두 개의 32KB 1단계 캐시, 1MB의 2단계 캐시, 33MB의 3단계 캐시를 가지고 있음을 보여줍니다.

/sys 파일 시스템은 일반적으로 수만 개의 통계를 읽기 전용 파일로 갖고 있으며, 커널 상태를 변경하기 위한 쓰기 가능한 파일도 다수 있습니다. 예를 들어 CPU의 온라인 또는 오프라인 상태는 'online' 파일에 '1' 또는 '0'을 써넣어 설정할 수 있습니다. 이러한 상태 설정은 읽기 전용 통계와 마찬가지로 텍스트 문자열을 사용해 커맨드 라인에서 처리할 수 있습니다(echo 1 > filename).

4.3.3 지연 어카운팅

CONFIG_TASK_DELAY_ACCT 옵션이 설정된 시스템은 태스크별로 다음과 같은 상태의 시간을 추적합니다.

- 스케줄러 지연시간: CPU에서 실행되기까지 기다린 시간
- 블록 I/O: 블록된 I/O가 완료되기까지 기다린 시간
- 스와핑: 페이징을 위해 기다린 시간(메모리 부하)
- 메모리 회수(reclaim): 메모리가 부족할 때, 시스템이 회수 작업을 수행하기 위해 대기한 시간

기술적으로 스케줄러 지연시간 통계는 schedstat(앞서 /proc에서 언급)에서 가져오는데, 이 파일은 다른 지연 어카운팅(Delay Accounting) 상태도 추가적으로 제공합니다. 참고로 스케줄러 지연시간 통계는 struct sched_info에서 관리되며, 블록 I/O 지연시간, 스와핑 지연시간, 메모리 회수 지연시간 등의 정보는 struct task_delay_info에서 관리됩니다.

이 통계는 사용자 수준 도구에서 taskstats라는 netlink 기반 인터페이스를 통해 읽을 수 있습니다. 커널 소스에는 다음과 같은 관련 문서가 있습니다.

- Documentation/accounting/delay-accounting.txt: 관련 문서
- tools/accounting/getdelays.c: 스케줄러 지연 통계 정보 활용 사례

다음은 getdelays.c 도구의 출력 사례 일부입니다.

```
$ ./getdelays -dp 17451
print delayacct stats ON
PID     17451

CPU             count       real total    virtual total    delay total   delay average
                386         3452475144    31387115236      1253300657    3.247ms
IO              count       delay total   delay average
                302         1535758266                     5ms
SWAP            count       delay total   delay average
                0           0                             0ms
RECLAIM         count       delay total   delay average
                0           0                             0ms
```

시간은 특별히 표시되어 있지 않다면 나노초 단위입니다. 이 예는 CPU 부하가 큰 시스템에서 수행한 것으로, 해당 프로세스는 스케줄러 지연을 겪고 있었습니다.

4.3.4 netlink

netlink(넷링크)는 커널 정보를 가져오기 위한 특별한 소켓 주소 계열(socket address family, AF_NETLINK)입니다. netlink를 사용하려면 AF_NETLINK 주소 계열로 네트워킹 소켓을 열고, send(2)와 recv(2) 호출을 사용해 요청을 보내고 이진 구조체 형태로 정보를 받습니다. 이 인터페이스는 /proc보다 복잡하지만, 더 효율적이고 알림(notification) 기능을 지원하기도 합니다. libnetlink 라이브러리는 이러한 netlink 사용을 쉽게 할 수 있도록 도와줍니다.

앞서 다룬 도구들과 마찬가지로, strace(1)를 사용하여 커널 정보가 어디서 오는지 확인할 수 있습니다. 다음은 소켓 통계 도구 ss(8)이 netlink를 사용하는 과정을 strace(1)로 추적한 결과입니다.

```
# strace ss
[...]
socket(AF_NETLINK, SOCK_RAW|SOCK_CLOEXEC, NETLINK_SOCK_DIAG) = 3
[...]
```

이 명령어는 NETLINK_SOCK_DIAG 그룹을 사용하기 위해 AF_NETLINK 소켓을 여는 과정을 보여줍니다. NETLINK_SOCK_DIAG는 소켓에 대한 정보를 제공하며, 자세한 내용은 sock_diag(7) 매뉴얼 페이지에 문서화되어 있습니다. 그 외에도 netlink에는 여러 종류가 있으며, 그 중에는 다음과 같은 것들이 있습니다.

- NETLINK_ROUTE: 라우팅 정보(/proc/net/route에서 확인 가능)
- NETLINK_SOCK_DIAG: 소켓 정보
- NETLINK_SELINUX: SELinux 이벤트 알림
- NETLINK_AUDIT: 감사(Audit) 정보(보안)
- NETLINK_SCSITRANSPORT: SCSI 트랜스포트 정보
- NETLINK_CRYPTO: 커널 암호화(crypto) 정보

netlink를 사용하는 명령어에는 ip(8), ss(8), routel(8) 그리고 오래된 명령어인 ifconfig(8)과 netstat(8)이 있습니다.

4.3.5 tracepoint

tracepoint는 1.7.3절 "트레이싱"에서 소개한 **정적 계측(static instrumentation)**에 기반한 리눅스 커널 이벤트 소스로, 커널 코드의 중요한 위치에 하드코딩된 계측 지점을 의미합니다. 예를 들어 시스템 콜의 시작과 끝, 스케줄러 이벤트, 파일 시스템 연산, 디스크 I/O 등의 위치에 tracepoint가 배치됩니다.[5] 이 기술은 마티외 데스노이어스(Mathieu Desnoyers)가 개발했으며 2009년에 배포된 리눅스 2.6.32에 처음 도입되었습니다. tracepoint는 안정적인 API[6]를 제공하여 개발자들이 일관되고 신뢰할 수 있는 방식으로 시스템 이벤트를 추적할 수 있게 해줍니다. 다만 이러한 계측 지점의 수는 제한적이며, 시스템의 성능을 저하시키지 않기 위해 필요한 최소한의 지점에만 설정되어 있습니다.

tracepoint는 성능 분석을 위한 중요한 자원으로, 요약 통계를 넘어 커널 동작에 대한 더 깊은 통찰을 제공하는 고급 트레이싱 도구의 기반이 됩니다. 함수 기반 도구도 비슷한 기능을 제공할 수 있지만(예: 4.3.6절 "kprobe"), 오직 tracepoint만이 안정적인 인터페이스를 제공하여 신뢰할 수 있는 도구를 개발할 수 있게 해줍니다.

이번 절에서는 tracepoint에 대해 설명합니다. 4.5절 "트레이싱 도구"에서 소개된 트레이싱 도구들도 tracepoint를 사용할 수 있습니다. 13장부터 15장까지는 이러한 도구를 더욱 심도 있게 다룹니다.

---

5 몇몇 tracepoint는 Kconfig 옵션에 의해 사용이 제한될 수 있으며, 해당 옵션 없이 커널이 컴파일되면 사용할 수 없습니다. 예를 들어, rcu tracepoint와 CONFIG_RCU_TRACE 옵션이 그런 경우입니다.
6 필자는 이를 '최선의 안정성(best-effort stable)'이라고 부릅니다. 드물긴 하지만 tracepoint가 변경되는 경우도 있었습니다.

tracepoint 예시

현재 시스템에서 사용 가능한 tracepoint는 `perf list` 명령어로 확인할 수 있습니다. (perf(1) 명령어의 자세한 문법은 14장에서 다룹니다.)

```
# perf list tracepoint

List of pre-defined events (to be used in -e):
[...]
  block:block_rq_complete                    [Tracepoint event]
  block:block_rq_insert                      [Tracepoint event]
  block:block_rq_issue                       [Tracepoint event]
[...]
  sched:sched_wakeup                         [Tracepoint event]
  sched:sched_wakeup_new                     [Tracepoint event]
  sched:sched_waking                         [Tracepoint event]
  scsi:scsi_dispatch_cmd_done                [Tracepoint event]
  scsi:scsi_dispatch_cmd_error               [Tracepoint event]
  scsi:scsi_dispatch_cmd_start               [Tracepoint event]
  scsi:scsi_dispatch_cmd_timeout             [Tracepoint event]
[...]
  skb:consume_skb                            [Tracepoint event]
  skb:kfree_skb                              [Tracepoint event]
[...]
```

위 출력은 블록 장치 레이어, 스케줄러, SCSI에서 사용할 수 있는 tracepoint의 예를 일부 잘라 보여주고 있습니다. 필자의 시스템에는 1808개의 서로 다른 tracepoint가 있으며, 그중 634개는 시스템 콜을 계측하기 위한 용도입니다.

tracepoint는 이벤트가 언제 발생했는지를 보여줄 뿐만 아니라, 이벤트와 관련된 맥락 데이터를 제공합니다. 예를 들어 다음 perf(1) 명령어는 block:block_rq_issue tracepoint를 트레이싱하며, 실시간으로 이벤트를 출력합니다.

```
# perf trace -e block:block_rq_issue
[...]
     0.000 kworker/u4:1-e/20962 block:block_rq_issue:259,0 W 8192 () 875216 + 16
[kworker/u4:1]
   255.945 :22696/22696 block:block_rq_issue:259,0 RA 4096 () 4459152 + 8 [bash]
   256.957 :22705/22705 block:block_rq_issue:259,0 RA 16384 () 367936 + 32 [bash]
[...]
```

첫 세 개의 필드는 타임스탬프(초), 프로세스 세부사항(이름/스레드 ID), 이벤트 설명(서브시스템: 이벤트 이름)입니다. 나머지 필드는 tracepoint의 인자(argument)

로, 잠시 후 설명할 **포맷 문자열**(format string)에 의해 만들어집니다. 특정 block:-block_rq_issue 포맷 문자열에 대한 내용은 9.6.5절 "perf"를 참고하세요.

tracepoint 용어에 대해 주의해야 할 점이 있습니다. 기술적으로 tracepoint는 커널 소스 코드에 삽입된 트레이싱 함수 또는 트레이싱 훅을 의미합니다. 예를 들어 `trace_sched_wakeup()`은 하나의 tracepoint로, kernel/sched/core.c에서 호출됩니다. 이 tracepoint는 트레이싱 도구에서 'sched'라는 이름으로 계측할 수 있지만, 이는 사실 트레이스 이벤트(trace event)입니다. 트레이스 이벤트는 TRACE_EVENT 매크로에 의해 정의되며, 이 매크로는 tracepoint 인자를 정의하고 포맷을 지정하며, trace_sched_wakeup() 코드를 자동으로 생성합니다. 또한, 이 매크로는 해당 트레이스 이벤트를 tracefs 파일 시스템과 perf_event_open(2) 인터페이스에 등록합니다.

트레이싱 도구들은 주로 이러한 트레이스 이벤트를 계측하는데, 이를 tracepoint라고 부르는 경우가 많습니다. 예를 들어 perf(1) 명령어는 트레이스 이벤트를 'Tracepoint event'라고 부릅니다. 그러나 kprobe와 uprobe 기반 트레이스 이벤트도 동일하게 "Tracepoint event"로 표기됩니다.[7] 다양한 종류의 트레이스 이벤트가 모두 "Tracepoint event"로 불리기 때문에 이 차이를 구별하는 것이 어려울 수 있습니다.

tracepoint 인자 및 포맷 문자열

각 tracepoint는 이벤트 인자와 해당 이벤트에 대한 추가적인 맥락을 제공하는 포맷 문자열을 가지고 있습니다. 이 포맷 문자열의 구조는 /sys/kernel/debug/tracing/events 아래에 위치한 '포맷(format)' 파일에서 볼 수 있는데, 다음은 그 예입니다.

```
# cat /sys/kernel/debug/tracing/events/block/block_rq_issue/format
name: block_rq_issue
ID: 1080
format:
        field:unsigned short common_type;    offset:0;  size:2;  signed:0;
        field:unsigned char common_flags;    offset:2;  size:1;  signed:0;
        field:unsigned char common_preempt_count;  offset:3;  size:1;  signed:0;
        field:int common_pid;     offset:4;  size:4;  signed:1;

        field:dev_t dev;          offset:8;  size:4;  signed:0;
```

---

[7] (옮긴이) perf probe do_sys_open 명령어로 kprobe 이벤트를 추가한 후 perf list | grep do_sys_open 명령어로 확인해 보면, kprobe 이벤트임에도 불구하고 'Tracepoint event'로 표기되는 것을 볼 수 있습니다.

```
                field:sector_t sector;       offset:16;   size:8;   signed:0;
                field:unsigned int nr_sector;   offset:24;   size:4;   signed:0;
                field:unsigned int bytes;       offset:28;   size:4;   signed:0;
                field:char rwbs[8];         offset:32;   size:8;   signed:1;
                field:char comm[16];        offset:40;   size:16;  signed:1;
                field:__data_loc char[] cmd;   offset:56;   size:4;   signed:1;

print fmt: "%d,%d %s %u (%s) %llu + %u [%s]", ((unsigned int) ((REC->dev) >> 20)),
((unsigned int) ((REC->dev) & ((1U << 20) - 1))), REC->rwbs, REC->bytes,
__get_str(cmd), (unsigned long long)REC->sector, REC->nr_sector, REC->comm
```

마지막 줄은 문자열 문자열과 인자를 보여줍니다. 아래에 해당 출력 결과에서 가져온 포맷 문자열과 앞서 설명한 perf script 출력 결과에서 가져온 포맷 문자열을 비교했습니다.

```
%d,%d %s %u (%s) %llu + %u [%s]
259,0 W 8192 () 875216 + 16 [kworker/u4:1]
```

위의 결과를 통해 해당 포맷 문자열과 내용이 일치함을 확인할 수 있습니다.

트레이싱 도구들은 보통 포맷 문자열의 인자를 이름을 통해 접근할 수 있습니다. 예를 들어 다음의 perf(1) 명령어는 블록 I/O 이슈 이벤트를 추적하는데, 이때 크기 (bytes 인자)가 65536[8]보다 큰 경우에만 추적하는 예시입니다.

```
# perf trace -e block:block_rq_issue --filter 'bytes > 65536'
      0.000 jbd2/nvme0n1p1/174 block:block_rq_issue:259,0 WS 77824 () 2192856 + 152
[jbd2/nvme0n1p1-]
      5.784 jbd2/nvme0n1p1/174 block:block_rq_issue:259,0 WS 94208 () 2193152 + 184
[jbd2/nvme0n1p1-]
[...]
```

다른 예로, 다음은 bpftrace를 사용하여 해당 tracepoint의 바이트 인자만 출력하는 명령입니다. (bpftrace 문법에 대해서는 15장 "BPF"에서 다룹니다. 필자는 후속 예제에서 bpftrace를 사용할 텐데, 이게 명령어 수가 적어 간결하기 때문입니다.)

```
# bpftrace -e 't:block:block_rq_issue { printf("size: %d bytes\n", args->bytes); }'
Attaching 1 probe...
size: 4096 bytes
size: 49152 bytes
```

---

8 perf trace의 --filter 인자는 리눅스 5.5에서 추가되었습니다. 이전 커널에서는 다음 명령을 사용해 동일한 작업을 수행할 수 있습니다.
  perf trace -e block:block_rq_issue --filter 'bytes > 65536' -a; perf script

```
size: 40960 bytes
[...]
```

출력 결과는 각 I/O 이슈마다 한 줄씩 크기를 보여주고 있습니다.

   tracepoint는 tracepoint 이름, 포맷 문자열 및 인자로 구성된 안정적인 API입니다.

tracepoint 인터페이스

트레이싱 도구는 tracefs에 있는 트레이스 이벤트 파일을 통해(보통 /sys/kernel/debug/tracing에 마운트됨) 또는 perf_event_open(2) 시스템 콜을 통해 tracepoint를 사용할 수 있습니다. 예를 들자면 필자가 제작한 Ftrace 기반 iosnoop(8) 도구는 tracefs 파일을 사용합니다.

```
# strace -e openat ~/Git/perf-tools/bin/iosnoop
chdir("/sys/kernel/debug/tracing")      = 0
openat(AT_FDCWD, "/var/tmp/.ftrace-lock", O_WRONLY|O_CREAT|O_TRUNC, 0666) = 3
[...]
openat(AT_FDCWD, "events/block/block_rq_issue/enable", O_WRONLY|O_CREAT|O_TRUNC,
0666) = 3
openat(AT_FDCWD, "events/block/block_rq_complete/enable", O_WRONLY|O_CREAT|O_TRUNC,
0666) = 3
[...]
```

이 도구의 출력 결과에서는 tracefs 디렉터리로 chdir(2)을 호출하고, block tracepoint에 대한 'enable' 파일을 열고 있는 모습을 확인할 수 있습니다. 또한 /var/tmp/.ftrace-lock 파일도 포함되어 있는데, 이는 필자가 코딩한 예방 조치로, 도구들이 동시에 ftrace에 접근하지 못하도록 차단합니다. 이는 tracefs 인터페이스에서 쉽게 지원되지 않기 때문에 필요합니다. 그러나 perf_event_open(2) 인터페이스는 동시 사용자를 지원하며, 가능한 경우 이 인터페이스가 더 선호됩니다. 이는 필자가 제작한 동일한 도구의 최신 BCC 버전에서도 사용하고 있습니다.

```
# strace -e perf_event_open /usr/share/bcc/tools/biosnoop
perf_event_open({type=PERF_TYPE_TRACEPOINT, size=0 /* PERF_ATTR_SIZE_??? */,
config=2323, ...}, -1, 0, -1, PERF_FLAG_FD_CLOEXEC) = 8
perf_event_open({type=PERF_TYPE_TRACEPOINT, size=0 /* PERF_ATTR_SIZE_??? */,
config=2324, ...}, -1, 0, -1, PERF_FLAG_FD_CLOEXEC) = 10
[...]
```

perf_event_open(2)은 커널 perf_events 서브시스템에 대한 인터페이스로, 다양한 프로파일링 및 트레이싱 기능을 제공합니다. 더 상세한 내용은 13장에 있는 perf(1) 프론트엔드와 해당 매뉴얼 페이지를 참조하세요.

tracepoint 오버헤드

tracepoint가 활성화되면 각 이벤트에 약간의 CPU 오버헤드가 추가됩니다. 트레이싱 도구 역시 이벤트 후처리(post-process) 및 이벤트 기록을 위한 파일 시스템 오버헤드를 추가할 수 있습니다. 이러한 오버헤드가 프로덕션 애플리케이션에 영향을 줄 정도로 높은지 여부는 이벤트 발생 속도와 CPU 개수에 따라 다르며, tracepoint를 사용할 때 고려해야 할 중요한 요소입니다.

오늘날의 전형적인 시스템(4~128CPU)에서 초당 10,000번 미만의 이벤트 발생 시 오버헤드는 거의 무시할 수 있을 정도로 적으며, 초당 100,000번을 넘어설 때부터 오버헤드가 눈에 띄게 증가합니다. 예를 들어 디스크 이벤트는 보통 초당 10,000회 미만이지만, 스케줄러 이벤트는 초당 100,000회를 훨씬 넘을 수 있어 트레이싱 비용이 크게 증가할 수 있습니다.

필자는 예전에 특정 시스템의 오버헤드를 분석했었는데, 최소 tracepoint 오버헤드가 CPU 시간으로 96나노초임을 확인한 적이 있습니다.[Gregg 19] 이는 tracepoint가 활성화되었을 때 각 이벤트가 CPU에 미치는 최소한의 추가 작업량을 의미합니다.

또한 2018년에 리눅스 4.7 버전에서 도입된 raw tracepoint라는 새로운 유형도 있습니다. 기존 tracepoint는 이벤트 발생 시 포맷 문자열에 따른 추가 인자를 준비하는 과정에서 오버헤드가 발생했지만, raw tracepoint는 이 과정을 생략해 더 효율적으로 동작합니다. 이를 통해 전체 시스템의 성능에 미치는 영향을 최소화할 수 있습니다.

tracepoint가 활성화되었을 때의 오버헤드 외에도, 비활성화된 상태에서 발생하는 오버헤드도 있습니다. 비활성화된 tracepoint는 x86_64 기준으로 5바이트 크기의 'nop(no-operation)' 명령어로 이루어져 있습니다. 이 명령어는 아무런 작업도 수행하지 않지만, tracepoint가 필요할 때 쉽게 활성화할 수 있도록 자리만 차지하고 있습니다. 또한 함수의 끝부분에 tracepoint 핸들러가 추가되어 함수 크기가 약간 증가할 수 있습니다. 이러한 오버헤드는 매우 작고, 일반적으로 시스템 성능에 큰 영향을 미치지 않지만, 커널에 tracepoint를 추가할 때 분석하고 이해해야 합니다.

tracepoint 문서

tracepoint 기술은 커널 소스 안의 Documentation/trace/tracepoints.rst 아래에 문서화되어 있습니다. tracepoint 자체는 이를 정의하는 헤더 파일에 (때때로) 문서화되어 있으며, 리눅스 소스의 include/trace/events 경로에서 찾을 수 있습니다.

고급 tracepoint 주제는 필자의 책《BPF 성능 분석 도구》의 2장에서 설명하고 있으며[Gregg 19], 커널 코드에 tracepoint를 추가하는 방법과 tracepoint가 명령어 수준에서 어떻게 작동하는지 설명했습니다.

가끔은 tracepoint가 없는 소프트웨어 실행을 추적해야 할 때가 있는데, 이 경우 불안정한 kprobe 인터페이스를 사용할 수 있습니다.

4.3.6 kprobe

kprobe(kernel probe)는 **동적 계측(dynamic instrumentation)**에 기반한 리눅스 커널 이벤트 소스로 1.7.3절 "트레이싱"에서 소개했습니다. 이 기능은 2004년에 릴리스된 리눅스 2.6.9 버전에서부터 사용할 수 있게 되었습니다. kprobe는 커널의 어떤 함수나 명령어도 트레이싱 할 수 있는 기능을 제공하지만, 커널 버전에 따라 달라질 수 있는 커널 함수 원형과 인자를 사용하기 때문에 불안정한 API로 간주됩니다.

kprobe는 내부적으로 여러 가지 다른 방식으로 작동할 수 있습니다. 표준적인 방법은 실행 중인 커널 코드의 명령어 텍스트를 수정해서 필요한 위치에 계측점을 삽입하는 것입니다. 함수의 시작 부분(entry)을 계측할 때는 기존의 Ftrace 함수 트레이싱을 사용하여 최적화를 할 텐데, 그렇게 하는 게 오버헤드가 더 적기 때문입니다.[9]

kprobe가 중요한 이유는 프로덕션 환경에서 커널의 동작을 거의 제한 없이 관찰할 수 있는 최후의 수단(last-resort)[10]이기 때문입니다. 이는 다른 도구들로는 관찰할 수 없는 성능 문제를 파악하는 데 매우 유용합니다. kprobe는 4.5절 '트레이싱 도구'에서 소개된 여러 트레이싱 도구에서 사용될 수 있으며, 13장에서 15장까지

---

9 sysctl(8) 옵션 중 debug.kprobes-optimization을 통해 kprobe 최적화를 활성화하거나 비활성화할 수 있습니다.

10 kprobe조차 사용할 수 없다면, 커널 소스에 직접 계측 코드를 삽입하고 커널을 재컴파일해야 합니다. 이러한 방식은 매우 비효율적이고 위험하므로 kprobe가 사실상 커널 관찰의 최후 수단으로 여겨집니다.

할애해 더 깊이 다루고 있습니다. 표 4.3에 kprobe와 tracepoint를 비교했습니다.

표 4.3 kprobe와 tracepoint 비교

세부사항	kprobe	tracepoint
유형	동적	정적
대략적인 이벤트의 수	50,000+	1,000+
커널 관리	없음	요구됨
사용되지 않을 시 오버헤드	없음	아주 적음 (NOP과 메타데이터)
안정적인 API	안정적이지 않음	안정적임

kprobe는 함수의 시작 부분뿐만 아니라 함수 내부의 명령어 오프셋(instruction offset)도 트레이싱할 수 있는 기능을 제공합니다. kprobe를 사용하면 **kprobe 이벤트**라는 kprobe 기반의 트레이스 이벤트가 생성되며, 이는 커널 코드를 수정하지 않고도 필요할 때만 계측 지점을 추가하여 커널의 동작을 추적할 수 있도록 합니다.

중요한 점은, kprobe 이벤트는 트레이싱 도구가 이를 명시적으로 설정할 때만 존재한다는 것입니다. 트레이싱 도구가 특정 이벤트를 추적하도록 설정하지 않으면, kprobe 이벤트는 활성화되지 않으며, 이로 인해 커널 코드에 아무런 영향을 미치지 않습니다. 이렇게 kprobe는 커널의 동작을 효율적으로 추적할 수 있도록 도와줍니다.

kprobe 예시

kprobe를 사용하는 예로, 다음 bpftrace 명령어는 do_nanosleep() 커널 함수를 계측하고 현재 CPU에서 실행 중인 프로세스를 출력합니다.

```
# bpftrace -e 'kprobe:do_nanosleep { printf("sleep by: %s\n", comm); }'
Attaching 1 probe...
sleep by: mysqld
sleep by: mysqld
sleep by: sleep
^C
#
```

위 출력 결과는 몇 번의 휴면, 즉 "mysqld"라는 이름의 프로세스로 두 번 휴면(sleep)하고, "sleep"(아마도 /bin/sleep)으로 한 번 휴면하고 있음을 보여줍니다. do_nanosleep()에 대한 kprobe 이벤트는 bpftrace 프로그램이 실행되기 시작하면서 생성되고, bpftrace가 종료될 때(Ctrl-C) 제거됩니다.

kprobe 인자

kprobe는 커널 함수 호출을 추적할 수 있기 때문에, 함수의 인자를 함께 살펴보면 동작을 더 구체적으로 이해할 수 있어 커널 분석에 자주 활용됩니다. 각 트레이싱 도구는 함수 인자에 접근하는 방식이 다르며, 이 부분은 뒤에서 더 자세히 설명합니다. 다음은 bpftrace를 사용하여 do_nanosleep() 함수의 두 번째 인자인 hrtimer_mode를 출력하는 사례입니다.

```
# bpftrace -e 'kprobe:do_nanosleep { printf("mode: %d\n", arg1); }'
Attaching 1 probe...
mode: 1
mode: 1
mode: 1
[...]
```

bpftrace에서는 arg0..argN 내장 변수를 사용하여 함수의 인자에 접근할 수 있습니다.

kretprobe

kretprobe(kernel return probe)를 사용하면 커널 함수의 리턴 시점과 리턴 값을 트레이싱할 수 있습니다. kretprobe는 kprobe와 유사하지만, 커널 함수의 리턴을 트레이싱하는 데 특화되어 있습니다.

kretprobe는 먼저 함수의 시작 부분에 kprobe를 삽입하여 작동합니다. 여기서 중요한 점은, 이 kprobe가 트램펄린(trampoline)이라는 특별한 함수를 등록한다는 것입니다. 이 함수는 원래 함수가 종료될 때 호출됩니다. 트램펄린 함수는 커널 함수가 리턴되는 시점을 가로채어, 리턴 시점과 리턴 값을 계측할 수 있도록 도와줍니다.

kprobe와 타임스탬프를 기록하는 트레이싱 도구를 함께 사용하면 커널 함수의 실행 시간을 측정할 수 있습니다. 다음은 bpftrace를 사용하여 do_nanosleep() 함수의 실행 시간을 측정하는 사례입니다.

```
# bpftrace -e 'kprobe:do_nanosleep { @ts[tid] = nsecs; }
    kretprobe:do_nanosleep /@ts[tid]/ {
    @sleep_ms = hist((nsecs - @ts[tid]) / 1000000); delete(@ts[tid]); }
```

```
         END { clear(@ts); }'
Attaching 3 probes...
^C

@sleep_ms:
[0]                 1280 |@@@@@@@@@@@@@@@@@@@@@@@@@@@@@@@@@@@@@@@@|
[1]                    1 |                                        |
[2, 4)                 1 |                                        |
[4, 8)                 0 |                                        |
[8, 16)                0 |                                        |
[16, 32)               0 |                                        |
[32, 64)               0 |                                        |
[64, 128)              0 |                                        |
[128, 256)             0 |                                        |
[256, 512)             0 |                                        |
[512, 1K)              2 |                                        |
```

이 출력 결과는 do_nanosleep() 함수가 대부분 0밀리초(소수점 이하 내림) 이내에 리턴하는 빠른 함수임을 보여줍니다. 또한 예외적으로 긴 실행 시간(512~1024밀리초)도 두 번 있었음을 확인할 수 있습니다.

bpftrace 문법은 15장 "BPF"에서 설명하는데, vfs_read()의 시간을 측정하는 비슷한 예가 수록되어 있습니다.

kprobe 인터페이스 및 오버헤드

kprobe 인터페이스는 tracepoint와 유사합니다. /sys 파일들을 통해 계측하거나, perf_event_open(2) 시스템 콜(선호되는 방법) 및 register_kprobe() 커널 API를 통해 계측할 수 있습니다. kprobe는 기본적으로 tracepoint보다 오버헤드가 크지만, 함수의 시작 부분을 계측할 때 Ftrace 방법을 사용할 수 있으면 오버헤드가 tracepoint와 비슷한 수준으로 낮아집니다. 반면, 함수의 특정 명령어 오프셋을 계측하는 경우(breakpoint 방식)나 kretprobe(트램펄린 방식)를 사용할 때는 오버헤드가 더 커집니다. 필자가 측정한 특정 시스템에서 kprobe의 최소 CPU 오버헤드는 76나노초, kretprobe의 최소 CPU 오버헤드는 212나노초였습니다.[Gregg 19]

kprobe 문서

kprobe는 리눅스 소스의 Documentation/kprobes.txt에 문서화되어 있습니다. kprobe가 계측하는 커널 함수들은 보통 커널 소스 외부에는 문서화되지 않습니다.

대부분은 API가 아니기 때문에 그럴 필요가 없습니다. 필자가 쓴 《BPF 성능 분석 도구》[Gregg 19] 2장에 kprobe에 대한 고급 내용을 정리해두었으며, 여기에는 kprobe 가 명령어 수준에서 어떻게 작동하는지 설명했습니다.

4.3.7 uprobe

uprobe(userspace probe)는 kprobe와 유사하지만, 사용자 공간을 대상으로 합니다. uprobe는 애플리케이션과 라이브러리에 있는 함수들을 동적으로 계측할 수 있으며, 다른 도구들이 할 수 없는 수준으로 소프트웨어 내부를 깊이 탐구할 수 있도록 API를 제공합니다. 그러나 uprobe는 계측 대상이 되는 사용자 공간 프로그램이나 라이브러리가 업데이트되면 함수의 주소나 구조가 바뀌어 계측 지점이 무효화될 수 있습니다. 따라서 kprobe와 달리 설계상 안정적이지 않다는 점을 염두에 두어야 합니다. uprobe는 2012년에 출시된 리눅스 3.5 버전에 처음 도입되었습니다.

uprobe는 4.5절 "트레이싱 도구"에서 소개하는 트레이싱 도구들이 활용할 수 있으며, 13장부터 15장까지에서 심도 있게 다룹니다.

uprobe 예시

다음 bpftrace 명령어는 bash(1) 셸에서 사용할 수 있는 uprobe 함수 시작 위치를 정리해 보여줍니다.

```
# bpftrace -l 'uprobe:/bin/bash:*'
uprobe:/bin/bash:rl_old_menu_complete
uprobe:/bin/bash:maybe_make_export_env
uprobe:/bin/bash:initialize_shell_builtins
uprobe:/bin/bash:extglob_pattern_p
uprobe:/bin/bash:dispose_cond_node
uprobe:/bin/bash:decode_prompt_string
[...]
```

전체 출력 결과에서는 1,507개의 사용 가능한 uprobe가 표시되었습니다. uprobe는 코드에 필요한 계측점을 삽입하고, 이를 통해 uprobe 기반의 트레이스 이벤트를 생성합니다. 기본적으로 사용자 공간 코드는 수정되지 않은 상태로 실행됩니다. 이는 디버거에서 함수에 브레이크포인트를 추가하는 것과 유사한데, 브레이크포인트가 추가되기 전에는 함수가 수정되지 않은 상태로 실행됩니다.

uprobe 인자

uprobe는 사용자 함수의 인자를 추적할 수 있게 해줍니다. 예를 들어, 다음은 bpftrace를 사용하여 bash(1)의 decode_prompt_string() 함수를 계측하고 첫 번째 인자를 문자열로 출력하는 예시입니다.

```
# bpftrace -e 'uprobe:/bin/bash:decode_prompt_string { printf("%s\n", str(arg0)); }'
Attaching 1 probe...
\[\e[31;1m\]\u@\h:\w>\[\e[0m\]
\[\e[31;1m\]\u@\h:\w>\[\e[0m\]
^C
```

이 출력 결과는 이 시스템의 bash(1) 프롬프트 문자열을 보여줍니다. bpftrace 프로그램이 실행되면 decode_prompt_string()에 대한 uprobe가 생성되며, bpftrace가 종료될 때(Ctrl-C) 제거됩니다.

uretprobe

uretprobe(user-level return probe)를 사용하면 사용자 함수의 리턴과 그 리턴값을 추적할 수 있습니다. uretprobe는 uprobe와 유사합니다. uprobe와 타임스탬프를 기록하는 트레이싱 도구를 함께 사용하면 사용자 레벨 함수의 실행 시간을 측정할 수 있습니다. 그러나 uretprobe의 오버헤드로 인해 빠른 함수들의 측정값이 현저하게 왜곡될 수 있음을 유의하세요.

uprobe 인터페이스 및 오버헤드

uprobe의 인터페이스는 kprobe와 유사합니다. /sys 파일을 통해 계측하거나, perf_event_open(2) 시스템 콜을 통해 계측할 수 있는데, 후자가 더 나은 방법입니다.

현재 uprobe는 사용자 공간의 이벤트를 처리하기 위해 트랩을 사용해 커널 모드로 전환합니다. 이 과정에서 코드 실행이 일시 중단되며, 커널이 필요한 작업을 수행합니다. 이러한 방식은 kprobe나 tracepoint보다 훨씬 높은 CPU 오버헤드를 유발합니다. 필자가 측정한 특정 시스템에서는 가장 적은 uprobe의 오버헤드가 1,287나노초였고, 가장 적은 uretprobe의 오버헤드는 1,931나노초였습니다.[Gregg 19] uretprobe의 오버헤드는 uprobe와 트램펄린 함수를 함께 사용하기 때문에 더 높습니다.

uprobe 문서화

uprobe는 리눅스 소스의 Documentation/trace/uprobetracer.rst에 문서화되어 있습니다. 필자는 《BPF 성능 분석 도구》 2장에서 uprobe의 고급 주제를 정리했는데, 여기에는 uprobe가 명령어 수준에서 어떻게 작동하는지 설명했습니다. uprobe로 계측하는 사용자 함수는 보통 애플리케이션 소스 외에는 문서화되지 않는 경우가 많습니다. 대부분 API가 아니기에 문서화될 필요가 없어서 입니다. 사용자 공간 트레이싱 중 문서화 되어있는 것을 찾는다면 USDT를 확인해 보세요.

4.3.8 USDT

USDT(User-level statically defined tracing, 사용자 레벨 정적 트레이싱)은 tracepoint의 사용자 공간 버전입니다. USDT와 uprobe의 관계는, tracepoint와 kprobe의 관계와 비슷합니다. 일부 애플리케이션과 라이브러리에는 USDT probe가 코드에 추가되어 있어서, 애플리케이션 레벨 이벤트를 안정적으로 (문서화된) API를 통해 트레이싱할 수 있습니다. 예를 들어 Java JDK, PostgreSQL 데이터베이스, libc에는 USDT probe가 포함되어 있습니다.

아래는 bpftrace를 사용하여 OpenJDK에서 사용할 수 있는 USDT probe를 정리한 것입니다.

```
# bpftrace -lv 'usdt:/usr/lib/jvm/openjdk/libjvm.so:*'
usdt:/usr/lib/jvm/openjdk/libjvm.so:hotspot:class__loaded
usdt:/usr/lib/jvm/openjdk/libjvm.so:hotspot:class__unloaded
usdt:/usr/lib/jvm/openjdk/libjvm.so:hotspot:method__compile__begin
usdt:/usr/lib/jvm/openjdk/libjvm.so:hotspot:method__compile__end
usdt:/usr/lib/jvm/openjdk/libjvm.so:hotspot:gc__begin
usdt:/usr/lib/jvm/openjdk/libjvm.so:hotspot:gc__end
[...]
```

이 명령어는 자바 클래스 로딩 및 언로딩, 메서드 컴파일, 가비지 컬렉션(garbage collection)과 관련된 USDT 프로브를 보여줍니다. 위 예시는 전체 목록에서 일부만 잘라낸 것이며, 필자의 JDK 버전에는 524개의 USDT probe가 표시되었습니다.

많은 애플리케이션에는 맞춤형 이벤트 로그가 이미 존재하며, 성능 분석에 유용한 세부 정보를 제공합니다(필요시 활성화하거나 비활성화할 수 있습니다). 하지만 USDT probe는 이와 다릅니다. USDT probe가 차별화되는 지점은, 애플리케이션 컨텍스트를 디스크 그리고 네트워크 I/O 같은 커널 이벤트와 합쳐 여러 가지 트레이싱 도구들에서 사용할 수 있어서 입니다. 예를 들어, 애플리케이션 레벨의 로거(logger)는 데이터베이스 쿼리가 파일 시스템 I/O 때문에 느려졌다고 알려줄 수 있지만, USDT를 활용한 트레이싱 도구는 더 많은 정보를 제공할 수 있습니다. 예를 들어, 쿼리가 느린 이유가 디스크 I/O 때문이 아니라 파일 시스템 내의 락 경쟁 때문임을 밝혀줄 수 있습니다.

일부 애플리케이션에는 USDT probe가 포함되어 있지만, 이 probe는 여러분이 사용 중인 애플리케이션 배포 버전에서는 활성화되어 있지 않을 수 있습니다. OpenJDK가 그러한 예입니다. 이러한 경우 애플리케이션 소스를 다시 빌드해야 하며, 이때 --enable-dtrace-probes와 같은 설정 옵션을 사용해야 합니다. 이 옵션은 USDT가 애플리케이션에 도입되도록 영향을 준 DTrace라는 트레이싱 도구에서 따온 이름입니다.

USDT probe는 프로그램이 실행되기 전에 미리 컴파일된 실행 파일에 포함되어야 합니다. 이는 자바와 같은 JIT(Just-In-Time) 컴파일 언어에서는 불가능합니다. JIT 컴파일 언어는 실행 시에 즉시 컴파일하기 때문입니다.

이를 해결하기 위한 방법으로 **동적 USDT(dynamic USDT)**가 있습니다. 동적 USDT는 공유 라이브러리로 probe를 미리 컴파일하고, JIT 컴파일 언어에서 이를 호출할 수 있는 인터페이스를 제공합니다. 이러한 동적 USDT 라이브러리는 자바, Node.js 그리고 여타 언어들에도 존재합니다. 인터프리터 언어(interpreted language)도 비슷한 문제가 있어 동적 USDT가 필요합니다.

USDT probe는 리눅스에서 uprobe를 기반으로 동작합니다. uprobe와 그로 인한 성능 부하(오버헤드)에 대한 설명은 앞에서 다뤘으니 참고하세요. USDT probe도 활성화되면 오버헤드가 발생하지만, 활성화되지 않은 상태에서는 tracepoint와 마찬가지로 코드에 nop(아무 작업도 하지 않는) 명령어를 삽입하여 성능에 영향을 주지 않도록 합니다.

USDT probe는 4.5절 "트레이싱 도구"에서 소개한 트레이싱 도구에서 사용할 수 있으며, 13장부터 15장까지 심도 있게 다룹니다. 다만 Ftrace와 함께 USDT를 사용하는 경우 추가 작업이 필요할 수 있습니다.

USDT 관련 문서

애플리케이션에서 USDT probe를 사용할 수 있게 해 두었다면, 애플리케이션 문서에서 관련 내용을 찾아볼 수 있을 것입니다. 필자의 책 《BPF 성능 분석 도구》의 2장에서 USDT 관련 고급 주제들을 설명했으며, USDT probe를 애플리케이션 코드에 추가하는 방법과 내부적으로 동작하는 방법 및 동적 USDT에 대한 내용을 수록해 두었습니다.[Gregg 19]

4.3.9 하드웨어 카운터(PMC)

프로세서와 기타 장치들은 일반적으로 동작을 관찰하기 위한 하드웨어 카운터를 지원합니다. 주로 CPU 프로세서가 이러한 것들을 제공하며, 하드웨어 카운터는 보통 PMC(Performance Monitoring Counter, 성능 모니터링 카운터)라고 부릅니다. 이 카운터들은 CPC(CPU Performance Counter, CPU 성능 카운터), PIC(Performance Instrumentation Counters, 성능 계측 카운터), PMU 이벤트(Performance Monitoring Unit Event, 성능 모니터링 유닛 이벤트) 등 여러 이름으로도 부릅니다. 이들은 모두 같은 것을 의미하는데, 바로 프로세서상의 프로그래밍 가능한 하드웨어 레지스터를 의미합니다. 이 레지스터는 CPU 사이클 수준의 해상도로 고급 성능 정보를 제공합니다.

PMC는 성능 분석을 수행하는 핵심적인 자원입니다. CPU 명령어의 효율성, CPU 캐시 적중률, 메모리와 장치 버스 사용률, 인터커넥트 사용률, 스톨(stall) 사이클 등을 측정할 수 있는 유일한 방법이 바로 PMC입니다. 이러한 데이터를 사용하여 성능을 분석하면 다양한 성능 최적화를 이끌어낼 수 있습니다

PMC 예시

많은 PMC가 존재하지만, 인텔은 그중 일곱 가지를 '아키텍처 세트(architectural set)'로 선택하여 CPU 성능의 중요한 측면을 포괄적으로 측정할 수 있도록 합니다.[Intel 16] 이 아키텍처 세트 PMC는 cpuid 명령어를 사용하여 지원 여부를 확인할 수 있습니다. 표 4.4는 이러한 아키텍처 세트를 보여주며, 이는 유용한 PMC의 대표적인 사례이기도 합니다.

표 4.4 인텔 아키텍처 PMC

이벤트 이름	UMask	Event Select	Event Mask 기호
UnHalted Core Cycles	00H	3CH	CPU_CLK_UNHALTED.THREAD_P
Instruction Retired	00H	C0H	INST_RETIRED.ANY_P
UnHalted Reference Cycles	01H	3CH	CPU_CLK_THREAD_UNHALTED.REF_XCLK
LLC References	4FH	2EH	LONGEST_LAT_CACHE.REFERENCE
LLC Misses	41H	2EH	LONGEST_LAT_CACHE.MISS
Branch Instruction Retired	00H	C4H	BR_INST_RETIRED.ALL_BRANCHES
Branch Misses Retired	00H	C5H	BR_MISP_RETIRED.ALL_BRANCHES

perf stat 명령어는 이벤트를 지정하지 않고(-e 옵션 없이) 실행하면, 기본적으로 아키텍처 PMC를 계측합니다. 예를 들어, 다음은 gzip(1) 명령어에 대해 perf stat 를 실행한 결과입니다.

```
# perf stat gzip words

Performance counter stats for 'gzip words':

       156.927428      task-clock (msec)      #    0.987 CPUs utilized
                1      context-switches       #    0.006 K/sec
                0      cpu-migrations         #    0.000 K/sec
              131      page-faults            #    0.835 K/sec
      209,911,358      cycles                 #    1.338 GHz
      288,321,441      instructions           #    1.37  insn per cycle
       66,240,624      branches               #  422.110 M/sec
        1,382,627      branch-misses          #    2.09% of all branches

      0.159065542 seconds time elapsed
```

첫 번째 열은 각 성능 지표에 대한 실제 측정 값을 나타내며, 해시(#) 다음에는 일부 통계가 정리되어 있습니다. 위의 예시에는 중요한 성능 지표인 사이클당 명령어(insn per cycle)가 나와 있습니다. 이 지표는 CPU가 명령어를 얼마나 효율적으로 실행하는지를 보여주며, 값이 높을수록 더 효율적이라는 것을 의미합니다. 이 성능 지표에 대한 자세한 설명은 6.3.7절 "IPC, CPI"에서 다룹니다.

PMC 인터페이스

리눅스에서 PMC는 perf_event_open(2) 시스템 콜을 통해 접근할 수 있으며, perf(1) 같은 다양한 도구들이 이를 사용합니다.

사용할 수 있는 PMC는 수백 여 가지에 이르지만, CPU에서 이들을 동시에 측정할 수 있는 레지스터는 고정된 수만큼만 있는데, 기껏해야 6개 정도일 겁니다. 따라서, 이 6개의 레지스터 중 어느 PMC를 측정할지 선택하거나 여러 PMC 세트를 주기적으로 전환하여 샘플링하는 방법을 사용할 수 있습니다. 리눅스의 perf(1) 도구는 이를 자동으로 지원합니다. 반면, 다른 소프트웨어 카운터들은 이런 제약을 받지 않습니다.

PMC는 여러 모드로 사용할 수 있습니다. 첫 번째 모드는 **카운팅(counting)** 모드로, 사실상 오버헤드 없이 이벤트를 세는 방식입니다. 두 번째 모드는 **오버플로 샘플링(overflow sampling)** 모드로, 특정 수의 이벤트마다 인터럽트를 발생시켜 상태를 캡처할 수 있게 합니다. 카운팅 모드는 문제의 발생 빈도를 측정하는 데 유용하며, 오버플로 샘플링 모드는 문제를 일으키는 코드 경로를 파악하는 데 유용합니다.

perf(1)에서는 stat 하위 명령어로 카운팅(counting)을 수행할 수 있으며, record 하위 명령어로 샘플링을 수행할 수 있습니다. 13장 "perf"을 참고하세요.

PMC의 문제점

PMC를 사용할 때 흔히 겪는 두 가지 문제는 오버플로 샘플링의 정확도와 클라우드 환경에서 사용할 수 있을지 여부입니다.

오버플로 샘플링에서는 이벤트를 발생시킨 명령어 포인터를 정확하게 기록하지 못할 수 있습니다. 이는 인터럽트 지연('스키드(skid)'라고 불리기도 함) 또는 명령어의 순서가 어긋나게 실행되기 때문입니다. 주로 전체적인 성능 특성을 파악하는 데 중점을 두는 CPU 사이클 프로파일링의 경우, 이런 스키드는 큰 문제가 되지 않을 수 있습니다. 일부 프로파일러는 락스텝 샘플링(lockstep sampling)[11]을 피하기 위해 의도적으로 지터(jitter)를 도입하거나 99헤르츠(Hz)와 같은 오프셋 샘플링 레이트를 사용하기도 합니다. 하지만 LLC 미스(마지막 레벨 캐시 미스)와 같은 다른 이벤트를 측정할 때는 샘플링된 명령어 포인터가 정확해야 합니다.

이 문제를 해결하는 방법은 프로세서가 제공하는 **정밀 이벤트(precise events)** 를 사용하는 것입니다. 인텔 프로세서의 경우, 정밀 이벤트는 PEBS(precise event-

---

11 (옮긴이) 락스텝(lockstep) 샘플링이란, 애플리케이션 이벤트와 샘플링 주기가 일치할 때 확인하고자 하는 이벤트가 집계되지 않을 수 있는 상황을 의미합니다. '락스텝'은 원래 발을 맞춰 동시에 움직이는 군사 용어에서 유래한 표현으로, 여기서는 샘플링이 반복적으로 같은 타이밍에만 일어나 분석 결과가 편향되는 현상을 가리킵니다.

based sampling, 정밀 이벤트 기반 샘플링)[12]라는 기술을 사용합니다. PEBS는 하드웨어 버퍼를 이용해 PMC 이벤트 발생 시점에 더 정확한 명령어 포인터를 기록합니다. AMD 프로세서의 경우, 정밀 이벤트는 IBS(instruction-based sampling, 명령어 기반 샘플링)라는 기술을 사용합니다.[Drongowski 07] 리눅스의 perf(1) 명령어는 이러한 정밀 이벤트를 지원합니다(자세한 내용은 13.9.2절 "CPU 프로파일링"을 참조).

또 다른 문제는 클라우드 컴퓨팅 환경에서 PMC의 접근 문제로, 많은 클라우드 환경에서 게스트가 PMC에 접근할 수 없도록 제한하고 있습니다. 하지만 기술적으로는 이를 가능하게 할 수 있습니다. 예를 들어 Xen 하이퍼바이저는 vpmu 커맨드 라인 옵션을 제공하여 게스트가 다양한 PMC 세트를 사용할 수 있도록 합니다.[13] [Xenbits 30] 아마존의 Nitro 하이퍼바이저는 많은 PMC를 게스트가 사용할 수 있도록 허용하고 있습니다.[14] 또한, 일부 클라우드 서비스 프로바이더는 '베어메탈 인스턴스(bare-metal instances)'를 제공하여 게스트가 전체 프로세서에 접근할 수 있으며, 따라서 PMC에도 완전히 접근할 수 있습니다.

PMC 관련 문서

PMC는 프로세서마다 다르게 설계되며, 각각의 프로세서 소프트웨어 개발자 매뉴얼에 문서로 정리되어 있습니다. 아래는 프로세서 제조사별 문서의 예시입니다.

- Intel: *Intel® 64 and IA-32 Architectures Software Developer's Manual Volume 3*의 19장, "Performance Monitoring Events".[Intel 16]
- AMD: "*Open-Source Register Reference For AMD Family 17h Processors Models 00h-2Fh*" 의 2.1.1절, "Performance Monitor Counters".[AMD 18]
- ARM: "*Arm® Architecture Reference Manual Armv8, for Armv8-A architecture profile*" 의 D7.10절, "PMU Events and Event Numbers".[ARM 19]

PMC에 대해 모든 프로세서에서 지원할 수 있는 표준 명명 규칙을 개발하려는 작업이 있었습니다. 이를 PAPI(performance application programming interface, 성능

---

12 일부 인텔 문서에서는 PEBS를 프로세서 이벤트 기반 샘플링(processor event-based sampling)으로 확장하여 설명합니다.
13 필자는 여러 PMC 모드를 지원하는 Xen 코드를 작성했습니다. 'ipc' 모드는 사이클 당 명령어(instructions-per-cycle) PMC 전용이고, 'arch' 모드는 인텔 아키텍처 세트 전용입니다. 필자의 코드는 Xen의 기존 vpmu 지원에 아주 조그만 기능 하나를 추가한 정도에 불과했습니다.
14 현재는 VM이 전체 프로세서 소켓(또는 그 이상)을 소유하고 있는 대형 Nitro 인스턴스에서만 사용 가능합니다.

애플리케이션 프로그래밍 인터페이스)라고 합니다.[UTK 20] 그러나 PAPI에 대한 운영 체제의 지원은 일관되지 않습니다. 그 이유는 PAPI 이름을 각 벤더의 PMC 코드와 매핑하기 위해서 자주 업데이트 해야 하기 때문입니다.

PMC의 구현에 대한 자세한 설명과 추가적인 PMC 사례는 6.4.1절 "하드웨어" 아래의 "하드웨어 카운터"에서 다루고 있습니다.

4.3.10 기타 관측가능성 소스

다른 관측가능성 소스로는 다음과 같은 것들이 있습니다.

- MSR: PMC는 모델별 특화 레지스터(model-specific register, MSR)를 사용해 구현됩니다. 이 외에도 시스템의 설정과 상태를 보여주는 다양한 MSR이 있습니다. 여기에는 CPU 클럭 속도, 사용률, 온도, 전력 소모 등이 포함됩니다. 사용 가능한 MSR은 프로세서 유형, BIOS 버전과 설정, 하이퍼바이저 설정에 따라 다릅니다. MSR을 이용해 CPU 사용률을 사이클 기반으로 정확하게 측정(accurate cycle-based measurement)하는 방법이 한 가지 예라 할 수 있습니다.

- ptrace(2): 이 시스템 콜은 프로세스 트레이싱을 제어하는데, gdb(1)는 이를 활용하여 프로세스 디버깅을 수행하고, strace(1)는 시스템 콜 트레이싱에 이용합니다. 이 방법은 브레이크포인트 기반으로, 대상 프로세스를 100배 이상 느리게 만들 수 있습니다. 리눅스에는 더 효율적인 시스템 콜 트레이싱을 위한 tracepoint도 있습니다. 이는 4.3.5절 "Tracepoint"에서 다루었습니다.

- 함수 프로파일링: x86 시스템에서는 효율적인 Ftrace 함수 트레이싱을 위해 모든 인라인되지 않은 커널 함수의 시작 부분에 함수 호출을 프로파일링하는 함수(mcount()이나 __fentry__())가 추가되어 있습니다. 기본적으로 이들은 nop 명령어로 대기하다가 필요할 때 활성화됩니다. 자세한 내용은 14장 "Ftrace"를 참고하세요.

- 네트워크 스니핑(libpcap): 이러한 인터페이스는 네트워크 장치에서 패킷을 캡처하여 패킷 및 프로토콜 성능을 상세히 조사하는 방법을 제공합니다. 리눅스에서는 libpcap 라이브러리와 /proc/net/dev를 통해 스니핑을 사용할 수 있으며, tcpdump(8) 도구가 이를 사용합니다. 패킷을 모두 캡처하고 조사하는 과정에서 CPU와 저장소 양쪽 모두에 오버헤드가 발생합니다. 네트워크 스니핑에 대한 더 많은 내용은 10장을 참고하세요.

- 넷필터(netfilter) conntrack: 리눅스 netfilter 기술은 이벤트에서 커스텀 핸들러를 수행할 수 있게 해줍니다. 이를 이용해서 단순히 네트워크 방화벽뿐만 아니라 conntrack(연결 추적)과 같은 기능도 사용할 수 있습니다. 이를 통해 네트워크 플로에 대한 로그를 생성할 수 있습니다.[Ayuso 12]
- 프로세스 어카운팅(accounting): 이 방법은 메인프레임 시대까지 거슬러 올라가며, 부서와 사용자에게 컴퓨터 비용을 청구하기 위해 사용되었는데, 비용의 기준은 프로세스의 실행 시간과 런타임입니다. 리눅스와 솔라리스 기반 시스템에서 다양한 형태로 존재하며, 프로세스 수준의 성능 분석에 유용할 수 있습니다. 예를 들어 리눅스 atop(1) 도구는 프로세스 어카운팅을 사용하여 짧게 실행된 프로세스의 정보를 캡처하고 표시합니다. 참고로 이렇게 짧게만 실행된 프로세스들은 /proc의 스냅숏을 찍을 때 놓칠 수도 있습니다.[Atoptool 20].
- 소프트웨어 이벤트: 이는 하드웨어 이벤트와 관련이 있지만 소프트웨어에서 계측됩니다. 페이지 폴트(Page faults)가 이러한 예시입니다. 소프트웨어 이벤트는 perf_event_open(2) 인터페이스를 통해 사용할 수 있으며, perf(1)와 bpftrace가 이를 사용합니다. 이러한 소프트웨어 이벤트는 그림 4.5에 표현되어 있습니다.
- 시스템 콜: 몇몇 시스템 또는 라이브러리 콜은 성능 지표를 제공할 수 있습니다. 예를 들어 getrusage(2)는 프로세스가 자신의 자원 사용 통계를 얻기 위한 시스템 콜입니다. 여기에는 사용자 시간, 시스템 시간, 페이지 폴트, 메시지, 컨텍스트 스위치 정보 등이 포함됩니다.

이들 주제에 관심이 있다면, 이러한 인터페이스를 기반으로 도구를 만드는 개발자를 위해 관련 문서가 보통 제공되니 참고할 수 있습니다.

추가 정보

커널 버전과 활성화된 옵션에 따라 더 많은 관측가능성 소스가 있을 수 있습니다. 이 책의 다른 장에서도 이러한 소스들을 다룹니다. 리눅스에서는 I/O 어카운팅, blktrace, timer_stats, lockstat, debugfs 등이 포함됩니다.

이러한 소스는 관찰하고자 하는 커널 코드를 읽고, 그 안에 어떤 통계나 tracepoint가 들어있는지 살피는 방식으로 찾을 수 있습니다.

추적하려는 대상에 대한 커널 통계가 없다면, 동적 계측(리눅스 kprobe 및 uprobe)을 사용하거나, gdb(1)나 lldb(1) 같은 디버거를 사용하여 커널 및 애플리케이션 변수를 확인해 볼 수도 있습니다.

솔라리스 Kstat

시스템 통계를 제공하는 다른 방법의 예로, 솔라리스 기반 시스템은 커널 통계(Kstat, kernel statistics) 프레임워크를 사용합니다. 이는 일관된 계층 구조로 커널 통계를 제공하며, 다음과 같은 네 개의 요소(튜플)를 사용하여 이름이 지정됩니다.

```
module:instance:name:statistic
```

- module: 통계를 생성한 커널 모듈을 가리킵니다. 예를 들어 SCSI 디스크 드라이버는 'sd', ZFS 파일 시스템의 경우에는 'zfs'로 표시됩니다.
- instance: 일부 모듈은 여러 개의 인스턴스를 가질 수 있습니다. 예를 들어, 각 SCSI 디스크마다 'sd' 모듈이 있을 수 있으며, 이는 sda, sdb, sdc처럼 구분됩니다. 인스턴스는 이러한 모듈들을 나열합니다.
- name: 통계 그룹의 이름입니다.
- statistic: 개별 통계 이름입니다.

Kstats는 바이너리 커널 인터페이스를 통해 접근할 수 있으며, 다양한 라이브러리가 존재합니다

다음은 Kstat의 예로, kstat(1M)을 사용하여 'nproc' 통계를 네 개의 요소를 지정하여 읽는 방법입니다.

```
$ kstat -p unix:0:system_misc:nproc
unix:0:system_misc:nproc        94
```

이 통계는 현재 실행 중인 프로세스의 수를 보여줍니다.

이에 비해 리눅스의 /proc/stat 스타일 소스는 포맷이 일관되지 않고, 보통 이를 처리하기 위해 텍스트 파싱이 필요하며 약간의 CPU 사이클이 소모됩니다.

4.4 sar

sar(1)은 4.2.4절 "모니터링"에서 핵심 모니터링 도구로 소개했습니다. 최근 BPF 트레이싱의 엄청난 기능들로 인해 BPF 기술이 많은 관심을 받았지만, sar(1)의 유용성을 절대로 간과해서는 안 됩니다. sar(1)은 필수적인 시스템 성능 도구로 그 자체만으로도 많은 성능 이슈를 해결해 낼 수 있습니다. 리눅스 버전의 sar(1)도 매우 잘 설계되어 있어, 칼럼 제목이 직관적이고, 네트워크 지표 그룹이 분류되어 있으며,

자세한 문서(매뉴얼 페이지)가 포함되어 있습니다. sar(1)은 sysstat 패키지를 통해 설치할 수 있습니다.

4.4.1 sar(1) 적용 범위

그림 4.6은 다양한 sar(1) 명령어 옵션들이 제공하는 관측가능성을 보여줍니다.

이 그림은 sar(1)이 커널과 장치에 대해 광범위한 관측가능성을 제공하며, 팬(fan)까지도 모니터링할 수 있음을 보여줍니다. -m(전원 관리) 옵션을 사용하면 이 그림에 표시되지 않은 IN(전압 입력), TEMP(장치 온도), USB(USB 장치 전원 통계) 등의 항목도 모니터링할 수 있습니다.

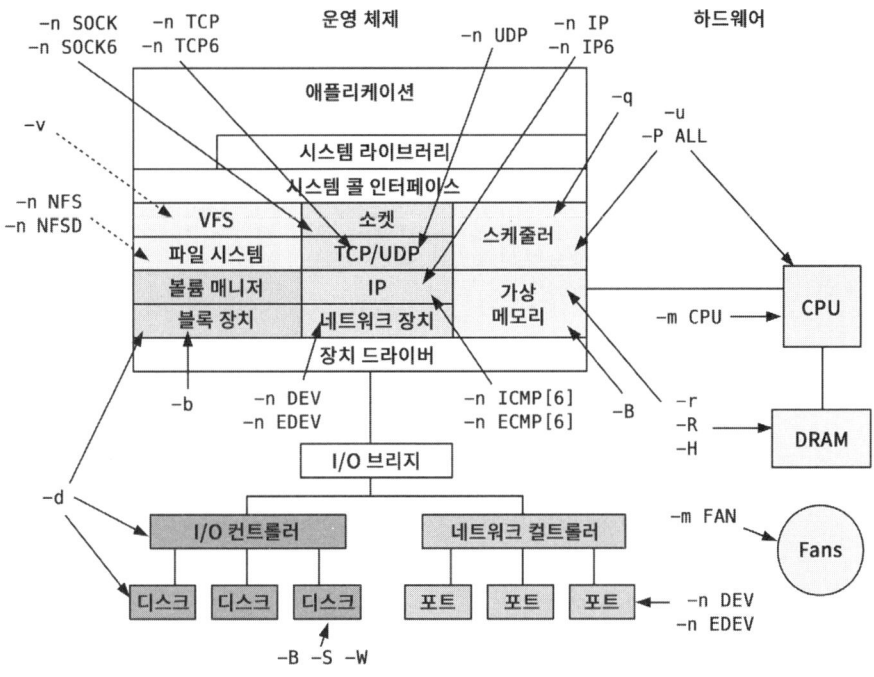

그림 4.6 리눅스 sar(1) 관측가능성

4.4.2 sar(1) 모니터링

리눅스 시스템에서 sar(1) 데이터 수집(모니터링)이 이미 활성화되어 있을 수 있습니다. 그렇지 않다면 이를 활성화해야 합니다. 확인하려면 옵션 없이 sar를 실행해 보세요.

```
$ sar
Cannot open /var/log/sysstat/sa19: No such file or directory
Please check if data collecting is enabled
```

위 출력 결과는 이 시스템에서 sar(1) 데이터 수집이 아직 활성화되지 않았음을 보여줍니다(sa19 파일은 매월 19일의 일간 기록을 나타냅니다). 이를 활성화하는 방법은 사용하는 배포판에 따라 다를 수 있습니다.

설정(우분투)

우분투 시스템에서는 /etc/default/sysstat 파일을 편집하고 ENABLED를 true로 설정하여 sar(1) 데이터 수집을 활성화할 수 있습니다.

```
ubuntu# vi /etc/default/sysstat
#
# Default settings for /etc/init.d/sysstat, /etc/cron.d/sysstat
# and /etc/cron.daily/sysstat files
#

# Should sadc collect system activity informations? Valid values
# are "true" and "false". Please do not put other values, they
# will be overwritten by debconf!
ENABLED="true"
```

그런 다음 sysstat을 다음과 같이 재시작합니다.

```
Ubuntu# service sysstat restart
```

sysstat의 데이터 기록 스케줄은 crontab 파일에서 수정할 수 있습니다.

```
ubuntu# cat /etc/cron.d/sysstat
# The first element of the path is a directory where the debian-sa1
# script is located
PATH=/usr/lib/sysstat:/usr/sbin:/usr/sbin:/usr/bin:/sbin:/bin

# Activity reports every 10 minutes everyday
5 55/10 * * * * root command -v debian-sa1 > /dev/null && debian-sa1 1 1

# Additional run at 23:59 to rotate the statistics file
59 23 * * * root command -v debian-sa1 > /dev/null && debian-sa1 60 2
```

여기서 5-55/10 구문은 매 시각 5분에서 55분까지 10분 간격으로 기록하겠다는 의미입니다. 원하는 해상도에 맞게 기록 주기를 조정할 수 있으며, 이 구문은

crontab(5) 매뉴얼 페이지에 문서화되어 있습니다. 더 자주 데이터를 수집하면 sar(1) 아카이브 파일의 크기가 커질 수 있는데, 이는 /var/log/sysstat에서 확인할 수 있습니다.

필자는 종종 데이터 수집을 다음과 같이 변경합니다.

*/5 * * * * root command -v debian-sa1 > /dev/null && debian-sa1 1 1 -S ALL

*/5는 5분마다 기록을 하겠다는 의미이고, -S ALL은 모든 통계를 기록하겠다는 의미입니다. 기본적으로 sar(1)은 대부분의 (하지만 전부는 아닌) 통계 그룹을 기록하도록 설정되어 있습니다. -S ALL 옵션은 모든 통계 그룹을 기록하는데 사용되는데, 이 옵션은 sadc(1)으로 전달됩니다. 전체 옵션은 sadc(1) 매뉴얼 페이지에 문서화되어 있습니다. 또한 확장된 버전인 -S XALL 옵션도 있는데, 이 옵션은 통계를 더 세분화하여 추가로 기록합니다.

리포트

그림 4.6에 나와 있는 옵션을 사용하여 sar(1)을 실행하면 선택한 통계 그룹에 대한 리포트를 확인할 수 있습니다. 여러 옵션을 동시에 지정할 수도 있습니다. 예를 들어, 다음은 CPU 통계 (-u), TCP (-n TCP), 그리고 TCP 오류들 (-n ETCP)을 출력합니다.

```
$ sar -u -n TCP,ETCP
Linux 4.15.0-66-generic (bgregg)    01/19/2020      _x86_64_        (8 CPU)

10:40:01 AM     CPU     %user     %nice   %system   %iowait    %steal     %idle
10:45:01 AM     all      6.87      0.00      2.84      0.18      0.00     90.12
10:50:01 AM     all      6.87      0.00      2.49      0.06      0.00     90.58
[...]
10:40:01 AM  active/s passive/s    iseg/s    oseg/s
10:45:01 AM      0.16      0.00     10.98      9.27
10:50:01 AM      0.20      0.00     10.40      8.93
[...]
10:40:01 AM   atmptf/s  estres/s  retrans/s isegerr/s   orsts/s
10:45:01 AM      0.04      0.02      0.46      0.00      0.03
10:50:01 AM      0.03      0.02      0.53      0.00      0.03
[...]
```

출력 결과의 첫 번째 줄은 시스템 요약을 보여줍니다. 여기에는 커널의 유형과 버전, 호스트 이름, 날짜, 프로세서 아키텍처 및 CPU의 개수가 포함됩니다.

sar -A를 실행시키면 모든 통계를 보여줍니다.

출력 형식

sysstat 패키지에는 sar(1) 통계를 JSON, SVG, CSV를 포함한 여러 가지 포맷으로 출력할 수 있는 sadf(1) 명령어가 포함되어 있습니다. 다음의 예는 TCP (-n TCP) 통계를 이러한 형식으로 출력하는 방법을 보여줍니다.

JSON (-j):

JSON(JavaScript Object Notation, 자바스크립트 객체 표기법)은 많은 프로그래밍 언어에서 쉽게 분석하고 파싱할 수 있기 때문에 sar(1)을 기반으로 다른 소프트웨어를 구축할 때 적합한 출력 형식입니다.

```
$ sadf -j -- -n TCP
{"sysstat": {
  "hosts": [
    {
      "nodename": "bgregg",
      "sysname": "Linux",
      "release": "4.15.0-66-generic",
      "machine": "x86_64",
      "number-of-cpus": 8,
      "file-date": "2020-01-19",
      "file-utc-time": "18:40:01",
      "statistics": [
        {
          "timestamp": {"date": "2020-01-19", "time": "18:45:01", "utc": 1,
                    "interval": 300},
          "network": {
            "net-tcp": {"active": 0.16, "passive": 0.00, "iseg": 10.98,
                    "oseg": 9.27}
          }
        },
[...]
```

jq(1) 도구를 사용해 커맨드 라인에서 JSON 출력을 처리할 수도 있습니다.

SVG (-g):

sadf(1) 웹 브라우저에서 볼 수 있는 SVG(Scalable Vector Graphics, 스케일러블 벡터 그래픽) 파일을 생성할 수 있습니다.

그림 4.7는 그러한 예의 하나입니다. 가장 기본적인 대시보드를 만들 때 이 출력 양식을 사용할 수 있습니다.

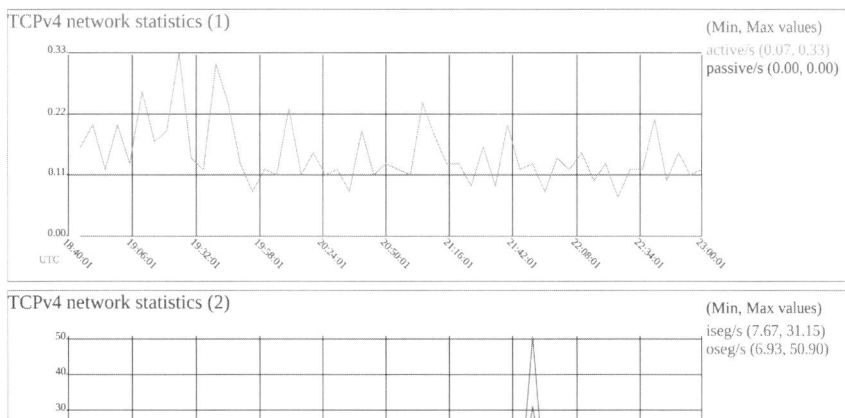

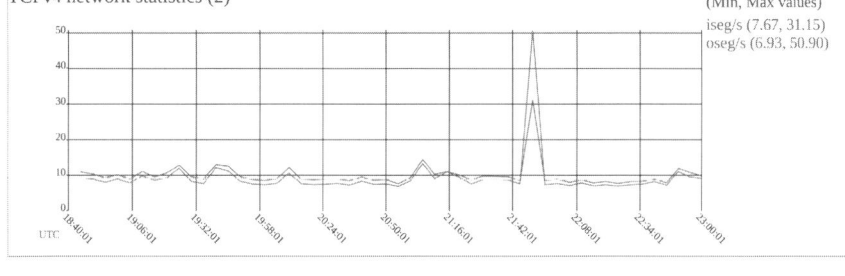

그림 4.7 sar(1) sadf(1) SVG 출력 결과 sadf(1) SVG 출력 결과[15]

CSV (-d)

CSV(comma-separated values, 콤마로 구분된 값) 형식은 데이터베이스로 결과를 넘기기 위해 사용됩니다. CSV 형식에서는 세미콜론을 구분자로 사용합니다.

```
$ sadf -d -- -n TCP
# hostname;interval;timestamp;active/s;passive/s;iseg/s;oseg/s
bgregg;300;2020-01-19 18:45:01 UTC;0.16;0.00;10.98;9.27
bgregg;299;2020-01-19 18:50:01 UTC;0.20;0.00;10.40;8.93
bgregg;300;2020-01-19 18:55:01 UTC;0.12;0.00;9.27;8.07
[...]
```

4.4.3 sar(1) 실시간 모니터링

sar(1)을 출력할 간격(interval)과 출력할 수(count)와 함께 실행하면 실시간 모니터링이 가능합니다. 이 모드는 데이터 수집이 활성화되지 않았을 때도 사용할 수 있습니다.

---

[15] 이 도표를 더 쉽게 읽을 수 있도록 글자 크기를 키워서 SVG 파일을 수정했습니다.

다음 명령은 1초 간격으로 5번의 TCP 통계를 보여주는 사례입니다.

```
$ sar -n TCP 1 5
Linux 4.15.0-66-generic (bgregg)    01/19/2020    _x86_64_    (8 CPU)
03:09:04 PM  active/s passive/s    iseg/s    oseg/s
03:09:05 PM     1.00      0.00     33.00     42.00
03:09:06 PM     0.00      0.00    109.00     86.00
03:09:07 PM     0.00      0.00    107.00     67.00
03:09:08 PM     0.00      0.00    104.00    119.00
03:09:09 PM     0.00      0.00     70.00     70.00
Average:        0.20      0.00     84.60     76.80
```

데이터 수집은 일반적으로 5분이나 10분 같은 긴 간격으로 설정하지만, 실시간 모니터링은 초당 변화를 관찰할 수 있게 해줍니다.

후속 장에서는 여러 가지 실시간 sar(1) 통계의 예를 다룹니다.

4.4.4 sar(1) 관련 문서

sar(1) 매뉴얼 페이지에는 개별 통계들이 설명되어 있으며, 각 항목에는 SNMP 이름이 대괄호 안에 표기되어 있습니다. 다음은 그 예입니다.

```
$ man sar
[...]
          active/s
                  The number of times TCP connections have made a direct
                  transition to the SYN-SENT state from the CLOSED state
                  per second [tcpActiveOpens].

          passive/s
                  The number of times TCP connections have made a direct
                  transition to the SYN-RCVD state from the LISTEN state
                  per second [tcpPassiveOpens].

          iseg/s
                  The total number of segments received per second, includ
                  ing those received in error [tcpInSegs]. This count
                  includes segments received on currently established con
                  nections.
[...]
```

sar(1)의 다양한 사용 사례는 이 책의 후반부에 설명되어 있으며, 6장에서 10장까지 다룹니다. 부록 C에서는 sar(1) 옵션과 지표가 요약 정리되어 있습니다.

4.5 트레이싱 도구

리눅스 트레이싱 도구들은 고급 성능 분석을 위해 앞서 설명한 이벤트 인터페이스(tracepoint, kprobe, uprobe, USDT)를 사용합니다. 주요 트레이싱 도구들은 다음과 같습니다.

- perf(1): 리눅스 공식 프로파일링 도구입니다. CPU 프로파일링(스택 트레이스의 샘플링)과 PMC 분석에 뛰어나며, 기타 이벤트도 계측할 수 있습니다. 보통 후처리를 위해 기록한 데이터를 출력 파일로 저장합니다.
- Ftrace: 리눅스 공식 트레이싱 도구로, 여러 트레이싱 유틸리티로 구성된 다목적 도구입니다. 커널 코드 경로 분석이나 자원이 제한된 시스템에서 별도의 의존성 없이 사용할 수 있기 때문에 적합합니다.
- BPF(BCC, bpftrace): 확장 BPF는 3.4.4절 "확장 BPF"에서 소개했습니다. 확장 BPF는 고급 트레이싱 도구들이 동작할 수 있게 하며, 주요 도구로는 BCC와 bpftrace가 있습니다. BCC는 강력한 도구들을 제공하고, bpftrace는 맞춤형 원 라이너(one-liners)와 짧은 프로그램 작성을 위한 고급 언어를 제공합니다.
- SystemTap: 다양한 타깃을 트레이싱하기 위한 많은 탭셋(tapsets, 라이브러리)을 가진 고급 언어 및 트레이싱 도구입니다.[Eigler 05][Sourceware 20] 최근에는 BPF 백엔드가 개발되고 있으며, 필자는 이를 추천합니다(stapbpf(8) 매뉴얼 페이지를 참조하세요).
- LTTng: 블랙 박스(black-box) 기록을 위해 최적화된 트레이싱 도구로 추후 분석을 위해 많은 이벤트들을 최적으로 기록합니다.[LTTng 20]

첫 세 개의 트레이싱 도구는 13장 "perf", 14장 "Ftrace", 15장 "BPF"에서 다룹니다. 이어지는 5장부터 12장까지에서는 이 트레이싱 도구들의 다양한 사용 사례가 담겨 있으며, 명령어를 사용하는 방법과 출력 결과를 해석하는 방법을 보여줍니다. 이 순서는 의도한 것으로, 먼저 실제 사용 사례와 성능 개선에 집중하고, 이후에 필요에 따라 트레이싱 도구에 대한 자세한 내용을 다룹니다.

넷플릭스에서 일할 때 필자는 CPU 분석에는 perf(1)를, 커널 코드 분석에는 Ftrace를, 그리고 메모리, 파일 시스템, 디스크, 네트워킹, 애플리케이션 트레이싱 등 모든 다른 분야에는 BCC/bpftrace를 사용했습니다.

4.6 관측가능성 도구 관찰하기

관측가능성 도구와 그 관찰을 바탕으로 만들어진 통계는 소프트웨어로 구현되어 있으며, 모든 소프트웨어는 버그가 있을 수 있습니다. 소프트웨어를 설명하는 문서도 마찬가지로 오류가 있을 수 있습니다. 여러분이 처음 보는 어떤 통계가 있다면, 이를 건강한 비판의식을 가지고 살펴서 그것의 실제 의미가 무엇이고, 실제로 그 통계가 올바른지 검증해야 합니다.

측정한 지표에는 다음과 같은 문제가 있을 수 있습니다.

- 도구와 측정값이 때때로 잘못될 수 있습니다.
- 매뉴얼 페이지가 항상 정확하지 않을 수 있습니다.
- 제공되는 지표가 불완전할 수 있습니다.
- 제공되는 지표가 잘못 설계되었거나 혼란을 줄 수 있습니다.
- 지표 수집기(Metric collector) 혹은 도구 출력물을 분석하는 프로그램에 버그가 있을 수 있습니다.[16]
- 지표 처리(Metric processing) 과정(알고리즘/스프레드시트)에서도 오류가 발생할 수 있습니다.

서로 겹치는 영역을 가진 여러 관측 도구가 있다면, 이들을 사용해 상호 검증을 할 수 있습니다. 이상적으로는 서로 다른 계측 프레임워크를 이용해 프레임워크 자체에 버그가 있는지도 확인할 수 있습니다. 동적 트레이싱은 지표를 상호 검증하는 전용 도구를 쉽게 만들 수 있기 때문에 특별히 이러한 경우에 유용합니다.

또 다른 검증 방법은 이미 알려진 워크로드를 가한 후, 관측가능성 도구가 예측한 결과와 일치하는지 확인하는 것입니다. 이 과정에서 비교를 위해 자체 통계를 제공하는 마이크로 벤치마크 도구를 활용할 수 있습니다.

때로는 도구나 통계 자체에는 문제가 없지만, 이를 설명하는 문서가 부정확한 경우도 있습니다. 소프트웨어가 업데이트되었으나 문서는 갱신되지 않는 경우도 있습니다.

---

[16] 이 경우 도구와 측정 자체는 올바르지만, 자동 지표 수집기가 오류를 유발했습니다. Surge 2013에서 필자는 이 놀라운 사례에 대해 짧은 발표를 했습니다.[Gregg 13c] 한 벤치마킹 회사가 제가 지원하는 제품에 대한 형편없는 지표를 보고한 적이 있었는데, 조사 결과 벤치마크를 자동화하는 셸 스크립트에 두 가지 버그가 있었습니다. 첫째, fio(1) 출력 결과를 처리할 때 '100KB/s'와 같은 결과에서 'KB/s'와 같은 비수치 문자를 제거하여 '100'으로 변환했습니다. fio(1)은 다양한 단위(bytes, Kbytes, Mbytes)로 결과를 보고하기 때문에, 이로 인해 1024배의 큰 오류가 생겼습니다. 둘째, 소수점을 제거하여 '1.6'이 '16'으로 변환되는 문제가 있었습니다.

현실적으로 사용 중인 모든 성능 측정을 상호 검증할 시간이 부족할 수도 있습니다. 따라서 이상한 결과를 보거나 회사에 중요한 결과일 때만 상호 검증을 하게 될 것입니다. 상호 검증을 하지 않았더라도, 검증을 하지 않았고 도구의 결과를 옳다고 가정했다는 점을 자각하는 것만으로도 의미가 있습니다.

지표가 완전하지 않은 경우도 자주 발생합니다. 다양한 도구와 지표를 접하다 보면 그것들이 완전하고 효과적인 관측을 제공한다고 가정해 버리기 쉽습니다만, 실제로는 그렇지 않은 경우가 많습니다. 일부 지표는 개발자가 자신의 코드를 디버깅하기 위해 추가한 것일 수도 있고, 실제 사용자 요구를 반영하지 못한 경우도 많습니다. 어떤 경우에는 새로운 서브시스템에 전혀 지표가 추가되지 않은 경우도 있습니다.

지표가 없으면, 잘못된 지표가 있는 경우보다 식별이 더 어려울 수 있습니다. 2장 "방법론"에서 성능 분석 시 필요한 질문을 통해 이러한 누락된 지표를 찾아내는 방법을 설명했습니다.

4.7 연습 문제

다음 관측가능성 도구에 관한 질문에 답하시오. (1장에 있는 이들 용어에 대한 소개를 다시 살펴보게 될 수 있습니다.)

1. 정적 성능 분석 도구를 몇 가지 나열하시오.
2. 프로파일링이란 무엇인지 설명하시오.
3. 프로파일링 도구가 100Hz 대신 99Hz를 사용하는 이유는 무엇인지 설명하시오.
4. 트레이싱이란 무엇인지 설명하시오.
5. 정적 계측이란 무엇인지 설명하시오.
6. 동적 계측이 왜 중요한지 설명하시오.
7. tracepoint와 kprobe의 차이점을 설명하시오.
8. 다음 항목들에 대해 예상되는 CPU 오버헤드를 낮음/중간/높음으로 설명하시오.
   - 디스크 IOPS 카운터(iostat(1)에서 확인 가능)
   - tracepoint 또는 kprobe를 사용해 디스크 I/O를 이벤트별로 트레이싱

- tracepoint 또는 kprobe를 사용해 컨텍스트 스위치를 이벤트별로 트레이싱
- tracepoint 또는 kprobe를 사용해 프로세스 실행(execve(2))을 이벤트별로 트레이싱
- uprobe를 이용해 libc malloc()를 이벤트별로 트레이싱

9. 성능 분석에서 PMC가 가치 있는 이유를 기술하시오.

10. 관측가능성 도구를 하나 선정해, 그 도구가 어떤 계측 소스를 사용하는지 확인하는 방법을 설명하시오.

4.8 참고 자료

[**Eigler 05**] Eigler, F. Ch., et al. "Architecture of SystemTap: A Linux Trace/Probe Tool," http://sourceware.org/systemtap/archpaper.pdf, 2005.

[**Drongowski 07**] Drongowski, P., "Instruction-Based Sampling: A New Performance Analysis Technique for AMD Family 10h Processors," AMD (Whitepaper), 2007.

[**Ayuso 12**] Ayuso, P., "The Conntrack-Tools User Manual," http://conntrack-tools.netfilter.org/manual.html, 2012.

[**Gregg 13c**] Gregg, B., "Benchmarking Gone Wrong," Surge 2013: Lightning Talks, https://www.youtube.com/watch?v=vm1GJMp0QN4#t=17m48s, 2013.

[**Weisbecker 13**] Weisbecker, F., "Status of Linux dynticks," OSPERT, http://www.ertl.jp/~shinpei/conf/ospert13/slides/FredericWeisbecker.pdf, 2013.

[**Intel 16**] Intel 64 and IA-32 Architectures Software Developer's Manual Volume 3B: System Programming Guide, Part 2, September 2016, https://www.intel.com/content/www/us/en/ architecture-and-technology/64-ia-32-architectures-software-developer-vol-3b-part-2manual.html, 2016.

[**AMD 18**] Open-Source Register Reference for AMD Family 17h Processors Models 00h-2Fh, https://developer.amd.com/resources/developer-guides-manuals, 2018.

[**ARM 19**] Arm® Architecture Reference Manual Armv8, for Armv8-A architecture profile, https://developer.arm.com/architectures/cpu-architecture/a-profile/docs?_qa=2.78191124.1893781712.1575908489-930650904.1559325573, 2019.

[**Gregg 19**] Gregg, B., *BPF Performance Tools: Linux System and Application Observability*, Addison-Wesley, 2019. (번역서는 《BPF 성능 분석 도구: BPF 트레이싱을 통한 리눅스 시스템 관측가능성과 성능 향상》 이호연 옮김, 인사이트, 2021)

[**Atoptool 20**] "Atop," www.atoptool.nl/index.php, accessed 2020.

[**Bowden 20**] Bowden, T., Bauer, B., et al., "The /proc Filesystem," Linux documentation, *https://www.kernel.org/doc/html/latest/filesystems/proc.html*, accessed 2020.

[**Gregg 20a**] Gregg, B., "Linux Performance," *http://www.brendangregg.com/linuxperf.html*, accessed 2020.

[**LTTng 20**] "LTTng," *https://lttng.org*, accessed 2020.

[**PCP 20**] "Performance Co-Pilot," *https://pcp.io*, accessed 2020.

[**Prometheus 20**] "Exporters and Integrations," *https://prometheus.io/docs/instrumenting/exporters*, accessed 2020.

[**Sourceware 20**] "SystemTap," *https://sourceware.org/systemtap*, accessed 2020.

[**Ts'o 20**] Ts'o, T., Zefan, L., and Zanussi, T., "Event Tracing," Linux documentation, *https://www.kernel.org/doc/html/latest/trace/events.html*, accessed 2020.

[**Xenbits 20**] "Xen Hypervisor Command Line Options," *https://xenbits.xen.org/docs/4.11-testing/misc/xen-command-line.html*, accessed 2020.

[**UTK 20**] "Performance Application Programming Interface," *http://icl.cs.utk.edu/papi*, accessed 2020.

5장

Systems Performance Second Edition

애플리케이션

성능 튜닝은 작업이 실제로 이루어지는 곳과 가까운 위치에서 가장 효과적으로 할 수 있는데, 그 위치는 바로 애플리케이션입니다. 애플리케이션에는 데이터베이스, 웹 서버, 애플리케이션 서버, 로드 밸런서, 파일 서버 등이 있습니다. 이번 장에서는 애플리케이션이 사용하는 자원을 중심으로 설명하겠습니다. 여기에는 CPU, 메모리, 파일 시스템, 디스크, 네트워크 등이 포함됩니다. 전체적으로 이번 장에서는 애플리케이션 레벨에서의 성능 분석 방법에 대해 다룰 것입니다.

애플리케이션 자체는 매우 복잡해질 수 있는데, 특히 여러 구성 요소가 얽힌 분산 환경에서는 그 복잡성이 더욱 커집니다. 애플리케이션 내부 구조를 분석하는 일은 보통 애플리케이션 개발자가 담당하며, 이 과정에서 서드파티 도구를 사용해 내부를 들여다보기도 합니다. 시스템 성능을 연구하는 시스템 관리자 같은 사람들은 애플리케이션 성능 분석을 통해 시스템 자원을 최대한 효율적으로 활용할 수 있도록 애플리케이션을 설정하고, 애플리케이션이 시스템을 어떻게 사용하는지 그 특성을 파악하며, 자주 발생하는 문제들을 분석하는 데 중점을 둡니다.

이번 장에서는 다음의 내용을 알아봅니다.

- 성능 튜닝의 목적 설명하기
- 멀티스레드 프로그래밍, 해시 테이블, 논블로킹 I/O 등 성능 향상 기법 익히기
- 일반적인 락 매커니즘과 동기화 요소에 대해 이해하기
- 여러 프로그래밍 언어에서 발생하는 성능 분석의 어려움에 대해 이해하기
- 스레드 상태 분석 방법론 따라하기

- CPU 및 off-CPU 프로파일링 수행하기
- 프로세스 실행 트레이싱 등을 통해 시스템 콜 분석 수행하기
- 심벌 및 스택 누락과 같은 스택 트레이스 문제 이해하기

이번 장에서는 애플리케이션에 대한 기초 사항들과 애플리케이션 성능, 프로그래밍 언어 및 컴파일러에 대한 기초 지식, 일반적인 애플리케이션 성능 분석 전략, 그리고 시스템 기반 애플리케이션 관측가능성 도구에 대해 설명합니다.

5.1 애플리케이션 기초

애플리케이션 성능에 대해 본격적으로 들어가기 전에, 애플리케이션의 역할, 기본 특성, 그리고 업계의 애플리케이션 생태계에 친숙해져야 합니다. 이를 통해 애플리케이션이 돌아가는 방식을 이해할 수 있는 틀이 만들어집니다. 이는 또한 일반적인 성능 문제와 튜닝에 대해 학습할 기회를 제공하고, 추가 연구 방향을 알려줍니다. 이런 맥락에 대해 이해하기 위해 다음 질문에 답해 보기 바랍니다.

- 기능: 어떤 역할을 하는 애플리케이션인가요? 데이터베이스 서버입니까, 웹 서버입니까? 로드 밸런서입니까, 파일 서버입니까, 아니면 오브젝트 스토리지입니까?
- 작업: 대상 애플리케이션은 어떤 요청을 처리합니까? 또는 애플리케이션이 어떤 작업을 수행합니까? 데이터베이스는 **질의(쿼리)** 및 **DB 명령**을 처리하고, 웹 서버는 **HTTP 요청**을 처리합니다. 이러한 작업은 시간당 작업 처리 횟수로 측정할 수 있는데, 이는 부하를 측정하고 수용량 계획을 세우기 위함입니다.
- 성능 요구사항: 해당 애플리케이션을 운영하는 회사는 SLO(service level objective, 서비스 수준 목표)를 가지고 있습니까? (예: 99.9%의 요청을 100ms 미만의 지연시간 내에 처리)
- CPU 모드: 애플리케이션이 사용자 수준에서 실행됩니까, 아니면 커널 수준에서 실행됩니까? 대부분의 애플리케이션은 사용자 수준에서 하나 이상의 프로세스로 실행되지만, 일부는 커널 서비스(예: NFS)로 구현되며, BPF 프로그램도 커널 수준에서 실행됩니다.
- 설정: 애플리케이션이 어떻게 설정되어 있습니까? 그리고 그 이유는 무엇입니까? 이 정보는 관리 도구를 사용하거나 설정 파일을 통해 확인할 수 있습니다.

버퍼 크기, 캐시 크기, 병렬성의 정도(프로세스나 스레드 개수) 등 성능과 관련된 튜닝 파라미터들이 수정된 경우는 없는지 살펴보세요.

- 호스트: 애플리케이션은 어떤 환경에서 실행되고 있나요? 서버입니까, 클라우드 인스턴스입니까? CPU, 메모리 토폴로지(memory topology), 저장 장치 등의 사양과 각 요소에 어떤 제한 사항이 있습니까?
- 측정 지표: 애플리케이션이 제공하는 성능 지표가 있습니까?(예: 초당 처리 속도 등) 이는 기본 제공 도구나 서드파티 도구, API 요청, 작동 로그 분석을 통해 확인할 수 있습니다.
- 로그: 애플리케이션의 동작과 관련된 로그가 있습니까? 어떤 로그를 활성화할 수 있습니까? 로그에서 추출할 수 있는 성능 지표(예: 지연시간)로는 어떤 것들이 있습니까? 예를 들어 MySQL은 **느린 쿼리**(slow query)를 로그에 남길 수 있고, 이는 특정 임계치를 넘는 아주 느린 쿼리를 상세히 분석할 수 있는 중요한 정보입니다.
- 버전: 애플리케이션이 최신 버전입니까? 최근 버전의 릴리스 노트에 성능 개선 또는 수정 사항이 언급되어 있습니까?
- 버그: 애플리케이션에 대한 버그 데이터베이스가 있습니까? 사용 중인 애플리케이션 버전의 '성능' 버그에는 어떤 것들이 있습니까? 시스템이 성능 문제를 겪고 있다면 버그 데이터베이스를 뒤져서 이전에 비슷한 일이 발생하지 않았나 찾아보고, 어떻게 그 문제가 처리되었고, 연관된 다른 것들이 있는지 살펴보십시오.
- 소스 코드: 애플리케이션이 오픈 소스입니까? 그렇다면, 프로파일링 도구나 트레이싱 도구로 코드 경로를 분석해 성능을 개선할 수 있는 기회를 찾을 수 있습니다. 성능을 개선하기 위해 코드를 직접 수정할 수도 있고, 수정한 코드를 공식 애플리케이션에 반영하도록 제조사에 제출할 수도 있습니다.
- 커뮤니티: 애플리케이션 성능에 대해 정보를 공유하는 커뮤니티가 있습니까? 포럼, 블로그, IRC(Internet Relay Chat, 인터넷 릴레이 챗) 채널, 기타 채팅 채널(예: Slack), 밋업(meetup), 컨퍼런스 등이 있을 수 있습니다. 밋업이나 컨퍼런스에서는 종종 슬라이드나 비디오를 온라인에 올리곤 하는데, 이런 자료는 여러 해가 지나도 유용한 경우가 있습니다. 또한 이런 커뮤니티에는 관리자가 있어서 최근 뉴스나 변동사항을 공유해 주는 경우도 있습니다.
- 책: 애플리케이션 자체에 대한 책이나 해당 애플리케이션의 성능에 대해 다룬 책이 있습니까? 책이 유용한지(전문가 저술 여부, 유용한지/실행가능한지 여부,

독자들이 많이 찾는 책인지, 신간 여부 등) 확인하세요.
- 전문가: 특정 애플리케이션의 성능 전문가로 잘 알려진 사람이 있습니까? 전문가의 이름을 알면 그들이 작성한 자료를 검색할 때 도움이 될 것입니다.

어디서 정보를 얻든지 간에, 목표는 애플리케이션이 무엇을 하고, 어떻게 동작하며, 성능이 어떤지 큰 그림을 이해하는 것입니다. 애플리케이션 내부 구조를 시각적으로 보여주는 **기능 다이어그램**(functional diagram)을 찾을 수 있다면 매우 유용할 것입니다.

다음 절에서는 애플리케이션의 다른 기초사항을 다룹니다. 목표를 설정하고, 일반적인 최적화를 다루고, 관찰 가능 범위에 대해 다루며, 빅 오(big O) 표기법에 대해 설명할 것입니다.

5.1.1 목표

성능 목표는 성능 분석의 방향을 제시하고, 어떤 작업을 수행할지 결정하는 데 도움이 됩니다. 명확한 목표가 없다면 성능 분석이 마구잡이식 '찔러 보기'로 변할 위험성이 있습니다.

애플리케이션 성능 분석은, 애플리케이션이 (앞서 설명한 것들 중) 어떤 작업을 수행하는지 그리고 성능 목표가 무엇인지를 바탕으로 시작할 수 있습니다. 목표는 다음과 같을 수 있습니다.

- 지연시간: 애플리케이션 응답 시간을 짧거나 일정하게 유지합니다.
- 스루풋: 애플리케이션의 작업 처리율이나 데이터 전송률을 높입니다.
- 자원 활용: 주어진 애플리케이션 워크로드에서 자원의 효율성을 높입니다.
- 가격: 가성비를 높이고 컴퓨팅 비용을 낮춥니다.

이러한 목표들은 서비스 수준 요구사항이나 비즈니스 필요에 따라 다음과 같이 정량화될 수 있습니다.

- 애플리케이션의 응답 시간은 평균 5ms 이하여야 합니다.
- 요청의 95%는 100ms 이하의 지연시간을 보여야 합니다.
- 지연시간 극단값 제거: 1,000ms를 넘는 요청이 하나라도 있으면 안 됩니다.
- 일정 크기 서버별로 초당 최소 10,000개의 애플리케이션 요청을 처리할 수 있어

야 합니다.[1]
- 초당 10,000개의 애플리케이션 요청이 들어올 때 디스크 평균 사용률이 50% 이하여야 합니다.

일단 목표가 정해지면 해당 목표를 저해하는 제약 요소를 찾아 개선할 수 있습니다. 예를 들어, 지연시간의 제약 요인은 디스크나 네트워크 I/O일 수 있고, 스루풋의 경우 CPU 사용률이 문제일 수 있습니다. 이 책 전반에서 설명하는 다양한 전략들이 이러한 요인을 파악하는 데 도움이 될 것입니다.

스루풋을 목표로 할 경우, 모든 작업이 성능이나 비용 측면에서 동일하지 않다는 점에 주의하세요. 만약 목표가 일정 시간당 특정 작업 처리량을 달성하는 것이라면 어떤 작업에 대해 그 목표를 달성하고 싶은지 명확히 해야 합니다. 이는 아마도 예상되거나 측정된 부하를 기반으로 한 분포가 될 수 있을 것입니다.

5.2절 "애플리케이션 성능 기법"에서는 애플리케이션 성능을 향상시키는 일반적인 방법들을 다룹니다. 이 중 일부는 특정 목적에는 적합하지만 다른 목적에는 부합하지 않을 수 있습니다. 예를 들어 I/O 크기를 늘리면 스루풋은 증가하지만, 지연 시간이 희생되어야 할 수도 있습니다. 결정할 때는 뭘 적용해야 가장 바람직한지, 추구하는 목표를 기억하기 바랍니다.

Apdex

일부 회사에서는 애플리케이션 성능 지표인 Apdex(application performance index)를 목표와 모니터링 지표로 사용합니다. Apdex는 고객 경험을 반영하며, 고객 이벤트를 '만족스러움(satisfactory)', '참을 만함(tolerable)', 아니면 '실망스러움(frustrating)'으로 분류합니다. Apdex는 다음과 같이 계산됩니다.[Apdex 20]

$$\text{Apdex} = (\text{만족스러운 횟수} + 0.5 \times \text{참을 만한 횟수} + 0 \times \text{실망스러운 횟수}) / \text{전체 이벤트 수}$$

결과적으로 Apdex는 0(만족스러웠던 고객이 없음)에서 1(모든 고객이 만족스러웠음) 사이의 값을 가집니다.

---

1 서버 크기가 가변적인 경우(클라우드 인스턴스처럼), 이는 최대 처리 가능량을 나타내는 자원 제한의 관점에서 표현하는 것이 더 좋습니다. 예컨대 "CPU가 주로 사용되는 작업 부하의 경우, CPU 하나가 초당 최대 1,000회의 애플리케이션 요청을 처리할 수 있습니다." 같은 식으로 표현합니다.

5.1.2 일반적인 경우 최적화하기

소프트웨어의 내부는 매우 복잡하며, 다양한 코드 경로와 동작 방식이 존재합니다. 소스 코드를 살펴보면 이는 너무나 분명합니다. 애플리케이션 소스 코드는 보통 수만 줄에 달하며, 운영 체제 커널은 수십만 줄에서 수천만 줄 규모의 코드로 이루어져 있습니다. 이런 이유 때문에 무작위로 최적화할 부분을 선택하면 많은 노력을 들여도 큰 성과를 얻기 어렵습니다.

애플리케이션 성능을 효율적으로 개선하려면, 프로덕션 환경에서 가장 자주 실행되는 주요 코드 경로를 찾아 최적화하는 것이 좋습니다. 만약 애플리케이션이 CPU 자원을 많이 사용한다면, CPU에서 자주 실행되는 코드 경로를 찾아야 하고, I/O 작업을 많이 한다면 자주 I/O를 발생시키는 코드 경로를 찾아봐야 합니다. 이런 코드 경로는 애플리케이션 분석과 프로파일링을 통해 확인할 수 있으며, 이 책의 후반부에서 다룰 스택 트레이스와 플레임 그래프를 사용하여 분석할 수 있습니다. 또한, 애플리케이션 관측가능성 도구를 통해서도 일반적인 상황을 이해하는 데 필요한 더 높은 수준의 문맥을 얻을 수 있습니다.

5.1.3 관측가능성

이 책에서 여러 차례 강조했듯이, 가장 큰 성능 향상은 **불필요한 부하를 제거하는** 것에서 시작합니다.

성능을 기준으로 애플리케이션을 선택할 때 이 같은 사실이 종종 간과되곤 합니다. 만약 벤치마킹 결과 애플리케이션 A가 B보다 10% 빠르다면 A를 선택하는 것이 바람직해 보일 것입니다. 하지만 A는 불투명한 반면 B는 관측가능성 도구가 잘 갖추어져 있다면 장기적으로 B가 더 나은 선택일 가능성이 큽니다. 관측가능성 도구는 불필요한 부하를 찾아 제거하고, 현재 실행 중인 부하를 더 잘 이해하고 튜닝할 수 있도록 해줍니다. 이러한 추가적인 관측가능성 덕분에 얻는 성능 향상은 초기의 10% 성능 차이를 왜소하게 만들 정도로 클 수 있습니다. 언어와 런타임 선택에서도 마찬가지인데, 자바나 C처럼 성숙한 언어는 나온 지 얼마 되지 않은 언어에 비해 완성도가 높으며 여러 가지 관측가능성 도구를 제공합니다.

5.1.4 빅 오(Big O) 표기법

빅 오(Big O) 표기법은 보통 전산학 수업에서 배우는 개념으로, 알고리즘의 복잡도를 분석하고 입력 데이터 크기에 따라 성능이 어떻게 변하는지 예측하는 데 사용됩니다. 여기서 O는 함수의 **차수**를 나타내며, 함수의 복잡도 증가율을 설명합니다. 이 표기법은 프로그래머가 애플리케이션 개발 시 더 효율적이고 성능이 좋은 알고리즘을 선택하는데 도움을 줍니다.[Knuth 76][Knuth 97]

일반적인 빅 오 표기법과 알고리즘의 예는 표 5.1에 나와 있습니다.

표 5.1 빅 오 표기의 예

표기	예
O(1)	이진 테스트(참 거짓 비교)
O(log n)	정렬된 배열의 이진 탐색
O(n)	연결 리스트의 순차 탐색
O(n log n)	퀵 정렬(평균적인 경우)
O(n^2)	버블 정렬(평균적인 경우)
O(2^n)	정수 인수분해(지수 복잡도)
O(n!)	TSP(외판원 문제)를 무차별 대입법으로 시도

이 표기법을 통해 프로그래머는 여러 알고리즘의 속도를 추정하고, 어떤 부분이 가장 큰 성능 향상을 가져올 수 있을지 판단할 수 있습니다. 예를 들어, 정렬된 배열을 100개 검색할 때 선형 탐색과 이진 탐색은 약 21배(100/log(100)) 차이가 납니다.

그림 5.1은 입력 크기가 커질수록 알고리즘의 성능 차이가 어떻게 변화하는지 보여줍니다.

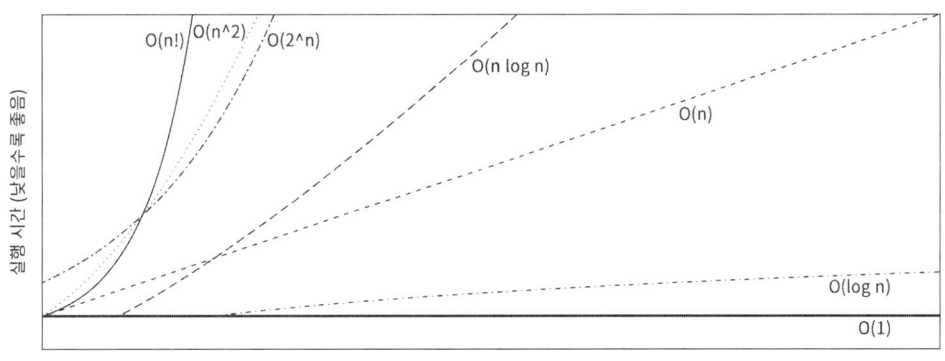

그림 5.1 알고리즘의 입력 크기에 따른 실행 시간 변화

이 분류는 시스템 성능 분석가가 어떤 알고리즘이 대규모 데이터에서 성능 저하를 일으킬 수 있는지 파악하는 데 도움이 됩니다. 애플리케이션이 새로운 규모의 사용자나 데이터 객체를 처리해야 할 때 성능 문제가 나타날 수 있으며, 특히 $O(n^2)$이나 그 이상의 복잡도를 가진 알고리즘은 대규모 데이터 처리에서 병목 현상을 유발할 수 있습니다. 이걸 해결하려면 개발자가 다른 효율적인 알고리즘을 채택하거나 대상 데이터를 다른 방식으로 나눠 처리해야 할 겁니다.

빅 오 표기법은 각 알고리즘에서 발생하는 일정한 상수 계산 비용을 고려하지 않는 점도 유의해야 합니다. 유의할 점은 n(입력 크기)이 작을 경우 이러한 상수 비용이 상대적으로 비중을 많이 차지하게 되기 때문에 무시할 수 없다는 것입니다.

5.2 애플리케이션 성능 기법

이번 절에서는 애플리케이션 성능을 최적화할 때 흔히 사용하는 기법들을 설명합니다. 여기에는 I/O 크기 변경, 캐싱, 버퍼, 폴링, 동시성과 병렬성, 비동기(블록되지 않는) I/O, 프로세서 바인딩 등이 있습니다. 이 가운데 어떤 기법을 사용 중이고 애플리케이션에 특화된 어떤 추가 기능이 가능한지에 대해서는 애플리케이션의 문서를 참고하세요.

5.2.1 I/O 크기 변경

I/O 작업에는 다양한 비용이 발생하는데, 버퍼 초기화, 시스템 콜, 모드 또는 컨텍스트 스위치, 커널 메타데이터 할당, I/O 처리 권한이나 제한 검사, 장치를 주소 공간에 매핑, I/O를 전달하기 위한 커널 및 드라이버 코드 실행, 메타데이터와 버퍼 해제 등이 그것입니다. 이러한 '초기화 비용'은 I/O의 크기가 크든 작든 동일하게 발생합니다. 따라서 효율을 높이기 위해서는 각 I/O마다 더 많은 데이터를 보내는 편이 좋습니다.

I/O 크기를 늘리는 접근법은 애플리케이션 스루풋을 향상시키기 위한 가장 일반적인 전략입니다. 보통 I/O를 한 번 실행할 때마다 고정 비용이 발생하기 때문에, 128KB를 한 번의 I/O로 보내는 것이 1KB I/O를 128번 수행하는 것보다 훨씬 효율적입니다. 특히나 회전 디스크 I/O는 탐색 시간(seek time)으로 인해 I/O당 비용이 상당히 큽니다.

그러나 애플리케이션이 큰 I/O 크기를 필요로 하지 않을 경우, 성능이 오히려 저하될 수 있습니다. 예를 들어 8KB 데이터를 임의로 읽는 데이터베이스가 128KB의 I/O 크기로 작업을 수행하면, 120KB의 데이터 전송이 불필요해 지연시간이 늘어날 수 있습니다. 이런 상황에서는 애플리케이션이 요청하는 크기와 맞는 작은 I/O 크기를 선택하면 지연시간이 줄어듭니다. 뿐더러, 불필요하게 큰 I/O를 사용하면 캐시 공간도 낭비한다는 단점이 있습니다.

5.2.2 캐싱

운영 체제는 파일 시스템 읽기 성능과 메모리 할당 성능을 높이기 위해 캐시를 사용하며, 애플리케이션도 비슷한 이유로 캐시를 사용하곤 합니다. 비용이 많이 드는 작업을 매번 수행하는 대신, 자주 사용하는 작업의 결과를 로컬 캐시에 저장해 향후 사용에 대비할 수 있습니다. 예를 들어, 데이터베이스 버퍼 캐시는 자주 요청되는 데이터베이스 쿼리의 결과를 저장해 둡니다.

애플리케이션을 배포할 때 일반적으로 해야 할 일 중 하나는 사용할 수 있는 캐시를 확인하고, 활성화할지 여부를 결정하고, 시스템에 맞게 캐시 크기를 조정하는 것입니다.

캐시가 읽기 성능을 향상시키기는 하지만, 경우에 따라서는 캐시 메모리를 쓰기 버퍼로 사용해 쓰기 성능도 향상시킬 수 있습니다.

5.2.3 버퍼링

쓰기 성능을 향상시키기 위해서는 데이터를 다음 처리 단계로 보내기 전에 버퍼에 모아 병합할 수 있습니다. 이렇게 하면 I/O 크기가 늘고 작업의 효율성이 높아집니다. 하지만, 쓰기 작업의 종류에 따라서는 버퍼링으로 인해 쓰기 지연시간이 늘어나기도 하는데, 첫 번째 쓰기 작업이 나중에 들어오는 쓰기 작업을 기다리면서 버퍼가 다 찰 때까지 기다려야 하기 때문입니다.

링 버퍼(ring buffer, 혹은 **원형 버퍼**(circular buffer))는 두 구성 요소 사이에 데이터를 연속적으로 전송할 때 사용할 수 있는 고정 크기의 버퍼로, 데이터를 추가하거나 제거할 때 비동기적으로 동작합니다. 링 버퍼는 시작 위치와 끝 위치를 가리키는 포인터로 구현되며, 각 구성 요소가 데이터를 읽거나 쓸 때마다 이러한 포인터의 위치가 변경됩니다.

5.2.4 폴링

폴링은 어떤 이벤트가 발생할 때까지 루프 안에서 해당 이벤트가 발생했는지 반복적으로 검사하는 기법으로, 각 루프의 반복 단계마다 잠시 유휴 상태에 들어갈 수 있습니다. 폴링을 사용할 때 발생할 수 있는 잠재적인 성능 문제는 다음과 같습니다.

- 이벤트 발생을 반복해서 검사하기 때문에 CPU 비용이 과다하게 발생할 수 있습니다.
- 이벤트가 발생한 시점과 루프가 해당 이벤트를 검사하는 시점 사이의 지연시간이 클 수 있습니다(루프가 한 바퀴 돌아야 함).

이 같은 성능 문제가 있다면 애플리케이션은 폴링 대신 이벤트 발생을 통지 받는 형태를 택할 수 있습니다. 이를 통해 애플리케이션은 이벤트가 발생하자마자 즉시 통지를 받고 원하는 작업을 수행할 수 있습니다.

poll() 시스템 콜

파일 디스크립터의 상태를 검사하는 poll(2)이라는 시스템 콜이 있습니다. 이는 폴링과 비슷한 역할을 하지만, 실제로 poll(2)은 이벤트 기반이므로 폴링에서 발생하는 성능 문제는 발생하지 않습니다.

poll(2) 인터페이스는 배열을 사용하여 여러 파일 디스크립터를 처리할 수 있는데, 이벤트가 발생하면 배열을 순차적으로 탐색해 어떤 파일에서 이벤트가 발생했는지 찾아야 합니다. 배열 탐색 작업은 시간 복잡도가 $O(n)$(5.1.4절 "빅 오 표기법" 참고)이라, 처리해야 할 파일 디스크립터가 많아지면 성능 문제가 될 수 있습니다. 리눅스에서는 이 문제를 해결하기 위한 대안으로 epoll(2)을 사용할 수 있는데, 배열을 검색할 필요가 없어서 시간 복잡도가 $O(1)$입니다. BSD에는 이에 상응하는 kqueue(2)가 있습니다.

5.2.5 동시성과 병렬성

시분할 시스템(유닉스에서 파생된 모든 시스템 포함)은 프로그램의 **동시성**(concurrency)을 제공하는데, 이는 여러 프로그램을 메모리에 동시에 적재하고 실행할 수 있는 기능을 말합니다. 이러한 프로그램들의 실행 시간이 겹칠 수는 있지만, 반드시 같은 순간에 CPU에서 실행되는 것은 아닙니다. 각각의 프로그램은 애플리케이션 프로세스일 수 있습니다.

멀티프로세서 시스템의 이점을 살리기 위해서는, 애플리케이션이 여러 CPU에서 동시에 실행될 수 있어야 합니다. 이를 **병렬성**(parallelism)이라고 하며, 애플리케이션은 각기 자신의 작업을 수행하는 **멀티프로세스**(multiprocess)나 **멀티스레드**(multithreaded) 방식을 사용하여 병렬 처리를 구현할 수 있습니다. 일반적으로 멀티스레드(또는 스레드에 상응하는 태스크)가 더 효율적이며 더 권장되는데, 이에 대해서는 6.3.13절 "멀티프로세스, 멀티스레드"를 참고하세요.

멀티스레드(또는 멀티프로세스)는 CPU 작업의 스루풋을 높이는 데 더해, I/O 작업을 동시에 처리할 수 있는 하나의 방법이기도 합니다. 이는 한 스레드가 I/O 작업을 기다리느라 블록된 동안 다른 스레드가 계속해서 실행될 수 있기 때문입니다. (다른 방법으로는 비동기 I/O를 사용할 수 있습니다.)

멀티프로세스 또는 멀티스레드 아키텍처를 사용한다는 의미는, 커널이 CPU 스케줄러를 통해 어떤 작업을 실행할지 결정하도록 하고, 그로 인해 컨텍스트 스위치에 따른 오버헤드가 발생한다는 얘기입니다. 다른 접근 방법은 사용자 모드 애플리케이션에서 자체 스케줄링 메커니즘과 프로그램 모델을 구현하여, 여러 애플리케이션 요청(혹은 프로그램)을 동일한 OS 스레드에서 실행할 수 있도록 하는 것입니다. 주요 메커니즘에는 다음과 같은 것들이 있습니다.

- 파이버(Fibers): **경량 스레드**(lightweight threads)라고도 하며, 사용자 모드에서 스레드처럼 동작합니다. 각 파이버는 스케줄링 가능한 프로그램을 나타내며, 애플리케이션은 자체 스케줄링 로직을 사용하여 어떤 파이버를 실행할지 선택할 수 있습니다. 예를 들어, 각 애플리케이션 요청마다 하나의 파이버를 할당해서 처리할 수 있는데, 이는 OS스레드를 사용하는 것보다 오버헤드가 적습니다. 마이크로소프트 윈도는 파이버를 지원합니다.[2]
- 코루틴(Co-routines): 파이버보다 더 경량인 코루틴은 사용자 모드 애플리케이

---

2 마이크로소프트는 공식 문서에 파이버 사용 시 발생할 수 있는 몇 가지 문제를 경고하고 있습니다. 예를 들어, 스레드 로컬 저장 공간(thread-local storage)은 여러 파이버 간에 공유되기 때문에, 파이버들이 서로의 데이터를 겹쳐 쓰거나 덮어쓸 수 있습니다. 이로 인해 데이터 일관성 문제가 발생할 수 있으므로, 프로그래머는 이를 방지하기 위해 파이버 전용 저장소로 전환해야 합니다. 또한, 스레드를 종료하는 루틴이 실행되면, 해당 스레드에 속한 모든 파이버도 함께 종료됩니다. 문서에는 "일반적으로, 파이버는 잘 설계된 멀티스레드 애플리케이션에 비해 특별한 이점을 제공하지 않습니다"라고 설명되어 있습니다.[Microsoft 18]

션이 스케줄링할 수 있는 서브 루틴으로, 동시성을 구현하는 메커니즘을 제공합니다.
- 이벤트 기반 동시성: 프로그램을 여러 이벤트 핸들러로 나누고, 실행 가능한 이벤트들을 대기열에 넣어 차례대로 처리하는 방식입니다. 예를 들어, 각 애플리케이션 요청에 대해 메타데이터를 할당하고, 그 정보를 바탕으로 이벤트 핸들러가 작업을 처리합니다. Node.js 런타임은 단일 스레드로 모든 이벤트를 처리하는데, 이 스레드를 **이벤트 워커 스레드**(event worker thread)라고 부릅니다. 하지만 이 방식은 하나의 CPU만 사용하기 때문에 병목이 발생할 수 있습니다.

이러한 동시성 메커니즘을 사용하더라도, I/O는 여전히 커널에서 처리하므로 OS 스레드 전환이 불가피합니다.[3] 또한 병렬성을 달성하려면 여러 OS 스레드를 사용해, 이 스레드들이 여러 CPU에서 스케줄링될 수 있도록 해야 합니다.

몇몇 런타임은 경량 동시성을 위해 코루틴을, 병렬성을 위해 멀티스레드를 모두 사용합니다. 예를 들어, Golang(고랭) 런타임은 OS 스레드 풀에서 **고루틴**(goroutines, 코루틴(co-routines))을 실행합니다. 성능을 끌어올리기 위해, 고루틴이 블로킹 상태에 들어가면, Golang 스케줄러는 자동으로 블로킹된 스레드의 다른 고루틴을 다른 스레드로 이동시켜 실행합니다.[4][Golang 20]

다음과 같은 세 가지 일반적인 멀티스레드 프로그래밍 모델이 있습니다.

- 서비스 스레드 풀: 네트워크 요청을 처리하는 스레드 풀로, 각 스레드는 한 번에 하나의 클라이언트 연결을 처리합니다.
- CPU 스레드 풀: CPU당 하나의 스레드를 생성하며, 주로 비디오 인코딩 같은 장시간 배치 처리에 사용됩니다.
- 단계적 이벤트 구동 아키텍처(Staged event-driven architecture, SEDA): 애플리케이션 요청은 여러 단계로 나누어지며, 각 단계는 한 개 혹은 그 이상의 스레드의 풀에 의해 처리됩니다.

---

3 I/O 시스템 콜을 피할 수 있는 몇 가지 예외가 있는데, sendfile(2)를 사용하거나, 리눅스 io_uring을 사용할 수 있습니다. io_uring을 사용하면 사용자 공간에서 io_uring 큐에 읽고 쓰기를 함으로써 I/O를 스케줄링 할 수 있습니다. 이러한 내용은 5.2.6절 논 블로킹 I/O에서 자세히 다루고 있습니다.

4 (옮긴이) 예를 들어, 두 개의 스레드 A, B가 있고 네 개의 고루틴 1, 2, 3, 4가 있다고 가정해 보겠습니다. A 스레드에서는 고루틴 1번과 2번을, B 스레드에서는 고루틴 3번과 4번을 실행하고 있습니다. 이때 A 스레드의 고루틴 1번이 블로킹되면, Golang 스케줄러는 A 스레드의 남은 고루틴 2번을 B 스레드로 옮겨 실행을 이어갑니다. 이를 통해 성능 저하를 방지하고 효율적인 병렬 처리를 유지할 수 있습니다.

멀티스레드 프로그래밍은 프로세스와 동일한 주소 공간을 공유합니다. 따라서 여러 스레드는 비용이 큰 인터페이스(예: 멀티프로세스 프로그래밍의 경우 IPC (inter-process communication, 프로세스 간 통신))를 사용하지 않고도 같은 메모리를 직접 읽고 쓸 수 있습니다. 대신 데이터의 일관성을 위해서는 동기화 요소를 사용해 여러 스레드가 동시에 데이터를 읽고 쓰면서 데이터를 오염시키지 않도록 해야 합니다.

동기화 요소

동기화 요소는 마치 교차로에서 신호등이 차량의 교차로 진입(접근)을 통제하듯이 메모리 접근을 관리합니다. 신호등이 교차로에서 교통 흐름을 막아 대기시간이 발생하듯이, 동기화 또한 대기시간(지연시간)을 발생시킵니다. 가장 자주 사용되는 동기화 요소는 다음과 같습니다.

- 뮤텍스 락(Mutex, MUTually Exclusive lock): 락을 소유한 스레드만 실행할 수 있으며, 다른 스레드는 블록되어 대기 상태로 기다립니다.
- 스핀 락(Spin lock): 스핀 락도 락을 소유한 스레드만 실행을 허용합니다. 다른 스레드는 CPU상에서 매우 간단한 락 체크 루프를 계속 돌면서(이를 CPU상에서 스핀(Spin)한다고 표현합니다) 락이 해제될 때까지 기다립니다. 이렇게 하면 블록된 스레드가 CPU를 떠나지 않으면서, 락이 사용 가능해지면 몇 사이클 만에 바로 실행할 준비가 되기 때문에 대기시간이 매우 짧아질 수 있습니다. 그러나 스레드가 스핀하면서 기다리는 동안 CPU 자원을 낭비하게 됩니다.
- 읽기 쓰기 락(RW lock): 여러 스레드가 동시에 데이터를 읽을 수 있지만, 어떤 스레드가 데이터를 쓰고 있을 때는 다른 스레드가 데이터를 읽거나 쓰지 못하게 하여 데이터의 일관성을 유지합니다.
- 세마포어(Semaphore): 정해진 숫자의 병렬 동작을 허용하는 카운팅 세마포어나 단일 동작만 허용하는 바이너리 세마포어가 있습니다(바이너리 세마포어는 사실상 뮤텍스 락에 가깝습니다).

라이브러리나 커널에서 제공하는 뮤텍스 락은 내부적으로 스핀 락과 뮤텍스 락이 혼합된 형태로 동작하는데, 이를 적응형 뮤텍스 락(adaptive mutex lock)이라고 합니다. 락을 소유한 스레드가 다른 CPU에서 실행 중이면 스핀 락으로 동작하고, 락 소유자가 실행 중이지 않거나 일정 시간 이상 스핀 대기한 경우에는 뮤텍스 락으로 동작하여 대기 중인 스레드를 블록 상태로 만듭니다. 리눅스는 2009년에 이 구조를 도입했으며[Zijlstra 09], 현재는 락의 상태에 따라 세 가지 경로로 동작합니다. (Documentation/locking/mutex-design.rst에 설명되어 있습니다.[Molnar 20])

1. fastpath: cmpxchg 명령어를 사용해 락 소유자를 설정하려 시도하며, 이 방법은 락이 다른 작업에 의해 사용되고 있지 않을 때만 성공합니다.
2. midpath: **낙관적 스핀(optimistic spinning)**이라고도 부르는데, 락을 소유한 작업이 실행 중일 때 락이 곧 해제될 것으로 기대하면서 CPU상에서 스핀을 유지합니다.
3. slowpath: 락을 얻지 못하면 스레드를 블록하고 실행 대기 상태로 전환(deschedule)하고, 나중에 락이 사용 가능해졌을 때 다시 깨웁니다.

리눅스의 읽기-복사-갱신(read-copy-update, RCU) 메커니즘은 커널 코드에서 자주 사용하는 또 다른 동기화 방식입니다. RCU는 락 없이도 읽기 작업을 할 수 있어, 다른 락 방식보다 성능이 더 좋습니다. 쓰기 작업을 할 때는 데이터를 복사한 후 그 복사본을 업데이트하고, 읽기 작업이 계속 진행되는 동안에는 원본 데이터를 사용할 수 있습니다. 그런 다음, 더 이상 읽기 작업이 없다고 확인되면(여러 CPU 상태를 기반으로) 원본 데이터를 업데이트된 복사본으로 교체합니다.[Linux 20e]

락과 관련된 성능 문제 조사는 시간이 많이 걸릴 수 있으며, 보통 애플리케이션 소스 코드를 잘 알고 있어야 합니다. 이러한 작업은 주로 개발자가 담당하게 됩니다.

해시 테이블

락 해시 테이블(락을 관리하는 해시 테이블)은 많은 데이터를 효율적으로 관리하기 위해, 최소한의 락을 사용하면서도 성능을 최적화할 수 있는 방법입니다. 해시 테이블 자체는 복잡한 주제이므로, 이를 이해하려면 프로그래밍에 대한 배경 지식이 필요합니다.

다음 두 가지 접근법을 마음속으로 그려보기 바랍니다.

- 모든 데이터에 대해 단일 전역 뮤텍스 락을 사용하는 방식: 단순하지만, 여러 스레드가 동시에 접근하려 할 때 락 경쟁이 발생해 지연시간이 늘어날 수 있습니

다. 또한 멀티스레드 환경에서는 락에 접근할 때 한 번에 하나씩 순차적으로 처리되므로 병렬 처리가 어려워집니다.
- 각 데이터마다 뮤텍스 락을 사용하는 방식: 두 개 이상의 스레드가 동시에 같은 데이터를 접근할 때에만 경합이 발생하기 때문에, 경합을 최소화할 수 있습니다. 하지만, 각 데이터마다 락을 저장하고 관리하는 데 필요한 저장 공간이 추가로 필요하며, 락을 생성하고 해제하는 과정에서 CPU 자원이 소모되는 오버헤드가 발생합니다.

락 해시 테이블은 이 두 방법의 중간에 해당하는 해결책으로, 락 경합이 그리 크지 않으리라 예상되는 경우에 유용합니다. 정해진 숫자의 락을 만들어 두고, 해시 알고리즘을 통해 각 데이터에 어떤 락을 사용할지 결정합니다. 이렇게 하면 각 데이터에 대해 락을 생성하고 파괴하는 비용을 피할 수 있으며, 단일 락을 사용하는 데 따른 경합 문제도 피할 수 있습니다.

그림 5.2의 해시 테이블에는 버킷(bucket)이라 불리는 네 개의 항목이 있으며, 각 항목에는 고유한 락이 포함되어 있습니다.

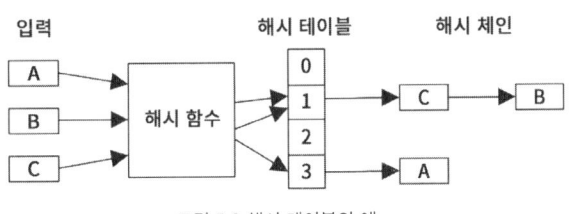

그림 5.2 해시 테이블의 예

이 예제는 **해시 충돌** 문제를 해결하는 방법도 보여줍니다. 해시 충돌이란 두 개 이상의 데이터가 같은 버킷으로 해시되는 상황으로, 이 경우 해당 버킷에 '체인'을 생성해 여러 데이터를 저장합니다. 해시 함수는 각 데이터가 어떤 버킷에 속할지 결정하며, 필요한 데이터를 찾기 위해 체인을 순차적으로 탐색합니다. 하지만 체인이 길어지면 탐색 시간이 길어져 성능 저하가 발생할 수 있습니다. 이는 해당 버킷이 하나의 락으로 보호되기에, 락이 오래 점유되면서 다른 스레드들이 락을 기다려야 하는 시간도 늘어나기 때문입니다. 따라서 해시 함수와 테이블 크기는 데이터가 여러 버킷에 고르게 분포되도록 선택해야 하고, 해시 체인 길이가 최소화 되도록 해야 합니다. 해시 체인 길이는 프로덕션 워크로드마다 점검해 볼 필요가 있는데, 해시 알고리즘이 기대한 대로 작동하지 않거나 너무 긴 체인이 만들어져 성능 저하를 일으키지 않도록 하기 위해서 입니다.

이상적으로는 해시 테이블의 버킷 수가 CPU 수와 같거나 그보다 많아야 최대 병렬성을 발휘할 수 있습니다. 해시 알고리즘은 데이터 주소의 최하위 비트[5]를 가져와 2의 제곱 크기로 된 락 배열의 인덱스로 사용하는 간단한 방식으로 구현할 수 있습니다. 이렇게 단순한 알고리즘을 사용하면 데이터를 빠르게 찾아낼 수 있으며, 복잡한 계산 없이도 효과적으로 처리할 수 있습니다.

메모리에서 여러 락이 인접해 배열되어 있을 때, 락들이 같은 캐시 라인에 위치하면 성능 문제가 발생할 수 있습니다. 만약, 두 개의 CPU가 같은 캐시 라인에 있는 서로 다른 락을 업데이트하려 한다면, 각 CPU가 상대방의 캐시 라인을 무효화하면서 캐시 일관성 오버헤드가 발생합니다. 이 같은 상황을 **거짓 공유**(false sharing)라 하며, 일반적으로 락 사이에 **패딩**(padding)[6]을 추가해 메모리의 각 캐시 라인에 하나의 락만 존재하도록 함으로써 이 문제를 해결할 수 있습니다.

5.2.6 논블로킹 I/O

3장 "운영 체제"에서 도식화 한 유닉스 프로세스 생명 주기는 I/O가 발생하는 동안 프로세스가 블로킹되고 휴면 상태로 들어가는 과정을 보여줍니다. 이 모델에는 몇 가지 성능 문제가 있습니다.

- 각 I/O 작업이 블로킹될 때마다 해당 스레드나 프로세스가 소비됩니다. 여러 I/O 작업을 동시에 처리하려면 애플리케이션은 여러 스레드(일반적으로 클라이언트당 하나씩)를 생성해야 하며, 이 과정에서 스레드 생성과 소멸뿐만 아니라 유지에 필요한 스택 공간의 비용이 발생합니다.
- 짧은 I/O가 자주 일어나는 경우 빈번한 컨텍스트 스위칭으로 인해 CPU 자원이 소모되며, 지연시간이 증가할 수 있습니다.

논블로킹(Non-Blocking) **I/O 모델**은 현재 스레드를 블로킹하지 않고 비동기적으로 I/O 작업을 처리하며, 덕분에 스레드는 다른 작업을 계속할 수 있습니다. 이는 서버 측 자바스크립트 애플리케이션 환경인 Node.js의 핵심 기능 중 하나로, Node.

---

5 혹은 중간 비트를 사용해도 됩니다. 구조체 배열의 주소에서 최하위 비트를 사용할 경우 충돌이 너무 많이 발생할 수 있습니다.
6 (옮긴이) 패딩은 거짓 공유(false sharing)를 피하려고, 자주 접근되는 데이터가 같은 캐시 라인에 나란히 놓이지 않게 중간에 일부러 공간을 띄우는 방식입니다. 보통 구조체 안에서 캐시 라인 크기에 맞춰 char padding[64];처럼 넣어 줍니다

js는 비동기 방식으로 코드를 개발하도록 유도합니다.[Node.js 20]

비동기 또는 논 블로킹 I/O를 수행하는 메커니즘에는 다음과 같은 것들이 있습니다.

- open(2): O_ASYNC 플래그를 사용합니다. 이렇게 하면 I/O 시 블로킹되는 대신, 파일 디스크립터에서 I/O가 가능해지면 프로세스에 신호를 보내 알립니다.
- io_submit(2): 리눅스 비동기 I/O(AIO) 시스템 콜입니다.
- sendfile(2): 한 파일 디스크립터에서 다른 파일 디스크립터로 데이터를 복사하는데, 사용자 레벨에서 I/O 작업을 처리하는 대신 커널이 직접 I/O를 수행하도록 맡깁니다.[7]
- io_uring_enter(2): 리눅스 io_uring은 사용자 공간과 커널 공간이 공유하고 있는 링 버퍼를 사용하여 비동기 I/O를 처리합니다.[Axboe 19]

다른 메커니즘에 대해서는 운영 체제 관련 문서를 확인하세요.

5.2.7 프로세서 바인딩

NUMA 환경에서는 특정 프로세스나 스레드가 단일 CPU에서 계속 실행되거나, I/O 작업 후에도 이전에 사용했던 CPU에서 실행되도록 유지하는 것이 유리할 수 있습니다. 이렇게 하면 애플리케이션의 메모리 지역성이 향상되어 메모리 I/O에 필요한 사이클을 줄이고, 전체 성능을 높일 수 있습니다. 운영 체제는 이러한 특성을 고려해 애플리케이션 스레드를 동일한 CPU에 유지하도록 설계되어 있으며, 이를 **CPU 친화성(affinity)**이라고 합니다. 이 주제는 7장 "메모리"에서 다룹니다.

일부 애플리케이션은 특정 CPU에 자신을 고정시켜(바인딩) 이러한 동작을 강제로 수행합니다. 이는 일부 시스템에서 성능을 크게 향상시킬 수 있지만, 장치 인터럽트와 같은 다른 CPU 바인딩과 충돌할 경우 성능이 저하되기도 합니다.

여러 애플리케이션이나 테넌트가 하나의 시스템에서 동시에 실행되는 경우, CPU 바인딩은 특히 주의해서 사용해야 합니다. 필자는 운영 체제 가상화(컨테이너) 환경에서 이 문제를 경험한 적이 있습니다. 운영 체제 가상화 환경에서는 각 애플리케이션이 전체 CPU를 사용할 수 있는 것처럼 보이기 때문에, 자신이 서버에서

---

7 넷플릭스 CDN은 사용자 레벨의 I/O 오버헤드 없이 비디오 콘텐츠를 고객에게 전송하기 위해 이것을 사용합니다.

단독으로 실행 중이라고 판단하고 일부 CPU에 바인딩을 설정할 수 있습니다. 하지만 서버를 다른 테넌트와 공유하는 상황에서 여러 애플리케이션이 서로 모르는 상태로 같은 CPU에 바인딩되면, CPU 경합이 발생할 수 있습니다. 이렇게 되면 다른 CPU가 유휴 상태임에도, 동일한 CPU를 여러 애플리케이션이 사용하려고 해 스케줄러 지연시간이 발생하는 문제가 생깁니다.

애플리케이션이 장기간 실행될수록 운용 중인 호스트 시스템 역시 변할 수 있으며, 업데이트 되지 않은 CPU 바인딩은 성능을 오히려 저하시킬 수 있습니다. 예를 들어, 불필요하게 특정 소켓의 CPU에 바인딩된 설정이 계속 유지되면 이러한 문제가 발생할 수 있습니다.

5.2.8 성능 최적화를 위한 지침

애플리케이션 성능을 향상시키는 더 많은 기법에 대해서는 2장의 "성능 최적화를 위한 지침" 방법론을 살펴보세요. 해당 내용을 요약하면 다음과 같습니다.

1. 그것을 하지 마세요.
2. 그것을 하되, 반복하지 마세요.
3. 그것을 덜 하세요.
4. 그것을 나중에 하세요.
5. 그것을 눈에 띄지 않게 하세요.
6. 그것을 동시에 하세요.
7. 그것을 더 저렴하게 하세요.

첫 번째 항목인, "그것을 하지 마세요"는 불필요한 작업을 줄이는 것입니다. 이 방법론에 대한 더 상세한 내용은 2장 "방법론"의 2.5.20 "성능 최적화를 위한 지침"을 보세요.

5.3 프로그래밍 언어

프로그래밍 언어는 컴파일되거나 인터프리터를 통해 실행되며, 가상 머신을 통해서도 실행될 수 있습니다. 많은 언어가 '성능 최적화'를 특성으로 내세우고 있지만, 엄격히 말해서 이는 언어 자체의 특성이라기보다는 그 언어를 실행하는 **런타임**의 특징일 뿐입니다. 예를 들어, 자바의 핫스팟(HotSpot) 가상 머신 런타임은 JIT(Just

In Time) 컴파일러를 통해 실행 중에 성능을 향상시킵니다.

인터프리터나 가상 머신의 경우 자체적인 도구를 통해 다양한 수준에서 성능 관찰이 가능하게끔 도와주곤 합니다. 시스템 성능 분석가라면 이러한 도구를 활용해 기본적인 프로파일링만으로도 성능을 쉽게 개선할 수 있습니다. 예를 들어, CPU 사용률이 높은 이유가 가비지 컬렉션(garbage collection, GC) 때문이라는 것을 발견하고, 이를 자주 사용되는 설정값으로 조정해 해결할 수 있습니다. 또는 이렇게 높은 CPU 사용률이 코드의 특정 경로에서 발생하는 버그 때문이라면, 이 문제를 버그 데이터베이스에서 확인하고 소프트웨어를 새 버전으로 업데이트하여 해결할 수 있습니다(이런 경우는 흔히 있는 일입니다).

다음 절에서는 프로그래밍 언어 유형에 따른 기본적인 성능 특성을 설명합니다. 특정 언어의 성능에 대해 더 자세히 알고 싶다면 해당 언어를 다룬 책을 참고하십시오.

5.3.1 컴파일 언어

컴파일은 소스 코드를 받아 미리 기계어 명령으로 변환한 후, **바이너리**(binaries, 이진 코드) 실행 파일에 저장하는 과정을 의미합니다. 이러한 바이너리는 보통 리눅스 및 유닉스 파생 운영 체제에서는 ELF(Executable and Linking Format, 실행 가능하고 링크 가능한 파일 포맷), 윈도에서는 PE(Portable Executable, 이식 가능한 실행 파일) 포맷 형식을 사용합니다. 이런 실행 파일은 재컴파일 없이 언제든지 다시 실행할 수 있습니다. 컴파일 언어에는 C, C++ 그리고 어셈블리어가 포함됩니다. 컴파일러와 인터프리터를 함께 제공하는 언어도 있습니다.

컴파일된 코드는 CPU가 바로 실행할 수 있는 기계어 명령으로 구성되어 있어, 보통 성능이 뛰어납니다. 리눅스 커널이 흔히 볼 수 있는 컴파일된 코드의 사례로, 거의 대부분이 C로 작성되어 있고, 일부 중요한 경로는 어셈블리로 작성되어 있습니다.

컴파일된 프로그램의 성능 분석은 보통 어렵지 않습니다. 기계에서 실행되는 코드와 원래 프로그램의 소스 코드를 쉽게 연관지을 수 있기 때문입니다(물론, 컴파일러가 얼마나 최적화를 했느냐에 따라 다를 수 있습니다). 컴파일 과정에서 프로그램의 함수나 변수, 객체 이름을 메모리 주소와 연결하는 심벌 테이블(symbol table)이 생성되기도 합니다. 이 심벌 테이블이 있다면, 나중에 CPU의 실행을 프로파일링하거나 트레이싱 할 때 코드의 각 부분을 함수나 변수 이름과 직접 연관지을 수 있어 분석가가 프로그램의 실행을 더 잘 살펴볼 수 있습니다. 스택 트레이스에 나오는 메모리 주소 값도 이런 심벌 테이블을 사용해 함수 이름으로 변환하면 코드의 실행 경로를 파악하는 데 큰 도움이 됩니다.

컴파일러는 어떤 CPU 명령어를 사용할지와 어떻게 명령어를 배치할지를 최적화해주는 루틴인 **컴파일러 최적화**를 통해 프로그램의 성능을 향상시킬 수 있습니다.

컴파일러 최적화

gcc(1) 컴파일러는 0, 1, 2, 3, s, fast, 그리고 g까지 총 7단계의 최적화를 제공합니다. 이 숫자들은 단계별 최적화를 뜻하는데 0은 최소 최적화, 3은 최대 최적화를 의미합니다. 또한, 's'는 크기 최적화, 'g'는 디버깅을 위한 최적화, 그리고 'fast'는 표준 준수를 무시하고 모든 최적화를 적용합니다. 서로 다른 최적화 수준에서 어떤 최적화가 적용되는지는 gcc(1)의 옵션을 통해 확인할 수 있습니다.

```
$ gcc -Q -O3 --help=optimizers
The following options control optimizations:
  -O<number>
  -Ofast
  -Og
  -Os
  -faggressive-loop-optimizations     [enabled]
  -falign-functions                   [disabled]
  -falign-jumps                       [disabled]
  -falign-label                       [enabled]
  -falign-loops                       [disabled]
  -fassociative-math                  [disabled]
  -fasynchronous-unwind-tables        [enabled]
  -fauto-inc-dec                      [enabled]
  -fbranch-count-reg                  [enabled]
  -fbranch-probabilities              [disabled]
  -fbranch-target-load-optimize       [disabled]
[...]
  -fomit-frame-pointer                [enabled]
[...]
```

gcc 버전 7.4.0에는 230개 정도의 옵션이 있으며, 이 중 일부는 -O0에서도 활성화됩니다. 다음은 gcc(1) 매뉴얼 페이지에 있는 -fomit-frame-pointer 옵션에 대한 설명입니다.

프레임 포인터가 필요하지 않은 함수에서는 프레임 포인터를 레지스터에 저장하지 않도록 합니다. 이렇게 하면 프레임 포인터를 저장, 설정 및 복원하는 명령어가 필요 없게 되며, 많은 함수에서 해당 레지스터를 추가로 사용할 수 있어 성능 최적화에 도움이 됩니다. **다만, 이렇게 하면 디버깅이 불가능해질 수도 있다는 단점이 있습니다.**

이 옵션은 성능과 디버깅 간의 트레이드오프를 보여주는 좋은 예입니다. 프레임 포인터를 없애버리면 일반적으로 스택 트레이스를 프로파일링하는 도구가 제대로 프로그램을 분석할 수 없게 됩니다.

스택 프로파일링 도구의 유용성을 고려할 때, 이 옵션을 활성화하면 나중에 성능을 개선하는 데 어려움을 겪을 수 있습니다. 이는 프레임 포인터를 사용하지 않아 얻는 성능 이점보다, 프레임 포인터 프로파일링을 통해 성능을 분석하여 얻는 이점이 더 클 수 있기 때문입니다. 이러한 문제를 피하기 위해서는 -fno-omit-frame-pointer 옵션을 사용하여 이 최적화를 비활성화하는 것이 좋습니다.[8] 또 다른 추천 옵션은 -g 옵션을 사용해 디버그 정보를 포함시키는 것입니다. 이렇게 하면 나중에 디버깅할 때 유용하며, 디버그 정보(DebugInfo)는 파일 크기를 줄이기 위해 필요 시 제거하거나 따로 분리시킬 수 있습니다.[9]

성능 문제가 발생한다면 간단히 최적화 수준을 낮춰서(예: -O3에서 -O2로) 다시 컴파일하면 디버깅을 위한 필요가 모두 충족될 테니 그렇게 해보고 싶은 유혹이 들 것입니다. 하지만 그렇게 단순하지가 않습니다. 이러한 경우 컴파일러의 출력 변화가 아주 크고 파급 효과가 클 수 있으며, 결국 여러분이 원래 해결하고자 했던 프로그램 동작에도 영향이 갈 수 있습니다.

5.3.2 인터프리터 언어

인터프리터 언어는 프로그램 코드를 실행할 때마다 하나씩 해석해서 실행합니다. 이 과정은 성능에 추가적인 부담을 주기 때문에, 인터프리터 언어는 보통 높은 성능보다는 코딩의 간편함이나 디버깅의 용이성 같은 요소가 더 중요할 때 사용됩니

---

8 프로파일링 도구에 따라 스택 트레이스를 해결하는 다른 방법들도 있을 수 있습니다. 예를 들어, debuginfo, LBR, BTS 등을 사용할 수 있습니다. perf(1) 프로파일링 도구의 경우, 다른 스택 워커를 사용하는 방법은 13장 "perf"의 13.9절 "perf record"에 설명되어 있습니다.
9 디버그 정보가 분리된 바이너리를 배포한다면, debuginfo 패키지 제작을 고려하세요. 디버그 정보가 필요할 때 따로 설치할 수 있습니다.

다. **셸 스크립트**(Shell script)도 이런 인터프리터 언어의 한 예입니다.

관측가능성 도구가 별도로 제공되지 않는다면, 인터프리터 언어로 작성된 프로그램의 성능 분석은 어려울 수 있습니다. CPU 프로파일링을 통해 인터프리터 자체의 동작(프로그램 파싱, 해석 및 명령 실행)은 확인할 수 있지만, 실제 프로그램의 함수 이름은 확인할 수 없어 실제 프로그램의 실행 흐름을 이해하기 어렵습니다. 물론 이런 식으로 인터프리터를 분석하는 것이 완전히 헛된 일은 아닙니다. 프로그램이 제대로 잘 설계되었더라도 인터프리터 자체에 성능 문제가 있을 수 있기 때문입니다.

일부 인터프리터는 함수 인자로 프로그램 컨텍스트를 제공하는 경우도 있는데, 이러한 경우 동적 계측을 사용해서 들여다 볼 수 있습니다. 또 다른 방법은 프로세스의 메모리를 분석하는 것인데, 이는 프로그램 레이아웃을 잘 알고 있어야 가능합니다(예: 리눅스 process_vm_readv(2) 시스템 콜 사용).

보통 인터프리터 프로그램은 단순히 프린트문과 타임스탬프를 추가하여 분석되곤 합니다. 더 정밀한 성능 분석은 드문데, 이는 인터프리터 언어가 고성능 애플리케이션에 자주 사용되지 않기 때문입니다.

5.3.3 가상 머신

언어 가상 머신(language virtual machine, process virtual machine으로도 불림)은 컴퓨터를 시뮬레이션하는 소프트웨어입니다. 자바나 얼랭(Erlang) 같은 프로그래밍 언어는 보통 이러한 가상 머신(VM)에서 실행되는데, 가상 머신은 플랫폼에 구애받지 않는 프로그래밍 환경을 제공합니다. 애플리케이션 프로그램은 가상 머신의 명령어 집합(**바이트코드**)으로 컴파일되고 가상 머신에서 실행됩니다. 이렇게 하면 가상 머신이 실행될 수 있는 플랫폼이라면, 해당 바이트코드로 컴파일된 프로그램은 이식성이 보장되어 어떤 플랫폼에서도 실행될 수 있습니다.

바이트코드는 언어 가상 머신에서 여러 방식으로 실행될 수 있습니다. 자바 핫스팟 VM은 바이트코드를 인터프리터 방식으로 실행하거나, JIT 컴파일을 통해 기계어로 변환하여 프로세서가 직접 실행하도록 지원합니다. 이러한 방법을 사용하면 컴파일된 코드의 성능과 가상 머신의 이식성이 주는 장점을 함께 누릴 수 있습니다.

보통 가상 머신 언어는 관찰하기 가장 어려운 유형의 언어입니다. 프로그램이

CPU에서 실행될 때는 이미 여러 단계의 컴파일이나 해석이 이루어진 다음이기 때문에, 원래 프로그램의 정보를 바로 사용할 수 없는 경우가 많습니다. 따라서 성능 분석은 주로 언어 가상 머신이 제공하는 도구를 활용해 진행되는데, 가상 머신들은 보통 USDT probe나 서드파티 도구를 지원합니다.

5.3.4 가비지 컬렉션

어떤 언어는 자동 메모리 관리를 사용합니다. 따라서 할당된 메모리를 명시적으로 해제할 필요가 없고, 비동기적으로 수행되는 가비지 컬렉션 프로세스가 사용하지 않는 메모리를 해제합니다. 이로 인해 프로그래밍은 쉬워지지만 몇 가지 불이익이 있습니다.

- 메모리 사용량 증가: 애플리케이션의 메모리 사용량을 제어할 방법이 줄어듭니다. 따라서 자동으로 해제할 객체를 식별하지 못할 경우 메모리 사용이 늘어납니다. 애플리케이션이 쓰는 메모리가 아주 커지면 메모리 한계에 도달하거나 시스템 페이징(리눅스 스와핑)에 의해 성능이 심각하게 저하됩니다.
- CPU 비용: GC는 보통 간헐적으로 실행되면서 메모리상의 모든 객체를 검색하거나 스캔하는 작업을 수행합니다. 이 과정에서 CPU 자원이 소모되어, 잠깐이긴 하지만 애플리케이션이 사용할 자원이 일시적으로 줄어듭니다. 애플리케이션의 메모리가 커질수록 GC가 사용하는 CPU도 증가하며, 심할 경우 GC가 CPU를 모두 장악하는 경우도 생깁니다.
- 지연시간 극단값: GC가 실행되는 동안에는 애플리케이션이 일시적으로 중단될 수 있으며, 이로 인해 애플리케이션의 응답 지연시간이 증가할 수 있습니다.[10] 이러한 지연시간은 전부 멈춤(stop-the-world), 점진적(incremental), 동시적(concurrent) GC 등 GC의 종류에 따라 달라집니다.

CPU 사용량 감소 및 지연시간 극단값 발생을 막기 위해 GC가 성능 튜닝의 대상이 되는 일이 많습니다. 예를 들어 자바 VM은 GC 유형, GC 스레드 수, 최대 힙 크기, 목표 힙 해제 비율 등을 튜닝 파라미터를 통해 지정할 수 있습니다.

튜닝이 만족스럽지 못했다면, 문제는 지나치게 많은 메모리 가비지를 생성하거

---

[10] GC 시간이나 GC로 인한 애플리케이션 인터럽트를 줄이기 위한 다양한 기법들이 개발되어 왔습니다. 그 중 하나는 시스템과 애플리케이션의 지표를 사용하여 GC를 호출하기에 가장 적합한 시점을 결정하는 것입니다.[Schwartz 18]

나 참조(포인터)를 제대로 해제하지 않고 다니는 애플리케이션에 있을 것입니다. 이런 문제는 애플리케이션 개발자가 수정해야 합니다. 접근 방법의 하나는 가능한 한 더 적은 객체를 할당해서 GC 부하를 줄이는 것입니다. 객체의 할당과 관련 코드 경로를 보여주는 관측가능성 도구들을 사용해, 제거할 수 있는 부분을 찾을 수 있습니다.

5.4 방법론

이번 절에서는 애플리케이션 분석과 튜닝을 위한 방법론을 설명합니다. 분석에 사용할 도구는 여기서 소개하거나 다른 장을 참조하도록 안내할 것입니다. 표 5.2에 이 장에서 설명하는 방법론이 정리되어 있습니다.

표 5.2 애플리케이션 성능 분석 방법론

절	방법론	유형
5.4.1	CPU 프로파일링	관찰적 분석
5.4.2	Off-CPU 분석	관찰적 분석
5.4.3	시스템 콜 분석	관찰적 분석
5.4.4	USE 방법론	관찰적 분석
5.4.5	스레드 상태 분석	관찰적 분석
5.4.6	락 분석	관찰적 분석
5.4.7	정적 성능 튜닝	관찰적 분석, 튜닝
5.4.8	분산 트레이싱	관찰적 분석

2장 "방법론"에서는 일부 방법론에 대한 소개와 애플리케이션 관련 일반적인 방법론, 특히 CPU 프로파일링, 작업부하 특성, 드릴다운 분석에 대해 더 많은 내용을 다룹니다. 또한 시스템 자원과 가상화에 대한 분석은 이어지는 여러 장에서 다룹니다.

이런 방법론들은 개별적으로 사용할 수도 있고 조합해서 사용할 수도 있습니다. 필자는 위 표에 나온 순서대로 하나하나 시도해 보길 추천합니다.

이것들과 더불어 특정 애플리케이션이나 해당 애플리케이션이 개발된 언어에 맞춘 맞춤형 분석 방법론이 있는지 찾아보세요. 이것들을 사용해 애플리케이션의 논리적 동작이나 알려진 문제를 이해할 수 있고, 쉽게 성능을 개선할 수 있는 방법을 발견할 수 있습니다.

5.4.1 CPU 프로파일링

CPU 프로파일링은 애플리케이션 성능 분석에서 필수적인 활동으로 6.5.4절 "프로파일링"에서 자세히 설명합니다. 이번 절에서는 CPU 프로파일링과 CPU 플레임 그래프에 대해 개괄하며, 이를 통해 off-CPU 분석을 수행하는 방법을 설명합니다.

리눅스에는 perf(1)과 profile(8)을 포함한 여러 CPU 프로파일러가 있으며, 이들은 모두 시간 샘플링(timed sampling) 방식을 사용합니다(5.5절 "관측가능성 도구"에서 설명합니다). 이들 프로파일링 도구들은 커널 모드에서 실행되며, 커널 스택 및 사용자 스택 두 가지 모두를 캡처한 **혼합** 프로파일을 만들어 냅니다. 이를 통해 CPU 사용률을 거의 완전하게 볼 수 있게 해줍니다.

애플리케이션과 런타임은 사용자 모드에서 실행되는 자체 프로파일링 도구를 가끔 제공하기도 하는데, 이러한 도구들이 커널 CPU 사용률을 보여주지는 못합니다. 이러한 사용자 기반 프로파일러는 커널이 애플리케이션을 디스케줄링(deschedule)하는 시점을 알지 못하므로 CPU 시간에 대해 왜곡된 정보를 제공할 수 있습니다. 따라서 필자는 언제나 커널 기반 프로파일링 도구(perf(1)과 profile(8))를 먼저 사용하고, 사용자 기반의 프로파일링 도구는 최후의 수단으로 사용합니다.

샘플링 기반 프로파일링 도구들은 많은 샘플을 만들어내는데, 예를 들어 넷플릭스에서는 30초 동안 (약) 32개의 CPU에서 49Hz로 스택 트레이스를 수집하여 총 47,040개의 샘플을 만들어 냅니다. 이를 이해하기 위해 프로파일러는 일반적으로 샘플을 요약하거나 시각화하는 다양한 방법을 제공합니다. 샘플링된 스택 트레이스를 시각화하는 데 흔히 사용되는 방법 중 하나는 필자가 고안한 **플레임 그래프** (flame graphs)입니다.

CPU 플레임 그래프

CPU 플레임 그래프는 1장에서 소개했으며, 그림 2.15에 여러 사례가 발췌되어 있습니다. 그림 5.3에는 추후 참조를 용이하게 하기 위해 'ext4'라는 라벨이 붙어 있습니다. 이 그림은 혼합 모드 플레임 그래프로 사용자 스택과 커널 스택을 모두 보여줍니다.

플레임 그래프에서 각 사각형은 스택 트레이스의 프레임을 나타내며, y축은 코드 흐름을 보여줍니다. 위에서 아래로 내려갈수록 현재 함수와 그 함수의 상위 호출 관계를 나타냅니다. 프레임의 폭은 프로파일 내에서 해당 프레임이 차지하는 비율에 비례하며, x축 순서는 알파벳 순서로 정렬된 것이지 의미가 있지는 않습니다. 큰 '고원'이나 '타워' 모양이 보이는 부분은 CPU 시간이 많이 소비된 곳입니다. 자세한 내용은 6.7.3절 "플레임 그래프"를 참조하세요.

그림 5.3에서 crc32_z()는 CPU를 가장 많이 점유한 함수로, 이 예시에서 거의 40%를 차지합니다(중앙의 고원 부분). 왼쪽의 타워는 커널로 들어가는 syscall write(2)의 경로를 보여주며, 전체 CPU 시간의 약 30%를 차지하고 있습니다. 흘끗 보기만 하더라도 이 두 함수가 잠재적인 최적화 대상임을 확인할 수 있습니다. 코드 경로의 상위 호출 관계(그림에서 아래쪽)을 살펴보면, 상위 계층의 최적화 대상을 찾을 수 있습니다. 이 경우 모든 CPU 사용량은 MYSQL_BIN_LOG::commit() 함수에서 발생했습니다.

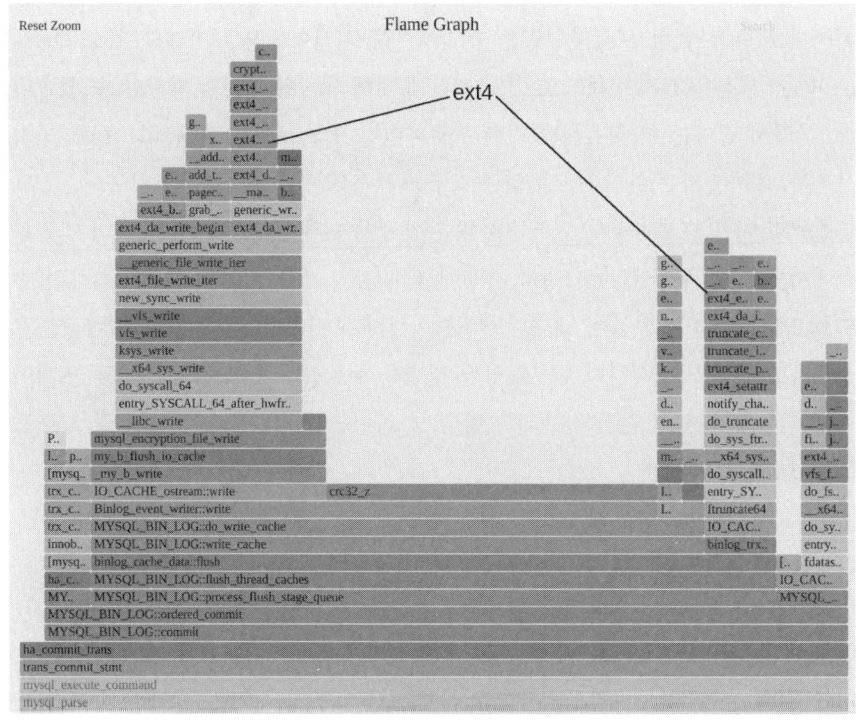

그림 5.3 CPU 플레임 그래프(발췌)

필자는 crc32_z() 혹은 MYSQL_BIN_LOG::commit()의 구체적인 기능을 알지 못합니다(아마도 추측할 수는 있겠지만요). CPU 프로파일링 도구는 애플리케이션의 내부 동작을 드러내 주는데, 여러분이 애플리케이션 개발자가 아니라면 이들 함수가 무엇인지 알 필요가 없습니다. 그러나 실행가능한 성능 개선 방법을 찾으려면 이 함수들이 무엇인지 조사해 봐야 합니다.

성능 개선 방안이 있을까 하여 필자는 MYSQL_BIN_LOG::commit()을 인터넷에서 검색해 MySQL 바이너리 로깅(binary logging)에 대해 설명된 문서들을 빠르게 찾아냈습니다. 이 함수는 데이터베이스 복원과 복제에 사용되며, 어떻게 튜닝하고 완전히 비활성화할 수 있는지 설명되어 있었습니다. crc32_z()을 검색해 보니, 이는 zlib의 체크섬 함수라는 것을 알 수 있었습니다. 이제 다음과 같은 질문을 해 볼 수 있습니다. 더 최신이거나 빠른 zlib 버전이 있을까요? 현재 사용 중인 프로세서에 최적화된 CRC 명령어가 있을까요? zlib이 이를 사용하고 있을까요? MySQL이 CRC를 계산해야 할 필요가 있는지, 아니면 이를 비활성화할 수 있는지 등을 생각해 볼 수 있습니다. 이러한 사고 방식에 대한 자세한 내용은 2장 "방법론"의 2.5.20절 "성능 최적화를 위한 지침"을 참조하세요.

5.5.1절 "perf"에서는 perf(1)을 사용해 CPU 플레임 그래프를 생성하는 방법에 대해 설명합니다.

Off-CPU 흔적

CPU 프로파일링 도구는 단순히 CPU 사용률에 그치지 않고 그 이상을 보여줄 수 있습니다. 여러분은 기타 off-CPU 문제 유형들의 증거를 찾을 수 있습니다. 예를 들어, 디스크 I/O는 파일 시스템 접근 및 블록 I/O 초기화에 대한 CPU 사용률로 어느 정도는 확인할 수 있습니다. 이러한 과정은 곰의 발자국 흔적(footprint)을 발견하는 것과 유사한데, 곰을 직접 보지는 않았지만 그 근처에 곰이 있다는 것을 의미합니다.

CPU 플레임 그래프를 살짝 살펴보면 파일 시스템 I/O, 디스크 I/O, 네트워크 I/O, 락 경쟁 등의 흔적을 찾을 수도 있습니다. 그림 5.3에서는 ext4 파일 시스템 I/O를 하나의 사례로 보여줍니다. 여러분이 플레임 그래프를 많이 보다 보면, 주목해야 할 함수 이름들이 차츰 눈에 들어올 겁니다. 'tcp_*'는 커널 TCP 함수, 'blk_*'는 커널 블록 I/O 함수 이런 식으로 말입니다. 몇 가지 추천 검색어는 다음과 같습니다.

- "ext4"(또는 "btrfs", "xfs", "zfs"): 파일 시스템 동작 찾기
- "blk": 블록 I/O 찾기

- "tcp": 네트워크 I/O 찾기
- "utex": 락 경쟁("mutex" 또는 "futex") 찾기
- "alloc" 혹은 "object": 메모리 할당을 하는 코드 경로 찾기

이 방법은 이러한 활동의 존재 여부만 확인할 수 있으며, 그 활동의 강도는 알 수 없습니다. CPU 플레임 그래프는 CPU 사용률의 크기를 보여주지만, 블록된 off-CPU 상태에서 소비된 시간은 보여주지 않습니다. off-CPU 시간을 직접 측정하려면 off-CPU 분석을 사용해야 하지만, 이는 보통 더 큰 오버헤드가 발생합니다.

5.4.2 Off-CPU 분석

off-CPU 분석은 현재 CPU상에서 실행되고 있지 않은 스레드들을 검토하는 것으로, 이 상태를 off-CPU라고 부릅니다. off-CPU 분석에는 디스크 I/O, 네트워크 I/O, 락 경쟁, 명시적 휴면(explicit sleep), 스케줄러 선점(preemption) 등 스레드가 블록되는 모든 이유가 포함되어 있습니다. 이러한 이유와 이로 인해 발생하는 성능 문제를 분석하는 데는 다양한 도구가 필요합니다. off-CPU 분석은 이러한 문제를 파악하는 방법 중 하나이며, 이 분석을 위해 하나의 프로파일링 도구만으로도 충분합니다.

off-CPU 프로파일링은 다음과 같은 방법으로 수행할 수 있습니다.

- 샘플링: off-CPU 상태인 스레드, 또는 모든 스레드에 대해 시간 기반 샘플을 수집하는 방법입니다(**벽시계 샘플링**(wallclock sampling)이라 불림).
- 스케줄러 트레이싱: 커널 CPU 스케줄러를 계측하여 스레드가 off-CPU 상태인 시간을 측정하고, 이 시간을 off-CPU 스택 트레이스와 함께 기록하는 것입니다. 스레드가 off-CPU 상태일 때 스택 트레이스는 변경되지 않습니다(실행 중인 상태가 아니기에 변경되지 않습니다!). 따라서 각 블로킹 이벤트마다 스택 트레이스를 한 번만 읽으면 됩니다.
- 애플리케이션 계측: 일부 애플리케이션은 디스크 I/O 같이 흔히 블로킹되는 코드 경로를 위한 내장 계측 기능을 가지고 있습니다. 이러한 계측에는 애플리케이션 특화 컨텍스트가 포함될 수 있습니다. 편리하고 유용하기는 하지만, 이 접근방법으로는 보통 off-CPU 이벤트를 볼 수 없습니다(스케줄러 선점, 페이지 폴트 등).

첫 두 가지 접근방법이 선호되는데, 모든 애플리케이션에서 이 방법을 사용할 수 있으며 모든 off-CPU 이벤트를 볼 수 있기 때문입니다. 하지만 상당한 오버헤드가 수반된다는 단점이 있습니다. 예를 들어 49Hz에서의 샘플링은 8개의 CPU로 구성된 시스템에서는 무시할 만한 오버헤드이지만, off-CPU 샘플링은 CPU 풀 대신 스레드 풀을 샘플링해야 합니다. 동일한 시스템에 10,000개의 스레드가 있고 대부분이 대기 상태라면 샘플링 비용이 1,000배 증가할 수 있습니다[11](10,000개의 CPU로 구성된 시스템의 CPU 프로파일링을 상상해 보세요). 마찬가지로 스케줄러 트레이싱은 초당 100,000개 이상의 스케줄러 이벤트를 처리해야 하므로 오버헤드가 상당히 클 수 있습니다.

스케줄러 트레이싱은 현재 널리 사용되는 기법으로 필자가 만든 도구인 offcputime(8)(5.5.3절 "offcputime")과 같은 도구에 기반을 두고 있습니다. 필자는 짧은 시간 이상 지속된 off-CPU 이벤트만 기록하여 샘플 수를 줄이는 최적화 방법을 사용하고 있습니다.[12] 또한, BPF를 사용해서 모든 샘플을 사용자 공간으로 내보내는 대신 커널 컨텍스트에서 스택을 집계하여 오버헤드를 더욱 줄이고 있습니다. 이러한 기법들이 도움이 되지만, 프로덕션 환경에서 off-CPU 프로파일링을 사용할 때는 주의해야 하며, 사용 전에 테스트 환경에서 오버헤드를 평가해 보아야 합니다.

Off-CPU 시간 플레임 그래프

off-CPU 프로파일은 off-CPU 시간(off-CPU time) 플레임 그래프로 시각화할 수 있습니다. 그림 5.4는 30초간의 시스템 전역 off-CPU 프로파일을 보여주는데 MySQL 서버 스레드가 명령어(쿼리)를 처리하는 부분을 확대해서 보여줍니다.

off-CPU 시간의 대부분은 fsync() 코드 경로와 ext4 파일 시스템에서 발생합니다. 마우스 포인터가 Prepared_statement::execute() 함수 위에 있는데, 아랫쪽 설명에 이 함수의 off-CPU 시간이 총 3.97초라고 표시됩니다. 이러한 그래프의 해석 방법

---

11 그보다 더 높을 가능성이 있는데, 이는 off-CPU 상태인 스레드들의 스택 트레이스를 샘플링해야 하고, (CPU 프로파일링과는 달리) 해당 스택이 CPU 캐시에 없을 가능성이 높기 때문입니다. 전체 스레드를 샘플링하는 것이 아닌 단일 애플리케이션으로 제한하면 프로파일이 불완전할 수 있지만, 스레드 수를 줄이는 데 도움이 될 것입니다.

12 여러분은 "만약 이 최적화로 인해 아주 짧은 휴면 시간들이 많이 발생하는 상황을 놓치게 되면 어떻게 하죠?"라고 걱정할 수 있습니다. 그러나 걱정하지 않아도 됩니다. 만약 아주 짧은 휴면 시간들이 많이 발생하게 되면, 스케줄러가 너무 자주 호출되어 CPU 프로파일에서 그 영향을 쉽게 발견할 수 있습니다. 이로 인해 여러분은 최적화를 해제해야 한다는 것을 알게 될 것입니다.

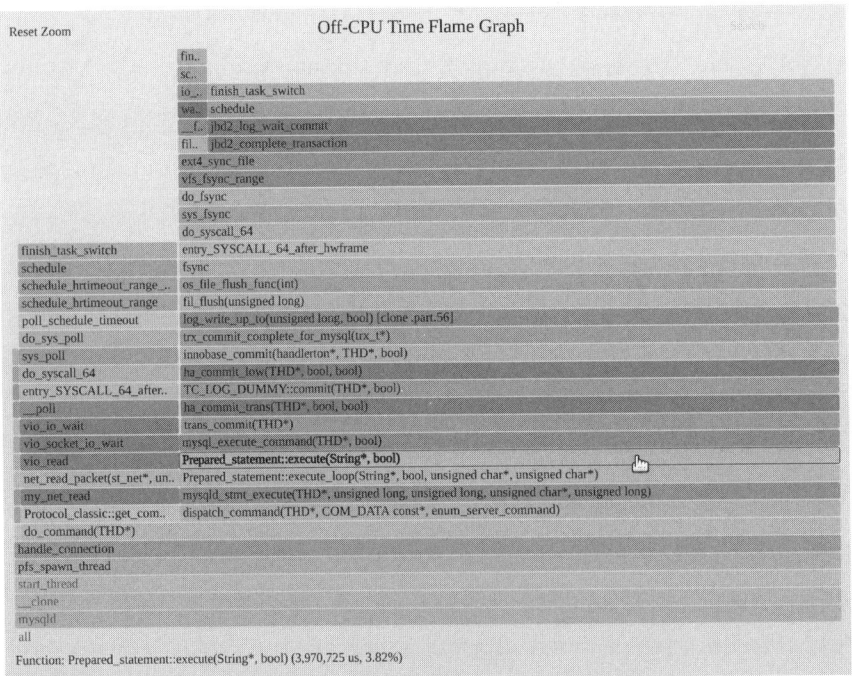

그림 5.4 Off-CPU 시간 플레임 그래프(부분 확대됨)

은 CPU 플레임 그래프와 유사합니다. 가장 넓은 타워 부분을 찾아 그것들을 먼저 조사하면 됩니다.

on-CPU 및 off-CPU 플레임 그래프 두 가지 모두를 사용하면 코드 경로별 On-CPU 및 off-CPU 시간을 종합적으로 확인할 수 있습니다. 이는 매우 강력한 분석 도구입니다. 필자는 이를 보통 별도의 플레임 그래프로 표시합니다. 두 그래프를 하나의 플레임 그래프로 합치는 것도 가능한데, 필자는 이를 **핫/콜드 플레임 그래프(hot/cold flame graph)**라 부릅니다. 그러나 이 방식이 항상 유용하지는 않은데, hot/cold 플레임 그래프 대부분이 대기시간을 나타내기 때문에 On-CPU 시간은 상대적으로 얇은 타워 형태로 압축되어 표시됩니다. 이는 off-CPU 스레드 수가 on-CPU 스레드 수보나 두 자리 수(10배 이상)만큼 더 많을 수 있기 때문입니다. 결과적으로 hot/cold 플레임 그래프는 99%가 off-CPU 시간으로 구성되어 대기시간이 대부분을 차지하게 됩니다(필터링되지 않는 한).

대기시간

off-CPU 프로파일링에서는 단순히 수집 과정에서의 오버헤드뿐 아니라, 결과를 해석하는 데 따르는 어려움도 있습니다. 그 이유는 스레드가 작업을 기다리며 보내는 대기시간이 프로파일 결과의 대부분을 차지할 수 있기 때문입니다.[13] 그림 5.5는 앞서 살펴본 것과 동일한 off-CPU 시간 플레임 그래프를 보여주지만, 흥미로운 스레드를 부분 확대하지는 않았습니다.

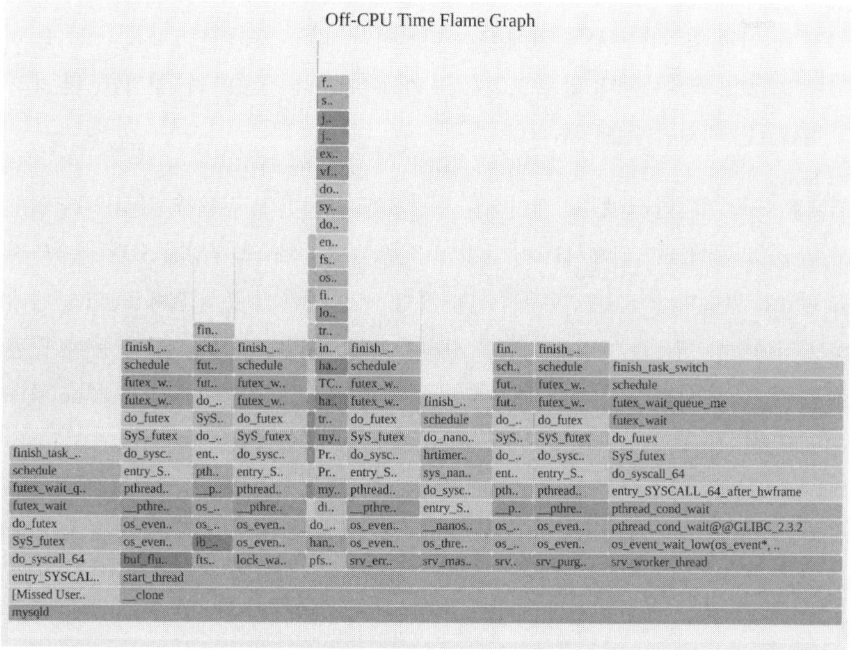

그림 5.5 Off-CPU 시간 플레임 그래프 (전체)

이 플레임 그래프에서 대부분의 시간은 유사한 pthread_cond_wait()와 futex() 코드 경로에 있으며, 이들은 작업을 대기 중인 스레드들입니다. 스레드 함수는 플레임 그래프에서 볼 수 있으며, 오른쪽에서 왼쪽으로 srv_worker_thread(), srv_purge_coordinator_thread(), srv_monitor_thread() 등이 있습니다.

중요한 off-CPU 시간을 찾는 두 가지 기법이 있습니다.

- 애플리케이션 요청을 처리하는 동안의 off-CPU 시간을 살펴보기 위해 애플리케이션 요청 핸들링 함수로 부분 확대하거나 필터링하세요. MySQL 서버의 경우,

---

[13] (옮긴이) 실제 off-CPU 프로파일링에서 중요한 관점은 어떤 요청이 원인이 되어 스레드가 off-CPU 상태에 들어갔는가 입니다. 하지만 off-CPU 그래프는 대부분이 단순 대기(wait) 시간으로 채워져 있어서, 정작 이런 흥미로운 구간은 상대적으로 작게 표현되어 눈에 잘 띄지 않는 경우가 많습니다.

이 함수는 do_command()입니다. do_command() 함수를 검색한 다음 해당 부분을 확대하면 그림 5.4와 비슷한 플레임 그래프를 얻을 수 있습니다. 이 접근 방법은 효과적이지만, 여러분의 특정 애플리케이션에서 어떤 함수를 찾아야 할지는 알고 있어야 합니다.

- 데이터 수집 중에 관심 없는 스레드 상태를 제외하기 위해 커널 필터를 사용하세요. 이 방법의 효과는 커널에 따라 다릅니다. 리눅스에서는 TASK_UNINTERRUPTIBLE 상태에 맞추면 중요한 off-CPU 이벤트에 집중할 수 있지만, 몇 가지 이벤트는 배제될 수도 있습니다.

때때로 락을 기다리는 애플리케이션 블로킹 코드 경로를 발견할 수 있습니다. 여기서 더 파고 들어가기 위해서는 락 소유자가 놓아 주는데 왜 그렇게 오래 걸렸는지 알 필요가 있습니다. 5.4.7절 "정적 성능 튜닝"에 설명된 락 분석 외에도, 락을 해제하는 이벤트를 계측하는 범용 기법을 사용할 수 있습니다. 이는 고급 활동이며, 필자가 쓴 《BPF 성능 분석 도구》[Gregg 19]의 14장과 BCC의 도구인 wakeuptime(8)과 offwaketime(8)을 참고하세요.

5.5.3절 "offcputime"에서는 BCC의 offcputime(8)을 사용해 off-CPU 플레임 그래프를 생성하는 명령어를 설명합니다. 스케줄러 이벤트와는 별개로 시스템 콜 이벤트는 애플리케이션을 학습하는 또 하나의 유용한 대상입니다.

5.4.3 시스템 콜 분석

시스템 콜(System call, syscall)은 자원 기반 성능 문제들을 연구하기 위해 계측될 수 있습니다. 목표는 시스템 콜 시간이 소모되는 위치를 파악하는 것으로, 시스템 콜의 유형과 호출 이유를 이해하는 것입니다.

시스템 콜 분석의 주요 대상은 다음과 같습니다.

- 새 프로세스 트레이싱: execve(2) 시스템 콜을 트레이싱해서 새 프로세스 실행을 기록하고 단기간만 실행되는 프로세스의 문제를 분석할 수 있습니다. 5.5.5절의 execsnoop(8) 도구를 참고하세요.
- I/O 프로파일링: read(2)/write(2)/send(2)/recv(2) 및 해당 계열 시스템 콜을 트레이싱하고, 이들의 I/O 크기, 플래그, 코드 경로를 분석하면 많은 수의 작은 I/O와 같은 비효율적인 I/O 문제를 식별하는 데 도움이 됩니다. 자세한 내용은 5.5.7절 bpftrace 도구를 참고하세요.

- 커널 시간 분석: 시스템에서 커널 CPU 시간이 많을 때(흔히 '%sys'로 보고됩니다), 시스템 콜을 계측하면 그 원인을 밝혀낼 수 있습니다. 자세한 내용은 5.5.6절의 syscount(8) 도구를 참고하세요. 시스템 콜은 커널 CPU 시간의 대부분을 설명하지만, 페이지 폴트, 비동기 커널 스레드, 인터럽트와 같은 일부는 포함되지 않습니다.

시스템 콜은 문서로 잘 정리되어 있는 API(매뉴얼 페이지)여서 연구하기 쉬운 이벤트 소스입니다. 시스템 콜은 애플리케이션과 동기적으로 호출되므로, 시스템 콜에서 스택 트레이스를 수집하면 해당 애플리케이션의 코드 경로를 보여줍니다. 이러한 스택 트레이스는 플레임 그래프로 시각화할 수 있습니다.

5.4.4 USE 방법론

2장 "방법론"에서 설명했듯이 USE 방법론은 모든 하드웨어 자원에 대해 사용률, 포화도, 오류를 검사합니다. 많은 애플리케이션 성능 문제는 이렇게 병목 자원을 파악하는 과정을 통해 해결할 수 있습니다.

애플리케이션에 따라 USE 방법론을 소프트웨어 자원에도 적용할 수 있습니다. 어떤 애플리케이션의 내부 구성 요소를 보여주는 기능 다이어그램이 있다면 각 소프트웨어 자원의 사용률, 포화도, 오류를 검토해 의미 있는 지표를 만들 수 있습니다.

예를 들어, 애플리케이션이 워커 스레드 풀을 사용해 요청을 처리한다면 스레드를 기다리는 큐가 있을 것입니다. 이를 자원으로 간주한다면 다음과 같이 세 가지 지표를 정의할 수 있습니다.

- 사용률: 일정 기간 동안 요청을 처리하느라 실행 중인 스레드 개수의 평균값을 전체 스레드에 대한 백분율로 표시합니다. 예를 들어 50%라면 평균적으로 절반 정도의 스레드가 요청을 처리하느라 실행 중인 상태였다는 뜻입니다.
- 포화도: 일정 기간 동안의 큐의 평균 길이로 표시합니다. 이 값은 얼마나 많은 요청이 작업 스레드를 기다리느라 대기 상태였는지 알려줍니다.
- 오류: 어떤 이유에 의해 요청이 거부되거나 실패한 경우입니다.

그 다음으로 할 일은 이런 지표를 측정하는 방법을 찾아내는 것입니다. 각 지표는 애플리케이션 어딘가에서 제공할 수도 있고, 동적 트레이싱 같은 다른 도구를 사용해 직접 측정할 수도 있습니다.

이 예제와 같은 큐 시스템은 큐 이론(2장 "방법론" 참고)을 사용해 연구할 수도 있습니다.

다른 예로 파일 디스크립터를 생각해 보겠습니다. 시스템에서 설정한 파일 디스크립터의 수 제한이 있을 수 있는데, 이렇게 하면 파일 디스크립터가 유한한 자원이 됩니다. 이 경우 다음과 같은 세 가지 지표를 사용할 수 있습니다.

- 사용률: 사용 중인 파일 디스크립터 수를 전체 한도에 대한 백분율로 표현할 수 있습니다.
- 포화도: 운영 체제의 동작 방식에 따라 다릅니다. 예를 들어, 스레드가 파일 디스크립터를 할당받기 위해 블록 상태로 기다려야 한다면, 이 자원을 얻기 위해 블록된 대기 스레드의 개수를 포화도 지표로 삼을 수 있습니다.
- 오류: 할당 오류로 EFILE, "너무 많은 파일이 열려 있음(Too many open files)" 등을 들 수 있습니다.

이 같은 과정을 애플리케이션의 여러 구성 요소에 대해 반복하며, 이치에 맞지 않는 지표는 건너 뜁니다. 다른 방법론으로 들어가기 전에 애플리케이션의 상태를 점검하는 간단한 체크리스트를 작성하는 데 이런 과정이 도움이 될 수 있습니다.

5.4.5 스레드 상태 분석

이 방법론은 어떤 성능 이슈든 필자가 맨 처음에 사용하는 방법론이지만, 리눅스에서는 고급 기술에 속합니다. 목적은 스레드가 주로 시간을 소비하는 부분이 애플리케이션에서 어디인지를 상위 수준에서 찾아내는 것입니다. 이를 통해 일부 문제는 바로 해결이 가능하며, 나머지 문제들을 더 살펴볼 수 있도록 방향을 안내합니다. 여러분은 각 애플리케이션의 스레드 시간을 몇 가지 의미 있는 상태로 나눠서 분석할 수 있습니다.

기본적으로 스레드는 두 가지 상태인 on-CPU와 off-CPU로 구분됩니다. 기본적인 지표와 노구(예: top(1))를 사용하면 스레드가 on CPU 상태인지 알 수 있으며, CPU 프로파일링이나 off-CPU 분석을 이어서 진행할 수 있습니다(5.4.1절 "CPU 프로파일링"과 5.4.2절 "off-CPU 분석" 참고). 이 방법론은 더 많은 상태로 나눌수록 더욱 효과적입니다.

아홉 가지 상태

다음은 필자가 스레드 상태를 9가지로 나눈 목록으로, 이전의 두 가지 상태(on-CPU, off-CPU)로 한 분석에 비해 더 나은 시작점이 될 수 있습니다.

- 사용자: CPU에서 사용자 모드로 실행 중
- 커널: CPU에서 커널 모드로 실행 중
- 실행 가능: 실행 가능한 상태(Runnable)로 CPU에 할당되기를 기다리는 중
- 스와핑: 실행 가능한 상태이긴 하지만 익명 페이징(anonymous paging, 스와핑)을 기다리면서 블록된 상태
- 디스크 I/O: 블록(block) 장치 I/O를 기다리는 중(읽기/쓰기, 데이터/텍스트 페이지 인)
- 네트워크 I/O: 네트워크 장치 I/O를 기다리는 중(소켓 읽기/쓰기)
- 휴면: 자발적 휴면(sleep) 상태
- 락: 동기화 락을 획득하기 위해(다른 누군가가 해당 락을 놓아 주기를 바라면서) 기다리는 상태
- 유휴: 작업을 기다리며 아무것도 안하는 상태

그림 5.6에 이 9가지 상태 모델이 도식화되어 있습니다.

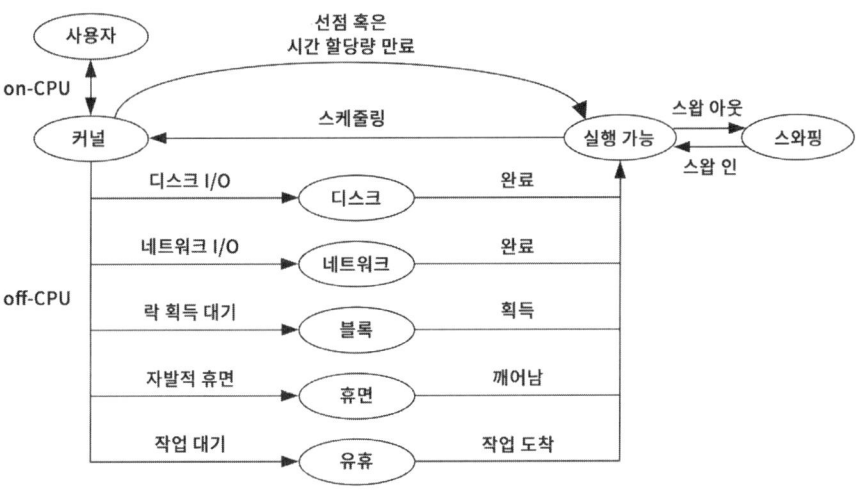

그림 5.6 9가지 상태 스레드 모델

유휴 상태를 제외한 모든 상태의 시간을 줄이면 애플리케이션 요청의 성능이 향상됩니다. 다른 조건이 동일하다면 이는 애플리케이션이 요청을 빠르게 처리한다는 뜻이고(즉, 낮은 지연시간), 애플리케이션이 더 많은 부하를 감당할 수 있다는 뜻입니다.

스레드가 주로 시간을 보내는 상태를 파악한 후에는 각 상태를 더 심도 있게 살펴볼 수 있습니다.

- 사용자 또는 커널: 프로파일링을 통해 커널이나 사용자 모드 중 어디서 CPU를 소모하는지, 또한 해당 경로가 락에서 스핀하면서 시간을 얼마나 소모하는지 살펴볼 수 있습니다. 5.4.1 "CPU 프로파일링"을 참고하세요.
- 실행 가능: 이 상태에서 시간이 많이 소요된다는 것은 더 많은 CPU 자원이 필요하다는 뜻입니다. 즉, CPU가 부족해서 실행될 준비가 된 스레드가 대기하고 있는 상황입니다. 전체 시스템의 CPU 부하를 살펴보고 애플리케이션에 CPU 제한(예: 리소스 제어)이 걸려 있는지 살펴보세요.
- 스와핑: 애플리케이션을 위한 메인 메모리가 부족하면 스와핑 지연시간이 발생할 수 있습니다. 전체 시스템의 메모리 사용과 해당 애플리케이션에 설정된 메모리 제약이 있는지 살펴보세요. 더 자세한 내용은 7장 "메모리"를 참고하세요.
- 디스크: 이 상태는 디스크 Direct I/O와 페이지 폴트를 포함합니다. 5.4.3절 "시스템 콜 분석", 8장 "파일 시스템", 9장 "디스크"를 참고하여 분석하세요. 워크로드 특성화를 통해 많은 디스크 I/O 문제를 해결할 수도 있습니다. 파일 이름, I/O 크기, I/O 유형을 살펴보세요.
- 네트워크: 이 상태는 네트워크 I/O(데이터 송신 및 수신)가 일어나는 동안 스레드가 블록된 시간을 나타냅니다. 그러나 새로운 연결을 대기하는 시간은 포함하지 않으며, 이러한 시간은 '유휴(Idle)' 상태로 분류됩니다. 분석을 위해서는 5.4.3절 "시스템 콜 분석", 5.5.7절 "bpftrace"의 I/O 프로파일링, 10장 "네트워크"를 참고하세요. 워크로드 특성화 역시 네트워크 I/O 문제에 유용할 수 있는데 호스트 이름, 프로토콜, 스루풋을 살펴보세요.
- 휴면: 휴면 상태의 이유(코드 경로)와 지속 시간을 분석하세요.
- 락: 락과 어떤 스레드가 해당 락을 가지고 있는지 검사하고 해당 스레드가 왜 오랫동안 락을 잡고 있는지 파악하세요. 아마도 락 소유자가 다른 락을 기다리고 있기 때문일 수도 있습니다. 그런 경우에는 더 깊게 파고들어가야 합니다. 이러

한 과정은 어려운 작업이며, 보통은 애플리케이션이 어떻게 락을 사용하는지 잘 알고 있는 소프트웨어 개발자가 진행해야 하는 일입니다. 필자는 이런 유형의 분석에 도움을 주는 BCC 도구인 offwaketime(8)(BCC에 포함됨)을 개발했습니다. 이 도구는 락을 해제한 스레드와 함께 블로킹된 스택 트레이스를 보여줍니다.

애플리케이션이 작업을 기다리는 방식에 따라 네트워크 I/O와 락 상태의 시간이 실제로는 유휴시간인 경우도 자주 있습니다. 가령, 애플리케이션 워커 스레드(application worker thread)는 다음 요청(예: HTTP keep-alive)을 기다리기 위해 네트워크 I/O에서 대기 상태로 있을 수 있으며, 이는 유휴 상태로 간주될 수 있습니다. 또한, 이러한 워커 스레드는 작업을 처리하기 위해 깨어날 때까지 조건 변수(락 상태)에서 대기할 수도 있습니다. 이러한 방식으로 워커 스레드가 유휴 상태에 있을 수도 있습니다.

다음은 리눅스에서 이러한 스레드 상태를 확인하는 방법을 요약한 내용입니다

리눅스

그림 5.7은 커널 스레드 상태에 기반한 리눅스 스레드 상태 모델을 보여줍니다.

커널 스레드 상태는 커널 task_struct 구조체의 state 멤버 변수에 기반하며, TASK_RUNNING은 실행 가능, TASK_UNINTERRUPTIBLE은 디스크, 그리고 TASK_INTERRUPTIBLE은 휴면 상태를 나타냅니다. 이러한 상태는 ps(1)와 top(1) 같은 도구에서 R, D, S와 같은 한 글자 코드로 표시됩니다. (디버거에 의해 멈춰지는 등 다른 여러 상태도 있지만, 여기서는 포함하지 않았습니다.)

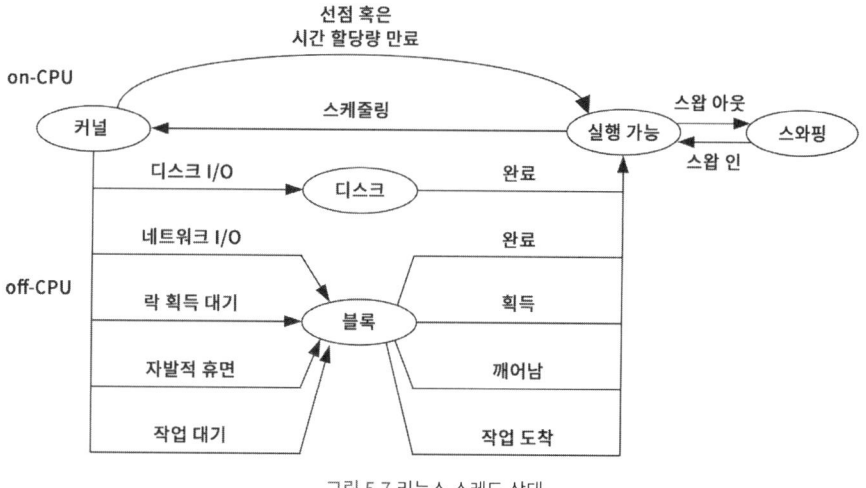

그림 5.7 리눅스 스레드 상태

이 정보들은 스레드의 동작을 이해하기 위한 몇 가지 단서를 제공하지만, 앞서 설명한 9가지 스레드 상태 모델처럼 세분화된 분석을 수행하기에는 한계가 있습니다. 예를 들어 TASK_RUNNING 하나만으로는 CPU를 사용하는 중인지, 단순히 스케줄링 대기열에 있는 것인지를 구분하기 어렵습니다. 이를 보완하려면 /proc이나 getrusage(2) 통계를 사용해서 실행 가능 상태(Runnable)를 사용자 시간과 커널 시간으로 다시 구분해야 합니다.

사실 필자가 제안한 9가지 상태 모델은 리눅스보다는 다른 커널에서 적용하기가 더 쉽습니다. 예를 들어 필자가 이 방법론을 처음 개발했던 솔라리스 커널은 미세 상태 기록(microstate accounting)이라는 기능을 통해 훨씬 더 세분화된 상태 정보를 제공합니다. 이 기능은 스레드 시간을 8가지 상태(사용자, 시스템, 트랩, 텍스트 폴트, 데이터 폴트, 락, 수면, 실행 큐)로 구분해 기록합니다. 비록 9가지 상태 모델과 완전히 일치하지는 않지만, 리눅스처럼 단순한 상태만 제공하는 구조에 비하면 분석을 시작하기 위한 기반으로는 훨씬 낫습니다.

이제 다시 리눅스로 돌아와서, 필자가 리눅스에서 사용하는 세 가지 접근 방법인 단서 기반, off-CPU 분석, 직접 측정에 대해 살펴보겠습니다.

단서 기반

pidstat(1)과 vmstat(8) 같은 일반적인 OS 도구를 사용하여 스레드 상태 시간이 어디에서 소모되는지 파악할 수 있습니다. 관심을 가질 만한 도구와 내용 들은 다음과 같습니다.

- 사용자: pidstat(1) "%usr" (프로세스별 측정)
- 커널: pidstat(1) "%system" (프로세스별 측정)
- 실행 가능: vmstat(8) "r" (시스템 전체 실행 대기열 길이)
- 스와핑: vmstat(8) "si" 및 "so" (시스템 전체 스와핑 활동)
- 디스크 I/O: pidstat(1) -d "iodelay" (프로세스별 I/O 지연 측정, 스와핑 포함)
- 네트워크 I/O: sar(1) -n DEV "rxkB/s" 및 "txkB/s" (시스템 전체 네트워크 트래픽)
- 휴면: 쉽게 사용할 수 있는 도구 없음
- 락: perf top (스핀 락 대기 시간 확인)
- 유휴: 쉽게 사용할 수 있는 도구 없음

일부 항목은 프로세스 단위로 측정할 수 있지만, 일부는 시스템 전체 수준에서만 제공됩니다. 예를 들어 vmstat(8)으로 시스템 전체의 스와핑은 볼 수 있지만, 특정 애플리케이션에 미치는 영향까지는 알 수 없습니다. 이를 확인하려면 더 정밀한 도구로 추가 분석을 해야 합니다. 이어지는 절과 장에서 이들 도구들을 다룹니다.

Off-CPU 분석

많은 상태가 off-CPU이기 때문에(사용자 및 커널을 제외한 나머지 모든 상태), off-CPU 분석을 통해 스레드 상태를 파악할 수 있습니다. 5.4.2절 "off-CPU 분석"을 참조하세요.

직접 측정

스레드 상태별로 스레드 시간을 정확하게 측정하는 방법은 다음과 같습니다.

- 사용자: 사용자 모드의 CPU 시간은 여러 도구와 /proc/PID/stat 및 getrusage(2)를 통해 확인할 수 있습니다. pidstat(1)는 이를 %usr로 보고합니다.
- 커널: 커널 모드의 CPU 시간도 /proc/PID/stat 및 getrusage(2)에서 확인할 수 있습니다. pidstat(1) 도구는 이를 %system으로 보고합니다
- 실행 가능: 이 상태는 커널의 schedstats 기능에 의해 나노초 단위로 추적되며, /proc/PID/schedstat을 통해 확인할 수 있습니다. 또한, 약간의 오버헤드가 생기기는 하지만, perf(1) sched 하위 명령어와 BCC runqlat(8) 같은 트레이싱 도구를 사용하여 측정할 수도 있습니다. 이들은 모두 6장 "CPU"에서 다룹니다.
- 스와핑: 익명 페이징(스와핑) 시간은 나노초 단위로 **지연 어카운팅**(delay accounting) 기능을 사용하여 측정할 수 있으며, 이는 4.3.3절에서 소개했습니다. 또한 앞에서는 getdelays.c 같은 예제 도구도 함께 소개했습니다. 트레이싱 도구를 사용하여 스와핑 지연시간을 계측할 수도 있습니다.
- 디스크: pidstat(1) -d는 블록 I/O와 스와핑으로 인해 프로세스가 지연된 동안의 클럭 틱 수를 'iodelay'로 표시합니다. 시스템 전반에서 스와핑이 발생하지 않았다면(vmstat(8)에서 보고된 것처럼), 모든 iodelay는 I/O 상태였다고 결론 내릴 수 있습니다. 지연 어카운팅 및 기타 어카운팅 기능이 활성화되어 있다면, iotop(8)에서 사용된 것처럼 블록 I/O 시간도 제공합니다. 또한 BCC 도구 biotop(8)과 같은 트레이싱 도구를 사용할 수도 있습니다.
- 네트워크: 네트워크 I/O는 BCC 그리고 bpftrace와 같은 트레이싱 도구를 사용하

여 조사할 수 있는데, 가령 TCP 네트워크 I/O를 위해서는 tcptop(8) 도구를 사용할 수 있습니다. 또한 애플리케이션 자체에 네트워크 및 디스크 I/O 시간을 추적할 수 있는 계측 기능이 포함되어 있을 수도 있습니다.

- 휴면: 자발적 휴면 상태에 들어가는 시간을 트레이싱 도구와 syscalls:sys_enter_nanosleep tracepoint 이벤트 등을 사용해 살펴볼 수 있습니다. 필자의 naptime.bt 도구는 휴면 상태를 트레이싱하며 PID와 지속 시간을 출력합니다.[Gregg 19] [Gregg 20b]
- 락: 락이 걸리는 시간을 분석하려면 klockstat(8)과 같은 BCC 도구를 포함한 트레이싱 도구를 사용할 수 있습니다. 또한 bpf-perf-tools-book 리포지토리에는 pthread 뮤텍스 락을 위한 pmlock.bt와 pmheld.bt, 커널 뮤텍스를 위한 mlock.bt와 mheld.bt 도구가 있습니다.
- 유휴: 트레이싱 도구를 사용하여 작업 완료를 기다리는 애플리케이션 코드 경로를 계측할 수 있습니다.

때때로 애플리케이션이 완전히 휴면 상태로 보일 때가 있습니다. 이런 경우 스레드가 off-CPU 상태로 블록되어 있으면서도 I/O나 다른 이벤트가 발생하지 않습니다. 이런 상황에서 애플리케이션 스레드가 어떤 상태에 있는지를 알아내려면, pstack(1)이나 gdb(1) 같은 디버거를 사용해 스레드 스택 트레이스를 검사해야 할 수 있습니다. 또는 /proc/PID/stack 파일에서 스택 트레이스를 읽어야 할 수도 있습니다. 이러한 디버거는 대상 애플리케이션을 일시 중지시키고 자체적인 성능 문제를 유발할 수 있으므로, 프로덕션 환경에서 사용하기 전에 사용 방법과 관련된 위험을 충분히 이해해야 합니다.

5.4.6 락 분석

멀티스레드 애플리케이션의 경우 락이 병목이 되어 병렬성을 저해하고 확장성을 해칠 수 있습니다. 단일 스레드 애플리케이션도 커널 락(예: 파일 시스템 락)에 의해 방해 받을 수 있는데, 다음과 같은 방법으로 분석할 수 있습니다.

- 경합 조사
- 과도한 락 소유 시간 확인

우선 **지금 현재** 문제가 있는지 확인합니다. 락을 너무 오래 잡고 있다고 즉각 문제로 이어지진 않겠지만, 앞으로 더 많은 병렬 작업이 있을 때 문제가 될 수 있습니다. 각각의 경우에 락의 이름(락이 있는 경우)과 그 락을 사용하게 된 코드 경로를 확인해 보세요.

락 분석을 위한 전용 도구도 있지만 CPU 프로파일링만으로 문제를 해결할 수 있는 경우도 종종 있습니다. **스핀 락**의 경우 경합이 있으면 CPU 사용률이 높아지고, CPU 프로파일링의 스택 트레이스를 살펴보면 이를 쉽게 식별할 수 있습니다. **적응형 뮤텍스 락**(adaptive mutex lock)의 경우에도 경합 시 약간의 스핀이 발생할 수 있으며, 이것도 스택 트레이스의 CPU 프로파일링을 통해 확인할 수 있습니다. 이때 CPU 프로파일링이 전체 문제의 일부만 드러낸다는 사실에 유의해야 합니다. 스레드들이 블록 상태로 락을 기다리면서 대기 상태에 있을 수도 있기 때문입니다. 5.4.1절 "CPU 프로파일링"을 참고하세요.

리눅스에서 락 분석용 특별 도구에 대한 내용은 5.5.7절 "bpftrace"를 참조하세요.

5.4.7 정적 성능 튜닝

정적 성능 튜닝은 설정된 환경 문제에 초점을 맞춥니다. 애플리케이션 성능의 경우에는 다음과 같은 정적 설정 요소를 살펴봅니다.

- 실행 중인 애플리케이션 버전이 무엇이며 종속성을 가지고 있습니까? 또한 애플리케이션이 최신 버전입니까? 릴리스 노트에 성능 향상과 관련된 언급이 있습니까?
- 애플리케이션에 알려진 성능 문제가 있습니까? 해당 문제들이 수록된 버그 데이터베이스가 있습니까?
- 애플리케이션이 어떻게 설정되어 있습니까?
- 애플리케이션 설정에서 기본값과 다르게 설정되었거나 튜닝된 부분이 있었다면 그 이유가 무엇입니까? (그렇게 결정한 이유가 측정과 분석에 따라 내린 결론입니까, 아니면 추측을 바탕으로 한 것입니까?)
- 애플리케이션이 객체를 캐싱합니까? 크기는 얼마나 됩니까?
- 애플리케이션이 동시성을 활용합니까? 활용한다면 스레드 풀 크기 등 설정이 어떻게 됩니까?
- 애플리케이션이 특별한 모드에서 실행되고 있습니까? 애플리케이션이 디버그 모드에서 실행되고 있습니까? 혹은 릴리스 빌드 대신 디버그 빌드로 실행되고

있습니까? (디버깅 모드에서 실행된다면 성능이 저하될 수도 있습니다.)
- 애플리케이션이 사용하는 시스템 라이브러리에는 어떤 것이 있습니까? 그것들 각각의 버전은 어떻게 되나요?
- 애플리케이션이 사용하는 메모리 할당자는 무엇입니까?
- 애플리케이션이 힙(heap)을 위해 Huge Page(7.3 433쪽 참조)를 사용합니까?
- 애플리케이션이 컴파일된 프로그램입니까? 컴파일러 버전은 어떻게 됩니까? 사용한 컴파일러나 최적화 옵션은 무엇입니까? 64비트 입니까?
- Intel SSE나 SIMD/vector 명령어와 같은 고급 명령어가 포함되어 있습니까? (그래야만 합니까?)
- 애플리케이션에서 오류가 발생한 적이 있습니까? 그런 오류로 현재 성능이 저하된 모드로 실행 중이지는 않습니까? 아니면 설정이 잘못되었거나 항상 성능이 저하된 모드에서 실행되고 있는 것은 아닙니까?
- CPU, 메모리, 파일 시스템, 디스크, 네트워크 사용 등에 대해 시스템에 설정된 제약이나 리소스 제어에서 설정한 제한이 있지는 않습니까?(클라우드 컴퓨팅에서는 흔히 있는 일입니다.)

이 질문들에 대한 답을 찾는 과정에서 간과했던 설정 문제가 드러날 수 있습니다.

5.4.8 분산 트레이싱

분산 환경에서는 하나의 애플리케이션이 분리된 별개의 시스템에서 수행되는 서비스들로 구성될 수 있습니다. 각 서비스를 독립된 작은 애플리케이션으로 검토할 수도 있지만, 분산 애플리케이션 전체를 하나로 검토하는 것도 필요합니다. 이를 위해 새로운 방법론과 도구 들이 필요하게 되며, 보통 분산 트레이싱을 사용해 수행합니다.

분산 트레이싱은 각 서비스 요청에 대한 정보를 로깅하고, 이후 이 정보를 통합하여 분석합니다. 여러 서비스에 걸쳐 이루어지는 애플리케이션 요청은 세부적인 종속 요청으로 나눌 수 있으며, 높은 지연시간이나 오류를 일으키는 서비스를 식별할 수 있습니다.

수집된 정보에는 다음이 포함될 수 있습니다.

- 애플리케이션 요청에 대한 고유 식별자(외부 요청ID)
- 종속 계층에서의 위치에 대한 정보

- 시작 및 종료 시간
- 오류 상태

분산 트레이싱에서는 생성되는 로그 데이터의 양이 문제입니다. 즉, 모든 애플리케이션 요청마다 여러 로그 항목이 생성된다는 거죠. 해결 방법의 하나는 **헤드 기반 샘플링**(head-based sampling)을 수행하는 것인데, 이는 요청의 시작('헤드') 부분에서 해당 내용을 샘플링('트레이스')할지 여부를 결정하는 방식입니다. 예를 들면, 매 10,000번의 요청 중 하나를 샘플링하는 식입니다. 이렇게 하면 대부분의 요청 성능은 충분히 분석할 수 있지만, 데이터가 제한적이어서 간헐적인 오류나 극단값(outliers, 이상값)은 분석하기 어렵습니다. 일부 분산 트레이싱 도구는 **테일 기반**(tail-based)으로, 모든 이벤트를 먼저 캡처한 후 나중에 어떤 것을 유지할지 결정하는 방식입니다. 이는 지연시간이나 오류를 기반으로 결정할 수 있습니다.

문제가 되는 서비스를 식별한 후에는 다른 방법론과 도구를 사용해 더욱 상세히 분석할 수 있습니다.

5.5 관측가능성 도구

이번 절에서는 리눅스 기반 운영 체제에서 애플리케이션 성능을 관찰할 수 있는 도구들을 소개합니다. 이 도구들을 사용할 때 따라야 할 전략에 대해서는 이전 절을 참고하세요.

이번 절에 나오는 도구들은 표 5.3에 정리되어 있으며, 이들 도구가 이번 장에서 어떻게 사용되는지에 대한 설명도 포함되어 있습니다.

표 5.3 리눅스 애플리케이션 관측가능성 도구

절	도구	설명
5.5.1	perf	CPU 프로파일링, CPU 플레임 그래프, 시스템 콜 트레이싱
5.5.2	profile	정주기 샘플링을 통한 CPU 프로파일링
5.5.3	offcputime	스케줄러 트레이싱을 통한 off-CPU 프로파일링
5.5.4	strace	시스템 콜 트레이싱
5.5.5	execsnoop	새로운 프로세스 트레이싱
5.5.6	syscount	시스템 콜 집계
5.5.7	bpftrace	시그널 트레이싱, I/O 프로파일링, 락 분석

이 도구들은 CPU 프로파일링 도구부터 시작하여 트레이싱 도구로 이어집니다. 많은 트레이싱 도구가 BPF를 기반으로 하며, BCC와 bpftrace 프론트엔드를 사용하는데(15장), profile(8), offcputime(8), execsnoop(8), syscount(8)가 이러한 도구들입니다. 각 도구의 기능에 대한 전체 참고 자료는 해당 도구의 매뉴얼 페이지를 포함해 관련 문서를 살펴보세요.

아울러 이 표에 포함되지 않은 특정 애플리케이션 전용 성능 도구도 찾아보기 바랍니다. 이후 장에서는 CPU, 메모리, 디스크 등 자원 중심 도구들에 대해 다루며, 이들 도구는 애플리케이션 분석에도 유용합니다.

다음 도구들 중 많은 수가 애플리케이션 스택 트레이스를 수집합니다. 스택 트레이스에 '[unknown]' 프레임이 포함되어 있거나 불가능할 정도로 짧게 보인다면, 흔히 발생하는 문제들과 이를 해결하는 방법들을 설명한 5.6절 "유의사항"을 참고하세요.

5.5.1 perf

perf(1)는 표준 리눅스 프로파일링 도구로 쓰임새가 많은 다용도 도구인데, 13장 "perf"에 설명되어 있습니다. 애플리케이션을 분석할 때 CPU 프로파일링은 대단히 중요하기 때문에, 아래에 perf(1)을 사용한 CPU 프로파일링을 요약 정리해 놓았습니다. 6장 "CPU"에서 CPU 프로파일링과 플레임 그래프를 더 자세히 다룹니다.

CPU 프로파일링

다음은 perf(1)을 사용해 모든 CPU(-a)에서 30초 동안 49Hz(-F 49: 초당 샘플 수)로 스택 트레이스(-g)를 샘플링하고 나서, 해당 샘플들을 나열하는 예시입니다.

```
# perf record -F 49 -a -g -- sleep 30
[ perf record: Woken up 1 times to write data ]
[ perf record: Captured and wrote 0.560 MB perf.data (2940 samples) ]
# perf script
mysqld 10441 [000] 64918.205722:   10101010 cpu-clock:pppH:
        5587b59bf2f0 row_mysql_store_col_in_innobase_format+0x270 (/usr/sbin/mysqld)
        5587b59c3951 [unknown] (/usr/sbin/mysqld)
        5587b58803b3 ha_innobase::write_row+0x1d3 (/usr/sbin/mysqld)
        5587b47e10c8 handler::ha_write_row+0x1a8 (/usr/sbin/mysqld)
        5587b49ec13d write_record+0x64d (/usr/sbin/mysqld)
        5587b49ed219 Sql_cmd_insert_values::execute_inner+0x7f9 (/usr/sbin/mysqld)
        5587b45dfd06 Sql_cmd_dml::execute+0x426 (/usr/sbin/mysqld)
```

```
5587b458c3ed mysql_execute_command+0xb0d (/usr/sbin/mysqld)
5587b4591067 mysql_parse+0x377 (/usr/sbin/mysqld)
5587b459388d dispatch_command+0x22cd (/usr/sbin/mysqld)
5587b45943b4 do_command+0x1a4 (/usr/sbin/mysqld)
5587b46b22c0 [unknown] (/usr/sbin/mysqld)
5587b5cfff0a [unknown] (/usr/sbin/mysqld)
7fbdf66a9669 start_thread+0xd9 (/usr/lib/x86_64-linux-gnu/libpthread-2.30.so)
```
[...]

이 프로파일에는 2,940개의 스택 샘플이 있는데, 그중 스택 한 개만 여기 수록했습니다. perf(1) script 하위 명령은 이전에 기록된 프로파일(perf.data 파일)에서 각 스택 샘플을 출력합니다. perf(1)에는 프로파일을 코드 경로 계층 구조로 요약하는 report 하위 명령도 있습니다. 또한 프로파일은 CPU 플레임 그래프로 시각화할 수도 있습니다.

CPU 플레임 그래프

넷플릭스에서는 CPU 플레임 그래프를 자동화하여 운영자와 개발자가 브라우저 기반 UI에서 플레임 그래프를 바로 확인할 수 있도록 했습니다. 이러한 그래프는 다음 명령어의 GitHub 저장소에 있는 오픈 소스 소프트웨어를 사용해 생성할 수 있습니다. 앞서 그림 5.3 CPU 플레임 그래프의 경우, 사용된 명령어는 다음과 같습니다.

```
# perf record -F 49 -a -g -- sleep 10; perf script --header > out.stacks
# git clone https://github.com/brendangregg/FlameGraph; cd FlameGraph
# ./stackcollapse-perf.pl < ../out.stacks | ./flamegraph.pl --hash > out.svg
```

이렇게 생성된 out.svg 파일은 웹 브라우저에서 열어 확인할 수 있습니다.

flamegraph.pl은 다양한 언어에 대한 맞춤형 컬러 팔레트를 제공하는데, 예를 들어 자바 애플리케이션의 경우에는 --color=java 옵션을 사용할 수 있습니다. 모든 옵션을 보려면 flamegraph.pl -h를 실행하십시오.

시스템 콜 트레이싱

perf(1) trace 하위 명령은 기본적으로 시스템 콜을 트레이싱하는데, 이는 strace(1)와 유사한 기능을 제공합니다(5.5.4절 "strace" 참고). 예를 들어 MySQL 서버 프로세스를 트레이싱할 때 다음과 같이 사용할 수 있습니다.

```
# perf trace -p $(pgrep mysqld)
         ? (            ): mysqld/10120 ... [continued]: futex())
= -1 ETIMEDOUT (Connection timed out)
    0.014 ( 0.002 ms): mysqld/10120 futex(uaddr: 0x7fbddc37ed48, op: WAKE| PRIVATE_
FLAG, val: 1)           = 0
    0.023 (10.103 ms): mysqld/10120 futex(uaddr: 0x7fbddc37ed98, op: WAIT_BITSET|
PRIVATE_FLAG, utime: 0x7fbdc9cfcbc0, val3: MATCH_ANY) = -1 ETIMEDOUT (Connection
timed out)
[...]
```

단 몇 줄의 출력만 포함되어 있지만, 여러 MySQL 스레드가 futex(2) 호출로 작업을 기다리고 있음을 보여줍니다(이들은 그림 5.5의 off-CPU 플레임 그래프에서 대부분을 차지했습니다).

perf(1)의 장점은 CPU별(per-CPU) 버퍼를 사용해 오버헤드를 줄여서 현재 strace(1)의 구현보다 훨씬 안전하게 사용할 수 있다는 점입니다. 또한 strace(1)가 일반적으로 단일 프로세스에 한정되는 반면, perf(1)는 시스템 전체를 트레이싱할 수 있으며, 시스템 콜 이외의 이벤트도 트레이싱할 수 있습니다. 그러나 perf(1)는 strace(1)만큼 많은 시스템 콜 인자 변환을 제공하지는 않는데, 다음은 비교를 위해 strace(1)에서 한 줄을 가져와 보았습니다.

```
[pid 10120] futex(0x7fbddc37ed98, FUTEX_WAIT_BITSET_PRIVATE, 0, {tv_sec=445110,
tv_nsec=427289364}, FUTEX_BITSET_MATCH_ANY) = -1 ETIMEDOUT (Connection timed out)
```

strace(1) 버전은 utime 구조체를 확장해서 보여줍니다만, perf(1) trace는 아직까지 이러한 시스템 콜 인자 변환을 제공하지 않습니다. 다행히도 이러한 인자 '미화(beautification)'[14]를 위해 BPF를 사용하는 개선 작업이 진행 중입니다. 궁극적인 목표는 perf(1) trace가 strace(1)를 전부 대체할 수 있도록 하는 것입니다. (strace(1)에 대한 자세한 내용은 5.5.4절 "strace"를 참고하세요.)

커널 시간 분석

perf(1) trace는 시스템 콜에서 소요된 시간을 보여주므로, 이는 모니터링 도구에서 흔히 보여주는 시스템 CPU 시간을 설명하는 데 도움이 됩니다. 하지만 이벤트별 출력보다는 요약본으로 시작하는 것이 더 쉽습니다. perf(1) trace에 -s 옵션을 사

---

14 (옮긴이) 시스템 콜 인자를 사람이 읽기 좋게 가공, 출력하는 것을 의미합니다. 개발자에게 친숙한 예로는 Python의 pprint(pretty-print) 기능이나 GDB의 print pretty 옵션처럼, 복잡한 데이터를 구조적으로 보기 좋게 표현하는 경우를 생각하면 됩니다.

용하면 시스템 콜 정보를 요약해 출력할 수 있습니다.

```
# perf trace -s -p $(pgrep mysqld)
mysqld (14169), 225186 events, 99.1%

   syscall           calls    total     min      avg      max      stddev
                              (msec)    (msec)   (msec)   (msec)   (%)
   ---------------   ------   -------   ------   ------   ------   -----
   sendto            27239    267.904   0.002    0.010    0.109    0.28%
   recvfrom          69861    212.213   0.001    0.003    0.069    0.23%
   ppoll             15478    201.183   0.002    0.013    0.412    0.75%
[...]
```

이 출력 결과는 각 스레드의 시스템 콜 집계 값과 측정된 시간을 보여줍니다.

이전에 본 futex(2) 호출 내역은 개별적으로는 그다지 흥미롭지 않으며, 바쁘게 동작 중인 어떤 애플리케이션에서든 perf(1) trace를 실행하면 이러한 이벤트만 너무 많이 출력될 수 있습니다. 따라서 먼저 이 요약으로 시작한 다음, 관심 있는 시스템 콜 유형만 검사하는 필터와 함께 perf(1) trace를 사용하면 도움이 될 것입니다.

I/O 프로파일링

I/O 시스템 콜은 특히 흥미로운데 몇몇은 앞서의 출력 결과에서 살펴보았습니다. 다음은 sendto(2) 호출을 필터(-e)를 사용해 트레이싱하는 사례입니다.

```
# perf trace -e sendto -p $(pgrep mysqld)
     0.000 ( 0.015 ms): mysqld/14097 sendto(fd: 37<socket:[833323]>, buff:
0x7fbdac072040, len: 12664, flags: DONTWAIT) = 12664
     0.451 ( 0.019 ms): mysqld/14097 sendto(fd: 37<socket:[833323]>, buff:
0x7fbdac072040, len: 12664, flags: DONTWAIT) = 12664
     0.624 ( 0.011 ms): mysqld/14097 sendto(fd: 37<socket:[833323]>, buff:
0x7fbdac072040, len: 11, flags: DONTWAIT) = 11
     0.788 ( 0.010 ms): mysqld/14097 sendto(fd: 37<socket:[833323]>, buff:
0x7fbdac072040, len: 11, flags: DONTWAIT) = 11
[...]
```

이 출력 결과는 두 개의 12664바이트 송신과 두 개의 11바이트 송신을 보여주며, 모두 DONTWAIT 플래그가 설정되어 있습니다. 만일 필자가 작업하는 상황에서 이러한 작은 송신이 많이 발생하는 것을 발견했다면, 이것들을 합치거나 아니면 DONTWAIT 플래그를 피해서 성능을 개선할 수 있는지 여부에 대해 알아볼 것입니다.

perf(1) trace를 일부 I/O 프로파일링에 사용할 수는 있지만, 필자는 종종 인자에 대해 더 깊이 파고들어 이것들을 필자만의 방법으로 정리하고 싶을 때가 있습니다. 예를 들어, 이 sendto(2) 트레이스 결과는 해당 파일 디스크립터(37)와 소켓 번호 (833323)를 보여주지만, 필자는 이것보다는 차라리 해당 소켓 유형, IP 주소 및 포트를 더 살펴볼 것입니다. 이러한 맞춤형 트레이싱을 위해 여러분은 5.5.7절 "bpftrace"를 대신 사용해 볼 수 있습니다.

5.5.2 profile

profile(8)[15]은 타이머 기반 CPU 프로파일링 도구로 BCC(15장) 도구의 일부입니다. 이는 BPF를 사용하여 커널 컨텍스트에서 스택 트레이스를 집계하고, 고유한 스택과 그 개수만 사용자 공간으로 전달함으로써 오버헤드를 줄입니다.

다음은 profile(8) 예제로, 모든 CPU에서 49Hz로 10초 동안 샘플링합니다.

```
# profile -F 49 10
Sampling at 49 Hertz of all threads by user + kernel stack for 10 secs.
[...]
    SELECT_LEX::prepare(THD*)
    Sql_cmd_select::prepare_inner(THD*)
    Sql_cmd_dml::prepare(THD*)
    Sql_cmd_dml::execute(THD*)
    mysql_execute_command(THD*, bool)
    Prepared_statement::execute(String*, bool)
    Prepared_statement::execute_loop(String*, bool)
    mysqld_stmt_execute(THD*, Prepared_statement*, bool, unsigned long, PS_PARAM*)
    dispatch_command(THD*, COM_DATA const*, enum_server_command)
    do_command(THD*)
    [unknown]
    [unknown]
    start_thread
    -                mysqld (10106)
        13
[...]
```

이 출력 결과에는 단 하나의 스택 트레이스만 포함되어 있으며, 이 스택 트레이스는 SELECT_LEX::prepare() 함수가 해당 호출 경로와 함께 CPU에서 동작 중인 상태

---

15 연혁: 필자는 사샤 골드스타인(Sasha Goldshtein), 앤드류 버챌(Andrew Birchall), 에브게니 베레쉬차긴(Evgeny Vereshchagin), 텅 친(Teng Qin)이 만든 코드를 기반으로 2016년 7월 15일 BCC용 profile(8)을 개발했습니다.

(on-CPU)로 13번 샘플링되었음을 보여줍니다

profile(8)은 6.6.14절 "profile"에서 더 심도 있게 논의하는데, 여기에는 다양한 옵션이 열거되며 출력 결과로부터 CPU 플레임 그래프를 생성하는 명령어들이 거기에 포함되어 있습니다.

5.5.3 offcputime

offcputime(8)[16]은 BCC 및 bpftrace 도구(15장)로 off-CPU 상태인 스레드가 소모한 시간을 간략하게 정리해 주는데, 해당 이유를 설명해 주는 스택 트레이스를 함께 보여줍니다. 이러한 점에서 이 도구는 off-CPU 분석에 주로 활용됩니다(5.4.2절 "off-CPU 분석"). offcputime(8)은 profile(8)에 대응하는 도구인데, 이 둘을 통해 시스템상의 스레드가 소모한 전체 시간을 보여줄 수 있습니다.

다음은 BCC 도구 offcputime(8)을 보여주는데, 5초간 트레이싱을 수행하고 있습니다.

```
# offcputime 5
Tracing Off-CPU time (us) of all threads by user + kernel stack for 5 secs.
[...]
    finish_task_switch
    schedule
    jbd2_log_wait_commit
    jbd2_complete_transaction
    ext4_sync_file
    vfs_fsync_range
    do_fsync
    __x64_sys_fdatasync
    do_syscall_64
    entry_SYSCALL_64_after_hwframe
    fdatasync
    IO_CACHE_ostream::sync()
    MYSQL_BIN_LOG::sync_binlog_file(bool)
    MYSQL_BIN_LOG::ordered_commit(THD*, bool, bool)
    mysql_BIN_LOG::commit(THD*, bool)
    ha_commit_trans(THD*, bool, bool)
    trans_commit(THD*, bool)
    mysql_execute_command(THD*, bool)
    Prepared_statement::execute(String*, bool)
    Prepared_statement::execute_loop(String*, bool)
```

16 연혁: 필자는 2005년에 off-CPU 분석 방법론과 이를 수행하기 위한 도구들을 만들었습니다. 그리고 이 offcputime(8) BCC 도구는 2016년 1월 13일에 개발했습니다.

```
    mysqld_stmt_execute(THD*, Prepared_statement*, bool, unsigned long, PS_PARAM*)
    dispatch_command(THD*, COM_DATA const*, enum_server_command)
    do_command(THD*)
    [unknown]
    [unknown]
    start_thread
    -                mysqld (10441)
        352107
```

[...]

이 출력 결과는 고유한 스택 트레이스와 off-CPU 상태로 소모된 시간을 마이크로초 단위로 보여줍니다. 이 특정 스택은 MYSQL_BIN_LOG::sync_binlog_file()을 통과하는 코드 경로를 통해 이 트레이스가 진행되는 동안 총 352밀리초의 ext4 파일 시스템 sync 동작을 수행했음을 보여줍니다.

효율성을 위해 offcputime(8)은 커널 컨텍스트에서 이 스택을 집계하며, 고유한 스택만 사용자 공간으로 보냅니다. 또한 기본값인 1마이크로초 임계값을 초과하는 off-CPU 상태의 스택 트레이스만 기록하며, 이 임계값은 -m 옵션을 사용해 조정할 수 있습니다.

스택을 기록하는 최대 시간을 설정하는 -M 옵션도 있습니다. 왜 긴 지속 시간의 스택을 제외하려고 할까요? 이는 작업을 기다리며 루프에서 1초 또는 그 이상 동안 블로킹되는 스레드와 같이 흥미롭지 않은 스택을 필터링하는 효과적인 방법이 될 수 있습니다. 가령, -M 900000 옵션을 사용하여 900밀리초보다 긴 지속 시간을 제외해 보세요.

Off-CPU 시간 플레임 그래프

고유한 스택만을 보여주었음에도, 이전 예제의 전체 출력물은 여전히 200,000라인을 넘었습니다. 이를 이해하기 쉽게 하기 위해 off-CPU 시간 플레임 그래프로 시각화할 수 있습니다. 그림 5.4가 이러한 예시입니다. 이를 생성하는 명령어는 앞서 profile(8)에서 살펴본 명령어와 유사합니다.

```
# git clone https://github.com/brendangregg/FlameGraph; cd FlameGraph
# offcputime -f 5 | ./flamegraph.pl --bgcolors=blue \
    --title="Off-CPU Time Flame Graph"> out.svg
```

이번에는 배경색을 파란색으로 설정했는데, 흔히 사용되었던 CPU 플레임 그래프가 아닌 off-CPU 플레임 그래프임을 시각적으로 상기시켜 주기 위함입니다.

5.5.4 strace

strace(1) 명령어는 리눅스 시스템 콜 트레이싱 도구입니다.[17] 이 도구는 시스템 콜을 트레이싱하며, 각 호출에 대한 한 줄 요약을 출력하고 시스템 콜을 집계하고 리포트를 출력할 수도 있습니다.

예를 들어 PID 1884에 대해 시스템 콜을 트레이싱한 예는 다음과 같습니다.

```
$ strace -ttt -T -p 1884
1356982510.395542 close(3)           = 0 <0.000267>
1356982510.396064 close(4)           = 0 <0.000293>
1356982510.396617 ioctl(255, TIOCGPGRP, [1975]) = 0 <0.000019>
1356982510.396980 rt_sigprocmask(SIG_SETMASK, [], NULL, 8) = 0 <0.000024>
1356982510.397288 rt_sigprocmask(SIG_BLOCK, [CHLD], [], 8) = 0 <0.000014>
1356982510.397365 wait4(-1, [{WIFEXITED(s) && WEXITSTATUS(s) == 0}], WSTOPPED|
WCONTINUED, NULL) = 1975 <0.018187>
[...]
```

이 명령 실행의 옵션은 다음과 같습니다(모든 옵션은 strace(1) 매뉴얼 페이지 참고).

- -ttt: 에포크(epoch) 이후 시간을 첫 번째 칼럼에 초 단위로 출력하며, 마이크로초 해상도로 표시합니다.
- -T: 마지막 필드(<time>)를 출력하며, 이는 시스템 콜의 지속시간으로 마이크로초 해상도로 출력됩니다.
- -p PID: 특정 프로세스 ID를 트레이싱합니다. strace(1)와 함께 명령어를 지정하여 해당 명령을 실행시키고 트레이싱을 수행할 수도 있습니다.

여기서 정리하지 않은 다른 옵션으로는 자식 스레드를 함께 트레이싱하는 -f 옵션과 strace(1) 출력을 지정된 파일에 기록하는 -o filename 옵션이 있습니다.

strace(1)의 기능 중 하나는 시스템 콜의 인자를 사람이 읽을 수 있는 형식으로 변환하는 것입니다. 이는 특히 ioctl(2) 호출을 이해하는 데 특히 유용합니다.

---

[17] 다른 운영 체제의 시스템 콜 트레이싱 도구는 다음과 같습니다. BSD에는 ktrace(1), 솔라리스에는 truss(1), OS X에는 필자가 처음 개발한 도구 중 하나인 dtruss(1)가 있으며, 윈도에는 logger.exe와 ProcMon을 포함한 여러 가지 옵션이 있습니다.

시스템 콜 동작을 간략하게 정리하기 위해 -c 옵션을 사용할 수 있습니다. 다음은 PID에 연결하지 않고 dd(1) 명령어를 실행하고 트레이싱하는 예입니다.

```
$ strace -c dd if=/dev/zero of=/dev/null bs=1k count=5000k
5120000+0 records in
5120000+0 records out
5242880000 bytes (5.2 GB) copied, 140.722 s, 37.3 MB/s
% time     seconds  usecs/call     calls    errors syscall
------ ----------- ----------- --------- --------- ----------------
 51.46    0.008030           0   5120005           read
 48.54    0.007574           0   5120003           write
  0.00    0.000000           0        20        13 open
[...]
------ ----------- ----------- --------- --------- ----------------
100.00    0.015604              10240092        19 total
```

위 출력 결과는 dd(1)의 실행 결과 3줄로 시작하며 strace(1) 요약이 그 뒤에 이어집니다. 각 칼럼은 다음과 같습니다.

- time: 시스템 CPU 시간이 소모된 비율을 백분율로 표시
- Seconds: 시스템 CPU 시간의 총합을 초 단위로 표시
- usecs/call: 시스템 콜당 평균 시스템 CPU 시간을 마이크로초 단위로 표시
- calls: 시스템 콜 횟수
- syscall: 시스템 콜 이름

strace 오버헤드

경고: strace(1)의 현재 버전은 리눅스 ptrace(2) 인터페이스를 통해 브레이크 포인트 기반의 트레이싱을 채택하고 있습니다. 이는 모든 시스템 콜의 진입(entry)과 리턴(return)에 브레이크포인트를 설정하는 것으로(-e 옵션을 사용해 일부 시스템 콜만 선택하는 경우라도), 이 방식은 시스템에 부담을 주며, 시스템 콜 빈도가 높은 애플리케이션의 경우 성능이 크게 저하될 수 있습니다. 다음은 이를 실제로 보여주는, strace(1)를 사용하지 않은 상태에서 dd(1) 명령어를 실행한 사례입니다.

```
$ dd if=/dev/zero of=/dev/null bs=1k count=5000k
5120000+0 records in
5120000+0 records out
5242880000 bytes (5.2 GB) copied, 1.91247 s, 2.7 GB/s
```

dd(1)는 마지막 줄에 스루풋 통계를 포함하고 있는데, 이를 비교하면 strace(1)가 dd(1)를 73배 느리게 만들었음을 알 수 있습니다. 이는 dd(1)가 높은 비율로 시스템 콜을 수행했기 때문입니다.

애플리케이션 요구 조건에 따라, 이 트레이싱 스타일은 호출되는 시스템 콜 유형을 파악하기 위해 아주 짧은 시간 동안만 사용하는 것이 허용될 수 있습니다. 만일 이 도구의 오버헤드가 이렇게 문제가 되지 않았다면 strace(1)는 더 널리 사용될 수 있었을 것입니다. perf(1), Ftrace, BCC, bpftrace와 같은 다른 트레이싱 도구들은 '버퍼 트레이싱' 방식을 활용해 트레이싱 오버헤드를 크게 줄입니다. 이 방식에서는 이벤트를 커널의 공유 링 버퍼에 기록하고, 사용자 레벨 트레이싱 도구가 주기적으로 이 버퍼를 읽습니다. 이렇게 하면 커널과 사용자 간의 컨텍스트 스위칭이 줄어들어 오버헤드가 낮아집니다.

strace(1)의 향후 버전에서는 perf(1) trace 하위 명령어(앞서 5.5.1절 "perf"에서 설명)를 대체하는 방식으로 오버헤드 문제를 해결할 수 있을 것입니다. BPF를 기반으로 하는 다른 고성능 시스템 콜 트레이서로는 Intel이 만든 vltrace[Intel 18]와 마이크로소프트가 만든 Windows ProcMon 도구의 리눅스 버전[Microsoft 20]이 있습니다.

5.5.5 execsnoop

execsnoop(8)[18]은 BCC 및 bpftrace 도구로, 시스템 전역에서 새로운 프로세스 실행을 트레이싱합니다. 이는 CPU 자원을 소모하는 단기 실행 프로세스의 문제를 찾아내고, 애플리케이션 시작 스크립트를 포함한 소프트웨어 실행을 디버그하는 데 사용할 수 있습니다.

다음은 BCC 버전의 execsnoop(8) 실행 출력 결과입니다.

```
# execsnoop
PCOMM            PID    PPID   RET ARGS
oltp_read_write  13044  18184  0 /usr/share/sysbench/oltp_read_write.lua
--dbdriver=mysql --mysql-password=... --table-size=100000 run
oltp_read_write  13047  18184  0 /usr/share/sysbench/oltp_read_write.lua
--dbdriver=mysql --mysql-password=... --table-size=100000 run
sh               13050  13049  0 /bin/sh -c command -v debian-sa1 > /dev/null &&
debian-sa1 1 1 -S XALL
debian-sa1       13051  13050  0 /usr/lib/sysstat/debian-sa1 1 1 -S XALL
```

18 연혁: 필자는 2004년 3월 24일에 첫 번째 execsnoop를 만들었으며, 2016년 2월 7일에 리눅스 BCC 버전을, 2017년 11월 15일에 bpftrace 버전을 개발했습니다. [Gregg 19]에서 이 도구의 더 자세한 연혁을 볼 수 있습니다.

```
sa1                  13051    13050    0 /usr/lib/sysstat/sa1 1 1 -S XALL
sadc                 13051    13050    0 /usr/lib/sysstat/sadc -F -L -S DISK 1 1 -S XALL /
var/log/sysstat
[...]
```

필자의 데이터베이스 시스템에서 execsnoop(8)을 실행하여 흥미로운 것을 찾아내기를 기대했는데, 실제로 그렇게 되었습니다. 첫 두 줄은 읽기/쓰기 마이크로벤치마크가 여전히 실행 중이며 루프에서 oltp_read_write 명령어를 시작하고 있음을 보여줍니다. 이 상태로 며칠 동안 실행되고 있었습니다! 데이터베이스가 다른 워크로드를 처리 중이었기 때문에 CPU와 디스크 부하를 나타내는 다른 시스템 지표로는 이를 쉽게 파악할 수 없었습니다. oltp_read_write 명령 이후의 줄은 sar(1)이 시스템 지표를 수집하고 있음을 보여줍니다.

execsnoop(8)은 execve(2) 시스템 콜을 트레이싱하며, 각 호출에 대한 한 줄 요약을 출력합니다. 이 도구는 타임스탬프를 출력하는 -t 옵션을 포함한 몇 가지 옵션을 지원합니다.

1장에서는 execsnoop(8)의 또 다른 예를 보여줍니다. 필자는 bpftrace용 threadsnoop(8) 도구도 발표했는데, 이는 libpthread pthread_create()를 통해 스레드 생성을 트레이싱합니다.

5.5.6 syscount

syscount(8)[19]는 BCC 및 bpftrace 도구로 시스템 전역에 걸쳐 시스템 콜을 집계합니다.

BCC 버전의 syscount(8) 실행 출력 결과입니다.

```
# syscount
Tracing syscalls, printing top 10... Ctrl+C to quit.
^C[05:01:28]
SYSCALL                COUNT
recvfrom              114746
sendto                 57395
ppoll                  28654
futex                    953
io_getevents              55
bpf                       33
```

[19] 연혁: 필자는 2014년 7월 7일 perf-tools 모음을 위해 Ftrace와 perf(1)을 사용해 처음으로 이것을 만들었고, 사샤 골드스타인이 2017년 2월 15일 BCC 버전을 개발했습니다.

```
rt_sigprocmask                 12
epoll_wait                     11
select                          7
nanosleep                       6

Detaching...
```

이 출력 결과는 트레이싱 동안 가장 빈번한 시스템 콜은 recvfrom(2)였으며, 총 114,746회 호출되었음을 보여줍니다. 이를 기반으로 더 심도 있게 분석하려면 시스템 콜 인자, 지연시간, 호출 스택 트레이스를 검토하는 다른 트레이싱 도구를 사용해 볼 수 있습니다. 예를 들어 perf(1) trace 명령에서 -e recvfrom 필터를 사용하거나, bpftrace를 사용해서 syscalls:sys_enter_recvfrom tracepoint를 계측해 볼 수 있습니다. 더 자세한 내용은 13장부터 15장까지의 트레이싱 도구를 살펴 보세요.

syscount(8) 역시 -P 옵션을 사용하여 프로세스별로 시스템 콜을 집계할 수도 있습니다.

```
# syscount -P
Tracing syscalls, printing top 10... Ctrl+C to quit.
^C[05:03:49]
PID    COMM              COUNT
10106  mysqld            155463
13202  oltp_read_only.    61779
9618   sshd                  36
344    multipathd            13
13204  syscount-bpfcc        12
519    accounts-daemon        5
```

이 출력 결과는 프로세스들과 시스템 콜 집계값을 보여줍니다.

5.5.7 bpftrace

bpftrace는 BPF 기반의 트레이싱 도구로, 강력한 원 라이너와 짧은 스크립트를 작성할 수 있는 고급 프로그래밍 언어를 제공합니다. 이는 다른 도구를 통해 얻은 단서를 기반으로 애플리케이션을 맞춤 분석하기에 적합합니다.

bpftrace는 15장에서 설명합니다. 이번 절에서는 애플리케이션 분석의 몇 가지 예를 살펴봅니다.

시그널 트레이싱

이 bpftrace 원 라이너는 kill(2) 시스템 콜을 통해 프로세스 시그널을 트레이싱합니다. 출력에는 시그널을 보낸 PID와 프로세스 이름, 그리고 시그널이 전달된 PID와 시그널 번호가 표시됩니다.

```
# bpftrace -e 't:syscalls:sys_enter_kill { time("%H:%M:%S ");
    printf("%s (PID %d) send a SIG %d to PID %d\n",
    comm, pid, args->sig, args->pid); }'
Attaching 1 probe...
09:07:59 bash (PID 9723) send a SIG 2 to PID 9723
09:08:00 systemd-journal (PID 214) send a SIG 0 to PID 501
09:08:00 systemd-journal (PID 214) send a SIG 0 to PID 550
09:08:00 systemd-journal (PID 214) send a SIG 0 to PID 392 ...
```

이 출력 결과는 배시(bash) 셸이 시그널 2(Ctrl-C)를 자신에게 보내고 있으며, 뒤이어 systemd-journal이 다른 PID에 시그널 0을 보내고 있음을 나타냅니다. 시그널 0은 아무것도 하지 않지만, 시스템 콜 리턴 값을 기반으로 다른 프로세스가 여전히 존재하는지 확인하는 데 사용됩니다.

이 원 라이너는 조기 종료와 같은 이상한 애플리케이션 문제를 디버깅하는 데 유용할 수 있습니다. 타임스탬프도 포함되었는데, 모니터링 소프트웨어에서 성능 문제를 교차 확인하기 위해서 입니다. BCC와 bpftrace의 도구인 killsnoop(8)을 가지고도 시그널 트레이싱을 수행할 수 있습니다.

I/O 프로파일링

bpftrace는 크기, 지연시간, 리턴 값, 스택 트레이스를 검토하여 다양한 방식으로 I/O를 분석하는 데 사용할 수 있습니다.[20] 예를 들어, 앞서 다룬 몇 가지 예에서 recvfrom(2) 시스템 콜이 빈번하게 호출되었으며, 이를 bpftrace를 사용해 더 심도 있게 분석할 수 있습니다.

다음은 recvfrom(2) 버퍼 크기를 히스토그램으로 보여주고 있습니다.

```
# bpftrace -e 't:syscalls:sys_enter_recvfrom { @bytes = hist(args->size); }'
Attaching 1 probe...
^C
```

---

20 예를 들어, [Gregg 19]에 수록되어 있는 ioprofile(8)이 있습니다. 그러나 실제로는 glibc가 기본적으로 프레임 포인터를 누락하기 때문에 전체 스택을 캡처하지 못하는 경우가 많습니다. 자세한 내용은 5.3.1절 "컴파일 언어"를 참고하세요.

```
@bytes:
[4, 8)              40142 |@@@@@@@@@@@@@@@@@@@@@@@@@@@@@@@@@@@@@@@@@@|
[8, 16)              1218 |@                                         |
[16, 32)            17042 |@@@@@@@@@@@@@@@@@@                        |
[32, 64)                0 |                                          |
[64, 128)               0 |                                          |
[128, 256)              0 |                                          |
[256, 512)              0 |                                          |
[512, 1K)               0 |                                          |
[1K, 2K)                0 |                                          |
[2K, 4K)                0 |                                          |
[4K, 8K)                0 |                                          |
[8K, 16K)               0 |                                          |
[16K, 32K)          19477 |@@@@@@@@@@@@@@@@@@@@                      |
```

이 출력 결과는 전체 버퍼 크기의 절반 정도가 4~7바이트 정도의 작은 크기이며 가장 큰 것이 16~32킬로바이트 크기임을 보여줍니다. syscall: sys_exit tracepoint를 트레이싱해서 이 버퍼 크기 히스토그램과 실제 수신된 바이트 수를 비교하는 것도 유용할 수 있습니다.

```
# bpftrace -e 't:syscalls:sys_exit_recvfrom { @bytes = hist(args->ret); }'
```

출력된 결과 사이에 큰 차이가 있다면 애플리케이션이 필요 이상으로 큰 버퍼를 할당 중이라는 의미일 수 있습니다. (이 exit을 트레이싱하는 원 라이너는 -1을 집계할 수 있는데, 이는 예외적으로 버퍼 크기를 나타내는 것이 아니라 시스템 콜 오류가 히스토그램에 집계된 것임을 유의하세요.)

수신된 크기들이 작고 큰 I/O를 모두 포함하고 있다면 시스템 콜의 지연시간에도 영향을 미칠 텐데, 더 큰 I/O 작업이 더 오랜 시간이 걸리기 때문입니다. recvfrom(2)의 지연시간을 측정하려면 시스템 콜의 시작과 종료 시점을 모두 추적해야 하며, 다음 bpftrace 프로그램에서 그 방법을 보여줍니다. 이 문법은 15장 BPF의 15.2.4절 "프로그래밍"에서 설명하고 있으며, 해당 절 마지막에는 커널 함수에 대한 유사한 지연시간 히스토그램 예시가 나옵니다.

```
# bpftrace -e 't:syscalls:sys_enter_recvfrom { @ts[tid] = nsecs; }
t:syscalls:sys_exit_recvfrom /@ts[tid]/ {
    @usecs = hist((nsecs - @ts[tid]) / 1000); delete(@ts[tid]); }'
Attaching 2 probes...
^C
@usecs:
[0]                 23280 |@@@@@@@@@@@@@@@@@@@@@@@@@                 |
```

```
[1]              40468 |@@@@@@@@@@@@@@@@@@@@@@@@@@@@@@@@@@@@@@@@|
[2, 4)             144 |                                        |
[4, 8)           31612 |@@@@@@@@@@@@@@@@@@@@@@@@@@@@@@@         |
[8, 16)             98 |                                        |
[16, 32)            98 |                                        |
[32, 64)         20297 |@@@@@@@@@@@@@@@@@@@@                    |
[64, 128)         5365 |@@@@@                                   |
[128, 256)        5871 |@@@@@@                                  |
[256, 512)         384 |                                        |
[512, 1K)           16 |                                        |
[1K, 2K)            14 |                                        |
[2K, 4K)             8 |                                        |
[4K, 8K)             0 |                                        |
[8K, 16K)            1 |                                        |
```

이 출력 결과는 recvfrom(2) 호출이 주로 8마이크로초 미만에서 발생했으며, 32~256마이크로초 사이의 느린 지연시간도 있었음을 보여줍니다. 일부 지연시간이 극단적으로 긴 경우도 나타났으며, 가장 느린 경우는 8~16밀리초 범위에 도달했습니다.

좀 더 심도 있게 드릴다운 분석을 계속할 수도 있습니다. 예를 들어, 출력 맵 선언(@usecs = ...)은 다음과 같이 변경할 수 있습니다.

- @usecs[args->ret]: 시스템 콜 리턴 값으로 세분화하여 각 리턴 값에 대한 히스토그램을 보여줍니다. 리턴 값은 수신된 바이트 수를 나타내며, -1은 오류를 의미합니다. 이 방식은 큰 I/O 크기가 더 긴 지연시간을 유발했는지를 확인하는데 도움이 됩니다.
- @usecs[ustack]: 사용자 스택 트레이스로 세분화하여 각 코드 경로에 대한 지연시간 히스토그램을 보여줍니다.

분석을 더 이어간다면, 첫 번째 tracepoint 다음에 필터를 추가해 MySQL 서버만 표시하고 다른 프로세스는 제외하는 방식도 고려할 만합니다.

```
# bpftrace -e 't:syscalls:sys_enter_recvfrom /comm == "mysqld"/ { ...
```

지연시간이 긴 경우나 특정 느린 패턴만 확인하고자 할 때에도 필터를 추가해 볼 수 있습니다.

락 트레이싱

bpftrace는 애플리케이션 락 경합을 여러 방식으로 조사하는 데 사용할 수 있습니다. 전형적인 pthread 뮤텍스 락의 경우, uprobe를 사용하여 pthread_mutex_lock() 등 pthread 라이브러리 함수들을 트레이싱할 수 있으며, tracepoint를 사용하여 락 블로킹을 관리하는 futex(2) 시스템 콜을 트레이싱할 수 있습니다.

필자는 pthread 라이브러리 함수들을 계측하기 위해 pmlock(8)과 pmheld(8) bpftrace 도구를 개발했으며, 이를 오픈 소스로 공개했습니다.[Gregg 20b]([Gregg 19]의 13장도 참고하세요). 예를 들어, 다음은 pthread_mutex_lock() 함수 지속 시간을 트레이싱하는 사례입니다.

```
# pmlock.bt $(pgrep mysqld)
Attaching 4 probes...
Tracing libpthread mutex lock latency, Ctrl-C to end.
^C
[...]

@lock_latency_ns[0x7f37280019f0,
    pthread_mutex_lock+36
    THD::set_query(st_mysql_const_lex_string const&)+94
    Prepared_statement::execute(String*, bool)+336
    Prepared_statement::execute_loop(String*, bool, unsigned char*, unsigned char*...
    mysqld_stmt_execute(THD*, unsigned long, unsigned long, unsigned char*, unsign...
, mysqld]:
[1K, 2K)               47 |                                                    |
[2K, 4K)              945 |@@@@@@@@                                             |
[4K, 8K)             3290 |@@@@@@@@@@@@@@@@@@@@@@@@@@@@@                        |
[8K, 16K)            5702 |@@@@@@@@@@@@@@@@@@@@@@@@@@@@@@@@@@@@@@@@@@@@@@@@@@@@@|
```

이 출력 내용은 많은 스택 중 하나만 축약하여 보여줍니다. 이 스택은 락 주소 0x7f37280019f0가 THD::setquery() 코드 경로를 통해 획득되었음을 보여주며, 주로 8~16 마이크로초 안에 획득되었음을 보여줍니다.

이 락이 왜 이렇게 오래 걸렸을까요? pmheld.bt 도구는 락을 소유한 프로세스가 락을 잡고 있는 시간 동안의 스택 트레이스를 보여줍니다.

```
# pmheld.bt $(pgrep mysqld)
Attaching 5 probes...
Tracing libpthread mutex held times, Ctrl-C to end.
^C
[...]
```

```
@held_time_ns[0x7f37280019f0,
    __pthread_mutex_unlock+0
    THD::set_query(st_mysql_const_lex_string const&)+147
    dispatch_command(THD*, COM_DATA const*, enum_server_command)+1045
    do_command(THD*)+544
    handle_connection+680
, mysqld]:
[2K, 4K)              3848 |@@@@@@@@@@@@@@@@@@@@@@@@@@@@@          |
[4K, 8K)              5038 |@@@@@@@@@@@@@@@@@@@@@@@@@@@@@@@@@@@@@@@|
[8K, 16K)                0 |                                       |
[16K, 32K)               0 |                                       |
[32K, 64K)               1 |                                       |
```

이 출력 결과는 프로세스가 락을 획득한 여러 코드 경로를 보여줍니다.

락에 심벌 이름이 있다면, 주소 대신 그 이름이 출력됩니다. 심벌 이름이 없다면 스택 트레이스를 통해 락을 식별할 수 있는데, 위의 경우에는 THD::set_query() 함수의 특정 지점(명령어 오프셋 147)에서 사용된 락이라는 것을 확인할 수 있습니다. 이 함수의 소스 코드를 보면 단 하나의 락, 즉 LOCK_thd_query만을 획득한다는 것을 알 수 있습니다.

락 트레이싱은 오버헤드를 발생시키며, 락 이벤트는 빈번할 수 있습니다. uprobe의 오버헤드에 대한 자세한 내용은 4.3.7절 "uprobe"을 참고하세요. 커널 futex 함수에 대해 kprobe를 기반으로 트레이싱하는 유사한 도구를 개발하면 오버헤드를 어느 정도 줄일 수 있습니다. 오버헤드가 거의 없는 대안으로는 CPU 프로파일링을 사용하는 방법이 있습니다. CPU 프로파일링은 샘플링 속도에 의해 오버헤드가 달라지는데, 일반적으로 오버헤드가 낮은 편입니다. 또한, 심각한 락 경합은 많은 CPU 사이클을 사용하기 때문에 CPU 프로파일에서 잘 드러날 수 있습니다.

애플리케이션 내부 구조

필요하다면 애플리케이션 내부 구조를 간략하게 정리하는 맞춤형 도구를 개발할 수 있습니다. 먼저 USDT probe가 사용 가능한지, 또는 옵션을 사용해 재컴파일하여 사용할 수 있게 만들 수 있는지 확인하세요. USDT probe가 없거나 충분하지 않다면 uprobe 사용을 고려하세요. bpftrace, uprobe, USDT의 예시는 4.3.7절 "uprobe"와 4.3.8절 "USDT"를 참고하세요. 4.3.8절에서는 동적 USDT에 대해서도 설명하고 있는데, 이는 JIT(Just-In-Time) 컴파일된 소프트웨어 내부에 대한 인사이트를 얻는데 필요할 수 있습니다(JIT 컴파일된 소프트웨어는 uprobe로는 계측하기 어려울 수 있습니다).

보다 복잡한 사례로 자바를 들 수 있습니다. uprobe는 JVM 런타임(C++ 코드)과 OS 라이브러리를 계측할 수 있습니다. USDT는 고급 JVM 이벤트를 계측할 수 있으며, 동적 USDT는 자바 코드 안에 배치되어 메서드 실행에 대한 통찰을 제공합니다.

5.6 유의사항

이어지는 절에서는 애플리케이션 성능 분석에서 흔히 발생하는 문제들, 특히 누락된 심벌과 스택 트레이스에 대해 설명합니다. 여러분이 플레임 그래프와 같은 CPU 프로파일을 검토할 때 이러한 문제들을 처음 마주치게 되며, 함수 이름과 스택 트레이스가 누락되었음을 발견할 겁니다.

이들 문제들은 고급 주제로 이 책의 2장, 12장, 그리고 필자의 책 《BPF 성능 분석 도구》의 18장에서 더 자세하게 다루며 여기에서는 간략하게만 설명합니다.

5.6.1 누락된 심벌

프로파일링 도구나 트레이싱 도구가 애플리케이션 명령 주소를 함수 이름(심벌)으로 변환할 수 없을 때, 이를 16진수 숫자나 '[unknown]' 문자열로 출력할 수 있습니다. 이를 수정하는 방법은 애플리케이션의 컴파일러 설정, 런타임 환경, 튜닝 방식, 그리고 사용하는 프로파일링 도구에 따라 달라질 수 있습니다.

ELF 바이너리 (C, C++, ...)

컴파일된 바이너리, 특히 배포용으로 패키징된 바이너리에서는 파일 크기를 줄이기 위해 strip(1)을 사용해 심벌이 제거된 경우가 많습니다. 이를 해결하려면 빌드 과정에서 심벌이 제거되지 않도록 빌드 프로세스를 수정하거나, debuginfo나 BPF Type Format(BTF) 같은 추가 심벌 정보를 활용하면 됩니다. perf(1), BCC, bpftrace는 이러한 debuginfo 심벌을 지원합니다.

JIT 런타임 (Java, Node.js, ...)

자바와 Node.js 같은 JIT(Just-In-Time) 컴파일러 런타임에서는 심벌이 런타임 중에

— Systems

실시간으로 생성되고 삭제되기 때문에 심벌 누락이 흔히 발생합니다. JIT 컴파일러는 자체 심벌 테이블을 가지고 있으며, 이는 바이너리에 미리 컴파일된 심벌 테이블에 포함되지 않습니다. 일반적인 해결 방법은 런타임이 생성하는 추가적인 심벌 테이블을 사용하는 것으로, 이 테이블은 /tmp/perf-⟨PID⟩.map 파일에 저장되고, perf(1)과 BCC 같은 도구에서 이를 읽어들일 수 있습니다.

예를 들어, 넷플릭스는 perf-map-agent[Rudolph 18]를 사용하여 실행 중인 자바 프로세스에 연결해 추가적인 심벌 파일을 덤프합니다. 필자는 이 과정을 자동화하기 위해 jmaps[Gregg 20c]라는 도구를 사용했는데, 이 도구는 프로파일을 수행한 직후와 심벌 변환을 하기 전에 실행되어야 합니다. 예를 들어 perf(1)(13장)을 사용할 때와 bpftrace(15장)을 사용할 때 각각 적용할 수 있습니다.

```
# perf record -F 49 -a -g -- sleep 10; jmaps
# perf script --header > out.stacks
# [...]
```

bpftrace (15장)에서는 다음과 같이 사용할 수 있습니다.

```
# bpftrace --unsafe -e 'profile:hz:49 { @[ustack] = count(); }
    interval:s:10 { exit(); } END { system("jmaps"); }'
```

프로파일 샘플을 수집하는 시점과 심벌 테이블을 덤프하는 시점 사이에 심벌 매핑이 바뀔 수 있습니다. 이렇게 되면 프로파일에 잘못된 함수 이름이 표시될 수 있으며, 이를 **심벌 변동**(symbol churn)이라고 합니다. 이를 줄이려면 perf record 명령어를 실행한 직후에 jmaps를 실행해야 합니다. 지금까지는 큰 문제가 되지 않았지만, 필요하다면 프로파일 전후에 심벌 덤프를 실행해 변경 사항을 확인하는 것도 하나의 방법입니다.

JIT 심벌 문제를 해결하는 다른 방법들도 있습니다. 하나는 심벌-타임스탬프 로깅(symbol-timestamp logging)을 사용하는 것인데, 이는 perf(1)에서 지원합니다. 이 방법은 심벌 변동 문제를 해결할 수 있지만, 활성화 시 오버헤드가 큽니다. 또 다른 방법은 perf(1)가 런타임 자체의 스택 워커(stack walker)를 호출하는 것입니다. 스택 워커는 예외 스택(exception stack)에서 주로 사용됩니다. 때로는 이 접근 방법을 **스택 헬퍼**(stack helper) 사용이라고 부르기도 하며, 자바에서는 async-profiler로 구현됩니다.[Pangin 20]

또한, JIT 런타임에는 사전 컴파일된(precompiled) 구성 요소도 포함되어 있습니다. 예를 들어 JVM은 libjvm과 libc를 사용합니다. 이러한 구성 요소의 주소를 확인하는 방법에 대해서는 앞에서 언급한 ELF 바이너리 관련 내용을 참고하세요.

5.6.2 누락된 스택

또 다른 흔한 문제는 누락되거나 불완전한 스택 트레이스로, 한두 개의 프레임만 나타나는 경우입니다. 다음은 이에 대한 사례인데, MySQL 서버의 off-CPU 프로파일의 일부입니다.

```
finish_task_switch
schedule
futex_wait_queue_me
futex_wait
do_futex
__x64_sys_futex
do_syscall_64
entry_SYSCALL_64_after_hwframe
pthread_cond_timedwait@@GLIBC_2.3.2
[unknown]
```

이 스택은 불완전한데 pthread_cond_timedwait() 이후 단 하나의 '[unknown]' 프레임만 포함하고 있습니다. 이는 MySQL 함수들이 누락된 상태로, 애플리케이션의 컨텍스트를 이해하는 데 꼭 필요한 부분이 빠져 있음을 보여줍니다.

때로는 스택이 단일 프레임으로만 구성되기도 합니다.

```
send
```

이러한 단일 스택은 플레임 그래프에서 잡초('grass') 같은 모습으로 나타날 수 있는데, 프로파일의 맨 아래에 여러 개의 가늘고 길쭉한 단일 프레임으로 나타납니다.

불완전한 스택 트레이스는 불행히도 흔히 발생하며, 주로 두 가지 요소가 결합되어 발생합니다. 첫째, 관측가능성 도구가 프레임 포인터 기반 접근 방식을 사용하여 스택 트레이스를 읽는 경우입니다. 둘째, 대상 바이너리가 프레임 포인터를 위한 레지스터(x86_64에서 RBP)를 예약하지 않고, 그 대신 컴파일러 성능 최적화를 위해 이를 범용 레지스터로 사용하는 경우입니다. 관측 도구는 이 레지스터가 프레임 포인터라고 예상하고 읽으려고 하지만, 실제로는 이 레지스터에 숫자, 객체 주소, 문자열에 대한 포인터 등 어떠한 데이터든 들어있을 수 있습니다. 관측가능성 도구는 심벌 테이블에서 이 숫자를 해석하려고 시도하며, 운이 좋으면 이 숫자가 해석되지 않아 "[unknown]"을 출력합니다. 그러나 운이 나쁘면 이 임의의 숫자가 관련이 없는 심벌로 해석되면서, 출력된 스택 트레이스가 잘못된 함수 이름을 갖게 되어 최종 사용자인 여러분을 혼란스럽게 합니다.

libc 라이브러리는 일반적으로 프레임 포인터 없이 컴파일되므로, libc를 거치는 모든 경로에서 스택이 흔히 깨지는데, 여기에는 앞서 언급한 pthread_cond_timed-wait()과 send() 같은 함수 호출 경로도 포함됩니다.[21]

가장 쉬운 해결 방법은 프레임 포인터 레지스터를 고치는 것입니다.

- C/C++ 소프트웨어의 경우, gcc(1) 또는 LLVM으로 -fno-omit-frame-pointer 옵션을 사용해 재컴파일 하세요.
- 자바의 경우, -XX:+PreserveFramePointer 옵션을 사용해 java(1)를 실행하세요.

이 방식은 성능에 약간의 영향을 줄 수 있지만 1% 미만으로 측정되곤 하며, 스택 트레이스를 통해 성능 향상을 찾는 이점은 이 비용보다 훨씬 가치가 있습니다.

또 다른 방법은 프레임 포인터 기반이 아닌 스택 워킹(stack walking) 기법을 사용하는 것입니다. perf(1)은 DWARF 기반 스택 워킹, ORC, 마지막 분기 레코드 (last branch record, LBR)를 지원합니다. 기타 스택 워킹 방법에 대해서는 13장 "perf"의 13.9절 "perf record"를 참고하세요.

이 책을 집필하고 있는 시점에 BPF는 아직 DWARF 기반 스택 워킹과 LBR 스택 워킹을 지원하지 않으며, ORC는 아직 사용자 레벨 소프트웨어에서 사용할 수 없습니다.

5.7 연습 문제

1. 용어에 대한 다음 질문에 답하시오.
    - 캐시란 무엇입니까?
    - 링 버퍼란 무엇입니까?
    - 스핀 락이란 무엇입니까?
    - 적응형 뮤텍스 락이란 무엇입니까?
    - 동시성과 병렬성의 차이점은 무엇입니까?

---

[21] 필자는 패키지 관리자에게 프레임 포인터가 포함된 libc를 패키지화해 달라고 빌드 명령과 함께 요청한 적도 있습니다.

- CPU 친화도란 무엇입니까?
2. 개념을 묻는 다음 질문에 답하시오.
    - I/O 크기를 크게 할 경우의 일반적인 장점과 단점은 무엇입니까?
    - 락 해시 테이블을 사용하는 이유는 무엇입니까?
    - 컴파일 언어, 인터프리터 언어, 가상 머신을 사용하는 언어의 일반적인 성능 특징에 대해 설명하시오.
    - 가비지 컬렉션의 역할과 성능에 미치는 영향에 대해 설명하시오.
3. 특정 애플리케이션을 선택하여 다음 기본 질문에 답하시오.
    - 이 애플리케이션의 주요 역할은 무엇입니까?
    - 애플리케이션이 수행하는 개별 작업에는 어떤 것들이 있습니까?
    - 애플리케이션이 사용자 모드와 커널 모드 중 어느 모드에서 실행됩니까?
    - 애플리케이션이 어떻게 설정되어 있습니까? 성능에 관련된 주요 설정 옵션에는 어떤 것이 있습니까?
    - 애플리케이션이 어떤 성능 지표를 제공합니까?
    - 애플리케이션이 생성하는 로그에는 어떤 것이 있습니까? 로그에 성능 관련 정보가 포함되어 있습니까?
    - 애플리케이션의 최신 버전에서 성능 관련 수정 사항이 있습니까?
    - 애플리케이션에 알려진 성능 버그가 있습니까?
    - 애플리케이션 커뮤니티(예: IRC, 밋업(meetup))가 있습니까? 성능 관련 커뮤니티가 있습니까?
    - 애플리케이션에 관한 책이 있습니까? 해당 애플리케이션의 성능에 대한 책이 있습니까?
    - 해당 애플리케이션과 관련해 잘 알려진 성능 전문가가 있습니까? 그들은 어떤 사람들입니까?
4. 부하가 가해진 애플리케이션을 선택해 다음 과제를 수행하시오(다음 과제 중 상당수는 동적 트레이싱이 필요할 수 있습니다).
    - 측정을 시도하기 전에 애플리케이션이 CPU 위주인지 I/O 위주인지 추정해보십시오. 그렇게 생각한 이유가 무엇입니까?
    - 애플리케이션이 CPU 위주나 I/O 위주 프로그램 중 어느 쪽인지를 관측가능성 도구를 사용해 살펴보시오.

- 해당 애플리케이션의 CPU 플레임 그래프를 만들어 보시오. 이를 위해 여러분은 심벌과 스택 트레이스를 수정해야 할 수 있습니다. 가장 많이 실행되는 (hot) CPU 코드 경로는 어떻게 됩니까?
- 해당 애플리케이션의 off-CPU 플레임 그래프를 만들어 보시오. 애플리케이션 요청 처리 동안 가장 길게 블로킹되는 이벤트는 무엇입니까? (유휴 스택은 무시)
- 애플리케이션의 I/O 크기 특성을 분석하시오(예: 파일 시스템 읽기/쓰기, 네트워크 송/수신).
- 애플리케이션에 캐시가 있습니까? 있다면 크기와 적중률을 분석하시오.
- 애플리케이션이 제공하는 작업의 지연시간(응답 시간)을 측정하시오. 평균, 최대, 최소, 그리고 전체 분포에 대해 설명하시오.
- 해당 작업에 드릴다운 분석을 수행하여 지연시간의 원인이 무엇인지 조사하시오.
- 애플리케이션이 처리하는 워크로드의 특성을 설명하시오.(특히 누가, 어떤 부하를 가하는지).
- 정적 성능 튜닝 체크리스트를 따라 검토해보시오.
- 애플리케이션이 동시성을 활용합니까? 사용하는 동기화 요소에는 어떤 것이 있는지 조사하시오.

5. (선택 사항, 심화문제) 각 스레드 상태를 9가지 스레드 상태로 분석하고 각 상태에 대한 시간을 칼럼으로 출력하는 tsastat(8)이라는 리눅스 도구를 개발하시오. 이 도구는 pidstat(1)과 유사하게 동작하며, 계속해서 새로운 값을 출력합니다.[22]

5.8 참고 자료

[Knuth 76] Knuth, D., "Big Omicron and Big Omega and Big Theta," *ACM SIGACT News*, 1976.

[Knuth 97] Knuth, D., *The Art of Computer Programming, Volume 1: Fundamental Algorithms*, 3rd Edition, Addison-Wesley, 1997.

---

[22] 트리비아: 이 책의 초판이 나온 이후로도 이 문제를 해결한 사람은 없습니다. 저는 OSCON에서 스레드 상태 분석 세션을 제안했으며, 이를 위해 리눅스 TSA(스레드 상태 분석) 도구를 개발할 계획이었습니다. 하지만 이 세션은 거절되었으며(필자의 실수인데 세션 초록이 형편없었습니다) 아직도 그 도구를 개발하지 못했습니다. 그 대신 EuroBSDcon에서 키노트를 해달라고 필자를 초대했는데, 필자는 여기서 TSA를 다뤘으며 이를 위해 tstates.d라는 FreeBSD용 도구를 개발했습니다.[Gregg 17a]

[**Zijlstra 09**] Zijlstra, P., "mutex: implement adaptive spinning," *http://lwn.net/Articles/314512*, 2009.

[**Gregg 17a**] Gregg, B., "EuroBSDcon: System Performance Analysis Methodologies," EuroBSDcon, *http://www.brendangregg.com/blog/2017-10-28/bsd-performance-analysismethodologies.html*, 2017.

[**Intel 18**] "Tool tracing syscalls in a fast way using eBPF linux kernel feature," *https://github.com/pmem/vltrace*, last updated 2018.

[**Microsoft 18**] "Fibers," Windows Dev Center, *https://docs.microsoft.com/en-us/windows/ win32/procthread/fibers*, 2018.

[**Rudolph 18**] Rudolph, J., "perf-map-agent," *https://github.com/jvm-profiling-tools/perf-map-agent*, last updated 2018.

[**Schwartz 18**] Schwartz, E., "Dynamic Optimizations for SBCL Garbage Collection," *11th European Lisp Symposium, https://european-lisp-symposium.org/static/proceedings/2018.pdf*, 2018.

[**Axboe 19**] Axboe, J., "Efficient IO with io_uring," *https://kernel.dk/io_uring.pdf*, 2019.

[**Gregg 19**] Gregg, B., *BPF Performance Tools: Linux System and Application Observability*, Addison-Wesley, 2019. (번역서는 《BPF 성능 분석 도구: BPF 트레이싱을 통한 리눅스 시스템 관측가능성과 성능 향상》 이호연 옮김, 인사이트, 2021)

[**Apdex 20**] Apdex Alliance, "Apdex," *https://www.apdex.org*, accessed 2020.

[**Golang 20**] "Why goroutines instead of threads?" Golang documentation, *https://golang.org/doc/faq#goroutines*, accessed 2020.

[**Gregg 20b**] Gregg, B., "BPF Performance Tools," *https://github.com/brendangregg/bpf-perf-tools-book*, last updated 2020.

[**Gregg 20c**] Gregg, B., "jmaps," *https://github.com/brendangregg/FlameGraph/blob/master/jmaps*, last updated 2020.

[**Linux 20e**] "RCU Concepts," Linux documentation, *https://www.kernel.org/doc/html/latest/RCU/rcu.html*, accessed 2020.

[**Microsoft 20**] "Procmon Is a Linux Reimagining of the Classic Procmon Tool from the Sysinternals Suite of Tools for Windows," *https://github.com/microsoft/ProcMon-for-Linux*, last updated 2020.

[**Molnar 20**] Molnar, I., and Bueso, D., "Generic Mutex Subsystem," Linux documentation, *https://www.kernel.org/doc/Documentation/locking/mutex-design.rst*, accessed 2020.

[**Node.js 20**] "Node.js," *http://nodejs.org*, accessed 2020.

[**Pangin 20**] Pangin, A., "async-profiler," *https://github.com/jvm-profiling-tools/async-profiler*, last updated 2020

… 6장

Systems Performance Second Edition

CPU

CPU는 모든 소프트웨어를 구동하는 핵심이며, 보통 시스템 성능을 분석할 때 가장 먼저 살펴보아야 하는 대상입니다. 이번 장에서는 CPU 하드웨어와 소프트웨어에 대해 설명하고, 성능 개선을 위해 CPU 사용량을 자세히 분석하는 방법을 보여드리 겠습니다.

CPU 성능 분석은 다양한 방법으로 수행해 볼 수 있는데, 가장 상위 수준에서는 전체 시스템의 CPU 사용 상황을 살피고, 각각의 프로세스나 스레드가 얼마나 CPU 자원을 사용하고 있는지 파악합니다. 좀 더 세부적인 단계로 내려가면, 애플리케 이션과 커널 내부에서 어떤 코드 경로가 실행되고 있는지, 인터럽트가 CPU 자원을 어떻게 소비하고 있는지 등을 프로파일링하여 분석해 볼 수 있습니다. 가장 하위 수준에서는, CPU가 명령어를 어떻게 실행하고 각각의 사이클이 어떻게 동작하는 지를 살피고, 이 외에도 성능 저하의 원인인, 태스크들이 대기하는 동안 발생하는 스케줄러 지연 같은 다른 동작들 역시 조사할 수 있습니다.

이번 장에서는 다음의 내용을 알아봅니다.

- CPU 모델과 개념 이해하기
- CPU 하드웨어 내부 구조 알아보기
- CPU 스케줄러 내부 구조 알아보기
- 여러 가지 CPU 분석 방법론 따라해 보기
- 부하 평균(load average)과 PSI 해석하기
- 시스템 전체 및 개별 CPU의 사용률 특성 파악하기

- 스케줄러 지연 문제를 확인하고 정량화해 보기
- CPU 사이클 분석을 통해 현재 시스템의 비효율성 확인하기
- 프로파일링 도구와 CPU 플레임 그래프를 이용해서 CPU 사용률 조사하기
- 누가 소프트웨어 및 하드웨어 인터럽트를 요청하는지 확인하기
- CPU 플레임 그래프나 다른 CPU 시각화 지표들 해석하기
- CPU 튜닝 파라미터에 대해 알아보기

이번 장은 여섯 개 절로 구성되어 있습니다. 첫 세 절에서는 CPU 분석의 기본 지식에 대해 다루며, 나머지 세 부분은 리눅스 기반 시스템에서 이 기반 지식을 실질적으로 어떻게 응용하는지 보여줍니다. 각 절의 세부 내용은 다음과 같습니다.

- 배경에서는 CPU 관련 용어, CPU 기본 모델 그리고 핵심 CPU 성능 개념들을 소개합니다.
- 아키텍처에서는 프로세스와 커널 스케줄러 아키텍처에 대해 설명합니다.
- 방법론에서는 관찰적 방법과 실험적 방법 등 여러 가지 성능 분석 방법론에 대해 설명합니다.
- 관측가능성 도구에서는 프로파일링, 트레이싱, 시각화 등 리눅스 기반 시스템에서의 CPU 성능 분석 도구에 대해 설명합니다.
- 실험에서는 CPU 벤치마크 도구에 대해 정리합니다.
- 튜닝에서는 설정할 수 있는 다양한 튜닝 파라미터에 대해 정리합니다.

이번 장에서는 메모리 I/O가 CPU 성능에 미치는 영향에 대해서도 다루는데, 메모리 접근으로 인해 발생하는 CPU 사이클 지연이나 CPU 캐시 성능 등 여러 가지 주제를 살펴봅니다. 이어지는 7장 "메모리"에서는 MMU, NUMA/UMA, 시스템 인터커넥트, 메모리 버스 등 메모리 I/O에 대해 설명합니다.

6.1 용어

이번 장에서 사용하는 CPU 관련 용어로는 다음과 같은 것들이 있습니다.

- 프로세서: 시스템이나 메인보드의 소켓에 꽂는 물리적인 칩을 말하며, 이 칩 안에는 하나 이상의 CPU가 코어나 하드웨어 스레드 형태로 포함되어 있습니다.
- 코어: **멀티코어 프로세서**(multicore processor)에서 각각의 독립적인 CPU 인

스턴스를 코어라 합니다. 이처럼 코어를 여러 개 사용하는 패러다임은 CMP(chip-level multiprocessing, 칩 수준의 멀티프로세싱)라 하는 프로세서 수준의 스케일링 방법입니다.

- 하드웨어 스레드: 한 코어 위에서 여러 스레드를 병렬로 실행할 수 있는 CPU 구조로(예: 인텔의 하이퍼스레딩 기술), 각 스레드는 독립적인 CPU 인스턴스입니다. 이런 방식으로 프로세서를 스케일링하는 방법을 SMT(simultaneous multi-threading, 동시 멀티스레딩)이라 부르기도 합니다.
- CPU 명령어: CPU가 실행하는 특정 연산 하나를 의미하며, 명령어 세트(instruction set)에 속한 연산 중 하나입니다. 이러한 연산들에는 산술 연산, 메모리 I/O, 논리 제어 등이 포함됩니다.
- 논리 CPU: **가상 프로세서**(virtual processor)[1]라 부르기도 하며, 운영 체제에서 스케줄링 할 수 있는 CPU 인스턴스를 말합니다. 이런 논리 CPU는 싱글 코어 프로세서 전체, 코어 하나 혹은 프로세서의 하드웨어 스레드(**가상 코어**라고도 불림) 등으로 구현될 수 있습니다.
- 스케줄러: 스레드를 CPU에 할당하는 커널의 서브시스템입니다.
- 실행 큐(Run queue): 실행 가능한 상태(runnable)의 스레드들이 CPU에서 처리되기를 기다리는 큐입니다. 최신 커널에서는 큐 대신 레드-블랙 트리(red-black tree) 같은 다른 데이터 구조로 실행 가능한 스레드를 관리하기도 하나, 여전히 관용적으로 실행 큐라는 용어를 자주 사용합니다.

여타의 용어들은 이번 장에서 그때그때 소개하겠습니다. 용어사전에 필요할 때 찾아볼 수 있도록 CPU, CPU 사이클, 스택 같은 기본 용어를 설명해 놓았습니다. 또한 2장과 3장의 용어 부분도 참조하세요.

6.2 모델

다음의 간단한 모델은 CPU 구조와 성능에 대한 기본적인 배경을 설명합니다. CPU 구현 상세 사항에 대해서는 6.4절 "아키텍처"에서 더욱 상세히 다룹니다.

---

[1] 가상 CPU라는 용어를 사용하기도 하지만, 이 용어는 주로 가상화 기술에서는 제공하는 가상 CPU 인스턴스를 지칭할 때 더 흔히 사용됩니다. 11장 "클라우드 컴퓨팅"을 참고하세요.

6.2.1 CPU 아키텍처

그림 6.1은 하나의 프로세서에서 4개의 코어와 총 8개의 하드웨어 스레드를 가진 CPU 아키텍처 예시를 보여주고 있습니다. 왼쪽부터 순서대로 프로세서의 물리적 구조와 운영 체제에서 인식하는 형태가 표현되어 있습니다.[2]

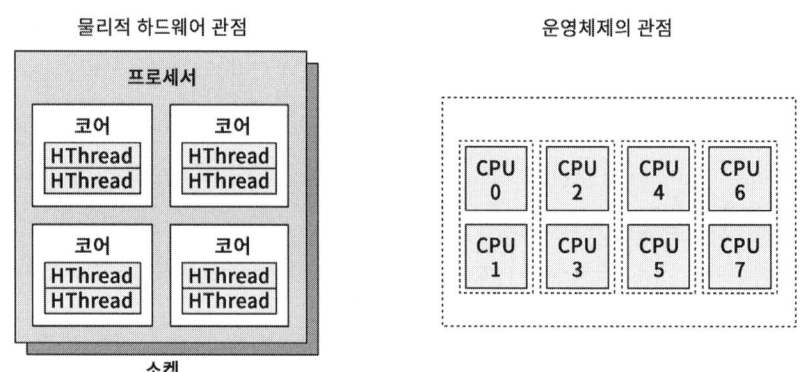

그림 6.1 CPU 아키텍처

각각의 하드웨어 스레드는 독립적인 **논리** CPU로 인식됩니다. 이로 인해 이 프로세서는 운영 체제에게 8개의 CPU로 나타납니다. 운영 체제는 이러한 기본적인 정보 외에도 어떤 CPU들이 동일한 코어 내에 위치해 있는지, CPU 캐시들이 어떻게 공유되는지와 같은 추가적인 구조 정보를 가지고 있는데, 이러한 정보는 더 나은 스케줄링 방식을 선택하는데 사용될 수 있습니다.

6.2.2 CPU 메모리 캐시

프로세서는 메모리 I/O 성능을 향상시키기 위해 다양한 하드웨어 캐시들을 제공합니다. 그림 6.2는 각 캐시의 크기와 유형 간의 관계를 보여주는데, CPU에 가까워질수록 캐시의 크기는 줄고 속도는 빨라지는 상충관계(trade-off)를 확인할 수 있습니다.

그림에 표현된 캐시의 종류가 모든 CPU에 항상 존재하는 것은 아닙니다. 특정 캐시 유형이 존재하는지, 만약 있다면 프로세서 내부에 있는지 외부에 있는지 등은

---

[2] 이 그림처럼 현재 시스템의 토폴로지 다이어그램을 생성하는 lstopo(1)이라는 리눅스용 도구가 있습니다. 6.6.21 "기타 도구"를 참고하세요.

프로세서의 유형에 따라 다릅니다. 초기 프로세서는 현재처럼 캐시가 L1, L2, L3로 구분되지 않고 통합되어 있었기 때문에, 캐시 레벨이 더 적었습니다.

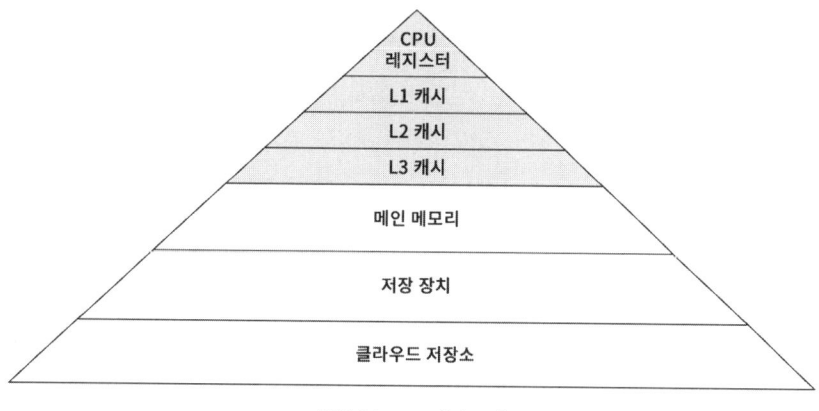

그림 6.2 CPU 캐시 크기

6.2.3 CPU 실행 큐

그림 6.3은 CPU 실행 큐에 대해 설명합니다. 이 실행 큐는 커널 스케줄러가 관리합니다.

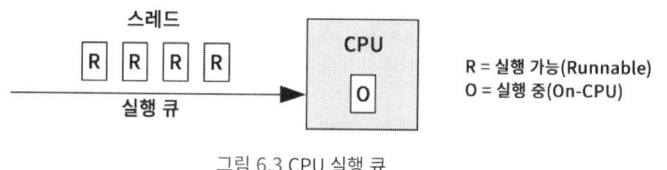

그림 6.3 CPU 실행 큐

위 그림에는 두 가지 스레드 상태가 표현되어 있는데, 하나는 실행할 준비가 된 (runnable) 상태와 CPU에서 실행 중(on-CPU)인 상태를 보여줍니다. 이 상태에 대해서는 3장 "운영 체제"의 그림 3.8에서 설명했습니다.

큐에서 실행 대기 중인 소프트웨어 스레드의 개수를 잘 살펴보는 것이 좋은데, 이는 CPU가 얼마나 바쁜지(포화 정도)를 알려주는 중요한 지표입니다. 이 그림에서는 4개의 스레드가 대기 중이고, 추가로 하나의 스레드가 CPU에서 실행 중임을 보여줍니다. 이처럼 스레드가 CPU 실행 큐에서 기다리는데 소모되는 시간을 **실행 큐 지연시간**(run-queue latency) 혹은 **디스패처 큐 지연시간**(dispatcher-queue latency)이라 부르기도 합니다. 하지만 이 책에서는 스케줄러 구현체 중에서 큐를 사용하지 않는 것도 있기 때문에(6.4.2절 아래의 "CFS" 설명 참고), 모든 스케줄러에 통용되는 용어로 스케줄러 지연시간(scheduler latency)이라는 표현을 자주 사용하였습니다.

멀티프로세서 시스템에서 커널은 각 CPU에 실행 큐를 별도로 두어, 스레드가 가능한 한 같은 CPU에서 계속 실행되게 합니다. 이는 캐시 효율성을 높이기 위해서인데, 스레드가 이전에 사용한 데이터에 빠르게 접근할 수 있도록 해줍니다. 이러한 전략을 CPU 친화도(CPU affinity)라 하며, 데이터가 캐시에 얼마나 잘 유지되는지를 캐시 온기(cache warmth)라 합니다. 또한, 각 CPU에 독립된 실행 큐를 두면 NUMA(Non-Uniform Memory Access) 시스템에서 **메모리 지역성**을 높일 수 있어 유리합니다. 이를 통해 스레드가 동일한 메모리 노드에서 실행되어, 메모리에 대한 접근 시간이 단축되고 성능이 향상됩니다(7장 "메모리"에서 자세히 다룹니다). 동시에 각 CPU별로 실행 큐가 독립적으로 운영되므로, 실행 큐 작업 시 발생하는 스레드 동기화(mutex lock) 비용도 줄어들어 효율성을 더욱 높일 수 있습니다. (만일 실행 큐가 전역으로 사용되고 모든 CPU에 걸쳐 동기화를 수행했어야 한다면, 확장성이 크게 떨어졌을 것입니다.)

6.3 개념

다음은 CPU 성능과 관련해 추려낸 중요한 개념들인데, 먼저 CPU 클럭 속도와 명령어 실행 방식 등 프로세서 내부 구조에 대한 정리부터 시작합니다. 이런 개념은 나중에 다룰 성능 분석, 특히 명령어당 사이클(instructions-per-cycle, IPC) 지표를 이해하기 위한 배경지식입니다.

6.3.1 클럭 속도

CPU의 클럭 신호는 프로세서의 모든 동작을 제어하는 디지털 신호입니다. 각 명령어는 하나 혹은 여러 클럭 사이클(이를 CPU 사이클이라 부름)이 소요됩니다. CPU는 특정 클럭 속도(clock rate)로 동작하는데, 예를 들어 4GHz CPU는 초당 40억 번의 클럭 사이클을 수행합니다.

일부 프로세서는 클럭 속도를 조절하여 성능을 향상시키거나 전력 소비를 줄일 수 있습니다. 이러한 클럭 속도 조절은 운영 체제의 요청에 의해 바뀌거나 프로세서 자체가 실시간으로 조절할 수 있습니다. 예를 들어, 커널의 유휴 스레드는 전력 절약을 위해 CPU 속도를 낮추도록 요청할 수 있습니다.

클럭 속도는 보통 프로세서의 가장 중요한 특징으로 마케팅 측면에서 강조되지만, 여기에는 약간 오해의 소지가 있습니다. 시스템 내에서 CPU가 이미 최대한 활용되어 병목 현상이 발생하더라도, 단순히 클럭 속도를 높이는 것만으로는 성능이 개선되지 않을 수 있습니다. 성능 개선 여부는 빨라진 CPU 사이클이 실제로 어떤 작업을 수행하느냐에 달려 있습니다. 만약 이들이 대부분 메모리 접근을 기다리면서 대기하는 지연 사이클이라면, 사이클을 더 빠르게 수행한다고 해도 실제 CPU 명령어 처리 속도나 작업 처리량을 증가시키지 않습니다.

6.3.2 명령어

CPU는 자신이 지원하는 명령어 세트(예: x86 CPU는 x86 명령어 세트)를 기반으로 명령어를 실행합니다. 각 명령어는 실행 과정에서 여러 단계를 거치며, 이러한 단계들은 **기능 유닛**(functional unit)이라고 하는 CPU 내부 구성 요소에 의해 처리됩니다.

1. 명령어 인출(IF, Instruction fetch)
2. 명령어 해석(ID, Instruction decode)
3. 명령어 실행(EX, Execute)
4. 메모리 접근(MEM, Memory access)
5. 레지스터 되쓰기(WB, Register write-back)

마지막 두 단계는 특정 명령어에 따라 실행되지 않을 수도 있습니다. 많은 명령어는 레지스터만을 사용하기 때문에 메모리 접근이 필요하지 않습니다.

이러한 각 단계에 소요되는 사이클은 서로 다를 수 있는데, 최소한 한 클럭 사이클이 소요됩니다. 특히 메모리 접근은 가장 시간이 오래 걸리는 단계 중 하나로, 메인 메모리를 읽거나 쓰려면 수십 클럭 사이클이 소요될 수 있으며, 이 동안 명령어 실행이 지연됩니다(이 지연된 상태로 지나가는 사이클을 **지연 사이클**(stall cycle, 스톨 사이클)이라 합니다). CPU 캐시는 이러한 상황에서 매우 효과적인데, 캐시는 메모리 접근에 필요한 시간을 줄임으로써 처리 속도를 향상시킬 수 있습니다. 이에 대해서는 6.4.1 "하드웨어"에서 더 자세히 설명합니다.

6.3.3 명령어 파이프라인

명령어 파이프라인(instruction pipeline)은 병렬 처리를 수행하는 CPU 아키텍처로, 여러 명령어의 서로 다른 단계를 동시에 실행할 수 있습니다. 이는 공장의 조립

라인처럼, 각각의 생산 단계를 동시에 진행해 처리량을 증가시키는 방식과 유사합니다.

앞 절에서 설명한 명령 실행 단계를 생각해 보겠습니다. 각 단계에 한 클럭 사이클이 소요된다면 전체를 실행하기 위해서는 5 사이클이 필요할 것입니다. 명령어를 하나씩 순서대로 처리하는 경우에는 한 번에 하나의 CPU 기능 유닛만 활성화되고, 나머지 유닛들은 대기 상태에 있게 됩니다. 하지만 파이프라이닝을 사용하면, 여러 기능 유닛이 동시에 활성화되어 서로 다른 명령어를 처리할 수 있게 됩니다. 이상적인 경우에는 프로세서가 매 클럭 사이클마다 한 명령어를 처리할 수 있게 됩니다.

이러한 명령어 파이프라이닝에는 명령어를 여러 간단한 단계로 쪼개는 과정이 필요할 수 있습니다. 프로세서에 따라 이 단계들은 프로세서 **백엔드**(back-end)에서 실행 되는 단순한 연산인 **마이크로 오퍼레이션**(uOps, micro-operation)으로 변환될 수도 있습니다. (참고로, 프로세서의 **프론트엔드**(front-end)는 명령어를 불러오고 분기 예측을 담당합니다.)

분기 예측

현대의 프로세서는 명령어 처리량을 높이기 위해 파이프라인에서 명령어를 순서대로 실행하지 않고, 앞의 명령어가 대기 상태일 때 뒤의 명령어를 먼저 완료할 수 있는, 순서 외(out-of-order) 실행을 지원합니다. 그러나 조건부 분기 명령어(conditional branch instruction)의 경우, 이 방식에 다소 문제가 있습니다. (여기서 분기 명령은 다른 명령으로 실행을 점프하는 명령을 의미하며, 조건부 분기 명령어는 특정 조건을 확인(test)하고 결과에 따라 점프하는 명령어를 의미합니다.)

일반적인 경우 out-of-order 실행을 통해 다음 명령어를 처리하면 되지만, 조건부 분기에서는 프로세서가 다음에 실행할 명령어가 무엇인지 알 수 없다는 점에서 어려움이 생깁니다. 이에 대한 대안으로 프로세서는 흔히 **분기 예측**(branch prediction)을 수행하는데, 조건 분기의 결과를 예측하여 그 결과에 해당하는 명령어의 처리를 시작합니다. 다만, 추후에 해당 예측이 잘못된 것으로 확인되면 파이프라인에서 수행되던 명령어는 폐기되며, 성능에 악영향을 주게 됩니다. 프로그래머는 프로세서가 이러한 예측을 올바르게 할 확률을 높이기 위해 코드 안에 힌트를 집어넣을 수 있습니다(예: 리눅스 커널 소스의 likely(), unlikely() 매크로).

6.3.4 명령어 너비

여기에 그치지 않고 명령어 처리를 더욱 빠르게 할 수도 있습니다. 동일한 유형의 여러 기능 유닛을 CPU에 포함시켜 매 클럭 사이클마다 더 많은 명령어를 처리하도록 하는 것입니다. 이런 CPU 아키텍처를 **슈퍼스칼라**(superscalar)라 하며, 명령어 처리량을 최대화하기 위해 파이프라이닝과 함께 사용됩니다.

명령어 너비(instruction width)는 병렬로 처리 가능한 명령어의 수를 나타냅니다. 최신 프로세서들은 3-wide 또는 4-wide로 설계되어 있는데, 한 사이클에 최대 3~4개 명령어를 처리할 수 있다는 의미입니다.[3] 이는 프로세서마다 각 단계에 할당된 기능 유닛 수가 다를 수 있기 때문에, 구현 방식도 프로세서에 따라 달라질 수 있습니다.

6.3.5 명령어 크기

명령어의 또 다른 특성으로 **명령어 크기**(instruction size)가 있는데, 이 크기는 프로세서 아키텍처에 따라 가변적일 수 있습니다. 예를 들어 CISC(complex instruction set computer, 복잡한 명령어 세트)로 분류되는 x86에서는 최대 15바이트 크기의 명령어를 지원하는 반면, RISC(reduced instruction set computer, 간소화된 명령어 세트)인 ARM은 AArch32/A32 아키텍처의 경우 4바이트 크기의 명령어와 4바이트 정렬을 사용하며, ARM Thumb의 경우에는 2바이트 또는 4바이트 크기의 명령어를 사용합니다.

6.3.6 SMT

SMT(Simultaneous multithreading, 동시 멀티스레딩)는 슈퍼스칼라 아키텍처와 하드웨어 멀티스레딩을 활용하여 병렬성을 높이는 기술입니다. 이 기술을 통해 하나의 CPU 코어에서 여러 스레드를 동시에 실행할 수 있으며, 각 스레드를 명령어 실행 중간중간에 효과적으로 스케줄링할 수 있습니다[4](예: 어떤 명령어가 메모리 I/O로 인해 지연되는 경우, CPU는 기다리지 않고 다른 스레드의 명령어를 수행하

---

[3] (옮긴이) 파이프라인의 각 단계(IF, ID, EX 등)에서 최대 3~4개의 명령어가 동시에 처리될 수 있다는 뜻입니다. 예를 들어 IF 단계에 4개의 명령어 인출 유닛, ID 단계에 4개의 디코딩 유닛, EX 단계에 4개의 ALU가 있어, 한 사이클에 최대 4개의 명령어를 병렬 처리할 수 있습니다.

[4] (옮긴이) 하나의 CPU 코어에 둘 이상의 하드웨어 스레드가 있을 수 있는데, 각 스레드는 독립적인 레지스터 세트(x86의 경우 RAX, RBX 등)를 가질 수 있습니다. 다만 코어의 연산 장치(ALU 등)는 공유되므로, CPU는 각 스레드가 자원을 효율적으로 사용할 수 있도록 실행 순서를 조정해 최적의 성능을 끌어냅니다.

여 처리를 이어갑니다). 커널은 이러한 하드웨어 스레드를 가상 CPU로 관리하며, 이 가상 CPU 위에 스레드 및 프로세스를 스케줄링 합니다. 이 내용은 앞의 6.2.1절 "CPU 아키텍처"에 그림과 함께 설명했습니다.

인텔의 하이퍼스레딩(Hyper-Threading) 기술은 SMT의 대표적인 사례인데, 여기서 각각의 코어는 일반적으로 2개의 하드웨어 스레드로 구성되어 있습니다. 또 다른 사례로는 POWER8 아키텍처가 있는데, 여기서 각각의 코어는 8개의 하드웨어 스레드로 구성되어 있습니다.

하지만 하드웨어 스레드의 성능은 독립적인 CPU 코어의 성능과 동일하지 않으며, 수행하는 워크로드에 따라 성능이 달라질 수 있습니다. 예를 들어, 여러 하드웨어 스레드가 하나의 CPU 코어에서 자원을 두고 경쟁하게 되면 성능이 저하될 수 있습니다. 특히 하나의 코어에 과도한 워크로드가 집중되면 이러한 성능 저하가 더욱 두드러지게 나타납니다. 이러한 문제를 완화하기 위해 커널은 CPU 부하를 여러 코어에 분산시켜, 각 코어가 주요 작업을 하나의 하드웨어 스레드에서만 처리하게 함으로써 스레드 간 자원 경쟁을 줄일 수 있습니다.

또한 워크로드의 특성에 따라서도 성능 차이가 있을 수 있는데, 특히 지연 사이클(stall cycle)이 많은 워크로드(IPC 낮음)는 명령어 수가 많은 워크로드(IPC 높음)에 비해 상대적으로 더 나은 성능을 보일 수 있습니다. 이는 지연 사이클이 코어 간의 경쟁을 줄임으로써 전체적인 시스템의 효율성을 높일 수도 있기 때문입니다.

6.3.7 IPC, CPI

IPC(Instructions per cycle, 사이클당 명령어 수)은 CPU 사용률과 CPU가 주어진 클럭 사이클을 얼마나 효율적으로 활용하는지를 보여주는 중요한 고급 지표입니다. 이 지표의 역인 CPI(cycles per instruction, 명령어당 사이클 수)을 사용하기도 합니다. IPC는 주로 리눅스 커뮤니티와 리눅스 perf(1) 프로파일링 도구에서 더 흔히 사용되며, CPI은 인텔과 기타 도구들에서 더 흔히 사용됩니다.[5]

이러히 지표는 높고 낮음이 자주 비교되는데, 낮은 IPC는 CPU가 메모리 접근 등으로 인해 종종 지연된다는 의미입니다. 반대로 높은 IPC는 CPU가 지연되지 않고 높은 명령어 스루풋을 보인다는 것을 의미합니다. 이런 지표는 성능 튜닝을 위한

---

[5] 이 책의 초판에서는 CPI를 사용했는데, 이후 필자가 리눅스에서 더 많은 작업을 하다 보니 IPC를 사용하는 쪽으로 내용을 바꿨습니다.

노력을 어디에 기울여야 가장 좋을지 보여줍니다.

예를 들어, 메모리를 많이 사용하는 워크로드의 경우 더 빠른 메모리(DRAM)를 설치하거나, 메모리 지역성을 (소프트웨어 설정을 통해) 향상시키거나, 메모리 I/O 양을 줄여서 성능을 향상시킬 수 있습니다. 이런 워크로드에서는 더 빠른 클럭 속도의 CPU를 설치한다고 해도 원하는 만큼 성능 향상이 일어나지는 않을 텐데, 클럭이 빨라졌다고 해도 메모리 I/O 작업이 완료될 때까지 CPU가 동일한 시간을 대기해야 하기 때문입니다. 이는 즉, CPU 속도가 빨라질수록 스톨 사이클(stall cycle)은 더 많아질 수 있지만, 초당 완료되는 명령어 수는 동일할 수 있습니다.

측정된 IPC가 상대적으로 높은지 낮은지는 프로세서의 종류와 특성에 따라 다르기 때문에, 잘 알려진 워크로드를 실행해 실험적으로 파악해 볼 수 있습니다. 예를 들어, 낮은 IPC 워크로드에서는 0.2 혹은 그 이하의 IPC를 보이고, 높은 IPC 워크로드에서는 1.0 이상의 IPC를 보일 수도 있습니다(1.0을 넘는 이유는 앞서 설명한 명령 파이프라이닝과 명령어 너비 때문입니다). 넷플릭스에서는 클라우드 워크로드가 IPC 0.2(느린 편)부터 1.5(좋은 편) 사이에 걸쳐 있습니다. 이를 CPI로 표현하면 5.0~0.66 정도에 해당합니다.

여기서 주의할 사항은 IPC는 명령어 처리 효율성을 나타내는 지표일 뿐 명령어 자체의 효율성을 뜻하지는 않는다는 점입니다. 가령 어떤 프로그램에 비효율적인 소프트웨어 루프가 추가되었는데, 이 루프의 대다수의 연산은 CPU 레지스터에서 이루어져 지연 사이클이 없다고 가정해 보겠습니다. 이렇게 되면 IPC는 전반적으로 상승하겠지만, 실질적으로 의미 있는 작업이 수행되지 않으면서도 CPU 사용률만 높아지기 때문에 전체적으로는 비효율적이게 됩니다.

6.3.8 CPU 사용률

CPU 사용률(utilization)은 특정 기간 동안 CPU가 작업을 수행한 시간의 비율을 백분율로 표현한 것입니다. 이는 CPU가 (커널 유휴 스레드가 아닌) 사용자 레벨 애플리케이션 혹은 커널 스레드를 실행하거나 인터럽트를 처리하느라 소요한 시간을 측정해 계산할 수 있습니다. 이 지표는 바라보는 관점에 따라 다르게 받아들여지기도 하는데, 어떤 사람들은 이를 투자 대비 수익(return of investment, ROI) 지표로 생각하기도 합니다. 즉, 사용률이 높은 시스템은 잘 활용하고 있다는 뜻이니까 ROI가 좋은 반면 사용률이 낮은 시스템은 낭비라고 여기기도 합니다.

간혹 높은 CPU 사용률을 문제라 생각하는 경우가 있는데, 꼭 그렇지는 않으며 단순히 시스템이 뭔가 일을 하고 있다는 표시일 수도 있습니다. CPU는 다른 유형의 자원(디스크)과 달리 사용률이 높아도 성능이 급격히 떨어지지는 않는데, 이는 커널이 우선순위, 선점, 시분할을 지원하기 때문입니다. 이러한 기능을 사용해 커널은 어떤 것에 더 우선권을 줘야 할지 구분하고, 그런 스레드나 프로세스가 더 먼저 실행되도록 보장합니다.

CPU 사용률을 측정할 때는 메모리 접근 지연과 같은 모든 클럭 사이클이 포함됩니다. 이로 인해 높은 CPU 사용률이 많은 명령어를 실행하고 있다는 뜻으로 오해될 수 있습니다. 하지만 앞서 설명했듯이, CPU 사용률이 높다고 해서 반드시 많은 명령어를 실행하고 있다는 뜻은 아닙니다. 실제로 높은 사용률은 메모리 I/O 대기와 같은 스톨 사이클 때문에 발생할 수 있습니다. 넷플릭스 클라우드가 이 경우에 해당하는데, CPU 사용률의 대부분이 메모리 스톨 사이클로 인한 것입니다.[Gregg 17b]

6.3.9 사용자 시간/커널 시간 비율

CPU 사용률은 종종 커널 시간과 사용자 시간으로 세분화해서 분석됩니다. **사용자 시간(user-time)**이란 CPU가 사용자 레벨 소프트웨어를 실행하는데 소비한 시간을 의미하고, **커널 시간(kernel-time)**은 커널 레벨 소프트웨어를 실행하는데 걸린 시간을 의미합니다. 커널 시간에는 시스템 콜을 처리하는데 걸린 시간, 커널 스레드가 사용한 시간, 인터럽트 처리 시간 등이 포함됩니다. 이러한 사용자 시간/커널 시간을 전체 시스템에 대해 측정하고 그 비율을 확인해 보면 워크로드의 특성을 파악하는데 도움이 됩니다.

예를 들어, 계산 집약적인 애플리케이션은 대부분의 시간을 사용자 레벨 코드를 실행하는 데 사용하며, 사용자/커널 시간 비율은 99/1에 가까울 수 있습니다. 이미지 프로세싱, 머신 러닝, 유전체 분석(genomics), 데이터 분석 등이 이에 해당합니다.

반면 I/O 집약적인 애플리케이션은 시스템 콜 호출 비율이 높은데, I/O를 수행하기 위한 커널 코드가 주로 실행됩니다. 예를 들어, 네트워크 I/O를 수행하는 웹 서버는 사용자/커널 시간 비율이 약 70/30일 수 있습니다. 이러한 비율은 다양한 요인에 따라 달라질 수 있습니다.

이 예시들은 단순히 예상되는 수치를 보여주기 위해서 포함된 것일 뿐, 반드시 이러한 비율이 나와야 한다는 것은 아닙니다. 실제 값은 다양한 요인에 따라 달라질 수 있으므로, 다른 결과가 나타날 수도 있습니다.

6.3.10 포화 상태

CPU의 사용률이 100%에 도달하면 이를 **포화 상태**(saturation)라고 말합니다. 포화가 일어나면 스레드들은 CPU에서 실행될 차례를 기다리면서 **스케줄러 지연**(scheduler latency)을 겪게 되며 이는 전체 성능을 감소시킵니다. 이 지연시간은 CPU 실행 큐나 그와 같이 스레드를 관리하는데 사용되는 다른 데이터 구조에서 기다리느라 소비한 시간을 의미합니다.

멀티 테넌트 컴퓨팅 환경에서 발생할 수 있는 다른 형태의 CPU 포화도 있는데, 이는 CPU 리소스 제어와 연관이 있습니다. 리소스 제어가 구성된 이러한 환경에서는 CPU가 100% 사용 중이 아니더라도, 테넌트별로 정해진 최대 사용률을 넘어서면 스레드들은 큐에서 자신의 차례를 기다려야 합니다. 이 상황이 시스템 사용자에게 어떻게 보여지는지는 사용 중인 가상화 유형에 따라 달라집니다. 자세한 내용은 11장 "클라우드 컴퓨팅"을 참고하세요.

다른 자원 유형과 비교했을 때 CPU의 포화 상태는 큰 문제가 아닌데, 우선순위가 높은 작업이 있을 경우 현재 스레드를 대체하고 CPU를 점유할 수 있기 때문입니다.

6.3.11 선점

3장 "운영 체제"에서 설명했듯이 더 높은 우선순위의 스레드가 현재 실행 중인 스레드 대신 CPU를 점유해서 실행되는 것을 선점(preemption)이라고 합니다. 이를 통해 우선순위가 높은 작업의 실행 대기시간을 줄일 수 있고, 성능을 향상시킬 수 있습니다.

6.3.12 우선순위 역전

앞서 봤듯이 선점이 가능하다고 해서 항상 좋지만은 않은데, 우선순위가 낮은 스레드가 자원을 붙잡고 우선순위가 높은 스레드에게 내어주지 않는 상황이 있을 수도 있습니다. 이걸 우선순위 역전(priority inversion)이라 하는데, 이러한 현상이 일어나면 우선순위가 높은 작업이 자원을 사용할 수 있을 때까지 대기하며 블록되기 때문에 성능이 저하됩니다.

이러한 우선순위 역전을 방지하기 위해 **우선순위 상속 구조**(priority inheritance scheme)를 사용해 볼 수 있습니다. 다음은 실제 프로덕션 환경의 사례를 가져온 것인데, 이 예시는 우선순위 역전을 어떻게 방지할 수 있는지 보여줍니다.

1. 스레드 A는 모니터링용 스레드이며, 우선순위가 낮습니다. A는 프로덕션 데이터베이스의 메모리 사용을 검사하기 위해 주소 공간에 대한 락을 획득합니다.
2. 시스템 로그를 압축하는 태스크인 스레드 B가 시작됩니다.
3. A와 B를 모두 실행할 만큼 CPU가 충분하지 않기 때문에 스레드 B가 스레드 A를 선점하고 대신 실행됩니다.
4. 스레드 C는 프로덕션 데이터베이스의 스레드로 우선순위가 높습니다. 이 스레드는 지금까지는 I/O를 기다리느라 휴면 상태였습니다. 이제 I/O가 끝나서 다시 실행 가능 상태가 되었습니다.
5. 스레드 C가 B를 선점하지만 스레드 A가 잡고 있는 주소 공간 락 때문에 블록됩니다. 스레드 C는 CPU에서 내려옵니다.
6. 스케줄러는 다음 우선순위 스레드인 B를 선택해 실행합니다.
7. 이처럼 스레드 B의 우선순위가 낮음에도 더 높은 우선순위 스레드 C가 블록되고 스레드 B가 실행되는 상황을 우선순위의 역전이라 부릅니다.
8. 우선순위 상속을 사용하면 스레드 C가 락을 획득하기 전까지 스레드 A에 스레드 C의 높은 우선순위가 부여됩니다. 따라서 B를 A가 선점하고, 락을 해제할 수 있습니다. 이 결과 스레드 C가 다시 실행될 수 있습니다.

리눅스는 2.6.18부터 실시간 워크로드의 처리를 위해 사용자 레벨 뮤텍스에서 우선순위 상속을 지원하기 시작했습니다. [Corbet 06a]

6.3.13 멀티프로세스, 멀티스레드

대부분의 프로세서는 어떤 방식으로든 다중 CPU 기능을 제공합니다. 애플리케이션이 이를 활용하기 위해서는 별도의 실행 스레드를 여럿 만들어 병렬적으로 실행하게 만들어야 합니다. 가령, CPU가 64개인 시스템에서 스레드를 CPU 수만큼 만들어 작업을 병렬로 처리하게 하면 애플리케이션의 속도를 최대 64배 빠르게 하거나, 부하를 64배 만큼 더 감당하게 만들 수도 있습니다. 이처럼 애플리케이션이 늘어난 CPU 개수에 맞게 효과적으로 확장 가능한지의 여부는 매우 중요한데, 이를 가지고 확장성(scalability)이 좋다, 나쁘다라고 표현합니다.

그림 6.4는 애플리케이션의 확장성을 높이는 두 가지 방법을 보여주고 있는데, 이는 각각 **멀티프로세스(multiprocess)**와 **멀티스레드(multithread)**를 활용하는 것입니다. (여기서 설명하는 것은 소프트웨어 멀티스레드이며, 앞서 언급한 하드웨어 기반의 SMT가 아님에 유의하십시오.)

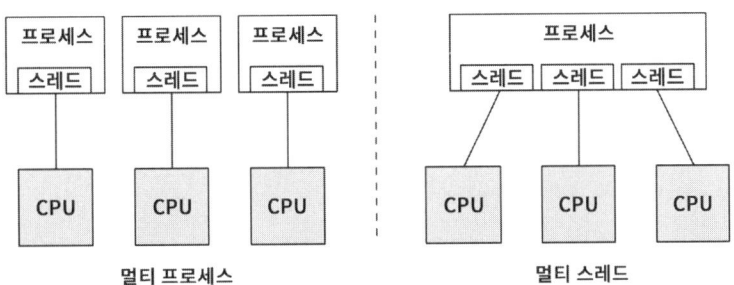

그림 6.4 소프트웨어 CPU 확장성 기법

리눅스에서는 멀티스레드와 멀티프로세스 모두 사용 가능하며, 둘 다 태스크로 구현됩니다.

멀티프로세스와 멀티스레드의 차이는 표 6.1에서 확인할 수 있습니다.

표 6.1 멀티프로세스와 멀티스레드의 특징

특징	멀티프로세스	멀티스레드
개발 난이도	더 쉬움. fork(2), clone(2) 사용	스레드 API 사용(pthreads)
메모리 오버헤드	프로세스별로 주소 공간을 따로 가지기 때문에 약간의 메모리를 추가로 사용 (페이지 단위 copy-on-write로 일부 개선)	오버헤드가 적음. 스택, 레지스터 공간, 스레드-전용 데이터공간 추가로 사용
CPU 오버헤드	fork(2)/clone(2)/exit(2) 비용 발생 (주소 공간을 관리하기 위해 MMU 관여)	낮음 (API 호출 비용)
통신	IPC로 통신하기 때문에 추가 CPU 비용 발생. 주소 공간 사이에 데이터 복사로 인해 컨텍스트 스위치 비용 발생(공유 메모리 사용 시 방지 가능)	가장 빠름. 메모리 공유 덕에 직접 접근 가능. 동기화 요소(뮤텍스 락 등)로 무결성 보장
장애 대응	유연함. (프로세스는 독립적으로 동작)	유연하지 않음. 어떤 버그든 애플리케이션 전체에 영향을 미칠 수 있음
메모리 사용	일부 메모리는 복제되야 할 수 있음. 각 프로세스는 실행이 끝나면 exit(2)으로 사용한 모든 메모리를 시스템에 반환함	시스템의 메모리 할당자 사용. 스레드 간에 메모리 경합이 발생할 수도 있음. 메모리 재사용 시 파편화가 발생할 수 있음

앞의 표에서 볼 수 있는 여러 이점 때문에 멀티스레딩이 무조건 더 좋아 보이곤 하지만, 멀티스레딩을 구현하는 작업은 복잡합니다. 멀티스레드 프로그래밍은 [Stevens 13]에서 다룹니다.

멀티프로세스나 멀티스레드 기법을 사용할 때, 성능 관점에서 가장 중요한 것은 충분한 수의 프로세스나 스레드를 생성하여 모든 CPU를 활용하는 것입니다. 하지만 프로세스나 스레드의 수가 너무 많아지면, 스레드 동기화 문제나 메모리 접근의 효율성 감소(예: NUMA 환경)로 인한 추가적인 오버헤드가 발생할 수 있습니다. 이런 문제 때문에, 일부 경우에는 모든 CPU를 다 사용하는 것보다 적은 수의 CPU를 사용하는 편이 더 나은 성능을 보일 수도 있습니다.

병렬 아키텍처는 5.2.5절 "동시성과 병렬성"에서도 다룬 바 있는데, 여기서는 코루틴(co-routine)에 대해서도 설명하였습니다.

6.3.14 워드 크기

프로세서는 32비트나 64비트 같은 최대 **워드 크기**(word size)에 기반하여 설계됩니다. 이 워드 크기는 정수의 크기와 레지스터의 크기를 나타내며, 경우에 따라 프로세서의 주소 공간 크기와 데이터 경로 너비(혹은 **비트 너비**(bit width))에도 영향을 줍니다.

일반적으로 워드 크기가 더 크면 성능이 좋을 것이라고 생각할 수 있지만 항상 그렇지는 않습니다. 이는 데이터 타입에 따라 다를 수 있는데, 워드 크기에 비해 데이터의 크기가 너무 작으면 사용하지 않는 비트로 인해 메모리 오버헤드가 발생할 수 있습니다. 또한 포인터 크기(워드 크기)가 커지면, 데이터를 저장하고 참조하는 데 더 많은 메모리가 필요해지고, 이로 인해 더 많은 메모리 I/O가 필요할 수 있습니다. 그럼에도 x86 64비트 아키텍처에서는 레지스터 수의 증가와 레지스터 호출 방식을 더 효율적으로 개선하여 오버헤드를 상쇄하고 있습니다. 이러한 이유로 64비트 애플리케이션이 32비트 애플리케이션보다 성능이 더 높을 가능성이 있습니다.

프로세서와 운영 체제는 다양한 워드 크기를 지원할 수도 있고, 서로 다른 워드 크기로 컴파일된 애플리케이션을 동시에 실행할 수 있습니다. 다만, 소프트웨어가 더 작은 워드 크기에 맞춰 컴파일 된 경우 실행은 가능하지만 성능은 상대적으로 떨어질 것입니다.

6.3.15 컴파일러 최적화

애플리케이션 실행 시간은 컴파일러 옵션(예: 워드 크기 설정)과 최적화에 따라 크게 향상될 수도 있습니다. 컴파일러 자체의 업데이트를 살펴보는 것도 유용한데, 때로는 최신 CPU 명령어의 이점을 살린 새로운 최적화 기능이 추가되기도 합니다. 이러한 점들 때문에 새로운 컴파일러를 사용하기만 해도 때론 애플리케이션 성능이 크게 향상되곤 합니다.

컴파일러의 최적화에 대한 상세한 내용은 5.3.1절 "컴파일 언어"에서 다뤘습니다.

6.4 아키텍처

이번 절은 소프트웨어와 하드웨어 관점에서 CPU 아키텍처와 구현에 대해 설명합니다. 간단한 CPU 모델 일부는 6.2절 "모델"에서 다루었고, 일반적인 개념에 대해서는 앞부분에서 소개했습니다.

여기에 수록된 내용들은 성능 분석을 위한 배경지식의 일환으로 간략하게 설명합니다. 더 자세한 사항은 프로세서 개발사의 매뉴얼이나 운영 체제 내부 구조에 대한 문서를 참조하세요. 일부 참고 도서는 이번 장의 마지막 부분에 수록되어 있습니다.

6.4.1 하드웨어

CPU 하드웨어는 프로세서와 서브시스템으로 구성되어 있고, 멀티프로세서 시스템의 경우 CPU 인터커넥트도 포함됩니다.

프로세서

그림 6.5는 일반적인 2코어 프로세서 구성 요소입니다.

CPU 코어 안의 제어 유닛(control unit)은 CPU의 핵심으로, 이 유닛은 명령어 인출, 해석, 실행, 결과 저장을 담당합니다.

이 예시에서는 두 코어가 부동 소수점 유닛과 (선택적으로 사용되는) 3단계 캐시를 공유하고 있으며, 이는 사용 중인 프로세서의 유형이나 모델에 따라 달라질 수 있습니다. 성능에 영향을 미치는 다른 구성 요소들도 있는데, 다음과 같은 것들이 있습니다.

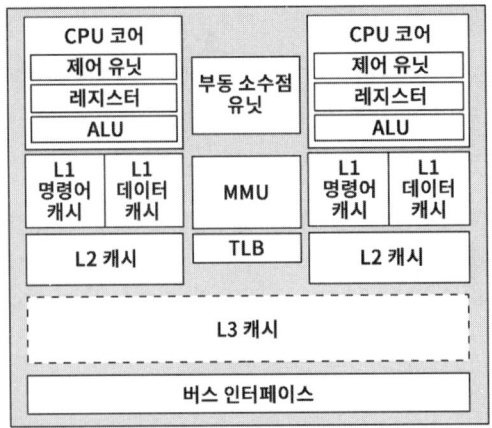

그림 6.5 일반적인 2코어 프로세서 구성 요소

- P-캐시: 프리패치(Prefetch) 캐시(CPU 코어별 구성)
- W-캐시: 쓰기(Write) 캐시(CPU 코어별 구성)
- 클럭: CPU 클럭을 발생시키는 신호 발생기(주로 CPU와 별도 구성)
- TSC(Timestamp counter, 타임스탬프 카운터): 상세한 시간 측정을 위해 사용되며, 클럭에 의해 증가됨
- 마이크로코드(Microcode) ROM: 명령어를 빠르게 회로 신호로 변환하기 위한 ROM
- 온도 센서: 온도 모니터링
- 네트워크 인터페이스: (고성능을 위해) 프로세서에 탑재될 수 있음

일부 프로세서 유형은 개별 코어의 온도 센서를 이용해 오버클럭을 실시간으로 자동 조절하기도 합니다(인텔 터보 부스트 기술(Intel Turbo Boost technology)도 여기에 해당합니다). 이를 통해 프로세서는 코어의 온도를 안전한 범위 내에서 관리하면서 클럭 속도를 자동으로 증가시킬 수 있습니다. 가능한 클럭 속도 설정은 P-States를 통해 정의됩니다.

P-State와 C-State

인텔 프로세서에서 사용하는 ACPI(advanced configuration and power interface, 고급 구성 및 전원 인터페이스) 표준에서는 P-State(processor performance states, 프로세서 성능 상태)와 C-State(processor power states, 프로세서 전원 상태)를 정의하고 있습니다.[ACPI 17]

P-State는 CPU 클럭 속도를 변동시켜 정상 실행 중 다양한 성능 레벨을 제공합니다. P0는 클럭 속도가 가장 높으며[6], P1부터 PN까지는 클럭 속도가 점차 낮아지는 상태를 나타냅니다. 이 상태들은 하드웨어(예: 프로세서 온도에 기반) 또는 소프트웨어(예: 커널 전력 절약 모드)를 통해 조절될 수 있습니다. 현재 동작 중인 클럭 속도와 사용할 수 있는 상태는 특수 레지스터인 MSR(model-specific register)를 통해 확인할 수 있습니다. 이에 대한 예시는 6.6.10절 showboost(8) 도구를 참고하세요.

C-State는 CPU가 전력을 절약할 수 있도록 하는 다양한 대기 상태를 정의하는데, 실행이 중단될 때 CPU가 소비하는 전력의 양에 따라 여러 레벨로 나뉘어져 있습니다. 일반적인 C-State 상태는 표 6.2에 수록되어 있는데, C0은 정상 작동 상태이며, C1 이상은 대기 상태를 나타냅니다. 숫자가 높을수록 전력 소모가 더 줄어드는 절전 상태입니다.

표 6.2 프로세서 전원 상태(C-State)

C-State	설명
C0	동작 중. CPU가 완전히 켜진 상태이며, 명령어를 처리하는 중입니다.
C1	동작 중단. x86 명령어 hlt를 통해 진입합니다. 캐시는 유지됩니다. 절전 상태 중에서 깨어나는데 소모되는 시간이 가장 낮습니다.
C1E	전력 소모를 더 줄인, 향상된 절전 상태입니다(일부 프로세서에서 지원).
C2	하드웨어 신호를 통해 진입하는 절전 상태입니다. 더 깊은 절전 모드이기 때문에 깨어나는데 소모되는 시간이 길어집니다.
C3	C1, C2보다 전력 절감 효과가 더 큰 절전 상태입니다. 캐시는 상태를 유지할 수 있으나 일관성을 유지하지 않으며, 이를 OS에게 넘깁니다.

프로세서 제조사는 C3 이상의 절전 상태를 추가로 정의할 수 있습니다. 일부 인텔 프로세서는 추가적인 상태를 C10까지 사용하기도 하는데, 캐시의 내용 등 더 많은 프로세스 요소의 동작을 제한합니다.

CPU 캐시

프로세서에는 보통 여러 가지 하드웨어 캐시[7]가 들어있으며, 외부에도 캐시가 있습니다. 이 캐시들은 읽기 캐시나 쓰기 버퍼로 사용되는데, 더 빠른 유형의 메모리를

---

6 (옮긴이) 인텔 프로세서의 터보 부스트 기술은 특정 상황에서 P0의 기본 클럭보다 더 높은 속도로 일시적으로 동작할 수 있게 해주는 기능입니다. 일부 모델에서는 P0 상태가 이미 최고 '터보 부스트'를 의미하는 경우도 있습니다.
7 (옮긴이) 보통 온 칩(on chip) 캐시, 온 다이(on-die) 캐시, 내장(embedded) 캐시, 통합(integrated) 캐시 라고 부르기도 합니다.

사용해 성능을 향상시킵니다. 그림 6.6은 일반적인 프로세서의 캐시 접근 단계를 보여줍니다.

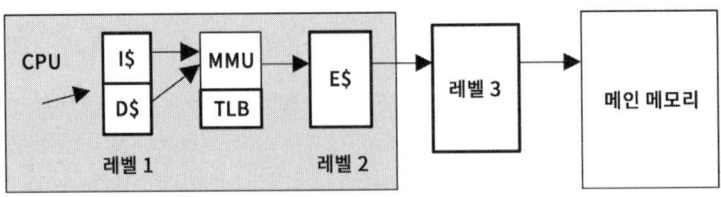

그림 6.6 CPU 캐시 계층

이러한 CPU 캐시 계층에는 다음과 같은 것들이 있습니다.

- 레벨 1 명령어 캐시(I$)
- 레벨 1 데이터 캐시(D$)
- TLB(Translation lookaside buffer, 변환 색인 버퍼)
- 레벨 2 캐시 (E$)
- 레벨 3 캐시 (선택적)

E$의 E는 원래 외부(external) 캐시라는 말에서 온 것이지만 L2 캐시가 CPU에 합쳐지면서 내장(embedded)의 E를 가리키는 말로 재치 있게 바뀌었습니다. 이러한 용어의 혼란을 막기 위해 이제는 'E$'와 같은 표현보다 '레벨(Level)'라는 말이 더 많이 쓰입니다.

일반적으로는 메인 메모리에 접근하기 전에 마지막 캐시를 참조하는 것이 성능 면에서 유리하곤 합니다. 이 마지막 캐시는 레벨 3일 수도 있고 아닐 수도 있습니다. 인텔은 이를 LLC(last-level cache, 마지막 레벨 캐시)라고 부르며, 최장 지연 캐시(longest-latency cache)로 표기하기도 합니다.

각 프로세서에 있는 캐시는 모델이나 유형에 따라 다른데, 대체적으로 시간이 지남에 따라 캐시 크기와 숫자가 증가하는 추세입니다. 표 6.3은 1978년 이래 출시된 인텔 프로세서의 목록으로, 캐시 크기가 커져가는 것을 확인할 수 있습니다.[Intel 19a] [Intel 20a]

멀티 코어나 멀티스레드 프로세서에서는 성능을 최적화하기 위해 일부 캐시가 코어나 스레드 간에 공유되기도 하고, 일부는 각 코어에 독립적으로 제공되기도 합니다. 표 6.3 기준으로, 인텔 Xeon 7460 (2008) 이후의 모든 프로세서는 L1과 L2 캐시를 여러 개 가지고 있는데, 일반적으로 각 코어당 하나씩 가지고 있습니다(표에 나온 캐시 크기는 전체 크기를 합친 게 아니라 코어별로 가지고 있는 캐시 크기를 의미합니다).

표 6.3 인텔 프로세서와 캐시 크기 (1978~2019년 출시)

프로세서	출시 연도	최대 클럭	코어/스레드	트랜지스터 개수	데이터 버스 크기 (비트)	L1캐시	L2캐시	L3캐시
8086	1978	8 MHz	1/1	29 K	16	—		
인텔 286	1982	12.5 MHz	1/1	134 K	16	—		
인텔 386 DX	1985	20 MHz	1/1	275 K	32	—	—	—
인텔 486 DX	1989	25 MHz	1/1	1.2 M	32	8 KB		
Pentium	1993	60 MHz	1/1	3.1 M	64	16 KB		
Pentium Pro	1995	200 MHz	1/1	5.5 M	64	16 KB	256/512 KB	—
Pentium II	1997	266 MHz	1/1	7 M	64	32 KB	256/512 KB	—
Pentium III	1999	500 MHz	1/1	8.2 M	64	32 KB	512 KB	—
인텔 Xeon	2001	1.7 GHz	1/1	42 M	64	8 KB	512 KB	—
Pentium M	2003	1.6 GHz	1/1	77 M	64	64 KB	1 MB	—
인텔 Xeon MP 3.33	2005	3.33 GHz	1/2	675 M	64	16 KB	1 MB	8 MB
인텔 Xeon 7140M	2006	3.4 GHz	2/4	1.3 B	64	16 KB	1 MB	16 MB
인텔 Xeon 7460	2008	2.67 GHz	6/6	1.9 B	64	64 KB	3 MB	16 MB
인텔 Xeon 7560	2010	2.26 GHz	8/16	2.3 B	64	64 KB	256 KB	24 MB
인텔 Xeon E7-8870	2011	2.4 GHz	10/20	2.2 B	64	64 KB	256 KB	30 MB
인텔 Xeon E7-8870v2	2014	3.1 GHz	15/30	4.3 B	64	64 KB	256 KB	37.5 MB
인텔 Xeon E7-8870v3	2015	2.9 GHz	18/36	5.6 B	64	64 KB	256 KB	45 MB
인텔 Xeon E7-8870v4	2016	3.0 GHz	20/40	7.2 B	64	64 KB	256 KB	50 MB
인텔 Pentium 8180	2017	3.8 GHz	28/56	8.0 B	64	64 KB	1 MB	38.5 MB
인텔 Xeon 플래티넘 9282	2019	3.8 GHz	56/112	8.0 B	64	64 KB	1 MB	77 MB

CPU 캐시의 크기와 개수가 증가하는 추세와 더불어, 이러한 캐시들은 외부가 아닌 CPU 칩 내부에 통합되는 경향이 있습니다. 이는 캐시가 CPU 칩 안에 내장되면 외부 연결 캐시와 달리 지연시간을 최소화할 수 있기 때문입니다.

지연시간

CPU의 캐시가 여러 단계로 구성되어 있는 이유는 캐시의 크기와 지연시간 사이에 균형을 맞춰 최적의 구성을 달성하기 위함입니다. 캐시의 접근 시간은 각 단계별로 차이가 있는데, L1 캐시의 접근 시간은 보통 몇 CPU 클럭 사이클 이내이고, L2 캐시에 접근하는 데는 보통 십여 클럭 사이클이 걸립니다. 메인 메모리는 보통 60ns(4GHz 프로세서라면 240사이클 정도)이며, MMU에서 주소 변환을 하는 시간이 추가로 소요됩니다.

현재 사용 중인 프로세서의 CPU 캐시 지연시간은 마이크로 벤치마킹을 통해 실험적으로 파악할 수 있습니다.[Ruggiero 08] 그림 6.7은 이에 대한 사례로, 인텔 Xeon E5620 2.4GHz에서 LMbench를 사용해 메모리의 범위를 늘려가며 테스트한 결과입니다.[McVoy 12]

이 그래프는 X축과 Y축 모두 로그 스케일로 구성되어 있으며, 데이터 접근 크기 대비 지연시간을 나타냅니다. 그래프에서 계단처럼 급격히 증가하는 지점들은 각 캐시 계층의 용량을 초과했을 때 발생하며, 이후 접근은 더 느린 다음 단계의 캐시나 메모리에서 이뤄지기 때문에 지연시간이 급격히 증가하는 현상을 보여줍니다.

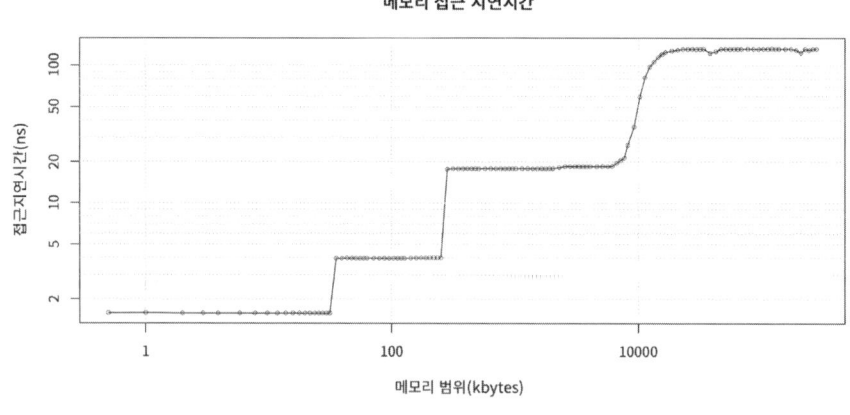

그림 6.7 메모리 접근 지연시간 테스트

캐시 연관성

캐시의 주요 고려 사항 중 하나는 데이터를 캐시 안의 어느 위치에 저장하는지 여부인데, 이를 지정하는 방법에는 여러 가지가 있으며, 이를 '캐시 연관성(associativity)'이라고 부릅니다. 연관성에 따라 다음과 같이 분류할 수 있습니다.

- 완전 연관(Fully associative): 새로운 데이터를 캐시의 어느 위치에나 집어넣을 수 있습니다. 저장은 가장 유연한 반면, 어떤 데이터를 교체할지 결정하는 것은 전체 캐시를 검색해야 하므로 구현이 복잡합니다. 보통 전체 캐시에서 최근 가장 적게 사용한 원소를 제거하는 LRU 알고리즘을 사용합니다.
- 직접 매핑(Direct mapped): 이 유형에서는 각 데이터가 캐시 내의 정확히 한 위치에만 저장될 수 있습니다. 캐시는 메모리 주소를 사용해서 캐시 내 저장 위치를 결정하는데, 주소의 일부 비트를 잘라서 해시한 값으로 결정하기도 합니다. 서로 다른 데이터가 같은 위치에 저장되려 할 때 충돌이 발생할 수 있습니다.
- 집합 연관(Set associative): 이 유형은 완전 연관과 직접 매핑의 중간 형태입니다. 먼저 캐시를 여러 집합(Set)으로 나누고, 각 집합 내에서는 데이터를 유연하게 저장할 수 있습니다. 어떤 부분 집합을 사용할지는 해시와 같은 매핑을 통해 결정되고, 집합 내 데이터 저장은 LRU와 같은 알고리즘을 사용합니다. 가령 **4-way 집합 연관**은 먼저 주소를 4개의 가용 하위 집합들 중에 매핑하고, 각 집합 내에서 가장 나은 위치를 선택합니다(예: 가장 오랫동안 참조되지 않은 위치).

CPU 캐시는 주로 집합 연관 캐시를 사용하여, 완전 연관 캐시(비용이 높지만 유연)와 직접 매핑 캐시(적중률 떨어지나 단순) 사이에서 균형을 맞춥니다.

캐시 라인

CPU 캐시의 또 다른 중요 특성으로는 **캐시 라인(cache line)** 크기를 들 수 있습니다. 이는 메모리에서 한 번에 저장되거나 전송되는 단위로, 데이터를 한 덩어리(cache line)로 묶어 처리하기에 바이트 단위로 하는 처리에 비해 스루풋을 향상시킵니다. 대부분의 x86 프로세서는 64바이트 크기로 설정되어 있으며, 이는 컴파일러 최적화와 개발자가 최적화된 코드를 작성하는 데에도 영향을 줍니다. 5.2.5절 "동시성과 병렬성"의 해시 테이블 항목을 참조하세요.

캐시 일관성

메모리가 캐시될 때, 데이터는 단순히 하나의 CPU 캐시에만 저장되는 것이 아니라 여러 프로세스의 다양한 CPU 캐시에 걸쳐 동시에 저장될 수 있습니다. 만일 한 CPU가 해당 메모리의 데이터를 변경하게 되면, 다른 모든 캐시에 저장된 데이터의 복사본은 이제 잘못된 정보가 되어버립니다. 따라서, 이러한 변경 사항을 감지하고 해당 메모리에 다시 접근할 때 최신의 정보를 가져올 수 있도록, 모든 캐시는 자신이 가진 정보를 폐기하고 갱신해야 한다는 사실을 인지해야 합니다.

이 과정을 **캐시 일관성**(cache coherency)이라 하며, 이는 모든 CPU가 항상 최신의 정확한 메모리 값을 읽을 수 있도록 보장합니다.

이러한 캐시 일관성은 성능에 영향을 미치기도 하는데, 대표적인 사례로 LLC(Last Level Cache, 마지막 레벨 캐시) 접근에 따른 패널티가 있습니다. 다음은 [Levinthal 09]에서 가져온 예시로 대략적인 영향을 파악할 수 있습니다.

- LLC 히트, 캐시 라인이 공유되지 않음: ~40 CPU 사이클
- LLC 히트, 캐시 라인이 다른 코어와 공유됨: ~65 CPU 사이클
- LLC 히트, 캐시 라인이 다른 코어에서 수정됨: ~75 CPU 사이클

이처럼 캐시 일관성은 확장 가능한 멀티프로세서 시스템을 설계할 때 가장 어려운 문제 중 하나인데, 메모리가 아주 빠르게 변할 수 있기 때문입니다.

MMU

MMU(memory management unit, 메모리 관리 장치)는 가상 주소를 물리적 주소로 변환합니다.

그림 6.8에는 일반적인 MMU의 형태가 묘사되어 있는데, 옆에 CPU 캐시도 함께 표현되어 있습니다. 이 MMU는 가상 주소를 물리 주소로 변환하는 정보를 캐싱하기 위해 CPU 칩에 내장된 TLB를 이용합니다. MMU가 TLB에서 필요한 변환 정보를 찾지 못할 경우(캐시 미스), **페이지 테이블**이라고 하는 메인 메모리(DRAM)에 있는 주소 변환 테이블을 읽어서 처리합니다. 페이지 테이블은 MMU(하드웨어)가 직접 읽을 수 있으며 커널에 의해 관리됩니다.

이런 구조는 프로세서마다 차이가 있을 수 있습니다. 일부 (구형) 프로세서의 경우, TLB 미스가 발생하면 하드웨어 대신 커널 소프트웨어가 페이지 테이블을 탐색해 TLB에 매핑 정보를 채워 넣는 방식으로 처리했습니다. 이러한 소프트웨어는 변환

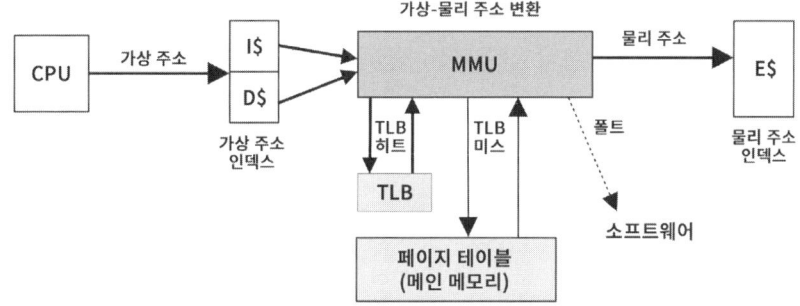

그림 6.8 MMU와 CPU 캐시

정보를 대량으로 저장할 수 있는 캐시를 자체적으로 메모리에 유지하는데, 이를 TSB(translation storage buffer, 변환 저장 버퍼)라고 합니다. 최신 프로세서에서는 TLB 미스 시 하드웨어를 사용해 처리하기 때문에 이런 비용을 크게 줄일 수 있습니다.

인터커넥트

멀티프로세서 아키텍처에서 각 프로세서는 공유 시스템 버스나 전용 인터커넥트(interconnect)을 통해 서로 연결됩니다. 이는 UMA(uniform memory access, 균일 메모리 접근)나 NUMA 같은 시스템의 메모리 아키텍처와도 밀접한 연관이 있는데, 7장 "메모리"에서 더 자세히 설명합니다.

공유 시스템 버스는 FSB(front-side bus, 프론트 사이드 버스)라고도 불리는데, 이는 초기 인텔 프로세서에서 자주 사용되었습니다. 그림 6.9는 이에 대한 예시로, 4개 프로세서로 구성된 시스템의 사례입니다.

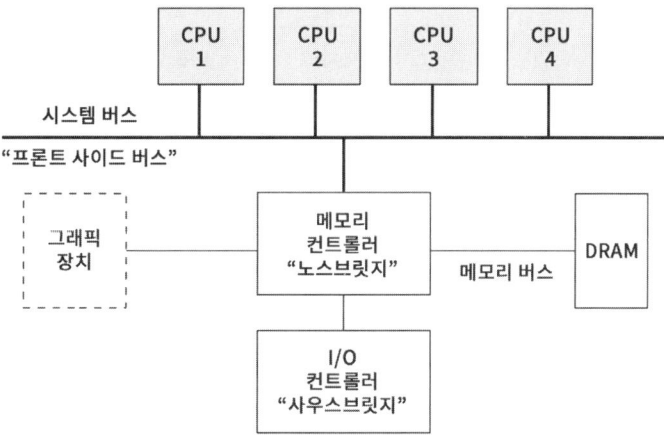

그림 6.9 인텔 FSB 아키텍처(프로세서 4개로 구성)

시스템 버스 방식은 구성이 간단하긴 하지만, 프로세서 숫자가 증가함에 따라 공유된 버스 자원에 대한 경합이 늘어나 확장성에 한계가 있습니다. 최근에 출시되는 서버는 NUMA 구성의 멀티프로세서 환경이 일반적이며, 시스템 버스 대신 CPU 인터커넥트를 사용합니다.

인터커넥트는 CPU뿐 아니라 I/O 컨트롤러 등의 다른 구성 요소도 연결할 수 있습니다. 인터커넥트의 예로는 인텔의 Quick Path Interconnect(QPI) 및 Ultra Path Interconnect(UPI), AMD의 HyperTransport(HT), ARM의 CoreLink Interconnects(3가지 유형), IBM의 Coherent Accelerator Processor Interface(CAPI) 등이 있습니다. 그림 6.10은 인텔의 QPI 아키텍처에 대한 예시로, 프로세서 4개로 구성된 시스템의 사례입니다.

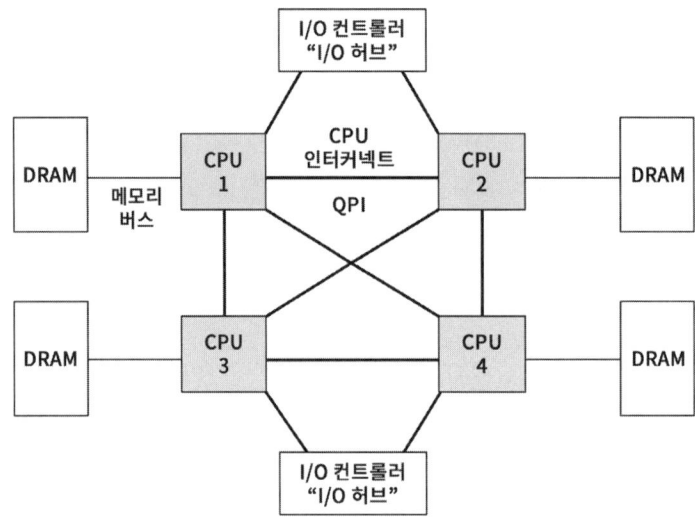

그림 6.10 인텔 QPI 아키텍처(프로세서 4개로 구성)

이처럼 프로세서끼리 개별적으로 연결되는 인터커넥트 방식을 사용하면 접근 경쟁이 발생하지 않고, 공유 시스템 버스보다 더 큰 대역폭을 사용할 수 있습니다. 인텔 FSB와 QPI의 속도는 표 6.4를 참고하세요. [Intel 09][Mulnix 17]

표 6.4 인텔 CPU 인터커넥트 대역폭

인텔	전송 속도	너비	대역폭
FSB (2007)	1.6GT/s	8바이트	12.8GB/s
QPI (2008)	6.4GT/s	2바이트	25.6GB/s
UPI (2017)	10.4 GT/s	2바이트	41.6GB/s

표에 수록된 전송 속도와 대역폭의 관계에 대해서 의문을 가질 수 있는데, 이를 설명하기 위해 3.2GHz 클럭에서 동작하는 QPI 예시를 들어보겠습니다. QPI는 클럭의 상승 에지와 하강 에지 모두에서 데이터 전송을 수행하는 **더블 펌핑**(double-pumping)[8] 방식을 사용하는데, 이 덕에 전송 속도를 두 배로 늘릴 수 있습니다(3.2GHz×2 = 6.4GT/s). 여기에 너비가 2바이트이고, 송수신 양방향 모두를 계산하면 최종 대역폭은 25.6Gbyte/s입니다(6.4GT/s×2 바이트×2 방향 = 25.6Gbyte/s).

QPI와 관련된 특징 중 하나는 BIOS를 통해 캐시 일관성 모드를 설정할 수 있다는 점입니다. 여기에는 메모리 대역폭을 최적화하기 위한 Home Snoop, 메모리 대기시간을 최적화하기 위한 Early Snoop, 공유되는 항목을 추적하여 확장성을 향상시키기 위한 Directory Snoop 등의 옵션이 있습니다. QPI를 대체하는 UPI는 Directory Snoop만을 지원합니다.

인터커넥트는 꼭 외부용으로만 있는 것은 아닌데, 프로세서는 코어 간 통신을 위한 내부 인터커넥트를 가지고 있습니다.

인터커넥트는 보통 설계 시 큰 대역폭을 가지도록 설계되는데, 이는 시스템의 병목이 되지 않도록 하기 위함입니다. 만약 인터커넥트가 병목이 되면 원격 메모리 I/O 같은 인터커넥트 관련 연산들이 지연 사이클을 겪게 되어 성능이 저하됩니다. 이처럼 인터커넥트에 병목이 발생했는지는 IPC의 감소를 통해 확인할 수 있습니다. CPU 명령어, 사이클, IPC, 지연 사이클, 메모리 I/O 등은 모두 CPU 성능 모니터링 카운터를 통해 분석할 수 있습니다.

하드웨어 카운터

PMC(Performance Monitoring Counter, 성능 모니터링 카운터)는 관측가능성 통계의 일환으로 사용할 수 있는 요소로써, 앞의 4.3.9절 "하드웨어 카운터(PMC)"에서 설명했습니다. 이번 절에서는 PMC 관련 CPU 구현에 대해 더 상세하게 설명하며, 추가적인 예시도 수록되어 있습니다.

PMC는 CPU 동작을 매우 세밀하게 측정하기 위해 하드웨어에 구현된 프로세서 레지스터로, 프로그래밍이 가능합니다. 보통은 다음과 같은 카운터들이 포함되어 있습니다.

---

8 더블 펌핑을 다른 말로 DDR(double data rate)이라고도 합니다. 이 외에도 상승 에지, 피크(peak), 하강 에지, 트로프(trough, 피크의 반대)의 4가지 상태를 이용해서 데이터 전송을 수행하는 쿼드 펌핑(quad-pumping) 방식도 있습니다. 인텔 FSB는 쿼드 펌핑 방식을 사용합니다.

- CPU 사이클: 전체적인 지연 사이클과 각종 요소별 지연 사이클
- CPU 명령어: 특정 기간 동안 완료(실행)된 명령 개수
- 1, 2, 3 단계 캐시 접근: 히트 수, 미스 수
- 부동 소수점 유닛: 연산 수
- 메모리 I/O: 읽기, 쓰기, 지연 사이클
- 자원 I/O: 읽기, 쓰기, 지연 사이클

각 CPU에는 위와 같은 이벤트를 수집하도록 프로그래밍할 수 있는 레지스터가 있는데, 개수는 보통 2개에서 8개입니다. 사용 가능한 개수는 프로세서 유형이나 모델에 따라 다르며, 프로세서 매뉴얼을 통해 확인할 수 있습니다.

비교적 간단한 예로, 인텔 P6 프로세서 패밀리는 4개의 MSR(model-specific register, 모델 특화 레지스터)를 제공합니다. 두 개의 MSR은 카운터이고 읽기 전용입니다. 나머지 두 레지스터는 event-select MSR(이벤트 선택 MSR)으로 읽기/쓰기가 가능하며, 카운터를 프로그램할 때 사용합니다. 성능 카운터 레지스터는 40비트로 구성되어 있고, 이벤트 선택 MSR은 32비트 크기입니다. 이벤트 선택 MSR의 형식은 그림 6.11과 같습니다.

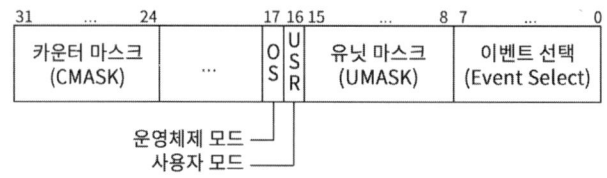

그림 6.11 인텔 성능 이벤트 선택 MSR

카운터의 종류는 Event Select와 UMASK에 의해 지정됩니다. Event Select는 집계할 이벤트를 선택하고, UMASK는 이벤트 서브시스템 또는 서브시스템 그룹을 지정합니다. OS 비트와 USR 비트는 프로세서 보호 링의 값을 기초로 카운터를 커널 모드(운영 체제)에서만 증가시킬지, 사용자 모드(USR)에서만 증가시킬지 지정합니다. CMASK는 카운터를 증가시키기 전에 도달해야 하는 이벤트 개수의 한계치를 설정합니다.

인텔 프로세서 매뉴얼(볼륨 3B[인텔 19b])에는 집계 가능 이벤트를 선택하기 위한 Event Select 값과 UMASK 값이 정리되어 있습니다. 표 6.5는 관측가능한 여러 대상(프로세서 기능 유닛)들 중 일부를 선정한 사례인데, 매뉴얼의 설명도 함께 수록

해 놓았습니다. 여러분의 프로세서에서 실제로 사용할 수 있는 PMC들을 확인하고 싶다면 관련 매뉴얼을 참고하세요.

표 6.5 인텔 CPU 성능 카운터(PMC)

Event Select	UMASK	유닛	이름	설명
0x43	0x00	데이터 캐시	DATA_MEM_REFS	모든 메모리 유형에 대한 읽기(load), 쓰기(store)를 각각 나눠서 기록함. I/O 접근이나 비모메리 접근은 집계하지 않음
0x48	0x00	데이터 캐시	DCU_MISS_OUTSTANDING	미해결된 DCU 미스가 존재하는 동안, 미해결된 캐시 미스 횟수에 비례해 가중치가 적용된 사이클 수. (단, 캐시 가능한 읽기 요청만 고려함)
0x80	0x00	명령어 인출 유닛	IFU_IFETCH	명령어 인출 횟수. 캐시 가능한 명령어와 캐시할 수 없는 명령어 모두를 포함하며, 특히 UC(uncachable, 절대 캐시 불가) 명령어 인출도 함께 포함됨[9]
0x28	0x0F	L2 캐시	L2_IFETCH	L2 명령어 인출 횟수
0xC1	0x00	부동 소수점 유닛	FLOPS	실행한 부동 소수점 연산 개수
0x7E	0x00	외부 버스 로직	BUS_SNOOP_STALL	버스가 스눕 지연(snoop stall)[10]된 사이클 수
0xC0	0x00	명령어 디코딩/실행	INST_RETIRED	실행한 명령어 개수
0xC8	0x00	인터럽트	HW_INT_RX	받은 하드웨어 인터럽트 개수
0xC5	0x00	브랜치	BR_MISS_PRED_RETIRED	예측에 실패한 브랜치 개수
0xA2	0x00	지연 사이클	RESOURCE_STALLS	리소스 관련 지연 사이클마다 1씩 증가
0x79	0x00	클럭	CPU_CLK_UNHALTED	프로세서가 중단되지 않고 실행된 사이클 수

이 표에 수록된 것은 일부분이고 사용할 수 있는 카운터들은 훨씬 더 많은데, 특히 최신 프로세서에는 더욱 많이 있습니다.

---

9 (옮긴이) 일반적인 캐시 불가 명령어는 보통 캐시에 저장되지 않지만, 상황에 따라 캐시 정책에 의해 예외적으로 캐시될 수 있습니다. 반면, UC 명령어는 항상 메모리에서 직접 인출되며, 보안이나 데이터 무결성 유지를 위해 절대 캐시되지 않는 특수한 명령어입니다.

10 (옮긴이) 여러 프로세서가 동일한 메모리 데이터를 사용할 때, 캐시 일관성을 유지하기 위해 각 프로세서가 서로의 캐시 데이터가 변경되었는지 확인하는 스눕(snoop) 작업이 필요합니다. 이 과정에서 프로세서는 잠시 멈춰 변경 확인이 끝나기를 기다리는데, 이를 스눕 스톨(snoop stall)이라고 하며 CPU 사이클에 지연이 생길 수 있습니다.

프로세서 세부사항 중 살펴봐야 할 한 가지는 프로세서가 제공하는 하드웨어 카운터 레지스터의 수입니다. 예를 들어, 인텔 스카이레이크(Skylake) 마이크로아키텍처에는 하드웨어 스레드당 고정 카운터 3개가 들어 있고, 코어마다 8개의 프로그램 가능한 ('범용') 카운터가 추가로 있습니다. 이 카운터들은 48비트 값을 출력할 수 있습니다.

PMC와 관련된 더 많은 예시와 정보는 인텔 아키텍처 세트를 다룬 4.3.9절의 표 4.4를 참고하세요. 4.3.9절에는 AMD 및 ARM 프로세서 벤더용 PMC 참고 자료도 수록되어 있습니다.

GPU

그래픽 처리 장치(GPU)는 원래 그래픽 디스플레이의 처리를 위해 개발되었지만, 현재는 인공 지능, 머신 러닝, 데이터 분석, 이미지 처리, 암호화폐 채굴 등 다양한 분야에서 활용되고 있습니다. 서버와 클라우드 환경에서 GPU는 컴퓨터의 프로세서와 유사한 역할을 하며, 특히 **커널 연산**(kernel compute)이라 불리는, 매트릭스 변환과 같은 병렬 데이터 처리에 최적화된 워크로드를 실행하는 데 사용됩니다. 이러한 병렬 처리 능력 덕분에, CUDA(Compute Unified Device Architecture) 기술을 사용하는 엔비디아의 범용 GPU가 널리 채택되고 있습니다. CUDA는 엔비디아 GPU를 위한 프로그래밍 인터페이스와 소프트웨어 라이브러리를 제공합니다.

프로세서(CPU)는 수십 개의 코어를 포함할 수 있는 반면, GPU는 **스트리밍 프로세서(SP)**[11]라고 불리는 수백 또는 수천 개의 더 작은 코어를 포함할 수 있으며, 각각 하나의 스레드를 실행할 수 있습니다. GPU 워크로드는 고도로 병렬적이기 때문에, 병렬로 실행될 수 있는 스레드는 스레드 블록으로 그룹화되어 서로 협력할 수 있습니다. 이러한 스레드 블록은 메모리 캐시나 다른 리소스들로 구성된 **스트리밍 멀티프로세서(SM)**라고 불리는 SP 그룹에 의해 실행될 수 있습니다. 표 6.6은 CPU와 GPU를 비교한 내용입니다.[Ather 19]

---

11 엔비디아는 이것들도 CUDA 코어라고 부릅니다.[Verma 20]

표 6.6 CPU와 GPU 비교

특징	CPU	GPU
패키지	프로세서 패키지는 시스템 보드 소켓에 장착되며, 시스템 버스나 CPU 인터커넥트에 직접 연결됨	확장 카드 형태로 확장 버스(예: PCIe)를 통해 연결됨. 시스템 보드나 프로세서 패키지에 내장될 수도 있음
패키지 확장성	멀티 소켓 구성 시 CPU 인터커넥트로 연결 (예: 인텔 UPI)	멀티 GPU 구성 시, GPU 인터커넥트로 연결 (예: 엔비디아 NVLink)
코어	일반적으로 2~64개의 코어를 가짐	스트리밍 멀티프로세서(SM)도 비슷한 수로 구성
스레드	일반적으로 코어당 두 개의 하드웨어 스레드를 실행할 수 있음. (프로세서에 따라 더 많을 수 있음)	SM은 수십 개 또는 수백 개의 스트리밍 프로세서(SP)로 구성됨. 각 SP는 하나의 스레드만 실행 가능
캐시	각 코어는 L1, L2 캐시를 가지며, L3 캐시를 공유할 수 있음	각 SM은 캐시와 함께 구성되며, 여러 SM 사이에 L2 캐시를 공유할 수 있음
클럭	높음 (예: 3.4GHz).	상대적으로 낮음(예: 1.0GHz).

GPU의 관측가능성을 위해서는 전용 도구가 필요합니다. 살펴볼 수 있는 GPU 성능 지표로는 사이클당 명령어 수, 캐시 적중률, 메모리 버스 사용률 등이 있습니다.

기타 가속기

GPU 외에도, CPU 작업을 더 빠른 ASIC(Application-Specific Integrated Circuit, 애플리케이션 특화 회로)에 오프로딩할 수 있는 다른 가속기들도 있습니다. 대표적인 예시로 FPGA(field programmable gate array, 프로그래밍이 가능한 집적 회로)와 TPU(tensor processing unit, 텐서 처리 장치)가 있습니다.

만일 이러한 가속기들을 사용하고 있다면 CPU와 함께 이들의 성능을 분석하는 것이 좋습니다. 물론 각 장비의 관측가능성을 위해서는 전용 도구가 필요합니다.

GPU와 FPGA는 암호화폐 채굴의 성능을 향상시키는 데에도 사용됩니다.

6.4.2 소프트웨어

CPU를 지원하는 커널 소프트웨어에는 스케줄러, 스케줄링 클래스, 유휴 스레드가 있습니다.

스케줄러

커널 CPU 스케줄러의 주요 기능은 그림 6.12에 나타나 있습니다.

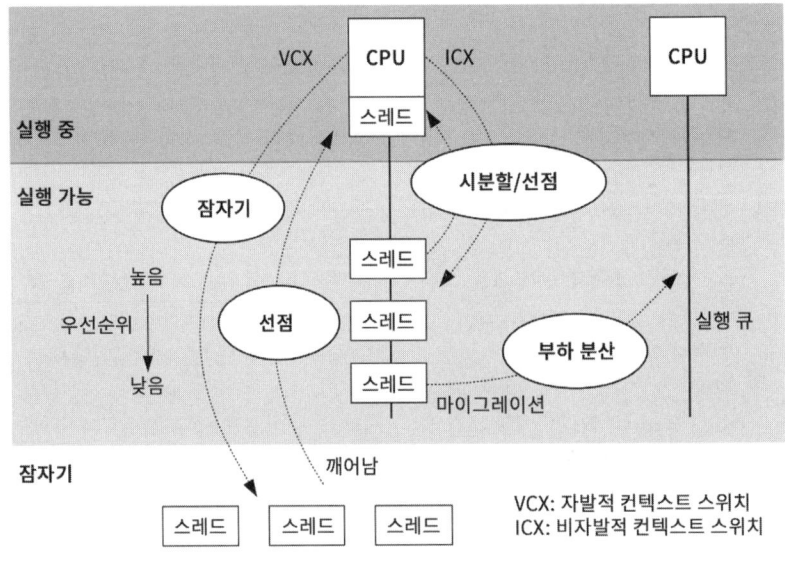

그림 6.12 커널 CPU 스케줄러 기능

이 기능들은 다음과 같습니다.

- 시분할(Time sharing): 실행 가능한 스레드 간에 멀티태스킹을 수행하며 우선순위가 가장 높은 스레드를 먼저 실행합니다.
- 선점(Preemption): 우선순위가 더 높은 스레드가 실행 가능해지면 스케줄러가 현재 실행 중인 스레드를 선점해 우선순위가 더 높은 스레드를 즉시 실행할 수 있도록 합니다.
- 로드 밸런싱(Load balancing): 실행 가능한 스레드를 유휴 상태이거나 덜 바쁜 CPU의 실행 큐로 이동시킵니다.

그림 6.12는 초기 스케줄링이 실행 큐를 사용해 어떻게 구현되었는지를 설명하는데, 이 '실행 큐'라는 용어와 개념은 오늘날에도 대기 중인 태스크를 기술하는데 여전히 사용됩니다. 하지만 현대의 리눅스 CFS 스케줄러는 더 이상 단순한 큐 대신, 레드/블랙 트리 구조를 사용해서 향후 실행될 태스크들을 관리합니다.

리눅스에서 시분할은 시스템 타이머 인터럽트에 의해 호출되는 scheduler_tick()에 의해 조정됩니다. scheduler_tick()은 스케줄러 클래스 함수를 호출해 우선순위를 관리하고, CPU 시간 단위인 **타임 슬라이스(time slice)**의 만료를 처리합니다. 선점은 스레드가 실행 가능 상태가 되고, 스케줄러 클래스의 check_preempt_curr()

함수가 호출될 때 트리거 됩니다. 스레드 사이의 전환은 __schedule() 함수에 의해 처리되는데, 이 함수는 pick_next_task()를 통해 가장 우선순위가 높은 스레드를 선택합니다. 로드 밸런싱은 load_balance() 함수에 의해 수행됩니다.

리눅스 스케줄러는 성능 최적화의 일환으로 비용이 효용을 초과할 것으로 예상될 때 마이그레이션을 방지하는데, CPU 캐시가 자주 이용되고 있다면 동일한 CPU에서 사용 중인 스레드를 그대로 실행되도록 합니다(CPU 친화성). 리눅스 소스에서는 idle_balance() 함수와 task_hot() 함수를 확인해 보세요.

이러한 함수 이름은 변경될 수 있으므로, 보다 자세한 내용은 리눅스 소스 코드와 Documentation 디렉터리 내의 문서를 참조하세요.

스케줄링 클래스

스케줄링 클래스(scheduling class)는 실행 가능 스레드의 동작을 관리합니다. 특히 우선순위, 스레드가 CPU상에 있는 시간을 **타임 슬라이스**(time-sliced)로 관리할지 여부, 그리고 타임 슬라이스의 길이(**시간 퀀텀**(time quanta)이라고도 합니다)가 관리 대상입니다. 특정 스케줄링 클래스는 **스케줄링 정책**(scheduling policy)을 가지고 있어 추가적인 제어도 가능한데, 우선순위가 동일한 스레드 간의 스케줄링 방식에 관여할 수 있습니다. 리눅스에서 사용할 수 있는 스케줄러 구성과 우선순위 범위는 그림 6.13에 나타나 있습니다.

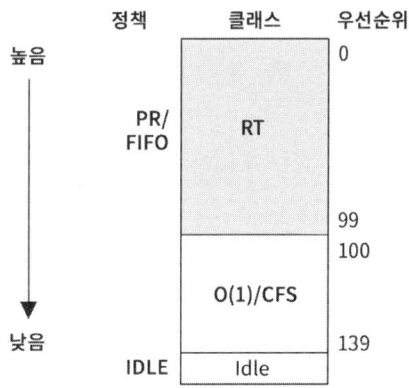

그림 6.13 리눅스 스레드 스케줄러 우선순위

사용자 레벨 스레드의 우선순위는 사용자가 설정한 **나이스**(nice) **값**에 영향을 받게 되는데, 이 값을 이용해서 중요하지 않은 작업의 우선순위를 낮출 수 있습니다(이렇게 되면 다른 스레드에게 더욱 많이 양보하기에 nice하다라고 부르는 것입니다). 리눅스에서 나이스 값은 스레드의 **정적 우선순위**를 설정하며, 이 정적 우선순위는 스케줄러가 계산하는 **동적 우선순위**와 별개입니다.

다음은 리눅스 커널에서 사용할 수 있는 스케줄링 클래스입니다.

- RT: 실시간 워크로드를 위해 높은 고정 우선순위를 제공합니다. 커널은 사용자나 커널 레벨의 선점을 모두 지원하여 RT 작업이 낮은 지연시간으로 빠르게 처리될 수 있게 합니다. 우선순위 범위는 0~99(MAX_RT_PRIO-1)입니다.
- O(1): O(1) 스케줄러는 리눅스 2.6에 도입되었으며, 사용자 프로세서의 기본 시분할 스케줄러로 사용되어 왔습니다. 이 이름은 알고리즘의 복잡도가 O(1)이라서 붙은 것입니다(5장 "애플리케이션"에서 "빅 O 표기법" 참조). 이전의 스케줄러는 모든 태스크를 탐색하는 루틴이 있어서 복잡도가 O(n)이었는데, 이는 확장성 문제를 야기했습니다. O(1) 스케줄러는 동적으로 I/O 위주 워크로드의 우선순위를 CPU 위주의 워크로드보다 높여줍니다. 따라서 상호작용이나 I/O를 수행하는 워크로드의 지연시간을 줄여줍니다.
- CFS: 완전 공정 스케줄링(completely fair scheduling)은 리눅스 2.6.23 커널에서 사용자 프로세스에 대한 기본 시간 공유 스케줄러로 추가되었습니다. 이 스케줄러는 태스크를 기존에 사용되어 오던 실행 큐 대신, 각 태스크의 CPU 시간을 기준으로 정렬된 레드-블랙 트리로 관리합니다. 이 자료구조 덕분에 CPU를 적게 사용하는 태스크를 쉽게 찾아서 CPU를 많이 사용하는 부하보다 더 우선적으로 실행할 수 있습니다. 그 결과 상호작용이 많거나 I/O를 수행하는 워크로드의 성능을 향상시킬 수 있습니다.
- Idle: 시스템에 어떤 작업도 할당되지 않았을 때에 실행되는 특수한 스케줄링 태스크로 가장 낮은 우선순위를 갖습니다.
- Deadline: Deadline 스케줄러는 리눅스 3.14 커널에서 추가된 EDF(earliest deadline first, 최단 마감 우선) 스케줄링으로 **런타임(runtime)**, **주기(period)**, **데드라인(deadline)**이라는 3개의 파라미터를 사용합니다. 태스크는 매 시간 주기마다 런타임 시간을 할당받고 해당 런타임은 데드라인 시간 안에 완료되어야 합니다(모두 μs 단위).

사용자 레벨의 프로세스에서는 sched_setscheduler(2) 시스템 콜 또는 chrt(1) 도구를 사용하여 **스케줄링 정책**(scheduling policy)을 선택하고, 이를 통해 프로세스의 스케줄링 클래스(동작 방식)를 변경할 수 있습니다.

사용할 수 있는 스케줄러 정책들은 다음과 같습니다.

- RR: SCHED_RR은 RT 스케줄링 클래스에서 사용할 수 있는 정책으로, 라운드 로빈 방식으로 스케줄링을 수행합니다. 시간 할당량(time quantum)을 다 사용한 스레드는 같은 우선순위 큐의 맨 뒤로 들어갑니다. 이렇게 함으로써 같은 우선순위의 다른 스레드가 실행될 기회를 얻습니다.
- FIFO: SCHED_FIFO는 RT 스케줄링 클래스에서 사용할 수 있는 정책으로, 선입선출 스케줄링 방식에 기반하여 실행 큐의 맨 앞에 있는 스레드가 스스로 양보하거나 우선순위가 더 높은 스레드가 도착할 때까지 CPU를 점유하는 방식입니다. 설령 같은 우선순위의 스레드가 실행 큐에서 대기 중이더라도, 현재 CPU에서 실행 중인 스레드는 계속 실행됩니다.
- NORMAL: SCHED_NORMAL(전에는 SCHED_OTHER라고 불림)는 CFS 스케줄링 클래스에서 사용할 수 있는 정책으로, 사용자 프로세스의 기본 스케줄링 정책입니다. 이 정책은 시분할 방식을 사용하며, 스케줄러가 스케줄링 클래스에 따라 동적으로 우선순위를 조정합니다. 과거 O(1) 시절에는 정적인 우선순위에 따라 우선순위가 더 높은 작업에 더 긴 타임 슬라이스를 부여했습니다. 오늘날의 CFS의 경우 동적으로 타임 슬라이스를 부여합니다.
- BATCH: SCHED_BATCH는 CFS 스케줄링 클래스에서 사용할 수 있는 정책으로, SCHED_NORMAL과 비슷하지만 CPU 위주 작업으로 이루어진 스레드에 주로 사용됩니다. 이 정책은 CPU 위주 작업이 I/O 위주의 작업을 방해하지 않도록 설계되었습니다.
- IDLE: SCHED_IDLE은 Idle 스케줄링 클래스에서 사용되는 정책입니다.
- DEADLINE: SCHED_DEADLINE은 Deadline 스케줄링 클래스에서 사용되는 정책입니다.

시간이 지남에 따라 새로운 클래스나 정책이 추가될 수 있습니다. **하이퍼스레딩을 고려한**(Hyperthreading-aware) 스케줄링 알고리즘[Bulpin 05]이나 **온도를 고려한**(Thermal-aware) 스케줄링 알고리즘[Otto 06]도 연구되어 왔습니다. 이러한 알고리즘은 추가적인 프로세서 특성을 고려함으로써 성능을 최적화합니다.

만일 실행할 스레드가 없다면 특수 Idle 태스크(Idle 스레드라고도 함)가 다른 스레드가 실행 가능할 때까지 대기 상태로 대신 실행됩니다.

유휴 스레드

3장에서 소개된 커널 '유휴(idle)' 스레드(또는 '유휴' 태스크)는 실행 가능한 다른 스레드가 없을 때 CPU에서 실행되는데, 사용 가능한 우선순위 중 가장 낮은 값을 가지고 있습니다. 이 스레드는 보통 프로세서에게 CPU 실행을 일시 중단하거나(halt 명령어 사용) 전력 절약을 위해 CPU 동작 속도를 낮추라는 신호를 보냅니다. CPU는 다음 하드웨어 인터럽트가 발생할 때 깨어납니다.

NUMA 그룹

NUMA(Non-Uniform Memory Access) 시스템에서 커널이 NUMA를 고려해 스케줄링과 메모리 배치를 최적화하면 성능을 엄청나게 향상시킬 수 있습니다. 보통은 자동으로 NUMA를 인식해 CPU와 메모리를 로컬 그룹으로 묶고, 해당 그룹들을 NUMA 아키텍처를 반영하는 형태로 구성합니다. 이 구조를 가지고 메모리 접근 비용을 예측할 수 있습니다.

리눅스 시스템에서는 이를 **스케줄링 도메인**(scheduling domain)이라 하며, **루트 도메인**(root domain)을 기반으로 계층 구조를 형성합니다.

또한 시스템 관리자가 수동으로 그룹을 지정할 수도 있습니다. 예를 들어, 특정 프로세스를 하나 이상의 미리 정해진 CPU에서만 실행하도록 설정하거나, 특정 프로세스가 독점적으로 사용할 수 있는 CPU 집합을 만들 수 있습니다. 6.5.10 "CPU 바인딩"을 참고하세요.

프로세서 리소스 인식

만일 커널이 CPU 리소스 구조를 인식할 수 있다면, 전원 관리나 하드웨어 캐시 사용 및 로드 밸런싱을 위해 더 나은 스케줄링을 수행할 수 있습니다.

6.5 방법론

이번 절에서는 CPU 분석과 튜닝에 대한 다양한 방법론과 예제들을 살펴봅니다. 표 6.7에서 앞으로 다룰 주제들을 요약한 내용을 확인할 수 있습니다.

표 6.7 CPU 성능 분석 방법론

절	방법론	유형
6.5.1	도구 방법론	관찰적 분석
6.5.2	USE 방법론	관찰적 분석
6.5.3	워크로드 특성화	관찰적 분석, 수용량 계획
6.5.4	프로파일링	관찰적 분석
6.5.5	사이클 분석	관찰적 분석
6.5.6	성능 모니터링	관찰적 분석, 수용량 계획
6.5.7	정적 성능 튜닝	관찰적 분석, 수용량 계획
6.5.8	우선순위 튜닝	튜닝
6.5.9	리소스 제어	튜닝
6.5.10	CPU 바인딩	튜닝
6.5.11	마이크로 벤치마킹	실험적 분석

2장 "방법론"에서 더 많은 방법론과 그 방법론에 대한 자세한 설명을 하고 있습니다. 표에서 제시한 방법론은 참고로 쓰고, 이 모든 방법론을 시도하진 않아도 됩니다. 필요에 따라 이러한 방법론을 개별적으로 수행하거나 조합해 사용할 수 있습니다.

성능 모니터링, USE 방법론, 프로파일링, 마이크로 벤치마킹, 정적 성능 튜닝의 순서로 시도해보길 추천합니다.

6.6절 "관측가능성 도구"와 뒷 부분에서는 이러한 방법론을 적용할 때 사용할 수 있는 운영 체제 도구에 대해 다룹니다.

6.5.1 도구 방법론

도구 방법론은 사용 가능한 모든 도구를 하나씩 살펴보고, 각 도구가 제공하는 핵심 지표들을 살펴보는 과정입니다. 단순한 방법론이기는 하지만 도구가 제공하지 않거나, 부실하게 제공하는 지표를 간과할 수 있으며, 전체를 수행하려면 시간이 오래 걸릴 수 있습니다.

CPU의 경우 도구 방법론을 수행할 때 다음과 같은 항목들을 검토해 보아야 합니다(리눅스).

- uptime/top: 부하 평균 수치를 통해 CPU 부하가 시간이 흐름에 따라 늘어나는지 줄어드는지를 살펴봅니다. 이 지표는 다른 도구를 사용할 때도 유의해야 하는

- vmstat: vmstat(1)을 매초 출력하게 해서 시스템 전체의 CPU 사용률("us" + "sy")을 확인합니다. 사용률이 100%에 근접하면 스케줄러의 지연이 일어날 가능성이 높아집니다.
- mpstat: 개별적으로 어떤 CPU가 바쁜지(hot) 살펴보면 스레드 확장성 문제를 파악할 수도 있습니다.
- top: 어떤 프로세스나 사용자가 CPU를 가장 많이 사용하는지 살펴봅니다.
- pidstat: CPU 사용량이 높은 프로세스의 사용자 시간과 시스템 시간을 분리해 살펴봅니다.
- perf/profile: 사용자 시간 또는 커널 시간에 대한 CPU 사용량과 스택 트레이스를 프로파일링합니다. 이를 통해 CPU가 왜 많이 쓰이고 있는지 파악할 수 있습니다.
- perf: IPC를 측정하여 현재 CPU의 효율성을 사이클 기반으로 파악합니다.
- showboost/turboboost: 만일 동작 속도가 느리다면 현재 CPU 클럭 속도를 확인해 보세요.
- dmesg: CPU 온도로 인해 클럭이 제한된 경우('cpu clock throttled')가 있는지 확인해 보세요.

문제를 발견하면 관련 정보를 더 많이 파악하기 위해 사용 가능한 도구의 모든 필드를 살펴보세요. 각 도구의 상세 정보에 대해서는 6.6절 "관측가능성 도구"를 참고하세요.

6.5.2 USE 방법론

USE 방법론은 여러 구성 요소에 걸친 병목과 오류 식별에 사용할 수 있는데, 성능 분석 초기에 수행하곤 합니다. 이 방법론은 시간이 더 많이 소요되는 심층적인 전략을 사용하기 전에 전체 시스템을 검토하는 목적으로 시도해 볼 수 있습니다.

각 CPU에 대해 다음을 확인해 보세요.

- 사용률: CPU가 사용 중이었던 시간을 살펴봅니다(유휴 스레드에서 대기한 시간은 제외).
- 포화도: 실행 가능한 스레드가 CPU에서 실행되기 전까지 큐에서 얼마나 대기했는지 살펴봅니다.

- 오류: 모든 CPU 오류를 검토합니다(수정 가능한 오류 포함).

오류부터 살피길 권장하는데, 보통 손쉽게 살펴볼 수 있으며 이해하기도 더 쉽기 때문입니다. 일부 프로세서나 운영 체제는 수정 가능한 오류(오류 정정 코드, error-correction code, ECC)가 증가하는지 여부를 판단할 수 있으므로, 오류가 증가하는 CPU를 미리 비활성화하여 수정할 수 없는 치명적인 오류 발생을 방지할 수 있습니다. 모든 CPU가 정상 작동 중인지 확인하려면 오류를 점검하는 것이 필요할 수 있습니다.

사용률은 일반적으로 운영 체제 도구들에서 %busy 칼럼을 통해 확인할 수 있습니다. 만일 확장성 문제를 확인하고자 한다면 CPU별로 이 지표를 계산해 보는 것이 좋습니다. 높은 CPU 및 코어 사용률은 프로파일링이나 사이클 분석을 통해 이해할 수 있습니다.

클라우드 컴퓨팅 환경과 같이 CPU 제한이나 쿼터(리소스 제어, 예: 리눅스 tasksets이나 cgroup)가 설정된 경우라면, 물리적인 한계뿐 아니라 정해진 한도를 기준으로 CPU 사용률을 판단해야 합니다. 만일 이러한 경우라면 시스템의 물리적 CPU가 100% 사용률에 도달하기 전인데도 CPU 쿼터에 걸려서 예상보다 빨리 포화될 수도 있습니다.

포화 지표는 보통 시스템 전반에 대한 부하 평균을 통해 확인할 수 있습니다. 이 지표는 CPU가 얼마나 과부하에 걸렸는지, 혹은 (CPU 리소스 제한이 설정된 경우) 할당된 쿼터를 얼마나 소모했는지 보여줍니다.

GPU나 다른 가속기를 사용하고 있다면, 그리고 사용 가능한 지표가 있다면, 이에 대해서도 앞서 살펴본 과정을 적용해 상태를 확인할 수 있습니다.

6.5.3 워크로드 특성화

가해진 워크로드의 특성 파악은 수용량 계획, 벤치마킹, 워크로드 시뮬레이션에 중요합니다. 또한 어떤 경우에는 불필요한 작업을 찾아 제거하여 성능을 크게 개선할 수 있는 기회를 제공하기도 합니다.

CPU 워크로드를 분석할 때 주로 사용되는 기본 특성은 다음과 같습니다.

- CPU 부하 평균(사용률 + 포화도)
- 사용자 시간 / 시스템 시간 비율
- 시간별 시스템 콜 발생 속도

- Systems

- 자발적인 컨텍스트 스위치 발생 속도
- 인터럽트 발생 속도

워크로드 특성화의 목적은 적용된 부하의 특성을 알아내는 데 있지, 실제 발휘한 성능을 확인하기 위해서가 아닙니다. 부하 평균은 이러한 상황에서 유용한데, 일부 운영 체제(예: 솔라리스)는 요청된 CPU 부하만을 보여주기 때문에 CPU 워크로드 특성화의 중요 지표로 활용될 수 있습니다. 하지만 리눅스에서 부하 평균은 CPU만이 아닌 다른 유형의 부하도 포함하기 때문에 해석에 유의해야 합니다. 6.6.1절 "uptime"에서 정리한 더 자세한 설명과 예제를 참고하세요.

발생 속도를 나타내는 지표들은 해석하기가 좀 더 어려운데, 가해진 부하는 물론 발휘한 성능도 어느 정도 반영하기 때문입니다. 성능에 따라 이 수치가 높아지거나 낮아질 수 있습니다.[12]

사용자 시간 대 시스템 시간 비율은 앞의 6.3.9절 "사용자 시간/커널 시간 비율"에서 소개한 바와 같이 가해진 부하의 유형을 보여줍니다. 사용자 시간 비율이 높게 나온다면 이는 애플리케이션이 자체적인 계산 작업에 시간을 많이 소비하고 있을 가능성이 큽니다. 반면 시스템 시간 비율이 높다면 커널에서 소모하는 시간이 많음을 나타내며, 이는 더 나아가 시스템 콜이나 인터럽트 발생 속도로 추가적인 분석이 가능합니다. I/O 위주의 워크로드는 스레드들이 I/O를 기다리면서 블록되는 경우가 많기 때문에, CPU 위주의 워크로드보다 보통 더 높은 시스템 시간, 시스템 콜 또는 자발적인 컨텍스트 스위치 발생 속도를 보입니다.

다음은 워크로드 특성에 대해 기술한 예시인데, 부하 특성을 어떻게 표현하는지 살펴보세요.

현재 48개 CPU로 구성된 애플리케이션 서버에서, 부하 평균은 일반적으로 30에서 40 사이를 왔다 갔다 합니다. 사용자/시스템 시간 비율은 95/5인데, 이는 현재 워크로드가 CPU 위주의 작업이기 때문입니다. 이 애플리케이션은 초당 약 325K 시스템 콜을 수행하며, 약 80K의 자발적인 컨텍스트 스위치가 발생합니다.

---

[12] 가령 동일한 워크로드를 테스트한다 하더라도, 성능이 더 좋은 CPU 환경에서 시스템 콜 수가 더 높게 집계될 수 있습니다. 이는 워크로드가 더 빨리 끝나면서 시스템 콜이 짧은 시간 내에 집중적으로 호출되기 때문입니다.

이런 특성은 시간이 지나면서 부하가 변함에 따라 달라질 수 있습니다.

고급 워크로드 특성화/체크리스트

부하의 특성을 평가하기 위해서는 더 자세한 내용이 필요합니다. 아래는 CPU 문제를 살펴볼 때 고려해야 할 질문들인데, 이것들은 CPU 문제를 깊이 연구할 때 필요한 체크리스트로 사용할 수도 있습니다.

- 시스템 전체의 CPU 사용률은 얼마나 됩니까? CPU별 사용률과 코어별 사용률은 어떻게 됩니까?
- CPU 부하는 얼마나 병렬적입니까? 단일 스레드로 동작합니까? 멀티스레드라면 얼마나 많은 스레드가 있습니까?
- 어떤 애플리케이션 혹은 사용자가 CPU를 사용하고 있습니까? 얼마나 많은 사용자나 애플리케이션이 있습니까?
- 어떤 커널 스레드가 CPU를 사용하고 있습니까? 얼마나 많이 사용하고 있습니까?
- CPU에서 인터럽트가 차지하는 사용량은 얼마나 됩니까?
- CPU 인터커넥트는 얼마나 사용되고 있습니까?
- CPU가 실행 중인 경로는 무엇입니까? (사용자 레벨이나 커널 레벨 호출 경로)
- 어떤 종류의 지연 사이클이 CPU에서 발생하고 있습니까?

2장 "방법론"에서는 이 방법론을 적용하면서 주의 깊게 살펴봐야 할 핵심 요소들(누가, 왜, 무엇, 어떻게)에 대해 살펴보았습니다. 뒤에 나오는 절에서는 이 중 두 가지 질문, 즉 '무엇을' 그리고 '어떻게' 분석할지에 대해 상세히 설명하고 있습니다. 여기서는 프로그램의 호출 경로를 살펴보기 위한 프로파일링 기법과 시스템 내 발생하는 지연을 파악하기 위한 사이클 분석 방법을 상세하게 다룹니다.

6.5.4 프로파일링

프로파일링은 분석 대상을 깊이 이해하기 위한 작업입니다. CPU 프로파일링은 다양한 방법으로 수행할 수 있으나, 주로 다음 두 가지 방법이 사용됩니다.

- 타이머 기반 샘플링: 이 방법은 현재 실행 중인 함수 또는 스택 트레이스를 일정한 간격(타이머 기반)으로 샘플링합니다. 보통 각 CPU에 대해 99Hz(초당 99회)

로 샘플링을 진행하는데, 이러한 수준의 해상도는 CPU 사용의 대략적인 개요를 제공하고 크고 작은 문제 모두에 대해 충분한 세부 정보를 제공할 수 있습니다. 샘플링을 99Hz로 수행하는 이유는 100Hz에서 발생할 수 있는 락스텝(lockstep) 샘플링을 피하기 위해서 의도적으로 어긋나게 설정한 것입니다. 필요한 경우, 샘플링 간격을 넓혀 샘플 수를 줄임으로써 오버헤드를 최소화하여, 실제 프로덕션 환경에서도 사용할 수 있도록 조정할 수 있습니다

- 함수 트레이싱: 모든 함수나 일부 함수의 호출을 계측하여 함수의 수행 시간을 측정하는 방법입니다. 모든 함수를 계측할 경우 세밀한 수준으로 살펴볼 수 있다는 장점이 있지만, 함수 전체에 오버헤드를 부가하기 때문에 프로덕션 환경에서 사용하기에는 어렵습니다(오버헤드 10% 이상).

대부분의 프로덕션 환경에서는 타이머 기반 샘플링 도구가 사용되며, 이 책에서도 주로 이러한 도구들을 다룹니다. 그림 6.14는 샘플링이 수행되는 모습을 설명하고 있는데, 애플리케이션이 함수 A()와 그 안에서 B()를 호출하는 실행 흐름에서 스택 트레이스 샘플이 수집되는 것을 확인할 수 있습니다. 스택 트레이스와 이를 해석하는 방법에 대한 설명은 3.2.7절 "스택"을 확인하세요.

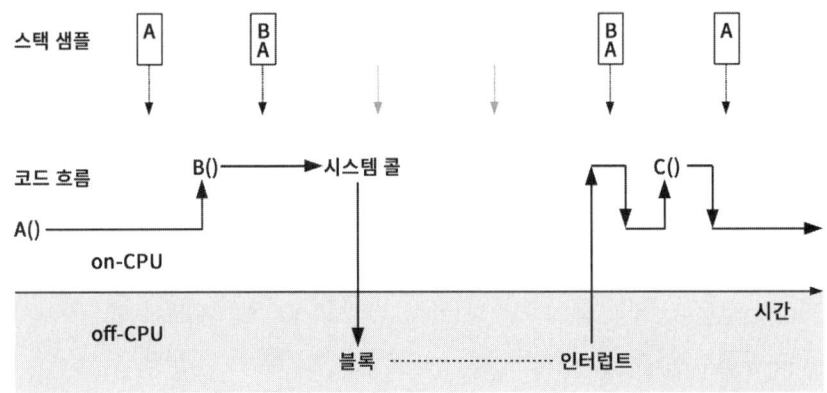

그림 6.14 샘플링 기반 CPU 프로파일링

샘플은 프로세스가 CPU에서 실행될 때만 수집되는데, 그림 6.14은 이에 대해 상세히 설명합니다. 두 샘플에서는 함수 A()가 CPU에서 실행되는 모습을, 다른 두 샘플에서는 A()에 의해 호출된 함수 B()가 실행되는 모습을 포착하였습니다. 그러나 시스템 콜을 대기하느라 프로세스가 블록된 상태(시스템 콜 대기)에서는 샘플링이

이루어지지 않았습니다. 또한, C()처럼 매우 짧은 시간 동안만 동작한 함수 역시 샘플링에 의해 전혀 포착되지 않았습니다.

커널은 일반적으로 프로세스에 대해 사용자 레벨 스택 트레이스를 유지하고, 커널 컨텍스트(예: 시스템 콜) 내에 있을 경우에는 커널 스택 트레이스도 함께 유지합니다. 완전한 CPU 프로파일을 수집하려면, 프로파일 도구는 가능하면 사용자 레벨 스택과 커널 스택 모두를 기록해야 합니다.

스택 트레이스를 샘플링하는 것과 별개로, 프로파일링 도구는 명령어 포인터만 기록해서 CPU에서 실행 중인 함수 및 명령어 오프셋을 보여줄 수도 있습니다. 이 방식은 스택 트레이스 수집에 비해 오버헤드가 낮을 뿐더러, 이것만으로도 충분히 문제를 해결할 수 있습니다.

샘플 처리

5장에서 설명한 바와 같이, 넷플릭스의 CPU 프로파일은 일반적으로 32개 CPU에 대해 30초 동안 초당 49Hz로 사용자 및 커널 스택 트레이스를 수집합니다. 이는 총 47,040개의 샘플을 생성하게 되는데, 다음과 같은 사항들을 고려해야 합니다.

1. 저장 장치 I/O: 일반적으로 프로파일링 도구들은 수집한 샘플을 파일로 저장하며, 이 프로파일 결과는 다양한 방식으로 읽고 검토될 수 있습니다. 하지만 너무 많은 샘플을 파일 시스템에 쓰게 되면 I/O가 높게 발생해 프로덕션 애플리케이션의 성능에 영향을 줄 수 있습니다. 이러한 문제의 대안으로 BPF 기반의 profile(8)을 사용해 볼 수 있는데, 이 도구는 커널 메모리에서 샘플을 요약하여 오직 요약된 결과만 출력하기 때문에 저장소 I/O 문제를 해결할 수 있습니다. 이 도구는 중간 프로파일 파일을 따로 사용하지 않습니다

2. 해석: 47,040개의 스택 트레이스를 하나하나 읽는 것은 비현실적입니다. 프로파일을 이해하기 위해서는 요약과 시각화가 사용되어야 합니다. 가장 흔히 사용되는 스택 트레이스 시각화 방법 중 하나는 **플레임 그래프**이며(1장, 5장에 예시 수록), 이 장에 더 많은 예시가 수록되어 있습니다.

이처럼 플레임 그래프는 스택 트레이스를 쉽게 해석할 수 있도록 해주며, 그림 6.15는 perf(1) 그리고 profile(8)을 사용하여 CPU 플레임 그래프를 생성하는 과정을 설명하고 있습니다. 또한 이 그림은 저장 장치 I/O 문제를 어떻게 해결했는지도

보여주는데, profile(8)은 결과를 중간 파일에 저장하지 않기 때문에 이런 오버헤드를 피할 수 있습니다. 이 과정에 사용되는 정확한 명령어는 6.6.13절 "perf"를 확인하세요.[13]

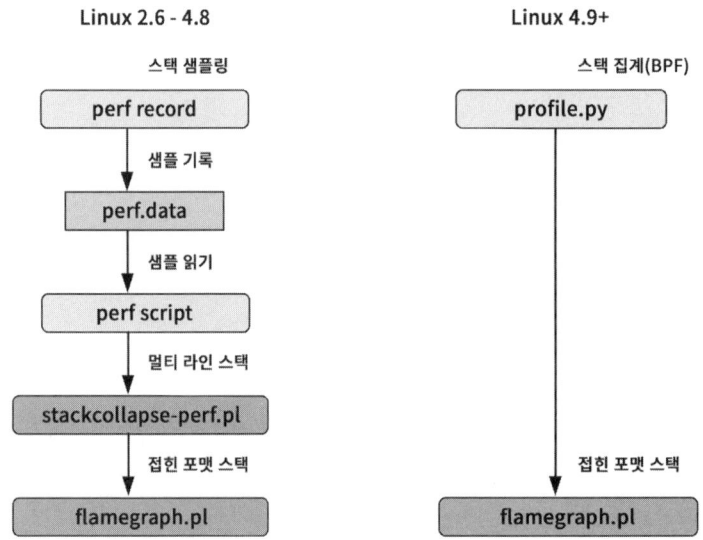

그림 6.15 CPU 플레임 그래프 생성

BPF 기반의 접근 방법이 오버헤드가 더 낮기는 하지만 perf(1)는 샘플 원본을 (타임스탬프와 함께) 저장하여 다른 도구들을 사용해 재가공(reprocess)할 수 있기에 perf(1) 접근 방법이 유용한 경우도 있습니다(6.7.4절 FlameScope).

---

[13] (옮긴이) [Gregg 16]에서 발췌
다음은 멀티 라인(multi-line) 스택 트레이스의 한 예시입니다.

func_c
func_b
func_a
start_thread
func_d
func_a
start_thread
func_d
func_a
start_thread

이 스택 트레이스를 접힌 포맷(folded format)으로 표현하면 다음과 같습니다.

start_thread;func_a;func_b;func_c 1
start_thread;func_a;func_d 2

프로파일 해석

CPU 프로파일을 수집하고 요약하거나 시각화한 후, 다음 할 일은 이를 이해하고 성능 문제를 찾는 것입니다. 그림 6.16은 CPU 플레임 그래프 일부를 예시로 가져온 것입니다. 여러분은 이 프로파일을 어떻게 요약하겠습니까? (이 시각화를 읽는 방법은 6.7.3절 "플레임 그래프"에 설명되어 있습니다.)

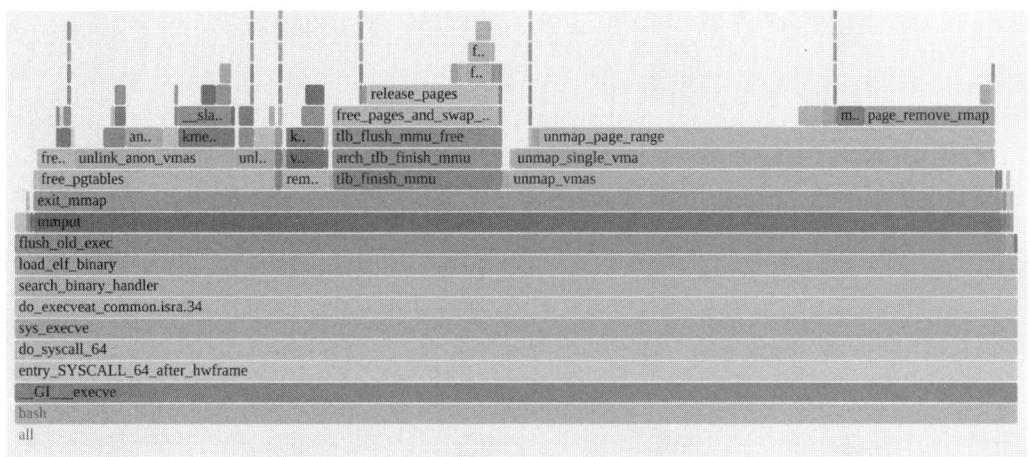

그림 6.16 CPU 플레임 그래프 예시(일부 발췌)

필자는 다음과 같은 방법으로 CPU 플레임 그래프에서 성능 개선점을 찾아 나갑니다.

1. 위에서부터 아래로 너비가 넓은 블록을 찾습니다. 이는 해당 함수가 여러 번 샘플링되었음을 의미하며, 오랜 시간 동안 CPU에서 실행되었다는 뜻이므로 손쉽게 성능 향상을 이뤄낼 가능성이 큽니다. 그림 6.16의 오른쪽에는 unmap_page_range() 및 page_remove_rmap() 두 개의 넓은 블록이 있는데, 이 두 함수는 모두 메모리 페이지와 관련이 있습니다. 아마도 애플리케이션이 더 큰 페이지를 사용하도록 바꾸면 즉각적인 성능 향상을 이뤄낼 수 있을 것입니다(예: 리눅스 huge page).

2. 아래에서 위로 코드 계층구조를 이해합니다. 이 사례에서, bash(1) 셸은 execve(2) 시스템 콜을 하고, 이는 결국 페이지 함수를 호출했습니다. 메모리 페이지보다 더 큰 개선 방안은 execve(2)를 어떻게든 피하는 것일 수 있습니다. 예를 들어, 외부 프로세스 대신 bash 내장 명령어를 사용하거나, 다른 언어로 전환하는 것이 하나의 해결책일 수 있습니다.

3. 다시 한 번 위에서 아래로 살펴보는데, 이번에는 산발적으로 발생하지만 CPU를 자주 사용하는 함수를 찾습니다. 락 경쟁과 같이 짧은 시간동안 수행하지만 빈번하게 호출되는 함수들이 있을 수 있습니다. 이런 경우에는 플레임 그래프의 병합 순서를 뒤집어서(리프에서 루트로 병합) 표현하는 역 고드름 그래프(icicle graph) 형태로 변환하여 분석하면 문제 지점을 더 쉽게 파악할 수 있습니다.

CPU 플레임 그래프 해석에 관해서는 5.4.1절 "CPU 프로파일링"에서도 다루었습니다.

추가 정보

CPU 프로파일링 및 플레임 그래프 관련 명령어는 6.6절 "관측가능성 도구"에서 설명합니다. 또한, 애플리케이션의 CPU 분석에 대해서는 5.4.1절과 5.6절 "유의사항"을 참조하세요. 특히 5.6절에서는 프로파일링 과정에서 자주 발생할 수 있는 스택 트레이스와 심벌 정보의 누락 문제에 대해 설명하고 있습니다.

캐시와 인터커넥트 같은 특정 CPU 리소스 사용에 대한 프로파일링은 타이머 기반 대신 PMC 기반 이벤트 트리거를 사용할 수 있습니다. 이는 다음 절에서 설명합니다.

6.5.5 사이클 분석

성능 모니터링 카운터(PMC)를 활용하면, CPU 사용 상황을 사이클 단계까지 세밀하게 파악할 수 있습니다. 예를 들어, 사이클 지연이 L1, L2, L3 중 어느 레벨 캐시 미스로 인해 발생하는지, 메모리 또는 기타 리소스의 I/O 문제로 인한 것인지, 혹은 부동 소수점 연산 같은 다른 활동 때문인지를 알 수 있게 해줍니다. 이 정보를 기반으로 컴파일러 옵션을 조정하거나 코드를 수정함으로써 성능을 향상시킬 수 있는 경우도 있습니다.

사이클 분석은 IPC(CPI의 역수)를 측정하는 것부터 시작하세요. 만약 IPC가 낮다면 왜 지연 사이클이 발생하는지를 검토해야 합니다. IPC가 높다면 실행되는 명령어 개수를 줄이는 방향으로 코드를 개선할 수 있는지 살펴보세요. IPC가 '높다' 또는 '낮다'라고 판단하는 기준은 프로세서마다 다릅니다. 낮은 경우 0.2보다 작을 수도 있고, 높은 경우 1보다 클 수도 있습니다. 이런 기준 수치에 대한 감은 알려진 워크로드에서의 수행 결과, 즉 메모리 I/O 집약적 혹은 명령어 집약적인 워크로드에서의 IPC를 측정해 얻을 수 있습니다.

카운터의 값을 측정하는 방식 대신 특정 값을 넘어서는 경우 커널에 인터럽트를 보내도록 PMC를 설정할 수도 있습니다. 예를 들어 L3 캐시 미스가 10,000번 발생할 때마다 인터럽트를 발생시켜 스택 백트레이스를 수집함으로써, 캐시 미스를 일으키는 코드 경로를 시간 경과에 따라 프로파일링할 수 있습니다. 이 방식은 모든 캐시 미스를 기록하는 것보다 오버헤드가 적어 성능에 미치는 영향을 줄일 수 있습니다. 보통 이런 방식은 IDE(통합 개발 환경) 소프트웨어에서 메모리 I/O 및 지연 사이클을 일으키는 코드 위치를 분석하는데 사용되는 방법입니다.

4.3.9절에서 설명했듯이, PMC 한계점 중 하나는 오버플로 샘플링이 스키드(skid)[14]와 비순차적 명령어 실행(out-of-order execution)으로 인해 정확한 명령어를 기록하지 못할 수도 있다는 것입니다. 인텔에서는 PEBS라는 솔루션이 있으며, 이는 리눅스 도구 perf(1)에서 지원됩니다.

뒤의 6.6절 "관측가능성 도구"에서 설명하지만 사이클 분석은 커맨드 라인 도구로 수행하려면 며칠씩 걸릴 수 있는 고급 분석입니다. 여러분은 사용하는 CPU 제조사의 프로세서 매뉴얼을 자세히 살펴보는 데 시간을 할애해야 할 수도 있습니다. 인텔 vTune[Intel 20b]이나 AMD uprof[AMD 20] 같은 성능 분석기는 여러분이 필요로 하는 PMC를 자동으로 찾아내도록 설계되어 있어 시간을 절약해 줍니다.

6.5.6 성능 모니터링

성능 모니터링은 시스템에 존재하는 문제점을 밝히고 시간에 따른 동작 패턴을 파악하는 데 도움을 줍니다. CPU 모니터링의 핵심 지표는 다음과 같습니다.

- 사용률: CPU가 사용 중인 시간의 비율(%busy, 백분율)
- 포화도: 실행 큐의 길이 또는 스케줄러 지연시간 등으로 판단

스레드의 확장성 문제를 파악하려면 CPU별로 사용률을 모니터링해야 합니다. 클라우드 컴퓨팅과 같이 CPU 사용 제한이나 쿼터(리소스 제어)가 있는 환경이라면, 설정된 한도 대비 CPU 사용 비율을 기록해야만 합니다.

CPU 사용률을 모니터링할 때는 지표를 어떤 간격으로 측정하고 저장할지가 중요한 문제입니다. 일부 도구는 5분 간격을 사용하는데, 이런 경우 잠깐 CPU 사용률

---

[14] (옮긴이) 스키드는 성능 샘플링에서 이벤트가 실제 발생한 지점이 아닌, 앞이나 뒤의 명령어가 잘못 기록되는 현상입니다. 이는 주로 성능 카운터의 측정 정확도와 관련이 있습니다.

이 치솟는 것을 놓칠 수 있습니다. 초 단위로 측정하는 것이 더 좋지만, 사용률 급증이 초 단위 미만으로 발생할 수도 있음을 염두에 두어야 합니다. 이런 경우에는 포화도를 확인하거나 1초 미만 분석용으로 설계된 FlameScope(6.7.4절)를 검토하여 파악할 수 있습니다.

6.5.7 정적 성능 튜닝

정적 성능 튜닝은 현재 설정된 시스템 환경의 문제에 초점을 맞춥니다. CPU 성능에 관해서는 다음과 같은 정적 튜닝 항목들을 살펴보기 바랍니다.

- 사용 가능한 CPU 개수는 어떻게 됩니까? 또한 이들은 개별 코어입니까, 아니면 하드웨어 스레드 구성입니까?
- 현재 사용 중인 GPU나 다른 가속기 구성이 있습니까?
- 사용 중인 CPU 아키텍처는 단일 프로세서 구성입니까, 아니면 멀티프로세서 구성입니까?
- CPU 캐시 크기는 얼마나 됩니까? 또한 해당 캐시가 공유되어 있습니까?
- CPU 클럭 속도는 얼마입니까? 클럭 속도가 자동으로 조정됩니까? 자동으로 조정되는 경우, 해당 기능(Intel Turbo Boost, SpeedStep 등)이 BIOS에서 활성화되어 있습니까?
- BIOS에서 활성화되었거나 비활성화된 CPU 관련 기능에는 어떤 것들이 있습니까? (예: 터보부스트, 버스 설정, 전력 절약 설정)
- 사용 중인 프로세서 모델에 알려진 성능 문제(버그)가 있습니까? 프로세서의 오류 문서(errata sheet)에 해당 문제가 명시되어 있습니까?
- 현재 마이크로코드(microcode)[15] 버전은 어떻게 되며, 보안 취약점 완화를 위한 조치가 포함되어 있으며, 이는 성능에 영향을 미칩니까? (예: 스펙터(Spectre)/멜트다운 취약점)
- 현재 사용 중인 BIOS 펌웨어 버전에 알려진 성능 이슈(버그)가 있습니까?
- 소프트웨어에 의한 CPU 사용 제한(리소스 제어)이 있습니까? 만일 있다면 어떠한 제한을 사용 중입니까?

---

15 (옮긴이) 마이크로코드는 CPU 내에서 명령어를 처리할 때 각 단계를 제어하는 저수준의 코드로, 실제 하드웨어의 각 회로에 어떤 동작을 시킬지 정의합니다. 예를 들어, 인텔 CPU에서 ADD 어셈블리 명령어는 단순히 실행되는 것이 아니라 여러 uops(microops, 마이크로옵스)로 쪼개져서 ALU 같은 회로에서 처리됩니다. 이때 ADD 명령어를 uops로 분해하고 실제 하드웨어에서 어떻게 실행될지를 제어하는 프로그램이 바로 마이크로코드입니다.

이러한 질문에 답하다 보면 예전에는 그냥 지나쳤던 설정 문제를 발견하는 경우가 있습니다.

마지막 질문은 특히 클라우드 컴퓨팅 환경에서 적합한 질문인데, 클라우드 환경에서는 보통 CPU 사용에 제한을 걸어두기 때문입니다.

6.5.8 우선순위 튜닝

유닉스 시스템은 항상 프로세스의 우선순위를 조절할 수 있는 nice(2) 시스템 콜을 제공해왔습니다. 이 호출을 통해 설정되는 '나이스(niceness)' 값으로 프로세스의 우선순위를 조정할 수 있습니다. 양수인 나이스 값은 프로세스의 우선순위를 낮추어(다른 프로세스에게 더 '친절하게' 행동하도록 하며), 반면에 (슈퍼유저만 설정할 수 있는) 음수 값[16]은 우선순위를 높입니다. nice(1) 명령어는 프로그램을 시작할 때 나이스 값을 지정하는 데 사용되고, 나중에 BSD 시스템에서 추가된 renice(1M)는 실행 중인 프로세스의 나이스 값을 변경하는 데 사용됩니다. 유닉스 4판의 매뉴얼 페이지에서는 다음과 같은 내용이 있습니다.[TUHS 73]

> 오랫동안 실행해야 하는 프로그램이 있는데, 관리자에게서 잔소리를 듣지 않고자 한다면 nice 값 16을 추천합니다.

나이스 값은 오늘날에도 프로세스의 우선순위를 조정하는 데 유용하며, 특히 CPU 경쟁이 치열할 때 우선순위가 높은 작업의 스케줄러 지연을 줄이는 데 효과적입니다. 여러분이 할 일은 모니터링 에이전트나 정기 백업 등 우선순위가 낮은 작업을 찾아내서 나이스 값을 바꾸는 것입니다. 튜닝한 뒤에는 우선순위가 높은 작업의 스케줄러 지연시간이 낮아졌는지 분석해 봄으로서 적절한 튜닝 값을 찾아 나갈 수 있습니다.

나이스 설정 외에도, 운영 체제는 스케줄러 클래스나 스케줄러 정책을 변경하거나 스케줄러 클래스의 튜닝을 변경하는 것과 같은 고급 프로세스 우선순위 조정 도구를 제공하기도 합니다. 리눅스는 **실시간 스케줄링 클래스**(real-time scheduling class)를 제공하여 프로세스가 다른 모든 작업을 선점할 수 있게 해줍니다. 이 방식은 다른 실시간 프로세스나 인터럽트를 제외하고는 스케줄러 지연시간을 거의 없앨 수 있다는 장점이 있지만, 그로 인해 생기는 결과도 분명히 이해해야 합니다. 예

---

16 리눅스 2.6.12부터 nice 최대치(hard limit)를 프로세스별로 설정할 수 있어서, 루트 권한의 프로세스가 아니더라도 더 낮은 nice 값을 가질 수 있게 되었습니다. 예를 들면 다음과 같습니다. `prlimit --nice=-19 -p PID`.

를 들어, 실시간 애플리케이션에 버그가 있어서 여러 스레드가 무한 루프를 돈다면 CPU를 전부 선점해서 다른 모든 작업이 불가능해질 수도 있습니다. 심지어 수동으로 문제를 해결하기 위해 꼭 필요한 관리자의 셸마저도 실행할 수 없을 것입니다.[17]

6.5.9 리소스 제어

운영 체제는 프로세스나 프로세스 그룹에 할당하는 CPU 사이클을 세밀하게 조정하는 기능을 제공하기도 합니다. 예를 들어 CPU 사용률에 대한 고정 제한을 설정하거나, 유휴 상태의 CPU 사이클을 설정된 가중치에 따라 유연하게 활용할 수 있는 방법을 제공할 수 있습니다. 이러한 제어 방식은 구현에 따라 다르며, 이에 대해서는 6.9절 "튜닝"에서 설명합니다.

6.5.10 CPU 바인딩

CPU 성능을 튜닝하는 또 다른 방법은 프로세스나 스레드를 특정 CPU 또는 CPU 그룹에 고정하는 것입니다. 이 방법을 통해 프로세스의 CPU 캐시 활용도를 높여 메모리 I/O 성능을 개선할 수 있습니다. 특히 NUMA(Non-Uniform Memory Access) 시스템에서는 메모리 접근이 더 빨라지는 이점이 있어 성능 향상에 도움이 됩니다.

보통 다음 두 가지 방법으로 이를 달성합니다.

- CPU 바인딩: 특정 CPU나 미리 정해진 CPU 셋에 속한 CPU 중 하나에서만 프로세스를 실행하도록 설정합니다.
- 배타적 CPU 셋: 특정 CPU 셋에 할당된 프로세스만 해당 CPU를 사용할 수 있게 합니다. 이는 프로세스가 유휴 상태일지라도 다른 프로세스가 해당 CPU를 사용할 수 없게 함으로써 CPU 캐시의 효율성을 높일 수 있습니다.

리눅스 기반 시스템에서는 cpusets을 사용해 배타적 CPU 셋을 구현할 수 있으며, 설정 예시는 6.9절 "튜닝"에 수록되어 있습니다.

6.5.11 마이크로 벤치마킹

CPU 마이크로 벤치마킹 도구는 보통 간단한 연산을 반복 수행하면서 걸리는 시간을 측정합니다. 벤치마킹 연산 유형에는 다음과 같은 것이 있습니다.

---

[17] 리눅스는 2.6.25 버전에서 이 문제를 RLIMIT_RTTIME을 통해 해결했는데, 실시간 스레드가 블로킹 시스템 콜을 수행하지 않으며 소비할 수 있는 CPU 시간을 마이크로초 단위로 제한하는 설정입니다.

- CPU 명령어: 정수 산술 연산, 부동 소수점 연산, 메모리 읽기 쓰기, 분기 및 기타 명령
- 메모리 접근: 여러 종류의 CPU 캐시 지연시간이나 메인 메모리 스루풋 등을 검토
- 고급 언어: CPU 명령어 테스트와 비슷하지만 고급 컴파일 언어나 인터프리터 언어로 작성한 프로그램을 사용
- 운영 체제 동작: getpid(2)나 프로세스 생성 등 CPU를 집중적으로 사용하는 시스템 라이브러리나 시스템 콜 함수를 테스트

초기 CPU 벤치마크로는, 국립 물리학 연구소[18]에서 개발한 '위트스톤(Whetstone)' 벤치마크가 있습니다. 이는 1972년에 과학과 기술 분야의 계산 부하 시뮬레이션을 목적으로 알골 60(Algol 60) 언어로 작성되었습니다. 그리고 1984년에는 당시의 정수 연산 부담을 시뮬레이션하는 '드라이스톤(Dhrystone)' 벤치마크가 등장했으며, 이후 CPU 성능 비교의 중요한 기준으로 자리잡았습니다. 이와 같은 벤치마크나 프로세스 생성 및 파이프 처리량 측정과 같은 다양한 유닉스 벤치마크들은 '**유닉스벤치(UnixBench)**'라는 벤치마크 모음에 포함되어 있습니다. 유닉스벤치는 원래 모나시 대학(Monash University)에서 개발되었고, **바이트(BYTE)** 잡지를 통해 공개되었습니다.[Hinnant 84] 최신 CPU 벤치마크는 압축률, 소수 계산, 암호화, 인코딩 등을 테스트합니다.

어떤 벤치마크를 사용하든 서로 다른 시스템 간의 결과를 비교할 때면 실제 여러분이 무엇을 테스트하고 있는지 이해하는 것이 매우 중요합니다. 앞서 언급한 벤치마크들이 코드나 CPU 속도를 직접 비교하기보다는 서로 다른 컴파일러 버전 간의 최적화 결과를 테스트하는 역할밖에 못하는 경우가 종종 있습니다. 또 많은 벤치마크는 단일 스레드 기반으로 되어 있어서 다중 CPU 시스템에서는 의미가 없는 경우도 있습니다. (4개의 CPU를 가진 시스템이 8개의 CPU를 가진 시스템보다 벤치마크 결과가 우수한 경우도 있지만, 충분한 병렬 처리가 가능한 스레드 형태로 구성한다면 8개의 CPU를 가진 시스템이 훨씬 더 높은 처리량을 낼 수 있습니다.)

벤치마킹에 대한 더 많은 내용은 12장 "벤치마킹"을 참고하세요.

---

18 (옮긴이) National Physical Laboratory, 영국의 국가 측정 표준 연구소. 세계에서 가장 오래된 계측 연구소 중 하나.

6.6 관측가능성 도구

이번 절에서는 리눅스 기반 운영 체제의 CPU 성능 관측가능성 도구에 대해 다룹니다. 각 도구를 사용하는 방법론에 대해서는 앞의 6.5절을 참조하세요.

이번 절에서 다루게 되는 도구들은 표 6.8에 정리되어 있습니다.

표 6.8 리눅스 CPU 관측가능성 도구

절	도구	설명
6.6.1	uptime	부하 평균
6.6.2	vmstat	시스템 전역의 CPU 평균 정보
6.6.3	mpstat	프로세서 통계를 CPU별로 제공
6.6.4	sar	시간에 따른 CPU 통계를 제공
6.6.5	ps	프로세스 상태
6.6.6	top	CPU 사용을 프로세스/스레드별로 모니터링
6.6.7	pidstat	CPU 사용을 프로세스/스레드별로 구분해 표시
6.6.8	time, ptime	명령어 소요 시간 측정, CPU 사용 시간을 구분해 표시
6.6.9	turboboost	CPU 클럭 속도 및 기타 CPU 상태 정보 출력
6.6.10	showboost	CPU 클럭 속도 및 터보 부스트 정보 출력
6.6.11	pmcarch	CPU 사이클 사용에 관한 고급 정보 출력
6.6.12	tlbstat	TLB 사이클 정보 요약
6.6.13	perf	CPU 프로파일링 및 PMC 분석
6.6.14	profile	CPU 스택 트레이스 샘플링
6.6.15	cpudist	on-CPU 시간을 요약
6.6.16	runqlat	CPU 실행 큐 지연시간
6.6.17	runqlen	CPU 실행 큐 길이
6.6.18	softirqs	소프트웨어 인터럽트 시간
6.6.19	hardirqs	하드웨어 인터럽트 시간
6.6.20	bpftrace	CPU 분석용 트레이싱 프로그램

위 표에 정리된 도구들은 6.5 "방법론"을 수행하는데 사용할 수 있는 도구 및 기능의 모음입니다. 여기에는 CPU 통계를 확인할 수 있는 기본 도구부터 시작해서, 코드 경로 프로파일링과 CPU 사이클 분석, 도구의 트레이싱 등 보다 깊이 있는 분석을 지원하는 도구의 순서로 수록되어 있습니다. 일부 기본 도구들로는 uptime(1), vmstat(8), mpstat(1), sar(1), ps(1), top(1), time(1) 등이 있으며, 이들은 유닉스와

유사한 다른 운영 체제에서도 사용할 수 있습니다. BPF, BCC, bpftrace 프론트엔드(15장)에 기반을 두고 있는 트레이싱 도구는 profile(8), cpudist(8), runqlat(8), runqlen(8), softirqs(8), hardirqs(8)가 있습니다.

각 도구에 대한 상세한 설명과 사용법은 해당 도구의 매뉴얼 페이지나 관련 문서를 참고하세요.

6.6.1 uptime

uptime(1)은 시스템 **부하 평균**(load averages)을 표시하는 여러 도구 중 하나입니다.

```
$ uptime
 9:04pm  up 268 day(s), 10:16,  2 users,  load average: 7.76, 8.32, 8.60
```

마지막 세 숫자는 각각 1분, 5분, 15분 동안의 평균 부하를 나타냅니다. 이 세 숫자를 비교함으로써 최근 15분 동안 부하가 증가하고 있는지, 감소하고 있는지, 아니면 안정적인지 파악할 수 있습니다. 여러분이 프로덕션 성능 문제를 대응하고 있다면 이 지표를 확인해 보는 것이 중요한데, 부하가 감소하고 있다면 문제를 놓친 것일 수 있고, 부하가 증가하고 있다면 문제가 악화되고 있음을 의미할 수 있습니다.

부하 평균에 대한 설명은 다음 절에 더 자세히 나와 있지만, 이 지표는 문제를 찾기 위한 시작점에 불과하므로 5분 이상 신경 쓰기보다는 다른 성능 지표로 넘어가는 것이 좋습니다.

부하 평균

부하 평균(load average)은 시스템 자원에 대한 수요를 나타내며, 값이 클수록 자원에 대한 요구가 많다는 것을 의미합니다. 솔라리스와 같은 일부 운영 체제는 CPU 요구만을 부하 평균에 반영하지만, 리눅스는 1993년부터 CPU, 디스크 및 기타 시스템 자원에 대한 전체적인 수요를 부하 평균에 반영하도록 변경되었습니다.[19]

---

[19] 이 변경은 너무 오래전에 이루어져 그 이유가 잊혀지고 문서화되지 않았으며, git이나 기타 자료에 있는 리눅스 역사보다 이전의 일입니다. 필자는 결국 오래된 메일 시스템 아카이브에서 온라인 tarball 원본 패치를 찾았습니다. 마티아스 울리히스(Matthias Urlichs)가 이 변경을 했는데, 만약 작업 수요가 CPU에서 디스크로 옮겨가더라도 부하 평균은 시스템의 전체 자원 수요를 반영해야 하므로 변하지 않아야 한다고 지적했습니다. CPU만 반영할 경우 디스크 대기로 인해 부하 평균이 줄어드는 문제가 발생하므로, 이를 방지하기 위한 수정이었습니다. [Gregg 17c] 필자는 울리히스의 24년 된 변경에 대해 처음으로 이메일을 보냈고, 한 시간 만에 답장을 받았습니다.

리눅스에서는 이를 위해 TASK_UNINTERRUPTIBLE 상태의 스레드를 부하 평균에 포함하는데, 이 상태는 주로 입출력 대기 중인 스레드를 의미합니다. CPU는 사용하지 않지만 자원에 대한 대기 수요를 나타내므로, 이를 포함함으로써 리눅스의 부하 평균은 시스템 전체 자원 수요를 반영하게 됩니다. 일부 도구는 이 상태를 'D'로 표시합니다(5.4.5절, "스레드 상태 분석" 참고).

부하(load)는 현재 자원 사용량(사용률)과 대기 중인 요청(포화도)을 합하여 측정합니다. 톨게이트를 상상해 보세요. 요금을 정산 중인 차량 수(사용률)와 대기 중인 차량 수(포화도)를 세어 부하를 측정할 수 있습니다.

이 **평균**(average) 값은 지수적으로 감쇠되는 이동 평균으로 1분, 5분, 15분을 넘어선 부하를 반영합니다(이때 1분, 5분, 15분 부하 평균은 해당 시간의 자원 수요를 단순히 보여주는 것이 아니라 이전 데이터를 반영한 지수 이동 평균으로, 최근 부하 변화에 더 가중치를 둡니다[Myer 73]). 그림 6.17은 CPU 작업 중심의 스레드를 하나 실행해 간단하게 실험한 부하 평균 값 그래프를 보여줍니다.

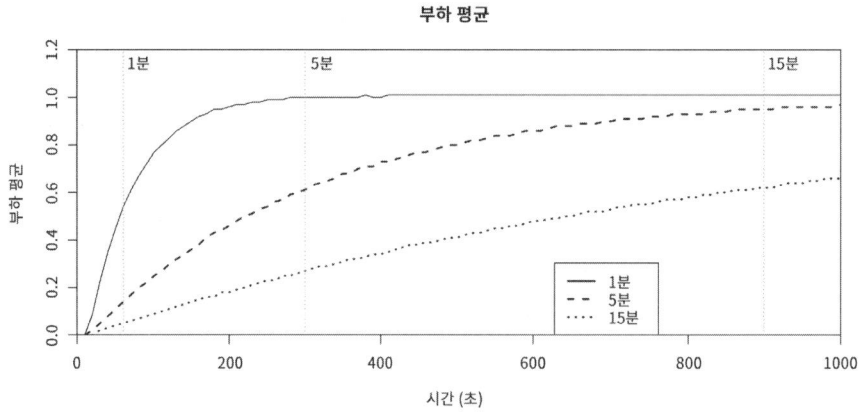

그림 6.17 지수적으로 감쇠되는 부하 평균

1분, 5분, 15분 평균을 보면 부하 평균이 알려진 부하인 1.0의 약 61%에 도달했음을 알 수 있습니다.

부하 평균은 BSD 유닉스 초기 버전에 처음 도입되었으며, 스케줄러의 평균 대기 큐 길이를 바탕으로 계산되었습니다. 이 지표는 CTSS, Multics[Saltzer 70], TENEX[Bobrow 72] 같은 초기 운영 체제에서 일반적으로 사용되었습니다. 이 내용은 RFC 546에 정리되어 있습니다.[Thomas 73]

[1] TENEX 부하 평균은 CPU 수요를 나타내는 지표입니다. 부하 평균이란 특정 기간 동안 실행 가능한 프로세스 개수의 평균을 의미합니다. 예를 들어 (단일 CPU 시스템에서) 시간당 부하 평균이 10이라면, 해당 시간 동안 평균적으로 1개의 프로세스가 실행 중이고, 나머지 9개의 프로세스는 (I/O를 위해 블록되거나 하지 않고) 실행될 준비가 된 상태로 CPU를 기다리고 있다고 볼 수 있습니다.

더 현대적인 예로, 64개의 CPU가 있는 시스템의 부하 평균이 128이라 합시다. 부하가 CPU에만 있었다면 이는 평균적으로 각 CPU마다 1개의 스레드가 실행 중이고, 1개의 스레드는 대기 중이라는 이야기입니다. 동일한 시스템에서 부하 평균이 20이라면, CPU 자원에 여유가 많아 모든 CPU가 바빠지기 전에 추가로 44개의 CPU 집약적인 스레드를 실행할 수 있다는 뜻입니다. (일부 회사에서는 부하 평균 지표를 CPU 수로 자동으로 나눠 정규화된 값을 모니터링하여, CPU 수를 몰라도 쉽게 해석할 수 있도록 합니다.)

PSI(부하 스톨 정보)

이 책의 첫 번째 판에서 필자는 각 자원 유형에 대해 부하 평균을 집계하고 해석하는 방법에 대해 설명했습니다. 리눅스 4.20에는 CPU, 메모리, I/O에 대해 이러한 정보를 제공하는 PSI(Pressure Stall Information, 부하 스톨 정보)라는 인터페이스가 추가되었습니다. 다만 PSI는 부하 평균처럼 자원에 대한 수요를 보여주는 것이 아니라, 각 자원별로 정체되어 있는 시간의 비율을 나타냅니다(오직 포화도만 반영). 표 6.9는 부하 평균과 PSI를 비교하여 보여줍니다.

표 6.9 리눅스 부하 평균과 PSI(부하 스톨 정보) 비교

속성	부하 평균	PSI
리소스	시스템 전역	CPU, 메모리, I/O(개별적으로 집계)
지표	동작 혹은 큐에서 대기 중인 태스크 수	스톨(대기)한 시간의 비율
시간	1분, 5분, 15분	10초, 60초, 300초
평균	지수적으로 감쇠되는 평균	지수적으로 감쇠되는 평균

표 6.10은 다양한 시나리오에 대해 이 수치들이 어떻게 표현되는지 보여줍니다.

표 6.10 리눅스 부하 평균과 PSI 예시 비교

예시 시나리오	부하 평균	PSI
2개 CPU, 1개 실행가능 스레드	1.0	0.0
2개 CPU, 2개 실행가능 스레드	2.0	0.0
2개 CPU, 3개 실행가능 스레드	3.0	50.0
2개 CPU, 4개 실행가능 스레드	4.0	100.0
2개 CPU, 5개 실행가능 스레드	5.0	100.0

예를 들어, 다음은 2개의 CPU로 구성된 시스템에서 실행 가능한 스레드가 3개인 시나리오입니다.

```
$ uptime
 07:51:13 up 4 days,  9:56,  2 users,  load average: 3.00, 3.00, 2.55
$ cat /proc/pressure/cpu
some avg10=50.00 avg60=50.00 avg300=49.70 total=1031438206
```

두 번째 명령어는 CPU의 PSI 정보인데, 여기에 표시된 50.0이란 값은 어떤 스레드('some')가 전체 시간의 50% 동안 정체되었음을 의미합니다. I/O 및 메모리의 PSI 정보에는 'full'이라는 두 번째 줄이 표시되는데, 이는 유휴 상태를 제외한 모든 스레드의 정체 상황에 대해 보여줍니다. 이처럼 PSI는 "어떤 작업이 리소스를 기다려야 할 확률이 얼마나 되는가?"라는 질문에 가장 적합한 답변을 제공합니다.

부하 평균이나 PSI를 통해 문제가 있음을 포착했다면, vmstat(1), mpstat(1)와 같이 부하 상황을 더 상세하게 파악할 수 있는 지표로 빠르게 넘어가야 합니다.

6.6.2 vmstat

가상 메모리 통계(virtual memory statistics)를 제공하는 vmstat(8)은 마지막 몇 개 칼럼에 시스템 전체 CPU 평균을 표시하고, 첫 칼럼에 실행 가능 스레드의 개수를 표시합니다. 다음은 리눅스 버전의 출력 예입니다.

```
$ vmstat 1
procs -----------memory---------- ---swap-- -----io---- --system-- ------cpu-----
 r  b   swpd   free   buff  cache   si   so    bi    bo   in   cs us sy id wa st
15  0      0 451732  70588 866628    0    0     1    10   43   38  2  1 97  0  0
15  0      0 450968  70588 866628    0    0     0   612 1064 2969 72 28  0  0  0
15  0      0 450660  70588 866632    0    0     0     0  961 2932 72 28  0  0  0
15  0      0 450952  70588 866632    0    0     0  1015 3238 74 26  0  0  0
[...]
```

첫 번째 줄은 시스템이 부팅된 이래의 평균값을 요약해서 보여줍니다. 예외적으로, 리눅스 vmstat(8)의 procs와 memory 칼럼은 첫째 줄부터 현재 상태를 보여줍니다. (향후에 개선될 것으로 보고 있습니다.) CPU 관련 칼럼들은 다음과 같습니다.

- r: 실행 큐 길이(실행 가능한 스레드의 전체 길이)
- us: 사용자 모드에서의 CPU 시간 백분율
- sy: 시스템(커널) 모드에서의 CPU 시간 백분율
- id: 유휴 시간 백분율
- wa: I/O 대기시간 백분율(디스크 I/O를 기다리느라 스레드가 블록된 시간 표시)
- st: 빼앗긴 시간 백분율(가상 환경에서 다른 테넌트를 처리하느라 쓰인 CPU 시간 표시)

이 값들은 모든 CPU를 포함한 시스템 전체의 평균값을 표시합니다. 다만 r은 평균이 아니라 합계입니다.

리눅스에서 r 칼럼은 실행 대기 중인 작업과 실행 중인 작업을 **합친 수치**를 나타냅니다. 그에 반해 다른 운영 체제(예: 솔라리스)에서는 r 칼럼이 대기 중인 작업만을 보여줍니다. 하지만 1979년 3BSD 버전에서 빌 조이(Bill Joy)와 오잘프 바바오글루(Ozalp Babaoglu)가 만든 초기 vmstat(1) 버전은 실행 중인 프로세스와 실행 가능 프로세스의 총합을 RQ 칼럼에 표시했으며, 현재 리눅스 vmstat(8)도 r 칼럼에 동일한 방식을 따르고 있습니다.

6.6.3 mpstat

멀티 프로세서 통계(multiprocessor statistics) 도구인 mpstat(1)은 CPU별 통계를 제공합니다. 다음은 리눅스 버전의 출력 예입니다.

```
$ mpstat -P ALL 1
Linux 5.3.0-1009-aws (ip-10-0-239-218)   02/01/20    _x86_64_    (2 CPU)

18:00:32  CPU  %usr  %nice  %sys %iowait  %irq  %soft %steal %guest %gnice  %idle
18:00:33  all  32.16  0.00  61.81  0.00   0.00   0.00   0.00   0.00   0.00   6.03
18:00:33    0  32.00  0.00  64.00  0.00   0.00   0.00   0.00   0.00   0.00   4.00
18:00:33    1  32.32  0.00  59.60  0.00   0.00   0.00   0.00   0.00   0.00   8.08

18:00:33  CPU  %usr  %nice  %sys %iowait  %irq  %soft %steal %guest %gnice  %idle
18:00:34  all  33.83  0.00  61.19  0.00   0.00   0.00   0.00   0.00   0.00   4.98
18:00:34    0  34.00  0.00  62.00  0.00   0.00   0.00   0.00   0.00   0.00   4.00
18:00:34    1  33.66  0.00  60.40  0.00   0.00   0.00   0.00   0.00   0.00   5.94
[...]
```

기본적으로 mpstat(1)은 오직 시스템 전체에 대한 요약인 all만 표시하는데, 앞에서처럼 -P ALL 옵션을 사용하면 통계를 CPU별로 출력합니다. 각 칼럼의 의미는 다음과 같습니다.

- CPU: 논리 CPU ID (전체 요약은 all)
- %usr: 사용자 모드에서의 CPU 사용률 (%nice를 제외)
- %nice: nice가 지정된 프로세스의 사용자 모드에서의 CPU 사용률
- %sys: 시스템(커널) 모드에서의 CPU 사용률
- %iowait: I/O 대기시간 비율
- %irq: 하드웨어 인터럽트로 인한 CPU 사용률
- %soft: 소프트웨어 인터럽트로 인한 CPU 사용률
- %steal: 다른 테넌트를 처리하는 데 사용한 시간 비율
- %guest: 게스트 가상 머신을 실행하는데 사용한 시간 비율
- %gnice: nice가 지정된 게스트를 실행하는데 사용한 시간 비율
- %idle: 유휴 상태 비율

핵심적인 지표는 %usr, %sys, %idle입니다. 이 지표들은 사용률을 CPU별로 보여주는데 각각 사용자 모드와 커널 모드에서의 CPU 시간 사용률, 그리고 유휴 상태의 비율을 나타냅니다(6.3.9절 "사용자 시간/커널 시간 비율" 참고). 또한 이 값들을 보면 가장 활발하게 동작 중인 CPU를 식별할 수 있습니다. 이러한 CPU는 다른 CPU와 달리 100%에 가까운 사용률(%usr + %sys)을 보입니다. 이는 종종 단일 스레드 애플리케이션의 부하나 특정 장치 인터럽트가 특정 CPU에 집중적으로 매핑되어 발생할 수 있습니다.

이와 같은 도구와 커널 통계(예: /proc/stat 등) 기반 도구들이 출력하는 CPU 시간과 통계의 정확성은 커널 설정에 따라 달라집니다. 4.3.1절 "/proc" 아래 CPU 통계 정확성 부분을 참조하세요.

6.6.4 sar

시스템 활동 리포터(system activity reporter)인 sar(1)은 현재 시스템 활동을 모니터링할 수 있는 도구로, 과거의 활동 데이터를 저장하고 보고할 수 있도록 설정할 수도 있습니다. sar는 4.4 "sar"에서 소개했지만 필요에 따라 다른 곳에서도 언급할 것입니다.

리눅스 버전은 CPU 분석을 위해 다음 옵션을 지원합니다.

- -P ALL: mpstat -P ALL과 같습니다
- -u: mpstat(1)의 기본 출력과 같습니다. 시스템 전체의 평균값만 출력합니다
- -q: 실행 큐 크기를 runq-sz(실행 중 + 큐 대기, vmstat(1)의 r과 동일)로 나타내며, 부하 평균도 포함합니다

sar(1) 데이터 수집 기능을 활성화하면 이러한 성능 지표들의 과거 데이터를 관찰할 수 있습니다. 더 자세한 내용은 4.4절 "sar"에서 확인하세요.

6.6.5 ps

ps(1)는 프로세스 상태를 확인하는 명령어로써 모든 프로세스의 상세 정보를 CPU 사용 통계와 함께 보여줍니다. 다음은 그 사례입니다.

```
$ ps aux
USER       PID %CPU %MEM    VSZ   RSS TTY      STAT START   TIME COMMAND
root         1  0.0  0.0  23772  1948 ?        Ss   2012    0:04 /sbin/init
root         2  0.0  0.0      0     0 ?        S    2012    0:00 [kthreadd]
root         3  0.0  0.0      0     0 ?        S    2012    0:26 [ksoftirqd/0]
root         4  0.0  0.0      0     0 ?        S    2012    0:00 [migration/0]
root         5  0.0  0.0      0     0 ?        S    2012    0:00 [watchdog/0]
[...]
web      11715 11.3  0.0 632700 11540 pts/0    Sl   01:36   0:27 node indexer.js
web      11721 96.5  0.1 638116 52108 pts/1    Rl+  01:37   3:33 node proxy.js
[...]
```

ps(1)은 사용 방식이 2가지가 있는데, 위의 예시처럼 동작하는 것은 BSD 방식이며 aux 옵션을 사용하였습니다(옵션 앞에 -가 없는 것이 특징입니다). 이 명령은 모든 사용자(a)에 대해 사용자별 정보(u)를 자세히 표시하고, 터미널이 없는 프로세스(x)도 포함해 보여줍니다. 터미널은 (TTY) 열에 표시됩니다.

SVR4 방식 스타일에서는 옵션 앞에 -를 붙입니다.

```
$ ps -ef
UID        PID  PPID  C STIME TTY          TIME CMD
root         1     0  0 Nov13 ?        00:00:04 /sbin/init
root         2     0  0 Nov13 ?        00:00:00 [kthreadd]
root         3     2  0 Nov13 ?        00:00:00 [ksoftirqd/0]
root         4     2  0 Nov13 ?        00:00:00 [migration/0]
root         5     2  0 Nov13 ?        00:00:00 [watchdog/0]
[...]
```

여기서는 모든 프로세스(-e)에 전체 상세 정보(-f)를 표시합니다. 또한 다양한 다른 옵션들도 제공하는데, ps(1)에는 출력 결과와 표시되는 열을 사용자가 지정할 수 있는 -o 옵션도 포함됩니다.

앞에 출력된 예제에서 CPU 사용과 관련된 핵심 칼럼은 TIME과 %CPU입니다.

TIME 열은 프로세스가 생성된 이후 사용한 총 CPU 시간(사용자+시스템)을 나타내며, 형식은 시간:분:초입니다.

리눅스에서, 첫 번째 예제의 %CPU 칼럼은 프로세스가 실행되는 내내 사용한 평균 CPU 사용 시간을 모든 CPU의 합으로 표시합니다. 단일 스레드로 CPU를 지속적으로 사용하는 작업은 100%로 표시됩니다. 만일 이런 스레드가 2개라면 200%를 보고할 것입니다. 다른 운영 체제에서는 %CPU를 CPU 개수에 따라 정규화하여 최댓값을 100%로 표시할 수 있으며, 프로세스 수명 전반에 대한 CPU 사용 평균이 아니라 최근 또는 현재의 CPU 사용률만을 출력할 수 있습니다. 리눅스에서 프로세스의 현재 CPU 사용률을 확인하려면 top(1)을 실행하면 됩니다.

6.6.6 top

top(1)은 윌리엄 르페브르(William LeFebvre)가 1984년 BSD에 만든 도구입니다. 그는 VMS의 명령어인 MONITOR PROCESS/TOPCPU에서 영향을 받았는데, MONITOR 명령은 CPU 사용량이 가장 높은 작업들을 CPU 사용률 및 아스키 막대 그래프 형태의 히스토그램으로 표시했습니다(단, 데이터를 칼럼으로 정렬해서 표시하지는 않았습니다).

top(1) 명령어는 CPU 사용량이 높은 프로세스를 정렬하여 실시간으로 표시하며, 일정한 주기마다 화면을 갱신합니다. 리눅스에서의 예시는 다음과 같습니다.

```
$ top
top - 01:38:11 up 63 days,  1:17,  2 users,  load average: 1.57, 1.81, 1.77
Tasks: 256 total,   2 running, 254 sleeping,   0 stopped,   0 zombie
Cpu(s):  2.0%us,  3.6%sy,  0.0%ni, 94.2%id,  0.0%wa,  0.0%hi,  0.2%si,  0.0%st
Mem:  49548744k total, 16746572k used, 32802172k free,   102900k buffers
Swap: 100663292k total,        0k used, 100663292k free, 14925240k cached

  PID USER      PR  NI  VIRT  RES  SHR S %CPU %MEM    TIME+  COMMAND
11721 web       20   0  623m  50m 4984 R   93  0.1   0:59.50 node
11715 web       20   0  619m  20m 4916 S   25  0.0   0:07.52 node
   10 root      20   0     0    0    0 S    1  0.0 248:52.56 ksoftirqd/2
   51 root      20   0     0    0    0 S    0  0.0   0:35.66 events/0
11724 admin     20   0 19412 1444  960 R    0  0.0   0:00.07 top
    1 root      20   0 23772 1948 1296 S    0  0.0   0:04.35 init
```

시스템 전반에 대한 요약 정보를 맨 위에 표시하고, 프로세스/태스크 목록은 아래에 표시합니다. 표시 순서는 기본적으로 CPU 사용량에 따른 내림차순입니다. 시스템 요약 부분에는 부하 평균과 CPU 상태(%us, %sy, %ni, %id, %wa, %hi, %si, %st)가 포함됩니다. 이러한 상태는 앞에서 설명한 것처럼 mpstat(1)에서 표시하는 것과 같으며, 모든 CPU에 대한 평균값을 나타냅니다.

CPU 사용은 TIME과 %CPU 두 칼럼에 표시됩니다. TIME은 프로세스가 사용한 전체 CPU 시간으로 1/100초의 시간 정밀도를 가집니다. 예를 들어 '1:36.53'은 총 1분 36.53초의 CPU 시간을 사용했음을 의미합니다. 일부 top(1) 버전에서는 '누적시간' 모드를 옵션으로 제공하는데, 이 모드에서는 종료된 자식 프로세스의 시간을 부모 프로세스의 시간에 합산해 표시합니다.

%CPU 칼럼은 현재 화면 갱신 간격 동안의 총 CPU 사용률을 보여줍니다. 리눅스에서 %CPU 값은 기본적으로 CPU 개수에 따라 정규화되지 않으므로, CPU를 집중적으로 사용하는 프로세스가 두 개의 스레드를 사용할 경우 200%로 표시될 수 있습니다. top(1)에서는 이러한 동작을 아이릭스 모드('Irix mode')라고 하는데, 이는 이 기능이 처음 IRIX에서 도입되었기 때문입니다. 이 모드는 솔라리스 모드('Solaris mode')로 전환할 수 있는데(I를 눌러서 모드를 전환), 이렇게 하면 사용률이 CPU 개수로 나누어져 표시됩니다. 이 경우 16개의 CPU로 구성된 서버에서 200%의 CPU 사용률을 보이는 프로세스는 %CPU가 12.5%가 됩니다.

top(1)은 성능 분석 초보자들이 자주 사용하는 도구이지만, top(1) 자체의 CPU 사용률이 꽤 높아서 때로는 top이 CPU를 가장 많이 사용하는 프로세스로 나타날 수 있음을 유의해야 합니다. 이는 top이 모든 프로세스에 대해 /proc 정보를 읽기 위해 open(2), read(2), close(2) 등의 시스템 콜을 다수 사용하기 때문입니다. 일부 운영 체제의 top(1) 버전은 파일 디스크립터를 열어둔 채로 pread(2)를 호출하는 방식으로 이러한 오버헤드를 줄이기도 합니다.

htop(1)은 top(1)의 변형으로, 더 많은 대화형 기능, 사용자 정의 옵션, ASCII 막대 그래프 형태의 CPU 사용량 표시 등을 제공합니다. 그러나 htop(1)은 시스템 콜을 더 많이 호출하여 시스템에 더 많은 부하를 주므로, 필자는 거의 사용하지 않습니다.

top(1)은 /proc의 스냅숏을 기반으로 하기 때문에, 매우 짧은 시간 동안 실행되어 스냅숏을 찍기 전에 종료되는 프로세스는 놓칠 수 있습니다. 소프트웨어 빌드 중에 이런 상황이 자주 발생할 수 있는데, 이는 빌드 도구들이 CPU에 큰 부하를 주는 데도 불구하고 매우 짧은 시간 동안만 실행되기 때문입니다. 리눅스에는 atop(1)과 같은 top(1)의 변형이 있는데, 이 도구는 프로세스 어카운팅을 사용해 이처럼 실행 시간이 짧은 프로세스를 잡아내서 화면에 표시합니다.

6.6.7 pidstat

리눅스의 pidstat(1) 도구는 프로세스나 스레드별 CPU 사용량을 보여주며, 사용자 시간과 시스템 시간으로 구분하여 표시합니다. 기본적으로 이 도구는 CPU에서 실행 중인 프로세스만을 매초 출력합니다.

```
$ pidstat 1
Linux 2.6.35-32-server (dev7)    11/12/12      _x86_64_       (16 CPU)

22:24:42          PID    %usr %system  %guest    %CPU   CPU  Command
22:24:43         7814    0.00    1.98    0.00    1.98     3  tar
22:24:43         7815   97.03    2.97    0.00  100.00    11  gzip

22:24:43          PID    %usr %system  %guest    %CPU   CPU  Command
22:24:44          448    0.00    1.00    0.00    1.00     0  kjournald
22:24:44         7814    0.00    2.00    0.00    2.00     3  tar
22:24:44         7815   97.00    3.00    0.00  100.00    11  gzip
22:24:44         7816    0.00    2.00    0.00    2.00     2  pidstat
[...]
```

이 예제는 시스템 백업 과정을 캡처한 것인데, tar(1) 명령이 파일 시스템에서 파일을 읽어서 gzip(1) 명령으로 압축하고 있습니다. gzip(1)은 CPU를 많이 사용하는 압축 작업을 수행하기 때문에 예상대로 사용자 시간이 높습니다. 반면 tar(1)는 파일 시스템을 읽기 위해 커널에서 시간을 더 많이 사용합니다.

-p ALL 옵션을 사용하면 유휴 상태를 포함한 모든 프로세스를 출력할 수 있고, -t를 사용하면 스레드별 통계를 볼 수 있습니다. pidstat(1)의 다른 옵션들은 이 책의 다른 장에서 설명하겠습니다.

6.6.8 time, ptime

time(1) 명령은 프로그램을 실행하면서 해당 프로그램의 CPU 사용을 보고합니다. 이 명령은 보통 운영 체제 기본 명령어(/usr/bin 실행파일) 형태로 존재하기도 하고 셸의 내장 명령어로도 존재합니다(서로 구현이 다릅니다).

다음 예는 큰 파일의 체크섬을 계산하기 위해 cksum(1) 명령어를 두 번 실행한 사례입니다.

```
$ time cksum ubuntu-19.10-live-server-amd64.iso
1044945083 883949568 ubuntu-19.10-live-server-amd64.iso

real    0m5.590s
user    0m2.776s
sys     0m0.359s
$ time cksum ubuntu-19.10-live-server-amd64.iso
1044945083 883949568 ubuntu-19.10-live-server-amd64.iso

real    0m2.857s
user    0m2.733s
sys     0m0.114s
```

첫 번째 실행은 5.6초가 소요되었고, 그중 2.8초는 사용자 시간(체크섬 계산)이며, 0.4초는 시스템 시간(파일 읽기 시스템 콜 소요 시간)이었습니다. 2.4초의 차이 (5.6-2.8-0.4)는 파일이 부분적으로만 캐시되어 있어 디스크 읽기 I/O로 인해 발생한 대기시간일 것입니다. 두 번째 실행은 훨씬 더 빨리 2.9초만에 끝났습니다. 이때는 I/O로 블록된 시간이 거의 없습니다. 이 결과는 두 번째 실행 시에는 파일이 메인 메모리에 완전히 캐시되어 있을 것이라는 예상과 일치합니다.

리눅스의 /usr/bin/time 버전은 더 많은 상세 정보를 제공하는데, 다음은 그 예시입니다.

```
$ /usr/bin/time -v cp fileA fileB
        Command being timed: "cp fileA fileB"
        User time (seconds): 0.00
        System time (seconds): 0.26
        Percent of CPU this job got: 24%
        Elapsed (wall clock) time (h:mm:ss or m:ss): 0:01.08
        Average shared text size (kbytes): 0
        Average unshared data size (kbytes): 0
        Average stack size (kbytes): 0
        Average total size (kbytes): 0
        Maximum resident set size (kbytes): 3792
        Average resident set size (kbytes): 0
        Major (requiring I/O) page faults: 0
        Minor (reclaiming a frame) page faults: 294
        Voluntary context switches: 1082
        Involuntary context switches: 1
        Swaps: 0
        File system inputs: 275432
```

```
              File system outputs: 275432
              Socket messages sent: 0
              Socket messages received: 0
              Signals delivered: 0
              Page size (bytes): 4096
              Exit status: 0
```

셸 내장 time 명령어는 보통 -v 옵션을 제공하지 않습니다.

6.6.9 turbostat

turbostat(1)은 모델 특화 레지스터(MSR)를 활용하여 CPU의 상태를 보여주는 도구로, linux-tools-common 패키지를 통해 사용할 수 있습니다. MSR에 대해서는 4.3.10절 "기타 관측가능성 소스"에서 언급되었습니다. 다음은 몇 가지 예시 출력입니다.

```
# turbostat
turbostat version 17.06.23 - Len Brown <lenb@kernel.org>
CPUID(0): GenuineIntel 22 CPUID levels; family:model:stepping 0x6:8e:a (6:142:10)
CPUID(1): SSE3 MONITOR SMX EIST TM2 TSC MSR ACPI-TM TM
CPUID(6): APERF, TURBO, DTS, PTM, HWP, HWPnotify, HWPwindow, HWPepp, No-HWPpkg, EPB
cpu0: MSR_IA32_MISC_ENABLE: 0x00850089 (TCC EIST No-MWAIT PREFETCH TURBO)
CPUID(7): SGX
cpu0: MSR_IA32_FEATURE_CONTROL: 0x00040005 (Locked SGX)
CPUID(0x15): eax_crystal: 2 ebx_tsc: 176 ecx_crystal_hz: 0
TSC: 2112 MHz (24000000 Hz * 176 / 2 / 1000000)
CPUID(0x16): base_mhz: 2100 max_mhz: 4200 bus_mhz: 100
[...]

Core    CPU     Avg_MHz Busy%   Bzy_MHz TSC_MHz IRQ     SMI     C1      C1E
        C3      C6      C7s     C8      C9      C10     C1%     C1E%    C3%
        C6%     C7s%    C8%     C9%     C10%    CPU%c1  CPU%c3  CPU%c6  CPU%c7
        CoreTmp PkgTmp  GFX%rc6 GFXMHz  Totl%C0 Any%C0  GFX%C0  CPUGFX% Pkg%pc2
        Pkg%pc3 Pkg%pc6 Pkg%pc7 Pkg%pc8 Pkg%pc9 Pk%pc10 PkgWatt CorWatt GFXWatt
        RAMWatt PKG_%   RAM_%
[...]
0       0       97      2.70    3609    2112    1370    0       41      293
        41      453     0       603     0       311     0.24    1.23    0.15
        5.35    0.00    39.33   0.00    50.97   7.50    0.18    6.26    83.37
        52      75      91.41   300     118.58  100.38  8.47    8.30    0.00
        0.00    0.00    0.00    0.00    0.00    0.00    17.69   14.84   0.65
        1.23    0.00    0.00
[...]
```

turbostat(8)은 CPU와 MSR에 대한 정보를 먼저 출력하는데(50줄 이상), 여기서는 생략되었습니다. 그 다음에는 전체 CPU와 개별 CPU의 지표들을 기본 5초 간격으로 주기적으로 요약해 출력합니다. 이 예시에서의 인터벌 요약은 389자에 달하고, 5줄로 되어 있어 읽기 어렵습니다. 출력된 칼럼에는 CPU 번호(CPU), 평균 클럭 속도(Avg_MHz), C-state 정보, 온도(*Tmp), 전력(*Watt)이 포함되었습니다.

6.6.10 showboost

과거 넷플릭스 클라우드에서 turbostat(8)을 이용할 수 없었을 때, 필자는 CPU 클럭 속도를 인터벌당 요약 정보와 함께 출력하는 showboost(1)를 개발해서 사용했었습니다. showboost(1)는 '터보 부스트 보기(show turbo boost)'를 의미하며, MSR을 사용합니다. 다음은 출력 예시입니다.

```
# showboost
Base CPU MHz : 3000
Set CPU MHz  : 3000
Turbo MHz(s) : 3400 3500
Turbo Ratios : 113% 116% CPU 0 summary every 1 seconds...

TIME       C0_MCYC      C0_ACYC       UTIL   RATIO   MHz
21:41:43   3021819807   3521745975    100%   116%    3496
21:41:44   3021682653   3521564103    100%   116%    3496
21:41:45   3021389796   3521576679    100%   116%    3496
[...]
```

이 출력은 CPU0의 클럭 속도가 현재 3496MHz임을 보여줍니다. 위의 요약 정보에 따르면 기본 CPU 주파수는 3000MHz이며, 인텔 터보 부스트를 통해 3496MHz에 도달하였음을 확인할 수 있습니다. 출력된 정보 중에는 사용가능한 터보 부스트 레벨 또는 '스텝'도 함께 표시되어 있습니다(3400, 3500MHz).

showboost(8)는 필자가 클라우드에서 사용하기 위해 개발한 msr-cloud-tools 저장소에 있습니다.[Gregg 20d] 이 도구는 넷플릭스 환경만을 고려해 개발했기 때문에 CPU 차이로 인해 다른 환경에서는 작동하지 않을 수 있습니다. 그런 경우 turboboost(1)를 시도해보세요.

6.6.11 pmcarch

pmcarch(8)는 CPU 사이클 성능을 고급 지표로 세분화하여 보여주는 인텔 '아키텍처 세트' PMC 기반 도구입니다(4.3.9절 "하드웨어 카운터(PMC)" 참고). 클라우드 환경에서는 다양한 PMC에 접근이 제한될 수 있지만, 아키텍처 PMC만 제공되는 경우에도 이 도구를 활용해 CPU 성능을 모니터링할 수 있습니다. 예를 들어, 일부 AWS EC2 인스턴스에서 유용하게 활용할 수 있습니다. 다음은 출력 예시입니다.

```
# pmcarch
K_CYCLES   K_INSTR     IPC  BR_RETIRED   BR_MISPRED  BMR%  LLCREF      LLCMISS     LLC%
96163187   87166313    0.91 19730994925  679187299   3.44  656597454   174313799   73.45
93988372   87205023    0.93 19669256586  724072315   3.68  666041693   169603955   74.54
93863787   86981089    0.93 19548779510  669172769   3.42  649844207   176100680   72.90
93739565   86349653    0.92 19339320671  634063527   3.28  642506778   181385553   71.77
[...]
```

이 도구는 원시 카운터 값을 출력할 뿐 아니라 일부 비율을 퍼센트로도 표시합니다. 출력되는 칼럼은 다음과 같습니다.

- **K_CYCLES**: CPU 사이클×1000
- **K_INSTR**: CPU 명령어×1000
- **IPC**: 명령어당 사이클(Instructions-Per-Cycle)
- **BMR%**: 분기 예측 실패 비율(백분율)
- **LLC%**: 마지막 레벨 캐시 적중률(백분율)

IPC는 6.3.7절 "IPC, CPI"에서 예시 값과 함께 설명되었습니다. 이 도구가 제공하는 다른 비율인 BMR%과 LLC%는 IPC가 낮은 이유와 지연 사이클이 발생하는 지점을 파악하는 데 도움을 줄 수 있습니다.

　필자는 pmcarch(8)를 pmc-cloud-tools 저장소의 일환으로 개발하였는데, CPU 캐시 통계를 제공하는 cpucache(8)도 함께 개발하였습니다.[Gregg 20e] 이 도구들은 AWS EC2 클라우드에서 작동할 수 있도록 특정 프로세서 전용 PMC와 더불어 몇 가지 우회 처리(workaround)를 적용했습니다. 예를 들어, 커널 3.13 버전의 문제를 해결하기 위해 PMC의 출력 순서를 조정하였으며, 이러한 처리 덕분에 AWS 환경에서는 정상 작동하지만, 다른 환경에서는 동작이 보장되지 않을 수 있습니다. 하지만 이 도구가 여러분 환경에서 작동하지 않더라도, perf(1)을 통해 직접 계측해 볼 수 있는 유용한 PMC 예시를 제공하므로 참고할 만한 가치가 있습니다(6.6.13절 "perf" 참고).

6.6.12 tlbstat

tlbstat(8)은 pmc-cloud-tools에서 제공하는 또 다른 도구로, TLB 캐시 통계를 보여줍니다. 예시 출력은 다음과 같습니다.

```
# tlbstat -C0 1
K_CYCLES   K_INSTR       IPC DTLB_WALKS  ITLB_WALKS K_DTLBCYC   K_ITLBCYC   DTLB% ITLB%
2875793    276051       0.10 89709496    65862302   787913      650834      27.40 22.63
2860557    273767       0.10 88829158    65213248   780301      644292      27.28 22.52
2885138    276533       0.10 89683045    65813992   787391      650494      27.29 22.55
2532843    243104       0.10 79055465    58023221   693910      573168      27.40 22.63
[...]
```

이 예시 출력은 멜트다운 CPU 취약점을 우회하는 KPTI 패치가 적용된 최악의 성능 시나리오를 보여줍니다(KPTI의 성능 영향은 3.4.3절 "KPTI (멜트다운)"에서 설명했습니다). KPTI는 시스템 콜 및 기타 이벤트에서 TLB 캐시를 플러시하여 TLB 탐색 중에 지연 사이클을 발생시킵니다. 이는 마지막 두 칼럼을 통해 확인할 수 있습니다. 이 출력에서 두 칼럼의 합은 대략 50%으로 CPU는 대략 절반의 시간을 TLB 탐색에 소비하고 있으며, 애플리케이션 워크로드를 대략 절반의 속도로 실행할 것으로 예상합니다.

이 도구의 칼럼은 다음과 같습니다.

- K_CYCLES: CPU 사이클 × 1000
- K_INSTR: CPU 명령어 × 1000
- IPC: 명령어당 사이클(Instructions-Per-Cycle)
- DTLB_WALKS: 데이터 TLB 탐색(횟수)
- ITLB_WALKS: 명령어 TLB 탐색(횟수)
- K_DTLBCYC: 최소 하나의 페이지 미스가 발생해 처리 중이며, 데이터 TLB 탐색에 소요된 사이클 수 × 1000
- K_ITLBCYC: 최소 하나의 페이지 미스가 발생해 처리 중이며, 명령어 TLB 탐색에 소요된 사이클 수 × 1000
- DTLB%: 전체 사이클 대비 데이터 TLB 탐색 사이클 비율
- ITLB%: 전체 사이클 대비 명령어 TLB 탐색 사이클 비율

이 도구도 pmarch(8)와 마찬가지로 특정 프로세서에만 맞춰져 있어 사용자 환경에서 제대로 작동하지 않을 수 있습니다. 그럼에도 이 도구는 TLB 분석에 대한 유익

한 정보를 제공할 수 있습니다.

6.6.13 perf

perf(1)은 리눅스 공식 프로파일링 도구로, 다양한 기능을 제공하는 다목적 도구입니다. perf(1)에 대한 설명은 13장에 수록되어 있습니다. 이번 절에서는 CPU 분석을 위한 perf(1) 사용법에 초점을 맞춥니다.

원 라이너

아래는 perf(1)의 CPU 분석 기능을 간단히 살펴볼 수 있는 몇 가지 유용한 원 라이너입니다. 일부 원 라이너에 대해서는 뒤에서 더욱 자세히 설명합니다.

지정된 명령을 대상으로 CPU에서 동작 중인 함수들을 99Hz 주기로 샘플링합니다.

```
perf record -F 99 command
```

시스템 전체를 대상으로 CPU 스택 트레이스(프레임 포인터를 통해)를 10초 동안 샘플링합니다.

```
perf record -F 99 -a -g -- sleep 10
```

지정된 PID의 CPU 스택 트레이스를 샘플링하는데, 스택 되감기에 dwarf 디버그 정보를 활용합니다.

```
perf record -F 99 -p PID --call-graph dwarf -- sleep 10
```

exec를 통해 생성된 새로운 프로세스들을 트레이싱합니다.

```
perf record -e sched:sched_process_exec -a
```

모든 컨텍스트 스위치를 스택 트레이스와 함께 10초 동안 샘플링합니다.

```
perf record -e sched:sched_switch -a -g -- sleep 10
```

CPU 마이그레이션 이벤트를 10초 동안 샘플링합니다.

```
perf record -e migrations -a -- sleep 10
```

모든 CPU에서 발생한 마이그레이션 이벤트를 10초 동안 기록합니다.

```
perf record -e migrations -a -c 1 -- sleep 10
```

perf.data의 데이터를 수집된 샘플 수 및 각 이벤트가 차지하는 비율과 함께 텍스트 리포트 형식으로 보여줍니다.

```
perf report -n --stdio
```

모든 perf.data 이벤트를 헤더 정보와 함께 출력합니다. (추천)

```
perf script --header
```

전체 시스템을 대상으로 PMC 통계를 5초간 수집해 보여줍니다.

```
perf stat -a -- sleep 5
```

지정된 명령을 대상으로 CPU 마지막 레벨 캐시(LLC)를 보여줍니다.

```
perf stat -e LLC-loads,LLC-load-misses,LLC-stores,LLC-prefetches command
```

시스템 전역의 메모리 버스 스루풋 정보를 매초 출력합니다.

```
perf stat -e uncore_imc/data_reads/,uncore_imc/data_writes/ -a -I 1000
```

컨텍스트 스위치가 얼마나 빈번하게 일어나고 있는지 매초 보여줍니다.

```
perf stat -e sched:sched_switch -a -I 1000
```

비자발적 컨텍스트 스위치가 얼마나 빈번하게 일어나는지 매초 보여줍니다. (이전 상태는 TASK_RUNNING).

```
perf stat -e sched:sched_switch --filter 'prev_state == 0' -a -I 1000
```

CPU 전원 모드 전환과 컨텍스트 스위치가 얼마나 빈번하게 일어나는지 매초 보여줍니다.

```
perf stat -e cpu_clk_unhalted.ring0_trans,cs -a -I 1000
```

스케줄러 동작을 10초 동안 프로파일링하고 해당 정보를 기록합니다.

```
perf sched record -- sleep 10
```

스케줄러 동작을 프로파일링 하고, 스케줄러 지연시간을 프로세스별로 출력합니다.

```
perf sched latency
```

스케줄러 동작을 프로파일링 하고, 스케줄러 지연시간을 이벤트별로 출력합니다.

```
perf sched timehist
```

perf(1)에 대한 추가적인 내용은 13장 "perf"의 13.2 "원 라이너"를 참고하세요.

시스템 전체 CPU 프로파일링

perf(1)은 CPU 호출 경로를 프로파일링할 때 사용할 수 있는데, CPU 시간이 사용자나 커널 공간 중 어디에 쓰였는지를 요약해서 확인할 수 있습니다. 프로파일링은 record 명령으로 수행할 수 있는데, 이렇게 하면 정해진 주기마다 샘플한 내용을 perf.data에 기록합니다. 수집된 데이터는 report 명령어를 통해 확인할 수 있습니다. 프로파일링은 가장 정확한 타이머를 사용해서 동작하는데, 가능하면 CPU 사이클 기반 타이머를 사용하며 그렇지 않으면 소프트웨어 기반(cpu-clock 이벤트)을 사용합니다.

다음 사례는 모든 CPU(-a[20])의 호출 스택(g)을 99Hz(F 99)로 10초(sleep 10)간 샘플링합니다. report 명령 사용 시 --stdio 옵션을 지정하면 perf가 인터랙티브 모드로 동작하지 않고 모든 출력을 화면에 표시합니다.

---

[20] 이 -a 옵션은 리눅스 4.11 버전에서 기본값으로 변경되었습니다.

```
# perf record -a -g -F 99 -- sleep 10
[ perf record: Woken up 20 times to write data ]
[ perf record: Captured and wrote 5.155 MB perf.data (1980 samples) ]
# perf report --stdio
[...]
# Children      Self  Command          Shared Object           Symbol
# ........   ........ ...............  .......................
...................
.........................................................................
#
    29.49%     0.00%  mysqld           libpthread-2.30.so      [.] start_thread
           |
           ---start_thread
              0x55dadd7b473a
              0x55dadc140fe0
              |
               --29.44%--do_command
                        |
                        |--26.82%--dispatch_command
                        |         |
                        |          --25.51%--mysqld_stmt_execute
                        |                   |
                        |                    --25.05%--
Prepared_statement::execute_loop
                        |                             |
                        |                              --24.90%--
Prepared_statement::execute
                        |                                        |
                        |                                        |
--24.34%-mysql_execute_command
                        |                                        |
[...]
```

전체 출력은 여러 페이지 길이에 달하지만 여기에는 일부만 수록하였습니다. 출력 결과는 샘플 집계 수에 따라 내림차순으로 정렬되며, 각 항목의 샘플 수를 퍼센트로 표시해 CPU 시간을 어디에서 소비했는지 확인할 수 있습니다. 이 예에서는 do_command()에서 29.44%를 사용했는데, 자식 함수인 mysql_execute_command()를 실행했음을 보여줍니다. 여기서는 커널 및 프로세스 심벌을 모두 확인할 수 있는데, 이는 디버그 정보 파일이 있는 경우에만 표시되며 그렇지 않으면 16진수로 된 주소가 표시됩니다.

리눅스 4.4에서는 스택 순서가 호출되는 함수(현재 CPU에서 실행 중인 자식 함수에서 부모 순서)에서 호출하는 함수(부모 함수에서 자식 순서)로 변경되었습니다. -g 옵션을 사용하면 원래의 방식으로 출력할 수 있습니다.

```
# perf report -g callee --stdio
[...]
    19.75%     0.00%  mysqld
        mysqld                        [.]
Sql_cmd_dml::execute_inner
            |
            ---Sql_cmd_dml::execute_inner
               Sql_cmd_dml::execute
               mysql_execute_command
               Prepared_statement::execute
               Prepared_statement::execute_loop
               mysqld_stmt_execute
               dispatch_command
               do_command
               0x55dadc140fe0
               0x55dadd7b473a
               start_thread
[...]
```

프로파일을 이해하기 위해 두 가지 순서를 모두 시도해 볼 수 있습니다. 만일 커맨드 라인 결과로도 빠르게 이해하기 힘들다면 플레임 그래프와 같은 시각화를 시도해 보기 바랍니다.

CPU 플레임 그래프

리눅스 5.8부터 perf.data 프로파일을 가지고 CPU 플레임 그래프를 생성할 수 있는 리포트 기능이 추가되었습니다.[21] 다음과 같은 명령어를 통해 사용할 수 있습니다.

```
# perf record -F 99 -a -g -- sleep 10
# perf script report flamegraph
```

이 명령은 /usr/share/d3-flame-graph/ 경로에 있는 d3-flamegraph-base.html 템플릿 파일을 사용하여 플레임 그래프를 생성합니다(이 파일이 없다면 d3-flame-graph 소프트웨어를 설치해 생성할 수 있습니다[Spier 20b]). 위 명령어는 다음처럼 한 줄의 명령으로도 실행할 수 있습니다.

```
# perf script flamegraph -a -F 99 sleep 10
```

리눅스의 이전 버전에서는 필자가 예전에 만든 플레임 그래프 소프트웨어를 사

---

21 이 기능을 추가해준 안드레아스 게르스트마이어(Andreas Gerstmayr)에게 감사를 전합니다.

용하여 `perf script` 샘플 데이터를 시각화 할 수 있습니다. 명령어는 다음과 같습니다.

```
# perf record -F 99 -a -g -- sleep 10
# perf script --header > out.stacks
$ git clone https://github.com/brendangregg/FlameGraph; cd FlameGraph
$ ./stackcollapse-perf.pl < ../out.stacks | ./flamegraph.pl --hash > out.svg
```

위 명령어로 생성된 out.svg 파일이 CPU 플레임 그래프이며, 웹 브라우저에서 열 수 있습니다. 이 파일에서는 JavaScript 기반의 다양한 인터랙티브 기능을 활용할 수 있는데, 클릭하여 확대하고 Ctrl-F로 검색하는 등의 기능입니다. 그래프를 생성하는 과정은 6.5.4절 "프로파일링"에서 그림 6.15와 함께 설명되어 있습니다.

위 명령어를 더 짧게 하기 위해 `perf script` 결과를 stackcollapse-perf.pl로 파이프 할 수도 있는데, 이 경우 out.stacks 파일을 생성하지 않습니다. 하지만 나중에 참조하거나 다른 도구(예: FlameScope)와 함께 사용할 경우를 대비해 이 파일을 생성하는 편이 유용할 것입니다.

옵션

flamegraph.pl은 다양한 옵션을 지원합니다.

- `--title TEXT`: 그래프의 제목 지정
- `--subtitle TEXT`: 그래프의 부제목 지정
- `--width NUM`: 이미지 크기 지정(기본값: 1200픽셀)
- `--countname TEXT`: 그래프의 집계 라벨 변경(기본값: 'samples').
- `--colors PALETTE`: 플레임 그래프 프레임의 색상 팔레트 설정. 팔레트 중 일부는 검색어나 주석을 사용하여 다른 코드 경로에 다양한 색조를 적용합니다. (옵션: hot(기본값), mem, io, java, js, perl, red, green, blue, yellow)
- `--bgcolors COLOR`: 배경색 설정. 색조 변화 옵션에는 yellow(기본값), blue, green, grey가 있으며, 단색 옵션을 사용하려면 '#rrggbb' 형태를 사용하세요.
- `--hash`: 함수 이름 해시를 통해 색상을 일관되게 설정
- `--reverse`: 스택을 반전하여 플레임 그래프를 생성하고, 리프에서 루트로 병합
- `--inverted`: y축을 뒤집어 역 고드름 그래프를 생성
- `--flamechart`: 시간을 x축으로 두는 플레임 차트를 생성

필자는 자바 CPU 플레임 그래프를 생성할 때 다음과 같은 옵션들을 사용합니다.

```
$ ./flamegraph.pl --colors=java --hash
    --title="CPU Flame Graph, $(hostname), $(date)" < ...
```

위와 같은 명령을 통해 플레임 그래프에 호스트 이름과 날짜를 포함시킬 수도 있습니다.

플레임 그래프의 해석은 6.7.3절 "플레임 그래프"를 참고하세요.

프로세스 CPU 프로파일링

모든 CPU를 대상으로 하는 프로파일링과는 별도로, -p PID 옵션을 사용해 특정 프로세스를 대상으로도 프로파일링 할 수 있습니다. 다음은 perf(1)가 명령을 직접 실행하면서 프로파일링하는 예시입니다.

```
# perf record -F 99 -g command
```

명령어와 옵션을 함께 사용할 때, 옵션이 명령어가 아닌 perf(1)에 의해 처리되는 상황을 피하려면, 명령어를 '--' 기호 뒤에 배치하세요. 이 방법을 사용하면 옵션이 perf(1)에 의해 처리되는 것이 아니라 해당 명령어의 옵션으로 인식됩니다.

스케줄러 지연시간

sched 명령은 스케줄러 통계를 집계하고 출력합니다. 다음은 명령어 예시입니다.

```
# perf sched record -- sleep 10
[ perf record: Woken up 63 times to write data ]
[ perf record: Captured and wrote 125.873 MB perf.data (1117146 samples) ]
# perf sched latency
-----------------------------------------------------------------------------------
Task              | Runtime ms  | Switches | Average delay ms | Maximum delay ms |
-----------------------------------------------------------------------------------
jbd2/nvme0n1p1-:175 |    0.209 ms |        3 | avg:    0.549 ms | max:    1.630 ms |
kauditd:22         |    0.100 ms |        6 | avg:    0.460 ms | max:    2.300 ms |
oltp_read_only..:(4) | 3969.929 ms |   184629 | avg:    0.007 ms | max:    5.484 ms |
mysqld:(27)        | 8759.265 ms |    96025 | avg:    0.007 ms | max:    4.133 ms |
bash:21391         |    0.275 ms |        1 | avg:    0.007 ms | max:    0.007 ms |
[...]
-----------------------------------------------------------------------------------
TOTAL:             | 12916.132 ms |  281395 |
-----------------------------------------------------------------------------------
```

이 보고서는 프로세스별 평균 및 최대 스케줄러 지연(일명 실행 큐 지연)을 요약해서 보여줍니다. oltp_read_only와 mysqld 프로세스의 경우 컨텍스트 스위치가 많이 발생했음에도 평균 및 최대 스케줄러 지연시간은 낮았습니다. (출력 길이를 맞추기 위해 마지막 칼럼('최대 지연시간')은 생략했습니다.)

스케줄러 이벤트는 자주 발생하기 때문에, 이런 유형의 트레이싱은 CPU와 저장 공간에 상당한 부담을 줍니다. 위 예시에서는 10초 동안 트레이싱한 결과가 125MB 크기의 perf.data 파일로 기록되었습니다. 또한, 스케줄러 이벤트의 발생 빈도는 매우 높아 perf(1)의 CPU별 링 버퍼를 금방 넘치게 할 수 있는데, 이 경우 이벤트가 손실될 수 있으며, 이 경우 명령어 마지막에 해당 내용이 표시됩니다. 이 정도 오버헤드는 프로덕션 애플리케이션 성능에 영향을 줄 수 있으므로 주의해야 합니다.

perf(1) sched는 스케줄러 프로파일을 map이나 timehist 등 다양한 방식으로 표시할 수 있는데, timehist 형식은 이벤트별 상세 정보를 출력합니다.

```
# perf sched timehist
Samples do not have callchains.
           time    cpu  task name                       wait time  sch delay   run time
                        [tid/pid]                          (msec)     (msec)     (msec)
--------------- ------  ------------------------------  ---------  ---------  ---------
 437752.840756 [0000]   mysqld[11995/5187]                  0.000      0.000      0.000
 437752.840810 [0000]   oltp_read_only.[21483/21482]        0.000      0.000      0.054
 437752.840845 [0000]   mysqld[11995/5187]                  0.054      0.000      0.034
 437752.840847 [0000]   oltp_read_only.[21483/21482]        0.034      0.002      0.002
[...]
 437762.842139 [0001]   sleep[21487]                    10000.080      0.004      0.127
```

이 결과는 각 컨텍스트 스위치 이벤트를 대기시간(wait time, 밀리초), 스케줄러 지연(sch delay, 밀리초), CPU에서 소비한 시간(runtime, 밀리초)과 함께 보여줍니다. 마지막 줄은 perf record를 10초 동안 지속하기 위해 사용된 더미 sleep(1) 명령어입니다.

PMC (하드웨어 이벤트)

stat 하위 명령어는 이벤트를 perf.data에 기록하는 대신 이벤트를 집계하고 요약해 출력합니다. 기본적으로 perf stat은 여러 PMC를 집계하여 CPU 사이클에 대한 고급 통계를 보여줍니다. 다음은 gzip(1) 명령어에 대해 수행한 것입니다.

```
$ perf stat gzip ubuntu-19.10-live-server-amd64.iso

Performance counter stats for 'gzip ubuntu-19.10-live-server-amd64.iso':

       25235.652299      task-clock (msec)     #    0.997 CPUs utilized
                142      context-switches      #    0.006 K/sec
                 25      cpu-migrations        #    0.001 K/sec
                128      page-faults           #    0.005 K/sec
         94,817,146,941  cycles                #    3.757 GHz
        152,114,038,783  instructions          #    1.60  insn per cycle
         28,974,755,679  branches              # 1148.167 M/sec
          1,020,287,443  branch-misses         #    3.52% of all branches

         25.312054797 seconds time elapsed
```

통계에는 사이클 및 명령어 수, IPC가 포함됩니다. 앞서 설명한 바와 같이, 이는 발생하는 사이클 유형과 지연 사이클이 얼마나 되는지를 확인하는데 매우 유용한 고급 지표입니다. 이 경우, 1.6의 IPC는 '좋은' 것으로 간주됩니다.

다음은 NUMA 튜닝의 결과를 확인하기 위해 Shopify 벤치마크를 사용하여 전체 시스템의 IPC를 측정한 예입니다. 이 튜닝은 궁극적으로 애플리케이션 처리량을 20~30% 향상시켰습니다. 이 명령어들은 30초 동안 전체 CPU에 대해 측정합니다.

NUMA 튜닝 전의 모습입니다.

```
# perf stat -a -- sleep 30
[...]
       404,155,631,577      instructions          #    0.72  insns per cycle
[100.00%]
[...]
```

NUMA 튜닝 후의 모습입니다.

```
# perf stat -a -- sleep 30
[...]
       490,026,784,002      instructions          #    0.89  insns per cycle
[100.00%]
[...]
```

IPC가 0.72에서 0.89로 24% 개선되었는데, 이는 앞서 언급한 결과와 일치합니다. (또 다른 프로덕션 IPC 측정 사례는 16장 "사례 연구"를 참고하세요.)

하드웨어 Event Select

perf(1)를 통해 집계할 수 있는 하드웨어 이벤트는 여러 가지가 있습니다. perf list을 통해 사용할 수 이벤트들을 확인할 수 있습니다.

```
# perf list
[...]
  branch-instructions OR branches              [Hardware event]
  branch-misses                                [Hardware event]
  bus-cycles                                   [Hardware event]
  cache-misses                                 [Hardware event]
  cache-references                             [Hardware event]
  cpu-cycles OR cycles                         [Hardware event]
  instructions                                 [Hardware event]
  ref-cycles                                   [Hardware event]
[...]
  LLC-load-misses                              [Hardware cache event]
  LLC-loads                                    [Hardware cache event]
  LLC-store-misses                             [Hardware cache event]
  LLC-stores                                   [Hardware cache event]
[...]
```

위의 출력 결과에서 'Hardware event'와 'Hardware cache event'를 찾아보세요. 일부 프로세서에서는 추가 PMC 목록도 확인할 수 있을 텐데, 상세한 내용은 13장 "perf", 13.3절 "perf 이벤트" 예제를 참고하세요. 사용 가능한 이벤트는 프로세서 아키텍처에 따라 다르며, 프로세서 매뉴얼(예: 인텔 소프트웨어 개발자 매뉴얼)에 문서화되어 있습니다.

이러한 이벤트는 -e 옵션으로 지정할 수 있습니다. 예를 들어 인텔 제온(Xeon) 프로세서의 경우 아래와 같은 방식으로 사용할 수 있습니다.

```
$ perf stat -e instructions,cycles,L1-dcache-load-misses,LLC-load-misses,dTLB-
loadmisses gzip ubuntu-19.10-live-server-amd64.iso

Performance counter stats for 'gzip ubuntu-19.10-live-server-amd64.iso':

   152,226,453,131      instructions              #    1.61  insn per cycle
    94,697,951,648      cycles
     2,790,554,850      L1-dcache-load-misses
         9,612,234      LLC-load-misses
           357,906      dTLB-load-misses

      25.275276704 seconds time elapsed
```

이 예제에서는 명령어와 사이클 외에도 다음 지표들이 측정되었습니다.

- **L1-dcache-load-misses**: 1단계 데이터 캐시 로드 미스로, 애플리케이션에 의해 발생된 메모리 부하 중 L1 캐시에서 처리하지 못한 부분을 측정합니다. 이 값을 다른 L1 이벤트와 비교하여 캐시 적중률을 계산할 수 있습니다.[22]
- **LLC-load-misses**: 최종 레벨 캐시(LLC) 로드 미스를 의미합니다. 최종 레벨 캐시에서 미스가 발생하면 메인 메모리에 접근하게 되므로, 메인 메모리에 걸리는 부하를 측정하는 지표로 활용할 수 있습니다. L1-dcache-load-misses와의 차이를 살펴보면 1단계 이후의 CPU 캐시가 얼마나 효과적이었는지 대략 알 수 있는데, 정확한 값을 알려면 다른 카운터들을 살펴보아야 합니다.
- **dTLB-load-misses**: 데이터 변환 색인 버퍼 미스로, 이는 MMU가 현재 워크로드에 대해 페이지 매핑을 얼마나 효율적으로 수행하고 있는지 보여줍니다. 또한 메모리 부하(워킹 셋)의 크기를 측정할 수 있습니다.

위 예시에서 살펴본 여러 다른 카운터도 살펴볼 가치가 있습니다. 확인할 수 있는 지표들 중에는 이름이 (위 예시처럼) 직관적이지 않고 16진수로 되어 있는 것도 있습니다. 이들처럼 난해한 이름으로 된 카운터들은 프로세서 매뉴얼을 통해 무엇을 의미하는지 확인할 수 있을 것입니다.

소프트웨어 트레이싱

perf(1)는 소프트웨어 이벤트를 기록하고 집계할 수도 있습니다. 다음은 몇 가지 CPU 관련 이벤트를 표시한 것입니다.

```
# perf list
[...]
  context-switches OR cs                       [Software event]
  cpu-migrations OR migrations                 [Software event]
[...]
  sched:sched_kthread_stop                     [Tracepoint event]
  sched:sched_kthread_stop_ret                 [Tracepoint event]
  sched:sched_wakeup                           [Tracepoint event]
  sched:sched_wakeup_new                       [Tracepoint event]
  sched:sched_switch                           [Tracepoint event]
[...]
```

---

[22] (옮긴이) L1 데이터 캐시에 대한 총 접근 횟수를 측정할 수 있는 L1-dcache-loads 이벤트가 있습니다. 1 - (L1-dcache-load-misses/ L1-dcache-loads)와 같은 수식을 통해 L1 캐시 적중률을 계산할 수 있습니다.

다음 예는 컨텍스트 스위치 소프트웨어 이벤트를 사용해 애플리케이션이 CPU에서 동작을 멈추고 내려가는 순간과 그때의 호출 스택을 1초간 트레이스합니다.

```
# perf record -e sched:sched_switch -a -g -- sleep 1
[ perf record: Woken up 46 times to write data ]
[ perf record: Captured and wrote 11.717 MB perf.data (50649 samples) ]

# perf report --stdio
[...]
    16.18%    16.18%  prev_comm=mysqld prev_pid=11995 prev_prio=120 prev_state=S ==>
next_comm=swapper/1 next_pid=0 next_prio=120
            |
            ---__sched_text_start
               schedule
               schedule_hrtimeout_range_clock
               schedule_hrtimeout_range
               poll_schedule_timeout.constprop.0
               do_sys_poll
               __x64_sys_ppoll
               do_syscall_64
               entry_SYSCALL_64_after_hwframe
               ppoll
               vio_socket_io_wait
               vio_read
               my_net_read
               Protocol_classic::read_packet
               Protocol_classic::get_command
               do_command
               start_thread
[...]
```

일부 생략된 이 출력은 mysql이 소켓에 대해 poll(2)을 하느라 컨텍스트 스위치를 하며 블록되는 모습을 보여줍니다. 더 자세히 조사하려면, 5.4.2절 "Off-CPU 분석"에서 off-CPU 분석 방법론을 확인하고, 5.5.3절 "offcputime"에 설명된 도구를 참조하세요.

9장 "디스크"에는 perf(1)을 이용해 블록 I/O tracepoint를 정적 트레이싱하는 예가 수록되어 있습니다. 10장 "네트워크"에서는 perf(1)를 사용해 tcp_sendmsg() 커널 함수를 동적 계측하는 사례를 설명합니다.

하드웨어 트레이싱

perf(1)는 (프로세서가 지원한다면) 명령어 단위 분석을 위해 하드웨어 트레이싱

문서

perf(1)에 대한 추가 정보는 13장 "perf"를 참고하세요. 또한 perf(1)의 매뉴얼 페이지, 리눅스 소스의 tools/perf/Documentation 하위 문서, 필자의 perf 예제 페이지[Gregg 20f], Perf 튜토리얼[Perf 15], 비공식 리눅스 Perf 이벤트 웹 페이지[Weaver 11] 등을 참고하세요.

6.6.14 profile

profile(8)은 BCC 도구로, 정해진 간격으로 스택 트레이스를 샘플링하고 각 스택의 빈도수를 출력합니다. 이 도구는 BCC 도구들 중에서도 CPU 자원이 어떻게 사용되는지 이해하는 데 특히 유용한데, CPU 자원을 소비하는 거의 모든 코드 경로를 요약해 보여주기 때문입니다(CPU 소비자에 대한 더 자세한 내용은 6.6.19절의 hardirqs(8) 도구를 참고하세요). profile(8)은 요약된 스택 트레이스만 사용자 공간으로 전달하므로 perf(1)보다 오버헤드가 낮습니다. 이 오버헤드 차이는 그림 6.15에 설명되어 있습니다. profile(8)은 애플리케이션 프로파일링 도구로도 사용될 수 있는데, 이에 대해서는 5.5.2절 "profile"에 설명되어 있습니다.

기본적으로 profile(8)은 전체 CPU의 사용자 및 커널 스택 트레이스를 49Hz로 샘플링합니다. 이 수치는 옵션을 통해 변경될 수 있으며, 맨 첫 줄에 설정된 주기가 출력됩니다. 다음은 실행 사례입니다.

```
# profile
Sampling at 49 Hertz of all threads by user + kernel stack... Hit Ctrl-C to end.
^C
[...]

    finish_task_switch
    __sched_text_start
    schedule
    schedule_hrtimeout_range_clock
    schedule_hrtimeout_range
    poll_schedule_timeout.constprop.0
    do_sys_poll
    __x64_sys_ppoll
    do_syscall_64
```

```
        entry_SYSCALL_64_after_hwframe
        ppoll
        vio_socket_io_wait(Vio*, enum_vio_io_event)
        vio_read(Vio*, unsigned char*, unsigned long)
        my_net_read(NET*)
        Protocol_classic::read_packet()
        Protocol_classic::get_command(COM_DATA*, enum_server_command*)
        do_command(THD*)
        start_thread
        -                   mysqld (5187)
            151
```

위의 출력 결과에는 각 함수 목록으로 이루어진 스택 트레이스가 나오고, 그 뒤에는 대시("-")와 프로세스 이름 및 PID(괄호 안)가 이어지며, 마지막으로 해당 스택 트레이스의 횟수가 나타납니다. 스택 트레이스는 빈도수 순서대로 출력되며, 가장 빈도가 낮은 것부터 가장 빈도가 높은 것까지 나열됩니다.

이 예시에서 전체 출력은 8,261줄에 달했고, 여기서는 빈도가 가장 높은 마지막 스택 트레이스를 요약해서 보여주고 있습니다. 이것은 poll(2) 함수의 코드 경로에서 호출된 스케줄러 함수가 CPU에서 실행되고 있었다는 것을 나타냅니다. 또한 출력 결과 맨 아래에서 볼 수 있듯이, 이 스택 트레이스는 추적하는 동안 151번 샘플링되었다는 것을 알 수 있습니다.

profile(8)은 다음과 같은 옵션들을 지원합니다.

- -U: 사용자 레벨 스택 트레이스만 포함합니다.
- -K: 커널 레벨 스택 트레이스만 포함합니다.
- -a: 프레임 주석을 포함합니다(예: 커널 프레임을 지칭하는 '_[k]')
- -d: 커널과 사용자 레벨 스택 트레이스를 구분자로 분리합니다.
- -f: 여러 줄의 스택 정보를 한 줄로 요약한 형식으로 출력합니다.
- -p PID: 해당 프로세스만 프로파일링합니다.
- --stack-storage-size SIZE: 저장할 수 있는 고유 스택 트레이스 개수(기본값: 16,384)

profile(8) 실행 도중 다음과 같은 경고가 나타날 수도 있습니다.

```
WARNING: 5 stack traces could not be displayed.
```

이는 스택 저장 공간이 초과되었음을 의미합니다. 이는 --stack-storage-size 옵션을 사용해 크기를 증가시킴으로써 해결할 수 있습니다.

CPU 플레임 그래프 프로파일링

-f 옵션을 사용하면 생성된 출력이 필자가 작성한 플레임 그래프 소프트웨어에서 사용하기 적합한 형태로 만들어집니다. 다음은 명령어 예시입니다.

```
# profile -af 10 > out.stacks
# git clone https://github.com/brendangregg/FlameGraph; cd FlameGraph
# ./flamegraph.pl --hash < out.stacks > out.svg
```

위의 명령어를 통해 생성된 out.svg 파일은 웹 브라우저를 통해 확인할 수 있습니다.

profile(8)을 비롯해 뒤에서 설명할 runqlat(8), runqlen(8), softirqs(8), hardirqs(8)은 모두 BCC 저장소에 있는 BPF 기반 도구로, 15장에서 설명합니다.

6.6.15 cpudist

cpudist(8)[23]는 각 스레드가 wakeup된 이후 CPU에서 소요된 시간 분포를 보여주는 BCC 도구입니다. 이는 CPU 워크로드를 특성화하는 데 도움이 되며, 이것을 이용하여 튜닝 및 애플리케이션 설계에 대한 세부사항을 결정할 수 있습니다. 다음은 CPU가 2개인 데이터베이스 인스턴스에서 실행한 사례입니다.

```
# cpudist 10 1
Tracing on-CPU time... Hit Ctrl-C to end.

     usecs               : count     distribution
         0 -> 1          : 0        |                                        |
         2 -> 3          : 135      |                                        |
         4 -> 7          : 26961    |********                                |
         8 -> 15         : 123341   |****************************************|
        16 -> 31         : 55939    |******************                      |
        32 -> 63         : 70860    |**********************                  |
        64 -> 127        : 12622    |****                                    |
       128 -> 255        : 13044    |****                                    |
       256 -> 511        : 3090     |*                                       |
       512 -> 1023       : 2        |                                        |
      1024 -> 2047       : 6        |                                        |
      2048 -> 4095       : 1        |                                        |
      4096 -> 8191       : 2        |                                        |
```

---

[23] 연혁: 사샤 골드스타인(Sasha Goldshtein)은 2016년 6월 29일에 BCC 버전의 cpudist(8)를 개발했습니다. 필자는 2005년에 솔라리스용 cpudists 히스토그램 도구를 개발했습니다.

이 예시에서는 데이터베이스가 주로 4~63μs 동안 CPU에서 실행되었음을 확인할 수 있습니다. 이는 상당히 짧은 시간입니다.

이 도구는 다음과 같은 옵션을 사용할 수 있습니다.

- -m: 출력 결과를 밀리초 단위로 출력합니다
- -O: CPU에서 동작 중이었던 시간 대신 동작 중이지 않았던 시간을 보여줍니다
- -P: 프로세스별로 히스토그램을 출력합니다
- -p PID: 해당 프로세스만 트레이싱합니다

이 도구는 profile(8)과 연계해 애플리케이션이 CPU를 얼마나 오래 사용했으며, 어떤 작업을 하고 있었는지 요약하는 데 활용할 수 있습니다.

6.6.16 runqlat

runqlat(8)[24]는 CPU 스케줄러 지연을 측정하는 BCC와 bpftrace 도구로, CPU 스케줄러 지연은 흔히 실행 큐 지연이라고도 합니다(비록 지금은 더 이상 실행 큐를 사용해서 구현하지 않지만). 이 도구는 서비스할 수 있는 것보다 더 많은 CPU 리소스를 요구하는 상황인, CPU 포화 이슈를 찾아내서 정량화하는 데 유용합니다. runqlat(8)이 측정하는 지표는 각 스레드(태스크)가 CPU에서 자신의 순서를 기다리면서 소모한 시간입니다

다음은 시스템 전체 CPU 사용량이 약 15%인 MySQL 데이터베이스 클라우드 인스턴스(2개의 CPU로 구성)에서 BCC runqlat(8)를 실행한 결과입니다. runqlat(8)의 인자 '10 1'은 10초 인터벌을 설정하고 단 한 번만 결과를 출력하기 위함입니다.

```
# runqlat 10 1
Tracing run queue latency... Hit Ctrl-C to end.
     usecs               : count     distribution
         0 -> 1          : 9017      |*****                                   |
         2 -> 3          : 7188      |****                                    |
         4 -> 7          : 5250      |***                                     |
         8 -> 15         : 67668     |****************************************|
        16 -> 31         : 3529      |**                                      |
        32 -> 63         : 315       |                                        |
```

[24] 연혁: 필자는 2016년 2월 7일에 BCC 버전 runqlat(8)을 개발했고, 이전에 솔라리스에서 만든 dispqlat.d 도구(dispatcher queue latency, 솔라리스 용어로 실행 큐 대기시간을 의미)에서 영감을 받아 2018년 9월 17일에 bpftrace 버전을 개발했습니다.

```
       64 -> 127        : 98       |                                          |
      128 -> 255        : 99       |                                          |
      256 -> 511        : 9        |                                          |
      512 -> 1023       : 15       |                                          |
     1024 -> 2047       : 6        |                                          |
     2048 -> 4095       : 2        |                                          |
     4096 -> 8191       : 3        |                                          |
     8192 -> 16383      : 1        |                                          |
    16384 -> 32767      : 1        |                                          |
    32768 -> 65535      : 2        |                                          |
    65536 -> 131071     : 88       |                                          |
```

이런 가볍게 로드된 시스템에서도 예상 외로 높은 스케줄러 지연이 발생하고 있는데, 65~131밀리초 범위에 88개의 이벤트가 있음을 확인할 수 있습니다. 이는 하이퍼바이저에 의해 CPU가 스로틀링되면서 스케줄러 지연이 증가했기 때문입니다.

이 도구에서는 다음과 같은 옵션을 사용할 수 있습니다.

- -m: 출력 결과를 밀리초 단위로 출력합니다
- -P: 프로세스별로 히스토그램을 출력합니다
- --pidnss: PID 네임스페이스별로 히스토그램을 출력합니다
- -p PID: 해당 프로세스만 트레이싱합니다
- -T: 출력 결과에 타임스탬프를 포함합니다

runqlat(8)는 스케줄러 wakeup 및 컨텍스트 스위치 이벤트를 계측하여 프로세스가 깨어나서 실행되기까지의 시간을 집계합니다. 이러한 이벤트는 바쁜 프로덕션 시스템에서 매우 빈번하게 발생할 수 있는데, 초당 백만 개 이상의 이벤트에 달할 수 있습니다. BPF는 최적화되어 있지만, 이러한 빈도에서는 이벤트당 $1\mu s$만 추가해도 눈에 띄는 오버헤드가 발생할 수 있습니다. runqlat(8) 대신 runqlen(8) 사용을 고려하고, 사용해야 한다면 오버헤드에 유의하세요.

6.6.17 runqlen

runqlen(8)[25]은 CPU 실행 큐의 길이를 샘플링하는 BCC와 bpftrace 도구로, 얼마나 많은 작업이 순서를 기다리고 있는지 집계하고 이것을 선형 히스토그램으로 보여

---

25 연혁: 필자는 이전에 솔라리스에서 만든 dispqlat.d 도구에서 영감을 받아 2016년 12월 12일에 BCC 버전 runqlen(8)을 개발했고, 2018년 10월 7일에 bpftrace 버전 runqlen(8)을 개발했습니다.

줍니다. 이 도구는 실행 큐 지연 문제의 특징을 식별하거나 간단하게 계산해 보는데 사용할 수 있습니다. runqlen(8)은 99Hz 주기로 CPU 전체에 대해 샘플링을 수행하기 때문에 오버헤드는 무시할 수 있는 수준입니다. 반면 runqlat(8)는 모든 컨텍스트 스위치를 샘플링하는데, 이는 초당 수백만 개의 이벤트가 될 수 있어 오버헤드가 상당할 수 있습니다.

다음은 시스템 전체 CPU 사용량이 약 15%인 MySQL 데이터베이스 클라우드 인스턴스(2개의 CPU로 구성)에서 BCC runqlen(8)를 실행하는 모습입니다(runqlat(8)에서 앞서 보여준 것과 동일한 인스턴스). runqlen(8)의 인자 '10 1'은 10초 인터벌을 설정하고 단 한 번만 결과를 출력하기 위함입니다.

```
# runqlen 10 1
Sampling run queue length... Hit Ctrl-C to end.

    runqlen     : count     distribution
        0       : 1824      |****************************************|
        1       : 158       |***                                     |
```

이 결과는 대부분의 시간 동안 실행 큐 길이가 0이었고, 약 8%의 시간 동안 실행 큐 길이가 1이었음을 보여줍니다. 이는 스레드들이 자신의 순서를 기다려야 했다는 것을 의미합니다.

이 도구에서는 다음과 같은 옵션들을 사용할 수 있습니다.

- -C: CPU별로 히스토그램을 출력합니다
- -O: 실행 큐 점유(run queue occupancy)를 출력합니다.
- -T: 출력 결과에 타임스탬프를 포함합니다

실행 큐 점유는 별도의 지표로 스레드가 대기한 시간의 비율을 보여줍니다. 이 지표는 모니터링, 경고 및 그래프 그리기에 단독으로 활용될 수 있습니다.

6.6.18 softirqs

softirqs(8)[26]는 소프트 IRQ(소프트웨어 인터럽트)를 처리하는 데 소모된 시간을 보여주는 BCC 도구입니다. 시스템 전체에서 발생한 소프트 인터럽트 시간은 이미 여

---

26 연혁: 필자는 2015년 10월 20일에 이 도구의 BCC 버전을 개발하였습니다.

러 도구에서 쉽게 얻을 수 있습니다. 예를 들어 mpstat(1)는 이를 %soft로 표시합니다. 소프트 IRQ 이벤트의 집계를 보여주는 /proc/softirqs도 있습니다. BCC softirqs(8) 도구는 이벤트 집계 대신 소프트 IRQ별 시간을 보여줄 수 있다는 점에서 다릅니다.

다음은 2개의 CPU로 구성된 데이터베이스 인스턴스에서 10초동안 트레이싱을 수행하는 모습입니다.

```
# softirqs 10 1
Tracing soft irq event time... Hit Ctrl-C to end.

SOFTIRQ           TOTAL_usecs
net_tx                      9
rcu                       751
sched                    3431
timer                    5542
tasklet                 11368
net_rx                  12225
```

이 출력 결과는 대부분의 시간이 net_rx[27]를 처리하는 데 소모되었음을 보여주는데, 총 합계는 12ms였습니다. 이러한 작업은 보통 중단될 수 없어, 일반적인 CPU 프로파일링 방식으로는 CPU 사용의 정확한 원인을 찾기 어렵습니다. 하지만 softirqs(8)을 활용하면 이러한 사용 패턴을 파악할 수 있습니다.

이 도구에서는 다음과 같은 옵션들을 사용할 수 있습니다.

- -d: IRQ 시간을 히스토그램으로 보여줍니다.
- -T: 출력 결과에 타임스탬프를 포함합니다.

-d 옵션을 사용하여 각 IRQ 이벤트별 시간 분포를 보여줄 수 있습니다.

6.6.19 hardirqs

hardirqs(8)[28]는 하드 IRQ(하드웨어 인터럽트)를 처리하는 데 소모된 시간을 보여주는 BCC 도구입니다. 시스템 전역에 걸친 하드웨어 인터럽트 시간은 여러 도구에서

---

27 (옮긴이) net_rx는 네트워크 패킷을 처리하는 소프트 IRQ의 일부로, 일반적인 처리 과정에서 중단될 수 없습니다.
28 연혁: 필자는 이전에 만든 inttimes.d 도구에서 영감을 받아 2015년 10월 19일에 이 도구의 BCC 버전을 개발했습니다. 참고로 inttimes.d 도구 자체도 다른 intr.d 도구를 기반으로 개발되었습니다.

이미 쉽게 얻을 수 있습니다. 예를 들어 mpstat(1)는 이를 %irq로 표시합니다. 하드 IRQ 이벤트의 집계를 보여주는 /proc/interrupts도 있습니다. BCC hardirqs(8) 도구는 이벤트 집계 대신 하드 IRQ별 시간을 보여줄 수 있다는 점에서 다릅니다.

다음은 2개의 CPU로 구성된 데이터베이스 인스턴스에서 10초동안 트레이싱을 수행하는 모습입니다.

```
# hardirqs 10 1
Tracing hard irq event time... Hit Ctrl-C to end.

HARDIRQ                      TOTAL_usecs
nvme0q2                               35
ena-mgmnt@pci:0000:00:05.0            72
ens5-Tx-Rx-1                         326
nvme0q1                              878
ens5-Tx-Rx-0                        5922
```

이 출력 결과는 트레이싱 동안 5.9ms가 ens5-Tx-Rx-0 IRQ(네트워킹) 처리에 소요되었음을 보여줍니다. softirqs(8)와 마찬가지로 이는 일반적인 CPU 프로파일링 방식으로는 확인하기 어려운 CPU 소비자를 보여줄 수 있습니다. hardirqs(8)는 softirqs(8)와 유사한 옵션을 가지고 있습니다.

6.6.20 bpftrace

bpftrace는 BPF 기반의 트레이싱 도구로 고급 프로그래밍 언어를 제공해 강력한 원 라이너와 짧은 스크립트를 작성할 수 있게 해줍니다. bpftrace는 다른 성능 분석 도구들로부터 얻은 정보를 바탕으로 한 맞춤형 애플리케이션 분석에 아주 적합합니다. bpftrace 저장소에는 앞서 다룬 runqlat(8)와 runqlen(8)의 bpftrace 버전도 존재합니다.[Iovisor 20a]

bpftrace는 15장에서 더욱 자세히 설명합니다. 이번 절에서는 CPU 분석과 관련한 일부 사례를 보여드립니다.

원 라이너

다음은 몇 가지 유용한 bpftrace 원 라이너인데, 이들을 통해 bpftrace의 다양한 기능을 살펴볼 수 있습니다.

새로운 프로세스 생성을 인자와 함께 트레이싱합니다.

```
bpftrace -e 'tracepoint:syscalls:sys_enter_execve { join(args->argv); }'
```

시스템 콜을 프로세스별로 집계합니다.

```
bpftrace -e 'tracepoint:raw_syscalls:sys_enter { @[pid, comm] = count(); }'
```

시스템 콜을 시스템 콜 probe 이름별로 집계합니다.

```
bpftrace -e 'tracepoint:syscalls:sys_enter_* { @[probe] = count(); }'
```

동작 중인 프로세스 이름을 99Hz 주기로 샘플링합니다.

```
bpftrace -e 'profile:hz:99 { @[comm] = count(); }'
```

사용자 스택, 커널 스택 및 프로세스 이름을 시스템 전체에서 49Hz 주기로 샘플링합니다.

```
bpftrace -e 'profile:hz:49 { @[kstack, ustack, comm] = count(); }'
```

PID 189의 사용자 레벨 스택을 49Hz 주기로 샘플링합니다.

```
bpftrace -e 'profile:hz:49 /pid == 189/ { @[ustack] = count(); }'
```

PID 189의 사용자 레벨 스택을 5 프레임 깊이만큼 49Hz 주기로 샘플링합니다.

```
bpftrace -e 'profile:hz:49 /pid == 189/ { @[ustack(5)] = count(); }'
```

"mysqld"라는 이름을 가진 프로세스의 사용자 레벨 스택을 49Hz 주기로 샘플링합니다

```
bpftrace -e 'profile:hz:49 /comm == "mysqld"/ { @[ustack] = count(); }'
```

커널 CPU 스케줄러 tracepoint를 집계합니다.

```
bpftrace -e 'tracepont:sched:* { @[probe] = count(); }'
```

컨텍스트 스위치 이벤트 발생 시의 off-CPU 커널 스택을 집계합니다.

```
bpftrace -e 'tracepont:sched:sched_switch { @[kstack] = count(); }'
```

"vfs_"로 시작하는 커널 함수를 집계합니다.

```
bpftrace -e 'kprobe:vfs_* { @[func] = count(); }'
```

pthread_create() 함수로 생성되는 새로운 스레드를 트레이싱합니다.

```
bpftrace -e 'u:/lib/x86_64-linux-gnu/libpthread-2.27.so:pthread_create {
    printf("%s by %s (%d)\n", probe, comm, pid); }'
```

예시

다음은 bpftrace를 이용해 49Hz로 MySQL 데이터베이스 서버를 프로파일링하고 사용자 스택의 처음 세 단계만을 수집하는 사례입니다.

```
# bpftrace -e 'profile:hz:49 /comm == "mysqld"/ { @[ustack(3)] = count(); }'
Attaching 1 probe...
^C
[...]
@[
    my_lengthsp_8bit(CHARSET_INFO const*, char const*, unsigned long)+32
    Field::send_to_protocol(Protocol*) const+194
    THD::send_result_set_row(List<Item>*)+203
]: 8
@[
    ppoll+166     vio_socket_io_wait(Vio*, enum_vio_io_event)+22
    vio_read(Vio*, unsigned char*, unsigned long)+236
 ]: 10
[...]
```

출력은 8번과 10번 샘플링된 두 개의 스택만 포함하도록 축약되었습니다. 두 경우 모두 CPU가 네트워킹 처리에 시간을 소요하고 있었음을 보여줍니다.

스케줄링 내부 트레이싱

필요하다면 CPU 스케줄러의 동작을 보여주는 맞춤형 도구를 개발할 수 있습니다. tracepoint부터 사용해 볼 수 있습니다. 아래에 목록으로 정리했습니다.

```
# bpftrace -l 'tracepoint:sched:*'
tracepoint:sched:sched_kthread_stop
tracepoint:sched:sched_kthread_stop_ret
tracepoint:sched:sched_waking
tracepoint:sched:sched_wakeup
tracepoint:sched:sched_wakeup_new
tracepoint:sched:sched_switch
tracepoint:sched:sched_migrate_task
tracepoint:sched:sched_process_free
[...]
```

이들 개개의 tracepoint는 인자를 가지고 있는데, -lv 옵션을 사용하면 이들을 확인할 수 있습니다. 만일 이 tracepoint로 충분하지 않다면 kprobe를 활용한 동적 계측도 고려해 보세요. 다음은 사용해 볼 수 있는 kprobe 타깃 목록입니다('sched'로 시작하는 커널 함수).

```
# bpftrace -lv 'kprobe:sched*'
kprobe:sched_itmt_update_handler
kprobe:sched_set_itmt_support
kprobe:sched_clear_itmt_support
kprobe:sched_set_itmt_core_prio
kprobe:schedule_on_each_cpu
kprobe:sched_copy_attr
kprobe:sched_free_group
[...]
```

이 커널 버전(5.3)에서는 24개의 sched tracepoint와 104개의 kprobe를 사용할 수 있습니다('sched'로 시작).

스케줄러 이벤트는 빈번하게 일어날 가능성이 있고, 이를 계측하면 상당한 오버헤드가 발생할 수 있습니다. 사용 시에 주의를 기울이고 오버헤드를 줄이는 방법을 찾는 것이 중요합니다. 이벤트별 세부 정보를 모두 출력하기보다는 맵을 사용해 통계를 요약하고, 가능한 한 적은 이벤트를 추적하는 것이 좋습니다.

6.6.21 기타 도구

앞에서 설명하지 않은 기타 CPU 관측가능성 도구들을 표6.11에 정리했습니다. 이 도구들은 이 책과 《BPF 성능 분석 도구》[Gregg 19]에서 다뤄진 도구들입니다.

표 6.11 기타 CPU 관측가능성 도구

절	도구	설명
5.5.3	offcputime	스케줄러 트레이싱을 통한 Off-CPU 프로파일링
5.5.5	execsnoop	새로 실행되는 프로세스를 나열
5.5.6	syscount	시스템 콜을 유형과 프로세스별로 집계
[Gregg 19]	runqslower	설정된 임계값보다 느린 실행 큐 대기를 출력
[Gregg 19]	cpufreq	CPU 동작 속도를 프로세스별로 샘플링
[Gregg 19]	smpcalls	SMP 원격 CPU 호출 시간을 측정
[Gregg 19]	llcstat	프로세스별 LLC 적중률 요약

기타 리눅스 CPU 관측가능성 도구와 소스로는 다음과 같은 것이 있습니다.

- oprofile: 존 레본(John Levon)이 만든 최초의 CPU 프로파일링 도구입니다.
- atop: 시스템 전반의 여러 통계를 제공하며, 프로세스 어카운팅을 사용해 잠깐 실행되고 사라지는 프로세스도 놓치지 않습니다.
- /proc/cpuinfo: 이 파일을 읽으면 클럭 속도나 CPU 기능 플래그 등의 프로세서 상세 정보를 볼 수 있습니다.
- lscpu: CPU 아키텍처 정보를 보여줍니다
- lstopo: 하드웨어 토폴로지 정보를 보여줍니다(hwloc 패키지에 포함되어 있음).
- cpupower: 프로세서 전원 상태를 보여줍니다.
- getdelays.c: 이 코드는 지연 어카운팅 예제이며, CPU 스케줄러 지연시간을 프로세스별로 분석하는 내용을 담고 있습니다. getdelays.c는 4장 "관측가능성 도구"에서 설명했습니다.
- valgrind: 메모리 디버깅 및 프로파일링 도구 모음입니다.[Valgrind 20] 함수 호출을 추적하여 호출 그래프를 수집하는 callgrind 도구와 호출 그래프를 시각화하는 kcachegrind, 프로그램의 하드웨어 캐시 사용을 분석하는 cachegrind를 포함합니다.

그림 6.18은 lstopo(1)을 이용한 토폴로지 출력의 예시입니다(SVG 포맷).

이 lstopo(1)를 통해 시각화 한 토폴로지는 어떤 논리 CPU가 어떤 CPU 코어에 매핑되어 있는지를 보여줍니다(예: CPU 0과 4는 코어 0에 매핑됩니다).

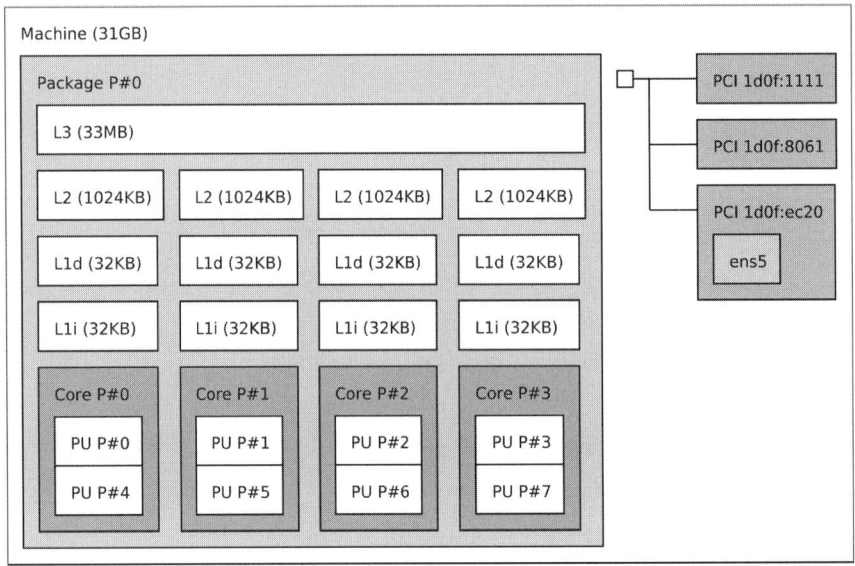

그림 6.18 lstopo(1) 토폴로지 출력(SVG 포맷)

또한 cpupower(1) 역시 유용한 도구입니다.

```
# cpupower idle-info
CPUidle driver: intel_idle
CPUidle governor: menu
analyzing CPU 0:

Number of idle states: 9
Available idle states: POLL C1 C1E C3 C6 C7s C8 C9 C10
POLL:
Flags/Description: CPUIDLE CORE POLL IDLE
Latency: 0
Usage: 80442
Duration: 36139954
C1:
Flags/Description: MWAIT 0x00
Latency: 2
Usage: 3832139
Duration: 542192027
C1E:
Flags/Description: MWAIT 0x01
Latency: 10
Usage: 10701293
Duration: 1912665723
[...]
C10:
```

```
Flags/Description: MWAIT 0x60
Latency: 890
Usage: 7179306
Duration: 48777395993
```

이 도구의 출력은 프로세서 전원 상태를 보여줄 뿐만 아니라 관련 통계도 제공합니다. Usage는 상태에 진입한 횟수를 보여주고, Duration은 해당 상태로 동작한 시간을 μs 단위로 나타내며, Latency은 해당 상태에서 깨어나는데 소모된 시간을 μs 단위로 출력합니다. 이 출력 결과는 CPU 0에 해당하는 값 만을 보여주며, 모든 CPU의 정보는 각각의 /sys 파일을 통해 확인할 수 있습니다. 가령, 지속 시간은 /sys/devices/system/cpu/cpu*/cpuidle/state0/time을 통해 확인할 수 있습니다.[Wysocki 19]

CPU 성능 분석을 위한 고급 제품도 있는데, 인텔 vTune[22]과 AMD uprof[23]가 이에 해당합니다.

GPU

GPU 분석을 위한 범용 도구는 아직 없습니다. 일반적으로 GPU 제조사들은 자사 제품에서만 동작하는 특수 도구들을 제공합니다.

- nvidia-smi, nvperf, Nvidia Visual Profiler: 엔비디아 GPU 전용
- intel_gpu_top, Intel vTune: 인텔 GPU 전용
- radeontop: 라데온 GPU 전용

이러한 도구들은 명령어 처리 속도나 GPU 자원 사용률과 같은 기본적인 관측가능성 통계를 제공합니다. 다른 관측가능성 소스로는 PMC와 tracepoint가 있습니다(perf list | grep gpu를 시도해 보세요).

GPU 프로파일링은 CPU 프로파일링과 다릅니다. GPU에는 코드 경로의 계층을 보여주는 스택 트레이스가 없기 때문입니다. 대신 프로파일러는 API나 메모리 전송 호출 및 소요 시간을 계측할 수 있습니다.

6.7 시각화

CPU는 전통적으로 사용률이나 부하 평균에 대해 꺾은선 차트를 사용해 시각화 해왔는데, 과거에 자주 쓰였던 X11 부하 모니터링 도구인 xload(1)가 그러한 예입니다. 이러한 차트는 크기를 눈으로 비교할 수 있기 때문에 변화를 보여줄 때 효과적

입니다. 또한 2장 "방법론", 2.9절 "모니터링"에서 다룬 바와 같이 시간에 따른 변화 패턴도 나타낼 수 있습니다.

하지만 현대 시스템처럼 CPU 개수가 많은 경우에는 꺾은선 차트를 사용해서 각 CPU의 사용률을 나타내기가 어려워지는데, 특히 클라우드 컴퓨팅 환경과 같이 수만 개의 CPU가 있는 환경에서, 10,000줄짜리 차트를 그리게 된다면 선이 뒤섞여서 알아보기 힘들게 됩니다.

평균, 표준 편차, 최대값, 백분위수 같은 다른 통계는 꺾은선 차트로 그려도 유용하며, 데이터 양이 많아져도 사용할 수 있습니다. 그러나 CPU 사용률의 경우, 0에 가까운 낮은 사용률과 100%에 가까운 높은 사용률이 주요 분포를 이루는 양봉 분포 특성을 가지기 때문에, 이런 통계를 함께 사용하는 것이 어려울 수 있습니다. 때로는 전체 분포를 분석해야 하는 경우도 있는데, 사용률 히트맵을 통해 이런 분석이 가능합니다.

다음 절에서는 CPU 사용률 히트맵, 1초 미만 오프셋 히트맵, 플레임 그래프 및 FlameScope에 대해 다루겠습니다. 이러한 그래픽 도구들은 기업이나 클라우드 성능 분석에서 마주치는 문제를 해결하기 위해 개발되었습니다.

6.7.1 사용률 히트맵

시간에 따른 CPU 사용률은 히트맵(heat map)으로 표현할 수 있습니다. 세로축은 사용률이고, 가로축은 시간이며, 각 픽셀의 색상 채도(어두운 정도)는 CPU의 개수를 의미합니다.[Gregg 10a] 히트맵에 대해서는 2장 "방법론"에서 소개했습니다.

그림 6.19는 퍼블릭 클라우드 환경에서 운영 중인 전체 데이터센터의 CPU 사용률을 보여줍니다. 전체 300개의 물리 서버에 5,312개의 CPU로 구성되어 있습니다.

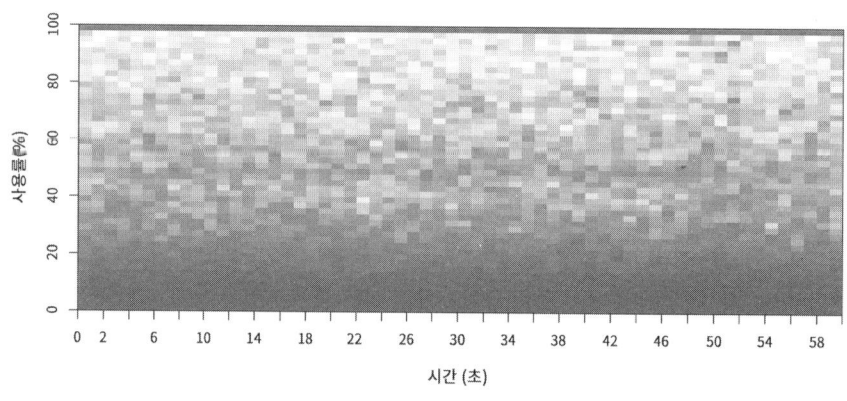

그림 6.19 CPU 사용률 히트맵(5,312CPU)

히트맵 하단의 어두운 영역은 대부분의 CPU가 0%에서 30% 사이의 사용률을 유지하고 있음을 보여줍니다. 반면, 상단의 실선은 일부 CPU가 내내 100% 사용되고 있음을 나타냅니다. 그 선의 색상이 진하다는 것은 100% 사용되는 CPU가 여러 개라는 의미입니다.

6.7.2 1초 미만 오프셋 히트맵

이 히트맵은 1초 미만의 활동을 살펴볼 수 있게 해줍니다. CPU 활동은 보통 μs나 ms 단위로 측정되는데, 이를 1초 단위로 평균을 사용해 요약하면 중요한 정보를 놓칠 수 있습니다. 이 히트맵에서는 y축을 1초 미만의 오프셋으로 사용하며, 각 픽셀의 색상(채도)은 그 시점에 사용 중인 CPU의 수를 나타냅니다. 각 세로줄은 1초를 나타내며, 아래에서 위로 색상이 채워집니다.

그림 6.20은 클라우드 데이터베이스(Riak)을 운영 중인 환경의 CPU 1초 미만 오프셋 히트맵을 보여줍니다

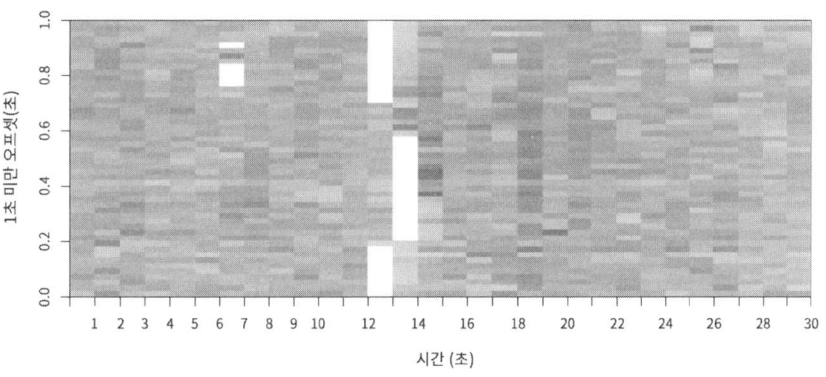

그림 6.20 1초 미만 오프셋 히트맵(CPU 사용률)

이 지도에서 재미있는 부분은 데이터베이스를 처리하느라 CPU가 바쁘게 돌아갔던 시간들이 아니고, 흰 줄로 표시된 CPU가 사용되지 않던 시간들입니다. 이 시간 간격의 길이 또한 주목할 만합니다. 데이터베이스 스레드가 수백 밀리초 동안 CPU에서 실행되지 않았다는 것은, 수백 밀리초 동안 전체 데이터베이스가 블록되는 락 문제가 있었음을 시사합니다.

이 데이터를 꺾은선 차트로만 분석했다면 초당 CPU 사용률의 감소를 단순히 부하 변화로 간주하고 더 자세히 조사하지 않았을 수 있습니다.

6.7.3 플레임 그래프

스택 트레이스 프로파일링은 CPU를 사용하는 커널 레벨이나 사용자 레벨의 코드 경로가 무엇인지 알아내는데 효과적입니다. 하지만, 이 과정에서 수천 페이지에 달하는 방대한 출력이 발생할 수 있습니다. CPU 플레임 그래프는 이러한 프로파일 스택 프레임을 시각화해서 CPU 사용을 좀 더 빠르고 명확하게 이해할 수 있게 해줍니다.[Gregg 16b] 그림 6.21은 perf(1)을 사용하여 리눅스 커널의 CPU 플레임 그래프를 프로파일링한 예입니다.

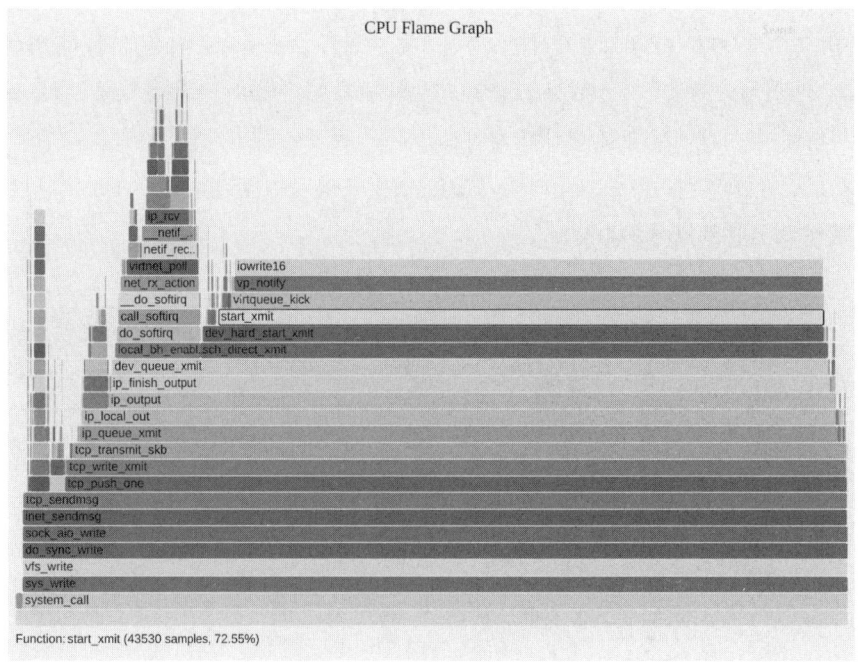

그림 6.21 리눅스 커널 플레임 그래프

플레임 그래프는 스택 트레이스를 포함하는 어떤 CPU 프로파일에서도 생성할 수 있습니다. 이는 perf(1), profile(8), bpftrace와 같은 다양한 소스의 프로파일뿐만 아니라 CPU 프로파일 이외의 프로파일도 시각화할 수 있습니다. 이 섹션에서는 flamegraph.pl로 생성된 CPU 플레임 그래프에 대해 설명합니다.[Gregg 20g]

(이 외에도 다양한 플레임 그래프 구현체가 있습니다. 그중에는 필자의 동료 마틴 스피어(Martin Spier)가 만든 d3 플레임 그래프도 있습니다.[Spier 20a]

특징

CPU 플레임 그래프의 특징은 다음과 같습니다.

- 각 박스는 스택의 함수 하나('스택 프레임')를 표시합니다.
- y축은 스택 깊이(스택에 쌓인 프레임의 개수)를 보여줍니다. 맨 위의 박스는 현재 CPU에서 실행 중인 함수를, 그 아래의 박스는 호출 경로상의 부모 함수들을 나타냅니다. 앞서 살펴본 스택 트레이스와 순서가 동일합니다.
- x축은 표본 수를 나타내며, 왼쪽에서 오른쪽으로의 순서는 아무 의미가 없습니다. (다른 대부분의 그래프는 시간 순서대로 왼쪽에서부터 오른쪽으로 정렬되었지만, 여기서는 알파벳순으로 정렬했습니다).
- 박스의 너비(width)는 어떤 함수나 그 부모 함수들 중 일부가 CPU에서 실행된 시간을 나타냅니다(샘플 개수를 가지고 계산합니다). 더 넓은 박스는 더 좁은 박스보다 단지 조금 더 느린 함수였을 수도 있고, 더 자주 호출된 것일 수도 있습니다. 호출 횟수는 표시하지 않았습니다(게다가 샘플링을 통해서는 횟수를 알 수도 없습니다).

여러 스레드가 실행되고 동시에 샘플링되었다면, 샘플 개수가 샘플링된 전체 시간을 넘어설 수도 있습니다.

색상 팔레트

각 프레임은 다른 색상 스키마에 따라 색칠할 수 있습니다. 그림 6.21처럼 기본값으로 각 프레임에 임의의 따뜻한 색상을 적용하여, 인접한 타워를 시각적으로 구분하는 데 도움이 됩니다. 지난 몇 년 동안 필자는 더 많은 색상 스키마를 추가하였습니다. 사용자들에게 가장 유용한 플레임 그래프의 특징은 다음과 같습니다.

- 색상: 색상은 코드의 유형을 나타냅니다.[29] 예를 들어 빨간색은 네이티브 사용자 레벨 코드를, 오렌지색은 네이티브 커널 레벨 코드를, 노란색은 C++를, 녹색은 인터프리트된 함수를, 파란색은 인라인 함수를 나타내는 등 여러분이 사용하는 언어에 따라 달라집니다. 마젠타색은 검색어와 일치하는 항목을 강조하는 데 사용됩니다. 어떤 개발자들은 자신의 코드를 특정 색상으로 강조해서 두드러지도

---

[29] 이 아이디어는 동료인 아메르 아테르(Amer Ather)가 제안해 주었습니다. 필자의 첫 구현은 정규 표현식을 활용한 간단한 작업으로, 단 5분 만에 완성했습니다.

록 커스터마이징하기도 합니다.
- **채도**: 채도는 함수 이름을 해싱한 결과를 통해 결정됩니다. 인접한 타워와 쉽게 구분할 수 있도록 채도 변화를 지원하고 함수 이름에 동일 색상을 유지함으로써 여러 개의 플레임 그래프를 더 쉽게 비교할 수 있습니다.
- **배경색**: 배경색은 플레임 그래프의 유형을 시각적으로 구분하는데 도움을 줍니다. 예를 들어 CPU 플레임 그래프에는 노란색을, 대기 상태(off-CPU) 혹은 I/O 플레임 그래프에는 파란색을, 메모리 플레임 그래프에는 초록색을 사용할 수 있습니다.

또 다른 유용한 색상 스키마는 IPC(사이클당 명령어 처리 횟수) 플레임 그래프에 사용되는 색상으로, 추가적인 차원인 IPC를 파란색에서 흰색, 빨간색까지 각 프레임을 그라데이션으로 채색해서 시각화합니다.

인터렉티브

플레임 그래프는 **인터렉티브**한 기능을 가지고 있는데, 필자가 처음 만든 flame-graph.pl은 SVG 형식으로 자바스크립트 루틴을 포함하여 생성합니다. 이 덕분에 브라우저를 통해 열면 각 프레임 위에 마우스를 올려 상세 정보를 확인할 수 있으며(하단에 출력), 그 외의 대화형 기능들도 가지고 있습니다. 그림 6.21의 예에서는 start_xmit()이 강조되었는데, 샘플 스택의 72.55%를 차지한다는 것을 보여줍니다.

이 외에도 프레임을 클릭하여 확대[30]가 가능하고, Ctrl-F로 항목을 검색[31]할 수도 있습니다. 검색할 때는 검색어를 포함하는 스택 트레이스가 얼마나 자주 나타났는지를 나타내는 누적 비율도 함께 표시됩니다. 이를 통해 특정 코드 영역이 전체 프로파일에서 차지하는 비율을 쉽게 계산할 수 있습니다. 가령, 전체 중 커널 TCP 코드가 차지한 비율을 확인해 보기 위해 'tcp_'를 검색해 볼 수 있습니다.

해석

플레임 그래프의 해석 방법에 대해 자세히 알아보려면 간단한 예시인 그림 6.22의 CPU 플레임 그래프를 참고하세요

---

[30] 플레임 그래프의 수평 확대 기능은 아드리앵 마휴(Adrien Mahieux)가 개발했습니다.
[31] 검색 기능은 토르스텐 로렌츠(Thorsten Lorenz)의 플레임 그래프 구현체에 처음으로 등장했습니다.

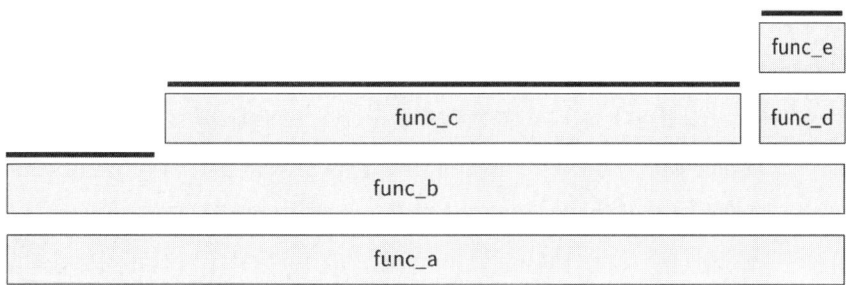

그림 6.22 CPU 플레임 그래프

이 그림에서 그래프의 위쪽 가장자리는 선으로 강조되어 있는데, 이는 샘플링 시점에 실제로 CPU에서 실행 중이었던 함수들을 나타냅니다. 이를 통해 func_c()가 70%에 해당하는 시간 동안 직접적으로 CPU에서 동작하고 있었고 func_b()가 20%, func_e()가 10% 동안 동작하고 있었다는 것을 보여줍니다. 반면, func_a()와 func_d()는 샘플링 시점에 CPU에서 실행된 적이 없습니다.

플레임 그래프를 읽기 위해서는 가장 폭이 넓은 타워를 찾고 그것을 먼저 이해해야 합니다. 그림 6.22에서는 func_a() → func_b() → func_c() 순서이고, 그림 6.21 플레임 그래프에서는 iowrite16()로 끝나는 코드 경로에 해당합니다.

수천 개의 샘플로 이루어진 큰 프로파일에는 단지 몇 번만 샘플링된 코드 경로가 있을 수 있으며, 이는 함수 이름을 넣을 공간이 없을 정도로 좁게 표시됩니다. 이는 사용자에게 오히려 좋은 현상인데, 함수 이름을 쉽게 읽을 수 있는 더 넓은 타워가 자연스럽게 시선을 끌어, 프로파일 대부분을 먼저 이해하는 데 도움이 됩니다.

재귀 함수의 경우, 각 레벨이 별도의 프레임으로 표시됩니다.

앞의 6.5.4절 "프로파일링"에서는 해석과 관련해서 설명하였고, 6.6.13절 "perf"에서는 perf(1)을 사용하여 플레임 그래프를 생성하는 방법에 대해 설명하였습니다.

6.7.4 FlameScope

FlameScope는 넷플릭스에서 개발한 오픈 소스 도구로, 1초 미만 오프셋 히트맵과 플레임 그래프를 결합한 도구입니다.[Gregg 18b] FlameScope의 히트맵을 통해 CPU 사용률을 세밀하게 확인할 수 있는데, 사용자가 특정 시간 범위(1초 미만으로도)를 선택하면, 그 시간 동안의 CPU 사용 상황을 나타내는 플레임 그래프를 볼 수 있습니다. 그림 6.23은 FlameScope 히트맵인데, 필자는 이 그림에 사용 방법과 부연 설명을 덧붙였습니다.

FlameScope는 잠깐 발생하는 사건이나 불규칙한 변화, 미세한 차이를 연구하는 데 아주 적합합니다. 이러한 짧은 사건들은 전체 프로파일을 한 번에 보여주는 CPU 프로파일에서는 너무 미미해 감지되지 않을 수 있습니다. 예를 들어 30초짜리 프로파일 동안 발생한 100ms의 CPU 사건은 플레임 그래프의 전체 너비 중 겨우 0.3%에 해당합니다. 하지만 FlameScope에서는 100ms 동안의 사건이 히트맵의 높이 중 1/10에 해당하는 세로 줄무늬로 표시됩니다. 그림 6.23 예시에서는 이런 짧은 사건들이 여러 번 나타나는 것을 볼 수 있습니다. 이 시간 범위를 선택하면, 해당 시간 동안 CPU에서 무슨 일이 발생했는지를 보여주는 플레임 그래프가 표시되어, 문제의 코드 경로를 확인할 수 있습니다.

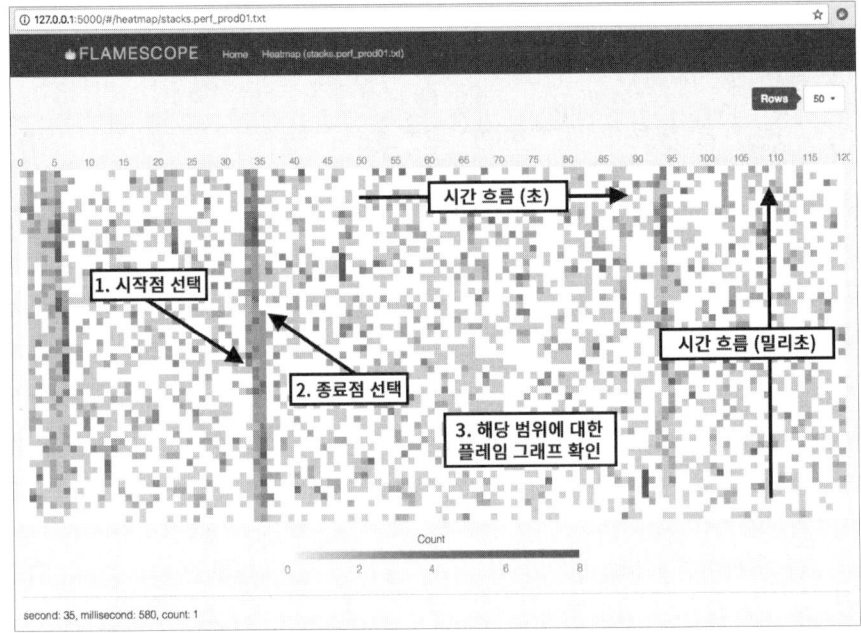

그림 6.23 FlameScope

FlameScope는 넷플릭스에서 개발한 오픈 소스 도구로, 넷플릭스에서는 이 도구로 수많은 성능 개선 지점을 찾아냈습니다.[Netflix 19]

6.8 실험

이번 절에서는 CPU의 성능을 능동적으로 테스트할 수 있는 도구를 설명합니다. 배경에 대해서는 6.5.11절 "마이크로 벤치마킹"을 참고하세요.

이러한 도구를 사용할 때는 mpstat(1)을 계속 실행하면서 CPU 사용률과 병렬성을 확인하는 것이 좋습니다.

6.8.1 임의 부하 생성

이 방법은 단순하며 아무것도 측정하지 않지만, 알려진 워크로드를 실행함으로써 관측가능성 도구가 어떤 정보를 제공할 수 있는지 확인하는 데 유용합니다. 다음은 단일 스레드 작업 부하를 생성하여 한 CPU에서 집중적으로 실행되도록 하는 명령어인데, 해당 워크로드가 관측 도구에서 어떻게 나타나는지 비교함으로써 도구의 정확성과 기능을 검증할 수 있습니다.

```
# while :; do :; done &
```

위 코드는 백그라운드에서 무한루프를 도는 bash 셸 프로그램입니다. 더 이상 필요하지 않으면 종료해야 합니다.

6.8.2 SysBench

SysBench(시스템 벤치마크)는 소수를 계산하는 간단한 CPU 벤치마크 도구입니다. 다음은 실행 예시입니다.

```
# sysbench --num-threads=8 --test=cpu --cpu-max-prime=100000 run
sysbench 0.4.12:  multi-threaded system evaluation benchmark

Running the test with following options:
Number of threads: 8

Doing CPU performance benchmark
Threads started!
Done.

Maximum prime number checked in CPU test: 100000

Test execution summary:
    total time:                          30.4125s
    total number of events:              10000
```

```
total time taken by event execution: 243.2310
    per-request statistics:
         min:                                24.31ms
         avg:                                24.32ms
         max:                                32.44ms
         approx. 95 percentile:              24.32ms
Threads fairness:
    events (avg/stddev):           1250.0000/1.22
    execution time (avg/stddev):   30.4039/0.01
```

이 예제에서는 8개의 스레드를 실행하는데, 최대 소수는 100,000으로 지정했습니다. 실행 시간은 30.4초이며, 이 결과를 다른 시스템이나 다른 설정과 비교할 때 사용할 수 있습니다(물론, 비교를 위해서는 소프트웨어 빌드 시 동일한 컴파일러 옵션을 사용했을 것이라는 전제 등 다양한 조건이 필요합니다). 12장 "벤치마킹"을 참고하세요).

6.9 튜닝

CPU에서 가장 큰 성능 향상은 보통 불필요한 작업을 없앨 때 달성할 수 있고, 이렇게 해야 효과적인 튜닝 형태라 할 수 있습니다. 6.5절 "방법론"과 6.6절 "관측 도구"에서 다룬 다양한 분석 방법을 활용하여 이러한 불필요한 작업을 찾을 수 있습니다. 튜닝을 위한 다른 방법으로 우선순위 튜닝과 CPU 바인딩에 대해서도 소개했습니다. 이번 절에서는 이러한 튜닝을 비롯해 몇 가지 다른 방법을 예제로 다룹니다.

구체적인 튜닝 방법(변경할 수 있는 옵션이나 어떤 값을 설정할 수 있는지 등)은 프로세서 유형이나 운영 체제 버전, 사용하는 워크로드 등에 따라 다릅니다. 다음은 어떤 옵션이 있으며, 이를 어떻게 튜닝할 수 있는지를 유형별로 설명합니다. 앞의 "방법론" 절에서 이러한 튜닝 가능 파라미터를 언제, 왜 튜닝해야 하는지에 대해 이미 알려드렸습니다.

6.9.1 컴파일러 옵션

컴파일러와 코드 최적화를 위해 제공되는 옵션들은 CPU 성능에 큰 영향을 줄 수 있습니다. 일반적으로 고려해 볼 옵션에는 32비트 대신 64비트 컴파일 그리고 최적화 수준 지정 등이 있습니다. 컴파일러 최적화에 대해서는 5장 "애플리케이션"에서 설명합니다.

6.9.2 스케줄링 우선순위 및 클래스

nice(1) 명령어를 사용하여 프로세스의 우선순위를 조정할 수 있습니다. 양수의 nice 값은 우선순위를 낮추고, 음수의 nice 값(슈퍼유저만 설정할 수 있음)은 우선순위를 높입니다. 범위는 −20에서 +19까지입니다.

```
$ nice -n 19 command
```

위의 명령어는 nice 값 19로 명령을 실행하는데, 이는 nice가 설정할 수 있는 가장 낮은 우선순위입니다. 이미 실행 중인 프로세스의 우선순위를 변경하려면 renice(1)을 사용하면 됩니다.

리눅스에서 chrt(1) 명령어는 스케줄링 우선순위와 정책을 직접 보여주고 설정할 수 있습니다.

```
$ chrt -b command
```

위의 명령어는 SCHED_BATCH 정책으로 명령을 실행합니다(6.4.2절 "소프트웨어"의 스케줄링 클래스 참조). nice(1)와 chrt(1)은 이미 실행 중인 프로세스에 대해 스케줄링 설정을 변경할 수 있는데, PID를 지정하는 옵션을 통해 이를 수행할 수 있습니다(매뉴얼 페이지 참조).

스케줄링 우선순위는 setpriority(2) 시스템 콜을 사용하여 직접 설정할 수 있으며, 우선순위와 스케줄링 정책은 sched_setscheduler(2) 시스템 콜을 사용하여 설정할 수 있습니다.

6.9.3 스케줄러 옵션

커널이 스케줄러 동작을 조정할 수 있는 튜닝 파라미터를 제공할 수는 있지만, 이러한 요소를 실제로 튜닝해야 할 필요가 있으리라고 생각하진 않습니다.

리눅스 시스템에서는 다양한 CONFIG 옵션을 통해 스케줄러 동작을 고급으로 설정할 수 있습니다(커널 컴파일 필요). 표 6.12는 우분투 19.10과 리눅스 5.3 커널에서 사용할 수 있는 옵션 예시를 보여줍니다.

표 6.12 리눅스 스케줄러 CONFIG 옵션의 예

옵션	기본값	설명
CONFIG_CGROUP_SCHED	y	태스크를 그룹으로 만들어 CPU 시간을 그룹마다 배정할 수 있게 함
CONFIG_FAIR_GROUP_SCHED	y	CFS 태스크를 그룹으로 만들 수 있게 함
CONFIG_RT_GROUP_SCHED	n	실시간 태스크를 그룹으로 만들 수 있게 함
CONFIG_SCHED_AUTOGROUP	y	자동으로 태스크 그룹을 식별하고 생성(예: 빌드 작업들)
CONFIG_SCHED_SMT	y	하이퍼스레딩 지원
CONFIG_SCHED_MC	y	멀티코어 지원
CONFIG_HZ	250	커널 클럭 속도 설정(타이머 인터럽트)
CONFIG_NO_HZ	y	틱 없는 커널 사용
CONFIG_SCHED_HRTICK	y	고해상도 타이머 사용
CONFIG_PREEMPT	n	커널 전체 선점(스핀 락과 인터럽트 영역 제외)
CONFIG_PREEMPT_NONE	n	선점 없음
CONFIG_PREEMPT_VOLUNTARY	y	커널 코드 지점 중에서 자발적으로 양보하는 지점에서만 선점

또한, 실행 중인 시스템에서 바로 설정해 볼 수 있는 스케줄러 sysctl(8) 튜닝 옵션이 있는데, 이는 표 6.13에 정리되어 있습니다(우분투 기본값 포함).

표 6.13 리눅스 스케줄러 sysctl(8) 튜닝 옵션 예

sysctl	기본값	설명
kernel.sched_cfs_bandwidth_slice_us	5000	CFS 대역폭 계산에 사용되는 CPU 시간 할당량
kernel.sched_latency_ns	12000000	목표 선점 지연시간. 이 값을 늘리면 작업의 CPU 사용 시간을 늘릴 수 있지만 선점 지연시간이 늘어날 수 있습니다
kernel.sched_migration_cost_ns	500000	작업 마이그레이션 지연 비용. CPU 친화도(affinity) 계산에 사용됩니다. 이 값보다 더 최근에 실행된 작업은 캐시 활성화가 된 것으로 간주됩니다.
kernel.sched_nr_migrate	32	부하 균형을 위해 한 번에 마이그레이션할 수 있는 작업의 수를 설정합니다.
kernel.sched_schedstats	0	추가 스케줄러 통계 활성화, (예: sched:sched_stat* tracepoint 등)

이러한 sysctl(8) 튜닝 옵션들은 /proc/sys/sched을 통해서도 설정할 수 있습니다.

6.9.4 스케일링 거버너

리눅스는 소프트웨어(커널)를 통해 CPU 클럭 속도를 제어하는 다양한 CPU 스케일링 거버너(governor)를 지원합니다. 이는 /sys 파일을 통해 설정할 수 있습니다. 다음은 CPU 0의 거버너를 확인하는 예시입니다.

```
# cat /sys/devices/system/cpu/cpufreq/policy0/scaling_available_governors
performance powersave
# cat /sys/devices/system/cpu/cpufreq/policy0/scaling_governor
Powersave
```

이는 튜닝되지 않은 시스템의 예시인데, 현재 CPU의 거버너는 'powersave'로 설정되어 있어 전력을 절약하기 위해 CPU 속도가 저하됩니다. 다음 예시처럼 CPU 거버너를 'performance'로 설정하면 항상 최대 속도를 유지합니다.

```
# echo performance > /sys/devices/system/cpu/cpufreq/policy0/scaling_governor
```

모든 CPU(policy0..N)에 대해 이 설정을 개별적으로 적용해야 하며, 이 디렉터리에는 주파수를 직접 설정할 수 있는 파일(scaling_setspeed)과 사용 가능한 최소 및 최대 주파수를 나타내는 파일(scaling_min_freq, scaling_max_freq)도 포함되어 있습니다.

CPU를 항상 최대 속도로 실행하게 설정하면 지구 환경에 엄청난 영향을 미칠 수 있습니다. 이 설정이 크게 성능을 향상시키지 않는다면, 지구를 위해 powersave 설정을 계속 사용하기 바랍니다. 전력 MSR에 접근할 수 있는 호스트의 경우, 이러한 MSR을 사용하여 최대 CPU 속도 설정 유무에 따른 소비 전력을 계측하여 환경 비용을 어느 정도[32] 정량화할 수 있습니다(클라우드 게스트 환경에서는 사용할 수 없을 것입니다).

6.9.5 프로세서 전원 상태

cpupower(1) 도구를 사용하여 프로세서 전원 상태를 활성화하거나 비활성화할 수 있습니다. 앞서 6.6.21절 "기타 도구"에서 본 바와 같이, 깊은 수면 상태는 깨어나는데 소요되는 지연시간이 클 수 있습니다(예: C10의 경우 wakeup에 890μs 소요). -d 옵션은 특정 전원 상태를 비활성화할 수 있으며, -D latency 옵션은 지정한 지

---

[32] 호스트에서 수행되는 전력 측정은 서버 냉방, 제조, 운송, 그리고 기타 요소에 대한 환경적 비용을 고려하지 않습니다.

연시간(μs 단위)보다 높은 wakeup 지연시간을 가진 모든 상태를 비활성화합니다. 이를 통해 지연시간이 과도한 상태를 제외하고, 사용할 수 있는 저전력 상태를 세밀하게 조정할 수 있습니다.

6.9.6 CPU 바인딩

하나 이상의 CPU에 프로세스를 바인딩하면 캐시의 효율성을 높이고 메모리 지역성을 개선함으로써 성능을 향상시킬 수 있습니다.

리눅스에서는 taskset(1) 명령어를 사용하여 CPU 마스크나 범위를 설정하여 CPU 친화도를 설정할 수 있습니다. 다음은 사용 예시입니다.

```
$ taskset -pc 7-10 10790
pid 10790's current affinity list: 0-15
pid 10790's new affinity list: 7-10
```

이는 PID 10790가 CPU 7에서 10 사이에서만 실행하도록 설정합니다.

numactl(8) 명령어는 CPU 바인딩뿐만 아니라 메모리 노드 바인딩도 설정할 수 있습니다(7.6.4절, NUMA 바인딩 참고).

6.9.7 배타적 CPU 셋

리눅스에는 CPU를 그룹화하고 프로세스를 할당할 수 있는 cpusets이라는 것이 있습니다. 이를 통해 프로세스 바인딩과 유사한 방식으로 성능을 향상시킬 수 있는데, cpuset을 배타적으로 설정하여 다른 프로세스가 해당 CPU를 사용하지 못하도록 할 경우 성능을 더욱 향상시킬 수 있습니다. 그 대신 시스템의 다른 영역에서 사용 가능한 CPU가 줄어들게 됩니다.

다음 예제는 배타적 셋를 생성하는 예시입니다.

```
# mount -t cgroup -ocpuset cpuset /sys/fs/cgroup/cpuset   # 필요 없을 수 있음
# cd /sys/fs/cgroup/cpuset
# mkdir prodset                       # "prodset"라는 이름의 cpuset 생성
# cd prodset
# echo 7-10 > cpuset.cpus             # CPU 7-10번 CPU 지정
# echo 1 > cpuset.cpu_exclusive       # prodset을 배타적으로 설정
# echo 1159 > tasks                   # PID 1159를 prodset에 할당
```

더 자세한 내용은 cpuset(7) 매뉴얼 페이지를 참고하세요.

CPU 셋을 생성할 때는 인터럽트를 계속 처리할 CPU를 염두에 두어야 합니다. irqbalance(1) 데몬은 성능을 개선하기 위해 인터럽트를 CPU 간에 분배하려고 시도할 것입니다. /proc/irq/IRQ/smp_affinity 파일을 통해 IRQ별로 CPU 친화도를 수동으로 설정할 수도 있습니다.

6.9.8 리소스 제어

프로세스를 한 개 또는 여러 개의 CPU에 바인딩하는 것 외에도, 최근의 운영 체제들은 CPU 사용을 미세하게 제어하는 리소스 제어 기능을 제공합니다.

리눅스에는 컨트롤 그룹(cgroup)이 있는데, 이를 통해 개별 프로세스나 프로세스 그룹의 자원 사용을 제어할 수 있습니다. CPU 사용은 가중치(shares) 설정을 통해 다른 작업과의 상대적 비율을 조정하거나 CFS 스케줄러의 **CPU 대역폭(bandwidth)** 설정으로 절대 상한을 설정하여, 각 주기마다 할당되는 CPU 시간(μs)을 제한하는 방식으로 제어할 수 있습니다.

11장 "클라우드 컴퓨팅"에서는 OS 가상화된 테넌트들의 CPU 사용을 가중치와 **대역폭**을 사용하여 조화롭게 관리하는 예제를 보여줍니다.

6.9.9 보안 부팅 옵션

멜트다운과 스펙터(Spectre) 보안 취약점에 대한 여러 커널 완화 조치(mitigations)는 성능 저하를 유발할 수 있습니다. 때로는 보안이 꼭 필요하지 않고 고성능이 요구되는 상황이 있을 수 있으며, 이러한 경우 완화 조치를 비활성화하고 싶을 수 있습니다. 보안 위험으로 인해 권장되지 않기에 여기서 방법을 설명하지는 않겠습니다만, 이러한 방안이 있다는 건 알아두어야 합니다. 이와 관련된 grub 부팅 옵션으로는 nospectre_v1 및 nospectre_v2가 있습니다. 이 옵션들은 리눅스 소스의 Documentation/admin-guide/kernel-parameters.txt[Linux 20f]에 문서화되어 있습니다.

다음은 문서를 발췌한 것입니다.

```
nospectre_v1    [PPC] Disable mitigations for Spectre Variant 1 (bounds
                check bypass). With this option data leaks are possible
                in the system.
nospectre_v2    [X86,PPC_FSL_BOOK3E,ARM64] Disable all mitigations for
                the Spectre variant 2 (indirect branch prediction)
                vulnerability. System may allow data leaks with this
                option.
```

사용할 수 있는 옵션을 정리한 *https://make-linux-fast-again.com*라는 웹사이트도 있습니다만, 여기에는 커널 문서에 명시된 경고가 없습니다.

6.9.10 프로세스 옵션(BIOS 튜닝)

프로세서는 일반적으로 프로세서 수준의 기능을 활성화, 비활성화 또는 튜닝할 수 있는 설정을 제공합니다. X86 시스템에서는 대부분 이러한 설정을 부팅 시점에 액세스할 수 있는 BIOS 설정 메뉴를 통해 지정할 수 있습니다.

일반적으로 최대 성능을 위해 기본값이 설정되어 있으므로 별도의 조정이 필요하지 않습니다. 필자가 이런 값을 조정하는 가장 흔한 이유는 인텔 터보 부스트를 비활성화해서 CPU 벤치마크를 일관된 속도로 실행하려 할 때입니다.(조금이라도 빠른 성능을 위해 프로덕션 환경에서는 터보 부스트를 꼭 활성화해야 한다는 사실을 기억해 두세요).

6.10 연습 문제

1. 다음 CPU 용어에 관한 질문에 답하시오.
   - 프로세스와 프로세서의 차이점은 무엇입니까?
   - 하드웨어 스레드란 무엇입니까?
   - 실행 큐란 무엇입니까?
   - 사용자 시간과 커널 시간의 차이점이 무엇입니까?

2. 다음 개념에 대한 질문에 답하시오.
   - CPU 사용률과 포화도에 대해 설명하시오.
   - 명령어 파이프라인이 CPU 스루풋을 향상시키는 이유를 설명하시오.
   - 프로세서 명령어 너비가 CPU 스루풋을 향상시키는 이유를 설명하시오.
   - 멀티프로세스와 멀티스레드 모델의 이점에 대해 설명하시오.

3. 다음 심화 질문에 답하시오.
   - 시스템 CPU가 실행 가능한(runnable) 작업으로 과부하가 걸린 경우 어떤 일이 벌어지는가에 대해, 애플리케이션 성능에 미치는 영향을 포함해 설명하시오.
   - 실행가능한 작업이 없는 경우 CPU는 어떤 일을 합니까?
   - 의심스러운 CPU 성능 문제가 생겼을 때, 여러분이라면 검토 초기에 어떤 방

법론을 사용할지 두 가지를 말하고, 왜 그 방안을 택했는지 설명하시오.

4. 현재 사용 중인 운영 체제에서 다음의 과정을 수행해 보십시오.
    - CPU 자원에 대한 USE 방법론 체크리스트를 작성하되, 각 지표를 어떻게 가져올지(예: 어떤 명령어를 실행할지) 그리고 그 결과를 어떻게 해석할지를 포함해 설명하시오. 추가로 소프트웨어를 설치하거나 사용하기 전에 가능한 한 기존 운영 체제 관측가능성 도구를 먼저 사용하시오.
    - CPU 자원에 대한 워크로드 특성화 체크리스트를 작성하되, 각 지표를 어떻게 가져올지 담아내고, 가능한 한 기존의 운영 체제 관찰 도구를 먼저 사용하시오.

5. 다음 작업을 수행해 보십시오.
    - 아주 큰 디스크/락 부하 없이, 안정화된 상태에 있는 다음 시스템의 부하 평균을 계산하시오.
    - CPU가 64개 있는 시스템입니다.
    - 시스템 전역의 CPU 사용률은 50% 입니다.
    - 시스템 전역의 CPU 포화도를 전체 실행 가능 스레드와 실행 큐 스레드의 개수 평균으로 계산하면 2.0입니다.
    - 애플리케이션을 하나 골라서 사용자 레벨 CPU 사용을 프로파일링하시오. 어떤 코드 경로가 CPU를 가장 많이 사용하는지 설명하시오.

6. (선택문제, 심화문제) bustop(1) 도구를 개발해 보십시오. 이는 물리적 버스 또는 인터커넥트 사용률을 보여주는 도구로, iostat(1)과 유사한 형식으로 결과를 보여줍니다. 출력되는 내용으로는 버스 목록, 각 방향으로의 처리량을 나타내는 칼럼과 사용률이 포함될 것입니다. 가능하다면 포화도 및 오류 지표도 포함시키세요. 이 작업을 수행하기 위해서는 PMC(성능 모니터링 카운터)를 사용해야 할 것입니다.

6.11 참고 자료

[Saltzer 70] Saltzer, J., and Gintell, J., "The Instrumentation of Multics," *Communications of the ACM*, August 1970.

[Bobrow 72] Bobrow, D. G., Burchfiel, J. D., Murphy, D. L., and Tomlinson, R. S., "TENEX: A Paged Time Sharing System for the PDP-10*," *Communications of the ACM*, March 1972.

[Myer 73] Myer, T. H., Barnaby, J. R., and Plummer, W. W., *TENEX Executive Manual*, Bolt, Baranek and Newman, Inc., April 1973.

[Thomas 73] Thomas, B., "RFC 546: TENEX Load Averages for July 1973," Network Working Group, *http://tools.ietf.org/html/rfc546*, 1973.

[TUHS 73] "V4," The Unix Heritage Society, *http://minnie.tuhs.org/cgi-bin/utree.pl?file=V4*, materials from 1973.

[Hinnant 84] Hinnant, D., "Benchmarking UNIX Systems," BYTE magazine 9, no. 8, August 1984.

[Bulpin 05] Bulpin, J., and Pratt, I., "Hyper-Threading Aware Process Scheduling Heuristics," USENIX, 2005.

[Corbet 06a] Corbet, J., "Priority inheritance in the kernel," LWN.net, *http://lwn.net/Articles/178253*, 2006.

[Otto 06] Otto, E., "Temperature-Aware Operating System Scheduling," University of Virginia (Thesis), 2006.

[Ruggiero 08] Ruggiero, J., "Measuring Cache and Memory Latency and CPU to Memory Bandwidth," Intel (Whitepaper), 2008.

[Intel 09] "An Introduction to the Intel QuickPath Interconnect," Intel (Whitepaper), 2009.

[Levinthal 09] Levinthal, D., "Performance Analysis Guide for Intel® Core™ i7 Processor and Intel® Xeon™ 5500 Processors," Intel (Whitepaper), 2009.

[Gregg 10a] Gregg, B., "Visualizing System Latency," *Communications of the ACM*, July 2010.

[Weaver 11] Weaver, V., "The Unofficial Linux Perf Events Web-Page," *http://web.eece.maine.edu/~vweaver/projects/perf_events*, 2011.

[McVoy 12] McVoy, L., "LMbench - Tools for Performance Analysis," *http://www.bitmover.com/lmbench*, 2012.

[Stevens 13] Stevens, W. R., and Rago, S., *Advanced Programming in the UNIX Environment*, 3rd Edition, Addison-Wesley 2013. (번역서는 《UNIX 고급 프로그래밍》 류광 옮김, 퍼스트북, 2014)

[Perf 15] "Tutorial: Linux kernel profiling with perf," perf wiki, *https://perf.wiki.kernel.org/index.php/Tutorial*, last updated 2015.

[Gregg 16b] Gregg, B., "The Flame Graph," *Communications of the ACM*, Volume 59, Issue 6, pp. 48-57, June 2016.

[ACPI 17] Advanced Configuration and Power Interface (ACPI) Specification, *https://uefi.org/ sites/default/files/resources/ACPI%206_2_A_Sept29.pdf*, 2017.

[Gregg 17b] Gregg, B., "CPU Utilization Is Wrong," *http://www.brendangregg.com/blog/2017-05-09/*

cpu-utilization-is-wrong.html, 2017.

[Gregg 17c] Gregg, B., "Linux Load Averages: Solving the Mystery," http://www.brendangregg.com/blog/2017-08-08/linux-load-averages.html, 2017.

[Mulnix 17] Mulnix, D., "Intel® Xeon® Processor Scalable Family Technical Overview," https://software.intel.com/en-us/articles/intel-xeon-processor-scalable-family-technicaloverview, 2017.

[Gregg 18b] Gregg, B., "Netflix FlameScope," Netflix Technology Blog, https://netflixtechblog.com/netflix-flamescope-a57ca19d47bb, 2018.

[Ather 19] Ather, A., "General Purpose GPU Computing," http://techblog.cloudperf.net/2019/12/general-purpose-gpu-computing.html, 2019.

[Gregg 19] Gregg, B., *BPF Performance Tools: Linux System and Application Observability*, Addison-Wesley, 2019. (번역서는 《BPF 성능 분석 도구: BPF 트레이싱을 통한 리눅스 시스템 관측가능성과 성능 향상》 이호연 옮김, 인사이트, 2021)

[Intel 19a] *Intel 64 and IA-32 Architectures Software Developer's Manual*, Combined Volumes 1, 2A, 2B, 2C, 3A, 3B, and 3C. Intel, 2019.

[Intel 19b] *Intel 64 and IA-32 Architectures Software Developer's Manual*, Volume 3B, *System Programming Guide, Part 2*. Intel, 2019.

[Netflix 19] "FlameScope Is a Visualization Tool for Exploring Different Time Ranges as Flame Graphs," https://github.com/Netflix/flamescope, 2019.

[Wysocki 19] Wysocki, R., "CPU Idle Time Management," Linux documentation, https://www.kernel.org/doc/html/latest/driver-api/pm/cpuidle.html, 2019.

[AMD 20] "AMD μProf," https://developer.amd.com/amd-uprof, accessed 2020.

[Gregg 20d] Gregg, B., "MSR Cloud Tools," https://github.com/brendangregg/msr-cloudtools, last updated 2020.

[Gregg 20e] Gregg, B., "PMC (Performance Monitoring Counter) Tools for the Cloud," https://github.com/brendangregg/pmc-cloud-tools, last updated 2020.

[Gregg 20f] Gregg, B., "perf Examples," http://www.brendangregg.com/perf.html, accessed 2020.

[Gregg 20g] Gregg, B., "FlameGraph: Stack Trace Visualizer," https://github.com/brendangregg/FlameGraph, last updated 2020.

[Intel 20a] "Product Specifications," https://ark.intel.com, accessed 2020.

[Intel 20b] "Intel® VTune™ Profiler," https://software.intel.com/content/www/us/en/develop/tools/vtune-profiler.html, accessed 2020.

[Iovisor 20a] "bpftrace: High-level Tracing Language for Linux eBPF," https://github.com/iovisor/

bpftrace, last updated 2020.

[Linux 20f] "The Kernel's Command-Line Parameters," Linux documentation, *https://www.kernel.org/doc/html/latest/admin-guide/kernel-parameters.html*, accessed 2020.

[Spier 20a] Spier, M., "A D3.js Plugin That Produces Flame Graphs from Hierarchical Data," *https://github.com/spiermar/d3-flame-graph*, last updated 2020.

[Spier 20b] Spier, M., "Template," *https://github.com/spiermar/d3-flame-graph#template*, last updated 2020.

[Valgrind 20] "Valgrind Documentation," *http://valgrind.org/docs/manual*, May 2020.

[Verma 20] Verma, A., "CUDA Cores vs. Stream Processors Explained," *https://graphicscardhub.com/cuda-cores-vs-stream-processors*, 2020.

7장

Systems Performance Second Edition

메모리

시스템 메인 메모리에는 애플리케이션이나 커널의 명령어, 작업 데이터 및 파일 시스템 캐시 등이 저장됩니다. 많은 시스템에서 이러한 데이터들이 2차적으로 저장되는 공간은 주 저장 장치인 디스크인데, 디스크는 메인 메모리보다 몇 배 더 느리게 동작합니다. 메인 메모리가 꽉 차면 시스템은 메인 메모리와 저장 장치 간에 데이터를 이동하는 작업을 시작할 것입니다. 이에 따라 프로세스의 속도가 느려지고 시스템의 병목 지점이 되어 성능을 급격히 감소시킬 수 있습니다. 이뿐 아니라 시스템은 메모리를 가장 많이 사용하는 프로세스를 종료시킬 수도 있으며, 이로 인해 애플리케이션의 동작이 중단될 수도 있습니다.

고려해야 할 기타 성능 요소로는 메모리 할당, 해제, 복사, 메모리 주소 공간 매핑 관리 등에 소모되는 CPU 비용이 있습니다. 이 외에도 다중 소켓 아키텍처에서는 CPU와 동일한 소켓에 위치한 로컬 메모리의 지연시간이, 다른 소켓에 있는 원격 메모리의 지연시간보다 더 짧기 때문에 메모리 지역성에 대해서도 고려해야 합니다.

이번 장에서는 다음의 내용을 알아봅니다.

- 메모리 개념에 대해 이해하기
- 메모리 하드웨어 내부 구조에 익숙해지기
- 커널 및 사용자 메모리 할당자 내부 구조에 익숙해지기
- MMU 및 TLB가 실제로 어떻게 동작하는지 이해하기
- 여러 가지 메모리 분석 방법론을 따라해 보기

- 시스템 전체의 메모리 사용량 및 프로세스별 메모리 사용량 특징 파악하기
- 사용 가능한 메모리가 부족할 때 발생하는 문제 파악하기
- 커널 슬랩 캐시 혹은 프로세스 주소 공간별 메모리 사용량 확인하기
- 프로파일링 도구, 트레이싱 도구, 플레임 그래프를 사용해서 메모리 사용량 조사하기
- 메모리 관련 튜닝 파라미터에 대해 알아보기

이번 장은 5개의 부분으로 나누어 설명하는데, 앞쪽 셋은 메모리 분석의 기초를 제공하고, 나머지 둘은 이를 리눅스 기반 시스템에 실제로 적용하는 방법을 다룹니다. 각 부분은 다음과 같습니다.

- **배경지식**에서는 메모리 관련 용어와 메모리 성능과 관련된 핵심 개념을 소개합니다.
- **아키텍처**에서는 하드웨어 및 소프트웨어 메모리 아키텍처와 관련된 일반적인 내용을 설명합니다.
- **방법론**에서는 성능 분석 방법론에 대해 설명합니다.
- **관측가능성 도구**에서는 메모리 분석을 위한 성능 분석 도구에 대해 다룹니다.
- **튜닝**에서는 튜닝 파라미터와 튜닝 방법에 대해 설명합니다.

CPU 내장 메모리 캐시(L1/2/3 캐시, TLB)에 대해서는 6장 "CPU"에서 다루었습니다.

7.1 용어

이번 장에서 사용하는 메모리 관련 용어로는 다음과 같은 것들이 있습니다.

- **메인 메모리(Main memory)**: 보통 DRAM으로 구성된 컴퓨터의 고속 데이터 저장 장치 영역을 말합니다. **물리 메모리(physical memory)**라고도 부릅니다.
- **가상 메모리(Virtual memory)**: 메인 메모리를 추상화한 공간으로, 크기 제한이 없어 사실상 무한하게 사용할 수 있으며, 다른 프로그램과 충돌 없이 독립적인 메모리 공간을 제공합니다. 실제 물리적 메모리가 아니라 운영 체제가 가상으로 관리하는 공간입니다.
- **상주 메인 메모리(Resident memory)**: 현재 메인 메모리에 실제로 위치하고 있는

메모리를 말합니다.
- **익명 메모리(Anonymous memory)**: 파일 경로나 이름 없이, 프로그램이 작업을 위해 임시로 사용하는 메모리 공간입니다. 이 공간에는 프로그램의 작업 데이터가 저장되는 **힙(heap)** 영역도 포함됩니다.
- **주소 공간(Address space)**: 특정 프로그램이나 프로세스의 메모리 사용 범위를 나타내는 개념입니다. 커널과 각 프로세스에는 개별적으로 가상 주소 공간이 부여됩니다.
- **세그먼트(Segment)**: 특정한 용도로 할당된 가상 메모리의 영역으로, 실행 가능한 코드 페이지나 쓰기 가능한 데이터 페이지를 저장하는 구역입니다.
- **명령어 텍스트(Instruction text)**: 메모리에 위치한 CPU 명령어를 의미하며, 주로 프로그램의 실행 코드를 포함한 세그먼트에 위치합니다.
- **OOM**: 메모리 부족(Out of memory)이란 뜻으로 커널이 메모리가 부족하다는 사실을 인지했을 때 나타나는 상태입니다.
- **페이지(Page)**: 운영 체제나 CPU에서 메모리를 다루는 기본 단위로, 역사적으로 4KB나 8KB 크기가 주로 사용되었습니다. 최신 프로세서들은 더 큰 페이지를 지원하기 위해 **다양한 페이지 크기(multiple page size)** 옵션을 제공합니다.
- **페이지 폴트(Page fault)**: 유효하지 않은 메모리에 접근하는 상황을 말합니다. 이는 일반적으로 온디맨드(on-demand) 방식으로 가상 메모리를 사용할 때 발생합니다.
- **페이징(Paging)**: 메인 메모리와 저장 장치 사이에서 페이지를 보내거나 받는 것을 말합니다.
- **스와핑(Swapping)**: 리눅스에서 **스와핑(swapping)**은 스왑 장치로 스왑 페이지를 주고 받는 것(**익명 페이징**, anonymous paging)을 의미합니다. 유닉스와 기타 운영 체제에서 **스와핑**은 메인 메모리와 스왑 장치 사이에서 프로세스 전체를 보내거나 받는 것을 의미합니다. 이 책에서는 리눅스의 정의를 따릅니다.
- **스왑(Swap)**: 페이징된 익명 데이터가 보관되는 디스크의 특정 영역을 의미합니다. 보통은 **물리적 스왑 장치(physical swap device)**라는 저장소 안의 특정 영역이거나, 파일 시스템에 위치한 **스왑 파일(swap file)**을 가리킵니다. 일부 도구는 가상 메모리를 가리켜 **스왑**이라 부르기도 하지만, 이는 혼란을 부르는 잘못된 용어 사용입니다.

여타의 용어들은 필요할 때마다 이번 장에서 소개할 예정입니다. 용어사전에는 주소, 버퍼, DRAM 같은 기본 용어가 설명되어 있으니 필요할 때 참조하세요. 또한 2장과 3장의 용어 부분도 참조하십시오.

7.2 개념

메모리 그리고 메모리 성능 관련 중요한 개념들을 선별해 아래에 정리했습니다.

7.2.1 가상 메모리

가상 메모리는 각 프로세스와 커널에게 자신만의 커다란 선형 주소 공간을 제공하는 추상화 방법입니다. 이 추상화 덕분에 운영 체제가 물리적 메모리의 배치를 관리하므로, 개발자는 물리적 메모리 위치를 신경 쓰지 않고도 메모리를 사용할 수 있어 개발이 단순해집니다. 또한 가상 주소는 각 프로세스가 서로 격리된 메모리 공간을 가지도록 설계되어 있어, 여러 프로그램이 동시에 실행되는 멀티태스킹 환경을 지원합니다. 또한 실제 메모리 용량보다 더 큰 가상 주소 공간을 프로그램에 내줄 수도 있습니다. 이렇게 실제 자원 이상을 빌려 쓰는 것을 '과할당(oversubscription)'이라고 합니다. 가상 메모리는 3장 "운영 체제"의 3.2.8 "가상 메모리"에서 소개했습니다. 역사적 배경[Denning 70]을 참고하세요.

그림 7.1은 프로세스 가상 메모리를 보여주는데, 스왑 장치(2차 저장소)를 사용하고 있는 시스템에서 어떻게 구성되는지 설명하고 있습니다. 대부분의 가상 메모리 시스템이 페이지 기반으로 구성되어 있어, 그림에서 메모리 페이지가 사각형으로 표현되었습니다.

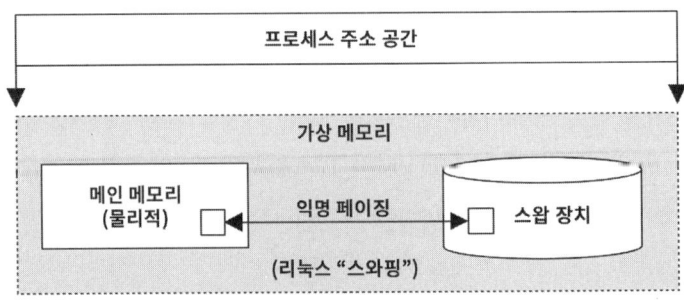

그림 7.1 프로세스 가상 메모리

그림 7.1에서 볼 수 있듯이, 프로세스의 주소 공간은 가상 메모리 서브시스템에 의

해 메인 메모리와 스왑 장치로 매핑됩니다. 이러한 구성에서 커널은 필요에 따라 메모리 페이지를 메인 메모리와 스왑 영역 간에 이동시킬 수 있는데, 리눅스에서는 이 과정을 **스와핑**이라고 합니다(다른 OS에서는 **익명 페이징**이라고 합니다). 이처럼 커널은 페이징과 스와핑을 사용하여 실제 메모리보다 더 큰 가상 메모리를 제공할 수 있습니다.

하지만 커널은 이러한 과할당에 제한을 두기도 합니다. 일반적으로 이 한도는 메인 메모리와 스왑 장치의 크기를 합한 값으로 정해집니다. 커널은 이 제한을 초과하는 메모리 할당 요청을 거부할 수 있습니다. 이러한 '가상 메모리 부족' 오류는 처음엔 혼란스러울 수 있는데, 가상 메모리 자체가 추상적인 자원이기 때문입니다.

리눅스에서는 메모리 할당에 제한을 두는 대신 **오버커밋**(overcommit)이라는 방식으로 메모리 제한 없이 할당을 허용할 수도 있습니다.[1] 이 오버커밋에 대해서는 후속 절에서 페이징과 요구 페이징을 다룬 뒤에 설명합니다. 이들은 오버커밋의 작동을 설명하는 데 필요한 개념입니다.

7.2.2 페이징

페이징(paging)은 메인 메모리로 페이지를 가져오거나 메모리에서 페이지를 내보내는 것을 말하며, 각각 **페이지 인**(page-in), **페이지 아웃**(page-out)이라 합니다. 페이징은 1962년 아틀라스(Atlas) 컴퓨터[2]에서 처음 소개되었는데[Corbató 68] 이를 통해 다음과 같은 기능들이 가능해졌습니다.

- 프로그램의 일부만 메모리에 로드되어도 실행할 수 있습니다.
- 메인 메모리보다 더 큰 프로그램을 실행할 수 있습니다.
- 메인 메모리와 저장 장치 사이에 프로그램을 효율적으로 이동시킬 수 있습니다.

이러한 기능들은 오늘날에도 여전히 유효합니다. 초기 시스템에서는 페이징이 도입되지 않아, 메모리에 프로그램 전체를 한번에 적재하거나 스와핑해야 했습니다. 그러나 페이징이 적용되면서 프로그램을 작은 페이지 단위(예: 4 KB)로 나눠 필요할 때만 일부를 메모리에 로드할 수 있게 되었고, 이를 통해 메모리를 훨씬 효율적으로 사용할 수 있게 되었습니다.

---

1 (옮긴이) 리눅스에서는 이런 과할당을 오버커밋(overcommit) 정책으로 제어합니다. overcommit=1(허용 모드)에서는 실제 메모리와 스왑을 넘어서는 큰 요청도 받아들이지만, overcommit=2(제한 모드)에서는 실제 메모리와 스왑을 합한 범위를 넘는 요청은 거부됩니다.
2 (옮긴이) 1962년에 공개된 세계 최초의 슈퍼컴퓨터 중 하나.

가상 메모리 페이징은 BSD를 통해 유닉스에 처음으로 도입되었고[Babaoglu 79], 이후에는 표준으로 채택되었습니다.

이후에는 파일 시스템 페이지를 공유하기 위해 페이지 캐시(8장 "파일 시스템" 참조)가 도입되었고, 이러한 발전은 페이징의 개념을 더 확장시켰습니다. 이를 통해 **파일 시스템 페이징**과 **익명 페이징**이라는 두 가지 방식이 가능해지면서 페이징은 다양한 영역에서 활용될 수 있게 되었습니다.

파일 시스템 페이징

파일 시스템 페이징은 메모리에 매핑된 파일의 페이지를 읽고 쓰는 과정에서 발생합니다. 이는 파일 메모리 매핑(mmap(2))을 사용하는 애플리케이션과 페이지 캐시를 사용하는 대부분의 파일 시스템에서 일반적인 동작입니다(8장 "파일 시스템" 참조). 파일 시스템 페이징은 전반적으로 성능에 도움을 줄 수 있기 때문에 '좋은' 페이징이라고 부르기도 합니다.[McDougall 06a]

커널은 필요에 따라 메인 메모리에서 일부 페이지를 제거함으로써 메모리를 해제할 수 있습니다. 이 과정을 '페이지 아웃'이라고 합니다. 페이지 아웃은 파일 시스템 페이지가 수정되었을 때(**더티**(dirty) 상태) 해당 페이지를 디스크로 기록해야 합니다. 그러나 파일 시스템 페이지가 수정되지 않았을 때(**클린**(clean) 상태)는 메모리를 해제하고 즉시 재사용할 수 있습니다(이미 디스크에 사본이 있기 때문입니다). 따라서 **페이지 아웃**이라는 말은 해당 페이지가 메모리에서 제외된다는 의미이며, 디스크에 기록 여부는 상황에 따라 달라질 수 있습니다(다른 자료에서는 페이지 아웃을 다르게 정의할 수도 있습니다).

익명 페이징(스와핑)

익명 페이징은 프로세스 개별적인 데이터인 힙 그리고 스택과 관련이 있습니다. '익명'이라는 용어는 이러한 데이터가 운영 체제에서 명명된 위치가 없기 때문에 붙여진 것으로, 즉 파일 시스템 경로명으로 접근할 수 없는 데이터를 의미합니다. 익명 페이지 아웃은 데이터를 물리적인 스왑 장치나 스왑 파일로 옮겨 저장합니다. 리눅스에서는 이런 종류의 페이징을 '**스와핑**(swapping)'이라고 부릅니다.

익명 페이징은 성능을 저해하기 때문에 '나쁜' 페이징이라 언급되기도 합니다.[McDougall 06a] 만일 애플리케이션이 페이지 아웃된 데이터에 접근하면, 해당 페이지를 다시 메모리로 읽어 들이기 위해 디스크 I/O가 일어나며, 그에 따라 애플리케이션은 블록됩니다.[3] 이 과정을 **익명 페이지 인**(anonymous page-in)이라 하며, 애플리케이션에는 대기 지연시간이 발생합니다. 이에 반해 익명 페이지 아웃은 커널이 비동기적으로 처리할 수 있기 때문에 애플리케이션 성능에 직접적인 영향을 끼치지 않을 수도 있습니다.

최상의 성능을 위해서는 익명 페이징(또는 스와핑)이 발생하지 않도록 해야 합니다. 이를 위해 애플리케이션을 메인 메모리에 계속 유지하고, 페이지 스캔, 메모리 사용률 및 익명 페이징을 모니터링하여 메모리 부족 상황이 발생하지 않도록 관리해야 합니다. 이렇게 하면 최고의 성능을 달성할 수 있습니다.

7.2.3 요구 페이징

대부분의 운영 체제는 그림 7.2와 같이 가상 메모리 페이지를 요청이 있을 때마다 물리 메모리에 매핑하는 요구 페이징(demand paging)을 지원합니다. 메모리 매핑 자체는 비교적 비용이 높은 작업인데, 요구 페이징을 사용하면 메모리가 처음 할당되는 순간에 매핑을 수행하지 않고 페이지에 실제로 접근할 때, 즉 페이지가 필요하게 되는 시점에서 매핑을 수행합니다. 이렇게 하면 CPU 오버헤드가 즉시 발생하지 않도록 지연시킬 수 있습니다.

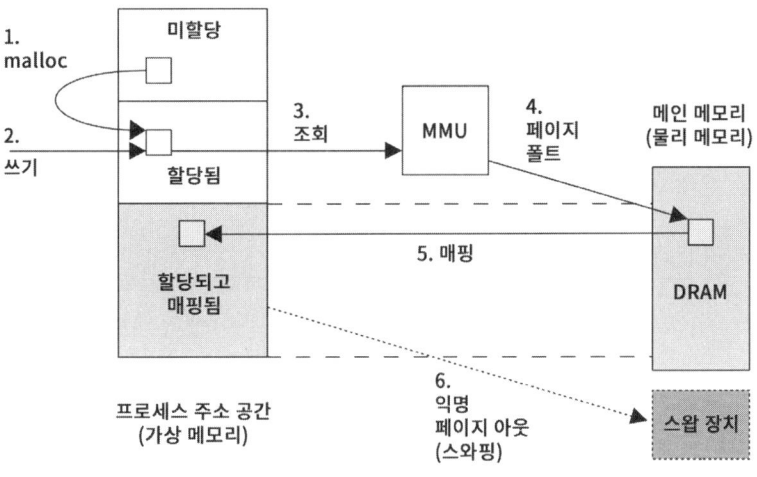

그림 7.2 페이지 폴트 예제

---

[3] 만약 3D XPoint와 같이 지연시간이 $10\mu s$ 미만인 더 빠른 저장 장치가 스왑 장치로 사용된다면, 스와핑은 과거의 인식처럼 '나쁜' 페이징이 아니라, 오히려 메인 메모리를 의도적으로 확장하는 간단한 방법이 될 수 있습니다. 이러한 기술이 보편화되면 커널 커뮤니티에서 열렬한 지지를 받으며, 활발한 개발이 이루어질 것입니다.

그림 7.2는 페이지 폴트 발생 과정을 보여줍니다. 먼저 malloc()을 통해 메모리를 할당 받고(1), 새로 할당된 메모리에 쓰기(store) 명령어를 사용해 데이터를 저장합니다(2). 이후 MMU는 해당 데이터를 메인 메모리 중 어디에 저장할지 판단하기 위해, 해당 페이지의 가상 주소를 물리 주소로 변환하려고 조회합니다(3). 하지만 아직 해당 페이지에 대한 가상-물리 메모리 매핑이 없어 조회에 실패하게 됩니다. 이 실패를 **페이지 폴트(page fault)**(4)라고 하는데, 이러한 폴트가 발생하고 나서야 커널은 해당 페이지에 대한 매핑을 생성(5)합니다. 추후 필요에 따라, 메모리가 부족한 경우 해당 페이지는 스왑 장치로 페이지 아웃(6)될 수 있습니다.

메모리 매핑 파일의 경우 2번 단계에서 쓰기 명령 대신 데이터를 불러들이는 읽기(load) 명령어를 수행할 수 있는데, 이 경우에도 페이지 폴트가 발생합니다. 이는 파일에 있는 데이터가 아직 프로세스 주소 공간으로 매핑되지 않았기 때문에 발생하는 것입니다.

이때 매핑이 디스크 I/O 없이 메모리에 이미 존재하는 다른 페이지로부터 해결될 수 있다면, 이를 **마이너 폴트(minor fault)**라고 합니다. 그림에 나와 있는 형태가 마이너 폴트인데, 메모리 할당 도중 새로운 페이지가 이미 메모리에 있는 페이지에 매핑되고 있습니다. 또한, 공유 라이브러리에서 페이지를 읽는 경우 등 기존 페이지에 대한 매핑에서도 마이너 폴트가 발생할 수 있습니다.

앞 쪽의 그림에는 표시되지 않았지만, 데이터에 접근하기 위해 저장 장치에 액세스해야 하는 페이지 폴트(예: 캐시되지 않은 메모리 매핑 파일에 접근)도 있는데, 이는 '**메이저 폴트(major fault)**'라고 합니다.

이러한 가상 메모리 모델과 요구 페이징 방식을 통해, 가상 메모리 페이지는 다음과 같은 상태 중 한 가지에 속할 수 있습니다.

A. 할당되지 않음
B. 할당되었으나 매핑되지 않음(데이터를 쓰지 않았고, 페이지 폴트도 일어나지 않음)
C. 할당되었고, 메인 메모리(RAM)에 매핑됨
D. 할당되었고, 물리적 스왑 장치(디스크)에 매핑됨

상태 (D)는 페이지가 시스템의 메모리 부하로 인해 페이지 아웃된 경우입니다. 상태가 (B)에서 (C)로 바뀌는 것이 바로 페이지 폴트입니다. 페이지 폴트가 디스크 I/O

를 필요로 한다면 메이저 폴트이며, 그렇지 않다면 마이너 폴트입니다.

이러한 상태로부터 두 가지 메모리 사용 관련 용어를 정의할 수 있습니다.

- RSS(Resident set size, 상주 메모리 크기): 할당된 메인 메모리 페이지 크기(C)
- 가상 메모리 크기(Virtual memory size): 모든 할당된 메모리 영역의 크기(B + C + D)

요구 페이징은 가상 메모리 페이징과 함께 BSD를 통해 유닉스에 도입되었습니다. 요구 페이징은 표준이 되었으며 리눅스에서도 사용됩니다.

7.2.4 메모리 오버커밋

리눅스는 **오버커밋(Overcommit, 메모리 과할당)**이라는 개념을 지원하는데, 이는 시스템이 저장할 수 있는 용량보다 더 많은(심지어 물리 메모리와 스왑 장치를 합한 용량보다 더 큰) 메모리 할당을 허용합니다. 이러한 방식은 요구 페이징과 애플리케이션이 할당한 메모리를 모두 다 사용하는 경우는 거의 없다는 특성을 전제로 동작합니다.

오버커밋이 허용되면 평소에는 실패할 수도 있는 애플리케이션 메모리 할당(예: malloc(3)) 요청도 성공할 수 있습니다. 따라서 애플리케이션 개발자는 메모리를 가상 메모리 한계값 내에서 보수적으로 할당하는 대신, 메모리를 여유 있게 할당하고 나중에 필요에 따라 간헐적으로 사용할 수 있습니다.

리눅스에서 이 오버커밋 가능 여부는 튜닝 파라미터로 설정할 수 있으며, 이에 대한 세부 내용은 7.6절 "튜닝"을 참고하세요. 오버커밋의 결과는 메모리 부하에 대해 시스템이 어떻게 대처하느냐에 따라 다릅니다. 예를 들어 7.3절 "아키텍처"에서 설명하는 OOM 킬러가 이러한 상황에서 어떻게 작동하는지를 확인할 수 있습니다.

7.2.5 프로세스 스와핑

프로세스 스와핑은 특정 프로세스 전부를 메인 메모리에서 물리적 스왑 장치 또는 스왑 파일로, 혹은 그 반대로 이동시키는 것입니다. 이는 초기 유닉스 시스템에서 메모리를 관리하기 위해 사용된 방식으로, '스왑'이라는 용어도 여기서 유래했습니다.[Thompson 78]

프로세스를 스왑 아웃하려면 해당 프로세스가 개별적으로 사용하는 모든 데이터를 스왑 장치에 기록해야 합니다. 여기에는 프로세스의 힙(익명 데이터), 프로세스가 open한 파일 정보(open file table), 그리고 프로세스가 활성 상태일 때만 필요한 메타데이터 등이 포함됩니다. 반면, 파일 시스템에서 불러온 데이터 중 수정되지 않은 것은 스왑 아웃 시에 제거되고, 필요할 때 원래의 위치에서 다시 읽어올 수 있습니다.

이처럼 프로세스 스와핑은 성능을 저하시키는데, 스왑 아웃된 프로세스가 다시 실행되기 위해서는 많은 디스크 I/O가 필요하기 때문입니다. 이 방식은 과거 PDP-11과 같은 초기 Unix 시스템에서는 최대 프로세스 크기가 64KB에 불과했기 때문에 적합했습니다.[Bach 86] 하지만 최근 시스템에서는 프로세스 크기가 GB 단위도 많기 때문에 스와핑이 더 큰 부하를 일으킬 수 있습니다.

이러한 설명은 과거의 기술적 배경을 알 수 있게 해줍니다. 리눅스는 이러한 '프로세스 스와핑'을 전혀 사용하지 않고 오로지 페이징에만 의존합니다.

7.2.6 파일 시스템 캐시 사용

시스템 부팅 후 메모리 사용량이 점차 늘어나는 것은 일반적인 현상입니다. 운영 체제는 파일 시스템을 캐시하여 성능을 향상시키기 위해 가용 메모리를 활용합니다. 기본적인 원칙은 "가용 메모리가 있다면 적극 활용"하는 것입니다. 이로 인해 부팅 후 어느 시점에 가용 메모리가 0에 가까워지는 것을 보고 경험이 부족한 사용자들이 걱정할 수 있습니다. 하지만 애플리케이션에 전혀 문제가 되지 않는데, 이는 애플리케이션이 메모리를 필요로 할 때 커널이 파일 시스템 캐시에 할당된 메모리를 신속하게 해제할 수 있기 때문입니다.

여러 파일 시스템 캐시가 메인 메모리를 차지하는 방식에 대해서는 8장 "파일 시스템"을 참고하세요.

7.2.7 사용률 및 포화도

메인 메모리 사용률은 사용 중인 메모리를 전체 메모리 크기로 나눈 값으로 계산할 수 있습니다. 파일 시스템 캐시가 차지하는 메모리는 애플리케이션이 필요할 때 재사용할 수 있기 때문에 이를 사용하지 않은 메모리로 간주하고 계산해도 됩니다.

메모리 요구량이 메인 메모리 용량을 초과할 경우, 이를 메인 메모리가 **포화**(saturated) 되었다고 합니다. 이러한 경우 운영 체제는 페이징, 프로세스 스와핑(시스템이 지원하는 경우), 또는 리눅스에서는 OOM 킬러를 통해 메모리를 확보할 수 있습니다. 시스템에서 이러한 활동이 관측된다면, 모두 메인 메모리 포화를 나타내는 신호입니다.

시스템에서 할당할 수 있는 가상 메모리 크기에 제한을 둔 경우에는, 가상 메모리의 사용량도 주의 깊게 살펴보아야 합니다(리눅스 오버커밋에서는 이러한 제한을 두지 않습니다[4]). 이런 제약이 있는 상황에서 가상 메모리 사용량이 할당 한도에 도달하면 커널은 메모리 할당에 실패하게 됩니다. 예를 들어 malloc(3) 호출이 실패하며 errno가 ENOMEM으로 설정됩니다.

시스템에서 현재 사용 가능한 가상 메모리의 크기를 다른 말로 **가용 스왑**(available swap)이라 부르기도 합니다(다소 혼란스러운 용어입니다).

7.2.8 메모리 할당자

가상 메모리는 여러 작업이 물리 메모리를 함께 사용할 수 있도록 하지만, 가상 주소 공간에 메모리를 실제로 할당하고 배치하는 일은 주로 메모리 할당자(allocator)가 담당합니다. 이들은 주로 사용자 영역 라이브러리나 커널 기반 루틴으로 구성되며, 소프트웨어 개발자가 메모리를 효율적으로 사용할 수 있는 인터페이스를 제공합니다(예: malloc(3), free(3)).

메모리 할당자도 시스템의 성능에 상당한 영향을 미칠 수 있습니다. 일부 시스템에서는 여러 사용자 수준의 할당자 라이브러리를 제공하여, 사용자가 성능 요구에 맞는 할당자를 선택할 수 있습니다. 이러한 할당자는 스레드별 객체 캐싱과 같은 기법을 사용하여 성능을 향상시킬 수 있지만, 할당된 메모리가 파편화되거나 낭비되면 성능에 악영향을 줄 수도 있습니다. 더 구체적인 내용은 7.3절 "아키텍처"에서 다루겠습니다.

7.2.9 공유 메모리

메모리는 프로세스 사이에서 공유될 수 있습니다. 시스템 라이브러리가 이러한 메모리 공유의 대표적인 예인데, 라이브러리의 읽기 전용 명령어 텍스트(코드)를 메

---

[4] (옮긴이) 리눅스 오버커밋은 물리 메모리 초과 할당에 대한 정책일 뿐, 가상 메모리 주소 공간과 직접적인 연관이 없습니다. 오버커밋을 사용한다 하더라도 32-bit 리눅스에서는 여전히 4GB 이상의 가상 주소 공간을 사용할 수 없습니다. 여기서 말하는 가상 메모리 크기 제한은 rlimit(2)의 RLIMIT_AS 옵션을 통해 가상 메모리 사용을 제한하는 경우입니다.

모리에 한 번만 올려 놓고, 이를 필요로 하는 프로세스들이 해당 부분을 참조해 공유함으로써 메모리를 절약할 수 있습니다.

그러나 이러한 공유 메모리는 관측 도구들이 각 프로세스의 메인 메모리 사용량을 파악하는 데 어려움을 줄 수 있습니다. 프로세스의 총 메모리 크기를 보고할 때 공유 메모리를 포함해야 할까요? 이 문제에 대한 해결책으로, 리눅스에서는 PSS(proportional set size, 비례적 메모리 셋 크기)라는 별도의 측정값을 제공합니다. 이 값은 개별 프로세스의 독립적인 메모리와 공유 메모리를 사용자 수로 나눈 값을 포함합니다. PSS를 확인할 수 있는 도구에 대한 자세한 내용은 7.5.9절 "pmap"를 참고하세요.

7.2.10 워킹 셋 크기

WSS(Working set size, 워킹 셋 크기)는 프로세스가 작업을 수행할 때 자주 사용하는 메모리 크기를 나타냅니다. 이는 메모리 성능 튜닝에서 중요한 개념으로, WSS가 CPU 캐시 크기보다 작거나 일치한다면 성능이 크게 향상됩니다. 그러나 WSS가 메인 메모리 크기를 초과한다면, 애플리케이션은 작업을 수행하기 위해 스왑을 해야만 하고, 이로 인해 성능이 떨어집니다.

WSS는 개념적으로 유용하지만 실제로 측정하기가 어려운데, WSS 정보를 제공하는 관측 도구가 없기 때문입니다(관측 도구는 대개 WSS가 아니라 RSS 정보를 제공합니다). 7.4.10절 "메모리 수축"에서 WSS 산정을 위한 실험적 방법론에 대해 설명하며, 7.5.12절 "wss"에서는 실험적 워킹 셋 크기 산정 도구인 wss(8)에 대해 소개합니다.

7.2.11 워드 크기

6장 "CPU"에서 이미 소개한 바와 같이 프로세서는 여러 워드(word) 크기를 지원합니다. 가령, 프로세서가 32비트와 64비트 워드를 모두 지원한다는 것은 두 가지 워드 크기로 컴파일 된 소프트웨어를 실행할 수 있다는 의미입니다. 하지만 4GB 이상의 메모리가 필요한 애플리케이션은 32비트 주소 공간에 들어가기엔 너무 크기 때문에 64비트(혹은 그 이상)로 다시 컴파일 되어야 합니다.[5]

---

[5] x86에는 물리 주소 확장(Physical Address Extension, PAE)이란 기능도 있는데, 이를 사용하면 32비트 프로세서가 더 큰 메모리 영역에 접근할 수 있도록 합니다(다만, PAE를 사용하더라도 단일 프로세스가 직접적으로 4GB를 초과하는 영역에 접근하는 것은 불가능합니다).

사용 중인 커널과 프로세서에 따라, 일부 주소 공간은 커널 전용으로 지정되어 애플리케이션이 사용할 수 없는 경우가 있습니다. 예를 들어 32비트 버전의 윈도에서는 기본적으로 2GB가 커널 전용으로 지정되어 있어, 애플리케이션은 나머지 2GB 주소 공간만 사용 가능합니다.[Hall 09] 32비트 리눅스에서는 1GB가 커널 전용으로 지정되어 있고, 애플리케이션은 나머지 3GB를 사용할 수 있습니다(32비트 윈도 역시 /3GB 옵션을 활성화하면 이와 동일하게 구성할 수 있습니다). 반면, 64비트 시스템에서는 주소 공간이 충분히 크기 때문에 일부 주소 공간을 커널 전용으로 지정해도 큰 문제가 되지 않습니다.

메모리 성능은 CPU 아키텍처에 맞는 더 큰 비트 너비를 사용하면 향상될 수도 있는데, 명령어가 더 큰 워드 크기로 동작할 수 있기 때문입니다. 다만 비트 너비가 넓어지더라도 데이터 타입이 모든 비트를 사용하지 않는다면 약간의 메모리 낭비가 발생할 수 있습니다.

7.3 아키텍처

이번 절에서는 메모리 아키텍처를 하드웨어와 소프트웨어 관점에서 다룹니다. 또한 프로세서나 운영 체제에 따른 차이에 대해서도 설명합니다.

여기서는 성능 분석과 튜닝에 필요한 배경지식으로 삼기 위해 이러한 주제들에 대해 요약하고 있습니다. 더 자세한 정보는 이번 장 마지막에 있는 프로세서 제조사의 매뉴얼이나 운영 체제 내부를 다룬 문서를 참조하세요.

7.3.1 하드웨어

하드웨어 관점에서 메모리 구성 요소로는 메인 메모리, 버스, CPU 캐시, MMU 등이 있습니다.

메인 메모리

일반적으로 오늘날 사용되는 기본적인 메인 메모리 유형은 보통 DRAM(dynamic random-access memory, 동적 임의 접근 메모리)입니다. 이는 휘발성 메모리의 일종으로 전원이 끊기면 그 안의 내용이 지워집니다. DRAM은 데이터 밀도가 높은데, 이는 각 비트를 단 두 개의 논리 구성 요소인 트랜지스터와 커패시터로만 구성하기 때문입니다. 또 다른 중요한 특징은 저장된 전하를 보존하기 위해 커패시터를 주기적으로 갱신해야 한다는 점입니다.

엔터프라이즈 서버는 용도에 따라 사용하는 DRAM 크기가 다릅니다. 보통은 1GB에서 1TB 사이지만 더 큰 경우도 있습니다. 한편 클라우드 컴퓨팅 인스턴스의 메모리는 보통 512MB에서 256GB 정도로 상대적으로 작은 편에 속합니다.[6] 그러나 클라우드 컴퓨팅은 여러 인스턴스에 부하를 분산 처리하는 구조를 가지고 있기 때문에, 각 인스턴스의 메모리가 작더라도 전체 시스템 관점에서 총 DRAM 용량을 크게 확장할 수 있습니다. 하지만 이에 따라 메모리 일관성을 유지하기 위한 비용도 상당히 증가할 수 있습니다.

지연시간

메인 메모리 접근 시간은 CAS(column address strobe, 칼럼 주소 스트로브) 지연시간으로 측정할 수 있습니다. DRAM은 데이터를 여러 행과 열로 구성된 행렬 형태로 저장하는데, CAS는 특정 열(column)에 있는 데이터를 읽거나 쓸 때 사용하는 신호입니다. CAS 지연시간은 메모리 모듈로 원하는 주소(칼럼)를 보내고 데이터를 읽을 수 있을 때까지 걸리는 시간을 나타냅니다. 이 시간은 메모리의 유형에 따라 다른데, DDR4의 경우 10~20ns 정도입니다.[Crucial 18]

메모리 I/O 전송 시에 이러한 지연이 여러 번 발생할 수 있는데, 메모리 버스(예: 64bit)를 통해 캐시 라인(예: 64Byte)를 채우는 과정에서 여러 번의 전송 과정을 거쳐야 하기 때문입니다. 또한 CPU와 MMU가 새로운 데이터를 읽는 과정에서도 추가적인 지연이 발생할 수 있습니다. 읽기 명령이 CPU 캐시에서 리턴될 때는 이러한 지연이 발생하지 않으며, 쓰기 명령 역시 프로세서가 write-back(지연 기록) 캐싱을 지원한다면 이러한 지연이 발생하지 않게 됩니다(예: 인텔 프로세서).

메인 메모리 아키텍처

메모리 아키텍처는 프로세서들 간의 메모리 접근이 균일한지 여부에 따라 달라집니다. 그림 7.3은 대표적인 UMA(Uniform Memory Access, 균일 메모리 접근) 구조를 보여줍니다. 이 구조에서 각 CPU는 공유 시스템 버스를 통해 메모리에 접근하며, 모든 메모리에 대한 접근 지연시간이 동일합니다. (그림의 두 프로세서는 각각의 DRAM에 단일 홉으로 접근할 수 있습니다).

---

[6] 예외로는 AWS EC2 대용량 메모리 인스턴스(high memory instances)가 있는데, 이 유형은 메모리가 24TB에 이릅니다.[Amazon 20]

UMA 구조에서는 모든 프로세서가 운영 체제가 관리하는 동일한 메모리 주소 공간에 접근할 수 있습니다. 이 구조에서는 일반적으로 단일 커널이 여러 프로세서를 관리하며, 각 프로세서는 동일한 메모리에 대칭적으로 접근하여 작업을 수행합니다. 이를 SMP(Symmetric Multiprocessing, 대칭형 다중처리) 아키텍처라고 부릅니다.[7]

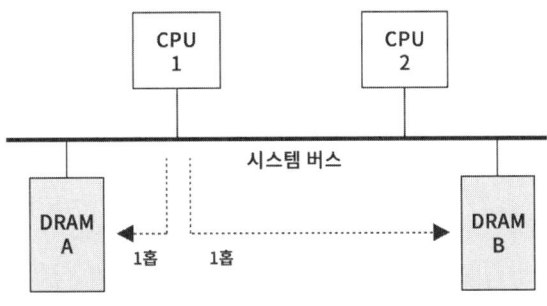

그림 7.3 UMA 메모리 아키텍처의 예

그림 7.4는 NUMA(non-uniform memory access, 불균형 메모리 접근) 구조인데, 비교를 위해 프로세서가 2개인 시스템을 표시했습니다. 그림의 시스템에서는 CPU 인터커넥트(Interconnect)가 메모리 아키텍처의 일부가 됩니다. 이런 아키텍처에서 메인 메모리 접근 시간은 CPU와 메모리 사이의 상대적 거리에 따라 달라집니다.

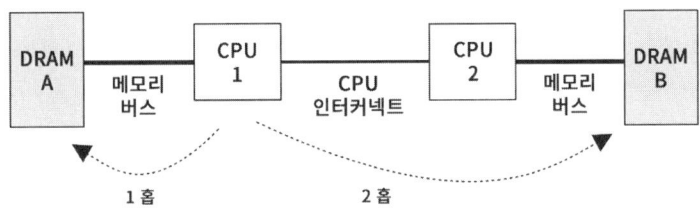

그림 7.4 NUMA 메모리 아키텍처의 예

NUMA에서는 각 CPU가 로컬 메모리에 직접 접근할 수 있습니다. 예를 들어 CPU 1은 자신의 메모리 버스를 통해 DRAM A에 직접 I/O를 수행할 수 있으며, 이를 '**로컬 메모리**(local memory)'라고 합니다. 반면, CPU 1이 DRAM B에 I/O를 수행할 때는 CPU 2와의 인터커넥트를 거쳐야 합니다(두 번의 홉이 발생). 이러한 경우를 '**원격

---

[7] (옮긴이) SMP는 여러 프로세서가 동일한 메모리 공간을 공유하며 작업을 수행하는 구조로, UMA뿐만 아니라 NUMA에서도 구현할 수 있습니다. 다만, NUMA 구조에서는 메모리 접근 속도가 위치에 따라 다르기 때문에 SMP 구현이 더 어렵습니다.

메모리(remote memory)'라고 하며, 두 CPU 간의 통신으로 인해 데이터 액세스에 더 많은 시간이 소요됩니다.

여기서 DRAM A나 B를 **메모리 노드**(memory nodes)라 부르는데, 이러한 노드는 각 CPU에 연결된 메모리 뱅크[8]를 나타냅니다. 프로세서는 이러한 메모리 노드 정보를 운영 체제에 제공하고, 운영 체제는 이를 활용해 메모리 노드의 구조(토폴로지)를 파악합니다. 이를 바탕으로 운영 체제는 작업을 스케줄링하고 메모리를 할당할 때 **메모리 지역성**(memory locality)을 고려할 수 있습니다. 메모리 지역성은 특정 데이터나 작업이 자주 접근되는 경향을 의미하며, 이를 고려하여 메모리를 배치함으로써 시스템 성능을 향상시킬 수 있습니다.

버스

앞에서 그림으로 설명한 것처럼 메인 메모리가 시스템에 물리적으로 연결되는 방식은 메모리 아키텍처에 따라 다릅니다. 그림에서는 단순하게 표현되었지만, 실제 구현에서는 CPU와 메모리 사이에 추가적인 제어 구조나 버스가 포함될 수 있습니다. 실제 메모리의 접근 방식은 다음 중 한 가지로 이루어집니다.

- 공유 시스템 버스: 단일 혹은 멀티프로세서가 공유 시스템 버스를 통해 메모리에 접근합니다. 여기에는 메모리 브리지 컨트롤러와 메모리 버스가 포함됩니다. 이 구조는 그림 7.3의 UMA 예제나 6장 "CPU"의 그림 6.9 인텔 프론트 사이드 버스 예시와 같습니다. 그림 6.9에서의 노스브릿지가 메모리 컨트롤러에 해당합니다.
- 직접 연결: 단일 프로세서가 메모리와 직접 연결되어 메모리 버스를 통해 통신합니다.
- 인터커넥트(Interconnect): 멀티프로세서 구조에서 각 프로세서가 메모리 버스를 통해 자신의 메모리에 직접 연결되며, CPU들 간에는 CPU 인터커넥트를 통해 연결됩니다. 이는 그림 7.4의 NUMA 구조와 같습니다. CPU 인터커넥트에 대해서는 6장 "CPU"에서 설명했습니다.

시스템이 어느 범주에 속하는지 모르겠다면 시스템 기능 블록 다이어그램을 찾아서 CPU와 메모리 사이의 데이터 경로와 경로상에 있는 모든 구성 요소를 살펴보세요.

---

[8] (옮긴이) 메모리 뱅크라는 용어는 DRAM 칩 내부 구조나 메인보드의 DIMM 모듈 단위를 가리킬 수도 있습니다. 그러나 여기서는 그런 하드웨어 의미가 아니라 NUMA에서 CPU별로 연결된 물리 메모리 묶음을 나타내는 추상적 개념으로 쓰였습니다.

DDR SDRAM

어떤 아키텍처에서든 메모리 버스의 속도는 프로세서와 시스템 보드가 지원하는 메모리 인터페이스 표준에 따라 결정됩니다. 1996년 이래 일반적으로 사용되는 표준은 DDR SDRAM(double data rate synchronous dynamic random-access memory, 2배속 동기식 동적 임의 접근 메모리)입니다. DDR(double data rate, 2배속)이란 용어는 클럭 시그널의 상승과 하락에 맞춰 데이터를 전송한다는 의미입니다(다른 말로 이중 펌핑(double-pumped)이라고도 합니다). 동기식(synchronous)이란 메모리가 CPU 클럭에 맞춰 동작한다는 의미입니다.

DDR SDRAM 표준의 예가 표 7.1에 정리되어 있습니다.

표 7.1 DDR 대역폭 예시

표준	규격 발표 연도	메모리 클럭(MHz)	데이터 전송률(MT/초)	최대 대역폭(MB/초)
DDR-200	2000	100	200	1,600
DDR-333	2000	167	333	2,667
DDR2-667	2003	167	667	5,333
DDR2-800	2003	200	800	6,400
DDR3-1333	2007	167	1,333	10,667
DDR3-1600	2007	200	1,600	12,800
DDR4-3200	2012	200	3,200	25,600
DDR5-4800	2020	200	4,800	38,400
DDR5-6400	2020	200	6,400	51,200

DDR5 표준은 JEDEC 솔리드 스테이트 기술 협회(Solid State Technology Association)에서 2020년 공개했습니다. 이들 표준은 "PC-" 뒤에 데이터 전송률(MB/s)을 붙여 표기하기도 하는데, 예를 들어 "PC-1600"과 같이 표기하기도 합니다.

다중 채널

요즘 시스템 아키텍처에서는 메모리 대역폭을 높이기 위해 여러 메모리 버스를 병렬로 사용하는 구성이 보편화되었습니다. 일반적으로 듀얼 채널(2채널)이나 쿼드 채널(4채널) 구성이 사용됩니다. 예를 들어, 인텔 코어 i7 프로세서는 최대 4채널 DDR3-1600 구성을 지원하여 최대 메모리 대역폭을 51.2GB/초까지 지원합니다.

CPU 캐시

프로세서는 보통 메모리 접근 성능을 향상시키기 위해 칩 내부에 하드웨어 캐시를 포함하는 경우가 많습니다. 이 캐시는 다음과 같은 여러 단계로 구성되어 있으며, 뒤쪽 단계로 갈수록 속도는 느려지고 크기는 커집니다.

- 1단계: 보통 명령어 캐시와 데이터 캐시가 별도로 나누어져 있습니다.
- 2단계: 보통 명령어나 데이터를 함께 캐시하는 공간입니다.
- 3단계: 더 큰 용량의 캐시로, L1과 L2보다 속도는 느리지만 더 많은 데이터를 저장할 수 있습니다.

프로세서에 따라 다르지만, 1단계 캐시는 보통 가상 메모리 주소로 참조하며, 2단계부터는 물리 메모리 주소를 기반으로 참조하는 경우가 많습니다.

캐시에 대해서는 6장 "CPU"에서 더 심도 있게 다뤘습니다. 추가 하드웨어 캐시인 TLB에 대해서는 이번 장에서 설명합니다.

MMU

메모리 관리 유닛(memory management unit, MMU)은 가상 주소를 물리 주소로 변환하는 역할을 담당합니다. 이 주소 변환은 페이지 단위로만 이루어지며, 페이지 내에서의 위치(오프셋)는 그대로 매핑되어 별도의 변환이 필요 없습니다. MMU는 6장 "CPU"의 "CPU 캐시"에서 소개했습니다.

그림 7.5에는 일반적인 MMU 구성을 설명하는데, 여러 단계의 CPU 캐시와 메인 메모리도 함께 표시되어 있습니다.

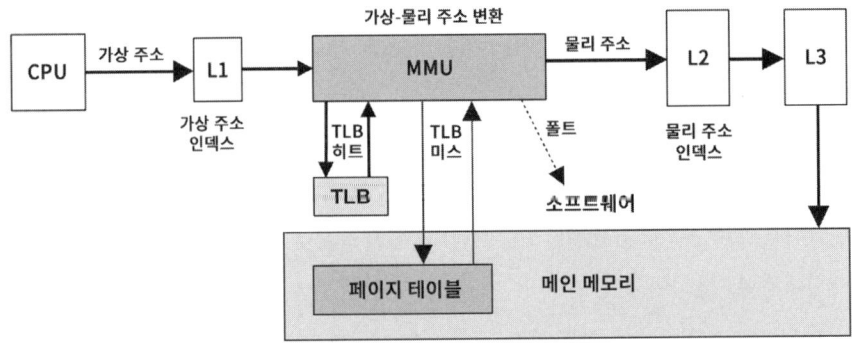

그림 7.5 메모리 관리 유닛

다양한 페이지 크기

최신 프로세서들은 다양한 페이지 크기를 지원합니다. 이를 통해 운영 체제와 MMU는 4KB, 2MB, 1GB 같은 여러 페이지 크기를 사용할 수 있습니다. 예를 들어, 리눅스 huge page는 2MB나 1GB와 같은 큰 페이지 크기를 지원해 효율적인 메모리 관리가 가능합니다.

TLB

그림 7.5의 MMU는 주소 변환을 위한 첫 번째 캐시로 TLB(translation lookaside buffer, 변환 색인 버퍼)를 사용하며, 이후 메인 메모리에 있는 페이지 테이블을 참조하게 됩니다. TLB는 명령어와 데이터 페이지를 따로 관리하는 두 개의 캐시로 분리될 수도 있습니다. (프로세서 모델이나 세부 아키텍처마다 TLB 구성이 다를 수 있습니다.)

TLB의 크기 역시 한계가 있기에 저장할 수 있는 매핑 항목 수는 제한적입니다. 따라서 TLB가 관리할 수 있는 메모리의 범위는 페이지 크기에 따라 달라지는데, 페이지 크기가 크면 한 번의 캐시로 더 넓은 메모리 영역을 포함할 수 있습니다. 이렇게 되면 TLB 미스가 줄어들어 시스템 성능 향상에 도움이 됩니다. TLB는 페이지 크기별로 독립된 캐시 공간을 가질 수도 있습니다. 이렇게 구성하면 큰 페이지(예: 2MB)의 주소가 해당 캐시 내에 오래 남아 있을 확률이 높아져, TLB 미스를 줄이는 데 유리합니다.

예를 들어, 인텔 코어 i7 프로세서의 경우 표 7.2에 제시된 바와 같이 4개의 대표적인 TLB를 갖추고 있습니다.[Intel 19a]

표 7.2 인텔 코어 i7 프로세서의 전형적인 TLB 크기

유형	페이지 크기	엔트리 수
명령어	4 K	스레드당 64개, 코어당 128개
명령어	큰 페이지[9]	스레드당 7개
데이터	4 K	64개
데이터	큰 페이지	32개

---

9 (옮긴이) Intel® 64 and IA-32 Architectures Software Developer's Manual의 Volume 3: System Programming Guide에서 큰 페이지(large page)는 주로 2MB, 4MB 혹은 1GB를 의미합니다.

이 프로세서는 데이터 TLB를 1단계로 제공합니다. 인텔 코어 마이크로아키텍처는 마치 CPU가 메인 메모리 캐시를 여러 단계에 걸쳐 지원하는 것처럼, TLB를 2단계까지 지원합니다.

TLB의 정확한 구성은 프로세서 유형에 따라 다릅니다. 현재 사용 중인 프로세서의 TLB 상세 정보와 운용에 대해서는 제조사 프로세서 매뉴얼을 참고하세요.

7.3.2 소프트웨어

메모리 관리 소프트웨어는 가상 메모리 시스템, 주소 변환, 스와핑, 페이징, 할당 등을 처리합니다. 이 절에서는 메모리 해제, 가용 메모리 리스트, 페이지 스캔, 스와핑, 프로세스 주소 공간, 메모리 할당자 등 성능과 관련된 주제를 설명합니다.

메모리 해제

시스템에서 가용 메모리가 부족할 때 커널은 메모리를 해제해서 **가용 메모리 리스트**에 페이지를 추가하는 데, 이때 사용할 수 있는 방법이 여러 가지 있습니다. 그림 7.6에는 이러한 것들 중 리눅스에서 사용할 수 있는 방법들이 표현되어 있습니다. 이 그림은 일반적으로 각 방법이 사용되는 순서를 보여줍니다.

이들 방법은 다음과 같습니다.

- 가용 메모리 리스트(Free list): 사용하지 않는 페이지 리스트(유휴 메모리)로서 이 리스트에 있는 페이지는 즉시 할당 가능합니다. 시스템은 일반적으로 이러한

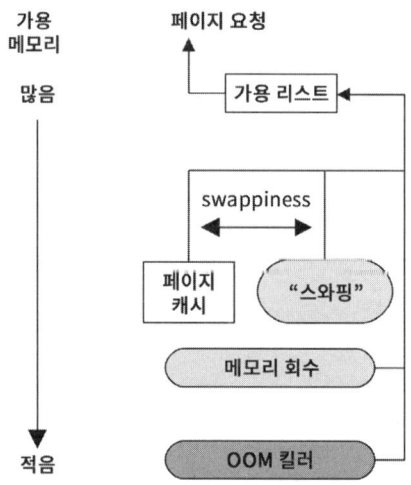

그림 7.6 리눅스 가용 메모리 관리

가용 페이지 리스트를 여러 개 사용하는데, 각 NUMA 노드가 자체적으로 이러한 가용 리스트를 관리합니다.

- 페이지 캐시(Page cache): 파일 시스템 캐시를 비워 메모리를 확보할 수도 있습니다. swappiness라는 튜닝 파라미터를 이용하면 스와핑 대신 페이지 캐시로부터 메모리를 해제해 가져오는 정도를 설정할 수 있습니다.
- 스와핑: 페이지 아웃 데몬인 kswapd가 수행하는 페이징으로, 애플리케이션 메모리를 포함해 최근에 사용하지 않은 페이지를 찾아 가용 리스트에 추가합니다. 선택된 페이지들은 페이지 아웃되기 때문에 파일 시스템 기반의 스왑 파일이나 스왑 장치에 저장됩니다. 이 기능은 스왑 파일이나 스왑 장치를 구성한 경우에만 동작합니다.
- 메모리 회수(Reaping): 정해진 하한값 아래로 가용 메모리가 내려가면 커널 모듈과 커널 슬랩 할당자는 쉽게 해제할 수 있는 메모리를 즉시 해제하도록 지시를 받습니다. 이러한 과정을 **메모리 줄이기**(shrinking)라고도 합니다.
- OOM 킬러(out-of-memory killer): 그림의 가장 아래에 위치한 OOM 킬러는 희생시킬 프로세스를 찾아서 종료시킵니다. 이때 select_bad_process()를 사용해 적합한 프로세스를 찾고, oom_kill_process()를 호출해 프로세스를 끝냅니다. 이 과정에서 시스템 로그(/var/log/messages)에 "Out of memory: Kill process"라는 로그를 남기게 됩니다.

리눅스의 swappiness 튜닝 파라미터는 가용 메모리가 부족할 때 애플리케이션을 페이징해서 메모리를 해제할지 아니면 메모리를 페이지 캐시 쪽에서 가져올지 조절하게 됩니다. 이 값은 0부터 100 사이이며(기본값은 60), 더 높은 값일수록 애플리케이션을 페이징해서 메모리를 가져오는 쪽을 더 선호한다는 의미입니다. 이를 통해 자주 사용되는 파일 시스템 캐시는 유지하고, 드물게 사용되는 애플리케이션 메모리를 페이지 아웃함으로써 시스템 스루풋을 향상시킬 수 있습니다.[Corbet 04]

시스템에서 스왑 파일이나 스왑 장치를 구성하지 않은 경우 어떤 일이 벌어지는지를 살펴보는 것도 흥미롭습니다. 스왑 파일이나 장치가 없으면 가상 메모리 크기가 한정되므로 오버커밋을 사용하지 않는다면 메모리 할당이 금방 실패하게 됩니다. 그 결과 리눅스에서는 더 빠르게 OOM 킬러가 호출됩니다.

어떤 애플리케이션이 끝없이 메모리를 소비(메모리 누수)하는 문제가 발생했다고 가정해보겠습니다. 스왑이 있다면 페이징 때문에 우선적으로 성능 문제가 발생

할 것으로 예상됩니다. 이때 문제를 발견하면 애플리케이션이 아직 중단되지 않았
으므로 디버깅을 수행할 수 있습니다. 스왑이 없다면 페이징에 따라 성능이 점차
저하되는 기간이 없고, 애플리케이션이 '메모리 소진' 에러를 내거나 OOM 킬러가
해당 애플리케이션을 종료시킬 것입니다. 메모리 소진이 프로그램을 실행하고 몇
시간이 지나야 발생한다면 이로 인해 디버깅이 지연될 수도 있습니다.

넷플릭스 클라우드에서는 일반적으로 스왑을 사용하지 않고, 애플리케이션이 메
모리를 소진하면 바로 OOM 킬러가 실행되도록 설정합니다. 넷플릭스 애플리케이
션은 여러 인스턴스에 분산되어 실행되는데, 한 인스턴스가 OOM 킬러에 의해 종
료되면 해당 인스턴스에서 처리하던 트래픽이 즉시 다른 정상 인스턴스로 분산됩
니다. 스왑을 사용하는 대신에 이 방식을 사용함으로써, 메모리 부족으로 인한 인
스턴스의 느린 실행을 피할 수 있습니다.

만일 메모리 cgroup을 사용 중이라면, cgroup 메모리 관리 역시 그림 7.6과 유사
한 메모리 해제 기법들이 사용됩니다. 시스템 자체에는 가용 메모리가 풍부하지만,
특정 컨테이너가 cgroup에 의해 설정된 메모리 한도를 초과하면 스와핑이나 OOM
킬러가 발생할 수 있습니다.[Evans 17] cgroups과 컨테이너에 대한 더 많은 내용은 11
장 "클라우드 컴퓨팅"을 참고하세요.

이어지는 내용은 가용 리스트, 메모리 회수, 페이지 아웃 데몬에 대한 설명입니다.

가용 리스트

초기 유닉스 메모리 할당자는 메모리 맵과 최초 적합(first fit) 스캔 방식을 사용했
습니다. 추후 BSD에서 페이지 가상 메모리가 도입되면서 **가용 리스트**(free list)와
페이지 아웃 데몬이 추가되었습니다.[Babaoglu 79] 가용 리스트의 작동 방식은 그림
7.7에 나와 있으며, 이 리스트 덕분에 가용한 메모리를 즉시 찾아 사용할 수 있습
니다.

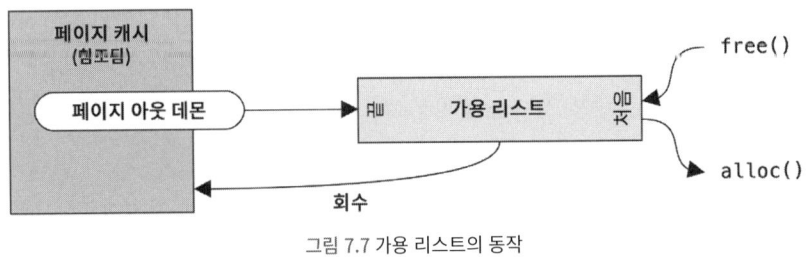

그림 7.7 가용 리스트의 동작

해제된 메모리는 후속 할당 요청에서 재사용될 수 있도록 리스트의 맨 앞(head)에 들어갑니다. 페이지 아웃 데몬에 의해 해제된 메모리는 여전히 유용한 파일 시스템 캐시 페이지를 포함할 수 있으므로 리스트의 끝(tail)에 추가됩니다. 만약 해당 페이지가 다른 프로세스에 의해 재사용되기 전에 다시 요청될 경우, 해당 페이지는 **재사용**(reclaimed)되고 가용 리스트에서 제거됩니다.

리눅스 기반 시스템에서도 여전히 그림 7.6과 같은 가용 리스트 구조를 사용하고 있습니다. 이러한 가용 리스트는 보통 커널의 슬랩 할당자나 사용자 공간의 libc malloc() 등의 메모리 할당자에 의해 사용됩니다(사용자 공간 메모리 할당자는 자체적인 가용 리스트를 관리하기도 합니다). 가용 리스트에서 가져온 페이지는 각 할당자의 API를 통해 제공됩니다.

리눅스는 페이지 관리를 위해 버디 할당자(buddy allocator)를 사용합니다. 이 할당자는 다양한 크기의 메모리를 할당할 수 있도록 여러 개의 가용 리스트를 제공하며, 메모리 크기는 2의 거듭제곱 체계를 따릅니다. **버디**(buddy)라는 이름은 빈 메모리 페이지를 이웃 페이지와 짝지어 함께 할당하기 위해 사용되는 방식에서 유래되었습니다. 역사적인 배경에 대해서는 [Peterson 77]을 참조하세요.

버디 가용 리스트는 메모리 관리 계층 구조에서 가장 기본적인 부분으로, 이 구조는 각 메모리 노드에 대한 정보를 담고 있는 pg_data_t 데이터 구조에서 시작됩니다.

- 노드(Nodes): 메모리 뱅크를 의미하며 NUMA 특성을 고려합니다.
- 존(Zones): 특정 목적을 위해 나눈 메모리 영역으로, DMA(direct memory access, 직접 메모리 접근)[10], 일반(normal), 상위 메모리(highmem) 등으로 구분됩니다.
- 이전 유형(Migration type): 이동 불가(unmovable), 재사용 가능(reclaimable), 이동 가능(movable), 등으로 분류됩니다.
- 크기(Sizes): 버디 시스템은 2의 거듭제곱 단위(예: 2페이지, 4페이지 등)로 설정된 다양한 크기의 메모리 블록을 관리하는 여러 가용 리스트를 가지고 있습니다.

---

10 ZONE_DMA는 향후에 제거될 수도 있습니다. [Corbet 18a]

노드 가용 리스트 내에서 메모리를 할당하는 것은 메모리 지역성과 성능을 향상시킵니다. 또한 버디 할당자는 메모리 할당 시에 락을 사용하는데, 각 CPU에 대해 별도의 단일 페이지 리스트를 유지함으로써 CPU 락 경쟁을 줄이고 시스템의 성능을 향상시킵니다. (단일 페이지 할당이 가장 흔하게 일어나는 할당입니다.)

메모리 회수

메모리 회수(Reaping)는 커널의 슬랩 할당자 캐시가 가진 유휴 메모리를 해제하는 과정입니다. 슬랩 캐시는 미리 확보한 메모리를 슬랩 단위로 확보하고, 그 안을 작은 객체(청크)로 잘라 관리해 빠른 재사용을 지원합니다. 그러나 메모리가 부족하면 이렇게 남아 있는 유휴 메모리는 회수를 통해 시스템에 반환되어 다른 페이지 할당에 사용됩니다.

리눅스에서 커널 모듈은 register_shrinker()를 호출해 자기 자신의 메모리를 회수하는 함수를 등록할 수 있습니다.

페이지 스캔

페이징을 통해 메모리를 해제하는 작업은 커널의 페이지 아웃 데몬이 관리합니다. 시스템의 가용 메모리 리스트에 남은 메모리가 특정 임계값 아래로 떨어지면, 페이지 아웃 데몬이 **페이지 스캔(page scanning)**을 시작합니다. 이처럼 페이지 스캔은 필요할 때에만 일어나는데, 일반적인 균형 잡힌 시스템(balanced system)[11]에서는 스캔이 자주 발생하지 않으며 발생하더라도 짧은 시간 동안만 실행됩니다.

리눅스에서는 페이지 아웃 데몬을 kswapd라 부릅니다. 이 데몬은 비활성/활성 메모리 영역에서 LRU(Least Recently Used, 최소 최근 사용) 정책을 사용해 오래 사용되지 않은 페이지를 우선적으로 선택해 해제합니다. 그림 7.8에서 설명한 것처럼 이 데몬은 가용 메모리의 양과 두 가지 주요 임계값, 즉 'min pages'와 'high pages' 워터마크에 기반하여 작동합니다. 'min pages' 임계값에 도달하면 kswapd가 활성화되어 작동을 시작하고, 'low pages' 상태에서는 계속해서 메모리를 해제하며, 'high pages' 임계값에 도달하면 필요하지 않게 되어 대기 상태로 전환됩니다.

가용 메모리가 최소 임계값에 도달하면 kswapd는 포그라운드 모드로 전환되어, 메모리 요청이 들어올 때마다 즉시 페이지를 해제합니다. 이 과정은 '직접 회수(di-

---

11 (용어사전) 병목 현상이 없는 시스템을 의미.

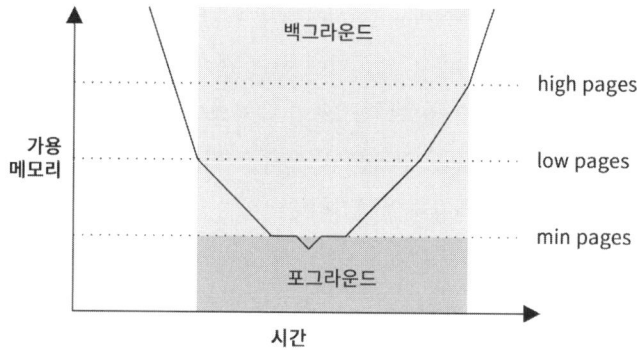

그림 7.8 kswapd 활성화 및 모드

rect reclaim)'라고 불리며, 메모리 부족 상황에서 즉각적으로 메모리를 회수해 제공합니다.[Gorman 04] 이 최소 임계값은 vm.min_free_kbytes를 통해 조정할 수 있으며, 나머지 임계값들은 이 값을 기반으로 설정됩니다(low pages는 2배, high pages는 3배로 설정). 리눅스는 보다 공격적인 메모리 스캔을 위한 vm.watermark_scale_factor와 vm.watermark_boost_factor 같은 추가적인 튜닝 옵션을 제공하는데, 이는 워크로드에서 메모리 할당이 빈번하게 발생하여 kswapd의 메모리 회수 속도를 넘어서는 경우에 유용합니다. 이러한 세부 튜닝에 대한 더 자세한 정보는 7.6.1절 "튜닝 파라미터"를 참고하세요.

페이지 캐시는 **비활성 페이지**(inactive pages)와 **활성 페이지**(active pages)에 대해 각각 별도의 리스트를 사용합니다. 이것들은 LRU 방식으로 동작하므로 kswapd가 빈 페이지를 빠르게 찾을 수 있습니다. 그림 7.9는 이러한 리스트 구조를 보여줍니다.

kswapd는 우선 비활성 페이지 리스트를 스캔한 후, 필요한 경우 활성 페이지 리

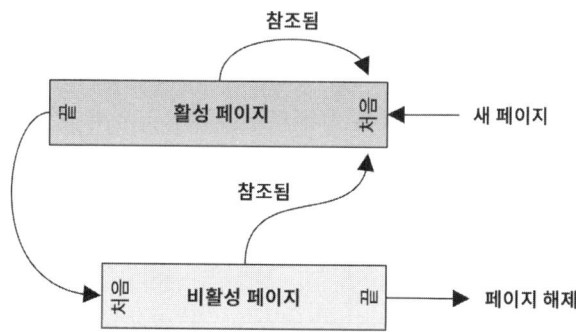

그림 7.9 kswapd 활성/비활성 페이지 리스트

스트도 스캔합니다. 여기서 스캔(scan)이라는 용어는 리스트를 따라가며 페이지들을 검사하는 과정을 의미합니다. 페이지에 락이 걸려있거나 변경된 경우(locked/dirty)에는 해제 대상이 될 수 없습니다. 초기 유닉스의 페이지 아웃 데몬이 메모리 전체를 스캔하는 방식과 달리, kswapd의 '스캔'은 이러한 특정 리스트들을 대상으로 하는 더 집중적인 검사 과정을 가리킵니다.

7.3.3 프로세스 가상 주소 공간

프로세스의 가상 주소 공간은 하드웨어와 소프트웨어에 의해 관리되며, 필요에 따라 물리적 페이지에 매핑되는 가상 페이지로 구성됩니다. 이러한 가상 주소 공간은 스레드 스택, 프로세스 실행 파일, 라이브러리, 힙 등을 저장하기 위한 **세그먼트**(segments)라는 영역들로 나뉩니다. 그림 7.10은 리눅스 32비트 프로세스의 가상 주소 공간에 대한 예시인데, x86 프로세서와 SPARC 프로세서의 사례를 보여줍니다.

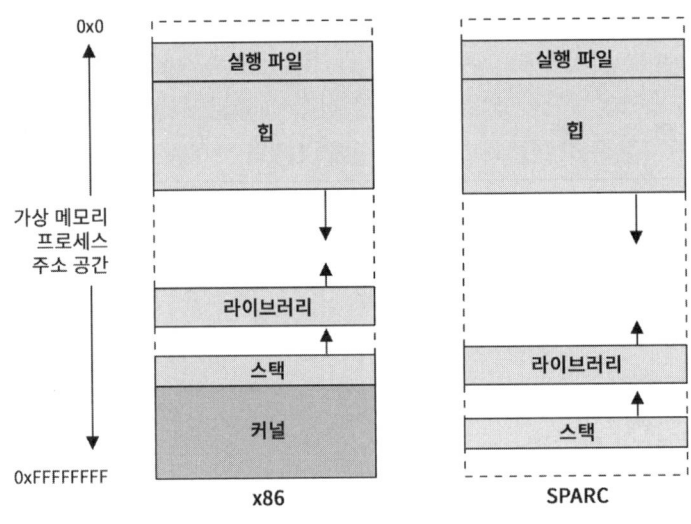

그림 7.10 프로세스 가상 메모리 주소 공간의 예

그림을 살펴보면, x86에서는 사용자 영역 주소와 커널 주소가 겹치지 않게 구분되어 있다는 것을 확인할 수 있습니다.[12] 반면 SPARC에서는 커널 주소가 표시되어 있

---

[12] 64비트 시스템을 사용한다고 해서 프로세서가 64비트 전체 범위를 지원하는 것은 아닙니다. AMD 아키텍처의 사양에 따르면, 최대 48비트의 주소만 구현할 수 있습니다. 사용되지 않는 상위 16비트는 마지막 비트의 값으로 설정됩니다. 이러한 특성으로 인해 두 개의 주소 영역이 생성되는데, 이를 **캐노니컬 주소**(canonical address)라고 합니다. 0부터 0x00007FFFFFFFFFFF까지의 범위는 사용자 공간으로 사용되며, 0xFFFF800000000000부터 0xFFFFFFFFFFFFFFFF까지의 범위는 커널 공간으로 사용됩니다.

지 않은데, 이는 커널이 별도의 주소 공간에 위치하기 때문입니다. 이러한 특징 때문에 SPARC에서는 포인터 값만으로 사용자 공간과 커널 공간을 구분하는 것이 불가능합니다.

프로그램의 실행 파일(Executable)은 여러 섹션(section)으로 구성되며, 실행 시 메모리에 세그먼트 형태로 로드됩니다. 예를 들어, 실행 코드가 담긴 .text 섹션은 텍스트 세그먼트로, 초기화된 변수가 담긴 .data 섹션은 데이터 세그먼트로 메모리에 할당됩니다. 라이브러리 역시 메모리로 로드될 때 텍스트와 데이터 세그먼트로 구분됩니다. 각각의 세그먼트는 특정한 역할을 가지며, 메모리에서 다르게 취급됩니다.

- 텍스트 세그먼트: CPU가 실행할 명령어가 들어 있는 읽기 전용 영역입니다. 파일 시스템에 저장된 프로그램 바이너리의 .text 섹션에서 가져오며, 실행 권한이 부여되어 있습니다.
- 데이터 세그먼트: 초기화된 변수를 저장하는 영역으로, 프로그램의 .data 섹션에서 로드됩니다. 읽기와 쓰기가 가능해 실행 중 변수 값을 수정할 수 있으며, 전용(private) 플래그가 설정되어 있어서 변경 사항이 디스크에 기록되지 않습니다.
- 힙(Heap): 프로그램 실행 중 필요한 동적 메모리 공간으로, 파일 시스템에 대응하는 위치가 없는 익명 메모리로 분류됩니다. 필요에 따라 크기가 확장되며, malloc(3)을 통해 메모리를 할당받습니다.
- 스택(Stack): 실행 중인 스레드가 함수 호출 및 지역 변수를 저장하는 데 사용하는 메모리 영역으로, 읽기와 쓰기가 가능합니다.

라이브러리의 텍스트 세그먼트는 해당 라이브러리를 사용하는 다른 프로세스들과 공유될 수 있으며, 각 프로세스는 독립적으로 라이브러리의 데이터 세그먼트를 복사하여 사용합니다(이는 각 프로세스가 라이브러리 내의 변수들을 독립적으로 변경하고 관리할 수 있어야 하기 때문입니다).

힙 크기 증가

프로세스를 사용함에 따라 힙의 크기는 지속적으로 증가하는데, 이는 종종 혼란을 일으키곤 합니다. 힙이 끊임없이 늘어나는 것을 보고 메모리 누수로 오해할 수 있지만, 사실 단순한 메모리 할당자에서는 free(3) 함수가 메모리를 운영 체제에 반환하지 않고, 이후의 메모리 할당을 위해 보관합니다. 이러한 특징 때문에 프로세스가 사용 중인 메모리는 계속 증가하게 되고, 이는 정상적인 현상입니다.

프로세스의 시스템 메모리 사용량을 줄이기 위한 방법은 다음과 같습니다.

- 재실행(Re-exec): execve(2)를 호출해 빈 주소 공간으로 초기화 한 후 프로그램을 시작합니다.
- 메모리 매핑(Memory mapping): mmap(2)과 munmap(2)을 사용하여 메모리를 할당하고 해제하면, 해제된 메모리가 시스템으로 반환됩니다. 이 방식은 앞서 살펴본 free(3)처럼 메모리를 재사용하기 위해 보관하지 않고 바로 반환하는 점에서 다릅니다.

메모리 매핑 파일에 대해서는 8.3.10절 "메모리 매핑 파일"을 참고하세요.

리눅스에서 널리 사용되는 Glibc는 고급 메모리 할당자로, 메모리 할당 시 mmap 방식을 지원하며, malloc_trim(3) 함수를 통해 미사용 메모리를 시스템에 반환할 수도 있습니다. malloc_trim(3)은 힙의 상단에 큰 여유 메모리가 생겼을 때[13] free(3)에 의해 자동으로 호출되며, sbrk(2) 시스템 콜을 사용해 메모리를 해제합니다.

할당자

메모리 할당을 위한 여러 가지 사용자 및 커널 영역 메모리 할당자가 있습니다. 그림 7.11은 할당자의 역할을 보여주며, 일부 흔한 유형들도 포함되어 있습니다.

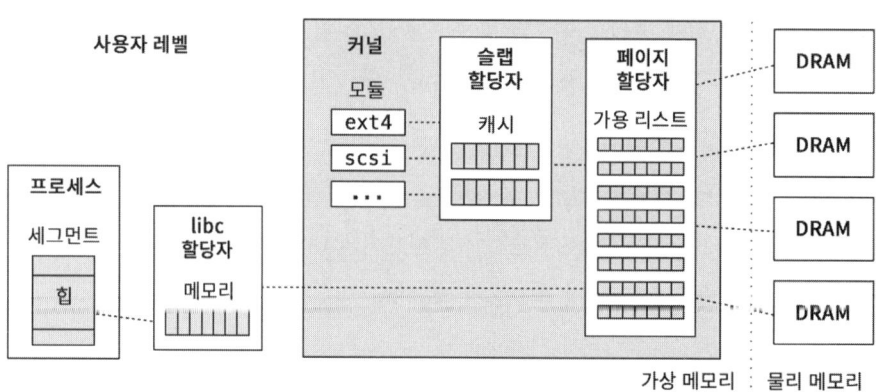

그림 7.11 사용자 및 커널 영역 메모리 할당자

---

[13] M_TRIM_THRESHOLD값보다 커질 때를 의미하는데, 기본값은 128KB입니다. 이 값은 mallopt(3) 함수를 통해 설정할 수 있습니다.

페이지 관리에 대해서는 앞서 다룬 7.3.2절 "소프트웨어"의 "가용 리스트" 부분에서 설명했습니다.

메모리 할당자의 특징은 다음과 같습니다.

- 간단한 API: malloc(3), free(3)와 같이 직관적인 API를 가지고 있습니다.
- 효율적인 메모리 사용: 다양한 크기의 메모리 할당 요청을 처리하는 과정에서 메모리 사용이 **파편화**될 수 있으며, 이로 인해 메모리의 많은 미사용 영역이 낭비될 수 있습니다. 할당자는 이러한 미사용 영역을 병합해 더 큰 할당 요청에 사용될 수 있도록 하여 효율성을 향상시킬 수 있습니다.
- 성능: 메모리 할당은 자주 발생하는데, 특히 멀티스레드 환경에서는 동기화 요소에 대한 경쟁으로 인해 성능 저하가 발생할 수 있습니다. 할당자는 락 사용을 최소화하고 스레드별 또는 CPU별 캐시를 사용하여 메모리 지역성을 개선하도록 설계될 수 있습니다.
- 관측가능성: 할당자는 메모리 사용 통계를 제공하거나 디버그 모드를 지원하여, 메모리 할당 현황을 확인하고 메모리 할당이 이루어지는 코드 경로를 추적하는 데 도움을 줄 수 있습니다.

이후 절에서는 커널 영역의 할당자(Slab 및 SLUB)와 사용자 영역 할당자(glibc, TCMalloc, jemalloc)에 대해 설명합니다.

슬랩(Slab) 할당자

커널의 Slab 할당자는 특정 크기의 객체들을 캐시로 관리하여, 페이지 할당의 오버헤드 없이 해당 객체들이 빠르게 재사용 될 수 있도록 합니다. 이는 특히 커널 메모리 할당에 매우 효과적인데, 커널의 경우 고정 크기의 구조체에 대한 할당이 빈번하기 때문입니다.

커널 예시로, 다음 두 줄은 ZFS의 arc.c 파일에서 가져온 코드입니다.[14]

```
df = kmem_alloc(sizeof (l2arc_data_free_t), KM_SLEEP);
head = kmem_cache_alloc(hdr_cache, KM_PUSHPAGE);
```

첫째 줄의 kmem_alloc()은 전통적인 방식의 커널 할당 함수로, 크기를 인자로 받

---

14 해당 코드는 필자가 개발한 것으로, 해당 캐시의 사용을 잘 보여주는 사례입니다.

습니다. 커널 내부적으로는 요청된 크기에 맞는 슬랩 캐시를 선택하여 할당을 처리합니다[15](크기가 아주 큰 요청은 다르게 처리되는데, oversize arena(과대 객체 영역)으로 처리됩니다). 두 번째 줄의 kmem_cache_alloc()은 앞의 방식과 다르게, 인자로 지정된 슬랩 캐시에서 직접 메모리를 할당하며, 여기서는 (kmem_cache_t *) hdr_cache라는 캐시를 통해 메모리를 할당했습니다.

슬랩 할당자는 솔라리스 2.4 커널에서 처음으로 소개되었으며[Bonwick 94], 이후 매거진(magazine)라는 이름의 CPU별 캐시를 포함하도록 개선되었습니다.[Bonwick 01]

기본적인 접근법은 각 CPU에 M개의 원소를 가진 '매거진'이라는 이름의 캐시를 두는 방식인데, 이 이름은 자동화기의 탄창에서 영감을 받았습니다. 탄창의 탄환을 모두 사용한 후 빈 탄창을 새로운 탄창으로 교체하듯이, 각 CPU의 매거진 캐시는 CPU가 다시 로딩될 때까지 M개의 메모리 할당을 처리할 수 있습니다.

슬랩 할당자는 초기부터 성능이 뛰어났을 뿐만 아니라 디버그 및 분석 기능도 제공했습니다. 이러한 기능에는 메모리 할당 세부사항을 추적하고 스택 트레이스를 제공하는 감사(auditing) 기능이 포함되어 있습니다.

슬랩 할당은 다양한 운영 체제에서 채택되었습니다. 예를 들어 BSD에는 'UMA-(universal memory allocator, 범용 메모리 할당자)'라는 효율성이 좋은 커널 슬랩 할당자가 있는데, NUMA 환경을 고려해 메모리를 할당합니다. 리눅스는 커널 2.2 버전에서 슬랩 할당자를 도입했으며, 이후 수 년간은 슬랩이 기본 옵션이었습니다. 최근 리눅스 커널 버전들은 SLUB 할당자를 기본값으로 제공하거나, 옵션으로 제공합니다.

SLUB 할당자

리눅스 커널 SLUB 할당자는 슬랩 할당자를 기반으로 개발되었으며, 여러 문제점 중 특히 슬랩 할당자의 복잡성을 해결하기 위해 설계되었습니다. 주요 개선 사항으로는 객체 큐의 제거와 CPU별 캐시 추가가 있으며, NUMA 최적화는 페이지 할당자에게 위임하여 더욱 효율적인 자원 관리를 가능하게 했습니다(앞서 다룬 "가용 리스트" 부분 참조).

---

15 (옮긴이) 슬랩 캐시는 단일 캐시가 아닌, 다양한 크기의 요청을 처리하기 위해 여러 개의 캐시 풀로 구성되어 있습니다. 예를 들어 kmalloc-128, kmalloc-256과 같은 크기별 슬랩 캐시가 존재하여, 요청된 메모리 크기에 따라 적합한 슬랩 캐시에서 메모리를 할당하게 됩니다.

SLUB 할당자는 리눅스 2.6.23 버전부터 기본 옵션으로 설정되었습니다.[Lameter 07]

glibc

GNU libc의 사용자 레벨 할당자는 더그 리(Doug Lea)가 만든 dlmalloc을 기반으로 하고 있습니다. 이 할당자의 동작 방식은 요청된 메모리 크기에 따라 달라집니다. 작은 메모리 요청은 비슷한 크기의 블록을 모아둔 빈(bin)에서 처리되며, 필요시 버디 알고리즘과 유사한 방법으로 병합할 수 있습니다. 더 큰 메모리 요청은 트리 검색을 통해 빈 공간을 효율적으로 찾아 할당하고, 매우 큰 메모리 요청은 mmap(2) 호출을 통해 직접 메모리를 할당합니다. 이처럼 다양한 할당 방식을 사용하여 높은 성능을 제공합니다.

TCMalloc

TCMalloc은 사용자 레벨의 스레드 캐싱 malloc으로, 스레드마다 개별 캐시(Thread Local Cache)를 유지하여 작은 메모리 할당 시 락 경쟁 없이 직접 메모리를 할당받아 성능을 높입니다.[Ghemawat 07] 각 스레드의 로컬 캐시는 중앙 관리 힙(Central Heap)에서 메모리를 받아 사용하며, TCMalloc은 주기적으로 가비지 컬렉션을 통해 사용이 끝난 메모리를 로컬 캐시에서 중앙 힙으로 반환합니다. 이를 통해 반환된 메모리는 다시 시스템 전반에서 재사용될 수 있도록 관리됩니다.

jemalloc

jemalloc는 FreeBSD의 libc 할당자를 기반으로 한 사용자 레벨 할당자이며, 리눅스에서도 libjemalloc을 통해 사용이 가능합니다. jemalloc은 메모리 단편화를 줄이고 성능을 높이기 위해 여러 가지 최적화 기법을 사용합니다. 예를 들어, 여러 개의 '메모리 풀'을 운영해 각기 다른 크기의 메모리 할당을 나누어 관리하며, 스레드별로 개별 캐시를 두어 락 경쟁을 줄입니다. 작은 크기의 객체 할당에는 전용 슬랩을 사용해 효율을 높이고, 큰 크기의 메모리를 할당할 때는 mmap(2) 시스템 호출을 주로 사용합니다(필요시 sbrk(2)도 사용할 수 있음). 페이스북은 jemalloc을 사용하며 여기에 프로파일링 및 기타 최적화 기능을 추가했습니다.[Facebook 11]

7.4 방법론

이번 절에서는 메모리 분석과 튜닝 관련된 다양한 방법론과 예제들을 살펴봅니다. 표 7.3은 여기서 다룰 주제들을 요약해 보여주고 있습니다.

표 7.3 메모리 성능 분석 방법론

절	방법론	유형
7.4.1	도구 방법론	관찰적 분석
7.4.2	USE 방법론	관찰적 분석
7.4.3	사용 특성 파악	관찰적 분석, 수용량 계획
7.4.4	사이클 분석	관찰적 분석
7.4.5	성능 모니터링	관찰적 분석, 수용량 계획
7.4.6	누수 탐지	관찰적 분석
7.4.7	정적 성능 튜닝	관찰적 분석, 수용량 계획
7.4.8	리소스 제어	튜닝
7.4.9	마이크로 벤치마킹	실험적 분석
7.4.10	메모리 축소 방법론	실험적 분석

더 많은 전략과 방법론 각각에 대한 소개는 2장 "방법론"을 참고하세요.

이 방법론들은 개별적으로 사용하거나 조합하여 활용할 수 있습니다. 메모리 이슈를 해결하고자 한다면 성능 모니터링, USE 방법론, 사용 특성 파악의 순서로 시도해 보세요.

7.5절 "관측가능성 도구"에서는 이러한 방법론을 적용할 때 사용할 수 있는 운영체제 도구에 대해 다룹니다.

7.4.1 도구 방법론

도구 방법론은 사용 가능한 도구들을 차례로 사용하여 각 도구가 제공하는 핵심 지표를 확인하는 과정입니다. 단순하게 적용할 수 있는 방법론이기는 하지만, 도구가 특정 문제의 시료를 충분히 제공하지 않거나 전혀 제공하지 않아 일부 문제를 간과할 수 있습니다. 또한, 전체 과정을 수행하는 데 시간이 오래 걸릴 수 있다는 단점도 있습니다.

메모리의 경우 도구 방법론을 수행할 때 다음과 같은 항목들을 검토해 보아야 합니다.

- 페이지 스캔: 메모리 부하의 징후로 오랜 시간(10초 이상) 계속되는 페이지 스캔을 찾아 보세요. sar -B를 실행한 후 pgscan 열을 살펴보면 됩니다.
- PSI(pressure stall information, 부하 스톨 정보): 리눅스 v4.20 이상 커널에서는 cat /proc/pressure/memory를 통해 시간의 흐름에 따른 메모리 부하(포화) 통계 변화를 확인해 볼 수 있습니다.
- 스와핑: 스왑이 구성된 경우, 메모리 페이지의 스와핑은 시스템의 메모리 부족을 나타내는 또 다른 지표입니다. 이는 vmstat(8)을 실행한 후 si 및 so 열을 살펴보면 됩니다.
- vmstat: vmstat 1을 실행한 후 free를 확인하면 가용 메모리를 확인할 수 있습니다.
- OOM 킬러: 이러한 이벤트는 시스템 로그 /var/log/messages나 dmesg(1)에서 확인할 수 있습니다. 로그에서 'Out of memory'를 검색해 보세요.
- top: 어느 프로세스와 사용자가 물리 메모리(상주)와 가상 메모리를 가장 많이 소비하는지 확인해 보세요(각 열의 이름은 top 버전에 따라 다르므로 매뉴얼을 참조하세요). top(1)은 또한 현재 가용 메모리도 요약해 보여줍니다.
- perf(1)/BCC/bpftrace: 스택 트레이스를 사용하여 메모리 할당을 추적하고 메모리 사용 원인을 파악해 보세요. 다만, 메모리 할당을 전부 트레이싱하면 상당한 오버헤드를 유발할 수 있으니 주의하세요. 더 낮은 오버헤드로 문제를 진단할 방법이 있는데, 이는 CPU 프로파일링을 수행하여 메모리 할당과 관련된 코드 경로를 주기적으로 샘플링하는 것입니다. 이 방법은 완전하지는 않지만, 부하가 덜하면서도 유용한 정보를 얻을 수 있습니다.

각 도구에 대한 더 자세한 설명은 7.5절 "관측가능성 도구"를 참고하세요.

7.4.2 USE 방법론

USE 방법론은 성능 분석 초기 단계에 여러 구성 요소에 걸친 병목과 오류를 신속하게 파악하는 데 사용됩니다. 이 방법론은 시간이 너 많이 소요되는 심층적인 전략을 사용하기 전에 전체 시스템을 검토하는 목적으로 시도해 볼 수 있습니다.

다음 항목들을 시스템 전반에 걸쳐 확인해 보세요.

- 사용률: 메모리를 얼마나 사용하고 있는지, 그리고 얼마나 사용 가능한지를 확

- 포화도: 메모리 부하 완화를 위한 작업들이 수행되고 있는지 확인해 봅니다. 페이지 스캔, 페이징, 스와핑 여부를 점검하고, 리눅스 환경에서는 OOM 킬러의 프로세스 종료 횟수도 살펴봅니다.
- 오류: 소프트웨어 또는 하드웨어 오류를 확인합니다.

포화가 계속되면 메모리 문제가 있다는 징후이므로 포화도를 먼저 검토해 보아야 합니다. 포화도 관련 지표는 보통 운영 체제 도구를 통해 확인할 수 있습니다. 예를 들어, 스와핑 발생 여부는 vmstat(8)이나 sar(1)로, OOM 킬러가 프로세서를 종료했는지는 dmesg(1)를 살펴보면 알 수 있습니다. 또한 별도의 디스크 스왑 장치가 구성된 경우, 해당 장치의 활동을 확인하여 메모리 포화 여부를 파악할 수 있습니다. 리눅스에서는 PSI(pressure stall information, 부하 스톨 정보)의 일부로 메모리 포화 통계도 제공합니다.

물리 메모리 사용률은 도구들마다 서로 다르게 보고될 수 있는데, 이 차이는 도구가 파일 시스템 캐시나 비활성 페이지를 집계하는지 여부에 따라 달라집니다. 가령 10MB의 메모리만 남았다고 보고할지라도 실제로는 시스템에 10GB의 파일 시스템 캐시가 있어서 필요시 애플리케이션이 이를 즉시 할당할 수 있는 경우도 있습니다. 따라서 사용하는 도구의 문서를 참조하여 이러한 항목들을 어떻게 집계하는지 확인하는 것이 중요합니다.

시스템이 메모리 오버커밋을 허용하는지 여부에 따라 가상 메모리 사용률을 확인해야 할 수도 있습니다. 오버커밋이 허용되지 않는 시스템에서는 가상 메모리가 모두 사용될 경우 메모리 할당이 실패하게 되며, 이는 USE 방법론에서 오류에 해당하는 사례로 볼 수 있습니다.

메모리 오류는 소프트웨어(예: 메모리 할당 실패, 리눅스의 OOM 킬러) 또는 하드웨어(예: ECC 오류)에 의해 발생할 수 있습니다. 역사적으로 메모리 할당 오류는 애플리케이션이 자체적으로 보고하도록 남겨져 왔으나, 모든 애플리케이션이 이를 보고하지는 않습니다(리눅스의 메모리 오버커밋 기능으로 인해 개발자들이 필요성을 느끼지 못했을 수도 있습니다). 하드웨어 오류는 진단이 어려울 수 있지만, ECC 메모리를 사용하는 시스템에서는 dmidecode(8), edac-utils, ipmitool sel 등의 도구로 정정 가능한 오류를 확인할 수 있습니다. 이러한 정정 가능한 오류는 USE 방법론에서 오류 지표로 활용 가능하며, 더 심각한 오류 발생의 전조가 될 수 있습니다. 실제로 정정 불가능한 메모리 오류가 발생하면, 임의의 애플리케이션에서 설명할 수 없고 재현할 수 없는 충돌(세그먼트 오류 및 버스 오류 신호 등)을 경험할 수 있습니다.

일부 클라우드 컴퓨팅 환경과 같이 메모리 제한이나 쿼터(리소스 제어)가 설정된 환경에서는 메모리 사용률과 포화도를 다르게 측정해야 합니다. 예를 들어, 여러분의 OS 인스턴스가 소프트웨어 메모리 제한에 도달해 스와핑이 발생할 수 있지만, 호스트 시스템에는 여전히 충분한 물리 메모리가 남아 있을 수 있습니다. 이와 관련된 자세한 내용은 11장 "클라우드 컴퓨팅"을 참고하세요.

7.4.3 사용 특성 파악

메모리 사용 특성을 파악하는 일은 수용량 계획, 벤치마킹, 워크로드 시뮬레이션에서 매우 중요한 역할을 합니다. 이 작업은 또한 잘못된 설정을 찾아 수정함으로써 가장 큰 성능 개선을 가져올 수도 있습니다. 예를 들면, 데이터베이스 캐시가 너무 작게 설정되어 히트율이 낮거나, 반대로 너무 크게 설정되어 시스템의 페이징을 초래하는 경우 등이 있을 것입니다.

메모리 사용 특성 파악의 경우 어디서 얼마나 많은 메모리를 사용하는지 살펴보는 것이 중요합니다.

- 시스템 전반의 물리 메모리 및 가상 메모리 사용량
- 포화 정도: 페이징, 스와핑, OOM 킬러 발생 현황
- 커널이나 파일 시스템 캐시 메모리 사용 현황
- 프로세스별 물리 메모리 및 가상 메모리 사용 현황
- (만약 리소스 제어가 구성된 경우) 메모리 리소스 제어 현황

다음 예시는 이런 특성을 어떻게 함께 살펴볼지 보여주고 있습니다.

> 이 시스템은 256GB의 메인 메모리를 가지고 있으며, 그중 1%가 프로세스에 의해 사용(활용)되고 있고, 30%는 파일 시스템 캐시에 사용됩니다. 가장 메모리 사용량이 큰 프로세스는 데이터베이스인데, 메인 메모리(RSS) 총 용량 중 2GB만을 사용합니다. 가용 메모리가 많은데도 이렇게 적은 용량만 사용하는 이유는 이 데이터베이스의 메모리 한계치 설정 때문인데, 이전 시스템을 마이그레이션 하면서 이 설정을 변경하지 않아서 그렇습니다.

위에서 살펴본 항목들은 시간이 지남에 따라 특성이 변할 수 있는데, 프로세스가 실행되면서 작업 데이터를 캐시하는 데 더 많은 메모리가 사용되어서 그럴 수 있습니다. 또한, 커널이나 애플리케이션의 메모리가 메모리 누수(소프트웨어 버그)로 인해 지속적으로 증가할 수도 있습니다. 이러한 메모리 누수는 일반적인 캐시 증가와는 다른 문제입니다.

고급 사용 특성 분석/체크리스트

사용 특성을 분석하려면 더 자세한 사항을 추가해야 합니다. 이러한 경우 다음 질문들을 고려할 수 있는데, 메모리 문제를 심도 있게 다룰 때 체크리스트로 활용할 수 있습니다.

- 애플리케이션에 대한 WSS(working set size, 워킹 셋 크기)는 얼마나 됩니까?
- 커널이 메모리를 어디에 사용합니까? 슬랩 크기별로는 메모리를 어떻게 사용합니까?
- 파일 시스템 캐시 중 활성화와 비활성화 크기는 얼마나 되고 비율은 어떠합니까?
- 프로세스의 메모리가 어디에 사용됩니까? (명령어 세그먼트, 캐시, 버퍼, 객체 등)
- 프로세스가 메모리를 할당한 이유는 무엇입니까? 호출 경로는 어떻게 됩니까?
- 커널이 메모리를 할당한 이유는 무엇입니까? 호출 경로는 어떻게 됩니까?
- 프로세스 라이브러리 매핑에 이상한 부분은 없습니까(예: 시간에 따른 변화 확인)?
- 자주 스왑 아웃되는 프로세스로는 어떤 것들이 있습니까?
- 예전에 스왑 아웃되었던 프로세스로는 어떤 것들이 있습니까?
- 프로세스나 커널에 메모리 누수는 없습니까?
- NUMA 시스템이라면 각 메모리 노드 사이에 메모리가 얼마나 잘 분산되어 있습니까?
- IPC와 메모리 지연 사이클의 비율이 얼마나 됩니까?
- 메모리 버스는 얼마나 균형 잡혀 있습니까?
- 로컬 메모리 I/O 횟수와 원격 메모리 I/O 횟수는 각각 어떻게 됩니까?

이어지는 절에서는 이런 질문을 답하는데 도움이 되는 내용을 다룹니다. 2장 "방법론"에서 사용 특성 파악 방법론에서 측정해야 할 특성들에 대한 설명을 확인할 수 있습니다(누가, 왜, 무엇을, 어떻게).

7.4.4 사이클 분석

메모리 버스 부하는 CPU의 PMC(Performance Monitoring Counter, 성능 모니터링 카운터)를 이용해 메모리 지연 사이클, 메모리 버스 사용률 등을 집계하게 한 다음, 결과를 살펴보는 방식으로 확인할 수 있습니다. 가장 먼저 살펴볼 지표는 사이클당 명령어 수를 의미하는 IPC(Instruction Per Cycle)인데, 이를 통해 현재 CPU 부하가 얼마나 메모리에 의존하는지 확인할 수 있습니다. 6장 "CPU"를 참고하세요.

7.4.5 성능 모니터링

성능 모니터링은 시간 경과에 따른 문제 상황과 행동 패턴을 파악하는 데 도움이 됩니다. 메모리와 관련된 주요 지표는 다음과 같습니다.

- 사용률: 가용 메모리 대비 사용된 메모리의 비율을 백분위로 표현
- 포화도: 스와핑, OOM 킬러 발생 현황

메모리 제한이나 리소스 제어가 설정된 환경에서는 이러한 제한값과 관련된 통계 또한 수집해야 할 수 있습니다.

오류도 모니터링해 볼 수 있는데(모니터링이 가능하다면), 이에 관해서는 7.4.2절 "USE 방법론"에서 사용률이나 포화도와 함께 설명했습니다.

시간 흐름에 따라, 특히 프로세스별 메모리 사용을 지속적으로 모니터링하면 메모리 누수의 존재나 현황을 파악하는데 도움이 될 수 있습니다.

7.4.6 메모리 누수 탐지

애플리케이션이나 커널 모듈이 사용하는 메모리가 무한히 커지면 가용 메모리, 파일 시스템 캐시, 또는 언젠가는 다른 프로세스의 메모리까지 점차 소비하게 될 것입니다. 이러한 문제는 지속적인 메모리 부하에 대한 반응으로 시스템이 스와핑을 시작하거나 애플리케이션이 OOM으로 종료될 때 처음 감지될 수 있습니다.

이러한 유형의 문제는 다음과 같은 원인으로 인해 생길 수 있습니다.

- 메모리 누수: 일종의 소프트웨어 버그로, 더 이상 사용되지 않는 메모리가 해제되지 않고 계속 남아 있는 걸 말합니다. 이는 소프트웨어 코드를 수정하거나, 패치나 업그레이드를 통해 해결할 수 있습니다.
- 메모리 사용량 증가: 소프트웨어가 정상적으로 메모리를 사용하더라도, 시스템이 감당할 수 없을 만큼 빠르게 메모리를 소비하는 경우입니다. 이 문제는 소프트웨어 구성을 변경하거나 개발자가 애플리케이션의 메모리 사용 방식을 변경함으로써 해결할 수 있습니다.

간혹 시스템에서 메모리의 사용량이 증가한 것을 보고 메모리 누수로 잘못 진단하는 경우도 있습니다. 맨 먼저 해야 할 질문은 "소프트웨어가 이렇게 메모리를 사용하도록 되어 있는가?"입니다. 이를 확인하려면, (시스템 전역의 메모리 사용량이 아닌) 애플리케이션의 메모리 사용량과 애플리케이션 설정, 메모리 할당자의 동작을 살펴보세요. 애플리케이션이 메모리 캐시를 미리 채우도록 설정되어 있을 수 있으며, 관찰된 메모리 사용량 증가는 캐시의 초기 채우기 과정일 수 있습니다.

메모리 누수 분석 방법은 사용하는 소프트웨어나 프로그래밍 언어에 따라 다릅니다. 일부 메모리 할당자는 할당 세부사항을 기록하는 디버그 모드를 제공하기도 하는데, 이러한 정보는 나중에 메모리 할당과 관련한 호출 경로를 식별해 분석하는 데 사용할 수 있습니다. 몇몇 런타임은 힙 덤프 분석을 위한 방법을 제공하며, 메모리 누수 조사를 위한 다른 도구들도 있습니다.

메모리 사용량 증가 및 메모리 누수 분석에 활용할 수 있는 도구도 있는데, 리눅스 BCC 트레이싱 도구 중 memleak(8)을 사용해 볼 수 있습니다. 이 도구는 메모리 할당을 추적하고, 일정 시간 동안 해제되지 않은 메모리를 할당 코드 경로와 함께 보여줍니다. 하지만 이렇게 해제되지 않은 메모리가 실제 누수인지 아니면 정상적인 메모리 사용량 증가인지는 도구가 판단하지 못하기 때문에 사용자가 코드 경로를 분석하여 이를 확인해야 합니다. (메모리 할당이 빈번한 시스템에서 해당 도구는 상당한 오버헤드를 유발할 수 있다는 점에 유의하세요.) BCC는 15장 "BPF"의 15.1 "BCC"에서 다룹니다.

7.4.7 정적 성능 튜닝

메모리 성능을 최적화하기 위해, 현재 시스템 환경에서 다음과 같은 정적 튜닝 항목들을 살펴보기 바랍니다.

- 시스템 전체적으로 얼마나 많은 메인 메모리가 있습니까?
- 각 애플리케이션이 설정한 메모리 사용량은 얼마인가요? (애플리케이션 자체의 설정)
- 애플리케이션이 어떤 메모리 할당자를 사용합니까?
- 메인 메모리의 속도는 얼마나 됩니까? 이는 현재 사용 가능한 가장 빠른 유형의 메모리인가요(DDR5)?
- 메인 메모리에 대해 테스트를 수행한 적이 있습니까? (예: 리눅스 memtester 사용)
- 시스템의 아키텍처는 어떻게 됩니까? NUMA 입니까, UMA 입니까?
- 운영 체제가 NUMA를 고려해 동작합니까? 운영 체제가 NUMA 관련 튜닝 파라미터를 제공합니까?
- 메모리가 단일 CPU 소켓에 연결되어 있습니까, 아니면 여러 소켓에 걸쳐 분산되어 있습니까?
- 메모리 버스의 개수는 몇 개입니까?
- CPU 캐시의 크기와 개수는 얼마나 됩니까? TLB의 크기와 개수는 얼마나 됩니까?
- BIOS 설정은 어떻게 됩니까?
- Huge Page를 사용하도록 설정했고, 사용 중입니까?
- 오버커밋을 사용할 수 있습니까? 또한, 오버커밋을 사용하도록 설정했습니까?
- 시스템 메모리 관련 다른 튜닝 파라미터는 어떤 것이 있습니까?
- 현재 시스템에 부과된 소프트웨어 기반의 메모리 제한(리소스 제어)이 있나요?

이 같은 질문에 답하다 보면 간과했던 튜닝 항목들을 발견할 수도 있습니다.

7.4.8 리소스 제어

운영 체제는 프로세스나 프로세스 그룹에 대한 메모리 할당을 세밀하게 제어할 수 있습니다. 이런 제어를 통해 메인 메모리나 가상 메모리 사용량에 대한 제한치를 고정할 수도 있습니다. 이러한 기능의 동작 방식은 구현에 따라 다르며, 7.6 "튜닝"과 11장 "클라우드 컴퓨팅"에서 논의하겠습니다.

7.4.9 마이크로 벤치마킹

마이크로 벤치마킹을 사용해 메인 메모리의 속도와 CPU 캐시, 캐시 라인 크기 등의 특성을 파악할 수도 있습니다. 이 방법은 다양한 시스템들 간의 차이를 비교하는데 특히 유용합니다. 이는 메모리 액세스 속도가 애플리케이션과 워크로드에 따라 CPU 클럭 속도보다 성능에 더 큰 영향을 미칠 수 있기 때문인데, 이러한 벤치마크는 메모리 액세스 속도와 CPU 클럭 속도가 성능에 미치는 영향을 수월하게 비교할 수 있게 해줍니다.

6.4.1절 "하드웨어"의 "CPU 캐시" 아래에 있는 "지연시간" 부분을 보면 CPU 캐시의 특성을 파악하기 위해 메모리 접근 지연시간에 대해 마이크로 벤치마킹을 수행한 결과를 볼 수 있습니다.

7.4.10 메모리 축소 방법론

이 방법은 WSS(working set size, 워킹 셋 크기) 추정을 위해 사용 가능한 메모리를 점진적으로 줄이면서 성능의 급격한 저하 시점을 찾는 방식으로, 실험을 위해 스왑 장치를 설정해야 합니다. 애플리케이션에 할당된 메모리가 줄어들면서 성능이 크게 떨어지고 스와핑이 증가하는 현상이 나타나는데, 여기가 바로 애플리케이션의 WSS가 더 이상 사용 가능한 메모리에 맞지 않는 지점입니다. 이를 통해 WSS의 크기를 대략적으로 파악할 수 있습니다.

이 방법은 '부정적 실험(negative experiment)'의 한 예로 언급할 만하지만, 의도적으로 성능을 저하시킨다는 점에서 프로덕션 환경에서는 사용을 권장하지 않습니다. WSS 추정을 위한 다른 방법으로는 7.5.12절 "wss"에 소개된 실험적인 wss(8) 도구와 필자가 작성한 WSS 계산에 관한 웹사이트 [Gregg 18c]를 참고하기 바랍니다.

7.5 관측가능성 도구

이번 절에서는 리눅스 기반 운영 체제의 메모리 분석 도구를 소개합니다. 각 도구를 사용하는 방법론에 대해서는 앞의 절을 참고하세요.

이번 절에서 다루게 되는 도구들은 표 7.4에 정리되어 있습니다.

표 7.4 리눅스 메모리 관측가능성 도구

절	도구	설명
7.5.1	vmstat	가상/물리 메모리 통계
7.5.2	PSI	메모리에 대한 PSI 정보
7.5.3	swapon	스왑 장치 사용률
7.5.4	sar	시간에 따른 메모리 통계를 기록
7.5.5	slabtop	커널 슬랩 할당자 통계
7.5.6	numastat	NUMA 통계
7.5.7	ps	프로세스 상태
7.5.8	top	프로세스별 메모리 사용량 모니터링
7.5.9	pmap	프로세스 주소 공간 통계
7.5.10	perf	메모리 PMC 및 tracepoint 분석
7.5.11	drsnoop	직접 회수 동작 트레이싱
7.5.12	wss	워킹 셋 크기 계산
7.5.13	bpftrace	메모리 분석용 트레이싱 프로그램

이는 7.4절 "방법론"에서 언급된 전략들에 사용해 볼 수 있는 도구와 기능 들인데, 시스템 전체 메모리 사용량 관련 통계 도구부터 개별 프로세스 수준의 분석, 메모리 할당에 대한 트레이싱 도구까지 나열되어 있습니다. vmstat(8), sar(1), ps(1), top(1), pmap(1)과 같이 기존에도 사용되던 도구들은 리눅스뿐만 아니라 유닉스와 유사한 운영 체제에서도 사용할 수 있습니다. drsnoop(8)은 BCC(15장)에 포함되어 있는 BPF 도구입니다.

각 도구의 기능에 대한 상세 설명은 해당 도구의 문서와 매뉴얼 페이지를 참고하세요.

7.5.1 vmstat

가상 메모리 통계 명령인 vmstat(8)은 현재 시스템의 가용 메모리와 페이징 통계 등 시스템 메모리 상태에 대한 고차원적인 관점을 제공합니다. 이 도구는 6장 "CPU"에서 설명했듯이 CPU 통계도 제공합니다.

이 도구는 1979년에 BSD용으로 빌 조이(Bill Joy)와 오잘프 바바오글루(Ozalp Babaoglu)가 만들었습니다. 최초의 매뉴얼 페이지에는 다음과 같은 문구가 있었습니다.

버그: 너무 많은 숫자가 출력되다 보니, 가끔 어떤 것을 살펴봐야 하는지 헷갈린 다는 문제가 있습니다.

다음은 리눅스 버전 vmstat(8)의 출력 결과 예시입니다.

```
$ vmstat 1
procs -----------memory---------- --swap-- --io-- --system-- ----cpu----
 r  b   swpd   free    buff  cache   si   so    bi    bo   in    cs us sy id wa
 4  0      0 34454064 111516 13438596  0    0     0     5    2     0  0  0 100  0
 4  0      0 34455208 111516 13438596  0    0     0     0 2262 15303 16 12 73  0
 4  0      0 34455588 111516 13438596  0    0     0     0 1961 15221 15 11 74  0
 4  0      0 34456300 111516 13438596  0    0     0     0 2343 15294 15 11 73  0
[...]
```

위에 수록된 사례의 vmstat(8) 버전은 출력 첫 줄에 부팅 시점 이후의 요약값을 출력하지 않고, 현재 상태를 바로 보여주고 있음에 유의하세요. 각 열은 기본적으로 KB 단위이며 다음을 의미합니다.

- swpd: 스왑 아웃된 메모리 양
- free: 가용 메모리 양
- buff: 버퍼 캐시에 있는 메모리
- cache: 페이지 캐시에 있는 메모리
- si: 스왑 인(페이징)된 메모리
- so: 스왑 아웃(페이징)된 메모리

버퍼 캐시와 페이지 캐시에 대해서는 8장 "파일 시스템"에서 설명합니다. 시스템의 가용 메모리가 부팅 이후 점점 떨어지는 것은 자연스러운 일인데, 성능 향상을 위해 가용 메모리를 캐시로 사용하기 때문입니다. 애플리케이션에서 필요하면 언제든 이 캐시를 가져와서 쓸 수 있습니다.

살펴보아야 할 열은 si와 so인데, 이 두 개의 열이 계속 0이 아니라면 시스템에 메모리 부하가 있어서 스왑 장치나 파일로 스와핑이 진행되고 있음을 의미합니다(swapon(8) 참조). 메모리가 어디서 소비되는지 조사하고 싶다면 top(1), ps(1)와 같이 프로세스별 메모리 사용량을 보여주는 다른 도구들을 사용해 볼 수 있습니다.

시스템 메모리 크기가 큰 환경에서는 각 열의 출력이 어긋나서 읽기 어려울 수도 있습니다. 이러한 경우 -S 옵션을 사용해 출력을 MB 단위로 변경할 수 있습니다(m은 1000000, M은 1048576을 의미합니다).

```
$ vmstat -Sm 1
procs -----------memory---------- ---swap-- -----io--- --system-- ----cpu----
 r  b   swpd   free   buff  cache   si   so    bi    bo   in    cs us sy id wa
 4  0      0  35280    114  13761    0    0     0     5    2     1  0  0 100  0
 4  0      0  35281    114  13761    0    0     0     0 2027 15146 16 13  70  0
[...]
```

또한 -a 옵션을 사용해 활성/비활성 페이지 캐시를 구분할 수도 있습니다.

```
$ vmstat -a 1
procs ------------memory------------ ---swap-- -----io--- --system-- ----cpu-----
 r  b   swpd     free    inact   active   si   so    bi    bo   in    cs us sy id wa
 5  0      0 34453536 10358040 3201540    0    0     0     5    2     0  0  0 100  0
 4  0      0 34453228 10358040 3200648    0    0     0     0 2464 15261 16 12  71  0
[...]
```

이러한 메모리 통계는 소문자 -s 옵션을 사용하면 표가 아닌 목록 형태로 출력할 수도 있습니다.

7.5.2 PSI

리눅스의 PSI(Pressure Stall Information)는 리눅스 커널 4.20 버전부터 추가된 기능으로, 시스템 리소스의 부하 상황을 모니터링하는 기능입니다. 여기에는 메모리 포화에 대한 통계도 포함되어 있는데, 단순히 메모리 부하가 있었는지 여부뿐만 아니라 최근 5분 동안의 메모리 부하 변화도 보여줍니다. 아래는 PSI의 출력 결과 예시입니다.

```
# cat /proc/pressure/memory
some avg10=2.84 avg60=1.23 avg300=0.32 total=1468344
full avg10=1.85 avg60=0.66 avg300=0.16 total=702578
```

이 출력 결과는 메모리 부하가 증가하고 있음을 보여주는데, 300초 평균(0.32)보다 10초 평균(2.84)이 더 높습니다. 이러한 평균은 작업이 메모리 부족으로 인해 대기한 시간의 비율을 나타냅니다. some 라인은 몇몇 태스크(스레드)가 영향을 받은 시점을 나타내고, full 라인은 실행가능한 태스크들 모두가 영향을 받은 시점을 나타냅니다.

PSI 통계는 cgroup2 단위로도 확인해 볼 수 있습니다(cgroups은 11장 "클라우드 컴퓨팅"에서 다룹니다).[Facebook 19]

7.5.3 swapon

swapon(1)은 스왑 장치의 구성 상태와 스왑 장치 볼륨을 어느 정도 사용하고 있는지 보여줄 수 있습니다. 다음은 출력 사례입니다.

```
$ swapon
NAME       TYPE      SIZE  USED  PRIO
/dev/dm-2  partition 980M  611.6M  -2
/swap1     file      30G   10.9M   -3
```

이 출력 결과에는 두 개의 스왑 장치가 나와있는데, 980MB의 물리디스크 파티션과 /swap1이라는 이름의 30GB 크기의 파일을 확인할 수 있습니다. 이 도구를 사용하면 각 스왑 장치의 사용량에 대해서도 확인할 수 있습니다. 요즘은 많은 시스템들이 스왑을 구성하지 않는데, 이 경우에 swapon(1)은 아무것도 출력하지 않을 것입니다.

만일 현재 스왑 장치의 I/O가 활발한 경우 vmstat(1)의 si 및 so 열을 통해 확인할 수 있습니다. 또한 iostat(1)(9장)의 장치 I/O를 통해서도 확인할 수 있습니다.

7.5.4 sar

시스템 활동 리포터(system activity reporter)인 sar(1)은 현재 활동을 관찰하고, 통계 기록을 저장하고 보고하도록 설정할 수 있습니다. 이 책의 여러 장에서 다양한 통계 활용 사례가 소개되며, 4.4절 "sar"에서 처음 설명했습니다.

리눅스 버전에서 메모리 통계를 다루기 위한 옵션에는 다음과 같은 것이 있습니다.

- -B: 페이징 통계
- -H: Huge Page 통계
- -r: 메모리 사용률
- -S: 스왑 공간 통계
- -W: 스와핑 통계

이처럼 sar(1)로는 메모리 사용, 페이지 아웃 데몬의 활동, Huge Page 사용률 정보 등을 확인할 수 있습니다. 이 같은 주제에 대한 배경 설명은 7.3 "아키텍처"을 참고하세요.

표 7.5에는 sar(1)이 제공하는 메모리 관련 통계들에 대해 정리해 놓았습니다

표 7.5 리눅스 sar 메모리 관련 통계

옵션	통계	설명	단위
-B	pgpgin/s	페이지 인	KB/s
-B	pgpgout/s	페이지 아웃	KB/s
-B	fault/s	메이저/마이너 폴트	횟수/s
-B	majflt/s	메이저 폴트	횟수/s
-B	pgfree/s	가용 리스트에 추가된 페이지	횟수/s
-B	pgscank/s	백그라운드 페이지 아웃 데몬(kswapd)이 스캔한 페이지	횟수/s
-B	pgscand/s	직접 회수를 위해 스캔한 페이지 수	횟수/s
-B	pgsteal/s	페이지 및 스왑 캐시 재사용	횟수/s
-B	%vmeff	페이지 재사용 효율을 보여주는 페이지 재사용/페이지 스캔 비율	백분율
-H	hbhugfree	유휴 Huge Page 메모리	KB
-H	hbhugused	사용한 Huge Page 메모리	KB
-H	%hugused	Huge Page 사용량	백분율
-r	kbmemfree	가용 메모리(한 번도 사용되지 않은 메모리를 의미)	KB
-r	kbavail	가용 메모리(페이지 캐시에서 언제든 해제될 수 있는 페이지 포함)	KB
-r	kbmemused	사용 메모리(커널 제외)	KB
-r	%memused	메모리 사용량	백분율
-r	kbbuffers	버퍼 캐시 크기	KB
-r	kbcached	페이지 캐시 크기	KB
-r	kbcommit	할당된 메인 메모리 크기(워크로드 처리에 필요한 양 추정치)	KB
-r	%commit	현재 워크로드에 할당된 주 메모리 추정치	백분율
-r	kbactive	활성 페이지 리스트 메모리 크기	KB
-r	kbinact	비활성 페이지 리스트 메모리 크기	KB
-r	kbdirtyw	더티 메모리 크기	KB
-r ALL	kbanonpg	프로세스 익명 메모리	KB
-r ALL	kbslab	커널 슬랩 캐시 크기	KB
-r ALL	kbkstack	커널 스택 공간 크기	KB
-r ALL	kbpgtbl	최하위 레벨 페이지 테이블 크기	KB
-r ALL	kbvmused	사용한 가상 주소 공간	KB
-S	kbswpfree	가용 스왑 공간	KB
-S	kbswpused	사용한 스왑 공간	KB
-S	%swpused	사용한 스왑 공간	백분율

(다음 쪽에 이어짐)

-S	kbswpcad	캐시된 스왑 공간: 이미 스왑에 저장된 데이터가 여전히 메모리에 남아 있는 상태 (디스크 I/O 없이 페이지 아웃 가능)	KB
-S	%swpcad	캐시된 스왑/사용된 스왑 비율	백분율
-W	pswpin/s	페이지 인(리눅스 '스왑 인')	페이지/초
-W	pswpout/s	페이지 아웃(리눅스 '스왑 아웃')	페이지/초

이러한 통계 이름들 중 대다수에는 측정 단위가 명시되어 있습니다. pg는 페이지, kb는 KB, %는 퍼센트, /s는 초당 집계를 의미합니다. 전체 목록은 매뉴얼 페이지에서 확인할 수 있으며, 여기에 수록되지 않은 % 단위 통계가 일부 더 있습니다.

이처럼 많은 상세한 정보가 있다고 기억해 놓는 게 중요한데, 필요한 경우 메모리 사용량과 고급 메모리 관리 시스템의 동작을 이해하는 데 활용할 수 있습니다. 이를 더 깊이 이해하려면 메모리 tracepoint와 커널 함수를 분석하는 트레이싱 도구를 사용해야 할 수도 있습니다. 예를 들어 perf(1)와 bpftrace 같은 도구를 활용하고, mm 디렉터리의 소스 코드, 특히 'mm/vmscan.c'를 검토하는 것이 좋습니다. 또한 linux-mm 메일링 리스트에 올라오는 개발자들의 토론을 살펴보면 이 통계들이 어떠한 양상을 띠어야 하는지에 대한 통찰을 얻을 수 있습니다.

%vmeff는 페이지 회수 효율을 측정하는 중요한 지표입니다. 이 값이 높으면 페이지를 비활성 리스트에서 성공적으로 회수했다는 의미이며(건강한 상태), 낮다면 시스템이 어려움을 겪고 있다는 신호입니다. 매뉴얼 페이지에서는 100%에 가까운 값을 높은 것으로, 30%보다 적은 경우를 낮은 것으로 설명합니다.

pgscand는 또 하나의 중요한 지표인데, 메모리가 부족한 상황에서 애플리케이션이 메모리 할당 과정에서 블로킹되어 직접 회수(direct reclaim)가 발생하는 빈도를 보여줍니다(높을수록 나쁩니다). 이 이벤트 동안 애플리케이션이 소비하는 시간을 확인하려면 7.5.11절의 "drsnoop" 같은 트레이싱 도구를 사용하세요.

7.5.5 slabtop

리눅스의 slabtop(1) 명령어는 슬랩 할당자를 통한 커널 슬랩 캐시 사용 상태를 보여줍니다. top(1)과 마찬가지로 slabtop(1)은 화면을 지속적으로 갱신하여 최신 상태를 보여줍니다.

다음은 출력 결과 예시입니다.

```
# slabtop -sc
 Active / Total Objects (% used)    : 686110 / 867574 (79.1%)
 Active / Total Slabs (% used)      : 30948 / 30948 (100.0%)
 Active / Total Caches (% used)     : 99 / 164 (60.4%)
 Active / Total Size (% used)       : 157680.28K / 200462.06K (78.7%)
 Minimum / Average / Maximum Object : 0.01K / 0.23K / 12.00K
  OBJS ACTIVE  USE OBJ SIZE  SLABS OBJ/SLAB CACHE SIZE NAME
 45450  33712  74%    1.05K   3030       15    48480K ext4_inode_cache
161091  81681  50%    0.19K   7671       21    30684K dentry
222963 196779  88%    0.10K   5717       39    22868K buffer_head
 35763  35471  99%    0.58K   2751       13    22008K inode_cache
 26033  13859  53%    0.57K   1860       14    14880K radix_tree_node
 93330  80502  86%    0.13K   3111       30    12444K kernfs_node_cache
  2104   2081  98%    4.00K    263        8     8416K kmalloc-4k
   528    431  81%    7.50K    132        4     4224K task_struct
[...]
```

출력 결과의 상단에는 전체 슬랩 캐시 사용 현황을 요약한 정보가 제공되며, 그 밑에는 슬랩 캐시의 상세 내역이 나옵니다. 여기에는 각 슬랩의 객체 수(OBJS), 활성 객체 수(ACTIVE), 사용률(USE), 객체 크기(OBJ SIZE, 바이트 단위), 캐시의 전체 크기(CACHE SIZE, 바이트 단위)가 표시됩니다. 이 예제에서는 -sc 옵션을 사용해 캐시 크기가 큰 순서대로 정렬하였는데, 맨 위에 나타난 'ext4_inode_cache'의 캐시가 가장 크다는 것을 확인할 수 있습니다.

슬랩 통계는 /proc/slabinfo를 통해 확인할 수 있으며, vmstat -m으로 출력할 수도 있습니다.

7.5.6 numastat

numastat(8)[16] 도구는 여러 CPU 소켓을 가진 불균일 메모리 접근(NUMA) 시스템에 대한 통계를 제공합니다. 다음은 CPU 소켓이 2개인 시스템에서 실행한 출력 결과입니다.

```
# numastat
                         node0            node1
numa_hit          210057224016     151287435161
numa_miss           9377491084        291611562
numa_foreign         291611562       9377491084
interleave_hit           36476            36665
local_node        210056887752     151286964112
other_node          9377827348        292082611
```

[16] 역주: 최초의 numastat는 2003년 앤디 클린(Andi Kleen)이 perl 스크립트로 작성했습니다. 현재의 버전은 2012년 빌 그레이(Bill Gray)가 작성한 버전입니다.

이 NUMA 시스템은 두 개의 노드를 가지고 있는데, 각 메모리 뱅크가 하나의 소켓에 붙어있습니다. 리눅스는 메모리 할당을 가능한 한 가까운 NUMA 노드에 하려고 시도하는데, numastat(8)은 이것이 얼마나 성공적으로 되고 있는지를 보여줍니다. 주요 통계에는 다음과 같은 것이 있습니다.

- numa_hit: 메모리가 의도한 NUMA 노드에 성공적으로 할당된 경우
- numa_miss + numa_foreign: 메모리가 선호되지 않는 NUMA 노드에 할당된 경우. (numa_miss는 본래 다른 곳에서 이루어져야 할 로컬 할당을, numa_foreign은 본래 로컬에서 이루어져야 할 원격 할당을 나타냅니다.)
- other_node: 프로세스가 다른 노드에서 실행 중일 때, 해당 노드에서 이루어진 메모리 할당

이 출력 결과는 NUMA 할당 정책이 잘 작동되고 있음을 보여주는데, 다른 시스템에서 수행한 결과와 비교해 보면 적중률이 높은 편입니다. 적중률이 현저히 낮다면, sysctl(8)에 있는 NUMA 튜닝 파라미터를 조정하거나, 메모리 지역성을 높이기 위한 다른 방법을 고려해 볼 수 있습니다(예: 워크로드를 분할하거나 NUMA 노드가 적은 다른 시스템을 사용해볼 수 있습니다). 여러분의 시스템에서 NUMA 성능을 더 이상 향상시키지 못하는 상황에 처했다면, numastat(8)이 더 이상 유용하지 않다고 여길 수도 있습니다. 그러나 numastat(8)은 적어도 현재 시스템의 메모리 I/O 성능 저하를 이해하는 데에는 여전히 가치 있는 도구로 활용될 수 있습니다.

numastat(8)은 통계를 MB 단위로 출력하는 -n 옵션과 /proc/meminfo 스타일로 결과를 출력하는 -m 옵션을 지원합니다. 사용하는 리눅스 배포판에 따라 다를 수 있지만, numastat(8)은 대체로 numactl 패키지에 포함되어 제공됩니다.

7.5.7 ps

ps(1) 명령어는 메모리 사용 통계를 포함하여 모든 프로세스의 상세 정보를 나타냅니다. 사용법은 6장 "CPU"에서 소개했습니다.

다음은 ps(1)의 출력 결과 예시인데, BSD 형식 옵션을 사용한 경우입니다.

```
$ ps aux
USER       PID  %CPU %MEM    VSZ    RSS TTY   STAT START   TIME COMMAND
[...]
bind      1152  0.0  0.4  348916 39568 ?     Ssl  Mar27   20:17 /usr/sbin/named -u bind
root      1371  0.0  0.0   39004  2652 ?     Ss   Mar27   11:04 /usr/lib/postfix/master
```

```
root       1386  0.0  0.6 207564 50684 ?      Sl   Mar27   1:57 /usr/sbin/console-
kitdaemon --no-daemon
rabbitmq   1469  0.0  0.0  10708    172 ?     S    Mar27   0:49 /usr/lib/erlang/
erts5.7.4/bin/epmd -daemon
rabbitmq   1486  0.1  0.0 150208   2884 ?     Ssl  Mar27 453:29 /usr/lib/erlang/
erts5.7.4/bin/beam.smp -W w -K true -A30 ...
```

위의 출력에는 다음과 같은 정보가 포함되어 있습니다.

- %MEM: 시스템 전체에 대한 메인 메모리 사용량(물리 메모리, RSS)의 비율
- RSS: 메인 메모리에 상주해 있는 물리적 메모리 크기(KB)
- VSZ(Virtual Memory Size): 가상 메모리 크기(KB)

RSS는 메인 메모리 사용량을 나타내지만, 여기에는 시스템 라이브러리 등 여러 프로세스에 매핑되는 공유 메모리 세그먼트도 함께 집계됩니다. RSS 값을 모두 더하면 시스템의 실제 메모리 크기를 초과할 수 있는데, 이는 공유 메모리의 중복 계산 때문입니다. 공유 메모리에 대한 배경 지식은 7.2.9절에서 확인할 수 있으며, 이후 다룰 pmap(1)에서 공유 메모리 사용을 분석하는 방법을 살펴봅니다.

다음은 출력 사례인데, SVR4 형식의 -o 옵션을 사용하면 원하는 열을 선택하여 확인할 수 있습니다.

```
# ps -eo pid,pmem,vsz,rss,comm
  PID %MEM   VSZ   RSS COMMAND
[...]
13419  0.0  5176  1796 /opt/local/sbin/nginx
13879  0.1 31060 22880 /opt/local/bin/ruby19
13418  0.0  4984  1456 /opt/local/sbin/nginx
15101  0.0  4580    32 /opt/riak/lib/os_mon-2.2.6/priv/bin/memsup
10933  0.0  3124  2212 /usr/sbin/rsyslogd
[...]
```

리눅스 버전에는 메이저와 마이너 폴트에 대한 정보도 제공하는데, maj_flt, min_flt을 사용하면 됩니다.

ps(1)의 출력을 후처리해 메모리 사용량에 따라 정렬하면 메모리를 가장 많이 사용하는 프로세스를 빠르게 식별할 수 있습니다. 또는 정렬을 실시간으로 수행해 볼 수 있는 top(1) 명령어를 사용하는 것도 방법입니다.

7.5.8 top

top(1) 명령어는 실행 중인 프로세스를 특정 기준으로 정렬하여 상위 프로세스를 모니터링하고 메모리 사용 통계를 제공하는데, 6장 "CPU"에서 소개했습니다. 다음은 리눅스에서 실행한 사례입니다.

```
$ top -o %MEM
top - 00:53:33 up 242 days,  2:38,  7 users,  load average: 1.48, 1.64, 2.10
Tasks: 261 total,   1 running, 260 sleeping,   0 stopped,   0 zombie
Cpu(s):  0.0%us,  0.0%sy,  0.0%ni, 99.9%id,  0.0%wa,  0.0%hi,  0.0%si,  0.0%st
Mem:   8181740k total,  6658640k used,  1523100k free,   404744k buffers
Swap:  2932728k total,   120508k used,  2812220k free,  2893684k cached

  PID USER       PR  NI  VIRT  RES  SHR S %CPU %MEM    TIME+  COMMAND
29625 scott      20   0 2983m 2.2g 1232 S   45 28.7  81:11.31 node
 5121 joshw      20   0  222m 193m  804 S    0  2.4 260:13.40 tmux
 1386 root       20   0  202m  49m 1224 S    0  0.6   1:57.70 console-kit-dae
 6371 stu        20   0 65196  38m  292 S    0  0.5  23:11.13 screen
 1152 bind       20   0  340m  38m 1700 S    0  0.5  20:17.36 named
15841 joshw      20   0 67144  23m  908 S    0  0.3 201:37.91 mosh-server
18496 root       20   0 57384  16m 1972 S    3  0.2   2:59.99 python
 1258 root       20   0  125m 8684 8264 S    0  0.1   2052:01 l2tpns
16295 wesolows   20   0 95752 7396  944 S    0  0.1   4:46.07 sshd
23783 brendan    20   0 22204 5036 1676 S    0  0.1   0:00.15 bash
[...]
```

맨 위의 요약 부분에는 메인 메모리(Mem)와 가상 메모리(Swap)의 전체 크기, 사용 중인 크기, 남은 크기가 표시됩니다. 또한 버퍼 캐시(buffers)와 페이지 캐시(cached)의 크기도 함께 보여줍니다.

이 예시에서 프로세스별 출력은 %MEM을 기준으로 -o 옵션을 사용하여 정렬되었습니다. 가장 큰 프로세스는 node로, 2.2GB의 메인 메모리와 3GB에 달하는 가상 메모리를 사용하고 있는 것을 확인할 수 있습니다.

메인 메모리 사용률(%MEM), 가상 메모리 크기(VIRT), 상주 메모리 크기(RES)는 앞에서 설명한 ps(1)의 해당 열과 동일한 의미를 가집니다.

top(1) 메모리 통계에 대한 더 많은 세부내용은 top(1) 매뉴얼 페이지에 있는 "리눅스 메모리 유형" 절에 담겨 있는데, 여기에는 각 메모리 열이 나타내는 메모리 유형에 대한 설명이 수록되어 있습니다. 또한 top(1)을 실행 중일 때 '?' 키를 누르면 사용할 수 있는 대화형 명령어에 대한 설명을 확인할 수 있습니다.

7.5.9 pmap

pmap(1) 명령어는 프로세스의 메모리 매핑을 정리하여 보여주는데, 각각의 크기, 권한 및 매핑된 객체를 보여줍니다. 이를 살펴보면 프로세스의 메모리 사용을 자세히 알 수 있으며, 공유 메모리의 크기도 알 수 있습니다.

다음은 리눅스 기반 시스템에서 해당 도구를 실행한 결과입니다.

```
# pmap -x 5187
5187:   /usr/sbin/mysqld
Address           Kbytes     RSS   Dirty Mode  Mapping
000055dadb0dd000   58284   10748       0 r-x-- mysqld
000055dade9c8000    1316    1316    1316 r---- mysqld
000055dadeb11000    3592     816     764 rw--- mysqld
000055dadee93000    1168    1080    1080 rw--- [ anon ]
000055dae08b5000    5168    4836    4836 rw--- [ anon ]
00007f018c000000    4704    4696    4696 rw--- [ anon ]
00007f018c498000   60832       0       0 ----- [ anon ]
00007f0190000000     132      24      24 rw--- [ anon ]
[...]
00007f01f99da000       4       4       0 r---- ld-2.30.so
00007f01f99db000     136     136       0 r-x-- ld-2.30.so
00007f01f99fd000      32      32       0 r---- ld-2.30.so
00007f01f9a05000       4       0       0 rw-s- [aio] (deleted)
00007f01f9a06000       4       4       4 r---- ld-2.30.so
00007f01f9a07000       4       4       4 rw--- ld-2.30.so
00007f01f9a08000       4       4       4 rw--- [ anon ]
00007ffd2c528000     132      52      52 rw--- [ stack ]
00007ffd2c5b3000      12       0       0 r---- [ anon ]
00007ffd2c5b6000       4       4       0 r-x-- [ anon ]
ffffffffff600000       4       0       0 --x-- [ anon ]
----------------  -------  -------  -------
total kB         1828228  450388  434200
```

앞의 예시는 MySQL 데이터베이스 서버의 메모리 매핑을 보여주고 있는데, 가상 메모리(Kbytes), 메인 메모리(RSS), 전용 익명 메모리(Anon), 권한(Mode) 등이 표시되어 있습니다. 전체 메모리에서 익명 메모리가 차지하는 비중은 비교적 적으며, 익명 메모리기 이닌 다른 매핑들은 대부분 읽기 전용(r-...)입니다. 이는 이러한 페이지가 다른 프로세스와 공유될 수 있음을 의미하며, 시스템 라이브러리가 그 대표적인 예입니다. 이 예시에서 익명 메모리가 사용된 부분에서는 주로 힙 메모리에서의 소비가 두드러지며, 이는 출력 초반의 여러 [anon] 세그먼트로 나타나 있습니다. (너무 많아서 축약했습니다.)

-x 옵션을 사용하면 확장 필드가 출력되며, -X는 더 많은 세부사항을, -XX는 커널이 제공하는 모든 정보를 출력합니다. 이들 모드의 헤더 부분만 보여드리면 다음과 같습니다.

```
# pmap -X $(pgrep mysqld) | head -2
5187:   /usr/sbin/mysqld
         Address Perm   Offset Device    Inode    Size     Rss     Pss Referenced
Anonymous LazyFree ShmemPmdMapped Shared_Hugetlb Private_Hugetlb Swap SwapPss Locked
THPeligible ProtectionKey Mapping
[...]
# pmap -XX $(pgrep mysqld) | head -2
5187:   /usr/sbin/mysqld
         Address Perm   Offset Device    Inode     Size KernelPageSize MMUPageSize
Rss     Pss Shared_Clean Shared_Dirty Private_Clean Private_Dirty Referenced
Anonymous
LazyFree AnonHugePages ShmemPmdMapped Shared_Hugetlb Private_Hugetlb Swap SwapPss
Locked THPeligible ProtectionKey              VmFlags Mapping
[...]
```

이러한 추가 필드는 커널 버전에 따라 달라질 수 있으며, Huge Page 사용, 스왑 사용, **Pss**(proportional set size, 비례적 메모리 셋 크기)와 같은 세부 정보를 포함합니다(볼드체로 강조). 특히 PSS는 메인 메모리 사용량에 대한 좀 더 현실적인 값을 제공하는데, 프로세스가 사용하는 메모리 중 '개인적으로' 사용하는 부분과 '공유된' 부분을 함께 고려합니다. 이때 공유된 부분은 해당 메모리를 공유하는 프로세스 개수로 나누어 집계합니다(예: 특정 메모리가 n개 프로세스와 공유되는 경우, 각 프로세스의 PSS 계산에는 해당 메모리 크기의 1/n만 포함).

7.5.10 perf

perf(1)은 리눅스 공식 프로파일링 도구로, 다양한 기능을 갖춘 다용도 도구입니다. 13장에 perf(1)에 대한 설명이 수록되어 있습니다. 이번 절에서는 메모리 분석을 위한 perf(1) 사용법에 초점을 맞춥니다. perf(1)를 이용한 메모리 PMC 분석에 대해서는 6장을 참고하세요.

원 라이너

다음의 몇 가지 유용한 원 라이너들을 통해 perf(1)의 다양한 메모리 분석 기능을 살펴볼 수 있습니다.

시스템 전역의 페이지 폴트(RSS 증가)를 스택 트레이스와 함께 샘플링합니다.
Ctrl-C를 입력해서 중단합니다.

```
perf record -e page-faults -a -g
```

PID 1843의 모든 페이지 폴트를 스택 트레이스와 함께 60초 동안 기록합니다.

```
perf record -e page-faults -c 1 -p 1843 -g -- sleep 60
```

brk(2) 시스템 콜로 발생하는 힙 확장을 기록합니다. Ctrl-C를 입력해서 중단합니다.

```
perf record -e syscalls:sys_enter_brk -a -g
```

NUMA 시스템에서 발생하는 페이지 마이그레이션 이벤트를 기록합니다.

```
perf record -e migrate:mm_migrate_pages -a
```

모든 kmem 이벤트의 횟수를 집계하는데, 매초 집계 수를 출력합니다.

```
perf stat -e 'kmem:*' -a -I 1000
```

모든 vmscan 이벤트의 횟수를 집계하는데, 매초 집계 수를 출력합니다.

```
perf stat -e 'vmscan:*' -a -I 1000
```

모든 메모리 컴팩션 이벤트의 횟수를 집계하는데, 매초 집계 수를 출력합니다.

```
perf stat -e 'compaction:*' -a -I 1000
```

kswapd 활성화 이벤트를 스택 트레이스와 함께 샘플링합니다. Ctrl-C를 입력해서 중단합니다.

```
perf record -e vmscan:mm_vmscan_wakeup_kswapd -ag
```

주어진 명령이 실행되는 동안 발생하는 메모리 접근을 프로파일링합니다.

```
perf mem record command
```

기록된 메모리 프로파일을 요약해서 출력합니다.

```
perf mem report
```

위의 사례 중 이벤트들을 기록하거나 샘플링 하는 명령어의 경우, perf report를 사용해 해당 프로파일을 요약하거나 perf script --header를 사용해 해당 내용을 모두 출력할 수 있습니다.

perf(1)에 대한 추가 설명은 13.2 "원 라이너"를 참고하세요. 그리고 이러한 이벤트들을 대상으로 하는 관측가능성 프로그램을 작성하는 방법에 대해서는 7.5.13절 "bpftrace"를 참고하세요.

페이지 폴트 샘플링

perf(1)은 페이지 폴트가 발생할 때 스택 트레이스를 기록할 수 있는데, 이 이벤트를 유발한 코드 경로를 보여줍니다. 페이지 폴트는 프로세스의 RSS가 증가할 때 발생하는데, 이를 분석하면 프로세스의 메인 메모리가 증가하는 원인을 파악할 수 있습니다. 메모리 사용 중 발생하는 페이지 폴트의 상세 동작에 대해서는 그림 7.2를 참고하세요.

다음 예제에서는 페이지 폴트 소프트웨어 이벤트를 모든 CPU(-a[17])에서 스택 트레이스(-g)와 함께 60초 동안 트레이싱하고, 그 후에 스택들을 출력합니다.

```
# perf record -e page-faults -a -g -- sleep 60
[ perf record: Woken up 4 times to write data ]
[ perf record: Captured and wrote 1.164 MB perf.data (2584 samples) ]
# perf script
[...]
sleep  4910 [001] 813638.716924:          1 page-faults:
        ffffffff9303f31e __clear_user+0x1e ([kernel.kallsyms])
        ffffffff9303f37b clear_user+0x2b ([kernel.kallsyms])
        ffffffff92941683 load_elf_binary+0xf33 ([kernel.kallsyms])
        ffffffff928d25cb search_binary_handler+0x8b ([kernel.kallsyms])
        ffffffff928d38ae __do_execve_file.isra.0+0x4fe ([kernel.kallsyms])
        ffffffff928d3e09 __x64_sys_execve+0x39 ([kernel.kallsyms])
```

17 -a 옵션은 리눅스 4.11에서 기본값이 되었습니다.

```
                ffffffff926044ca do_syscall_64+0x5a ([kernel.kallsyms])
                ffffffff9320008c entry_SYSCALL_64_after_hwframe+0x44 ([kernel.kallsyms])
                    7fb53524401b execve+0xb (/usr/lib/x86_64-linux-gnu/libc-2.30.so)
[...]
mysqld   4918 [000] 813641.075298:             1 page-faults:
                    7fc6252d7001 [unknown] (/usr/lib/x86_64-linux-gnu/libc-2.30.so)
                    562cacaeb282 pfs_malloc_array+0x42 (/usr/sbin/mysqld)
                    562cacafd582 PFS_buffer_scalable_container<PFS_prepared_stmt, 1024, 1024,
PFS_buffer_default_array<PFS_prepared_stmt>,
PFS_buffer_default_allocator<PFS_prepared_stmt> >::allocate+0x262 (/usr/sbin/mysqld)
                    562cacafd820 create_prepared_stmt+0x50 (/usr/sbin/mysqld)
                    562cacadbbef [unknown] (/usr/sbin/mysqld)
                    562cab3719ff mysqld_stmt_prepare+0x9f (/usr/sbin/mysqld)
                    562cab3479c8 dispatch_command+0x16f8 (/usr/sbin/mysqld)
                    562cab348d74 do_command+0x1a4 (/usr/sbin/mysqld)
                    562cab464fe0 [unknown] (/usr/sbin/mysqld)
                    562cacad873a [unknown] (/usr/sbin/mysqld)
                    7fc625ceb669 start_thread+0xd9 (/usr/lib/x86_64-linux-gnu/libpthread-2.30.so)
[...]
```

여기에는 두 개의 스택만 나와 있습니다. 첫 번째는 perf(1)을 통해 호출된 sleep(1) 명령어에서 발생한 스택이며, 두 번째는 MySQL 서버에서 발생한 것입니다. 시스템 전체를 대상으로 트레이싱을 수행하는 경우에는 스택 트레이스를 많이 확인할 수 있을 텐데, 짧은 수명의 프로세스들이 종료되기 전에 메모리를 잠깐 증가시키며 페이지 폴트를 유발하는 경우를 자주 목격할 수 있습니다. 특정 프로세스를 대상으로 살펴보려면 –a 대신 –p PID를 사용하면 됩니다.

위의 전체 출력 결과는 상당히 긴데, 총 길이는 222,582줄입니다. 이를 perf report를 사용해서 코드 경로를 계층 구조로 요약하여도 여전히 7,592줄입니다. 전체 프로파일을 좀 더 효과적으로 시각화하기 위해 플레임 그래프를 사용해 보는 것도 방법입니다.

페이지 폴트 플레임 그래프

그림 7.12는 앞서 살펴본 프로파일을 기반으로 생성한 페이지 폴트 플레임 그래프입니다.

이 그래프는 MySQL 서버의 메모리 사용 증가 중 절반 이상이 JOIN::optimize() 코드 경로(왼쪽의 큰 타워)에서 발생했을 보여줍니다. JOIN::optimize() 위에 마우스를 올리면, 이 함수와 그 자식 호출들이 3,226개의 페이지 폴트를 유발했음을 볼 수 있습니다. 4KB 페이지 크기를 고려하면, 이는 대략 12MB의 메인 메모리 사용 증가를 의미합니다.

— Systems

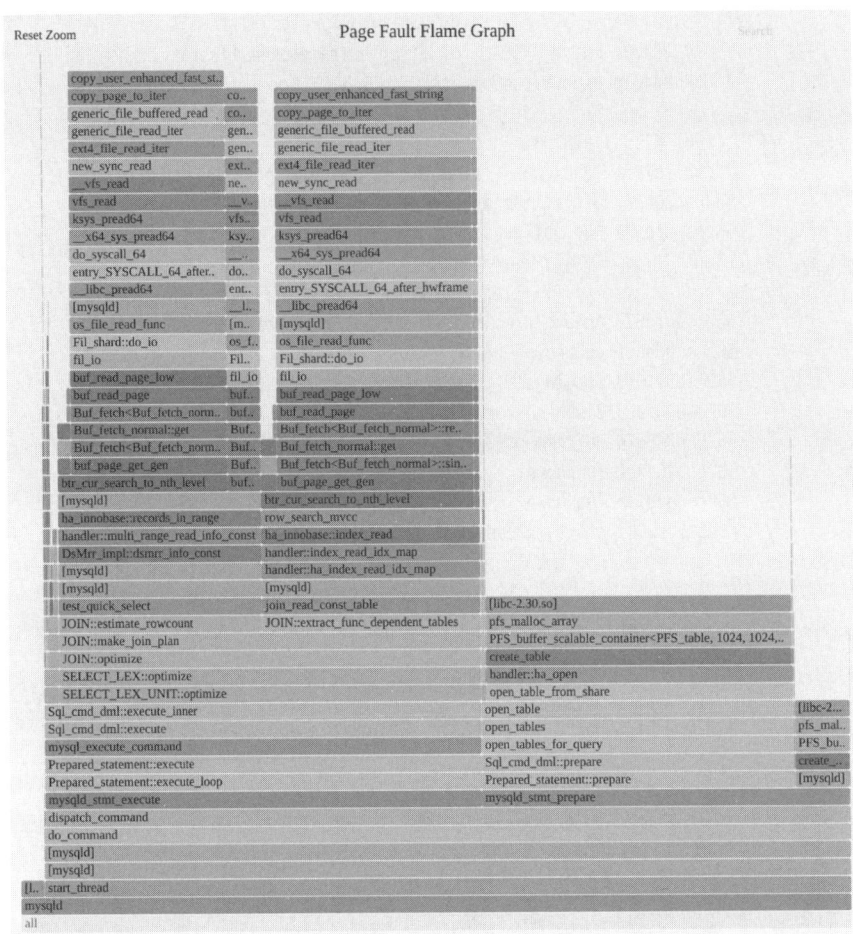

그림 7.12 페이지 폴트 플레임 그래프

페이지 폴트를 기록하는 perf(1) 명령어와 위의 플레임 그래프를 생성하기 위해 사용된 명령어는 다음과 같습니다.

```
# perf record -e page-faults -a -g -- sleep 60
# perf script --header > out.stacks
$ git clone https://github.com/brendangregg/FlameGraph; cd FlameGraph
$ ./stackcollapse-perf.pl < ../out.stacks | ./flamegraph.pl --hash \
    --bgcolor=green --count=pages --title="Page Fault Flame Graph" > out.svg
```

필자는 이 플레임 그래프의 배경색을 녹색으로 설정했는데, 이건 일반적인 CPU 플레임 그래프(노란색 배경)가 아닌 메모리 플레임 그래프(녹색 배경)임을 상기시키기 위해 의도적으로 한 설정입니다.

7.5.11 drsnoop

drsnoop(8)[18]는 메모리 해제 중 직접 회수(direct reclaim) 방식을 트레이싱하는 BCC 도구로, 영향을 받은 프로세스와 회수에 소요된 시간(지연시간)을 보여줍니다. 이러한 정보는 메모리가 제한된 시스템 환경에서 애플리케이션 성능 영향을 수치화 하는데 사용될 수 있습니다. 다음은 출력 결과 예시입니다.

```
# drsnoop -T
TIME(s)          COMM            PID     LAT(ms) PAGES
0.000000000      java            11266   1.72    57
0.004007000      java            11266   3.21    57
0.011856000      java            11266   2.02    43
0.018315000      java            11266   3.09    55
0.024647000      acpid           1209    6.46    73
[...]
```

이 출력 결과는 자바 프로세스가 직접 회수를 수행한 모습을 일부 보여주는데, 메모리 회수에 1~7밀리초 정도 걸렸습니다. 이러한 직접 회수 속도 및 지연시간(LAT(ms))은 애플리케이션 영향을 수치로 나타낼 때 고려해야 하는 사항입니다.

이 도구는 vmscan tracepoint 중 mm_vmscan_direct_reclaim_begin과 mm_vmscan_direct_reclaim_end 이벤트를 트레이싱하며 동작합니다. 이러한 이벤트들은 발생 빈도가 낮을 것으로 예상되므로(보통 짧은 순간에 폭발적으로 발생), 오버헤드는 무시할 만한 수준입니다.

drsnoop(8)의 -T 옵션을 사용하면 타임스탬프와 함께 출력할 수 있을 뿐더러, -p PID 옵션을 사용하면 단일 프로세스만 필터링 할 수 있습니다.

7.5.12 wss

wss(8)은 필자가 개발한 실험적 도구로 PTE(page table entry, 페이지 테이블 엔트리)의 '접근(accessed)' 비트를 사용해서 WSS(working set size, 워킹 셋 크기)를 측정하는 방법을 보여줍니다. 이 도구는 워킹 셋 크기를 알아내는 다양한 방법을 조사하는 과정에서 개발되었습니다.[Gregg 18c] 워킹 셋 크기(빈번하게 접근되는 메모리의 양)는 메모리 사용량을 이해하는 중요한 지표이기 때문에, 이 wss(8) 도구가 실험적 도구임에도 아무 도구도 제시하지 않는 것보다는 낫다고 판단하여 경고 안내와 함께 이 책에 포함시켰습니다.

---

18 연혁: 2019년 2월 10일에 원보 장(Wenbo Zhang)이 개발하였습니다.

다음은 MySQL 데이터베이스 서버(mysqld)의 WSS를 wss(8)을 이용해서 측정하는 사례인데, 매초 WSS를 출력하여 누적된 출력 결과를 확인할 수 있습니다.

```
# ./wss.pl $(pgrep -n mysqld) 1
Watching PID 423 page references grow, output every 1 seconds...
Est(s)     RSS(MB)    PSS(MB)    Ref(MB)
1.014      403.66     400.59      86.00
2.034      403.66     400.59      90.75
3.054      403.66     400.59      94.29
4.074      403.66     400.59      97.53
5.094      403.66     400.59     100.33
6.114      403.66     400.59     102.44
7.134      403.66     400.59     104.58
8.154      403.66     400.59     106.31
9.174      403.66     400.59     107.76
10.194     403.66     400.59     109.14
```

이 출력 결과는 대략 5초 시점에 mysqld가 약 100MB의 메모리에 접근했음을 보여줍니다. mysqld의 RSS는 400MB였습니다. 출력 결과에는 지정된 간격 동안 측정된 추정 시간(Est(s))도 포함되며, 여기에는 PTE 접근 비트를 설정하고 읽는 데 소요된 시간이 반영됩니다. 따라서 간격이 정확히 1초 단위로 떨어지지 않고, 약간 더 걸린 시간이 기록됩니다. 또한, 다른 프로세스와 공유된 페이지 크기를 고려한 PSS도 포함됩니다.

이 도구는 특정 프로세스의 모든 메모리 페이지에 대해 PTE의 '접근(accessed)' 비트를 초기화(재설정)한 후, 지정된 시간 동안 대기합니다. 그 후, '접근' 비트가 다시 활성화된 페이지를 확인하여 해당 페이지가 지정된 간격 동안 실제로 사용되었는지 파악합니다. 이러한 방식은 페이지 단위로 작동하기 때문에, 측정 결과의 세밀도는 페이지 크기(일반적으로 4KB)로 제한됩니다. 즉, 보고된 WSS 값은 페이지 크기 단위로 반올림된 값으로 간주해야 합니다.

경고: 이 도구는 /proc/PID/clear_refs와 /proc/PID/smaps를 사용하며, 이로 인해 애플리케이션의 지연시간이 약간 더 높아질 수 있는데, 커널이 페이지 구조를 탐색해야 하기 때문입니다(예: 10%). 대규모 프로세스(>100GB)의 경우, 이 지연시간은 1초를 넘길 수도 있으며, 그동안 도구가 시스템 CPU 자원을 소모합니다. 이러한 오버헤드를 반드시 고려하기 바랍니다. 또한, 이 도구는 PTE의 '참조(reference)' 플래그를 재설정하기도 하는데, 이로 인해 커널이 어느 페이지를 회수해야 할지 혼란을 겪을 수 있습니다(특히 스와핑이 활성화된 경우). 게다가 이 도구는 오

래된 커널 코드를 활성화시키기도 하는데, 이는 여러분의 시스템 환경에서는 이전
에 사용된 적이 없을 수도 있습니다. 따라서 이러한 오버헤드를 확실히 이해하기
위해 실험 환경에서 먼저 테스트해 보기 바랍니다.

7.5.13 bpftrace

bpftrace는 BPF 기반의 트레이싱 도구로 고급 프로그래밍 언어를 제공해서 강력한
원 라이너와 짧은 스크립트를 작성할 수 있게 합니다. bpftrace는 기타 도구로부터
얻은 실마리를 근거로 한 애플리케이션 메모리 분석에 아주 적합합니다. bpftrace
저장소에는 oomkill.bt 등 메모리 분석을 위한 별도의 도구들도 수록되어 있습니
다.[Robertson 20]

15장 "BPF"에서 bpftrace에 대해 설명합니다. 이번 절에서는 메모리 분석과 관련
한 일부 사례를 보여드립니다.

원 라이너

다음은 몇 가지 유용한 bpftrace 원 라이너들인데, 이들을 통해 bpftrace의 다양한
기능을 살펴볼 수 있습니다.

libc malloc() 요청된 바이트 크기를 사용자 스택 트레이스 및 프로세스별로 합산합
니다(오버헤드 높음).

```
bpftrace -e 'uprobe:/lib/x86_64-linux-gnu/libc.so.6:malloc {
    @[ustack, comm] = sum(arg0); }'
```

PID 181의 libc malloc() 요청 바이트 크기를 사용자 스택 트레이스별로 합산합니
다(오버헤드 높음).

```
bpftrace -e 'uprobe:/lib/x86_64-linux-gnu/libc.so.6:malloc /pid == 181/ {
    @[ustack] = sum(arg0); }'
```

PID 181의 libc malloc() 요청 바이트 크기를 사용자 스택 트레이스별 2의 거듭제곱
히스토그램으로 보여줍니다(오버헤드 높음).

```
bpftrace -e 'uprobe:/lib/x86_64-linux-gnu/libc.so.6:malloc /pid == 181/ {
    @[ustack] = hist(arg0); }'
```

커널 kmem 캐시 할당을 커널 스택 트레이스별로 합산합니다.

```
bpftrace -e 't:kmem:kmem_cache_alloc { @bytes[kstack] = sum(args->bytes_alloc); }'
```

프로세스 힙(heap) 확장(brk(2))을 코드 경로별로 집계합니다.

```
bpftrace -e 'tracepoint:syscalls:sys_enter_brk { @[ustack, comm] = count(); }'
```

페이지 폴트를 프로세스별로 집계합니다.

```
bpftrace -e 'software:page-fault:1 { @[comm, pid] = count(); }
```

사용자 페이지 폴트를 사용자 레벨 스택 트레이스별로 집계합니다.

```
bpftrace -e 't:exceptions:page_fault_user { @[ustack, comm] = count(); }'
```

vmscan 동작을 tracepoint별로 집계합니다.

```
bpftrace -e 'tracepoint:vmscan:* { @[probe] = count(); }'
```

스왑 인(swap-in) 동작을 집계합니다.

```
bpftrace -e 'kprobe:swap_readpage { @[comm, pid] = count(); }'
```

페이지 마이그레이션을 집계합니다.

```
bpftrace -e 'tracepoint:migrate:mm_migrate_pages { @ = count(); }'
```

컴팩션 이벤트를 트레이싱합니다.

```
bpftrace -e 't:compaction:mm_compaction_BEGIN { time(); }'
```

libc에 있는 USDT probe의 목록을 보여줍니다.

```
bpftrace -l 'usdt:/lib/x86_64-linux-gnu/libc.so.6:*'
```

커널 kmem tracepoint의 목록을 보여줍니다.

```
bpftrace -l 't:kmem:*'
```

모든 메모리 서브시스템(mm) tracepoint의 목록을 보여줍니다.

```
bpftrace -l 't:*:mm_*'
```

사용자 메모리 할당 스택

사용자 레벨 할당은 애플리케이션에서 호출하는 메모리 할당 함수들로부터 트레이싱 할 수 있습니다. 이 사례에서는 PID 4840의 MySQL 데이터베이스 서버에서 사용한 libc malloc(3) 함수를 트레이싱 했습니다. 다음 예시는 사용자 레벨 스택 트레이스별로 히스토그램을 출력하고 있는데, 히스토그램의 키로 할당 요청 크기가 사용되었습니다.

```
# bpftrace -e 'uprobe:/lib/x86_64-linux-gnu/libc.so.6:malloc /pid == 4840/ {
    @[ustack] = hist(arg0); }'
Attaching 1 probe...
^C
[...]

    __libc_malloc+0
    Filesort_buffer::allocate_sized_block(unsigned long)+52
    0x562cab572344
    filesort(THD*, Filesort*, RowIterator*, Filesort_info*, Sort_result*, unsigned long long*)+4017
    SortingIterator::DoSort(QEP_TAB*)+184
    SortingIterator::Init()+42
    SELECT_LEX_UNIT::ExecuteIteratorQuery(THD*)+489
    SELECT_LEX_UNIT::execute(THD*)+266
    Sql_cmd_dml::execute_inner(THD*)+563
    Sql_cmd_dml::execute(THD*)+1062
    mysql_execute_command(THD*, bool)+2380
    Prepared_statement::execute(String*, bool)+2345
    Prepared_statement::execute_loop(String*, bool)+172
    mysqld_stmt_execute(THD*, Prepared_statement*, bool, unsigned long, PS_PARAM*)+385
    dispatch_command(THD*, COM_DATA const*, enum_server_command)+5793
    do_command(THD*)+420
    0x562cab464fe0
```

```
      0x562cacad873a
      start_thread+217
]:
[32K, 64K)              676 |@@@@@@@@@@@@@@@@@@@@@@@@@@@@@@@@@@@@@@@@|
[64K, 128K)             338 |@@@@@@@@@@@@@@@@@@@@@                   |
```

이 출력 결과는 트레이싱을 수행하는 동안 해당 코드 경로의 malloc() 요청에 대해 32~64KB 크기가 676개, 64~128KB 크기가 338개 발생하였음을 보여주고 있습니다.

malloc() 바이트 플레임 그래프

앞에서 사용한 원 라이너의 출력 결과는 여러 페이지 길이로 너무 길다는 문제가 있는데, 이는 플레임 그래프를 사용해서 더 쉽게 이해할 수 있습니다. 다음의 과정을 통해 malloc() 플레임 그래프를 만들 수 있습니다.

```
# bpftrace -e 'u:/lib/x86_64-linux-gnu/libc.so.6:malloc /pid == 4840/ {
    @[ustack] = hist(arg0); }' > out.stacks
$ git clone https://github.com/brendangregg/FlameGraph; cd FlameGraph
$ ./stackcollapse-bpftrace.pl < ../out.stacks | ./flamegraph.pl --hash \
    --bgcolor=green --count=bytes --title="malloc() Bytes Flame Graph" > out.svg
```

경고: 사용자 레벨 메모리 할당 요청은 초당 수백만 회 발생할 수 있는 빈번한 동작입니다. 계측 비용이 크지는 않지만, 높은 발생 빈도로 인해 트레이싱 시 CPU 오버헤드가 증가하여 2배 혹은 그 이상으로 (비례적으로) 대상을 느려지게 할 수 있습니다. 계측 비용이 크지 않기 때문에, 필자는 먼저 CPU 프로파일링으로 메모리 할당 경로의 스택 트레이스를 확인하거나 페이지 폴트 트레이싱을 활용합니다.

페이지 폴트 플레임 그래프

페이지 폴트를 트레이싱하면 프로세스의 메모리 크기가 증가하는 시점을 확인할 수 있습니다. 앞서 다룬 malloc() 원 라이너는 메모리 할당 경로를 트레이싱 했습니다. 또한, 7.5.10절 "perf"에서도 페이지 폴트 트레이싱과 플레임 그래프를 생성을 다뤘습니다. 앞선 방식들과 다르게, bpftrace를 사용하면 스택 트레이스를 커널 내에서 효율적으로 집계할 수 있고, 이를 통해 중복되지 않는 스택과 집계된 데이터만 사용자 공간으로 출력할 수 있습니다.

다음 명령어는 bpftrace를 사용해서 페이지 폴트 스택 트레이스를 수집하고 이를 기반으로 플레임 그래프를 생성합니다.

```
# bpftrace -e 't:exceptions:page_fault_user { @[ustack, comm] = count(); }
' > out.stacks
$ git clone https://github.com/brendangregg/FlameGraph; cd FlameGraph
$ ./stackcollapse-bpftrace.pl < ../out.stacks | ./flamegraph.pl --hash \
    --bgcolor=green --count=pages --title="Page Fault Flame Graph" > out.svg
```

페이지 폴트 스택 트레이스와 플레임 그래프의 예시에 대해서는 7.5.10절 "perf"를 참고하세요.

메모리 내부 구조

필요하다면 메모리 할당과 내부 구조를 더 심도 있게 살펴보는 맞춤형 도구를 개발해 볼 수도 있습니다. 먼저 커널 메모리 이벤트를 추적하는 tracepoint를 시도하고, libc와 같은 라이브러리 메모리 할당자에 대해서는 USDT probe를 사용해 볼 수 있습니다. 다음 명령어를 통해 사용할 수 있는 tracepoint를 확인할 수 있습니다.

```
# bpftrace -l 'tracepoint:kmem:*'
tracepoint:kmem:kmalloc
tracepoint:kmem:kmem_cache_alloc
tracepoint:kmem:kmalloc_node
tracepoint:kmem:kmem_cache_alloc_node
tracepoint:kmem:kfree
tracepoint:kmem:kmem_cache_free
[...]
# bpftrace -l 't:*:mm_*'
tracepoint:huge_memory:mm_khugepaged_scan_pmd
tracepoint:huge_memory:mm_collapse_huge_page
tracepoint:huge_memory:mm_collapse_huge_page_isolate
tracepoint:huge_memory:mm_collapse_huge_page_swapin
tracepoint:migrate:mm_migrate_pages
tracepoint:compaction:mm_compaction_isolate_migratepages
tracepoint:compaction:mm_compaction_isolate_freepages
[...]
```

각 tracepoint는 인자를 가지고 있는데, -lv 옵션을 사용하면 이들을 확인할 수 있습니다. 이 커널(5.3)에는 12개의 kmem tracepoint와 'mm_'로 시작하는 47개의 tracepoint가 있습니다.

아래에 우분투 환경에서 사용할 수 있는 libc의 USDT probe를 정리했습니다.

```
# bpftrace -l 'usdt:/lib/x86_64-linux-gnu/libc.so.6'
usdt:/lib/x86_64-linux-gnu/libc.so.6:libc:setjmp
usdt:/lib/x86_64-linux-gnu/libc.so.6:libc:longjmp
usdt:/lib/x86_64-linux-gnu/libc.so.6:libc:longjmp_target
usdt:/lib/x86_64-linux-gnu/libc.so.6:libc:lll_lock_wait_private
usdt:/lib/x86_64-linux-gnu/libc.so.6:libc:memory_mallopt_arena_max
usdt:/lib/x86_64-linux-gnu/libc.so.6:libc:memory_mallopt_arena_test
usdt:/lib/x86_64-linux-gnu/libc.so.6:libc:memory_tunable_tcache_max_bytes
[...]
```

이 libc 버전(6)에는 33개의 USDT probe가 있습니다.

tracepoint와 USDT probe로도 충분하지 않다면, kprobe 및 uprobe를 이용한 동적 계측 수행을 고려하세요.

메모리에 대한 watchpoint probe 유형을 사용할 수도 있습니다. 이는 지정된 메모리 주소가 읽히거나, 쓰이거나, 실행될 때 이를 이벤트로 감지하여 계측하는 방식입니다.

메모리 이벤트는 아주 빈번하게 발생할 수 있기에, 이에 대한 계측은 상당한 오버헤드를 발생시킬 수 있습니다. 사용자 공간의 malloc(3) 함수는 초당 수백만 번 호출될 수 있으며, 이를 트레이싱하면 현재 uprobe 구현의 오버헤드로 인해 대상 시스템이 2배 이상 느려질 수 있습니다(4.3.7절 "uprobe" 참고). 이러한 점을 주의해서 계측을 수행하길 바라며, 이벤트별로 세부사항을 출력하는 대신 맵을 사용해서 통계를 추려보거나 가장 발생 가능성이 적은 이벤트를 트레이싱하는 등 오버헤드를 줄이기 위한 방법을 찾아보세요.

7.5.14 기타 도구

표 7.6에는 앞서 설명되지 않은 기타 파일 시스템 관측가능성 도구들이 나열되어 있습니다. 이 도구들은 이 책과 《BPF 성능 분석 도구》[Gregg 19]에서 다뤄진 도구들입니다.

표 7.6 기타 메모리 관측가능성 도구

절	도구	설명
6.6.11	pmcarch	CPU 사이클 사용량을 LLC(Last level cache) 미스와 함께 출력
6.6.12	tlbstat	TLB 사이클 요약
8.6.2	free	캐시 용량 정보

8.6.12	cachestat	페이지 캐시 통계
[Gregg 19]	oomkill	OOM kill 이벤트에 대한 추가 정보 출력
[Gregg 19]	memleak	가능성 있는 메모리 누수 코드 경로들을 출력
[Gregg 19]	mmapsnoop	시스템 전체의 mmap(2) 호출을 트레이싱
[Gregg 19]	brkstack	brk() 호출에 대한 스택 트레이스 출력(사용자 레벨 포함)
[Gregg 19]	shmsnoop	공유 메모리 호출을 세부사항과 함께 트레이싱
[Gregg 19]	faults	페이지 폴트를 사용자 스택 트레이스별로 출력
[Gregg 19]	ffaults	페이지 폴트를 파일 이름별로 출력
[Gregg 19]	vmscan	VM 스캐너 수축과 메모리 회수를 측정
[Gregg 19]	swapin	스왑 인을 프로세스별로 출력
[Gregg 19]	hfaults	Huge Page 폴트를 프로세스별로 출력

기타 리눅스 메모리 관측가능성 도구와 소스로 다음과 같은 것이 있습니다.

- dmesg: OOM 킬러가 출력하는 'Out of memory' 메시지를 확인합니다.
- dmidecode: 메모리 뱅크에 대한 BIOS 정보를 보여줍니다.
- tiptop: 프로세스별로 PMC 통계를 출력하는 top(1) 변형 버전입니다.
- valgrind: 성능 분석 도구 모음으로, 누수 감지 등 메모리 사용 분석을 위한 memcheck 도구가 들어 있습니다. 이 도구는 사용자 수준 메모리 할당자를 감싸는 래퍼(wrapper) 역할을 하며, 메모리 할당과 해제 함수(malloc, free 등) 요청을 모니터링하고 오류를 감지합니다. 하지만 valgrind는 오버헤드가 엄청나게 크며, 매뉴얼에 따르면 대상 프로그램이 20~30배 느려질 수 있다고 되어 있습니다.[Valgrind 20]
- iostat: 스왑 장치가 물리적인 디스크나 슬라이스인 경우 iostat(1)을 사용해 장치 I/O를 관찰할 수 있습니다. 이를 통해 시스템이 페이징을 수행하는지 여부를 확인할 수 있습니다.
- /proc/zoneinfo: 메모리 영역(DMA 등)에 대한 통계를 제공합니다.
- /proc/buddyinfo: 커널의 버디 할당자에 대한 통계를 제공합니다.
- /proc/pagetypeinfo: 커널 가용 메모리 페이지 통계로 커널 메모리 파편화의 이슈를 디버그하는데 도움이 될 수 있습니다.
- /sys/devices/system/node/node*/numastat: NUMA 노드에 대한 통계를 제공합니다

- SysRq m: 매직 SysRq의 'm'을 사용하면 콘솔에 메모리 정보를 덤프할 수 있습니다.

다음은 dmidecode(8)의 출력 결과 예시인데, 현재 시스템의 메모리 뱅크 정보를 보여줍니다.

```
# dmidecode
[...]
Memory Device
        Array Handle: 0x0003
        Error Information Handle: Not Provided
        Total Width: 64 bits
        Data Width: 64 bits
        Size: 8192 MB
        Form Factor: SODIMM
        Set: None
        Locator: ChannelA-DIMM0
        Bank Locator: BANK 0
        Type: DDR4
        Type Detail: Synchronous Unbuffered (Unregistered)
        Speed: 2400 MT/s
        Manufacturer: Micron
        Serial Number: 00000000
        Asset Tag: None
        Part Number: 4ATS1G64HZ-2G3A1
        Rank: 1
        Configured Clock Speed: 2400 MT/s
        Minimum Voltage: Unknown
        Maximum Voltage: Unknown
        Configured Voltage: 1.2 V
[...]
```

이 출력 결과는 정적 성능 튜닝에 유용한 정보입니다(예: 현재 사용 중인 유형이 DDR5가 아니라 DDR4임을 확인할 수 있습니다). 아쉽게도 클라우드 사용자는 일반적으로 이 정보를 사용할 수 없습니다.

다음은 SysRq의 'm' 트리거를 사용한 출력 결과 예시입니다.

```
# echo m > /proc/sysrq-trigger
# dmesg
[...]
[334849.389256] sysrq: Show Memory
[334849.391021] Mem-Info:
[334849.391025] active_anon:110405 inactive_anon:24 isolated_anon:0
                 active_file:152629 inactive_file:137395 isolated_file:0
```

```
        unevictable:4572 dirty:311 writeback:0 unstable:0
        slab_reclaimable:31943 slab_unreclaimable:14385
        mapped:37490 shmem:186 pagetables:958 bounce:0
        free:37403 free_pcp:478 free_cma:2289
[334849.391028] Node 0 active_anon:441620kB inactive_anon:96kB active_file:610516kB
inactive_file:549580kB unevictable:18288kB isolated(anon):0kB isolated(file):0kB
mapped:149960kB dirty:1244kB writeback:0kB shmem:744kB shmem_thp: 0kB
shmem_pmdmapped: 0kB anon_thp: 2048kB writeback_tmp:0kB unstable:0kB
all_unreclaimable? no
[334849.391029] Node 0 DMA free:12192kB min:360kB low:448kB high:536kB ...
[...]
```

이는 시스템이 응답을 않는 경우에도 유용하게 사용할 수 있는데, 콘솔 키보드에서 SysRq 키 시퀀스를 사용해 여전히 이 정보를 요청할 수 있기 때문입니다.[Linux 20g]

애플리케이션과 가상 머신(예: 자바 VM)은 자체적인 메모리 분석 도구를 제공할 수도 있습니다. 5장 "애플리케이션"을 참고하세요.

7.6 튜닝

가장 중요한 메모리 튜닝은 애플리케이션이 메인 메모리에 계속 머무르도록 하고, 페이징이나 스와핑이 자주 일어나지 않도록 하는 것입니다. 이러한 문제를 식별하는 방법은 7.4 "방법론"과 7.5 "관측가능성 도구"에서 다뤘습니다. 이번 절에서는 다른 메모리 튜닝 방법인 커널 튜닝 파라미터, Huge Page 설정, 메모리 할당자, 리소스 제어 등에 대해 다룹니다.

튜닝 세부사항, 즉 사용 가능한 옵션과 설정값은 운영 체제 버전과 적용된 워크로드에 따라 다릅니다. 다음 절에서는 튜닝 유형별로 사용 가능한 옵션을 설명하고, 각 값을 어떤 경우에 튜닝해야 하는지 설명합니다.

7.6.1 튜닝 파라미터

이번 절에서는 최신 리눅스 커널의 튜닝 파라미터에 대해 설명합니다.

메모리 관련 튜닝 파라미터에는 다음과 같이 여러 옵션이 있는데, 이는 커널 소스 문서의 Documentation/sysctl/vm.txt에 기술되어 있으며 sysctl(8)을 사용해 설정할 수 있습니다. 표 7.7의 튜닝 옵션들은 커널 5.3 버전을 기준으로 정리했으며, 기본값은 우분투 19.10을 따릅니다(이 책 1판에 정리되어 있던 항목들은 그 이후 바뀌지 않았습니다).

표 7.7 리눅스 메모리에 대한 튜닝 파라미터의 예

옵션	기본값	설명
vm.dirty_background_bytes	0	pdflush 백그라운드 write-back이 활성화되는 더티 메모리 크기
vm.dirty_background_ratio	10	pdflush 백그라운드 write-back이 활성화되는 시스템 메모리의 더티 비율
vm.dirty_bytes	0	쓰기 프로세스의 write-back이 활성화되는 더티 메모리 크기
vm.dirty_ratio	20	쓰기 프로세스의 write-back이 활성화되는 시스템 메모리의 더티 비율
vm.dirty_expire_centisecs	3,000	더티 메모리가 pdflush 대상이 되기 위해 기다려야 하는 최소 시간(쓰기 작업 발생 횟수를 조절합니다)
vm.dirty_writeback_centisecs	500	pdflush의 활성화 주기(0이면 비활성화)
vm.min_free_kbytes	dynamic	커널이 최소한 유지해야 할 가용 메모리 양을 설정(일부 커널 atomic 할당은 이를 사용할 수 있음)
vm.watermark_scale_factor	10	kswapd의 (비)활성화를 조절하는 워터마크(최소, 낮음, 높음) (전체를 10000으로 계산, 10은 시스템 메모리의 0.1%를 의미)
vm.watermark_boost_factor	5000	메모리 단편화 이벤트가 발생했을 때 kswapd가 high watermark를 얼마나 넘어서서 스캔하는지 설정(전체 10000 중 5000은 high watermark의 150%를 의미)
vm.percpu_pagelist_fraction	0	cpu별로 페이지 리스트에 할당될 수 있는 페이지의 할당량을 조절하는데 사용(10은 할당을 페이지의 1/10로 제한)
vm.overcommit_memory	0	0 = 휴리스틱 방식으로 적당한 오버커밋을 찾음; 1 = 오버커밋을 항상 사용; 2 = 오버커밋 사용 안 함
vm.swappiness	60	가용 메모리 확보를 위해 스와핑(페이징)을 페이지 캐시 회수보다 얼마나 더 선호할지 나타내는 비율
vm.vfs_cache_pressure	100	캐시된 디렉터리와 아이노드 객체를 회수하는 정도(작을수록 더 많이 유지). 0으로 설정하면 캐시를 전혀 회수하지 않기에 메모리 부족이 쉽게 발생할 수 있음
kernel.numa_balancing	1	자동 NUMA 페이지 밸런싱을 활성화시킴
kernel.numa_balancing_scan_size_mb	256	각 NUMA 밸런싱 스캔당 스캔할 페이지 크기(MB 단위)

이 튜닝 파라미터들은 이름에 단위가 들어가는 일관된 명명 규칙을 따릅니다. dirty_background_bytes와 dirty_background_ratio는 서로 배타적으로 동작하며, 하나를 설정하면 다른 하나는 무시됩니다. 또한 dirty_bytes와 dirty_ratio도 마찬가지라는 점에 유의하세요.

vm.min_free_kbytes 크기는 메인 메모리 용량의 일정 비율로 동적으로 결정됩니다. 이 크기 설정 알고리즘은 선형이라 생각하기 쉬운데, 실제로 그렇지 않음에 유의하세요. 왜냐하면 메인 메모리 크기가 증가한다고 해서 가용 메모리에 대한 필요가 반드시 선형적으로 증가하지 않기 때문입니다(참고로 리눅스 소스의 mm/page_alloc.c에 문서화되어 있습니다). vm.min_free_kbytes를 줄이면 애플리케이션이 사용할 수 있는 메모리를 조금 더 확보할 수 있습니다. 하지만, 메모리 부하가 증가할 경우 커널이 이를 감당하지 못해 결과적으로 OOM이 더 빨리 발생할 수 있습니다. 반대로 이 값을 늘리면 OOM kills 발생을 막는데 도움이 될 수 있습니다.

OOM을 피하기 위한 다른 파라미터로 vm.overcommit_memory이 있습니다. 이 값을 2로 설정해 오버커밋을 금지하면 오버커밋으로 인한 OOM을 방지할 수 있습니다. 프로세스별로 OOM 킬러를 제어해야 한다면, 현재 커널 버전이 /proc 디렉터리 아래의 oom_adj나 oom_score_adj 파라미터를 제공하는지 살펴보세요. Documentation/filesystems/proc.txt에 이와 관련된 문서가 있습니다.

vm.swappiness 파라미터는 애플리케이션 메모리가 예상보다 일찍 스와핑되도록 설정될 경우 성능에 큰 영향을 미칠 수 있습니다. 이 값은 0에서 100 사이로 설정할 수 있으며, 값이 높을수록 애플리케이션 스왑을 촉진하고 페이지 캐시를 유지합니다. 때로는 이 값을 0으로 설정하여 애플리케이션 메모리가 가능한 한 오래 유지되도록 하는 것이 바람직할 수 있습니다. 그래도 메모리가 부족한 상황에서는 커널이 여전히 스와핑을 수행할 수 있습니다.

넷플릭스에서는 초기 커널 버전(리눅스 3.13 전후)에서 kernel.numa_balancing을 0으로 설정했던 사례가 있습니다. 당시 과도한 NUMA 스캐닝이 CPU 자원을 지나치게 소모했기 때문입니다.[Gregg 17d] 이후 커널에서 이 문제가 수정되었고, NUMA 스캔의 강도를 조절할 수 있는 kernel.numa_balancing_scan_size_mb와 같은 추가 파라미터들이 도입되었습니다.

7.6.2 여러 페이지 크기

큰 페이지 크기는 TLB 캐시 적중률을 높임으로써 I/O 성능을 향상시킬 수 있습니다. 이는 TLB가 저장할 수 있는 페이지 주소의 범위를 확장하기 때문입니다. 대부분의 최신 프로세서는 기본 4KB 페이지 크기 외에도 2MB와 같은 큰 페이지 크기를 지원합니다.

리눅스의 경우 Huge Page는 다양한 방법으로 설정할 수 있습니다. Documentation/vm/hugetlbpage.txt를 참고하세요.

보통 다음과 같은 방법으로 Huge Page를 생성할 수 있습니다.

```
# echo 50 > /proc/sys/vm/nr_hugepages
# grep Huge /proc/meminfo
AnonHugePages:         0 kB
HugePages_Total:      50
HugePages_Free:       50
HugePages_Rsvd:        0
HugePages_Surp:        0
Hugepagesize:       2048 kB
```

애플리케이션이 Huge Page를 사용하는 방법 중 하나는 공유 메모리 세그먼트와 shmget(2)의 SHM_HUGETLBS 플래그를 이용하는 것입니다. 또 다른 방법은 다음처럼 Huge Page 기반 파일 시스템을 만들어 애플리케이션이 메모리를 매핑하도록 하는 것입니다.

```
# mkdir /mnt/hugetlbfs
# mount -t hugetlbfs none /mnt/hugetlbfs -o pagesize=2048K
```

또 다른 방법으로는 mmap(2)에 MAP_ANONYMOUS|MAP_HUGETLB 플래그를 설정하고 libhugetlbfs API를 사용하는 방법도 있습니다.[Gorman 10]

마지막으로 THP(transparent huge pages)는 Huge Page를 사용하는 또 다른 방식으로, 애플리케이션이 Huge Page를 명시적으로 설정할 필요 없이 자동으로 일반 페이지를 Huge Page로 전환하거나 다시 작은 페이지로 되돌릴 수 있도록 지원합니다.[Corbet 11] 자세한 내용은 리눅스 소스의 Documentation/vm/transhuge.txt와 admin-guide/mm/transhuge.rst를 참고하세요.[19]

7.6.3 메모리 할당자

멀티스레드 애플리케이션의 성능을 높이기 위해 다양한 사용자 수준의 메모리 할당자를 사용해 볼 수도 있습니다. 이는 컴파일 시점에 선택 가능하거나 실행 시점에 LD_PRELOAD 환경 변수를 사용해 설정할 수 있습니다.

예를 들어 libtcmalloc 할당자를 다음과 같이 선택할 수 있습니다.

```
export LD_PRELOAD=/usr/lib/x86_64-linux-gnu/libtcmalloc_minimal.so.4
```

---

[19] 과거에는 Transparent Huge Page와 관련한 성능 문제들이 있어 사용이 꺼려지곤 했습니다. 다행스럽게도 이러한 문제들은 수정이 되었습니다.

이와 같은 명령을 시작 스크립트에 추가하면 애플리케이션 실행 시 자동으로 해당 할당자를 사용할 수 있습니다.

7.6.4 NUMA 바인딩

NUMA 시스템에서는 numactl(8) 명령을 사용해 프로세스를 특정 NUMA 노드에 바인딩할 수 있습니다. 애플리케이션이 단일 NUMA 노드의 메모리만으로 충분한 경우에는, 이러한 바인딩을 통해 성능을 향상시킬 수 있습니다. 다음은 사용 방법 예입니다.

```
#numactl -membind=0 3161
```

위의 명령은 PID 3161을 NUMA 노드 0에 바인딩하는데, 만일 지정된 노드에서 메모리를 확보할 수 없으면 할당이 실패할 수 있습니다. 이 옵션을 사용할 때는 해당 NUMA 노드에 연결된 CPU들로 CPU 사용을 제한하는 --physcpubind 옵션도 고려해야 합니다. 필자는 NUMA와 CPU 바인딩 두 가지 모두를 사용해 프로세스를 단일 소켓으로 제한해, CPU 인터커넥트 접근에 따른 성능 저하를 방지합니다.

numastat(8)(7.5.6절) 명령을 통해 사용가능한 NUMA 노드 목록을 확인할 수 있습니다.

7.6.5 리소스 제어

메인 메모리 제한 설정이나 가상 메모리 제한 설정 등의 기본 리소스 제어는 ulimit(1)을 통해 수행할 수 있습니다.

리눅스에서 컨트롤 그룹(cgroups) 메모리 서브시스템은 다양한 추가적인 제어 수단을 제공합니다. 이 기능들은 다음과 같습니다.

- memory.limit_in_bytes: 파일 캐시 사용을 포함한 사용자 메모리 최대 허용 크기(단위: 바이트)
- memory.memsw.limit_in_bytes: 메모리와 스왑 공간의 최대 허용 크기(스왑이 구성된 경우, 단위: 바이트)
- memory.kmem.limit_in_bytes: 커널 메모리의 최대 허용 크기(단위: 바이트)
- memory.tcp.limit_in_bytes: tcp 버퍼 메모리의 최대 허용 크기(단위: 바이트)
- memory.swappiness: 앞서 다룬 vm.swappiness과 비슷하지만 cgroup 단위로 설

- `memory.oom_control`: 0으로 설정하면 해당 cgroup에 대해 OOM 킬러를 허용. 1로 설정하면 OOM 킬러를 비활성화

이에 덧붙여, 리눅스에서는 /etc/security/limits.conf 파일을 통해 시스템 단위 리소스 제어 설정이 가능합니다.

리소스 제어에 대한 더 많은 내용은 11장 "클라우드 컴퓨팅"을 참조하세요.

7.7 연습 문제

1. 메모리 용어에 관한 다음 질문에 답하시오.
   - 메모리 페이지란 무엇입니까?
   - 상주 메모리란 무엇입니까?
   - 가상 메모리란 무엇입니까?
   - 리눅스 용어에서 페이징과 스와핑의 차이점은 무엇입니까?

2. 다음 개념에 대한 질문에 답하시오.
   - 요구 페이징은 어떤 기능을 수행하나요?
   - 메모리 사용량과 포화도에 대해 설명하시오.
   - MMU와 TLB은 각각 어떤 기능을 수행하나요?
   - 페이지 아웃 데몬의 역할은 무엇입니까?
   - OOM 킬러의 역할은 무엇입니까?

3. 다음 심화 질문에 답하시오.
   - 익명 페이징이란 무엇이며, 분석할 때 익명 페이징이 파일 시스템 페이징보다 중요한 이유는 무엇입니까?
   - 리눅스 기반 시스템에서 메모리를 소진한 경우 커널이 가용 메모리를 확보하는 과정을 설명하시오.
   - 슬랩 기반 할당의 성능상 장점에 대해 설명하시오.

4. 현재 사용 중인 운영 체제에서 다음의 과정을 수행해 보시오.
   - 메모리 자원에 대한 USE 방법론 체크리스트를 만드시오. 각 지표를 어떻게 측정할지(예: 어떤 명령을 실행할 것인가)와 결과를 어떻게 해석할지에 대한 내용을 포함하시오. 가능하면 추가 소프트웨어 제품을 설치하거나 사용하지

않고 기존 운영 체제의 관측 도구를 활용하시오.
- 메모리 자원에 대한 워크로드 특성화 체크리스트를 만드시오. 각 지표를 어떻게 측정할지에 대한 내용을 포함하시오. 가능한 한 기존 운영 체제의 관측 가능성 도구를 사용하시오.

5. 다음 과제를 수행하시오.
- 애플리케이션을 정해 메모리 할당(malloc(3))을 수행하는 코드 경로를 요약하고 살펴보시오.
- 메모리 크기가 증가하는 애플리케이션을 선택하고, 해당 애플리케이션에서 발생하는 brk(2) 또는 sbrk(2) 호출로 이어지는 코드 경로를 요약하고 살펴보시오.
- 다음 도구의 출력 결과만을 가지고 발견할 수 있는 메모리 활동을 설명하시오.

```
# vmstat 1
procs -----------memory---------- --swap-- -----io---- -system-- ------cpu-----
 r  b    swpd    free   buff  cache   si   so    bi    bo   in    cs us sy id wa st
 2  0  413344   62284     72   6972    0    0    17    12    1     1  0  0 100  0  0
 2  0  418036   68172     68   3808    0 4692  4520  4692 1060  1939 61 38   0  1  0
 2  0  418232   71272     68   1696    0  196 23924   196 1288  2464 51 38   0 11  0
 2  0  418308   68792     76   2456    0   76  3408    96 1028  1873 58 39   0  3  0
 1  0  418308   67296     76   3936    0    0  1060     0 1020  1843 53 47   0  0  0
 1  0  418308   64948     76   3936    0    0     0     0 1005  1808 36 64   0  0  0
 1  0  418308   62724     76   6120    0    0  2208     0 1030  1870 62 38   0  0  0
 1  0  422320   62772     76   6112    0 4012     0  4016 1052  1900 49 51   0  0  0
 1  0  422320   62772     76   6144    0    0     0     0 1007  1826 62 38   0  0  0
 1  0  422320   60796     76   6144    0    0     0     0 1008  1817 53 47   0  0  0
 1  0  422320   60788     76   6144    0    0     0     0 1006  1812 49 51   0  0  0
 2  0  430792   65584     64   5216    0 8472  4912  8472 1030  1846 54 40   0  6  0
 1  0  430792   64220     72   6496    0    0  1124    16 1024  1857 62 38   0  0  0
 1  0  434252   68188     64   3704    0 3460  5112  3460 1070  1964 60 40   0  0  0
 2  0  434252   71540     64   1436    0    0 21856     0 1300  2478 55 41   0  4  0
 1  0  434252   66072     64   3912    0    0  2020     0 1022  1817 60 40   0  0  0
[...]
```

6. (선택 사항, 심화 문제) 커널 NUMA 메모리 지역성 정책이 실제로 잘 작동하는지를 살펴보는 지표를 찾거나 개발하시오. 해당 지표를 테스트하기 위해 메모리 지역성이 좋거나 나쁜 워크로드를 생성해 보시오.

7.8 참고 자료

[Corbató 68] Corbató, F. J., *A Paging Experiment with the Multics System*, MIT Project MAC Report MAC-M-384, 1968.

[Denning 70] Denning, P., "Virtual Memory," *ACM Computing Surveys (CSUR) 2*, no. 3, 1970.

[Peterson 77] Peterson, J., and Norman, T., "Buddy Systems," *Communications of the ACM*, 1977.

[Thompson 78] Thompson, K., *UNIX Implementation*, Bell Laboratories, 1978.

[Babaoglu 79] Babaoglu, O., Joy, W., and Porcar, J., *Design and Implementation of the Berkeley Virtual Memory Extensions to the UNIX Operating System*, Computer Science Division, Deptartment of Electrical Engineering and Computer Science, University of California, Berkeley, 1979.

[Bach 86] Bach, M. J., *The Design of the UNIX Operating System*, Prentice Hall, 1986.

[Bonwick 94] Bonwick, J., "The Slab Allocator: An Object-Caching Kernel Memory Allocator," USENIX, 1994.

[Bonwick 01] Bonwick, J., and Adams, J., "Magazines and Vmem: Extending the Slab Allocator to Many CPUs and Arbitrary Resources," USENIX, 2001.

[Corbet 04] Corbet, J., "2.6 swapping behavior," LWN.net, *http://lwn.net/Articles/83588*, 2004

[Gorman 04] Gorman, M., *Understanding the Linux Virtual Memory Manager*, Prentice Hall, 2004.

[McDougall 06a] McDougall, R., Mauro, J., and Gregg, B., *Solaris Performance and Tools: DTrace and MDB Techniques for Solaris 10 and OpenSolaris*, Prentice Hall, 2006.

[Ghemawat 07] Ghemawat, S., "TCMalloc : Thread-Caching Malloc," *https://gperftools.github.io/gperftools/tcmalloc.html*, 2007.

[Lameter 07] Lameter, C., "SLUB: The unqueued slab allocator V6," Linux kernel mailing list, *http://lwn.net/Articles/229096*, 2007.

[Hall 09] Hall, A., "Thanks for the Memory, Linux," Andrew Hall, *https://www.ibm.com/developerworks/library/j-nativememory-linux*, 2009.

[Gorman 10] Gorman, M., "Huge pages part 2: Interfaces," LWN.net, *http://lwn.net/Articles/375096*, 2010.

[Corbet 11] Corbet, J., "Transparent huge pages in 2.6.38," LWN.net, *http://lwn.net/Articles/423584*, 2011.

[Facebook 11] "Scalable memory allocation using jemalloc," Facebook Engineering, *https://www.facebook.com/notes/facebook-engineering/scalable-memory-allocationusing-jemalloc/480222803919*, 2011.

[Evans 17] Evans, J., "Swapping, memory limits, and cgroups," *https://jvns.ca/blog/2017/02/17/mystery-swap*, 2017.

[Gregg 17d] Gregg, B., "AWS re:Invent 2017: How Netflix Tunes EC2," *http://www.brendangregg.com/blog/2017-12-31/reinvent-netflix-ec2-tuning.html*, 2017.

[Corbet 18a] Corbet, J., "Is it time to remove ZONE_DMA?" LWN.net, *https://lwn.net/Articles/753273*, 2018.

[Crucial 18] "The Difference between RAM Speed and CAS Latency," *https://www.crucial.com/articles/about-memory/difference-between-speed-and-latency*, 2018.

[Gregg 18c] Gregg, B., "Working Set Size Estimation," *http://www.brendangregg.com/wss.html*, 2018.

[Facebook 19] "Getting Started with PSI," Facebook Engineering, *https://facebookmicrosites.github.io/psi/docs/overview*, 2019.

[Gregg 19] Gregg, B., *BPF Performance Tools: Linux System and Application Observability*, Addison-Wesley, 2019. (번역서는 《BPF 성능 분석 도구: BPF 트레이싱을 통한 리눅스 시스템 관측가능성과 성능 향상》 이호연 옮김, 인사이트, 2021)

[Intel 19a] *Intel 64 and IA-32 Architectures Software Developer's Manual*, Combined Volumes: 1, 2A, 2B, 2C, 3A, 3B and 3C, Intel, 2019.

[Amazon 20] "Amazon EC2 High Memory Instances," *https://aws.amazon.com/ec2/instance-types/high-memory*, accessed 2020.

[Linux 20g] "Linux Magic System Request Key Hacks," Linux documentation, *https://www.kernel.org/doc/html/latest/admin-guide/sysrq.html*, accessed 2020.

[Robertson 20] Robertson, A., "bpftrace," *https://github.com/iovisor/bpftrace*, last updated 2020.

[Valgrind 20] "Valgrind Documentation," *http://valgrind.org/docs/manual*, May 2020.

Performance —

8장

Systems Performance Second Edition

파일 시스템

애플리케이션 성능에 대해 연구할 때 파일 시스템의 성능이 디스크 또는 저장 장치의 성능보다 더 중요한 경우가 많은데, 애플리케이션이 직접 상호 작용하고 기다리는 대상이 파일 시스템이기 때문입니다. 파일 시스템은 캐시, 버퍼, 비동기 I/O를 활용해 애플리케이션이 디스크(또는 원격 스토리지 시스템)의 지연시간으로 인해 영향을 받는 것을 최소화하도록 설계되어 있습니다.

그럼에도 역사적으로 성능 분석이나 모니터링 도구는 디스크의 성능에 주로 초점을 맞춰 왔으며, 파일 시스템 성능은 사각지대인 경우가 많았습니다. 이 장에서는 파일 시스템에 대해 설명하며, 파일 시스템의 작동 원리와 지연시간 및 세부사항을 측정하는 방법을 보여드립니다. 이러한 방법을 알고 있으면 성능 저하를 일으킨 잠재적 원인 중에서 파일 시스템이나 그 아래의 디스크 장치를 초기에 제외할 수 있고, 다른 영역을 더 빨리 조사할 수 있습니다.

이번 장에서는 다음의 내용을 알아봅니다.

- 파일 시스템 모델 및 개념에 대해 이해하기
- 파일 시스템 워크로드가 어떻게 성능에 영향을 미치는지에 대해 이해하기
- 파일 시스템 캐시에 대해 이해하기
- 파일 시스템 내부 구조와 성능적 특징에 익숙해지기
- 파일 시스템 분석을 위한 여러 가지 방법론 따라해보기
- 파일 시스템 지연시간 측정하기. 최빈값(가장 빈번하게 나타나는 값, mode), 극단값 포함

- 트레이싱 도구를 사용해서 파일 시스템 사용률 살펴보기
- 마이크로 벤치마크를 사용해서 파일 시스템 성능 테스트하기
- 파일 시스템의 튜닝 파라미터에 대해 알아보기

이번 장은 여섯 개의 부분으로 구성되어 있는데, 앞의 세 부분은 파일 시스템 분석의 기초를 다루고, 나머지 세 부분은 리눅스 기반 시스템에서의 실용적 응용 방법을 보여줍니다. 각 부분은 다음과 같습니다.

- 배경에서는 파일 시스템의 기본 개념 및 핵심 성능 개념을 도식화하면서, 파일 시스템 관련 용어, 기본 모델에 대해 소개합니다.
- 아키텍처에서는 일반적인 파일 시스템 아키텍처와 특수한 파일 시스템 아키텍처에 대해 설명합니다.
- 방법론에서는 관찰적 성능 분석 방법론과 실험적 분석 방법론 두 가지 모두 설명합니다.
- 관측가능성 도구에서는 정적 계측 및 동적 계측을 수행하는 리눅스 기반의 파일 시스템 관측가능성 도구를 보여줍니다.
- 실험에서는 파일 시스템 벤치마크 도구에 대해 설명합니다.
- 튜닝에서는 파일 시스템의 튜닝 가능한 파라미터에 대해 설명합니다.

8.1 용어

여기서는 이번 장에서 사용하는 파일 시스템과 관련된 용어에 대해 설명합니다.

- 파일 시스템: 데이터를 파일과 디렉터리로 조직화하고, 파일 기반 인터페이스를 통해 접근할 수 있도록 구성된 시스템입니다. 접근 제어는 파일 권한 설정 등을 통해 관리됩니다. 추가적으로, 파일 시스템은 장치 파일, 소켓, 파이프와 같은 특수 파일 유형을 포함할 수 있으며, 파일 접근 시간(타임스탬프)과 같은 메타데이터도 제공합니다.
- 파일 시스템 캐시: 파일 시스템 내용을 캐싱하는 데 사용되는 주 메모리(보통 DRAM) 영역으로, 다양한 데이터와 메타데이터 유형에 대한 서로 다른 캐시를 포함할 수 있습니다.

- 연산(Operation): 파일 시스템 연산은 파일 시스템에 보내진 요청을 말하는데, read(2), write(2), open(2), close(2), stat(2), mkdir(2) 등의 연산이 있습니다.
- I/O: 입력/출력을 의미합니다. 여기서는 파일 시스템 I/O를 read(2), write(2), stat(2)(파일 통계 읽기), mkdir(2)(새 디렉터리 entry 생성)처럼 직접적으로 읽기나 쓰기를 수행하는 작업으로 정의합니다. 반면, open(2)과 close(2)는 메타데이터를 업데이트하고 간접적으로 디스크 I/O를 유발할 수 있지만, 여기서 말하는 I/O에는 포함되지 않습니다.
- 논리적 I/O: 애플리케이션이 파일 시스템에 요청한 I/O 작업을 의미합니다.
- 물리적 I/O: 파일 시스템이 디스크에 직접 요청하는 I/O 작업입니다. 여기에는 Raw I/O(파일 시스템을 거치지 않고 디스크에 직접 접근하는 방식)도 포함됩니다.
- 블록 크기: **레코드 크기**(record size)라고도 하며, 파일 시스템이 디스크에 저장하는 데이터 그룹의 크기입니다. 8.4.4절 "파일 시스템 특징"의 "블록 vs. 익스텐트"를 참고하세요.
- 스루풋: 애플리케이션과 파일 시스템 사이의 데이터 전송 속도를 의미하며, 초당 바이트(Bytes/s)로 측정됩니다.
- 아이노드(inode): 인덱스 노드(inode)는 파일 시스템 객체의 메타데이터를 저장하는 데이터 구조를 말하는데, 여기에는 권한, 타임스탬프, 실제 데이터에 대한 포인터 등이 저장됩니다.
- VFS: 가상 파일 시스템(virtual file system)은 커널에서 다양한 파일 시스템을 추상화하여 일관된 인터페이스를 제공하는 계층입니다.
- 볼륨: 저장 장치 전체를 하나로 사용하는 것보다 더 유연하게 관리할 수 있는 저장 공간 단위입니다. 볼륨은 저장 장치의 일부일 수도 있고, 여러 장치를 결합한 논리적 단위일 수도 있습니다.
- 볼륨 매니저(volume manager): 물리적 저장 장치를 유연하게 관리하기 위한 소프트웨어로, **가상 볼륨**을 생성하고 운영 체제에서 사용할 수 있도록 관리합니다.

다른 용어는 이 장에서 필요할 때마다 소개하겠습니다. fsck, IOPS, POSIX, 연산 속도와 같은 용어들에 대해서는 뒤의 용어사전을 참고하세요. 2장과 3장의 용어 설명 부분도 참고하세요.

8.2 모델

이번 절에서는 파일 시스템과 그 성능에 대한 기본적인 개념을 단순한 모델을 통해 설명합니다.

8.2.1 파일 시스템 인터페이스

그림 8.1은 파일 시스템의 기본적인 동작 방식을 인터페이스 측면에서 나타낸 모델입니다.

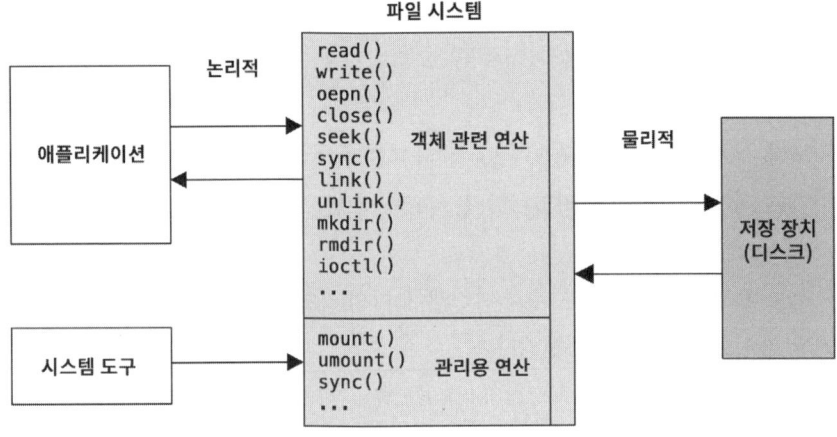

그림 8.1 파일 시스템 인터페이스

그림에는 **논리적** 연산과 **물리적** 연산이 각각 어디에서 수행되는지 표시되어 있습니다. 8.3.12절 "논리적 I/O vs. 물리적 I/O"에서 이에 대해 더 자세히 설명합니다.

이 그림은 일반적으로 사용되는 객체 관련 연산들을 보여주고 있습니다. 커널은 이러한 것들 외에도 추가 변형 함수들을 제공하기도 하는데, 리눅스는 readv(2), writev(2), openat(2) 등의 함수를 제공합니다.

파일 시스템 성능은, 전체를 블랙박스로 보고 대상 연산의 지연시간에 초점을 맞추는 방식으로 살펴볼 수 있습니다. 이에 대해서는 8.5.2절 "지연시간 분석"에서 나룹니다.

8.2.2 파일 시스템 캐시

그림 8.2는 파일 시스템 캐시의 일반적인 구조를 보여줍니다. 이 캐시는 메인 메모리에 저장되며, 주로 읽기 연산을 처리합니다.

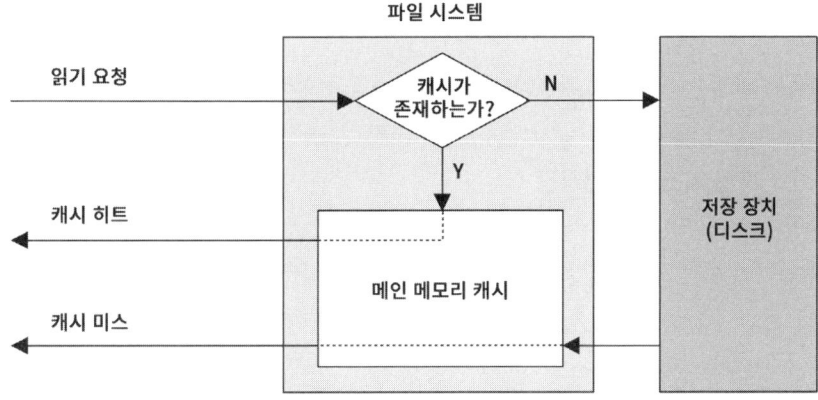

그림 8.2 파일 시스템 메인 메모리 캐시

읽기 연산은 데이터가 캐시에 이미 저장되어 있으면 **캐시 히트**로 처리되고, 그렇지 않을 경우 **캐시 미스**가 발생해 디스크에서 데이터를 읽어옵니다. 캐시 미스가 발생하면 해당 데이터가 캐시에 추가로 저장되어, 캐시가 점점 채워지는 효과를 냅니다(웜업(warm up)이라고도 합니다).

파일 시스템 캐시는 데이터를 즉시 디스크에 쓰지 않고, 나중에 디스크에 쓰일(플러시(flush)) 데이터를 버퍼링하는 역할을 할 수도 있습니다. 이러한 메커니즘은 파일 시스템 유형에 따라 다르며, 8.4절 "아키텍처"에서 설명합니다.

또한 커널은 필요에 따라 파일 시스템 캐시를 우회하는 방법을 제공하기도 합니다. 이에 대해서는 8.3.8절 "Raw I/O와 Direct I/O"를 참고하세요.

8.2.3 2단계 캐시

2단계 캐시는 어떤 유형의 메모리에도 위치할 수 있는데, 그림 8.3에서는 플래시 메모리를 사용합니다. 이러한 유형의 캐시는 2007년에 필자가 ZFS를 위해 처음 설계하고 개발한 것입니다.

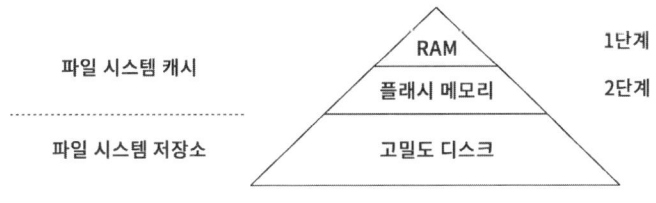

그림 8.3 파일 시스템 2단계 캐시

8.3 개념

다음은 파일 시스템 성능과 관련된 주요 개념들을 골라 정리한 내용입니다.

8.3.1 파일 시스템 지연시간

파일 시스템 지연시간은 성능을 평가하는 가장 중요한 지표로, 논리적인 파일 시스템 요청이 완료되기까지 걸리는 시간을 측정한 값입니다. 이 시간에는 파일 시스템 내부에서 소요된 시간, I/O 서브시스템을 거치는 시간, 그리고 디스크 장치에서 대기한 시간(즉, 물리적 I/O 시간) 등이 포함됩니다. 애플리케이션 스레드는 파일 시스템 요청이 완료될 때까지 대기해야 하므로 종종 블록 상태가 됩니다. 이러한 방식으로 파일 시스템 지연시간은 애플리케이션 성능에 **직접적으로**, 그리고 I/O 요청량에 **비례적으로** 영향을 끼칩니다.

다만, 애플리케이션이 파일 시스템 지연시간의 영향을 받지 않는 경우도 있습니다. 가령, 논블로킹 I/O(non-blocking I/O) 혹은 프리패치(8.3.4절)를 사용하는 경우나 I/O가 비동기 스레드(예: 백그라운드 플러시 스레드)에 의해 처리되는 경우가 있습니다. 이러한 경우는 애플리케이션이 파일 시스템 사용에 대한 상세한 지표를 제공한다면 식별할 수 있습니다. 그렇지 않다면, 일반적인 접근 방식으로 커널 트레이싱 도구를 사용하여 논리적 파일 시스템 I/O를 유발한 사용자 수준 스택 트레이스를 확인할 수 있습니다. 이후 이 스택 트레이스를 분석하여 어떤 애플리케이션 루틴이 이를 요청했는지 파악할 수 있습니다.

역사적으로 운영 체제는 파일 시스템 지연시간을 쉽게 관찰할 수 있는 기능을 제공하지 않고, 디스크 장치 수준의 통계만을 제공해 왔습니다. 하지만 이러한 통계는 애플리케이션의 실제 성능과 직접적으로 연결되지 않으며, 오해를 불러일으킬 수도 있습니다. 예를 들어, 파일 시스템이 작성된 데이터를 백그라운드에서 플러시하는 경우, 이는 일시적으로 디스크 I/O 지연시간이 급증한 것처럼 보일 수 있습니다. 디스크 장치 수준 통계만 놓고 본다면 심각한 문제인 것처럼 보일 수 있지만, 이는 실제로 애플리케이션이 기다리는 작업이 아니며, 애플리케이션 성능과 직접적으로 연관되지 않습니다. 8.3.12절 "논리적 I/O vs. 물리적 I/O"에서 더 많은 사례를 다룹니다.

8.3.2 캐시

부팅 이후 파일 시스템은 보통 메인 메모리(RAM)를 캐시로 사용해 성능을 향상시킵니다. 애플리케이션은 이 과정이 투명하게 처리되므로, 데이터가 디스크에서 읽히는지 메모리 캐시에서 읽히는지 알 수 없습니다. 다만, 메모리 캐시에서 데이터를 읽을 경우 디스크보다 훨씬 빠르게 처리되기 때문에 논리적 I/O 지연시간이 크게 줄어듭니다.

시간이 지나면서 캐시는 커지고 운영 체제의 가용 메모리는 줄어듭니다. 줄어드는 가용 메모리를 보고, 이를 처음 경험하는 사용자들이 우려할지 모르나 완전히 정상적인 현상입니다. 기본 원칙은 "메인 메모리에 여유 공간이 있으면 이를 유용하게 사용하라"는 것입니다. 만약 애플리케이션이 더 많은 메모리를 요구하면, 커널은 파일 시스템 캐시에서 빠르게 메모리를 회수해 사용할 수 있습니다.

파일 시스템은 캐시를 사용해 읽기 성능을 향상시키며, (캐시 내에서) 버퍼링을 사용해 쓰기 성능을 향상시킵니다. 보통 파일 시스템과 블록 장치 서브시스템은 여러 유형의 캐시를 사용하는데, 일부가 표 8.1에 정리되어 있습니다.

표 8.1 캐시 유형 예시

캐시	예시
페이지 캐시	운영 체제 페이지 캐시
파일 시스템 주(primary) 캐시	ZFS ARC
파일 시스템 보조(secondary) 캐시	ZFS L2ARC
디렉터리 캐시	dentry 캐시
아이노드 캐시	inode 캐시
장치 캐시	ZFS vdev
블록 장치 캐시	버퍼 캐시

특정 캐시 유형들은 8.4절 "아키텍처"에 설명되어 있으며, 3장 "운영 체제"에는 모든 캐시 유형의 목록이 정리되어 있습니다(애플리케이션 레벨 및 장치 레벨 포함).

8.3.3 임의 접근 I/O vs. 순차 접근 I/O

일련의 논리적 파일 시스템 I/O는 임의 접근(random) 또는 순차 접근(sequential) I/O로 나눌 수 있는데, 이러한 구분은 각 I/O가 접근하는 파일 오프셋에 따라 결정됩니다. 순차 I/O에서는 각각의 I/O 오프셋이 이전 I/O 바로 뒤에서 시작합니다(오프셋이 연속적임). 임의 접근 I/O는 두 I/O 연산의 오프셋 간에 특정한 관계가 없으며, 각 I/O가 무작위로 지정된 오프셋에 접근합니다. 또한, 임의 접근 파일 시스템 워크로드라는 말은 (임의의 오프셋을 한 파일 안에서만 접근하는 것뿐만 아니라) 여러 파일에 걸쳐 무작위로 접근하는 경우를 말할 수도 있습니다.

그림 8.4는 파일에 대한 오프셋과 일련의 I/O 순서가 묘사되어 있는데, 이를 통해 순차 및 임의 접근 패턴을 확인할 수 있습니다.

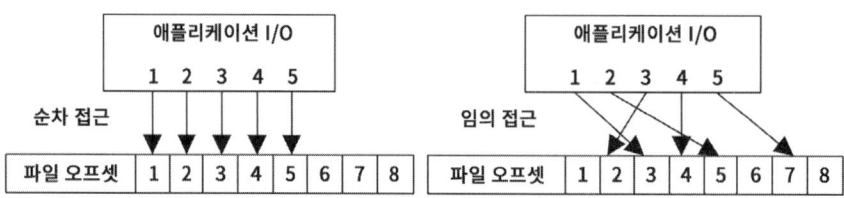

그림 8.4 순차 접근 I/O와 임의 접근 파일 I/O

역사적으로 저장 장치의 성능 특성상 임의 접근 I/O는 성능이 떨어지기 때문에(9장 "디스크" 참고), 파일 시스템은 파일 데이터를 디스크의 연속된 공간에 순차적으로 인접해서 배치해서 임의 접근을 최소화하려고 노력해 왔습니다. 그러나 이러한 배치가 항상 완벽하게 이상적으로 이루어지지는 않습니다. 파일 시스템이 이러한 배치를 잘못해서 파일이 드라이브의 여기저기에 흩어지는 경우가 발생하기도 하는데 이를 **파편화**라고 합니다. 이 같은 경우 논리적으로는 순차 I/O를 실행했는데도 파편화 때문에 물리적으로는 임의 접근 I/O가 발생할 수 있습니다.

파일 시스템은 논리 I/O 접근 패턴을 측정해 워크로드가 순차 접근인지 판별하고 프리패치(prefetch) 또는 미리 읽기(read-ahead)를 통해 이러한 부하의 성능을 향상시킬 수 있습니다. 회전식 디스크에서는 이것이 유용하지만, 플래시 드라이브에서는 그만큼 유용하지는 않습니다.

8.3.4 프리패치

파일 시스템에서 흔히 발생하는 워크로드 중 하나는 큰 파일 데이터를 순차적으로 읽는 작업인데, 예를 들자면 파일 시스템 백업이 그렇습니다. 이러한 데이터는 캐시에 들어갈 수 없을 정도로 크거나, 오직 한 번만 읽으면 되기 때문에 캐시에 계속 남아 있을 가능성이 적습니다(이는 캐시 제거 알고리즘에 따라 다릅니다). 이러한 워크로드는 다른 워크로드에 비해 캐시 적중률이 낮기 때문에 상대적으로 성능이 떨어집니다.

프리패치(prefetch)는 이러한 문제를 해결하기 위해 파일 시스템에서 널리 사용되는 방법입니다. 파일 시스템은 현재 접근 중인 파일 I/O 오프셋과 방금 접근했던 파일 I/O 오프셋을 바탕으로 현재 워크로드가 순차 읽기임을 감지합니다. 그러고 나면 파일 시스템은 애플리케이션이 다음 I/O를 요청하기 전에 다음 오프셋을 미리 예측해서 데이터를 디스크에서 미리 읽습니다. 디스크에서 읽은 데이터는 파일 시스템 캐시에 들어가고, 애플리케이션이 예측대로 데이터를 요청하면 캐시 히트가 발생합니다(캐시에 이미 필요한 데이터가 들어가 있습니다). 예제 시나리오는 다음과 같습니다.

1. 애플리케이션이 파일 read(2)를 요청해서 커널에 제어가 넘어갑니다.
2. 요청한 데이터가 캐시에 없으면 파일 시스템은 디스크에 읽기 명령을 내립니다.
3. 파일 시스템은 직전 파일 오프셋을 현재 오프셋과 비교합니다. 두 오프셋이 순차적이라면, 추가 읽기 명령을 디스크에 보냅니다(프리패치).
4. 첫 번째 읽기가 완료되면 커널은 읽어온 데이터와 제어를 애플리케이션에 넘깁니다.
5. 프리패치 읽기가 완료되면, 나중에 애플리케이션이 읽을 수 있게 캐시에 데이터를 넣습니다.
6. 이후 애플리케이션이 순차적으로 데이터를 요청하면, RAM에 있는 캐시를 통해 데이터를 빠르게 제공받을 수 있습니다.

이 과정은 그림 8.5에도 표현되어 있습니다. 애플리케이션이 오프셋 1과 2를 순차적으로 읽으면, 파일 시스템은 오프셋 3, 4, 5에 대한 프리패치를 발생시킵니다.

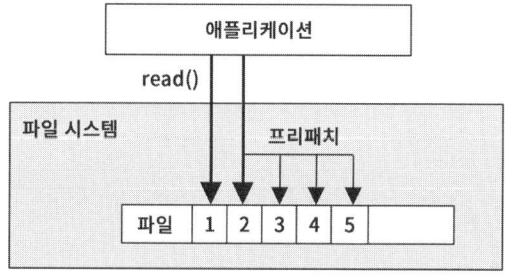

그림 8.5 파일 시스템 프리패치

프리패치가 잘 동작하면 디스크는 항상 애플리케이션의 요청보다 한 발 앞서 데이터를 읽게 됩니다. 이로 인해 애플리케이션의 순차 읽기 성능이 크게 개선됩니다(다만, 디스크가 프리패치를 처리할 수 있는 충분한 대역폭을 가지고 있어야 함). 반면, 프리패치가 잘못 동작하는 경우(예: 순차 접근을 올바르게 파악하지 못할 경우)에는 애플리케이션에 필요가 없는 I/O가 일어나서 캐시를 오염시키고 디스크와 I/O 전송 자원을 소모합니다. 이를 방지하기 위해 대부분의 파일 시스템은 프리패치를 필요에 따라 튜닝할 수 있는 파라미터를 제공합니다.

8.3.5 미리 읽기

과거에 프리패치는 미리 읽기(read-ahead)라는 이름으로 불렸습니다. 리눅스는 readahead(2) 시스템 콜에 미리 읽기라는 용어를 사용하며 둘을 구분하기 시작했는데, readahead(2)를 사용하면 애플리케이션이 파일 시스템 캐시를 명시적으로 미리 채울(warm-up) 수 있습니다.

8.3.6 Write-Back 캐시

파일 시스템은 쓰기 성능을 향상시키기 위해 보통 write-back(지연 기록) 캐시를 사용합니다. write-back 캐시는 데이터를 메인 메모리에 먼저 저장한 뒤 쓰기 작업이 완료된 것으로 처리하며, 이후 **비동기적으로** 디스크에 기록하는 방식으로 동작합니다. 파일 시스템이 이처럼 '더티(dirty, 변경된 데이터가 메모리상의 페이지에는 반영되었지만 디스크에는 아직 동기화되지 않은 상태)' 데이터를 디스크에 기록하는 것을 **플러싱**(flushing)이라 합니다. write-back 캐시의 동작 방식은 다음과 같습니다.

1. 애플리케이션이 파일 write(2)를 요청해서 커널에 제어가 넘어갑니다.
2. 애플리케이션 주소 공간의 데이터를 커널 공간으로 복사합니다.
3. 커널은 write(2) 시스템 콜이 완료된 것으로 처리하고, 제어를 애플리케이션에 넘깁니다.
4. 나중에 비동기 커널 태스크가 해당 데이터를 찾아 디스크 쓰기 작업을 실행합니다.

이 방식은 속도를 높이는 데 효과적이지만, 신뢰성을 약간 희생하는 단점이 있습니다. DRAM 기반의 메인 메모리는 휘발성이므로 전원 오류가 발생하면 애플리케이션은 이미 데이터를 다 기록했는데도 변경된 데이터가 디스크에 반영되지 않고 유실될 수 있습니다. 더 나아가, 일부 데이터만 디스크에 기록될 경우 디스크의 데이터 상태가 **오염**될 위험도 있습니다.

파일 시스템 메타데이터가 오염되면 파일 시스템 자체가 로드되지 않을 수도 있습니다. 이 경우 시스템 백업 없이는 복구가 불가능할 수 있으며, 장시간 동안 시스템이 중단될 위험이 있습니다. 더욱 심각한 문제는, 파일의 내용이 손상됐는데 애플리케이션에서 해당 데이터를 읽어서 사용하는 경우 업무상 큰 문제가 발생할 수 있습니다.

속도와 신뢰성 사이에 균형을 맞추기 위해 대부분의 파일 시스템은 기본적으로 write-back 캐시 옵션을 제공하지만, 이 동작을 우회하고 직접 영구 저장 장치에 바로 쓰기 위한 **동기적 쓰기** 옵션도 제공합니다.

8.3.7 동기적 쓰기

동기적 쓰기는 데이터가 영구 저장 장치(예: 디스크 장치)에 완전히 기록된 후에야 작업이 완료됩니다. 이는 필요한 파일 시스템 메타데이터 변경도 다 끝나야 한다는 의미입니다. 동기적 쓰기는 디스크 장치의 I/O 지연시간과 메타데이터 처리로 인한 추가 I/O 작업까지 포함되기 때문에 비동기적 쓰기(write-back 캐시)에 비해 훨씬 느립니다. 동기적 쓰기는 데이터 손상이 허용되지 않는 애플리케이션에서 사용됩니다. 예를 들어 데이터베이스 로그 기록처럼, 비동기적 쓰기로 인해 데이터가 손상될 위험이 있는 경우 동기적 쓰기를 선택합니다.

동기적 쓰기에는 두 가지 종류가 있습니다. 하나는 개별 I/O를 동기적으로 쓰는 방식이고, 다른 하나는 이전에 비동기적으로 기록된 데이터를 그룹으로 묶어 한꺼번에 동기적으로 커밋(commit, 메모리에 저장된 변경 내용을 디스크에 영구적으로 반영)하는 방식이 있습니다.

개별 I/O를 동기로 쓰기

파일을 열 때 O_SYNC 플래그나 관련 계열인 O_DSYNC와 O_RSYNC(리눅스 2.6.31 이후의 glibc에서는 O_SYNC로 합쳐짐)를 사용하면, 해당 파일의 쓰기 작업은 동기적으로 수행됩니다. 파일 시스템 중에는 마운트 시 모든 파일의 쓰기 I/O를 동기적으로 수행하도록 하는 옵션을 제공하는 경우도 있습니다.

이전에 기록된 데이터를 동기적으로 커밋하기

애플리케이션은 개별 I/O를 동기적으로 기록하기보다는 지금까지 비동기적으로 쓴 것을 코드 내 특정 부분에서 fsync(2) 시스템 콜을 호출해 커밋(commit)을 수행하곤 합니다. 이를 통해 여러 쓰기 작업을 효율적으로 묶어 처리함으로써 성능을 향상시킬 수 있을뿐더러, 쓰기 취소(write cancellation) 기능을 사용해서 메타데이터가 여러 번 업데이트되는 것을 피할 수 있습니다.

또한, 특정 조건에서 이전에 기록된 데이터가 한꺼번에 커밋되는 상황도 발생합니다. 예를 들어, 파일 핸들(디스크립터)을 닫거나 특정 파일의 커밋되지 않은 버퍼가 너무 많이 쌓인 경우가 이에 해당합니다. 전자는 많은 파일이 들어있는 압축 파일을 해제할 때 경험할 수 있는데, 특히 NFS 환경에서 압축 해제 시 여러 파일에 대한 열기/닫기 작업이 빈번히 일어나 긴 대기시간이 발생할 수 있습니다.

8.3.8 Raw I/O와 Direct I/O

애플리케이션이 사용할 수 있는 다른 유형의 I/O도 있는데, Raw I/O와 Direct I/O입니다. 이는 커널이나 파일 시스템이 지원하는 경우 사용할 수 있습니다.

Raw I/O는 파일 시스템을 전부 우회하고 디스크 오프셋에 직접 I/O를 수행합니다. 특히 데이터베이스와 같은 일부 애플리케이션에서 사용되며, 이러한 소프트웨어는 파일 시스템 캐시보다 데이터를 더 잘 관리하고 캐시할 수 있기 때문에 이 방식을 채택합니다. 단점은 소프트웨어가 더 복잡해지고 관리의 어려움이 있는데, 일반 파일 시스템 도구로는 백업/복원이나 관찰이 안 될 수 있습니다.

Direct I/O는 애플리케이션이 파일 시스템을 사용하되 파일 시스템 캐시는 우회하게 하는데, 리눅스에서는 open(2) 호출 시 O_DIRECT 플래그를 사용하여 활성화할 수 있습니다. 이는 동기적 쓰기와 비슷하며(그러나 O_SYNC가 제공하는 쓰기 보장은 없습니다), 읽기 연산 시에도 마찬가지로 동작합니다. 다만 Direct I/O는 Raw I/O처럼 완전히 직접적인 방식은 아닙니다. Direct I/O에서는 파일 시스템 코드에서 파일 오프셋을 디스크 오프셋으로 변환하는 작업을 수행하며, I/O 크기도 파일 시스템의 디스크 레이아웃(레코드 크기)에 맞게 변환되어야 합니다. 그렇지 않을 경우 오류(EINVAL)가 발생할 수 있습니다. 또한, 파일 시스템에 따라 Direct I/O를 사용할 경우 읽기 캐시와 쓰기 버퍼링은 물론, 프리패치까지 비활성화하는 경우도 있습니다.

8.3.9 논블로킹 I/O

일반적으로 파일 시스템 I/O는 즉시 완료되거나(예: 캐시 히트), 잠깐 대기한 후(예: 디스크 장치 I/O) 완료됩니다. I/O를 기다릴 필요가 있는 경우 애플리케이션 스레드는 **블록**되고 CPU를 떠납니다. 이때 블록된 스레드는 다른 작업을 수행할 수 없지만, 멀티스레드 애플리케이션에서는 보통 이러한 상황을 해결하기 위해 추가 스레드를 생성하여 다른 작업을 처리하므로 큰 문제가 되지 않습니다.

그러나 특정 상황에서는 스레드 생성으로 인한 성능 오버헤드나 리소스 오버헤드를 피하기 위해 논블로킹 I/O가 필요하기도 합니다. 논블로킹 I/O는 파일 시스템이 지원할 경우, open(2) 시스템 콜에서 O_NONBLOCK 또는 O_NDELAY 플래그를 사용해 수행할 수 있습니다. 기존에는 쓰기와 읽기 시스템 콜이 블로킹 되었지만, 파일 디스크립터를 이처럼 논블로킹 모드로 설정하면 블로킹 대신 EAGAIN 오류를 반환합니다. 이는 데이터가 준비되지 않았으니, 애플리케이션에게 조금 있다가 다시 시도해 달라는 뜻입니다. 다만, 파일 시스템에 따라 논블로킹 I/O가 제한적으로 동작할 수 있으며, 경우에 따라 필수 락(mandatory lock) 또는 권고 락(advisory lock)이 파일에 설정되어 있어야 할 수도 있습니다.[1]

운영 체제는 aio_read(3)과 aio_write(3) 같은 별도의 비동기 I/O 인터페이스를 제공할 수도 있습니다. 리눅스 5.1부터는 io_uring이라는 새로운 비동기 I/O 인터페이스가 추가되어 사용 편의성, 효율성 및 성능이 크게 향상되었습니다.[Axboe 19]

논블로킹 I/O에 대해서는 5.2.6절 "논블로킹 I/O"에서 이미 다뤘습니다.

8.3.10 메모리 매핑 파일

일부 애플리케이션이나 워크로드는 파일을 프로세스 주소 공간에 매핑하고 메모리 오프셋에 직접 접근하는 방식으로 파일 시스템 I/O 성능을 향상시키기도 합니다. 이렇게 하면 파일 데이터 접근을 위해 read(2)나 write(2) 시스템 콜을 사용할 때 발생하는 시스템 콜 호출이나 컨텍스트 스위치 오버헤드를 줄일 수 있습니다. 또한,

---

1 (옮긴이) 여기서 말하는 락은 주로 파일의 일부 혹은 전체에 대해 락을 설정하는 것을 의미하는데, 리눅스에서는 flock(2)이나 POSIX API인 fcntl(2)을 통해 설정할 수 있습니다. 권고 락(advisory lock)은 파일을 공유하는 프로세스 간에 락의 사용을 인지하고, 서로 간에 락 사용 여부를 존중해야만 합니다(락을 사용했다 하더라도 다른 프로세스가 접근 가능). 필수 락(mandatory lock)은 파일을 공유하는 프로세스 간에 락의 사용을 인지할 필요 없이 운영 체제가 락이 걸린 파일의 접근을 막습니다(락이 걸린 파일에 대해 다른 프로세스가 접근 불가).

커널이 파일 데이터 버퍼를 프로세스 주소 공간에 직접 매핑하는 것을 허용한다면 데이터의 이중 복사를 막을 수도 있습니다.[2]

메모리 매핑은 mmap(2) 시스템 호출을 사용하여 생성하며, munmap(2)으로 해제할 수 있습니다. 또한, madvise(2)를 이용해 동작을 튜닝할 수도 있는데, 이는 8.8절 "튜닝"에서 자세히 다룹니다. 일부 애플리케이션은 mmap 시스템 콜을 사용하는 옵션을 설정으로 제공하기도 합니다(주로 'mmap 모드'라는 이름으로 되어있을 겁니다). 예를 들어 Riak 데이터베이스는 인-메모리(in-memory) 데이터 저장소에 mmap를 사용하는 옵션을 제공합니다.

최근 파일 시스템 성능 문제를 해결하기 위해 mmap(2)를 사용하는 경향이 있습니다. 그러나 문제를 회피하기 위해 원인을 충분히 분석하지 않고 단순히 mmap(2)를 적용하는 방식은 큰 효과를 기대하기 어려울 수 있습니다. 만약 성능 저하의 원인이 시스템 콜 오버헤드라면 효과가 있겠지만, 원인이 다른 이유에 있다면 이러한 방식으로는 성능 개선이 미미할 것이고, 디스크 I/O 지연시간은 여전히 높고 우세할 것입니다.

메모리 매핑을 멀티프로세서 시스템에서 사용하는 경우 각 CPU MMU를 동기화해야 하는 오버헤드가 단점이 될 수 있습니다. 특히 매핑이 제거될 때 CPU 간 호출을 통해 각 CPU의 TLB를 갱신해야 하는데(**TLB 격추(TLB shootdown)**), 이 과정에서 성능 저하가 발생할 수 있습니다. 그러나 일부 커널 구현에서는 매핑에 따라 TLB 갱신을 지연 처리하여 이러한 오버헤드를 줄이는 방식을 사용하기도 합니다(**지연 격추(lazy shootdown)**).[Vahalia 96]

8.3.11 메타데이터

데이터는 파일과 디렉터리의 내용을 의미하는 반면 **메타데이터**는 해당 데이터에 대한 정보를 의미합니다. 메타데이터는 파일 시스템 인터페이스(POSIX)에서 읽을 수 있는 정보를 의미하거나, 파일 시스템이 데이터를 디스크에 어떻게 배치할지 결정할 때 필요한 정보를 의미할 수도 있습니다. 이것들을 각가 논리서, 물리서 메타데이터라고 합니다.

---

2 (옮긴이) 일반적으로 디스크→커널 공간→사용자 공간으로 이어지는 복사 과정에서 커널 공간→사용자 공간 복사가 생략될 수 있습니다.

논리적 메타데이터

논리적 메타데이터는 소비자(애플리케이션)가 파일 시스템에서 읽거나 쓰는 정보로, 다음과 같은 것이 있습니다.

- 명시적 메타데이터: 파일 통계 정보 읽기(stat(2)), 파일 생성과 삭제(creat(2), unlink(2)) 및 디렉터리 생성과 삭제(mkdir(2), rmdir(2)), 파일 속성 설정(chown(2), chmod(2))
- 묵시적 메타데이터: 파일 시스템 액세스 타임스탬프 갱신, 디렉터리 변경 타임스탬프 갱신, 사용된 블록 비트맵 갱신, 여유 공간 관련 통계 갱신

"메타데이터를 많이 사용하는" 워크로드는 보통 논리적 메타데이터 작업을 의미합니다. 예를 들어, 웹 서버는 파일이 캐시된 이후 변경되었는지 확인하기 위해 stat(2)을 호출하는 경우가 많습니다. 이런 경우, 실제 파일 데이터 콘텐츠를 읽는 것보다 논리적 메타데이터를 읽는 상황이 훨씬 빈번합니다.

물리적 메타데이터

물리적 메타데이터는 모든 파일 시스템 정보를 기록하는데 필요한 디스크 레이아웃 메타데이터(디스크에 데이터를 어떻게 배치할 것인가)를 의미합니다. 사용되는 메타데이터의 유형은 파일 시스템에 따라 달라질 수 있으며, 슈퍼블록(super-block), 아이노드(inode), 데이터 포인터 블록(데이터 블록, 간접 블록 포인터 등), 가용 데이터 블록 리스트 등이 여기에 포함될 수 있습니다.

이처럼 파일 시스템에는 논리적 메타데이터와 물리적 메타데이터가 각각 존재하며, 이것이 논리적 I/O와 물리적 I/O가 서로 다른 원인 중 하나이기도 합니다.

8.3.12 논리적 I/O vs. 물리적 I/O

애플리케이션이 파일 시스템에 요청하는 I/O(논리적 I/O)는 몇 가지 이유로 인해 디스크 I/O(물리적 I/O)와 일치하지 않을 수 있습니다.

파일 시스템은 영구 저장소(디스크)를 단지 파일 기반의 인터페이스로 제공하는 역할 이상의 일을 수행합니다. 파일 시스템은 읽기를 캐시하고, 쓰기를 버퍼링하며, 파일을 주소 공간에 매핑하고, (데이터가 어디에 있는지 기록하는) 물리적 레이아웃 메타데이터를 관리하기 위해 추가 (물리적) I/O를 요청합니다. 이 작업들은

애플리케이션 I/O와 비교해 관계가 없거나 간접적이거나 암묵적인 디스크 I/O를 발생시킬 수 있으며, 애플리케이션 I/O와 비교해 디스크 I/O가 작아지거나 커질 수 있습니다. 이어서 각각의 예를 보겠습니다.

관계없는 경우

이것은 애플리케이션과 관계없이 디스크 I/O가 일어나는 경우로, 다음과 같은 요인으로 인해 생길 수 있습니다.

- 다른 애플리케이션
- 다른 테넌트: 다른 클라우드 테넌트가 디스크 I/O를 발생시킬 수 있습니다(가상화 기술에 따라 일부 시스템에서는 이를 관찰할 수도 있음).
- 다른 커널 작업: 예를 들어, 커널이 소프트웨어 RAID 볼륨을 재구성하거나, 비동기적 파일 시스템 체크섬 검사를 수행하는 경우가 있습니다(8.4절 "아키텍처" 참고).
- 관리자 작업: 관리자가 백업 등을 수행하고 있을 수 있습니다.

간접적인 경우

이는 애플리케이션에 의해 유발되었으나, 디스크 I/O에 직접적으로 영향을 끼치지는 않는 경우입니다. 다음과 같은 요인으로 인해 생길 수 있습니다.

- 파일 시스템 프리패치: 프리패치로 인해 디스크 I/O를 추가로 발생시키지만 애플리케이션이 이 데이터를 사용할 수도 있고 그렇지 않을 수도 있습니다.
- 파일 시스템 버퍼링: write-back 캐시를 사용해 기록할 데이터를 합치거나 지연시켜 나중에 한꺼번에 디스크로 플러시합니다. 시스템에 따라서는 쓰기를 버퍼링하여 몇 십 초 동안 버퍼에 유지한 후 한꺼번에 디스크에 기록하는 것도 가능한데, 이러한 경우 디스크 I/O가 간헐적으로 버스트가 발생하는 것처럼 보입니다.

암묵적인 경우

이는 파일 시스템 읽기 및 쓰기를 명시적으로 호출한 것이 아니라 애플리케이션 이벤트에 의해 디스크 I/O가 간접적으로 호출된 경우입니다. 다음과 같은 요인이 있습니다.

- 메모리 매핑 로드/스토어: 메모리 매핑(mmap(2)) 파일에서, 데이터 읽기나 쓰기를 위한 로드/스토어 명령어가 디스크 I/O를 트리거할 수 있습니다. 이 경우 쓰기는 버퍼링되어 나중에 쓰일 가능성도 있습니다. 이처럼 암묵적인 경우 파일 시스템 동작(read(2), write(2)) 분석이 혼란스러울 수 있는데, 디스크 I/O가 시스템 콜이 아닌 메모리 로드 및 스토어 명령어에서 발생하므로, I/O의 원인을 찾기가 어려울 수 있습니다.

작아지는 경우

애플리케이션 I/O보다 디스크 I/O가 더 작거나, 아예 디스크 I/O가 일어나지 않는 경우입니다. 다음과 같은 요인으로 인해 생길 수 있습니다.

- 파일 시스템 캐싱: 디스크가 아니라 메인 메모리에서 데이터를 읽습니다.
- 파일 시스템 쓰기 취소(write cancellation): 디스크에 플러시되기 전, 동일한 바이트 오프셋에 수정이 여러 번 발생한 경우입니다.
- 압축: 압축을 통해 논리적 I/O에서 물리적 I/O로 전송되는 데이터의 크기를 줄입니다.
- 통합(coalescing): 연속된 I/O를 디스크에 쓰기 전에 하나로 합칩니다. (I/O 수행 회수만 줄일 뿐, 전체 크기를 줄이지는 않습니다)
- 인-메모리 파일 시스템: 메모리를 기반으로 한 가상 파일 시스템으로, 내용을 디스크에 쓰지 않습니다(예: tmpfs[3]).

커지는 경우

이 경우에는 디스크 I/O가 애플리케이션 I/O보다 커지는데, 다음과 같은 요인으로 생길 수 있습니다

- 파일 시스템 메타데이터: 메타데이터에 대한 연산 때문에 추가 I/O가 발생합니다.
- 파일 시스템 레코드 크기: I/O 크기를 레코드 크기에 맞게 반올림하거나(I/O 크기가 증가), I/O가 파편화되는 경우입니다(I/O 횟수가 증가).
- 파일 시스템 저널링(journaling): 이 기능이 적용되면 디스크 쓰기가 두 배로 되

---

3 tmpfs는 스왑 장치에 쓰여질 수도 있기는 합니다.

는데, 하나는 저널에 기록하고, 다른 한 번은 최종 목적지에 기록합니다.
- 볼륨 매니저 패리티(parity): 볼륨 매니저는 데이터 무결성 유지를 위해 패리티 정보를 추가로 저장할 수 있습니다. 패리티 관리는 일반적으로 Read-modify-write(RMW) 사이클에서 일어나는데, 여기서 추가 I/O가 발생합니다.
- RAID 인플레이션(inflation): 패리티 데이터를 쓰거나 미러링된 볼륨에 데이터를 써서 추가 I/O가 발생합니다.

예제

이러한 요소가 한데 어우러졌을 때 어떤 일이 벌어지는지 보기 위해 아래 예제에서는 애플리케이션이 1Byte를 쓰는 경우를 단계별로 설명합니다.

1. 애플리케이션이 기존 파일에 1Byte 쓰기를 수행합니다.
2. 파일 시스템은 접근하고자 하는 데이터의 위치를 식별하는데, 이 위치를 128KB 단위의 파일 시스템 레코드 중에서 찾습니다. 캐시에는 이 데이터가 없다고 가정합니다. (하지만 레코드에 대한 메타데이터는 캐시에 있습니다.)
3. 파일 시스템은 디스크에 해당 레코드를 읽도록 요청합니다.
4. 디스크 장치 계층은 128KB 크기의 데이터를 장치에 적합한 크기로 나눠 읽습니다.
5. 디스크는 이렇게 크기가 잘게 쪼개진 연산을 여러 번에 걸쳐 총 128KB를 읽습니다.
6. 이제 파일 시스템은 읽어온 레코드 중 1Byte를 새 값으로 변경합니다.
7. 나중에, 파일 시스템 또는 커널이 128KB의 '더티' 레코드를 디스크에 다시 쓰도록 요청합니다.
8. 디스크는 128KB 레코드를 씁니다(필요하면 더 작은 단위로 나눠서 여러 번 씁니다).
9. 파일 시스템은 새로운 메타데이터를 씁니다. 예를 들어, copy-on-write(COW)를 위한 참조 정보나 액세스 타임스탬프를 업데이트하는 경우가 이에 해당합니다.
10. 디스크가 9를 위한 쓰기를 추가로 수행합니다.

결국 애플리케이션은 오직 1Byte 쓰기를 한 번만 실행했지만 디스크는 여러 번의 읽기(전체 128KB)와 더 많은 쓰기(128KB보다 더 많음)를 수행했습니다.

8.3.13 연산들은 동일하지 않습니다

앞의 절에서 확인할 수 있었듯이 파일 시스템의 연산은 유형에 따라 다른 성능을 보여줍니다. 어떤 워크로드에 대해 이야기할 때 '500연산/s'와 같은 시간당 연산 처리 속도만을 가지고 논할 수 없습니다. 어떤 연산은 캐시에 있는 데이터를 반환하며 메인 메모리 속도로 처리되지만, 어떤 연산은 디스크에서 데이터를 반환하여 훨씬 느리게 처리될 수 있습니다. 또 다른 고려 요인으로는 임의 접근인지 순차 접근인지, 읽기인지 쓰기인지, 동기적 연산인지 비동기적 연산인지, I/O 크기는 어떤지, 다른 연산 유형이 포함되는지, CPU 실행 비용은 어떻게 되는지(그리고 시스템의 CPU가 얼마나 부하 상태에 있는지), 그리고 저장 장치 특성은 어떤지 등이 있습니다.

이처럼 여러 가지 다른 파일 시스템 연산들의 성능 특성을 분석하는 데에는 일반적으로 마이크로 벤치마크가 사용됩니다. 예를 들어, 표 8.2는 유휴 상태의 인텔 Xeon 2.4GHz 멀티 코어 프로세서에서 ZFS 파일 시스템에 대해 벤치마크를 실행한 결과입니다.

표 8.2 파일 시스템 연산 지연시간 예시

연산	평균 (μs)
open(2) (캐시됨[4])	2.2
close(2) (더티 데이터 없음[5])	0.7
read(2) 4KB (캐시됨)	3.3
read(2) 128KB (캐시됨)	13.9
write(2) 4KB (비동기)	9.3
write(2) 128KB (비동기)	55.2

이러한 테스트는 저장 장치와는 관련이 없으며, 파일 시스템 소프트웨어와 CPU 속도를 테스트하는 것입니다. 일부 특수 파일 시스템은 영구 저장 장치에 전혀 접근하지 않는 경우도 있습니다.

또한, 위의 테스트는 단일 스레드로 수행되었습니다. 병렬 I/O 성능은 파일 시스템 연산 유형과 사용 중인 파일 시스템 락의 구성에 따라 영향을 받을 수 있습니다

---

[4] 파일 아이노드 캐시됨.
[5] 디스크에 플러시 될 더티 데이터가 없음.

8.3.14 특수 파일 시스템

파일 시스템의 목적은 보통 데이터를 영구적으로 저장하는 것이지만, 리눅스에는 다른 목적으로 사용되는 특수 파일 시스템 유형도 있습니다. 대표적으로 임시 파일(/tmp), 커널 장치 관리(/dev), 시스템 통계 정보 제공(/proc), 시스템 설정 관리(/sys) 등이 바로 여기에 해당합니다.[6]

8.3.15 액세스 타임스탬프

여러 파일 시스템이 액세스 타임스탬프를 지원하는데, 액세스 타임스탬프는 각 파일이나 디렉터리에 접근(읽기)한 시간을 기록한 것입니다. 그러나 이 기능으로 인해 파일을 읽을 때마다 파일 메타데이터가 업데이트되며, 디스크 I/O 리소스를 소모하는 쓰기 부하가 생겨납니다. 8.8절 "튜닝"에서 이러한 메타데이터 업데이트를 비활성화하는 방법을 보여줍니다.

일부 파일 시스템에서는 현재 동작 중인 워크로드와의 간섭을 최소화하기 위해 액세스 타임스탬프를 쓰는 것을 연기하고, 나중에 모아서 수행하는 방식으로 최적화하기도 합니다.

8.3.16 용량

파일 시스템이 가득 차가면서 몇 가지 이유로 성능이 저하될 수 있습니다. 첫째, 새로운 데이터를 기록하려면 디스크에 있는 가용 블록을 찾는데 더 많은 CPU 시간과 디스크 I/O를 필요로 합니다.[7] 둘째, 디스크의 가용 공간이 더 적어짐에 따라 여러 곳으로 위치가 흩어질 가능성이 높고, 이로 인해 I/O 크기가 작아지거나 임의 접근 I/O를 수행해야 해서 성능이 떨어질 수 있습니다.

이러한 것들이 얼마나 성능에 영향을 미치는지는 파일 시스템 유형, 디스크 레이아웃, copy-on-write의 사용, 사용하는 저장 장치의 특성에 따라 달라집니다. 다양한 파일 시스템 유형에 대해서는 다음 절에서 설명합니다.

---

[6] 다음의 명령어는 저장 장치를 사용하지 않는 리눅스 특수 파일 시스템 유형을 보여줍니다. `grep '^nodev' /proc/filesystems`

[7] 예를 들어 ZFS는 풀 저장소가 임계 값(초기에는 80%, 현재는 99%)을 넘어서면 더 느린 가용 블록 찾기 알고리즘으로 전환됩니다. "풀이 가득 찰 경우 풀의 성능이 저하될 수 있습니다(Pool performance can degrade when a pool is very full)"[Oracle 12]를 참고하세요.

8.4 아키텍처

이번 절에서는 I/O 스택, VFS, 파일 시스템 캐시 및 특성, 파일 시스템 유형, 볼륨 및 풀과 같은 개념들을 설명하고 일반적인 파일 시스템 아키텍처와 특수 파일 시스템 아키텍처를 다룹니다. 이러한 배경지식은 어떤 파일 시스템 구성 요소를 분석하고 튜닝해야 할지 결정할 때 유용합니다. 더 깊은 내부 구조나 다른 파일 시스템 관련 주제는 소스 코드(공개된 경우)와 여타의 외부 문서를 참고하세요. 관련 자료 중 일부는 이번 장의 마지막에 수록되어 있습니다.

8.4.1 파일 시스템 I/O 스택

그림 8.6은 일반적인 파일 시스템 I/O 스택 모델을 보여주는데, 파일 시스템 인터페이스에 초점을 맞춥니다. 다만 구체적인 구성 요소나 레이어 그리고 API는 운영 체제의 유형이나 버전, 사용한 파일 시스템에 따라 다를 수 있습니다. 더 상위 수준에

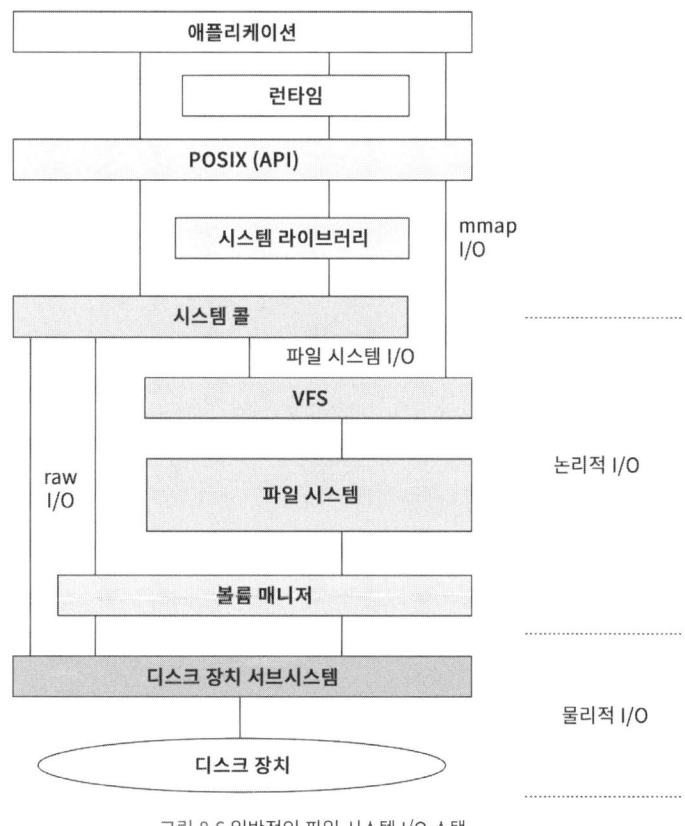

그림 8.6 일반적인 파일 시스템 I/O 스택

서 표현한 I/O 스택은 3장 "운영 체제"에서 다루었으며, 9장 "디스크"에서는 디스크 구성 요소를 그림으로 더 상세히 설명합니다.

이 그림은 애플리케이션 및 시스템 라이브러리에서 시스템 콜을 통해 커널을 거쳐 디스크로 이어지는 I/O 경로를 보여줍니다. 그림 왼쪽에는 시스템 콜에서 디스크 장치 서브시스템으로 직접 향하는 경로인 raw I/O도 표현되어 있습니다. VFS와 파일 시스템을 통해 이어지는 경로는 파일 시스템 I/O로, 여기에는 파일 시스템 캐시를 생략하는 Direct I/O가 포함됩니다.

8.4.2 VFS

가상 파일 시스템 인터페이스(Virtual file system, VFS)는 여러 다른 파일 시스템에 대해 공통 인터페이스를 제공합니다. VFS의 위치는 그림 8.7에 표시되어 있습니다.

그림 8.7 가상 파일 시스템 인터페이스

VFS는 SunOS에서 처음 개발되었으며 파일 시스템의 표준 추상화 방식이 되었습니다.

리눅스의 VFS 인터페이스를 설명할 때 조금 혼란스러운 용어가 있는데, 리눅스에서는 **아이노드**나 **슈퍼블록**이라는 용어를 VFS 객체를 지칭할 때 다시 사용하기 때문입니다. 원래 유닉스 파일 시스템에서는 이러한 용어들을 디스크에 저장된 자료 구조를 나타내는 데 사용하였습니다. 리눅스에서 디스크에 저장된 자료 구조를 가리킬 때는 struct ext4_inode나 struct ext4_super_block과 같이 보통 파일 시스템 유형이 앞에 붙습니다. VFS 아이노드나 슈퍼블록(struct inode, struct super_block)은 오직 메모리에만 존재합니다.

VFS 인터페이스는 모든 파일 시스템의 성능 측정을 위한 공통적인 위치로 사용할 수 있습니다. 운영 체제에서 제공하는 통계를 사용하거나 정적 계측 또는 동적 계측을 이용하면 이러한 측정이 가능할 것입니다.

8.4.3 파일 시스템 캐시

유닉스에는 원래 블록 장치 접근 성능을 향상시키기 위한 버퍼 캐시밖에 없었습니다. 최근 리눅스에는 여러 다른 유형의 캐시가 있습니다. 그림 8.8은 리눅스에서의 파일 시스템 캐시를 개괄적으로 보여주는데, 표준 파일 시스템 유형에서 사용할 수 있는 일반적인 캐시를 보여줍니다.

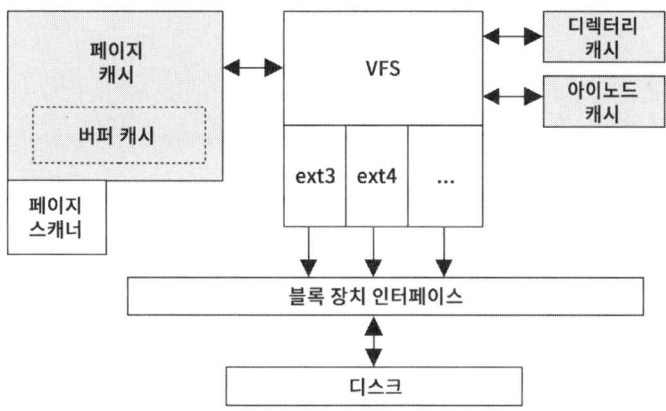

그림 8.8 리눅스 파일 시스템 캐시

버퍼 캐시

유닉스는 디스크 장치 블록을 캐시하기 위해 블록 장치 인터페이스에 버퍼 캐시를 사용했는데, 이것은 독립적인 고정된 크기의 캐시였습니다. 추후에 페이지 캐시가 추가됨에 따라 서로 다른 워크로드를 페이지 캐시와 버퍼 캐시 사이에 분배[8]하는 튜닝 문제가 발생했으며, 이중 캐싱이나 동기화에 따른 오버헤드 문제도 발생했습니다. 이러한 문제는 SunOS에서 도입한 **통합 버퍼 캐시**(unified buffer cache)라는 방식을 사용하여 버퍼 캐시를 페이지 캐시에 저장함으로써 대부분 해결되었습니다.

리눅스도 초기에는 유닉스와 마찬가지로 버퍼 캐시를 사용했습니다. 그러나 리눅스 2.4 이후부터 버퍼 캐시가 페이지 캐시에 통합되어 저장되어서(이 때문에 그림 8.8에서 점선으로 표시된 버퍼 캐시가 페이지 캐시에 포함되어 있습니다) 이중

---

8 (옮긴이) 리눅스 2.4 이전에서는 버퍼 캐시와 페이지 캐시가 별도로 존재했습니다. 버퍼 캐시는 블록 장치 인터페이스에서 디스크 장치 블록을 캐시하는데 사용되었고, 페이지 캐시는 파일 시스템에서 파일의 내용을 페이지 단위로 캐싱하는데 사용되었습니다. 이처럼 두 캐시가 별개이다 보니 워크로드 분배가 중요했습니다. 가령 파일 읽기와 디스크 블록 읽기가 동시에 발생할 때, 페이지 캐시와 버퍼 캐시 간의 워크로드 분배가 적절하지 않으면 어느 한 캐시가 너무 많은 부하를 처리하게 되어 성능 저하가 발생할 수 있습니다.

캐싱과 동기화 오버헤드가 생기지 않게 되었습니다. 버퍼 캐시 기능은 여전히 존재하며 블록 장치 I/O의 성능을 향상시키는데 사용됩니다. 버퍼 캐시라는 용어도 리눅스 관측가능성 도구에서 여전히 확인할 수 있습니다(예: free(1)).

버퍼 캐시의 크기는 동적으로 변화하며, /proc 파일 시스템을 통해 확인할 수 있습니다.

페이지 캐시

1985년 SunOS는 가상 메모리 개편을 통해 **페이지 캐시**(page cache) 개념을 도입하였으며, 이후 SVR4 유닉스에서도 채택되었습니다.[Vahalia 96] 페이지 캐시는 가상 메모리 페이지(메모리 매핑된 파일 시스템 페이지 포함)를 캐시하여 파일 및 디렉터리 I/O의 성능을 향상시킵니다. 파일 접근의 경우 페이지 캐시가 버퍼 캐시보다 더 효율적인데, 버퍼 캐시는 데이터를 조회할 때마다 파일 오프셋을 디스크 오프셋으로 변환하는 추가 작업이 필요하기 때문입니다. UFS, NFS 등 다양한 파일 시스템이 페이지 캐시를 활용하며, 페이지 캐시의 크기는 시스템의 가용 메모리에 따라 동적으로 조절됩니다. 가용 메모리를 활용해 크기가 점점 커질 수 있으며, 반대로 애플리케이션이 메모리를 필요로 할 경우 페이지 캐시를 해제하여 크기를 줄이기도 합니다.

리눅스의 페이지 캐시도 이와 동일한 속성을 가지고 있습니다. 리눅스 페이지 캐시의 크기도 동적으로 조절되며, 페이지 캐시 축출(evict)과 스와핑 사이의 균형을 설정할 수 있는 튜닝 파라미터를 제공하기도 합니다(swappiness 옵션, 7장 "메모리" 참조).

파일 시스템에서 필요로 하는 더티(수정된) 메모리 페이지는 커널 스레드에 의해 디스크로 플러시됩니다. 리눅스 2.6.32 이전에는 페이지 더티 플러시(pdflush) 스레드 풀이 있었고, 이 풀에서 스레드의 수는 수요에 따라 2개에서 8개까지 조절되었습니다. 스레드 풀은 이후 flusher 스레드(flush[9])로 대체되었으며, 장치당 하나씩 생성되어 장치별 워크로드를 더욱 균형 있게 분산하여 스루풋을 향상시켰습니다. 페이지가 디스크로 플러시되는 경로로는 다음과 같은 것이 있습니다.

- 특정 인터벌 이후(30초)
- sync(2), fsync(2), msync(2) 시스템 콜

---

9 (옮긴이) 스레드 이름이 -flush-로 시작합니다. 예를 들어 SCSI 8:0 블록 장치의 경우 스레드의 이름은 '-flush-8:0'입니다.

- 더티 페이지가 너무 많음(dirty_ratio 및 dirty_bytes 튜닝 파라미터로 조절 가능)
- 페이지 캐시에 사용할 수 있는 페이지 없음

시스템 메모리가 부족한 경우, 커널 내 다른 스레드인 페이지 아웃 데몬(page-out daemon(kswapd, 페이지 스캐너(page scanner)라고도 함)이 더티 페이지를 찾아서 디스크로 쓰기 위해 스케줄링하고 메모리 페이지를 재사용할 수 있도록 해제합니다(7장 "메모리" 참조). 운영 체제 성능 도구를 사용하면 kswapd와 flush 스레드가 커널 태스크로 동작 중임을 확인할 수 있습니다.

페이지 스캐너에 대한 더 자세한 내용은 7장 "메모리"를 참고하세요.

덴트리 캐시

디렉터리 엔트리 캐시(dentry cache, Dcache)는 VFS 아이노드와 디렉터리 엔트리(struct dentry) 간의 매핑을 보관하는 캐시인데, 이는 초기 유닉스에서 사용되던 **디렉터리 이름 조회 캐시(directory name lookup cache, DNLC)**와 유사합니다. 이 캐시는 open(2) 시스템 콜과 같이 경로명 조회 작업의 성능을 향상시키는데, 경로의 각 항목을 탐색할 때 디렉터리의 내용을 일일이 확인하는 대신 캐시에서 직접 inode 매핑을 조회할 수 있기 때문입니다. 이뿐 아니라 Dcache 엔트리는 해시 테이블로 캐시되어 확장성이 좋고 빠른 조회가 가능합니다. (부모 dentry와 디렉터리 엔트리 이름으로 해싱됩니다.)

덴트리 캐시는 여러 해에 걸쳐 성능이 개선되어 왔는데, RCU-walk(read-copy-update walk) 알고리즘이 그중 하나입니다.[Corbet 10] 파일 시스템에서 경로명 조회가 빈번하게 발생할 경우, dentry 레퍼런스 카운트가 매우 자주 업데이트되고 멀티 코어 시스템에서는 이로 인해 캐시 일관성 문제가 발생할 수 있습니다. RCU-walk 알고리즘은 dentry 레퍼런스 카운트를 변경하지 않고 경로명을 탐색할 수 있는 방법을 제공함으로써 이러한 문제를 해결합니다. 다만 조회하고자 하는 dentry가 캐시에 없으면 RCU-walk 알고리즘은 레퍼런스 카운트 참조(ref-walk) 방식을 다시 사용해야 하는데, 이는 파일 시스템 조회 및 블로킹 시에 레퍼런스 카운트가 필요하기 때문입니다. 그러나 워크로드가 높은 환경에서는 dentry가 캐시에 계속 남아 있을 가능성이 높아, RCU-walk 방식을 효과적으로 활용할 수 있을 것입니다.

또한 덴트리 캐시는 **네거티브 캐싱(negative caching)**도 사용하는데, 네거티브 캐싱은 존재하지 않는 엔트리에 대한 검색을 기억합니다. 이는 공유 라이브러리 경로 검색 등에서 자주 발생하곤 하는 검색 실패[10]의 성능을 향상시키는데 도움이 됩니다.

덴트리 캐시의 크기는 동적으로 조절되는데, 시스템에 더 많은 메모리가 필요하면 LRU(최근에 가장 적게 사용된) 정책으로 캐시를 축출해서 크기를 줄입니다. 이 캐시의 크기는 /proc을 통해 확인할 수 있습니다.

아이노드 캐시

이 캐시는 VFS 아이노드(struct inode)를 저장합니다. 아이노드 구조체의 속성들은 파일 시스템 객체의 특성을 표시하며, 이들 중 대다수는 stat(2) 시스템 콜을 통해 확인할 수 있습니다. 파일 시스템 워크로드는 이러한 속성들에 자주 접근하는데, 가령 파일을 열 때 권한을 확인하거나, 파일 변경 시 타임스탬프를 갱신하는 등의 작업이 있습니다. VFS 아이노드 역시 해시 테이블로 캐시되어 확장성이 좋고 빠른 조회가 가능합니다(아이노드 번호와 파일 시스템 슈퍼블록으로 해싱됩니다). 다만, 대부분의 검색은 덴트리 캐시를 통해 이루어질 것입니다.

아이노드 캐시 크기는 동적으로 조절되며, 최소한 Dcache가 매핑한 모든 아이노드를 유지합니다. 시스템에 메모리 부하가 심하면 연관된 dentry가 없는 아이노드들을 제거해서 캐시 크기를 줄입니다. 이 캐시의 크기는 /proc/sys/fs/inode* 파일을 통해 확인할 수 있습니다.

8.4.4 파일 시스템 특징

캐시 외에도 성능에 영향을 주는 다른 핵심 파일 시스템 특징에 대한 설명이 여기에 수록되어 있습니다.

블록 vs. 익스텐트(extent)

블록 기반 파일 시스템은 데이터를 고정 크기 블록에 저장하며, 메타데이터 블록에는 이 데이터 블록에 접근하기 위한 포인터가 저장됩니다. 큰 파일의 경우에는 블록 포인터와 메타데이터 블록이 많이 필요한데, 데이터의 크기 때문에 블록이 여러 곳에 흩어져서 I/O가 임의 접근에 가까워질 가능성이 있습니다. 이를 방지하기 위

---

10 (옮긴이) 가령 libc를 찾기 위해 /lib/x86_64-linux-gnu/libc-2.33.so, /usr/lib/x86_64-linux-gnu/libc-2.33.so, /usr/local/lib/x86_64-linux-gnu/libc-2.33.so 등의 경로를 모두 찾아보는데, 이들 중 일부 경로에만 libc가 위치하기 때문에 경로 검색 실패가 발생합니다.

해 일부 블록 기반 파일 시스템은 블록을 연속으로 할당하기도 합니다. 또 다른 접근법은 **가변 크기 블록**을 사용해서 파일 크기가 커짐에 따라 더 큰 크기의 블록을 사용할 수 있도록 하는 것인데, 이렇게 하면 메타데이터 오버헤드를 줄일 수 있습니다.

반면, 익스텐트 기반 파일 시스템은 파일이 데이터를 기록할 수 있는 연속된 공간인 익스텐트(extent)를 미리 할당하고, 필요에 따라 익스텐트 크기를 늘리는 방식입니다. 익스텐트의 길이는 가변적인데 한 개 또는 여러 연속적인 블록을 포함할 수 있습니다. 이 방식은 공간 오버헤드가 있을 수 있지만, 파일 데이터들이 모여 있게 되므로 스트리밍 성능이나 임의 접근 I/O 성능을 향상시킬 수 있습니다. 또한, 관리할 객체 수가 더 적어서 메타데이터 성능을 향상시키기도 합니다.

저널링(Journaling)

파일 시스템 저널(또는 로그)은 파일 시스템의 변경사항을 기록해서 시스템 오류나 전원 이상 발생 시 변경 작업을 원자적으로 처리할 수 있도록 돕습니다. 즉, 변경 작업이 완전히 성공하거나 완전히 실패하는 방식으로 처리되어 중간 상태가 발생하지 않도록 보장합니다. 이를 통해 파일 시스템을 일관성 있는 상태로 빠르게 복구할 수 있습니다. 반면, 저널이 없는 파일 시스템에서는 오류로 인해 변경 사항이나 관련 메타데이터 정보가 저장 장치에 완전히 기록되지 않은 경우 데이터가 손상될 위험이 있습니다. 이러한 상황에서는 파일 시스템 전체 구조를 하나하나 살펴보아야 하며, 규모가 큰 파일 시스템(TB 단위)에서는 복구에 수 시간이 소요될 수 있습니다.

저널은 디스크에 동기적으로 기록되며, 일부 파일 시스템의 경우 별도의 장치에 저널을 기록하도록 설정할 수도 있습니다. 일부 저널은 데이터와 메타데이터를 함께 기록하는데, 이 경우 모든 I/O를 두 번씩 기록하므로 저장 장치 I/O 리소스를 더 많이 소모합니다. 다른 저널은 메타데이터만 기록하며, 데이터의 무결성은 copy-on-write(COW, 쓰기 시 복사) 방식으로 보장합니다.

오직 저널만으로 구성된 파일 시스템 유형도 있습니다. **로그 구조 파일 시스템**은 모든 데이터나 메타데이터 변경 사항을 연속적인 순환 로그(원형 버퍼)에 기록합니다. 이렇게 하면 여러 쓰기를 합쳐서 더 큰 단위로 I/O를 수행할 수 있을뿐더러, 순차적으로 기록되므로 쓰기 성능이 향상됩니다.

Copy-On-Write

copy-on-write 파일 시스템은 기존 블록을 덮어쓰지 않고, 다음 절차를 거쳐 내용을 변경합니다.

1. 블록을 새 위치에 씁니다(복사본 생성).
2. 기존 블록을 가리키는 레퍼런스(포인터)를 모두 새 블록을 가리키도록 바꿉니다.
3. 기존 블록을 가용 리스트에 추가합니다.

이 방식은 시스템 오류가 발생했을 때 파일 시스템 무결성을 더 잘 보존할 수 있습니다. 또한 수정된 데이터를 기존 위치에 덮어쓰지 않고 새로운 블록에 기록하기 때문에, 파일시스템이 보통 연속된 여유 공간을 할당합니다. 그 결과 원래는 임의 쓰기로 처리될 작업이 실제 디스크 입장에서는 순차 쓰기에 가까워져 성능 향상을 기대할 수 있습니다.

다만 파일시스템 용량이 가득 차면 COW를 사용하더라도 연속된 여유 블록을 찾기 어려워 데이터가 여러 위치로 조각나게 되고, 이는 특히 HDD 환경에서 성능 저하로 이어질 수 있습니다. 만약 파일 시스템이 조각 모음 기능을 지원한다면 이러한 문제를 해결하고 성능 복구에 도움이 될 수 있습니다.

스크러빙

스크러빙(Scrubbing)은 비동기적으로 모든 데이터 블록을 읽어서 체크섬을 검사하는 파일 시스템 기능을 말합니다. 이를 이용하면 오류가 발생한 드라이브를 가능한 한 빨리 발견할 수 있고, 이상적인 경우 RAID를 통해 잘못된 데이터를 발견 즉시 복구할 수도 있습니다. 그렇지만 스크러빙으로 인한 읽기 I/O는 성능에 나쁜 영향을 끼칠 수 있으므로 낮은 우선순위로 설정하거나 부하가 많지 않을 때에만 수행해야 합니다.

기타 기능

성능에 영향을 줄 수 있는 파일 시스템의 기타 기능으로는 스냅숏, 압축, 데이터 중복[11], 데이터 중복 제거(deduplication), 트림(trim) 지원 등이 있습니다. 다음 절에서는 특수한 파일 시스템의 여러 가지 기능에 대해 설명합니다.

---

11 (옮긴이) 예를 들어, LVM은 이러한 데이터 중복 기능을 제공하는 파일 시스템 중 하나입니다. LVM은 볼륨 그룹에 대해 미러링 구성을 할 수 있는데, 이를 이용하면 볼륨 데이터를 중복해서 저장할 수 있습니다.

8.4.5 파일 시스템 유형

이번 장에서는 모든 유형의 파일 시스템에 해당되는 일반적인 특성을 설명합니다. 아래에 자주 사용되는 파일 시스템의 개별 성능 관련 특성을 요약했습니다. 이러한 특성에 대한 분석이나 튜닝은 이번 장의 후반부에서 다룹니다.

FFS

많은 파일 시스템이 버클리 FFS(fast file system)를 기반으로 만들어졌습니다. FFS는 초기 유닉스 파일 시스템의 문제를 개선하기 위해 설계되었습니다.[12] 몇 가지 배경지식을 알아 두면 오늘날의 파일 시스템의 특징을 이해하는 데 도움이 될 것입니다.

초기 유닉스 파일 시스템[13]의 디스크 레이아웃은 아이노드 테이블, 512Byte 단위의 데이터 저장 블록, 그리고 리소스 할당 시 사용되는 정보를 담은 슈퍼블록으로 구성되었습니다.[Ritchie 74][Lions 77] 이 디스크 레이아웃은 아이노드 테이블과 데이터 저장 블록을 서로 다른 영역으로 나누었는데, 이로 인해 파일을 읽거나 쓸 때 디스크 헤드가 두 영역을 번갈아 오가야 하는 성능 문제가 발생했습니다. 또 다른 문제는 크기가 512Byte로 고정된 작은 블록을 사용한다는 점에 있었습니다. 이로 인해 스루풋에 한계가 있었고, 크기가 큰 파일을 저장하려면 메타데이터(블록 포인터)의 양이 늘어나는 문제도 있었습니다. 이 때문에 블록의 크기를 두 배로 늘려 1,024Byte로 만들기 위한 실험이 있었지만 병목 현상이 발생했는데, 이에 대해서 [McKusick 84]에서는 다음과 같이 설명합니다.

> 스루풋이 2배가 되기는 했지만 이전 파일 시스템은 여전히 디스크 대역폭의 4%만 사용했습니다. 가장 큰 문제는 처음에는 최적화된 순서로 정렬된 가용 블록 리스트가, 파일을 생성하고 삭제함에 따라 금방 뒤죽박죽으로 바뀐다는 점에 있었습니다. 결국 가용 리스트는 완전히 랜덤하게 되며 그에 따라 파일 블록의 위치가 디스크 여기저기에 흩어져 버립니다. 이로 인해 블록에 접근하기 전에 디스크 접근(seek)이 항상 필요해졌습니다. 이전 파일 시스템으로 파티션한 초기에는 전송 속도가 175KB/s 나왔지만, 몇 주 동안 통상적으로 사용한 다음 측정해 보면 데이터 블록 위치가 임의로 변함에 따라 30KB/s가 나왔습니다.

---

12 초기 유닉스 파일 시스템과 UFS의 혼동에 주의해야 하는데, UFS는 FFS를 기반으로 개발된 후속 파일 시스템입니다.
13 (옮긴이) 따로 파일 시스템을 부르는 약어가 없었고, 그냥 파일 시스템(FS)이라고 불렀습니다.

앞 쪽의 인용구는 가용 블록 리스트 **파편화**(fragmentation)에 대해 설명하고 있는데, 파일 시스템 사용이 오래될수록 성능이 감소하는 원인을 보여줍니다.

그림 8.9 실린더 그룹

FFS는 이러한 문제를 해결하고 성능을 향상시키기 위해, 파티션을 여러 개의 **실린더 그룹**(cylinder groups)으로 나누는 방식을 도입했습니다. 그림 8.9에서 볼 수 있듯이, 각 실린더 그룹은 독립적으로 자신만의 아이노드 배열과 데이터 블록을 가지고 있습니다. 파일의 아이노드와 데이터는 가능하면 하나의 실린더 그룹 내에 유지되어 디스크 접근 시간을 최소화하도록 설계되었습니다. 또한, 디렉터리와 해당 디렉터리 엔트리의 아이노드도 가능한 한 인접한 위치에 배치됩니다. 아이노드의 설계는 예전과 비슷했는데, 그림 8.10에 나와 있듯이 포인터와 데이터 블록의 계층 구조로 이루어져 있습니다(3단계 레벨 포인터를 가지는 삼중 간접 블록은 여기에 표시하지 않았습니다).[Bach 86]

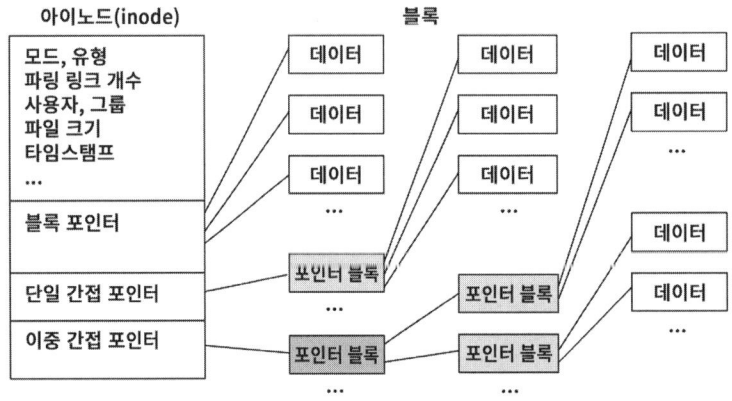

그림 8.10 아이노드 자료 구조

블록 크기는 최소 4KB로 증가하여 스루풋이 향상되었습니다. 이로 인해 파일을 디스크에 저장할 때 사용하는 데이터 블록 개수가 줄었으며, 다른 데이터 블록을 가리키는 데 필요한 간접 블록의 개수도 역시 줄었습니다. 포인터 블록의 크기가 커졌기 때문에 필요한 간접 포인터 블록 개수는 더 많이 줄었습니다. 다만 블록 크기가 커지면 작은 파일을 저장할 때 사용되지 않는 여유 공간이 늘어날 수 있습니다. 이를 보완하기 위해 각 블록은 1KB 단위의 조각(fragment)으로 분할해 저장할 수 있도록 설계되었습니다.

FFS의 또 다른 성능 특징은 **블록 인터리빙**(block interleaving)인데, 이것은 순차적인 파일 블록을 디스크에 배치할 때 한두 블록씩 거리를 떼는 것입니다.[Doeppner 10] 이러한 추가 블록은 커널과 프로세서가 다음 순차적 읽기 요청을 보내기까지 약간의 여유를 줍니다. 만약, 인터리빙이 없다면 다음번 읽기 요청이 내려지는 시점에 (회전식) 디스크 헤드는 이미 해당 블록을 지나친 다음이라서 디스크가 거의 한 바퀴 돌 때까지 기다리는 지연시간이 발생합니다.

ext3

리눅스 확장 파일 시스템(extended file system, ext)은 1992년에 리눅스 및 VFS를 위해 개발된 첫 번째 파일 시스템으로, 초기 유닉스 파일 시스템을 기반으로 만들어졌습니다. 1993년에 개발된 두 번째 버전인 ext2에는 FFS의 다중 타입스탬프와 실린더 그룹 개념이 도입되었습니다. 세 번째 버전인 ext3는 1999년 발표되었으며, 파일 시스템 크기 확장과 저널링 기능이 추가되었습니다.

ext 파일 시스템 릴리스 이후 추가된 성능 관련 핵심 특징들은 다음과 같습니다.

- 저널링: 메타데이터만 기록하는 **정렬**(ordered) 모드나 메타데이터와 데이터를 모두 기록하는 **저널링**(journal) 모드가 있습니다. 저널링을 사용하면 시스템 오류가 발생한 직후에 fsck(8)을 실행할 필요가 없기 때문에 부팅 성능이 향상됩니다. 또한 일부 쓰기 워크로드에서 메타데이터 쓰기 연산을 합쳐서 성능을 개선할 수도 있습니다.
- 저널링 장치(journal device): 저널링을 동일한 디스크가 아닌 별도의 외부 저널 장치에 저장할 수도 있는데, 이렇게 하면 실제 읽기 워크로드와 저널링으로 인한 부하의 충돌을 피할 수 있습니다.
- Orlov 블록 할당자(block allocator): 최상위 디렉터리들을 실린더 그룹 전체에

고르게 분산시켜 하위 디렉터리와 해당 내용이 한 그룹에 배치될 가능성을 높이고, 임의 접근 I/O를 줄입니다.
- 디렉터리 인덱스: 파일 시스템에 해시 기반 B-트리를 추가[14]해 더 빠르게 디렉터리를 검색합니다.

이 외에도 설정 가능한 기능들은 mke2fs(8) 매뉴얼 페이지를 참고하세요.

ext4

리눅스 ext4 파일 시스템은 2008년에 릴리스 되었는데, 기존 ext3 파일 시스템에 새로운 기능과 성능 개선을 추가한 버전입니다. 변경된 부분으로는 익스텐트 도입, 대용량 파일 시스템 지원, fallocate(2)를 사용한 사전 할당, 지연 할당, 저널링 체크섬, 더 빨라진 fsck, 다중 블록 할당자, ns(나노초) 타임스탬프 지원 및 스냅숏 기능이 포함되었습니다.

릴리스 이후 추가된 핵심 성능 관련 특징들은 다음과 같습니다.

- 익스텐트: 파일의 연속 배치를 개선하여 임의 접근 I/O를 줄이고, 순차적 I/O에서는 더 큰 I/O 크기를 처리할 수 있도록 합니다. 익스텐트는 8.4.4절 "파일 시스템 특징"에서 소개했습니다.
- 사전 할당(Preallocation): 애플리케이션은 fallocate(2) 시스템 콜을 사용해 (가급적이면) 연속된 공간을 미리 할당받을 수 있습니다. 이를 통해 이후 쓰기 연산의 성능을 향상시킬 수 있습니다.
- 지연 할당(Delayed allocation): 블록 할당을 실제 디스크에 플러시할 때까지 지연시킴으로써, 데이터가 여러 블록에 산발적으로 배치되지 않고 한 번에 연속된 여러 블록에 쓸 수 있도록 하여(**다중 블록 할당자**를 사용) 파편화를 줄입니다.
- 더 빠른 fsck: 할당하지 않은 블록이나 아이노드를 미리 표기해 두기 때문에 fsck 시간을 줄일 수 있습니다.

/sys 파일 시스템을 통해 일부 기능의 지원 여부 상태를 볼 수 있는데, 다음은 예시입니다.

---

14 (옮긴이) 디렉터리를 가리키는 블록 안에는 하위 디렉터리 이름과 아이노드 번호가 저장되며, 이 정보가 인덱싱되어 있지 않으면 디렉터리 조회를 위해 이 블록들을 매번 순차적으로 탐색해야 합니다. 그러나 이 대신 B-트리를 사용하여 디렉터리 인덱스를 생성함으로써 디렉터리를 빠르게 검색할 수 있도록 합니다.

```
# cd /sys/fs/ext4/features
# grep . *
batched_discard:supported
casefold:supported
encryption:supported
lazy_itable_init:supported
meta_bg_resize:supported
metadata_csum_seed:supported
```

이 외에도 설정 가능한 기능들은 mke2fs(8) 매뉴얼 페이지를 참고하세요. 일부 기능(예: 익스텐트)은 ext3 파일 시스템에도 적용할 수 있습니다.

XFS

XFS는 1993년 실리콘 그래픽스(Silicon Graphics)가 자사의 IRIX 운영 체제를 위해 개발하였으며, 이전의 IRIX 파일 시스템인 EFS(FFS 기반)가 가지고 있던 확장성 제한을 해결하기 위해 설계되었습니다.[Sweeney 96] 실리콘 그래픽스는 XFS를 리눅스로 포팅하는 패치를 작성하기도 했는데, 2000년대 초반에 리눅스 커널에 병합되었습니다. 현재 대부분의 리눅스 배포판은 XFS를 지원하며 루트 파일 시스템으로도 사용할 수 있습니다. 예를 들어, 넷플릭스에서는 자사의 카산드라(Cassandra) 데이터베이스 인스턴스의 파일 시스템으로 XFS를 사용하여, 해당 워크로드에서 높은 성능을 구현하고 있습니다(루트 파일 시스템에는 ext4를 사용합니다).

릴리스 이후 추가된 핵심 성능 관련 특징들은 다음과 같습니다.

- 할당 그룹: 파티션을 동일한 크기의 할당 그룹(allocation groups, AG)으로 나누어 병렬로(동시에) 접근할 수 있게 합니다. 또한 각 할당 그룹은 메타데이터(아이노드, 가용 블록 리스트 등)를 독립적으로 관리하는데, 이는 메타데이터 접근으로 인한 경합을 줄이기 위함입니다.[15] 파일과 디렉터리는 여러 할당 그룹에 걸쳐 저장될 수 있습니다
- 익스텐트: (ext4 설명 참조)
- 저널링: 저널링을 사용하면 시스템 오류가 발생한 직후에 fsck(8)을 실행할 필요가 없기 때문에 부팅 성능이 향상됩니다. 또한 일부 쓰기 워크로드에서 메타데이터 쓰기 연산을 합쳐서 성능을 개선할 수도 있습니다.

---

15 (옮긴이) 파일 시스템에서 메타데이터에 대한 액세스는 매우 빈번하게 발생하는데, 메타데이터가 특정 위치에 집중되어 있다면 파일 시스템 접근이 동시에 발생할 경우 경합이 발생할 수 있습니다.

- 저널링 장치: 저널링을 동일한 디스크가 아닌 별도의 외부 저널 장치에 저장할 수도 있는데, 이렇게 하면 실제 읽기 워크로드와 저널링으로 인한 부하의 충돌을 피할 수 있습니다.
- 스트라이프(striped) 할당: 파일 시스템이 스트라이핑 구성의 RAID 또는 LVM 장치에 생성된 경우, 데이터 및 저널에 대해 스트라이프 유닛(stripe unit)[16]을 지정하여 하드웨어에 최적화된 데이터 할당을 보장합니다.
- 지연 할당: 익스텐트 할당을 즉시 수행하지 않고 데이터가 디스크로 플러시 될 때까지 지연시키는데, 이를 통해 쓰기 작업을 그룹화하고 파편화를 줄일 수 있습니다. 또한, 지연 할당 시에도 메모리상의 파일들에 대한 블록이 미리 예약되므로, 플러시 시 필요한 공간이 확보되어 공간 부족에 대한 우려를 줄일 수 있습니다.
- 온라인 조각모음(Online defragmentation): XFS는 파일 시스템을 능동적으로 사용 중인 경우(온라인)에도 사용할 수 있는 조각모음 유틸리티를 제공합니다.[17] XFS가 파편화를 방지하기 위해 익스텐트와 지연 할당을 사용하기는 하지만, 일부 워크로드나 특정 상황에서는 파일 시스템 파편화가 발생할 수 있습니다.

설정할 수 있는 기능들은 mkfs.xfs(8) 매뉴얼 페이지에 문서로 정리되어 있습니다. XFS에 대한 내부 성능 데이터는 /proc/fs/xfs/stat를 통해 확인할 수 있습니다. 여기서 제공하는 데이터는 고급 분석용으로 사용할 수 있으며, 더 많은 정보는 XFS 웹 사이트를 참고하세요.[XFS 06][XFS 10]

ZFS

ZFS는 썬 마이크로시스템즈에서 개발해 2005년에 처음 배포했고, 파일 시스템을 볼륨 매니저와 통합하는 등 여러 엔터프라이즈용 기능을 갖춘 파일 서버(**파일러** (filer)라고도 함)용으로 인기를 끌었습니다. ZFS는 CDDL 라이선스[18]를 기반으로 오픈 소스로 배포되었으며, 다양한 운영 체제에서 사용할 수 있습니다(주로 애드-

---

16 (옮긴이) 데이터를 디스크에 분산 저장하는 최소 단위
17 (옮긴이) 요즘에는 온라인 조각 모음이 매우 흔한 일이지만 과거에는 파일 시스템 조각 모음을 수행하기 위해서는 다른 작업을 수행할 수 없었고, 일부 환경에서는 운영 체제의 재부팅이나 마운트 해제와 같은 특정 절차를 통해서만 조각 모음이 가능하기도 하였습니다.
18 (옮긴이) CDDL은 소스 코드를 개별 파일 단위로 공개하도록 요구하는 라이선스입니다. 이는 모든 코드의 전체 소스 공개를 요구하는 GPL과 충돌하기 때문에, 일부 리눅스 커널 개발자들은 ZFS의 커널 통합을 반대해 왔습니다.

온 형태로 사용 가능). 현재 대부분의 개발은 OpenZFS 프로젝트를 통해 이루어지고 있으며, 2019년에 리눅스를 주 OS로 지원한다는 발표가 있었습니다.[Ahrens 19] 리눅스에서 점점 더 많이 지원하고 사용되고 있지만, 리누스 토발즈를 비롯한 일부 개발자들은 해당 소스의 라이선스를 이유로 리눅스 내 도입과 확산에 여전히 반대하고 있습니다.[Torvalds 20a]

릴리스 이후 추가된 핵심 성능 관련 특징들은 다음과 같습니다.

- 스토리지 풀(Pooled storage): 모든 스토리지는 풀로 관리되며, 이 풀 위에 파일 시스템을 만들 수 있습니다. 이러한 구성 덕에 모든 디스크 장치를 병렬로(동시에) 사용하면 최대의 스루풋과 IOPS를 달성할 수 있습니다. 이러한 방식 외에도 RAID 0, 1, 10, Z(RAID-5 기반), Z2(이중 패리티), Z3(삼중 패리티) 등 여러 RAID 구성을 사용할 수 있습니다.
- COW: 수정된 블록을 복사하고 모아서 순차적으로 기록합니다.
- 로깅: ZFS는 변경사항을 **트랜잭션 그룹**(transaction group, TXG)으로 묶어서 일괄적(batch)으로 플러시하기 때문에, 변경 사항 반영은 완전히 성공하거나 완전히 실패합니다. 따라서 디스크에 저장된 데이터가 항상 일관성 있는 구조와 형식으로 유지됩니다
- ARC: 적응형 교체 캐시(Adaptive Replacement Cache, ARC)는 MRU(최근 최소 사용)와 MFU(최다 사용 빈도) 캐시 알고리즘을 동시에 적용해 높은 캐시 적중률을 달성합니다. MRU와 MFU의 메인 메모리의 사용량은 각 알고리즘의 성능에 따라 조절됩니다.[19] 이 때문에 ghost list라는 추가적인 메타데이터를 유지하는데, 각 캐시 알고리즘이 모든 메인 메모리를 점유할 경우 어느 정도 성능이 나올지를 기록해서 캐시가 성능에 미치는 영향을 알아냅니다.
- 지능형 프리패치(Intelligent prefetch): ZFS는 유형별로 각각 다른 전략의 프리패치를 수행하는데, 메타데이터, znode(파일 내용), 가상 장치(vdev)에 대해 적절한 프리패치를 수행합니다.
- 다중 프리패치 스트림(Multiple prefetch streams): 한 파일에 대해 여러 스트리밍 리더(Streaming reader)가 동시에 접근하면 파일 시스템에서는 임의 접근 I/O

---

19 (옮긴이) 초기에 MRU와 MFU 캐시 크기를 미리 지정해 놓고 새로운 데이터를 캐시에 추가합니다. 두 캐시가 가득 차면 MRU와 MFU 둘 중 어디서 캐시를 축출할지 결정해야 하는데, 이는 해당 캐시의 성능에 따라 결정됩니다.

부하가 발생할 수 있습니다. ZFS는 각 프리패치 스트림을 추적하면서, 새로운 스트림이 기존 스트림에 합류하여 I/O를 효율적으로 요청하도록 합니다.

- 스냅숏: 새 블록의 복사를 필요할 때까지 미루는 COW 구조로 인해 스냅숏을 거의 순간적으로 생성할 수 있습니다.
- ZIO 파이프라인: 장치 I/O를 여러 단계의 파이프라인으로 처리합니다. 각 단계는 성능 향상을 위해 스레드 풀로 처리됩니다.
- 압축: ZFS는 여러 가지 압축 알고리즘을 지원합니다. 그러나 이러한 알고리즘을 사용하면 CPU 부하가 발생하여 일반적으로 성능이 저하됩니다. 그 중에서도 lzjb(Lempel-Ziv Jeff Bonwick)는 가벼운 알고리즘이므로 I/O 부하를 줄여주는 쪽으로 성능을 개선할 수 있습니다. 그러나 이를 위해서는 일부 CPU 성능을 희생해야 합니다.
- SLOG: ZFS에서는 데이터 쓰기 작업의 안전성을 보장하기 위해 SLOG(separate intent log, 개별 인텐트 로그)[20]라는 것을 사용합니다. 여기서는 로그 기록을 동기적으로 수행하는데, 인텐트 로그를 별도의 장치에 쓰기 때문에 풀 디스크 I/O와의 경합을 피할 수 있습니다. 기록된 로그는 시스템 장애 발생 시 복구를 위한 읽기 전용 데이터입니다.
- L2ARC: 2단계 ARC는 메인 메모리 다음의 두 번째 단계 캐시로, 임의 접근 읽기 작업 데이터를 플래시 메모리 기반의 디스크(SSD)에 저장합니다. 이 캐시는 쓰기 작업을 버퍼링하지 않으며, 스토리지 풀 디스크에 있는 변경되지 않은 데이터(clean data)만 L2ARC에 들어갑니다. 또한, 메인 메모리가 플러싱되어 캐시가 사라지는 경우를 대비해 ARC 내 데이터를 L2ARC에 중복 저장하기도 합니다. 이를 통해 시스템을 빠르게 복구할 수 있습니다.
- 데이터 중복 제거(Data deduplication): 파일 시스템 레벨의 기능으로, 같은 데이터의 복사본을 기록하지 않도록 하는 기능입니다. 이를 사용하면 좋은 측면(장치 I/O 감소)에서나 나쁜 측면(해시 테이블이 메인 메모리에 들어갈 수 없을 정도로 커지면 장치 I/O가 급격히 증가)에서나 성능에 상당한 영향이 있습니다. 초기 버전은 해시 테이블이 항상 메인 메모리 안에 들어갈 수 있는 워크로드에서만 사용할 수 있도록 설계되었습니다.

20 (옮긴이) 인텐트 로그는 시스템 오류 발생 시 데이터 일관성을 보장하기 위한 메커니즘이며, 데이터베이스의 경우 트랜잭션 로그가 이에 해당합니다. 파일 시스템의 경우에는 저널링이 이에 해당하며, ZFS의 개별 인텐트 로그(SLOG)는 ext4의 저널링 장치와 비슷한 개념입니다.

ZFS는 여러 고급 기능을 제공하지만, 이러한 기능들이 시스템 성능에 영향을 미칠 수도 있습니다. 기본적으로 ZFS는 전원에 이상이 있을 때도 쓰기가 완료되도록 하기 위해 저장 장치에 캐시 플러시 명령을 보냅니다. 이 기능은 ZFS의 무결성 기능 중 하나이지만, 캐시 플러시를 기다려야 하는 ZFS 연산들은 지연시간이 발생할 수 있습니다.

btrfs

B-트리(B-tree) 파일 시스템(btrfs)의 핵심은 Copy-On-Write가 가능한 B-트리를 이용한다는 점에 있습니다. btrfs 역시 ZFS처럼 볼륨 매니저와 현대적인 파일 시스템이 통합된 아키텍처로서, 결국은 ZFS와 유사한 기능을 제공할 것으로 예상합니다.

현재 제공 중인 기능으로는 스토리지 풀, 대용량 파일 시스템 지원, 익스텐트, COW, 볼륨 크기 확장 및 감소, 서브 볼륨, 블록 장치 추가와 삭제, 스냅숏, 복제, 압축, 체크섬 기능(crc32c, xxhash64, sha256, blake2b 포함) 등이 있습니다. 개발은 2007년에 오라클에서 시작했습니다.

핵심 성능 관련 특징들은 다음과 같습니다.

- 스토리지 풀: 저장 장치들이 하나로 묶여 볼륨을 구성하고, 이 볼륨 위에 파일 시스템을 만들 수 있습니다. 이러한 구성 덕에 모든 디스크 장치를 병렬로(동시에) 사용하면 최대의 스루풋과 IOPS를 달성할 수 있습니다. 이러한 방식 외에도 RAID 0, 1, 10 등 여러 RAID 구성을 사용할 수 있습니다.
- COW: 데이터를 모아서 순차적으로 기록합니다.
- 온라인 밸런싱(Online balancing): 객체를 한 저장 장치에서 다른 장치로 옮겨서 부하의 균형을 유지합니다.
- 익스텐트: 순차적인 데이터 배치를 통해 성능을 향상시킵니다.
- 스냅숏: 새 블록의 복사를 필요할 때까지 미루는 COW 구조로 인해 스냅숏을 거의 순간적으로 생성할 수 있습니다.
- 압축: zlib과 LZO를 지원합니다.
- 저널링: 로그 구조체(Log Tree)를 사용하여 메타데이터 및 데이터의 변경 사항을 기록합니다. 서브 볼륨별로 로그 트리를 생성할 수도 있는데, 이렇게 하면 특정 서브 볼륨에서 이루어진 작업을 독립적으로 추적할 수 있어, 동기적인 COW 작업에 대한 변경 사항을 효율적으로 관리할 수 있습니다.

이 외에도 개발이 예정된 성능 관련 기능으로는 RAID-5와 RAID-6, 객체 수준 RAID(object-level RAID), 증분 덤프, 데이터 중복 제거 등이 있습니다.

8.4.6 볼륨과 풀

파일 시스템은 초기에는 단일 디스크나 단일 디스크 파티션 위에 만들어졌습니다. 그러나 시간이 흐름에 따라 데이터의 양이 증가하면서, 파일 시스템을 여러 디스크 위에 만들어야 하는 경우가 생겼습니다. 이때 볼륨(Volume)과 풀(pool)이 사용되었는데, 이 둘은 파일 시스템을 여러 디스크 위에 구축할 수 있게 하며, 다양한 RAID 구성(9장 "디스크" 참조)을 사용해 설정할 수 있게 합니다.

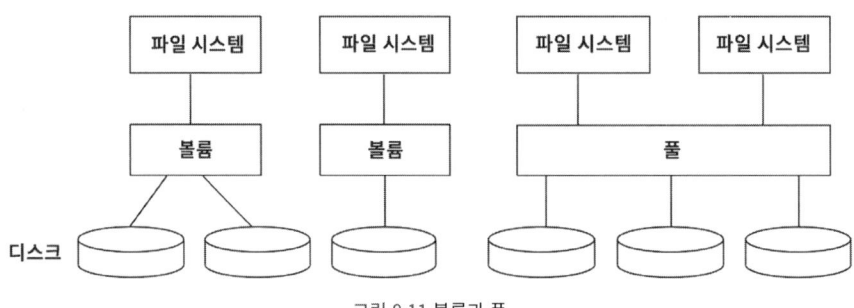

그림 8.11 볼륨과 풀

볼륨은 여러 디스크를 하나로 묶어 가상 디스크로 구성하는데, 이 위에 파일 시스템을 만듭니다. 볼륨을 구축할 때 디스크 통째를 이용하는 경우(디스크의 일부나 파티션 일부를 사용하는 게 아닌), 작업 부하를 서로 분리할 수 있어 성능 문제와 경합을 줄일 수 있습니다.

볼륨 관리 소프트웨어로는 리눅스에서 사용하는 LVM(Logical Volume Manager, 논리 볼륨 매니저)이 있습니다. 볼륨 또는 가상 디스크를 하드웨어 RAID 컨트롤러가 제공하는 경우도 있습니다.

스토리지 풀(Pooled storage)은 여러 저장 장치들이 하나로 묶여 스토리지 풀을 구성하고, 이 풀 위에 여러 파일 시스템을 만들 수 있습니다. 그림 8.11은 볼륨과 풀의 차이를 비교해 보여줍니다. 스토리지 풀 방식이 볼륨보다 더 유연한데, 그 이유는 아랫단의 장치와 관계없이 파일 시스템을 키우거나 줄일 수 있기 때문입니다. 이 접근방법은 ZFS나 btrfs 같은 최신 파일 시스템에서 사용되고 있으며 LVM에서도 사용할 수 있습니다.

스토리지 풀은 모든 디스크를 병렬로 사용하여 파일 시스템의 성능을 향상시킬 수 있습니다. 그러나 일부 경우에는 워크로드가 격리되지 않아 성능이 저하될 수 있습니다. 이를 해결하기 위해서는 유연성에서 조금 타협하더라도, 디스크를 처음부터 각각의 풀에 할당해야 합니다. 또 다른 특징으로는 스토리지 풀에 들어가는 디스크는 유형이나 크기가 서로 달라도 되지만, 볼륨(Volumes)의 경우에는 동일 볼륨 내에 들어가는 디스크들은 동일해야 한다는 점이 있습니다.

소프트웨어 볼륨 매니저나 스토리지 풀 사용 시 고려할 성능 문제로는 다음과 같은 것들이 있습니다.

- 스트라이프 너비(Stripe width): 스트라이프 너비는 RAID 구성에서 여러 디스크에 데이터를 분산시키는 방법을 나타내는데, 워크로드의 I/O 패턴에 맞게 스트라이프 너비를 조정해야 최적의 성능을 얻을 수 있습니다.
- 관측가능성: 볼륨이나 풀 같은 가상 장치의 사용률은 실제 디스크를 보여주는 값이 아니기 때문에 혼란을 줄 수 있습니다. 물리적 장치를 개별적으로 검사해보아야 합니다.
- CPU 오버헤드: 특히 RAID 패리티 연산을 할 경우 부하가 발생합니다. 최근에는 CPU 성능이 더욱 빨라지면서 문제가 되는 경우가 점점 줄고 있습니다. (패리티 연산을 CPU가 처리하는 대신 하드웨어 RAID 컨트롤러가 처리하도록 오프로드 할 수도 있습니다.)
- 재구성(Rebuilding): 일반적으로 RAID 5, RAID 6과 같은 패리티 기반 RAID 구성에서 디스크에 문제가 생겨 교체해야 할 경우, 손상이 발생한 디스크를 새 디스크로 교체하고 해당 디스크에 데이터를 채워넣는 것을 의미합니다(리실버링(resilvering)이라고 부릅니다). 재구성하는 데는 I/O 자원이 많이 소모되기 때문에 성능에 심각한 영향을 끼치며, 몇 시간, 심지어 며칠까지 걸리기도 합니다.

앞으로 재구성은 더 어려운 문제가 될 것 같습니다. 저장 장치 용량이 스루풋보다 더 빠르게 늘어나면서 재구성 시간이 더 많이 늘어날 것이며, 재구성이 진행되는 동안 실패나 오류가 발생할 위험이 더 커지게 됩니다. 디스크를 마운트 하지 않은 오프라인 상태에서 재구성을 하는 것이 가능하다면, 시간을 단축할 수 있을 것입니다.

8.5 방법론

이번 절에서는 파일 시스템 분석과 튜닝에 대한 다양한 방법론과 연습문제를 살펴봅니다. 표 8.3에서 정리된 내용을 볼 수 있습니다.

표 8.3 파일 시스템 성능 분석 방법론

절	방법론	유형
8.5.1	디스크 분석	관찰적 분석
8.5.2	지연시간 분석	관찰적 분석
8.5.3	워크로드 특성화	관찰적 분석, 수용량 계획
8.5.4	성능 모니터링	관찰적 분석, 수용량 계획
8.5.5	정적 성능 튜닝	관찰적 분석, 수용량 계획
8.5.6	캐시 튜닝	관찰적 분석, 튜닝
8.5.7	워크로드 분리	튜닝
8.5.8	마이크로 벤치마킹	실험적 분석

이들 방법론에 대한 추가적인 전략은 2장 "방법론"에 소개되어 있습니다

이러한 방법론들은 개별적으로 수행하거나 조합해서 사용해 볼 수 있습니다. 필자는 이들 방법론을 지연시간 분석, 성능 모니터링, 워크로드 특성화, 마이크로 벤치마킹, 정적 성능 튜닝의 순서로 시도해 보길 추천합니다. 여러분의 환경에 가장 적합한 다른 조합과 순서를 발견할 수도 있습니다.

8.6절 "관측가능성 도구"에서는 이 같은 방법론을 적용할 때 사용할 수 있는 운영체제 도구에 대해 다룹니다.

8.5.1 디스크 분석

문제 해결 전략으로 파일 시스템을 무시하고, 그 대신 **디스크** 성능에만 초점을 맞추는 방식이 흔히 사용됩니다. 이 방법에서는 I/O 중 가장 성능이 낮은 부분이 디스크 I/O이기 때문에 디스크만 분석해도 문제의 원인에 쉽게 초점을 맞출 수 있다는 가정이 담겨 있습니다.

이 전략은 단순한 파일 시스템이나 캐시가 작은 환경에서는 일반적으로 잘 들어맞습니다. 하지만 현대 환경에서는 이러한 접근법이 오히려 혼란을 초래하거나, 문제가 될 수 있는 부분을 모두 다 놓쳐버리는 경우가 종종 발생합니다(8.3.12 "논리적 I/O vs. 물리적 I/O" 참조).

8.5.2 지연시간 분석

지연시간 분석은 파일 시스템 연산의 지연시간을 측정하는 것부터 시작합니다. 이를 위해서는 I/O 뿐만 아니라 모든 연산을 분석해야 합니다(예: sync(2) 포함).

연산 지연시간 = 연산 완료 시간 − 연산 요청 시간

이러한 시간은 표 8.4에 있는 네 가지 계층 중 하나에서 측정할 수 있습니다.

표 8.4 파일 시스템 지연시간 분석의 대상(계층)

계층	장점	단점
애플리케이션	파일 시스템 지연시간이 애플리케이션에 미치는 영향을 가장 가깝게 측정 가능함. 애플리케이션 컨텍스트를 검사해 지연시간이 주요 기능 수행 중에 발생하는지 또는 비동기적으로 발생하는지 확인할 수 있음	애플리케이션의 종류나 애플리케이션 소프트웨어의 버전에 따라 측정 기법이 다를 수 있음
시스템 콜 인터페이스	인터페이스가 문서로 잘 정리되어 있음 운영 체제 도구나 정적 트레이싱을 통해 관찰이 가능한 경우가 많음	시스템 콜 분석은 stat이나 socket 파일 같이 저장 장치와 무관한 파일 시스템도 포함되기 때문에, 이들을 필터링하지 않으면 혼란스러울 수 있음. 이 외에도 동일한 기능에 대해 여러 시스템 콜이 있어 더 혼란스러울 수 있는데, 가령 읽기 연산을 확인하려면 read(2), pread64(2), preadv(2), preadv2(2) 등을 모두 측정해야 함
VFS	모든 파일 시스템에 대한 표준 인터페이스를 제공. 예를 들어, 쓰기 동작은 파일 시스템의 구현과 상관없이 vfs_write()를 사용 가능	VFS 분석 역시 저장 장치와 무관한 파일 시스템도 포함되기 때문에, 이들을 필터링하지 않으면 혼란스러울 수 있음
파일 시스템 바로 위	특정 파일 시스템만을 대상으로 트레이싱 할 수 있음. 일부 파일 시스템의 경우 내부 컨텍스트를 검사해 더 자세한 정보를 얻을 수도 있음	파일 시스템마다 혹은 파일 시스템 소프트웨어 버전에 따라 트레이싱 방법이 다를 수 있음(일부 파일 시스템은 VFS와 유사한 인터페이스를 제공하는 경우도 있음)

어떤 계층을 대상으로 분석할지는 사용 가능한 도구에 따라서 달라질 수도 있습니다. 다음 내용을 확인해 보세요.

- 애플리케이션 문서: 일부 애플리케이션은 파일 시스템 지연시간에 대한 자체 지표를 제공하거나, 이러한 지표 수집을 활성화하는 기능을 제공할 수도 있습니다.
- 운영 체제 도구: 운영 체제도 이와 관련된 지표를 제공할 터인데, 이상적인 경우 각 애플리케이션이나 파일 시스템별로 통계를 확인할 수 있을 것입니다.
- 동적 계측: 시스템에서 동적 계측(리눅스 kprobe와 uprobe, 여러 트레이싱 도구

에서 사용 가능)을 지원한다면, 트레이싱 프로그램을 작성해 원하는 모든 계층을 트레이싱 할 수 있습니다. 심지어 애플리케이션이나 운영 체제 등을 재시작할 필요가 전혀 없습니다.

지연시간은 다양한 형태로 확인해 볼 수 있는데 특정 인터벌 동안의 평균 지연시간, 지연시간 분포(예: 히스토그램 또는 히트맵; 8.6.18절 참조), 또는 각 파일 시스템 연산별 지연시간 등을 확인해 볼 수 있습니다. 캐시 히트 비율이 매우 높은 파일 시스템(99% 이상)의 경우, 인터벌 동안 발생한 지연시간의 평균은 대부분 캐시 히트 시간에 가까울 것입니다. 만일, 동떨어진 높은 지연시간(극단값)을 식별해야만 하는 경우라면 평균 지연시간 형태로는 확인이 불가능할 수 있습니다. 이런 상황에서는 전체 지연시간 분포나 개별 연산별 지연시간을 검토하는 것이 도움이 될 것입니다. 이를 통해 파일 시스템 캐시의 히트/미스를 비롯한 다양한 지연시간의 영향을 살펴볼 수 있습니다.

높은 지연시간을 발견했다면, 해당 파일 시스템에 대해 더 깊은 드릴다운 분석을 수행해서 문제의 근원을 찾을 수 있습니다.

트랜잭션 비용

파일 시스템 지연시간을 분석하는 또 다른 방법으로는 애플리케이션 트랜잭션(예: 데이터베이스 질의) 시간 중에 파일 시스템을 기다리느라 소비한 전체 시간을 측정하는 것입니다.

파일 시스템에서 보낸 시간 백분률 = 100×(블록된 파일 시스템 지연시간 전체 / 애플리케이션 트랜잭션 시간)

이 지표를 이용하면 애플리케이션 성능 중에서 파일 시스템 연산에 얼만큼의 비용이 들어가는지 정량화 할 수 있고, 성능 향상을 예측할 수 있습니다. 이러한 트랜잭션 비용은 특정 인터벌 동안 발생한 트랜잭션에 대한 평균치로 분석할 수도 있고, 개별 트랜잭션별로 분석할 수도 있습니다.

그림 8.12는 트랜잭션을 처리할 때 애플리케이션 스레드가 소비한 시간을 보여줍니다. 이 트랜잭션은 파일 시스템에 읽기 명령을 한 번 내렸습니다. 애플리케이션은 이 작업이 완료될 때까지 블록 상태로 대기하며, 이 과정에서 CPU를 사용하지 않습니다(off-CPU). 이 경우 블록된 전체 지연시간은 하나의 파일 시스템 읽기

연산이 완료되는 데 걸리는 시간과 동일합니다. 만약 트랜잭션 도중 여러 번의 블로킹 I/O 요청이 발생했다면, 전체 지연시간은 각 I/O 연산에 걸린 시간의 총합이 될 것입니다.

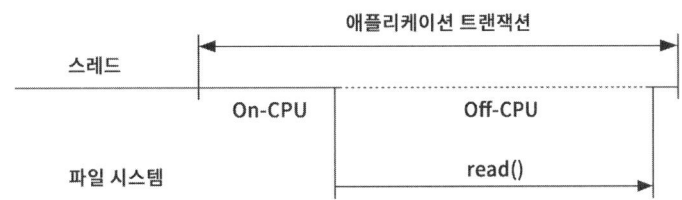

그림 8.12 애플리케이션 및 파일 시스템 지연시간

구체적인 예로, 어떤 애플리케이션 트랜잭션이 총 200ms 걸렸고, 그중 180ms를 여러 파일 시스템 I/O를 기다리느라 소비했다고 가정해 보겠습니다. 이 애플리케이션이 파일 시스템에 의해 블록된 시간은 90%(100×180ms/200ms) 입니다. 만약 이 파일 시스템 지연을 완전히 제거할 수 있다면, 트랜잭션 성능이 최대 10배까지 향상될 수 있습니다.

또 다른 예로, 애플리케이션 트랜잭션이 200ms 걸렸는데, 오직 2ms만 파일 시스템에서 사용했다면 해당 파일 시스템(그리고 전체 디스크 I/O 스택)은 트랜잭션의 실행 시간에서 겨우 1%만 차지할 뿐입니다. 이러한 분석 결과는 지연시간의 실제 원인이 어디에 있는지 성능 분석의 방향을 결정할 수 있게 해주기 때문에 매우 유용합니다.

한편 애플리케이션이 **논블로킹**(non-blocking) I/O 방식을 사용한다면, 파일 시스템이 응답하는 동안에도 애플리케이션은 CPU상에서 계속 실행될 수 있습니다. 이러한 경우 블록된 지연시간을 측정하더라도 파일 시스템에서 블록된 시간은 측정되지 않을 것이며(논블로킹으로 동작), 오직 애플리케이션이 CPU를 사용하지 않은 시간만 측정될 것입니다.

8.5.3 워크로드 특성화

적용된 워크로드의 특성 분석은 수용량 계획, 벤치마크, 워크로드 시뮬레이션을 수행할 때 중요한 과정입니다. 이 분석을 통해 불필요한 작업을 파악해 제거함으로써 가장 큰 성능 향상을 얻을 수도 있습니다.

다음은 파일 시스템 워크로드를 특성화하는데 사용하는 기본적인 특성입니다.

- 시간당 연산 발생 속도와 연산 유형
- 파일 I/O 스루풋
- 파일 I/O 크기
- 읽기/쓰기 비율
- 동기적 쓰기 비율
- 임의 접근 vs. 순차 파일 오프셋 접근

시간당 연산 발생 속도나 스루풋은 8.1절 "용어"에서 정의했습니다. 동기적 쓰기나 임의 접근과 순차 파일 오프셋 접근에 대해서는 8.3 "개념"에서 설명했습니다.

이런 특성들은 매초 변할 수 있는데, 특히 특정 간격마다 작업을 수행하는 애플리케이션에서는 변화가 더 뚜렷합니다. 따라서 워크로드의 특성을 제대로 파악하려면 평균뿐만 아니라 최댓값도 알아야 합니다. 더 나아가 시간에 따른 전체 분포를 분석하는 것이 가장 효과적입니다.

다음은 부하에 대해 기술한 예인데, 앞에서 말한 각 요소를 어떻게 서로 엮어서 표현할 수 있는지 보여줍니다.

> 금융 거래 데이터베이스에서 파일 시스템은 평균 4KB 크기의 임의 접근 읽기 부하를 초당 18,000회 수행합니다. 전체 시간당 연산 발생 속도는 21,000연산/s이며, 여기에는 read, stat, open, close 그리고 초당 200회 정도의 동기적 write가 포함됩니다. 쓰기 속도는 일정하지만 읽기 속도는 변동이 심한데, 시간당 읽기 속도는 최대 39,000회/s까지 올라가기도 합니다.

이러한 워크로드 특성화는 하나의 파일 시스템 인스턴스에만 국한될 수도 있고, 시스템 안에 있는 동일 유형의 여러 인스턴스에 대해 묶어서 특성을 설명할 수도 있습니다.

고급 워크로드 특성화/체크리스트

부하의 특성을 평가하기 위해서는 더 자세한 내용이 필요합니다. 여기에 나열한 목록은 고려해야 할 질문들인데, 이것들을 파일 시스템 문제를 깊이 연구할 때 필요한 체크리스트로 사용할 수도 있습니다.

- 파일 시스템 캐시 적중률이 얼마나 됩니까? 미스율은 얼마나 됩니까?
- 파일 시스템 캐시 용량과 현재 캐시 사용량은 어떻게 됩니까?

- 다른 캐시가 존재하는지 여부(디렉터리, 아이노드, 버퍼)와 존재하는 경우 각각의 통계는 어떻습니까?
- 과거에 파일 시스템을 튜닝하기 위한 어떤 시도가 있었습니까? 파일 시스템 파라미터 중 기본값이 아닌 다른 값으로 설정된 것이 있습니까?
- 어떤 애플리케이션이나 사용자가 파일 시스템을 사용하고 있습니까?
- 어떤 파일이나 디렉터리에 접근하고 있습니까? 생성하거나 삭제한 것은 없습니까?
- 발생한 오류는 없습니까? 요청이 잘못 들어와서 오류가 발생했습니까? 파일 시스템에 문제가 있어서 발생했습니까?
- 파일 시스템 I/O가 발생한 이유가 무엇입니까(사용자 레벨 호출 경로는 어떻게 됩니까)?
- 애플리케이션이 파일 시스템 I/O를 어느 수준까지 직접(동기적으로) 요청하였습니까?
- I/O 도달시간의 분포는 어떻게 됩니까?

애플리케이션이나 파일별로 이런 질문을 여러 가지 던져볼 수 있으며, 시간에 따라 어떻게 변하는지 관찰해 볼 수도 있습니다. 뿐만 아니라 최댓값이나 최솟값을 분석하거나, 시간에 따른 변화를 추적해 볼 수도 있습니다. 또한 2.5.10절 "워크로드 특성화"에서는 측정해 볼 수 있는 특성들을 더 높은 수준(누가, 왜, 무엇을, 어떻게)으로 확인하는데, 이 방법 역시 확인해 보세요.

성능 특성화

앞에서 본 워크로드 특성화 목록에서는 적용된 워크로드에 대해 검토했습니다. 다음은 해당 워크로드에서의 성능 특성을 파악하기 위한 질문입니다.

- 파일 시스템 연산의 평균 지연시간은 어느 정도입니까?
- 극단적으로 높은 지연시간을 보이는 경우는 없습니까?
- 연산 지연시간의 전체 분포는 어떻습니까?
- 현재 파일 시스템이나 디스크 I/O에 대해 리소스 제어를 사용 중입니까? 만일 있다면 현재 제한이 적용된 상태입니까?

앞의 질문 세 개는 각 연산 유형별로 확인해 볼 수 있습니다.

이벤트 트레이싱

이벤트 트레이싱은 모든 파일 시스템 연산을 자세히 기록하는 과정을 말합니다. 관찰적 분석 방법 중 이 방식은 가장 최후의 방법입니다. 트레이싱 도구를 사용하면 모든 파일 시스템 동작과 세부사항을 나중에 살펴볼 수 있도록 로그 파일로 기록할 수 있습니다. 이 로그 파일은 각 연산에 대해 연산 유형, 연산 파라미터, 파일 경로명, 시작 및 완료 타임스탬프, 성공 여부, 프로세스 ID 및 프로세스 이름과 같은 정보를 포함할 수 있습니다. 이처럼 이벤트 트레이싱이 워크로드 특성화를 위한 궁극의 도구일 수는 있으나, 실제로는 파일 시스템 연산이 매우 빈번하게 발생해 눈에 띄는 성능 오버헤드가 발생할 수 있습니다. 따라서 이러한 이벤트 트레이싱은 수집할 이벤트를 세밀하게 필터링해야만 하고, 그렇지 않다면 보통 실용적이지 못하게 됩니다(예: 모든 I/O 대신 느린 I/O만 트레이싱하도록 필터링해야 합니다. 8.6.14절 ext4slower(8) 도구 참조).

8.5.4 성능 모니터링

성능 모니터링은 파일 시스템에 현존하는 이슈들을 파악할 수도 있고, 시간이 지나면서 나타나는 동작 패턴을 이해하는 데 도움을 줍니다. 파일 시스템 성능에 대한 주요 지표는 다음과 같습니다.

- 연산 속도
- 연산 지연시간

연산 속도(Operation rate, 일정 시간 동안의 연산 수)는 적용된 워크로드의 가장 기본적인 특성이며, 지연시간은 해당 워크로드부터 측정되는 성능 결과입니다. 측정된 지연시간 값이 정상인지 혹은 비정상인지는 여러분의 워크로드, 환경 및 지연시간 요구사항에 따라 달라집니다. 만약 이러한 기준이 명확하지 않다면, 이미 성능이 좋은 것으로 알려진 워크로드와 그렇지 않은 워크로드를 대상으로 마이크로 벤치마크를 수행해 지연시간을 검토할 수도 있습니다(예: 파일 시스템 캐시에 자주 접근하는 워크로드와 그렇지 않은 워크로드를 비교하여 지연시간을 조사해 볼 수 있습니다). 자세한 내용은 8.7절 "실험"을 참고하세요.

지연시간 지표는 초당 평균값으로 모니터링할 수 있으며, 최댓값과 표준 편차와 같은 다른 통계 값과 함께 확인할 수 있습니다. 이상적으로는 지연시간의 전체 분포를 검사하는 것이 유용한데, 예를 들어 히스토그램이나 히트맵을 사용하면 극단 값과 기타 패턴을 살펴볼 수 있습니다.

성능 모니터링의 일환으로 각 연산 유형(read, write, stat, open, close 등)에 대해 연산 속도와 연산 지연시간 두 가지 모두를 기록해 보는 것도 유용합니다. 이렇게 하면 특정 연산 유형의 차이를 식별하여 워크로드 및 성능 변화를 검토하는데 크게 도움이 될 수 있습니다.

파일 시스템 기반의 리소스 제어를 사용하는 시스템에서는, 모니터링 결과를 분석하여 리소스 제한이 적용되었는지 여부와 언제 쓰로틀링(throttling)이 발생했는지를 확인할 수 있습니다.

아쉽게도 리눅스에서는 보통 파일 연산에 대한 통계를 바로 확인하기 어렵습니다. (NFS은 예외인데 nfsstat(8)를 통해 통계를 확인할 수 있습니다.)

8.5.5 정적 성능 튜닝

정적 성능 튜닝은 구성된 환경의 문제에 초점을 맞춥니다. 예를 들어, 다음과 같이 파일 시스템 성능과 관련된 정적인 설정을 살펴봅니다.

- 얼마나 많은 파일 시스템이 마운트 되었고, 현재 사용 중입니까?
- 파일 시스템의 레코드 크기는 얼마나 됩니까?
- 현재 파일 시스템에서 액세스 타임스탬프를 사용 중입니까?
- 어떤 파일 시스템 옵션이 활성화되어 있습니까(압축, 암호화 등)?
- 파일 시스템 캐시 설정은 어떻게 되어 있습니까? 최대 크기는 얼마입니까?
- 다른 캐시(디렉터리, 아이노드, 버퍼)는 어떻게 구성되어 있습니까?
- 2단계 캐시가 있습니까? 또한 현재 사용 중입니까?
- 저장 장치가 몇 개나 있습니까, 몇 개가 사용 중입니까?
- 저장 장치 구성은 어떻게 되어 있습니까? RAID 구성은 어떻게 되어 있습니까?
- 어떤 유형의 파일 시스템을 사용 중입니까?
- 파일 시스템 (또는 저널) 버진은 어떻게 됩니까?
- 고려해야 할 파일 시스템 버그나 패치가 있습니까?
- 현재 파일 시스템 I/O에 대해 리소스 제어를 사용 중입니까?

시스템은 종종 특정 워크로드를 처리하도록 설정된 후, 시간이 지나면서 다른 용도로 재사용되는 경우가 있습니다. 이 과정에서 환경 설정을 재검토하지 않으면 이전에 설정된 값들이 새로운 워크로드에 적합하지 않을 수 있습니다. 위의 질문에 대해 답하면 간과된 설정을 발견할 수 있고 각 설정 값을 재검토해 볼 수 있습니다.

8.5.6 캐시 튜닝

커널과 파일 시스템은 여러 다른 캐시를 사용할 수 있으며, 그와 같은 캐시로는 버퍼 캐시, 디렉터리 캐시, 아이노드 캐시, 파일 시스템(페이지) 캐시 등이 있습니다. 이러한 캐시에 대한 설명은 8.4절 "아키텍처"에서 살펴보았습니다. 이러한 캐시들은 현재 상태를 확인할 수 있을 뿐만 아니라, 더 나아가 설정을 변경해 볼 수도 있는데, 이는 사용할 수 있는 튜닝 옵션에 따라 달라집니다.

8.5.7 워크로드 분리

특정 유형의 워크로드는 별도의 파일 시스템과 디스크 장치를 사용하도록 설정할 때 성능이 더 향상될 수 있습니다. 이는 특히 회전식 디스크에서 두 워크로드가 서로 다른 위치에 임의로 접근하며 발생하는 디스크 탐색(I/O)이 성능에 부정적인 영향을 미칠 수 있기 때문입니다. 이처럼 워크로드가 개별적인 디스크 장치(회전축)를 사용하는 것을 '분리 스핀들(separate spindle)'이라고 부르기도 합니다. 관련 내용은 9장 "디스크"에서 더 자세히 다룹니다.

예를 들어, 데이터베이스에서 로그 파일과 데이터베이스 파일에 대해 각각 별도의 파일 시스템과 디스크를 사용한다면 성능상의 이점을 얻을 수 있습니다. 이러한 이유에서 데이터베이스 설치 가이드에는 데이터 저장 방법에 대한 조언이 수록된 경우가 많습니다.

8.5.8 마이크로 벤치마킹

파일 시스템과 디스크의 성능을 측정하기 위해 다양한 벤치마크 도구를 사용할 수 있습니다. 이러한 도구들은 특정 워크로드에서 파일 시스템의 유형이나 설정이 성능에 미치는 영향을 테스트하는 데 유용합니다. 일반적으로 테스트할 수 있는 항목에는 다음과 같은 것들이 있습니다.

- 연산 유형: 읽기, 쓰기 또는 다른 파일 시스템 연산 발생 속도
- I/O 크기: 1Byte~1MB 및 그 이상

- 파일 오프셋 패턴: 임의 접근 또는 순차 접근
- 임의 접근 패턴: 균등 분포, 임의 분포 또는 파레토 분포(Pareto distribution)
- 쓰기 유형: 비동기적 또는 동기적(O_SYNC)
- 워킹 셋 크기: 워킹 셋(working set) 크기가 파일 시스템 캐시에 얼마나 잘 들어맞는지 여부
- 동시성: 동시 요청 I/O 개수 또는 I/O를 수행하는 스레드 개수
- 메모리 매핑: read(2)/write(2) 대신 mmap(2)를 사용해 파일에 접근
- 캐시 상태: 파일 시스템 캐시가 'cold'인지(캐시에 데이터가 로드되지 않음) 또는 'warm'인지 여부
- 파일 시스템 튜닝 파라미터: 압축 여부, 데이터 중복 제거(deduplication) 여부 등

마이크로 벤치마킹을 수행할 때는 일반적으로 무작위 읽기, 순차적 읽기, 무작위 쓰기 및 순차적 쓰기를 수행합니다. 여기서 Direct I/O는 포함시키지 않았는데, Direct I/O는 파일 시스템 계층을 우회하고 디스크 장치 성능만을 테스트하기 때문에, 파일 시스템 자체를 대상으로 하는 마이크로 벤치마킹에는 적합하지 않습니다.(자세한 내용은 9장 "디스크" 참고).

파일 시스템을 마이크로 벤치마킹할 때 중요한 요소 중 하나는 **워킹 셋 크기**(working set size, WSS)입니다. 워킹 셋이란 실제로 사용(액세스)되는 데이터의 집합을 의미합니다. 벤치마크에 따라 워킹 셋의 크기는 사용하는 파일 크기의 총합을 의미할 수도 있습니다. 워킹 셋의 크기가 작다면, (Direct I/O 플래그가 사용되지 않는 이상) 전체 데이터를 대부분 메인 메모리(DRAM)에 위치한 파일 시스템 캐시에서 가져올 수 있습니다. 워킹 셋의 크기가 크면 데이터를 저장 장치(디스크)에서 가져올 것입니다. 이에 따른 성능 차이는 보통 몇 배 이상입니다. 워킹 셋 크기가 파일 시스템 성능에 미치는 영향을 살펴보기 위해, 새로 마운트된 파일 시스템에 대해 벤치마크를 연속해서 두 번 실행한 후 결과를 비교하는 것이 좋습니다. 이렇게 하면 첫 번째 실행 후 캐시가 채워졌을 때와 채워지지 않았을 때의 결과를 비교하여 WSS가 파일 시스템 성능에 미치는 영향을 쉽게 파악할 수 있습니다(8.7.3절 "캐시 플러싱" 참조).

다음은 여러 벤치마크에 대해 예상할 수 있는 결과를 생각해 보겠습니다. 표 8.5에는 전체 파일 크기(워킹 셋 크기, WSS)를 고려한 예측 결과가 있습니다.

표 8.5 파일 시스템 벤치마크 예상치

시스템 메모리	전체 파일 크기(WSS)	벤치마크	예상
128GB	10GB	임의 접근 읽기	100% 캐시 히트
128GB	10GB	임의 접근 읽기, Direct I/O	100% 디스크에서 읽음(Direct I/O 때문)
128GB	1,000GB	임의 접근 읽기	대부분 디스크에서 읽음, ~12% 정도 캐시 히트
128GB	10GB	순차 읽기	100% 캐시 히트
128GB	1,000GB	순차 읽기	캐시 히트(대부분 미리 읽기 때문)와 디스크 읽기가 섞임
128GB	10GB	버퍼 기반 쓰기 (Buffered write)	대부분 캐시 히트(버퍼링), 파일 시스템 동작에 따라 가끔 블록됨
128GB	10GB	동기적 쓰기	100% 디스크 쓰기

일부 파일 시스템 벤치마크 도구는 테스트하는 대상이 명확하지 않을 수 있습니다. 예를 들어, **디스크** 벤치마크처럼 보이는 경우더라도 사용하는 파일의 크기가 너무 작으면, 워크로드가 파일 시스템 캐시에서만 처리되어 실제 디스크를 테스트하지 않을 수 있습니다. 이 경우 벤치마크 결과는 디스크 성능을 정확히 반영하지 못할 가능성이 있습니다. 파일 시스템 테스트(논리적 I/O)와 디스크 테스트(물리적 I/O) 사이의 차이점을 이해하려면 8.3.12절 "논리적 I/O vs. 물리적 I/O"를 참고하세요.

일부 **디스크** 벤치마크 도구는 파일 시스템을 통해 동작하지만 Direct I/O를 사용해 캐싱이나 버퍼링을 피합니다. 그러한 경우라도 파일 시스템은 파일과 디스크 사이에 위치를 매핑하는 등의 역할을 제한적으로 하기 때문에 여전히 코드 경로에 오버헤드가 발생합니다.

12장 "벤치마킹"에서 이에 대한 여러 주제를 살펴봅니다.

8.6 관측가능성 도구

이번 절에서는 리눅스 기반 운영 체제의 파일 시스템 관측가능성 도구에 대해 설명합니다. 이 도구들을 사용할 때 따라야 할 전략에 대해서는 바로 앞 절을 참조하세요.

이번 절에서 소개하는 도구는 표 8.6에 정리되어 있습니다.

표 8.6 파일 시스템 관측가능성 도구

절	도구	설명
8.6.1	mount	파일 시스템 및 마운트 플래그를 함께 출력
8.6.2	free	캐시 용량 통계
8.6.3	top	메모리 사용 정보 요약
8.6.4	vmstat	가상 메모리 통계
8.6.5	sar	여러 통계 제공(시스템에서 수집된 과거 통계도 제공)
8.6.6	slabtop	커널 슬랩 할당자 통계
8.6.7	strace	시스템 콜 트레이싱
8.6.8	fatrace	fanotify를 사용해서 파일 시스템 동작들을 트레이싱
8.6.9	latencytop	시스템 단위의 지연시간 정보를 출력
8.6.10	opensnoop	오픈된 파일들을 트레이싱
8.6.11	filetop	가장 많이 사용 중인 파일들(IOPS 및 바이트 크기별로) 출력
8.6.12	cachestat	페이지 캐시 통계
8.6.13	ext4dist (xfs, zfs, btrfs, nfs)	ext4 연산 지연시간 분포를 출력
8.6.14	ext4slower (xfs, zfs, btrfs, nfs)	느린 ext4 연산을 출력
8.6.15	bpftrace	파일 시스템 맞춤형 트레이싱

이것이 8.5절 "방법론"에서 언급된 전략들에 사용해 볼 수 있는 도구들인데, 기존에 널리 사용되던 도구부터 트레이싱 기반 도구까지 포함해 정리했습니다. mount(8), free(1), top(1), vmstat(8), sar(1)와 같이 기존에 사용되던 도구들은 리눅스뿐만 아니라 유닉스 그리고 이와 유사한 운영 체제에서도 사용할 수 있습니다. 트레이싱 도구들 중 다수는 BPF를 기반으로 하며, BCC와 bpftrace 프론트엔드를 사용합니다 (15장 참고). 이러한 도구들 중 opensnoop(8), filetop(8), cachestat(8), ext4dist(8), ext4slower(8)가 대표적인 예시입니다.

각 도구에 대한 특징을 상세히 알아보기 위해서는 매뉴얼 페이지를 비롯해 해당 도구의 문서를 참고하세요.

8.6.1 mount

리눅스 mount(1) 명령어는 현재 시스템에 마운트 된 파일 시스템의 유형 및 마운트 플래그를 정리해서 보여줍니다.

```
$ mount
/dev/nvme0n1p1 on / type ext4 (rw,relatime,discard)
devtmpfs on /dev type devtmpfs (rw,relatime,size=986036k,nr_inodes=246509,mode=755)
sysfs on /sys type sysfs (rw,nosuid,nodev,noexec,relatime)
proc on /proc type proc (rw,nosuid,nodev,noexec,relatime)
securityfs on /sys/kernel/security type
securityfs (rw,nosuid,nodev,noexec,relatime)
tmpfs on /dev/shm type tmpfs (rw,nosuid,nodev)
[...]
```

첫 번째 줄은 /dev/nvme0n1p1에 위치한 ext4 파일 시스템이 /에 마운트 되었으며, rw, relatime, discard 플래그와 함께 마운트 되었음을 보여줍니다. relatime은 아이노드 액세스 타임스탬프 업데이트를 줄여 성능을 향상시키는 옵션으로, 액세스 타임스탬프가 갱신된 지 하루 이상 지났거나, 변경(Change) 타임스탬프 또는 수정(Modify) 타임스탬프[21]가 갱신되는 경우에만 액세스 타임스탬프를 업데이트하도록 하여 디스크 I/O 비용을 줄입니다.

8.6.2 free

리눅스 free(1) 명령어는 메모리와 스왑 통계 정보를 보여줍니다. 다음의 두 가지 명령어는 모두 MB 단위로(-m) 결과를 출력하고 있는데, -w 옵션(wide)을 사용하면 각각의 칼럼을 분리해서 넓게 살펴볼 수 있습니다.

```
$ free -m
              total        used        free      shared  buff/cache   available
Mem:           1950         568         163           0        1218        1187
Swap:             0           0           0
$ free -mw
              total        used        free      shared     buffers       cache   available
Mem:           1950         568         163           0          84        1133        1187
Swap:             0           0           0
```

이 넓은 출력 결과는 버퍼 캐시 크기(buffers)와 페이지 캐시 크기(cached)를 따로 보여주는데, 기본 출력 결과에선 이 둘을 합쳐 buff/cache로 출력하였습니다.

중요한 필드는 available(free(1)에 새로 추가됨)인데, 스왑할 필요 없이 애플리케이션에서 얼마나 많은 메모리를 바로 사용할 수 있는지 보여줍니다. 여기에는 즉시 회수될 수 없는 메모리 역시 고려된 것입니다.

---

21 (옮긴이) 수정(Modify) 타임스탬프는 파일 내용이 변경되었을 때 갱신되며, 변경(Change) 타임스탬프는 파일의 메타데이터나 속성이 변경되었을 때 갱신됩니다.

이 도구에 출력된 정보들은 /proc/meminfo에서도 확인할 수 있으며, 이 경우 값은 KB 단위로 제공합니다.

8.6.3 top

top(1) 명령어는 파일 시스템 캐시의 상세 정보를 제공하기도 합니다(일부 버전에서는 없을 수도 있습니다). 다음은 리눅스 버전 top(1)의 출력 결과이며, free(1)에서 보았던 buff/cache와 available(avail Mem)를 확인할 수 있습니다.

```
MiB Mem :   1950.0 total,    161.2 free,    570.3 used,   1218.6 buff/cache
MiB Swap:      0.0 total,      0.0 free,      0.0 used.   1185.9 avail Mem
```

top(1)에 대한 더 자세한 사항은 6장 "CPU"를 참고하세요.

8.6.4 vmstat

vmstat(1) 명령어도 top(1)과 마찬가지로 파일 시스템 캐시 상세 정보를 제공합니다. vmstat(1)에 대한 더 자세한 사항은 7장 "메모리"를 참고하세요.

다음 명령어에선 vmstat(1)의 인자를 1로 지정해 매초 통계 정보를 갱신하도록 하였습니다.

```
$ vmstat 1
procs -----------memory---------- ---swap-- -----io---- -system-- ------cpu-----
 r  b   swpd   free   buff  cache   si   so    bi    bo   in   cs us sy id wa st
 0  0      0 167644  87032 1161112    0    0     7    14   14    1  4  2 90  0  5
 0  0      0 167636  87032 1161152    0    0     0     0  162  376  0  0 100 0  0
[...]
```

buff은 버퍼 캐시 크기이며, cache는 페이지 캐시 크기인데, 단위는 KB입니다.

8.6.5 sar

시스템 활동 리포터(system activity reporter)인 sar(1)은 여러 파일 시스템 통계를 제공하며, 이러한 통계 기록을 주기적으로 저장하도록 설정할 수 있습니다. sar(1)은 다양한 통계를 제공하다 보니 이 책의 여러 장에서 언급되었습니다. 특히 4.4절에서 "sar" 명령어의 사용법과 출력 결과를 자세히 설명하고 있습니다.

1초 주기로 sar(1)을 실행해 현재 시스템의 상태를 다음과 같이 확인해 볼 수 있습니다.

```
# sar -v 1
Linux 5.3.0-1009-aws (ip-10-1-239-218)      02/08/20      _x86_64_   (2 CPU)

21:20:24     dentunusd    file-nr    inode-nr    pty-nr
21:20:25        27027       1344       52945         2
21:20:26        27012       1312       52922         2
21:20:27        26997       1248       52899         2
[...]
```

-v 옵션을 사용하면 다음 항목들을 확인할 수 있습니다.

- dentunusd: 사용하지 않은 디렉터리 엔트리(dentry) 캐시 개수(가용 엔트리 수)
- file-nr: 사용 중인 파일 핸들(디스크립터) 개수
- inode-nr: 사용 중인 아이노드 개수
- pty-nr: 사용 중인 가상 터미널(pseudo-terminal, pty) 개수

-r 옵션도 있는데, 이를 사용하면 kbbuffers와 kbcached 열을 통해 버퍼 캐시와 페이지 캐시 크기를 각각 KB 단위로 확인할 수 있습니다.

8.6.6 slabtop

리눅스의 slabtop(1) 명령어는 커널 슬랩 캐시 정보를 표시하는데, 슬랩 캐시 중 일부는 파일 시스템 캐시에 사용됩니다.

```
# slabtop -o
 Active / Total Objects (% used)    : 604675 / 684235 (88.4%)
 Active / Total Slabs (% used)      : 24040 / 24040 (100.0%)
 Active / Total Caches (% used)     : 99 / 159 (62.3%)
 Active / Total Size (% used)       : 140593.95K / 160692.10K (87.5%)
 Minimum / Average / Maximum Object : 0.01K / 0.23K / 12.00K

  OBJS ACTIVE  USE OBJ SIZE  SLABS OBJ/SLAB CACHE SIZE NAME
165945 149714  90%    0.10K   4255       39    17020K buffer_head
107898  66011  61%    0.19K   5138       21    20552K dentry
 67350  67350 100%    0.13K   2245       30     8980K kernfs_node_cache
 41472  40551  97%    0.03K    324      128     1296K kmalloc-32
 35940  31460  87%    1.05K   2396       15    38336K ext4_inode_cache
 33514  33126  98%    0.58K   2578       13    20624K inode_cache
 24576  24576 100%    0.01K     48      512      192K kmalloc-8
[...]
```

위의 출력 결과에선 dentry, ext4_inode_cache, inode_cache와 같은 파일 시스템

관련 슬랩 캐시를 확인할 수 있습니다. slabtop(1)은 지속적으로 갱신되며 상태를 보여주는데, '-o'(once) 옵션을 사용하여 특정 순간의 출력 결과를 한 번만 확인할 수 있습니다.

슬랩 캐시 중 파일 시스템과 관련된 항목으로는 다음과 같은 것들이 있습니다.

- buffer_head: 버퍼 캐시에 의해 사용됨
- dentry: 덴트리 캐시
- inode_cache: 아이노드 캐시
- ext3_inode_cache: ext3 아이노드 캐시
- ext4_inode_cache: ext4 아이노드 캐시
- xfs_inode: XFS 아이노드 캐시
- btrfs_inode: btrfs 아이노드 캐시

slabtop(1)은 /proc/slabinfo를 사용하는데, 이 파일은 CONFIG_SLAB이 설정된 경우에만 존재합니다.

8.6.7 strace

파일 시스템 지연시간은 리눅스 strace(1)과 같은 트레이싱 도구를 사용해서 시스템 콜 인터페이스 수준에서 측정할 수 있습니다. 그러나 현재 strace(1)의 구현 방법인 ptrace(2) 기반 구현은 성능을 심각하게 저하시킬 수도 있기 때문에 성능 오버헤드를 감수할 수 있거나, 다른 방식으로 지연시간을 분석하기 어려운 경우에만 적합합니다. strace(1)에 대한 더 많은 내용은 5.5.4절 "strace"를 참고하세요.

다음은 strace(1)를 이용해 ext4 파일 시스템의 read 지연시간을 출력한 결과입니다.

```
$ strace -ttT -p 845
[...]
18:41:01.513110 read(9, "\334\260/\224\356k..."..., 65536) = 65536 <0.018225>
18:41:01.531646 read(9, "\371X\265|\244\317..."..., 65536) = 65536 <0.000056>
18:41:01.531984 read(9, "\357\311\347\1\241..."..., 65536) = 65536 <0.005760>
18:41:01.538151 read(9, "*\263\264\204|\370..."..., 65536) = 65536 <0.000033>
18:41:01.538549 read(9, "\205q\327\304f\370..."..., 65536) = 65536 <0.002033>
18:41:01.540923 read(9, "\6\2738>zw\321\353..."..., 65536) = 65536 <0.000032>
```

위의 명령어에 사용된 -tt 옵션은 왼쪽에 상대적 타임스탬프를 출력하며, -T 옵션

은 오른쪽에 시스템 콜 시간을 출력합니다. 각 read(2)의 크기는 64KB이었으며, 최초에는 18ms, 그 후 56μs가 소요되었고(캐시 히트로 추정), 그 후 다시 5ms로 증가했습니다.

해당 read가 파일 시스템에서 이루어졌는지, 소켓 통신과 관련되었는지 확실하게 하기 위해서는 파일 디스크립터 9번이 어떤 것을 가리키는지 확인해야 합니다. 이를 위해서는 strace(1) 출력 결과 중 파일 디스크립터 9번에 해당하는 open(2) 시스템 콜을 찾아서 확인해 볼 수 있습니다. 또한 lsof(8) 같은 도구를 사용해서 해당 파일 디스크립터가 어떤 파일을 가리키고 있는지 확인하는 방법도 있습니다. 이 외에도 프로세스의 정보를 제공하는 /proc 파일 시스템을 통해 확인할 수도 있는데, 예를 들어, 파일 디스크립터 9번에 대한 정보는 /proc/845/fd{,info}/9를 통해 확인할 수 있습니다.

현재 strace(1) 구현체는 오버헤드를 상당히 부가하기 때문에, 측정된 지연시간은 관찰자 효과(observer effect)에 의한 왜곡된 값일 수도 있습니다. 이러한 부분이 걱정이라면 ext4slower(8)와 같은 더 새로운 트레이싱 도구들을 확인해 보세요. 이러한 도구들은 CPU별 트레이싱 버퍼를 사용하거나 BPF를 사용하여 오버헤드를 최소화하여 더 정확한 지연시간 측정이 가능하도록 합니다

8.6.8 fatrace

fatrace(1)는 리눅스의 fanotify API(file access notify)를 사용하는 특수한 트레이싱 도구인데, 다음은 그 출력 결과입니다.

```
# fatrace
sar(25294): O /etc/ld.so.cache
sar(25294): RO /lib/x86_64-linux-gnu/libc-2.27.so
sar(25294): C /etc/ld.so.cache
sar(25294): O /usr/lib/locale/locale-archive
sar(25294): O /usr/share/zoneinfo/America/Los_Angeles
sar(25294): RC /usr/share/zoneinfo/America/Los_Angeles
sar(25294): RO /var/log/sysstat/sa09
sar(25294): R /var/log/sysstat/sa09
[...]
```

각 줄에는 프로세스 이름, PID, 이벤트 유형, 전체 경로 및 추가 상태가 출력됩니다. 이러한 이벤트 유형에는 열기(O), 읽기(R), 쓰기(W), 닫기(C)가 올 수 있습니다. fatrace(1)는 워크로드 특성화에 매우 유용한데, 어떤 파일을 접근하는지 확인이 가

능하고, 워크로드가 불필요한 작업을 하는지 확인하고 제거할 수 있습니다.

그렇지만 파일 시스템의 작업 부하가 매우 높은 경우, fatrace(1)는 매초 수만 라인의 출력 결과를 쏟아낼 수 있으며 CPU 리소스를 현저하게 소모할 수 있습니다. 오버헤드를 줄이려면 특정 이벤트 유형 하나만 필터링하면 도움이 될 것입니다. opensnoop(8)(8.6.10절)과 같은 BPF 기반의 트레이싱 도구들도 오버헤드를 크게 줄입니다.

8.6.9 LatencyTOP

LatencyTOP은 지연시간의 원인을 시스템 전체를 종합해 보여주거나, 프로세스별로 보고하는 도구입니다. 다음은 LatencyTOP을 이용해 파일 시스템 지연시간을 확인하는 예시입니다.

```
Cause                               Maximum       Percentage
Reading from file                 209.6 msec        61.9 %
synchronous write                  82.6 msec        24.0 %
Marking inode dirty                 7.9 msec         2.2 %
Waiting for a process to die        4.6 msec         1.5 %
Waiting for event (select)          3.6 msec        10.1 %
Page fault                          0.2 msec         0.2 %

Process gzip (10969)         Total: 442.4 msec
Reading from file                 209.6 msec        70.2 %
synchronous write                  82.6 msec        27.2 %
Marking inode dirty                 7.9 msec         2.5 %
```

위쪽 부분은 시스템 전체에 대한 요약이며, 아래 부분은 파일을 압축하는 gzip(1) 프로세스 하나에 대한 분석입니다. gzip(1) 지연시간 중에 가장 큰 부분은 파일 읽기(Reading from file, 70.2%), 그다음은 새로운 압축파일을 쓰면서 생기는 동기적인 쓰기 작업(synchronous write, 27.2%)에 있었습니다.

LatencyTOP은 인텔이 개발한 도구로, 현재는 개발이 중단된 상태입니다. 또한 LatencyTOP은 흔히 사용되지 않던 일부 커널 옵션[22]들을 필요로 하기 때문에, 사용하기가 어려웠던 측면이 있습니다. 여러분들은 아마 이 도구 대신 BPF 트레이싱 도구들을 사용해 파일 시스템 지연시간을 측정하는 것이 더 쉽다고 느끼실 겁니다. 8.6.13~8.6.15절을 확인해 보세요.

---

[22] CONFIG_LATENCYTOP 및 CONFIG_HAVE_LATENCYTOP_SUPPORT가 활성화되어 있어야만 합니다.

8.6.10 opensnoop

opensnoop(8)[23]는 파일 열기 동작을 트레이싱하는 BCC 및 bpftrace 도구입니다. 이를 이용하여 애플리케이션에서 사용하는 데이터 파일, 로그 파일, 설정 파일 등의 위치를 찾아낼 수 있습니다. 또한 opensnoop(8)은 빈번한 파일 열기 작업으로 인해 발생하는 성능 문제를 찾아낼 수 있으며, 누락된 파일로 인해 발생하는 애플리케이션 이슈를 해결하는 데 유용합니다. 다음은 이 도구의 출력 사례인데, 타임스탬프를 포함하기 위해 -T 가 사용되었습니다.

```
# opensnoop -T
TIME(s)         PID     COMM        FD  ERR PATH
0.000000000     26447   sshd         5   0 /var/log/btmp
[...]
1.961686000     25983   mysqld       4   0 /etc/mysql/my.cnf
1.961715000     25983   mysqld       5   0 /etc/mysql/conf.d/
1.961770000     25983   mysqld       5   0 /etc/mysql/conf.d/mysql.cnf
1.961799000     25983   mysqld       5   0 /etc/mysql/conf.d/mysqldump.cnf
1.961818000     25983   mysqld       5   0 /etc/mysql/mysql.conf.d/
1.961843000     25983   mysqld       5   0 /etc/mysql/mysql.conf.d/mysql.cnf
1.961862000     25983   mysqld       5   0 /etc/mysql/mysql.conf.d/mysqld.cnf
[...]
2.438417000     25983   mysqld       4   0 /var/log/mysql/error.log
[...]
2.816953000     25983   mysqld      30   0 ./binlog.000024
2.818827000     25983   mysqld      31   0 ./binlog.index_crash_safe
2.820621000     25983   mysqld       4   0 ./binlog.index
[...]
```

필자는 opensnoop(8)을 MySQL 데이터베이스가 시작될 때 같이 실행하였는데, MySQL이 어떤 설정 파일, 로그 파일, 데이터 파일(바이너리 로그) 등에 접근하는지 보여줍니다.

opensnoop(8)은 open(2) 계열 시스템 콜인 open(2) 및 openat(2)만을 트레이싱합니다. 일반적으로 파일 열기 동작은 빈번하지 않기 때문에 opensnoop(8)의 오버헤드는 무시할 수 있는 수준일 것으로 예상됩니다.

opensnoop(8)의 BCC 버전에서는 다음과 같은 옵션이 있습니다.

---

[23] 연혁: 필자는 2004년에 opensnoop의 초기 버전을 개발했고, 2015년 9월 17일에 BCC 버전을, 그리고 2018년 9월 8일에 bpftrace 버전을 만들었습니다.

- -T: 타임스탬프를 포함합니다
- -x: 실패한 파일 열기 동작만을 보여줍니다
- -p PID: 해당 프로세스만 트레이싱합니다
- -n NAME: 프로세스 이름에 NAME이 포함되는 프로세스에 대해서만 파일 열기 동작을 보여줍니다

특히 -x 옵션은 애플리케이션이 파일들을 열지 못하는 경우들에 초점을 맞추기 때문에, 문제 해결에 유용합니다.

8.6.11 filetop

filetop(8)[24]은 BCC 도구로 파일들에 대한 top(1)과 유사한데, 가장 빈번하게 읽히고 쓰여진 파일 이름을 보여줍니다. 다음은 예시 출력 결과의 일부분입니다.

```
# filetop
Tracing... Output every 1 secs. Hit Ctrl-C to end
19:16:22 loadavg: 0.11 0.04 0.01 3/189 23035
TID    COMM              READS  WRITES  R_Kb   W_Kb   T FILE
23033  mysqld            481    0       7681   0      R sb1.ibd
23033  mysqld            3      0       48     0      R mysql.ibd
23032  oltp_read_only.   3      0       20     0      R oltp_common.lua
23031  oltp_read_only.   3      0       20     0      R oltp_common.lua
23032  oltp_read_only.   1      0       19     0      R Index.xml
23032  oltp_read_only.   4      0       16     0      R openssl.cnf
23035  systemd-udevd     4      0       16     0      R sys_vendor
[...]
```

filetop(8)는 기본적으로 상위 20개의 파일을 출력하는데, 읽기 바이트수(R_Kb)를 기준으로 정렬됩니다. 출력 결과의 첫 번째 줄은 mysqld이 sb1.ibd 파일로부터 481회의 읽기를 했으며, 읽은 크기가 7,681KB임을 보여줍니다.

이 도구는 워크로드 특성화와 파일 시스템에 대한 관측가능성에 사용됩니다. top(1)으로 CPU를 사용 중인 예상치 못한 프로세스를 발견할 수 있듯이, filetop(8)을 사용하면 I/O가 빈번한 예상치 못한 파일을 찾아내는데 도움이 될 수 있습니다.

filetop(8)은 기본적으로 일반 파일 유형들만을 출력합니다. 만일 TCP 소켓과 장치 파일과 같은 모든 파일 유형을 살펴보고 싶다면 -a 옵션을 사용하면 됩니다.

---

24 연혁: 필자는 2016년 2월 6일에 BCC용으로 이것을 만들었는데, 윌리엄 르페브르가 만든 top(1)에서 영감을 얻었습니다.

```
# filetop -a
[...]
TID     COMM        READS   WRITES  R_Kb    W_Kb    T FILE
21701   sshd        1       0       16      0       O ptmx
23033   mysqld      1       0       16      0       R sbtest1.ibd
23335   sshd        1       0       8       0       S TCP
1       systemd     4       0       4       0       R comm
[...]
```

출력 결과의 파일 유형을 살펴보면 O와 S가 있는데, 이는 각각 기타 파일 유형(O, other)과 소켓 파일 유형(S, socket)을 의미합니다. 이 예시에서 기타 파일 유형인 ptmx는 문자 특수 파일(character special file)입니다(/dev에 위치).

옵션은 다음과 같습니다.

- -C: 화면을 지우지 않고 출력을 지속적으로 누적합니다.
- -a: 모든 파일 유형을 보여줍니다.
- -r ROWS: 해당 수만큼의 열을 출력합니다(기본값 20).
- -p PID: 해당 프로세스만 트레이싱합니다.

-C 옵션이 사용되지 않는다면 화면이 매초 갱신됩니다(top(1)과 동일). 필자는 -C 옵션을 선호하는데, 이렇게 하면 화면을 지우지 않고 출력 결과가 터미널에 지속적으로 누적되어 추후 확인할 수 있기 때문입니다.

8.6.12 cachestat

cachestat(8)[25]은 페이지 캐시의 히트 및 미스 통계를 보여주는 BCC 도구로, 이를 통해 페이지 캐시의 적중률과 효율성을 확인할 수 있습니다. 또한, 시스템 및 애플리케이션 튜닝 시 캐시 성능 개선 여부에 대한 피드백을 제공할 수 있습니다. 아래는 예시 출력 결과입니다.

```
$ cachestat -T 1
TIME        HITS    MISSES  DIRTIES HITRATIO    BUFFERS_MB  CACHED_MB
21:00:48    588     0       1870    100.00%     208         775
21:00:49    125     0       1775    100.00%     208         776
21:00:50    113     0       1644    100.00%     208         776
21:00:51    23      0       1389    100.00%     208         776
21:00:52    134     0       1906    100.00%     208         777
[...]
```

[25] 연혁: 필자는 2014년 12월 28일에 Ftrace를 이용해서 cachestat(8)를 실험적으로 개발하였습니다. 앨런 맥알리비(Allan McAleavy)는 2015년 11월 6일에 이 도구를 BCC로 포팅했습니다.

이 출력 결과는 읽기 워크로드의 경우 데이터가 완전히 캐시됐음을(100% HITRA-TIO)를 보여주고, 쓰기 워크로드가 다수 발생하고 있음(DIRTIES)을 보여주고 있습니다. 파일 I/O에서 가장 이상적인 상황은 캐시 적중률이 100%에 가까워서, 애플리케이션의 읽기 작업이 디스크 I/O로 인해 블로킹되지 않는 것입니다.

만일 캐시 적중률이 낮아 성능 저하가 발생하고 있다면, 페이지 캐시에 더 많은 메모리를 할당하는 것이 성능 개선에 도움이 될 수 있습니다. 이를 위해 애플리케이션이 사용하는 메모리 양을 줄여, 운영 체제가 페이지 캐시에 사용할 수 있는 공간을 확보하도록 유도할 수 있습니다. 만일 스왑 장치가 구성되었다면, 페이지 캐시가 스와핑되는 비율을 조절하는 swappiness 튜닝 옵션을 살펴볼 필요가 있습니다.

옵션으로는 타임스탬프를 출력하는 -T 가 있습니다.

cachestat(8)은 페이지 캐시 적중률에 대한 유용한 통찰력을 제공하는 도구입니다. 그러나 이 도구는 kprobe를 통해 특정 커널 함수를 트레이싱하는 실험적인 도구이기 때문에, 다른 커널 버전에서는 작동하지 않을 수도 있습니다. 향후 tracepoint나 /proc 통계가 추가될 경우, 이 도구를 안정적으로 사용할 수 있도록 kprobe 대신 안정적인 tracepoint나 /proc 통계를 다시 작성하는 것이 바람직합니다. 현재 이 도구는 안정성이 보장되지 않지만, 이러한 도구의 가능성을 보여주는 데 의의가 있다고 하겠습니다.

8.6.13 ext4dist (xfs, zfs, btrfs, nfs)

ext4dist(8)[26]는 ext4 파일 시스템을 계측하고 read, write, open, fsync와 같은 일반적인 연산들에 대한 지연시간의 분포를 히스토그램으로 보여주는 BCC 및 bpftrace 도구입니다. xfsdist(8), zfsdist(8), btrfsdist(8), nfsdist(8)와 같은 여타 파일 시스템 용 버전도 제공합니다. 다음은 예시 출력 결과의 일부분입니다.

```
# ext4dist 10 1
Tracing ext4 operation latency... Hit Ctrl-C to end.

21:09:46:
```

---

26 연혁: 필자는 2016년 2월 12일에 BCC 기반의 ext4dist(8)을 만들었으며, 2019년 2월 2일에는 bpftrace 버전을 [Gregg 19]을 위해 만들었습니다. 이 도구들은 모두 필자가 2012년에 개발한 ZFS 도구에서 영감을 받아 만들었습니다.

```
operation = read
    usecs               : count    distribution
        0 -> 1          : 783      |********************                    |
        2 -> 3          : 88       |**                                      |
        4 -> 7          : 449      |************                            |
        8 -> 15         : 1306     |****************************************|
       16 -> 31         : 48       |*                                       |
       32 -> 63         : 12       |                                        |
       64 -> 127        : 39       |*                                       |
      128 -> 255        : 11       |                                        |
      256 -> 511        : 158      |****                                    |
      512 -> 1023       : 110      |***                                     |
     1024 -> 2047       : 33       |*                                       |

operation = write
    usecs               : count    distribution
        0 -> 1          : 1073     |****************************            |
        2 -> 3          : 324      |********                                |
        4 -> 7          : 1378     |************************************    |
        8 -> 15         : 1505     |****************************************|
       16 -> 31         : 183      |****                                    |
       32 -> 63         : 37       |                                        |
       64 -> 127        : 11       |                                        |
      128 -> 255        : 9        |                                        |

operation = open
    usecs               : count    distribution
        0 -> 1          : 672      |****************************************|
        2 -> 3          : 10       |                                        |

operation = fsync
    usecs               : count    distribution
      256 -> 511        : 485      |*********                               |
      512 -> 1023       : 308      |******                                  |
     1024 -> 2047       : 1779     |****************************************|
     2048 -> 4095       : 79       |*                                       |
     4096 -> 8191       : 26       |                                        |
     8192 -> 16383      : 4        |                                        |
```

이 도구에서 사용된 인자는 10과 1로, 이는 10초 간격으로 1회 트레이싱을 수행한 다는 의미입니다. 출력 결과에서 읽기 작업의 지연시간 분포는 쌍봉 분포 형태를 띠고 있습니다. 그중 하나는 0~15us 범위 내에 위치하며, 이는 메모리 캐시 히트로 인한 것으로 추정됩니다. 나머지 하나는 256~2048us 범위 내에 위치하며, 이는 디스크 읽기로 인한 지연시간일 가능성이 높습니다. 기타 연산들의 분포도 분석할 수 있습니다. 쓰기 작업은 대체적으로 빠르게 처리되었는데, 이는 파일 시스템에서 데이터 쓰기 작업이 메모리에 버퍼링되기 때문입니다. 이렇게 버퍼링된 데이터는 추후에 느린 fsync 연산을 통해 디스크에 플러시될 것입니다.

이 도구와는 다르게 디스크 수준에서 지연시간을 측정하는 것도 가능합니다(9장에서 다룸). 그러나 애플리케이션이 반드시 디스크 I/O로 블로킹되는 것은 아니므로 이러한 측정값을 해석하기 어려울 수 있습니다. 따라서 가능하다면, 디스크 I/O 지연시간 도구보다는 애플리케이션이 겪은 지연시간을 보여주는 ext4dist(8)/ext4slower(8) 도구를 먼저 사용하는 것이 좋습니다. 파일 시스템에 대한 논리적 I/O(ext4dist(8)/ext4slower(8)로 측정)와 디스크에 대한 물리적 I/O 간의 차이점은 8.3.12절에서 다루었습니다.

옵션은 다음과 같습니다.

- –m: 결과를 ms 단위로 출력합니다
- –p PID: 해당 프로세스만 트레이싱합니다

이 도구의 출력 결과는 지연시간 히트맵으로 시각화해 살펴볼 수 있습니다. 느린 파일 시스템 I/O와 관련된 더 많은 정보를 얻기 위해서는, ext4slower(8)나 관련 계열 도구들을 실행해 보세요.

8.6.14 ext4slower (xfs, zfs, btrfs, nfs)

ext4slower(8)[27]는 일반적인 ext4 연산들을 트레이싱하며 주어진 임계 값보다 느렸던 이벤트들에 대한 세부 정보를 출력합니다. 이 도구에서는 read, write, open, fsync를 트레이싱합니다. 다음은 예시 출력 결과의 일부분입니다.

```
# ext4slower
Tracing ext4 operations slower than 10 ms
TIME     COMM      PID     T BYTES  OFF_KB   LAT(ms) FILENAME
21:36:03 mysqld    22935   S 0      0         12.81  sbtest1.ibd
21:36:15 mysqld    22935   S 0      0         12.13  ib_logfile1
21:36:15 mysqld    22935   S 0      0         10.46  binlog.000026
21:36:15 mysqld    22935   S 0      0         13.66  ib_logfile1
21:36:15 mysqld    22935   S 0      0         11.79  ib_logfile1
[...]
```

---

[27] 연혁: 필자는 2016년 2월 11일에 ext4slower(8)를 개발하였는데, 이는 필자가 2011년에 개발한 ZFS 도구에서 영감을 받아 만들었습니다.

여기서 각 항목은 시간(TIME), 프로세스 이름(COMM), pid(PID), 연산 유형(T: read(R), write(W), open(O), sync(S)), KB 단위의 오프셋(OFF_KB), ms 단위의 연산 지연시간(LAT(ms)), 파일 이름(FILENAME)을 보여줍니다.

위의 출력 결과에는 10ms를 초과하는 여러 sync 연산(S)들이 출력되었는데, 이는 ext4slower(8) 기본 지연시간 임계값이 10ms이기 때문입니다. 지연시간 임계값은 ext4slower(8)의 인자로 설정할 수 있으며, 0ms를 선택하면 모든 연산을 보여줍니다.

```
# ext4slower 0
Tracing ext4 operations
21:36:50 mysqld       22935  W 917504  2048     0.42 ibdata1
21:36:50 mysqld       22935  W 1024    14165    0.00 ib_logfile1
21:36:50 mysqld       22935  W 512     14166    0.00 ib_logfile1
21:36:50 mysqld       22935  S 0       0        3.21 ib_logfile1
21:36:50 mysqld       22935  W 1746    21714    0.02 binlog.000026
21:36:50 mysqld       22935  S 0       0        5.56 ibdata1
21:36:50 mysqld       22935  W 16384   4640     0.01 undo_001
21:36:50 mysqld       22935  W 16384   11504    0.01 sbtest1.ibd
21:36:50 mysqld       22935  W 16384   13248    0.01 sbtest1.ibd
21:36:50 mysqld       22935  W 16384   11808    0.01 sbtest1.ibd
21:36:50 mysqld       22935  W 16384   1328     0.01 undo_001
21:36:50 mysqld       22935  W 16384   6768     0.01 undo_002
[...]
```

위의 출력 결과에서 한 가지 패턴을 확인할 수 있는데, mysqld은 파일에 대해 쓰기를 수행하고 난 다음 sync 연산을 수행한다는 것입니다.

모든 연산을 트레이싱하면 엄청난 양의 결과를 출력하며 그에 따른 오버헤드도 상당할 것입니다. 필자는 이를 짧은 시간 동안(예: 10초)만 실행하여 분석하는데, 다른 도구(ext4dist(8) 등)로는 파악하기 어려운 파일 시스템 동작을 이해하기 위해서 입니다.

이 도구의 옵션으로는 특정 프로세스만 트레이싱하는 -p PID와 결과를 CSV 형식으로 파싱 가능하게 하는 -j가 있습니다.

8.6.15 bpftrace

bpftrace는 BPF 기반의 트레이싱 도구로 고급 프로그래밍 언어를 제공해서 강력한 원 라이너와 짧은 스크립트를 작성할 수 있게 합니다. bpftrace는 기타 도구로부터 얻은 실마리를 근거로 한 파일 시스템 분석에 잘 맞습니다.

bpftrace에 대해서는 15장 "BPF"에서 설명합니다. 이번 절에서는 시스템 콜 트레이싱, VFS 트레이싱, 파일 시스템 내부 구조와 같은 파일 시스템 분석과 관련한 일부 사례를 보여드립니다.

원 라이너

다음은 몇 가지 유용한 bpftrace 원 라이너들인데, 이들을 통해 bpftrace의 다양한 기능을 살펴볼 수 있습니다.

openat(2) 시스템 콜로 파일이 열릴 때 프로세스 이름과 함께 트레이싱합니다.

```
bpftrace -e 't:syscalls:sys_enter_openat { printf("%s %s\n", comm,
    str(args->filename)); }'
```

읽기 시스템 콜을 시스템 콜 유형별로 집계합니다.

```
bpftrace -e 'tracepoint:syscalls:sys_enter_*read* { @[probe] = count(); }'
```

쓰기 시스템 콜을 시스템 콜 유형별로 집계합니다.

```
bpftrace -e 'tracepoint:syscalls:sys_enter_*write* { @[probe] = count(); }'
```

read() 시스템 콜 요청 크기의 분포를 보여줍니다.

```
bpftrace -e 'tracepoint:syscalls:sys_enter_read { @ = hist(args->count); }'
```

read() 시스템 콜 읽기 크기(와 오류)의 분포를 보여줍니다.

```
bpftrace -e 'tracepoint:syscalls:sys_exit_read { @ = hist(args->ret); }'
```

read() 시스템 콜 에러를 에러 코드별로 집계합니다.

```
bpftrace -e 't:syscalls:sys_exit_read /args->ret < 0/ { @[- args->ret] = count(); }'
```

VFS 호출을 집계합니다.

```
bpftrace -e 'kprobe:vfs_* { @[probe] = count(); }'
```

PID 181의 VFS 호출을 집계합니다.

```
bpftrace -e 'kprobe:vfs_* /pid == 181/ { @[probe] = count(); }'
```

ext4 tracepoint를 집계합니다.

```
bpftrace -e 'tracepoint:ext4:* { @[probe] = count(); }'
```

xfs tracepoint를 집계합니다.

```
bpftrace -e 'tracepoint:xfs:* { @[probe] = count(); }'
```

ext4 파일 읽기 동작을 프로세스 이름과 사용자 레벨 스택별로 집계합니다.

```
bpftrace -e 'kprobe:ext4_file_read_iter { @[ustack, comm] = count(); }'
```

ZFS spa_sync() 시간을 트레이싱합니다.

```
bpftrace -e 'kprobe:spa_sync { time("%H:%M:%S ZFS spa_sync()\n"); }'
```

dcache 참조를 프로세스 이름과 PID별로 집계합니다.

```
bpftrace -e 'kprobe:lookup_fast { @[comm, pid] = count(); }'
```

시스템 콜 트레이싱

시스템 콜은 파일 시스템의 동작을 파악하기에 매우 적합한 대상이므로 많은 도구에서 시스템 콜을 트레이싱 대상으로 사용합니다. 그러나 일부 시스템 콜은 제공하는 파일 시스템 컨텍스트가 충분하지 않아 분석에 어려움이 있을 수 있습니다. 이에 따라 필자는 시스템 콜 트레이싱이 추가적인 정보 없이도 파일 시스템 분석에 유용한 경우(openat(2) 트레이싱)와 그렇지 않은 경우(read(2) 트레이싱)를 보여주고, 이러한 경우에 시도해 볼 수 있는 방법을 제시하고자 합니다.

openat(2)

다음은 open(2) 계열 시스템 콜을 트레이싱해서 새로 열리는 파일들을 출력하는 사례입니다(요즘은 openat(2) 계열이 더 흔히 사용됩니다). 트레이싱 결과는 다음과 같습니다.

```
# bpftrace -e 't:syscalls:sys_enter_openat { printf("%s %s\n", comm,
    str(args->filename)); }'
Attaching 1 probe...
sa1 /etc/sysstat/sysstat
sadc /etc/ld.so.cache
sadc /lib/x86_64-linux-gnu/libsensors.so.5
sadc /lib/x86_64-linux-gnu/libc.so.6
sadc /lib/x86_64-linux-gnu/libm.so.6
sadc /sys/class/i2c-adapter
sadc /sys/bus/i2c/devices
sadc /sys/class/hwmon
sadc /etc/sensors3.conf
[...]
```

이 출력 결과는 sar(1)이 실행 중임을 포착하고, 또한 sar(1)이 현재 열고 있는 파일을 포착한 것입니다. 이 bpftrace 원 라이너는 해당 tracepoint의 인자 중 하나인 'filename'을 사용하여 파일 이름을 출력하고 있으며, 이 tracepoint가 제공하는 인자들은 '-lv' 옵션을 통해 확인할 수 있습니다.

```
# bpftrace -lv t:syscalls:sys_enter_openat
tracepoint:syscalls:sys_enter_openat
    int __syscall_nr;
    int dfd;
    const char * filename;
    int flags;
    umode_t mode;
```

이 tracepoint가 제공하는 인자들은 시스템 콜 번호, 파일 디스크립터, 파일 이름, open 플래그, 그리고 open 모드인데, opensnoop(8)와 마찬가지로 원 라이너와 도구들이 사용하기에 충분한 정보입니다.

read(2)

파일 시스템의 읽기 지연시간을 확인할 때 read(2)는 유용한 트레이싱 대상일 것입니다. 하지만 tracepoint 인자를 잘 살펴보고 어떠한 문제가 있는지 생각해 보세요.

```
# bpftrace -lv t:syscalls:sys_enter_read
tracepoint:syscalls:sys_enter_read
```

```
int __syscall_nr;
unsigned int fd;
char * buf;
size_t count;
```

read(2)는 파일 시스템, 소켓, /proc 뿐만 아니라 다른 대상에 대해서도 호출될 수 있는데, 해당 tracepoint의 인자들은 이러한 유형을 구분하지 않는다는 문제가 있습니다. 다음은 read(2) 시스템 콜을 프로세스 이름별로 집계하는 bpftrace 원 라이너인데, 파일 시스템 컨텍스트가 충분하지 않은 경우, 이러한 집계 결과가 혼란스러울 수 있음을 보여주는 사례입니다.

```
# bpftrace -e 't:syscalls:sys_enter_read { @[comm] = count(); }'
Attaching 1 probe...
^C

@[systemd-journal]: 13
@[sshd]: 141
@[java]: 3472
```

트레이싱하는 동안 자바는 3,472회의 read(2) 시스템 콜을 수행했습니다만, 이것들이 파일 시스템에 대한 것인지, 소켓에 대한 것인지, 혹은 기타 다른 대상에 대한 것인지 확인하기 어렵습니다. (sshd 읽기는 아마 소켓 I/O일 것입니다.)

read(2)는 정수형의 파일 디스크립터(FD) 정보를 제공하지만, 이것은 단지 숫자일 뿐이며 FD 유형을 보여주지 않습니다(그리고 bpftrace는 제한된 커널 모드에서 실행되기 때문에 /proc에서 FD 정보를 조회할 수 없습니다). 이 문제에 대해 해결할 수 있는 적어도 네 가지 해결책이 있습니다.

- bpftrace에서 PID와 FD를 같이 출력하고, 이후 lsof(8) 또는 /proc를 사용해서 해당 FD가 가리키는 파일이 무엇인지를 확인해 보세요.
- 곧 공개될 BPF 도우미인 get_fd_path()는 FD에 해당하는 파일의 경로명을 리턴할 수 있습니다. 이 헬퍼 함수가 리턴하는 경로 이름을 확인하면 파일 시스템 읽기와 기타 유형을 구분하기 수월할 것입니다.[28]

---

28 (옮긴이) get_fd_path() 헬퍼는 커널에 머지되지 않았습니다. FD에서 바로 경로를 얻으려면 VFS 락을 잡아야 하는데, 일부 컨텍스트(예: 트레이싱)에서는 데드락이 발생할 우려가 있어 커널에 포함되지 않았습니다. 그 대신 bpf_d_path()가 추가되어 struct path를 문자열로 바꾸는 방식이 쓰이고 있습니다. FD만으로 직접 경로를 구하는 기능은 현재 지원되지 않습니다.

- 시스템 콜 대신에 VFS 레벨을 트레이싱 하세요. VFS에서는 더 많은 데이터 구조를 사용할 수 있습니다
- 기타 I/O 유형들을 배제하기 위해 파일 시스템 함수들을 직접 트레이싱 하세요. ext4dist(8)와 ext4slower(8)는 이 접근 방법을 사용합니다.

다음 절에서는 VFS 지연시간 트레이싱을 다루며 VFS 기반의 해결책을 보여줍니다.

VFS 트레이싱

가상 파일 시스템(VFS)은 커널의 파일 시스템 계층 구조에서 최상위에 위치하며, 모든 파일 시스템(및 기타 장치들)들을 추상화하여 일관된 인터페이스를 제공합니다. 따라서 가상 파일 시스템을 트레이싱하면, 어떤 파일 시스템이 사용되었는지와 상관없이 모든 파일 시스템을 한 곳에서 통합적으로 관측할 수 있습니다.

VFS 호출 집계

VFS 호출을 집계하면 시스템이 현재 어떤 연산 유형을 주로 수행하고 있는지 파악하는데 매우 유용합니다. 다음은 'vfs_'로 시작되는 커널 함수들을 kprobe를 사용해서 집계한 결과입니다.

```
# bpftrace -e 'kprobe:vfs_* { @[func] = count(); }'
Attaching 65 probes...
^C
[...]
@[vfs_statfs]: 36
@[vfs_readlink]: 164
@[vfs_write]: 364
@[vfs_lock_file]: 516
@[vfs_iter_read]: 2551
@[vfs_statx]: 3141
@[vfs_statx_fd]: 4214
@[vfs_open]: 5271
@[vfs_read]: 5602
@[vfs_getattr_nosec]: 7794
@[vfs_getattr]: 7795
```

이는 시스템 전체를 대상으로 하여 발생한 다양한 작업 유형을 보여줍니다. 트레이싱하는 동안 7,795개의 vfs_read() 작업이 있었습니다.

VFS 지연시간

시스템 콜과 마찬가지로 VFS 읽기 작업은 파일 시스템, 소켓 및 기타 대상을 위한 것일 수 있습니다. 다음 bpftrace 프로그램은 커널 구조체로부터 파일의 유형(inode-〉superblock-〉name)을 읽어오고, 각 유형별 vfs_read() 작업의 지연시간을 us 단위로 출력합니다.

```
# vfsreadlat.bt
Tracing vfs_read() by type... Hit Ctrl-C to end.
^C
[...]
@us[sockfs]:
[0]                   141 |@@@@@@@@@@@@@@@@@@@@@@@@@@@@@@@@@@@@@@@@@|
[1]                    91 |@@@@@@@@@@@@@@@@@@@@@@@@@@@             |
[2, 4)                 57 |@@@@@@@@@@@@@@@@                        |
[4, 8)                 53 |@@@@@@@@@@@@@@@                         |
[8, 16)                86 |@@@@@@@@@@@@@@@@@@@@@@@@@               |
[16, 32)                2 |                                        |
[...]

@us[proc]:
[0]                   242 |@@@@@@@@@@@@@@@@@@@@@@@@@@@@@@@@@@@@@@@@@|
[1]                    41 |@@@@@@@                                 |
[2, 4)                 40 |@@@@@@@                                 |
[4, 8)                 61 |@@@@@@@@@@@                             |
[8, 16)                44 |@@@@@@@                                 |
[16, 32)               40 |@@@@@@@                                 |
[32, 64)                6 |@                                       |
[64, 128)               3 |                                        |

@us[ext4]:
[0]                   653 |@@@@@@@@@@@@@@@@@@@@@@@@@@@@@@@@@@      |
[1]                   447 |@@@@@@@@@@@@@@@@@@@@@@@                 |
[2, 4)                 70 |@@@@                                    |
[4, 8)                774 |@@@@@@@@@@@@@@@@@@@@@@@@@@@@@@@@@@@@@@@@@|
[8, 16)               417 |@@@@@@@@@@@@@@@@@@@@@@                  |
[16, 32)               25 |@                                       |
[32, 64)                7 |                                        |
[64, 128)             170 |@@@@@@@@@                               |
[128, 256)             55 |@@@                                     |
[256, 512)             59 |@@@                                     |
[512, 1K)             118 |@@@@@@                                  |
[1K, 2K)                3 |@@                                      |
```

여기에는 생략되었지만, 이 출력 결과에는 sysfs, devpts, pipefs, devtmpfs, tmpfs, anon_inodefs에 대한 지연시간 히스토그램도 포함되어 있었습니다.

다음은 소스 코드입니다.

```
#!/usr/local/bin/bpftrace
#include <linux/fs.h>

BEGIN
{
        printf("Tracing vfs_read() by type... Hit Ctrl-C to end.\n");
}

kprobe:vfs_read
{
        @file[tid] = ((struct file *)arg0)->f_inode->i_sb->s_type->name;
        @ts[tid] = nsecs;
}

kretprobe:vfs_read
/@ts[tid]/
{
        @us[str(@file[tid])] = hist((nsecs - @ts[tid]) / 1000);
        delete(@file[tid]); delete(@ts[tid]);
}

END
{
        clear(@file); clear(@ts);
}
```

위의 코드에서는 vfs_read()에 대해서만 트레이싱을 수행하였지만, 여러분은 이 도구를 vfs_readv(), vfs_write(), vfs_writev() 등과 같은 기타 연산으로 확장해서 사용할 수 있습니다. 이러한 코드를 이해하려면 15.2.4절 "프로그래밍"을 먼저 살펴보세요. 해당 절에서는 vfs_read()의 시간을 측정하는 방법과 같이 bpftrace 프로그래밍 기초에 대해 설명합니다.

8.3.1절 "파일 시스템 지연시간"에서 언급했던 것처럼 이 코드에서 측정한 지연시간이 애플리케이션 성능에 직접 영향을 끼칠 수도 있고 그렇지 않을 수도 있다는 점에 유의하세요. 이는 해당 지연시간이 애플리케이션 요청 중에 발생했는지, 또는 비동기 백그라운드 작업 중에 발생했는지에 따라 다릅니다. 이를 파악하기 위해 사용자 스택 트레이스(ustack)를 추가 히스토그램 키로 포함시켜 볼 수 있는데, 이렇게 하면 vfs_read() 호출이 애플리케이션 요청 중에 발생했는지 아닌지 여부를 확인할 수 있습니다.

파일 시스템 내부 구조

필요하다면 파일 시스템 내부 구조의 동작을 보여주는 맞춤형 도구를 개발해 볼 수도 있습니다. 가능하다면 tracepoint를 먼저 시도해 보는 게 좋습니다. 다음은 ext4에서 사용할 수 있는 tracepoint를 확인하는 명령어 입니다.

```
# bpftrace -l 'tracepoint:ext4:*'
tracepoint:ext4:ext4_other_inode_update_time
tracepoint:ext4:ext4_free_inode
tracepoint:ext4:ext4_request_inode
tracepoint:ext4:ext4_allocate_inode
tracepoint:ext4:ext4_evict_inode
tracepoint:ext4:ext4_drop_inode
[...]
```

각각의 tracepoint는 인자를 가지고 있는데, -lv 옵션을 사용해 확인해 볼 수 있습니다. tracepoint로는 충분하지 않다면(혹은 분석하고자 하는 파일 시스템에서 tracepoint를 사용할 수 없다면), kprobe를 사용한 동적 계측을 고려해 보세요. 다음은 ext4를 이용해 계측할 수 있는 kprobe 대상을 확인하는 명령어입니다.

```
# bpftrace -lv 'kprobe:ext4_*'
kprobe:ext4_has_free_clusters
kprobe:ext4_validate_block_bitmap
kprobe:ext4_get_group_number
kprobe:ext4_get_group_no_and_offset
kprobe:ext4_get_group_desc
kprobe:ext4_wait_block_bitmap
[...]
```

이 커널 버전(5.3)에서 사용할 수 있는 ext4 tracepoint는 105개가 있고 ext4 kprobe는 538개가 있습니다.

8.6.16 기타 도구

표 8.7에는 앞서 설명하지 않은 기타 파일 시스템 관측가능성 도구들이 나열되어 있습니다. 이 도구들은 이 책과 《BPF 성능 분석 도구》[Gregg 19]에서 다뤄진 도구들입니다.

표 8.7 기타 파일 시스템 관측가능성 도구

절	도구	설명
5.5.6	syscount	시스템 콜 호출을 집계(파일 시스템 포함)
[Gregg 19]	statsnoop	stat(2) 계열 호출을 트레이싱
[Gregg 19]	syncsnoop	sync(2) 계열 호출을 타임스탬프와 함께 트레이싱
[Gregg 19]	mmapfiles	mmap(2) 파일들을 집계
[Gregg 19]	scread	read(2) 파일들을 집계
[Gregg 19]	fmapfault	파일 맵 폴트(filemap_fault)를 집계
[Gregg 19]	filelife	짧은 시간 동안만 사용되는 파일의 지속 시간을 초 단위로 트레이싱
[Gregg 19]	vfsstat	일반적인 VFS 연산 통계
[Gregg 19]	vfscount	일반적인 VFS 연산 집계
[Gregg 19]	vfssize	VFS 읽기/쓰기 크기를 출력
[Gregg 19]	fsrwstat	VFS 읽기/쓰기 동작을 파일 시스템 유형별로 출력
[Gregg 19]	fileslower	느린 파일 읽기/쓰기 연산 출력
[Gregg 19]	filetype	VFS 읽기/쓰기 동작을 파일 유형과 프로세스별로 출력
[Gregg 19]	ioprofile	I/O에 대한 호출 스택을 집계하고 해당 코드 경로를 출력
[Gregg 19]	writesync	일반 파일 쓰기 동작을 sync 플래그별로 출력
[Gregg 19]	writeback	write-back 이벤트와 지연시간 출력
[Gregg 19]	dcstat	디렉터리 캐시 히트 통계 출력
[Gregg 19]	dcsnoop	디렉터리 캐시 참조 트레이싱
[Gregg 19]	mountsnoop	시스템에서 발생하는 mount와 umount를 트레이싱
[Gregg 19]	icstat	아이노드 캐시 히트 통계
[Gregg 19]	bufgrow	버퍼 캐시 크기 증가를 프로세스 및 바이트 크기별로 출력
[Gregg 19]	readahead	미리 읽기 히트와 효율성 출력

기타 리눅스 파일 시스템 관련 도구에는 다음과 같은 것이 있습니다.

- df(1): 파일 시스템 사용률과 용량 통계를 보여줍니다
- inotify: 리눅스 파일 시스템 이벤트 모니터링을 위한 프레임워크

ZFS와 같이 일부 파일 시스템 유형은 운영 체제가 제공하는 도구를 사용해서 분석할 수 있을 뿐만 아니라, 자체적인 특수 성능 분석 도구를 가지고 있는 경우도 있습니다.

ZFS

ZFS에는 ZFS 풀 통계를 제공하기 위한 zpool(1M)이라는 도구가 있는데, 여기에는 iostat 하위 옵션이 들어 있습니다. 이 옵션을 이용하면 일정 시간 동안의 풀 연산량과 스루풋을 확인할 수 있습니다.

이 외에도 많이 사용되는 부가 기능으로 ARC와 L2ARC의 크기 및 히트/미스 비율을 보여주는 arcstat.pl 도구가 있습니다. 다음은 이 도구를 사용한 예시입니다.

```
$ arcstat 1
    time  read  miss  miss%  dmis  dm%  pmis  pm%  mmis  mm%  arcsz    c
04:45:47     0     0      0     0    0     0    0     0    0    14G  14G
04:45:49   15K    10      0    10    0     0    0     1    0    14G  14G
04:45:50   23K    81      0    81    0     0    0     1    0    14G  14G
04:45:51   65K    25      0    25    0     0    0     4    0    14G  14G
[...]
```

각 통계는 인터벌 단위로 출력되며, 다음과 같습니다.

- read, miss: 전체 ARC 접근과 미스
- miss%, dm%, pm%, mm%: ARC 미스 비율, 총 요청 비율, 프리패치 미스 비율, 메타데이터 미스 비율
- dmis, pmis, mmis: 총 미스된 요청 수, 프리패치 미스 수, 메타데이터 미스 수
- arcsz, c: ARC 크기, ARC 대상 크기

arcstat.pl은 펄(Perl)로 작성된 프로그램으로, kstat을 통해 통계를 읽습니다.

8.6.17 시각화

파일 시스템에 가해진 부하를 꺾은선 차트로 시각화하면 시간에 따른 사용 패턴을 손쉽게 파악할 수 있습니다. 특히 읽기, 쓰기 또는 다른 파일 시스템 연산을 각각 별도의 그래프로 분리하여 표현하면 더욱 유용할 수 있습니다.

파일 시스템 지연시간이 분포는 이론적으로 쌍봉분포를 보이리라 예상됩니다. 하나는 파일 시스템 캐시 히트로 인해 낮은 지연시간 분포를 보이고, 다른 하나는 캐시 미스로 인해 저장 장치 I/O가 발생하면서 높은 지연시간 분포를 보입니다. 이러한 이유로 분포를 단일 값(평균, 최빈값, 중앙값)으로 표현하면 오해를 불러일으킬 수 있습니다.

이 문제를 해결하는 한 가지 방법은 히트맵과 같이 전체 분포를 보여주는 시각화를

사용하는 것입니다. 히트맵은 2.10.3 절에서 소개했습니다. 그림 8.13은 파일 시스템 지연시간 히트맵의 예로, x축은 시간을, y축은 I/O 지연시간을 나타냅니다.[Gregg 09a]

이 히트맵은 L2ARC 장치를 사용함으로써 NFSv3 지연시간에 차이가 발생하는지 여부를 보여줍니다. L2ARC 장치는 ZFS의 보조 캐시로, 메인 메모리의 ARC 캐시에서 데이터를 찾지 못했을 때 그다음으로 조회되는 계층입니다. 일반적으로 플래시 메모리가 사용되며, 이에 대해서는 앞서 8.3.2절 "캐싱"에서 언급했습니다. 그림 8.13의 시스템은 128GB의 메인 메모리(DRAM)와 600GB의 L2ARC(읽기에 최적화된 SSD)로 구성되어 있습니다. 이 히트맵의 왼쪽 절반은 L2ARC 디바이스가 비활성화된 상태이고, 오른쪽 절반은 L2ARC 디바이스를 사용했을 때의 지연시간을 보여줍니다.

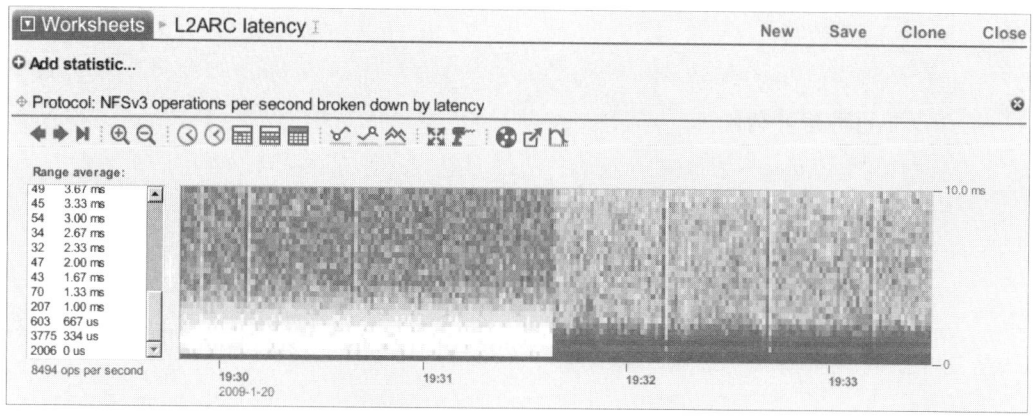

그림 8.13 파일 시스템 지연시간 히트맵

왼쪽 절반에서 파일 시스템 지연시간은 낮거나 높은데, 이 분포 사이에는 비어 있는 간격이 있습니다. 여기서 낮은 지연시간은 하단의 회색 선으로 대략 0ms 정도인데, 메인 메모리 캐시 적중일 가능성이 높습니다. 높은 지연시간은 대략 3ms 정도에서 시작하여 상단까지 퍼져 있는 '구름' 형태로 분포되어 있는데, 회전 디스크 지연시간일 가능성이 큽니다. 회전 디스크를 이용한 파일 시스템의 경우, 이러한 지연시간 쌍봉분포는 일반적입니다

오른쪽 절반에서는 L2ARC가 활성화되었으며 지연시간이 이제는 대개 3ms보다 낮고, 더 높은 디스크 지연시간도 줄어들었습니다. 이전에는 거의 값이 없었던 범위를 L2ARC의 지연시간이 채워서 파일 시스템 전체적인 지연시간이 줄어들었음을 확인할 수 있습니다.

8.7 실험

이번 절에서는 파일 시스템 성능을 능동적으로 테스트할 수 있는 도구를 설명합니다. 이 도구들을 가지고 8.5.8절 "마이크로 벤치마킹"에서 추천한 전략들을 따라해 보세요.

테스트 도구를 사용할 때는 iostat(1)을 계속 실행하여 워크로드가 예상대로 디스크에 도달하는지 확인하는 것이 좋습니다. 다만, 전혀 도달하지 않을 수도 있습니다. 예를 들어, 파일 시스템 캐시 크기가 워킹 셋 크기를 충분히 수용한다고 가정하면, 모든 데이터가 캐시에 의해 처리되어 iostat(1)에서 눈에 띄는 디스크 I/O가 없을 것으로 예상할 수 있습니다. 그러나 저널링 같은 다른 작업으로 인해 예상치 못한 I/O가 발생하여 iostat(1)에서 관측될 수도 있습니다. iostat(1)에 대해서는 9장 "디스크"에서 자세히 설명합니다.

8.7.1 임의 부하 생성

dd(1) 명령어(device-to-device copy)는 순차 파일 시스템 성능을 테스트할 수 있는 워크로드를 임의로 생성할 수 있습니다. 다음 명령어는 1MB 단위의 I/O로 1GB 크기의 파일 file1을 생성한 다음 읽는 명령어입니다.

```
write: dd if=/dev/zero of=file1 bs=1024k count=1k
read: dd if=file1 of=/dev/null bs=1024k
```

리눅스 버전의 dd(1)는 동작 완료 후 통계를 표시하는데, 다음은 그 출력 결과입니다.

```
$ dd if=/dev/zero of=file1 bs=1024k count=1k
1024+0 records in
1024+0 records out
1073741824 bytes (1.1 GB, 1.0 GiB) copied, 0.76729 s, 1.4 GB/s
```

이 출력 결과는 파일 시스템의 쓰기 스루풋이 1.4GB/s임을 보여줍니다(이 값은 write-back 캐싱이 활성화 되어 있어 메모리에만 기록됐기 때문에 높게 측정된 것입니다. 메모리에 기록된 데이터는 나중에 디스크로 플러시 될 터인데, vm.dirty_* 튜닝 설정에 따라 달라질 수 있습니다(7.6.1절 "튜닝 파라미터" 참고).

8.7.2 마이크로 벤치마크 도구

Bonnie, Bonnie++, iozone, tiobench, SysBench, fio, FileBench를 비롯해 사용 가능한 파일 시스템 벤치마크 도구가 많이 있습니다. 여기에서는 복잡도가 증가하는 순서로 몇 가지 소개하겠습니다. 추가로 12장 "벤치마킹"도 참고하세요. 필자는 개인적으로 fio를 추천합니다.

Bonnie, Bonnie++

Bonnie 도구는 간단한 C 프로그램으로, 단일 스레드에서 단일 파일에 대해 여러 워크로드를 테스트합니다. 1989년 팀 브레이(Tim Bray)가 처음 만들었습니다.[Bray 90] 사용법은 간단하며 실행 인자가 따로 필요하지 않습니다(기본값 사용).

```
$ ./Bonnie
File './Bonnie.9598', size: 104857600
[...]
              -------Sequential Output-------- ---Sequential Input-- --Random--
              -Per Char- --Block--- -Rewrite-- -Per Char- --Block--- --Seeks---
Machine    MB K/sec %CPU K/sec %CPU K/sec %CPU K/sec %CPU K/sec %CPU  /sec %CPU
           100 123396 100.0 1258402 100.0 996583 100.0 126781 100.0 2187052 100.0
164190.1 299.0
```

Bonnie의 출력 결과에는 각 테스트에 소요된 CPU 시간이 포함됩니다. 여기서는 CPU 시간이 100%로 나왔는데, 디스크 I/O가 항상 캐시에 적중하여 블록되지 않고 지속적으로 CPU에서 작동했다는 것을 의미합니다. 그 이유는 대상 파일의 크기가 100MB로, 이 시스템에서 전적으로 캐시될 수 있었기 때문입니다. -s size 옵션을 사용하면 파일 크기를 변경할 수 있습니다.

64비트 버전인 Bonnie-64도 있는데, 이를 이용하면 더 큰 파일을 테스트할 수 있습니다. 또한 러셀 코커(Russell Coker)가 C++로 재작성한 Bonnie++도 있습니다.[Coker 01]

아쉽게도 Bonnie와 같은 파일 시스템 벤치마크 도구는 여러분이 어떤 것을 테스트하고 있는지 제대로 인지하지 못하면 잘못된 정보를 줄 수 있습니다. 위에서 출력된 결과는 putc(3) 테스트이지만, 이는 시스템 라이브러리의 구현에 따라 결과가 달라질 수 있습니다. 따라서 파일 시스템을 테스트하기 위한 도구라고 해서 항상 파일 시스템만을 테스트하는 것은 아니며, putc(3)와 같은 시스템 라이브러리도 대상이 될 수 있으므로 주의가 필요합니다. 12.3.2절 "능동적 벤치마킹"을 참고하세요.

fio

옌스 악스보(Jens Axboe)가 개발한 fio(Flexible IO Tester)는 많은 고급 기능을 갖춘 파일 시스템 벤치마크 도구입니다.[Axboe 20] 필자가 다른 벤치마크 도구가 아니라 이 도구를 사용하는 이유를 두 가지 든다면 다음과 같습니다.

- 균일하지 않은 난수 분포를 제공: 실제 환경의 접근 패턴을 더 정확히 시뮬레이션 할 수 있습니다(예: –random_distribution=pareto:0.9)
- 지연시간 백분위를 제공: 99.00, 99.50, 99.90, 99.95, 99.99 등과 같이 세밀한 지연시간 백분위 정보를 제공합니다.

다음은 fio 벤치마크 도구를 실행한 예시 출력 결과입니다. 이 워크로드는 워킹 셋 크기가 5GB이며, I/O 크기가 8KB이며, 균일하지 않은(pareto:0.9) 접근 패턴을 가진 임의 접근 읽기 워크로드입니다.

```
# fio --runtime=60 --time_based --clocksource=clock_gettime --name=randread --
numjobs=1 --rw=randread --random_distribution=pareto:0.9 --bs=8k --size=5g -
filename=fio.tmp
randread: (g=0): rw=randread, bs=8K-8K/8K-8K/8K-8K, ioengine=sync, iodepth=1
fio-2.0.13-97-gdd8d
Starting 1 process
Jobs: 1 (f=1): [r] [100.0% done] [3208K/0K/0K /s] [401 /0 /0  iops] [eta 00m:00s]
randread: (groupid=0, jobs=1): err= 0: pid=2864: Tue Feb  5 00:13:17 2013
  read : io=247408KB, bw=4122.2KB/s, iops=515 , runt= 60007msec
    clat (usec): min=3 , max=67928 , avg=1933.15, stdev=4383.30
     lat (usec): min=4 , max=67929 , avg=1934.40, stdev=4383.31
    clat percentiles (usec):
     |  1.00th=[    5],  5.00th=[    5], 10.00th=[    5], 20.00th=[    6],
     | 30.00th=[    6], 40.00th=[    6], 50.00th=[    7], 60.00th=[  620],
     | 70.00th=[  692], 80.00th=[ 1688], 90.00th=[ 7648], 95.00th=[10304],
     | 99.00th=[19584], 99.50th=[24960], 99.90th=[39680], 99.95th=[51456],
     | 99.99th=[63744]
    bw (KB/s)  : min= 1663, max=71232, per=99.87%, avg=4116.58, stdev=6504.45
    lat (usec) : 4=0.01%, 10=55.62%, 20=1.27%, 50=0.28%, 100=0.13%
    lat (usec) : 500=0.01%, 750=15.21%, 1000=4.15%
    lat (msec) : 2=3.72%, 4=2.57%, 10=11.50%, 20=4.57%, 50=0.92%
    lat (msec) : 100=0.05%
  cpu          : usr=0.18%, sys=1.39%, ctx=13260, majf=0, minf=42
  IO depths    : 1=100.0%, 2=0.0%, 4=0.0%, 8=0.0%, 16=0.0%, 32=0.0%, >=64=0.0%
     submit    : 0=0.0%, 4=100.0%, 8=0.0%, 16=0.0%, 32=0.0%, 64=0.0%, >=64=0.0%
     complete  : 0=0.0%, 4=100.0%, 8=0.0%, 16=0.0%, 32=0.0%, 64=0.0%, >=64=0.0%
     issued    : total=r=30926/w=0/d=0, short=r=0/w=0/d=0
```

지연시간 백분위(clat)는 테스트 수행 중에 발생한 지연시간의 분포를 빠른 순서에서 느린 순서로 정렬한 후, 이 값을 백분위로 나누어 보여줍니다. 여기서 지연시간 백분위 중 상위 50%까지는 아주 낮은 지연시간을 보이는데, 캐시 지연시간(5~7us)으로 보아 캐시 히트로 추정됩니다. 나머지 백분위는 대체적으로 지연시간이 높은데, 이는 캐시 미스의 결과로 생각됩니다. 지연시간 백분위 중 가장 마지막에 있는 상위 99.99%는 지연시간이 63ms에 달했습니다.

이러한 백분위에는 워크로드의 지연시간이 다봉 분포인지 확신할 만한 정보는 부족합니다. 그 대신 가장 흥미진진한 부분인 더 느린 봉우리(디스크 I/O)의 꼬리 부분에 초점이 맞춰져 있습니다.

비슷하지만 더 간단한 도구로는 SysBench를 시도해 볼 수 있습니다(6.8.2절 "SysBench"에서 CPU 분석에 활용되었습니다). 반면 더 많은 부분을 제어하고 싶은 독자라면 FileBench를 시도해 보세요.

FileBench

FileBench는 프로그래밍 가능한 파일 시스템 벤치마크 도구로, 애플리케이션 부하를 FileBench의 워크로드 모델링 언어(Workload Model Language)로 기술해서 시뮬레이션할 수 있습니다. 이 언어를 이용하면 서로 다른 동작의 스레드를 시뮬레이션할 수 있고, 동기적인 스레드 동작들을 지정할 수도 있습니다. FileBench는 **성격(personality)**이라고 부르는 다양한 설정을 함께 제공합니다. 그러한 성격 중에는 오라클 데이터베이스의 I/O 모델을 시뮬레이션하는 것도 있습니다. 아쉽게도 FileBench는 배우고 사용하기 쉬운 도구는 아니며, 파일 시스템을 다루는 업무가 주된 직무가 아니라면 관심을 갖기 어려울 수 있습니다.

8.7.3 캐시 플러싱

리눅스는 파일 시스템 캐시를 완전히 비우는 방법을 제공합니다. 이 방법은 성능 벤치마크를 일관된 'cold' 캐시 상태(캐시에 데이터가 로드되지 않은 상태)에서 시작하고자 할 때 유용합니다. 이러한 상태는 시스템 부팅 직후의 환경과 유사합니다. 이 기능은 커널 소스 문서(Documentation/sysctl/vm.txt)에 간단하게 설명되어 있습니다.

페이지 캐시(pagecache)를 비우려면:
    echo 1 > /proc/sys/vm/drop_caches
재사용 가능한 슬랩 객체를 비우려면 (디렉터리 엔트리 및 아이노드 포함):
    echo 2 > /proc/sys/vm/drop_caches
슬랩 객체(slab objects)와 페이지 캐시를 모두 비우려면:
    echo 3 > /proc/sys/vm/drop_caches

다른 벤치마크를 실행하기 전에 슬랩 객체와 페이지 캐시를 모두 비우면 특히 유용할 수 있는데, 이렇게 하면 시스템이 캐시가 초기화된 일정한 상태(cold cache)에서 시작하므로 벤치마크 결과의 재현성을 높일 수 있습니다.

8.8 튜닝

많은 튜닝 방법을 8.5절 "방법론"에서 이미 살펴보았는데, 여기에는 캐시 튜닝이나 워크로드 특성화 등이 포함되어 있습니다. 워크로드 특성화를 이용하면 불필요한 작업을 식별하고 제거함으로써 성능을 가장 많이 향상시킬 수 있습니다. 이번 절에서는 구체적인 튜닝 파라미터에 대해 다루겠습니다.

상세한 튜닝(어떤 옵션이 있고, 각각을 어떻게 설정해야 할지)은 운영 체제 버전, 파일 시스템 유형, 예상 워크로드 등에 따라 다릅니다. 이제부터 어떤 옵션이 있고, 왜 그 값을 튜닝해야 하는지 설명하겠습니다. 여기서는 애플리케이션 호출과 ext4와 ZFS 파일 시스템 유형을 예시로 다루었습니다. 페이지 캐시 튜닝에 대해서는 7장 "메모리"를 참고하세요.

8.8.1 애플리케이션 호출

8.3.7절 "동기적 쓰기"에서는 개별 I/O 쓰기를 동기로 수행(open(2) 시 O_DSYNC/O_RSYNC 플래그 사용)하는 것보다 fsync(2)를 사용하여 여러 쓰기 작업을 논리적으로 묶어 한꺼번에 동기적으로 커밋하면 성능을 높일 수 있다고 설명하였습니다.

성능을 향상시킬 또 다른 방법으로는 posix_fadvise()와 madvise(2) 호출이 있습니다. 이 두 함수는 애플리케이션이 데이터를 어떻게 사용할지 명시히여, 어떤 대상을 캐시해야 하는지 운영 체제에 힌트를 제공합니다. 이를 통해 운영 체제는 캐시를 더 효율적으로 관리할 수 있으며, 결과적으로 시스템 전체의 I/O 성능을 향상시키는 데 도움을 줍니다.

posix_fadvise()

이 라이브러리 함수는 fadvise64(2) 시스템 콜을 감싸는(wrapper) 함수이며, 파일의 범위를 지정하여 데이터를 어떻게 사용할지 명시할 수 있습니다. 함수의 프로토타입은 다음과 같습니다.

int posix_fadvise(int fd, off_t offset, off_t len, int advice);

advice에는 표 8.8과 같은 값을 사용할 수 있습니다.

표 8.8 리눅스 posix_fadvise() advice 플래그

Advice 플래그	설명
POSIX_FADV_SEQUENTIAL	지정한 범위의 데이터에 순차적으로 접근합니다.
POSIX_FADV_RANDOM	지정한 범위의 데이터에 임의 순서로 접근합니다.
POSIX_FADV_NOREUSE	데이터를 재사용하지 않습니다.
POSIX_FADV_WILLNEED	데이터를 가까운 시간 내에 재사용합니다.
POSIX_FADV_DONTNEED	데이터를 가까운 시간 내에 재사용하지 않습니다.

커널은 advice 정보를 토대로 데이터를 프리패치하거나 캐시하기에 가장 좋은 시점을 결정함으로써 성능을 향상시킬 수 있습니다. 이를 통해 우선순위가 높은 데이터의 캐시 적중률을 높일 수 있는데, 애플리케이션의 제안 대로 하기 때문입니다. 사용 가능한 플래그에 대해서는 시스템의 매뉴얼 페이지를 참고하세요.

madvise()

이 시스템 콜은 메모리가 매핑된 영역에서 데이터를 어떻게 사용할지 명시할 수 있습니다. 프로토타입은 다음과 같습니다.

int madvise(void *addr, size_t length, int advice);

advice에는 표 8.9와 같은 값을 사용할 수 있을 것입니다.

표 8.9 리눅스 madvise(2) advice 플래그

Advice 플래그	설명
MADV_RANDOM	지정한 오프셋의 데이터에 임의 순서로 접근합니다.
MADV_SEQUENTIAL	지정한 오프셋의 데이터에 순차적으로 접근합니다.
MADV_WILLNEED	데이터를 가까운 시간 내에 재사용합니다(캐시하세요).
MADV_DONTNEED	데이터를 재사용하지 않습니다(캐시할 필요가 없습니다).

posix_fadvise()와 마찬가지로 커널은 이 정보를 사용해 캐시를 더 효율적으로 관리할 수 있으며, 성능을 향상시키는 데 도움을 줄 수 있습니다.

8.8.2 ext4

리눅스에서 ext2, ext3, ext4 파일 시스템은 다음 네 가지 방법 중 하나로 튜닝할 수 있습니다.

- 마운트 옵션
- tune2fs(8) 명령어
- /sys/fs/ext4 속성 파일들
- e2fsck(8) 명령어

mount와 tune2fs

마운트 옵션들은 마운트하는 시점에 설정할 수 있는데, mount(8) 명령어를 이용해서 수동으로 설정하거나, 아니면 부팅하는 과정에서 /boot/grub/menu.lst 및 /etc/fstab을 통해 설정할 수 있습니다. 사용할 수 있는 옵션들은 mount(8)의 매뉴얼 페이지에서 찾을 수 있습니다. 다음은 몇 가지 사례입니다.

```
# man mount
[...]
FILESYSTEM-INDEPENDENT MOUNT OPTIONS
[...]
     atime
           Do not use the noatime feature, so the inode access time is con
           trolled by kernel defaults.  See also the descriptions of the
           relatime and strictatime mount options.

     noatime
           Do not update inode access times on this  filesystem (e.g.  for
           faster access on the news spool to speed up news servers). This
[...]
     relatime
           Update  inode  access  times  relative to modify or change time.
           Access time is only updated if the previous access time was ear
           lier  than  the  current  modify  or  change  time. (Similar to
           noatime, but it doesn't break mutt or  other  applications  that
           need  to know if a file has been read since the last time it was
           modified.)
```

```
           Since Linux 2.6.30, the kernel defaults to the behavior provided
           by  this   option  (unless  noatime  was  specified),  and  the
           strictatime option is required to obtain traditional  semantics.
           In  addition, since Linux 2.6.30, the file's last access time is
           always updated if it is more than 1 day old.
[...]
```

noatime 옵션은 과거부터 액세스 타임스탬프 업데이트와 관련된 디스크 I/O를 수행하지 않도록 하여 성능을 향상시키는 데 사용되었습니다. 이 출력에서 설명된 것처럼 현재는 relatime이 기본값으로 설정되어 있으며, 이 옵션은 액세스 타임스탬프 업데이트 횟수를 줄이면서도 파일의 마지막 접근 시간을 추적할 수 있도록 하여 성능 저하를 최소화합니다.

mount(8) 매뉴얼 페이지는 일반적인 마운트 옵션과 파일 시스템 특화 마운트 옵션 두 가지를 모두 다루고 있습니다. 그러나 ext4와 관련된 마운트 옵션은 ext4(5) 매뉴얼 페이지에 더욱 자세히 설명되어 있습니다.

```
# man ext4
[...]
Mount options for ext4
[...]
       The  options  journal_dev, journal_path, norecovery, noload, data, com-
       mit, orlov, oldalloc, [no]user_xattr, [no]acl, bsddf, minixdf,  debug,
       errors,  data_err,  grpid,  bsdgroups, nogrpid, sysvgroups, resgid, re-
       suid, sb, quota, noquota, nouid32, grpquota, usrquota,  usrjquota,  gr-
       pjquota, and jqfmt are backwardly compatible with ext3 or ext2.

       journal_checksum | nojournal_checksum
              The  journal_checksum option enables checksumming of the journal
              transactions.  This will allow the recovery code  in  e2fsck  and
[...]
```

현재의 마운트 설정은 tune2fs -l device와 mount 명령을 통해 확인할 수 있습니다. tune2fs(8)은 이 외에도 여러 가지 마운트 옵션을 설정하거나 해제할 수 있습니다 (tune2fs(8) 매뉴얼 페이지 참고).

성능 향상을 위해 흔히 사용되는 마운트 옵션 중 하나는 noatime입니다. 파일 시스템 사용자가 액세스 타임스탬프 정보를 필요로 하지 않는 경우, 이 옵션을 사용해서 파일의 업데이트를 하지 않도록 함으로써 디스크 I/O를 감소시킬 수 있습니다

/sys/fs 속성 파일

일부 튜닝 파라미터는 /sys 파일 시스템을 통해 실시간으로 설정할 수 있습니다. ext4의 경우는 다음과 같습니다.

```
# cd /sys/fs/ext4/nvme0n1p1
# ls
delayed_allocation_blocks   last_error_time          msg_ratelimit_burst
err_ratelimit_burst         lifetime_write_kbytes    msg_ratelimit_interval_ms
err_ratelimit_interval_ms   max_writeback_mb_bump    reserved_clusters
errors_count                mb_group_prealloc        session_write_kbytes
extent_max_zeroout_kb       mb_max_to_scan           trigger_fs_error
first_error_time            mb_min_to_scan           warning_ratelimit_burst
inode_goal                  mb_order2_req            warning_ratelimit_interval_ms
inode_readahead_blks        mb_stats
journal_task                mb_stream_req
# cat inode_readahead_blks
32
```

이 출력 결과에서는 ext4 파일 시스템이 최대 32개의 inode 테이블 블록을 미리 읽을 수 있음을 보여줍니다. /sys/fs에 있는 속성 파일들이 모두 튜닝 가능하지는 않으며, 일부는 속성값만 보여줄 뿐입니다. 이러한 정보들은 리눅스 소스의 Documentation/admin-guide/ext4.rst[Linux 20h] 문서에 문서화되어 있으며, 여기에는 마운트 옵션도 함께 설명되어 있습니다.

e2fsck

마지막으로, e2fsck(8) 명령을 사용하면 ext4 파일 시스템에서 디렉터리를 재인덱싱하여 성능을 향상시킬 수 있습니다. 예를 들어, 다음과 같이 사용할 수 있습니다.

```
e2fsck -D -f /dev/hdX
```

e2fsck(8)의 다른 옵션들은 파일 시스템의 검사 및 복구와 관련된 기능입니다.

8.8.3 ZFS

ZFS는 파일 시스템별로 설정 가능한 많은 파라미터(property라고 부릅니다)를 지원하며, 일부는 시스템 전체에 설정할 수 있습니다. zfs(1) 명령어를 사용하면 이러한 파일 시스템 파라미터들을 살펴볼 수 있는데, 예를 들면 다음과 같습니다.

```
# zfs get all zones/var
NAME        PROPERTY      VALUE              SOURCE
[...]
zones/var   recordsize    128K               default
zones/var   mountpoint    legacy             local
zones/var   sharenfs      off                default
zones/var   checksum      on                 default
zones/var   compression   off                inherited from zones
zones/var   atime         off                inherited from zones
[...]
```

이 (일부 생략된) 출력에는 프로퍼티 이름, 현재 값, 그리고 해당 값이 어떻게 설정되었는지(source)가 들어 있습니다. source는 이 출력이 어떻게 설정되어 있는지를 보여주는데, 프로퍼티 값이 더 상위 ZFS 데이터셋에서 상속된 값인지, 기본값인지, 아니면 해당 파일 시스템에서 개별적으로 설정된 값인지 알려줍니다.

이 같은 파라미터는 zfs(1M) 명령을 사용해 값을 설정할 수 있으며, 이에 대한 자세한 설명은 zfs(1M)의 매뉴얼 페이지에 나와 있습니다. 성능과 관련된 핵심 파라미터는 표 8.10에 정리되어 있습니다.

표 8.10 ZFS dataset의 핵심 튜닝 파라미터

파라미터	옵션	설명
recordsize	512K에서 128 K	파일을 저장하는 데 사용되는 블록 크기 (기본값: 128K)
compression	on | off | lzjb | gzip | gzip-[1-9] | zle | lz4	일부 경우, 경량 알고리즘(예: lzjb)을 사용하면 디스크 I/O 혼잡을 줄여 성능이 향상될 수 있음
atime	on | off	액세스 타임스탬프 갱신 여부를 지정 (읽기 동작 이후에 메타데이터 쓰기 연산을 발생시킴)
primarycache	all | none | metadata	ARC 정책[29]
secondarycache	all | none | metadata	L2ARC 정책
logbias	latency | throughput	동기화된 쓰기 작업을 처리할 때 어떤 디바이스를 사용할지를 결정('latency': 로그 장치, 'throughput': 풀 장치)
sync	standard | always | disabled	동기적 쓰기 설정

보통 가장 중요한 튜닝 파라미터는 레코드 크기(record size)인데, 애플리케이션 I/O에 맞게 설정하는 것이 중요합니다. 보통 기본값은 128KB이지만 작은 임의 접근

---

[29] (옮긴이) ARC를 효율적으로 사용하기 위해서는 ARC 정책을 설정하는 것이 좋은데, 중요도가 낮은 파일 시스템(예: 아카이브)의 경우 캐시 대상을 'none'이나 'metadata'으로 설정하면 캐시 오염을 감소시킬 수 있습니다.

I/O가 자주 발생하는 워크로드에서는 효율적이지 않습니다. 다만 레코드 크기보다 작은 파일 자체는 해당되지 않으며, 이러한 경우 해당 파일은 파일 길이에 맞는 동적 레코드 크기로 저장됩니다. 이 외에도 atime을 비활성화하면 성능을 향상시킬 수 있습니다.

ZFS에는 시스템 전체를 대상으로 한 튜닝 파라미터도 있습니다. TXG(Transaction Group) 동기화 시간 설정은 'zfs_txg_synctime_ms'와 'zfs_txg_timeout'을 통해 조정할 수 있습니다. TXG를 작게 조정하면 다른 I/O와의 경합과 대기시간을 줄여 성능을 향상시킬 수 있습니다. 또한 'metaslab_df_free_pct'와 같은 튜닝 설정도 있는데, 이것은 metaslab 할당 정책이 공간 최적화(space-optimized) 할당 대신 시간 최적화(time-optimized) 할당으로 전환되는 임계값을 조정할 수 있습니다.

커널 튜닝 파라미터의 경우와 마찬가지로 튜닝 전체 옵션과 설명, 그리고 주의사항에 대해서는 관련 문서를 참고하세요.

8.9 연습 문제

1. 다음 파일 시스템 용어에 관한 질문에 답하시오.
   - 논리적 I/O와 물리적 I/O의 차이점은 무엇입니까?
   - 순차 접근 I/O와 임의 접근 I/O의 차이점은 무엇입니까?
   - Direct I/O란 무엇입니까?
   - 논블로킹 I/O란 무엇입니까?
   - 워킹 셋 크기란 무엇입니까?

2. 다음 개념에 대한 질문에 답하시오.
   - VFS의 역할은 무엇입니까?
   - 파일 시스템 지연시간에 대해 설명하시오. 특히 어디서 지연시간을 측정할 수 있는지에 대해 자세히 설명하시오.
   - 프리패치(미리 읽기)의 목적은 무엇입니까?
   - Direct I/O의 목적은 무엇입니까?

3. 다음 심화 질문에 답하세요.
   - fsync(2)를 사용할 경우 O_SYNC에 비해 어떤 이점이 있는지 설명하시오.
   - mmap(2)을 사용하는 것과 read(2)/write(2)를 사용하는 것을 비교해 장단점을 설명하시오.

- 논리적 I/O가 물리적 I/O로 내려가면서 크기가 늘어나게 되는 원인에는 어떤 것이 있는지 설명하시오.
- 논리적 I/O가 물리적 I/O로 내려가면서 크기가 줄어들게 되는 원인에는 어떤 것이 있는지 설명하시오.
- 파일 시스템에서 COW(copy-on-write, 쓰기 시 복사)가 성능을 향상시키는 이유를 설명하시오.

4. 여러분의 운영 체제에서 다음의 과정을 수행해 보십시오.
   - 파일 시스템 캐시 튜닝 방법을 생각해 보십시오. 사용 중인 파일 시스템 캐시의 종류를 나열하고, 각각의 현재 크기와 사용량, 적중률을 구하는 방법을 명시해야 합니다.
   - 파일 시스템 연산에 대한 워크로드 특성화 체크리스트를 수행해 보십시오. 어떻게 각 특성을 자세히 알아낼 수 있는지 명시하시오. 운영 체제에서 제공하는 기존 관찰 도구를 먼저 사용하시오.

5. 다음 과제를 수행하시오.
   - 애플리케이션을 하나 골라서 파일 시스템 연산과 지연시간을 측정하시오. 다음 요소를 포함해야 합니다.
   - 파일 시스템 연산 지연시간(평균값만이 아닌 전체 분포를 포함해야 합니다).
   - 각 애플리케이션 스레드가 파일 시스템 연산에 소비하는 시간 비율을 초 단위로 측정
   - 마이크로 벤치마크 도구를 이용해 파일 시스템 캐시의 크기를 실험을 통해 확인해 보십시오. 여러분이 사용한 도구를 왜 선택하였는지 이유를 설명하시오. 또한 워킹 셋이 더는 캐시에 들어가지 않을 때 어느 정도 성능 저하가 있는지를 (지표를 사용해) 분석해 보이시오.

6. (선택 사항, 심화문제) 동기적 vs. 비동기적 파일 시스템 쓰기에 대한 지표를 제공하는 관측가능성 도구를 개발하시오. 각 (시간당) 동작 속도와 지연시간이 꼭 들어가야 하며, 각 쓰기를 요청한 프로세스 ID를 식별할 수 있도록 해서 워크로드 특성화에 적합한 도구로 개발하시오.

7. (선택 사항, 심화문제) 간접적인 파일 시스템 I/O나 파일 시스템의 I/O가 메타데이터 등에 의해 증가한 경우에 대한 통계를 제공하는 도구를 개발하시오. 이 도구는 애플리케이션이 직접 요청하지 않았지만 발생한 I/O나 I/O 크기 증가를 식

별할 수 있어야 합니다. 또한, 추가적인 I/O 작업의 종류를 유형별로 나누어 그 원인을 설명할 수 있어야 합니다.

8.10 참고 자료

[Ritchie 74] Ritchie, D. M., and Thompson, K., "The UNIX Time-Sharing System," *Communications of the ACM 17*, no. 7, pp. 365-75, July 1974

[Lions 77] Lions, J., *A Commentary on the Sixth Edition UNIX Operating System*, University of New South Wales, 1977.

[McKusick 84] McKusick, M. K., Joy, W. N., Leffler, S. J., and Fabry, R. S., "A Fast File System for UNIX." *ACM Transactions on Computer Systems (TOCS) 2*, no. 3, August 1984.

[Bach 86] Bach, M. J., *The Design of the UNIX Operating System*, Prentice Hall, 1986.

[Bray 90] Bray, T., "Bonnie," *http://www.textuality.com/bonnie*, 1990.

[Sweeney 96] Sweeney, A., "Scalability in the XFS File System," *USENIX Annual Technical Conference*, *https://www.cs.princeton.edu/courses/archive/fall09/cos518/papers/xfs.pdf*, 1996.

[Vahalia 96] Vahalia, U., *UNIX Internals: The New Frontiers*, Prentice Hall, 1996.

[Coker 01] Coker, R., "bonnie++," *https://www.coker.com.au/bonnie++*, 2001.

[XFS 06] "XFS User Guide," *https://xfs.org/docs/xfsdocs-xml-dev/XFS_User_Guide/tmp/ en-US/html/index.html*, 2006.

[Gregg 09a] Gregg, B., "L2ARC Screenshots," *http://www.brendangregg.com/blog/2009-01-30/ l2arc-screenshots.html*, 2009.

[Corbet 10] Corbet, J., "Dcache scalability and RCU-walk," LWN.net, *http://lwn.net/Articles/419811*, 2010.

[Doeppner 10] Doeppner, T., *Operating Systems in Depth: Design and Programming*, Wiley, 2010.

[XFS 10] "Runtime Stats," *https://xfs.org/index.php/Runtime_Stats*, 2010.

[Oracle 12] "ZFS Storage Pool Maintenance and Monitoring Practices," Oracle Solaris Administration: ZFS File Systems, *https://docs.oracle.com/cd/E36784_01/html/E36835/storage-9.html*, 2012.

[Ahrens 19] Ahrens, M., "State of OpenZFS," OpenZFS Developer Summit 2019, *https:// drive.google.com/file/d/197jS8_MWtfdW2LyvIFnH58uUasHuNszz/view*, 2019.

[Axboe 19] Axboe, J., "Efficient IO with io_uring," *https://kernel.dk/io_uring.pdf*, 2019.

[Gregg 19] Gregg, B., *BPF Performance Tools: Linux System and Application Observability*, Addison-Wesley, 2019. (번역서는 《BPF 성능 분석 도구: BPF 트레이싱을 통한 리눅스 시스템 관측가능성과 성능 향상》 이호연 옮김, 인사이트, 2021)

[**Axboe 20**] Axboe, J., "Flexible I/O Tester," *https://github.com/axboe/fio*, last updated 2020.

[**Linux 20h**] "ext4 General Information," Linux documentation, *https://www.kernel.org/doc/html/latest/admin-guide/ext4.html*, accessed 2020.

[**Torvalds 20a**] Torvalds, L., "Re: Do not blame anyone. Please give polite, constructive criticism," *https://www.realworldtech.com/forum/?threadid=189711&curpostid=189841*, 2020.

Performance —

9장

Systems Performance Second Edition

디스크

디스크 I/O는 상당한 애플리케이션 지연시간을 유발할 수 있기 때문에 시스템 성능 분석의 중요한 대상 중 하나입니다. 시스템 부하가 높은 상황에서는 디스크가 병목 지점으로 작용하여, 디스크 I/O 작업이 완료될 때까지 CPU가 유휴 상태로 남아 있게 됩니다. 이런 병목 현상을 찾아내어 제거하면, 성능과 애플리케이션 스루풋을 상당히 개선할 수 있습니다.

여기서 말하는 **디스크**란 시스템의 주 저장 장치를 의미하며, 자기 회전식 디스크나 플래시 메모리 기반의 반도체 디스크(SSD) 등을 포함합니다. SSD는 주로 디스크 I/O 성능을 향상시키기 위해 도입되었으며, 실제로도 성능을 향상시켜 줍니다. 하지만 저장 용량이나 스루풋 및 I/O 요청량 또한 늘어남에 따라 플래시 메모리 장치도 성능 문제에서 완전히 자유롭지는 않습니다.

이번 장에서는 다음의 내용을 알아봅니다.

- 디스크 모델과 개념 이해하기
- 디스크 접근 패턴이 성능에 미치는 영향 이해하기
- 디스크 사용률 해석의 오해 가능성 이해하기
- 디스크 장치 특성과 내부 구조에 익숙해지기
- 파일 시스템에서 장치로 이어지는 커널 경로를 이해하기
- RAID 레벨과 성능 이해하기
- 디스크 성능 분석을 위한 다양한 방법론 따라해보기
- 시스템 전체의 디스크 I/O와 프로세스별 디스크 I/O의 특성 파악

- 디스크 I/O 지연시간 분포를 측정하고 극단값을 확인하기
- 디스크 I/O를 요청하는 애플리케이션과 코드 경로 식별하기
- 트레이싱 도구를 사용해 디스크를 상세하게 검토하기
- 디스크 튜닝 파라미터에 대해 알아보기

이번 장은 총 6개의 부분으로 구성되는데, 앞의 세 부분은 디스크 I/O 분석의 기초를 다루고, 나머지 세 부분은 리눅스 기반 시스템에서 디스크 성능 분석을 실제로 적용하는 방법을 보여줍니다. 각 부분은 다음과 같습니다.

- 배경: 저장 장치 관련 용어와 디스크 장치의 기본 모델 및 디스크 성능의 핵심 개념을 설명합니다.
- 아키텍처: 저장 장치 하드웨어와 소프트웨어 아키텍처에 대해 개괄적으로 다룹니다.
- 방법론: 성능 분석 방법론을 설명하는데, 실험적인 부분과 관찰적인 부분을 모두 다룹니다.
- 관측가능성 도구: 리눅스 기반 시스템에서 사용할 수 있는 디스크 성능 관측가능성 도구를 설명합니다(트레이싱 도구, 시각화 도구 등).
- 실험: 디스크 벤치마킹 도구에 대해 정리합니다.
- 튜닝: 튜닝 파라미터를 예시와 함께 설명합니다.

이전 장에서는 디스크 위에 구축된 파일 시스템의 성능에 대해 설명했는데, 애플리케이션 성능을 더 잘 이해하려면 디스크 자체보다는 파일 시스템 분석이 더 적절한 연구 대상입니다.

9.1 용어

이번 장에서 사용하는 디스크 관련 용어는 다음과 같습니다.

- 가상 디스크(virtual disk): 저장 장치를 에뮬레이션 한 것입니다. 시스템에서는 단일 물리 디스크처럼 보이지만 실제로는 여러 디스크의 조합이나 디스크의 일부로 구성될 수 있습니다.
- 트랜스포트(transport): 데이터 송수신(I/O)이나 기타 디스크 명령 등 디스크 장치와의 통신에 사용하는 물리적 버스를 의미합니다.

- 섹터(sector): 디스크의 저장 블록 단위로, 과거에는 512바이트 크기가 일반적이었으나 현재는 주로 4KB 크기를 사용합니다.
- I/O: 디스크에 대해 엄격하게 구분하자면, I/O는 읽기와 쓰기 만을 의미하며 다른 디스크 명령은 포함되지 않습니다. I/O를 다룰 때는 적어도 데이터의 방향(읽기/쓰기), 디스크 주소(위치), 데이터의 크기(바이트)가 들어가야 합니다.
- 디스크 명령(disk command): 읽기/쓰기 외 데이터 송수신이 아닌 작업(예: 캐시 플러시)을 수행하도록 디스크에 지시하는 명령입니다.
- 스루풋(throughput): 일반적으로 현재 데이터 전송률을 나타내며, 초당 전송되는 바이트 수로 측정됩니다.
- 대역폭(bandwidth): 스토리지 트랜스포트나 컨트롤러의 최대 데이터 전송률을 말하는데, 하드웨어의 제약으로 인해 최대 대역폭이 한정됩니다.
- I/O 지연시간: I/O 작업이 시작되고 완료될 때까지 걸리는 시간입니다. 9.3.1절 "시간 측정"에서 시간 관련 용어에 대해 더 정확하게 정의합니다. 네트워크에서 '지연시간'이란 I/O 시작에 소요되는 시간과 데이터 전송 시간을 모두 포함한 시간이라는 사실에 유의하세요.
- 지연시간 극단값: 비정상적으로 높은 디스크 I/O 지연시간을 의미합니다.

다른 용어는 이 장에서 필요할 때마다 소개하겠습니다. **디스크, 디스크 컨트롤러, 스토리지 어레이, 로컬 디스크, 원격 디스크, IOPS** 같은 기본 용어들에 대해서는 뒤의 용어사전을 참고하세요. 2장과 3장의 용어 설명 부분도 참고하세요.

9.2 모델

다음에서 설명할 간단한 모델들은 디스크 I/O 성능의 기초적인 원리를 보여줍니다.

9.2.1 기본적인 디스크

현대의 디스크에는 그림 9.1에 도식화한 것처럼 I/O 요청을 처리하기 위한 디스크 큐가 들어있습니다.

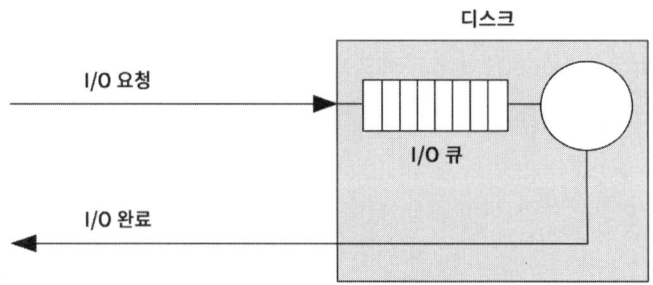

그림 9.1 큐를 가지고 있는 기본적인 디스크

디스크가 받은 I/O 요청은 큐에서 대기하거나 즉시 처리됩니다. 이 간단한 모델은 대형마트에서 물건값을 지불하고 나오는 과정과 비슷한데, 고객들은 자신의 차례가 올 때까지 줄을 서서 기다리게 됩니다. 이러한 모델은 큐 이론을 사용한 분석에 적합합니다.

이 모델은 일반적으로 선착순(FCFS) 방식의 큐를 떠올리게 하지만, 실제로는 디스크 내 컨트롤러가 성능 향상을 위해 다른 알고리즘을 사용할 수도 있습니다. 여기에는 회전식 디스크에서 사용되는 엘리베이터 탐색(elevator seeking) 알고리즘 (9.4.1 "디스크 유형" 참조)이나, (특히 플래시 메모리 기반 디스크에서는) 읽기와 쓰기에 따라 I/O 큐를 분리하는 알고리즘이 포함될 수 있습니다.

9.2.2 디스크 내장 캐시

그림 9.2와 같이 디스크에 캐시(on-disk cache)를 추가하면 일부 읽기 요청을 더 빠른 메모리를 통해 처리할 수 있게 됩니다. 이 방식은 물리적인 디스크 장치 안에 작은 용량의 메모리(DRAM)를 추가하는 방식으로 구현됩니다. 이렇게 하면 캐시 히트 시 매우 짧은 지연시간으로 요청이 처리되지만, 캐시 미스가 발생하면 여전히 디스크 장치의 높은 지연시간이 적용됩니다.

디스크 내장 캐시는 쓰기 성능을 향상시키기 위해 write-back(지연 기록) 방식으로도 사용할 수 있습니다. 이 방식은 데이터를 캐시에 기록한 후 바로 '쓰기 완료' 신호를 보내고, 나중에 느린 영구 저장 장치에 데이터를 전송합니다. 반대로 write-through(즉시 쓰기) 방식은 캐시가 아닌 실제 저장 장치에 데이터가 완전히 기록된 후에야 쓰기 완료 신호를 보냅니다.

실제 시스템에서는 write-back 캐시를 사용할 때, 전원 장애로 인해 캐시에 저장된 데이터가 손실되지 않도록 배터리가 함께 사용되는 경우가 많습니다. 이러한 배

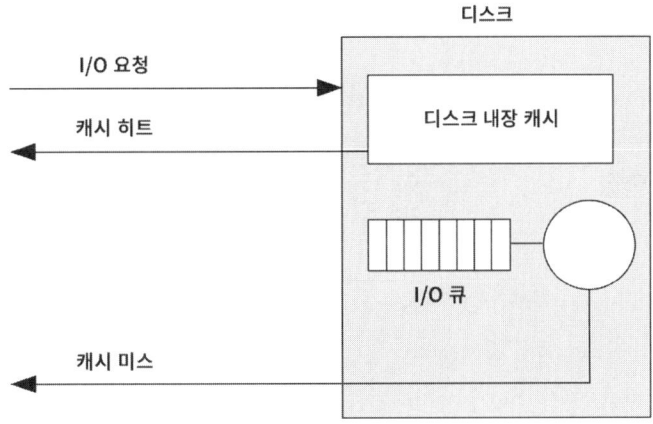

그림 9.2 디스크 캐시가 있는 디스크

터리는 디스크나 디스크 컨트롤러에 내장될 수 있습니다.

9.2.3 컨트롤러

그림 9.3은 간단한 디스크 컨트롤러를 보여줍니다. 이 컨트롤러는 CPU I/O 트랜스포트와 디스크 장치가 연결된 스토리지 트랜스포트를 연결하여 구성됩니다. 이러한 컨트롤러는 호스트 버스 어댑터(Host Bus Adaptor, HBA)라고도 부릅니다.

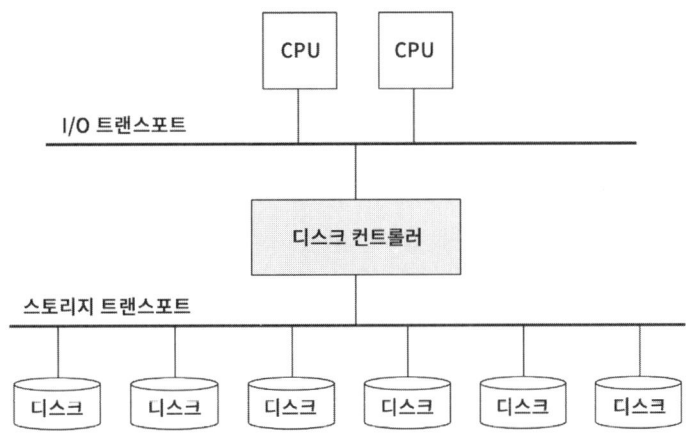

그림 9.3 디스크 컨트롤러와 트랜스포트 간의 연결

성능은 이러한 버스나 디스크 컨트롤러 또는 디스크 중 어느 하나에 의해 제한될 수 있습니다. 디스크 컨트롤러에 대한 자세한 내용은 9.4절 "아키텍처"를 참고하세요.

9.3 개념

다음은 디스크 성능에서 중요한 개념들입니다.

9.3.1 시간 측정

I/O 시간은 다음과 같이 측정할 수 있습니다.

- I/O 요청(request) 시간(I/O 응답(response) 시간이라고도 함): I/O 요청부터 I/O 완료(completion)까지 걸린 전체 시간
- I/O 대기(wait) 시간: I/O가 처리되기 전까지 큐에서 대기한 시간
- I/O 처리(service) 시간: 저장 장치가 어떤 I/O를 처리하는 데 걸린 시간(기다린 시간은 제외)

이 시간들은 그림 9.4에 설명되어 있습니다.

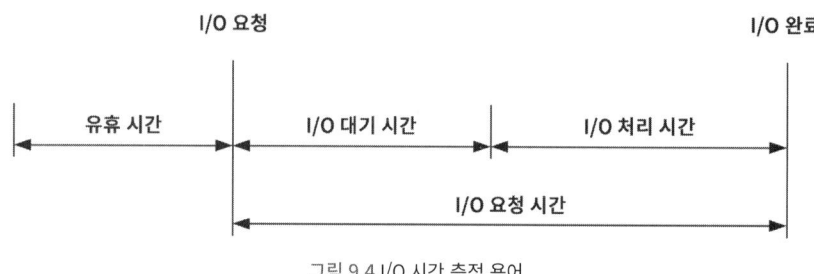

그림 9.4 I/O 시간 측정 용어

처리 시간(service time)이라는 용어는 디스크가 오늘날처럼 고도화되기 전, 운영 체제가 디스크를 직접 관리하던 시절에 생겨난 말입니다. 당시에는 디스크가 I/O를 적극적으로 처리하는지 여부를 운영 체제가 파악할 수 있었습니다. 하지만 오늘날의 디스크는 자체적인 내부 큐를 가지고 있기 때문에, 운영 체제가 측정하는 처리 시간에는 커널 큐에서 대기한 시간도 포함됩니다.

따라서, 정확성을 위해 필자는 가급적 측정 대상과 측정 시작/완료 이벤트를 명확하게 명시하였습니다. 이러한 시작 이벤트와 완료 이벤트는 커널 기반이거나 디스크 기반일 수 있으며, 커널 기반 시간은 디스크 장치의 블록 I/O 인터페이스에서 측정됩니다(그림 9.7에 표현되어 있음).

커널에서 측정하는 시간 값은 다음과 같습니다.

- **블록 I/O 대기시간**(OS 대기시간이라고도 부름)은 새로운 I/O가 생성되어 커널 I/O 큐에 삽입된 시점부터 최종 커널 큐를 빠져 디스크 장치에 이슈(issue)[1]될 때까지 걸리는 시간입니다. 이 시간은 블록 I/O 계층 큐부터 디스크 장치 큐까지, 커널 내 여러 단계의 큐를 거치며 발생하는 대기시간입니다.
- **블록 I/O 처리 시간**은 요청이 장치에 이슈된 시점부터 장치에서 완료 인터럽트가 발생하기까지 걸린 시간입니다.
- **블록 I/O 요청 시간**은 블록 I/O 대기시간과 블록 I/O 처리 시간 모두를 포함하는 시간으로, I/O 요청이 생성되고 완료되기까지의 전체 시간을 의미합니다.

디스크에서 측정하는 시간 값은 다음과 같습니다.

- **디스크 대기시간**은 I/O 요청이 디스크 내부 큐에서 처리되기까지 대기한 시간입니다.
- **디스크 처리 시간**은 디스크 큐를 벗어난 I/O 요청이 디스크 드라이브에서 실제로 처리되는 시간입니다.
- **디스크 요청 시간**(디스크 응답 시간(disk response time), 디스크 I/O 지연시간이라고도 부름)은 디스크 대기시간과 디스크 처리 시간 두 가지 모두를 포함하는 시간으로, 블록 I/O 처리 시간과 동일합니다.

이러한 시간 측정 값들은 그림 9.5에 도식화되어 있는데, 여기서 DWT은 디스크 대기시간, DST는 디스크 처리 시간입니다. 이 다이어그램에는 디스크 내부 I/O 큐 뿐 아니라 디스크 내장 캐시도 설명되어 있으며, 디스크 캐시 히트가 발생하면 디스크 처리 시간(DST)이 훨씬 더 짧아질 수 있다는 것을 보여줍니다.

I/O 지연시간(latency)도 흔히 사용되는 용어 중 하나인데, 1장에서 소개했습니다. 다른 용어들과 마찬가지로 이 용어의 의미는 측정 위치에 따라 달라질 수 있습니다. I/O 지연시간이라는 표현만 단독으로 사용될 경우 보통 블록 I/O 요청 시간, 즉 전체 I/O 시간을 의미합니다. 그러나 이는 포괄적인 개념이기 때문에, 애플리케이션과 성능 도구들은 보통 '디스크 I/O 지연시간'이라는 용어를 따로 사용하여 디

---

[1] (옮긴이) I/O 요청(request)와 I/O 이슈(issue)는 둘 다 I/O를 요청한다는 점에서 비슷한 의미를 가지지만, I/O request는 주로 파일 시스템 계층에서 발생하는 요청을 의미하며, I/O issue는 블록 계층에서 디스크로 I/O 요청을 실제로 전달하는 동작을 의미합니다. 이 책에서는 둘을 구분하기 위해 'issue'를 '이슈'라고 표기하였습니다.

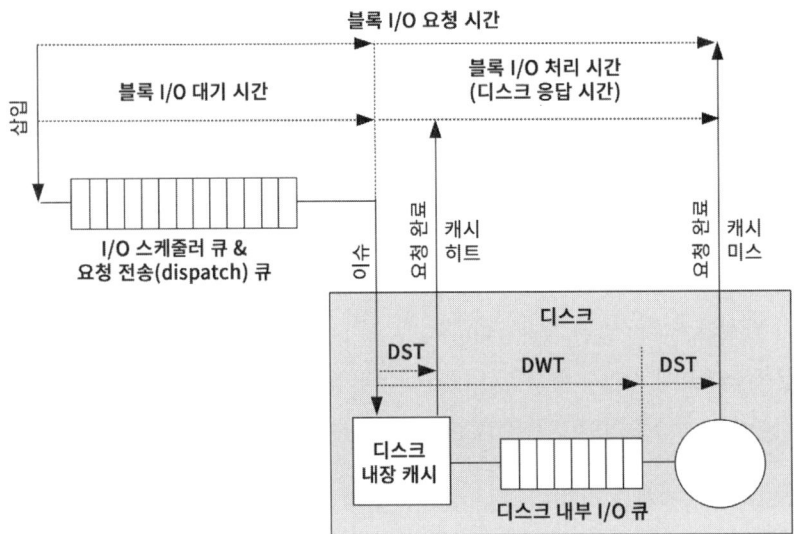

그림 9.5 커널 및 디스크 시간 측정 용어

스크 요청 시간, 즉 디스크 장치에서 소요된 시간을 구체적으로 지칭합니다. 특히 하드웨어 엔지니어는 장치의 관점에서 **디스크 I/O 지연시간**이라는 표현을 사용할 때, 이를 디스크 대기시간으로 이해합니다.

블록 I/O 처리 시간은 일반적으로 디스크의 현재 성능에 대한 지표로 사용됩니다(구 버전의 iostat(1)에서는 블록 I/O 처리 시간만[2]을 확인할 수도 있었습니다). 그러나 이는 성능을 지나치게 단순화한 지표일 수 있는데, 실제로는 디스크 I/O 처리 외에도 다른 요소들로 인해 추가적인 지연이 발생할 수 있음을 유의해야 합니다. 그림 9.7은 일반적인 I/O 스택을 표현한 것으로, 블록 장치 인터페이스 아래에 여러 드라이버 계층이 위치할 수 있음을 보여주고 있습니다. 이러한 계층들은 자체적인 큐를 갖거나 뮤텍스에 블록될 수 있어서, I/O 처리 과정에 추가적인 지연시간이 발생할 수 있습니다. 따라서 블록 I/O 처리 시간은 디스크 성능을 평가할 때 단순한 지표로 사용될 뿐이며, 실제로는 여러 계층에서 발생하는 지연시간도 함께 고려해야 합니다.

---

2 (옮긴이) 과거에는 iostat 명령어에서 await과 svctm(service time) 두 개의 칼럼이 있었습니다. await은 디스크 큐잉 시간과 I/O 처리 시간을 모두 포함한 값이고, svctm은 I/O 처리에 소요된 시간만을 나타냈습니다. 그러나 svctm은 정확한 수치를 제공하지 못하는 경우가 있어 혼란스러웠고, 이러한 이유로 systat 12.1.2 버전에서 제거되었습니다.

시간 계산

일반적으로 디스크 처리 시간은 커널 통계를 통해 직접적으로 관찰할 수는 없습니다. 그러나 IOPS와 사용률 등의 지표들을 분석하여 평균 디스크 처리 시간을 유추할 수 있습니다.

디스크 처리 시간 = 디스크 사용률(utilization) / IOPS

예를 들어, 단위 시간 동안 디스크의 사용률이 60%이고 IOPS가 300일 경우, 디스크의 평균 처리 시간은 2ms(600ms/300IOPS)로 계산됩니다. 그러나 이러한 계산식을 사용하기 위해서는 사용률이 한 번에 오직 한 I/O만을 처리하는 단일 장치(또는 **단일 처리 지점(service center)**)을 대상으로 해야 합니다. 오늘날의 디스크는 여러 I/O를 병렬로 처리할 수 있으므로, 이 계산이 항상 정확하지는 않습니다.

대신 이벤트 트레이싱을 사용하면 디스크 I/O 이슈와 완료에 대한 타임스탬프를 고해상도로 측정해 디스크 처리 시간을 보다 정밀하게 측정할 수 있습니다. 이는 이 장의 뒷부분에서 설명하는 도구들을 사용해서 측정할 수 있습니다(9.6.6절 "biolatency"에 있는 biolatency(8)).

9.3.2 시간 스케일

디스크 I/O에 걸리는 시간은 수십 us에서 수천 ms까지 자릿수가 다를 정도로 큰 차이를 보일 수 있습니다. 이러한 차이로 인해 디스크 I/O는 다양한 특성을 가지기도 합니다. 시간이 큰 경우에는 디스크 I/O 하나만으로도 애플리케이션의 응답 시간에 부정적인 영향을 미칠 수 있습니다. 반면에 시간이 작은 경우에는 디스크 I/O가 수없이 발생할 경우에만 나쁜 영향을 줄 수 있습니다(I/O가 빠르더라도 수가 많으면 느린 I/O와 비슷한 결과를 초래할 수 있습니다).

이해를 돕기 위해 표 9.1에 가능한 디스크 I/O 지연시간의 범위를 정리했습니다. 정확한 값을 보려면 디스크 제조사의 문서를 참조하거나 직접 마이크로 벤치마킹을 시도해 보세요. 디스크 I/O 이외의 시간 스케일에 대해서는 2장 "방법론"을 참고하세요.

시간이 얼마나 걸리는지 좀 더 직관적으로 표현하기 위해 '스케일' 열에 디스크 캐시 히트를 1초로 가정했을 때 각 시간이 어떻게 되는지 비교해서 정리했습니다.

표 9.1 디스크 I/O 지연시간 스케일의 예

이벤트	지연시간	스케일
디스크 내장 캐시 히트	< 100μs[3]	1초
플래시 메모리 읽기	~100μs에서 ~1,000μs (작은 I/O에서 큰 I/O)	1 ~ 10초
회전식 디스크 순차 읽기	~1ms	10초
회전식 디스크 임의 읽기(7,200rpm)	~8ms	1.3분
회전식 디스크 임의 읽기(큐 구성, 느리게 처리됨)	> 10ms	1.7분
회전식 디스크 임의 읽기(큐에 수십 개의 I/O가 대기 중)	> 100ms	17분
[최악의 경우] 가상 디스크 I/O(임의 I/O, 큐 구성, 하드웨어 컨트롤러 구성, RAID-5 구성)	> 1,000ms	2.8시간

이런 지연시간은 환경 요구사항에 따라 서로 다르게 해석될 수 있습니다. 가령, 엔터프라이즈 환경 스토리지에서 10ms 이상의 디스크 I/O는 비정상적으로 느리고 성능 문제의 원인이 될 수 있습니다. 반면, 클라우드 컴퓨팅 환경에서는 지연시간의 기준이 이것보다는 덜한데, 특히 웹 기반 애플리케이션의 경우에는 네트워크와 클라이언트 브라우저 사이에 높은 지연시간이 이미 예상되기 때문입니다. 이런 환경에서는 디스크 I/O가 50ms 정도를 넘어서는 경우에만 문제가 될 수 있습니다(개별 I/O 또는 애플리케이션 요청 처리 기준).

이 표는 또한 디스크 지연시간이 두 가지 유형으로 나뉜다는 점을 보여줍니다. 하나는 디스크 내장 캐시 히트로 인한 지연시간(100μs 미만)이고, 다른 하나는 캐시 미스로 인한 지연시간(1~8ms 이상, 접근 패턴이나 장치 유형에 따라 다름)입니다. 디스크의 **평균** 지연시간(iostat(1)을 통해 확인 가능)에는 두 유형 모두가 분포되어 있기 때문에, 이 수치만 가지고 디스크 성능을 논하는 건 오해를 불러일으킬 수 있습니다. 이 두 유형의 지연시간 분포 예시는 2장 "방법론"의 그림 2.23에 표현된 디스크 I/O 지연시간 히스토그램을 참고하세요.

9.3.3 캐싱

디스크 I/O 성능을 최대화하기 위해서는 읽기 관련 동작을 아무것도 수행하지 않는 것이 가장 좋습니다. 소프트웨어 스택의 여러 계층(가장 하단의 디스크 포함)에서

---

3 NVMe(Non-Volatile Memory express) 저장 장치의 경우 10~20μs인데, 이들은 보통 PCIe 버스 카드를 통해 연결된 플래시 메모리입니다.

는 읽기 캐시와 쓰기 버퍼를 활용하여 디스크 I/O를 최소화하려고 노력합니다. 이와 관련하여 애플리케이션 레벨 캐시나 파일 시스템 캐시를 사용하는 방법도 고려할 수 있습니다. 구성 가능한 캐시들의 전체 목록은 3장 "운영 체제"의 표 3.2를 확인해 보세요. 디스크 장치 드라이버 계층이나 그 아래 계층에는 표 9.2에 나열된 캐시가 포함될 수 있습니다.

표 9.2 디스크 I/O 캐시

캐시	예시
장치 캐시	ZFS vdev
블록 캐시	버퍼 캐시
디스크 컨트롤러 캐시	RAID 카드 캐시
스토리지 어레이 캐시	어레이 캐시
디스크 내장 캐시	디스크 데이터 컨트롤러(DDC)에 연결된 DRAM

블록 기반 버퍼 캐시는 8장 "파일 시스템"에서 다뤘습니다. 이러한 디스크 I/O 캐시들은 특히 임의 접근 I/O 부하의 성능을 개선하는 데 중요한 역할을 합니다.

9.3.4 임의 접근 I/O vs. 순차 접근 I/O

디스크 I/O 부하는 임의 접근(random) 또는 순차 접근(sequential) I/O로 구분할 수 있는데, 이러한 구분은 디스크상의 상대적인 I/O위치(디스크 오프셋)를 가지고 구분합니다. 이 용어들은 8장 "파일 시스템"에서 파일 접근 패턴에 대해 설명하며 이미 다뤘습니다.

순차적 워크로드는 스트리밍 워크로드(streaming workloads)라고도 합니다. 스트리밍이라는 단어는 보통 애플리케이션 계층에서 사용하는 말인데, 디스크(파일 시스템)에 대해 읽기나 쓰기를 연속적으로 수행하는 것을 뜻합니다.

자기 회전식 디스크 시대에는 임의 접근과 순차 접근 디스크 I/O 패턴이 중요한 연구 주제였습니다. 특히 임의 접근 I/O는 디스크 헤드 이동과 플래터 회전으로 인해 각 I/O 사이에 추가적인 지연시간이 발생했기 때문에 주요 고려사항으로 여겨졌습니다.

그림 9.6을 보면 명확하게 이해할 수 있는데, 섹터 1에서 섹터 2를 접근하기 위해서는 디스크 헤드가 이동하고 플래터가 회전해야 하므로 추가적인 지연이 발생합니다(실제 이동 경로는 가능한 한 최단거리로 이루어집니다). 이렇다 보니 성능 튜

닝은 임의 접근 I/O를 식별하고 이를 줄이는 방향으로 진행되었습니다. 예를 들어 캐싱, 임의 접근 I/O를 별도 디스크로 분리, 또는 디스크 배치를 최적화하여 탐색 거리를 줄이는 방법들이 사용되었습니다.

그림 9.6 회전식 디스크

플래시 기반 SSD와 같은 최신 디스크에서는 임의 접근과 순차 접근 읽기 패턴 간 성능 차이가 거의 없습니다. 다만, 드라이브 유형에 따라 다른 요인으로 인해 사소한 차이가 발생할 수 있기는 합니다. 예를 들어 SSD의 주소 검색 캐시(address lookup cache)는 순차 접근을 지원하지만 임의 접근은 지원하지 않을 수 있습니다. 또한, 디스크 블록 크기보다 작은 크기의 쓰기는 read-modify-write 사이클[4]로 인한 성능 저하가 발생할 수 있는데, 이는 특히 임의 쓰기에서 심할 수 있습니다.

또한, 운영 체제에서 보이는 디스크 오프셋과 물리 디스크에서의 실제 오프셋은 다를 수 있다는 점도 주의해야 합니다. 예를 들어, 하드웨어에서 제공하는 가상 디스크는 여러 물리 디스크에 데이터를 분산시킬 수 있으며, 이로 인해 논리적으로 인접한 오프셋이 물리적으로는 떨어져 있을 수 있습니다. 또한, 물리 디스크는 성능 최적화나 데이터 관리 목적으로 디스크 데이터 컨트롤러를 통해 데이터를 재배치하며 오프셋을 변경할 수도 있습니다. 이로 인해 가상 디스크 오프셋 기준으로는 순차 접근 I/O라 생각할 수 있지만, 실제 물리적 디스크에서는 임의 접근 I/O가 발생하고 있을 수 있습니다(이는 디스크 처리 시간이 늘어나는 것을 보고 추론할 수 있습니다).

---

4 (옮긴이) SSD는 데이터를 일정한 크기의 블록 단위로 쓰기 위해 read-modify-write 사이클을 사용하는데, 이는 데이터를 블록 단위로 읽어온 후 값을 수정하고 해당 블록 전체를 다시 기록하는 과정을 의미합니다.

9.3.5 읽기/쓰기 비율

임의 접근과 순차 접근 워크로드를 구분하는 것 이외에 다른 특성 지표로는 읽기와 쓰기 비율이 있습니다. 이 비율은 IOPS나 스루풋으로 나타낼 수 있으며, 시간에 따라 백분율로도 표현할 수 있습니다. 예를 들면 "시스템이 부팅 이후 현재까지 80%의 읽기 비율을 유지하고 있다"라고 말할 수 있습니다.

이 같은 비율을 이해하면 시스템 설계와 구성에 도움을 줄 수 있습니다. 읽기 비율이 높은 시스템은 캐시를 추가하면 성능이 크게 좋아질 것입니다. 반면, 쓰기 비율이 높은 시스템은 최대 스루풋과 IOPS를 높이기 위해 디스크를 더 추가하는 것이 성능 향상에 유리할 수 있습니다.

또한, 읽기와 쓰기는 서로 다른 워크로드 패턴을 보일 수 있습니다. 예를 들어, 읽기는 임의 접근인데, 쓰기는 순차적일 수 있습니다(특히 COW(copy-on-write) 파일 시스템의 경우). 읽기와 쓰기의 I/O 크기가 서로 다른 경우도 있습니다.

9.3.6 I/O 크기

평균 I/O 크기(바이트) 또는 I/O 크기의 분포 또한 워크로드를 나타내는 중요한 특성입니다. 보통 더 큰 I/O 크기는 더 높은 처리량을 제공하지만, I/O당 대기시간이 더 길어질 수 있습니다.

I/O 크기는 디스크 장치 서브시스템에 의해 임의로 변경될 수 있는데, 가령 512바이트 단위로 분할되어 처리될 수 있습니다. 또한, 애플리케이션이 특정 크기의 I/O를 요청하였지만 파일 시스템, 볼륨 매니저, 장치 드라이버와 같은 커널 구성 요소에 의해 I/O 크기가 더 커지거나 줄어들 수 있습니다. 이러한 I/O 크기 변경에 대한 자세한 내용은 8.3.12절 "논리적 I/O vs. 물리적 I/O"에서 확인할 수 있습니다.

특히, 플래시 기반의 디스크 장치는 읽기 및 쓰기 크기에 따라 성능이 많이 차이 날 수 있습니다. 예를 들어, 특정 플래시 디스크는 4KB 읽기와 1MB 쓰기에서 최적의 성능을 보일 수 있습니다. 이상적인 I/O 크기는 디스크 제조사가 제공하는 문서에서 확인하거나 마이크로 벤치마크를 통해 파악할 수 있을 것입니다. 관측가능성 도구를 사용하면 현재 주로 사용되는 I/O 크기를 찾을 수 있을 것입니다(9.6 "관측가능성 도구" 참고).

9.3.7 같은 IOPS라도 모두 다르다

앞의 세 가지 특성(임의 접근 vs. 순차 접근, 읽기/쓰기 비율, I/O 크기)으로 인해,

IOPS는 모든 장치나 워크로드에서 동일하게 적용되지 않으며, 서로 다른 장치나 워크로드 간에 직접적으로 비교할 수 없습니다. 단순히 IOPS 값만으로는 해당 장치나 워크로드의 성능을 정확히 판단하기 어렵습니다.

가령 IOPS가 크면 더 오래 걸린다고 생각할 수 있지만, 회전식 디스크에서 5,000회의 순차 IOPS가 1,000회의 임의 접근 IOPS보다 훨씬 빠를 수도 있습니다. 또한, 플래시 메모리 기반 IOPS도 I/O 크기나 방향(읽기, 쓰기)에 따라 성능이 다르기 때문에 서로 비교하기 어렵습니다.

뿐만 아니라, IOPS가 애플리케이션 워크로드에 반드시 큰 영향을 미치지는 않을 수 있습니다. 예를 들어, 임의 접근이 많은 워크로드는 일반적으로 응답 속도가 중요하므로 IOPS가 높은 것이 더 좋습니다. 그러나 순차 접근(스트리밍) 워크로드는 스루풋이 더 중요하며, 이 경우 IOPS가 낮더라도 I/O 크기가 큰 편이 더 적합할 수 있습니다.

이러한 특징들을 고려하여 IOPS를 올바르게 이해하기 위해서는 임의 접근인지 순차 접근인지 여부, I/O 크기, 읽기/쓰기, 버퍼링 사용 여부, 병렬 I/O의 수와 같은 세부 정보를 포함해야 합니다. 이와 함께 시간 기반 지표(예: 장치 사용률, 처리 시간)를 사용하는 것도 고려해 보세요. 이러한 지표는 실제 성능 결과를 반영하며, 환경이 달라도 성능 수준을 비교하기가 훨씬 수월합니다.

9.3.8 데이터 전송이 아닌 디스크 명령

디스크에는 I/O 읽기와 쓰기 명령 외에도 다른 명령이 존재합니다. 예를 들어, 디스크 내장 캐시(RAM)가 있는 디스크라면 캐시를 디스크에 플러시하는 명령이 있을 수 있습니다. 이 같은 명령은 데이터 전송이 아니며, 데이터는 이미 쓰기 작업을 통해 디스크(캐시)로 전송된 상태일 것입니다.

또 다른 예로는 ATA TRIM 명령이나 SCSI UNMAP 명령과 같은 데이터 폐기 명령이 있습니다. 이러한 명령은 드라이브에게 특정 섹터 범위가 더 이상 필요하지 않음을 알려주며, SSD 디스크의 쓰기 성능을 유지하는 데 도움이 됩니다.

이와 같은 디스크 명령은 성능에 영향을 미칠 수 있습니다. 디스크가 실제 I/O 작업(읽기 또는 쓰기)을 수행하지 않더라도, 이러한 명령을 처리하는 동안에는 '사용 중'으로 표시되며, 이로 인해 다른 I/O 작업이 대기 상태에 놓일 수 있습니다.

9.3.9 사용률

디스크 사용률은 특정 기간 동안 디스크가 작업을 수행하며 바쁘게 작동한 시간을 기준으로 계산됩니다.

사용률이 0%인 디스크는 '유휴(idle)' 상태를 나타내며, 사용률이 100%인 디스크는 지속적으로 I/O(및 기타 디스크 명령) 작업을 수행하는 바쁜(busy) 상태를 의미합니다. 특히 디스크가 일정 시간 동안 100% 사용률을 유지한다면, 이는 성능 문제를 유발할 가능성이 높습니다. 하지만 디스크 사용률이 100%가 아니더라도, 디스크 I/O는 본질적으로 느린 작업이기 때문에 성능 저하에 영향을 미칠 수 있습니다.

디스크의 사용률 값이 0%부터 100% 사이까지 변화됨에 따라, 특정 사용률 값(예: 60%)을 넘어서는 순간 디스크 성능이 더는 만족스럽지 못한 지점이 있을 것입니다. 이는 작업이 바로 처리되기보다는 디스크 내부 큐나 운영 체제 큐에 대기열이 발생함으로 인한 지연 때문일 가능성이 높습니다. 문제가 되는 정확한 사용률 값은 디스크, 워크로드, 지연 요구사항에 따라 다릅니다. 자세한 내용은 2.6.5절 "큐 이론"에 있는 M/D/1과 60 % 사용률 부분을 참고하세요.

높은 사용률로 인해 애플리케이션의 성능이 저하되었다고 생각하기 쉬운데, 이를 증명하기 위해서는 애플리케이션이 해당 I/O 때문에 블록되었는지 여부와 디스크 응답 시간을 함께 살펴봐야 합니다. I/O가 느리다고 해서 애플리케이션에 무조건적인 영향을 미치는 것은 아닌데, 만일 애플리케이션이나 운영 체제가 I/O를 비동기적으로 수행 중이라면 대기 상태를 유발하지 않을 것입니다.

또한, 사용률은 특정 시간 간격 동안의 디스크 활동을 요약한 값이라는 점에 유의하세요. 특히 대기 중인 쓰기 데이터가 많은 경우 플러싱 작업으로 인해 디스크 I/O가 집중적(버스트)으로 발생할 수 있는데, 측정 기간이 길수록 이런 집중적인 I/O가 평균값에 묻혀 드러나지 않을 수 있습니다. 사용률 지표 유형에 대한 설명은 2.3.11절 "사용률"을 참고하세요.

가상 디스크 사용률

하드웨어(예: 디스크 컨트롤러 또는 네트워크 스토리지)가 제공하는 가상 디스크[5]

---

[5] (옮긴이) 여기서 말하는 '하드웨어 기반 가상 디스크'는 스토리지 시스템이 직접적으로 가상 디스크를 제공하는 형태를 의미합니다. 이러한 가상 디스크는 일반적으로 파일 시스템에 저장된 파일 형태로 제공되지 않습니다. 이에 상반되는 개념은 '소프트웨어 기반 가상 디스크'인데, ZFS의 vdev나 VMware의 VMDK같은 디스크 이미지 파일이 여기에 해당합니다. 이 이미지들은 파일 시스템에 저장된 파일 형태로 제공됩니다.

의 경우 운영 체제는 오직 해당 가상 디스크가 사용 중(busy)이라는 사실만 알 수 있고, 이를 구성하는 실제 물리 디스크의 성능은 파악할 수 없는 경우가 많습니다. 이로 인해 운영 체제가 보고하는 가상 디스크의 사용률과 실제 물리 디스크의 사용률 간에 차이가 발생할 수 있습니다(직관적이지 않을 수 있습니다).

- 여러 물리적 디스크로 구성된 가상 디스크의 사용률이 100%라 할지라도 추가 작업을 더 수용할 수 있는 경우도 있습니다. 이 경우 100%는 여러 디스크 중 몇몇이 계속 사용 중임을 의미하지만 모든 디스크가 계속 사용 중이었던 것은 아니므로, 다른 디스크는 유휴 상태일 수 있습니다.
- write-back 캐시가 있는 가상 디스크는 쓰기 작업량이 많아도 사용률이 낮아 보일 수 있습니다. 이는 디스크 컨트롤러가 쓰기 요청을 캐시에만 기록하고 곧바로 완료로 처리하기 때문입니다. 하지만 실제로 컨트롤러가 관리하는 디스크들은 그 후 일정 시간 동안 바쁜 상태일 수 있습니다(예: 디스크 플러싱).
- 하드웨어 RAID 재구성(rebuild)으로 인해 디스크에 부하가 발생할 수 있습니다. 하지만 이 과정에서 발생하는 I/O는 운영 체제가 전혀 감지하지 못할 수도 있습니다.

같은 이유로, 운영 체제 소프트웨어를 통해 생성된 가상 디스크(소프트웨어 RAID) 역시 사용률 해석이 어렵습니다. 따라서 실제 디스크의 사용률을 확인하기 위해 운영 체제가 제공하는 물리적 디스크의 사용률을 살펴보아야 합니다. 특히, 특정 물리 디스크가 이미 100% 사용률에 도달한 상태에서 추가적인 I/O 요청이 들어오면 해당 디스크는 포화 상태가 될 가능성이 있습니다.

9.3.10 포화도

포화도(Saturation)는 대기 중인 부하의 양이 리소스가 처리할 수 있는 최대 수준 대비 얼마나 넘어섰는지를 보여줍니다. 디스크 장치의 경우, 운영 체제 대기 큐의 평균 길이를 계산하면 포화 정도를 확인할 수 있습니다(큐를 사용한다고 가정).

포화도는 리소스 사용률이 100%를 초과한 상태에서의 성능 지표를 제공합니다. 예를 들어, 디스크의 사용률이 100%라고 해도 대기 중인 작업(포화)이 없을 수도 있고, 반대로 대기 중인 작업이 많아져 I/O 지연으로 인해 성능에 심각한 영향을 미칠 수도 있습니다.

유의할 점은 사용률이 100%보다 작은 디스크는 포화가 아니라고 생각할 수 있는데, 이는 꼭 그렇지 않고 사용률을 측정하는 간격에 따라 다를 수 있습니다. 예를 들어, 특정 기간 동안 50% 디스크 사용률을 보인 장치가 실제로는 기간의 절반 동안은 100%로 사용되고, 나머지는 유휴 상태로 대기했을 수도 있습니다. 이 문제는 단지 사용률 뿐만 아니라 특정 기간 동안에 발생한 이벤트를 요약하는 지표의 경우에 동일하게 발생할 수 있는 문제입니다. 만일 어떤 일이 정확히 벌어졌는지 파악하는 것이 중요하다면, 이벤트를 요약하는 대신에 I/O 개별 이벤트를 관찰하기 위해 트레이싱 도구를 사용하는 것이 더욱 유용할 것입니다.

9.3.11 I/O 대기율

I/O 대기율(%iowait)은 CPU별로 확인할 수 있는 성능 지표로서, CPU 디스패처 큐(dispatcher queue)[6]에 있는 스레드(sleep 상태)들이 디스크 I/O 때문에 블록되어 유휴 상태로 보낸 시간을 나타냅니다. 이 값은 CPU가 유휴 상태로 기다리는 시간 중 디스크 I/O로 인해 블록된 비율을 백분율로 표현합니다. %iowait이 높다면 디스크가 병목 현상을 일으키고 있으며, CPU가 디스크 작업을 기다리느라 아무 작업도 하지 못하고 대기 중임을 나타냅니다.

다만 I/O 대기율은 이해하기 어려운 지표로 오해를 불러일으키기 쉽습니다. 가령 CPU를 많이 사용하는 프로세스가 실행되면 %iowait 값이 감소할 수 있습니다. 이 경우 디스크 I/O나 블록된 스레드 상황은 그대로 유지되었음에도 I/O 대기율이 감소한다는 점은 상당히 혼란스러운데, 이는 CPU가 바빠져서 유휴 상태 비율이 줄어들었기 때문입니다. 반대로 %iowait 값이 늘어나는 경우도 있는데, 시스템 관리자가 애플리케이션 소프트웨어를 업그레이드하여 CPU 사이클이 더 효율적으로 개선된 상황에서 발생할 수 있습니다. 이는 동일한 디스크 I/O가 발생하지만 CPU가 더 적은 자원을 사용하면서 I/O 대기가 부각된 결과입니다. 이런 상황에서 시스템 관리자는 업그레이드로 인해 디스크 성능이 저하되었다고 오해할 수 있지만, 실제로는 CPU 성능이 향상된 것입니다.

이보다 더 신뢰할 만한 지표는 애플리케이션 스레드가 디스크 I/O에 블록된 시간입니다. 이는 CPU가 어떤 작업을 하고 있는지와 관계없이 디스크 I/O로 인해 애플리케이션이 겪는 영향을 직접적으로 보여줍니다. 이러한 데이터는 정적 계측이나

---

6 (옮긴이) CPU에서 실행 가능한 스레드들이 대기하고 있는 큐입니다.

동적 계측을 통해 측정할 수 있습니다.

그럼에도 %iowait은 리눅스 시스템에서 널리 사용되는 지표로, 디스크 병목 현상 중 하나인 "디스크는 바쁜데 CPU는 유휴 상태인 경우"를 식별하는 데 유용합니다. 이 지표를 활용하는 한 가지 방법은 모든 I/O 대기를 시스템 병목의 징후로 간주하고 이를 최소화하도록 시스템을 튜닝하는 것입니다. 특히 I/O가 CPU 사용과 동시에 발생하더라도 I/O 대기 자체를 줄이는 것이 중요합니다. 참고로, 동시적(Concurrent) I/O는 논블로킹 I/O로 처리될 가능성이 더 높으므로 직접적인 문제가 되는 경우는 적습니다. 반면에 비동시적(Non-concurrent) I/O는 애플리케이션을 블록하는 I/O로 발생할 가능성이 크며, 병목 지점이 될 가능성도 높을 것입니다. 따라서 %iowait이 문제가 되는 경우에는 주로 비동시적 I/O가 확인될 것입니다.

9.3.12 동기 vs. 비동기

디스크 I/O 지연시간이 애플리케이션 성능에 직접적인 영향을 미치지 않는 경우도 있는데, 이는 애플리케이션 I/O와 디스크 I/O가 비동기적으로 동작하는 경우가 있기 때문입니다. 특히 write-back 캐싱을 사용하는 경우 애플리케이션 I/O는 조기에 완료되고, 디스크 I/O는 나중에 처리되기 때문에 지연시간이 애플리케이션 성능에 즉각적인 영향을 주지 않을 수 있습니다.

또한, 애플리케이션이 미리 읽기(read-ahead) 기능을 사용하면 비동기적 읽기를 수행할 수도 있습니다. 이 경우 애플리케이션이 읽기 요청을 해도 디스크가 I/O를 완료할 때까지 기다릴 필요가 없는데, 파일 시스템 자체적으로 미리 읽기를 수행해서 캐시를 미리 채워 놨을 수 있기 때문입니다(프리패치).

한편, 애플리케이션이 동기적으로(synchronous) I/O를 기다린다 할지라도, 해당 코드 경로가 성능과 관련된 핵심적인 실행 경로가 아닐 수 있으며, 클라이언트 애플리케이션의 요청과 직접 연관되지 않고 별도(비동기)로 동작할 수도 있습니다. 예를 들어, 애플리케이션 I/O 워커 스레드는 I/O를 관리하기 위해 별도로 생성된 스레드로, 동기적으로 I/O를 대기하더라도 주요 작업을 처리 중인 다른 스레드와 분리되어 있어 성능에 큰 영향을 미치지 않을 수 있습니다.

커널은 또한 일반적으로 **비동기적(asynchronous)** I/O나 **논블로킹** I/O를 지원하는데, 이럴 경우 애플리케이션이 I/O를 요청하고 나중에 완료되었을 때 알림을 받을 수 있는 API를 제공합니다. 이와 관련된 자세한 내용은 8.3.9절 "논블로킹 I/O", 8.3.5절 "미리 읽기", 8.3.4절 "프리패치", 8.3.7절 "동기적 쓰기"를 참고하세요.

9.3.13 디스크 I/O vs. 애플리케이션 I/O

때로는 애플리케이션이 요청한 I/O 작업의 속도나 크기가 실제 디스크 I/O와 일치하지 않는 경우도 있습니다. 이러한 차이는 디스크 I/O가 파일 시스템, 장치 드라이버를 포함한 여러 커널 구성 요소의 최종 결과물이기 때문입니다. 영향을 미치는 요소로는 다음과 같은 것들이 있습니다.

- 파일 시스템에 의한 I/O 크기 증가나 감소, 또는 요청과 무관한 I/O 등이 일어날 수 있습니다. 8.3.12절 "논리적 I/O vs. 물리적 I/O"를 참고하세요.
- 시스템 메모리 부족 때문에 페이징이 발생했을 수 있습니다. 7.2.2절 "페이징"을 참고하세요.
- 장치 드라이버가 I/O 크기를 블록 크기에 맞춰 키우거나, 여러 조각으로 쪼갰을 수 있습니다.
- RAID 쓰기 미러링 또는 체크섬 블록 생성 또는 읽기 데이터 검증에 의한 것일 수 있습니다.

이처럼 예상하지 못한 I/O 차이는 사용자에게 혼란을 줄 수 있습니다. 하지만 아키텍처를 이해하고 성능 분석을 수행하면 이러한 차이를 명확히 이해할 수 있습니다.

9.4 아키텍처

이번 절에서는 디스크 아키텍처에 대해 설명합니다. 디스크 아키텍처는 일반적으로 수용량을 계획하는 과정에서 고려하며, 각 구성 요소별 한계를 파악하고 적절한 설정 옵션을 결정하는데 활용됩니다. 또한 설치 후 나중에 발생하는 성능 문제를 조사할 때도 시스템 분석을 위해 아키텍처를 점검해야 합니다. 이는 문제가 현재의 부하나 튜닝에서 비롯된 것이 아니라 초기 아키텍처 선택에서 기인했을 가능성을 배제할 수 없기 때문입니다.

9.4.1 디스크 유형

현재 가장 많이 사용하는 디스크 유형은 자기 회전식 디스크와 플래시 메모리 기반 SSD입니다. 두 가지 모두 영구 저장 장치로, 휘발성 메모리와 달리 저장한 메모리는 전원을 껐다 켜도 그대로 유지됩니다.

9.4.1.1 자기 회전식 드라이브

하드 디스크 드라이브(hard disk drive, HDD)로 불리는 이 디스크는 플래터(platter)라는 하나 이상의 원반으로 이루어져 있는데, 각 원반에는 산화철 입자가 고르게 도포되어 있습니다. 각 입자의 아주 작은 영역을 한두 방향으로 자화(magnetize)할 수 있는데, 이런 자화의 방향을 통해 비트를 하나 저장할 수 있습니다. 플래터는 고속으로 회전하며, 데이터를 읽고 쓰기 위한 기계식 팔(mechanical arm)과 회로가 플래터 표면을 가로지릅니다. 이 회로에는 디스크 헤드(disk head)가 붙어 있고, 암에는 여러 개의 헤드가 있어서 동시에 여러 비트를 읽고 쓸 수 있습니다. 데이터는 플래터의 원형 트랙(track)에 저장되며, 각 트랙은 섹터(sector)로 세분화됩니다.

자기 회전식 드라이브는 기계적 장치라는 한계 때문에 상대적으로 느릴 수밖에 없는데, 임의 접근 I/O의 경우 특히 그렇습니다. 플래시 메모리 기반 기술이 발전하면서 SSD가 회전식 디스크를 대체하고 있으며, 언젠가는 회전식 디스크가 (과거에 드럼 디스크나 코어 메모리가 대체되었던 것처럼) 완전히 퇴출될 가능성도 있습니다. 하지만 일부 영역에서는 회전식 디스크가 아직도 경쟁력이 있는데, 특히 경제적인 고밀도 저장 장치(MB당 낮은 비용)를 필요로 하는 데이터 웨어하우징과 같은 시나리오가 이에 해당합니다.[7]

다음은 회전식 디스크 성능에 영향을 미치는 주요 요소에 대해 설명합니다.

탐색과 회전

자기 회전 디스크의 I/O가 느린 이유는 주로 디스크 헤드가 위치를 찾는 탐색 시간과 디스크 플래터의 회전에 걸리는 시간 때문으로 두 가지 모두 수 밀리초가 소요됩니다. 가장 이상적인 경우는, 다음 요청된 I/O가 현재 처리 중인 I/O 헤드의 위치 바로 다음에 있는 경우입니다. 이러한 경우 디스크 헤드가 다른 위치를 탐색하거나, 플래터가 더 회전할 때까지 기다릴 필요가 없습니다. 앞에서 설명했듯이 이를 순차 접근 I/O라고 하며, 헤드 탐색이나 회전을 위한 대기가 필요한 경우를 임의 접근 I/O라 합니다.

---

[7] 넷플릭스의 영상 스트리밍에 사용되는 Netflix OCA(Open Connect Appliances) 역시 HDD를 사용하는 비슷한 활용 사례인데, 각 서버에서 대규모의 사용자를 동시에 지원하다 보면 임의 접근 I/O가 빈번히 발생하기도 합니다. 이러한 이유로 일부 OCA는 플래시 드라이브로 전환되었습니다.[Netflix 20]

탐색이나 회전 시간을 줄이기 위한 전략으로는 다음과 같은 여러 방법이 있습니다.

- 캐싱을 통해 디스크 I/O 자체를 생략합니다.
- 파일 시스템에서 제공하는 기능을 활용해 성능을 개선합니다. 예를 들어, 파일의 디스크 배치를 최적화하거나, COW(Copy-on-Write, 쓰기 시 복사)를 통해 데이터를 순차적으로 기록하는 방식으로 개선할 수 있습니다. 단, COW를 사용할 경우 이후 읽기 작업은 임의 접근으로 처리될 수 있습니다.
- 서로 다른 워크로드를 별도의 디스크로 분리하여, 워크로드 간에 디스크 탐색이 겹치지 않도록 합니다.
- 워크로드를 서로 다른 시스템으로 옮겨 분리시킵니다. (일부 클라우드 컴퓨팅 환경에서는 멀티테넌시 문제를 줄이기 위해 이렇게 할 수도 있습니다).
- 디스크 내부 알고리즘인 엘리베이터 탐색(Elevator Seeking)을 통해 디스크 헤드의 트랙 간 이동을 최적화합니다.
- 디스크의 밀도를 높여 워크로드 데이터를 물리적으로 더 가까운 위치에 배치합니다.
- 디스크를 논리적으로 분할하여 독립적인 영역으로 나누는 파티션(유닉스에서는 '슬라이스(slice)') 구성을 할 수도 있습니다. 관련 기법으로는 '숏 스트로킹(short-stroking)'이 있습니다.

회전 대기시간을 줄이기 위한 전략으로는 더 빠른 디스크를 사용하는 방법도 있습니다. 디스크마다 회전 속도가 다른데, 주로 5400, 7200, 10000(10K), 15000(15K) RPM(revolutions per minute, 분당 회전 수) 등이 사용됩니다. 속도가 빠르면 발열과 마모로 인해 디스크 수명이 더 짧아질 수 있음에 유의하세요.

이론상 최대 스루풋

디스크의 트랙당 최대 섹터 수를 알고 있다면, 다음 공식을 사용해 디스크의 이론상 최대 스루풋을 계산할 수 있습니다.

$$\text{최대 스루풋} = \text{트랙당 최대 섹터 수} \times \text{섹터 크기} \times \text{rpm}/60\text{초}$$

과거에는 물리적인 디스크를 직접 사용하는 경우가 많아서 이 공식을 사용해 쉽게 최대 스루풋을 예측할 수 있었습니다. 그러나 최근에는 가상 디스크 이미지가 보다 일반적으로 사용되고 있으며, 가상 디스크는 정확한 수치 대신에 단순히 값들을 조합한 추정치를 제공하는 경우가 많습니다. 따라서 정밀한 디스크 스루풋 값을 예측하기는 어려울 수 있습니다.

숏 스트로킹

숏 스트로킹(Short-Stroking)이란 파티션 크기를 줄이는 대신 디스크 플래터의 바깥쪽만을 사용하여 디스크 암의 이동(stroke) 거리를 최소화시키는 기법입니다. 디스크의 바깥쪽 트랙은 워크로드 데이터 전용으로 사용하고, 나머지 트랙에 대해서는 사용하지 않거나, 스루풋이 낮은 워크로드(예: 아카이빙) 용도로만 사용합니다. 이렇게 하면 헤드의 움직임을 작은 범위로 제한할 수 있을 뿐더러, 디스크 헤드가 항상 바깥쪽에 머무르기 때문에 유휴 상태 직후 첫 검색 시간을 단축할 수 있습니다. 또한 바깥쪽 트랙들은 섹터 영역화(다음 절을 참고) 때문에 스루풋이 더 좋습니다. 누군가 공개한 디스크 벤치마크 결과를 볼 때는 숏 스트로킹 여부를 주의 깊게 살펴보세요. 특히 가격 정보가 포함되지 않은 벤치마크에서는 숏 스트로킹 기법이 적용된 디스크를 다수 사용했을 가능성이 있습니다.

섹터 영역화

디스크 플래터의 물리적 특성상, 트랙의 길이는 디스크 위치에 따라 달라집니다. 일반적으로 중앙에 가까울수록 트랙의 길이는 짧고, 바깥쪽으로 갈수록 길어집니다. 이는 디스크 플래터의 반지름이 중심에서 바깥쪽으로 커지기 때문입니다. 섹터 영역화(Sector Zoning, **다중 영역 기록**(multiple-zone recording)라고도 함)는 이러한 특성을 활용하여 트랙당 섹터 개수를 조절하는 기법입니다. 트랙당 섹터 개수(및 비트 수)를 고정하는 대신, 트랙의 길이에 따라 긴 트랙에는 더 많은 섹터를 할당하고, 짧은 트랙에는 적은 섹터를 할당합니다. 이를 통해 물리적으로 더 많은 정보를 저장할 수 있습니다. 또한 디스크의 회전 속도는 고정되어 있으므로, 더 긴 바깥쪽 트랙은 안쪽 트랙보다 더 높은 스루풋(MB/s)을 보여줍니다.

섹터 크기

스토리지 업계는 더 큰 섹터 크기(특히 4KB)를 지원하기 위해 개선된 포맷(Advanced Format)이라는 디스크 장치에 대한 새로운 표준을 만들었습니다. 이를 통해 I/O 계산의 오버헤드를 줄이고, 스루풋을 향상시키는 동시에 섹터당 저장되는 메타데이터 부하도 줄였습니다. 그렇다고 해서 512Byte의 섹터 크기를 사용하지 못하는 것은 아닌데, 디스크 펌웨어는 개선된 포맷 512e(AF512e)라는 표준 에뮬레이션 방법을 이용해 이를 여전히 지원합니다. 하지만 AF512e를 사용하는 경우 디스크에 따라서는 512Byte를 4KB 섹터에 매핑하기 위해 read-modify-write 사이클을 거쳐야 하기 때문에 쓰기 오버헤드가 증가할 수 있습니다. 또한, 다른 성능 오버헤드로는 어긋난(misaligned) 4KB I/O가 있습니다. 이는 4KB가 두 섹터에 걸쳐 위치한 경우로, 처리를 위해 더 많은 섹터 I/O가 필요합니다.

디스크 내장 캐시

이러한 디스크의 공통적인 구성 요소로는 읽기 결과를 캐시하고 쓰기를 버퍼링하는데 사용되는 소형 메모리(RAM)가 있습니다. 또한, 이 메모리는 I/O(커맨드)를 장치의 큐에 삽입하고, 재정렬해 더 효율적으로 I/O를 수행하도록 순서를 바꿀 수 있습니다. SCSI에서는 이를 TCQ(Tagged Command Queueing, 태그된 커맨드 큐잉)라고 하며, SATA에서는 NCQ(Native Command Queueing, 네이티브 커맨드 큐잉)이라 합니다.

엘리베이터 탐색

엘리베이터 알고리즘(엘리베이터 탐색(elevator seeking)이라고도 부름)은 커맨드 큐를 가지고 성능을 향상시키는 한 가지 방법입니다. 이 방법은 I/O 요청의 디스크상 위치를 바탕으로 순서를 재배열해 디스크 헤드의 이동을 최소화합니다. 결과적으로 이는 건물의 엘리베이터 동작과 유사한데, 엘리베이터는 버튼이 눌린 순서대로 요청을 처리하지 않고, 빌딩의 고층부터 저층을 오가며 요청이 들어온 층에서 멈추는 방식으로 작동합니다.

디스크 I/O 트레이스를 분석할 때 I/O를 완료 시간을 기준으로 정렬한 결과와 시작 시간을 기준으로 정렬한 결과를 비교해 보면 이 같은 동작을 분명히 알 수 있습니다. 완료 순서는 시작 순서와 일치하지 않을 것입니다.

이를 통해 분명한 성능 향상을 기대할 수 있을 것 같지만, 다음과 같은 시나리오를 생각해 봅시다. 디스크가 1,000 근처의 오프셋에 대한 일련의 I/O 요청을 받았고, 동시에 2,000 오프셋에 대한 I/O 요청도 하나 들어왔습니다. 디스크 헤드는 현재 1,000 위치에 있습니다. 2,000 오프셋의 I/O는 언제 처리되어야 할까요? 이제 다음을 고려해 봅시다. 1,000 근처의 I/O를 처리하는 동안에도 계속해서 그 근처에 대한 I/O 요청이 들어와서, 1,000 오프셋 근처에서 I/O 작업이 10초간 지속됩니다. 그렇다면 이제 2,000 오프셋의 I/O는 언제 처리해야 할까요? 그렇다면 최종 I/O 지연시간은 얼마나 될까요?

데이터 무결성

디스크는 데이터 무결성을 위해 ECC(error-correcting code, 오류 정정 코드)를 각 섹터의 끝에 기록하는데, 드라이브는 이걸 이용해서 데이터가 제대로 읽혔는지를 판단하고 일부 에러는 정정할 수도 있습니다. 섹터를 제대로 읽지 못한 경우, 디스크 헤드는 다음 회전에서 다시 읽기를 시도하거나, 회전할 때마다 헤드 위치를 약간씩 변경하며 여러 차례 재시도할 수 있습니다. 이는 성능 관점에서 비정상적으로 느린 I/O가 발생하는 원인이 될 수 있습니다. 드라이브는 데이터가 올바르게 읽히지 않았음을 알리기 위해 운영 체제에 소프트 에러[8]를 보고할 수 있습니다. 소프트 에러 발생률을 모니터링하면 도움이 될 텐데, 이는 드라이브가 곧 오류를 일으킬 가능성이 높아진다는 신호일 수 있기 때문입니다.

512Byte를 4KB 섹터로 전환함으로써 업계(제조사)가 누리는 이점 중 하나는, 동일한 크기의 데이터에 대해 필요한 ECC 비트 수가 감소한다는 점입니다. 섹터 크기가 증가하면 필요한 총 ECC 비트 수도 줄어들어 오버헤드를 낮추고 시스템의 효율성을 높이는데 도움이 됩니다.[Smith 09]

데이터를 검증하는데 ECC 외에도 다른 체크섬이 사용될 수 있음에 유의하세요. 예를 들어, 호스트로 데이터 전송을 검증하는데 CRC(cyclic redundancy check, 순환 중복 검사)가 사용될 수 있으며, 파일 시스템에는 다른 체크섬이 사용될 수 있습니다.

진동

디스크 장치 제조사들은 진동 문제에 대해 의식하고 있었지만, 업계 전반에 이러한 문제가 잘 알려지거나 심각하게 다뤄지지 않았습니다. 필자는 2008년에 이해하기 어려운 성능 문제를 조사하기 위해 특수한 환경을 가정하고 실험을 실행했는데, 쓰기 벤치마크를 수행하는 동안 디스크 어레이에 크게 **소리를 질러** 진동을 발생시키

---

8 (옮긴이) 소프트 에러는 신호나 데이터가 올바르지 않아 발생한 일시적인 오류로, 데이터 손실 없이 복구될 수 있는 오류를 말합니다.

는 실험을 수행했습니다. 그 결과 진동이 발생할 때마다 아주 느린 I/O가 발생하는 것을 관찰했습니다. 필자는 이 실험을 바로 동영상으로 녹화해 유튜브에 배포했습니다. 그 동영상은 입소문을 타고, 디스크 성능에 대한 진동의 영향을 보여주는 첫 번째 데모로 유명해졌습니다.[Turner 10] 이 동영상은 1,700,000번 이상의 조회수를 기록했고, 디스크 진동 문제에 대한 사람들의 인식을 제고했습니다.[Gregg 08] 필자가 받은 이메일들로 미루어, 필자는 우연찮게 데이터 센터 방음 비즈니스를 창출하게 되었습니다. 이제 여러분은 데이터 센터의 소음 수준을 분석하고, 진동 감쇄시켜 디스크 성능을 향상시킬 수 있는 전문가에게 이 일을 맡길 수 있습니다.

태만한 디스크

태만한 디스크(Sloth Disks)는 일부 회전식 디스크에서 나타나는 성능 문제 중 하나로, 오류를 보고하지도 않으면서 간헐적으로 1초 이상의 매우 느린 I/O를 발생시키는 현상을 말합니다. 이는 ECC 문제로 인해 재시도에 소요되는 시간보다 훨씬 길며, 이런 디스크가 시간을 지체하는 대신 차라리 오류를 보고했다면 더 나았을 것입니다. 오류가 보고되면 운영 체제나 디스크 컨트롤러는 문제를 해결하기 위해 해당 디스크를 RAID와 같은 고가용성 환경(redundant environment)에서 제외하거나 오류를 기록하는 등의 조치를 취할 수 있기 때문입니다. 태만한 디스크는 골칫거리인데, 특히 스토리지 어레이 안에서 가상 디스크의 일부로 구성된 경우 그렇습니다. 이 경우 운영 체제가 직접적인 가시성을 갖지 않기 때문에 식별이 더 어려울 수 있습니다.[9]

SMR

SMR(Shingled Magnetic Recording, 기와식 자기 기록) 드라이브는 디스크의 밀도를 높이기 위해 더 좁은 트랙을 사용하는 방법입니다. 디스크 헤드에는 데이터의 저장과 검색을 담당하는 read 헤드와 write 헤드가 별개로 존재합니다. CMR(Conventional Magnetic Recording, 일반적 자기 기록) 방식에서는 이 두 헤드의 폭이 비슷하거나 동일한데, SMR 방식에서는 일반적으로 read 헤드의 폭이 더 좁습니다. read 헤드에 필요한 폭이 넓지 않다는 특징에 착안해 SMR 방식에서는 데이터를 다

---

9 리눅스 분산 복제 블록 장치(Distributed Replicated Block Device, DRBD) 시스템을 사용 중이라면, '디스크-타임아웃(disk-timeout)' 파라미터를 사용할 수 있습니다.

른 트랙에 부분적으로 겹쳐 기록합니다. 이 방식은 이름에서 유추할 수 있듯이 건물에 기와 지붕을 설치하는 방식과 유사합니다. 이러한 특성 때문에 SMR을 사용하는 드라이브들은 밀도가 약 25% 증가하는 반면 쓰기 성능이 저하되는데, 쓰기를 수행할 때 겹쳐진 데이터를 다시 기록해야 하기 때문입니다. 이들 드라이브는 한 번 쓰여진 후 대부분 읽기만 하는 아카이브 워크로드에는 적합하지만, 쓰기 워크로드 비중이 높은 RAID 구성에는 적합하지 않습니다.[Mellor 20]

디스크 데이터 컨트롤러

기계식 디스크의 컨트롤러는 디스크의 물리적 특성을 단순화한 인터페이스를 제공하는데, 트랙을 고정된 섹터 비율로 나누고 이 섹터들을 연속적인 오프셋 주소로 매핑하여 읽기와 쓰기를 손쉽게 수행할 수 있도록 합니다. 그러나 실제 디스크 내부 작업은 디스크 데이터 컨트롤러, 즉 펌웨어로 프로그래밍된 내부 마이크로프로세서에 의해 수행됩니다. 데이터 컨트롤러는 섹터 영역화와 같은 알고리즘을 구현하여 주소 오프셋 배치 방식에 영향을 줄 수 있습니다. 운영 체제가 디스크 데이터 컨트롤러 내부를 볼 수 없기 때문에 이에 대해 분석하기는 힘들지만, 이러한 메커니즘을 이해하는 것이 중요합니다.

9.4.1.2 반도체 드라이브

SSD(solid-state disk, 반도체 드라이브)는 고체 상태 디스크라고도 불리며, 고체 전자 소자(반도체 등)를 사용하여 데이터를 저장하는 장치입니다. 이 장치는 프로그램 가능한 비휘발성 메모리를 기반으로 하며, 보통 회전식 디스크보다 훨씬 좋은 성능을 보여줍니다. 또한, 움직이는 기계적 부품이 없기 때문에 물리적으로 내구성이 더 좋고, 진동으로 인한 성능 문제에도 민감하지 않습니다.

SSD 성능은 데이터의 물리적 위치(오프셋)에 따라 영향을 받지 않으며(회전이나 탐색 지연이 없음), I/O 크기를 바탕으로 성능을 예측해볼 수도 있습니다. 워크로드가 임의 접근인지 순차 접근인지가 성능에 미치는 영향도 회전식 디스크에 비해 훨씬 적습니다. 이러한 특성으로 인해 SSD는 성능 분석도 쉽고 수용량 계획도 쉽습니다. 하지만 성능 문제가 발생할 경우, 내부 동작 방식의 복잡성 때문에 회전식 디스크만큼 원인 파악이 어려울 수 있습니다.

일부 SSD는 비휘발성 DRAM(nonvolatile DRAM, NV-DRAM)을 사용하지만, 대부분의 SSD는 플래시 메모리를 기반으로 합니다.

플래시 메모리

플래시 메모리 기반 SSD는 높은 읽기 성능을 보여주는 저장 장치 유형입니다. 특히 임의 접근 읽기에 있어서는 회전식 디스크의 성능을 수십 배 뛰어넘습니다. 대부분의 SSD는 NAND 플래시 메모리를 사용하여 제작되며, 이는 전원이 꺼진 상태에서도 전자를 영구적으로 저장할 수 있는 전하 보존 저장 매체[10]를 사용합니다.[Cornwell 12] '플래시'라는 이름은 데이터가 기록되는 방식을 지칭하는 용어인데, 데이터를 쓰기 전에 전체 블록을 먼저 지운 뒤 새 데이터를 기록하는 구조를 나타냅니다(보통 페이지당 8~64KB이며, 한 블록은 여러 페이지로 구성됩니다). 이러한 쓰기 오버헤드로 인해 플래시 메모리의 읽기/쓰기 성능은 대칭적이지 않은데, 일반적으로 읽기는 빠르고 쓰기는 느립니다. 드라이브는 일반적으로 쓰기 성능을 개선하기 위해 write-back 캐시를 사용하고, 전원 공급 장애 시를 대비하여 작은 커패시터를 전원 보존용으로 사용합니다.

플래시 메모리에는 여러 유형이 있습니다.

- SLC(Single-level cell, 단일 레벨 셀): 각 셀에 단일 비트를 저장합니다.
- MLC(Multi-level cell, 다중 레벨 셀): 각 셀에 여러 비트를 저장합니다(보통 2비트를 저장하며, 이 경우 네 가지 전압 레벨이 필요합니다).
- eMLC(Enterprise multi-level cell, 엔터프라이즈 다중 레벨 셀): 엔터프라이즈 수준에서 사용하기 위해 만들어진 고급 펌웨어를 가진 MLC입니다.
- TLC(Tri-level cell, 삼중 레벨 셀): 각 셀에 3개의 비트를 저장합니다(8개의 전압 레벨).
- QLC(Quad-level cell, 사중 레벨 셀): 각 셀에 4비트를 저장합니다.
- 3D NAND / V-NAND(Vertical NAND, 수직 NAND): 밀도와 저장 용량을 높이기 위해 플래시 메모리를 적층하는 방식입니다(예: TLC).

위 내용은 발표된 순서대로 정리한 것으로 최신 기술인 3D NAND는 2013년부터 상업적으로 사용할 수 있게 되었습니다.

다른 유형과 비교해 보면 SLC가 더 성능과 신뢰성이 좋기 때문에 엔터프라이즈 환경에서 더 선호되지만 비용이 더 많이 듭니다. MLC는 신뢰성은 떨어지지만 밀도가 높기 때문에 엔터프라이즈 환경에서 흔히 사용되고 있습니다. 플래시의 신뢰성

---

10 하지만 완전히 영구는 아닙니다. 요즘의 MLC에서는 전원이 꺼져있을 때 불과 몇 달 사이에 데이터 리텐션 오류(data retention errors)가 발생할 수 있습니다.[Cassidy 12][Cai 15]

은 드라이브가 안정적으로 수행할 수 있는 블록 쓰기의 횟수(프로그램/지우기 사이클)로 측정됩니다. 이 사이클은 SLC에서는 약 50,000~100,000사이클이며, MLC에서는 약 5,000~10,000사이클, TLC에서는 약 3,000사이클, QLC에서는 약 1,000사이클입니다.[Liu 20]

컨트롤러

SSD 컨트롤러는 다음과 같은 작업을 수행합니다.[Leventhal 13]

- 입력: 읽기나 쓰기는 페이지 단위로 일어납니다(보통 8KB). 쓰기는 지워진 페이지에만 가능하며, 페이지는 32~64개 단위가 하나의 블록으로 묶여 블록 단위로 지워집니다(256~512KB).
- 출력: 하드디스크와는 물리적인 구성 자체가 다르지만, 하드디스크와 호환되는 방식으로 동작하기 위해 블록 단위의 데이터를 읽고 쓰는 블록 인터페이스를 제공합니다. 이를 통해 임의의 섹터(512Byte/4KB)를 읽거나 쓸 수 있습니다.

입력과 출력 간의 변환은 컨트롤러의 FTL(flash translation layer, 플래시 변환 계층)에서 수행됩니다. FTL은 변환 작업뿐만 아니라 빈 블록을 추적해야 하며, 이를 위해 로그 구조 파일 시스템과 같은 자체 파일 시스템을 활용합니다.

쓰기 워크로드의 경우, 쓰기 특성으로 인한 문제가 있을 수도 있는데, 특히 쓰기 I/O 크기가 플래시 메모리 블록 크기(최대 512KB)에 미치지 못할 경우 이러한 문제가 두드러집니다. 작은 쓰기 요청은 해당 블록의 나머지 데이터를 다른 위치(주로 캐시)로 복사해 두고 지우는 작업이 필요하므로 **쓰기 증폭**(write amplification) 현상이 발생하며, 이로 인해 쓰기 작업의 지연시간이 증가할 수 있습니다. 일부 플래시 메모리 드라이브는 이러한 지연시간 문제를 완화하기 위해 RAM 기반 디스크 내장 버퍼를 사용합니다(RAM 유실 방지 위해 배터리 포함). 이 버퍼는 쓰여진 데이터를 임시로 저장하고 나중에 데이터가 충분히 모이면 쓰기 작업을 수행함으로써 성능을 향상시킵니다. 또한, 전원 오류가 발생하더라도 데이터 손실을 방지할 수 있습니다.

필자가 사용했던 일반적인 엔터프라이즈급 플래시 메모리 드라이브는 내부 플래시 메모리의 구성으로 인해 4KB 읽기와 1MB 쓰기에서 최적의 성능을 보였습니다. 이러한 최적 값은 드라이브마다 다르며, 마이크로 벤치마크를 통해 I/O 크기를 조정하며 알아낼 수 있습니다.

외부에 노출한 인터페이스(예: write())으로 인해 플래시 내부의 동작(예: 블록 쓰기)이 바로 일어나지 않는다는 특징을 생각해 보면, 운영 체제나 파일 시스템 수준에서 이 동작을 개선할 여지가 생깁니다. TRIM 명령이 한 가지 예입니다, TRIM은 특정 영역이 더 이상 사용되지 않음을 SSD에게 알려줌으로써, 장치가 가용 블록 풀을 더 효율적으로 수집하고 쓰기 증폭을 줄일 수 있도록 도와줍니다(SCSI의 경우 이를 UNMAP이나 WRITE SAME 명령으로, ATA의 경우 DATA SET MANAGEMENT 명령으로 구현할 수 있습니다). 리눅스에서는 discard 마운트 옵션이나 fstrim(8) 명령을 통해 TRIM을 수행할 수 있습니다[11]).

수명

NAND 플래시는 저장 장치로 사용될 때 여러 가지 문제가 발생할 수 있습니다. 대표적인 문제로는 번아웃(셀 고장), 데이터 페이드(셀 전하 방전), 읽기 교란(read disturbance, 읽기 작업이 인접한 셀의 전하 간섭) 등이 있습니다.[Cornwell 12] 이런 문제는 데이터를 다른 셀로 옮김으로써 해결할 수 있는데, SSD 컨트롤러는 웨어 레벨링(wear leveling)과 **메모리 오버 프로비저닝**(memory overprovisioning)과 같은 기법을 사용하여 문제를 방지합니다.

웨어 레벨링은 쓰기 작업을 서로 다른 블록으로 분산시켜 개별 블록의 쓰기 횟수를 균등하게 조정하는 방법입니다. 이를 통해 특정 블록의 쓰기 횟수가 과도하게 증가하여 번아웃이 발생하는 것을 방지할 수 있습니다. 메모리 오버 프로비저닝은 SSD 내부에 실제 디스크 용량 외에 추가 메모리를 예약해 두고, 필요시 이를 활용하는 방법입니다. 이 추가 메모리는 필요할 때 사용되어 데이터를 다른 셀로 옮기는 등의 작업에 활용될 수 있습니다.

이러한 기법들은 플래시 메모리의 수명을 향상시키는 데 도움이 됩니다. 그러나 SSD는 여전히 블록당 쓰기 횟수 제약이 있습니다. 엔터프라이즈급 드라이브는 SLC 플래시 메모리를 사용하여 셀당 100만 회 이상의 쓰기가 가능하며, 메모리 오버프로비저닝을 적극 활용합니다. 반면, 소비자용 드라이브는 MLC를 사용하며, 일반적으로 약 1,000회 정도의 쓰기가 가능합니다.

---

11 (옮긴이) 최근 우분투 20.04부터는 TRIM을 주기적으로 수행할 수 있게 되었는데, systemctl fstrim. timer를 통해 1주일에 한 번 TRIM을 수행합니다. 주기적이 아니라 블록이 unused가 되는 즉시 TRIM을 수행할 수도 있는데, 마운트 옵션으로 discard를 사용하면 됩니다.

잠재적 문제

다음은 알아두어야 하는 플래시 메모리 SSD의 잠재적 문제들입니다.

* 데이터의 보존 기간이 오래됨에 따라 지연시간 극단값이 발생할 수도 있습니다. 이는 SSD가 올바른 데이터를 가져오기 위해 ECC 검증과 같은 작업을 수행하기 때문입니다.
* 파편화로 인해 높은 지연시간이 발생할 수 있습니다(이 문제는 재포맷하면 해결될 수도 있는데, FTL 블록 맵을 정리하기 때문입니다).
* SSD가 내부적으로 압축을 사용한다면 스루풋 성능이 낮아질 수 있습니다.

이 외에도 최신 SSD 성능 기능이나 발견된 성능 이슈가 있는지 더 찾아보기 바랍니다.

9.4.1.3 영구 메모리

영구 메모리(Persistent Memory)는 전원 보존 형태의 DRAM을 의미하며, 주로 스토리지 컨트롤러의 write-back 캐시에 사용됩니다. 이러한 메모리는 전원이 유지되는 동안 데이터를 보존하기 위해 배터리나 슈퍼 커패시터와 같은 장치를 사용합니다. 영구 메모리는 플래시 메모리보다 수십 배 더 빠른 성능을 제공하지만, 비용과 배터리 수명의 제한으로 인해 특정 용도에만 제한적으로 사용됩니다.

인텔과 마이크론(Micron)은 3D XPoint라는 새로운 유형의 영구 메모리를 개발했는데, DRAM과 플래시 메모리 사이에서 경쟁력 있는 가격 대비 성능을 제공하며 더 다양한 애플리케이션에 활용될 수 있습니다. 3D XPoint는 3D로 쌓여 올려진 격자 모양의 데이터 액세스 어레이에 비트를 저장하는 방식으로, 바이트 단위로 접근이 가능합니다. 인텔이 발표한 성능 보고서에서는 3D XPoint가 불과 $14\mu s$로 3D NAND SSD의 액세스 지연시간 $200\mu s$에 비해 훨씬 짧다고 밝히고 있습니다.[Hady 18] 또한, 이 테스트에서 3D XPoint는 지연시간에 일관성이 있음을 보여준 반면, 3D NAND는 지연시간 분포가 $3ms$에 달할 정도로 분포가 균일하지 않음을 보여주었습니다.

인텔은 옵테인(Optane)이라는 브랜드로 3D XPoint 제품을 출시하고 있습니다. 인텔 옵테인은 DIMM 패키지로 출시되거나 옵테인 SSD로 제공됩니다. 3D XPoint는 2017년부터 상용화되어 사용되고 있습니다.[12]

---

12 (옮긴이) 현재 인텔은 Optane 메모리 사업부를 정리하였는데, 높은 생산 단가로 인한 가격 경쟁력 부족과 시장 수요 한계 때문입니다.

9.4.2 인터페이스

인터페이스는 장치가 시스템과 통신하기 위해 사용하는 프로토콜이며, 보통은 디스크 컨트롤러를 통해 이루어집니다. 여기서는 SCSI, SAS, SATA, FC, NVMe 인터페이스에 대해 소개하겠습니다. 현재 사용되는 인터페이스가 어떤 것이고 지원하는 대역폭이 얼마인지 파악하는 게 중요한데, 이런 값은 시간이 지나면서 새로운 사양을 채택하면 자주 변경되기 때문입니다.

SCSI

SCSI(Small Computer System Interface, 소형 컴퓨터 시스템 인터페이스)는 초기에는 병렬 전송 버스로 설계되어 여러 전기 커넥터를 사용해 데이터를 병렬로 전송했습니다. 첫 버전인 SCSI-1은 1986년에 나왔고, 8-bit 데이터 버스를 사용해 클럭당 1Byte를 전송할 수 있었으며, 5MB/s의 대역폭을 제공했습니다. 연결에는 50개의 핀으로 구성된 센트로닉스(Centronics) 사의 C50을 사용했습니다. 이후에 나온 병렬 SCSI 버전은 더 넓은 데이터 버스를 채택하고, 최대 80핀까지 더 많은 핀을 사용하는 커넥터를 적용했으며, 수백 MB/s의 대역폭을 지원합니다.

병렬 SCSI는 공유 버스 구조를 사용하기 때문에 버스 경합으로 인한 성능 문제가 발생할 수 있습니다. 예를 들어, 주기적으로 발생하는 시스템 백업 작업이 버스를 점유하면, 우선순위가 낮은 I/O로 인해 버스가 포화되어 버릴 수 있습니다. 이를 해결하기 위해 SCSI 버스나 컨트롤러를 추가하고, 우선순위가 낮은 장치들은 해당 추가 버스만 사용하도록 설정하는 방법을 사용할 수 있었습니다.

병렬 버스에서 클럭 속도를 높이는 데도 문제가 있었습니다. 일부 장치는 높은 클럭 속도를 지원하지 못하거나, 데이터 전송 회선 간의 싱크를 맞추기 위해 SCSI terminator 팩을 사용해야 했습니다. 또한, 병렬 버스의 복잡성과 노이즈 문제도 있었습니다. 이러한 이유로 현재는 병렬 SCSI 대신 직렬 버전인 SAS 인터페이스가 사용되고 있습니다.

SAS

SAS(Serial Attached SCSI, 직렬 연결 SCSI)는 병렬 SCSI의 버스 경합 문제를 해결하기 위해 설계된 고속 지점 간 전송 인터페이스입니다. 최초의 SAS-1 사양은 3Gbit/s로(2003년에 출시), 이후 6Gbit/s를 지원하는 SAS-2(2009년), 12Gbit/s를 지원하는 SAS-3(2012년), 그리고 22.5Gbit/s를 지원하는 SAS-4(2017년)이 출시되었습니다. 링크 애그리게이션(link aggregation)을 지원하기 때문에 여러 포트를 모아 더 높은 대역폭을 제공할 수도 있습니다. 실제 데이터 전송 속도는 대역폭의 80%로, 8b/10b 인코딩 때문에 약간 감소합니다.

SAS의 다른 기능으로는 이중 포트를 사용한 중복 커넥터 및 아키텍처 구성, I/O multipathing(다중 경로) 구성, SAS 도메인, 핫 스왑, SATA 장치에 대한 호환성 지원 등이 있습니다. 이 같은 특징으로 인해 엔터프라이즈 환경에서는 SAS를 더 선호하곤 합니다. 특히 중복 아키텍처를 사용하는 경우 더더욱 그렇습니다.

SATA

SCSI에서 SAS로 옮겨간 이유와 비슷하게 병렬 ATA(parallel ATA, PATA, IDE라고도 함) 인터페이스 표준도 직렬 ATA(SATA, Serial ATA) 인터페이스로 바뀌었습니다. 2003년에 처음 등장한 SATA 1.0은 1.5Gbit/s의 속도를 지원했으며, 이후 SATA 2.0이 등장하여 3.0Gbit/s(2004)를 지원하고, SATA 3.0은 6.0Gbit/s(2008)도 지원합니다. SATA 인터페이스가 발전해 나감에 따라, NCQ 지원 등 새로운 기능들이 추가되었습니다. SATA는 8b/10b 인코딩을 사용하기 때문에 데이터 전송 속도는 대역폭의 약 80% 정도입니다. SATA는 일반 사용자용 데스크톱이나 노트북 컴퓨터에서 널리 사용됩니다.

FC

FC(Fibre Channel, 파이버 채널)은 고속 데이터 전송을 위한 인터페이스 표준으로, 원래는 광케이블(fibre optic cable)을 사용하는 것이 목적이었으며, 후에는 동케이블(copper)도 지원하게 되었습니다. FC는 기업 환경에서 SAN(storage area networks, 저장 장치 네트워크)를 구축하는 데 주로 사용되며, 여기에는 여러 스토리지 장치를 복수의 서버에 연결하기 위한 FC 패브릭(Fibre Channel Fabric)이 구성됩니다(여러 호스트를 네트워크로 연결하는 것과 유사하지만, 스토리지를 네트워크에 연결한다는 차이점이 있습니다). 이는 다른 인터페이스와 비교하여 더 큰 확장성과 접근성을 제공하는데, 네트워킹과 마찬가지로 스위치를 사용하여 여러 로컬 엔드포인트(서버 및 스토리지)를 연결하는 것도 가능합니다. FC 표준의 개발은 1988년에 시작되었으며, 1994년에 ANSI에서 첫 번째 버전이 승인되었습니다.[FICA 20] 이후 여러 가지 변경이 있었고 속도가 향상되어 왔는데, 최근의 Gen 7 256GFC 표준은 최대 51,200MB/s의 전이중(full duplex) 속도를 지원합니다.[FICA 18]

NVMe

NVMe(Non-Volatile Memory Express)는 PCIe 버스를 기반으로 한 저장 장치 인터페이스로, 기존의 컨트롤러 카드 대신 저장 장치 자체를 PCIe 버스에 직접 연결합니다. 이 규격은 2011년에 처음 만들어졌으며, 최초 버전인 1.0e는 2013년에 출시되었고, 현재의 최신 버전은 NVMe 1.4 (2019)입니다.[13][NVMe 20] 규격이 발전됨에 따라 다양한 기능이 추가되었는데, 예를 들어 열 관리 기능, 셀프 테스트, 데이터 검증, sanitize(데이터를 복구할 수 없도록 함)를 위한 명령어 등이 포함되어 있습니다. NVMe 카드의 대역폭은 PCIe 버스의 제한에 따라 결정되며, 현재 일반적으로 많이 사용되는 PCIe 버전 4.0에서는 x16 카드(링크 폭)로 최대 31.5GB/s의 단방향 대역폭을 지원합니다.

기존의 SAS와 SATA를 넘어서는 NVMe의 이점은 복수의 하드웨어 큐를 지원한다는 점입니다. 이러한 큐는 동일한 CPU에서 캐시의 효율성을 높이는 데 사용될 수 있으며, 리눅스의 멀티 큐 지원을 통해 공유 커널 락을 피할 수도 있습니다. 더불어 각 큐는 최대 64,000개의 명령어를 처리할 수 있어 SAS(256개)와 SATA(32개)에 비해 훨씬 많은 작업을 처리할 수 있습니다. 이러한 하드웨어 큐는 더 큰 버퍼링을 지원하여 작업의 효율성과 처리 속도를 크게 향상시킵니다.

NVMe는 또한 SR-IOV(Single Root I/O Virtualization)를 지원하여 가상 머신의 저장 장치 성능을 향상시킬 수 있습니다(11.2절 "하드웨어 가상화" 참고). NVMe 규격은 낮은 지연시간을 가진 플래시 장치(예상 I/O 지연시간 20us 미만)에 주로 사용됩니다.

9.4.3 저장 장치 유형

저장 장치를 여러 가지 방식으로 서버에 제공할 수 있습니다. 다음 절에서는 네 가지 일반적인 아키텍처인 디스크 장치, RAID, 스토리지 어레이, NAS(network-attached storage, 네트워크 연결 저장 장치)에 대해 설명합니다.

디스크 장치

가장 단순한 아키텍처는 서버 내부에 디스크가 탑재되어 있고, 운영 체제가 이 디스크를 개별적으로 제어하는 방식입니다. 각 디스크는 디스크 컨트롤러에 연결되

---

[13] (옮긴이) 현재는 NVMe 2.0(2021) 버전도 출시되었습니다.

며, 디스크 컨트롤러는 메인보드에 내장되어 있거나 확장 카드 형태로 제공됩니다. 디스크 컨트롤러의 역할은 운영 체제가 디스크를 인식하고 접근할 수 있도록 돕는 것입니다. 즉, 운영 체제와 디스크 간의 데이터 교환을 중계하는 전달자 역할을 합니다. 일반적인 개인용 컴퓨터나 노트북의 주 저장 장치는 이러한 방식으로 연결된 디스크를 사용합니다.

이 같은 아키텍처는 운영 체제가 디스크에 대해 알고 있고, 각각 따로 관찰할 수 있기 때문에 성능 도구를 사용해서 분석하기가 가장 쉽습니다.

일부 디스크 컨트롤러는 이 아키텍처를 지원하며, 이를 'JBOD(just a bunch of disks)라고 부르기도 합니다.

RAID

고급 디스크 컨트롤러는 RAID(redundant array of independent disks, 독립 디스크들의 중복 배열) 아키텍처를 제공하여 여러 개의 독립적인 디스크를 하나의 가상 디스크처럼 구성할 수 있습니다. RAID는 초기에는 **저렴한** 디스크를 여러 개의 배열로 구성하는 목적으로 개발되었으며[Patterson 88], 이를 통해 크고 빠르며 신뢰성 높은 디스크 시스템을 구축하고자 하였습니다. RAID 컨트롤러 보드에는 종종 캐시(RAM)가 붙어있는데 이는 읽기와 쓰기 성능을 향상시키기 위한 목적으로 사용됩니다.

RAID에는 디스크 컨트롤러 카드를 통해 구성되는 **하드웨어** RAID가 있고, 운영 체제 소프트웨어만으로 구성되는 소프트웨어 RAID가 있습니다. 과거에는 하드웨어 RAID가 더 선호되었는데, 전용 하드웨어가 CPU 소모가 많은 체크섬 및 패리티 계산을 더 빠르게 처리할 수 있고, 경우에 따라 배터리 백업 유닛(battery backup unit, BBU)을 포함해 안정성이 뛰어났기 때문입니다. 그러나 최근에는 CPU의 발전으로 인해 여분의 코어나 사이클을 활용할 수 있게 되면서, 패리티 계산을 외부 하드웨어에 의존할 필요성이 줄어들었습니다. 이에 따라 많은 저장 장치 솔루션이 다시 소프트웨어 RAID(예: ZFS)로 들어갔습니다. 이에 따라 복잡성과 하드웨어 비용이 줄고 운영 체제에서의 관측가능성이 향상되었습니다. 큰 문제가 발생한 경우에는 소프트웨어 RAID가 하드웨어 RAID보다 복구하기 쉬울 것입니다(RAID 카드가 고장 났다고 가정해 보세요).

다음 절에서는 RAID의 성능 특성에 대해 설명합니다. 뒤에서 **스트라이프**(stripe) 라는 용어가 자주 사용되는데, 이는 데이터가 여러 드라이브에 걸쳐 블록으로 그룹화되어 기록되는 것을 의미합니다. (여러 디스크에 걸쳐 일렬로 기록되는 모습에 착안해서 스트라이프라는 이름이 붙여졌습니다.)

유형

다양한 용량, 성능, 신뢰성에 대한 요구를 만족하기 위해 여러 RAID 유형이 존재합니다. 다음 표 9.3에서는 성능 특성에 초점을 맞춰 요약했습니다.

표 9.3 RAID 유형

레벨	설명	성능
0 (연결)	드라이브를 순차적으로 연결(concatenation)해서 데이터를 드라이브 단위로 하나씩 채웁니다.	데이터가 여러 드라이브에 걸쳐 있는 경우에만 임의 접근 성능을 향상시킬 수 있습니다.[14]
0 (스트라이프)	드라이브를 병렬로 사용합니다. I/O를 여러 드라이브에 나눠(스트라이프) 저장합니다.	임의 접근 및 순차 접근 I/O 성능이 가장 좋을 것입니다. (스트라이프 크기와 워크로드 패턴에 따라 다를 수 있습니다).
1 (미러링)	여러 드라이브(보통 2개)를 한 그룹으로 묶어 각각 같은 데이터를 중복 저장합니다.	임의 접근 및 순차 읽기 성능이 좋은 편입니다. (구현에 따라 다르지만, 데이터를 모든 디스크로부터 분산해 읽어들일 수 있습니다.) 쓰기 성능은 미러에서 가장 느린 디스크를 따라가며, 스루풋 오버헤드는 두 배로 늘어납니다 (드라이브가 2개인 경우).
10	RAID-1 드라이브 그룹을 여러 개 가지고 RAID-0 스트라이프를 만듭니다. 용량과 중복성을 동시에 제공합니다.	RAID-1과 성능 특징이 비슷하며, 더 많은 그룹을 넣으면 RAID-0과 같이 대역폭을 늘릴 수 있습니다.
5	데이터를 여러 디스크에 스트라이핑해 저장하지만 디스크 하나에는 패리티 정보를 저장해 약간의 안전성(복구)을 제공합니다.	Read-Modify-Write 사이클과 패리티 계산으로 인해 쓰기 성능이 나쁩니다.
6	RAID-5와 비슷하나 안전성을 위해 스트라이프 하나당 2개의 패리티 디스크를 사용합니다.	RAID-5와 비슷하지만 더 나쁩니다.

RAID-0 스트라이핑은 성능 면에서 우수하지만, 데이터 복원 기능이 없어 대부분의 프로덕션 환경에서는 실용적이지 않습니다. 다만, 클라우드 컴퓨팅 환경에서도 예외적으로 장애를 감수할 수 있는 경우에는 사용될 수 있습니다. 예를 들어 중요한

---

[14] (옮긴이) 예를 들어, 75GB 디스크 2개로 RAID 0을 구성하고 50GB짜리 파일 3개를 저장한다고 해보겠습니다. RAID 0 Stripe 방식은 각 파일을 두 디스크에 균등하게 나눠 저장하므로, 세 파일 모두 Disk 1과 Disk 2에 걸쳐 저장되고, 읽을 때 병렬로 데이터를 가져올 수 있어 속도가 최대 두 배까지 빨라집니다. 반면, RAID 0 Concat(JBOD)처럼 디스크를 단순히 이어 붙이는 방식에서는 첫 번째 파일은 Disk 1에, 두 번째 파일은 Disk 1의 남은 공간과 Disk 2에 걸쳐, 세 번째 파일은 Disk 2에 저장됩니다. 이 경우 두 디스크를 동시에 사용할 수 있는 건 두 번째 파일뿐이며, 나머지는 단일 디스크에서만 읽히므로 속도 향상은 제한적입니다.

데이터를 저장하지 않거나, 장애 발생 시 별도의 복구 없이 자동으로 대체되는 서버, 또는 캐싱 용도로만 사용되는 스토리지 서버와 같은 특수한 경우가 여기에 해당합니다.

관측가능성

앞에서 가상 디스크의 사용률에 대해 설명했던 것처럼, 하드웨어가 제공하는 가상 디스크 장치를 사용하는 경우 운영 체제는 물리적 디스크의 작동 방식을 이해하지 못하기 때문에 장치 관측가능성이 제한될 수 있습니다. 만약 소프트웨어 RAID를 사용한다면 운영 체제가 직접 디스크를 관리하기 때문에 개별 디스크 장치의 사용 상태를 관찰할 수 있을 것입니다.

Read-Modify-Write 사이클

RAID-5와 같이 데이터를 패리티와 함께 스트라이프로 저장하는 경우, 쓰기 I/O 시 추가적인 읽기 I/O와 추가 계산 시간이 발생할 수 있습니다. 이는 쓰기 데이터가 스트라이프 크기보다 작을 경우, 전체 스트라이프를 읽어 데이터를 변경하고 패리티를 재계산한 다음 다시 기록해야 하기 때문입니다. 이를 피하기 위한 RAID-5의 최적화도 있는데, 이 방식에서는 전체 스트라이프를 읽는 대신 수정될 데이터가 속한 스트라이프와 패리티만 읽어 처리할 수 있습니다. 이후 데이터를 수정한 뒤 XOR 연산을 연속적으로 수행하여 업데이트된 패리티를 계산하고, 이 값을 수정된 스트라이프와 함께 기록합니다.

반면, 쓰기가 전체 스트라이프에 걸쳐 이루어질 경우에는 이전 내용을 덮어쓰기 때문에 기존 값을 다시 읽을 필요는 없습니다. 이러한 환경에서는 스트라이프 크기를 쓰기 I/O의 평균 크기로 조정하면 추가적인 읽기 오버헤드를 줄여서 성능을 향상시킬 수 있습니다.

캐시

RAID-5를 구현하는 디스크 컨트롤러는 write-back 캐시를 통해 Read-Modify-Write 사이클의 영향을 완화할 수 있습니다. 이러한 캐시는 전원 공급 장애 발생 시에도 버퍼링된 쓰기 작업을 완료할 수 있도록 배터리로 백업되어야 합니다.

추가 기능

디스크 컨트롤러 카드는 성능에 영향을 미칠 수 있는 여러 고급 기능을 제공할 수 있습니다. 제조사의 매뉴얼을 확인하여 어떤 기능이 성능에 영향을 미칠 수 있는지 파악하는 것이 좋습니다. 예를 들어, 델(Dell)의 PERC 5 카드의 경우 몇 가지 중요한 기능이 있습니다.[Dell 20]

- 패트롤 읽기(Patrol read): 며칠에 한 번씩 모든 디스크 블록을 읽어서 체크섬을 검증합니다. 디스크가 요청을 처리하느라 바쁜 경우, 패트롤 읽기 기능에 할당한 리소스를 자동으로 줄여서 시스템 워크로드와의 경쟁을 완화시킵니다.
- 캐시 플러시 주기: 단위는 초이며, 캐시에 있는 더티 데이터를 디스크에 플러시하는 주기를 지정합니다. 이 시간이 길수록 쓰기 취소(기존 데이터를 덮어쓰는 경우)가 늘어나고, 쓰기 데이터를 더 잘 합칠 수 있기 때문에 디스크 I/O가 줄어들 수 있습니다. 하지만 주기가 길어 플러시 할 데이터 크기가 커지면 캐시 플러시를 할 때 읽기 지연시간이 늘어날 수 있습니다.

이 두 가지 모두 성능에 큰 영향을 미칠 수 있습니다.

스토리지 어레이

스토리지 어레이(Storage Array)는 시스템에 여러 디스크를 연결할 수 있도록 해줍니다. 여기에는 보통 고급 디스크 컨트롤러를 사용하기 때문에 RAID 설정도 가능하며, 읽기와 쓰기 성능을 높이기 위해 큰 캐시(GB 이상)를 가지고 있기도 합니다. 또한 다른 유형과 마찬가지로, 캐시에는 write-back 모드의 안전성을 위해 보통 배터리가 달려 있습니다. 그러나 배터리 오류 시 일반적인 정책은 write-through 모드로 전환되며, 이로 인해 Read-Modify-Write 사이클을 기다려야 하므로 쓰기 성능이 갑작스럽게 저하될 수 있습니다.

　스토리지 어레이의 성능을 결정짓는 중요한 요소 중 하나는 시스템과의 연결 방식입니다. 일반적으로 외부 스토리시 컨트롤러 카드를 통해 연결되며, 이때 카드 자체의 처리 능력과 카드와 스토리지 어레이 간의 전송 경로가 IOPS와 스루풋에 제약을 줄 수 있습니다. 이러한 제약을 완화하기 위해 스토리지 어레이는 일반적으로 이중 연결을 지원하며, 두 개 이상의 물리적 케이블을 사용해 여러 스토리지 컨트롤러 카드와 연결함으로써 성능과 신뢰성을 향상시킬 수 있습니다.

네트워크 연결 저장 장치

NAS(Network-Attached Storage, 네트워크 연결 저장 장치)는 시스템에 스토리지를 네트워크를 통해 연결하는 저장 장치입니다. 이를 위해 NFS, SMB/CIFS, iSCSI와 같은 네트워크 프로토콜을 사용할 수 있으며, 보통 NAS 어플라이언스(appliance)라고 불리는 전용 시스템을 통해 연결됩니다. 다른 유형과 달리 NAS는 별개의 시스템으로 구성되어 있기 때문에, 시스템에서 직접적으로 분석하기보다는 어플라이언스 개별적으로 분석을 진행해야 합니다. 일부 분석은 클라이언트 측에서 실행될 수도 있는데, 이를 통해 적용된 워크로드와 I/O 지연시간을 확인할 수 있습니다. NAS 장치의 특성상 네트워크 성능도 중요한 요소로 작용하며, 네트워크 혼잡이나 다중 홉 지연시간과 같은 문제가 발생할 수 있으므로 주의해야 합니다.

9.4.4 운영 체제 디스크 I/O 스택

디스크 I/O 스택의 구성 요소와 계층은 운영 체제, 버전 및 어떤 소프트웨어나 하드웨어 기술을 사용했는지에 따라 달라집니다. 그림 9.7은 일반적인 모델을 보여줍니다. 3장 "운영 체제"에도 유사한 모델을 설명되어 있는데, 거기에는 애플리케이션도 고려되어 있습니다.

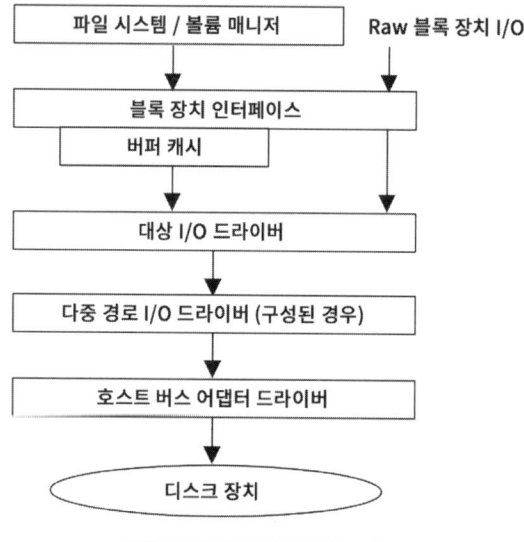

그림 9.7 일반적인 디스크 I/O 스택

블록 장치 인터페이스

블록 장치 인터페이스는 초기 유닉스에 도입되어, 저장 장치에 512Byte 크기의 블록 단위로 접근할 수 있도록 설계되었습니다. 또한, 이 인터페이스는 성능 향상을 위해 버퍼 캐시를 제공하는 역할도 포함하고 있습니다. 현재도 리눅스에서 블록 장치 인터페이스는 여전히 사용되고 있지만, 8장 "파일 시스템"에서 설명한 것처럼 파일 시스템 캐시와 같은 새로운 캐시 메커니즘이 등장함에 따라 버퍼 캐시의 역할은 줄어들었습니다.

유닉스에는 버퍼 캐시를 우회하기 위한 방법으로 raw 블록 장치 I/O(raw block device I/O, raw I/O라고도 함)라는 것이 있었는데, 이는 /dev/raw/rawN와 같은 문자 특수 장치 파일을 통해 사용이 가능했습니다(3장 "운영 체제"를 참고하세요). 과거 리눅스에서도 이러한 파일들을 사용할 수 있었지만, 더 이상 기본으로 제공되지 않습니다.[15] raw 블록 장치 I/O는 8장 "파일 시스템"에서 설명한 "Direct I/O"와는 다른 개념이지만 몇몇 측면은 비슷합니다.

블록 I/O 인터페이스는 주로 운영 체제 성능 도구(iostat(1))를 통해 관찰됩니다. 정적 트레이싱을 통해도 자주 계측되며, 최근에는 동적 트레이싱으로 더 자세히 분석할 수 있게 되었습니다. 리눅스 커널은 블록 I/O 인터페이스에 다양한 추가 기능을 지속적으로 추가하며 발전시키고 있습니다.

리눅스

리눅스 블록 I/O 스택의 주요 구성 요소를 그림 9.8에서 볼 수 있습니다.

리눅스는 성능 향상을 위해 I/O 합치기 및 I/O 스케줄러와 같은 기능을 추가하여 블록 I/O 성능을 개선했습니다. 이 외에도 여러 장치를 그룹화하기 위한 볼륨 매니저와 가상 장치를 생성하기 위한 디바이스 매퍼(device mapper)와 같은 기능이 추가되었습니다.

I/O 합치기

리눅스는 그림 9.9에 설명된 것처럼, 생성된 I/O 요청을 병합(merge)하고 합병(coalesce)할 수 있습니다.

---

[15] (옮긴이) 리눅스에서 이러한 파일들이 기본적으로 생성되는 것은 아니었고, 다음 명령어로 raw 블록 장치 파일을 생성해서 사용할 수 있었습니다. "modprobe raw; mknod /dev/raw/raw5 c 8 17;" raw 블록 장치 I/O는 오라클 DB2 같은 데이터베이스에서 주로 활용하였습니다.

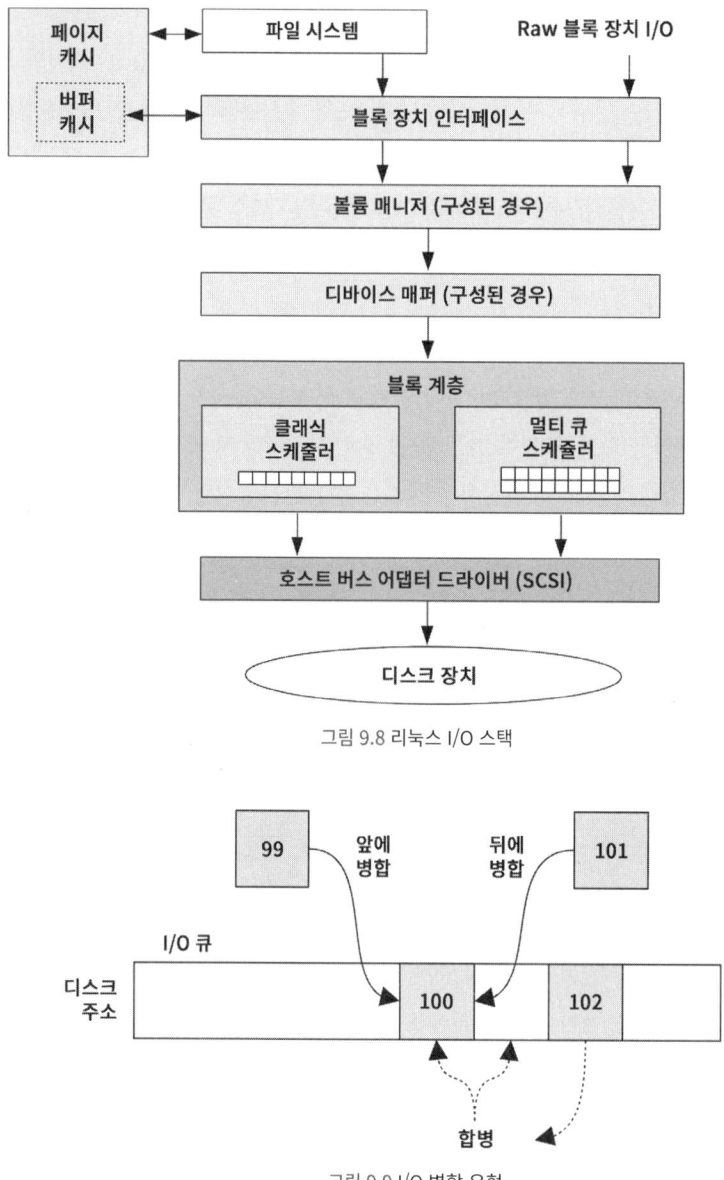

그림 9.8 리눅스 I/O 스택

그림 9.9 I/O 병합 유형

I/O 합치기(merging)은 요청된 I/O를 그룹화하는데, 병합을 통해 여러 개의 작은 I/O 요청을 하나의 큰 I/O 요청으로 결합하고, 합병을 통해 여러 개의 인접한 블록들을 하나의 큰 블록으로 합칩니다. 이렇게 I/O 요청들을 합쳐서 한 번에 처리하면, 커널 스토리지 스택의 I/O별 CPU 오버헤드와 디스크의 오버헤드를 줄이고, 스루풋을 향상시킬 수 있습니다. 이들 중 앞과 뒤에 병합한 통계를 확인해 볼 수도 있는

데, iostat(1)에서 front merge와 back merge를 찾아보세요.

I/O가 합쳐진 이후에는 디스크로 전송되도록 스케줄링됩니다.

I/O 스케줄러

블록 계층에서 I/O는 큐에 들어가고 클래식 스케줄러(리눅스 5.0 이전 버전에만 존재) 혹은 최신의 멀티 큐 스케줄러에 의해 스케줄링됩니다. 이러한 스케줄러는 디스크에 전달되는 I/O를 최적화하기 위해 큐를 재배열하거나 I/O를 재스케줄링 하기도 합니다. 이를 통해 성능을 더 향상시키고 균일한 성능을 제공하도록 할 수 있는데, 특히 I/O 지연시간이 큰 장치(회전식 디스크)의 경우 이러한 스케줄링이 더욱 중요해집니다.

클래식 스케줄러에는 다음과 같은 것이 있습니다.

- Noop: 아무 스케줄링도 수행하지 않습니다(noop은 CPU에서 아무 일도 하지 않는 것을 의미합니다). 이 유형은 램디스크와 같이 I/O에 대한 스케줄링이 무의미한 경우에 사용할 수 있습니다.
- Deadline: I/O 요청의 마감시간을 지정합니다. 예를 들어, 읽기나 쓰기 만료 시간을 ms 단위로 지정할 수 있는데, 실시간 시스템 같이 결과가 확정적이어야 하는 경우 유용합니다. 또한, 새로운 I/O 요청이 지속적으로 큐에 끼어들어 특정 I/O 요청이 디스크로 전달되지 못하거나, 과도한 쓰기 작업으로 인해 읽기 작업이 오랜 시간 동안 대기하고 지연시간이 예상보다 길어지는 **기아**(starvation) 문제를 해결하는 데에도 효과적입니다. 이러한 기아 현상은 엘리베이터 탐색 알고리즘이나 디스크의 한 영역에 대한 I/O가 과도하게 발생하여 다른 I/O가 선택받지 못하는 경우에도 발생할 수 있는데, Deadline 스케줄러는 세 가지 큐(읽기 FIFO, 쓰기 FIFO, 정렬된 큐)를 별도로 사용해 이 같은 문제를 부분적으로 해결합니다. [Love 10]
- CFQ: 완전 공정 큐(Completely Fair Queueing) 스케줄러는 CPU 스케줄링과 유사하게, 프로세스에 I/O 시간 슬라이스를 할당함으로써 디스크 자원을 고르게 사용할 수 있도록 합니다. 또한, ionice(1) 명령어를 통해 사용자 프로세스별로 우선순위나 클래스를 지정할 수 있는 방법도 제공합니다.

클래식 스케줄러의 주요 문제는 하나의 I/O 요청 큐만 존재하며, 이를 단일 락으로 보호하기 때문에 I/O가 빈번하게 발생할 경우 성능 병목 지점이 된다는 것이었습니다. 이러한 문제를 해결하기 위해 리눅스 3.13에서는 멀티 큐 드라이버(blk-mq)가 도입되었습니다. 멀티 큐 드라이버는 각 CPU에 개별적인 요청 수집(submission) 큐를 할당하고, 장치에 대해서는 여러 개의 요청 전송(dispatch) 큐를 사용하여 병목 현상을 해소합니다. 이를 통해 요청들은 병렬로 처리되며, I/O가 시작된 동일한 CPU에서 처리되기 때문에 더 나은 성능과 낮은 지연시간을 제공할 수 있습니다. 이러한 멀티 큐 스케줄러의 기능은 플래시 메모리 기반 장치나 수백만 개의 IOPS를 처리하는 다른 고성능 장치 유형을 위해서는 필수적이었습니다. [Corbet 13b]

멀티 큐 스케줄러에는 다음과 같은 것이 있습니다.

- None: 큐 사용 안 함.
- BFQ: BFQ(budget fair queueing)는 CFQ와 유사하지만, I/O 시간 뿐만 아니라 대역폭을 할당합니다. 각 디스크 I/O를 수행하는 프로세스마다 큐를 생성하고, 큐마다 섹터 단위로 예산(budget)을 관리합니다. 한 프로세스가 장치를 과도하게 점유하지 않도록 하기 위한 시스템 단위 예산도 있습니다. BFQ는 cgroup을 지원합니다.
- mq-deadline: 앞에서 설명한 deadline에 대한 멀티 큐 스케줄러 버전입니다
- Kyber: 읽기 또는 쓰기 지연시간에 초점을 맞춘 단순한 스케줄러인데, 성능 목표에 따라 읽기와 쓰기 요청 전송(dispatch) 큐의 길이를 조절합니다. Kyber는 읽기 지연시간(read_lat_nsec)과 동기 쓰기 지연시간(write_lat_nsec) 설정이라는 두 가지 튜닝 파라미터를 가지고 있습니다. 넷플릭스 클라우드에서는 Kyber를 사용해 저장 장치 I/O 지연시간이 개선되었으며, 지금은 기본 설정으로 사용하고 있습니다.

I/O 스케줄링이 완료된 후 해당 I/O 요청은 블록 장치 큐에 배치되어 추후에 장치로 이슈됩니다.[16] I/O 스케줄러에 관한 더 상세한 정보는 리눅스 소스 코드의 Documentation/block 디렉터리를 참고하세요. (참고로 클래식 스케줄러는 더 이상 최신 리눅스 커널에 포함되지 않습니다. 리눅스 5.0 이후로는 멀티 큐 스케줄러가 기본입니다.)

---

[16] (옮긴이) 앞에서도 설명하였지만, I/O request는 주로 파일 시스템 계층에서 발생하는 요청을 의미하며, I/O issue는 블록 계층에서 디스크에 대한 요청을 발생하는 작업을 의미합니다. 이 책에서는 둘을 구분하기 위해 'issue'를 '이슈'라고 표기하였습니다.

9.5 방법론

이번 절은 디스크 I/O 분석과 튜닝을 위한 여러 방법론과 연습문제를 다룹니다. 표 9.4에 이번 절에서 다룰 주제를 요약했습니다.

표 9.4 디스크 성능 분석 방법론

절	방법론	유형
9.5.1	도구 방법론	관찰적 분석
9.5.2	USE 방법론	관찰적 분석
9.5.3	성능 모니터링	관찰적 분석, 수용량 계획
9.5.4	워크로드 특성화	관찰적 분석, 수용량 계획
9.5.5	지연시간 분석	관찰적 분석
9.5.6	정적 성능 튜닝	관찰적 분석, 수용량 계획
9.5.7	캐시 튜닝	관찰적 분석, 튜닝
9.5.8	리소스 제어	튜닝
9.5.9	마이크로 벤치마킹	실험적 분석
9.5.10	스케일링	수용량 계획, 튜닝

더 많은 전략과 이들에 대한 소개는 2장 "방법론"을 참고하세요.

이러한 방법론은 개별적으로 수행하거나 조합해서 사용할 수 있습니다. 디스크 문제를 분석할 경우 다음 순서로 해보기 바랍니다. USE 방법론, 성능 모니터링, 워크로드 특성화, 지연시간 분석, 마이크로 벤치마킹, 정적 분석, 이벤트 트레이싱.

9.6절 "관측가능성 도구"에서는 이런 방법론을 적용할 때 유용한 운영 체제 도구들을 다루고 있습니다.

9.5.1 도구 방법론

도구 방법론은 사용 가능한 도구를 하나씩 검토하며 각 도구가 제공하는 핵심 지표를 살펴보는 과정입니다. 이 방법은 단순하지만, 도구가 제공하지 않거나 충분히 다루지 않는 지표를 간과할 수 있으며, 모든 단계를 수행하려면 시간이 오래 걸릴 수 있습니다.

디스크의 경우 도구 방법론을 수행할 때 다음과 같은 도구를 검토해 보아야 합니다(리눅스용).

- iostat: 확장 모드를 사용해 활발하게 동작 중인 디스크(60% 이상의 사용률)를

살펴보거나, 평균 처리 시간이 큰 I/O(예: 10ms 이상)를 찾아보거나, IOPS가 높은 경우(상황에 따라 다름)를 찾아볼 수 있습니다.
- iotop/biotop: 어떤 프로세스가 디스크 I/O를 일으키는지 식별할 수 있습니다.
- biolatency: I/O 지연시간 분포를 히스토그램으로 표현함으로써 다봉 분포와 지연시간 극단값(예: 100ms 이상)을 검토해 볼 수 있습니다.
- biosnoop: 각각의 I/O를 개별적으로 검토해 볼 수 있습니다.
- perf(1)/BCC/bpftrace: 사용자가 필요에 따라 분석 방법을 유연하게 설정할 수 있는 도구로, 예를 들어 I/O가 어떤 사용자 스택과 커널 스택에 의해 요청되었는지 확인할 수 있습니다.
- 디스크 컨트롤러 도구: 일부 제조사에서 제공하는 관련 도구를 사용해 볼 수도 있습니다

만일 특정 문제가 발견되었다면, 사용 가능한 도구의 모든 필드를 살펴보면서 상황을 이해하려 노력해야 합니다. 여기에 수록된 도구들에 대해서는 9.6절 "관측가능성 도구"에서 더 상세히 다룹니다. 이 외에도 다른 방법론을 병행해 보다 다양한 문제를 식별할 수도 있습니다.

9.5.2 USE 방법론

USE 방법론은 성능 분석 초기 단계에 여러 구성 요소에 걸친 병목과 오류를 신속하게 파악하는 데 사용됩니다. 이어지는 몇몇 절에서 USE 방법론을 디스크 장치와 컨트롤러에 어떻게 적용할 수 있는지 살펴보겠습니다. 9.6절 "관측가능성 도구"에서는 특정 지표를 측정하기 위한 도구들을 소개합니다.

디스크 장치

각 디스크 장치에 대해 다음 세 가지를 확인해야 합니다.

- 사용률: 장치가 동작 중인 시간
- 포화도: I/O가 큐에서 기다리는 정도
- 오류: 장치 오류

오류는 종종 간과되기 쉽지만, 가장 먼저 확인해야 할 항목입니다. 예를 들어, 중복 디스크 풀(RAID)로 구성된 스토리지 시스템을 사용하고 있다고 가정해 봅시다. 이

경우, 성능 저하가 발생했더라도 시스템이 겉보기에는 정상적으로 동작하기 때문에 오류로 판단하기 어렵고 원인을 파악하기 힘들 수 있습니다. 실제로는 디스크에 오류가 발생해 성능 저하가 나타났을 가능성이 있으며, 중복 디스크 풀로 인해 디스크 장애가 발생해도 시스템이 정상적으로 작동하는 것처럼 보일 수 있습니다. 이러한 오류는 운영 체제가 제공하는 표준 디스크 오류 카운터에서 확인해 볼 수 있으며, 또한 개별 디스크 장치가 제공하는 다양한 오류 카운터(예: SMART 데이터[17])를 살펴볼 수 있습니다.

사용률의 경우 현재 디스크 장치가 물리적 디스크라면 확인이 수월하지만, 가상 디스크의 경우에는 아랫단의 물리적 디스크가 실제 어떤 일을 하고 있는가를 제대로 반영하지 못할 수 있습니다. 9.3.9절 "사용률"에서 이에 대한 더 자세한 내용을 확인할 수 있습니다.

디스크 컨트롤러

각 디스크 컨트롤러에 대해서는 다음을 살펴보세요.

- 사용률: 최대 스루풋 대비 현재 스루풋, 최대 IOPS 대비 현재 IOPS
- 포화: 컨트롤러 포화에 의해 I/O가 대기 중인 정도
- 오류: 컨트롤러 오류

여기에서 사용률 지표는 시간의 관점보다는 디스크 컨트롤러 카드의 한계인 스루풋(초당 바이트)과 IOPS(초당 연산 횟수)로 정의됩니다. IOPS 연산에는 읽기, 쓰기뿐 아니라 기타 디스크 명령들도 포함됩니다. 스루풋이나 IOPS는 컨트롤러와 시스템을 연결하는 트랜스포트(전송 경로)에 의해 제한될 수 있으며, 마찬가지로 컨트롤러와 개별 디스크를 연결하는 트랜스포트에 의해서도 제한될 수 있습니다. 각 트랜스포트 역시 동일한 방식으로 오류, 사용률, 포화도를 점검해야 합니다.

아쉽게도 관측가능성 도구(예: iostat(1))들은 컨트롤러별 지표는 제공하지 않고 디스크별 지표만 제공합니다. 그러니 이를 간접적으로 확인하는 방법이 있습니다. 시스템에 컨트롤러가 하나만 있다면, 모든 디스크의 지표를 합산하여 전체 IOPS와 처리량을 추정할 수 있습니다. 반면 시스템에 여러 컨트롤러가 있는 경우,

---

[17] 리눅스의 MegaCLI와 smartctl(뒤에서 다룹니다), cciss-vol-status, cpqarrayd, varmon, dpt-i2o-raidutils 같은 도구들을 참조하세요.

어떤 디스크가 어떤 컨트롤러에 연결되어 있는지 확인한 다음, 해당 디스크들의 지표를 합산하여 추정하면 됩니다.

디스크 컨트롤러나 트랜스포트의 성능은 종종 간과되곤 합니다. 다행히 이들의 성능은 보통 연결된 디스크보다 훨씬 좋기 때문에 시스템의 병목이 되는 경우는 드뭅니다. 그러나 전체 디스크의 스루풋이나 IOPS가 워크로드 변화와 관계없이 항상 일정한 한계에 머문다면, 컨트롤러나 트랜스포트에 성능 문제가 있을 가능성을 의심해볼 필요가 있습니다. 이는 성능 저하의 원인을 파악하는 중요한 단서가 될 수 있습니다.

9.5.3 성능 모니터링

성능 모니터링은 현재 시스템의 문제를 식별하고 시간에 따른 동작 패턴을 파악하는 데 유용합니다. 디스크 I/O의 핵심 성능 지표에는 다음과 같은 것이 있습니다.

- 디스크 사용률
- 응답 시간

디스크 사용률이 수 초간 100%인 경우 문제가 발생했을 가능성이 높습니다. 환경에 따라서는 60% 이상의 사용률도 낮은 성능을 야기할 수도 있는데, I/O가 지속적으로 큐에 쌓이며 대기하기 때문입니다. 그러나 단순히 지표의 수치만으로 성능을 '보통'이나 '나쁨'으로 판단하기에는 무리가 있는데 현재의 환경, 워크로드 및 지연 요구사항에 따라 기준이 달라지기 때문입니다. 따라서 어떤 수치가 좋고 나쁜지 확신할 수 없다면, 보통 성능이 좋다고 알려진 워크로드와 나쁜 워크로드에 대해 마이크로 벤치마크를 수행하고 이를 서로 비교해 보세요. 수치를 얻고 나면 성능이 좋은지 나쁜지 판단할 수 있을 것입니다. 9.8절 "실험"을 참고하세요.

이러한 지표는 디스크별로 관찰해야 불균형한 워크로드나 성능 저하를 보이는 디스크를 파악할 수 있습니다. 응답 시간은 초 단위 평균값으로 모니터링할 수 있으며, 최댓값이나 표준 편차 같은 다른 통계 값도 함께 살펴보는 것이 좋습니다. 이상적인 경우, 응답 시간의 전체 분포를 히스토그램이나 히트맵 형태로 분석하면 지연 시간의 극단값이나 다른 패턴을 발견할 수 있습니다.

시스템이 디스크 I/O 리소스를 제어하는 경우 I/O 병목 현상이 발생할 수 있습니다. 이 경우 병목의 원인은 디스크 자체의 성능 한계가 아니라 시스템에서 설정한 리소스 제한일 가능성이 큽니다. 이를 확인하려면 제한된 자원이 실제로 사용되었는지, 그리고 제한이 적용된 시점이 언제였는지를 보여주는 통계 정보를 수집하고 분석해야 합니다.

사용률이나 응답 시간은 디스크 성능의 결과를 보여줍니다. 이러한 지표들과 더불어 IOPS, 스루풋과 같은 추가 지표도 함께 살펴보면 워크로드의 특성을 파악하는 데 도움이 됩니다. 이러한 정보를 활용하여 수용량 계획을 수립하는데 중요한 데이터를 얻을 수 있습니다(다음 절과 9.5.10절 "스케일링" 참고).

9.5.4 워크로드 특성화

적용된 부하의 특성을 분석하는 작업은 수용량 계획, 벤치마킹, 그리고 워크로드 시뮬레이션을 할 때 꼭 필요한 과정입니다. 이를 통해 불필요한 작업을 식별하여 제거함으로써 가장 큰 성능 향상을 이끌어낼 수도 있습니다.

다음은 디스크 I/O 워크로드를 특성화하기 위한 기본 속성입니다.

- I/O 발생 속도(IOPS)
- I/O 스루풋
- I/O 크기
- 읽기/쓰기 비율
- 임의 접근 vs. 순차 접근

임의 접근 vs. 순차 접근, 읽기/쓰기 비율, I/O 크기에 대해서는 9.3 "개념"에서 설명했습니다. I/O 발생 속도(IOPS)나 I/O 스루풋에 대해서는 9.1 "용어"에서 정의했습니다.

이런 특성은 매초 단위로 달라지며, 특히 일정 간격으로 쓰기 작업을 버퍼링하고 플러싱하는 애플리케이션 및 파일 시스템의 경우에는 더욱 그렇습니다. 워크로드를 더욱 정확히 특성화하기 위해 평균값뿐만 아니라 최댓값도 확인해야 합니다. 더 나아가 시간에 따른 값의 전체 분포를 조사하는 것이 좋습니다.

다음은 이러한 속성들이 함께 표현될 수 있는 예시 워크로드 설명입니다.

> 시스템 디스크는 현재 가벼운 임의 접근 읽기 워크로드를 수행 중입니다. 평균적으로는 350IOPS와 3MB/s의 스루풋을 유지하고 있으며, 96%가 읽기입니다. 그러나 때때로 순차적 쓰기가 집중적으로 발생하는데, 이러한 작업은 2~5초간 지속되며 디스크에 최대 4,800IOPS와 560MB/s의 부하를 가합니다. 읽기 크기는 대략 8KB, 쓰기는 대략 128KB입니다.

이러한 특성은 시스템 전체에 대한 설명뿐만 아니라, 디스크별 그리고 컨트롤러별 I/O 부하를 나타내는 데도 사용할 수 있습니다.

고급 워크로드 특성화/체크리스트

워크로드 특성을 보다 정밀하게 분석하기 위해 다음과 같은 추가 항목들을 고려해 볼 수 있습니다. 여기에 정리된 항목들은 고려해 보아야 할 질문으로, 디스크 문제를 세밀하게 연구할 때 체크리스트로도 활용할 수 있습니다.

- 시스템 전반의 IOPS 속도는 얼마입니까? 디스크별 수치와 컨트롤러별 수치는 얼마나 나옵니까?
- 시스템 전반의 스루풋은 얼마나 됩니까? 디스크별 수치와 컨트롤러별 수치는 얼마나 나옵니까?
- 디스크를 사용하는 사용자나 애플리케이션은 어떤 것이 있습니까?
- 어떤 파일이나 파일 시스템에 접근 중입니까?
- 발생한 오류가 있습니까? 있다면 잘못된 요청 때문이었습니까, 아니면 디스크의 문제 때문이었습니까?
- 현재 I/O가 사용 가능한 디스크에 얼마나 균형 있게 분산되고 있습니까?
- 각 트랜스포트 버스에서 수행 중인 IOPS는 얼마나 됩니까?
- 각 트랜스포트의 스루풋은 얼마나 됩니까?
- 현재 디스크에는 데이터 전송 이외의 명령어가 사용되고 있습니까? 그렇다면 어떤 명령어가 사용되고 있습니까?
- 디스크 I/O가 발생한 이유는 무엇입니까? 커널 호출 경로는 어떻게 됩니까?
- 디스크 I/O와 애플리케이션이 얼마나 동기적으로 동작합니까? (예: 애플리케이션이 수행한 I/O가 디스크에서 즉시 발생하나요? 나중에 발생하나요?)
- I/O 도착 시간의 분포는 어떻게 됩니까?

IOPS나 스루풋 관련 질문은 읽기와 쓰기에 대해 별도로 제기해볼 수도 있습니다. 위 질문들은 모두 시간 흐름에 따라 최댓값, 최솟값, 그리고 시간대에 따른 차이 등을 확인해 볼 수 있습니다. 또한 2.5.11절 "워크로드 특성화"에서 측정할 특성(대상, 왜, 무엇을, 어떻게)을 개괄적으로 정리하고 있습니다.

성능 특성화

앞에서 워크로드 특성화 목록은 적용된 부하를 검토하는데 초점을 맞추고 있습니다. 반면, 성능 특성화는 해당 부하로 인해 발생한 결과를 평가합니다. 다음 질문을 통해 성능 특성을 분석할 수 있습니다.

- 각 디스크가 얼마나 활발하게 동작 중입니까(사용률)?
- 각 디스크가 I/O로 얼마나 포화되었습니까(큐)?
- 평균 I/O 처리 시간은 얼마나 됩니까?
- 평균 I/O 대기시간은 얼마입니까?
- 높은 지연시간을 보이는 I/O 극단값이 있습니까?
- I/O 지연시간의 전체 분포는 어떻게 됩니까?
- 시스템 리소스 제어 중 I/O 스로틀링과 같은 기능이 현재 작동 중인가요?
- 데이터 전송 이외의 명령어가 사용되고 있다면, 해당 명령의 지연시간은 얼마나 됩니까?

이벤트 트레이싱

워크로드를 자세히 분석하기 위해 이벤트 트레이싱을 사용할 수 있습니다. 이를 위해 트레이싱 도구(예: 9.6.7절 "biosnoop" 등)를 사용하여 파일 시스템 동작과 세부 사항을 수집하고 로그로 기록할 수 있습니다. 수집 가능한 정보에는 디스크 장치 ID, I/O 또는 명령어 유형, 오프셋, 크기, 요청 및 완료 타임스탬프, 완료 상태, 그리고 요청한 프로세스 ID와 이름(가능한 경우) 등이 포함됩니다.

이렇게 수집된 정보로 다양한 분석을 수행해 볼 수 있는데, 요청 및 완료 타임스탬프를 사용하면 I/O 대기시간을 계산할 수 있습니다(수집과 동시에 해당 시간을 계산해서 로그에 직접 포함시킬 수도 있습니다). 이 외에도 요청 및 완료 타임스탬프의 순서를 검토해서 장치가 I/O를 재정렬했는지 여부를 확인할 수 있습니다.

이것만 보면 이벤트 트레이싱이 워크로드 특성화를 위한 궁극의 도구라고 생각될 수 있지만, 실제로는 이벤트 캡처 및 저장에 따르는 상당한 오버헤드가 발생할 수 있습니다(디스크 연산 속도에 따라 다릅니다). 또한, 이벤트 트레이싱 결과를 로그에 기록하는 작업 자체가 트레이싱 된다면, 트레이싱 결과가 오염되거나 피드백 루프를 생성하여 성능 문제를 초래할 수 있습니다.

9.5.5 지연시간 분석

지연시간 분석은 현재 발생하는 지연의 원인을 찾기 위해 시스템 안쪽으로 파고들어 가며 분석하는 방법입니다. 특히, 디스크와 관련된 경우에는 디스크 인터페이스까지 분석하여 I/O 요청과 완료 인터럽트 사이에 걸린 시간을 측정합니다. 만약 애플리케이션에서 측정된 I/O 지연시간과 디스크에서 측정된 지연시간이 일치한다면, I/O 지연의 원인이 디스크에 있다고 가정할 수 있습니다. 이런 경우, 디스크와 관련된 문제를 집중적으로 조사하면 됩니다. 반면, 두 지연시간이 다르다면, 운영체제 스택의 여러 계층에서 지연시간을 측정하여 원인을 찾아야 합니다.

그림 9.10은 일반적인 I/O 스택을 보여주며, 여기에서 두 가지 I/O 극단값(A와 B)의 지연시간을 각 스택 단계별로 비교합니다.

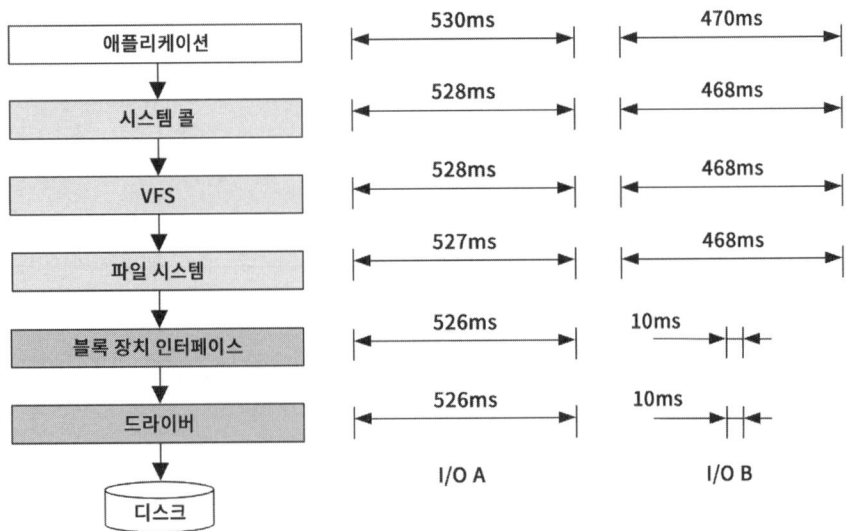

그림 9.10 스택 지연시간 분석

A의 지연시간은 애플리케이션부터 디스크 드라이버까지 각 계층에서 비슷한 값을 가지고 있습니다. 이러한 유사성은 디스크(또는 디스크 드라이버)가 지연시간의 원인임을 나타냅니다. 각 계층을 독립적으로 측정하더라도 각 지연시간이 유사하다는 점에서 디스크가 지연의 원인일 가능성을 추론할 수 있습니다.

B의 지연시간은 파일 시스템 수준에서 주로 발생한 것으로 보입니다. 이는 락이나 큐 등의 이유로 인해 생겼을 가능성이 있습니다. 반면, 파일 시스템 아래 계층에서는 상대적으로 짧은 지연시간만 관찰됩니다. 여기서 주의할 점은, I/O 스택의 각

계층이 I/O의 크기, 개수, 지연시간을 다르게 표현할 수 있다는 것입니다. 예시 B에서는 하위 계층에서 10ms가 걸린 단일 I/O만 측정되었을 수 있지만, 상위 계층에서는 파일 시스템 I/O를 처리하기 위해 발생한 다른 I/O(예: 메타데이터)까지 모두 포함하여 측정된 시간일 수 있습니다.

각 계층의 지연시간은 다음과 같이 표현할 수 있습니다.

- 기간별 I/O 평균: 운영 체제 도구를 통해 확인할 수 있는 전형적인 형태입니다.
- 전체 I/O 분포: 히스토그램이나 히트맵으로 확인할 수 있습니다. 9.7.3절 "지연시간 히트맵"을 참고하세요.
- I/O별 지연시간: 앞서 다룬 "이벤트 트레이싱"을 참고하세요.

마지막 둘은 극단값의 원인을 추적하는데 유용하며, I/O 분리 또는 병합을 식별하는 데도 유용합니다.

9.5.6 정적 성능 튜닝

정적 성능 튜닝은 구성된 환경의 문제에 초점을 맞춥니다. 디스크 성능과 관련해서는 아래와 같은 정적인 설정 요소들을 살펴봐야 합니다.

- 디스크가 몇 개 있습니까? 해당 디스크들은 어떤 유형입니까(예: SMR, MLC)? 해당 크기는 어떻게 됩니까?
- 사용 중인 디스크의 펌웨어 버전은 어떻게 됩니까?
- 디스크 컨트롤러는 몇 개 있습니까? 인터페이스 유형은 어떻게 됩니까?
- 디스크 컨트롤러 카드가 고속 슬롯(예: PCIe x16/x8)에 장착되어 있습니까?
- 각 HBA에 몇 개의 디스크가 연결되어 있습니까?
- 디스크/컨트롤러 배터리 백업이 있다면, 해당 전력 상태는 어떻게 됩니까?
- 디스크 컨트롤러가 현재 사용 중인 펌웨어의 버전은 어떻게 됩니까?
- RAID를 구성했습니까? 스트라이프 너비 등 정확한 구성 정보가 어떻게 됩니까?
- Multipath 장치가 있으며 현재 사용 중입니까?
- 디스크 장치 드라이버의 버전은 어떻게 됩니까?
- 서버 메인 메모리 크기는 얼마나 됩니까? 현재 사용 중인 페이지와 버퍼 캐시의 크기가 얼마나 됩니까?
- 사용 중인 스토리지 장치 드라이버에 대한 운영 체제 버그나 패치는 없습니까?
- 디스크 I/O에 대해 사용 중인 리소스 제어가 있습니까?

장치 드라이버나 펌웨어에도 성능 관련 버그가 있을 수 있는데, 이상적인 경우 제조사 업데이트를 통해 수정 가능할 것입니다.

이러한 질문들에 답을 하다 보면 간과된 설정을 발견할 수 있을 것입니다. 때때로 어떤 부하를 대상으로 설정했던 시스템을 다른 부하에 사용하도록 변경해야 하는 경우도 있는데, 이러한 정적 성능 튜닝이 해당 선택 사항에 대해 다시 살펴볼 수 있게 해 줄 것입니다.

필자는 썬의 ZFS 스토리지 제품의 성능 책임자로 일하면서 다양한 성능 불만사항을 접수했는데, 그중 대다수가 잘못된 설정 때문에 생긴 것이었습니다. 많은 경우 ZFS의 성능이 올바르게 나타나지 않는다는 문제가 있었는데, 이는 RAID-Z2[18]로 구성되어 JBOD(12개 디스크)의 절반만 사용하도록 설정되었기 때문이었습니다. 이러한 구성은 신뢰성 면에서는 우수했지만, 성능은 단일 디스크와 유사할 정도로 낮았습니다. 필자는 이러한 불만사항에 대응하면서, 시스템에 로그인해서 I/O 지연시간을 살펴보기 전에 (전화로) 먼저 설정에 대해 자세히 문의해야 한다는 점을 배웠습니다.

9.5.7 캐시 튜닝

시스템에는 다양한 유형의 캐시가 있는데, 애플리케이션 레벨 캐시, 파일 시스템 캐시, 디스크 컨트롤러 캐시, 그리고 디스크 자체 캐시가 그것입니다. 이러한 캐시의 목록은 9.3.3절 "캐싱"에 수록되어 있으며, 이들은 2.5.18절 "캐시 튜닝"에서 설명한 것처럼 튜닝을 시도해 볼 수 있습니다. 시스템에 어떤 캐시가 있는지, 해당 캐시가 제대로 작동하는지, 그리고 얼마나 잘 작동하는지를 확인한 다음 캐시를 워크로드에 맞게 튜닝하고 워크로드를 캐시에 맞게 튜닝하세요.

9.5.8 리소스 제어

운영 체제는 프로세스나 프로세스 그룹에 디스크 I/O 자원을 할당하기 위한 제어 기능을 제공할 수 있습니다. 여기에는 IOPS와 스루풋에 대해 고정된 한계치를 정하거나, 더 유연한 접근 방식인 가중치(share)를 설정하는 방식 등이 포함됩니다. 이들의 동작은 구현에 따라 다르며, 자세한 내용은 9.9절 "튜닝"에서 설명하겠습니다.

---

[18] (옮긴이) ZFS의 RAID-Z는 RAID-5와 유사하고, RAID-Z2는 RAID-6와 유사합니다. RAID-Z2는 Double Parity RAID-Z를 의미하는데, 이름에서 알 수 있듯이 이중 패리티를 사용합니다.

9.5.9 마이크로 벤치마킹

디스크 I/O 마이크로 벤치마킹에 대해 8장 "파일 시스템"에서 소개했는데, 파일 시스템 I/O와 디스크 I/O 테스트의 차이에 대해 이야기했습니다. 여기서는 디스크 I/O 테스트에 초점을 맞춥니다. 일반적으로 디스크 I/O 테스트는 운영 체제의 디바이스 경로를 사용하며, 가능하다면 raw 디바이스 경로를 사용하는 것이 가장 좋습니다. 이는 파일 시스템의 영향을 배제하여 캐싱, 버퍼링, I/O 분할 및 병합, 코드 경로 오버헤드, 오프셋 매핑 차이와 같은 요소들을 제거할 수 있기 때문입니다.

마이크로 벤치마킹의 요소로는 다음과 같은 것들이 있습니다.

- I/O 방향: 읽기/쓰기
- 디스크 오프셋 패턴: 임의 접근, 순차 접근
- 오프셋 범위: 전체 디스크 또는 특정 범위(예: 오프셋 0만 사용)
- I/O 크기: 512Byte(일반적으로 사용되는 최소 크기)부터 1MB까지
- 동시성: 동시에 수행되는 I/O 개수 또는 I/O를 처리하는 스레드 개수
- 장치 개수: 단일 디스크 또는 여러 디스크(컨트롤러나 버스의 한계를 테스트하기 위함)

다음에 이어지는 두 개의 절에서는 이러한 요소를 어떻게 조합해서 디스크나 디스크 컨트롤러 성능을 테스트할 수 있는지 설명합니다. 테스트에 사용할 수 있는 도구에 대한 세부 정보는 9.8 "실험"을 확인하세요.

디스크

디스크별로 마이크로 벤치마킹을 수행하면 다음과 같은 성능 특성을 확인해 볼 수 있습니다. 각각의 특성에 대한 권장 워크로드도 함께 명시하였습니다.

- 최대 디스크 스루풋(MB/s): 128KB 또는 1MB 읽기, 순차 접근 사용
- 최대 디스크 연산 속도(IOPS): 512Byte[19] 읽기, 오프셋 0만 사용
- 최대 디스크 임의 접근 읽기 속도(IOPS): 512Byte 읽기, 임의 오프셋 사용
- 읽기 지연시간 프로파일(평균값, 마이크로초(us) 단위): 순차 읽기, 512Byte, 1K, 2K, 4K 등의 크기에 대해 반복

---

[19] 이 크기는 가장 작은 디스크 블록 크기에 맞추기 위한 것입니다. 최근에는 다수의 디스크가 4KB를 사용합니다.

- 임의 I/O 지연시간 프로파일(평균값, us 단위): 512Byte 읽기, 전체 오프셋 범위, 시작 부분 범위, 끝부분 범위에 대해 반복

이러한 테스트를 쓰기에 대해 반복할 수도 있습니다. 특히, '오프셋 0만 사용'은 데이터를 디스크 캐시에 저장하는 역할을 하는데, 캐시 접근 시간을 측정하기 위해 의도적으로 사용되는 방법입니다.[20]

디스크 컨트롤러

디스크 컨트롤러는 여러 디스크에 대한 최적의 성능을 보장하기 위해 설계되었으므로, 디스크 컨트롤러의 한계에 도달하는 마이크로 벤치마크를 수행하려면 단일 디스크에 워크로드를 가하는 것이 아니라 여러 디스크에 워크로드를 가해야 합니다. 다음은 확인해 볼 만한 특성들인데, 각 특성별로 디스크에 적용해 볼 마이크로 벤치마킹 워크로드가 명시되어 있습니다.

- 최대 컨트롤러 스루풋(MB/s): 128KB, 오프셋 0만 사용
- 최대 컨트롤러 연산 속도(IOPS): 512Byte 읽기, 오프셋 0만 사용

디스크 컨트롤러의 한계를 찾기 위해서는 모든 디스크에 동시에 워크로드를 적용하는 방식이 아니라, 디스크를 하나씩 추가하면서 한계를 살펴봐야 합니다. 따라서 디스크 컨트롤러의 한계를 확인하기 위해서는 수십 개의 디스크를 사용해야 할 수도 있습니다.

9.5.10 스케일링

앞에서 설명한 마이크로 벤치마크에서는 디스크와 디스크 컨트롤러의 스루풋과 IOPS 한계를 확인할 수 있는 방법에 대해 알아보았습니다. 이러한 한계까지는 튜닝으로 성능을 개선할 수 있지만, 더 높은 디스크 성능이 필요하다면 규모를 확장해야 합니다. 특히, 캐싱과 같은 다른 최적화 전략으로도 성능을 충분히 개선할 수 없을 때 확장이 필수적입니다.

다음은 수용량 계획을 기반으로 하는 간단한 자원 스케일링 방법입니다.

---

[20] 몇몇 드라이브 제조사에서 섹터 0에 대한 I/O를 가속화하는 펌웨어 루틴을 가지고 있어서 해당 테스트의 성능을 부풀린다는 루머를 들었습니다. 여러분의 디스크가 이에 해당하는지 확인하기 위해서는 '0번 섹터' vs. '원하는 섹터 번호'에 대한 테스트 결과를 비교해 보세요.

1. 목표로 하는 디스크 워크로드가 얼마나 되어야 하는지 처리량과 IOPS 측면에서 결정하세요. 새 시스템이라면 2장 "방법론"의 2.7 "용량 분석"을 참고하세요. 시스템에 이미 해당 워크로드가 있는 경우, 현재 디스크 처리량과 IOPS를 확인하고, 이를 목표와 비교해서 스케일링 해 보세요(디스크뿐만 아니라 캐시도 같이 확장해야 하는데, 그렇지 않으면 워크로드/캐시 비율이 줄어들어 디스크의 I/O 부하가 증가합니다).
2. 이 워크로드를 감당하기 위한 디스크의 수를 계산합니다. 이때, RAID 구성을 고려하여 결과를 도출해야 합니다. 또한, 각 디스크의 '최대' 스루풋이나 IOPS 값을 사용하지 마세요. 이 값을 기준으로 계산하게 되면 디스크의 사용률이 100%에 달할 것이고, 얼마 안 가 포화와 대기에 따른 성능 문제를 겪게 될 것입니다. 목표 사용률(예: 50%)을 정하고, 해당 값에 맞게 조정하세요.
3. 이 워크로드를 감당하는 데 필요한 디스크 컨트롤러의 숫자를 계산합니다.
4. 스케일링한 결과가 트랜스포트 한계치를 넘어서는지 검토하세요. 필요하면 트랜스포트를 더 늘려야 합니다.
5. 디스크 I/O당 CPU 사이클을 계산하고, 필요한 CPU 개수를 계산하세요. (여러 개의 CPU와 병렬 I/O 구성이 필요할 수도 있습니다.)

디스크별 최대 스루풋과 IOPS 수는 연산이나 디스크의 유형에 따라 달라질 수 있습니다. 9.3.7절 "같은 IOPS라도 모두 다르다"를 확인해 보세요. 특정 I/O 크기와 유형에 따른 한계를 파악하기 위해 마이크로 벤치마킹을 활용할 수 있으며, 워크로드 특성 분석을 통해 기존 부하에서 가장 많이 사용되는 I/O 크기와 유형이 무엇인지 파악할 수도 있습니다.

오늘날의 서버는 수십 개의 디스크를 스토리지 어레이를 통해 연결하여 워크로드를 처리하는 경우가 많습니다. 과거에는 이를 두고 "더 많은 스핀들을 추가합시다"라고 표현했지만, 요즘은 "더 많은 플래시를 추가합시다"라는 표현이 더 일반적입니다.

9.6 관측가능성 도구

이번 절에서는 리눅스 기반 운영 체제의 디스크 I/O 관측가능성 도구에 대해 설명합니다. 이런 도구를 사용하는 전략에 대해서는 앞 절을 참고하세요.

이번 절에서 소개하는 도구들이 표 9.5에 정리되어 있습니다.

표 9.5 디스크 관측가능성 도구

절	도구	설명
9.6.1	iostat	디스크별 다양한 통계
9.6.2	sar	시간에 따른 디스크 통계를 기록
9.6.3	PSI	디스크에 대한 PSI 정보
9.6.4	pidstat	프로세스별 디스크 I/O 사용을 출력
9.6.5	perf	블록 I/O tracepoint를 기록하고 출력
9.6.6	biolatency	디스크 I/O 지연시간을 히스토그램으로 요약
9.6.7	biosnoop	디스크 I/O를 PID 및 지연시간과 함께 트레이싱
9.6.8	iotop, biotop	디스크의 최상위 I/O를 프로세스별로 요약
9.6.9	biostacks	디스크 I/O를 초기화 스택들과 함께 출력
9.6.10	blktrace	디스크 I/O 이벤트 트레이싱
9.6.11	bpftrace	디스크 분석용 트레이싱 프로그램
9.6.12	MegaCli	LSI 컨트롤러 통계
9.6.13	smartctl	디스크 컨트롤러 통계

이것이 9.5절 "방법론"에서 언급된 전략들에 사용해 볼 수 있는 도구들인데, 기존의 흔하게 사용되던 도구부터 트레이싱 기반 도구, 그리고 이벤트 트레이싱이나 컨트롤러 통계를 확인하는 도구까지 포함하고 있습니다. iostat(8), sar(1)와 같이 기존에도 사용되던 도구들은 리눅스 뿐만 아니라 유닉스 계열 운영 체제에서도 사용 가능합니다. 많은 수의 트레이싱 도구들이 BPF를 기반으로 하며, BCC와 bpftrace 프론트엔드(15장)를 사용하는데, biolatency(8), biosnoop(8), biotop(8), biostacks(8)가 여기에 해당합니다.

각 도구의 특징에 대한 전체 정보는 문서나 매뉴얼 페이지를 참고하세요.

9.6.1 iostat

iostat(1)은 디스크별 I/O 통계를 요약하는 도구로, 사용률과 포화도 정보와 함께 워크로드 특성화에 유용한 지표들을 제공합니다. 이 도구는 모든 사용자가 실행할 수 있고, 일반적으로 커맨드 라인에서 디스크 I/O 문제를 조사할 때 사용하는 첫 명령어입니다. iostat(1)이 제공하는 통계는 모니터링 소프트웨어에서도 자주 활용되므로, 이를 자세히 학습하면 모니터링 통계에 대한 이해도를 높일 수 있습니다. 이 도구가 수집하는 통계는 커널에서 별도 설정 없이 제공하기에 이 도구의 오버헤드는 무시할 수 있는 수준입니다.[21]

'iostat'은 'I/O 통계(I/O statistics)'의 약자로 이름만 보면 모든 유형의 I/O를 보여줄 것 같지만, 실제로는 디스크 I/O 유형만을 보여주기 때문에 'diskiostat'이라고 부르는 것이 더 적절합니다. 이러한 이름 때문에 사용자들은 혼동을 겪을 수 있으며, 예를 들어 애플리케이션이 파일 시스템에 대한 I/O를 수행하는데 왜 iostat(1)에서는 해당 정보를 확인할 수 없는지 혼동하는 경우가 종종 있습니다.

iostat(1)은 1980년대 초 유닉스에서 개발되었으며, 현재 다양한 운영 체제에서 여러 버전으로 제공되고 있습니다. 대체로 목적은 비슷하지만 각 버전마다 표시되는 열이나 옵션은 다를 수 있습니다. 리눅스 기반 시스템에서는 sysstat 패키지를 설치하면 사용할 수 있습니다. 다음은 리눅스 버전에 대한 설명입니다.

iostat(1) 기본 출력 결과

iostat(1)을 인자나 옵션 없이 실행하면, 부팅 이후 현재까지의 CPU 및 디스크 통계가 출력됩니다. 여기에서는 이 도구에 대해 소개하기 위해 기본 출력 결과를 수록했지만, 나중에 소개할 확장 모드가 훨씬 유용하기 때문에 실제로는 잘 사용되지 않습니다.

```
$ iostat
Linux 5.3.0-1010-aws (ip-10-1-239-218)    02/12/20    _x86_64_    (2 CPU)

avg-cpu:  %user   %nice %system %iowait  %steal   %idle
           0.29    0.01    0.18    0.03    0.21   99.28

Device             tps    kB_read/s    kB_wrtn/s    kB_read    kB_wrtn
loop0             0.00         0.05         0.00       1232          0
[...]
nvme0n1           3.40        17.11        36.03     409902     863344
```

기본적으로 iostat(1)은 커널 버전, 호스트 이름, 날짜, 아키텍처, CPU 개수 등 시스템 요약을 첫 줄에 표시하며, 나음 줄에 CPU(avg-cpu 이후, 6장 "CPU"에서 다뤘습니다)와 디스크 장치(Device 이후)에 대한 통계를 보여줍니다.

각 줄은 디스크 장치에 대한 기본적인 정보를 나타내고 있습니다. 각 항목이 나타내는 값은 다음과 같습니다.

---

21 오버헤드가 신경쓰인다면, /sys/block/⟨dev⟩/queue/iostats 파일을 통해 통계를 비활성화할 수 있습니다. 그러나 실제로 이렇게 설정을 변경하여 사용하는 사람을 보지 못했습니다.

- tps: 초당 트랜잭션 수(IOPS)
- kB_read/s, kB_wrtn/s: 초당 읽기 크기(KB), 초당 쓰기 크기(KB)
- kB_read, kB_wrtn: 전체 읽기 크기(KB), 전체 쓰기 크기(KB)

리눅스의 iostat(1)에서는 CD-ROM과 같은 일부 SCSI 장치가 표시되지 않을 수 있습니다. SCSI 테이프 드라이브의 경우에는 sysstat 패키지의 tapestat(1)를 사용해서 분석할 수 있습니다. iostat(1)은 블록 장치의 읽기와 쓰기에 대한 통계를 보여주지만, 커널에 따라 특정 디스크 장치 명령은 제외할 수도 있다는 사실에 유의하세요(자세한 내용은 커널 함수 blk_do_io_stat() 로직 참조). iostat(1) 확장 모드는 이들 장치 명령을 위한 별도의 필드를 포함하고 있습니다.

iostat 옵션

iostat(1)는 여러 가지 옵션과 함께 실행할 수 있는데, 측정 인터벌과 측정 횟수도 지정할 수 있습니다. 다음은 사용 예입니다.

iostat 1 10

위의 명령은 1초 동안의 요약을 10회 출력합니다.

iostat 1

위의 명령은 1초 동안의 요약을 계속 출력합니다(Ctrl-C가 입력될 때까지).
　일반적으로 사용하는 옵션에는 다음과 같은 것이 있습니다.

- –c: CPU에 대한 통계를 출력합니다.
- –d: 디스크에 대한 통계를 출력합니다.
- –k: 512Byte 블록 대신 KB 단위로 표현합니다.
- –m: 512Byte 블록 대신 MB 단위로 표현합니다.
- –p: 파티션별 통계를 포함합니다.
- –t: 타임스탬프를 출력합니다.
- –x: 확장 통계(extended output)를 출력합니다.
- –s: 통계를 요약해서 짧게 출력(short output)합니다.
- –z: 활동이 없는 부분의 요약은 출력하지 않습니다.

도구를 실행할 때 POSIXLY_CORRECT=1 환경 변수와 함께 실행하면, 결과를 KB 단위로 표시하는 대신 512Byte 단위의 블록 크기로 계산하여 표시합니다. 또한, 일부 구버전에는 NFS 통계를 보여주는 옵션인 -n이 포함되어 있습니다. sysstat 버전 9.1.3 이후로 이 옵션은 사라지고 별도의 nfsiostat 명령어로 이전되었습니다.

iostat 확장 짧은 출력

확장 출력(-x)은 앞서 다룬 방법론에서 유용하게 사용할 수 있는 항목들을 제공합니다. 이들 별도 항목에는 워크로드 특성화를 위한 IOPS와 스루풋 지표, USE 방법론을 위한 사용률 및 큐 길이, 그리고 성능 특성화 및 지연시간 분석을 위한 디스크 응답 시간이 포함되어 있습니다.

여러 해 동안 iostat(1)의 확장 출력에는 점점 더 많은 정보가 포함되면서, 최신 배포판인 12.3.1(2019년 12월)에서는 한 줄에 197글자에 달하는 결과를 출력했습니다. 이것은 이 책의 판면에도 들어가지 않으며, 폭이 넓은 터미널에서도 제대로 표시되지 않아 결과를 줄 단위로 읽기 어렵게 만듭니다. 이 문제에 대한 해결책으로 2017년에 도입된 -s 옵션은 '짧은' 또는 좁은 출력 결과를 폭 80글자 이내로 제공하여 이 문제를 해결합니다.

다음 사례에서는 확장(-x) 통계를 짧게(-s) 출력하며, 활동이 없는 장치를 건너뛰는 옵션(-z)을 사용한 사례입니다.

```
$ iostat -sxz 1
[...]
avg-cpu:  %user   %nice %system %iowait  %steal   %idle
          15.82    0.00   10.71   31.63    1.53   40.31

Device             tps      kB/s     rqm/s    await  aqu-sz  areq-sz  %util
nvme0n1         1642.00   9064.00   664.00     0.44    0.00     5.52 100.00
[...]
```

디스크 통계로는 다음과 같은 항목들이 출력됩니다.

- tps: 초당 요청된 트랜잭션 수(IOPS)
- kB/s: 초당 I/O 크기(KB)
- rqm/s: 초당 대기하고 병합된 요청 수
- await: 평균 I/O 응답 시간, OS에서 대기한 시간과 장치의 I/O 응답 시간(ms)을 포함

- aqu-sz: 평균 요청 횟수, 드라이버 요청 큐에서 대기하고 장치에서 처리된 요청 포함
- areq-sz: 평균 요청 크기(KB 단위)
- %util: I/O 요청을 처리하느라 장치가 활발하게 동작한 시간(사용률)

수집된 정보 중 성능에 대한 가장 중요한 지표는 await인데, 이는 I/O에 대한 평균 총 대기시간을 보여줍니다. 측정된 시간을 '좋음'이나 '나쁨'으로 판단할지는 환경의 요구사항에 따라 달라집니다. 위 사례에서는 0.44ms였는데, 필자가 측정한 이 데이터베이스 서버에서는 만족스러운 수치입니다. await 값은 여러 가지 요인에 의해 값이 증가할 수 있습니다. 예를 들어, 큐잉이 발생하는 경우(부하가 많은 경우), 더 큰 I/O 크기로 인한 경우, 회전 장치에서의 임의 I/O 작업, 그리고 장치 오류 등이 있을 수 있습니다.

수용량 계획과 자원 사용률을 확인하는 데에는 %util이 중요하지만, 이 수치는 단지 장치가 활발하게 동작한 정도(유휴 시간이 아닌 시간)의 척도이며 여러 물리 디스크로 구성된 가상 디스크에서는 의미가 없을 수 있다는 것을 염두에 두어야 합니다. 가상 디스크의 경우 현재 적용된 부하인 tps(IOPS)와 kB/s(스루풋)으로 더 명확히 파악할 수 있습니다.

rqm/s의 값이 0이 아닌 경우, 이것은 연속적인 요청들이 장치로 보내지기 전에 성능 향상을 위해 병합되었음을 나타냅니다. 이 지표는 현재 워크로드가 순차 접근이라는 것을 보여주는 값이기도 합니다.

areq-sz는 병합 이후의 평균 요청 크기를 나타내는데, 값이 작으면(8KB 이하) 임의 접근 I/O 부하라는 것을 암시할 수 있습니다(임의 접근이라 병합될 수 없음). 큰 값인 경우, 단순히 크기가 큰 I/O 요청이거나 순차 접근 워크로드가 병합된 결과일 수 있습니다(앞에서 표시됨).

iostat 확장 출력

-s 옵션을 사용하지 않으면, -x는 더 많은 항목들을 출력합니다. 다음은 sysstat 12.3.2 버전(2020년 4월)의 iostat(1) 출력 결과입니다. (측정 인터벌이나 측정 횟수 옵션이 사용되지 않아 부팅 이후 현재까지의 결과를 보여줍니다.)

```
$ iostat -x
[...]
```

```
Device              r/s      rkB/s    rrqm/s   %rrqm  r_await  rareq-sz    w/s      wkB/s
wrqm/s  %wrqm  w_await  wareq-sz      d/s      dkB/s    drqm/s  %drqm  d_await  dareq-sz
f/s     f_await  aqu-sz  %util
nvme0n1             0.23     9.91     0.16    40.70    0.56    43.01      3.10     33.09
0.92    22.91    0.89    10.66        0.00     0.00     0.00    0.00     0.00    0.00
0.00    0.00     0.00    0.12
```

이 출력 결과는 -sx에서 보았던 지표들을 읽기와 쓰기로 세분화하며, 디스카드(discard)와 플러시(flush) 정보를 포함하고 있습니다.

별도로 확인할 수 있는 항목들은 다음과 같습니다.

- r/s, w/s, d/s, f/s: 초당 디스크 장치에 요청한 읽기, 쓰기, 디스카드, 플러시 요청 횟수(병합 후)
- rkB/s, wkB/s, dkB/s: 초당 디스크 장치에 요청한 읽기, 쓰기, 디스카드 크기(KB 단위)
- %rrqm/s, %wrqm/s, %drqm/s: 해당 유형의 전체 요청 중 큐잉되고 병합된 읽기, 쓰기, 디스카드 요청의 비율
- r_await, w_await, d_await, f_await: 읽기, 쓰기, 디스카드, 플러시의 평균 응답 시간(OS에서 대기한 시간과 장치로부터의 응답 시간(ms) 포함)
- rareq-sz, wareq-sz, dareq-sz: 읽기, 쓰기, 디스카드 평균 크기(KB)

읽기와 쓰기를 개별적으로 검토하는 것이 중요합니다. 애플리케이션과 파일 시스템에서는 쓰기 지연시간을 줄이기 위해 write-back 캐싱과 같은 기법을 사용하는 경우가 많기 때문에 애플리케이션이 디스크 쓰기 작업에서 블로킹될 가능성은 적습니다. 이로 인해 읽기와 쓰기를 그룹화한 지표들은 사실상 직접적으로는 중요하지 않은 구성 요소인 쓰기에 의해 왜곡될 수 있습니다. 따라서, 읽기와 쓰기를 분리하여 성능을 구체적으로 평가하는 것이 중요합니다. 예를 들어, r_await는 평균 읽기 지연시간을 나타내는데, 이는 애플리케이션 성능에서 가장 중요한 지표일 수 있습니다.

읽기 및 쓰기에 대한 IOPS(r/s, w/s)와 스루풋(rkB/s, wkB/s) 정보는 워크로드 특성을 분석하는데 유용할 수 있습니다.

디스카드(discard)와 플러시(flush) 통계는 iostat(1)에 새롭게 추가된 지표입니다. 디스카드 동작은 드라이브의 블록을 해제(ATA TRIM 명령)하는 작업으로, 해당 통계는 리눅스 4.19 커널에서 처음 도입되었습니다. 플러시 통계는 리눅스 5.5에서

추가되었습니다. 이러한 통계를 사용하면 디스크 지연의 원인을 더욱 구체적으로 파악하는 데 도움이 될 수 있습니다.

다음은 또 다른 유용한 iostat(1) 활용 사례입니다.

```
$ iostat -dmstxz -p ALL 1
Linux 5.3.0-1010-aws (ip-10-1-239-218)      02/12/20          _x86_64_     (2 CPU)

02/12/20 17:39:29
Device              tps       MB/s      rqm/s     await    areq-sz   aqu-sz   %util
nvme0n1            3.33       0.04      1.09      0.87     12.84     0.00     0.12
nvme0n1p1          3.31       0.04      1.09      0.87     12.91     0.00     0.12

02/12/20 17:39:30
Device              tps       MB/s      rqm/s     await    areq-sz   aqu-sz   %util
nvme0n1          1730.00     14.97    709.00      0.54      8.86     0.02    99.60
nvme0n1p1        1538.00     14.97    709.00      0.61      9.97     0.02    99.60
[...]
```

첫 번째 출력 결과에는 부팅 이래의 요약 정보가 나오고, 그 이후부터는 1초 동안의 통계 정보가 출력됩니다.[22] 옵션 -d는 디스크 통계에만 초점을 맞추며(CPU 정보는 출력하지 않음), -m은 출력 단위를 MB로 설정합니다. 옵션 -t는 타임스탬프를 출력하는데, 이는 다른 소스와 비교할 때 유용합니다. 옵션 -p ALL은 각 파티션마다의 통계를 포함합니다.

아쉽게도 현재 버전의 iostat(1)에는 디스크 오류를 포함하는 기능이 없어서, USE 방법론의 모든 지표를 확인하기 위해서는 추가적인 도구가 필요합니다. 만일, 이 지표까지 포함하고 있었더라면 iostat(1) 하나만 가지고 USE 방법론 지표 전체를 확인할 수 있었을 겁니다!

9.6.2 sar

sar(1)은 시스템의 현재 활동을 관찰하고, 통계 기록을 저장하고 보여주는 시스템 활동 리포터입니다. 앞선 4.4절 "sar"에서 소개된 이 도구는 다양한 통계 정보를 제공하며, 이 책의 여러 장에서 sar(1)이 제공하는 여타의 통계에 대해 언급하고 있습니다.

---

[22] (옮긴이) iostat(1)의 첫 번째 출력은 항상 부팅 이후 현재까지의 통계 정보입니다. 명령어를 두 번 호출해도 첫 번째 결과는 부팅 이래의 요약 정보입니다. 특정 간격마다의 통계 정보를 확인하려면 인터벌 옵션을 사용해야 합니다. 이는 커널의 SNMP 카운터를 보여주는 nstat(8) 명령어와 동작 방식의 차이가 있는데, 각 명령어가 호출되는 간격을 기준으로 해서 통계 정보를 출력합니다.

sar(1)의 디스크 통계는 -d 옵션을 사용하여 출력할 수 있으며, 아래의 예제에서는 주기를 1초로 설정했습니다. 출력되는 디스크 통계 정보를 이 책의 페이지 폭에 담기 어려워 두 부분으로 나누어 예시를 수록하였습니다(sysstat 12.3.2 버전).

```
$ sar -d 1
Linux 5.3.0-1010-aws (ip-10-0-239-218)    02/13/20     _x86_64_   (2 CPU)

09:10:22          DEV       tps     rkB/s     wkB/s     dkB/s   areq-sz \ ...
09:10:23       dev259-0   1509.00  11100.00  12776.00    0.00     15.82 / ...
[...]
```

다음은 나머지 열입니다.

```
$ sar -d 1
09:10:22      \ ... \    aqu-sz    await    %util
09:10:23      / ... /     0.02      0.60    94.00
[...]
```

여기에 출력되는 내용들은 iostat(1) -x 출력 결과에도 나타나는데, 각 항목은 앞 절에서 설명했습니다. 이 출력 결과를 통해 해당 디스크는 읽기/쓰기 부하가 혼재되어 있으며 대기시간(await)이 0.6ms이고 디스크 사용률이 94%임을 확인할 수 있습니다.

이전 버전의 sar(1)에는 iostat(1)과 마찬가지로 svctm(service time) 항목이 있어서 "디스크" 평균 응답 시간(추정치, ms 단위)을 확인할 수 있었습니다. 그러나 현재의 디스크는 병렬로 I/O를 처리하기 때문에 svctm의 단순한 계산은 더 이상 정확하지 않습니다. 따라서 이후 버전에서는 해당 항목이 제거되었습니다. 백그라운드에서의 처리 시간에 대해서는 9.3.1절 "시간 측정"을 참고하세요.

9.6.3 PSI

리눅스의 PSI(Pressure Stall Information)는 리눅스 커널 4.20 버전에 추가된 기능으로, I/O 포화를 포함한 시스템 리소스 부하 통계를 제공하며 이를 모니터링할 수 있습니다. PSI는 단순히 I/O 부하의 유무만 보여주는 것이 아니라, 최근 5분간의 변화 추이까지 함께 보여줍니다. 아래는 PSI의 출력 결과 예시입니다.

```
# cat /proc/pressure/io
some avg10=63.11 avg60=32.18 avg300=8.62 total=667212021
full avg10=60.76 avg60=31.13 avg300=8.35 total=622722632
```

이 출력 결과는 I/O 부하가 증가하고 있는 것을 보여주는데, 최근 10초 평균(63.11)이 300초 평균(8.62)보다 높은 것을 확인할 수 있습니다. 이러한 평균은 특정 기간 중에 I/O 대기 상태에 있었던 시간의 백분율로 나타낸 값입니다. some은 일부 태스크(스레드들)가 영향을 받았을 때를 나타내고, full은 모든 실행 가능한 상태(runnable)의 태스크들이 영향을 받았을 때를 보여줍니다.

이 지표는 부하 평균(load average, uptime(1) 명령어)과 마찬가지로, 시스템에 문제가 있음을 확인하는데 사용할 수 있는 지표일 수 있습니다. 디스크 성능 문제가 발생했다는 인지를 한 후에는 pidstat(8)와 같은 기타 도구를 사용하여 프로세스별 디스크 통계를 분석하고 문제의 원인을 찾을 수 있습니다.

9.6.4 pidstat

리눅스의 pidstat(1) 도구는 기본적으로 CPU 사용 정보를 출력하며, -d 옵션을 사용하면 디스크 I/O 통계를 출력합니다. 이 도구는 커널 버전 2.6.20 이상에서 사용할 수 있습니다. 아래는 pidstat(1)를 실행한 예시입니다.

```
$ pidstat -d 1
Linux 5.3.0-1010-aws (ip-10-0-239-218)    02/13/20    _x86_64_   (2 CPU)

09:47:41    UID    PID    kB_rd/s    kB_wr/s  kB_ccwr/s  iodelay  Command
09:47:42     0    2705   32468.00       0.00       0.00        5  tar
09:47:42     0    2706       0.00    8192.00       0.00        0  gzip
[...]

09:47:56    UID    PID    kB_rd/s    kB_wr/s  kB_ccwr/s  iodelay  Command
09:47:57     0     229       0.00      72.00       0.00        0  systemd-journal
09:47:57     0     380       0.00       4.00       0.00        0  auditd
09:47:57     0    2699       4.00       0.00       0.00       10  kworker/
u4:1-flush-259:0
09:47:57     0    2705   15104.00       0.00       0.00        0  tar
09:47:57     0    2706       0.00    6912.00       0.00        0  gzip
```

이 명령어에 출력되는 정보는 다음과 같습니다.

- kB_rd/s: 초당 읽기 크기(KB)
- kB_wd/s: 초당 쓰기 크기(KB)
- kB_ccwr/s: 초당 취소된 쓰기 크기(KB)(예: 다른 값으로 덮어 쓰였거나 플러시 전에 삭제된 경우)

- iodelay: 프로세스가 디스크 I/O에서 블록된 시간(스와핑 포함, 클럭 틱 단위로 표시)

출력 결과는 현재 시스템에서 tar 명령어가 파일 시스템을 읽어 파이프로 전송하고, gzip에서 해당 파이프를 읽어 압축된 아카이브 파일로 쓰고 있음을 보여줍니다. tar 읽기 작업은 iodelay(5 클럭 틱)을 유발한 반면, gzip 쓰기 작업은 페이지 캐시의 write-back 기록 캐싱으로 인해 iodelay가 발생하지 않았습니다. 이후 페이지 캐시가 플러시 되는데, 두 번째 인터벌 출력의 kworker/u4:1-flush-259:0 프로세스가 iodelay를 경험하는 것을 통해 확인할 수 있습니다.

iodelay는 최근에 추가된 지표로, 애플리케이션이 I/O를 대기하는 성능 이슈의 정도를 나타냅니다. 다른 칼럼들은 현재 워크로드에 대한 정보를 보여줍니다.

pidstat(1)은 /proc/⟨PID⟩/io 파일을 통해 관련 정보를 출력합니다. 루트 사용자로 실행하면 더 많은 정보를 확인할 수 있는데, 이는 슈퍼유저(루트)만이 자신이 소유하지 않은 프로세스의 디스크 통계까지 접근할 수 있기 때문입니다.

9.6.5 perf

리눅스 도구 perf(1)은 블록 tracepoint 정보를 기록할 수 있습니다. 다음은 사용할 수 있는 항목들을 나열한 것입니다.

```
# perf list 'block:*'

List of pre-defined events (to be used in -e):

  block:block_bio_backmerge                          [Tracepoint event]
  block:block_bio_bounce                             [Tracepoint event]
  block:block_bio_complete                           [Tracepoint event]
  block:block_bio_frontmerge                         [Tracepoint event]
  block:block_bio_queue                              [Tracepoint event]
  block:block_bio_remap                              [Tracepoint event]
  block:block_dirty_buffer                           [Tracepoint event]
  block:block_getrq                                  [Tracepoint event]
  block:block_plug                                   [Tracepoint event]
  block:block_rq_complete                            [Tracepoint event]
  block:block_rq_insert                              [Tracepoint event]
  block:block_rq_issue                               [Tracepoint event]
  block:block_rq_remap                               [Tracepoint event]
  block:block_rq_requeue                             [Tracepoint event]
  block:block_sleeprq                                [Tracepoint event]
  block:block_split                                  [Tracepoint event]
```

```
block:block_touch_buffer                      [Tracepoint event]
block:block_unplug                            [Tracepoint event]
```

다음은 I/O 요청을 블록 장치에 이슈하는 것을 스택 트레이스와 함께 기록하는 사례입니다. 여기서 sleep 10 명령어는 트레이싱을 수행할 시간을 제한하기 위해 사용하였습니다.

```
# perf record -e block:block_rq_issue -a -g sleep 10
[ perf record: Woken up 22 times to write data ]
[ perf record: Captured and wrote 5.701 MB perf.data (19267 samples) ]
# perf script --header
[...]
mysqld  1965 [001] 160501.158573: block:block_rq_issue: 259,0 WS 12288 () 10329704 +
24 [mysqld]
        ffffffffb12d5040 blk_mq_start_request+0xa0 ([kernel.kallsyms])
        ffffffffb12d5040 blk_mq_start_request+0xa0 ([kernel.kallsyms])
        ffffffffb1532b4c nvme_queue_rq+0x16c ([kernel.kallsyms])
        ffffffffb12d7b46 __blk_mq_try_issue_directly+0x116 ([kernel.kallsyms])
        ffffffffb12d87bb blk_mq_request_issue_directly+0x4b ([kernel.kallsyms])
        ffffffffb12d8896 blk_mq_try_issue_list_directly+0x46 ([kernel.kallsyms])
        ffffffffb12dce7e blk_mq_sched_insert_requests+0xae ([kernel.kallsyms])
        ffffffffb12d86c8 blk_mq_flush_plug_list+0x1e8 ([kernel.kallsyms])
        ffffffffb12cd623 blk_flush_plug_list+0xe3 ([kernel.kallsyms])
        ffffffffb12cd676 blk_finish_plug+0x26 ([kernel.kallsyms])
        ffffffffb119771c ext4_writepages+0x77c ([kernel.kallsyms])
        ffffffffb10209c3 do_writepages+0x43 ([kernel.kallsyms])
        ffffffffb1017ed5 __filemap_fdatawrite_range+0xd5 ([kernel.kallsyms])
        ffffffffb10186ca file_write_and_wait_range+0x5a ([kernel.kallsyms])
        ffffffffb118637f ext4_sync_file+0x8f ([kernel.kallsyms])
        ffffffffb1105869 vfs_fsync_range+0x49 ([kernel.kallsyms])
        ffffffffb11058fd do_fsync+0x3d ([kernel.kallsyms])
        ffffffffb1105944 __x64_sys_fsync+0x14 ([kernel.kallsyms])
        ffffffffb0e044ca do_syscall_64+0x5a ([kernel.kallsyms])
        ffffffffb1a0008c entry_SYSCALL_64_after_hwframe+0x44 ([kernel.kallsyms])
            7f2285d1988b fsync+0x3b (/usr/lib/x86_64-linux-gnu/libpthread-2.30.so)
            55ac10a05ebe Fil_shard::redo_space_flush+0x44e (/usr/sbin/mysqld)
            55ac10a06179 Fil_shard::flush_file_redo+0x99 (/usr/sbin/mysqld)
            55ac1076ff1c [unknown] (/usr/sbin/mysqld)
            55ac10777030 log_flusher+0x520 (/usr/sbin/mysqld)
            55ac10748d61
std::thread::_State_impl<std::thread::_Invoker<std::tuple<Runnable, void (*)(log_
t*), log_t*> > >::_M_run+0xc1 (/usr/sbin/mysql
            7f228559df74 [unknown] (/usr/lib/x86_64-linux-gnu/libstdc++.so.6.0.28)
            7f226c3652c0 [unknown] ([unknown])
            55ac107499f0
std::thread::_State_impl<std::thread::_Invoker<std::tuple<Runnable, void (*)(log_
t*), log_t*> > >::~_State_impl+0x0 (/usr/sbin/
```

```
        5441554156415741 [unknown] ([unknown])
[...]
```

출력 결과에는 각 이벤트에 대한 한 줄 요약이 먼저 출력되며, 해당 이벤트를 발생시킨 스택 트레이스가 뒤에 출력됩니다. 한 줄 요약의 서두는 perf(1)에서 제공하는 기본 필드로 구성되며, 프로세스 이름, 스레드 ID, CPU ID, 타임스탬프, 이벤트 이름으로 시작합니다(13장 "perf", 13.11절 "perf script" 참고). 출력 결과의 나머지 필드는 tracepoint에 지정된 내용에 따라 달라집니다. 이 block:block_rq_issue tracepoint에서, 해당 필드들은 다음과 같은 요소들로 구성되어 있습니다.

- 디스크 주/부(major/minor) 번호: 259,0
- I/O 유형: WS(동기 쓰기)
- I/O 크기: 12288(바이트)
- I/O 명령어: ()
- 섹터 주소: 10329704
- 섹터의 수: 24
- 프로세스: mysqld

이 필드는 tracepoint의 포맷 문자열에서 가져온 것입니다(4.3.5절 아래 "tracepoint 인자 및 포맷 문자열" 참고).

스택 트레이스는 디스크 I/O의 원인을 파악하는 데 도움이 될 수 있습니다. 해당 경우는 fsync(2)를 호출하는 mysqld log_flusher() 루틴에서 발생한 디스크 I/O입니다. 커널 코드 경로는 ext4 파일 시스템을 통해 처리되었으며, blk_mq_try_issue_list_directly()를 통해 디스크 I/O 이슈가 발생했음을 나타냅니다.

I/O는 종종 큐에서 대기한 후에 커널 스레드에 의해 디스크로 이슈되기도 합니다. 이러한 경우에는 block:block_rq_issue tracepoint를 사용하여 트레이싱 하더라도, 대기 중인 프로세스나 해당 프로세스의 사용자 레벨 스택 트레이스를 확인할 수 없습니다. 이 경우에는 block:block_rq_insert를 대신 트레이싱하여 해당 I/O가 어떤 프로세스에 의해 큐에 삽입되는지 확인할 수 있습니다. 그러나 이 방식 역시 큐에 들어가지 않은 I/O를 놓칠 수 있다는 점을 유의해야 합니다.

원 라이너

다음 원 라이너는 블록 tracepoint를 필터와 함께 사용하는 것을 보여주는 사례입니다.

크기가 100KB 이상인 모든 블록 요청 완료를 Ctrl-C가 입력될 때까지 트레이싱합니다.[23]

```
perf record -e block:block_rq_complete --filter 'nr_sector > 200'
```

I/O 유형이 동기 쓰기인 모든 블록 요청 완료를 Ctrl-C가 입력될 때까지 출력합니다.

```
perf record -e block:block_rq_complete --filter 'rwbs == "WS"'
```

I/O 유형이 쓰기인 모든 블록 요청 완료를 Ctrl-C가 입력될 때까지 트레이싱합니다.

```
perf record -e block:block_rq_complete --filter 'rwbs ~ "*W*"'
```

디스크 I/O 지연시간

디스크 I/O 지연시간(디스크 요청 시간) 분석을 위해 디스크 이슈와 요청 완료 이벤트를 모두 기록하고 추후 분석에 활용할 수 있습니다. 다음은 해당 이벤트들을 60초 동안 기록하고 이를 'out.disk01.txt' 파일에 저장하는 예시입니다.

```
perf record -e block:block_rq_issue,block:block_rq_complete -a sleep 60
perf script --header > out.disk01.txt
```

이렇게 출력된 파일은 awk(1), 펄, 파이썬, R, 구글 스프레드시트 등 여러분이 편한 도구를 가지고 후처리 할 수 있습니다. 이를 통해 특정 I/O 이슈와 관련된 요청 완료를 확인하고, 기록된 타임스탬프를 사용하여 지연시간을 계산할 수 있습니다.

다음에 소개하는 도구인 biolatency(8)와 biosnoop(8)는 BPF 프로그램을 사용하여 커널 공간에서 디스크 I/O 지연시간을 계산하고 출력 결과에 해당 시간을 직접 포함시킵니다.

9.6.6 biolatency

biolatency(8)[24]는 디스크 I/O 지연시간을 히스토그램으로 보여주는 BCC 및 bpf-

---

23 섹터 크기 512Byte를 기준으로 200섹터는 100KB를 의미합니다.
24 연혁: 필자는 이전에 개발한 초기 iolatency 도구를 기반으로 2015년 9월 20일에 BCC 버전의 biolatency를 개발하였으며, 2018년 9월 13일에는 bpftrace 버전의 biolatency를 개발했습니다. 이 도구들은 블록 I/O라는 것을 명확히 하기 위해 앞에 'b'를 붙였습니다.

trace 도구입니다. 여기서 'I/O 지연시간'은 디스크에 요청을 발생시키고 완료될 때까지의 시간을 의미합니다. 다른 용어로는 '디스크 요청 시간'이라고도 합니다.

다음은 BCC 버전의 biolatency(8)으로 블록 I/O를 10초 동안 트레이싱합니다.

```
# biolatency 10 1
Tracing block device I/O... Hit Ctrl-C to end.
    usecs               : count     distribution
        0 -> 1          : 0        |                                        |
        2 -> 3          : 0        |                                        |
        4 -> 7          : 0        |                                        |
        8 -> 15         : 0        |                                        |
       16 -> 31         : 2        |                                        |
       32 -> 63         : 0        |                                        |
       64 -> 127        : 0        |                                        |
      128 -> 255        : 1065     |*****************                       |
      256 -> 511        : 2462     |****************************************|
      512 -> 1023       : 1949     |*******************************         |
     1024 -> 2047       : 373      |******                                  |
     2048 -> 4095       : 1815     |*****************************           |
     4096 -> 8191       : 591      |*********                               |
     8192 -> 16383      : 397      |******                                  |
    16384 -> 32767      : 50       |                                        |
```

이 출력 결과는 쌍봉분포 형태를 띠고 있는데 봉우리 하나는 128~1023us 범위에 있으며, 또 하나는 2048~4095us(2.0~4.1ms) 범위에 있습니다. 장치 지연시간이 이러한 형태를 띠는 이유를 이해한다면, 낮은 지연시간으로 더 많은 I/O를 이동시키기 위해 튜닝을 시도할 수 있습니다. 느린 I/O의 원인으로는 임의의 I/O나 크기가 큰 I/O일 수 있으며(다른 BPF 도구를 사용하여 확인 가능), 또는 I/O 요청 시 사용된 플래그 값의 차이 때문일 수도 있습니다(-F 옵션을 사용하여 확인 가능). 이 출력 결과에서 가장 느린 I/O는 16~32밀리초(ms) 범위에 도달하는데, 이는 장치에서 I/O가 큐에 쌓여 대기 중이었음을 의미합니다.

BCC 버전의 biolatency(8)는 다음 옵션들을 지원합니다.

- -m: 결과를 ms 단위로 출력
- -Q: OS 큐에서 대기한 I/O 시간 포함(OS 요청 시간)
- -F: 각 I/O 플래그에 대한 히스토그램 출력
- -D: 각 디스크 장치에 대한 히스토그램 출력

-Q 옵션을 사용하면 커널 큐에 삽입될 때부터 장치 요청 완료까지의 전체 I/O 시간

을 보고합니다. 이전에 설명한 것처럼 이는 **블록 I/O 요청 시간**을 의미합니다.

또한, BCC biolatency(8)은 옵션으로 측정 인터벌과 측정 횟수를 지정할 수 있습니다(초 단위).

플래그별 집계

-F 옵션은 각 I/O 플래그에 대한 분포를 세분화할 수 있어 유용하게 사용됩니다. 다음은 이 히스토그램을 출력하는 사례인데, 여기서는 -m 옵션을 사용하여 ms 단위로 출력합니다.

```
# biolatency -Fm 10 1
Tracing block device I/O... Hit Ctrl-C to end.

flags = Sync-Write
     msecs          : count     distribution
        0 -> 1      : 2        |****************************************|

flags = Flush
     msecs          : count     distribution
        0 -> 1      : 1        |****************************************|

flags = Write
     msecs          : count     distribution
        0 -> 1      : 14       |****************************************|
        2 -> 3      : 1        |**                                      |
        4 -> 7      : 10       |*****************************           |
        8 -> 15     : 11       |*******************************         |
       16 -> 31     : 11       |*******************************         |

flags = NoMerge-Write
     msecs          : count     distribution
        0 -> 1      : 95       |**********                              |
        2 -> 3      : 152      |*****************                       |
        4 -> 7      : 266      |******************************          |
        8 -> 15     : 350      |****************************************|
       16 -> 31     : 298      |**********************************      |

flags = Read
     msecs          : count     distribution
        0 -> 1      : 11       |****************************************|

flags = ReadAhead-Read
     msecs          : count     distribution
        0 -> 1      : 5261     |****************************************|
        2 -> 3      : 1238     |*********                               |
        4 -> 7      : 481      |***                                     |
```

```
     8 -> 15        : 5      |                                             |
    16 -> 31        : 2      |                                             |
```

저장 장치마다 I/O 플래그를 각각 다르게 처리할 수도 있기 때문에, 하나하나 개별로 검토해 보는 것이 좋습니다. 앞의 출력 결과는 쓰기가 읽기보다 더 느렸음을 보여주며, 앞서 다룬 쌍봉 분포가 만들어진 이유를 설명해 줍니다.

biolatency(8)은 디스크 I/O 지연시간을 요약합니다. 각 I/O별로 디스크 I/O 지연시간을 검토하려면 biosnoop(8)을 사용하세요.

9.6.7 biosnoop

biosnoop(8)[25]은 각 디스크 I/O에 대한 세부사항을 한 줄 요약으로 출력하는 BCC 및 bpftrace 도구입니다. 다음은 예시 실행 결과입니다.

```
# biosnoop
TIME(s)        COMM            PID     DISK     T    SECTOR      BYTES     LAT(ms)
0.009165000    jbd2/nvme0n1p1  174     nvme0n1  W    2116272     8192      0.43
0.009612000    jbd2/nvme0n1p1  174     nvme0n1  W    2116288     4096      0.39
0.011836000    mysqld          1948    nvme0n1  W    10434672    4096      0.45
0.012363000    jbd2/nvme0n1p1  174     nvme0n1  W    2116296     8192      0.49
0.012844000    jbd2/nvme0n1p1  174     nvme0n1  W    2116312     4096      0.43
0.016809000    mysqld          1948    nvme0n1  W    10227712    262144    1.82
0.017184000    mysqld          1948    nvme0n1  W    10228224    262144    2.19
0.017679000    mysqld          1948    nvme0n1  W    10228736    262144    2.68
0.018056000    mysqld          1948    nvme0n1  W    10229248    262144    3.05
0.018264000    mysqld          1948    nvme0n1  W    10229760    262144    3.25
0.018657000    mysqld          1948    nvme0n1  W    10230272    262144    3.64
0.018954000    mysqld          1948    nvme0n1  W    10230784    262144    3.93
0.019053000    mysqld          1948    nvme0n1  W    10231296    131072    4.03
0.019731000    jbd2/nvme0n1p1  174     nvme0n1  W    2116320     8192      0.49
0.020243000    jbd2/nvme0n1p1  174     nvme0n1  W    2116336     4096      0.46
0.020593000    mysqld          1948    nvme0n1  R    4495352     4096      0.26
[...]
```

이 출력 결과는 디스크 nvme0n1에 대한 쓰기 워크로드를 보여줍니다. 주로 mysqld나 174번 프로세스에 의해 생성된 것으로 나타나며, 다양한 I/O 크기를 확인할 수 있습니다. 아래는 출력된 각 항목에 대한 설명입니다.

---

25 연혁: 필자는 2003년에 만든 초기 도구들을 기반으로 2015년 9월 16일에 BCC 버전의 biosnoop을 개발하였으며, 2017년 11월 15일에는 bpftrace 버전의 biosnoop을 개발하였습니다. 이들에 대한 전체 히스토리는 [Gregg 19]에 기록되어 있습니다.

- TIME(s): I/O 완료 시간(초 단위)
- COMM: 프로세스 이름(확인 가능하다면)
- PID: 프로세스 ID(확인 가능하다면)
- DISK: 저장 장치 이름
- T: 유형(R == 읽기, W == 쓰기)
- SECTOR: 디스크상의 주소(512Byte 섹터 단위)
- BYTES: I/O 요청의 크기
- LAT(ms): 장치로 I/O를 요청해 완료될 때까지 소요된 시간(디스크 요청 시간)

출력 예시의 중간 부분에는 일련의 262,144바이트 쓰기가 있는데, 이 쓰기 작업은 1.82ms의 지연시간으로 시작하여 각 후속 I/O마다 지연시간이 증가하여 4.03ms로 끝납니다. 이러한 패턴은 일반적으로 볼 수 있는 패턴이며, 그 이유는 TIME(s) 칼럼을 이용해 계산하면 유추할 수 있습니다. TIME(s)에서 LAT(ms)을 빼면 해당 I/O의 시작 시간을 확인할 수 있는데, 이 I/O들은 대략 같은 시간에 시작되었습니다. 해당 I/O들은 그룹으로 동시에 쓰기 요청이 전송되었을 것이며, 장치에서 대기한 뒤 순차적으로 요청이 처리되어 완료되었을 것입니다. 이로 인해 지연시간이 증가하는 양상을 나타냅니다.

   시작 시간과 끝 시간을 주의 깊게 검토하면 디스크 장치 내부에서 I/O가 재정렬된 경우도 확인할 수 있습니다. 출력 결과가 수천 줄에 이르기 때문에 필자는 이를 종종 R 통계 소프트웨어를 사용하여 산점도(scatter plot)로 표현하는데, 패턴을 시각적으로 확인하는데 도움이 됩니다(자세한 내용은 9.7절 "시각화"를 참조하세요).

극단값 분석

다음은 biosnoop(8)을 사용해서 지연시간 극단값들을 찾아내고 분석하는 방법입니다.

1. 출력 결과를 파일로 기록합니다.

    ```
    # biosnoop > out.biosnoop01.txt
    ```

2. 지연시간을 기준으로 해당 출력 결과를 정렬하고, 마지막 5개를 출력합니다(가장 높은 지연시간).

```
# sort -n -k 8,8 out.biosnoop01.txt | tail -5
31.344175    logger           10994   nvme0n1 W 15218056   262144   30.92
31.344401    logger           10994   nvme0n1 W 15217544   262144   31.15
31.344757    logger           10994   nvme0n1 W 15219080   262144   31.49
31.345260    logger           10994   nvme0n1 W 15218568   262144   32.00
46.059274    logger           10994   nvme0n1 W 15198896   4096     64.86
```

3. 텍스트 편집기(예: vi(1)/vim(1))를 통해 출력 결과를 확인합니다.

```
# vi out.biosnoop01.txt
```

4. 극단값이 가장 느린 것부터 가장 빠른 순서대로 종료 시간을 확인해 보세요. 가장 느린 지연시간 극단값은 64.86ms였는데, 종료 시간은 46.059274(초)였습니다.

```
[...]
45.992419    jbd2/nvme0n1p1 174   nvme0n1 W 2107232    8192    0.45
45.992988    jbd2/nvme0n1p1 174   nvme0n1 W 2107248    4096    0.50
46.059274    logger           10994 nvme0n1 W 15198896   4096    64.86
[...]
```

5. 극단값 이전에 발생한 이벤트들을 살펴보면서, 이와 유사한 지연시간이 있었는지 확인해 보세요. 이전 이벤트들이 유사한 지연시간을 보였다면, 극단값이 발생한 원인은 (앞의 예시처럼) I/O가 큐에서 대기하게 되어 발생한 것으로 추측할 수 있습니다. 그러나 이 사례에서는 이전 이벤트가 약 0.06초(6ms) 전에 발생하였으며, 지연시간은 0.5ms였습니다. 아마 이 장치는 이벤트를 재정렬하고 다른 작업들을 먼저 완료한 것일 수 있습니다. 만약 이전 완료 이벤트가 약 64ms 전에 발생한 것이 아니라면(즉, 64ms 동안 다른 작업이 없었다면), 극단값은 다른 원인에 의해 발생했을 가능성도 있습니다. 예를 들어, 이 시스템이 가상 머신 인스턴스인 경우, I/O 중에 하이퍼바이저에 의해 스케줄링이 해제되어 해당 시간이 I/O 시간에 추가된 것일 수 있습니다.

대기한 시간

BCC biosnoop(8)에 -Q 옵션을 사용하면 I/O가 생성되어 장치로 이슈되기까지의 시간을 보여줍니다(앞에서는 **블록 I/O 대기시간** 혹은 **OS 대기시간**이라고 설명했습니다). 이 시간은 대부분은 OS 큐에서 소요되지만, 메모리 할당 및 락 획득 시간도 포함될 수 있습니다. 아래는 예시 출력 결과입니다.

```
# biosnoop -Q
TIME(s)     COMM           PID    DISK    T SECTOR    BYTES   QUE(ms) LAT(ms)
0.000000    kworker/u4:0   9491   nvme0n1 W 5726504   4096    0.06    0.60
0.000039    kworker/u4:0   9491   nvme0n1 W 8128536   4096    0.05    0.64
0.000084    kworker/u4:0   9491   nvme0n1 W 8128584   4096    0.05    0.68
0.000138    kworker/u4:0   9491   nvme0n1 W 8128632   4096    0.05    0.74
0.000231    kworker/u4:0   9491   nvme0n1 W 8128664   4096    0.05    0.83
[...]
```

이 대기한 시간은 QUE(ms)을 통해 확인할 수 있습니다.

9.6.8 iotop, biotop

필자는 2005년에 솔라리스 기반 시스템용으로 iotop을 처음 개발했습니다.[McDougall 06a] 현재는 여러 버전이 개발되었는데, 커널 통계에 기반한 리눅스 iotop(1) 도구[26] [Chazarain 13], BPF를 사용하는 필자의 biotop(8) 등이 있습니다.

iotop

리눅스 버전의 iotop은 일반적으로 iotop 패키지를 통해 설치할 수 있습니다. 이 도구를 인자 없이 실행하면 매초 화면을 갱신하여 디스크 I/O를 많이 사용하는 상위 프로세스를 보여줍니다. 배치 모드(-b)라는 것도 있는데, 이를 사용하면 화면을 지우지 않고 출력을 지속적으로 누적합니다. 아래는 I/O를 수행하는 프로세스만을 표시하고(-o) 이를 5초 간격으로 갱신하는 예시입니다(-d5).

```
# iotop -bod5
Total DISK READ:       4.78 K/s | Total DISK WRITE:      15.04 M/s
   TID PRIO USER    DISK READ   DISK WRITE   SWAPIN    IO    COMMAND
 22400 be/4 root     4.78 K/s     0.00 B/s   0.00 % 13.76 % [flush-252:0]
   279 be/3 root     0.00 B/s  1657.27 K/s   0.00 %  9.25 % [jbd2/vda2-8]
 22446 be/4 root     0.00 B/s    10.16 M/s   0.00 %  0.00 % beam.smp -K true ...
Total DISK READ:       0.00 B/s | Total DISK WRITE:      10.75 M/s
   TID PRIO USER    DISK READ   DISK WRITE   SWAPIN    IO    COMMAND
   279 be/3 root     0.00 B/s     9.55 M/s   0.00 %  0.01 % [jbd2/vda2-8]
 22446 be/4 root     0.00 B/s    10.37 M/s   0.00 %  0.00 % beam.smp -K true ...
   848 be/4 root     0.00 B/s   272.71 B/s   0.00 %  0.00 % rsyslogd -n -c 5
[...]
```

이 출력 결과에서 약 10MB/s의 디스크 쓰기를 수행하는 beam.smp 프로세스(Riak

---

26 iotop(1)을 사용하기 위해서는 커널 옵션으로 CONFIG_TASK_DELAY_ACCT, CONFIG_TASK_IO_ACCOUNTING, CONFIG_TASKSTATS, CONFIG_VM_EVENT_COUNTERS가 필요합니다.

DB)를 확인할 수 있습니다. 아래는 출력된 각 항목에 대한 설명입니다.

- **DISK READ**: 읽기 KB/s
- **DISK WRITE**: 쓰기 KB/s
- **SWAPIN**: 스레드가 스왑 인(swap-in) I/O를 기다리며 소모한 시간의 백분율
- **IO**: 스레드가 I/O를 기다리며 소모한 시간의 백분율

iotop(8)은 다양한 옵션을 지원합니다. 예를 들어 -a 옵션은 인터벌마다 통계를 출력하는 대신 합산 통계를 보여줍니다. `-p PID` 옵션은 특정 프로세스만 필터링하는 데 사용될 수 있습니다. 또한 `-d SEC` 옵션을 사용하여 인터벌을 설정할 수도 있습니다.

이 도구를 사용하기 전에 iotop(8)을 알려진 워크로드로 테스트하여 출력된 숫자들이 실제와 일치하는지 확인하기 바랍니다. 필자가 테스트 한 결과 iotop 0.6 버전에서는 쓰기 워크로드에 대해 실제보다 적게 세는 문제가 있었습니다. 이런 경우에는 다른 계측 소스를 사용하는 biotop(8)을 대안으로 고려할 수 있습니다. 필자의 테스트 결과에 따르면, biotop(8)은 알려진 워크로드와 일치하는 통계를 출력합니다.

biotop

biotop(8)은 디스크용 top(1)으로 사용될 수 있는 BCC 도구입니다. 다음은 출력 결과 예시입니다.

```
# biotop
Tracing... Output every 1 secs. Hit Ctrl-C to end

08:04:11 loadavg: 1.48 0.87 0.45 1/287 14547

PID     COMM            D MAJ MIN DISK      I/O    Kbytes   AVGms
14501   cksum           R 202 1   xvda1     361    28832    3.39
6961    dd              R 202 1   xvda1     1628   13024    0.59
13855   dd              R 202 1   xvda1     1627   13016    0.59
326     jbd2/xvda1-8    W 202 1   xvda1     3      168      3.00
1880    supervise       W 202 1   xvda1     2      8        6.71
1873    supervise       W 202 1   xvda1     2      8        2.51
1871    supervise       W 202 1   xvda1     2      8        1.57
1876    supervise       W 202 1   xvda1     2      8        1.22
[...]
```

위의 출력 결과에서는 cksum(1) 및 dd(1) 명령어가 읽기를 수행하고 있고, supervise 프로세스가 약간의 쓰기를 수행하고 있음을 확인할 수 있습니다. 이처럼 biotop(8)은 누가, 얼마만큼의 디스크 I/O를 수행하는지 빠르게 확인하는데 유용합니다. 출력되는 항목은 다음과 같습니다.

- PID: 프로세스 ID(캐시된 값으로 정확하지 않을 수 있음)
- COMM: 프로세스 이름(캐시된 값으로 정확하지 않을 수 있음)
- D: I/O 방향(R == 읽기, W == 쓰기)
- MAJ MIN: 디스크 주/부 번호(커널 식별자)
- DISK: 디스크 이름
- I/O: 인터벌 동안의 디스크 I/O 개수
- Kbytes: 인터벌 동안의 전체 디스크 스루풋(KB)
- AVGms: 장치로의 I/O 이슈부터 완료되기까지의 평균 지연시간(ms)

디스크 I/O가 장치로 이슈될 때쯤이면, I/O를 요청한 프로세스는 CPU에 더 이상 존재하지 않을 가능성이 높아서 해당 프로세스를 정확히 식별하는 게 어려울 수 있습니다. 그러나 biotop(8)은 가능한 한 정확한 정보를 제공하기 위해 캐시된 값이라도 활용하는 최선의 방법을 사용합니다. 이 방식을 통해 출력된 PID와 COMM은 보통 해당 프로세스와 일치하지만 항상 보장하지는 않습니다.

biotop(8)은 인터벌(기본 인터벌 1초)을 설정하고 측정 횟수를 지정하는 옵션도 제공합니다. 이 외에도 출력 결과를 화면에서 지우지 않는 -C 옵션과, 출력할 최상위 프로세스의 수를 지정하는 -r MAXROWS 옵션이 있습니다.

9.6.9 biostacks

biostacks(8)[27]는 bpftrace 도구로서, 블록 I/O 요청 시간을 추적하며(OS 큐 삽입부터 장치 I/O 완료까지), 해당 I/O를 호출한 스택 트레이스를 함께 출력합니다. 다음은 사용 사례입니다.

```
# biostacks.bt
Attaching 5 probes...
Tracing block I/O with init stacks. Hit Ctrl-C to end.
^C
```

---

27 연혁: 필자는 2019년 3월 19일에 biostacks(8)을 개발하였습니다.[Gregg 19]

```
[...]
@usecs[
    blk_account_io_start+1
    blk_mq_make_request+1069
    generic_make_request+292
    submit_bio+115
    submit_bh_wbc+384
    ll_rw_block+173
    ext4_bread+102
    __ext4_read_dirblock+52
    ext4_dx_find_entry+145
    ext4_find_entry+365
    ext4_lookup+129
    lookup_slow+171
    walk_component+451
    path_lookupat+132
    filename_lookup+182
    user_path_at_empty+54
    sys_access+175
    do_syscall_64+115
    entry_SYSCALL_64_after_hwframe+61
]:
[2K, 4K)               2 |@@                                                  |
[4K, 8K)              37 |@@@@@@@@@@@@@@@@@@@@@@@@@@@@@@@@@@@@@@@@@@|
[8K, 16K)             15 |@@@@@@@@@@@@@@@@@@                                  |
[16K, 32K)             9 |@@@@@@@@@@                                          |
[32K, 64K)             1 |@                                                   |
```

위의 출력 결과는 디스크 I/O에 대한 지연시간 히스토그램(us 단위)과 I/O 요청을 발생시킨 호출 스택을 함께 보여주고 있습니다. 위 스택은 access(2) 시스템 콜을 시작으로 filename_lookup(), 그리고 ext4_lookup()를 요청하는데, 이것은 파일의 권한을 확인하는 중에 경로를 조회하며 발생한 I/O입니다. 여기에는 표현되어 있지 않지만 출력 결과에는 이러한 스택이 많이 들어있었는데, 이들은 역시 마찬가지로 읽기와 쓰기가 아닌 다른 동작으로 인해 발생한 I/O였습니다.

필자는 어떠한 애플리케이션도 디스크 I/O를 요청하지 않았는데 I/O가 발생하는 이해하기 어려운 사례를 접한 적이 있습니다. 결국, 이러한 경우는 백그라운드 파일 시스템 작업으로 인해 해당 I/O가 발생한 것으로 밝혀졌습니다(주기적으로 체크섬을 검증하는 ZFS의 백그라운드 스크러빙(scrubbing)이 원인 중 하나였습니다). 이러한 상황에서는 biostacks(8)를 사용하여 커널 스택 트레이스를 함께 확인함으로써 디스크 I/O의 실제 원인을 파악할 수 있습니다.

9.6.10 blktrace

blktrace(8)는 리눅스의 블록 장치 I/O 이벤트에 최적화된 맞춤형 트레이싱 도구입니다. 이 도구는 커널에 내장된 특수 트레이서인 blktrace를 활용하며, BLKTRACE ioctl(2) 시스템 콜을 사용하여 디스크 장치 파일을 제어합니다.[28] 프론트엔드 도구로는 blktrace(8), blkparse(1), btrace(8)가 있습니다.

blktrace(8)는 커널 블록 드라이버 트레이싱을 활성화시키고 트레이싱 결과를 수집하는데, 해당 데이터는 가공되지 않은 상태로 blkparse(1)을 사용해서 처리할 수 있습니다. btrace(8)는 blktrace(8)와 blkparse(1)를 모두 실행하여 이 과정을 편리하게 수행합니다. 따라서 아래의 두 명령어는 동일한 결과를 출력합니다.

```
# blktrace -d /dev/sda -o - | blkparse -i
# btrace /dev/sda
```

blktrace(8)는 로우 레벨 도구로, 한 I/O에 대해서도 여러 이벤트를 보여줄 수 있습니다.

기본 출력결과

다음은 btrace(8)의 기본 출력 결과로, cksum(1) 명령어의 디스크 읽기 이벤트 하나를 캡처한 모습입니다.

```
# btrace /dev/sdb
  8,16   3      1     0.429604145 20442  A   R 184773879 + 8 <- (8,17) 184773816
  8,16   3      2     0.429604569 20442  Q   R 184773879 + 8 [cksum]
  8,16   3      3     0.429606014 20442  G   R 184773879 + 8 [cksum]
  8,16   3      4     0.429607624 20442  P   N [cksum]
  8,16   3      5     0.429608804 20442  I   R 184773879 + 8 [cksum]
  8,16   3      6     0.429610501 20442  U   N [cksum] 1
  8,16   3      7     0.429611912 20442  D   R 184773879 + 8 [cksum]
  8,16   1      1     0.440227144     0  C   R 184773879 + 8 [0]
[...]
```

이 단일 디스크 I/O에 대해 8줄이 출력되었는데, 각 줄은 블록 장치 큐 그리고 디스크 장치와 관련된 세부 동작(이벤트)을 나타냅니다.

기본으로, 다음 7개의 항목이 있습니다.

---

28 (옮긴이) 이 절에서 설명하는 blktrace 도구를 위해, 개발자들은 커널에 동일한 이름의 blktrace 트레이서를 직접 내장시켰습니다.

1. 장치 주/부 번호
2. CPU ID
3. 시퀀스 번호
4. 동작 시간(초 단위)
5. 프로세스 ID
6. 동작 식별자: 이벤트 유형(뒤의 동작 식별자 참조)
7. RWBS: I/O 플래그(뒤의 RWBS 참조)

-f 옵션을 사용하면 출력 결과에 포함되는 항목을 변경할 수 있으며, 그 뒤에는 동작에 따라 연관된 데이터가 출력됩니다.

마지막에 출력되는 항목은 동작에 따라 달라집니다. 예를 들어 184773879 + 8 [cksum]은 블록 주소 184773879에서 크기가 8(섹터)인 I/O를 나타내며, 해당 I/O는 cksum이라는 프로세스로부터 발생했음을 보여줍니다.

동작 식별자

다음은 blkparse(1) 매뉴얼 페이지에 설명되어 있는 식별자입니다.

```
A    IO was remapped to a different device
B    IO bounced
C    IO completion
D    IO issued to driver
F    IO front merged with request on queue
G    Get request
I    IO inserted onto request queue
M    IO back merged with request on queue
P    Plug request
Q    IO handled by request queue code
S    Sleep request
T    Unplug due to timeout
U    Unplug request
X    Split
```

이 리스트는 blktrace 프레임워크로 관찰할 수 있는 이벤트들의 목록입니다. 앞의 예시에서 확인할 수 있었던 동작 식별자에 대한 설명은 다음과 같습니다.

- A: IO가 다른 장치로 다시 매핑됨(remap)
- Q: IO가 요청 큐에 의해 처리가 시작됨
- G: 요청 정보 가져오기

- P: 요청을 플러그(Plug, 대기 중인 I/O 요청을 처리하기 위해 큐에 추가)
- I: IO가 요청 큐에 삽입됨
- U: 요청을 언플러그(Unplug, 큐에 있는 I/O 요청을 추출)
- D: IO가 드라이버로 이슈됨
- C: IO 완료

RWBS

커널은 트레이싱 관측가능성을 위해 rwbs라는 이름의 문자열을 이용해서 각 I/O 유형을 표현합니다. blktrace(8) 및 기타 디스크 트레이싱 도구들도 rwbs를 사용합니다. 이것은 커널 blk_fill_rwbs() 함수에 정의해 놓았으며 다음과 같은 문자를 사용합니다.

- R: 읽기
- W: 쓰기
- M: 메타데이터
- S: 동기(Synchronous)
- A: 미리 읽기(Read Ahead)
- F: 플러시(Flush) 또는 FUA(force unit access)
- D: 버리기(Discard)
- E: 지우기(Erase)
- N: 없음

이들 문자는 조합해서 사용할 수 있습니다. 예를 들어 'WM'은 메타데이터의 쓰기를 의미합니다.

동작 필터링

blktrace(8)와 btrace(8) 명령어는 동작을 필터링해서 관심있는 이벤트 유형만을 보여줄 수 있습니다. 예를 들어 D 동작(I/O 이슈)만을 트레이싱하려면, 필터 옵션 -a issue를 사용하세요.

```
# btrace -a issue /dev/sdb
  8,16   1        1     0.000000000   448  D   W 38978223 + 8 [kjournald]
  8,16   1        2     0.000306181   448  D   W 104685503 + 24 [kjournald]
```

```
8,16    1    3    0.000496706   448  D  W 104685527 + 8 [kjournald]
8,16    1    1    0.010441458 20824  D  R 184944151 + 8 [tar]
[...]
```

기타 다른 필터들은 blktrace(8) 매뉴얼 페이지에 설명되어 있는데, 읽기만을 트레이싱하는 옵션(-a read), 쓰기만을 트레이싱하는 옵션(-a write), 동기 연산만을 트레이싱하는 옵션(-a sync) 등이 있습니다.

분석

blktrace 패키지에는 I/O 트레이싱 결과를 분석하는 btt(1) 도구가 포함되어 있습니다. 다음은 이를 사용하는 방법을 보여주는 사례로, blktrace(8)을 사용해서 /dev/nvme0n1p1을 트레이싱한 결과를 분석합니다. (트레이싱을 실행하면 여러 파일이 생성되므로, 별도의 새 디렉터리를 만들어 그 안에서 작업했습니다.)

```
# mkdir tracefiles; cd tracefiles
# blktrace -d /dev/nvme0n1p1 -o out -w 10
=== nvme0n1p1 ===
  CPU  0:                   20135 events,      944 KiB data
  CPU  1:                   38272 events,     1795 KiB data
  Total:                    58407 events (dropped 0),   2738 KiB data
# blkparse -i out.blktrace.* -d out.bin
259,0    1    1    0.000000000  7113  A  RM 161888 + 8 <- (259,1) 159840
259,0    1    1    0.000000000  7113  A  RM 161888 + 8 <- (259,1) 159840
[...]
# btt -i out.bin
==================== All Devices ====================

            ALL           MIN           AVG           MAX           N
--------------- ------------- ------------- ------------- -----------

Q2Q           0.000000001   0.000365336   2.186239507       24625
Q2A           0.000037519   0.000476609   0.001628905        1442
Q2G           0.000000247   0.000007117   0.006140020       15914
G2I           0.000001949   0.000027449   0.000081146         602
Q2M           0.000000139   0.000000198   0.000021066        8720
I2D           0.000002292   0.000008148   0.000030147         602
M2D           0.000001333   0.000188409   0.008407029        8720
D2C           0.000195685   0.000885833   0.006083538       12308
Q2C           0.000198056   0.000964784   0.009578213       12308
[...]
```

이러한 통계는 초 단위로 표시되며, 각 I/O 처리 단계에서 걸린 시간을 보여줍니다. 이들 중 살펴볼 만한 시간은 다음과 같습니다.

- Q2C: I/O 요청부터 완료까지의 전체 시간(블록 계층에서의 시간)
- D2C: 장치로의 I/O 이슈부터 완료까지의 시간(디스크 I/O 지연시간)
- I2D: 장치 큐 삽입부터 장치 I/O 이슈까지의 시간(요청 대기시간)
- M2D: I/O 병합부터 장치 I/O 이슈까지의 시간

이 출력 결과는 평균 D2C 시간이 0.86ms이고 최대 M2D 시간은 8.4ms에 달하는 것을 보여줍니다. 이와 같은 최대치들은 I/O 지연시간 극단값을 유발할 수 있습니다. 더 상세한 내용은, btt 사용자 가이드를 참조하세요.[Brunelle 08]

시각화

blktrace(8) 도구는 이벤트를 트레이싱해서 파일로 기록할 수 있으며, 이 내용들은 blktrace 패키지에 있는 iowatcher(1)를 사용하여 시각화할 수 있습니다. 또한 크리스 메이슨(Chris Mason)이 개발한 seekwatcher를 사용해서도 시각화할 수 있습니다.[Mason 08]

9.6.11 bpftrace

bpftrace는 BPF 기반의 트레이싱 도구로 고급 프로그래밍 언어를 제공하기에, 강력한 원 라이너와 짧은 스크립트를 작성할 수 있습니다. bpftrace는 기타 도구로부터 얻은 실마리를 근거로 한 디스크 분석에 아주 적합합니다.

bpftrace에 대해서는 15장 "BPF"에서 설명합니다. 이번 절에서는 디스크 분석을 위한 원 라이너, 디스크 I/O 크기, 그리고 디스크 I/O 지연시간과 관련한 일부 사례를 보여주고 있습니다.

원 라이너

다음 원 라이너는 유용하며 bpftrace의 여러 가지 기능을 보여줍니다.

블록 I/O tracepoint 이벤트를 집계합니다.

```
bpftrace -e 'tracepoint:block:* { @[probe] = count(); }'
```

블록 I/O 크기를 히스토그램으로 요약합니다.

```
bpftrace -e 't:block:block_rq_issue { @bytes = hist(args->bytes); }'
```

블록 I/O 요청 사용자 스택 트레이스를 집계합니다.

```
bpftrace -e 't:block:block_rq_issue { @[ustack] = count(); }'
bpftrace -e 't:block:block_rq_insert { @[ustack] = count(); }'
```

블록 I/O 유형 플래그를 집계합니다.

```
bpftrace -e 't:block:block_rq_issue { @[args->rwbs] = count(); }'
```

블록 I/O 오류를 장치 및 I/O 유형과 함께 트레이스합니다.

```
bpftrace -e 't:block:block_rq_complete /args->error/ {
    printf("dev %d type %s error %d\n", args->dev, args->rwbs, args->error); }'
```

SCSI opcode를 집계합니다.

```
bpftrace -e 't:scsi:scsi_dispatch_cmd_start { @opcode[args->opcode] = count(); }'
```

SCSI 결과 코드를 집계합니다.

```
bpftrace -e 't:scsi:scsi_dispatch_cmd_done { @result[args->result] = count(); }'
```

SCSI 드라이버 함수 호출을 집계합니다.

```
bpftrace -e 'kprobe:scsi* { @[func] = count(); }'
```

디스크 I/O 크기

때때로 디스크 I/O가 느려지는 현상이 발생할 수 있는데, 이는 단순히 I/O 요청의 크기 자체가 큰 경우에 발생할 수 있습니다. 특히 SSD 드라이브에서 이러한 문제가 주로 발생합니다. 애플리케이션이 작은 크기의 I/O를 여러 번 요청하는 경우에도 이러한 문제가 발생할 수 있는데, 이는 I/O 스택 오버헤드를 줄이기 위해 작은 크기의 I/O가 더 큰 크기로 합쳐지는 등의 작업이 수행되기 때문입니다. 이러한 두 가지 문제는 I/O 크기 분포를 조사하여 해결할 수 있습니다.

다음 명령은 bpftrace를 사용하여 디스크 I/O 크기 분포를 프로세스 이름별로 세분화해 보여주는 사례입니다.

```
# bpftrace -e 't:block:block_rq_issue /args->bytes/ { @[comm] = hist(args->bytes); }'
Attaching 1 probe...
^C
[...]

@[kworker/3:1H]:
[4K, 8K)               1 |@@@@@@@@@@                                          |
[8K, 16K)              0 |                                                    |
[16K, 32K)             0 |                                                    |
[32K, 64K)             0 |                                                    |
[64K, 128K)            0 |                                                    |
[128K, 256K)           0 |                                                    |
[256K, 512K)           0 |                                                    |
[512K, 1M)             5 |@@@@@@@@@@@@@@@@@@@@@@@@@@@@@@@@@@@@@@@@@@@@@@@@@@@@|
[1M, 2M)               3 |@@@@@@@@@@@@@@@@@@@@@@@@@@@@@@@                     |
@[dmcrypt_write]:
[4K, 8K)             103 |@@@@@@@@@@@@@@@@@@@@@@@@@@@@@@@@@@@@@@@@@@@@@@@@@@@@|
[8K, 16K)             46 |@@@@@@@@@@@@@@@@@@@@@@@                             |
[16K, 32K)            11 |@@@@@                                               |
[32K, 64K)             0 |                                                    |
[64K, 128K)            1 |                                                    |
[128K, 256K)           1 |                                                    |
```

출력 결과에서는 dmcrypt_write라는 프로세스가 작은 크기의 I/O를 수행하는 것을 보여줍니다. 대부분의 I/O는 4KB ~ 32KB 범위에 있습니다.

block:block_rq_issue tracepoint는 I/O를 디스크로 전달하기 위해 장치 드라이버로 언제 보냈는지 보여줍니다. 그러나 출력된 프로세스 이름이 I/O를 실제로 발생시킨 프로세스와 다를 수 있습니다. 이는 스케줄러가 I/O를 큐에 넣는 동안 해당 프로세스가 더 이상 CPU에서 실행되지 않을 수 있기 때문입니다. 이 경우, I/O를 디바이스로 전달하기 위해 큐에서 I/O를 읽어오는 커널 작업 스레드인 'kworker'의 이름이 출력됩니다. 이럴 때는 block:block_rq_insert를 대신 트레이싱하여 해당 I/O가 어떤 프로세스에 의해 큐에 삽입되는지를 확인할 수 있습니다. 그러나 이 방식 역시 큐에 들어가지 않은 I/O를 놓칠 수 있다는 점을 유의해야 합니다(9.6.5절 "perf"에서도 언급함).

args->rwbs를 히스토그램의 키로 추가하면, 해낭 출력 설과는 I/O 유형별로 너 세분화될 것입니다.

```
# bpftrace -e 't:block:block_rq_insert /args->bytes/ { @[comm, args->rwbs] =
    hist(args->bytes); }'
Attaching 1 probe...
^C
```

```
[...]
@[dmcrypt_write, WS]:
[4K, 8K)              4 |@@@@@@@@@@@@@@@@@@@@@@@@@@@@@@@@@@@@@@@@|
[8K, 16K)             1 |@@@@@@@@@@                              |
[16K, 32K)            0 |                                        |
[32K, 64K)            1 |@@@@@@@@@@                              |
[64K, 128K)           1 |@@@@@@@@@@                              |
[128K, 256K)          1 |@@@@@@@@@@                              |

@[dmcrypt_write, W]:
[512K, 1M)            8 |@@@@@@@@@                               |
[1M, 2M)             38 |@@@@@@@@@@@@@@@@@@@@@@@@@@@@@@@@@@@@@@@@|
```

이 출력 결과는 이제 쓰기(W), 동기 쓰기(WS)와 같은 정보를 포함합니다. 이들 글자에 대한 설명은 앞서 다룬 RWBS 항목을 참조하세요.

디스크 I/O 지연시간

디스크 응답 시간은 종종 디스크 I/O 지연시간으로 불리며, 디스크 I/O 이슈부터 요청 완료 이벤트까지의 시간을 측정하여 계측할 수 있습니다. 'biolatency.bt'는 이를 위한 도구로, 디스크 I/O 지연시간을 히스토그램으로 보여줍니다. 예를 들면, 다음과 같습니다.

```
# biolatency.bt
Attaching 4 probes...
Tracing block device I/O... Hit Ctrl-C to end.
^C

@usecs:
[32, 64)              2 |@                                       |
[64, 128)             1 |                                        |
[128, 256)            1 |                                        |
[256, 512)           27 |@@@@@@@@@@@@@@@@@@@@@@@@@               |
[512, 1K)            43 |@@@@@@@@@@@@@@@@@@@@@@@@@@@@@@@@@@@@@@  |
[1K, 2K)             54 |@@@@@@@@@@@@@@@@@@@@@@@@@@@@@@@@@@@@@@@@|
[2K, 4K)             41 |@@@@@@@@@@@@@@@@@@@@@@@@@@@@@@@         |
[4K, 8K)             47 |@@@@@@@@@@@@@@@@@@@@@@@@@@@@@@@@@@      |
[8K, 16K)            16 |@@@@@@@@@@@@                            |
[16K, 32K)            4 |@@@                                     |
```

이 출력 결과는 I/O가 일반적으로 256us~16ms(16Kus) 사이에서 종료됨을 보여줍니다. 다음은 소스 코드입니다.

```
#!/usr/local/bin/bpftrace
BEGIN
{
        printf("Tracing block device I/O... Hit Ctrl-C to end.\n");
}

tracepoint:block:block_rq_issue
{
        @start[args->dev, args->sector] = nsecs;
}

tracepoint:block:block_rq_complete
/@start[args->dev, args->sector]/
{
        @usecs = hist((nsecs - @start[args->dev, args->sector]) / 1000);
        delete(@start[args->dev, args->sector]);
}
END
{
        clear(@start);
}
```

I/O 지연시간을 측정하기 위해서는 각 I/O가 시작할 때의 타임스탬프를 저장하고, 해당 I/O가 완료된 시점에 현재 시간과 저장된 타임스탬프의 차이를 계산하여 소요된 시간을 확인할 수 있습니다. 이전에 언급한 8장 "파일 시스템"의 8.6.15절 "bpftrace"에서 VFS 계층의 지연시간을 측정할 때도 비슷한 방식을 사용했습니다. 해당 스레드의 ID를 키로 사용하여 시작 타임스탬프를 저장하고, 나중에 이를 불러와서 계산했습니다. 이는 시작 및 종료 이벤트가 동일한 스레드 ID에서 발생하기 때문에 가능했습니다. 그러나 디스크 I/O의 경우에는 CPU에서 동작 중인 프로세스가 어떤 것이든(I/O 요청 프로세스와는 관계없이) 간에 인터럽트를 발생시켜 종료 이벤트를 처리하므로, 이와 다른 방식을 사용해야 합니다. 따라서 'biolatency.bt'에서는 해당 장치 번호와 섹터 번호를 조합한 값을 고유한 ID로 사용하는데, 이는 특정 섹터에 접근하는 I/O가 한 번에 하나만 있다는 가정을 전제로 합니다.

디스크 I/O 크기 원 라이너와 마찬가지로 맵의 키에 **args->rwbs**를 추가하면 I/O 유형별로 세분화할 수 있습니다.

디스크 I/O 오류

I/O 오류 상태는 block:block_rq_complete tracepoint의 인자로 제공됩니다. 다음

bioerr(8) 도구[29]는 이를 활용하여 I/O 작업 중에 발생한 오류에 대한 세부사항을 출력하는 도구입니다. 이 도구의 원 라이너 버전도 있는데, 앞에서 설명했습니다.

```
#!/usr/local/bin/bpftrace

BEGIN
{
        printf("Tracing block I/O errors. Hit Ctrl-C to end.\n");
}

tracepoint:block:block_rq_complete
/args->error != 0/
{
        time("%H:%M:%S ");
        printf("device: %d,%d, sector: %d, bytes: %d, flags: %s, error: %d\n",
            args->dev >> 20, args->dev & ((1 << 20) - 1), args->sector,
            args->nr_sector * 512, args->rwbs, args->error);
}
```

디스크 오류에 대한 더 많은 정보를 확인하기 위해서는, 다음의 세 가지(MegaCli, smartctl, SCSI 로깅) 로우 레벨의 디스크 도구를 활용할 수 있습니다.

9.6.12 MegaCli

디스크 컨트롤러(호스트 버스 어댑터)는 시스템 외부에 위치한 하드웨어와 펌웨어로 구성되어 있기 때문에 운영 체제 도구는 직접적으로 내부를 확인할 수 없습니다. 그러나 일련의 I/O 작업에 대해 컨트롤러의 동작을 주의 깊게 살펴보고, 입력과 출력을 분석하여 컨트롤러의 동작을 추론할 수 있습니다. 이를 위해 커널의 정적 또는 동적 트레이싱을 사용할 수 있습니다.

LSI의 MegaCli와 같은 도구는 개별 디스크 컨트롤러를 분석하기 위한 도구입니다. 이 도구를 사용하여 최근의 컨트롤러 이벤트를 확인할 수 있으며, 이를 기반으로 문제를 식별하고 분석할 수 있습니다.

```
# MegaCli -AdpEventLog -GetLatest 50 -f lsi.log -aALL
# more lsi.log
seqNum: 0x0000282f
Time: Sat Jun 16 05:55:05 2012
Code: 0x00000023
Class: 0
```

---

[29] 연혁: 필자는 2019년 3월 19일에 BPF 책에 수록하기 위해 bioerr(8)를 개발하였습니다.[Gregg 19]

```
Locale: 0x20
Event Description: Patrol Read complete
Event Data:
===========
None

seqNum: 0x000027ec
Time: Sat Jun 16 03:00:00 2012
Code: 0x00000027
Class: 0
Locale: 0x20
Event Description: Patrol Read started
[...]
```

마지막 두 줄은 패트롤 읽기(Patrol read, 성능에 영향을 줄 수 있음)가 오전 3:00에서 오전 5:55 사이에 발생했음을 보여줍니다. 패트롤 읽기는 디스크 블록을 읽어서 체크섬을 검증하는 것인데, 앞의 9.4.3 "저장 장치 유형"에서 설명했습니다.

MegaCli와 같은 도구는 다양한 옵션을 제공하여 디스크 컨트롤러의 정보를 확인할 수 있습니다. 여기에는 어댑터 정보, 디스크 장치 정보, 가상 장치 정보, 인클로저 정보, 배터리 상태, 물리적 오류 등이 포함됩니다. 이러한 정보는 설정 문제나 오류를 식별하는 데 유용합니다. 하지만 모든 문제를 해결하지는 못합니다. 예를 들어, 특정 I/O 작업이 왜 수백 밀리초(ms)가 걸렸는지와 같은 문제는 추가적인 분석이 필요할 수 있습니다.

디스크 컨트롤러 제조사의 문서를 참조하여 어떤 인터페이스와 분석 도구가 제공되는지 확인해 보세요.

9.6.13 smartctl

디스크에는 큐, 캐시, 오류 처리 등 여러 디스크 연산을 제어하는 로직이 들어 있습니다. 하지만 디스크 컨트롤러와 마찬가지로, 운영 체제는 디스크의 내부 동작을 직접 확인할 수 없으며, I/O 요청과 지연시간을 분석해 유추하는 수밖에 없습니다.

요즘 출시되는 드라이브들은 여러 SMART(Self-Monitoring, Analysis, and Reporting Technology; 자가 모니터링, 분석 및 보고 기술) 데이터를 제공합니다. 이를 통해 다양한 장치 상태 통계를 얻을 수 있습니다. 다음은 smartctl(8)을 리눅스에서 실행한 결과로, 어떤 종류의 데이터를 얻을 수 있는지 보여줍니다. 아래는 -d megaraid,0 옵션을 사용해서 가상 RAID 장치의 첫 번째 디스크에 접근한 결과입니다.

```
# smartctl --all -d megaraid,0 /dev/sdb
smartctl 5.40 2010-03-16 r3077 [x86_64-unknown-linux-gnu] (local build)
Copyright (C) 2002-10 by Bruce Allen, http://smartmontools.sourceforge.net

Device: SEAGATE  ST3600002SS      Version: ER62
Serial number: 3SS0LM01
Device type: disk
Transport protocol: SAS
Local Time is: Sun Jun 17 10:11:31 2012 UTC
Device supports SMART and is Enabled
Temperature Warning Disabled or Not Supported
SMART Health Status: OK

Current Drive Temperature:     23 C
Drive Trip Temperature:        68 C
Elements in grown defect list: 0
Vendor (Seagate) cache information
  Blocks sent to initiator = 3172800756
  Blocks received from initiator = 2618189622
  Blocks read from cache and sent to initiator = 854615302
  Number of read and write commands whose size <= segment size = 30848143
  Number of read and write commands whose size > segment size = 0
Vendor (Seagate/Hitachi) factory information
  number of hours powered up = 12377.45
  number of minutes until next internal SMART test = 56

Error counter log:
          Errors Corrected by           Total  Correction     Gigabytes    Total
              ECC          rereads/     errors algorithm      processed  uncorrected
          fast | delayed  rewrites   corrected invocations   [10^9 bytes]  errors
read:   7416197     0         0       7416197    7416197       1886.494        0
write:        0     0         0             0          0       1349.999        0
verify: 142475069   0         0     142475069  142475069      22222.134        0

Non-medium error count:     2661

SMART Self-test log
Num  Test               Status         segment  LifeTime  LBA_first_err [SK ASC ASQ]
     Description                       number   (hours)
# 1  Background long    Completed        16        3          -   [-   -    -]
# 2  Background short   Completed        16        0          -   [-   -    -]

Long (extended) Self Test duration: 6400 seconds [106.7 minutes]
```

이 정보가 아주 유용하기는 하지만 커널 트레이싱 프레임워크와 마찬가지로 느린 개별 디스크 I/O에 대한 의문에 답할 만큼 자세한 정보를 제공하지는 않습니다.

이와는 별개로, 수정된 오류 정보(Errors Corrected)는 디스크 모니터링에 유용할 수 있습니다. 이 정보를 사용하여 디스크의 고장 여부나 현재 상태를 확인할 수 있을 뿐만 아니라, 디스크 고장이나 오류가 발생하기 전에 예측하는 데도 도움을 줄 수 있습니다. 이를 통해 조치를 취하거나 대체 디스크를 사전에 구성함으로써 잠재적인 문제를 예방할 수 있습니다.

9.6.14 SCSI 로깅

리눅스에는 SCSI 이벤트 로깅을 위한 내장 기능이 있는데, sysctl(8)이나 /proc 파일 시스템을 통해 사용할 수 있습니다. 예를 들어, 다음 두 명령어는 로그 레벨을 최대로 설정하여 모든 이벤트 유형을 로깅하도록 합니다. (주의: 디스크 워크로드에 따라 시스템 로그가 넘쳐날 수 있습니다.)

```
# sysctl -w dev.scsi.logging_level=03333333333
# echo 03333333333 > /proc/sys/dev/scsi/logging_level
```

위 숫자는 8진법으로 표현된 비트 필드입니다. 이 비트 필드는 로깅 레벨을 설정하는 데 사용되며, 각 레벨은 1부터 7까지 설정할 수 있습니다. 해당 값은 16진수로는 0x1b6db6db입니다. 이 비트 필드는 drivers/scsi/scsi_logging.h 파일에 정의되어 있습니다. sg3-utils 패키지는 이러한 로그 레벨을 설정하기 위한 scsi_logging_level(8) 도구를 제공하는데, 다음처럼 사용할 수 있습니다.

```
# scsi_logging_level -s --all 3
```

이렇게 설정된 로그는 다음을 통해 확인할 수 있습니다.

```
# dmesg
[...]
[542136.259412] sd 0:0:0:0: tag#0 Send: scmd 0x0000000001fb89dc
[542136.259422] sd 0:0:0:0: tag#0 CDB: Test Unit Ready 00 00 00 00 00 00
[542136.261103] sd 0:0:0:0: tag#0 Done: SUCCESS Result: hostbyte=DID_OK driverbyte=DRIVER_OK
[542136.261110] sd 0:0:0:0: tag#0 CDB: Test Unit Ready 00 00 00 00 00 00
[542136.261115] sd 0:0:0:0: tag#0 Sense Key : Not Ready [current]
[542136.261121] sd 0:0:0:0: tag#0 Add. Sense: Medium not present
[542136.261127] sd 0:0:0:0: tag#0 0 sectors total, 0 bytes done.
[...]
```

SCSI 이벤트 로그는 오류와 타임아웃 디버깅에 도움이 될 수 있습니다. 로그의 첫 번째 열에는 타임스탬프가 출력되지만, 특별한 식별자가 없다면 이를 사용하여

I/O 지연시간을 계산하기는 어려울 것입니다.

9.6.15 기타 도구

표 9.6에는 앞서 설명되지 않은 기타 디스크 관측가능성 도구들이 나열되어 있습니다. 이 도구들은 이 책과 《BPF 성능 분석 도구》[Gregg 19]에서 다룬 도구들입니다.

표 9.6 기타 디스크 관측가능성 도구

절	도구	설명
7.5.1	vmstat	가상 메모리 통계(스왑 포함)
7.5.3	swapon	스왑 장치 사용량 출력
[Gregg 19]	seeksize	요청된 I/O 탐색 거리 출력
[Gregg 19]	biopattern	임의/순차 디스크 접근 패턴을 확인할 수 있음
[Gregg 19]	bioerr	디스크 오류를 트레이싱
[Gregg 19]	mdflush	md 플러시 요청을 트레이싱
[Gregg 19]	iosched	I/O 스케줄러 지연시간에 대한 요약
[Gregg 19]	scsilatency	SCSI 명령어 지연시간 분포를 출력
[Gregg 19]	scsiresult	SCSI 명령어 결과 코드를 출력
[Gregg 19]	nvmelatency	NVME 드라이버 명령어 지연시간에 대한 요약

기타 리눅스 디스크 관측가능성 도구와 살펴볼 만한 요소에는 다음과 같은 것들이 있습니다.

- /proc/diskstats: 각 디스크에 대한 개략적 통계
- seekwatcher: 디스크 접근 패턴 시각화[Mason 08]

일부 디스크 제조사는 펌웨어 통계 확인이나 디버그용 펌웨어 설치를 위한 도구를 제공하기도 합니다.

9.7 시각화

디스크 I/O 성능 분석에 도움을 줄 수 있는 다양한 유형의 시각화 방법이 있습니다. 이번 절에서는 각종 시각화 방법을 여러 도구의 스크린샷과 함께 보여줍니다. 시각화 도구에 대한 일반적인 내용은 앞의 2.10절 "시각화"를 참고하세요.

9.7.1 꺾은선 차트

성능 모니터링 솔루션은 디스크 IOPS, 스루풋, 사용률 지표의 추이를 꺾은선 차트로 보여줍니다. 꺾은선 차트는 하루 중 부하의 변화나 파일 시스템 플러시 구간과 같은 반복적인 이벤트의 시간에 따른 패턴을 보여주기 좋습니다.

지표를 그래프로 나타낼 때 유의해야 할 점이 있습니다. 모든 디스크 장치의 평균값을 사용하면 다봉 분포나 극단값이 감춰질 수 있습니다. 따라서 개별 디스크 장치의 성능 지표를 볼 수 있도록 그래프를 구성하는 것이 중요합니다. 특히 긴 기간에 걸친 평균은 짧은 기간의 변동을 가려버릴 수 있으므로, 단기간의 성능 변화를 확인하려면 짧은 간격으로 수집한 데이터를 사용하는 것이 좋습니다.

9.7.2 지연시간 산점도

이벤트별 I/O 지연시간을 시각화할 때는 수천 개의 이벤트가 들어있을 수 있기 때문에 산점도를 사용하는 것이 유용합니다. 그림 9.11의 산점도는 X축에 I/O 완료 시간을, Y축에 I/O 응답시간(지연시간)을 나타냅니다. 이 산점도는 프로덕션 MySQL 데이터베이스 서버에서 iosnoop(8) 도구를 사용하여 얻은 1,400개의 I/O 이벤트를 R을 이용해 그린 그래프입니다.

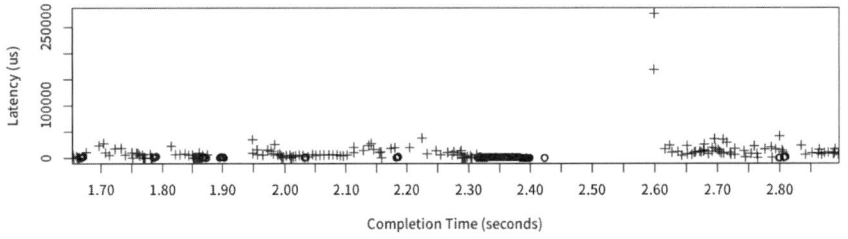

그림 9.11 디스크 읽기와 쓰기 지연시간에 대한 산점도

이 산점도는 읽기(+)와 쓰기(○)를 완료 시간(x축)과 I/O 응답 시간(y축)에 대해 보여줍니다. 그러나 y축에 지연시간 대신 디스크 블록 주소를 넣는 등 다른 차원을 사용하여 표시할 수도 있습니다.

이 산점도에서는 지연시간이 150ms를 초과하는 극단값이 몇 개 관찰되었으며, 그 이유는 아직 알려진 바가 없습니다. 그러나 이 산점도와 유사한 다른 출력을 살펴본 결과, 이러한 극단값이 급격히 증가한 쓰기 연산 다음에 나타나는 패턴을 관찰할 수 있었습니다. 특이한 점은 이러한 쓰기 연산들의 지연시간이 비교적 낮다는 것인데, 이는 데이터가 디스크가 아닌 RAID 컨트롤러의 write-back 캐시에 저장되었기 때문입니다. 즉, 데이터는 캐시에 저장된 후 작업이 완료된 것으로 처리되며, 실제 디스크 기록은 나중에 이루어집니다. 이러한 관찰을 토대로 읽기 요청이 이러한 쓰기 요청 뒤에 큐에 들어가서 극단값이 나타난 것이 아닌지 의심스럽습니다.

이 산점도는 단일 서버에 대해 몇 초간 측정한 데이터를 보여줍니다. 여러 서버에 대해서나, 더 긴 기간을 측정한다면 더 많은 이벤트를 저장할 수 있지만 이를 한 그래프에 출력하면 그래프를 파악하기가 더욱 힘들어집니다. 이런 경우에는 지연시간 히트맵을 고려해 볼 수 있습니다.

9.7.3 지연시간 히트맵

히트맵은 지연시간을 시각화하는 데 사용될 수 있습니다. 이 시각화 방법은 2.10.3절 "히트맵"에서 소개했었습니다. 여기서는 시간의 흐름을 x축에, I/O 지연시간을 y축에, 특정 시간 및 지연시간 영역에서의 I/O 개수를 z축에 배치하고, 색상을 이용하여 표현하였습니다. 또한, 색상은 어두워질수록 숫자가 커지는 것을 나타냅니다. 그림 9.12는 흥미로운 디스크 사례를 보여주는 예시입니다.

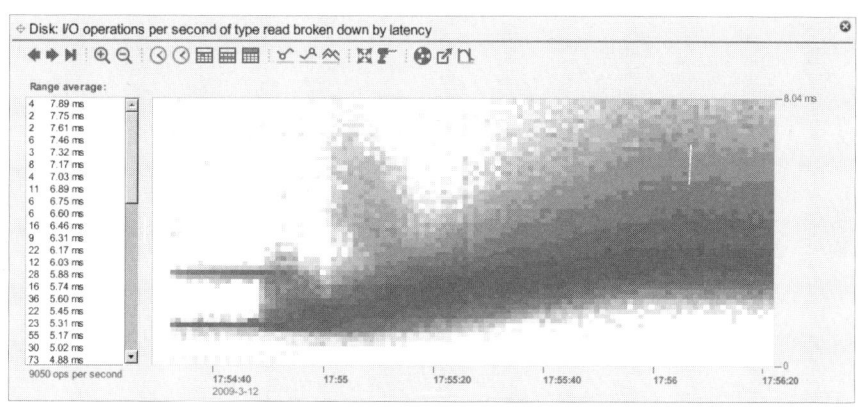

그림 9.12 익룡 모양의 디스크 지연시간 분포

필자는 버스와 컨트롤러의 한계를 확인하기 위한 실험으로 디스크를 한 개씩 추가하면서 순차 읽기 작업을 수행했습니다. 이를 시각화하기 위해 히트맵을 사용했고, 얻은 결과는 예상치 못한 결과를 보여주었으며, 익룡(pterodactyl)과 유사한 모습으로 표현되었습니다.

이 히트맵은 평균값만 고려할 때 놓칠 수 있는 정보를 시각적으로 제공합니다.

각각의 모양이 발생한 기술적인 이유가 있었습니다. 예를 들어, 그림에서 '부리' 영역은 디스크를 8개까지만 사용했을 때의 결과입니다. 이 영역에서는 I/O 지연시간의 분포가 짧은 시간과 긴 시간으로 명확하게 드러났습니다. 또한, 이 8개의 디스크는 시스템에 연결된 SAS 포트의 개수와 일치했습니다(2x4 포트). 그러나 '머리' 영역부터는 지연시간의 분포가 불분명해지기 시작했습니다. 아마도 이는 경합으로 인해 지연시간이 낮은 I/O가 느려지는 현상이 발생한 것으로 추측합니다. 이때부터 디스크를 9개 이상 사용하며 SAS 포트들 간에 경합이 발생하기 시작했습니다

필자는 시간에 따른 지연시간을 시각화하기 위해 히트맵을 처음 사용했는데 다음 절에서 설명되는 taztool로부터 영감을 얻었습니다. 그림 9.12는 썬 마이크로시스템즈 ZFS 스토리지 어플라이언스(ZFS Storage Appliance)의 분석 탭에서 가져온 것인데, 필자는 히트맵 사용을 홍보하기 위해 이 외에도 다른 흥미로운 히트맵들을 수집해서 공개했습니다.[Gregg 10a]

히트맵은 지연시간 산점도와 동일한 x-축과 y-축을 가지고 있습니다. 그러나 히트맵의 가장 큰 장점은 수백만 개의 이벤트에 대해 확장 가능하다는 것입니다. 반면 산점도는 많은 이벤트를 플롯에 출력할 경우 화면이 '페인트'처럼 되어 구분하기 어려워질 수 있습니다. 이 문제는 이전에 언급된 2.10.2절 "산점도"와 2.10.3절 "히트맵"에서 다루었습니다.

9.7.4 오프셋 히트맵

I/O 위치나 오프셋 역시 히트맵으로 시각화할 수 있습니다(지연시간 히트맵보다 먼저 사용했습니다). 그림 9.13은 이를 보여주는 사례입니다.

디스크 오프셋(블록 주소)은 y축에 표시되고, 시간은 x축에 표시됩니다. 각 픽셀은 해당 시간과 지연시간 범위에 속하는 I/O의 개수에 따라 색상이 지정되며, 더 어두운 색일수록 더 큰 값을 나타냅니다. 이 그래프가 표현하는 워크로드는 파일 시스템 아카이브로, 블록 0부터 디스크를 순차적으로 탐색하는 모습을 보여줍니다. 어두운 선은 순차적인 I/O를 나타내고, 밝은 구름은 임의 접근 I/O를 나타냅니다.

이러한 시각화 기법은 리처드 맥두걸(Richard McDougall)이 개발한 taztool에서 처음 소개되었습니다. 이 그래프는 필자가 2006년에 DTrace를 이용해서 개발한 DTraceTazTool에서 가져온 것입니다. seekwatcher(리눅스)를 비롯한 여러 도구들도 디스크 I/O 오프셋 히트맵을 지원하고 있습니다.

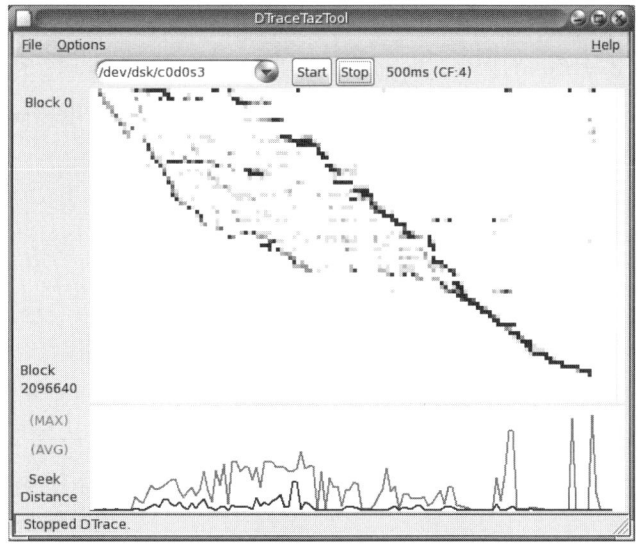

그림 9.13 DTraceTazTool

9.7.5 사용률 히트맵

장치별 사용률도 히트맵으로 표현할 수 있으며, 이를 통해 장치 사용률의 균형이나 개별 극단값을 식별할 수 있습니다.[Gregg 11b] 이 경우 장치 사용률은 y축에 표시되고, 시간은 x축에 표시됩니다. 각 시간에 특정 사용률을 보이는 장치의 개수는 어두운 정도로 표현됩니다(더 어두울수록 더 많은 장치를 나타냄). 이러한 사용률 히트맵의 가장 위에 있는 선들이 100% 사용률을 나타내기 때문에, 가장 활발한 디스크를 식별하는 데 유용할 수 있습니다. 사용률 히트맵 사례는 6.7.1절 "사용률 히트맵"을 참조하세요.

9.8 실험

이번 절에서는 디스크 I/O의 성능을 능동적으로 테스트할 수 있는 도구를 설명합니다. 이 도구들을 가지고 9.5.9절 "마이크로 벤치마킹"에서 추천한 전략들을 따라 해 보세요.

이러한 도구를 사용할 때는 iostat(1)을 실행해 두고 결과를 이중으로 동시에 검토해 보는 것이 좋습니다. 몇몇 마이크로 벤치마킹 도구는 파일 시스템 캐시를 우회하는 'direct I/O' 연산 모드를 필요로 하며, 디스크 장치 성능에 초점을 맞춥니다.

9.8.1 임의 부하 생성

dd(1) 명령어(device-to-device copy)는 순차 파일 시스템 성능을 테스트할 수 있는 워크로드를 임의로 만들 수 있습니다. 다음 명령어는 1MB 크기의 순차 읽기 I/O를 테스트하는 명령어입니다.

```
# dd if=/dev/sda1 of=/dev/null bs=1024k count=1k
1024+0 records in
1024+0 records out
1073741824 bytes (1.1 GB) copied, 7.44024 s, 144 MB/s
```

커널은 데이터를 캐싱하고 버퍼링할 수 있기 때문에, dd(1)로 측정된 스루풋에는 디스크 자체뿐 아니라 캐시 성능도 포함될 수 있습니다. 디스크의 성능만을 테스트하려면 raw I/O를 수행해야 하는데, 리눅스에서는 (시스템에서 지원하는 경우) raw(8) 명령어를 사용하여 /dev/raw 아래에 특수 문자 장치를 생성하고 이를 통해 테스트를 수행할 수 있습니다. 순차적인 쓰기 테스트도 비슷한 방식으로 수행할 수 있지만, 마스터 부트 레코드와 파티션 테이블을 포함해서 디스크의 모든 데이터가 파괴될 수 있다는 것을 알아야 합니다!

더 안전한 접근 방법은 디스크 장치 대신 direct I/O 플래그(O_DIRECT)를 사용하여 파일 시스템 파일에 직접 접근하는 것입니다. 이 경우 몇 가지 파일 시스템 오버헤드가 포함될 수 있다는 점에 주의해야 합니다. 다음은 이 플래그와 함께 out1이라는 파일에 대해 쓰기 테스트를 수행하는 예시입니다.

```
# dd if=/dev/zero of=out1 bs=1024k count=1000 oflag=direct
1000+0 records in
1000+0 records out 1048576000 bytes (1.0 GB, 1000 MiB) copied, 1.79189 s, 585 MB/s
```

필자는 이렇게 수행하면서, 다른 터미널 세션에서 실행 중인 iostat(1)을 통해 디스크 I/O 쓰기 스루풋이 약 585MB/s였음을 이중으로 확인할 수 있었습니다.

입력 파일에 대해 direct I/O를 사용하기 위해서는 `iflag=direct` 옵션을 명시해야 합니다.

9.8.2 부하 발생기 제작

특정(custom) 워크로드를 테스트하려면 직접 부하 발생기를 작성하고, iostat(1)을 사용해 성능을 측정할 수 있습니다. 이러한 맞춤형(custom) 부하 발생기는 디스크 장치 경로를 열어 원하는 워크로드를 적용하는 짧은 C 프로그램으로 작성할 수 있습니다. 리눅스의 경우 O_DIRECT 플래그를 사용하여 블록 특수 파일을 열어서 버퍼링을 우회할 수도 있습니다

만약 더 높은 수준의 프로그래밍 언어를 사용하고자 한다면, 최소한 라이브러리 버퍼링[30]을 피하기 위해 시스템 수준 인터페이스를 사용하는 방법을 확인해야 합니다. 예를 들어 Perl의 경우 sys_read()와 같은 시스템 수준의 함수를 사용하여 버퍼링을 우회할 수 있습니다. 또한, 해당 언어에서 커널 버퍼링을 피할 수 있는 방법을 찾아야 하는데, 이를 위해 O_DIRECT와 같은 옵션을 활용할 수 있습니다.

9.8.3 마이크로 벤치마크 도구

리눅스에서 사용 가능한 디스크 벤치마킹 도구 중 하나로는 hdparm(8)이 있습니다.

```
# hdparm -Tt /dev/sdb

/dev/sdb:
 Timing cached reads:     16718 MB in  2.00 seconds = 8367.66 MB/sec
 Timing buffered disk reads:   846 MB in  3.00 seconds = 281.65 MB/sec
```

hdparm(8)의 -T 옵션은 캐시를 사용한 읽기를, -t는 디스크 장치 읽기를 테스트합니다. 앞의 결과는 디스크 내장 캐시 히트와 미스 사이에 극적인 차이가 있음을 보여줍니다.

도구의 문서를 검토하면 도구의 사용 방법과 주의사항을 알 수 있습니다. 마이크로 벤치마킹에 대한 자세한 배경 지식은 12장 "벤치마킹"을 참고하세요. 또한 8장 "파일 시스템"에서 파일 시스템을 통해 디스크 성능을 테스트하는 방법을 확인해 보세요. 파일 시스템에는 더 많은 도구가 있습니다.

9.8.4 임의 접근 읽기 예제

여기서는 실험 예제로 8KB의 임의 접근 읽기 부하를 디스크 장치 경로에 수행하는 전용 도구를 만들었습니다. 다음은 이 도구를 1개부터 5개까지 동시에 실행해 보면서 iostat(1)을 함께 실행한 결과입니다. 값이 0인 쓰기 칼럼은 삭제했습니다.

---

[30] (옮긴이) 라이브러리 버퍼링은 표준 라이브러리가 사용자 공간에 별도의 버퍼를 두고 데이터를 모아 처리하는 방식입니다. 예시로는 fread()나 fgets()이 있습니다.

```
Device:    rrqm/s    r/s     rkB/s   avgrq-sz  aqu-sz  r_await  svctm  %util
sda        878.00    234.00  2224.00   19.01    1.00    4.27    4.27  100.00
[...]
Device:    rrqm/s    r/s     rkB/s   avgrq-sz  aqu-sz  r_await  svctm  %util
sda        1233.00   311.00  3088.00   19.86    2.00    6.43    3.22  100.00
[...]
Device:    rrqm/s    r/s     rkB/s   avgrq-sz  aqu-sz  r_await  svctm  %util
sda        1366.00   358.00  3448.00   19.26    3.00    8.44    2.79  100.00
[...]
Device:    rrqm/s    r/s     rkB/s   avgrq-sz  aqu-sz  r_await  svctm  %util
sda        1775.00   413.00  4376.00   21.19    4.01    9.66    2.42  100.00
[...]
Device:    rrqm/s    r/s     rkB/s   avgrq-sz  aqu-sz  r_await  svctm  %util
sda        1977.00   423.00  4800.00   22.70    5.04   12.08    2.36  100.00
```

aqu-sz 크기가 계단식으로 상승한다는 점과 r_await 지연시간이 늘어나는 것을 확인하세요.

9.8.5 ioping

ioping(1)은 흥미로운 디스크 마이크로 벤치마크 도구인데 ICMP ping(8) 유틸리티와 유사합니다. 다음은 nvme0n1 디스크 장치에 대해 ioping(1)을 실행하는 사례입니다.

```
# ioping /dev/nvme0n1
4 KiB <<< /dev/nvme0n1 (block device 8 GiB): request=1 time=438.7 us (warmup)
4 KiB <<< /dev/nvme0n1 (block device 8 GiB): request=2 time=421.0 us
4 KiB <<< /dev/nvme0n1 (block device 8 GiB): request=3 time=449.4 us
4 KiB <<< /dev/nvme0n1 (block device 8 GiB): request=4 time=412.6 us
4 KiB <<< /dev/nvme0n1 (block device 8 GiB): request=5 time=468.8 us
^C
--- /dev/nvme0n1 (block device 8 GiB) ioping statistics -
4 requests completed in 1.75 ms, 16 KiB read, 2.28 k iops, 8.92 MiB/s
generated 5 requests in 4.37 s, 20 KiB, 1 iops, 4.58 KiB/s
min/avg/max/mdev = 412.6 us / 437.9 us / 468.8 us / 22.4 us
```

기본적으로 ioping(1)은 초당 4KB의 읽기 요청을 수행하며, 응답 시간을 us 단위로 출력합니다. 다음은 ioping(1)이 실행되는 동안의 iostat(1) 출력 결과 일부입니다.

```
$ iostat -xsz 1
[...]
Device           tps      kB/s    rqm/s   await   aqu-sz  areq-sz  %util
nvme0n1          1.00     4.00    0.00    0.00    0.00    4.00     0.40
```

디스크는 단지 0.4%의 사용률로 구동되었습니다. 디스크의 사용률을 100%로 만드는 다른 마이크로 벤치마크 도구와는 달리 ioping(1)의 부하는 아주 적기 때문에, 프로덕션 환경과 같이 민감한 환경에서 문제를 디버깅하는 데 사용할 수 있습니다.

9.8.6 fio

fio(Flexible IO Tester)는 디스크 장치의 성능을 명확하게 분석하고 설명할 수 있는 파일 시스템 벤치마크 도구입니다. 특히 --direct=true 옵션을 사용하여 버퍼링을 사용하지 않는 I/O를 수행할 때 (파일 시스템이 non-buffered I/O를 지원하는 경우) 효과적입니다. 이 기능은 8.7.2절 "마이크로 벤치마크 도구"에서 소개했습니다.

9.8.7 blkreplay

블록 I/O 재생 도구(blkreplay)는 blktrace(9.6.10절 "blktrace")나 윈도 DiskMon으로 캡처된 블록 I/O 부하를 재현할 수 있는 도구입니다. [Schöbel-Theuer 12] 이 도구는 마이크로 벤치마크 도구를 가지고는 재연하기 어려운 디스크 문제들을 디버깅할 때 유용할 수 있습니다.

단, 대상 시스템이 변경되었을 경우 디스크 I/O 리플레이 결과가 오해를 불러일으킬 수 있으므로 주의해야 합니다. 관련 사례는 12.2.3절 "리플레이"를 참고하세요.

9.9 튜닝

캐시 튜닝, 스케일링, 워크로드 특성화 등을 포함한 여러 가지 튜닝 방식에 대해 9.5 "방법론"에서 살펴보았으며, 이를 통해 불필요한 부하를 식별하고 제거할 수 있습니다. 다른 중요한 튜닝 분야로는 저장 장치 구성이 있는데, 이는 정적 성능 튜닝 방법론의 일부로 다룰 수 있습니다.

다음에 이어지는 절에서는 세 가지 튜닝 가능한 분야인 운영 체제, 디스크 장치, 디스크 컨트롤러에 대해 살펴보겠습니다. 사용 가능한 파라미터는 운영 체제 버전이나 디스크 모델, 디스크 컨트롤러, 컨트롤러 펌웨어 등에 따라 나뉩니다. 따라서 해당되는 각각의 문서를 살펴보아야 합니다. 튜닝 파라미터를 바꾸는 것은 어렵지 않지만 보통 기본 설정이 적절하기에 이를 조정해야 하는 경우는 별로 없습니다.

9.9.1 운영 체제 튜닝 옵션

사용할 수 있는 옵션으로는 ionice(1), 리소스 제어, 커널 튜닝 파라미터가 있습니다.

ionice

리눅스에서는 ionice(1) 명령어를 사용해 특정 프로세스의 I/O 스케줄링 클래스와 우선순위를 조정할 수 있습니다. 스케줄링 클래스는 번호로 식별합니다

- 0, 없음(none): 클래스를 지정하지 않습니다. 따라서 커널이 기본 스케줄링 정책인 최선(best effort)을 사용하되, 프로세스의 nice 값에 따라 우선순위를 적용합니다.
- 1, 실시간(real-time): 디스크 접근에 대해 가장 높은 우선순위를 부여합니다. 그러나 잘못 사용하면 다른 프로세스를 기아 상태로 만들 수 있습니다(CPU의 RT 스케줄링 클래스와 마찬가지입니다).
- 2, 최선(best effort): 기본 스케줄링 클래스로, 0~7 사이의 우선순위(0이 가장 높음)를 지원합니다.
- 3, 유휴(idle): 디스크가 일정 기간동안 유휴 상태인 경우에만 디스크 I/O를 허용합니다.

다음은 사용 사례입니다.

```
# ionice -c 3 -p 1623
```

이렇게 하면 PID 1623 프로세스가 유휴 I/O 스케줄링 클래스를 사용하도록 합니다. 오랜 시간동안 동작하는 백업 작업의 경우 이 클래스를 사용하면 프로덕션 부하에 간섭을 덜 일으키기 때문에 좋은 선택이 될 것입니다.

리소스 제어

최근의 운영 체제들은 디스크나 파일 시스템의 I/O 사용을 세부적으로 제어할 수 있는 리소스 제어 기능을 제공합니다.

리눅스에서는 cgroup과 블록 I/O(blkio) 서브시스템을 사용할 수 있습니다. 이를 사용하면 프로세스나 프로세스 그룹에 대한 저장 장치 리소스를 제어할 수 있습니다. 이러한 제어는 비례 가중치(share 지정)나 고정 한계치 등을 설정할 수 있습니다. 또한, 읽기와 쓰기에 대해 각각 독립적으로 한계를 설정하거나 IOPS나 스루풋

(Byte/s) 제한을 설정할 수도 있습니다. 더 자세한 내용은 11장 "클라우드 컴퓨팅"을 참고하세요.

튜닝 파라미터

리눅스 튜닝 파라미터의 예로는 다음과 같은 것들이 있습니다.

- /sys/block/*/queue/scheduler: noop, deadline, cfq 등 I/O 스케줄러 정책 설정. (9.4절 "아키텍처" 참조)
- /sys/block/*/queue/nr_requests: 블록 계층에서 할당할 수 있는 읽기 또는 쓰기 요청의 개수 지정
- /sys/block/*/queue/read_ahead_kb: 파일 시스템이 요청할 수 있는 미리 읽기 최대 크기 지정(KB)

다른 커널 튜닝 파라미터와 마찬가지로 문서에서 전체 튜닝 목록과 설명, 주의사항을 찾아보세요. 해당 파라미터에 대한 자세한 정보는 리눅스 소스의 Documentation/block/queue-sysfs.txt 파일을 참조하세요.

9.9.2 디스크 장치 튜닝 파라미터

리눅스에서 hdparm(8) 도구는 전원 관리 및 스핀다운(spindown) 타임아웃[31] 등 여러 디스크 장치 파라미터를 설정할 수 있습니다.[Archlinux 20] 그러나 hdparm(8)에는 데이터 손실의 위험이 있는 옵션들이 있기 때문에 매우 주의해야 합니다. 실제로 hdparm(8) 매뉴얼 페이지에서는 이러한 위험한 옵션들을 '위험'으로 표기하고 있습니다.

9.9.3 디스크 컨트롤러 튜닝 옵션

디스크 컨트롤러에서 사용 가능한 튜닝 옵션은 디스크 컨트롤러 모델이나 제조사에 따라 다릅니다. 다음은 MegaCli 명령을 사용해 델의 PERC 6 카드의 설정 값을 표시한 결과인데, 어떠한 옵션들이 있는지 대략적으로 확인할 수 있습니다.

---

[31] (옮긴이) 디스크가 일정 시간 동안 접근되지 않았을 때 회전을 멈추도록 설정하는 대기시간을 말하며, 전력 절감에 활용됩니다. 예를 들어 일반 HDD에서는 약 5분으로 설정하는 경우가 많으며, hdparm -S 60 /dev/sda 명령으로 지정할 수 있습니다.

```
# MegaCli -AdpAllInfo -aALL
[...]
Predictive Fail Poll Interval   : 300sec
Interrupt Throttle Active Count : 16
Interrupt Throttle Completion   : 50us
Rebuild Rate                    : 30%
PR Rate                         : 0%
BGI Rate                        : 1%
Check Consistency Rate          : 1%
Reconstruction Rate             : 30%
Cache Flush Interval            : 30s
Max Drives to Spinup at One Time: 2
Delay Among Spinup Groups       : 12s
Physical Drive Coercion Mode    : 128MB
Cluster Mode                    : Disabled
Alarm                           : Disabled
Auto Rebuild                    : Enabled
Battery Warning                 : Enabled
Ecc Bucket Size                 : 15
Ecc Bucket Leak Rate            : 1440 Minutes
Load Balance Mode               : Auto
[...]
```

각 설정은 해당 옵션이 무엇을 의미하는지 잘 설명되어 있는데, 더 자세한 설명은 제조사 문서를 참고하세요.

9.10 연습 문제

1. 다음 디스크 용어에 관한 질문에 답하시오.
   - IOPS란 무엇입니까?
   - 처리 시간과 대기시간의 차이점은 무엇입니까?
   - 디스크 I/O 대기시간이란 무엇입니까?
   - 지연시간 극단값이란 무엇입니까?
   - 데이터 전송 명령이 아닌 디스크 명령에는 무엇이 있습니까?

2. 다음 개념에 대한 질문에 답하시오.
   - 디스크 사용률과 포화에 대해 설명하시오.
   - 임의 접근 I/O와 순차 접근 I/O의 성능 차이에 대해 설명하시오.
   - 읽기와 쓰기 I/O에서 디스크 캐시의 역할에 대해 설명하시오.

3. 다음 심화 질문에 답하시오.
    ◦ 가상 디스크에 대한 사용률(작동 시간 비율)이 왜 오해의 여지가 있는지 설명하시오.
    ◦ 'I/O 대기' 지표가 왜 오해를 줄 수 있는지 설명하시오.
    ◦ RAID-0(스트라이핑)와 RAID-1(미러링)의 성능 특성에 대해 설명하시오.
    ◦ 디스크에 과부하가 걸리면 어떤 일이 일어나는지 설명하시오. 애플리케이션 성능에 미치는 영향도 포함해서 설명하시오.
    ◦ 스토리지 컨트롤러가 과부하되는 경우 어떤 일이 벌어지는지(스루풋이나 IOPS 관점에서)에 대해 애플리케이션 성능 측면을 포함해 설명하시오.
4. 여러분의 운영 체제에서 다음의 과정을 수행해 보십시오.
    ◦ 디스크 자원(디스크와 컨트롤러)을 USE 방법론에 따라 검토하는 체크리스트를 만드시오. 각 지표를 얻는 방법(예: 어떤 명령을 실행할지)과 해석 방법도 포함하시오. 추가 소프트웨를 설치하거나 사용하기보다는 기존 운영 체제의 관측가능성 도구를 먼저 사용하시오.
    ◦ 디스크 자원에 대한 워크로드 특성화 체크리스트를 만드시오. 각 지표를 얻는 방법을 포함하고, 기존 운영 체제의 관측가능성 도구를 먼저 사용하시오.
5. 다음 리눅스의 iostat(1) 출력만 보고 알 수 있는 디스크의 동작을 설명하시오.

```
$ iostat -x 1
[...]
avg-cpu:  %user   %nice %system %iowait  %steal   %idle
           3.23    0.00   45.16   31.18    0.00   20.43
Device:         rrqm/s   wrqm/s     r/s     w/s    rkB/s    wkB/s avgrq-sz
avgqu-sz   await r_await w_await  svctm  %util
vda              39.78 13156.99  800.00  151.61  3466.67 41200.00    93.88
   11.99    7.49    0.57   44.01    0.49   46.56
vdb               0.00    0.00    0.00    0.00     0.00     0.00     0.00
    0.00    0.00    0.00    0.00    0.00    0.00
```

6. (선택 사항, 심화 문제) 읽기나 쓰기를 제외한 모든 디스크 명령을 트레이싱하는 도구를 개발하시오. 이를 위해 SCSI 수준에서 트레이싱해야 할 수 있습니다.

9.11 참고 자료

[Patterson 88] Patterson, D., Gibson, G., and Kats, R., "A Case for Redundant Arrays of Inexpensive Disks," *ACM SIGMOD*, 1988.

[McDougall 06a] McDougall, R., Mauro, J., and Gregg, B., *Solaris Performance and Tools: DTrace and MDB Techniques for Solaris 10 and OpenSolaris*, Prentice Hall, 2006.

[Brunelle 08] Brunelle, A., "btt User Guide," *blktrace package*, /usr/share/doc/blktrace/btt.pdf, 2008.

[Gregg 08] Gregg, B., "Shouting in the Datacenter," *https://www.youtube.com/watch?v=tDacjrSCeq4*, 2008.

[Mason 08] Mason, C., "Seekwatcher," *https://oss.oracle.com/~mason/seekwatcher*, 2008.

[Smith 09] Smith, R., "Western Digital's Advanced Format: The 4K Sector Transition Begins," *https://www.anandtech.com/show/2888*, 2009.

[Gregg 10a] Gregg, B., "Visualizing System Latency," *Communications of the ACM*, July 2010.

[Love 10] Love, R., *Linux Kernel Development*, 3rd Edition, Addison-Wesley, 2010.

[Turner 10] Turner, J., "Effects of Data Center Vibration on Compute System Performance," *USENIX SustainIT*, 2010.

[Gregg 11b] Gregg, B., "Utilization Heat Maps," *http://www.brendangregg.com/HeatMaps/utilization.html*, published 2011.

[Cassidy 12] Cassidy, C., "SLC vs. MLC: Which Works Best for High-Reliability Applications?" *https://www.eetimes.com/slc-vs-mlc-which-works-best-for-high-reliability-applications/#*, 2012.

[Cornwell 12] Cornwell, M., "Anatomy of a Solid-State Drive," *Communications of the ACM*, December 2012.

[Schöbel-Theuer 12] Schöbel-Theuer, T., "blkreplay - a Testing and Benchmarking Toolkit," *http://www.blkreplay.org*, 2012.

[Chazarain 13] Chazarain, G., "Iotop," *http://guichaz.free.fr/iotop*, 2013.

[Corbet 13b] Corbet, J., "The multiqueue block layer," LWN.net, *https://lwn.net/Articles/552904*, 2013.

[Leventhal 13] Leventhal, A., "A File System All Its Own," *ACM Queue*, March 2013.

[Cai 15] Cai, Y., Luo, Y., Haratsch, E. F., Mai, K., and Mutlu, O., "Data Retention in MLC NAND Flash Memory: Characterization, Optimization, and Recovery," *IEEE 21st International Symposium on High Performance Computer Architecture (HPCA)*, 2015. https://users.ece.cmu.edu/~omutlu/pub/

flash-memory-data-retention_hpca15.pdf

[**FICA 18**] "Industry's Fastest Storage Networking Speed Announced by Fibre Channel Industry Association—64GFC and Gen 7 Fibre Channel," Fibre Channel Industry Association, *https://fibrechannel.org/industrys-fastest-storage-networking-speed-announced-by-fibrechannel-industry-association-%E2%94%80-64gfc-and-gen-7-fibre-channel*, 2018.

[**Hady 18**] Hady, F., "Achieve Consistent Low Latency for Your Storage-Intensive Workloads," *https://www.intel.com/content/www/us/en/architecture-and-technology/optane-technology/low-latency-for-storage-intensive-workloads-article-brief.html*, 2018.

[**Gregg 19**] Gregg, B., *BPF Performance Tools: Linux System and Application Observability*, Addison-Wesley, 2019. (번역서는 《BPF 성능 분석 도구: BPF 트레이싱을 통한 리눅스 시스템 관측가능성과 성능 향상》 이호연 옮김, 인사이트, 2021)

[**Archlinux 20**] "hdparm," *https://wiki.archlinux.org/index.php/Hdparm*, last updated 2020.

[**Dell 20**] "PowerEdge RAID Controller," *https://www.dell.com/support/article/en-us/sln312338/poweredge-raid-controller?lang=en*, accessed 2020.

[**FCIA 20**] "Features," Fibre Channel Industry Association, *https://fibrechannel.org/fibre-channel-features*, accessed 2020.

[**Liu 20**] Liu, L., "Samsung QVO vs. EVO vs. PRO: What's the Difference? [Clone Disk]," *https://www.partitionwizard.com/clone-disk/samsung-qvo-vs-evo.html*, 2020.

[**Mellor 20**] Mellor, C., "Western Digital Shingled Out in Lawsuit for Sneaking RAIDunfriendly Tech into Drives for RAID arrays," TheRegister, *https://www.theregister.com/2020/05/29/wd_class_action_lawsuit*, 2020.

[**Netflix 20**] "Open Connect Appliances," *https://openconnect.netflix.com/en/appliances*, accessed 2020.

[**NVMe 20**] "NVM Express," *https://nvmexpress.org*, accessed 2020.

10장

Systems Performance Second Edition

네트워크

시스템이 점점 더 분산화되고, 특히 클라우드 컴퓨팅 환경이 부상하면서 네트워크가 성능에서 큰 비중을 차지하게 되었습니다. 이에 따라 네트워크 성능을 개선하기 위한 많은 노력이 이루어지는데, 여기에는 네트워크 지연시간과 스루풋 향상, 그리고 패킷 드롭이나 패킷 지연으로 인해 발생하는 지연시간 극단값 제거 등이 있습니다.

네트워크를 분석할 때는 하드웨어와 소프트웨어를 모두 고려해야 합니다. 여기에 해당하는 하드웨어는 물리적 네트워크를 의미하는데, 네트워크 인터페이스 카드, 스위치, 라우터, 게이트웨이 등이 포함됩니다(보통 이러한 구성 요소 내부에는 소프트웨어도 있습니다). 소프트웨어의 경우에는 네트워크 장치 드라이버, 패킷 스케줄러 및 네트워크 프로토콜의 구현체와 같은 커널 네트워크 스택이 여기에 포함됩니다. 일반적으로 하위 레벨 프로토콜(IP, TCP, UDP 등)은 커널 소프트웨어에 위치하고, 상위 레벨 프로토콜(예: HTTP)은 라이브러리 또는 애플리케이션 소프트웨어에 위치합니다.

네트워크는 혼잡 가능성과 그 자체의 복잡성으로 인해(잘 알려지지 않은 탓에), 성능 저하의 원인으로 자주 지목됩니다. 이번 장에서는 실제로 어떤 문제가 발생하고 있는지 분석하는 방법을 제시하여, 네트워크가 성능 문제의 주된 원인이 아니라는 점을 밝혀내고, 분석의 초점을 옮길 수 있도록 할 것입니다.

이번 장에서는 다음의 내용을 알아봅니다.

- 네트워킹 모델과 기본 개념 이해하기
- 네트워크 지연시간의 여러 가지 측정 방법에 대해 이해하기

- 주요 네트워크 프로토콜의 동작 방식 이해하기
- 네트워크 하드웨어 내부 구조와 친숙해지기
- 소켓과 장치에서 커널까지의 경로 이해하기
- 네트워크 분석을 위한 여러 가지 방법론 따라해보기
- 시스템 전체 수준과 개별 프로세스 수준에서 네트워크 I/O의 특성 분석하기
- TCP 재전송으로 인해 발생하는 문제 알아보기
- 트레이싱 도구를 사용해서 네트워크 내부 구조를 깊이 있게 살펴보기
- 튜닝 가능한 네트워크 파라미터 알아보기

이 장은 여섯 개의 파트로 구성되어 있는데, 첫 세 개 파트에서는 네트워크 분석의 기본을 다루며, 뒤쪽 세 개 파트는 리눅스 기반 시스템에서 실제로 네트워크 분석을 어떻게 하는지 보여줍니다. 각 파트는 다음과 같습니다.

- 배경에서는 네트워크 관련 용어, 기본 모델, 네트워크 성능 관련 핵심 개념을 소개합니다.
- 아키텍처에서는 물리적인 네트워크 구성 요소와 네트워크 스택에 대해 포괄적으로 설명합니다.
- 방법론에서는 성능 분석 방법론에 대해 설명하는데, 실험적인 부분과 관찰적인 부분을 모두 다룹니다.
- 관측가능성 도구에서는 리눅스 네트워크 성능 관측가능성 도구들을 보여줍니다.
- 실험에서는 네트워크 벤치마크와 실험 도구에 대해 개괄합니다.
- 튜닝에서는 튜닝 가능한 파라미터의 예를 살펴봅니다.

이 장에서는 독자들이 TCP 및 IP의 역할과 같은 네트워크의 기초 지식들을 기본적으로 갖추고 있다고 가정합니다.

10.1 용어

이번 장에서 사용하는 네트워크 관련 용어에는 다음과 같은 것들이 있습니다.

- **인터페이스:** 인터페이스 포트(interface port)라는 말은 물리적 네트워크 커넥터를 의미합니다. 인터페이스나 링크는 네트워크 인터페이스 포트에 대한 논리적

표현이며, 주로 운영 체제에서 네트워크의 구성을 확인하거나 설정할 때 사용되는 용어입니다. (OS의 모든 인터페이스가 하드웨어와 매핑되는 것은 아닙니다. 일부 인터페이스는 가상일 수 있습니다.)

- **패킷**: **패킷**(packet)이란 IP 패킷과 같이 패킷 교환 네트워크에서 사용되는 메시지를 가리킵니다.
- **프레임**: 물리적인 네트워크 수준의 메시지로, 이더넷 프레임이 여기에 해당됩니다.
- **소켓**: 네트워크 엔드포인트용 API로, BSD에서 기원했습니다.
- **대역폭**: 특정 네트워크 유형이 지원하는 최대 데이터 전송 속도(시간당 전송량)를 말하며, 보통 초당 비트 수(bps)로 측정합니다. 가령, '100GbE'란 대역폭(bandwith)이 100Gbit/s인 이더넷을 의미합니다. 전송 방향에 따른 대역폭 제한이 있는 경우도 있어, 100GbE라 함은 100Gbit/s 송신과 100Gbit/s 수신이 병렬로 가능함을 의미할 수 있습니다(총 스루풋은 200Gbit/s가 됩니다).
- **스루풋**: 두 네트워크 엔드포인트 사이의 데이터 전송 속도로 bit/s나 Byte/s로 측정합니다.
- **지연시간**: 네트워크 **지연시간**(latency)은 어떤 메시지가 두 엔드포인트 사이를 왕복하는데 소요되는 시간 또는 연결을 설정하는 데 필요한 시간(예: TCP 핸드셰이크)을 의미하며, 그 이후에 이루어지는 데이터 전송 시간은 여기에 포함되지 않습니다.

여타 용어들은 이 장 전반에서 따로 소개하고 있습니다. 참고로 **클라이언트, 이더넷, 호스트, IP, RFC, 서버, SYN, ACK** 같은 기본 용어에 대한 설명은 용어 사전에 있습니다. 2장과 3장에 있는 용어도 참고하세요.

10.2 모델

이번 절에서는 네트워크와 네트워크 성능의 기본 원리를 설명하는 간단한 모델들을 다룹니다. 더 깊이 있는 내용과 구현에 따른 세부사항은 10.4절 "아키텍처"에서 설명합니다.

10.2.1 네트워크 인터페이스

네트워크 인터페이스는 네트워크 연결이 이루어지는 운영 체제 단에서의 엔드포인트에 해당합니다. 이러한 인터페이스는 시스템 관리자가 설정하고 관리하는 추상적인 요소입니다.

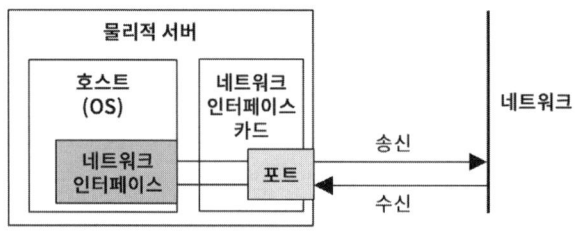

그림 10.1 네트워크 인터페이스

그림 10.1은 네트워크 인터페이스를 보여줍니다. 네트워크 인터페이스는 설정 정보에 따라 물리적인 네트워크 포트와 매핑됩니다. 이 포트는 네트워크와 연결되며, 일반적으로 송신과 수신을 위한 채널을 각각 따로 가지고 있습니다.

10.2.2 네트워크 컨트롤러

네트워크 인터페이스 카드(network interface card, NIC)는 시스템에 하나 이상의 네트워크 포트를 제공하며, 네트워크 포트와 시스템 I/O 트랜스포트 사이에서 패킷을 전달하는 역할을 하는 **네트워크 컨트롤러**(마이크로프로세서)를 내장하고 있습니다. 그림 10.2에는 4개의 포트로 구성된 네트워크 컨트롤러가 관련 물리적 요소와 함께 도식화되어 있습니다.

네트워크 컨트롤러는 일반적으로 별도의 확장 카드로 제공되거나 시스템 보드에 내장되어 있습니다. (일부 USB를 통해 연결되는 형태로 사용되기도 합니다.)

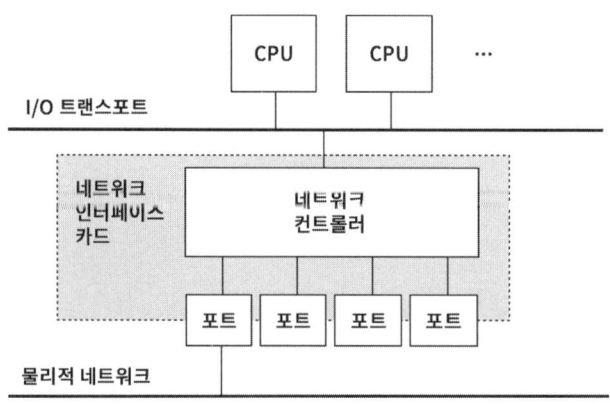

그림 10.2 네트워크 컨트롤러

10.2.3 프로토콜 스택

네트워킹은 여러 계층의 프로토콜로 구성된 스택을 통해 이루어집니다. 각 계층은 특정한 역할을 수행합니다. 그림 10.3은 두 가지 프로토콜 스택 모델과 그 예시를 보여줍니다.

그림 10.3 네트워크 프로토콜 스택

그림에서 하위 계층은 더 넓게 그려져 있는데, 이는 프로토콜 캡슐화(protocol encapsulation)를 시각적으로 표현한 것입니다. 위 모델에서 송신하는 메시지는 애플리케이션부터 물리 네트워크에 이르기까지 스택 아래 방향으로 내려갑니다. 수신 메시지는 반대로 올라옵니다.

프로토콜 스택 모델에는 물리 계층(physical layer) 역시 표현되어 있는데, 이는 이더넷 표준에서 신호 전송 방식뿐 아니라 구리선이나 광섬유 같은 매체의 사용 방법까지 다루기 때문입니다.

이 외에도 별도의 계층이 존재할 수 있는데 가령 IPsec(Internet Protocol Security, IP 보안 프로토콜) 또는 리눅스 와이어가드(Linux WireGuard)를 사용한다면, IP 엔드포인트 사이의 보안을 제공하기 위한 별도의 계층이 추가됩니다. 또한, 터널링(tunneling)을 사용한다면(예: VXLAN(Virtual Extensible LAN, 가상 확장 랜)) 하나의 프로토콜 스택이 다른 스택 안에 캡슐화 될 수도 있습니다.

TCP/IP 스택이 표준으로 자리잡기는 하였으나, 애플리케이션에서 사용되는 프로토콜 계층을 이해하기 위해 OSI 모델을 간략하게 살펴보는 것이 도움이 되기는 합니다.[1] '계층' 개념은 OSI에서 온 것으로, 예를 들어 **3계층**은 네트워크 프로토콜을 의미합니다.

---

[1] 간략하게만 고려할 가치가 있다고 생각합니다. 필자가 네트워킹 지식 퀴즈를 낸다면 해당 내용은 포함시키지 않을 것입니다.

각 계층에서의 메시지들은 서로 다른 용어로 불리기도 합니다. OSI 모델에서는 트랜스포트 계층에서의 메시지를 **세그먼트**(segment) 또는 **데이터그램**(datagram)이라 부르며, 네트워크 계층에서의 메시지는 **패킷**(packet)이라 부르고, 데이터 링크 계층에서의 메시지는 **프레임**(frame)이라 부릅니다.

10.3 개념

아래에 네트워크와 네트워크 성능에서 중요한 개념들을 골라 정리했습니다.

10.3.1 네트워크 및 라우팅

네트워크는 여러 호스트가 연결된 구조로, 각 호스트는 네트워크 프로토콜 주소를 기반으로 서로 관계를 맺습니다. 네트워크를 단일 글로벌 구조로 구성하기보다는 여러 개의 네트워크로 나누는 것이 더 바람직한데, 특히 확장성 측면에서 이점이 큽니다. 예를 들어, **브로드캐스트** 메시지가 모든 이웃 호스트로 전달되는 경우, 네트워크의 규모가 커지면 메시지가 광범위하게 퍼지는 플러딩(flooding) 현상으로 인해 혼잡이 발생할 수 있습니다. 이때 네트워크를 더 작은 서브 네트워크로 나누면 브로드캐스트 메시지를 로컬 네트워크로 한정하여 이러한 문제를 방지할 수 있습니다. 또한 서브 네트워크로 나누면 일반적인 메시지 전송이 여러 다른 네트워크를 거치는 대신 송신자와 수신자 간의 네트워크만 거치게 되어 불필요한 경로를 줄이고 네트워크 인프라를 더 효율적으로 사용할 수 있습니다.

라우팅은 패킷이라고 하는 메시지가 이러한 네트워크들을 거쳐 목적지에 도달할 수 있도록 하는 것을 의미합니다. 라우팅의 역할은 아래 그림 10.4에 표현되어 있습니다.

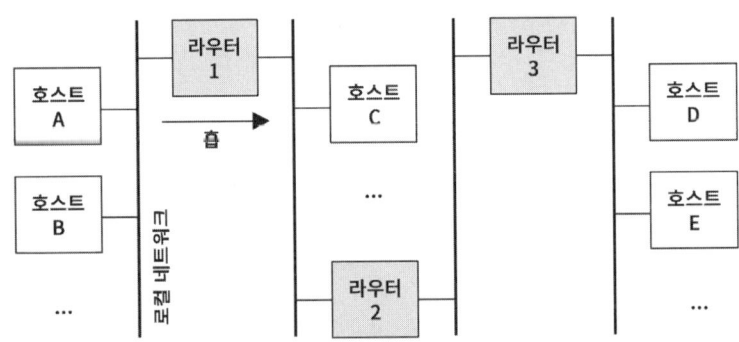

그림 10.4 라우터를 통해 연결된 네트워크

호스트 A에서 볼 때, **로컬 호스트**(localhost)는 A 자신입니다. 위 그림의 다른 모든 호스트는 **원격 호스트**입니다.

호스트 A는 로컬 네트워크를 통해 호스트 B와 연결할 수 있으며, 이 연결은 일반적으로 네트워크 스위치에 의해 관리됩니다(10.4절 "아키텍처" 참고). 또한, 호스트 A는 라우터 1을 통해 호스트 C와 연결할 수 있고, 호스트 D로는 라우터 1, 2, 3을 순차적으로 거쳐 연결할 수 있습니다. 유의해야 할 점은, 라우터와 같은 요소들은 네트워크 내에서 공유되기 때문에 다른 트래픽(예: 호스트 C에서 호스트 E로 가는 통신)과의 경합으로 인해 성능 저하가 발생할 수 있습니다.

두 호스트 사이의 연결은 **유니캐스트**(unicast) 통신으로 이루어집니다. 반면, 한 송신자가 여러 네트워크에 흩어져 있는 여러 수신자에게 동시에 송신을 하는 방법도 있는데, 이를 **멀티캐스트**(Multicast) 통신이라 부릅니다. 이러한 멀티캐스트 통신은 네트워크 효율성을 높일 수 있지만, 이를 지원하려면 라우터가 멀티캐스트를 처리하도록 설정되어 있어야 합니다. 퍼블릭 클라우드 환경에서는 보안 및 정책상의 이유로 멀티캐스트 기능이 제한될 수도 있습니다.

상용 네트워크 환경에서는 보안을 강화하기 위해 **방화벽**(firewall)을 사용하여 호스트 간의 원치 않는 연결을 차단하는 경우도 있습니다. 방화벽은 라우터와 별개로 동작하며, 네트워크 간의 연결을 제어합니다.

패킷을 라우팅 하는데 필요한 주소 정보는 IP 헤더에 들어 있습니다.

10.3.2 프로토콜

네트워크 프로토콜 표준(IP, TCP, UDP 등)은 시스템과 장치들이 서로 통신하기 위한 필수 조건입니다. 통신은 **패킷**(packet)이라는 라우팅 가능한 메시지를 주고받는 방식으로 이루어지며, 이 패킷은 보통 전송할 데이터(payload)를 캡슐화하여 전달합니다.

네트워크 프로토콜들은 서로 다른 성능 특성을 보이는데, 프로토콜의 최초 설계 방식, 확장 가능성, 또는 소프트웨어나 하드웨어의 특별한 처리 방법에 따라 차이가 납니다. 예를 들어 IP 프로토콜의 두 버전인 IPv4, IPv6는 서로 다른 커널 코드 경로에서 처리되며, 이에 따라 성능 특성이 다를 수 있습니다. 이 외에도 프로토콜 설계 자체가 성능에 영향을 미칠 수 있습니다. 예를 들어 SCTP(Stream Control Transmission Protocol, 스트림 제어 전송 프로토콜), MPTCP(Multipath TCP, 다중 경로 TCP), QUIC 같은 프로토콜은 특정 워크로드에 적합하도록 설계되어, 작업의 특성에 따라 선택적으로 사용할 수 있습니다.

때로는 시스템 튜닝 파라미터를 통해 프로토콜의 성능을 조정할 수 있는 경우도 있는데, 예를 들면 버퍼 크기, 알고리즘, 여러 타이머 설정 등을 변경하여 최적화할 수도 있습니다. 각 프로토콜에 대한 이런 파라미터의 차이는 뒤에서 설명합니다.

프로토콜은 일반적으로 데이터를 캡슐화해서 전송합니다.

10.3.3 캡슐화

캡슐화는 메타데이터를 페이로드의 시작 부분 앞(헤더/header) 혹은 끝부분 뒤(푸터/footer), 또는 두 곳 모두에 추가하는 작업입니다. 이 과정에서 페이로드 자체의 데이터는 변경되지 않지만, 메시지 전체 크기가 약간 증가하기 때문에 전송 시 약간의 오버헤드가 발생할 수 있습니다.

그림 10.5는 TCP/IP 스택을 이더넷으로 전송할 때 발생하는 캡슐화를 보여줍니다.

그림 10.5 네트워크 프로토콜 캡슐화

E.H.는 이더넷 헤더(Ethernet header)를, E.F.는 이더넷 푸터(Ethernet footer)를 의미합니다. (E.F.는 선택 사항입니다.)

10.3.4 패킷 크기

패킷의 크기와 페이로드 크기는 성능에 영향을 미치는데, 일반적으로 패킷 크기가 클수록 스루풋이 향상되며 개별 패킷 오버헤드는 감소합니다. TCP/IP와 이더넷에서 패킷의 크기는 54Byte에서 9,054Byte 사이로 설정될 수 있으며, 여기에는 54Byte의 프로토콜 헤더가 포함됩니다(또는 그 이상, 옵션이나 버전에 따라 달라짐).

패킷 크기는 보통 네트워크 인터페이스의 **최대 전송 유닛**(maximum transmission unit, MTU) 크기 이하로 제한되는데, 대부분의 이더넷 네트워크에서 1,500Byte로 제한되어 있습니다. 이 숫자에 대한 기원은 이더넷의 초기 버전까지 거슬러 올라가는데, NIC 버퍼 메모리 비용과 전송 지연시간과 같은 요소들 간의 균형을 맞추려는 노력에 의해 1,500MTU라는 크기가 지정되었습니다.[Nosachev 20] 또한 동일한 네트워크 매체(동축 케이블(coax) 또는 이더넷 허브)를 공유하는 여러 호스트가 있을 경우, 패킷의 크기가 커지면 각 호스트 차례를 기다리는 시간이 더 길어지는 문제가 있었습니다.

현대의 이더넷은 **점보 프레임**(jumbo frames)이라는 더 큰 패킷(최대 약 9,000Byte)을 지원합니다. 이를 사용하면 패킷 수가 줄어들기 때문에 네트워크 스루풋 성능이 향상되고, 전체 데이터 전송 지연시간도 줄일 수 있습니다.

다만, 점보 프레임 도입이 지연된 데에는 두 가지 요인이 있습니다. 바로 오래된 네트워크 장비와 잘못 설정된 방화벽입니다. 점보 프레임을 지원하지 않는 오래된 하드웨어는 IP 프로토콜을 사용해 패킷을 분할(fragment)하여 처리하거나(이 방법은 패킷 재조립으로 인한 성능 부하가 있음), 송신 측에게 ICMP "can't fragment(패킷을 나눌 수 없음)" 오류를 보내 패킷 크기를 줄여서 재전송하라고 통보할 것입니다. 이 상황에서 방화벽이 잘못 설정되어 ICMP 메시지가 차단되면 문제가 생깁니다. 과거에는 ICMP 기반 공격(예: '죽음의 핑(ping of death)'[2])이 많았는데, 일부 방화벽 관리자는 공격을 막기 위해 모든 ICMP 패킷을 차단하곤 했습니다. 이렇게 되면 도움이 될 수 있는 'can't fragment' 메시지가 송신 측에 도착하지 못하고, 결과적으로 송신 패킷 크기가 1,500Byte를 초과할 경우 패킷이 소리 없이 드롭(drop)되는 현상이 발생합니다. 게다가 분할된 패킷이 중간 장비에서 지원되지 않아 드롭될 위험도 존재합니다. 이러한 문제를 피하기 위해 많은 시스템은 MTU 기본값을 1,500으로 유지하고 있습니다.

세월이 지나면서 네트워크 인터페이스 카드에 여러 기능이 추가되며 기본 1,500 MTU 프레임을 처리하는 성능 역시 향상되었는데, 여기에는 TCP **오프로드**(TCP offload)나 LSO(large segment offload, 큰 세그먼트 오프로드) 같은 것이 있습니다. 이 기능은 패킷의 단편화를 CPU에서 처리하는 것이 아니라, 큰 크기의 버퍼를 네트워크 카드로 보내서 처리에 최적화된 전용 하드웨어를 통해 패킷을 단편화합니다. 이러한 기술들로 인해 1,500MTU를 사용할 때와 9,000MTU를 사용할 때의 네트워크 성능 차이의 간격을 어느 정도 좁힐 수 있었습니다.

2 (옮긴이) DoS(서비스 거부 공격)의 일종입니다. IP의 최대 패킷 크기보다 큰 65,536Byte의 패킷을 전송해 수신 컴퓨터 쪽에서 다시 그 패킷을 재구성하면 버퍼 오버플로가 일어나며 시스템이 망가질 수 있습니다.

10.3.5 지연시간

지연시간은 네트워크 성능에서 중요한 지표로, 다양한 방식으로 측정할 수 있습니다. 대표적인 측정 방법으로는 호스트 이름 해석(name resolution) 지연시간, 핑(ping) 지연시간, 연결(connection) 지연시간, 최초 바이트(first-byte) 지연시간, 왕복 지연시간(round-trip time), 연결 수명(connection life span) 등이 있습니다. 이러한 측정은 주로 클라이언트가 서버에 연결하는 방식으로 진행됩니다.

호스트 이름 해석 지연시간

원격 호스트와 연결을 수립할 때, 일반적으로 호스트 이름은 IP 주소로 변환됩니다. DNS 조회가 이러한 과정을 수행하는 예입니다. 이 과정에 걸리는 시간을 호스트 이름 해석(name resolution) 지연시간이라 부릅니다. 최악의 경우에는 타임아웃이 발생해 몇 초에서 수십 초가 소요될 수 있습니다.

운영 체제는 흔히 캐싱 기능이 있는 호스트 이름 해석 서비스를 지원하며, 그 덕에 후속 DNS 조회는 캐시에서 신속하게 처리됩니다. 한편, 일부 애플리케이션은 호스트 이름 대신 IP 주소만을 사용하는 경우가 있는데, 이러한 경우에는 DNS 조회 지연을 완전하게 피할 수 있습니다.

핑 지연시간

이 시간은 ICMP echo 요청부터 응답까지 걸리는 시간으로, ping(1) 명령으로 측정할 수 있습니다. 이 시간은 호스트 간 네트워크 지연시간을 측정하는 데 사용하며, 중간의 네트워크 홉(hop)을 포함해 요청 패킷이 왕복하는 데 걸리는 시간을 측정합니다. 이 지표는 간단한 방식으로 측정할 수 있고, 대부분의 운영 체제가 기본적으로 ping 요청에 응답하도록 설정되어 있어 널리 사용됩니다. 다만, 핑 지연시간은 애플리케이션 요청의 왕복 지연시간을 정확히 반영하지는 않을 수 있는데, 이는 라우터마다 ICMP 패킷 처리 우선순위가 다를 수 있기 때문입니다.

표 10.1은 핑 지연시간의 예시를 보여줍니다.

표 10.1 핑 지연시간 예시

송신	수신	경유	지연시간	스케일
로컬 호스트	로컬 호스트	커널	0.05ms	1초
호스트	호스트 (같은 서브넷)	10 GbE	0.2ms	4초
호스트	호스트 (같은 서브넷)	1 GbE	0.6ms	12초

호스트	호스트 (같은 서브넷)	Wi-Fi	3ms	1분
샌프란시스코	뉴욕	인터넷	40ms	13분
샌프란시스코	영국	인터넷	81ms	27분
샌프란시스코	오스트레일리아	인터넷	183ms	1시간

해당 지연시간이 어느 정도 수준인지 더욱 직관적으로 볼 수 있도록 '스케일' 열에는 로컬 호스트 핑 지연시간을 1초로 잡아 조정한 값을 표시했습니다.

연결 지연시간

연결 지연시간은 데이터를 전송하기 전에 네트워크 연결을 수립하는데 걸리는 시간입니다. 가령, **TCP 연결 지연시간**은 TCP 핸드셰이크에 소요되는 시간에 해당합니다. 이 시간은 클라이언트에서 측정되는 시간으로, 연결 초기에 SYN을 보내고 그에 대한 SYN-ACK를 받기까지 걸리는 시간입니다. 이 용어는 연결 수명(connection life span)과 혼동을 피하기 위해 **연결 수립 지연시간(connection establishment latency)**이라고 부르는 것이 더 적합할 수 있습니다.

연결 지연시간은 핑 지연시간과 유사하지만, 차이가 있습니다. 연결 과정에서 더 많은 커널 코드가 실행되며, 드롭된 패킷의 재전송 시간도 연결 지연시간에 포함됩니다. 특히 TCP SYN 패킷이 이 경우에 해당하는데, 서버의 SYN 백로그가 가득 찬 경우 드롭이 발생하게 됩니다. 이러한 경우 클라이언트는 타이머에 기반해 SYN 패킷을 재전송해야만 합니다. 이런 일이 TCP 핸드셰이크 중간에 일어날 수 있으며, 그런 경우 연결 지연시간에는 1초 또는 그 이상의 재전송 시간이 포함될 것입니다.

연결 지연시간 다음에는 최초 바이트 지연시간이 옵니다.

최초 바이트 지연시간

최초 바이트까지 걸린 시간(time to first-byte, TTFB) 또는 최초 바이트 지연시간은 연결을 맺는데 성공한 시점부터 데이터의 첫 번째 바이트가 도착하기까지 걸린 시간을 말합니다. 이 시간에는 원격 호스트가 연결을 받은 다음, 작업을 처리할 스레드를 스케줄링하고, 그 스레드를 실행해 첫 바이트를 전송하기까지 걸리는 시간이 포함됩니다.

핑이나 연결 지연시간은 네트워크에 의해 생기는 지연시간을 측정하는 반면, 최초 바이트 지연시간은 원격 서버의 처리 시간을 포함합니다. 만약 원격 서버에 과

부하가 걸려서 요청을 처리하기 위해 시간이 더 필요하거나(예: TCP 백로그), 서버를 스케줄링하기 위한 시간(CPU 스케줄러 지연시간)이 더 필요한 경우라면 이 지연시간은 더 길어질 것입니다.

왕복 시간

왕복 시간(Round-trip time, RTT)은 네트워크 요청이 두 엔드포인트 사이를 왕복하는데 걸린 시간을 의미합니다. 각 네트워크 홉에서의 신호 전파 시간(signal propagation time)과 처리 시간이 여기에 포함됩니다. RTT는 네트워크의 지연시간을 알아내는데 사용되므로, 요청 및 응답 패킷이 네트워크에서 소모한 시간이 가장 큰 부분을 차지할수록 이상적입니다(원격 호스트가 요청을 처리하는 데 소요된 시간 제외). 이러한 이유로 원격 호스트의 처리 시간이 최소화된 ICMP 에코 요청(echo requests)이 RTT 분석에 자주 활용됩니다.

연결 수명

연결 수명은 네트워크 연결이 수립된 시간부터 연결이 종료될 때까지의 시간입니다. 일부 프로토콜은 keep-alive 전략을 사용하여 연결의 지속 시간을 연장하기도 하는데, 이는 이후 작업에서 기존 연결을 재사용함으로써 새 연결 설정(및 TLS 수립)에 따르는 부가비용과 지연시간을 줄이기 위함입니다.

네트워크 지연시간 측정과 관련된 더 많은 내용은 10.5.4절 "지연시간 분석"을 보세요. 여기에는 각종 네트워크 지연시간을 사용해서 네트워크 성능을 진단하는 내용이 설명되어 있습니다.

10.3.6 버퍼링

중간에 접하게 될 수 있는 여러 네트워크 지연시간에도 불구하고, 송신 측과 수신 측에서 버퍼를 사용하면 네트워크 스루풋을 높은 수준으로 유지할 수 있습니다. 더 큰 버퍼를 사용하면 데이터를 보내고 블록 상태에서 응답을 기다리는 대신, 계속해서 데이터를 보냄으로써 높은 왕복 시간의 영향을 줄일 수 있습니다.

TCP는 버퍼링과 슬라이딩 송신 윈도를 함께 사용해 스루풋을 향상시킵니다. 네트워크 소켓에도 버퍼가 있으며, 애플리케이션 역시 송신 전에 보낼 데이터를 한데 모으기 위한 버퍼를 사용해서 스루풋을 향상시킬 수 있습니다.

스위치나 라우터 같은 외부 네트워크 구성 요소도 자체 스루풋을 높이기 위해 버퍼링을 수행할 수 있습니다. 아쉽게도 이러한 장치에서 너무 큰 버퍼를 사용하면 **버퍼블로트(bufferbloat)**[3] 현상이 발생할 수 있는데, 이 현상은 패킷들이 너무 오랜 시간 버퍼에 머무는 것을 의미합니다. 그러한 경우 양 호스트는 TCP 혼잡 회피를 시도할 수 있고, 이는 성능을 떨어뜨리게 됩니다. 리눅스 3.x 커널에서는 이를 해결하기 위해 다양한 기능이 추가되었습니다. 예를 들어 BQL(Byte Queue Limits, 바이트 큐 제한), CoDel 큐잉 정책[Nichols 12], TSQ(TCP Small Queues, TCP 대기시간이 짧은 큐) 등이 있습니다. 또한 이 문제를 설명하는 웹사이트도 있습니다.[Bufferbloat 20]

단대단 추론(end-to-end arguments)이라고 하는 원칙에 따르면[Saltzer 84], 버퍼링(또는 커다란 버퍼)은 중간에 있는 네트워크 노드가 아니라 양 엔드포인트(즉, 두 호스트)에서 수행하는 것이 더 적합합니다.

10.3.7 연결 백로그

초기 연결 요청을 처리하기 위한 또 다른 형태의 버퍼링이 있습니다. TCP에는 백로그(backlog)라는 메커니즘이 있으며, 이는 사용자 프로세스가 요청을 수락하기 전까지 SYN 요청을 커널 대기열에 저장합니다. 만약 프로세스가 제때 받아들일 수 없을 정도로 많은 TCP 연결 요청이 들어오면, 백로그 한도에 도달하여 SYN 패킷이 드롭되고, 클라이언트가 이후에 이를 재전송하게 됩니다. 이러한 재전송 과정은 클라이언트의 연결 지연시간을 증가시킵니다. 연결 백로그 크기는 listen(2) 시스템 콜의 파라미터를 통해 조정가능하며, 커널이 시스템 전체의 한도를 설정하기도 합니다.

백로그 드롭과 SYN 재전송은 호스트의 과부하 여부를 판단하는 척도입니다.

10.3.8 인터페이스 교섭

네트워크 인터페이스는 다양한 모드에서 작동할 수 있는데, 연결된 양쪽 수신단과 교섭(negotiation)해 모드를 자동으로 정합니다. 주요 설정 요소는 다음과 같습니다.

- 대역폭: 10, 100, 1,000, 10,000, 40,000, 100,000 Mbits/s 등
- 전이중 여부: 반이중(half duplex) 또는 전이중(full duplex)

---

3 (옮긴이) 단일 연결(1:1)에서는 단순히 지연이 늘어나는 정도로 보일 수 있지만, 여러 연결이 동시에 있을 때(1:N) 문제가 두드러집니다. 대용량 전송이 버퍼를 가득 채우면 뒤따르는 소규모·대화형 트래픽(예: 게임, VoIP, 화상 통화)도 줄 뒤에 묶여 불필요하게 지연되므로 응답성이 크게 떨어집니다.

이 예는 이더넷 기준으로 작성된 것으로, 이더넷은 주로 대역폭을 10의 제곱 단위로 정의합니다. 다른 물리 계층의 프로토콜(예: SONET)은 이와 다른 값을 사용할 수 있습니다.

네트워크 인터페이스에 대해 이야기할 때는 보통 지원하는 가장 높은 대역폭과 프로토콜을 기준으로 하는데, 예를 들어 1Gbit/s Ethernet(1GbE) 같은 표현이 사용됩니다. 하지만 상황에 따라 자동 교섭을 통해 더 낮은 속도로 작동할 수도 있습니다. 이러한 상황은 다른 엔드포인트가 더 빠른 속도를 지원하지 못하거나, 연결 매체의 물리적인 문제(예: 배선 불량) 때문에 발생할 수 있습니다.

전이중 모드라면 동시에 양방향 전송이 가능하며, 송신과 수신 모두 최대 대역폭을 사용할 수 있는 별도의 경로를 제공합니다. 반이중 모드에서는 한 번에 한 방향의 데이터 전송만 가능합니다.

10.3.9 혼잡 회피

네트워크에서는 자원이 공유되므로 트래픽 부하가 높아지면 혼잡이 발생할 수 있습니다. 이로 인해 성능에 문제가 생길 수 있는데, 예를 들어 라우터나 스위치가 패킷을 드롭하면서 TCP 재전송이 발생해 지연이 늘어날 수 있습니다. 호스트에서도 높은 패킷 속도를 수신할 때, 감당하기 어려운 경우 스스로도 패킷을 드롭할 수 있습니다.

이러한 문제들을 방지하기 위한 여러 방법이 있는데, 부하가 걸린 상태에서 확장성을 향상시키기 위해서는 이 방법들에 대해 분석하고 필요하다면 튜닝을 해야 합니다. 각종 프로토콜별 혼잡 회피 방법에는 다음과 같은 것들이 있습니다.

- 이더넷: 한계에 다다른 호스트는 송신자에게 전송 중지를 요청하기 위해 pause frame을 보낼 수도 있습니다(IEEE 802.3x). 또한, 이더넷은 페이로드 유형을 구분하는 우선순위 클래스(priority class)를 활용할 수도 있습니다. 이를 통해 패킷을 우선순위에 따라 전송하거나, 각 클래스별로 priority pause frame을 사용해 전송 중지를 요청할 수 있습니다.[4]
- IP: ECN(Explicit Congestion Notification, 명시적 혼잡 통지) 필드를 사용해 혼잡 상황을 표시할 수 있습니다.

---

4 (옮긴이) IP 헤더의 TOS(Type of service) 필드처럼, 이더넷에도 패킷의 페이로드 유형을 구분하기 위한 Class of service (COS)라는 필드가 있습니다(IEEE 802.1Q, 802.1P 참고).

- TCP: 혼잡 윈도(congestion window)를 활용하며, 여러 가지 **혼잡 제어 알고리즘**이 사용될 수 있습니다.

뒤에 나오는 절에서는 IP ECN과 TCP 혼잡 제어 알고리즘에 대해 좀 더 상세하게 설명합니다.

10.3.10 사용률

네트워크 인터페이스 사용률(utilization)은 현재의 스루풋을 최대 대역폭으로 나눠서 계산할 수 있습니다. 언뜻 간단해 보이지만, 자동 교섭으로 인해 대역폭과 이중 모드가 설정되므로 계산 시 고려해야 할 요소가 많습니다.

전이중의 경우 사용률은 양 방향에 모두 적용 가능하며, 교섭 결과로 정한 대역폭 대비 해당 방향에 대한 현재 스루풋으로 계산합니다. 호스트들은 보통 비대칭적이기 때문에 보통 문제가 되는 것은 어느 한 방향입니다. 예를 들어 서버는 주로 송신을 많이 하고, 클라이언트는 주로 수신을 많이 합니다.

일단 어느 한 방향의 네트워크 인터페이스의 사용률이 100%가 되면 해당 부분이 병목 현상을 유발해 전체 성능을 제한하게 됩니다.

일부 성능 도구는 활동을 바이트가 아닌 패킷 단위로만 보고하기도 합니다. 패킷 크기는 아주 다양하기 때문에(앞서 설명한 것처럼), 패킷 개수를 실제 송수신 바이트 수와 연관지어 스루풋이나 (스루풋 기반의) 사용률을 계산하는 것은 불가능합니다.

10.3.11 로컬 연결

같은 시스템에서 실행 중인 두 애플리케이션 간에도 네트워크 연결이 이루어질 수 있습니다. 이를 **로컬 호스트**(localhost) 연결이라 하며, 가상 네트워크 인터페이스인 **루프백**(loopback)을 사용합니다.

분산 애플리케이션 환경에서는 웹 서버, 데이터베이스 서버, 캐싱 서버, 프락시 서버, 애플리케이션 서버 등 논리적으로 분리된 구성 요소가 네트워크를 통해 서로 통신합니다. 이러한 구성 요소가 모두 동일한 호스트에서 실행 중이라면 각각은 로컬 호스트를 통해 연결합니다.

로컬 호스트에 IP를 통해 연결하는 방식은 프로세스 간 통신(inter-process communication, IPC) 기술 중 하나인 **IP 소켓**(IP socket)을 활용합니다. 이 외에도 유닉스 도메인 소켓(Unix domain socket, UDS)이라는 기술도 있는데, 이 방식은 파일 시스템에 통신용 파일을 만들고 해당 파일을 통해 프로세스 간 데이터를 주고받습니다. 성능은 TCP/IP 스택을 통하지 않아도 되는 UDS 쪽이 커널 코드 실행을 피할 수 있고 프로토콜 패킷 캡슐화에 따른 오버헤드도 발생하지 않기 때문에 더 나을 것입니다.

한편 TCP/IP 소켓의 경우, 커널은 핸드셰이크가 완료된 시점에 이 연결이 로컬 호스트 연결인지 여부를 감지할 수 있습니다. 만일 로컬 호스트 연결이 맞다면, 데이터 전송 시 TCP/IP 스택의 일부를 건너뛰어 성능을 개선할 수 있습니다.[5] 리눅스에서는 TCP friends라는 이름의 커널 기능으로 개발된 적이 있지만, mainline 커널에 머지되지는 않았습니다.[Corbet 12] 현재는 리눅스에서 BPF를 사용해 동일한 기능을 구현할 수 있습니다. 이를 활용한 대표적인 예는 컨테이너 네트워킹 성능과 보안을 개선하기 위해 설계된 Cilium 소프트웨어입니다.[Cilium 20a]

10.4 아키텍처

이번 절에서는 네트워크의 아키텍처에 대해 설명할 터인데 프로토콜, 하드웨어, 소프트웨어를 중점으로 다룹니다. 이러한 내용을 성능 분석과 튜닝에 필요한 배경지식으로 정리했는데, 각 성능의 특징에 초점을 두고 요약했습니다. 보다 일반적인 네트워크 주제에 대한 자세한 내용은 네트워크 교재[Stevens 93][Hassan 03], RFC 문서, 네트워킹 하드웨어 제조사 매뉴얼을 참고하세요. 일부 참고 자료는 이 장의 마지막에도 정리되어 있습니다.

10.4.1 프로토콜

이 절에서는 IP, TCP, UDP, QUIC의 성능 특징 및 특성에 대해 정리합니다. 이후 절에서는 이러한 프로토콜이 하드웨어와 소프트웨어에서 어떻게 구현되는지에 대해 설명하고 있습니다. (세그먼트 오프로드(segmentation offload), 연결 큐, 버퍼링과 같은 기능들이 어떻게 구현되었는지도 설명되어 있습니다.)

IP

인터넷 프로토콜(IP) 버전 4와 6에는 각각 연결 성능을 설정할 수 있는 필드가 있는

---

5 (옮긴이) 솔라리스 기반 시스템에서는 이런 기술을 TCP Fusion이라 부릅니다.

데, IPv4는 TOS(Type of Service, 서비스 유형) 필드, IPv6는 트래픽 클래스(traffic class) 필드를 사용합니다. 이들 필드는 DSCP(Differentiated Services Code Point, 차별화된 서비스 코드 포인트)(RFC 2474)[Nichols 98]와 ECN(Explicit Congestion Notification, 명시적 혼잡 통지) 필드(RFC 3168)를 포함하도록 재정의되었습니다.[Ramakrishnan 01]

DSCP 필드는 **서비스 클래스(service classes)**를 지정하기 위한 것으로, 각각의 클래스는 여러 다른 특성을 가지고 있습니다(가령 클래스별로 패킷 드롭 가능성이 다릅니다). 이러한 서비스 클래스의 예시로는 텔레포니(telephony), 비디오 브로드캐스트(broadcast video), 낮은 데이터 지연시간(low-latency data), 높은 데이터 처리량(high-throughput data) 낮은 데이터 우선순위(low-priority data) 등이 있습니다.

ECN은 경로상에 있는 서버, 라우터 또는 스위치가 혼잡이 존재한다는 신호를 IP 헤더에 비트(bit) 설정을 함으로써 명시적으로 알리도록 하는 혼잡제어 메커니즘입니다(혼잡 제어를 위해 패킷을 드롭하는 방식과는 다릅니다). ECN 비트가 설정된 패킷을 받은 수신자는 이 플래그를 송신자에게 돌려보내게 되며, 그 이후부터 송신자는 송신량을 조절해서 보내게 됩니다. ECN은 패킷 드롭의 페널티를 유발하지 않으면서 혼잡을 회피하는 장점이 있습니다(다만, ECN 비트가 네트워크 전반에서 제대로 지원되고 처리된다는 전제가 깔려있어야 합니다).

TCP

전송 제어 프로토콜(Transmission Control Protocol, TCP)은 신뢰할 수 있는 네트워크 연결을 생성하기 위한 인터넷 표준으로 널리 사용됩니다. TCP는 RFC 793[Postel 81]에 최초로 정의되었고, 몇 가지 그 후에 추가된 사항도 있습니다.

성능 측면에서 TCP는 지연시간이 큰 네트워크에서도 높은 스루풋을 제공할 수 있는데, 이는 버퍼링과 **슬라이딩 윈도(sliding window)** 방식을 사용하기 때문입니다. 또한 TCP는 혼잡 제어와 송신 측에서 설정하는 **혼잡 윈도(congestion window)**를 활용하여, 다양한 네트워크 사이에서도 빠르고 신뢰성 있는 데이터 전송을 유지할 수 있습니다. 가령, 혼잡 제어는 너무 많은 데이터를 송신하여 혼잡을 유발하고 성능을 저하시킬 가능성을 방지합니다.

다음은 TCP 성능 특성을 요약한 내용인데, 최초 스펙 이후 추가된 부분도 포함되어 있습니다.

- 슬라이딩 윈도(sliding window): 송신 측은 ACK 패킷이 아직 도착하지 않더라도 미리 정해 둔 윈도 크기 만큼의 여러 패킷을 네트워크로 전송할 수 있습니다. 따라서 지연시간이 큰 네트워크에서도 높은 스루풋을 달성할 수 있습니다. 수신 측은 자신이 처리 가능한 데이터 양(윈도 크기)을 송신 측에 알리며, 송신 측은 이를 기준으로 윈도 크기를 조정합니다.
- 혼잡 회피(congestion avoidance): 너무 많은 데이터를 송신하면 패킷 드롭과 성능 저하가 일어나는 포화가 발생하는데, 이를 막기 위해 혼잡 회피를 사용합니다.
- 느린 시작(slow-start): TCP 혼잡 제어의 일부입니다. 초기에는 작은 혼잡 윈도로 사용하여 데이터를 전송하다가, 일정 시간 동안 ACK가 정상적으로 수신되면 윈도 크기를 점진적으로 증가시킵니다. 시간 내에 도착하는 ACK가 줄어들면 다시 혼잡 윈도 크기를 줄여 나갑니다.
- 선택적 승인(selective acknowledgments, SACKs): 순차적인 패킷이 아닌 비연속적인 패킷에 대해서도 ACK할 수 있게 해서 필요한 재전송 회수를 줄입니다.
- 빠른 재전송(fast retransmit): 타이머 만료를 기다리지 않고, 중복된 ACK가 감지되면 드롭된 패킷을 즉시 재전송합니다. 따라서 재전송 시간은 통상 훨씬 더 느린 타이머 값이 아니라 왕복 시간에 따라 정해집니다.
- 빠른 회복(fast recovery): 중복 ACK가 감지되면 slow-start 방식을 사용하도록 연결을 재설정해서 TCP 성능을 회복시킵니다.
- TCP 빠른 연결 설정(TCP fast open, TFO): 클라이언트가 SYN 패킷에 데이터를 포함하도록 해서, 서버 요청 처리가 SYN 핸드셰이크를 기다릴 필요 없이 조기에 시작될 수 있게 합니다.(RFC7413) 이 방식에서는 클라이언트의 인증을 위해 암호화된 쿠키를 사용할 수도 있습니다.
- TCP 타임스탬프: 송신 패킷에 타임스탬프를 담아 보내면 ACK에 해당 타임스탬프가 담겨 되돌아오기 때문에, 왕복 시간을 측정할 수 있습니다. (RFC 1323)[Jacobson 92]
- TCP SYN 쿠키(SYN cookie): SYN 플러드(flood) 공격(백로그가 가득 참)이 일어나는 상황에서, 클라이언트에게 암호화된 쿠키를 제공하여 적절한 클라이언트만 연결을 지속할 수 있게 합니다. 이를 통해 서버는 이러한 연결 시도와 관련된 별도의 데이터를 저장할 필요가 없어집니다.

이러한 기능 중 일부는 프로토콜 헤더의 확장 TCP 옵션을 이용해 구현합니다.

TCP 성능과 관련한 중요한 주제로는 3방향 핸드셰이크, 중복 ACK 감지, 혼잡 제어 알고리즘, 네이글(Nagle), 지연 ACK, SACK, FACK가 있습니다.

3방향 핸드셰이크

두 호스트 사이의 연결은 3방향 핸드셰이크를 통해 수립됩니다. 한 호스트는 외부에서 연결이 들어오는 것을 수동적으로 기다리며, 반대쪽 호스트는 능동적으로 연결을 시작합니다. 용어를 명확히 정리하면 RFC 793에서는 이 둘에 대해 **패시브**(passive)와 **액티브**(active)라고 정의하지만[Postel 81], 보통 각각을 소켓 API의 이름을 따라 listen과 connect라고 합니다. 클라이언트/서버 모델의 경우 서버가 수신을 대기하고, 클라이언트는 연결을 시도합니다.

그림 10.6은 3방향 핸드셰이크를 보여줍니다.

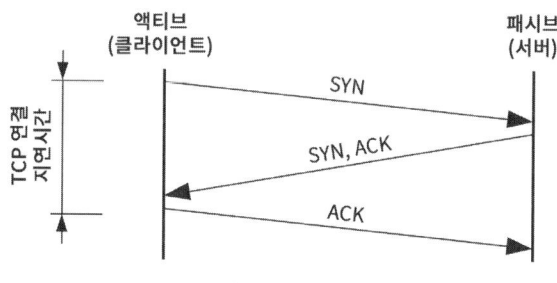

그림 10.6 TCP 3방향 핸드셰이크

이 그림을 통해 클라이언트 단의 연결 지연시간을 확인할 수 있는데, 이 연결 지연시간은 클라이언트가 마지막 ACK를 송신하면서 끝납니다. 그 이후부터는 데이터 전송을 시작할 수 있습니다.

이 그림은 핸드셰이크의 지연시간이 가장 짧은(가장 좋은) 경우를 보여줍니다. 때에 따라서는 패킷이 유실될 수도 있습니다. 그러한 경우 타임아웃과 재전송에 따라 지연시간이 늘어납니다.

일단 3방향 핸드셰이크가 종료되면, TCP 세션이 수립(ESTABLISHED) 상태에 들어가게 됩니다.

상태와 타이머

TCP 세션의 상태(TCP state)는 패킷 및 소켓 이벤트들이 발생함에 따라 전환됩니다. 상태에는 LISTEN, SYN-SENT, SYN-RECEIVED, ESTABLISHED, FIN-WAIT-1, FIN-WAIT-2, CLOSE-WAIT, CLOSING, LAST-ACK, TIME-WAIT, CLOSED가 있습니다.[Postal 80] 보통 연결이 활성화된 상태인 ESTABLISHED 상태에서의 성능 분석에 초점을 맞추는데, 이 상태에서는 데이터를 전송 중일 수도 있고, 다음 이벤트(데이터 전송 또는 연결 종료)를 기다리며 유휴 상태로 대기하고 있을 수도 있습니다.

완전히 종료된 세션은 TIME_WAIT[6] 상태로 대기하는데, 이는 늦게 도착한 패킷들이 동일한 포트를 사용하는 새로운 연결에 잘못 연결되는 것을 방지하기 위함입니다. 다만 이것으로 인해 포트 고갈(port exhaustion) 현상이 발생하여 성능 문제가 일어날 수 있는데, 이에 대해선 10.5.7절 "TCP 분석"에서 설명합니다.

몇몇 TCP 상태의 경우에는 해당 상태와 연관된 타이머가 있기도 합니다. 가령 TIME_WAIT은 보통 2분입니다(윈도 커널(Windows kernel) 등 일부 운영 체제에서는 튜닝이 가능합니다). ESTABLISHED 상태에는 probe 패킷을 전송하며 원격 호스트가 여전히 살아있는지 체크하는 'keep alive' 타이머가 있는데, 이 타이머의 시간은 매우 깁니다(예: 2시간).

중복 ACK 감지

빠른 재전송과 빠른 복구 알고리즘에서는 보낸 패킷(또는 해당 패킷에 대한 ACK)이 손실되었는지 여부를 신속하게 파악하기 위해 중복 ACK 감지를 사용합니다. 해당 과정은 다음과 같습니다.

1. 송신측에서 시퀀스 번호(sequence number)가 10인 패킷을 보냅니다.
2. 수신측에서는 시퀀스 번호 11인 ACK를 돌려 보냅니다.
3. 송신측에서 11, 12, 13번 패킷을 보냅니다.
4. 시퀀스 번호가 11인 송신 패킷이 소실되었습니다.
5. 수신자는 12번과 13번 패킷을 수신했지만, 아직 11번 패킷을 받지 못했기에 수신된 두 패킷에 대해 11번 ACK로 응답합니다.
6. 송신측은 ACK 11을 중복해 받습니다.

중복 ACK 감지는 여러 가지 혼잡 방지 알고리즘에서도 활용됩니다.

---

[6] 주로 TIME_WAIT로 작성되기는(코딩되기는)하지만, RFC 793에는 TIME-WAIT으로 명시되어 있습니다.

재전송

다음은 TCP의 손실 패킷 탐지 및 재전송에 흔히 사용되는 메커니즘입니다.

- 타이머 기반 재전송(Timer-based retransmits): 특정 시간이 지남에도 패킷 확인 응답을 받지 못했을 때 패킷을 재전송합니다. 이 시간은 TCP 재전송 타임아웃(retransmit timeout)으로, 연결 왕복 시간에 기반해 동적으로 계산됩니다. 리눅스에서는 초기 재전송 시간이 최소 200ms(TCP_RTO_MIN)이며,[7] 후속 재전송에서는 지수 백오프 알고리즘(exponential backoff algorithm)에 따라 타임아웃이 2배가 되어 훨씬 느려질 것입니다.
- 빠른 재전송(Fast retransmits): 중복 ACK가 수신되면, TCP는 패킷이 드롭된 것으로 판단하고 즉시 재전송을 시작합니다.

성능을 더 좋게 하기 위해, 빠른 재전송과 같이 타이머 기반 재전송을 회피하는 별도의 메커니즘이 개발되었습니다. 다만, 이 경우 마지막으로 전송된 패킷이 손실될 경우 문제가 발생하는데, 중복 ACK를 감지하기 위한 후속 패킷이 없다는 것입니다. 앞서 나눈 예시에서 13번 패킷이 손실되는 경우를 생각해 보세요. 이 문제는 TLP(Tail Loss Probe, 종단 손실 탐지)를 통해 해결됐는데, TLP는 마지막 패킷 전송이 끝난 뒤 짧은 타임아웃 이후 추가 패킷을 전송함으로서 패킷 손실 탐지에 도움을 주는 방법입니다. [Dukkipati 13]

패킷 재전송은 혼잡 제어 알고리즘에 의해 스루풋이 조절될 수도 있습니다.

혼잡 제어

혼잡한 네트워크에서 성능을 유지하기 위해 혼잡 제어(Congestion Control) 알고리즘이 개발되었습니다. 몇몇 운영 체제(특히 리눅스 기반)에서는 시스템 튜닝의 일부로 알고리즘을 선택할 수 있게 되어 있습니다. 이들 알고리즘에는 다음과 같은 것들이 있습니다.

- Reno(리노): 세 번의 중복 ACK가 발생하면 혼잡 윈도(cwnd, congestion window)를 절반으로 줄이고, 느린 시작 임계값(ssthresh, slow start threshold)을 절반으로 줄이며, 빠른 재전송(fast retransmit) 및 빠른 회복(fast recovery)을 수행합니다.

---

[7] 이는 RFC 6298를 위반하는 것인데, 거기서는 최소 재전송 타임아웃을 1초로 규정하고 있습니다. [Paxson 11]

- Tahoe(타호): 세 번의 중복 ACK가 발생하면 혼잡 윈도를 1MSS(Maximum segment size, 최대 세그먼트 크기)로 설정하고 느린 시작 임계값을 절반으로 줄이며 빠른 재전송 및 느린 시작(slow start)을 수행합니다. (Tahoe와 Reno는 함께 개발되어 4.3BSD 배포판에 처음 포함되었습니다.)
- CUBIC(큐빅): 혼잡 윈도 크기를 조절하는데 큐빅 함수(cubic function)를 사용하며, 느린 시작(slow start)을 벗어나기 위해 '하이브리드 시작(hybrid start)' 함수를 사용합니다. 큐빅은 리노보다 더 공격적인 성향이 있습니다. 리눅스에서는 CUBIC을 기본 혼잡 제어 알고리즘으로 사용합니다.
- BBR: 다른 혼잡 제어 알고리즘처럼 윈도를 기반으로 하는 대신, BBR은 페이즈 프로빙(phase probing)을 사용해 네트워크 경로 특성(RTT 및 대역폭)에 대한 모델을 빌드합니다. BBR은 몇몇 네트워크 경로에서 극적으로 더 나은 성능을 제공할 수 있지만, 다른 경로에서는 성능이 떨어집니다. BBRv2가 현재 개발 중이며 v1의 몇 가지 단점을 수정하기로 되어있습니다.
- DCTCP: 데이터센터 TCP(DataCenter TCP)는 대역폭을 매우 짧은 시간만에 가용 범위까지 급격하게 끌어올리는 것이 가능한데, 이를 위해 스위치의 큐 점유율이 아주 낮더라도 ECN(Explicit Congestion Notification, 명시적 혼잡 통지) 마크를 내보내도록 스위치를 설정하는 것이 필요합니다. (RFC8257)[Bensley 17] 이러한 특성 때문에 DCTCP를 인터넷 환경에서 이용하는 건 부적합하지만, 적절하게 구성된 네트워크 환경에서는 성능을 눈에 띄게 향상시킬 수 있습니다.

이 외에도 베가스(Vegas), 뉴 리노(New Reno), 히블라(Hybla) 등 여기서 설명하지 않은 기타 알고리즘도 있습니다.

혼잡 제어 알고리즘은 네트워크 성능에 큰 차이를 만들 수 있습니다. 예를 들어, 넷플릭스 클라우드 서비스는 혼잡 제어 알고리즘으로 BBR을 사용할 경우 패킷 손실이 크게 발생하는 상황에서도 스루풋을 3배까지 향상시킬 수 있음을 발견하였습니다.[Ather 17] 이처럼 TCP 성능을 분석할 때는 다양한 네트워크 환경에서 이런 알고리즘들이 어떻게 동작하는지 이해하는 것이 매우 중요합니다.

2020년에 발표된 리눅스 5.6에서는 새로운 혼잡 제어 알고리즘을 BPF로 개발하기 위한 지원이 추가되었습니다.[Corbet 20] 이로 인해 사용자가 자신만의 혼잡 제어 알고리즘을 정의할 수 있으며 필요에 따라 동적으로 로드할 수 있습니다.

네이글

Nagle(네이글) 알고리즘(RFC 896)[Nagle 84]은 크기가 작은 패킷을 바로 전송하지 않고 더 많은 데이터가 도착하면 이들을 모아서 전송하게 함으로서, 네트워크를 오가는 작은 패킷의 개수를 줄입니다. 이 알고리즘은 파이프라인에 전송할 데이터가 남아있고, 이미 지연을 겪고 있는 경우에만 패킷의 전송을 늦춥니다.

시스템에서 튜닝 파라미터나 소켓 옵션을 사용해 네이글을 비활성화 시킬 수 있는 경우도 있습니다. 특히, 네이글이 지연 ACK와 충돌하는 경우 네이글을 비활성화 해야 할 필요가 있을 수도 있습니다(10.8.2절 "소켓 옵션" 참고).

지연 ACK

지연 ACK(delayed ACK) 알고리즘(RFC 1122)[Braden 89]은 ACK의 전송을 최대 500ms까지 미뤄서, 여러 ACK를 한꺼번에 묶어서 보냅니다. 다른 TCP 제어 메시지도 한데 묶어서 네트워크를 오가는 패킷 수를 줄일 수 있습니다.

네이글과 마찬가지로, 시스템은 이 동작을 비활성화시키기 위한 튜닝 파라미터를 제공할 수도 있습니다.

SACK, FACK, RACK

TCP SACK(selective acknowledgment, 선택적 승인) 알고리즘은 수신 측에서 송신 측에게 비연속적인 데이터 블록을 수신했음을 알려주는 기능입니다. 이 기능이 없다면, 패킷이 하나라도 손실될 경우 순차적인 ACK 방식을 유지하기 위해 전체 송신 윈도를 재송신해야 하는 경우가 생깁니다. 이는 TCP 성능에 악영향을 끼치는데, SACK를 지원하는 최근의 운영 체제는 대부분 이 같은 문제를 방지할 수 있습니다.

SACK를 확장한 것이 FACK(forward acknowledgments, 포워드 승인)인데, 리눅스는 이를 기본적으로 지원합니다. FACK는 추가 상태를 추적하고, 네트워크에서 처리하지 못한 데이터의 양을 더 잘 조절할 수 있어서 전체 성능을 더 향상시키게 됩니다.[Mathis 96]

패킷 손실 복구를 개선하기 위해 SACK과 FACK가 모두 사용됩니다. 이보다 더 최신의 알고리즘인 RACK(Recent ACKnowledgment, 최근 승인; TLP와 함께 사용해서 현재는 RACK-TLP라고 불림)은 ACK 시퀀스만 사용하기보다는 더 나은 손실 감지 및 복구를 위해 ACK의 시간 정보도 함께 활용합니다.[Cheng 20] FreeBSD용으로 넷플릭스는 RACK, TLP 및 기타 기능을 기반으로 새롭게 설계된 TCP 스택인 RACK을 개발하여 구현한 사례도 있습니다.[Stewart 18]

Initial Window

Initial window(이니셜 윈도, IW)는 연결 초기 단계에서 TCP 송신자가 첫 번째 ACK를 기다리기 전까지 송신할 수 있는 패킷의 수를 의미합니다. 일반적인 HTTP 연결 같은 짧은 플로(flow)에서는 IW의 크기가 송신할 데이터를 모두 포함할 만큼 충분히 크다면, 통신 완료 시간을 단축하여 성능을 크게 향상시킬 수 있습니다. 그렇지만 IW 크기가 커지면 혼잡과 패킷 드롭의 위험이 초래될 수 있습니다. 이런 문제는 특히 여러 flow가 동시에 시작될 때 더욱 가중됩니다.[8]

리눅스 기본값인 패킷 10개(IW10이라 부르기도 합니다)는 연결 속도가 느리거나 다수의 연결이 동시에 시작되는 환경에서는 과도하게 높은 값일 수 있습니다. 반면, 다른 운영 체제에서는 기본 IW 값을 2개(IW2) 또는 4개(IW4)로 설정하여 이러한 문제를 완화하고 있습니다.

UDP

사용자 데이터그램 프로토콜(User Datagram Protocol, UDP)은 **데이터그램**(datagram)이라고 하는 메시지를 네트워크를 통해 송신하는 인터넷 표준이며, 매우 흔히 사용됩니다.(RFC 768)[Postel 80] 성능 측면에서 볼 때 UDP에는 다음과 같은 특징이 있습니다.

- 단순성: 간단하고 작은 프로토콜 헤더를 사용하기 때문에 컴퓨팅이나 페이로드 크기 면에서 오버헤드가 적습니다.
- 상태 없음: 연결 및 전송에 상태 정보를 저장하지 않으므로 오버헤드가 낮습니다.
- 재송신 없음: TCP 연결에서 지연시간의 주요 원인이 되는 재송신이 없습니다.

UDP는 단순하고 성능이 우수하지만, 신뢰성을 보장하지 않기 때문에 데이터 유실이나 순서 변경 문제가 발생할 수 있습니다. 이러한 이유로 인해 UDP가 적절하지 않은 연결 유형이 많습니다. 또한 UDP에는 혼잡 제어도 없기 때문에 네트워크의

---

8 (옮긴이) 여러 연결이 동시에 시작되면, 각 연결이 IW 크기만큼의 패킷을 초기에 전송하기 때문에 순간적으로 트래픽이 몰려 네트워크 혼잡과 드롭 위험이 커진다는 뜻입니다.

혼잡을 늘리는 데 일조할 수 있습니다.

일부 서비스(NFS의 일부 버전 등)는 TCP 또는 UDP 중 하나를 선택하여 작동할 수 있으며, 데이터를 브로드캐스트 하거나 멀티캐스트 하는 서비스는 UDP만 사용해야 하는 경우도 있습니다.

UDP를 사용하는 주요한 예시로는 DNS가 있습니다. 최근에는 UDP의 단순성, 혼잡 제어의 부재 및 인터넷 환경의 특징(UDP는 주로 방화벽에 의해 차단되지 않음)으로 인해 UDP를 기반으로 하는 새로운 프로토콜들이 개발되고 있습니다. UDP를 기반으로 하는 프로토콜들은 자체적으로 혼잡 제어 및 기타 기능을 구현하며, 그중 QUIC이 대표적인 사례입니다.

QUIC 및 HTTP/3

QUIC은 구글의 짐 로스킨트(Jim Roskind)가 설계한 네트워크 프로토콜로, TCP 대비 고성능이며 지연시간이 짧고 HTTP과 TLS에 최적화되어 있습니다.[Roskind 12] QUIC는 UDP를 기반으로 하며 몇 가지 기능을 추가로 제공하는데, 이는 다음과 같습니다.

- 애플리케이션에서 지정한 스트림들을 개별 연결을 통해 전송하는 것이 아닌, 동일한 '연결'을 통해 다중 송신 가능.
- TCP처럼 신뢰할 수 있는 순차적 스트림 전송(stream transport) 기능을 가지고 있고, 각 서브스트림(substream)에서는 이 기능을 선택적으로 비활성화할 수 있습니다.
- 클라이언트의 네트워크 주소가 변경되더라도 연결 재개 가능(연결 ID(connection ID)에 대한 암호화된 인증을 기반으로 합니다).
- 페이로드 데이터의 완전 암호화(QUIC 헤더 포함).
- 0-RTT(Zero Round Trip Time) 만에 연결 핸드셰이크와 암호화를 완료(이전에 통신한 피어(peer)에 해당).

현재 QUIC은 크롬 웹 브라우저에서 활발히 사용되고 있습니다.

구글이 최초로 QUIC를 개발하기는 했지만, 국제 인터넷 표준화 기구(Internet Engineering Task Force, IETF)에서는 QUIC 프로토콜 자체와 HTTP를 QUIC 위에서 사용하는 설정(HTTP/3)을 각각 표준화하고 있습니다.

10.4.2 하드웨어

네트워킹 하드웨어에는 인터페이스, 컨트롤러, 스위치, 라우터, 방화벽 등이 있습니다. 비록 이 가운데 일부는 다른 담당자(네트워크 관리자)가 관리할 테지만 각각의 작동 방식을 이해하면 유용합니다.

인터페이스

물리적 네트워크 인터페이스는 네트워크에 연결된 상태에서 **프레임**(frames)이라고 하는 메시지를 송신하고 수신합니다. 이 인터페이스는 전기 신호, 광학 신호, 무선 신호 등을 처리하며, 전송 오류도 처리합니다.

인터페이스 유형은 2계층 표준을 따르며, 각각은 최대 대역폭을 제공합니다. 더 큰 대역폭을 제공하는 인터페이스가 가격은 비싸지만 지연시간이 더 짧습니다. 대역폭은 새로운 서버를 설계할 때 핵심 선택 사항 중 하나입니다. 서버의 가격과 원하는 네트워크 성능 사이에서 균형을 맞춰 선택해야만 합니다.

이더넷의 경우 케이블로는 구리선과 광케이블 중 선택할 수 있으며, 최대 속도로 1Gbit/s(1GbE), 10GbE, 40GbE, 100GbE, 200GbE, 400GbE를 선택할 수 있습니다. 이더넷 인터페이스 컨트롤러를 생산하는 제조사는 여럿 있는데, 현재 사용 중인 운영 체제에서 일부 제조사에 대한 드라이버를 지원하지 않을 수도 있습니다.

인터페이스 사용률은 현재의 스루풋을 교섭 결과로 채택된 대역폭으로 나눠서 측정할 수 있습니다. 대부분의 인터페이스는 송신과 수신 채널이 분리되어 있으며, 전이중 모드(full-duplex mode)로 동작할 경우 각 채널의 사용률을 따로따로 검토해야 합니다.

무선 인터페이스는 신호 강도가 약하거나 간섭이 발생할 경우 성능 저하 문제가 생길 수 있습니다.[9]

컨트롤러

물리적 네트워크 인터페이스는 네트워크 컨트롤러를 통해 시스템에 제공되는데, 이러한 컨트롤러는 시스템 보드에 내장되어 있거나, 별도의 확장 카드로 구성될 수 있습니다.

---

[9] 필자는 Linux Wi-Fi 신호 강도를 사람이 들을 수 있는 음역대로 바꾸는 BPF 소프트웨어를 개발해서 AWS re:Invent 2019 세션에서 시연했습니다.[Gregg 19b] 이번 장에 해당 소프트웨어를 소개하기는 했으나, 아직까지는 기업용이나 클라우드 환경에서 사용한 적은 없습니다.

이 컨트롤러는 마이크로 프로세서로 구동되며, I/O 트랜스포트(예: PCI)를 통해 시스템에 연결됩니다. 따라서 컨트롤러의 네트워크 스루풋이나 IOPS의 병목은 마이크로 프로세서나 I/O 트랜스포트에 의한 것일 수 있습니다.

예를 들어, 듀얼 10GbE 네트워크 인터페이스 카드를 2세대(Gen 2) 4채널 PCI 익스프레스(PCIe) 슬롯에 연결했다고 가정해 보겠습니다. 카드의 최대 송신 및 수신 대역폭은 $2 \times 10\text{GbE} = 20\text{Gbit/s}$이며, 양방향으로는 40Gbit/s입니다. 반면, 슬롯의 최대 대역폭은 $4 \times 4\text{Gbit/s} = 16\text{Gbit/s}$에 불과합니다. 따라서 양 포트의 네트워크 스루풋은 2세대 PCIe 대역폭의 크기로 제한되며, 이 경우 두 채널을 동시에 최대 대역폭으로 사용하는 것은 불가능합니다. (필자는 실제로 이러한 사례를 겪어 보았습니다!)

스위치와 라우터

스위치는 연결된 두 호스트가 서로 통신할 수 있는 전용 경로를 제공함으로써, 여러 호스트 간에 연결된 경로들이 서로 간섭하는 일 없이 동시에 데이터를 전송할 수 있도록 지원합니다. 스위치 기술이 등장하기 전에는 모든 패킷을 모든 호스트가 서로 공유하는 허브를 사용하였습니다(허브 이전에는 물리적으로 버스를 공유하는 두꺼운 이더넷 동축 케이블을 사용하였습니다). 허브에서처럼 회선을 공유하면 둘 이상의 호스트가 동시에 데이터를 송신하는 경우 경합이 생깁니다. 이러한 **충돌**을 감지하고 해결하기 위해 네트워크 인터페이스에서는 CSMA/CD(carrier sense multiple access with collision detection, 충돌 감지 다중 접근) 알고리즘을 이용합니다. 이 방식은 충돌이 감지되면 대기시간을 늘려가며 재전송을 시도해 결국에는 성공하도록 설계되었지만, 부하가 많을 경우 성능 저하가 심각했습니다. 스위치를 사용하면서부터 이런 일은 시대에 뒤떨어진 것이 되었습니다. 하지만 여전히 충돌 카운터를 제공하는 관측가능성 도구들이 있는데, 이 경우 보통 충돌은 (상호 교섭이나 잘못된 배선 등) 오류로 인해 발생한 것입니다.

라우터는 네트워크 사이에 패킷을 전달하며, 네트워크 프로토콜과 라우팅 테이블을 사용해 최적의 전달 경로를 결정합니다. 예를 들어, 두 도시 간 패킷을 전달하려면 십여 개 이상의 라우터와 기타 네트워크 장비를 거쳐야 할 수도 있습니다. 라우터와 경로는 보통 동적으로 업데이트되도록 설정되어, 네트워크 장애나 라우터 문제 발생 시 자동으로 대처할 수 있습니다(이 외에도 트래픽 부하 분산 목적을 위해 동적으로 업데이트됩니다). 그러나 이러한 동적 경로 설정은 특정 시점에 패킷이 어떤 경로를 지나는지 예측하기 어렵게 만듭니다. 여러 경로가 사용될 가능성이 있기 때문에 패킷이 순서대로 전달되지 않을 위험도 존재하며, 이는 TCP 성능 저하의 원인이 될 수 있습니다.

이처럼 네트워크의 복잡성 때문에 종종 네트워크가 성능 문제의 원인으로 지목되기도 합니다. 가령, 우리와 무관한 다른 호스트가 발생시킨 네트워크 부하로 송신 측과 수신 측 사이의 라우터가 포화 상태에 이른 것은 아닐까요? 이런 상황 때문에 네트워크 관리팀은 자신들이 관리하는 인프라에 문제가 없음을 증명해야 하는 일이 자주 발생합니다. 이를 증명하려면, 고급 실시간 감시 도구를 사용해서 모든 라우터나 관련 네트워크 구성 요소를 감시하고 문제가 없음을 입증해야 합니다.

라우터나 스위치에는 자체적인 버퍼와 마이크로프로세서가 내장되어 있으며, 부하가 많으면 이들이 성능 병목이 될 수도 있습니다. 극단적인 사례로, 초창기 10GbE 스위치 중 일부는 CPU 성능의 한계로 인해 모든 포트의 스루풋을 합했을 때 최대 11Gbit/s를 넘기지 못하는 경우도 있었습니다.

레이트 변환(rate transitions)이 발생하는 곳(대역폭 변환, 예: 10Gbps 링크가 1Gbps 링크로 변환)에는 흔히 스위치와 라우터가 있다는 것에 유의하세요. 이러한 변환이 발생할 때, 지나친 패킷 손실을 방지하기 위해 일정 수준의 버퍼링이 필요합니다. 하지만 많은 스위치와 라우터는 과도하게 버퍼링을 해서(10.3.6절 "버퍼링"의 버퍼블로트(bufferbloat) 문제 참고) 지연시간이 길어지게 됩니다. 이러한 문제는 더 나은 대기열 관리 알고리즘을 통해 해결할 수 있지만, 모든 네트워크 장치 제조사가 이를 지원하지는 않습니다. 한편, 송신 측에서 트래픽을 조절(페이싱, pacing)하면 트래픽이 폭발적으로 집중되는 것을 줄일 수 있으므로 대역폭 변환 문제를 완화할 수 있습니다.

방화벽

방화벽(firewall)은 사용자가 설정한 규칙(룰 셋)에 따라 허가된 통신만을 허용하여 네트워크 보안을 강화하는 데 주로 사용됩니다. 방화벽은 물리적인 네트워크 장치 형태로 존재하거나, 커널 소프트웨어 형태로 구현될 수도 있습니다.

하지만 방화벽은 성능 병목 지점이 될 수 있는데, 특히 스테이트풀(stateful)로 설정되었을 때 그렇습니다. 스테이트풀 규칙(stateful rules)은 각 연결에 대한 메타데이터를 저장하기 때문에, 많은 연결을 처리할 때 방화벽에 과도한 메모리 부하가 발생할 수 있습니다. 이는 DoS 공격(denial of service attack, 서비스 거부 공격)으로 대량의 연결이 방화벽을 과부시킬 때 발생할 수 있습니다. 또한 아웃바운드 연결의 비율이 높을 때도 발생할 수 있는데, 아웃바운드 연결 역시 유사한 연결 트래킹(connection tracking)을 필요로 하기 때문입니다.

방화벽은 주로 맞춤형 하드웨어나 소프트웨어로 구현되기 때문에, 이를 분석할 수 있는 도구는 방화벽 제품마다 다릅니다. 이에 대한 자세한 내용은 각 제품의 문서를 참조하세요.

최근에는 상용 하드웨어 기반 방화벽을 구현할 때 확장 BPF를 점점 많이 사용하는데, 이는 성능, 프로그래밍 가능성, 사용 용이성 및 비용 측면에서 뛰어나기 때문입니다. 페이스북[Deepak 18], 클라우드플레어(Cloudflare)[Majkowski 18], 실리움(Cilium)[Cilium 20a]과 같은 기업들은 BPF를 기반으로 한 방화벽 및 DDoS 솔루션을 채택하고 있습니다.

만약 여러분이 성능 테스트를 진행하고 있다면, 방화벽 때문에 일이 약간 복잡해질 수 있습니다. 가령, 문제 해결을 위해 대역폭 테스트를 진행해야 하는데 방화벽에 의해 차단되었다면, 해당 연결을 허용하기 위해 (보안 부서와 협의해서) 방화벽 규칙을 수정해야 할 수도 있습니다.

기타 요소들

여러분의 환경에 허브, 브리지, 리피터, 모뎀 등의 다른 물리적 네트워크 장치가 있을 수도 있습니다. 이 장치들 역시 네트워크 성능 병목이나 패킷 드롭의 원인이 될 수 있습니다.

10.4.3 소프트웨어

네트워킹 소프트웨어는 네트워크 스택, TCP, 장치 드라이버 등으로 구성됩니다. 이 절에서는 성능과 관련된 내용을 다룹니다.

네트워크 스택

네트워크 스택은 운영 체제의 유형, 버전, 사용하는 프로토콜과 인터페이스에 따라 구성 요소와 계층이 달라질 수 있습니다. 그림 10.7은 일반적인 모델의 소프트웨어 구성 요소를 보여줍니다.

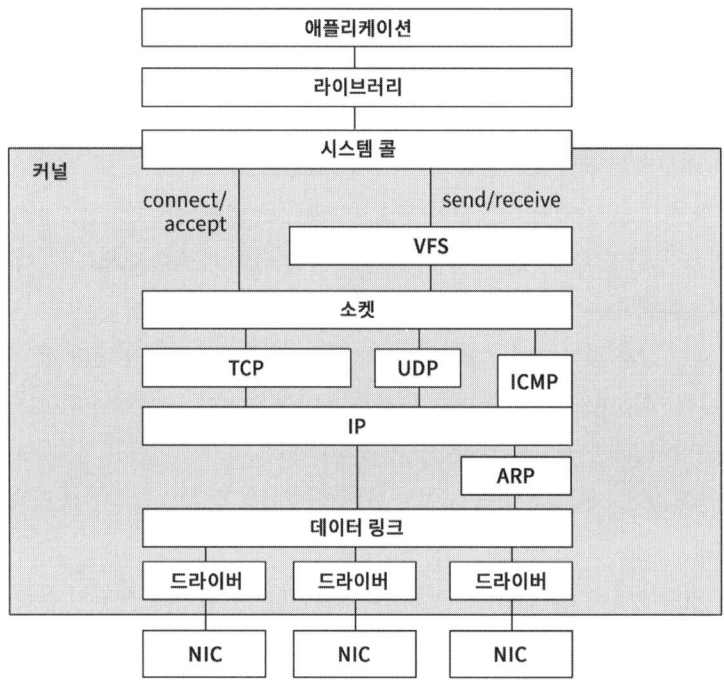

그림 10.7 일반적인 네트워크 스택

현대의 커널은 네트워크 스택을 멀티스레드 구조로 구성하여, 수신한(외부에서 들어온) 패킷을 여러 CPU에서 병렬로 처리할 수 있습니다.

리눅스

그림 10.8은 리눅스 네트워크 스택을 보여줍니다. 여기에는 소켓 송신/수신 버퍼와 패킷 큐가 함께 설명되고 있습니다.

   리눅스에서 네트워크 스택은 핵심 커널 구성 요소이며, 장치 드라이버는 별도의 모듈로 제공됩니다. 패킷은 이 구성 요소들 사이를 struct sk_buff(소켓 버퍼) 자료구조 형태로 전달됩니다. 참고로, 그림에는 표현되지 않았지만 IP 계층에서도 패킷 재조립을 위한 큐잉이 존재할 수 있습니다.

   이어지는 절에서는 성능과 관련된 리눅스 구현 세부사항인 TCP 연결 큐, TCP 버퍼링, 큐잉 정책(queuing discipline), 네트워크 장치 드라이버, CPU 스케일링(scaling), 커널 우회(kernel bypass) 등에 대해 설명합니다. TCP 프로토콜은 앞 절에서 설명했습니다.

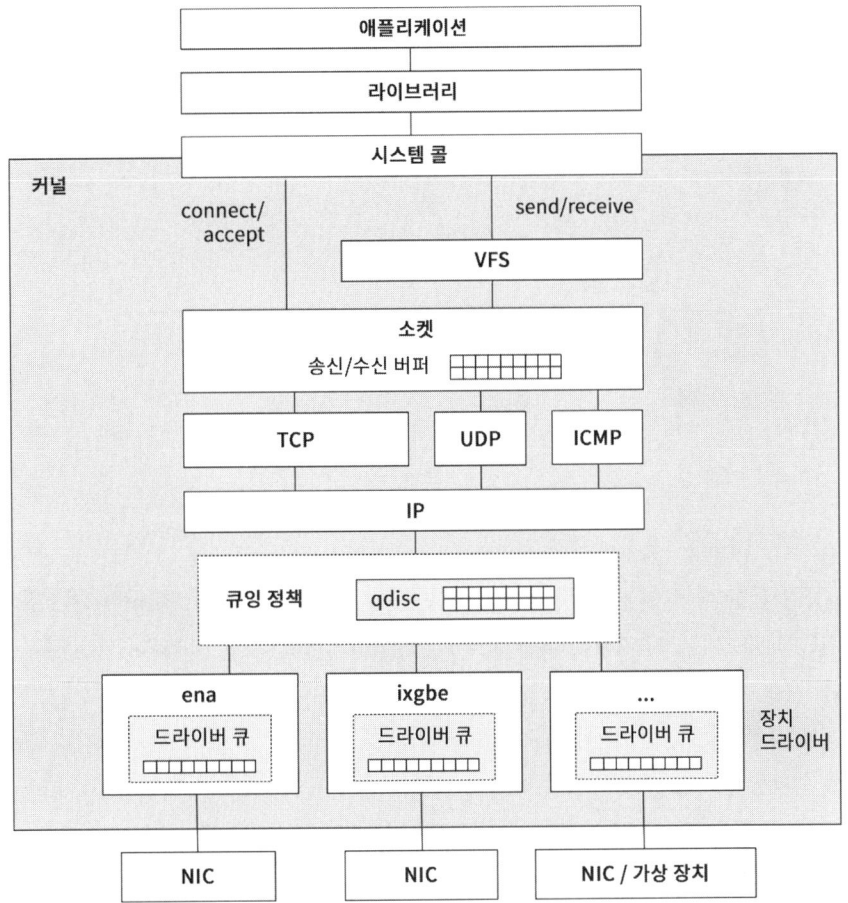

그림 10.8 리눅스 네트워크 스택

TCP 연결 큐

동시다발적으로 들어오는 연결은 백로그 큐를 통해 처리됩니다. 백로그 큐는 두 가지로 나뉘는데, 하나는 TCP 핸드셰이크가 완료되기 전 상태인 불완전한 연결을 위한 큐이고(이를 SYN **백로그**라 합니다), 다른 하나는 애플리케이션이 수락하기를 기다리는 연결 완료된 세션의 큐입니다(listen **백로그**라고 합니다). 그림 10.9는 이것들을 보여줍니다.

초기 버전의 커널에서는 큐를 하나만 사용했고, SYN 플러드(SYN flood) 공격에 취약했습니다. SYN 플러드란 DoS 공격의 하나로, 공격자가 가짜 IP 주소를 이용해 listen 상태의 TCP 포트에 대량의 SYN 요청을 보내는 것입니다. 이렇게 되면 TCP 핸드셰이크를 기다리게 되는 패킷이 백로그 큐에 가득 차게 되며, 정상적인 클라이

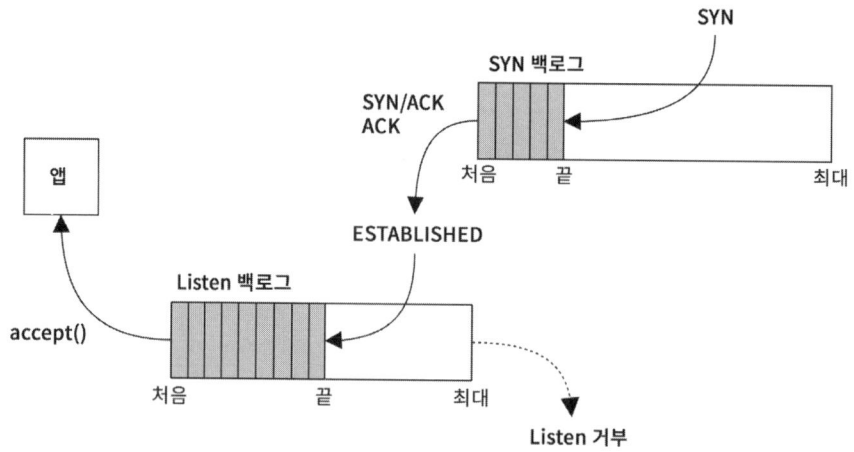

그림 10.9 TCP 백로그 큐

언트가 접속하는 것을 방해합니다.

이 문제를 해결하기 위해 최신 커널은 두 개의 큐를 사용합니다. 첫 번째 큐는 잠재적인 가짜 연결을 분리하는 대기 장소로 사용하고, 각 연결이 실제로 수립된 경우에만 두 번째 큐로 옮겨갈 수 있습니다. 첫 번째 큐는 SYN 플러드를 모두 흡수할 만큼 길게 설정할 수 있으며, 최소한의 메타데이터만 저장하도록 최적화할 수 있습니다. SYN 쿠키를 사용하면 첫 번째 큐를 우회하는데, SYN 쿠키는 클라이언트가 이미 인증되었음을 나타내기 때문입니다.

각 큐의 길이는 개별적으로 튜닝할 수 있습니다(10.8 "튜닝" 참고). 가령 두 번째 큐의 길이는 애플리케이션에서 listen(2) 호출 시 backlog 인자를 통해 설정할 수 있습니다.

TCP 버퍼링

데이터 스루풋은 소켓마다 수신과 송신 버퍼를 두는 방식으로 개선될 수 있습니다. 그림 10.10은 이들을 보여줍니다.

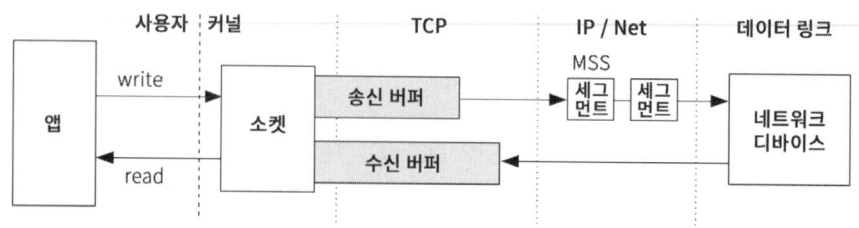

그림 10.10 TCP 송신과 수신 버퍼

송신과 수신 버퍼의 크기는 튜닝 가능합니다. 더 큰 크기를 사용하면 스루풋 성능은 나아지지만 연결마다 사용하는 메모리 크기는 더 커집니다. 서버가 송신이나 수신 중 어느 한쪽을 더 많이 수행할 것으로 예상된다면 두 버퍼 중 한쪽을 더 크게 설정할 수 있습니다. 리눅스 커널은 연결 상태와 활동량에 따라 이 버퍼들의 크기를 동적으로 조절할 수도 있으며, 이에 대한 최소, 기본, 최댓값 역시 튜닝 가능합니다.

세그먼테이션 오프로드: GSO와 TSO

네트워크 장치와 네트워크는 최대 세그먼트 크기(maximum segment size, MSS)만큼의 패킷 크기를 허용하는데, 이 크기는 따로 설정하지 않는 한 1,500Byte에 불과할 정도로 작습니다. 작은 패킷을 여러 개 전송할 경우 발생하는 네트워크 스택의 오버헤드를 줄이기 위해 리눅스는 GSO(generic segmentation offload, 범용 세그먼테이션 오프로드)를 사용합니다. GSO는 최대 64KB 크기의 '슈퍼 패킷(super packet)'을 생성해 전송하며, 네트워크 장치로 전달되기 직전에 MSS 크기 세그먼트로 나누어 전송합니다. 만약 NIC와 드라이버가 TSO(TCP segmentation offload, TCP 세그먼테이션 오프로드)를 지원한다면, GSO는 패킷을 쪼개는 작업을 장치에 위임함으로써 네트워크 스택 스루풋을 더 향상시킬 수 있습니다.[10] GSO에 상응하는 GRO(generic receive offload, 범용 수신 오프로드)라는 것도 있습니다.[11][Linux 20i] GRO와 GSO는 커널 소프트웨어로 구현되며, TSO는 NIC 하드웨어에서 구현됩니다.

큐잉 정책

큐잉 정책(Queueing Discipline)은 트래픽 분류(traffic classification, tc), 스케줄링, 패킷 조작(manipulation), 필터링 및 네트워크 패킷의 셰이핑(shaping)을 관리하기 위한 선택적 계층입니다. 리눅스는 다양한 큐잉 정책 알고리즘(queueing discipline algorithms, qdisc)을 제공하며, 이는 tc(8) 명령어로 설정할 수 있습니다. 각 큐잉 정책은 매뉴얼 페이지를 가지고 있기 때문에, man(1) 명령어를 사용해 목록을 확인할 수 있습니다.

---

10 몇몇 네트워크 카드는 TCP/IP 프로토콜 처리의 일부 또는 전체를 네트워크 카드에서 처리할 수 있도록 하는 TCP 오프로드 엔진(TCP offload engine, TOE)을 제공합니다. 리눅스는 보안, 복잡성 그리고 성능 등 여러 가지 이유로 TOE를 지원하지 않습니다.[Linux 16]
11 GSO와 GRO에 대한 UDP 지원이 2018년에 리눅스에 추가되었는데, QUIC이 주요 활용 사례입니다.[Bruijn 18]

```
# man -k tc-
tc-actions (8)          - independently defined actions in tc
tc-basic (8)            - basic traffic control filter
tc-bfifo (8)            - Packet limited First In, First Out queue
tc-bpf (8)              - BPF programmable classifier and actions for ingress/egress
queueing disciplines
tc-cbq (8)              - Class Based Queueing
tc-cbq-details (8)      - Class Based Queueing
tc-cbs (8)              - Credit Based Shaper (CBS) Qdisc
tc-cgroup (8)           - control group based traffic control filter
tc-choke (8)            - choose and keep scheduler
tc-codel (8)            - Controlled-Delay Active Queue Management algorithm
tc-connmark (8)         - netfilter connmark retriever action
tc-csum (8)             - checksum update action
tc-drr (8)              - deficit round robin scheduler
tc-ematch (8)           - extended matches for use with "basic" or "flow" filters
tc-flow (8)             - flow based traffic control filter
tc-flower (8)           - flow based traffic control filter
tc-fq (8)               - Fair Queue traffic policing
tc-fq_codel (8)         - Fair Queuing (FQ) with Controlled Delay (CoDel)
[...]
```

리눅스 커널은 pfifo_fast를 기본 qdisc로 설정하는 반면, systemd은 보다 적극적으로 fq_codel을 기본 qdisc로 설정해 잠재적인 버퍼블로트(bufferbloat)를 완화하려고 합니다. 다만, 이로 인해 qdisc 계층이 약간 더 복잡해질 수 있습니다.

BPF는 BPF_PROG_TYPE_SCHED_CLS 및 BPF_PROG_TYPE_SCHED_ACT 유형의 프로그램을 통해 이 계층의 기능을 확장할 수 있습니다. 이러한 BPF 프로그램은 커널의 ingress(수신) 및 egress(송신) 지점에 연결되어, 패킷 필터링, 맹글링(mangling), 포워딩 작업을 수행할 수 있습니다. 이는 로드 밸런서와 방화벽에서 활용되는 방법이기도 합니다.

네트워크 장치 드라이버

네트워크 장치 드라이버에는 보통 커널 메모리와 NIC 사이에 패킷을 보내고 받기 위한 추가 버퍼(보통 링 버퍼)가 있습니다. 그림 10.8에는 드라이버 큐로 표현되어 있습니다.

네트워크가 고속화되며, 이제는 일반적이 된 **인터럽트 병합 모드**(interrupt coalescing mode)라는 성능 향상 기법도 있습니다. 이 방법에서는 패킷이 도착할 때마다 커널에 인터럽트를 발생시키는 대신, 타이머(폴링)나 일정한 개수의 패킷이 쌓였을 경우에만 인터럽트를 발생시킵니다. 이로 인해 커널과 NIC 간 통신 빈도를 줄이고, 그에 따라 더 큰 전송 데이터를 버퍼링할 수 있게 됩니다. 따라서 약간의 지연시간을 대가로 더 좋은 스루풋을 달성할 수 있습니다.

리눅스 커널은 이러한 인터럽트 부하를 줄이기 위해 NAPI(new API, 새로운 API) 프레임워크를 사용합니다. NAPI는 낮은 패킷 속도에서는 인터럽트를 활성화하고 (패킷 처리는 softirq를 통해 스케줄링됩니다), 높은 패킷 속도에서는 인터럽트를 비활성화하고 폴링(polling) 방식을 사용해 인터럽트 병합을 허용합니다.[Corbet 03] [Corbet 06b] 이를 통해 작업 부하에 따라 낮은 지연시간이나 높은 스루풋을 제공할 수 있습니다. NAPI의 또 다른 특징은 다음과 같습니다.

- 패킷 스로틀링(packet throttling): 패킷이 너무 많이 들어와 시스템이 과부화되기 전에 네트워크 어댑터에서 패킷을 조기 드롭할 수 있도록 합니다.
- 인터페이스 스케줄링(interface scheduling): 폴링 사이클에서 처리할 수 있는 버퍼의 양을 네트워크 대역폭 할당량(quota)으로 제한하여, 부하가 큰 네트워크 인터페이스 간의 공정성을 보장합니다. (네트워크 대역폭 할당량(quota) 옵션을 사용해야 합니다)
- SO_BUSY_POLL 소켓 옵션 지원: 소켓에서 CPU가 **바쁜 대기**(busy wait) 상태(이벤트 발생 시까지 스핀)로 대기하도록 하여, 사용자 레벨 애플리케이션이 네트워크 수신 지연시간을 줄일 수 있도록 합니다.[Dumazet 17a]

특히, 인터럽트 병합은 가상 머신 네트워크 성능을 크게 향상시킬 수 있으며, AWS EC2의 ena 네트워크 드라이버도 이 기법을 사용합니다.

NIC 송신 및 수신

송신 패킷의 경우 전송할 패킷이 준비되면 NIC에 통지되고, NIC는 효율성을 위해 직접 메모리 접근(direct memory access, DMA)을 통해 커널 메모리에서 패킷(프레임)을 읽어 갑니다. NIC는 DMA 패킷을 관리하기 위해 송신 디스크립터를 사용하는데, 사용할 수 있는 여분의 디스크립터가 없다면 네트워크 스택은 전송을 멈추고 NIC가 처리를 완료할 때까지 대기합니다.[12]

수신 패킷의 경우 NIC는 DMA를 사용해서 패킷을 커널 링 버퍼 메모리에 저장한 뒤, 인터럽트를 통해 커널에 이를 알립니다(일부 인터럽트는 병합될 수 있습니다).

---

12 BQL(Byte Queue Limits, 바이트 큐 제한)에 대해서는 724쪽 "기타 최적화(Other Optimizations)"에서 설명하고 있는데, 보통 TX 디스크립터가 고갈되지 않게 합니다.

이후 인터럽트는 softirq를 통해 패킷을 네트워크 스택으로 전달하고 추가 처리를 진행합니다.

CPU 스케일링

패킷과 TCP/IP 스택을 여러 CPU에서 처리하도록 하면 패킷 송수신율을 높일 수 있습니다. 리눅스는 이러한 작업을 지원하기 위해 여러 가지 다중 CPU 패킷 처리 방식을 제공합니다(자세한 내용은 Documentation/networking/scaling.txt을 참고하세요).

- RSS(Receive Side Scaling, 수신 측 스케일링): 최신 NIC는 다중 큐를 지원하며, 패킷을 해시(hash)하여 서로 다른 큐로 전달할 수 있습니다. 이러한 큐는 각기 다른 CPU에서 처리되며, 해당 CPU를 직접 인터럽트 합니다. 패킷 해시는 IP 주소와 TCP 포트 번호를 기반으로 하고 있기 때문에, 동일한 연결의 패킷들은 항상 동일한 cpu에서 처리됩니다.[13]

- RPS(Receive Packet Steering, 수신 패킷 스티어링): 다중 큐를 지원하지 않는 NIC에서도 RSS와 유사한 동작을 소프트웨어 방식으로 구현할 수 있습니다. 이 방식은 짧은 인터럽트 서비스 루틴을 사용해 인바운드 패킷을 처리할 CPU를 매핑합니다. 패킷을 CPU에 매핑하는데 앞의 예시와 유사하게 패킷 헤더에 있는 필드를 기반으로 한 해시를 사용할 수 있습니다.

- RFS(Receive Flow Steering, 수신 플로 스티어링): RPS와 유사하지만, 패킷 처리를 이전에 해당 소켓이 실행되었던 CPU에서 이루어지도록 하여 affinity(친화도)를 높이고, 이를 통해 CPU 캐시 적중률과 메모리 지역성(locality)을 향상시킵니다.

- aRFS(Accelerated Receive Flow Steering, 가속된 수신 플로 스티어링): RFS의 하드웨어 구현 버전으로, 이를 지원하는 NIC에서 동작합니다. aRFS는 플로 정보를 NIC에 업데이트하여, NIC가 어떤 CPU에 인터럽트를 발생시킬지 결정할 수 있도록 합니다.

- XPS(Transmit Packet Steering, 송신 패킷 스티어링): 다중 송신 큐를 지원하는

---

[13] 넷플릭스의 FreeBSD CDN은 RSS를 사용해서 TCP LRO(large receive offload, 대규모 수신 오프로드)를 지원하는데, 이는 동일한 연결에 대한 패킷들을 합쳐질(aggregate) 수 있도록 하며 심지어 다른 패킷들로 분리되어 있어도 합쳐질 수 있도록 합니다.[Gallatin 17]

NIC에서, 각 송신 큐를 여러 CPU에 분배하여 송신을 처리할 수 있도록 지원합니다.

네트워크 패킷에 대한 CPU 로드 밸런싱 전략이 없다면 NIC는 하나의 CPU만 인터럽트 할 수 있을 것이고, 해당 CPU의 사용률이 100%에 다다르게 되면 병목 현상이 발생할 것입니다. 이러한 현상은 단일 CPU에서 높은 softirq CPU 시간으로 확인할 수 있습니다(예: 리눅스 mpstat(1) 사용: 6.6.3절 "mpstat" 참고). 이러한 현상은 특히 로드 밸런서나 프락시 서버(예: nginx)에서 주로 발생할 수 있는데, 이 SW들의 워크로드 특성상 인바운드 패킷률이 높기 때문입니다.

RFS처럼 캐시 일관성과 같은 요소를 고려하여 인터럽트를 CPU에 매핑하게 되면, 네트워크 성능을 크게 향상시킬 수 있습니다. 또한 irqbalance 프로세스를 사용하여 인터럽트 요청(IRQ)을 여러 CPU에 적절히 분배해서도 네트워크 성능을 개선할 수 있습니다.

커널 우회

그림 10.8은 TCP/IP 스택에서 패킷이 가장 일반적으로 처리되는 경로를 보여줍니다. 하지만 더 높은 패킷 입출력 속도와 성능을 위해 커널 네트워크 스택을 우회(bypass)하는 다른 방법도 있습니다. 대표적인 예로 DPDK(Data Plane Development Kit, 데이터 플레인 개발 킷)를 들 수 있습니다. DPDK를 사용하면 애플리케이션이 사용자 공간에서 자체적으로 네트워크 프로토콜을 구현해야 하며(커널을 우회했기 때문에), DPDK 라이브러리와 커널의 UIO(user space I/O, 사용자 공간 I/O) 또는 VFIO(virtual function I/O, 가상 함수 I/O) 드라이버를 통해 네트워크 드라이버와 데이터를 직접 주고받아야 합니다. 이 방식은 NIC 메모리에 직접 접근하여 패킷 데이터를 복사하는 비용을 줄임으로써 성능을 최적화할 수 있습니다.

XDP(eXpress Data Path, 고속 데이터 경로) 기술도 네트워크 패킷을 처리하는 또 다른 방법입니다. XDP는 기존 커널 네트워크 스택의 상위 계층(IP/TCP 등)을 거치지 않고, NIC 드라이버 단계(L2 수준)에서 패킷을 바로 처리할 수 있는 지름길을 제공합니다. 이 경로는 확장 BPF를 통해 프로그래밍 가능하며, 네트워크 데이터 처리 속도를 크게 개선할 수 있습니다.[Høiland-Jørgensen 18] (현재 DPDK는 패킷 수신에 XDP를 지원하며, 일부 기능을 커널에서 처리하도록 통합하는 방향으로 확장되고 있습니다.[DPDK 20])

커널 네트워크 스택 우회를 사용하면 기존 도구와 지표를 사용해서 계측할 수 없는데, 그 이유는 해당 성능 카운터와 트레이싱 이벤트도 우회되기 때문입니다. 이로 인해 성능 분석이 더 어렵게 됩니다.

커널 네트워킹 스택을 완전히 우회하지 않으면서도 데이터 복사에 따른 비용을 줄이는 방법도 있는데, send(2)의 MSG_ZEROCOPY 플래그나 mmap(2)를 통한 zero-copy 수신 방식을 사용할 수 있습니다.[Linux 20c][Corbet 18b]

기타 최적화

리눅스 네트워크 스택에서는 성능을 높이기 위해 사용되는 다른 알고리즘도 있습니다. 그림 10.11은 TCP 송신 경로의 주요 최적화 기법을 보여줍니다(이들 중 다수는 tcp_write_xmit() 커널 함수에서 호출됩니다).

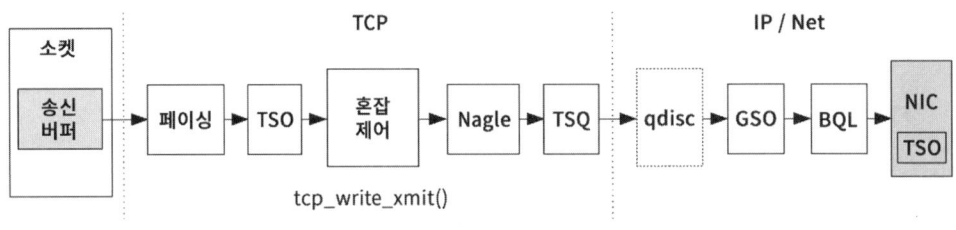

그림 10.11 TCP 송신 경로

이들 알고리즘과 구성 요소 중 일부는 앞서 언급했습니다(예: 소켓 송신 버퍼, TSO[14], 혼잡 제어, Nagle, qdisc). 이 외에도 다음과 같은 최적화 방법이 있습니다.

- 페이싱(Pacing): 패킷 송신 간의 간격을 조정(분산)하여 성능에 악영향을 끼치는 버스트가 발생하지 않도록 방지합니다. 이는 TCP 마이크로 버스트(micro-burst)로 인해 발생할 수 있는 큐잉 지연이나, 심한 경우 네트워크 스위치에서 패킷이 드롭되는 문제를 줄이는 데 도움이 됩니다. 또한 여러 엔드포인트가 동시에 한 곳으로 데이터를 송신할 때 발생하는 인캐스트(incast) 문제를 완화하는 데도 유용합니다.[Fritchie 12]

---

14 다이어그램에서 확인할 수 있듯이 TSO는 두 군데에서 사용될 수 있습니다. 첫 번째는 페이싱 이후 슈퍼 패킷(GSO)을 빌드하기 위한 과정에서 사용될 수 있고, 그 다음은 마지막 패킷 세그먼테이션(segmentation)을 위해 NIC에서 사용될 수 있습니다.

- TSQ(TCP Small Queues, TCP 대기시간이 짧은 큐): 버퍼블로트(bufferbloat)[15]와 같은 문제가 발생하지 않도록 네트워크 스택에서 대기하는 데이터 양을 조절(감소)합니다.[Bufferbloat 20]
- BQL(Byte Queue Limits, 바이트 큐 제한): 드라이버 큐의 크기를 기아(starvation) 현상이 발생하지 않을 만큼 충분히 키우는 동시에, 대기 중인 패킷의 최대 지연시간을 줄이고 NIC TX 디스크립터가 소진되지 않을 만큼 작게 조절하여, 큐의 크기를 적정하게 자동으로 조정합니다.[Hrubý 12] BQL은 필요할 경우 패킷들이 드라이버 큐에 추가되는 것을 잠시 중단시키기도 합니다. 리눅스 3.3에 추가되었습니다.[Siemon 13]
- EDT(Earliest Departure Time, 조기 출발 시간): NIC로 보내질 패킷을 정렬하기 위해 큐 대신 타이밍 휠(timing wheel)을 사용합니다. 여기서는 패킷마다 타임스탬프들이 설정되는데, 설정되는 방법은 정책과 패킷 레이트 설정에 따라 달라집니다. 리눅스 4.20에 추가되었으며, BQL 및 TSQ와 유사한 기능을 제공합니다.[Jacobson 18]

이러한 알고리즘은 종종 성능을 향상시키기 위해 조합해 사용합니다. 예를 들어, TCP 송신 패킷은 NIC에 도달하기 전에 혼잡제어, TSO, TSQ, 페이싱, 큐잉 정책 중 하나 또는 여러 개를 거쳐 처리될 수 있습니다.[Cheng 16]

10.5 방법론

이번 절에서는 네트워크 분석과 튜닝을 위한 여러 방법론에 대해 다룹니다. 표 10.2에 다룰 주제들이 요약되어 있습니다.

표 10.2 네트워크 성능 분석 방법론

절	방법론	유형
10.5.1	도구 방법론	관찰적 분석
10.5.2	USE 방법론	관찰적 분석
10.5.3	워크로드 특성화	관찰적 분석, 용량 계획
10.5.4	지연시간 분석	관찰적 분석

(다음 쪽에 이어짐)

---

15 (옮긴이) 버퍼블로트는 특히 와이파이나 모바일 네트워크처럼 링크 대역폭 변동이 큰 환경에서 자주 발생합니다. 이러한 경우 지나치게 큰 버퍼가 패킷을 제때 비우지 못해 RTT가 길어지고, 대화형 서비스(예: VoIP, 화상 통화)의 품질에 직접적인 영향을 줄 수 있습니다.

10.5.5	성능 모니터링	관찰적 분석, 용량 계획
10.5.6	패킷 스니핑	관찰적 분석
10.5.7	TCP 분석	관찰적 분석
10.5.8	정적 성능 튜닝	관찰적 분석, 용량 계획
10.5.9	리소스 제어	튜닝
10.5.10	마이크로 벤치마킹	실험적 분석

더 많은 전략과 이들에 대한 소개는 2장 "방법론"을 참조하세요.

이러한 방법론은 개별적으로 실행할 수도 있고 조합하여 활용할 수도 있습니다. 필자는 성능 모니터링, USE 방법론, 정적 성능 튜닝, 워크로드 특성화의 순서를 따르는 것을 권장합니다.

10.6절 "관측가능성 도구"에서는 이런 방법론에 적용할 수 있는 운영 체제 도구를 다룹니다.

10.5.1 도구 방법론

도구 방법론은 사용 가능한 도구들을 순차적으로 점검하며 각 도구가 제공하는 주요 지표를 검토하는 방식입니다. 그러나 이 방법은 도구가 제공하지 않거나 부족하게 제공하는 지표를 간과할 수 있고, 전체 수행에 시간이 오래 걸릴 수 있다는 단점이 있습니다.

네트워크 분석에서 도구 방법론을 사용할 경우, 다음과 같은 도구를 검토해 보아야 합니다.

- nstat/netstat -s: 재전송이나 순서가 어긋난 패킷의 출현 빈도가 높은지 살펴보세요. '높은' 재전송 비율의 기준은 클라이언트에 따라 다릅니다. 인터넷을 통해 (불안정한) 원격 클라이언트들이 접속하는 시스템은 같은 데이터센터 내에 있는 내부 시스템에 연결한 클라이언트보다 더 높은 재전송률을 보일 것입니다.
- ip -s link/netstat -i: '오류(error)', '드롭(dropped)', '오버런(overrun)' 등의 인터페이스 오류 카운터를 살펴보세요.
- ss -tiepm: 소켓의 상태와 관련 수치를 확인하고, 특정 소켓에서 병목 현상을 유발할 수 있는 제한 요소들을 확인하세요.
- nicstat/ip -s link: 송신이나 수신한 바이트 전송량을 확인하세요. 스루풋이 낮다면 인터페이스 교섭 시 설정된 연결 속도가 원인일 수 있으며, 외부 네트워크

스로틀링이 영향을 줄 가능성도 있습니다. 또한 시스템 내 네트워크 사용자 간의 경합이나 지연도 스루풋 저하의 원인이 될 수 있습니다.

- tcplife: TCP 세션의 프로세스 세부 정보, 지속시간(수명), 스루풋 통계를 살펴보세요.
- tcptop: 실시간으로 상위 TCP 세션을 모니터링하세요.
- tcpdump: 이 도구는 CPU와 저장 공간을 많이 소모할 수 있지만, 단기간 사용하는 경우 비정상적인 네트워크 트래픽이나 프로토콜 헤더를 파악하는데 유용합니다.
- perf(1)/BCC/bpftrace: 애플리케이션과 네트워크 간 특정 지점을 선택해 패킷을 들여다 보거나 커널 상태를 관찰할 수 있습니다.

문제를 발견하면 상황을 정확히 이해하기 위해 사용할 수 있는 모든 도구의 필드를 검토해 보세요. 도구별 세부 정보는 10.6절 "관측가능성 도구"에서 확인할 수 있습니다. 필요에 따라 다른 방법론을 병행하여 다양한 문제를 식별할 수도 있습니다.

10.5.2 USE 방법론

USE 방법론은 모든 구성 요소 사이의 병목과 오류를 빠르게 찾아보는데 사용할 수 있습니다. 각 네트워크 인터페이스와 모든 전송 방향(즉, 송신(TX)과 수신(RX))마다 다음을 검토해 보세요.

- 사용률(Utilization): (측정 시간 중) 인터페이스가 프레임을 보내거나 받느라고 작업한 시간을 의미합니다.
- 포화도(Saturation): 인터페이스를 전부(완전히) 사용하고 있어 발생하는 추가 대기, 버퍼링, 블로킹의 정도를 말합니다.
- 오류(Errors): 수신의 경우 잘못된 체크섬, 너무 짧거나(데이터 링크 헤더 크기보다도 더 작은 경우), 긴 프레임, 충돌(스위치를 사용한 네트워크에서는 잘 발생하지 않을 것임) 등을 보며, 송신의 경우 (회선 문제로 인한) 늦은 충돌(late collision)[16]을 살펴보세요.

가장 먼저 오류를 검토해 보는 것이 좋습니다. 보통 오류가 있는지 알아보는 것이 가장 빠르고 해석하기도 쉽기 때문입니다.

---

16 (옮긴이) 패킷의 첫 64Byte가 전송된 이후에 발생하는 충돌을 의미합니다. (일반적으로 이더넷의 경우 프레임 전송이 완료되기 전에 충돌이 발생합니다.)

사용률의 경우에는 운영 체제나 감시 도구가 이 수치를 직접적으로 제공하는 경우는 별로 없습니다(nicstat(1)은 예외). 보통 현재의 스루풋을 각 방향(RX, TX)에 대해 교섭된 현재 (최대) 속도로 나눠서 계산할 수 있습니다. 현재 스루풋은 초당 바이트 전송량으로 측정해야 하며, 이때 모든 프로토콜 헤더를 포함시킨 크기여야 합니다.

일부 클라우드 컴퓨팅 환경처럼 네트워크 대역폭 제한(리소스 제어)을 설정할 수 있는 환경이라면 네트워크 사용률을 물리적 한계와 별도로 설정한 한계값을 기준으로 측정해야 할 수도 있습니다.

네트워크 인터페이스의 포화는 측정하기 어렵습니다. 가령 버퍼링을 사용한다고 해서 포화라고 보기는 어려운데, 애플리케이션이 인터페이스의 송신 속도보다 훨씬 더 빠르게 데이터를 보낼 수 있기 때문에 일부 네트워크 버퍼링은 일반적인 현상이라 볼 수 있습니다. 포화는 애플리케이션 스레드가 네트워크 송신 시 블록된 시간을 가지고 측정할 수 있는데, 포화도가 높아지면 이 블록 시간이 증가할 것이기 때문입니다. 이 외에도 인터페이스 포화와 밀접한 연관이 있는 커널 통계 지표가 있는지 찾아보세요. 리눅스의 '오버런(overrun)'이 그 사례입니다. 참고로 리눅스는 BQL을 사용해 NIC 큐 크기를 제한하기도 하는데, 이렇게 하면 NIC 포화를 피할 수 있습니다.

TCP 수준의 재전송은 네트워크 포화를 나타내는 지표가 될 수 있으며, 보통 통계 지표에 많이 들어있습니다. 하지만 해당 지표는 서버와 클라이언트 간 네트워크 전체를 대상으로 측정되므로, 경로의 어느 홉에서건 문제가 생기면 영향을 받을 수 있습니다.

USE 방법론은 네트워크 컨트롤러나 프로세서와 컨트롤러 사이의 I/O 트랜스포트에 적용할 수도 있습니다. 그러나 이러한 컴포넌트를 관찰할 수 있는 도구는 흔치 않기 때문에 네트워크 인터페이스 통계와 네트워크 구성(network topology)에서 해당 지표를 추론하는 편이 더 쉬울 수 있습니다. 예를 들어 A 네트워크 컨트롤러에 A0, A1 인터페이스가 있다면 네트워크 컨트롤러의 스루풋은 A0와 A1의 스루풋을 합산하여 계산할 수 있습니다. 최대 스루풋을 알고 있다면 해당 네트워크 컨트롤러의 사용률도 계산할 수 있습니다.

10.5.3 워크로드 특성화

시스템에 가해진 워크로드의 특성을 분석하는 작업은 용량 계획, 벤치마크, 부하

시뮬레이션을 수행할 때 중요합니다. 또한 특성 평가 결과에 따라 불필요한 작업을 확인해 제거함으로써 때로 가장 큰 성능 향상을 이끌어낼 수도 있습니다.

다음은 기본적으로 측정해야 할 네트워크 부하의 특성입니다.

- 네트워크 인터페이스 스루풋: RX와 TX의 초당 바이트 수
- 네트워크 인터페이스 IOPS: RX와 TX의 초당 프레임 수
- 시간당 TCP 연결 횟수: 초당 액티브 연결과 패시브 연결 수

액티브(active)와 **패시브**(passive)에 대해서는 10.4.1절 "프로토콜"의 3방향 핸드셰이크 부분에서 설명했습니다.

이 같은 특성은 하루 동안 사용 패턴이 변함에 따라 시간이 지나면서 변할 수 있습니다. 이러한 시간별 변화를 모니터링하는 방법은 10.5.5절 "성능 모니터링"에서 다룹니다.

아래는 이러한 속성을 종합적으로 표현한 워크로드 명세의 예입니다.

> 네트워크 스루풋은 사용자에 따라서 달라지며, 쓰기(TX)가 읽기(RX)보다 많습니다. 최고 쓰기 속도는 200MB/s(210,000패킷/s)이며, 최고 읽기 속도는 10MB/s(70,000패킷/s)입니다. 들어오는(패시브) TCP 연결 속도는 최대 3,000연결/s에 달합니다.

이러한 특성은 위의 예시처럼 시스템 전체를 포괄해 설명할 수도 있지만, 인터페이스별로도 표현할 수 있습니다. 그렇게 하면 인터페이스별 스루풋이 회선의 최대 대역폭에 도달했는지 검토해서 병목 지점을 파악할 수 있습니다. 네트워크 대역폭 제한(리소스 제어)이 설정된 경우, 회선 최대 대역폭 도달 전에 스루풋이 제한될 수도 있습니다.

고급 워크로드 특성화/체크리스트

워크로드 특성을 더 자세히 평가할 수도 있습니다. 다음 목록은 고려해 보아야 할 질문인데, 네트워크 문제를 깊이 분석할 때 체크리스트로 활용할 수 있습니다.

- 평균 패킷 크기는 얼마나 됩니까? RX 패킷은? TX 패킷은?
- 각 계층별 프로토콜 구성은 어떻게 되어 있습니까? 송신 프로토콜에 대해서는 TCP, UDP(QUIC 포함) 중 어떤 것을 사용하고 있습니까?

- 어떤 TCP/UDP 포트를 사용하고 있습니까? 초당 전송량과 초당 연결 횟수는 얼마나 됩니까?
- 브로드캐스트 및 멀티캐스트 패킷 전송 빈도는 어떠합니까?
- 어떤 프로세스가 네트워크를 활발하게 사용하고 있습니까?

이제부터 설명하는 내용에서는 이런 질문에 대한 답을 다룹니다. 2장 "방법론"에서는 이 방법론과 측정할 특성(누구, 왜, 무엇을, 어떻게)에 대해 좀 더 개괄적으로 정리되어 있습니다.

10.5.4 지연시간 분석

네트워크 성능을 이해하고 표현하기 위해 다양한 지연시간(Latency)을 분석할 수 있습니다. 이 중 일부는 10.3.5절 "지연시간"에서 소개했으며, 표 10.3에는 여러 네트워크 지연시간이 정리되어 있습니다. 가능한 한 많은 항목을 측정하면 지연시간의 실제 원인을 더욱 정확히 파악할 수 있습니다.

표 10.3 네트워크 지연시간

지연시간	설명
호스트 해석 (name resolution) 지연시간	호스트가 IP 주소로 변환되는데 걸리는 시간으로, 성능 문제의 주요 원인 중 하나인 DNS 해석을 사용합니다.
핑(Ping) 지연시간	ICMP 에코 요청에서 응답이 이루어질 때까지의 시간. 각 호스트에서 패킷이 네트워크를 왕복하는 시간과 커널 처리 시간을 계측합니다.
TCP 연결 초기화 시간	SYN을 송신한 시점부터 SYN, ACK을 수신한 시점까지 걸린 시간. 이 과정에는 애플리케이션이 관여하지 않으므로, 네트워크 지연시간과 각 호스트의 커널 스택 지연시간을 측정합니다. 핑 지연과 유사하지만, 여기에는 TCP 세션을 처리하는 커널의 추가 작업이 포함됩니다. 이 지연시간을 줄이기 위해 TCP 빠른 연결 설정(TCP Fast Open, TFO)을 사용할 수 있습니다.
TCP 최초 바이트 지연시간	연결 수립 후 첫 데이터 바이트를 수신하기까지 걸린 시간으로 TTFB(time-to-first-byte latency, 최초 바이트 지연시간)라고도 부릅니다. 해당 호스트의 CPU 스케줄링 및 대기시간(think time)이 포함되므로, TCP 연결 지연시간보다는 애플리케이션 성능과 현재 부하에 대한 측정을 하는 것에 가깝다고 볼 수 있습니다.
TCP 재전송	재전송이 발생하면 네트워크 I/O 지연시간이 수천 밀리초까지 늘어날 수 있습니다.
TCP TIME_WAIT 지연시간	종료된 TCP 세션이 마지막 패킷을 기다리느라 일부 시간동안 대기할 수 있습니다.
연결/세션 수명	초기화부터 종료까지의 네트워크 연결 지속 시간. HTTP 같은 일부 프로토콜은 keep-alive 전략을 사용하여, 향후의 요청에 대비해 연결을 오픈하고 유휴 상태로 대기합니다 (이렇게 하면 연결 수립이 반복됨으로 인한 오버헤드와 지연시간을 없앨 수 있습니다).

send/receive 시스템 콜 지연시간	소켓 읽기/쓰기 호출에 걸린 시간(소켓으로 읽기/쓰기 하는 모든 시스템 콜, read(2), write(2), recv(2), send(2) 계열).
connect 시스템 콜 지연시간	연결 수립에 걸린 시간(일부 애플리케이션은 connect(2) 시스템 콜을 논 블로킹으로 수행합니다).
네트워크 왕복 시간	네트워크 요청이 엔드포인트 간 왕복하는 데 소요되는 시간. 커널의 일부 혼잡 제어 알고리즘은 이 계측 값을 사용하기도 합니다.
인터럽트 지연시간	네트워크 컨트롤러가 수신 패킷 처리를 위해 인터럽트를 발생시킨 순간부터 커널이 이를 처리하기까지의 시간
네트워크 스택 내부 지연시간	패킷이 커널의 TCP/IP 스택 전체를 통과해 내려가거나 올라가는데 걸린 시간.

지연시간은 다음과 같이 표현할 수 있습니다.

- 시간 간격별 평균: 클라이언트/서버 쌍으로 표현하는 방식이 가장 적합한데, 이렇게 하면 중간 네트워크의 차이를 걸러낼 수 있습니다.
- 전체 분포: 히스토그램 또는 히트맵으로 시각화할 수 있습니다.
- 동작별 지연시간: 수신과 송신 IP 주소 등을 포함한 각 이벤트의 상세 정보를 나열합니다.

지연시간 문제의 주요 원인 중 하나는 TCP 재전송 때문에 생기는 지연시간 극단값입니다. 이는 전체 분포를 보거나 네트워크 동작별 지연시간을 트레이싱해서 알아낼 수 있는데, 이때 최저 지연시간 기준치를 필터로 설정하면 극단값을 더 쉽게 찾을 수 있습니다.

지연시간은 트레이싱 도구를 사용해서 측정할 수 있고, 일부 지연시간은 소켓 옵션을 사용해서 측정할 수 있습니다. 리눅스에서는 SO_TIMESTAMP 소켓 옵션을 통해 패킷 수신 시간을 기록할 수 있고(나노초(ns) 해상도는 SO_TIMESTAMPNS), SO_TIMESTAMPING를 통해 네트워크 이벤트별 타임스탬프를 기록할 수 있습니다.[Linux 20j] SO_TIMESTAMPING은 송신 지연, 네트워크 왕복 시간 및 스택 내부 지연시간을 확인할 수 있는데, 터널링이 포함된 복잡한 패킷 지연을 분석할 때 특히 도움이 될 수 있습니다.[Hassas Yeganch 19]

추가적으로, 일부 지연시간은 일시적이며 시스템에 부하가 걸릴 때만 발생할 수 있습니다. 네트워크 지연시간을 현실적으로 측정하려면 유휴 상태의 시스템뿐 아니라 부하가 걸린 상태의 시스템에서도 측정해야 합니다.

10.5.5 성능 모니터링

성능 모니터링을 통해 사용자들의 일상 패턴, 네트워크 백업과 같은 주기적 활동 등 시간에 따른 동작 패턴이나 현재 존재하는 문제를 식별할 수 있습니다.

네트워크 모니터링의 핵심 지표는 다음과 같습니다.

- 스루풋: 네트워크 인터페이스의 수신/송신량(Byte/s)을 측정하며, 이상적으로는 각 인터페이스마다 이 값을 구하는 것이 바람직합니다.
- 연결: 초당 TCP 연결 수는 네트워크 부하를 나타내는 지표입니다.
- 오류: 드롭된 패킷 수와 같은 네트워크 오류를 포함합니다.
- TCP 재전송: 네트워크 문제와의 상관관계를 분석할 때 유용합니다.
- TCP 순서가 뒤바뀐(out-of-order) 패킷: 네트워크 성능 저하를 유발할 수 있습니다.

클라우드 컴퓨팅 환경과 같이 네트워크 대역폭 제한(리소스 제어)을 사용하는 일부 환경에서는 제한된 대역폭 대비 실제 사용량을 상대적으로 비교할 수 있는 통계 값을 수집할 수 있습니다.

10.5.6 패킷 스니핑

패킷 스니핑(packet sniffing, **패킷 캡처**(packet capture)라고도 함)은 네트워크에서 패킷을 수집해 프로토콜 헤더와 데이터를 패킷 단위로 검사하는 작업을 말합니다. 관찰적 분석에서는 이 방법이 최후의 수단으로 사용되기도 하는데, 이는 CPU와 저장 장치에 상당한 오버헤드를 발생시키기 때문입니다. 특히 매초 수백만 개의 패킷을 처리해야 하기 때문에 CPU 사이클 단위까지 최적화하는 네트워크 커널 코드 경로는 오버헤드에 민감할 수밖에 없습니다. 이 같은 오버헤드를 줄이기 위해 커널은 공유 메모리 맵을 기반으로 한 링 버퍼를 사용하여 패킷 데이터를 사용자 영역의 트레이싱 도구로 전달합니다.[17] 예를 들어 BPF에서 perf(1)의 출력 링 버퍼를 사용하거나 AF_XDP[Linux 20k]를 사용할 수도 있습니다. 또 다른 방법으로는 해당 호스트에서 패킷을 직접 수집하지 않고, 스위치의 '탭(tap)' 또는 '미러(mirror)' 포트를 사용해 별도의 서버(아웃 오브 밴드(out-of-band) 패킷 스니퍼)를 연결해 사용하는 방

---

[17] 또 다른 옵션은 패킷별로 PF_PACKET을 사용하는 대신 PF_RING을 사용하는 방법인데, 다만 PF_RING은 아직 리눅스 커널에 포함되지는 않았습니다.[Deri 04]

식이 있습니다. 아마존과 구글 같은 퍼블릭 클라우드 프로바이더는 이러한 방식을 서비스로 제공하기도 합니다. [Amazon 19][Google 20b]

패킷 스니핑은 보통 패킷을 파일로 캡처해서, 해당 파일을 여러 가지 방법으로 분석하는 것입니다. 한 가지 방법은 로그를 만드는 것인데, 여기에는 각 패킷별로 다음과 같은 세부사항을 포함시킬 수 있습니다.

- 타임스탬프
- 전체 패킷 정보
- 모든 프로토콜 헤더(예: 이더넷, IP, TCP)
- 페이로드 데이터 전체 또는 일부
- 메타데이터: 패킷 개수, 드롭한 패킷 개수
- 인터페이스 이름

다음은 리눅스의 tcpdump(8) 도구로 패킷을 캡처한 기본 출력 예시입니다.

```
# tcpdump -ni eth4
tcpdump: verbose output suppressed, use -v or -vv for full protocol decode
listening on eth4, link-type EN10MB (Ethernet), capture size 65535 bytes
01:20:46.769073 IP 10.2.203.2.22 > 10.2.0.2.33771: Flags [P.], seq
4235343542:4235343734, ack 4053030377, win 132, options [nop,nop,TS val 328647671 ecr
2313764364], length 192
01:20:46.769470 IP 10.2.0.2.33771 > 10.2.203.2.22: Flags [.], ack 192, win 501,
options [nop,nop,TS val 2313764392 ecr 328647671], length 0
01:20:46.787673 IP 10.2.203.2.22 > 10.2.0.2.33771: Flags [P.], seq 192:560, ack 1,
win 132, options [nop,nop,TS val 328647672 ecr 2313764392], length 368
01:20:46.788050 IP 10.2.0.2.33771 > 10.2.203.2.22: Flags [.], ack 560, win 501,
options [nop,nop,TS val 2313764394 ecr 328647672], length 0
01:20:46.808491 IP 10.2.203.2.22 > 10.2.0.2.33771: Flags [P.], seq 560:896, ack 1,
win 132, options [nop,nop,TS val 328647674 ecr 2313764394], length 336
[...]
```

이 출력은 각 패킷에 대한 요약 정보를 한 줄씩 보여줍니다. 여기에는 IP 주소, TCP 포트, 그리고 다른 TCP 헤더 상세 정보가 들어 있습니다. 이를 통해 메시지 지연시간과 누락된 패킷 등 여러 가지 이슈들을 디버깅할 수 있습니다.

패킷 캡처는 CPU 사용량이 높은 작업일 수 있기 때문에, 대부분의 구현에는 과부하가 발생할 경우 이벤트를 캡처하지 않고 버리는 기능이 들어 있습니다. 드롭된 패킷 개수도 로그에 포함될 수 있습니다.

오버헤드를 줄이기 위한 방법으로 링 버퍼를 사용하는 것 외에도, 대부분의 패킷 캡처 구현에서는 보통 필터링 기능을 제공합니다. 사용자가 필터 식을 지정하면 커널 수준에서 필터링이 진행되며, 이를 통해 불필요한 패킷이 사용자 영역으로 전달되지 않도록 하여 오버헤드를 줄일 수 있습니다. 사용자가 지정한 필터 식은 보통 클래식 버클리 패킷 필터(classic BPF, cBPF)를 사용해서 최적화되는데, 표현 식은 BPF 바이트코드로 컴파일되고 커널에 의해 실행됩니다(BPF 바이트코드는 커널에서 JIT 컴파일을 통해 머신 코드로 변환될 수 있습니다). 최근에는 BPF가 리눅스에서 확장되어 범용 실행 환경으로 발전했으며, 이를 기반으로 다양한 관측가능성 도구들이 개발되고 있습니다. 자세한 내용은 3.4.4절 "확장 BPF"와 15장 "BPF"를 참조하세요.

10.5.7 TCP 분석

10.5.4절 "지연시간"에서 다룬 내용과 별도로 TCP의 다양한 동작을 아래와 같이 추가로 분석할 수 있습니다.

- TCP(소켓) 송신/수신 버퍼의 사용량
- TCP 백로그 큐 사용량
- 백로그 큐가 가득 차서 생기는 커널 드롭
- 혼잡 윈도 크기(수신 윈도가 가득참을 의미하는 zero-size advertisement 포함)
- TCP TIME_WAIT 기간 동안 수신된 SYN

마지막 항목은 서버가 동일한 소스 및 목적지 IP 주소와 동일한 목적지 포트를 사용해 다른 서버로 빈번히 연결을 시도할 경우 확장성 문제가 발생할 수 있습니다. 각 연결을 구분할 수 있는 유일한 기준은 소스 포트 번호(임시 포트 번호) 뿐인데, TCP에서는 이 포트가 16비트 값으로 제한되어 최대 65,535개까지만 사용할 수 있습니다. 여기에 더해 운영 체제에서 사용 가능 포트 번호를 제한하고 있을 수도 있습니다(사용 가능 최대/최솟값 지정 가능). TCP TIME_WAIT 기간이 60초 이상이고, 연결을 너무 많이 시도하면(60초간 65,536 연결 이상) 새로운 연결이 실패할 가능성이 있습니다. 이 시나리오에서는 임시 포트가 여전히 TIME_WAIT 상태인 이전 세션에 묶여 있어 새 연결 시도가 충돌로 거부될 수 있습니다. 이를 피하기 위해 리눅스 커널은 연결을 신속하게 재활용하거나 재사용하려 시도하며, 이는 대부분의 경우 효과적으로 작동합니다.[18] 추가적인 해결책으로는 서버가 여러 IP 주소를 사용하는 방법이 있습니다. 또한, SO_LINGER 소켓 옵션을 사용해서 close() 요청 이후 소켓을 대기(linger)하는 시간을 줄이는 것도 하나의 방법입니다.

10.5.8 정적 성능 튜닝

정적 성능 튜닝은 시스템 환경의 설정 문제를 해결하는 데 초점을 맞춥니다. 네트워크 성능과 관련하여 다음과 같은 정적 설정 요소를 살펴보아야 합니다.

- 얼마나 많은 네트워크 인터페이스가 사용 가능합니까? 현재 사용 중인 것은 무엇입니까?
- 네트워크 인터페이스의 최대 속도는 얼마나 됩니까?
- 네트워크 인터페이스가 교섭해 설정한 현재 속도는 얼마나 됩니까?
- 네트워크 인터페이스는 반이중(Half Duplex)입니까, 아니면 전이중(Full Duplex)입니까?
- 네트워크 인터페이스의 MTU 설정은 어떻게 됩니까?
- 네트워크 인터페이스들에 트렁크(trunk) 설정이 되어 있습니까?
- 장치 드라이버나 IP 또는 TCP 계층에서 튜닝 가능한 파라미터는 어떤 것이 있습니까?
- 튜닝 가능한 파라미터 중에 기본값과 다르게 바꾼 것은 어떤 항목이 있습니까?
- 라우팅은 어떻게 설정되었습니까? 디폴트 게이트웨이는 어디로 되어 있습니까?
- 데이터 경로상의 네트워크 구성 요소의 최대 스루풋은 얼마입니까? (스위치나 라우터 백플레인 등 모든 구성 요소)
- 데이터 경로에서 최대 MTU는 얼마이며, 단편화(fragmentation)가 발생합니까?
- 데이터 경로에 혹시 무선 연결이 있습니까? 무선 연결에 간섭이 일어나고 있지는 않습니까?
- 포워딩은 활성화되어 있습니까? 시스템이 라우터로 작동 중입니까?
- DNS 설정은 어떻게 되어 있습니까? DNS 서버로부터 얼마나 멀리 떨어져 있습니까?
- 사용 중인 네트워크 인터페이스 펌웨어 버전이나 기타 다른 네트워크 하드웨어에 알려진 성능 문제(버그)가 있습니까?

---

18 (옮긴이) 리눅스에서 net.ipv4.tcp_tw_reuse=1 설정 시 아웃바운드 연결에서 TIME_WAIT 소켓을 조건부 재사용합니다.

- 사용 중인 네트워크 장치 드라이버에 알려진 성능 이슈(버그)가 있습니까? 커널 TCP/IP 스택은 어떻습니까?
- 어떠한 방화벽을 사용 중에 있습니까?
- 소프트웨어에 의한 네트워크 스루풋 제한(리소스 제어)이 있습니까? 어떤 제약이 걸려 있습니까?

이 같은 질문에 대해 답해 봄으로서 간과했던 설정이 있는지 파악해 볼 수 있습니다. 특히 마지막 질문은 네트워크 스루풋을 제한할 수 있는 클라우드 컴퓨팅 환경에서 중요합니다.

10.5.9 리소스 제어

운영 체제는 연결 유형, 프로세스 또는 프로세스 그룹에 대해 네트워크 자원을 제한할 수 있는 제어 기능을 제공할 수도 있습니다. 이러한 제어 유형에는 다음과 같은 것이 있습니다.

- 네트워크 대역폭 제한: 프로토콜 종류나 애플리케이션에 따라 대역폭(최대 스루풋)을 지정합니다(커널을 통해 설정).
- IP 서비스 품질(QoS): 네트워크 구성 요소(예: 라우터)가 네트워크 트래픽의 우선순위를 지정합니다. QoS는 다양한 방식으로 구현할 수 있습니다. IP 헤더에는 우선순위 등을 포함하는 ToS(type-of-service, 서비스 유형) 비트들이 있습니다. ToS 비트는 초기 설계에도 있었지만 diffserv(differentiated Service, 서비스 구분)와 같은 새로운 QoS 스키마를 도입하면서 다시 정의되었습니다. 다른 프로토콜 계층에서도 동일한 목적을 위해 개별적으로 우선순위를 정의할 수 있습니다. (10.4.1절 "프로토콜"의 IP 아래에 있는 내용을 참고하세요.)
- 패킷 지연시간: 리눅스 tc-netem(8)과 같은 도구를 사용하여 패킷에 추가적인 지연시간을 부여할 수 있습니다. 이는 성능 검사를 위해 네트워크를 시뮬레이션할 때 유용합니다.

네트워크 트래픽은 우선순위가 높은 경우와 낮은 경우가 공존할 수 있습니다. 예를 들어, 백업 전송이나 성능 감시 트래픽은 우선순위가 낮은 트래픽으로 분류될 수 있으며, 프로덕션 서버와 클라이언트 간의 트래픽은 높은 우선순위를 가집니다. 리소스 제어 기능을 활용하면 우선순위가 낮은 트래픽을 제한하여, 높은 우선순위 트래픽의 성능을 향상시킬 수 있습니다.

이러한 설정의 작동 방식은 구현마다 다르며, 이에 대한 자세한 내용은 10.8 "튜닝"에서 다룹니다.

10.5.10 마이크로 벤치마킹

네트워크 벤치마크 도구는 분산 애플리케이션 환경에서 스루풋 문제를 조사할 때 특히 유용한데, 네트워크가 기대하는 스루풋 성능을 충족하는지 확인할 수 있습니다. 만약 네트워크 성능이 기대에 미치지 못할 경우, 복잡하고 디버깅이 어려운 애플리케이션을 바로 살펴보는 것보다, 마이크로 벤치마크 도구를 사용해 성능을 먼저 검토하는 것이 훨씬 효율적입니다. 네트워크를 원하는 속도로 튜닝한 후에는 다시 애플리케이션에만 주의를 기울일 수 있습니다.

테스트할 수 있는 전형적인 요소는 다음과 같습니다.

- 방향: 송신 또는 수신
- 프로토콜: TCP/UDP, 포트 번호
- 스레드 개수
- 버퍼 크기
- 인터페이스 MTU 크기

100Gbit/s와 같은 고속 네트워크 인터페이스는 최대 대역폭에 도달하도록 테스트하기 위해 여러 클라이언트를 사용해야 할 수도 있습니다.

네트워크 마이크로 벤치마크 도구의 예로는 iperf(1)가 있으며, 이는 10.7.4절 "iperf"에서 소개합니다. 추가 도구에 대한 내용은 10.7 "실험"을 참고하세요.

10.6 관측가능성 도구

이번 절에서는 리눅스 기반 운영 체제의 네트워크 성능 관측가능성 도구에 대해 설명합니다. 각 도구를 사용할 때 따라야 할 전략은 앞 절을 참고하세요.

이번 절에서 다룰 도구들은 표 10.4에 정리되어 있습니다.

표 10.4 네트워크 관측가능성 도구

절	도구	설명
10.6.1	ss	소켓 통계
10.6.2	ip	네트워크 인터페이스 및 라우팅 통계

(다음 쪽에 이어짐)

10.6.3	ifconfig	네트워크 인터페이스 통계
10.6.4	nstat	네트워크 스택 통계
10.6.5	netstat	여러 네트워크 스택과 인터페이스 통계
10.6.6	sar	시간에 따른 네트워크 통계를 기록
10.6.7	nicstat	네트워크 인터페이스 스루풋과 사용률
10.6.8	ethtool	네트워크 인터페이스 드라이버 통계
10.6.9	tcplife	TCP 세션 수명을 연결 세부 정보와 함께 트레이싱
10.6.10	tcptop	TCP 스루풋을 호스트 및 프로세스별로 출력
10.6.11	tcpretrans	TCP 재전송을 주소 및 TCP 상태와 함께 트레이싱
10.6.12	bpftrace	TCP/IP 스택 트레이싱: 연결, 패킷, 드롭, 지연
10.6.13	tcpdump	네트워크 패킷 캡쳐
10.6.14	Wireshark	GUI를 사용해 네트워크 패킷 분석

이 표의 도구들은 10.5 "방법론"에서 다룬 내용을 지원할 수 있는 도구와 기능들을 선별한 것입니다. 도구의 순서는 이미 널리 쓰이던 도구 및 통계에서부터 시작해서 트레이싱 도구로, 그리고 마지막으로는 패킷 캡처 도구가 나열되어 있습니다. 몇 가지 기존 도구(예: ifconfig(8), netstat(8), sar(1))는 유닉스 계열 운영 체제에서 먼저 개발되었으며, 현재도 널리 사용됩니다. 트레이싱 도구들은 BPF 기반으로 BCC와 bpftrace 프론트엔드(15장)를 사용하는데 socketio(8), tcplife(8), tcptop(8), tcpretrans(8)가 그런 도구들입니다.

이 표에서 제일 먼저 다룬 통계 도구는 ss(8), ip(8), nstat(8)인데, 이들은 네트워크 커널 엔지니어가 관리하는 iproute2 패키지에 포함되어 있어 최신 리눅스 커널의 기능을 잘 지원합니다. net-tools 패키지의 ifconfig(8)나 netstat(8)와 같은 비슷한 기능을 하는 도구들도 널리 사용되므로 다뤘는데, 리눅스 네트워크 엔지니어들은 이 도구들이 점차 사라질 것으로 생각하고 있기는 합니다.

10.6.1 ss

ss(8)는 소켓 통계 도구로 시스템의 열려 있는 소켓의 상태를 요약해서 정리합니다. 기본 출력 옵션은 소켓에 대한 개괄적인 정보를 제공하는데, 예를 들면 다음과 같습니다.

```
# ss
Netid State      Recv-Q Send-Q    Local Address:Port      Peer Address:Port
[...]
```

```
tcp    ESTAB    0    0    100.85.142.69:65264    100.82.166.11:6001
tcp    ESTAB    0    0    100.85.142.69:6028     100.82.16.200:6101
[...]
```

이 출력 결과는 현재 상태에 대한 스냅숏입니다. 첫 번째 열에는 소켓에서 사용하는 프로토콜이 표시되며, 이 예에서는 TCP로 나타나 있습니다. 이 출력은 수립된 모든 연결을 IP 주소와 함께 표시하므로, 현재의 작업 부하를 분석하는데 활용할 수 있으며, 얼마나 많은 클라이언트가 연결되었는지 그리고 동시에 연결된 의존 서비스가 얼마나 되는지 등을 파악하는 데도 도움이 됩니다.

이와 유사한 소켓별 정보는 이전부터 쓰이던 netstat(8) 도구를 가지고도 확인할 수 있습니다. 그렇지만 ss(8)은 옵션을 활용해 훨씬 더 많은 세부 정보를 제공할 수 있습니다. 예를 들어 (-t)는 TCP 소켓 만을, (-i)는 TCP 내부 정보를, (-e)는 확장 소켓 정보를, (-p)는 프로세스 정보를, 그리고 (-m)은 메모리 사용을 보여줍니다.

```
# ss -tiepm
State    Recv-Q    Send-Q    Local Address:Port    Peer Address:Port

ESTAB    0    0    100.85.142.69:65264    100.82.166.11:6001
    users:(("java",pid=4195,fd=10865)) uid:33 ino:2009918 sk:78 <->
        skmem:(r0,rb12582912,t0,tb12582912,f266240,w0,o0,bl0,d0) ts sack bbr ws
cale:9,9 rto:204 rtt:0.159/0.009 ato:40 mss:1448 pmtu:1500 rcvmss:1448 advmss:14
48 cwnd:152 bytes_acked:347681 bytes_received:1798733 segs_out:582 segs_in:1397
data_segs_out:294 data_segs_in:1318 bbr:(bw:328.6Mbps,mrtt:0.149,pacing_gain:2.8
8672,cwnd_gain:2.88672) send 11074.0Mbps lastsnd:1696 lastrcv:1660 lastack:1660
pacing_rate 2422.4Mbps delivery_rate 328.6Mbps app_limited busy:16ms rcv_rtt:39.
822 rcv_space:84867 rcv_ssthresh:3609062 minrtt:0.139
[...]
```

굵은 글씨로 강조되어 있는 것은 엔드포인트 주소이며 다음은 그 세부 내용입니다.

- "java",pid=4195: 프로세스 이름 "java", PID 4195
- fd=10865: 파일 디스크립터 10865(PID 4195)
- rto:204: TCP 재전송 타임아웃: 204ms
- rtt:0.159/0.009: 평균 왕복 시간 0.159ms, 평균 편차 0.009ms
- mss:1448: 최대 세그먼트 크기 1,448Byte
- cwnd:152: 혼잡 윈도 크기 152×MSS
- bytes_acked:347681: 340KB 전송 성공
- bytes_received:1798733: 1.72MB 수신

- Systems

- `bbr:...`: BBR 혼잡 제어 통계 정보
- `pacing_rate 2422.4Mbps`: 페이싱 속도 2422.4Mbps
- `app_limited`: 혼잡 윈도가 완전히 사용되지 않고 있음을 보여주는데, 연결이 애플리케이션 제약을 받고 있음을 암시하고 있습니다
- `minrtt:0.139`: 최소 왕복 시간(ms 단위). 평균과 평균 편차(rtt값)를 비교해서 네트워크 상태와 혼잡에 대해 파악할 수 있습니다

여기에 보인 예시 연결은 애플리케이션 제약(app_limited)을 받고 있으며, 원격 엔드포인트에 대해 낮은 RTT를 가지는 동시에 전송된 총 바이트 수도 적은 것으로 나타납니다. ss(1)가 표시하는 이 연결의 제약사항 플래그로는 다음과 같은 것들이 있습니다.

- `app_limited`: 애플리케이션에 의해 제약됨.
- `rwnd_limited:Xms`: 수신 윈도(rwnd) 제한(제한된 시간 ms 단위)
- `sndbuf_limited:Xms`: 송신 버퍼 제한(제한된 시간을 ms 단위)

출력에서 누락된 중요한 정보 중 하나는 연결의 수명(얼마나 오래되었는지)으로, 이는 평균 스루풋을 계산하는데 필요합니다. 필자는 이에 대한 한 가지 해결 방안을 발견하였는데, /proc 아래 해당 연결의 파일 디스크립터에서 확인할 수 있는 변경(change) 타임스탬프를 사용하는 것입니다. 예시로, /proc/4195/fd/10865 파일에 대해 stat(1)을 실행하면 change 타임스탬프를 확인할 수 있습니다.

netlink

ss(8)은 netlink(7) 인터페이스를 통해 이러한 확장된 세부 정보를 커널로부터 가져옵니다. netlink는 AF_NETLINK 계열 소켓을 사용해 데이터를 교환하며, 이를 활용하면 커널의 정보를 효율적으로 조회할 수 있습니다. strace(1) 명령을 사용하면 netlink 인터페이스가 작동하는 과정을 확인할 수 있습니다. (strace(1) 사용 시 오버헤드에 대한 경고는 5.5.4절 "strace"를 참고하세요.)

```
# strace -e sendmsg,recvmsg ss -t
sendmsg(3, {msg_name={sa_family=AF_NETLINK, nl_pid=0, nl_groups=00000000},
msg_namelen=12, msg_iov=[{iov_base={{len=72, type=SOCK_DIAG_BY_FAMILY,
flags=NLM_F_REQUEST|NLM_F_DUMP, seq=123456, pid=0}, {sdiag_family=AF_INET,
sdiag_protocol=IPPROTO_TCP, idiag_ext=1<<(INET_DIAG_MEMINFO-1)|...
recvmsg(3, {msg_name={sa_family=AF_NETLINK, nl_pid=0, nl_groups=00000000},...
[...]
```

netstat(8)은 netlink 대신 /proc/net 파일들을 참고해 정보를 가져옵니다.

```
# strace -e openat netstat -an
[...]
openat(AT_FDCWD, "/proc/net/tcp", O_RDONLY) = 3
openat(AT_FDCWD, "/proc/net/tcp6", O_RDONLY) = 3
[...]
```

/proc/net 파일들은 텍스트 형식이라 awk(1) 같은 간단한 도구로 필요한 정보를 추출할 수 있습니다. 그러나 정밀한 모니터링 도구는 netlink(7) 인터페이스를 사용하는 것이 더 적합한데, netlink는 정보를 바이너리 형식으로 보내서 텍스트 파싱으로 인해 발생하는 오버헤드를 피할 수 있기 때문입니다.

10.6.2 ip

ip(8)은 라우팅, 네트워크 장치, 인터페이스, 터널을 관리하는 도구입니다. 이 도구는 링크, 주소, 라우트 등에 대한 통계를 출력하여 네트워크 상태를 관찰하는 데 유용합니다. 예를 들어, 인터페이스(link)에 대한 추가 통계를 출력하려면 -s 옵션을 사용할 수 있습니다.

```
# ip -s link
1: lo: <LOOPBACK,UP,LOWER_UP> mtu 65536 qdisc noqueue state UNKNOWN mode DEFAULT
group default qlen 1000
    link/loopback 00:00:00:00:00:00 brd 00:00:00:00:00:00
    RX: bytes   packets  errors   dropped overrun mcast
    26550075    273178   0        0       0       0
    TX: bytes   packets  errors   dropped carrier collsns
    26550075    273178   0        0       0       0
2: eth0: <BROADCAST,MULTICAST,UP,LOWER_UP> mtu 1500 qdisc mq state UP mode DEFAULT
group default qlen 1000
    link/ether 12:c0:0a:b0:21:b8 brd ff:ff:ff:ff:ff:ff
    RX: bytes   packets  errors   dropped overrun mcast
    512473039143 568704184 0       0       0       0
    TX: bytes   packets  errors   dropped carrier collsns
    573510263433 668110321 0       0       0       0
```

만일 정적 성능 튜닝을 진행 중이라면, 위와 같은 명령어를 통해 모든 인터페이스 설정을 검토해 보세요. 이렇게 하면 잘못된 설정을 체크하는데 유용할 수 있습니다. 오류 수치도 출력 결과에 포함되어 있는데, 수신(RX)에 대해서는 수신 오류, 드롭, 오버런을, 송신(TX)에 대해서는 송신 오류, 드롭, 캐리어 오류, 충돌을 확인할 수 있습니다. 이런 오류는 성능 이슈의 원인이 될 수 있으며, 오류에 따라 다르지만 고장난 네트워크 하드웨어로 인해 발생하기도 합니다. 이 카운터들은 인터페이스가 활성화(네트워크 용어로는 'UP'되었다고 합니다)된 이후로 발생한 모든 오류를 누적하여 보여주는 글로벌 카운터입니다.

-s 옵션을 두 번(-s -s) 지정하면 오류 유형에 대한 더 상세한 통계를 볼 수 있습니다.

ip(8)가 RX와 TX 바이트 카운터를 제공하기는 하지만, 특정 시간 간격 동안의 스루풋을 출력하는 옵션은 없습니다. 만일, 한 인터벌 동안의 스루풋을 확인하려면 sar(1)를 사용하세요(10.6.6절 "sar").

라우팅 테이블

ip(1)를 사용하면 네트워킹의 다른 구성 요소도 살펴볼 수 있습니다. 예를 들어 route 객체는 라우팅 테이블을 보여주는데, 다음과 같습니다.

```
# ip route
default via 100.85.128.1 dev eth0
default via 100.85.128.1 dev eth0 proto dhcp src 100.85.142.69 metric 100
100.85.128.0/18 dev eth0 proto kernel scope link src 100.85.142.69
100.85.128.1 dev eth0 proto dhcp scope link src 100.85.142.69 metric 100
```

라우팅 테이블이 잘못 설정된 경우 성능 문제의 원인이 될 수도 있습니다(예를 들어, 관리자가 특정한 라우팅 테이블 엔트리를 추가했는데 더 이상 필요하지 않게 되었을 때는 default 라우팅 테이블 엔트리보다 비효율적으로 작동할 수 있습니다).

모니터링

넷링크(netlink) 메시지를 확인하려면 모니터링 하위명령인 ip monitor를 사용하세요.

10.6.3 ifconfig

ifconfig(8) 명령어는 과거에 사용되던 인터페이스 관리 도구로, 모든 인터페이스의 설정을 정리해서 보여줄 수도 있습니다. 리눅스 버전에는 출력 결과에 다음과 같은 통계가 포함되어 있습니다.[19]

---

[19] 여기서는 튜닝 파라미터인 txqueuelen도 함께 확인할 수 있는데, 모든 드라이버가 이 값을 사용하지는 않습니다(txqueuelen 튜닝 파라미터를 설정하는 경우 NETDEV_CHANGE_TX_QUEUE_LEN를 가지고 netdevice notifier를 호출하게 되는데, 일부 드라이버는 이를 구현하지 않을 수 있습니다). 또한 BQL(바이트 큐 제한)은 장치 큐의 크기를 자동 조정할 수 있습니다.

```
$ ifconfig
eth0      Link encap:Ethernet  HWaddr 00:21:9b:97:a9:bf
          inet addr:10.2.0.2  Bcast:10.2.0.255  Mask:255.255.255.0
          inet6 addr: fe80::221:9bff:fe97:a9bf/64 Scope:Link
          UP BROADCAST RUNNING MULTICAST  MTU:1500  Metric:1
          RX packets:933874764 errors:0 dropped:0 overruns:0 frame:0
          TX packets:1090431029 errors:0 dropped:0 overruns:0 carrier:0
          collisions:0 txqueuelen:1000
          RX bytes:584622361619 (584.6 GB)  TX bytes:537745836640 (537.7 GB)
          Interrupt:36 Memory:d6000000-d6012800
eth3      Link encap:Ethernet  HWaddr 00:21:9b:97:a9:c5
[...]
```

카운터는 ip(8) 명령어에 대해 설명한 부분과 동일합니다.

리눅스에서는 ifconfig(8)가 이제 더 이상 자주 사용되지 않으며, ip(8)로 대체되었습니다.

10.6.4 nstat

nstat(8)은 커널에서 관리하는 다양한 네트워크 지표를 SNMP(Simple Network Management Protocol) 이름과 함께 출력합니다. 예를 들어 -s 옵션을 사용하면 다음처럼 카운터를 리셋시키지 않고 지표를 확인할 수 있습니다.

```
# nstat -s
#kernel
IpInReceives                    462657733            0.0
IpInDelivers                    462657733            0.0
IpOutRequests                   497050986            0.0
IpOutDiscards                   42                   0.0
IpFragOKs                       2298                 0.0
IpFragCreates                   13788                0.0
IcmpInMsgs                      91                   0.0
[...]
TcpActiveOpens                  362997               0.0
TcpPassiveOpens                 9663983              0.0
TcpAttemptFails                 12718                0.0
TcpEstabResets                  14591                0.0
TcpInSegs                       462181482            0.0
TcpOutSegs                      938958577            0.0
TcpRetransSegs                  129212               0.0
TcpOutRsts                      52362                0.0
UdpInDatagrams                  476072               0.0
UdpNoPorts                      88                   0.0
UdpOutDatagrams                 476197               0.0
UdpIgnoredMulti                 2                    0.0
Ip6OutRequests                  29                   0.0
[...]
```

다음은 주요 지표입니다.

- IpInReceives: 인바운드 IP 패킷
- IpOutRequests: 아웃바운드 IP 패킷
- TcpActiveOpens: TCP 액티브 연결(소켓 connect(2) 시스템 콜)
- TcpPassiveOpens: TCP 패시브 연결(소켓 accept(2) 시스템 콜)
- TcpInSegs: TCP 인바운드 세그먼트
- TcpOutSegs: TCP 아웃바운드 세그먼트
- TcpRetransSegs: TCP 재전송된 세그먼트(재전송 비율은 TcpOutSegs와 비교하여 확인 가능)

-s 옵션을 사용하지 않을 경우 nstat(8)은 기본적으로 커널 카운터를 리셋합니다. 이는 유용하게 사용할 수 있는데, 카운터가 초기화된다는 점을 이용해 nstat(8)을 두 번 실행해서 부팅된 이후의 총 합계가 아니라 특정 간격 동안의 카운터 변화만 확인할 수 있습니다. 만일 특정 명령어로 인해 발생하는 네트워크 문제가 있다면, 명령어를 실행하기 전과 후에 nstat(8)을 실행해서 어느 카운터가 바뀌었는지 볼 수 있습니다.

만일 -s를 사용하는 것을 잊고 실수로 카운터를 리셋했다면 -rs를 사용해서 부팅 이후의 누적 카운터 값으로 되돌릴 수 있습니다.

nstat(8)에는 데몬 모드(-d)도 있어서 인터벌 통계를 수집할 수도 있는데, 이 모드를 사용하면 해당 통계가 마지막 열에 표시됩니다.

10.6.5 netstat

netstat(8) 명령어는 지정된 옵션에 따라 다양한 유형의 네트워크 통계를 출력합니다. 이 도구는 여러 기능을 가진 스위스 만능칼과도 같습니다. 다음과 같은 기능을 제공합니다.

- (기본값): 연결한 소켓 목록을 보여줍니다
- -a: 모든 소켓의 정보 목록을 보여줍니다
- -s: 네트워크 스택 통계를 보여줍니다
- -i: 네트워크 인터페이스 통계를 보여줍니다
- -r: 라우팅 테이블을 보여줍니다

추가 옵션을 통해 출력 방식을 변경할 수도 있습니다. 예를 들어 –n은 IP 주소를 호스트 이름으로 변환하지 않으며, –v는 가능한 한 자세하게 정보를 표시합니다.

다음은 netstat(8) 인터페이스 통계의 예입니다.

```
$ netstat -i
Kernel Interface table
Iface   MTU       RX-OK RX-ERR RX-DRP RX-OVR    TX-OK TX-ERR TX-DRP TX-OVR Flg
eth0    1500  933760207      0      0      0 1090211545      0      0      0 BMRU
eth3    1500  718900017      0      0      0  587534567      0      0      0 BMRU
lo     16436   21126497      0      0      0   21126497      0      0      0 LRU
ppp5    1496       4225      0      0      0       3736      0      0      0 MOPRU
ppp6    1496       1183      0      0      0       1143      0      0      0 MOPRU
tun0    1500     695581      0      0      0     692378      0      0      0 MOPRU
tun1    1462          0      0      0      0          4      0      0      0 PRU
```

각 열에는 네트워크 인터페이스(Iface), MTU, 그리고 아래와 같은 수신(RX-)과 송신(TX-) 관련 통계가 있습니다.

- -OK: 성공적으로 전송된 패킷 수
- -ERR: 패킷 오류 수
- -DRP: 드롭된 패킷 수
- -OVR: 오버런(overrun)된 패킷 수

패킷 드롭과 오버런은 네트워크 인터페이스 **포화**의 징후이며, USE 방법론을 통해 오류와 함께 분석할 수 있습니다.

-c 연속 모드를 -i와 함께 사용하면, 매초 이러한 카운터의 누적 값을 출력하여 패킷 전송 속도를 계산할 수 있습니다.

다음은 netstat(8) 네트워크 스택 통계의 예입니다(일부 생략).

```
$ netstat -s
Ip:
    Forwarding: 2
    454143446 total packets received
    0 forwarded
    0 incoming packets discarded
    454143446 incoming packets delivered
    487760885 requests sent out
    42 outgoing packets dropped
    2260 fragments received ok
    13560 fragments created
Icmp:
    91 ICMP messages received
[...]
```

```
Tcp:
    359286 active connection openings
    9463980 passive connection openings
    12527 failed connection attempts
    14323 connection resets received
    13545 connections established
    453673963 segments received
    922299281 segments sent out
    127247 segments retransmitted
    0 bad segments received
    51660 resets sent
Udp:
    469302 packets received
    88 packets to unknown port received
    0 packet receive errors
    469427 packets sent
    0 receive buffer errors
    0 send buffer errors
    IgnoredMulti: 2
TcpExt:
    21 resets received for embryonic SYN_RECV sockets
    12252 packets pruned from receive queue because of socket buffer overrun
    201219 TCP sockets finished time wait in fast timer
    11727438 delayed acks sent
    1445 delayed acks further delayed because of locked socket
    Quick ack mode was activated 17624 times
    169257582 packet headers predicted
    76058392 acknowledgments not containing data payload received
    111925821 predicted acknowledgments
    TCPSackRecovery: 1703
    Detected reordering 876 times using SACK
    Detected reordering 19 times using time stamp
    2 congestion windows fully recovered without slow start
    19 congestion windows partially recovered using Hoe heuristic
    TCPDSACKUndo: 164
    88 congestion windows recovered without slow start after partial ack
    TCPLostRetransmit: 901
    TCPSackFailures: 31
    28248 fast retransmits
    709 retransmits in slow start
    TCPTimeouts: 12684
    TCPLossProbes: 73383
    TCPLossProbeRecovery: 132
    TCPSackRecoveryFail: 24
    805315 packets collapsed in receive queue due to low socket buffer
[...]
    TCPAutoCorking: 13520259
    TCPFromZeroWindowAdv: 257
    TCPToZeroWindowAdv: 257
```

```
    TCPWantZeroWindowAdv: 18941
    TCPSynRetrans: 24816
[...]
```

이 출력은 여러 네트워크 통계를 보여주는데, 대부분 TCP와 관련된 것이며 각 통계는 프로토콜별로 나뉘어 있습니다. 다행히 대부분의 통계가 이해하기 쉬운 이름으로 명명되어 있어 의미를 쉽게 파악할 수 있습니다. 성능 관련 통계는 굵은 글자로 강조되어 있습니다. 다만, 일부 지표를 해석하려면 TCP의 동작 원리뿐만 아니라 최근 도입된 알고리즘과 기능에 대해 깊이 이해해야 합니다. 다음은 살펴보아야 할 지표의 예입니다.

- 수신된 패킷 대비 포워딩된 패킷 비율이 높은 경우: 서버가 패킷을 포워딩(라우팅)하게 되어 있는지 체크해 보아야 합니다.
- 열려 있는 패시브 연결: 이를 모니터링해서 (외부에서 들어오는) 클라이언트 연결 관련 부하를 확인할 수 있습니다.
- 전송한 세그먼트 숫자 대비 재전송된 세그먼트 비율이 높은 경우: 네트워크가 불안정할 가능성이 있습니다. (인터넷 클라이언트의 경우 정상일 수 있습니다.)
- TCPSynRetrans: 재전송된 SYN 패킷을 나타냅니다. 원격 엔드포인트가 부하로 인해 listen 백로그에서 SYN 패킷을 드롭할 때 발생할 수 있습니다.
- 소켓 버퍼 오버런으로 인해 수신 큐에서 패킷을 제외: 네트워크 포화의 징후일 수 있습니다. 애플리케이션이 늘어나는 소켓 처리를 감당할 만큼 충분한 시스템 자원이 있다면 소켓 버퍼를 늘려서 문제를 해결할 수도 있습니다.

또한 일부 통계 이름에는 철자 오류가 있습니다(예: packetes rejected). 이러한 오류 수정은 간단하지만, 이미 다른 모니터링 도구가 이 잘못된 이름을 참조하고 있을 가능성이 있어 문제가 될 수 있습니다. 이러한 철자 문제가 우려된다면 nstat(8)의 출력 결과를 처리해서 제공하는 편이 더 적합합니다. nstat(8)은 표준 SNMP 이름을 사용하므로 일관된 결과를 제공합니다. 더 좋은 방법은 /proc 디렉터리에서 통계를 직접 읽는 것입니다. 관련 파일로는 /proc/net/snmp와 /proc/net/netstat가 있습니다. 예를 들면 다음과 같습니다.

```
$ grep ^Tcp /proc/net/snmp
Tcp: RtoAlgorithm RtoMin RtoMax MaxConn ActiveOpens PassiveOpens AttemptFails
EstabResets CurrEstab InSegs OutSegs RetransSegs InErrs OutRsts InCsumErrors
Tcp: 1 200 120000 -1 102378 126946 11940 19495 24 627115849 325815063 346455 5 24183
```

/proc/net/snmp 통계는 SNMP MIB(management information bases, 관리 정보 베이스)도 포함합니다. MIB 문서에서 각 통계가 어떤 의미인지 설명하고 있습니다(커널이 해당 통계를 올바르게 구현했다면 일치할 것입니다). 확장 통계는 /proc/net/netstat에 있습니다.

netstat(8) 명령에 초 단위 간격을 설정하면, 해당 간격마다 누적 카운터를 지속적으로 출력합니다. 이 출력 데이터를 후처리하면 원하는 카운터의 초당 또는 시간당 비율을 계산할 수 있습니다.

10.6.6 sar

sar(1)은 시스템 활동 리포터(system activity reporter)로, 현재의 시스템 활동을 모니터링할 수 있으며 통계를 기록하고 나중에 조회할 수 있도록 설정할 수도 있습니다. 이 도구는 4장 "관측가능성 도구"에서 소개했으며, 필요에 따라 다른 장에서도 설명했습니다.

리눅스 버전은 다음 옵션을 통해 네트워크 통계를 제공합니다.

- -n DEV: 네트워크 인터페이스 통계
- -n EDEV: 네트워크 인터페이스 오류
- -n IP: IP 데이터그램 통계
- -n EIP: IP 오류 통계
- -n TCP: TCP 통계
- -n ETCP: TCP 오류 통계
- -n SOCK: 소켓 사용

이들을 포함한 여러 가지 통계가 표 10.5에 정리되어 있습니다.

표 10.5 리눅스 sar 네트워크 통계

옵션	통계	설명	단위
-n DEV	rxpkt/s	수신 패킷	패킷/s
-n DEV	txpkt/s	송신 패킷	패킷/s
-n DEV	rxkB/s	수신 패킷량	KB/s
-n DEV	txkB/s	송신 패킷량	KB/s
-n DEV	rxcmp/s	수신 압축 패킷[20]	패킷/s

---

20 (옮긴이) 압축 패킷이란 전송 효율을 높이기 위해 데이터를 압축한 형태의 패킷을 말하며, Common Lisp 같은 언어에서 자료 구조를 저장하거나 전달할 때 이러한 패킷이 사용됩니다.

–n DEV	txcmp/s	송신 압축 패킷	패킷/s
–n DEV	rxmcst/s	수신 멀티캐스트 패킷	패킷/s
–n DEV	%ifutil	인터페이스 사용량: 전이중(full duplex)일 경우 rx, tx 중 더 큰 것	퍼센트
–n EDEV	rxerr/s	수신 패킷 오류	패킷/s
–n EDEV	txerr/s	송신 패킷 오류	패킷/s
–n EDEV	coll/s	충돌	패킷/s
–n EDEV	rxdrop/s	수신 패킷 드롭(버퍼 초과)	패킷/s
–n EDEV	txdrop/s	송신 패킷 드롭(버퍼 초과)	패킷/s
–n EDEV	txcarr/s	송신 캐리어 오류	오류/s
–n EDEV	rxfram/s	프레임 정렬(alignment)에 오류가 발생한 패킷 수신	오류/s
–n EDEV	rxfifo/s	수신 패킷 FIFO 오버런 오류	패킷/s
–n EDEV	txfifo/s	송신 패킷 FIFO 오버런 오류	패킷/s
–n IP	irec/s	입력(수신) 데이터그램	데이터그램/s
–n IP	fwddgm/s	포워딩된 데이터그램	데이터그램/s
–n IP	idel/s	입력 IP 데이터그램(ICMP 포함)	데이터그램/s
–n IP	orq/s	출력(송신) 데이터그램 요청	데이터그램/s
–n IP	asmrq/s	수신된 IP 패킷 조각(fragment)	조각/s
–n IP	asmok/s	재조립된(reassembled) IP 데이터그램	데이터그램/s
–n IP	fragok/s	단편화된(fragmented) IP 데이터그램	데이터그램/s
–n IP	fragcrt/s	생성된 IP 데이터그램 조각	조각/s
–n EIP	ihdrerr/s	IP 헤더 오류	데이터그램/s
–n EIP	iadrerr/s	유효하지 않은 IP 목적지 주소 오류	데이터그램/s
–n EIP	iukwnpr/s	알 수 없는 프로토콜 오류	데이터그램/s
–n EIP	idisc/s	드롭된 입력(예: 버퍼 초과)	데이터그램/s
–n EIP	odisc/s	드롭된 출력(예: 버퍼 초과)	데이터그램/s
–n EIP	onort/s	출력 데이터그램 경로 없음(no-route)	데이터그램/s
–n EIP	asmf/s	IP 재조립(reassembly) 실패	실패/s
–n EIP	fragf/s	IP 단편화에 실패해 드롭된 패킷(don't fragment 플래그)	데이터그램/s
–n TCP	active/s	새 액티브 TCP 연결(connect(2))	연결/s
–n TCP	passive/s	새 패시브 TCP 연결(accept(2))	연결/s
–n TCP	iseg/s	입력(수신) 세그먼트	세그먼트/s
–n TCP	oseg/s	출력(송신) 세그먼트	세그먼트/s
–n ETCP	atmptf/s	액티브 TCP 연결 실패	연결/s
–n ETCP	estres/s	연결 수립 후 리셋	리셋/s

(다음 쪽에 이어짐)

-n ETCP	retrans/s	TCP 세그먼트 재송신	세그먼트/s
-n ETCP	isegerr/s	세그먼트 오류	세그먼트/s
-n ETCP	orsts/s	송신 리셋	세그먼트/s
-n SOCK	totsck	사용 중인 소켓 개수	소켓
-n SOCK	tcpsck/s	사용 중인 TCP 소켓 개수	소켓
-n SOCK	udpsck/s	사용 중인 UDP 소켓 개수	소켓
-n SOCK	rawsck/s	사용 중인 RAW 소켓 개수	소켓
-n SOCK	ip-frag	현재 큐에 있는 IP 조각 개수	조각
-n SOCK	tcp-tw	TIME_WAIT 상태의 TCP 소켓	소켓

표에 포함되지 않은 ICMP, NFS, SOFT(소프트웨어 네트워크 처리) 그룹과 IPv6 계열인 IP6, EIP6, SOCK6, UDP6도 있습니다. 통계의 전체 목록은 매뉴얼 페이지를 참고하세요. 매뉴얼에는 해당 통계와 대응되는 SNMP 이름(예: ipInReceives - irec/s)도 나와 있습니다. sar(1)의 통계 이름은 실제로 기억하기 쉽게 설계되었습니다. 예를 들어, rx는 "수신", i는 "입력", seg는 '세그먼트' 등과 같이 이름에 방향과 측정 단위가 포함됩니다.

다음은 TCP 통계를 매초 표시하는 예제입니다.

```
$ sar -n TCP 1
Linux 5.3.0-1010-aws (ip-10-1-239-218)     02/27/20     _x86_64_    (2 CPU)

07:32:45        active/s passive/s    iseg/s    oseg/s
07:32:46            0.00     12.00    186.00  28837.00
07:32:47            0.00     13.00    203.00  33584.00
07:32:48            0.00     11.00   1999.00  24441.00
07:32:49            0.00      7.00     92.00   8908.00
07:32:50            0.00     10.00    114.00  13795.00
[...]
```

출력 결과를 보면 패시브(외부에서 들어오는) 연결 속도가 초당 약 10임을 볼 수 있습니다.

네트워크 장치(DEV)를 살펴볼 때, 네트워크 인터페이스 통계 열(IFACE)에는 모든 인터페이스가 나열되지만, 대부분 하나의 인터페이스만 관심 대상일 때가 많습니다. 다음은 awk(1)를 사용해 출력을 걸러내는 방법을 보여줍니다.

```
$ sar -n DEV 1 | awk 'NR == 3 || $2 == "ens5"'
07:35:41   IFACE   rxpck/s   txpck/s   rxkB/s    txkB/s rxcmp/s txcmp/s rxmcst/s %ifutil
07:35:42    ens5    134.00  11483.00    10.22   6328.72    0.00    0.00     0.00    0.00
```

```
07:35:43    ens5    170.00   20354.00   13.62   6925.27   0.00   0.00   0.00   0.00
07:35:44    ens5    185.00   28228.00   14.33   8586.79   0.00   0.00   0.00   0.00
07:35:45    ens5    180.00   23093.00   14.59   7452.49   0.00   0.00   0.00   0.00
07:35:46    ens5   1525.00   19594.00  137.48   7044.81   0.00   0.00   0.00   0.00
07:35:47    ens5    146.00   10282.00   12.05   6876.80   0.00   0.00   0.00   0.00
[...]
```

이 결과에서는 송신과 수신에 대한 네트워크 스루풋과 기타 통계를 확인할 수 있습니다.

sar(1) 외에도 atop(1) 같은 도구를 사용해 통계를 기록하고 조회할 수 있습니다.

10.6.7 nicstat

nicstat(1)[21]은 스루풋과 사용률을 포함한 네트워크 인터페이스 통계를 표시합니다. nicstat(1)은 기존의 자원 통계 도구인 iostat(1)과 mpstat(1)의 스타일을 따릅니다.

다음은 리눅스에서 1.92 버전의 nicstat(1)을 실행한 결과입니다.

```
# nicstat -z 1
    Time      Int     rKB/s      wKB/s     rPk/s     wPk/s     rAvs    wAvs  %Util   Sat
01:20:58     eth0     0.07       0.00      0.95      0.02     79.43   64.81   0.00   0.00
01:20:58     eth4     0.28       0.01      0.20      0.10    1451.3   80.11   0.00   0.00
01:20:58  vlan123     0.00       0.00      0.00      0.02     42.00   64.81   0.00   0.00
01:20:58      br0     0.00       0.00      0.00      0.00     42.00   42.07   0.00   0.00
    Time      Int     rKB/s      wKB/s     rPk/s     wPk/s     rAvs    wAvs  %Util   Sat
01:20:59     eth4 42376.0      974.5   28589.4   14002.1    1517.8   71.27  35.5   0.00
    Time      Int     rKB/s      wKB/s     rPk/s     wPk/s     rAvs    wAvs  %Util   Sat
01:21:00     eth0     0.05       0.00      1.00      0.00     56.00    0.00   0.00   0.00
01:21:00     eth4 41834.7      977.9   28221.5   14058.3    1517.9   71.23  35.1   0.00
    Time      Int     rKB/s      wKB/s     rPk/s     wPk/s     rAvs    wAvs  %Util   Sat
01:21:01     eth4 42017.9      979.0   28345.0   14073.0    1517.9   71.24  35.2   0.00
```

첫 출력 결과는 부팅 시점 이후의 요약 정보를 보여주며, 그다음부터 주기별 요약 정보가 표시됩니다. 주기별 요약에서는 eth4 인터페이스의 사용률이 35%에 달함을 보여주며(이 부분은 RX나 TX 방향 중 더 사용률이 높은 쪽을 보여줍니다), 42MB/s로 수신하고 있음을 나타냅니다.

출력 필드로는 인터페이스 이름(Int), 최대 사용률(%Util), 인터페이스 포화 정도(Sat)가 있습니다. 이 외에도 '읽기(수신)'의 경우 r, '쓰기(송신)'의 경우 w가 앞에 붙은 다음의 통계가 있습니다.

---

21 필자가 솔라리스용으로 최초 버전을 개발했으며, 리눅스 버전은 팀 쿡(Tim Cook)이 개발했습니다.[Cook 09]

- KB/s: 초당 KB
- Pk/s: 초당 패킷 개수
- Avs/s: 평균 패킷 크기(바이트)

이 버전은 여러 가지 옵션을 제공하는데, -z는 값이 없는(0인) 줄(유휴 인터페이스)을 출력하지 않으며 -t는 TCP 통계를 표시합니다.

nicstat(1)은 사용률과 포화도 값을 표시하기 때문에 USE 방법론에서 특히 유용합니다.

10.6.8 ethtool

ethtool(8)은 네트워크 인터페이스의 정적 설정을 확인하는 데 사용할 수 있으며 (-i, -k 옵션), 드라이버 통계를 출력하는데(-S 옵션) 사용할 수 있습니다. 예를 들면 다음과 같습니다.

```
# ethtool -S eth0
NIC statistics:
     tx_timeout: 0
     suspend: 0
     resume: 0
     wd_expired: 0
     interface_up: 1
     interface_down: 0
     admin_q_pause: 0
     queue_0_tx_cnt: 100219217
     queue_0_tx_bytes: 84830086234
     queue_0_tx_queue_stop: 0
     queue_0_tx_queue_wakeup: 0
     queue_0_tx_dma_mapping_err: 0
     queue_0_tx_linearize: 0
     queue_0_tx_linearize_failed: 0
     queue_0_tx_napi_comp: 112514572
     queue_0_tx_tx_poll: 112514649
     queue_0_tx_doorbells: 52759561
[...]
```

이 명령은 커널의 ethtool 프레임워크에서 통계를 가져오며, 대부분의 네트워크 장치 드라이버가 이를 지원합니다. 드라이버는 각 장치에 대한 ethtool 통계를 개별적으로 정의할 수 있습니다.

-i 옵션은 드라이버의 세부사항을 보여주며, -k는 인터페이스 튜닝 가능 파라미

터를 보여줍니다. 예를 들면, 다음과 같습니다.

```
# ethtool -i eth0
driver: ena
version: 2.0.3K
[...]
# ethtool -k eth0
Features for eth0:
rx-checksumming: on
[...]
tcp-segmentation-offload: off
        tx-tcp-segmentation: off [fixed]
        tx-tcp-ecn-segmentation: off [fixed]
        tx-tcp-mangleid-segmentation: off [fixed]
        tx-tcp6-segmentation: off [fixed]
udp-fragmentation-offload: off
generic-segmentation-offload: on
generic-receive-offload: on
large-receive-offload: off [fixed]
rx-vlan-offload: off [fixed]
tx-vlan-offload: off [fixed]
ntuple-filters: off [fixed]
receive-hashing: on
highdma: on
[...]
```

위는 드라이버를 사용하는 클라우드 인스턴스의 사례인데, 여기서는 tcp 세분화 오프로드(tcp-segmentation-offload)가 꺼져 있습니다. -K 옵션을 사용하면 이들 튜닝 가능 파라미터를 변경할 수 있습니다.

10.6.9 tcplife

tcplife(8)[22]는 TCP 세션의 수명을 트레이싱하는 BCC와 bpftrace 도구로 세션 기간, 주소 정보, 스루풋, 그리고 해당 프로세스의 ID와 이름(가능한 경우)을 표시합니다.

다음은 CPU가 48개인 프로덕션 인스턴스에서 BCC 도구 tcplife(8)를 실행한 결과입니다.

```
# tcplife
PID   COMM    LADDR           LPORT RADDR         RPORT TX_KB RX_KB MS
4169  java    100.1.111.231   32648 100.2.0.48    6001  0     0     3.99
```

22 연혁: 필자는 tcplife(8)을 2016년 10월 18일에 줄리아 에반스(Julia Evans)의 아이디어를 기초로 만들었으며, 2019년 4월 17일에 bpftrace 버전을 만들었습니다.

```
4169   java      100.1.111.231   32650  100.2.0.48       6001    0    0 4.10
4169   java      100.1.111.231   32644  100.2.0.48       6001    0    0 8.41
4169   java      100.1.111.231   40158  100.2.116.192    6001    7   33 3590.91
4169   java      100.1.111.231   56940  100.5.177.31     6101    0    0 2.48
4169   java      100.1.111.231   6001   100.2.176.45     49482   0    0 17.94
4169   java      100.1.111.231   18926  100.5.102.250    6101    0    0 0.90
4169   java      100.1.111.231   44530  100.2.31.140     6001    0    0 2.64
4169   java      100.1.111.231   44406  100.2.8.109      6001   11   28 3982.11
34781  sshd      100.1.111.231   22     100.2.17.121     41566   5    7 2317.30
4169   java      100.1.111.231   49726  100.2.9.217      6001   11   28 3938.47
4169   java      100.1.111.231   58858  100.2.173.248    6001    9   30 2820.51
[...]
```

출력된 MS(밀리초) 열을 보면, 0ms 미만으로 짧게 지속되거나 3초 이상으로 길게 유지된 세션을 확인할 수 있습니다. 이 예는 포트 6001에서 요청을 대기 중인 애플리케이션 서버 풀을 보여주며, 대부분의 세션은 원격 애플리케이션 서버의 포트 6001에 연결되었습니다. 로컬 포트 6001에는 단 한 번 연결되었습니다. 또한, 로컬 포트 22에서 sshd가 관리하는 인바운드 SSH 세션도 확인할 수 있습니다.

tcplife(8)의 BCC 버전은 다음 옵션들을 지원합니다.

- -t: 시간 열을 포함(HH:MM:SS)
- -w: 열을 더 넓게 출력(IPv6 주소 길이에 맞춤)
- -p PID: 해당 프로세스만 트레이싱합니다
- -L PORT[,PORT[,...]]: 해당 로컬 포트를 가진 세션만 트레이싱합니다
- -D PORT[,PORT[,...]]: 해당 원격 포트를 가진 세션만 트레이싱합니다

이 도구는 TCP 소켓 상태 변경 이벤트를 트레이싱하고, 상태가 TCP_CLOSE로 변경될 때 세부 정보를 요약해서 출력합니다. 상태 변경 이벤트는 패킷보다는 훨씬 덜 빈번하게 발생하기 때문에 패킷별 스니핑 도구(sniffer)보다는 오버헤드가 훨씬 덜 발생하는 접근 방법입니다. 이 덕분에 넷플릭스 프로덕션 서버에서는 tcplife(8)를 TCP 플로 로깅 도구(flow logger)로 지속적으로 사용하고 있습니다.[23]

UDP 세션을 트레이싱하기 위한 udplife(8) 작성 방법은 필자의 책 《BPF 성능 분석 도구》[Gregg 19]의 10장 연습문제에 있습니다. 관련 코드 역시 온라인에 공개해 두었습니다.[Gregg 19d]

---

23 모든 열린 세션의 스냅숏을 제공합니다.

10.6.10 tcptop

tcptop(8)[24]은 TCP를 가장 많이 사용하는 최상위 프로세스를 보여주는 BCC 도구입니다. 다음은 CPU가 36개인 프로덕션 하둡 인스턴스에서 실행한 사례입니다.

```
# tcptop
09:01:13 loadavg: 33.32 36.11 38.63 26/4021 123015

PID     COMM        LADDR                RADDR                  RX_KB    TX_KB
118119  java        100.1.58.46:36246    100.2.52.79:50010      16840    0
122833  java        100.1.58.46:52426    100.2.6.98:50010       0        3112
122833  java        100.1.58.46:50010    100.2.50.176:55396     3112     0
120711  java        100.1.58.46:50010    100.2.7.75:23358       2922     0
121635  java        100.1.58.46:50010    100.2.5.101:56426      2922     0
121219  java        100.1.58.46:50010    100.2.62.83:40570      2858     0
121219  java        100.1.58.46:42324    100.2.4.58:50010       0        2858
122927  java        100.1.58.46:50010    100.2.2.191:29338      2351     0
[...]
```

이 출력 결과는 가장 위에 있는 하나의 연결이 이 인터벌 동안 16MB 이상의 데이터를 수신했음을 보여줍니다. 기본적으로 스크린은 매초 업데이트됩니다.

이 도구는 TCP 송신/수신 코드 경로를 트레이싱하고, 해당 데이터를 BPF 맵에 효율적으로 정리하면서 작동합니다. 그럼에도 이들 이벤트는 빈번할 수 있으며, 네트워크 스루풋이 큰 시스템에서는 오버헤드가 상당할 수 있습니다.

옵션에는 다음과 같은 것들이 있습니다.

- -C: 스크린을 지우지 않음
- -p PID: 특정 프로세스만 측정

tcptop(8)는 옵션으로 측정 인터벌과 측정 횟수도 지정할 수 있습니다.

10.6.11 tcpretrans

tcpretrans(8)[25]는 TCP 재전송을 트레이싱하는 BCC와 bpftrace 도구로, IP 주소와 포트 세부 정보 그리고 TCP 상태를 보여줍니다. 다음은 프로덕션 인스턴스에서 BCC 도구 tcpretrans(8)를 실행한 결과입니다.

---

24 역주: 필자는 2016년 9월 2일에 2005년에 필자가 만든 초기 tcptop 도구를 기초로 BCC 버전을 만들었는데, 그 tcptop 도구 자체는 윌리엄 르페브르(William LeFebvre)가 만든 최초의 top(1)에서 영감을 얻은 것입니다.

25 역주: 필자는 2011년에 유사한 도구를, 2014년에는 Ftrace tcpretrans(8)를, 그리고 2016년 2월 14일에 이 BCC 버전을 만들었습니다. 데일 해멀(Dale Hamel)은 2018년 11월 23일에 이 도구의 bpftrace 버전을 만들었습니다.

― Systems

```
# tcpretrans
Tracing retransmits ... Hit Ctrl-C to end

TIME      PID    IP LADDR:LPORT           T> RADDR:RPORT            STATE
00:20:11  72475  4  100.1.58.46:35908     R> 100.2.0.167:50010      ESTABLISHED
00:20:11  72475  4  100.1.58.46:35908     R> 100.2.0.167:50010      ESTABLISHED
00:20:11  72475  4  100.1.58.46:35908     R> 100.2.0.167:50010      ESTABLISHED
00:20:12  60695  4  100.1.58.46:52346     R> 100.2.6.189:50010      ESTABLISHED
00:20:12  60695  4  100.1.58.46:52346     R> 100.2.6.189:50010      ESTABLISHED
00:20:12  60695  4  100.1.58.46:52346     R> 100.2.6.189:50010      ESTABLISHED
00:20:12  60695  4  100.1.58.46:52346     R> 100.2.6.189:50010      ESTABLISHED
00:20:13  60695  6  ::ffff:100.1.58.46:13562 R> ::ffff:100.2.51.209:47356 FIN_WAIT1
00:20:13  60695  6  ::ffff:100.1.58.46:13562 R> ::ffff:100.2.51.209:47356 FIN_WAIT1
[...]
```

출력된 결과를 보면 TIME 열에서 초당 몇 건 정도의 낮은 재전송 비율을 확인할 수 있습니다. 대부분은 ESTABLISHED 상태의 세션에서 발생했으며, ESTABLISHED 상태에서 재전송 비율이 높다면 외부 네트워크 문제가 있을 가능성이 있습니다. 반면, SYN_SENT 상태에서 높은 재전송 비율은 서버 애플리케이션이 과부하 상태에 있어 SYN 백로그를 충분히 빠르게 처리하지 못하고 있음을 나타낼 수 있습니다.

tcpretrans(8)는 커널에서 TCP 재전송 이벤트를 트레이싱하면서 작동합니다. TCP 재전송은 일반적으로 드물게 발생하므로 이 도구의 오버헤드는 무시할 수 있는 수준입니다. 과거 방식과 비교하면, 과거에는 패킷 스니핑 도구를 사용해 모든 패킷을 캡처한 뒤 재전송만 필터링하는 방식으로 분석했는데, 이 과정은 캡처와 후처리 두 단계 모두에서 상당한 CPU 오버헤드를 초래했습니다. 또한, 패킷 캡처 방식은 네트워크 회선에서 관찰할 수 있는 세부사항만 확인할 수 있어 한계가 있었습니다. 반면 tcpretrans(8)는 커널에서 직접 TCP 상태를 출력하기 때문에 CPU 오버헤드가 적고 더 많은 정보를 제공할 수 있습니다. 필요시 추가적인 커널 상태를 출력하도록 확장할 수도 있어 기존 방식보다 효율적이고 유용합니다.

tcpretrans(8)의 BCC 버전은 다음 옵션들을 지원합니다.

- -l: TLP(tail loss probe) 시도 포함(tcp_send_loss_probe()에 대해 kprobe 추가)
- -c: 플로별 재전송 횟수 집계

-c 옵션은 tcpretrans(8)의 동작을 변경하여 이벤트별 세부 정보가 아닌 집계 요약을 출력합니다.

10.6.12 bpftrace

bpftrace는 BPF 기반의 트레이싱 도구로 고급 프로그래밍 언어를 제공해서 강력한 원 라이너와 짧은 스크립트를 작성할 수 있게 합니다. 이 도구는 다른 툴에서 얻은 단서를 기반으로 네트워크를 분석하는 데 특히 유용합니다. bpftrace는 소켓 연결, 소켓 I/O, TCP 이벤트, 패킷 전송, 백로그 드롭, TCP 재전송, 그리고 기타 세부사항을 포함한 커널과 애플리케이션 내의 네트워크 이벤트를 검토할 수 있습니다. 이러한 기능은 워크로드 특성화와 지연 분석을 하는데 유용합니다.

bpftrace에 대한 자세한 설명은 15장에서 다룹니다. 이 절에서는 원 라이너, 소켓 트레이싱, TCP 트레이싱 등 네트워크 분석과 관계된 몇 가지 사례를 보여드립니다.

원 라이너

다음은 몇 가지 유용한 bpftrace 원 라이너들인데, 이들을 통해 bpftrace의 다양한 기능을 살펴볼 수 있습니다.

소켓 accept(2)를 PID와 프로세스 이름별로 집계합니다.

```
bpftrace -e 't:syscalls:sys_enter_accept* { @[pid, comm] = count(); }'
```

소켓 connect(2)를 PID와 프로세스 이름별로 집계합니다.

```
bpftrace -e 't:syscalls:sys_enter_connect { @[pid, comm] = count(); }'
```

소켓 connect(2)를 사용자 스택 트레이스와 프로세스 이름별로 집계합니다.

```
bpftrace -e 't:syscalls:sys_enter_connect { @[ustack, comm] = count(); }'
```

소켓 송신/수신을 on-CPU PID, 그리고 프로세스 이름[26]별로 집계합니다.

```
bpftrace -e 'k:sock_sendmsg,k:sock_recvmsg { @[func, pid, comm] = count(); }'
```

---

[26] 앞에서 다룬 소켓 시스템 콜은 프로세스 컨텍스트 안에서 발생했기 때문에 PID와 comm을 신뢰할 수 있습니다. 여기서 계측되는 kprobe는 커널 속 더 깊이 있으며, 이들 연결에 대한 프로세스 엔드포인트는 현재 CPU상에 없을 수 있습니다. 이것은 bpftrace가 보여주는 pid와 comm은 관련이 없을 수도 있음을 의미합니다. 이것들은 일반적으로 제대로 동작하지만, 언제나 그런 것은 아닙니다.

소켓 송신/수신 바이트 크기를 on-CPU PID와 프로세스 이름별로 집계합니다.

```
bpftrace -e 'kr:sock_sendmsg,kr:sock_recvmsg /(int32)retval > 0/ { @[pid, comm] =
    sum((int32)retval); }'
```

TCP 연결을 on-CPU PID와 프로세스 이름별로 집계합니다.

```
bpftrace -e 'k:tcp_v*_connect { @[pid, comm] = count(); }'
```

TCP 연결 수락을 on-CPU PID와 프로세스 이름별로 집계합니다.

```
bpftrace -e 'k:inet_csk_accept { @[pid, comm] = count(); }'
```

TCP 송신/수신을 on-CPU PID와 프로세스 이름별로 집계합니다.

```
bpftrace -e 'k:tcp_sendmsg,k:tcp_recvmsg { @[func, pid, comm] = count(); }'
```

TCP 송신 바이트 크기를 히스토그램으로 보여줍니다.

```
bpftrace -e 'k:tcp_sendmsg { @send_bytes = hist(arg2); }'
```

TCP 수신 바이트 크기를 히스토그램으로 보여줍니다.

```
bpftrace -e 'kr:tcp_recvmsg /retval >= 0/ { @recv_bytes = hist(retval); }'
```

TCP 재전송을 유형, 원격 호스트별로 집계합니다(IPv4라 가정).

```
bpftrace -e 't:tcp:tcp_retransmit_* { @[probe, ntop(2, args->saddr)] = count(); }'
```

모든 TCP 함수를 집계합니다(TCP에 높은 오버헤드 부가).

```
bpftrace -e 'k:tcp_* { @[func] = count(); }'
```

UDP 송신/수신을 on-CPU PID와 프로세스 이름별로 집계합니다.

```
bpftrace -e 'k:udp*_sendmsg,k:udp*_recvmsg { @[func, pid, comm] = count(); }'
```

UDP 송신 바이트 크기를 히스토그램으로 보여줍니다.

```
bpftrace -e 'k:udp_sendmsg { @send_bytes = hist(arg2); }'
```

UDP 수신 바이트 크기를 히스토그램으로 보여줍니다.

```
bpftrace -e 'kr:udp_recvmsg /retval >= 0/ { @recv_bytes = hist(retval); }'
```

송신 커널 스택 트레이스를 집계합니다.

```
bpftrace -e 't:net:net_dev_xmit { @[kstack] = count(); }'
```

각 장치 수신에 대한 CPU 히스토그램을 보여줍니다.

```
bpftrace -e 't:net:netif_receive_skb { @[str(args->name)] = lhist(cpu, 0, 128, 1); }'
```

ieee80211 계층 함수를 집계합니다(패킷에 높은 오버헤드 부가).

```
bpftrace -e 'k:ieee80211_* { @[func] = count(); }'
```

모든 ixgbevf 장치 드라이버 함수를 집계합니다(ixgbevf에 높은 오버헤드 부가).

```
bpftrace -e 'k:ixgbevf_* { @[func] = count(); }'
```

모든 iwl 장치 드라이버 tracepoint를 집계합니다(iwl에 높은 오버헤드 부가).

```
bpftrace -e 't:iwlwifi:*,t:iwlwifi_io:* { @[probe] = count(); }'
```

소켓 트레이싱

소켓 계층에서 네트워크 이벤트를 트레이싱하면, 파악하고자 하는 대상과 관련된 프로세스가 여전히 CPU에서 실행 중이므로 원인이 되는 애플리케이션과 코드 경로를 간단하게 확인할 수 있다는 장점이 있습니다. 예를 들어 accept(2) 시스템 콜을 호출하는 애플리케이션을 집계하려면 다음과 같이 실행합니다.

```
# bpftrace -e 't:syscalls:sys_enter_accept { @[pid, comm] = count(); }'
Attaching 1 probe...
^C
```

```
@[573, sshd]: 2
@[1948, mysqld]: 41
```

이 출력 결과는 트레이싱을 하는 동안 mysqld가 accept(2)를 41번 호출했으며, sshd는 accept(2)를 두 번 호출했음을 보여줍니다.

accept(2)로 이어지는 코드 경로를 더 자세히 보기 위해 스택 트레이스도 포함시킬 수 있습니다. 예를 들어, 사용자 레벨 스택 트레이스와 프로세스 이름별로 집계하면 다음과 같습니다.

```
# bpftrace -e 't:syscalls:sys_enter_accept { @[ustack, comm] = count(); }'
Attaching 1 probe...
^C
@[
    accept+79
    Mysqld_socket_listener::listen_for_connection_event()+283
    mysqld_main(int, char**)+15577
    __libc_start_main+243
    0x49564100fe8c4b3d
, mysqld]: 22
```

이 출력 결과는 mysqld가 Mysqld_socket_listener::listen_for_connection_event()를 포함한 코드 경로를 통해 연결을 받아들이고 있었음을 보여줍니다. 'accept'를 'connect'로 변경하면, 이 원 라이너는 connect(2)로 이어지는 코드 경로를 식별할 수 있습니다. 필자는 이해하기 어려운 네트워크 연결을 분석하고 이를 호출하는 코드 경로를 확인하기 위해 이런 원 라이너를 활용한 경험이 있습니다.

sock tracepoint

소켓 시스템 콜과 별도로 소켓 tracepoint도 존재합니다. 5.3 커널에서 실험한 결과입니다.

```
# bpftrace -l 't:sock:*'
tracepoint:sock:sock_rcvqueue_full
tracepoint:sock:sock_exceed_buf_limit
tracepoint:sock:inet_sock_set_state
```

sock:inet_sock_set_state tracepoint는 초기 tcplife(8) 도구에서 사용했습니다. 다음은 이 tracepoint를 사용해서 새로운 연결에 대한 출발지 및 목적지 IPv4 주소를 집계하는 원 라이너 사례입니다.

```
# bpftrace -e 't:sock:inet_sock_set_state
    /args->newstate == 1 && args->family == 2/ {
    @[ntop(args->saddr), ntop(args->daddr)] = count() }'
Attaching 1 probe...
^C
@[127.0.0.1, 127.0.0.1]: 2
@[10.1.239.218, 10.29.225.81]: 18
```

이 원 라이너는 점점 길어지므로 나중에 편집하거나 실행하기 위해 bpftrace 프로그램 파일(.bt)로 저장하는 것이 더 편리합니다. 파일로 저장하면 커널 헤더를 포함할 수 있어, 숫자를 직접 하드코딩하는 대신 신뢰할 수 있는 상수 이름을 사용할 수 있습니다. 예를 들어, 필터 조건을 다음과 같이 수정할 수 있습니다.

```
/args->newstate == TCP_ESTABLISHED && args->family == AF_INET/ {
```

다음은 bpftrace 프로그램 파일의 사례로 socketio.bt를 설명합니다.

socketio.bt

좀 더 복잡한 사례로, socketio(8) 도구는 소켓 I/O를 프로세스 세부 내용, 송수신 방향, 프로토콜 및 포트와 함께 보여줍니다. 다음은 출력 결과 사례입니다.

```
# ./socketio.bt
Attaching 2 probes...
^C
[...]
@io[sshd, 21925, read, UNIX, 0]: 40
@io[sshd, 21925, read, TCP, 37408]: 41
@io[systemd, 1, write, UNIX, 0]: 51
@io[systemd, 1, read, UNIX, 0]: 57
@io[systemd-udevd, 241, write, NETLINK, 0]: 65
@io[systemd-udevd, 241, read, NETLINK, 0]: 75
@io[dbus-daemon, 525, write, UNIX, 0]: 98
@io[systemd-logind, 526, read, UNIX, 0]: 105
@io[systemd-udevd, 241, read, UNIX, 0]: 127
@io[snapd, 31927, read, NETLINK, 0]: 150
@io[dbus-daemon, 525, read, UNIX, 0]: 160
@io[mysqld, 1948, write, TCP, 55010]: 8147
@io[mysqld, 1948, read, TCP, 55010]: 24466
```

이 결과는 대부분의 소켓 I/O가 mysqld에 의해 처리되었으며, 클라이언트가 사용하는 임시 TCP 포트 55010으로 데이터를 읽고 썼음을 보여줍니다.

socketio(8) 도구의 소스 코드는 다음과 같습니다.

```
#!/usr/local/bin/bpftrace
#include <net/sock.h>

kprobe:sock_recvmsg
{
        $sock = (struct socket *)arg0;
        $dport = $sock->sk->__sk_common.skc_dport;
        $dport = ($dport >> 8) | (($dport << 8) & 0xff00);
        @io[comm, pid, "read", $sock->sk->__sk_common.skc_prot->name, $dport] =
            count();
}

kprobe:sock_sendmsg
{
        $sock = (struct socket *)arg0;
        $dport = $sock->sk->__sk_common.skc_dport;
        $dport = ($dport >> 8) | (($dport << 8) & 0xff00);
        @io[comm, pid, "write", $sock->sk->__sk_common.skc_prot->name, $dport] =
            count();
}
```

이것은 커널 구조체로부터 세부사항을 가져오는 사례로, 이 경우에는 struct socket 에서 프로토콜 이름과 목적지 포트 정보를 가져오는 방법을 보여줍니다. 목적지 포트는 빅 엔디언(big endian)으로 저장되며, @io 맵에 추가되기 전에 해당 도구에 의해 리틀 엔디언(little endian)(x86 프로세서용)으로 변환됩니다.[27] 이 스크립트는 현재 I/O 집계 수를 보여주지만 코드를 수정하면 전송된 바이트 수를 표시하도록 변경할 수도 있습니다.

TCP 트레이싱

TCP 레벨에서의 트레이싱은 TCP 프로토콜 이벤트와 내부 구조 뿐만 아니라 소켓과 관련이 없는 이벤트(예: TCP 포트 스캔)에 대한 정보를 제공합니다.

TCP tracepoint

TCP 내부를 계측하려면 일반적으로 kprobes를 사용해야 하지만, 몇몇 TCP trace-points를 활용할 수도 있습니다. 다음은 5.3 커널에서 실행한 사례입니다.

---

[27] 빅 엔디언 프로세서에서 이를 작동시키려면, 해당 도구는 프로세서의 엔디언(processor endianness)을 확인하고 필요하다면 변환을 수행해야 하는데, 예컨대 #ifdef LITTLE_ENDIAN을 사용해 변환 여부를 결정할 수 있습니다.

```
# bpftrace -l 't:tcp:*'
tracepoint:tcp:tcp_retransmit_skb
tracepoint:tcp:tcp_send_reset
tracepoint:tcp:tcp_receive_reset
tracepoint:tcp:tcp_destroy_sock
tracepoint:tcp:tcp_rcv_space_adjust
tracepoint:tcp:tcp_retransmit_synack
tracepoint:tcp:tcp_probe
```

초기 tcpretrans(8) 도구에서는 tcp:tcp_retransmit_skb tracepoint를 사용했습니다. tracepoint는 안정성이 좋아 선호되지만, 만약 여러분의 문제를 해결할 수 없을 때는 커널 TCP 함수에 대해 kprobe를 사용할 수 있습니다. 다음은 kprobe를 사용해 TCP 함수들을 집계하는 예제입니다.

```
# bpftrace -e 'k:tcp_* { @[func] = count(); }'
Attaching 336 probes...
^C
@[tcp_try_keep_open]: 1
@[tcp_ooo_try_coalesce]: 1
@[tcp_reset]: 1
[...]
@[tcp_push]: 3191
@[tcp_established_options]: 3584
@[tcp_wfree]: 4408
@[tcp_small_queue_check.isra.0]: 4617
@[tcp_rate_check_app_limited]: 7022
@[tcp_poll]: 8898
@[tcp_release_cb]: 18330
@[tcp_send_mss]: 28168
@[tcp_sendmsg]: 31450
@[tcp_sendmsg_locked]: 31949
@[tcp_write_xmit]: 33276
@[tcp_tx_timestamp]: 33485
```

가장 빈번하게 호출된 함수는 tcp_tx_timestamp()이었으며, 트레이싱하는 동안 33,485회 호출되었음을 보여줍니다. 함수 호출을 집계하면 더 상세한 트레이싱이 필요한 대상을 식별하는 데 도움이 됩니다. 다만 모든 TCP 호출을 집계하면 트레이싱된 함수의 수와 빈도로 인해 눈에 띄는 오버헤드가 발생할 수 있음에 유의하세요. 필자가 모든 TCP 호출을 집계한다고 하면 perf-tools 도구의 funccount(8)을 이용하는 대신 Ftrace 함수 프로파일링을 사용할 터인데, 이 방식이 오버헤드와 초기화 시간이 훨씬 짧기 때문입니다. 14장 "Ftrace"를 참고하세요.

tcpsynbl.bt

tcpsynbl(8)[28]는 kprobe로 TCP listen 백로그 큐 상태를 추적합니다. 이 도구는 listen(2) 백로그 큐의 길이를 큐의 길이별로 세분화해 보여주므로, 해당 큐들이 오버플로에 얼마나 가까운지를 확인할 수 있습니다(오버플로 되면 TCP SYN 패킷의 드롭을 유발합니다). 다음은 출력 결과 사례입니다.

```
# tcpsynbl.bt
Attaching 4 probes...
Tracing SYN backlog size. Ctrl-C to end.
04:44:31 dropping a SYN.
04:44:31 dropping a SYN.
04:44:31 dropping a SYN.
04:44:31 dropping a SYN.
04:44:31 dropping a SYN.
[...]
^C
@backlog[backlog limit]: histogram of backlog size

@backlog[128]:
[0]                  473 |@                                                   |
[1]                  502 |@                                                   |
[2, 4)              1001 |@@@                                                 |
[4, 8)              1996 |@@@@@@                                              |
[8, 16)             3943 |@@@@@@@@@@@                                         |
[16, 32)            7718 |@@@@@@@@@@@@@@@@@@@@@@                              |
[32, 64)           14360 |@@@@@@@@@@@@@@@@@@@@@@@@@@@@@@@@@@@@@@@@@           |
[64, 128)          17346 |@@@@@@@@@@@@@@@@@@@@@@@@@@@@@@@@@@@@@@@@@@@@@@@@@@@@|
[128, 256)          1844 |@@@@@                                               |
```

트레이싱을 하는 동안 tcpsynbl.bt는 SYN 드롭이 발생하면 타임스탬프를 출력합니다. 프로그램이 종료될 때(Ctrl-C 입력에 의해)는 히스토그램이 사용 중인 백로그 제한값 크기별로 출력됩니다. 앞 쪽의 출력 결과는 4:44:31에 여러 SYN 드롭이 발생했음을 보여줍니다. 히스토그램 요약에서는 백로그 크기 제한이 128이며, 해당 제한값에 1844회(128~256버킷) 도달했음을 보여줍니다. 이 분포는 SYN들이 도착하는 순간에 측정한 백로그 길이를 보여줍니다.

백로그 길이를 모니터링하면 시간이 지남에 따라 백로그가 증가하는지를 확인할 수 있습니다. 이는 SYN 드롭이 임박했음을 조기에 경고하는 유용한 정보로, 용량 계획의 일부로 여러분이 살펴볼 수 있는 항목입니다.

---

28 연혁: 필자는 2019년 4월 19일에 [Gregg 19]에 수록하기 위해 tcpsynbl.bt를 만들었습니다.

tcpsynbl(8) 도구의 소스 코드는 다음과 같습니다.

```
#!/usr/local/bin/bpftrace

#include <net/sock.h>

BEGIN
{
        printf("Tracing SYN backlog size. Ctrl-C to end.\n");
}

kprobe:tcp_v4_syn_recv_sock,
kprobe:tcp_v6_syn_recv_sock
{
        $sock = (struct sock *)arg0;
        @backlog[$sock->sk_max_ack_backlog & 0xffffffff] =
            hist($sock->sk_ack_backlog);
        if ($sock->sk_ack_backlog > $sock->sk_max_ack_backlog) {
                time("%H:%M:%S dropping a SYN.\n");
        }
}

END
{
        printf("\n@backlog[backlog limit]: histogram of backlog size\n");
}
```

앞서 출력된 분포의 형태는 hist()에서 사용되는 log2 스케일과 많은 관련이 있는데, hist()에서는 나중에 나오는 버킷 범위가 점점 넓어집니다. 다음을 사용해서 hist()를 lhist()로 바꿀 수 있습니다.

```
lhist($sock->sk_ack_backlog, 0, 1000, 10);
```

이렇게 변경하게 되면 각 버킷별로 균일한 범위를 가진 선형 히스토그램을 출력하게 되는데, 이 경우 버킷 크기는 10이며 영역 0부터 1,000까지의 값을 보여줍니다. bpftrace 프로그래밍에 대한 더 많은 내용은 15장 "BPF"를 참고하세요.

이벤트 소스

bpftrace는 더 많은 것을 계측할 수 있는데, 표 10.6에 네트워크 이벤트를 계측하기 위한 주요 이벤트 소스를 정리했습니다.

표 10.6 네트워크 이벤트와 소스

네트워크 이벤트	이벤트 소스
애플리케이션 프로토콜	uprobe
소켓	시스템 콜 tracepoint
TCP	tcp tracepoint, kprobe
UDP	kprobe
IP와 ICMP	kprobe
패킷	skb tracepoint, kprobe
QDiscs와 드라이버 큐	qdisc 및 net tracepoint, kprobe
XDP	xdp tracepoint
네트워크 장치 드라이버	kprobe, 일부 드라이버에 tracepoint가 있을 수 있음

tracepoint는 안정적인 인터페이스이므로 가능하면 이를 사용하는 것이 좋습니다.

10.6.13 tcpdump

tcpdump(8) 유틸리티를 이용하면 리눅스에서 네트워크 패킷을 캡처해 분석할 수 있습니다. 패킷 요약 정보를 STDOUT에 출력하거나, 패킷 데이터를 나중에 분석할 수 있게 파일에 저장할 수도 있습니다. 보통 후자 쪽이 더 실용적인데, 패킷 도착 속도가 너무 빨라서 실시간으로 요약 정보를 확인하기 어렵기 때문입니다.

다음은 eth4 인터페이스의 패킷을 /tmp 경로의 파일로 덤프하는 사례입니다.

```
# tcpdump -i eth4 -w /tmp/out.tcpdump
tcpdump: listening on eth4, link-type EN10MB (Ethernet), capture size 65535 bytes
^C273893 packets captured
275752 packets received by filter
1859 packets dropped by kernel
```

이 출력 결과는 얼마나 많은 패킷이 tcpdump(8)로 전달되지 못하고 커널에 의해 드롭되었는지 표시해 주는데, 이는 패킷의 전송 속도가 너무 빠를 때 발생합니다. 참고로 -i any를 사용하면 모든 네트워크 인터페이스에서 패킷을 캡처합니다.

캡처한 파일은 다음 명령으로 확인할 수 있습니다.

```
# tcpdump -nr /tmp/out.tcpdump
reading from file /tmp/out.tcpdump, link-type EN10MB (Ethernet)
02:24:46.160754 IP 10.2.124.2.32863 > 10.2.203.2.5001: Flags [.], seq
3612664461:3612667357, ack 180214943, win 64436, options [nop,nop,TS val 692339741
ecr 346311608], length 2896
```

```
02:24:46.160765 IP 10.2.203.2.5001 > 10.2.124.2.32863: Flags [.], ack 2896, win
18184, options [nop,nop,TS val 346311610 ecr 692339740], length 0
02:24:46.160778 IP 10.2.124.2.32863 > 10.2.203.2.5001: Flags [.], seq 2896:4344, ack
1, win 64436, options [nop,nop,TS val 692339741 ecr 346311608], length 1448
02:24:46.160807 IP 10.2.124.2.32863 > 10.2.203.2.5001: Flags [.], seq 4344:5792, ack
1, win 64436, options [nop,nop,TS val 692339741 ecr 346311608], length 1448
02:24:46.160817 IP 10.2.203.2.5001 > 10.2.124.2.32863: Flags [.], ack 5792, win
18184, options [nop,nop,TS val 346311610 ecr 692339741], length 0
[...]
```

출력 결과의 각 줄은 패킷의 시간(마이크로초 단위), 송신 측과 수신 측 IP 주소, TCP 헤더 값을 보여줍니다. 이를 연구하면 TCP의 동작을 자세히 이해할 수 있으며, 현재 워크로드에서 고급 기능이 얼마나 효과적으로 작동하고 있는지도 확인할 수 있습니다.

앞의 사례에서는 -n 옵션을 사용해 IP 주소를 호스트 주소로 변환하지 않게 했습니다. 여러 다른 옵션도 있는데, 아래와 같이 가능한 한 자세한 정보를 표시하거나(-v), 링크 계층 헤더를 표시하거나(-e), 16진수 주소 덤프(-x 혹은 -X) 등을 사용할 수 있습니다.

```
# tcpdump -enr /tmp/out.tcpdump -vvv -X
reading from file /tmp/out.tcpdump, link-type EN10MB (Ethernet)
02:24:46.160754 80:71:1f:ad:50:48 > 84:2b:2b:61:b6:ed, ethertype IPv4 (0x0800),
length 2962: (tos 0x0, ttl 63, id 46508, offset 0, flags [DF], proto TCP (6), length
2948)
    10.2.124.2.32863 > 10.2.203.2.5001: Flags [.], cksum 0x667f (incorrect ->
0xc4da), seq 3612664461:3612667357, ack 180214943, win 64436, options [nop,nop,TS val
692339741 ecr 346311608], length 289
6
        0x0000:  4500 0b84 b5ac 4000 3f06 1fbf 0a02 7c02  E.....@.?.....|.
        0x0010:  0a02 cb02 805f 1389 d754 e28d 0abd dc9f  ....._...T......
        0x0020:  8010 fbb4 667f 0000 0101 080a 2944 441d  ....f.......)DD.
        0x0030:  14a4 4bb8 3233 3435 3637 3839 3031 3233  ..K.234567890123
        0x0040:  3435 3637 3839 3031 3233 3435 3637 3839  4567890123456789
[...]
```

성능 분석을 할 때는 타임스탬프 열을 바꾸면 유용할 수 있는데, 패킷 간 시간 간격(델타 시간)으로 표시(-ttt)하거나, 최초 패킷 이후의 경과 시간을 표시(-ttttt)하도록 하면 됩니다.

관심 패킷에만 초점을 맞추기 위해 패킷 필터링 표현식을 옵션으로 사용할 수도 있습니다(pcap-filter(7) 참고). 이러한 필터링은 효율성을 위해 커널 수준에서 BPF를 사용해 처리됩니다(리눅스 2.0 이전 버전에서는 지원되지 않습니다).

패킷 캡처는 CPU와 저장 장치에 많은 부하를 유발합니다. 가능하다면 tcpdump(8)는 짧은 시간 동안만 사용해 성능 비용을 줄이고, bpftrace 같은 더 효율적인 BPF 기반 도구를 찾는 게 좋습니다.

tshark(1)는 이와 유사한 커맨드 라인 패킷 캡처 도구로, 더 강력한 필터링과 출력 옵션을 제공합니다. 이 도구는 Wireshark(와이어샤크)의 CLI 버전입니다.

10.6.14 Wireshark

간단한 분석을 할 때는 tcpdump(8)만으로도 충분하지만 커맨드 라인에서 심층적인 분석을 진행하려면 많은 시간이 걸릴 수 있습니다. 이러한 문제에 대한 해결책으로 Wireshark(와이어샤크, 이전에는 Ethereal이었음)를 사용해 볼 수 있는데, 이 도구는 패킷 캡처와 분석을 위한 GUI를 제공하며, tcpdump(8)에서 생성한 패킷 덤프 파일도 불러올 수 있습니다.[Wireshark 20] 유용한 기능으로는 네트워크 연결 및 관련된 패킷을 식별해서 개별적으로 분석할 수 있게 하는 기능과 수백 가지 프로토콜 헤더를 해석하는 기능 등을 들 수 있습니다.

그림 10.12은 Wireshark 화면 구성 예시를 보여줍니다. 화면은 수평으로 세 부분으로 나뉩니다. 상단 부분은 패킷을 행으로, 세부사항을 열로 보여주는 표입니다.

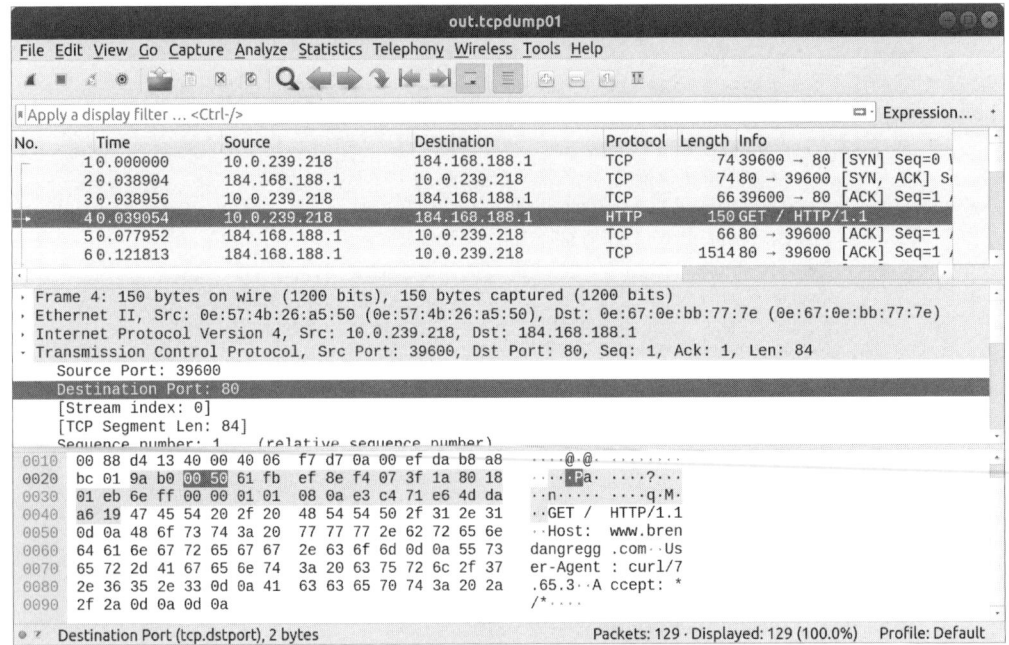

그림 10.12 Wireshark 화면 캡처

중앙 부분은 프로토콜의 세부사항을 보여주는데, 이 사례에서는 TCP 프로토콜 세부사항을 볼 수 있으며 목적지 포트가 선택되었습니다. 하단 부분은 왼쪽에 16진수로 된 원시(raw) 패킷을 그리고 오른쪽에는 텍스트를 보여주는데, 여기서는 TCP 목적지 포트의 위치가 강조 표시되어 있음을 확인할 수 있습니다.

10.6.15 기타 도구

이 책의 다른 몇몇 장과 필자가 쓴 《BPF 성능 분석 도구》[Gregg 19]에도 네트워크 분석에 유용한 도구들이 수록되어 있습니다. 표 10.7에 이러한 도구들을 정리했습니다.

표 10.7 기타 네트워크 분석 도구

절	도구	설명
5.5.3	offcputime	Off-CPU 프로파일링을 통해 네트워크 I/O를 확인
[Gregg 19]	sockstat	고급 소켓 통계 출력
[Gregg 19]	sofamily	프로세스별로 새 소켓의 주소 체계(address family) 집계
[Gregg 19]	soprotocol	프로세스별로 새 소켓의 전송 프로토콜 집계
[Gregg 19]	soconnect	소켓 IP-프로토콜 연결 트레이싱
[Gregg 19]	soaccept	소켓 IP-프로토콜 연결 수락 트레이싱
[Gregg 19]	socketio	소켓 I/O 카운트를 포함한 세부 정보 출력
[Gregg 19]	socksize	프로세스별 소켓 I/O 크기 히스토그램 출력
[Gregg 19]	sormem	소켓 수신 버퍼 사용량과 오버플로 출력
[Gregg 19]	soconnlat	IP 소켓 연결 지연을 스택과 함께 출력
[Gregg 19]	so1stbyte	IP 소켓 첫 번째 바이트 지연 출력
[Gregg 19]	tcpconnect	TCP 액티브 연결(connect()) 트레이싱
[Gregg 19]	tcpaccept	TCP 패시브 연결(accept()) 트레이싱
[Gregg 19]	tcpwin	TCP 송신 혼잡 윈도 파라미터 트레이싱
[Gregg 19]	tcpnagle	TCP Nagle 사용 및 전송 지연 트레이싱
[Gregg 19]	udpconnect	로컬 호스트에서 새 UDP 연결을 트레이싱
[Gregg 19]	gethostlatency	라이브러리 호출을 통한 DNS 조회 지연 트레이싱
[Gregg 19]	ipecn	IP 인바운드 ECN(explicit congestion notification, 명시적 혼잡 통지) 트레이싱
[Gregg 19]	superping	네트워크 스택에서 ICMP echo 시간 측정
[Gregg 19]	qdisc-fq (...)	FQ qdisc 큐 지연 출력
[Gregg 19]	netsize	네트워크 장치 I/O 크기 출력
[Gregg 19]	nettxlat	네트워크 장치 전송 지연 출력

(다음 쪽에 이어짐)

[Gregg 19]	skbdrop	sk_buff 드롭을 커널 스택 트레이스와 함께 트레이싱
[Gregg 19]	skblife	sk_buff 수명 출력(네트워크 스택 간 지연시간)
[Gregg 19]	ieee80211scan	IEEE 802.11 WiFi 스캐닝 트레이싱

기타 리눅스 네트워크 관측가능성 도구와 소스로는 다음과 같은 것이 있습니다.

- strace(1): 소켓 관련 시스템 콜을 트레이싱하고, 어떠한 옵션이 사용되었는지 보여줍니다(strace(1)은 오버헤드가 높다는 사실에 유의하세요).
- lsof(8): 프로세스 ID별로 열린 파일의 목록을 보여줍니다. 소켓 상세 정보도 보여줍니다.
- nfsstat(8): NFS 서버와 클라이언트 통계를 보여줍니다.
- ifpps(8): top(1)처럼 네트워크 및 시스템 통계를 보여줍니다.
- iftop(8): 네트워크 인터페이스 스루풋을 호스트별로 요약해 보여줍니다(스니퍼(sniffer)).
- perf(1): 네트워크 tracepoint와 커널 함수를 집계하고 기록합니다.
- /proc/net: 여러 네트워크 통계 파일이 들어있습니다.
- BPF iterator: BPF 프로그램이 /sys/fs/bpf에 커스텀 통계를 내보내도록 합니다.

네트워크 모니터링 솔루션도 많이 있는데, SNMP에 기반하거나 맞춤형 에이전트를 사용해 지표를 출력합니다.

10.7 실험

네트워크 성능은 보통 시스템의 상태만 관찰하는 도구보다는 실험을 수행하는 도구를 사용해 테스트합니다. 대표적인 실험 도구로는 ping(8), traceroute(8) 그리고 iperf(8) 같은 네트워크 마이크로 벤치마크 도구가 있습니다. 이 도구들은 호스트 간 네트워크 상태(health)를 진단하는 데 유용하며, 애플리케이션 성능 문제를 디버깅할 때 엔드포인트 간 네트워크 스루풋이 문제의 원인인지 식별할 때 도움이 될 수 있습니다.

10.7.1 ping

ping(8) 명령어는 ICMP echo 요청 패킷을 보내서 네트워크 연결 상태를 테스트합니다. 예를 들면 다음과 같습니다.

```
# ping www.netflix.com
PING www.netflix.com(2620:108:700f::3423:46a1) (2620:108:700f::3423:46a1)) 56 data
bytes
64 bytes from 2620:108:700f::3423:46a1 (2620:108:700f::3423:46a1): icmp_seq=1 ttl=43
time=32.3 ms
64 bytes from 2620:108:700f::3423:46a1 (2620:108:700f::3423:46a1): icmp_seq=2 ttl=43
time=34.3 ms
64 bytes from 2620:108:700f::3423:46a1 (2620:108:700f::3423:46a1): icmp_seq=3 ttl=43
time=34.0 ms ^C
--- www.netflix.com ping statistics -
3 packets transmitted, 3 received, 0% packet loss, time 2003ms
rtt min/avg/max/mdev = 32.341/33.579/34.389/0.889 ms
```

출력에는 각 패킷의 왕복 시간(time)과 함께 다양한 통계를 보여주는 요약 정보가 포함됩니다.

ping(8)의 초기 버전은 사용자 공간에서 왕복 시간을 측정했는데, 커널 실행 시간이나 스케줄러 지연으로 인해 시간이 다소 부풀려지는 문제가 있었습니다. 하지만 최신 커널과 ping(8) 버전은 커널 타임스탬프 지원(SIOCGSTAMP 또는 SO_TIMESTAMP)을 사용해서 측정 정확도를 크게 향상시켰습니다.

또한 ICMP 패킷은 라우터에서 일반 애플리케이션 프로토콜보다 낮은 우선순위로 처리될 수 있습니다. 따라서 측정된 지연시간이 실제보다 높게 나타날 수도 있습니다.[29]

10.7.2 traceroute

traceroute(8) 명령어는 테스트 패킷을 전송해 대상 호스트까지 이르는 현재 경로를 실험적으로 파악합니다. 이를 위해 IP 프로토콜의 TTL(Time to Live)을 매 패킷 1씩 증가시키며 전송합니다. 패킷의 TTL이 만료되면, 해당 패킷이 도달한 게이트웨이가 ICMP 시간 초과(Time Exceeded) 응답 메시지를 보냅니다. 이 과정을 반복해 호스트까지 이르는 모든 게이트웨이의 경로를 순서대로 파악할 수 있습니다(단, 방화벽이 패킷을 차단하지 않을 경우에 한합니다).

예를 들어, 캘리포니아에 있는 호스트와 필자의 웹사이트 사이의 경로를 테스트해보면 다음과 같습니다.

```
# traceroute www.brendangregg.com
traceroute to www.brendangregg.com (184.168.188.1), 30 hops max, 60 byte packets
```

[29] 몇몇 네트워크에서는 ICMP를 더 높은 우선순위로 처리할 수도 있어 ping 기반의 벤치마크에서 더 좋은 결과가 나올 수 있습니다.

```
1  _gateway (10.0.0.1)  3.453 ms  3.379 ms  4.769 ms
2  196.120.89.153 (196.120.89.153)  19.239 ms  19.217 ms  13.507 ms
3  be-10006-rur01.sanjose.ca.sfba.comcast.net (162.151.1.145)  19.141 ms  19.102 ms  19.050 ms
4  be-231-rar01.santaclara.ca.sfba.comcast.net (162.151.78.249)  19.018 ms  18.987 ms  18.941 ms
5  be-299-ar01.santaclara.ca.sfba.comcast.net (68.86.143.93)  21.184 ms  18.849 ms  21.053 ms
6  lag-14.ear3.SanJose1.Level3.net (4.68.72.105)  18.717 ms  11.950 ms  16.471 ms
7  4.69.216.162 (4.69.216.162)  24.905 ms 4.69.216.158 (4.69.216.158)  21.705 ms  28.043 ms
8  4.53.228.238 (4.53.228.238)  35.802 ms  37.202 ms  37.137 ms
9  ae0.ibrsa0107-01.lax1.bb.godaddy.com (148.72.34.5)  24.640 ms  24.610 ms  24.579 ms
10 148.72.32.16 (148.72.32.16)  33.747 ms  35.537 ms  33.598 ms
11 be38.trmc0215-01.ars.mgmt.phx3.gdg (184.168.0.69)  33.646 ms  33.590 ms  35.220 ms
12 * * *
13 * * *
[...]
```

각 홉(hop)은 세 가지 RTT(왕복 시간)을 보여줍니다. 이 정보는 정밀하지 않기는 하지만 네트워크 지연 통계로 사용할 수 있습니다. 그러나 ping(8)과 마찬가지로 여기서 사용하는 패킷은 우선순위가 낮기 때문에 애플리케이션 프로토콜보다 지연시간이 높게 나타날 수 있습니다. 간혹 테스트 결과에서 '*'로 표시되는 경우가 있는데, 이는 ICMP 시간 초과 메시지가 돌아오지 않았음을 보여줍니다. 세 개의 테스트 모두 '*'로 나타난다면 해당 홉이 ICMP를 전혀 보내지 않도록 설정되어 있거나, 방화벽으로 인해 ICMP가 차단당한 것일 수 있습니다. 우회 방법으로 ICMP 대신 TCP로 전환하는 방식이 있을 수 있는데, -T 옵션을 사용합니다. (tcptraceroute(1)가 이 방법과 동일하며 더 향상된 버전은 astraceroute(8)인데, astraceroute(8)은 플래그를 커스터마이즈 할 수도 있습니다.)

이렇게 파악한 경로는 정적 성능 튜닝의 일환으로 분석할 수 있습니다. 네트워크는 장애 대응을 위해 동적으로 작동하도록 설계되어 있는데, 이러한 이유로 경로가 변경되면서 성능이 저하될 수도 있습니다. 또한 traceroute(8) 실행 중에도 경로가 바뀔 수 있는데, 앞서 본 출력 결과에서 7번째 홉이 처음에는 4.69.216.162에서 응답했지만, 이후에는 4.69.216.158에서 응답한 것을 확인할 수 있습니다. 이처럼 경로 탐색 중 주소가 변경되면 해당 사항이 출력되는데, 그렇지 않으면 RTT 시간만 출력됩니다.

traceroute(8)을 해석하는 고급 방법은 [Steenbergen 09]를 참고하세요.

traceroute(8)은 반 제이콥슨(Van Jacobson)이 처음 작성했습니다. 그는 나중에 pathchar라는 이름의 놀라운 도구도 개발했습니다.

10.7.3 pathchar

pathchar는 traceroute(8)와 유사하지만 홉 사이의 대역폭도 측정할 수 있습니다. 다양한 크기의 네트워크 패킷을 여러 번 보내고 성능 통계를 분석해서 대역폭을 계산합니다. 다음은 실행 예입니다.

```
# pathchar 192.168.1.10
pathchar to 192.168.1.1 (192.168.1.1)
 doing 32 probes at each of 64 to 1500 by 32   0 localhost
 |    30 Mb/s,    79 us (562 us)
 1 neptune.test.com (192.168.2.1)
 |    44 Mb/s,   195 us (1.23 ms)
 2 mars.test.com (192.168.1.1)
2 hops, rtt 547 us (1.23 ms), bottleneck  30 Mb/s, pipe 7555 bytes
```

아쉽게도 pathchar는 어찌된 일인지 유명해질 기회를 놓쳤고(필자가 아는 바로는 소스 코드를 공개하지 않았기 때문일 것입니다), 최근의 운영 체제에서 작동하는 버전을 찾기가 어렵습니다(pathchar 사이트에 있는 가장 최근의 리눅스 바이너리는 1997년에 발표된 리눅스 2.0.30용입니다.[Jacobson 97]) 그 대신 브루스 A. 마(Bruce A. Mah)가 작성한 pchar(8)를 비교적 쉽게 구해 사용할 수 있습니다. 참고로, 원조 pathchar는 홉 수에 따라 실행에 수십 분이 걸릴 정도로 매우 느렸지만, 이 시간을 줄이는 기법도 제안된 바 있습니다.[Downey 99]

10.7.4 iperf

iperf(1)는 최대 TCP 및 UDP 스루풋을 테스트하기 위한 오픈 소스 도구입니다. 병렬 모드 등 여러 가지 옵션을 지원합니다. 병렬 모드를 사용하면 여러 클라이언트 스레드를 사용해 네트워크를 한계치까지 시험할 수 있습니다. 테스트할 때는 iperf를 서버와 클라이언트 양쪽 모두에서 실행해야 합니다.

예를 들어, 서버에서는 iperf(1)을 다음과 같이 실행합니다.

```
$ iperf -s -l 128k
------------------------------------------------------------
Server listening on TCP port 5001
TCP window size: 85.3 KByte (default)
------------------------------------------------------------
```

-l 128k 옵션은 소켓 버퍼 크기를 기본 크기인 8KB가 아닌 128KB로 확장합니다.

다음은 클라이언트에서 실행한 결과입니다.

```
# iperf -c 10.2.203.2 -l 128k -P 2 -i 1 -t 60
------------------------------------------------------------
Client connecting to 10.2.203.2, TCP port 5001
TCP window size: 48.0 KByte (defaul
------------------------------------------------------------
[  4] local 10.2.124.2 port 41407 connected with 10.2.203.2 port 5001
[  3] local 10.2.124.2 port 35830 connected with 10.2.203.2 port 5001
[ ID] Interval       Transfer     Bandwidth
[  4]  0.0- 1.0 sec  6.00 MBytes   50.3 Mbits/sec
[  3]  0.0- 1.0 sec  22.5 MBytes   189 Mbits/sec
[SUM]  0.0- 1.0 sec  28.5 MBytes   239 Mbits/sec
[  3]  1.0- 2.0 sec  16.1 MBytes   135 Mbits/sec
[  4]  1.0- 2.0 sec  12.6 MBytes   106 Mbits/sec
[SUM]  1.0- 2.0 sec  28.8 MBytes   241 Mbits/sec
[...]
[  4]  0.0-60.0 sec   748 MBytes   105 Mbits/sec
[  3]  0.0-60.0 sec   996 MBytes   139 Mbits/sec
[SUM]  0.0-60.0 sec  1.70 GBytes   244 Mbits/sec
```

여기서는 다음 옵션을 사용했습니다.

- **-c host**: 테스트할 호스트 이름 또는 IP 주소
- **-l 128k**: 128KB 소켓 버퍼 사용
- **-P 2**: 클라이언트 스레드를 두 개 활용하는 병렬 모드로 실행
- **-i 1**: 1초마다 일정 간격으로 요약 정보 출력
- **-t 60**: 테스트를 60초간 실행

마지막 줄은 테스트 기간의 전체 평균 스루풋을 나타내며, 모든 병렬 스레드의 스루풋 합계를 기준으로 산출됩니다. 여기서는 244Mbit/s였습니다.

일정 간격마다 표시하는 요약 정보에서 시간에 따른 편차를 관찰할 수 있습니다. 또한, `--reportstyle C` 옵션을 지정해 출력을 CSV로 만들 수도 있습니다. 이렇게 하면 출력을 시각화 소프트웨어 등의 다른 도구에서 활용할 수 있습니다.

10.7.5 netperf

netperf(1)는 고급 마이크로 벤치마크 도구로 요청/응답 성능을 테스트할 수 있습니다.[HP 18] 필자는 TCP 왕복 지연시간을 측정하기 위해 자주 사용합니다. 다음은 출력 결과 사례입니다.

```
server$ netserver -D -p 7001
Starting netserver with host 'IN(6)ADDR_ANY' port '7001' and family AF_UNSPEC
```

```
[...]
client$ netperf -v 100 -H 100.66.63.99 -t TCP_RR -p 7001
MIGRATED TCP REQUEST/RESPONSE TEST from 0.0.0.0 (0.0.0.0) port 0 AF_INET to
100.66.63.99 () port 0 AF_INET : demo : first burst 0
Alignment      Offset         RoundTrip  Trans    Throughput
Local  Remote  Local  Remote  Latency    Rate     10^6bits/s
Send   Recv    Send   Recv    usec/Tran  per sec  Outbound   Inbound
8      0       0      0       98699.102  10.132   0.000      0.000
```

여기서는 TCP 왕복 지연시간이 98.7ms로 나타났습니다.

10.7.6 tc

트래픽 제어 유틸리티인 tc(8)를 사용하면 다양한 큐잉 정책(qdisc)을 설정할 수 있는데, 이를 통해 네트워크 성능을 개선하거나 제어할 수 있습니다. 큐잉 정책 중에는 실험 목적으로 성능을 제한하거나 변화를 주는 qdisc도 있어, 네트워크 테스트 및 시뮬레이션에 유용합니다. 이 절에서는 네트워크 에뮬레이터(netem) qdisc에 대해 설명합니다.

먼저, 다음 명령어를 실행하면 인터페이스 eth0의 현재 qdisc 설정을 확인할 수 있습니다.

```
# tc qdisc show dev eth0
qdisc noqueue 0: root refcnt 2
```

이제 netem qdisc을 추가할 것입니다. 각각의 qdisc는 여러 가지 튜닝 가능 파라미터를 지원합니다. 이 사례에서는 netem의 패킷 손실 파라미터를 사용하여 패킷 손실을 1%로 설정했습니다.

```
# tc qdisc add dev eth0 root netem loss 1%
# tc qdisc show dev eth0
qdisc netem 8001: root refcnt 2 limit 1000 loss 1%
```

이후 eth0에서 발생하는 네트워크 I/O는 1%의 패킷 손실을 겪게 될 것입니다.
tc(8)에 -s 옵션을 사용하면 관련 통계를 확인할 수 있습니다.

```
# tc -s qdisc show dev eth0
qdisc netem 8001: root refcnt 2 limit 1000 loss 1%
 Sent 75926119 bytes 89538 pkt (dropped 917, overlimits 0 requeues 0)
 backlog 0b 0p requeues 0
```

이 출력 결과는 드롭된 패킷의 집계 수를 보여주고 있습니다.

다음 명령어를 사용하면 qdisc를 제거할 수 있습니다.

```
# tc qdisc del dev eth0 root
# tc qdisc show dev eth0
qdisc noqueue 0: root refcnt 2
```

각 qdisc의 전체 옵션 목록은 매뉴얼 페이지를 참고하세요. (netem은 tc-netem(8) 매뉴얼 참고.)

10.7.7 기타 도구

언급할 만한 기타 실험 도구에는 다음과 같은 것들이 있습니다.

- pktgen: 리눅스 커널에 포함된 패킷 생성 도구.[Linux 20l]
- Flent: Flent(FLExible Network Tester, 유연한 네트워크 테스터)는 여러 마이크로 벤치마크를 실행시키며, 그 결과를 그래프로 시각화합니다.[Høiland-Jørgensen 20]
- mtr(8): traceroute 같은 도구로 ping 통계를 같이 보여줍니다.
- tcpreplay(1): (tcpdump(8)에서) 캡처한 네트워크 트래픽을 리플레이(replay) 하는 도구로, 패킷 타이밍도 시뮬레이션 합니다. 캡처된 네트워크 트래픽을 재현하는 것은 성능 테스팅보다 일반적인 디버깅에 더 유용하지만, 특정 패킷이나 비트 패턴 시퀀스에서만 발생하는 성능 이슈가 있을 수 있는데, 이 도구는 그러한 문제들을 재현할 수 있습니다.

10.8 튜닝

네트워크에서 튜닝 가능한 파라미터는 대개 높은 성능을 발휘하도록 미리 설정해 놓는 경우가 많습니다. 네트워크 스택 또한 다양한 부하에 적응해 최적의 성능을 제공하도록 설계된 경우가 많습니다.

튜닝 가능 파라미터를 변경하기에 앞서 현재 네트워크를 어떻게 사용하고 있는지 이해하는 것이 중요합니다. 그렇게 하면 불필요한 작업을 식별해서 제거할 수 있고, 더 큰 성능 향상을 가져올 수도 있습니다. 앞의 절에서 설명한 도구를 활용해 워크로드 특성화와 정적 성능 튜닝 방법론을 먼저 시도하세요.

운영 체제 버전에 따라 사용 가능한 튜닝 파라미터는 달라질 수 있으니, 관련 문서를 반드시 참조하세요. 이제부터 설명하는 내용은 어떤 파라미터가 있는지 그리고 어떻게 각각을 튜닝할지 개략적인 아이디어를 제공합니다. 여기서 설명하는 내용을 출발점으로 삼아 각자의 워크로드나 환경에 맞춰 적절히 변경해 사용해야 합니다.

10.8.1 시스템 단위 튜닝

리눅스에서는 sysctl(8) 명령어를 통해 시스템 단위의 튜닝 파라미터를 확인하거나 설정할 수 있습니다. 튜닝 값은 /etc/sysctl.conf에 설정할 수 있으며, /proc 파일 시스템에 속한 /proc/sys/net을 통해 파라미터를 통해서도 읽거나 쓸 수 있습니다.

예를 들어, 현재 사용 가능한 TCP 파라미터를 살펴보려면 sysctl(8) 출력에서 'tcp'를 검색하면 됩니다.

```
# sysctl -a | grep tcp
net.ipv4.tcp_abort_on_overflow = 0
net.ipv4.tcp_adv_win_scale = 1
net.ipv4.tcp_allowed_congestion_control = reno cubic
net.ipv4.tcp_app_win = 31
net.ipv4.tcp_autocorking = 1
net.ipv4.tcp_available_congestion_control = reno cubic
net.ipv4.tcp_available_ulp =
net.ipv4.tcp_base_mss = 1024
net.ipv4.tcp_challenge_ack_limit = 1000
net.ipv4.tcp_comp_sack_delay_ns = 1000000
net.ipv4.tcp_comp_sack_nr = 44
net.ipv4.tcp_congestion_control = cubic
net.ipv4.tcp_dsack = 1
[...]
```

이 커널(5.3)에는 'tcp'를 포함하는 파라미터가 70개 있고, 그중 상당수는 'net' 아래에 있습니다. 'net'은 IP, 이더넷, 라우팅, 네트워크 인터페이스 등의 설정을 포함합니다.

일부 설정은 소켓별로 조정될 수 있습니다. 예를 들어 net.ipv4.tcp_congestion_control은 시스템 전역의 기본 혼잡 제어 알고리즘을 설정하지만, TCP_CONGESTION 소켓 옵션을 사용해서 혼잡 제어 알고리즘을 소켓별로 설정할 수 있습니다(10.8.2절 "소켓 옵션" 참고).

프로덕션 사례

다음은 넷플릭스가 클라우드 인스턴스에서 적용한 튜닝 사례입니다.[Gregg 19c] 설정은 부팅 시 시작 스크립트를 통해 적용됩니다.

```
net.core.default_qdisc = fq
net.core.netdev_max_backlog = 5000
net.core.rmem_max = 16777216
net.core.somaxconn = 1024
net.core.wmem_max = 16777216
net.ipv4.ip_local_port_range = 10240 65535
net.ipv4.tcp_abort_on_overflow = 1
net.ipv4.tcp_congestion_control = bbr
net.ipv4.tcp_max_syn_backlog = 8192
net.ipv4.tcp_rmem = 4096 12582912 16777216
net.ipv4.tcp_slow_start_after_idle = 0
net.ipv4.tcp_syn_retries = 2
net.ipv4.tcp_tw_reuse = 1
net.ipv4.tcp_wmem = 4096 12582912 16777216
```

이 사례에서는 전체 가능한 튜닝 파라미터 중 14개만을 설정하는데, 이는 완벽한 튜닝 가이드라기보다는 참고용 예제일 뿐입니다. 넷플릭스는 2020년 기준으로 net.core.netdev_max_backlog를 1000, net.core.somaxconn을 4096으로 변경하는 방안을 검토 중이었으며, 이는 비회귀(non-regression) 테스트 결과에 따라 적용될 예정입니다.[30]

이어지는 몇몇 절에서는 각각의 튜닝 파라미터에 대해 설명합니다.

소켓과 TCP 버퍼

다음과 같이 모든 프로토콜에 대한 최대 소켓 버퍼 크기를 읽기(rmem_max)와 쓰기(wmem_max)에 대해 지정할 수 있습니다.

```
net.core.rmem_max = 16777216
net.core.wmem_max = 16777216
```

값은 바이트 단위입니다. 10GbE 연결을 지원하려면 16MB 이상으로 설정해야 할 수도 있습니다.

TCP 수신 버퍼를 자동으로 튜닝하게 만들려면 다음과 같이 해야 합니다.

```
net.ipv4.tcp_moderate_rcvbuf = 1
```

TCP 읽기와 쓰기 버퍼에 대해 자동 튜닝 파라미터는 다음과 같이 설정합니다.

---

[30] 이 책을 리뷰하는 도중에 제안을 해준 대니얼 보크먼에게 감사를 전합니다. 이 새로운 값들은 구글에서 이미 사용하고 있습니다.[Dumazet 17b][Dumazet 19]

```
net.ipv4.tcp_rmem = 4096 87380 16777216
net.ipv4.tcp_wmem = 4096 65536 16777216
```

각 항목에는 사용할 최소, 기본, 최댓값을 지정합니다. 사용할 크기는 기본값에 따라 자동으로 튜닝되며 정해집니다. TCP 스루풋을 향상시키려면 최댓값을 더 크게 잡아 보세요. 최솟값이나 기본값을 늘리면 연결당 메모리 사용량이 증가하지만, 보통은 그렇게 할 필요가 없습니다.

TCP 백로그

반절만 수립된 연결(SYN)을 위한 첫 번째 백로그 큐를 다음과 같이 설정합니다.

```
net.ipv4.tcp_max_syn_backlog = 4096
```

두 번째 백로그 큐, 즉 listen 백로그는 accept(2)에 연결을 넘기기 위한 것으로, 다음과 같이 설정합니다.

```
Net.core.somaxconn = 1024
```

대량의 연결 요청을 처리하려면 이 두 값을 모두 증가시켜야 할 필요가 있습니다. 예를 들어 각각 4,096과 1,024 또는 그 이상으로 늘릴 수 있을 것입니다.

장치 백로그

네트워크 장치의 CPU별 백로그 큐 길이를 증가시키려면 다음과 같이 설정합니다.

```
net.core.netdev_max_backlog = 10000
```

10GbE NIC의 경우 10,000 정도로 늘려줄 필요가 있을 것입니다.

TCP 혼잡 제어

리눅스는 여러 혼잡 제어 알고리즘을 지원합니다. 현재 사용 가능한 모든 알고리즘을 보려면 다음 명령어를 사용하세요.

```
# sysctl net.ipv4.tcp_available_congestion_control
net.ipv4.tcp_available_congestion_control = reno cubic
```

일부는 사용 가능하지만, 아직 커널 모듈을 로드하지 않았을 수도 있습니다. 예를 들어 htcp를 추가하려면 다음과 같은 명령어를 사용합니다.

```
# modprobe tcp_htcp
# sysctl net.ipv4.tcp_available_congestion_control
net.ipv4.tcp_available_congestion_control = reno cubic htcp
```

사용할 알고리즘은 다음과 같이 선택할 수 있습니다.

```
net.ipv4.tcp_congestion_control = cubic
```

TCP 옵션

지정할 수 있는 다른 TCP 파라미터로는 다음과 같은 것들이 있습니다.

```
net.ipv4.tcp_sack = 1
net.ipv4.tcp_fack = 1
net.ipv4.tcp_tw_reuse = 1
net.ipv4.tcp_tw_recycle = 0
```

SACK과 FACK을 추가하면 지연시간이 큰 네트워크에서 스루풋 성능을 향상시킬 수 있으나 CPU 사용량이 증가할 수 있습니다.

    tcp_tw_reuse 파라미터는 TIME_WAIT 세션을 안전한 시점에 재활용할 수 있도록 설정합니다. 이를 통해 웹 서버와 데이터베이스 서버처럼 호스트 간 빈번한 연결이 필요한 환경에서 시간당 연결 수를 늘릴 수 있습니다. 재활용하지 않는다면 TIME_WAIT 상태의 세션이 증가하여, 임시 포트의 최대 개수인 65,535를 초과할 위험이 있습니다.

    tcp_tw_recycle은 TIME_WAIT 세션을 재활용하는 또 다른 방법이지만, tcp_tw_reuse 만큼 안전하지는 않습니다.

ECN

명시적 혼잡 통지(Explicit Congestion Notification)는 다음을 사용해서 제어할 수 있습니다.

```
Net.ipv4.tcp_ecn = 1
```

ECN을 비활성화시키는 값은 0, 들어오는 연결에 ECN을 허용하고 나가는 연결에 대해 ECN을 요청하는 값은 1, 들어오는 연결에 ECN을 허용하되 나가는 연결에 대해 ECN을 요청하지 않는 값은 2입니다. 기본값은 2입니다.

    net.ipv4.tcp_ecn_fallback라는 것도 있는데, 기본값은 1(동작)로 설정되어 있으며, 커널이 오작동을 감지하면 해당 연결에 대한 ECN을 비활성화합니다.

바이트 큐 제한

BQL(Byte Queue Limits, 바이트 큐 제한)은 /sys 디렉터리를 통해 튜닝할 수 있습니다. 다음의 명령어는 이들 제한값에 대한 제어 파일들의 내용을 보여줍니다. (이 출력 결과에서는 경로가 축약되었는데, 여러분의 시스템에서는 인터페이스 이름과 같은 부분이 다를 수 있습니다.)

```
# grep . /sys/devices/pci.../net/ens5/queues/tx-0/byte_queue_limits/limit*
/sys/devices/pci.../net/ens5/queues/tx-0/byte_queue_limits/limit:16654
/sys/devices/pci.../net/ens5/queues/tx-0/byte_queue_limits/limit_max:1879048192
/sys/devices/pci.../net/ens5/queues/tx-0/byte_queue_limits/limit_min:0
```

이 인터페이스의 제한값은 16,654Byte로 되었는데 자동 튜닝으로 설정된 값입니다. 필요한 경우 limit_min와 limit_max를 설정해 허용 범위를 고정할 수 있습니다.

리소스 제어

cgroup(컨트롤 그룹) 네트워크 우선순위(net_prio) 서브시스템을 사용하면, 프로세스 또는 프로세스 그룹별로 외부로 나가는 네트워크 트래픽의 우선순위를 지정할 수 있습니다. 이를 통해 프로덕션 부하와 같이 우선순위가 높은 네트워크 트래픽을 백업이나 모니터링 등 우선순위가 낮은 트래픽보다 더 우대할 수 있습니다. 특정 cgroup에 속한 패킷들을 클래스 ID로 태그(tagging)하는 네트워크 분류 cgroup(net_cls)도 있는데, 이렇게 태깅된 패킷들은 큐잉 정책이나 BPF 프로그램을 통해 패킷 또는 대역폭 제한을 적용할 수 있습니다. BPF 프로그램은 cgroup v2 ID와 같은 추가 정보를 사용해 컨테이너별로 트래픽을 구분할 수도 있고, 이 외에도 tc egress 훅(hook)에서 패킷을 분류, 측정, 변조함으로써 root qdisc 락의 부하를 줄이고 확장성을 높일 수 있습니다.[Fomichev 20]

리소스 제어에 대해 더 많은 내용은 11.3.3절 "리소스 제어"에서 네트워크 I/O를 살펴보세요.

큐잉 정책

10.4.3절 "소프트웨어"와 그림 10.8에 표현되어 있듯이, 큐잉 정책(Queueing Disciplines, qdiscs)은 네트워크 패킷의 스케줄링, 패킷 조작, 필터링, 그리고 셰이핑

(shaping)을 위한 알고리즘들을 의미합니다. 10.7.6절 "tc"에서는 netem qdisc를 사용해서 패킷 손실을 생성하는 방법을 설명했습니다. 다양한 부하 상황에서 성능을 향상시킬 수 있는 여러 가지 qdisc도 있습니다. 다음 명령어를 사용하면 여러분의 시스템에서 사용할 수 있는 qdisc에 대해 알아볼 수 있습니다.

```
# man -k tc-
```

qdisc는 패킷 송수신률 혹은 대역폭 정책을 설정하거나, IP ECN 플래그 등을 설정하는 데 사용할 수 있습니다. 각 qdisc 동작은 별도의 매뉴얼 페이지를 참고하세요. qdisc 기본값은 다음 명령어를 통해 확인할 수 있으며 변경할 수도 있습니다.

```
# sysctl net.core.default_qdisc
net.core.default_qdisc = fq_codel
```

다수의 리눅스 배포판에서 이미 기본값으로 fq_codel을 사용하는데, 대부분의 경우에 뛰어난 성능을 제공해 주기 때문입니다.

tuned 프로젝트

시스템에는 사용할 수 있는 많은 수의 튜닝 가능 파라미터들이 있지만, 이를 일일이 튜닝하는 것은 여간 힘든 일이 아닐 수 없습니다. tuned 프로젝트는 선택할 수 있는 프로파일을 기초로 튜닝 파라미터들을 자동 조정할 수 있습니다. 이 프로젝트는 RHEL, Fedora, Ubuntu, CentOS 등의 리눅스 배포판들을 지원합니다.[Tuned Project 20] tuned를 설치한 후, 다음 명령어로 사용할 수 있는 프로파일의 목록을 확인할 수 있습니다.

```
# tuned-adm list
Available profiles:
[...]
- balanced                 - General non-specialized tuned profile
[...]
- network-latency          - Optimize for deterministic performance at the cost
of increased power consumption, focused on low latency network performance
- network-throughput       - Optimize for streaming network throughput, generally
only necessary on older CPUs or 40G+ networks
[...]
```

이 출력 결과는 일부 생략되어 있는데 전체 목록은 28개의 프로파일을 보여줍니다.

다음은 network-latency 프로파일을 활성화하는 명령어입니다.

```
# tuned-adm profile network-latency
```

선택한 프로파일이 설정하는 튜닝 파라미터들이 어느 것인지 알아보고 싶으면, 해당 프로파일의 설정 파일을 tuned 소스에서 확인해 보세요.[Škarvada 20]

```
$ more tuned/profiles/network-latency/tuned.conf
[...]
[main]
summary=Optimize for deterministic performance at the cost of increased power
consumption, focused on low latency network performance
include=latency-performance

[vm]
transparent_hugepages=never

[sysctl]
net.core.busy_read=50
net.core.busy_poll=50
net.ipv4.tcp_fastopen=3
kernel.numa_balancing=0

[bootloader]
cmdline_network_latency=skew_tick=1
```

이 파일의 include 지시자에서 확인할 수 있듯, 이 프로파일은 latency-performance 프로파일에 있는 튜닝 파라미터들도 포함하고 있다는 것에 주목하세요.

10.8.2 소켓 옵션

애플리케이션들은 setsockopt(2) 시스템 콜을 통해 개별적으로 소켓을 튜닝할 수 있습니다. 이는 소프트웨어를 개발하거나 다시 컴파일하는 경우에 가능한 옵션이며 소스에 대한 수정이 필요할 수 있습니다.[31]

   setsockopt(2)은 여러 가지를 계측하거나 튜닝할 수 있게 합니다(예: socket, TCP). 표 10.8은 리눅스에서 가능한 몇 가지 튜닝을 보여줍니다.

---

[31] 소스 수정 없이 실행 중인 바이너리를 조작하는 위험한 방법도 몇 가지 있지만, 여기서 그 방법들을 보여 드리는 것은 무책임한 일이 될 것입니다.

표 10.8 샘플 소켓 옵션

옵션	설명
SO_SNDBUF, SO_RCVBUF	송신 및 수신 버퍼 크기(앞서 설명한 대로 시스템 제한값까지 조정할 수 있습니다. 또한 SO_SNDBUFFORCE를 사용하면 이 송신 제한값을 넘어서는 설정을 할 수도 있습니다).
SO_REUSEPORT	여러 프로세스나 스레드가 같은 호스트의 동일한 포트에 소켓을 바인딩(bind)할 수 있게 하는데, 이렇게 하면 커널이 해당 프로세스와 스레드에 부하를 효과적으로 분산시켜 확장성을 높일 수 있습니다(리눅스 3.9 이후).
SO_MAX_PACING_RATE	최대 페이싱 속도(byte/s)를 설정합니다(tc-fq(8)를 보세요).
SO_LINGER	TIME_WAIT 지연시간을 줄이는데 사용할 수 있습니다.
SO_TXTIME	요청 시간에 기반해 패킷을 전송하는데, 대기시간 데드라인을 설정할 수 있습니다(리눅스 4.19 이후).[Corbet 18c] (UDP 페이싱에 사용됨)[Bruijn 18])
TCP_NODELAY	Nagle을 비활성화시켜서, 세그먼트를 가능한 한 신속하게 전송합니다. 이렇게 하면 지연이 줄어들지만, 네트워크 사용률이 더 높아질 수 있습니다(더 많은 패킷).
TCP_CORK	가능한 한 데이터를 모아 한번에 전송할 수 있을 때까지 전송을 지연시켜 스루풋을 향상시킵니다. (커널이 자동으로 corking을 시도하는 시스템 단위의 설정인 net.ipv4.tcp_autocorking도 있습니다.)
TCP_QUICKACK	ACK를 즉시 송신합니다(송신 대역폭을 늘릴 수 있습니다).
TCP_CONGESTION	소켓에 대한 혼잡 조절 알고리즘.

사용할 수 있는 소켓 옵션은 socket(7), tcp(7), udp(7) 등의 매뉴얼 페이지를 참조하세요.

성능에 영향을 줄 수 있는 소켓 I/O 시스템 콜 플래그도 몇 가지 있습니다. 예를 들어, 리눅스 4.14에는 send(2) 시스템 콜의 MSG_ZEROCOPY 플래그가 추가되었는데, 이 플래그는 전송 중에 사용자 공간 버퍼를 바로 사용할 수 있도록 해서 데이터를 커널 공간에 복사하는 비용이 들지 않게 합니다.[32][Linux 20c]

10.8.3 설정

튜닝 가능 파라미터 외에도 네트워크 성능 튜닝을 위해 다음과 같은 설정 옵션을 사용할 수도 있습니다.

- 이더넷 점보 프레임(jumbo frames): 네트워크 스루풋 성능을 향상시키기 위해

---

32 MSG_ZEROCOPY를 사용할 때는 단순히 플래그를 지정하는 것만으로는 충분하지 않습니다. send(2)는 데이터 전송 완료 전에 리턴될 수 있기 때문에, 애플리케이션은 커널이 버퍼 전송 완료를 알려줄 때까지 해당 메모리를 재사용하거나 해제하지 말아야 합니다.

기본 MTU를 1,500에서 최대 9,000까지 크게 증가시킬 수 있습니다. 다만, 이를 사용하려면 네트워크 인프라가 점보 프레임을 지원해야 합니다.
- 링크 애그리게이션(aggregation): 여러 네트워크 인터페이스를 묶어 하나의 단위로 작동시켜 전체 대역폭을 결합할 수 있습니다. 이를 구현하려면 스위치가 지원해야 하며, 적절한 설정이 필요합니다.
- 방화벽 설정: 예를 들어 egress 훅(hook)에서 iptables이나 BPF 프로그램을 사용해 방화벽 규칙에 따라 IP 헤더의 ToS(DSCP) 레벨을 설정할 수 있습니다. 이를 통해 포트를 기반으로 트래픽 우선순위를 지정하는 등 다양한 활용이 가능합니다.

10.9 연습 문제

1. 다음 네트워크 용어에 관한 질문에 답하시오.
   - 대역폭과 스루풋의 차이점은 무엇입니까?
   - TCP 연결 지연시간이란 무엇입니까?
   - 최초 바이트 지연시간(first-byte latency)이란 무엇입니까?
   - 왕복 시간(rtt)이란 무엇입니까

2. 다음 개념에 대한 질문에 답하시오.
   - 네트워크 인터페이스 사용률과 포화에 대해 설명하시오.
   - TCP listen 백로그가 무엇인지 설명하고, 어떻게 작동하는지 설명하시오.
   - 인터럽트 병합의 장점과 단점에 대해 설명하시오.

3. 다음 심화 질문에 답하시오.
   - TCP 연결에서 네트워크 프레임 혹은 (패킷) 오류가 발생하면 성능 저하가 어떻게 발생하는지 설명하시오.
   - 네트워크 인터페이스에 과부하가 걸리는 경우 어떤 일이 발생하는지 애플리케이션 성능에 미치는 영향을 포함해서 설명하시오.

4. 여러분의 운영 체제에서 다음의 과정을 수행해 보시오.
   - 네트워크 자원(네트워크 인터페이스 및 컨트롤러)에 대한 USE 방법론 체크리스트를 수행해 보시오. 각각의 지표를 읽어들이는 방법(예: 어느 명령어를 실행할 것인지)과 그 결과를 해석하는 방법을 생각해 보시오. 별도의 소프트웨어 제품을 설치하거나 사용하기 전에 기존의 OS 관측가능성 도구들을 사용하시오.

5. 다음은 네트워크 자원에 대한 워크로드 특성화 체크리스트입니다. 이 항목들을 수행하기 위한 방법을 생각해 보시오. (동적 트레이싱을 사용할 필요가 있을 것입니다.)
    - 액티브(외부로 나가는) TCP 연결의 최초 바이트 지연시간을 측정하시오.
    - TCP 연결 지연시간을 측정하시오. 측정 스크립트가 논블로킹 connect(2) 호출도 처리할 수 있게 만들어야 합니다.

6. (선택 사항, 심화문제) RX와 TX에 대해 TCP/IP 스택 내 지연시간을 측정하시오. RX의 경우 인터럽트부터 소켓을 읽기 시작하기까지 걸리는 시간을, TX의 경우에는 소켓 쓰기부터 장치 수준의 데이터 전송까지 걸리는 시간을 측정하시오. 부하가 걸린 상태에서 테스트하시오. 지연시간이 비정상적으로 긴 경우, 그 원인을 설명할 추가 정보를 제공하시오.

10.10 참고 자료

[Postel 80] Postel, J., "RFC 768: User Datagram Protocol," Information Sciences Institute, *https://tools.ietf.org/html/rfc768*, 1980.

[Postel 81] Postel, J., "RFC 793: Transmission Control Protocol," Information Sciences Institute, *https://tools.ietf.org/html/rfc768*, 1981.

[Nagle 84] Nagle, J., "RFC 896: Congestion Control in IP/TCP Internetworks," *https:// tools.ietf.org/html/rfc896*,1984.

[Saltzer 84] Saltzer, J., Reed, D., and Clark, D., "End-to-End Arguments in System Design," *ACM TOCS*, November 1984.

[Braden 89] Braden, R., "RFC 1122: Requirements for Internet Hosts—Communication Layers," *https://tools.ietf.org/html/rfc1122*, 1989.

[Jacobson 92] Jacobson, V., et al., "TCP Extensions for High Performance," Network Working Group, *https://tools.ietf.org/html/rfc1323*, 1992.

[Stevens 93] Stevens, W. R., *TCP/IP Illustrated*, Volume 1, Addison-Wesley, 1993.

[Mathis 96] Mathis, M., and Mahdavi, J., "Forward Acknowledgement: Refining TCP Congestion Control," *ACM SIGCOMM*, 1996.

[Jacobson 97] Jacobson, V., "pathchar-a1-linux-2.0.30.tar.gz," *ftp://ftp.ee.lbl.gov/pathchar*, 1997.

[Nichols 98] Nichols, K., Blake, S., Baker, F., and Black, D., "Definition of the Differentiated Services Field (DS Field) in the IPv4 and IPv6 Headers," Network Working Group, *https:// tools.ietf*.

org/html/rfc2474, 1998.

[**Downey 99**] Downey, A., "Using pathchar to Estimate Internet Link Characteristics," *ACM SIGCOMM*, October 1999.

[**Ramakrishnan 01**] Ramakrishnan, K., Floyd, S., and Black, D., "The Addition of Explicit Congestion Notification (ECN) to IP," Network Working Group, *https://tools.ietf.org/html/rfc3168*, 2001.

[**Corbet 03**] Corbet, J., "Driver porting: Network drivers," LWN.net, *https://lwn.net/Articles/30107*, 2003.

[**Hassan 03**] Hassan, M., and R. Jain., *High Performance TCP/IP Networking*, Prentice Hall, 2003.

[**Deri 04**] Deri, L., "Improving Passive Packet Capture: Beyond Device Polling," *Proceedings of SANE*, 2004.

[**Corbet 06b**] Corbet, J., "Reworking NAPI," LWN.net, *https://lwn.net/Articles/214457*, 2006.

[**Cook 09**] Cook, T., "nicstat - the Solaris and Linux Network Monitoring Tool You Did Not Know You Needed," *https://blogs.oracle.com/timc/entry/nicstat_the_solaris_and_linux*, 2009.

[**Steenbergen 09**] Steenbergen, R., "A Practical Guide to (Correctly) Troubleshooting with Traceroute," *https://archive.nanog.org/meetings/nanog47/presentations/Sunday/RAS_Traceroute_N47_Sun.pdf*, 2009.

[**Paxson 11**] Paxson, V., Allman, M., Chu, J., and Sargent, M., "RFC 6298: Computing TCP's Retransmission Timer," Internet Engineering Task Force (IETF), *https://tools.ietf.org/html/rfc6298*, 2011.

[**Corbet 12**] "TCP friends," LWN.net, *https://lwn.net/Articles/511254*, 2012.

[**Fritchie 12**] Fritchie, S. L., "quoted," *https://web.archive.org/web/20120119110658/http://www.snookles.com/slf-blog/2012/01/05/tcp-incast-what-is-it*, 2012.

[**Hrubý 12**] Hrubý, T., "Byte Queue Limits," Linux Plumber's Conference, *https://blog.linuxplumbersconf.org/2012/wp-content/uploads/2012/08/bql_slide.pdf*, 2012.

[**Nichols 12**] Nichols, K., and Jacobson, V., "Controlling Queue Delay," *Communications of the ACM*, July 2012.

[**Roskind 12**] Roskind, J., "QUIC: Quick UDP Internet Connections," *https://docs.google.com/document/d/1RNHkx_VvKWyWg6Lr8SZ-saqsQx7rFV-ev2jRFUoVD34/edit#*, 2012.

[**Dukkipati 13**] Dukkipati, N., Cardwell, N., Cheng, Y., and Mathis, M., "Tail Loss Probe (TLP): An Algorithm for Fast Recovery of Tail Losses," TCP Maintenance Working Group, *https://tools.ietf.org/html/draft-dukkipati-tcpm-tcp-loss-probe-01*, 2013.

[**Siemon 13**] Siemon, D., "Queueing in the linux network stack," *https://www.coverfire.com/articles/queueing-in-the-linux-network-stack*, 2013.

[Cheng 16] Cheng, Y., and Cardwell, N., "Making Linux TCP Fast," *netdev 1.2, https://netdevconf.org/1.2/papers/bbr-netdev-1.2.new.new.pdf*, 2016.

[Linux 16] "TCP Offload Engine (TOE)," *https://wiki.linuxfoundation.org/networking/toe*, 2016.

[Ather 17] Ather, A., "BBR TCP congestion control offers higher network utilization and throughput during network congestion (packet loss, latencies)," *https://twitter.com/amernetflix/status/892787364598132736*, 2017.

[Bensley 17] Bensley, S., et al., "Data Center TCP (DCTCP): TCP Congestion Control for Data Centers," Internet Engineering Task Force (IETF), *https://tools.ietf.org/html/rfc8257*, 2017.

[Dumazet 17a] Dumazet, E., "Busy Polling: Past, Present, Future," *netdev 2.1, https://netdevconf.info/2.1/slides/apr6/dumazet-BUSY-POLLING-Netdev-2.1.pdf*, 2017.

[Dumazet 17b] Dumazet, E., "Re: Something hitting my total number of connections to the server," netdev mailing list, *https://lore.kernel.org/netdev/1503423863.2499.39.camel@edumazet-glaptop3.roam.corp.google.com*, 2017.

[Gallatin 17] Gallatin, D., "Serving 100 Gbps from an Open Connect Appliance," Netflix Technology Blog, *https://netflixtechblog.com/serving-100-gbps-from-an-open-connectappliance-cdb51dda3b99*, 2017.

[Bruijn 18] Bruijn, W., and Dumazet, E., "Optimizing UDP for Content Delivery: GSO, Pacing and Zerocopy," *Linux Plumber's Conference, http://vger.kernel.org/lpc_net2018_talks/willemdebruijn-lpc2018-udpgso-paper-DRAFT-1.pdf*, 2018.

[Corbet 18b] Corbet, J., "Zero-copy TCP receive," LWN.net, *https://lwn.net/Articles/752188*, 2018.

[Corbet 18c] Corbet, J., "Time-based packet transmission," LWN.net, *https://lwn.net/Articles/748879*, 2018.

[Deepak 18] Deepak, A., "eBPF / XDP firewall and packet filtering," *Linux Plumber's Conference, http://vger.kernel.org/lpc_net2018_talks/ebpf-firewall-LPC.pdf*, 2018.

[Jacobson 18] Jacobson, V., "Evolving from AFAP: Teaching NICs about Time," netdev 0x12, July 2018, *https://www.files.netdevconf.org/d/4ee0a09788fe49709855/files/?p=/Evolving%20from%20AFAP%20%E2%80%93%20Teaching%20NICs%20about%20time.pdf*, 2018.

[Høiland-Jørgensen 18] Høiland-Jørgensen, T., et al., "The eXpress Data Path: Fast Programmable Packet Processing in the Operating System Kernel," Proceedings of the 14th International Conference on emerging Networking EXperiments and Technologies, 2018.

[HP 18] "Netperf," *https://github.com/HewlettPackard/netperf*, 2018.

[Majkowski 18] Majkowski, M., "How to Drop 10 Million Packets per Second," *https://blog.cloudflare.com/how-to-drop-10-million-packets*, 2018.

[**Stewart 18**] Stewart, R., "This commit brings in a new refactored TCP stack called Rack," *https://reviews.freebsd.org/rS334804*, 2018.

[**Amazon 19**] "Announcing Amazon VPC Traffic Mirroring for Amazon EC2 Instances," *https://aws.amazon.com/about-aws/whats-new/2019/06/announcing-amazon-vpctraffic-mirroring-for-amazon-ec2-instances*, 2019.

[**Dumazet 19**] Dumazet, E., "Re: [LKP] [net] 19f92a030c: apachebench.requests_per_s econd -37.9% regression," netdev mailing list, *https://lore.kernel.org/lkml/20191113172102*. GA23306@1wt.eu, 2019.

[**Gregg 19**] Gregg, B., *BPF Performance Tools: Linux System and Application Observability*, Addison-Wesley, 2019. (번역서는 《BPF 성능 분석 도구: BPF 트레이싱을 통한 리눅스 시스템 관측가능성과 성능 향상》 이호연 옮김, 인사이트, 2021)

[**Gregg 19b**] Gregg, B., "BPF Theremin, Tetris, and Typewriters," *http://www.brendangregg.com/blog/2019-12-22/bpf-theremin.html*, 2019.

[**Gregg 19c**] Gregg, B., "LISA2019 Linux Systems Performance," USENIX LISA, *http://www.brendangregg.com/blog/2020-03-08/lisa2019-linux-systems-performance.html*, 2019.

[**Gregg 19d**] Gregg, B., "udplife.bt," *https://github.com/brendangregg/bpf-perf-tools-book/blob/master/exercises/Ch10_Networking/udplife.bt, 2019*.

[**Hassas Yeganeh 19**] Hassas Yeganeh, S., and Cheng, Y., "TCP SO_TIMESTAMPING with OPT_STATS for Performance Analytics," netdev 0x13, *https://netdevconf.info/0x13/sessio*. html?talk-tcp-timestamping, 2019.

[**Bufferbloat 20**] "Bufferbloat," *https://www.bufferbloat.net*, 2020.

[**Cheng 20**] Cheng, Y., Cardwell, N., Dukkipati, N., and Jha, P., "RACK-TLP: A Time-Based Efficient Loss Detection for TCP," TCP Maintenance Working Group, *https://tools.ietf.org/html/draft-ietf-tcpm-rack-09*, 2020.

[**Cilium 20a**] "API-aware Networking and Security," *https://cilium.io*, accessed 2020.

[**Corbet 20**] Corbet, J., "Kernel operations structures in BPF," LWN.net, *https://lwn.net/Articles/811631*, 2020.

[**DPDK 20**] "AF_XDP Poll Mode Driver," DPDK documentation, *http://doc.dpdk.org/guides/index.html*, accessed 2020.

[**Fomichev 20**] Fomichev, S., et al., "Replacing HTB with EDT and BPF," netdev 0x14, *https://netdevconf.info/0x14/session.html?talk-replacing-HTB-with-EDT-and-BPF*, 2020.

[**Google 20b**] "Packet Mirroring Overview," *https://cloud.google.com/vpc/docs/packetmirroring*, accessed 2020.

[**Høiland-Jørgensen 20**] Høiland-Jørgensen, T., "The FLExible Network Tester," *https://flent.org*, accessed 2020.

[**Linux 20i**] "Segmentation Offloads," Linux documentation, *https://www.kernel.org/doc/Documentation/networking/segmentation-offloads.rst*, accessed 2020.

[**Linux 20c**] "MSG_ZEROCOPY," Linux documentation, *https://www.kernel.org/doc/html/latest/networking/msg_zerocopy.html*, accessed 2020.

[**Linux 20j**] "timestamping.txt," Linux documentation, *https://www.kernel.org/doc/Documentation/networking/timestamping.txt*, accessed 2020.

[**Linux 20k**] "AF_XDP," Linux documentation, *https://www.kernel.org/doc/html/latest/networking/af_xdp.html*, accessed 2020.

[**Linux 20l**] "HOWTO for the Linux Packet Generator," Linux documentation, *https://www.kernel.org/doc/html/latest/networking/pktgen.html*, accessed 2020.

[**Nosachev 20**] Nosachev, D., "How 1500 Bytes Became the MTU of the Internet," *https://blog.benjojo.co.uk/post/why-is-ethernet-mtu-1500*, 2020.

[**Škarvada 20**] Škarvada, J., "network-latency/tuned.conf," *https://github.com/redhatperformance/tuned/blob/master/profiles/network-latency/tuned.conf*, last updated 2020.

[**Tuned Project 20**] "The Tuned Project," *https://tuned-project.org*, accessed 2020.

[**Wireshark 20**] "Wireshark," *https://www.wireshark.org*, accessed 2020.

11장

Systems Performance Second Edition

클라우드 컴퓨팅

클라우드 컴퓨팅이 부상하면서 성능 분야의 문제를 일부 해결한 반면 새로운 문제도 몇 가지 생겨났습니다. 클라우드 환경은 필요에 따라 즉각적으로 생성되거나 스케일 될 수 있기 때문에, 온프레미스 데이터 센터를 구축하고 운영하는데 소요되는 일반적인 오버헤드가 소요되지 않습니다. 또한 클라우드에서는 좀 더 세밀한 수준의 배포도 가능한데, 고객의 필요에 따라 서버의 일부분을 떼어 내어 사용하게 할 수도 있습니다. 하지만 이러한 유연성에는 가상화 기술이 가져오는 성능 오버헤드 그리고 인접한 테넌트와의 리소스 경쟁이라는 문제가 뒤따릅니다.

이번 장에서는 다음의 내용을 알아봅니다.

- 클라우드 컴퓨팅 아키텍처와 아키텍처가 성능에 미치는 영향 이해하기
- 하드웨어 가상화, OS 가상화, 경량 하드웨어 가상화 유형과 특징 이해하기
- I/O 프락시와 같은 가상화 내부 구조 및 튜닝 기법 이해하기
- 다양한 워크로드에 대한 가상화 유형별 예상 오버헤드 파악하기
- 호스트와 게스트에서 성능 이슈를 진단하는 방법과 가상화 유형별로 진단에 사용되는 도구가 어떻게 달라지는지 이해하기

이제껏 이 책의 다른 장들도 클라우드 성능 분석에 적용할 수 있지만, 이번 장은 클라우드 특유의 성능 주제에 초점을 맞춥니다. 가령 하이퍼바이저와 가상화가 어떻게 작동하는지, 게스트에 대한 리소스 제어가 어떻게 적용되는지, 그리고 호스트와 게스트에서 어떠한 관측가능성을 가질 수 있는지에 대해 알아볼 것입니다. 클라우

드 벤더들은 보통 자체적인 서비스와 API를 제공하지만 여기서는 이러한 개별 서비스는 다루지 않으니, 해당 내용은 각 클라우드 벤더의 문서를 참고하세요.

이 장은 네 개의 주요한 부분으로 구성되어 있습니다.

- 배경에서는 일반적인 클라우드 컴퓨팅 아키텍처와 각 구성 요소들의 성능 특징에 대해 설명합니다.
- 하드웨어 가상화를 사용하면 하이퍼바이저가 여러 게스트 OS 인스턴스를 가상 머신으로 관리합니다. 각 인스턴스는 호스트 커널과 분리된 독립적인 커널을 가상화된 장치 위에서 실행합니다. 이 절에서는 젠(Xen)과 KVM, 아마존 Nitro를 예제로 설명합니다.
- OS 가상화는 독립된 가상 OS 인스턴스를 생성하지만, 시스템 전체를 관리하는 커널은 하나(호스트 커널)만 존재합니다. 이 절에서는 리눅스 컨테이너를 예시로 설명합니다.
- 경량 하드웨어 가상화는 하드웨어와 OS 가상화 양쪽 모두에서 장점만을 뽑아 만든 구성입니다. 하드웨어 가상화 인스턴스는 독립적인 커널을 사용하며, 컨테이너처럼 부팅이 빠를 뿐더러 높은 밀도로 배치할 수 있습니다. 이 절에서는 AWS Firecracker를 하이퍼바이저 사례로 사용합니다.

이 장에서 가상화 기술들을 소개한 순서는 해당 기술들이 언제 클라우드에서 범용적으로 사용 가능해졌는지에 따라 정렬되어 있습니다. 예를 들어, 하드웨어 가상화 인스턴스는 2006년에 AWS EC2(Elastic Compute Cloud)로, OS 가상화 컨테이너는 2017년(AWS Fargate로)에, 경량 가상화된 머신은 2019년(AWS Firecracker로)에 사용할 수 있게 되었습니다.

11.1 배경지식

클라우드 컴퓨팅은 컴퓨팅 리소스를 서비스 형태로 제공하며, 서버의 일부부터 다중 서비 시스템까지 다양한 규모의 리소스를 지원합니다. 클라우드 리소스 유형은 얼마나 많은 소프트웨어 스택이 설치되고 구성되어 있는지에 따라 달라질 수 있습니다. 이번 장에서는 클라우드가 제공하는 다음 두 가지 **서버 인스턴스** 유형에 초점을 맞춥니다.

- 하드웨어 인스턴스: IaaS(infrastructure as a service, 서비스형 인프라)라고도 부르는데, 하드웨어 가상화를 통해 제공됩니다. 각 서버 인스턴스는 가상 머신입니다.
- OS 인스턴스: 경량 인스턴스를 제공하는 유형으로, 주로 OS 가상화를 통해 제공됩니다.

이들은 통칭하여 **서버 인스턴스**, **클라우드 인스턴스**, 또는 그냥 **인스턴스**라고 부릅니다. 이러한 인스턴스를 제공하는 클라우드 프로바이더로는 아마존 웹 서비스(AWS), 마이크로소프트 애저(Azure), 구글 클라우드 플랫폼(GCP)이 있습니다. 또한 FaaS(Functions as a Service, 서비스형 함수)와 같은 다른 클라우드 유형도 존재합니다(11.5절 기타 유형을 보세요).

더 깊이 들어가기에 앞서 중요한 클라우드 용어를 정리하고 넘어가겠습니다. **클라우드 컴퓨팅**(cloud computing)은 서버 인스턴스를 동적으로 프로비저닝하는 프레임워크를 의미합니다. 여러 서버 인스턴스는 하나의 **물리 호스트**(physical host) 위에서 **게스트**(guest)로 동작할 수 있습니다. 게스트를 다른 말로 **테넌트**(tenant)라고 합니다. 또한, **멀티테넌시**(multitenancy)란 여러 테넌트가 동일한 물리 호스트를 공유하는 환경을 의미하며, 이때 각 테넌트가 서로에게 미치는 영향을 설명할 때 사용됩니다.

이러한 호스트는 클라우드 프로바이더가 관리하는 **퍼블릭 클라우드**(public cloud) 환경일 수도 있고, 회사 내부에서 운영되는 **프라이빗 클라우드**(private cloud)의 일부일 수도 있습니다. 일부 기업은 두 가지 방식을 결합한 **하이브리드 클라우드**(hybrid cloud)를 구축해서 사용하기도 합니다.[1] 클라우드 게스트(테넌트)는 해당 클라우드를 사용하는 최종 사용자(예: 각 인스턴스를 구매한 고객)가 직접 관리합니다.

하드웨어 가상화에서는 **하이퍼바이저**(hypervisor)(또는 **가상 머신 모니터**, VMM, virtual machine monitor)가 가상 머신 인스턴스를 생성하고 관리합니다. 이를 통해 각 가상 머신은 독립된 컴퓨터처럼 동작하며, 운영 체제와 커널 전체를 설치하고 실행할 수 있습니다.

서버 인스턴스는 몇 분 또는 수십 초 내에 생성되며(제거도 마찬가지입니다), 생

---

1 구글 Anthos는 GCP 인스턴스 및 기타 클라우드 위에서 온프레미스 구글 쿠버네티스 엔진(Google Kubernetes Engine, GKE)을 동작하게 해주는 애플리케이션 관리 플랫폼의 예입니다.

성된 즉시 프로덕션에 사용 가능합니다. 또한 **클라우드 API**가 보통 함께 제공되기 때문에 다른 프로그램을 통해 프로비저닝을 자동화할 수 있습니다.

다음 절에서는 클라우드 컴퓨팅에 대한 심도 깊은 이해를 위해 인스턴스 유형, 아키텍처, 수용량 계획, 스토리지, 멀티테넌시 같은 여러 가지 성능 관련 주제에 대해 설명합니다.

11.1.1 인스턴스 유형

클라우드 프로바이더는 일반적으로 다양한 인스턴스 유형과 크기를 제공합니다.

일부 인스턴스 유형은 범용적 사용을 위해 여러 리소스 간 균형을 이루도록 설계되었습니다. 반면, 메모리, CPU, 디스크 등 특정한 리소스에 대해 최적화되어 있는 인스턴스 유형도 있습니다. 예를 들어 AWS에서는 인스턴스 유형을 '계열(family)'(한 글자로 축약)과 세대(숫자)로 구분하며, 현재 다음과 같은 인스턴스 유형을 사용할 수 있습니다.

- m5: 범용(여러 리소스 간 균형을 이룬 구성)
- c5: 컴퓨팅 최적화
- i3, d2: 스토리지 최적화
- r4, x1: 메모리 최적화
- p1, g3, f1: 가속화된 컴퓨팅(GPU, FPGA 등)

각 계열에는 다양한 크기의 인스턴스가 존재합니다. 예를 들어 m5 계열은 m5.large(2vCPU 및 8GB 메모리)부터 m5.24xlarge(96vCPU 및 384GB 메모리)까지 있습니다.

일반적으로 인스턴스 크기에 따른 가격 대비 성능 비율에 일관성이 있기 때문에, 고객들은 자신들의 워크로드에 가장 적합한 크기를 선택해서 사용할 수 있습니다.

구글 클라우드 플랫폼 같은 일부 클라우드 프로바이더는 커스텀 머신 유형도 제공하여, 사용자가 원하는 리소스 크기를 선택할 수 있습니다.

인스턴스를 배포할 수 있는 옵션이 수없이 많을 뿐더러 재배포도 아주 용이하기 때문에, 인스턴스 유형은 필요에 따라 조정 가능한 튜닝 가능 파라미터 같은 것이 되었습니다. 이는 물리적 하드웨어를 선정해서 주문하면 수년간 변경이 거의 불가능했던 기존의 엔터프라이즈 모델에 비하면 엄청난 개선입니다.

11.1.2 확장 가능한 아키텍처

과거 엔터프라이즈 환경에서는 부하 처리를 위해 **수직적 확장**(vertical scalability), 즉 더 큰 단일 시스템(메인프레임)을 구축하는 방식을 택해왔습니다. 하지만 이 접근법에는 한계가 있습니다. 컴퓨터가 제작될 수 있는 물리적인 크기에 실질적인 제약이 있고(승강기의 문 크기나 운반을 위한 컨테이너 크기 등), CPU 개수를 늘림에 따라 캐시 일관성, 파워 크기 및 냉각과 관련된 어려움도 커집니다. 이러한 제약을 해결하는 방법은 부하를 여러 (작은) 시스템으로 분산하는 것인데, 이를 **수평적 확장**(horizontal scalability)이라고 부릅니다. 엔터프라이즈 환경에서는 이미 컴퓨터 팜(farm)이나 클러스터를 통해 수평적 확장을 사용해왔으며, 특히 클라우드보다 시기적으로 앞서는 고성능 컴퓨팅(high-performance computing, HPC)에서 이 구조를 많이 활용해 왔습니다.

클라우드 컴퓨팅은 수평적 확장을 기반으로 합니다. 그림 11.1은 로드 밸런서, 웹 서버, 애플리케이션 서버, 데이터베이스를 사용하는 환경에서의 수평적 확장을 보여줍니다.

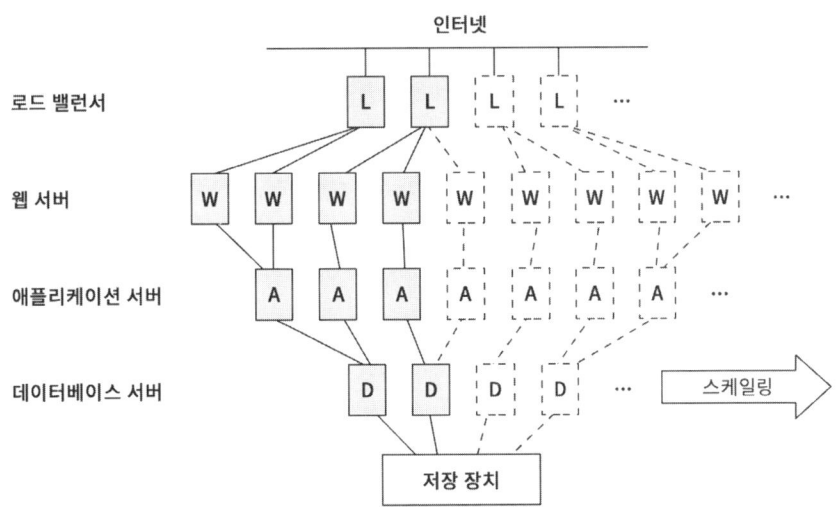

그림 11.1 클라우드 아키텍처: 수평적 확장

각 환경 계층은 여러 서버 인스턴스가 병렬적으로 동작하며, 부하 처리를 위해 더 많은 인스턴스를 추가할 수 있습니다. 인스턴스를 개별적으로 추가할 수도 있고, 아키텍처를 수직적으로 분할해 데이터베이스 서버, 애플리케이션 서버, 웹 서버를

각각 그룹으로 만들고, 각 그룹을 하나의 단위로 추가할 수도 있습니다.[2]

하지만 데이터베이스 계층은 병렬 실행이 까다롭습니다. 전통적인 데이터베이스 모델에서는 하나의 데이터베이스 인스턴스가 주(primary) 인스턴스로 작동해야 하기 때문입니다. 이를 해결하기 위해 MySQL 같은 데이터베이스는 데이터를 샤드(shards)라는 논리적 그룹으로 나누고, 각 샤드를 별도의 데이터베이스(또는 주/부(secondary) 데이터베이스 쌍)에서 처리합니다. 반면, 리악(Riak)과 같은 분산 데이터베이스 아키텍처는 동적으로 부하를 사용 가능한 모든 인스턴스에 분산해 병렬 처리를 수행합니다. 클라우드에 최적화된 **클라우드 네이티브(cloud-native) 데이터베이스**로는 카산드라(Cassandra), CockroachDB, 아마존 오로라(Aurora), 아마존 DynamoDB 등이 있습니다.

이러한 환경에서는 서버별 인스턴스 크기를 작게 유지하면(예: 512GB DRAM 물리 호스트에서 인스턴스 크기는 8GB 정도로), 대부분의 시간이 유휴 상태로 남는 대규모 시스템에 사전(선불) 투자하지 않고도 세밀한 크기 조정을 통해 가격 대비 성능을 최적화할 수 있습니다.

11.1.3 수용량 계획

온프레미스 서버는 수년간 사용할 서비스나 하드웨어를 모두 계약해야 하기 때문에 상당한 인프라 비용이 들 수 있습니다. 또한 새 서버를 프로덕션 환경에서 사용하려면 여러 달이 걸리는 경우도 있습니다. 구매 승인을 받고, 부품 주문, 배송, 설치, 테스트를 거치는 동안에도 수개월이 소요될 수 있습니다. 따라서 적절한 크기의 시스템을 구매하기 위해서는 수용량 계획이 필수적입니다. 서버가 너무 작으면 서비스 장애가 발생하고, 너무 크면 불필요한 비용이 발생합니다(또한 서비스 계약은 향후 수년간 계속 지출해야 하는 비용이기도 합니다). 수용량 계획은 수요의 증가를 앞서 예측하기 위해서도 필요한데, 수용량 계획을 통해 시간이 걸리는 구매 절차를 기한 내에 끝낼 수 있습니다.

과거 엔터프라이즈 환경에서는 온프레미스 서버와 데이터 센터를 사용하는 방법이 일반적이었습니다. 그러나 요즘의 클라우드 컴퓨팅은 많이 다릅니다. 서버 인스턴스는 저렴한 편이고, 거의 즉시 생성하거나 삭제할 수 있습니다. 뭐가 얼마나 필요할지 미리 계획하느라 시간을 소모하는 대신, 기업은 **필요**에 따라 실제 부하에

---

[2] 하나의 사례로, 쇼피파이(Shopify)에서는 이 단위를 '포드(pod)'라 부릅니다.[Denis 18]

대응해 서버 인스턴스를 늘릴 수 있습니다. 이러한 작업은 클라우드 API를 통해 성능 모니터링 소프트웨어가 지표를 수집하고 분석한 뒤 자동으로 처리할 수도 있습니다. 덕분에 작은 기업이나 스타트업은 엔터프라이즈 환경이었다면 필요했을 수용량 계획을 위한 자세한 분석 없이도, 작은 인스턴스 하나로 시작해 수천 개의 인스턴스를 가진 시스템으로 확장해 나갈 수 있습니다.[3]

성장하는 스타트업의 경우 고려해야 할 또 다른 요소는 코드 변경의 속도입니다. 사이트들은 보통 제품 코드(production code)를 매주, 매일, 심지어 하루에도 몇 차례 변경합니다. 하지만 수용량 계획은 몇 주나 소요되는 작업입니다. 즉, 어느 시점의 성능 지표 스냅숏을 사용해서 수용량을 계획하면 코드 개발이 종료되는 시점에는 시간에 뒤처진 계획이 될 수도 있습니다. 이는 연간 몇 번만 변경되는 상업용 소프트웨어를 운영하는 엔터프라이즈 환경과 다른 부분입니다.

클라우드에서 수용량 계획을 위해 수행할 수 있는 활동으로는 다음과 같은 것이 있습니다.

- 동적 크기 변경: 서버 인스턴스를 자동으로 추가하거나 제거합니다.
- 확장성 테스팅: 큰 클라우드 환경을 잠깐 동안만 구매한 뒤 인위적으로 만든 부하 대비 확장성을 테스트해 봅니다(**벤치마크** 활동이기도 합니다).

수용량 계획을 할 때는 시간 제약에 대해서도 고려해야 합니다. 또한 기업 환경에서 널리 쓰이는 확장성 모델링을 적용하면, 실제 확장성이 이론적 기대 수준에서 어느 지점부터 얼마나 떨어지는지 가늠할 수 있습니다.

동적 크기 변경(오토 스케일링)

클라우드 벤더들은 보통 부하 증가에 따라 자동으로 확장되는 서버 인스턴스 그룹 (예: **AWS 오토 스케일링 그룹**(Auto Scaling Group, ASG)) 배포를 지원합니다. 이를 통해 **마이크로서비스** 아키텍처도 구현할 수 있는데, 이는 큰 애플리케이션을 작은 부분으로 나누어 필요에 따라 개별적으로 확장할 수 있도록 합니다. 각 마이크로서비스는 네트워크를 통해 서로 통신합니다.

---

3 기업이 사용하는 인스턴스가 수십만 개까지 늘어나게 된다면 일이 좀 복잡해질 수 있는데, 확장 수요가 너무 높다 보니 클라우드 프로바이더가 제공할 수 있는 특정 유형의 인스턴스가 일시적으로 부족할 수 있기 때문입니다. 혹시라도 현재 이 정도 규모에 도달했다면, 계정 담당자와 완화할 수 있는 방안에 대해 협의하세요(예: 예약 인스턴스(reserved instance) 구매).

오토 스케일링을 통해 자동으로 서버 인스턴스를 추가하면 부하의 변경에 빠르게 대처할 수 있지만, 그림 11.2와 같이 과도하게 서버 인스턴스를 증설할 위험(**과할당**, overprovisioning)이 있습니다. 예를 들어 DoS 공격이 있으면 부하가 늘어난 것처럼 보일 수 있고, 이는 서버 인스턴스 증설을 유발하여 비용을 과도하게 발생시킬 수 있습니다. 이와 유사한 위험은 애플리케이션을 변경했는데 성능이 퇴행하는 경우에도 존재하는데, 동일한 부하를 처리하기 위해 더 많은 인스턴스가 필요해지기 때문입니다. 따라서 모니터링을 통해 인스턴스 증설이 실제로 타당한지를 검증하는 것이 중요합니다.

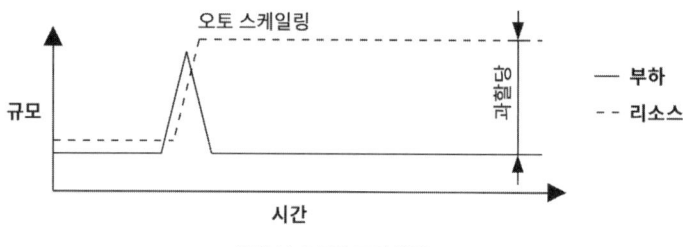

그림 11.2 동적 크기 변경

클라우드 프로바이더는 시간, 분, 심지어는 초 단위로 요금을 청구하기 때문에, 사용자들이 스케일 업(scale up, 규모 확장)과 **스케일 다운**(scale down, 규모 축소)를 빠르게 수행할 수 있습니다. 사용자가 규모를 줄이면 즉시 비용 절감도 가능합니다. 이러한 스케일 업/다운은 자동화할 수 있으며, 일일 사용량 패턴에 따라 인스턴스 수를 조절해 필요한 시간대에만 리소스를 미리 할당(프로비저닝)할 수 있습니다.[4] 넷플릭스 역시 클라우드에서 오토 스케일링을 사용하는데, 매초 수집되는 일일 데이터 스트림의 패턴에 따라 매일 수만 개의 인스턴스를 추가하기도 하고 제거하기도 합니다. 그림 11.3은 이 사례에 대해 보여줍니다.[Gregg 14b]

다른 사례로, 2012년 12월에 핀터레스트(Pinterest)는 트래픽 부하가 심하지 않은 시간에는 클라우드를 자동으로 종료함으로써 시간당 54$의 비용을 20$로 절감했다고 발표했으며[Hoff 12], 2018년에 쇼피파이는 클라우드로 이전하면서 인프라스트럭처에서 큰 절감 효과를 보았는데, 서버를 사용할 때는 평균 유휴시간 비율이 61%였던 것이 클라우드 인스턴스에서는 19%로 감소했습니다.[Kwiatkowski 19] 이러한 사례

---

4 이러한 자동화는 스케일 업/다운 어느 쪽이든 모두 복잡할 수 있으니 유의하기 바랍니다. 가령, 스케일 다운을 위해서는 요청이 완료되기를 기다려야 할 뿐더러, 배치 작업이 끝나기를 기다려야 하고, 데이터베이스가 로컬 데이터를 영구적인 저장소로 옮기는 것을 기다려야만 합니다.

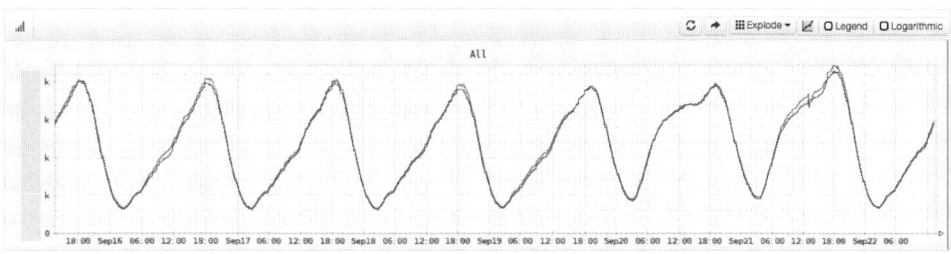

그림 11.3 매초 수집되는 넷플릭스 데이터 스트림

외에도, 성능을 튜닝하면 부하를 처리하는 데 필요한 인스턴스의 수를 줄일 수 있기 때문에 비용을 절감할 수 있습니다.

일부 클라우드 아키텍처(11.3절 "OS 가상화" 참고)는 CPU 리소스가 남아 있는 경우 즉시 게스트에 추가 리소스를 동적으로 할당할 수 있는데, 이를 **버스팅**(bursting)이라 부릅니다. 보통 버스팅은 추가 비용 없이 제공되며, 부하가 급격히 늘 때 성능적 여유분을 확보해 과할당을 막고 부하의 존재와 지속성을 판단할 수 있도록 합니다. 늘어난 부하 수준이 지속될 것 같으면 더 많은 인스턴스를 할당해 리소스를 보장할 수 있습니다.

이 같은 기법들을 적용한 덕분에 클라우드 환경은 엔터프라이즈 환경보다 훨씬 더 효율적입니다. 특히 서버가 현재까지 관측된 최대 부하 기준으로 크기를 고정해 둔 환경이라면 더욱 그렇습니다. 그러한 서버는 대부분의 시간을 유휴 상태나 다름 없이 보낼 터이기 때문입니다.

11.1.4 스토리지

클라우드 인스턴스는 운영 체제, 애플리케이션 소프트웨어, 임시 파일을 처리하기 위해 스토리지를 사용합니다. 리눅스 시스템에서는 이러한 스토리지가 루트(/)와 기타 볼륨으로 구성됩니다. 이러한 스토리지는 로컬 물리적 저장 장치이거나 네트워크를 통한 저장 장치일 수 있습니다.[5] 인스턴스의 스토리지로 사용되는 로컬 저장 장치는 휘발성이며, 서버 인스턴스를 제거하면 데이터도 사라집니다(**임시 드라이브**(ephemeral drive)라 부릅니다). 영구적인 저장을 위해서는 보통 별도의 서비스를 사용하며, 이러한 서비스는 인스턴스에 다음과 같은 저장소의 유형을 제공합니다.

---

[5] (옮긴이) 아마존 EC2 인스턴스의 루트 볼륨(저장 장치)은 인스턴스 스토어(instance store/임시 드라이브, **ephemeral drive**)와 EBS(Elastic Block Store)를 사용할 수 있는데, 이 인스턴스 스토어가 로컬 물리 저장 장치에 해당하고 EBS는 네트워크를 통한 블록 저장 장치에 해당합니다.

- 파일 저장소(File store): NFS를 통한 파일 공유 등
- 블록 저장소(Block store): iSCSI 프로토콜을 통한 블록 접근 등
- 객체 저장소(Object store): API를 사용해 접근(주로 HTTP 기반)

이러한 저장소들은 네트워크를 통해 연결되고 주로 다른 테넌트와 함께 사용되므로, 네트워크 인프라나 저장 장치를 공유함으로 인해 생기는 성능 영향이 있을 수 있습니다. 그렇기 때문에 로컬 디스크에 비해 성능을 예측하기가 쉽지 않을 수는 있으나, 클라우드 프로바이더가 각 테넌트의 리소스의 사용량을 제어하기 때문에 어느 정도 성능 일관성을 가지고 있을 것입니다.

클라우드 프로바이더는 일반적으로 이러한 저장소에 대한 자체 서비스를 제공하기도 합니다. 예를 들어, 아마존은 파일 저장소에는 아마존 EFS(Elastic File System)를, 블록 저장소에는 아마존 EBS(Elastic Block Store)를, 객체 저장에는 아마존 S3(Simple Storage Service)를 제공합니다.

로컬 저장소와 네트워크 저장소의 구성은 그림 11.4에서 볼 수 있습니다.

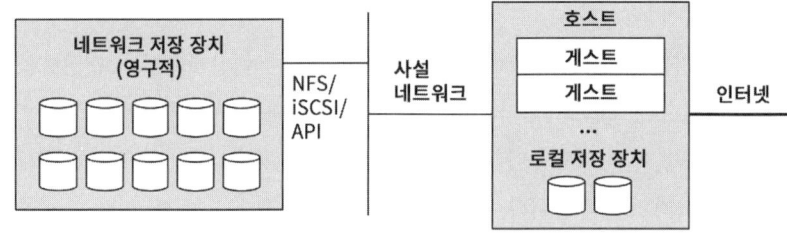

그림 11.4 클라우드 저장 장치

네트워크 저장 장치 접근으로 인해 늘어나는 지연시간은 보통 자주 사용하는 데이터를 인-메모리 캐시에 저장하는 식으로 완화할 수 있습니다.

일부 저장소 서비스는 안정적인 성능이 필요한 고객에게 IOPS를 보장하는 서비스를 판매하기도 합니다(예: Amazon EBS는 프로비저닝된 IOPS 볼륨을 제공합니다).

11.1.5 멀티테넌시

유닉스는 멀티태스킹 운영 체제로, 여러 사용자와 프로세스가 동일한 리소스에 접근할 수 있도록 설계되었습니다. 리눅스는 이후에 리소스를 보다 공정하게 공유하기 위한 리소스 제어 및 제한 기능을 추가했으며, 리소스 경쟁과 관련된 성능 문제

를 식별하고 정량화하는 관측가능성 도구도 추가했습니다.

기존의 엔터프라이즈 환경과 클라우드 컴퓨팅의 차이점은, 클라우드 환경에서는 동일한 물리적 시스템 내에서 여러 운영 체제 인스턴스가 함께 공존할 수 있다는 점입니다. 이러한 시스템에서 각 게스트는 독립적인 운영 체제로 격리되어 있습니다. 게스트는 (일반적으로[6]) 같은 호스트에 있는 다른 게스트의 사용자나 프로세스를 관찰할 수 없습니다. 만약 관찰이 가능하다면 이는 정보 누출이며, 비록 같은 물리적 리소스를 공유한다고 해도 그렇습니다.

멀티테넌트 환경에서는 리소스가 여러 테넌트에 의해 공유되므로 성능 문제를 일으키는 '**시끄러운 이웃**(noisy neighbors)'이 존재할 수도 있습니다. 예를 들어, 여러분이 사용 중인 운영 체제의 부하가 최대치에 도달해 있는 동안 동일 호스트에 있는 다른 게스트가 데이터베이스 전체 덤프를 실행하면서 디스크 및 네트워크 I/O를 과도하게 사용하면 여러분의 애플리케이션 성능에 영향을 미칠 수 있습니다. 더 나쁜 사례로는 이웃이 해당 클라우드 프로바이더의 한계치를 파악하고자 의도적으로 리소스를 포화시키는 마이크로 벤치마크를 수행하고 있을 수도 있습니다.

이에 대한 몇 가지 해결책이 있습니다. 밀티테닌시로 인한 영향은 운영 체제의 **리소스 제어**를 통한 **성능 격리**(performance isolation, 리소스 격리라고도 합니다)로 조정할 수 있습니다. 이 방법은 CPU, 메모리, 디스크, 파일시스템 I/O, 네트워크 스루풋과 같은 시스템 리소스 사용을 각 테넌트별로 제한하거나 우선순위를 할당하여 리소스를 관리하는 방식입니다.

리소스 사용 제한과 더불어 멀티테넌시로 인한 경쟁 상황을 관찰할 수 있다면, 클라우드 관리자는 리소스 제한을 튜닝하고 테넌트를 사용 가능한 호스트 간에 더 균형 있게 분배할 수 있습니다. 관찰할 수 있는 범위는 가상화 유형이 하드웨어 가상화인지 OS 가상화인지에 따라 달라질 수 있습니다.

11.1.6 오케스트레이션(쿠버네티스)

많은 기업이 베어메탈 서버나 클라우드 시스템에서 **오케스트레이션**(orchestration) **소프트웨어**를 활용하여 프라이빗 클라우드를 운영하고 있습니다. 이 중 가장 널리

---

[6] 리눅스 컨테이너는 네임스페이스(namespaces)와 컨트롤 그룹(cgroup)을 다양한 방식으로 조합해 생성할 수 있습니다. 가령, 프로세스 네임스페이스를 서로 공유하는 컨테이너를 생성할 수도 있는데, 이 방식은 다른 컨테이너 프로세스를 디버그 하기 위한 내부 관찰용('사이드카(sidecar)') 컨테이너에서 사용됩니다. 쿠버네티스의 주요 추상화 계층인 파드(Pod)는 네트워크 네임스페이스를 다른 컨테이너와 공유합니다.

사용되는 소프트웨어는 구글이 개발한 쿠버네티스(Kubernetes, 약어로 k8s)입니다. 그리스어로 '조타수(Helmsman)'를 의미하는 쿠버네티스는 컨테이너를 사용한 애플리케이션 배포를 관리하는 오픈 소스 시스템입니다(컨테이너 런타임으로는 보통 도커가 사용되는데[7], containerd 같은 OCI(Open Container Interface, 오픈 컨테이너 인터페이스)를 따르는 어떠한 런타임이라도 사용할 수 있습니다).[Kubernetes 20b] 퍼블릭 클라우드 프로바이더들은 자사 클라우드에 쿠버네티스 구축을 단순화하기 위한 서비스를 제공하기도 하는데, 구글 쿠버네티스 엔진(Google Kubernetes Engine, GKE), 아마존 EKS(Amazon Elastic Kubernetes Service), 마이크로소프트 AKS(Microsoft Azure Kubernetes Service)가 이에 해당합니다.

쿠버네티스의 가장 작은 배포 단위인 **파드**(Pod)는 여러 컨테이너를 하나의 그룹으로 묶어 함께 배포하는데, 이 파드 내에서 컨테이너들은 리소스를 공유하며 로컬 호스트(localhost)를 통해 서로 통신합니다. 각 파드는 각자의 IP 주소를 가지고 있으며 파드 간 (네트워킹) 통신에는 이 IP가 사용됩니다. 쿠버네티스의 **서비스**(service)는 파드 그룹의 엔드포인트를 추상화한 개념으로, IP 주소와 같은 메타데이터를 제공합니다. 서비스는 이러한 엔드포인트에 대한 일관적이고 안정적인 인터페이스로 간주되지만, 파드 자체는 추가되거나 제거될 수 있어서 임시(disposable) 자원으로 취급되기도 합니다. 또한, 쿠버네티스 서비스는 마이크로서비스 아키텍처를 지원합니다. 쿠버네티스에는 오토 스케일링 정책이 있는데, 가령 '수평 파드 오토스케일러(Horizontal Pod Autoscaler)'는 대상 리소스의 사용률 및 기타 지표에 기반해 파드 레플리카(복제본)의 크기를 조정할 수 있습니다. 쿠버네티스에서 물리적 머신(physical machine)은 **노드**(Node)라 불리며, 동일한 쿠버네티스 API 서버에 연결되는 노드의 그룹을 쿠버네티스 **클러스터**(cluster)라고 부릅니다.

쿠버네티스 환경에서 고려해야 할 성능 사항에는 스케줄링(클러스터에서 성능을 극대화하는 방향으로 컨테이너 실행) 및 네트워크 성능이 포함되는데, 그 이유는 컨테이너 네트워킹과 로드 밸런싱 구현에 추가적인 구성 요소가 사용되기 때문입니다.

쿠버네티스의 스케줄링에는 CPU, 메모리의 요청량 및 제한값과 **노드 테인트**(node taint, 특정 노드를 마킹해서 스케줄링에서 제외되도록 함) 및 **레이블 셀렉터**

---

[7] (옮긴이) 요즘에는 Kubernetes에서 Dockershim 지원이 중단되면서(1.20 버전), containerd나 CRI-O와 같은 CRI 표준을 준수하는 런타임이 더 자주 사용됩니다.

(label selector, 커스텀 메타데이터)와 같은 메타데이터가 고려됩니다. 현재 쿠버네티스는 블록 I/O를 제한하고 있지 않기 때문에(향후에 blkio cgroup을 통한 지원이 추가될 것입니다[Xu 20]), 디스크 경합으로 인한 성능 문제가 발생할 수 있습니다.

쿠버네티스의 네트워킹에는 여러 네트워킹 구성 요소가 사용될 수 있는데, 어떠한 요소를 사용할지 결정하는 작업은 구성에 따라 성능 극대화라는 면에서 차이가 크기에 중요한 작업입니다. 컨테이너 네트워킹은 CNI(container network interface, 컨테이너 네트워크 인터페이스) 플러그인 소프트웨어를 사용해서 구현할 수 있습니다. 이러한 CNI 오픈 소스 소프트웨어의 사례에는 netfilter 또는 iptables을 기반으로 한 캘리코(Calico)와 BPF를 기반으로 한 실리움(Cilium)이 있습니다.[Calico 20] [Cilium 20b] 실리움은 심지어 kube-proxy 로드 밸런싱을 대체하는 BPF 기반 서비스 구현체를 제공하기도 합니다.[Borkmann 19]

11.2 하드웨어 가상화

하드웨어 가상화는 커널을 포함한 전체 운영 체제를 실행할 수 있는 VM(virtual machine, 가상 머신)을 만들 수 있습니다. VM은 하이퍼바이저(VMM, 가상 머신 관리자)에 의해 생성되는데, 일반적으로 하이퍼바이저는 다음과 같이 타입 1 혹은 타입 2로 구분합니다.

- 타입 1에서는 하이퍼바이저 소프트웨어가 프로세서 바로 위에서 작동합니다. 하이퍼바이저 관리는 특권을 부여 받은 게스트가 수행하는데, 이 특권 게스트[8]는 새로운 게스트를 만들고 실행할 수 있습니다. 타입 1은 **네이티브 하이퍼바이저(native hypervisor)** 또는 **베어메탈 하이퍼바이저(bare-metal hypervisor)**라고도 부릅니다. 이러한 하이퍼바이저는 게스트 VM을 위해 자체적인 CPU 스케줄러를 가지고 있습니다. 대표적인 사례가 Xen 하이퍼바이저입니다.
- 타입 2에서는 하이퍼바이저 소프트웨어가 호스트 OS 커널 내에서 실행됩니다. 이 호스트 OS는 하이퍼바이저를 관리하고 새로운 게스트를 실행할 수 있는 권한이 있습니다. 타입 2에서는 시스템이 타입 1처럼 하이퍼바이저로 직접 부팅되지 않고 기존 OS로 먼저 부팅된 다음 하이퍼바이저가 실행됩니다. 이러한 하이

---

8 (옮긴이) 그림 11.5 구성 A의 0번 게스트 OS에 해당합니다. 참고로 Xen은 이 Dom0가 없는 dom0less 구성도 있습니다.

퍼바이저에서는 게스트가 호스트에 프로세스로 표시되고 호스트 커널 스케줄러가 스케줄링을 담당합니다.

이러한 타입 1(Type 1) 혹은 타입 2(Type 2)라는 구분을 지금도 접하는 경우가 있을 수도 있지만, 하이퍼바이저 기술의 발전으로 인해 더 이상 실질적인 구분 기준으로 사용하지 않습니다.[Liguori, 07] 그 이유는, 커널 모듈을 사용하게 됨에 따라 하이퍼바이저의 일부가 하드웨어에 직접 접근할 수 있게 되어 타입 2가 타입 1처럼 되기 때문입니다. 더 실질적인 분류는 그림 11.5에 도식화해 놓았는데, 요즘 일반적으로 사용되는 하이퍼바이저 구성을 필자가 구성 A와 구성 B로 구분해 놓았습니다.[Gregg 19]

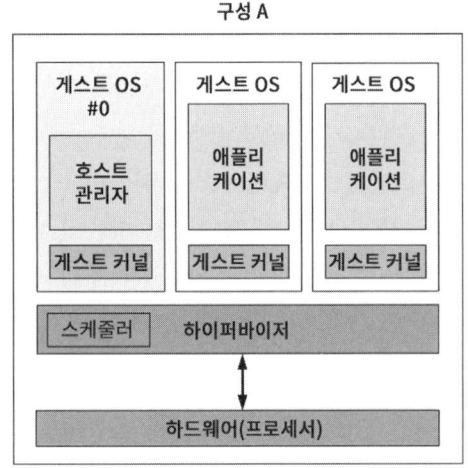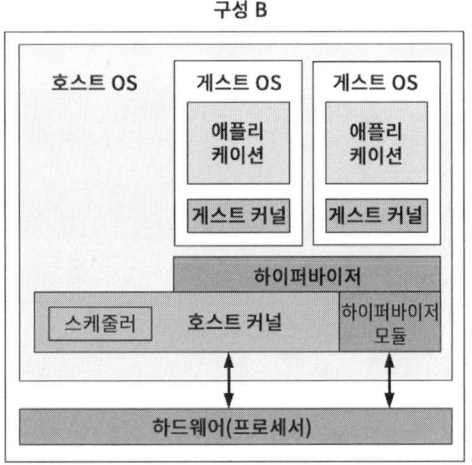

그림 11.5 일반적인 하이퍼바이저 구성

이들 구성은 다음과 같습니다.

- 구성 A: 이 구성 역시 네이티브 하이퍼바이저 혹은 베어메탈 하이퍼바이저라고 부릅니다. 하이퍼바이저 소프트웨어는 프로세서 바로 위에서 작동되는데, 실행 중인 게스트 가상 머신을 위한 도메인을 만들고 진짜 CPU에 가상 게스트 CPU를 스케줄링합니다. 특권 도메인(그림 11.5의 0번)은 다른 도메인들을 관리할 수 있습니다. 대표적인 사례가 Xen 하이퍼바이저입니다
- 구성 B: 하이퍼바이저 소프트웨어는 호스트 OS 커널이 실행하며 커널 레벨 모듈과 사용자 레벨 프로세스로 구성됩니다. 호스트 OS는 하이퍼바이저를 관리하는

권한이 있으며, 해당 커널은 VM CPU를 호스트상의 다른 프로세스와 함께 스케줄링합니다. 이 구성은 커널 모듈을 사용하여 하드웨어에 직접 접근할 수 있게 해 줍니다. 대표적인 사례가 KVM 하이퍼바이저입니다.

두 구성 모두 게스트 I/O 처리를 위해 I/O 프락시(예: QEMU)를 도메인 0(Xen) 또는 호스트 OS(KVM)에서 실행할 수 있습니다. 이 방법은 I/O에 오버헤드를 부가하기 때문에 공유 메모리 전송 등 다른 기법을 추가하면서 여러 해에 걸쳐 최적화되었습니다.

1998년에 VMware가 선보인 초기 하드웨어 하이퍼바이저는 하드웨어 전가상화(full hardware virtualization)를 구현하기 위해 **바이너리 변환**(Binary Translation) 기술을 사용했습니다.[VMware 07] 바이너리 변환은 실행 시점에 커널의 특권 수준 동작(예: 시스템 콜, 페이지 테이블 조작)을 하드웨어에서 직접 실행하지 않고 소프트웨어에서 처리되도록 동적으로 명령어를 재작성(치환)했으며, 비특권 명령어는 별도 변환 없이 프로세서에서 그대로 실행되었습니다. 그 결과 가상화된 하드웨어 구성 요소로 이루어진 완전한 가상 시스템을 제공하여, 운영 체제를 수정 없이 설치하고 실행할 수 있었습니다. 성능 오버헤드는 컸지만 서버를 여러 개 사용하는 대신 하나로 통합(server consolidation)해 얻는 비용 절감 효과 덕분에 비용 대비 효과 면에서 대체로 받아들여졌습니다.

그 이후 하드웨어 하이퍼바이저는 다음과 같은 기술을 통해 성능과 효율성이 개선되었습니다.

- 프로세서 가상화 지원: 2005-2006년에 VM 동작에 대한 프로세서 레벨의 더 빠른 하드웨어 지원을 제공하는 AMD-V와 Intel VT_x 확장이 발표되었습니다. 이들 확장은 특권 명령어의 가상화와 MMU의 속도를 개선시켰습니다.
- 반가상화(paravirtualization, paravirt 또는 PV): 모든 하드웨어 컴포넌트를 가상화(전가상화) 할 필요 없이, **하이퍼 콜**(hypercall) 인터페이스를 통해 게스트 OS가 호스트 리소스를 효율적으로 사용할 수 있도록 지원합니다. 가령, 전가상화 환경에서 타이머를 설정하려면 하이퍼바이저가 에뮬레이션하는 여러 특권 명령에 대한 호출이 필요합니다. 하지만 반가상화 게스트라면 단 한 번의 하이퍼 콜로 간단히 이를 수행할 수 있습니다. Xen 하이퍼바이저는 이들 하이퍼 콜을 **멀티콜**(multicall)로 묶어 일괄 처리함으로써 효율성을 더욱 높입니다. 또한, 반가

상화에서 게스트는 반가상화 네트워크 장치 드라이버를 사용하여 호스트의 물리적 네트워크 인터페이스에 패킷을 보다 효율적으로 전송할 수 있습니다. 반가상화는 성능을 향상시킬 수 있지만 게스트 운영 체제가 반가상화를 지원하느냐[9]에 따라 사용 가능 여부가 달라집니다. (역사적으로 윈도는 반가상화를 잘 지원하지 않았습니다.)

- 장치 하드웨어 지원: VM 성능을 좀 더 최적화하기 위해, 프로세서 이외의 하드웨어 장치들도 가상 머신에 대한 지원을 추가해 왔습니다. 네트워크 및 저장 장치의 SR-IOV(single root I/O virtualization, 단일 루트 I/O 가상화)가 이런 것 중 하나인데, 이 기술은 가상 머신이 하드웨어에 직접 접근할 수 있도록 합니다. 다만 SR-IOV는 드라이버에서 지원해야만 합니다(예 ixgbe, ena, hv_netvsc, nvme).

Xen은 여러 해에 걸쳐 진화하면서 성능이 개선되고 있습니다. 현대적인 Xen VM은 흔히 하드웨어 VM 모드(HVM)로 부팅한 다음 HVM 지원이 있는 PV 드라이버를 사용합니다. 이는 양쪽(PV, HVM) 모두에서 장점을 뽑아 구성한 것으로 PVHVM이라 부릅니다. 네트워크나 저장 장치용 드라이버에서 SR-IOV와 같은 하드웨어 가상화에 전적으로 의존하면, 성능을 한층 더 개선할 수 있습니다.

11.2.1 구현

여러 가지 하드웨어 가상화 구현체가 있는데, 몇 가지는 이미 언급했습니다(Xen 및 KVM). 다음은 몇 가지 사례입니다.

- VMware ESX: 2001년에 처음 나온 VMware ESX는 서버 통합을 위한 엔터프라이즈 제품으로 VMware vSphere 클라우드 컴퓨팅 제품의 핵심 요소입니다. 이 하이퍼바이저는 베어메탈 위에서 돌아가는 마이크로 커널이며, 첫 번째 가상 머신은 **서비스 콘솔**(service console)이라 부릅니다. 서비스 콘솔은 하이퍼바이저와 새 가상 머신을 관리할 수 있습니다.
- Xen: 2003년에 처음 발표된 Xen은 케임브리지 대학에서 연구 프로젝트로 시작

---

9 (옮긴이) 반가상화를 사용하기 위해서는 기존 운영 체제의 커널을 수정하여 반가상화 전용 API를 사용하도록 해야 합니다. 이는 일종의 운영 체제 포팅 작업에 해당합니다. 당연히 소스 코드가 외부에 공개된 경우에는 이를 쉽게 할 수 있지만 그렇지 않은 경우에는 쉽지 않습니다. 예를 들어, 윈도에서 반가상화를 지원하려는 노력의 일환으로 윈도 드라이버를 반가상화에 맞춰 포팅해 제공하는 경우가 있습니다.

되었으며, 나중에 Citrix가 Xen을 인수했습니다. Xen은 타입 1 하이퍼바이저로 높은 성능을 위해 반가상화한 게스트를 실행합니다. 다만 반가상화를 위해 수정되지 않은 운영 체제(윈도) 지원을 위해 하드웨어 지원 게스트도 나중에 추가되었습니다. 가상 머신은 **도메인**(domain)이라고 하며, 가장 권한이 높은 도메인을 dom0라 합니다. dom0에서는 하이퍼바이저를 관리하고, 새로운 도메인을 실행할 수 있습니다. Xen은 오픈 소스이며, 리눅스에서 실행할 수 있습니다. 과거 아마존 EC2도 Xen을 기반으로 운영되었습니다.

- Hyper-V: 윈도 서버(Windows Server) 2008과 함께 발표된 Hyper-V는 타입 1 하이퍼바이저로 **파티션**(partition)을 생성하여 게스트 운영 체제들을 실행합니다. 마이크로소프트 애저(Azure) 퍼블릭 클라우드는 커스터마이즈된 Hyper-V를 기반으로 동작하고 있을 것입니다(정확한 세부사항은 공개되지 않고 있습니다).

- KVM: KVM은 쿰라넷(Qumranet)이라는 스타트업이 개발했으며, 2008년에 레드햇(Red Hat)이 이를 인수했습니다. KVM은 커널 모듈로 실행되는 타입 2 하이퍼바이저로, 하드웨어 가상화 지원(VT-x, AMD-V)을 활용하며, 높은 성능을 위해 게스트 OS가 지원하는 장치에 대해서는 반가상화도 사용합니다. 완전한 하드웨어 지원 가상 시스템 인스턴스를 생성하려면 사용자 프로세스인 QEMU(Quick Emulator)와 가상 머신을 만들고 관리하는 VMM(하이퍼바이저)가 쌍으로 구성되어야 합니다. QEMU는 원래 바이너리 변환을 사용하는 타입 2 하이퍼바이저로 개발되었으며, 파브리스 벨라르(Fabrice Bellard)가 만든 완성도 높은 고품질 오픈 소스입니다. KVM 역시 오픈 소스이며, 구글 컴퓨트 엔진(Google Compute Engine)에도 사용됩니다.[Google 20c]

- Nitro: AWS가 2017년에 출시한 Nitro 하이퍼바이저는 KVM의 일부를 기반으로 하며 프로세서, 네트워크, 저장 장치, 인터럽트 및 타이머를 비롯한 모든 주요 리소스에 대한 하드웨어 지원을 제공합니다.[Gregg 17e] 여기서 QEMU 프락시는 사용되지 않습니다. Nitro의 게스트 가상 머신은 베어메탈에 준하는 성능을 제공합니다.

이제부터는 하드웨어 가상화와 관련된 주제인 오버헤드, 리소스 제어, 관측가능성에 대해 다루겠습니다. 이들은 가상화의 구현 방식과 구성에 따라 각기 다른 특성을 보입니다.

11.2.2 오버헤드

클라우드 성능 문제를 제대로 분석하기 위해서는 가상화에 따른 성능 오버헤드가 어디서 발생할지 이해하고 있는 것이 중요합니다.

하드웨어 가상화는 여러 가지 방법으로 구현될 수 있으며, 구현 방식에 따라 리소스 접근에 따른 오버헤드의 차이가 있을 수 있습니다. 가령, 명령어 변환이나 프락시를 사용하는 하이퍼바이저 가상화 기법에서는 리소스에 접근하는 과정에서 오버헤드가 발생할 것이고, 하드웨어 기반 가상화 기법에서는 이러한 오버헤드가 발생하지 않을 것입니다. 이번 절에서는 CPU 실행, 메모리 매핑, 메모리 크기, I/O 동작 및 다른 테넌트와의 경쟁에 따른 성능 오버헤드에 대해 설명합니다.

CPU

하드웨어 가상화에서 게스트 애플리케이션은 일반적으로 프로세서에서 직접 실행되므로 CPU 위주의 애플리케이션은 베어메탈 시스템과 거의 동등한 성능을 발휘할 수 있습니다. CPU 오버헤드는 권한이 필요한 프로세서 명령어를 호출하거나, 하드웨어에 접근하거나, 메인 메모리를 매핑하는 경우 발생할 수 있는데, 오버헤드의 정도는 하이퍼바이저가 처리하는 방식에 따라 달라집니다.

다음은 각 하드웨어 가상화 유형에 따른 CPU 명령어 처리 방식입니다.

- **바이너리 변환**: 게스트 커널 명령어 중 물리적 리소스에 대한 명령어를 식별하고 변환합니다. 바이너리 변환은 하드웨어 지원 가상화가 등장하기 전에 사용되던 기술입니다. 하드웨어가 가상화를 지원하지 않던 시절에 VMware가 사용했던 방법은 VMM(virtual machine monitor, 가상 머신 모니터)를 0번 링(ring)에서 실행하고, 게스트 커널을 이전에는 사용하지 않던 1번 링으로 옮겨서 실행했습니다(대부분의 프로세서는 0번부터 3번까지 4개의 링을 지원하며, 애플리케이션은 3번 링에서 실행됩니다. 보호 링(protection ring) 개념은 3.2.2절 "커널 및 사용자 모드"에서 소개했습니다). 일부 게스트 커널의 명령어는 0번 링에서 실행 중임을 가정하기 때문에 1번 링에서 실행하기 위해서는 VMM을 호출해 가상화를 적용하도록 변환해야 합니다. 이 같은 변환은 런타임에 이루어지며, CPU 오버헤드를 현저하게 유발합니다.
- **반가상화**: 가상화되어야만 하는 게스트 OS의 명령어를 하이퍼 콜(하이퍼바이저에 대한 호출)로 변경합니다. 게스트 OS를 수정하여 하이퍼 콜을 최적화하고 자

신이 가상화된 하드웨어에서 동작하고 있음을 인식하도록 만들면 성능을 향상시킬 수 있습니다.
- 하드웨어 지원: (하드웨어에서 실행 중인) 수정되지 않은 게스트 커널의 명령어가 하이퍼바이저에 의해 처리됩니다. 이 유형에서 하이퍼바이저는 VMM을 0번 링보다 낮은 수준에서 실행합니다. 여기서 게스트 커널의 특권 명령어는 더 권한이 높은 VMM에 트랩을 발생시킵니다. 그러면 VMM이 가상화를 지원하기 위해 특권을 에뮬레이션할 수 있습니다. [Adams 06]

보통 하드웨어 지원 가상화가 더 선호되지만, 구현 방식이나 워크로드(특히 I/O의 경우)에 따라 반가상화 성능이 더 나은 경우가 있습니다. (단, 게스트 운영 체제가 반가상화를 지원해야 합니다.)

다음은 구현 방식의 차이를 보여주는 사례로, 바이너리 변환과 하드웨어 지원의 차이를 보여 줍니다. VMware의 바이너리 변환 모델은 여러 해에 걸쳐 상당한 최적화가 이루어져 왔는데, 2007년 VMware 측의 발표는 다음과 같았습니다. [VMware 07]

> 하이퍼바이저에서 게스트로 변환할 때 발생하는 오버헤드가 높고, 프로그래밍 모델의 경직성 때문에 대부분의 경우 VMware의 바이너리 변환 방식이 1세대 하드웨어 지원 가상화 구현보다 성능이 훨씬 좋습니다. 1세대 구현의 프로그래밍 모델은 하이퍼바이저/게스트 간 전환 빈도나 비용을 관리할 만한 소프트웨어 유연성이 부족했습니다.

게스트와 하이퍼바이저 사이의 전환 비율은 하이퍼바이저가 소비하는 시간과 더불어 CPU 오버헤드를 평가하는 주요 지표입니다. 이러한 이벤트를 보통 **게스트 exit**(guest exit)라고 하는데, 이 같은 일이 발생할 때마다 가상 CPU가 내부의 게스트 실행을 멈춰야 하기 때문입니다. 그림 11.6은 KVM에서 게스트가 exit하는 경우에 발생하는 CPU 오버헤드를 보여줍니다.

이 그림은 사용자 프로세스와 호스트 커널, 그리고 게스트 사이의 게스트 exit 흐름을 보여줍니다. 게스트 바깥에서 exit을 처리하는데 소요된 시간이 바로 하드웨어 가상화의 CPU 오버헤드입니다. exit을 처리하는 데 더 많은 시간이 걸릴수록 오버헤드는 더 커지게 됩니다.

게스트 exit 이벤트 중 일부는 커널에서 바로 처리할 수 있습니다. 하지만 처리할 수 없는 경우 커널에서 벗어나 사용자 프로세스로 전환되어야 하며, 이 과정에서 추가적인 오버헤드가 발생합니다. 커널에서 직접 처리할 수 있는 경우보다 이러한 전환 과정이 더 큰 오버헤드를 유발합니다.

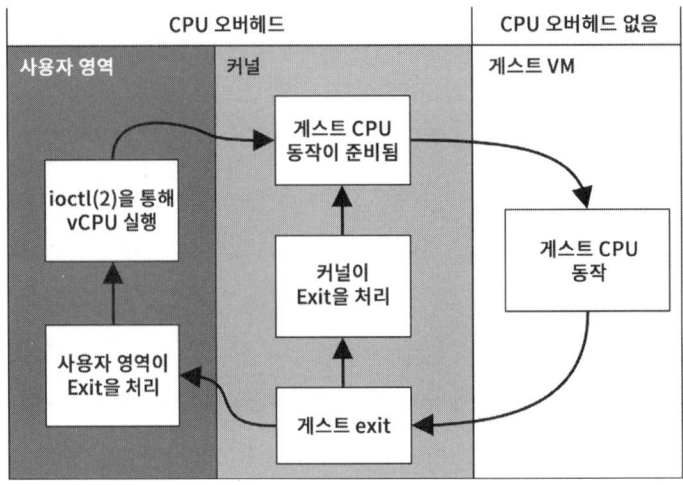

그림 11.6 하드웨어 가상화 CPU 오버헤드

예를 들어, 리눅스 KVM 구현에서 이러한 오버헤드는 게스트 exit 함수를 통해 분석할 수 있는데, 게스트 exit을 소스 코드에서 살펴보면 다음과 같은 함수에 연결되어 있습니다(리눅스 5.2에 있는 arch/x86/kvm/vmx/vmx.c의 일부. 부분적으로 축약됨).

```
/*
 * exit 핸들러는 exit이 정상적으로 처리되었고, 게스트가 재개될 경우에 1을 리턴합니다.
 * 그렇지 않다면, 이 핸들러는 사용자 공간에서 처리되어야 하는 부분을 kvm_run 파라미터에
 * 기록하고 0을 리턴합니다.
 */
static int (*kvm_vmx_exit_handlers[])(struct kvm_vcpu *vcpu) =
{
        [EXIT_REASON_EXCEPTION_NMI]         = handle_exception,
        [EXIT_REASON_EXTERNAL_INTERRUPT]    = handle_external_interrupt,
        [EXIT_REASON_TRIPLE_FAULT]          = handle_triple_fault,
        [EXIT_REASON_NMI_WINDOW]            = handle_nmi_window,
        [EXIT_REASON_IO_INSTRUCTION]        = handle_io,
        [EXIT_REASON_CR_ACCESS]             = handle_cr,
        [EXIT_REASON_DR_ACCESS]             = handle_dr,
        [EXIT_REASON_CPUID]                 = handle_cpuid,
        [EXIT_REASON_MSR_READ]              = handle_rdmsr,
        [EXIT_REASON_MSR_WRITE]             = handle_wrmsr,
        [EXIT_REASON_PENDING_INTERRUPT]     = handle_interrupt_window,
        [EXIT_REASON_HLT]                   = handle_halt,
```

```
        [EXIT_REASON_INVD]                    = handle_invd,
        [EXIT_REASON_INVLPG]                  = handle_invlpg,
        [EXIT_REASON_RDPMC]                   = handle_rdpmc,
        [EXIT_REASON_VMCALL]                  = handle_vmcall,
    [...]
        [EXIT_REASON_XSAVES]                  = handle_xsaves,
        [EXIT_REASON_XRSTORS]                 = handle_xrstors,
        [EXIT_REASON_PML_FULL]                = handle_pml_full,
        [EXIT_REASON_INVPCID]                 = handle_invpcid,
        [EXIT_REASON_VMFUNC]                  = handle_vmx_instruction,
        [EXIT_REASON_PREEMPTION_TIMER]        = handle_preemption_timer,
        [EXIT_REASON_ENCLS]                   = handle_encls,
};
```

이벤트의 이름이 간략하게 표현되어 있기는 하나, 게스트가 하이퍼바이저를 호출해서 CPU 오버헤드를 발생시키는 이유가 무엇인지 알아볼 정도는 될 것입니다.

게스트 exit의 한 예로 halt 명령을 들 수 있습니다. 이 명령은 커널이 수행할 작업을 더 이상 찾을 수 없을 때 유휴 스레드(idle thread)가 보통 호출합니다(그러한 경우 프로세서가 다른 인터럽트를 받기 전까지 저전력 상태로 전환됩니다). 이 명령은 handle_halt() 함수가 처리하는데(앞서 본 코드에서 EXIT_REASON_HLT에 매핑되어 있습니다), 이것은 최종적으로 kvm_vcpu_halt()를 호출합니다(arch/x86/kvm/x86.c).

```
int kvm_vcpu_halt(struct kvm_vcpu *vcpu) {
        ++vcpu->stat.halt_exits;
        if (lapic_in_kernel(vcpu)) {
                vcpu->arch.mp_state = KVM_MP_STATE_HALTED;
                return 1;
        } else {
                vcpu->run->exit_reason = KVM_EXIT_HLT;
                return 0;
        }
}
```

다른 여러 게스트 exit 유형과 마찬가지로 이 코드는 CPU 오버헤드를 최소화하기 위해 가능한 한 짧게 구현됩니다. 이 코드의 시작 부분에서는 얼마나 많은 halt가 발생하는지 추적하기 위해 vcpu 통계를 집계합니다. 나머지 코드는 이 특권 명령을 수행하는데 필요한 하드웨어 에뮬레이션을 수행합니다. 이러한 exit 함수들 각각의 유형이나 지속 기간 등은 하이퍼바이저 호스트에서 kprobe를 사용하여 계측하고 분석할 수 있습니다. kvm:kvm_exit tracepoint를 사용하면 전체 exit 이벤트를 모니터링 할 수도 있는데, 이 tracepoint는 11.2.4절 "관측가능성"에서도 사용되었습니다.

인터럽트 컨트롤러나 고해상도 타이머 같은 하드웨어 장치를 가상화하는 데도 상당한 CPU 오버헤드(및 약간의 메모리 오버헤드)가 소요됩니다.

메모리 매핑

7장 "메모리"에서 설명했듯이, 운영 체제는 MMU를 통해 가상 메모리에서 물리 메모리로 페이지를 매핑하고, TLB에 매핑을 캐시해 성능을 향상시킵니다.

가상화에서 게스트 환경의 새로운 메모리 페이지를 하드웨어로 매핑하는 과정(페이지 폴트)은 다음 두 단계를 거칩니다.

1. 게스트 커널: 가상 주소(게스트에서 실행 중인 애플리케이션이 사용하는 메모리 공간)를 게스트의 물리 주소(게스트 운영 체제가 보는 물리적 메모리 공간)로 변환
2. 하이퍼바이저 VMM: 게스트 물리 주소를 호스트 물리 주소(실제 물리적 위치)로 변환

이처럼 게스트 가상 주소를 호스트 물리 주소로 매핑하고 나면, 해당 매핑은 TLB에 캐싱됩니다. 그 덕분에 이후에 발생하는 접근은 추가적인 변환을 하지 않아도 되므로 일반적인 접근 속도와 같아집니다. 최신 프로세서는 MMU 가상화를 지원해서, TLB를 떠난 매핑을 하드웨어 단에서 하이퍼바이저를 호출할 필요 없이 직접 더 빠르게 불러낼 수 있습니다(페이지 워크(page walk)).[10] 이를 지원하는 기능을 인텔에서는 **확장 페이지 테이블**(extended page tables, EPT)이라 하며, AMD에서는 **네스티드 페이지 테이블**(nested page tables, NPT)이라 부릅니다.[Milewski 11]

EPT나 NPT 없이도 성능을 향상시키는 또 다른 접근법은, 게스트 가상 주소를 호스트 물리 주소로 변환하는 **섀도우 페이지 테이블**(shadow page tables)을 유지하는 방법입니다. 이 테이블은 하이퍼바이저가 관리하며, 게스트 실행 중에는 게스트의 CR3 레지스터를 덮어쓰는 방식으로 접근하게 만들 수 있습니다. 이러한 전략을 택하면 게스트 커널은 일반 운영 체제와 마찬가지로 게스트 가상 주소에서 게스트

---

10 (옮긴이) 기존의 방식에서 호스트가 게스트의 PGD를 알기 위해서는 VMM을 호출해서 해당 가상머신의 PGD를 쿼리했어야 했는데, EPT 기술에서는 cr3에 PGD가 아닌 이를 한 계층 더 늘린 EPT PGD 값을 보관함으로써 (가상머신의 경우) 하이퍼바이저 호출 없이 빠르게 처리할 수 있습니다.

물리 주소로 변환하는 자신의 페이지 테이블을 관리하게 됩니다. 하이퍼바이저는 이 같은 페이지 테이블 변경을 가로채서 해당 엔트리에 대응하는 호스트 물리 주소로의 매핑을 섀도우 테이블에 만듭니다. 그리고 게스트 실행 시 하이퍼바이저가 CR3 레지스터를 덮어써서 섀도우 테이블을 가리키게 만듭니다.

메모리 크기

OS 가상화와 달리 하드웨어 가상화를 사용할 때는 메모리를 소모하는 부분이 약간 더 많습니다. 하드웨어 가상화에서 각 게스트는 자체 커널을 실행하기 때문에 약간의 메모리를 더 사용합니다. 또한 저장 장치 아키텍처로 인해 게스트와 호스트가 같은 데이터를 캐싱하게 되는 이중 캐싱이 일어날 수도 있습니다. KVM 스타일의 하이퍼바이저는 VM마다 VMM 프로세스(QEMU)를 실행하는데, 이로 인해 약간의 메모리를 소모하기도 합니다.

I/O

역사적으로 하드웨어 가상화에서 오버헤드를 유발하는 가장 큰 요인은 I/O였습니다. 이는 모든 장치 I/O를 하이퍼바이저가 변환해야 했기 때문입니다. 10Gbit/s 네트워킹과 같이 빈도가 높은 I/O의 경우, I/O(패킷)당 약간의 오버헤드만 발생해도 전체적으로 심각한 비용이 발생하여 성능을 크게 저하시킬 수 있습니다. 이러한 I/O 오버헤드를 줄이기 위한 기술들이 개발되었는데, 궁극적으로 하드웨어 지원과 함께 사용해서 이러한 오버헤드를 완전히 제거할 수 있게 되었습니다. I/O MMU 가상화(AMD-Vi와 Intel VT-d)가 그런 하드웨어 지원에 해당합니다.

I/O 성능을 향상시키는 방법 중 하나는 반가상화 드라이버를 사용하는 것입니다. 반가상화 드라이버를 사용하면 I/O를 통합하고 장치 인터럽트를 더 적게 수행해 하이퍼바이저 오버헤드를 줄일 수 있습니다.

또 다른 기법으로는 PCI 패스스루(PCI pass-through)가 있습니다. 이는 PCI 장치를 직접 게스트에 할당해서 베어메탈 시스템처럼 쓸 수 있게 해주는 것입니다. PCI 패스스루는 여러 대안 중 가장 좋은 성능을 낼 수 있습니다. 하지만 여러 테넌트가 사용하도록 시스템을 설정할 때는 유연성이 많이 떨어지는데, 일부 장치들은 특정 게스트가 소유하게 되어 공유할 수 없기 때문입니다. 또한 PCI 패스스루는 라이브 마이그레이션(live migration)을 복잡하게 만듭니다. [Xen 19]

PCI 장치를 가상화에 사용할 때 유연성을 높이기 위한 기술로는 SR-IOV(single root I/O virtualization, 단일 루트 I/O 가상화, 앞서 언급됨)나 MR-IOV(multiroot I/O Virtualization, 다중 루트 I/O 가상화) 등이 있습니다. 이러한 용어들은 외부에 노출된 PCI 토폴로지의 루트 콤플렉스(root complex) 개수를 의미하는데, 다양한 방식으로 하드웨어 가상화를 제공합니다. 아마존 EC2 클라우드는 이들 기술을 사용하여 첫 번째로는 네트워킹, 그 다음으로는 저장 장치 I/O의 속도를 높여왔는데, 이러한 기술은 Nitro 하이퍼바이저에서 디폴트로 사용되고 있습니다.[Gregg 17e]

그림 11.7은 Xen, KVM, Nitro 하이퍼바이저의 일반적인 구성을 보여주고 있습니다.

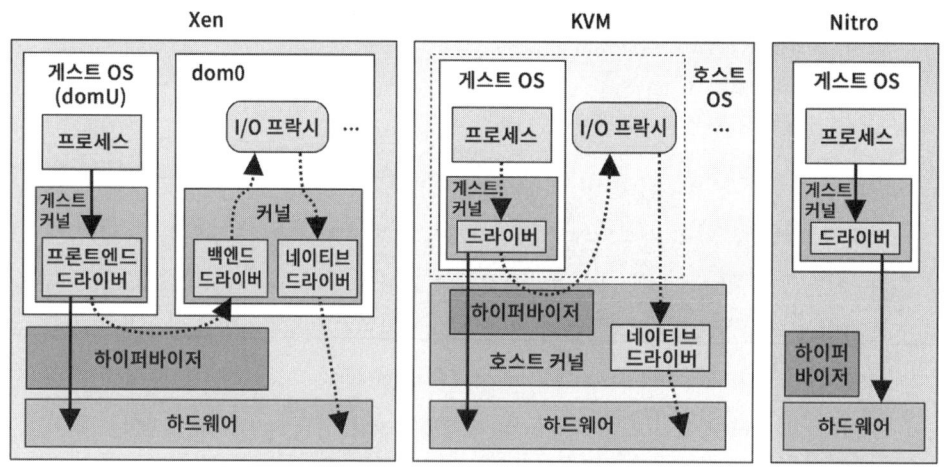

그림 11.7 Xen, KVM, Nitro I/O 경로

위의 그림에서 점선으로 표시된 화살표는 **제어 경로**(control path)를 나타내며, 그 안에서 구성 요소들은 데이터 송신 준비가 되었음을 서로 알립니다. 이 같은 통지는 동기적으로 일어날 수도 있고 비동기적으로 일어날 수도 있습니다. 실선으로 표시된 화살표는 **데이터 경로**(data path)를 의미하는데, 이 경로는 공유 메모리나 링 버퍼로 구현되기도 합니다. Nitro에 대한 제어 경로는 표시되지 않았는데, 이는 하드웨어에 직접 접근할 때 사용하는 데이터 경로와 동일한 경로를 사용하기 때문입니다.

Xen과 KVM을 구성하는 다른 방법들도 있지만, 위 그림에는 표시되어 있지 않습니다. 이 그림에서는 I/O 프락시 프로세스(일반적으로는 QEMU 소프트웨어)를 사용하는 Xen과 KVM 구성을 보여주고 있는데, 여기서 I/O 프락시는 게스트 VM별로 생성됩니다. 이와는 반대로 SR-IOV을 사용하도록 Xen과 KVM을 구성하는 것도 가능한데, 이러한 구성에서는 게스트 VM이 하드웨어에 직접 접근할 수 있게 됩니다(그림 11.7의 Xen과 KVM에는 표시되어 있지 않습니다). Nitro에서는 I/O 프락시를 사용하지 않기 위해, 이러한 하드웨어 지원을 대신 사용합니다.

Xen은 I/O 성능을 향상시키기 위해 **장치 채널**(device channel)이라는 것을 사용하는데, 이것은 dom0과 게스트 도메인(domU) 사이에서 비동기적으로 데이터를 전송하기 위한 공유 메모리 기반의 채널입니다. 이를 사용하면 도메인 사이에서 I/O 데이터를 전달할 때 추가 복사를 수행하지 않기 때문에 CPU와 버스 오버헤드를 줄일 수 있게 됩니다. 또한 11.2.3절 "리소스 제어"에서 설명하는 것처럼 I/O 수행을 위한 별도의 도메인을 사용할 수도 있습니다.

제어와 데이터라는 양 측면에서, I/O가 거쳐가는 과정에 있는 단계의 개수는 성능에 결정적인 영향을 주는데, 적을수록 더 좋습니다. 2006년, KVM 개발자들은 Xen 같은 특권 게스트 시스템을 KVM과 비교한 결과 KVM이 반 정도의 단계로 I/O를 수행하는 것을 발견했습니다(KVM 5단계 대 Xen 10단계, 하지만 이때 진행된 테스트는 반가상화 없이 수행되었기 때문에 최신 가상화 구성을 반영하고 있지는 않았습니다).[Qumranet 06]

Nitro 하이퍼바이저가 별도의 I/O 단계를 제거하는데 성공하였기 때문에, 필자는 모든 대형 클라우드 프로바이더들이 Nitro를 뒤따라 I/O 프락시를 없애기 위해 하드웨어 지원을 사용하리라 예상합니다.

멀티테넌트 경쟁

하이퍼바이저 구성 및 테넌트 간에 얼마나 많은 CPU와 CPU 캐시가 공유되고 있는지에 따라, 다른 테넌트가 유발하는 빼앗긴(stolen) CPU 시간과 CPU 캐시 오염(cache pollution) 문제가 발생할 수 있으며, 이로 인해 성능이 저하됩니다. 이는 일반적으로 VM보다 컨테이너 쪽에 큰 문제가 되는데, 컨테이너들이 CPU 버스팅을 고려하기 위해 그런 공유 방식을 선택하기 때문입니다.

하이퍼바이서 구성에 따라서는 I/O를 수행하는 다른 테넌트로 인해 실행이 인터럽트 받을 수도 있습니다.

리소스 경쟁 문제는 '리소스 제어'를 통해 해결할 수 있습니다.

11.2.3 리소스 제어

게스트 설정의 일부로 CPU와 메인 메모리에 리소스 제한을 적용하는 것이 일반적입니다. 하이퍼바이저 소프트웨어는 네트워크나 디스크 I/O에도 자원 제어 기능을 제공할 수 있습니다.

KVM 같은 하이퍼바이저에서는 물리적 리소스를 궁극적으로 호스트 OS가 제어하며, 하이퍼바이저가 제공하는 리소스 제어 외에도 호스트 OS에서 사용할 수 있는 리소스 제어(리눅스의 경우에는 cgroups, tasksets 등)를 게스트에도 적용할 수 있습니다. 11.3절 "OS 가상화"에 호스트 OS에서 사용할 수 있는 리소스 제어에 대한 더 많은 내용이 담겨 있습니다. 이어지는 절에서는 Xen과 KVM의 리소스 제어를 예로 들어 설명합니다.

CPU

CPU 리소스는 보통 게스트에 가상 CPU(vCPU) 형태로 할당되며, 이후 하이퍼바이저가 이를 스케줄링합니다. 할당된 vCPU 개수는 CPU 리소스 사용량을 대략적으로 제한합니다.

Xen의 경우, 하이퍼바이저 CPU 스케줄러를 통해 게스트별 CPU 할당량을 세부적으로 조정할 수 있습니다. Xen에서 사용할 수 있는 CPU 스케줄러의 종류는 다음과 같습니다.[Cherkasova 07][Matthews 08]

- 가상 시간 대여(Borrowed virtual time, BVT): 가상 시간 할당에 기반한 공정 분배(fair-share) 스케줄러로, 실시간 및 대화형 애플리케이션의 지연을 줄이기 위해 필요할 때 가상 시간을 일시적으로 앞당겨 우선 실행되도록 합니다.
- 단순 최소 마감시간 우선(Simple earliest deadline first, SEDF): 실행시간 보장을 설정할 수 있는 실시간 스케줄러로, 마감시간이 가장 빠른 작업에 우선순위를 부여합니다.
- 크레딧 기반(Credit-based): 여러 CPU 간의 부하 분산을 제공하며, CPU 사용 한도와 우선순위(**가중치(weights)**)를 지원합니다.

KVM에서는 호스트 OS가 제공하는 기능으로 CPU 할당량을 미세하게 지정할 수 있는데, 가령 앞서 설명한 호스트 커널의 **공정 분배 스케줄러(CFS)**를 사용할 수 있습니다. 리눅스에서는 cgroup CPU 대역폭 제어를 사용해 CPU 할당량을 조절할 수 있습니다.

두 기술 모두 게스트 내부의 우선순위를 하이퍼바이저가 그대로 반영하기에는 한계가 있습니다. 보통 하이퍼바이저에서는 게스트의 CPU 사용 상태를 세밀하게 파악하기 어렵고, 게스트 내 커널 스레드의 우선순위도 대체로 관찰되거나 반영되지 않습니다. 예를 들어 한 게스트의 우선순위가 낮은 로그 관리(logrotate) 데몬과 다른 게스트의 중요한 애플리케이션 서버가 동일한 하이퍼바이저 우선순위로 취급될 수 있습니다.

Xen의 경우 I/O 워크로드가 높은 경우 CPU 리소스 사용을 집계하기가 복잡해지는데, dom0에서 추가 CPU 리소스를 소모하기 때문입니다. 게스트 도메인의 백엔드 드라이버와 I/O 프락시만으로도 도메인에 할당된 CPU 자원의 양보다 더 많은 CPU를 소비할 수도 있지만, 이러한 CPU 사용은 집계되지 않습니다.[Cherkasova 05] 이를 해결하는 방법으로는 드라이버 도메인을 따로 분리하는(isolated driver domain, IDD) 방식이 있는데, 여기서는 I/O 서비스를 보안과 성능 분리 그리고 사용량 집계 목적으로 분리합니다. 그림 11.8에는 이러한 내용이 설명되어 있습니다.

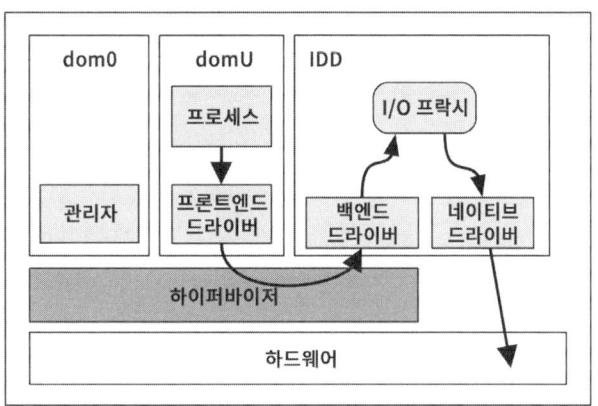

그림 11.8 분리 드라이버 도메인이 있는 Xen

이처럼 분리된 드라이버 도메인(IDD)의 CPU 사용량을 모니터링하고, 이를 바탕으로 각 게스트 도메인에 사용량을 공정하게 청구할 수 있습니다. [Gupta 06]에 따르면 다음과 같습니다.

> 우리가 수정한 스케줄러인 SEDF-DC(SEDF-Debt Collector)는 주기적으로 Xen-Mon을 통해 IDD가 게스트 도메인의 I/O 처리를 위해 사용한 CPU 소비량을 보고받습니다. 이 정보를 사용해 SEDF-DC는 총 CPU 사용 제한량에 맞춰 게스트 도메인에 대한 CPU 할당을 제한할 수 있습니다.

Xen에서 사용하는 더 최근의 기법은 **스텁 도메인**(stub domains)[11]으로, 작은 OS를 실행합니다.

CPU 캐시

vCPU들의 할당과는 별개로, CPU 캐시 사용률은 인텔 캐시 할당 기술(cache allocation technology, CAT)을 사용해서 조절할 수 있습니다. 이 기술은 마지막 레벨 캐시(LLC)를 게스트별로 분할하고, 분할된 캐시를 공유하도록 설정합니다. 이를 통해 한 게스트가 다른 게스트의 캐시를 오염시키지 않도록 할 수 있지만, 캐시 사용량을 제한함으로써 성능 저하가 발생할 수 있습니다.[12]

메모리 용량

게스트를 구성할 때 메모리가 제한되도록 설정하면, 게스트는 설정된 제한만큼의 메모리만 사용할 수 있습니다. 이 제한된 환경에서 게스트 커널은 페이징이나 스와핑 작업을 통해 메모리를 효율적으로 관리합니다.

이처럼 정적인 메모리 설정에 유연성을 더하기 위해 VMware는 **벌룬 드라이버** (balloon driver)라는 기술을 개발했습니다.[Waldspurger 02] 이 기술은 실행 중인 게스트에 (커널) 벌룬 모듈을 삽입하고, 이 모듈에 "바람을 불어 넣어" 게스트가 사용하는 메모리 일부를 점유하게 만듭니다. 이렇게 확보된 메모리는 하이퍼바이저가 관리하며, 다른 게스트에 재할당될 수 있는 여유 메모리로 활용됩니다. 반대로, 벌룬에서 "바람을 빼는" 과정은 게스트가 점유했던 메모리를 다시 반환받아 사용할 수 있도록 합니다. 이 모든 과정이 진행되는 동안, 게스트 커널은 평소처럼 메모리 관리 루틴(예: 페이징)을 실행하며 정상적으로 동작합니다. VMware, Xen, KVM 모두 벌룬 드라이버를 지원합니다.[13]

---

11 (옮긴이) 원래 Dom0에는 물리 장치/드라이버(백엔드)와 QEMU(Quick Emulator) 장치 에뮬레이터가 함께 있었고, 여기서 물리 I/O만 분리한 것이 IDD, QEMU만 분리한 것이 Stub Domain입니다. IDD는 실제 장치 I/O를 중계하는 백엔드 역할을 하며, Stub Domain은 게스트(특히 HVM)에게 QEMU를 통해 가상 장치를 제공합니다.

12 (옮긴이) 인텔 CAT은 하드웨어 기반 LLC 분할 기능으로, KVM과 Xen 모두에서 사용할 수 있습니다. 이에 대응하는 소프트웨어 기반 분할 방식으로 Xen의 Cache Coloring이 있으며, 현재 ARM64만 지원됩니다.

13 (옮긴이) 예를 들어, 호스트 메모리가 총 4GB이고 VM에 3GB를 할당했다고 가정해봅시다. 초기에는 VM이 메모리를 전부 사용하지 않기 때문에(lazy allocation, 지연 할당), 호스트에서는 이 3GB가 여전히 사용 가능 상태로 표시됩니다. 그러나 VM에서 애플리케이션이 메모리를 사용하기 시작하면, 호스트에서도 이 3GB가 사용 중인 것으로 나타납니다. 이후 애플리케이션이 종료되더라도 VM 내부의 페이지 캐시와 같은 비활성 메모리가 여전히 공간을 차지하고 있어, 호스트에서는 해당 메모리가 계속 사용 중으로 보일 수 있습니다. 벌룬 드라이버는 이러한 비활성 메모리를 게스트 내부에서 강제로 회수하여, 호스트가 이를 다시 사용할 수 있도록 해줍니다.

벌룬 드라이버를 사용 중인 경우(게스트 dmesg(1)의 출력 결과에서 'balloon'을 찾으면서 확인), 필자는 벌룬 드라이버에 의해 유발되는 성능 이슈에 주의를 기울이게 됩니다.

파일 시스템 용량

게스트는 호스트에서 가상 디스크 볼륨을 제공받습니다. KVM과 같은 하이퍼바이저에서는 OS가 생성한 소프트웨어 기반의 가상 볼륨을 활용하며 필요에 따라 크기를 지정할 수 있습니다. 예를 들어 ZFS 파일 시스템을 사용하면 원하는 크기로 손쉽게 가상 볼륨을 설정할 수 있습니다.

장치 I/O

하드웨어 가상화 소프트웨어가 제공하는 리소스 제어는 역사적으로 CPU 사용 제어에 초점이 맞춰져 있었으며, 이를 통해 I/O 사용을 간접적으로 조절할 수 있었습니다. 그러나 CPU만으로는 네트워크와 같은 특정 I/O 자원을 충분히 제어하기 어렵습니다.

이 때문에 네트워크 스루풋은 외부 전용 장치를 통해 제한하거나, KVM과 같은 하이퍼바이저에서는 호스트 커널 기능을 이용해 직접 제어합니다. 예를 들어 리눅스는 qdisc뿐 아니라 cgroup 기반의 네트워크 대역폭 제어 기능을 제공하며, 이는 게스트 가상 네트워크 인터페이스에도 적용할 수 있습니다.

또한 Xen 환경에서도 네트워크 성능 격리에 관한 연구가 진행되었으며, 그 결과 다음과 같은 결론이 도출되었습니다.[Adamczyk 12]

> ...네트워크 가상화를 고려했을 때 Xen의 약점은 제대로 된 성능 분리가 부족하다는 데 있습니다.

[Adamczyk 12]의 저자는 Xen 네트워크 I/O 스케줄링을 위한 해법을 제안했습니다. 이 해법에서는 네트워크 I/O 우선순위와 속도를 지정하는 튜닝 가능 파라미터를 추가합니다. Xen을 사용 중이라면, 여러분의 환경에서 이 파라미터나 비슷한 기법을 사용할 수 있는지 살펴보세요.

하드웨어 가속 기반 하이퍼바이저[14](예: Nitro)에서는 I/O 제한 기능을 하드웨어

---

14 (옮긴이) 하이퍼바이저가 수행하던 다양한 기능들(예: 네트워크 I/O 처리, 스토리지 접근, 암호화 연산, I/O 제한 등)을 전용 하드웨어로 오프로딩(offloading)하는 구조를 말합니다. 아마존 Nitro 시스템은 네트워크, 스토리지, 보안 기능 등을 각각 전용 컨트롤러(Nitro Card)에 분산시켜 처리함으로써 성능을 향상시킵니다.

나 외부 장치에서 직접 지원할 수 있습니다. 예를 들어, 아마존 EC2 클라우드에서는 네트워크 I/O나 디스크 I/O(네트워크에 연결된 장치, 예: SAN)가 외부 시스템에 의해 사용량이 조절됩니다(주로 쿼터(quota)에 따라 제어).

11.2.4 관측가능성

가상화 시스템에서 무엇을 관찰할 수 있는지는 하이퍼바이저의 종류와 관찰 도구가 실행되는 위치에 따라 달라집니다. 일반적으로는 다음과 같습니다.

- 특권 게스트(Xen)나 호스트(KVM): 모든 물리적 리소스는 이전 장들에서 다룬 표준 OS 도구를 사용해 관찰할 수 있습니다. 게스트 I/O는 I/O 프락시를 사용 중인 경우 해당 프락시를 분석함으로써 관찰할 수 있습니다. 게스트별 자원 사용 통계는 하이퍼바이저를 통해서 확인할 수 있지만, 프로세스 등 게스트 내부는 직접 관찰할 수 없습니다. 장치가 패스스루(pass-through)나 SR-IOV를 사용 중이라면 몇몇 I/O는 관찰할 수 없을 수 있습니다.
- 하드웨어 지원 호스트(Nitro): SR-IOV를 사용하는 경우, 게스트가 하드웨어에 직접 접근하기 때문에 하이퍼바이저에서 장치 I/O를 관찰하기가 더 어려워집니다. 게스트가 프락시나 호스트 커널을 거치지 않기 때문에 일반적인 경로에서 수집되는 I/O 통계로는 확인이 어려울 것입니다. (참고로 아마존 Nitro 하이퍼바이저에서 관찰을 어떻게 수행하는지는 공개되지 않았습니다.)
- 게스트: 게스트 내부에서는 가상화된 자원과 해당 자원의 사용량은 확인할 수 있지만, 물리적 리소스에 대한 정보는 확인할 수 없습니다. VM은 자체의 전용 커널을 가지고 있기 때문에 커널 내부를 분석할 수 있으며, 커널 트레이싱 도구 모두를 사용할 수 있습니다(BPF 도구 포함).

특권 게스트나 호스트(Xen 또는 KVM 하이퍼바이저)에서는 물리적 리소스의 사용률, 포화도, 오류, IOPS, 스루풋, I/O 유형 등을 전반적으로 관찰할 수 있습니다. 이러한 요소는 사용량이 많은 사용자를 파악하기 위해 보통 게스트별로 측정하게 됩니다. 그러나 특권 게스트나 호스트에서는 어떤 게스트 프로세스가 I/O를 수행하고 있는지와 해당 애플리케이션의 호출 스택이 어떤지를 직접 관찰할 수 없습니다. 이를 관찰하려면 (SSH처럼 게스트에 로그인할 수 있는 방법이 있고, 적절한 권한을 받았다는 가정하에) 게스트로 로그인해서 게스트 OS가 제공하는 관찰 도구를 사용해야 합니다.

패스스루 또는 SR-IOV를 사용하고 있다면, 게스트는 하이퍼바이저를 거치지 않고 하드웨어에 직접 I/O 요청을 수행합니다. 이로 인해 하이퍼바이저의 I/O 경로에서 통계가 수집되지 않으며, iostat(1) 같은 도구에서도 I/O 정보가 보이지 않을 수 있습니다. 가능한 해결책 하나는 PMC를 사용해서 I/O 관련 카운터를 확인하고 이를 통해 I/O를 추론하는 것입니다.

게스트 성능 문제의 원인을 파악하려면 클라우드 관리자가 하이퍼바이저와 게스트에 동시에 로그인해서 관측가능성 도구를 실행해야 할 수도 있습니다. I/O 경로를 트레이싱하는 작업은 여러 단계가 얽혀 있어 복잡하며, 필요하다면 하이퍼바이저 내부나 I/O 프락시까지 분석해야 할 수도 있습니다.

게스트에서는 물리적 리소스를 아마도 전혀 관찰할 수 없을 것입니다. 그래서 게스트를 사용하는 고객은 알 수 없는 성능 문제를 경험할 경우, 확신이 서지는 않지만, 테넌트와의 리소스 경합(시끄러운 이웃)으로 유발된 문제 탓으로 돌리게 될지 모릅니다. 클라우드 고객들에게 심리적 안정을 주려면(그리고 고객들이 서포트 티켓 요청을 덜 하게 하려면) 물리적 리소스 사용 정보를 다른 방식으로 알려줄 수도 있습니다(해당 게스트 부분만 편집해 제공해야 할 것입니다). 예를 들어 SNMP나 클라우드 API를 통해 전달할 수 있습니다.

컨테이너의 성능을 더 쉽게 관찰하고 이해할 수 있도록 하기 위해 컨테이너 환경을 그래프, 대시보드, 방향 그래프(directed graph, 컨테이너 간 의존관계 보여줌)로 만들어 보여주는 여러 가지 모니터링 솔루션들도 있습니다. 대표적으로는 구글 cAdvisor[Google 20d]와 Cilium Hubble이 있습니다[Cilium 19](두 가지 다 오픈 소스입니다).

다음 절에서는 서로 다른 위치에서 사용할 수 있는 관측가능성 도구를 소개하고, 성능 분석 전략을 설명하겠습니다. 특히 Xen과 KVM을 사용해 가상화 소프트웨어가 제공할 수 있는 정보의 예를 보여드리겠습니다(Nitro는 아마존의 독점 기술이라 여기에 싣지 않습니다).

11.2.4.1 특권 게스트/호스트

모든 시스템 자원(CPU, 메모리, 파일 시스템, 디스크, 네트워크)은 이 책에서 지금까지 다룬 여러 도구를 사용해 관찰할 수 있을 것입니다. 단, I/O 패스스루(pass-through)나 SR-IOV를 이용한 경우는 예외입니다.

Xen

Xen 같은 하이퍼바이저에서는 게스트 vCPU가 하이퍼바이저에 위치하기 때문에, 특권 게스트(dom0)에서 표준 OS 도구를 사용하더라도 이러한 정보를 확인할 수 없습니다. Xen에서는 xentop(1) 도구를 대신 사용할 수 있습니다.

```
# xentop
xentop - 02:01:05   Xen 3.3.2-rc1-xvm
2 domains: 1 running, 1 blocked, 0 paused, 0 crashed, 0 dying, 0 shutdown
Mem: 50321636k total, 12498976k used, 37822660k free    CPUs: 16 @ 2394MHz
      NAME  STATE   CPU(sec) CPU(%)     MEM(k) MEM(%)  MAXMEM(k) MAXMEM(%) VCPUS
NETS
NETTX(k) NETRX(k) VBDS   VBD_OO    VBD_RD    VBD_WR SSID
   Domain-0 -----r   6087972    2.6    9692160   19.3   no limit       n/a    16    0
0        0        0      0         0         0
Doogle_Win --b---    172137    2.0    2105212    4.2    2105344       4.2     1    2
0        0        2      0         0         0
[...]
```

필드는 다음과 같습니다.

- **CPU(%)**: CPU 사용률(여러 CPU 합산)
- **MEM(k)**: 메인 메모리 사용량(Kbytes)
- **MEM(%)**: 시스템 메모리 대비 메인 메모리 사용량 비율
- **MAXMEM(k)**: 메인 메모리 제한 크기(Kbytes)
- **MAXMEM(%)**: 시스템 메모리 대비 메인 메모리 제한 비율
- **VCPUS**: 할당한 VCPU 개수
- **NETS**: 가상 네트워크 인터페이스 개수
- **NETTX(k)**: 네트워크 송신(Kbytes)
- **NETRX(k)**: 네트워크 수신(Kbytes)
- **VBDS**: 가상 블록 장치 개수
- **VBD_OO**: 가상 블록 장치 요청 중 블록되었거나 대기열에 들어간 개수(포화도)
- **VBD_RD**: 가상 블록 장치 읽기 요청 수
- **VBD_WR**: 가상 블록 장치 쓰기 요청 수

xentop(1)은 기본적으로 3초마다 출력을 갱신하며 -d delay_secs 옵션을 통해 갱신 주기를 변경할 수 있습니다.

고급 Xen 분석을 위해서는 xentrace(8) 도구를 사용할 수 있습니다. 이 도구는

하이퍼바이저로부터 고정 이벤트 유형의 로그를 수집하며, 수집한 로그는 xenan-alyze로 분석해 하이퍼바이저의 스케줄링 문제나 CPU 스케줄러의 동작을 확인할 수 있습니다. 또한, Xen의 시스템 단위 프로파일러인 xenoprof는 MMU와 게스트의 동작을 분석하는 데 유용하며, Xen 소스에서 확인할 수 있습니다.

KVM

KVM 같은 하이퍼바이저에서는 게스트 인스턴스를 호스트 OS에서 확인할 수 있습니다. 예를 들면 다음과 같습니다.

```
host$ top
top - 15:27:55 up 26 days, 22:04,  1 user,  load average: 0.26, 0.24, 0.28
Tasks: 499 total,   1 running, 408 sleeping,   2 stopped,   0 zombie
%Cpu(s): 19.9 us,  4.8 sy,  0.0 ni, 74.2 id,  1.1 wa,  0.0 hi,  0.1 si,  0.0 st
KiB Mem : 24422712 total,  6018936 free, 12767036 used,  5636740 buff/cache
KiB Swap: 32460792 total, 31868716 free,   592076 used.  8715220 avail Mem

   PID USER      PR  NI    VIRT    RES    SHR S  %CPU %MEM     TIME+ COMMAND
 24881 libvirt+  20   0 6161864 1.051g  19448 S 171.9  4.5   0:25.88 qemu-system-x86

 21897 root       0 -20       0      0      0 I   2.3  0.0   0:00.47 kworker/u17:8
 23445 root       0 -20       0      0      0 I   2.3  0.0   0:00.24 kworker/u17:7
 15476 root       0 -20       0      0      0 I   2.0  0.0   0:01.23 kworker/u17:2
 23038 root       0 -20       0      0      0 I   2.0  0.0   0:00.28 kworker/u17:0

 22784 root       0 -20       0      0      0 I   1.7  0.0   0:00.36 kworker/u17:1
[...]
```

qemu-system-x86 프로세스는 KVM 게스트를 나타내며, 각 vCPU와 I/O 프락시에 대한 스레드가 여기에 포함됩니다. 게스트의 총 CPU 사용량은 앞의 top(1) 명령어로 확인할 수 있으며, vCPU별 사용량은 다른 도구를 사용해 검토할 수 있습니다. 예를 들어, pidstat(1)을 사용하면 다음과 같은 결과를 확인할 수 있습니다.

```
host$ pidstat -tp 24881 1
03:40:44 PM   UID  TGID    TID  %usr %system %guest %wait  %CPU CPU Command
03:40:45 PM 64055 24881      - 17.00   17.00 147.00  0.00 181.00   0 qemu-system-x86
03:40:45 PM 64055     - 24881  9.00    5.00   0.00  0.00  14.00   0 |__qemu-system-x86
03:40:45 PM 64055     - 24889  0.00    0.00   0.00  0.00   0.00   6 |__qemu-system-x86
03:40:45 PM 64055     - 24897  1.00    3.00  69.00  1.00  73.00   4 |__CPU 0/KVM
03:40:45 PM 64055     - 24899  1.00    4.00  79.00  0.00  84.00   5 |__CPU 1/KVM
03:40:45 PM 64055     - 24901  0.00    0.00   0.00  0.00   0.00   2 |__vnc_worker
03:40:45 PM 64055     - 25811  0.00    0.00   0.00  0.00   0.00   7 |__worker
03:40:45 PM 64055     - 25812  0.00    0.00   0.00  0.00   0.00   6 |__worker
[...]
```

이 출력 결과는 이름이 CPU 0/KVM 및 CPU 1/KVM인 CPU 스레드가 각각 73%와 84%의 CPU를 사용하고 있음을 보여줍니다.

여기서는 게스트의 이름이 출력되지 않았는데, 게스트 인스턴스의 이름은 ps 명령어의 옵션(`ps -wwfp PID`)을 통해 qemu 프로세스만을 필터링한 뒤, 해당 qemu 프로세스의 -name 옵션 필드를 통해 확인할 수 있습니다.

분석에서 중요한 또 다른 분야는 게스트 vCPU exit입니다. 발생한 exit의 유형을 확인해 보면 게스트가 어떤 일을 하고 있는지 파악할 수 있습니다. 즉, 어떤 vCPU가 유휴 상태인지, I/O를 수행 중인지, 계산을 수행 중인지 등을 알 수 있습니다. 리눅스에서는 perf(1) kvm 하위 명령어를 통해 KVM exit에 대한 고급 통계를 확인할 수 있습니다. 예를 들면 다음과 같습니다.

```
host# perf kvm stat live
11:12:07.687968

Analyze events for all VMs, all VCPUs:

             VM-EXIT    Samples  Samples%     Time%    Min Time      Max Time      Avg time

           MSR_WRITE       1668    68.90%     0.28%      0.67us       31.74us      3.25us ( +-   2.20% )
                 HLT        466    19.25%    99.63%      2.61us   100512.98us   4160.68us ( +-  14.77% )
     PREEMPTION_TIMER        112     4.63%     0.03%      2.53us       10.42us      4.71us ( +-   2.68% )
    PENDING_INTERRUPT         82     3.39%     0.01%      0.92us       18.95us      3.44us ( +-   6.23% )
   EXTERNAL_INTERRUPT         53     2.19%     0.01%      0.82us        7.46us      3.22us ( +-   6.57% )
       IO_INSTRUCTION         37     1.53%     0.04%      5.36us       84.88us     19.97us ( +-  11.87% )
             MSR_READ          2     0.08%     0.00%      3.33us        4.80us      4.07us ( +-  18.05% )
         EPT_MISCONFIG         1     0.04%     0.00%     19.94us       19.94us     19.94us ( +-   0.00% )
Total Samples:2421, Total events handled time:1946040.48us.
[...]
```

이 사례는 가상 머신 exit에 대한 이유와, 각 이유에 대한 통계를 보여줍니다. 위의 출력 결과에서 가장 시간이 긴 exit은 HLT(halt)에 대한 것으로, 이는 가상 CPU들이 유휴 상태로 진입하고 있음을 보여줍니다. 각 열에 대한 설명은 다음과 같습니다.

- VM-EXIT: exit 유형

- Samples: 트레이싱하는 동안 exit 횟수

- Samples%: 전체 exit 중 해당 유형의 비율

- Time%: 전체 시간 중 해당 exit에 소요된 비율

- Min Time: 최소 exit 시간

- Max Time: 최대 exit 시간
- Avg time: 평균 exit 시간

관리자가 직접 게스트 가상 머신 내부를 들여다 보는 게 쉽지는 않겠지만 exit 정보를 살펴보면 하드웨어 가상화의 오버헤드가 테넌트에 어떻게 영향을 주는지 파악할 수 있습니다. exit 횟수가 낮고 그중 상당한 비율이 HLT라면 게스트 CPU가 대부분 유휴 상태임을 알 수 있습니다. 반면 I/O 연산의 횟수가 많고 게스트에 발생한 인터럽트가 많고 인터럽트 삽입도 많다면 게스트가 가상 NIC나 디스크 등에 대해 I/O를 수행하고 있을 가능성이 높습니다. 고급 수준의 KVM 분석에서는 활용할 수 있는 tracepoint가 아주 많습니다.

```
host# perf list | grep kvm
  kvm:kvm_ack_irq                                    [Tracepoint event]
  kvm:kvm_age_page                                   [Tracepoint event]
  kvm:kvm_apic                                       [Tracepoint event]
  kvm:kvm_apic_accept_irq                            [Tracepoint event]
  kvm:kvm_apic_ipi                                   [Tracepoint event]
  kvm:kvm_async_pf_completed                         [Tracepoint event]
  kvm:kvm_async_pf_doublefault                       [Tracepoint event]
  kvm:kvm_async_pf_not_present                       [Tracepoint event]
  kvm:kvm_async_pf_ready                             [Tracepoint event]
  kvm:kvm_avic_incomplete_ipi                        [Tracepoint event]
  kvm:kvm_avic_unaccelerated_access                  [Tracepoint event]
  kvm:kvm_cpuid                                      [Tracepoint event]
  kvm:kvm_cr                                         [Tracepoint event]
  kvm:kvm_emulate_insn                               [Tracepoint event]
  kvm:kvm_enter_smm                                  [Tracepoint event]
  kvm:kvm_entry                                      [Tracepoint event]
  kvm:kvm_eoi                                        [Tracepoint event]
  kvm:kvm_exit                                       [Tracepoint event]
[...]
```

특히 흥미로운 tracepoint는 kvm:kvm_exit(앞에서 다룸)와 kvm:kvm_entry입니다. kvm:kvm_exit tracepoint의 인자는 bpftrace를 사용해 다음과 같이 확인할 수 있습니다.

```
host# bpftrace -lv t:kvm:kvm_exit
tracepoint:kvm:kvm_exit
    unsigned int exit_reason;
    unsigned long guest_rip;
    u32 isa;
    u64 info1;
    u64 info2;
```

kvm_exit은 exit_reason(exit 이유), guest_rip(게스트 리턴 명령어 포인터) 및 기타 세부사항을 알려 줍니다. 이 tracepoint는 kvm:kvm_entry와 함께 사용하여 KVM 게스트의 진입 시점(즉, exit 종료 시점)과 exit 이유를 확인할 수 있으며, exit 지속 시간을 측정하는 데 유용합니다. 필자는 exit 이유를 히스토그램으로 시각화하는 bpftrace 도구 kvmexits.bt를 개발했고, 이를 필자의 책 《BPF 성능 분석 도구》[Gregg 19]에 담았습니다(이 도구는 오픈 소스로 제공되며, 온라인에서도 확인할 수 있습니다[Gregg 19e]). 다음은 샘플 출력 결과입니다.

```
host# kvmexits.bt
Attaching 4 probes...
Tracing KVM exits. Ctrl-C to end
^C
[...]

@exit_ns[30, IO_INSTRUCTION]:
[1K, 2K)              1 |                                                    |
[2K, 4K)             12 |@@@                                                 |
[4K, 8K)             71 |@@@@@@@@@@@@@@@@@@                                  |
[8K, 16K)           198 |@@@@@@@@@@@@@@@@@@@@@@@@@@@@@@@@@@@@@@@@@@@@@@@@@@@@|
[16K, 32K)          129 |@@@@@@@@@@@@@@@@@@@@@@@@@@@@@@@@@                   |
[32K, 64K)           94 |@@@@@@@@@@@@@@@@@@@@@@@@                            |
[64K, 128K)          37 |@@@@@@@@@                                           |
[128K, 256K)         12 |@@@                                                 |
[256K, 512K)         23 |@@@@@@                                              |
[512K, 1M)            2 |                                                    |
[1M, 2M)              0 |                                                    |
[2M, 4M)              1 |                                                    |
[4M, 8M)              2 |                                                    |

@exit_ns[48, EPT_VIOLATION]:
[512, 1K)          6160 |@@@@@@@@@@@@@@@@@@@@@@@@@@@@@@@@@@@@@@@@@           |
[1K, 2K)           6885 |@@@@@@@@@@@@@@@@@@@@@@@@@@@@@@@@@@@@@@@@@@@@@       |
[2K, 4K)           7686 |@@@@@@@@@@@@@@@@@@@@@@@@@@@@@@@@@@@@@@@@@@@@@@@@@@@@|
[4K, 8K)           2220 |@@@@@@@@@@@@@@                                      |
[8K, 16K)           582 |@@@                                                 |
[16K, 32K)          244 |@                                                   |
[32K, 64K)           47 |                                                    |
[64K, 128K)           3 |                                                    |
```

이 출력 결과에는 각 exit에 대한 히스토그램이 들어 있는데, 여기에는 두 개만 수록했습니다. IO_INSTRUCTION exit의 경우 대부분 512us 미만이 소요되고 있으며, 일부 극단값은 2~8ms까지 걸렸습니다.

고급 분석의 또 다른 사례는 CR3 레지스터의 값을 프로파일링하는 것입니다. 게스트의 모든 프로세스는 각기 다른 주소 공간과 가상-물리 메모리 변환을 위한 페이지 테이블을 가지고 있으며, 이 페이지 테이블의 루트는 CR3 레지스터에 저장됩니다. 호스트에서 CR3 레지스터를 샘플링하면(예: bpftrace 사용) 현재 게스트에서 단일 프로세스만이 실행 중인지(동일한 CR3 값) 아니면 여러 프로세스 간 스위칭이 이루어지고 있는지(여러 CR3 값)를 확인할 수 있습니다.

더 많은 정보를 얻으려면 게스트에 직접 로그인해야 합니다.

11.2.4.2 게스트

하드웨어가 가상화된 게스트 환경에서는, 기본적으로 가상 장치만을 볼 수 있습니다(패스스루/SR-IOV가 사용되지 않은 경우). 확인할 수 있는 정보에는 CPU도 있는데, 게스트에 할당된 vCPU를 확인할 수 있습니다. 예를 들어 mpstat(1)을 사용해 KVM 게스트의 CPU 상태를 살펴보면 다음과 같습니다.

```
kvm-guest$ mpstat -P ALL 1
Linux 4.15.0-91-generic (ubuntu0)    03/22/2020    _x86_64_    (2 CPU)

10:51:34 PM CPU    %usr %nice   %sys %iowait   %irq %soft %steal %guest %gnice  %idle
10:51:35 PM all   14.95  0.00  35.57    0.00   0.00  0.00   0.00   0.00   0.00  49.48
10:51:35 PM   0   11.34  0.00  28.87    0.00   0.00  0.00   0.00   0.00   0.00  59.79
10:51:35 PM   1   17.71  0.00  42.71    0.00   0.00  0.00   0.00   0.00   0.00  39.58
10:51:35 PM CPU    %usr %nice   %sys %iowait   %irq %soft %steal %guest %gnice  %idle
10:51:36 PM all   11.56  0.00  37.19    0.00   0.00  0.00   0.50   0.00   0.00  50.75
10:51:36 PM   0    8.05  0.00  22.99    0.00   0.00  0.00   0.00   0.00   0.00  68.97
10:51:36 PM   1   15.04  0.00  48.67    0.00   0.00  0.00   0.00   0.00   0.00  36.28
[...]
```

이 출력 결과에선 두 개의 게스트 CPU 상태를 확인할 수 있습니다.

리눅스 vmstat(8) 명령어에는 빼앗긴(stolen) CPU 시간을 퍼센트로 보여주는 열이 있는데, 이는 가상화를 고려한 몇 없는 통계 지표 중 하나입니다. 이 'st' 칼럼은 게스트가 사용할 수 없었던(stolen) CPU 시간을 뜻하며, 이는 다른 테넌트의 작업이나 하이퍼바이저의 기능(게스트 I/O 처리, 또는 인스턴스 유형에 따른 스로틀링) 등에 의해 소모되었을 가능성이 있습니다.

```
xen-guest$ vmstat 1
procs -----------memory---------- ---swap-- -----io---- --system-- ------cpu-----
 r  b   swpd   free   buff  cache   si   so    bi    bo   in   cs us sy id wa st
 1  0      0 107500 141348 301680    0    0     0     0 1006    9 99  0  0  0  1
 1  0      0 107500 141348 301680    0    0     0     0 1006   11 97  0  0  0  3
```

```
 1  0      0 107500 141348 301680      0    0    0    0  978    9  95  0  0  0   5
 3  0      0 107500 141348 301680      0    0    0    4  912   15  99  0  0  0   1
 2  0      0 107500 141348 301680      0    0    0    0   33    7   3  0  0  0  97
 2  0      0 107500 141348 301680      0    0    0    0   34    6 100  0  0  0   0
 5  0      0 107500 141348 301680      0    0    0    0   35    7   1  0  0  0  99
 2  0      0 107500 141348 301680      0    0    0   48   38   16   2  0  0  0  98
[...]
```

이 예제는 공격적인 CPU 제한 정책이 적용된 Xen 게스트를 대상으로 한 테스트입니다. 첫 4초 동안에는 게스트가 90% 이상의 CPU 시간을 사용자 모드에서 사용하며, 약간의 CPU 시간만 빼앗겼습니다. 그러나 이후부터는 상황이 급격히 변하며, 대부분의 CPU 시간을 하이퍼바이저나 다른 테넌트가 가져가게 됩니다.

CPU 사용량을 더욱 세부적으로, 즉 사이클 단위로 분석하려면 하드웨어 카운터(4.3.9절 "하드웨어 카운터 (PMC)" 참고)가 필요한 상황이 많습니다. 다만 게스트 환경에서 PMC는 사용할 수 있을 수도 있고 그렇지 못할 수도 있는데, 하이퍼바이저 구성에 따라 달라집니다. 예를 들어 Xen에서는 게스트의 PMC 사용을 지원하는 가상 성능 모니터링 유닛(virtual performance monitoring unit, vpmu)을 제공하며, 어떤 PMC를 허용할지 지정하는 튜닝 옵션이 있습니다.[Gregg 17f]

디스크와 네트워크 장치가 가상화되어 있기 때문에 **지연시간(latency)**은 중요한 분석 지표로 간주됩니다. 지연시간은 가상화 기술, 리소스 제한, 그리고 다른 테넌트의 영향을 받아 장치가 어떻게 응답하는지를 보여줍니다. 반면, 작동 시간 비율(Percent Busy)과 같은 지표는 실제 장치의 구성과 특성을 정확히 알지 못하면 해석하기 어렵습니다.

perf(1), Ftrace 및 BPF와 같은 커널 트레이싱 도구를 사용하면 장치 지연을 세부적으로 검토할 수 있습니다(13장, 14장, 15장). 다행히도 이들 도구는 게스트 환경에서도 잘 동작하는데, 이는 게스트가 전용 커널을 사용하고 루트 사용자가 커널 전체에 접근할 수 있기 때문입니다. 다음은 BPF 도구 biosnoop(8)을 KVM 게스트에서 실행한 결과입니다.

```
kvm-guest# biosnoop
TIME(s)         COMM           PID   DISK    T  SECTOR     BYTES    LAT(ms)
0.000000000     systemd-journa 389   vda     W  13103112   4096     3.41
0.001647000     jbd2/vda2-8    319   vda     W  8700872    360448   0.77
0.011814000     jbd2/vda2-8    319   vda     W  8701576    4096     0.20
1.711989000     jbd2/vda2-8    319   vda     W  8701584    20480    0.72
1.718005000     jbd2/vda2-8    319   vda     W  8701624    4096     0.67
[...]
```

이 출력 결과는 가상 디스크 장치 지연을 보여줍니다. 유의할 점은 이들 커널 트레이싱 도구는 컨테이너 환경에서(11.3절 "OS 가상화") 동작하지 않을 수 있다는 점인데, 이러한 경우 사용자는 장치 I/O와 여러 다른 대상을 상세하게 검토할 수 없을 것입니다.

11.2.4.3 전략

앞서의 여러 장에서 물리적 시스템 리소스를 분석하는 기법을 살펴보았습니다. 이렇게 분석한 결과를 가지고 물리적 시스템 관리자는 병목 지점이나 오류를 찾아볼 수 있습니다. 또한, 게스트 시스템에 설정된 리소스 제한도 확인해 볼 필요가 있는데, 게스트가 계속 그 한계에 도달하고 있는지 살펴보고, 필요하면 업그레이드하도록 고객에게 알려주어야 합니다. 다만, 관리자가 게스트 시스템에 로그인하지 않고 확인할 수 있는 정보는 제한적이기 때문에 심각한 성능 문제를 조사하려면 로그인 과정이 필수입니다.[15]

게스트 시스템의 경우에도 앞의 여러 장에서 다룬 자원 분석 도구와 전략을 활용할 수 있습니다. 다만 여기서 다루는 자원은 대부분 가상 자원이라는 점을 고려해야 합니다. 일부 자원은 하이퍼바이저가 만들어 둔 보이지 않는 리소스 제어나 다른 테넌트와의 경합으로 인해 한계 수준까지 끌어올릴 수 없는 경우가 있습니다. 이상적이라면, 클라우드 소프트웨어나 벤더가 고객에게 물리적 자원 사용량을 정리한 정보를 제공해야 고객이 성능 문제를 더 상세히 분석할 수 있습니다. 그러나 이러한 정보가 제공되지 않는 경우에는 I/O 지연시간이나 CPU 스케줄링 지연시간을 분석하여 다른 테넌트와의 경합이나 하이퍼바이저 제약의 영향을 유추해야 합니다. 이러한 지연시간은 시스템 콜 계층이나 게스트 커널에서 측정할 수 있습니다.

필자는 주로 게스트에서 디스크 및 네트워크 리소스 경합 여부를 확인하기 위해 I/O 패턴을 면밀하게 분석합니다. 예를 들어 biosnoop(8)의 출력 결과(앞의 사례를 보세요)를 로깅해서 이를 바탕으로 I/O 시퀀스를 살펴봅니다. 그런 다음 지연시간이 극단적으로 높은 경우가 있는지 확인하며, 그 원인이 I/O 크기(큰 I/O가 더 느림) 때문인지 접근 패턴(예: 쓰기 플리시 뒤에 대기하고 있는 읽기) 때문에 생겼는지, 둘 다 아니라면 물리적 경합이나 장치 문제일 가능성이 큰지 확인합니다.

---

[15] 이 책의 리뷰어 중 한 명은 또 다른 기술이 적용 가능하다며 알려줬는데(추천은 아니라는 점에 유의하세요), 게스트 저장 장치의 스냅숏(암호화되지 않았다면)을 분석할 수 있다는 것입니다. 예를 들어 이전 디스크 I/O 주소의 로그가 있다면, 파일 시스템 상태의 스냅숏을 사용해서 어느 파일에 접근이 이루어졌는지 확인할 수 있습니다.

11.3 OS 가상화

OS 가상화는 운영 체제를 리눅스에서 컨테이너라 부르는 여러 인스턴스로 분할하는 기술입니다. 각 인스턴스는 별도의 게스트 서버처럼 동작하며 호스트와 독립적으로 관리하거나 재부팅 할 수 있습니다. 이러한 기술은 클라우드 사용자에게는 작고 효율적이며 빠르게 부팅할 수 있는 인스턴스를 제공하고, 클라우드 운영자에게는 밀도가 높은 서버를 제공할 수 있습니다. OS 가상화 게스트는 그림 11.9에 그림으로 표현되어 있습니다.

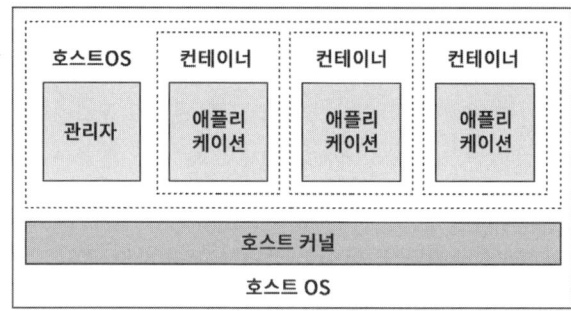

그림 11.9 운영 체제 가상화

이러한 접근 방식의 기원은 유닉스의 chroot(8) 명령에 있습니다. 이 명령은 프로세스가 유닉스 전체 파일 시스템의 하위 트리에만 접근할 수 있도록 격리시킬 수 있습니다(프로세스에서 '/'로 표현되는 최상위 수준 디렉터리를 하위 디렉터리의 특정 위치로 변경합니다). 1998년 FreeBSD는 이를 더 발전시켜서 각각이 별도의 서버처럼 동작하게끔 안전하게 구획할 수 있는 FreeBSD jail을 만들었습니다. 2005년 솔라리스 10은 다양한 리소스 제어를 제공하는 **솔라리스 존**(Solaris Zone)이라는 기능을 추가했습니다. 반면 리눅스는 프로세스 격리 기능을 부분 부분 추가해왔는데, 2002년 리눅스 2.4.19에는 **네임스페이스**(namespaces) 기능이 추가되었으며, 2008년 리눅스 2.6.24에서는 **컨트롤 그룹**(control groups, cgroups)이 추가되었습니다.[Corbet 07a][Corbet 07b][Linux 20m] 이후 네임스페이스와 cgroups가 결합되면서 리눅스 컨테이너가 탄생했습니다. 여기에 더해 컨테이너에는 seccomp-bpf를 활용하여 시스템 콜 접근을 세밀하게 제어하는 기능도 추가되었습니다.

하드웨어 가상화 기술과의 핵심적인 차이는 오직 하나의 커널만 실행한다는 점입니다. 다음은 하드웨어 VM(11.2절 "하드웨어 가상화")과 비교해 컨테이너가 가지는 주요 성능상의 장점입니다.

- 초기화 시간이 짧은데, 일반적으로 ms 수준입니다.
- 게스트 애플리케이션이 할당된 메모리를 모두 사용할 수 있습니다.(별도 커널 없음).
- 파일 시스템 캐시가 하나만 존재합니다. 따라서 호스트와 게스트에서 이중으로 캐시하는 일이 발생하지 않습니다.
- 리소스 공유 제어(cgroups)를 더 세밀하게 설정할 수 잇습니다.
- 호스트 운영자는 게스트 프로세스가 상호작용을 하는 것을 직접 확인할 수 있으므로 성능 문제를 더 잘 관찰할 수 있습니다.
- 컨테이너 환경에선 공통 파일에 대한 메모리 페이지를 공유할 수 있기 때문에, 다른 환경에선 중복으로 사용했을 페이지 캐시 공간을 줄일 뿐더러 히트율을 향상시키게 됩니다.
- CPU가 모두 가상 CPU가 아닌 진짜입니다. 따라서 적응형 뮤텍스 락이 가정한 사항이 모두 성립합니다.

반면 단점도 있습니다.

- 커널 자원(락, 캐시, 버퍼, 큐)에 대한 경합이 늘어납니다.
- 게스트에 입장에서는 성능 관측가능성이 감소하는데, 컨테이너 게스트에서는 일반적으로 커널을 분석할 수 없기 때문입니다.
- 커널 패닉이 일어나면 모든 게스트가 영향을 받습니다.
- 게스트가 커스텀 커널 모듈을 실행할 수 없습니다.
- 게스트가 PGO 커널을 실행할 수 없습니다(3.5.1절 "PGO 커널"을 보세요).
- 게스트가 다른 버전의 커널이나 다른 커널을 실행할 수 없습니다.[16]

특히 첫 번째와 두 번째 단점은 함께 고려할 필요가 있습니다. VM에서 컨테이너로 전환된 게스트는 커널 자원 경합 문제를 더 자주 겪게 될 가능성이 높으며, 동시에 이를 분석할 도구를 잃게 됩니다. 이런 종류의 분석을 수행하려 한다면 호스트 운영자에게 더 많이 의존하게 될 것입니다.

컨테이너를 사용하는데 따르는 성능 외적인 단점은, 컨테이너들이 커널을 공유하기 때문에 보안 측면에서 VM보다 취약할 수 있다는 점입니다.

---

[16] 다른 syscall 인터페이스를 에뮬레이션 해서 다른 OS를 하나의 커널 아래에서 실행시킬 수 있는 기술들이 있지만, 실제로는 성능에 영향을 줍니다. 예를 들어, 이런 에뮬레이션은 일반적으로 가장 기본적인 시스템 콜 함수만을 제공하므로, 고급 함수들은 ENOTSUP(지원되지 않음)을 리턴할 수 있습니다.

이러한 단점들은 경량 가상화를 통해 해결할 수 있지만, 몇 가지 성능상의 이점을 포기해야 할 수도 있습니다. 경량 가상화는 11.4절에서 자세히 다룹니다.

다음 절에서는 리눅스 OS 가상화의 구현, 오버헤드, 리소스 제어 및 관측가능성에 대해 설명합니다.

11.3.1 구현

리눅스 커널에는 컨테이너를 가리킬 수 있는 식별자가 따로 없습니다. 그러나 도커와 같은 사용자 공간 소프트웨어가 **컨테이너**(containers)[17]라 부르는 것을 구현하기 위해 사용되는 namespaces와 cgroups이 있습니다. 컨테이너 구성의 일반적인 예시는 그림 11.10에 도식화되어 있습니다.

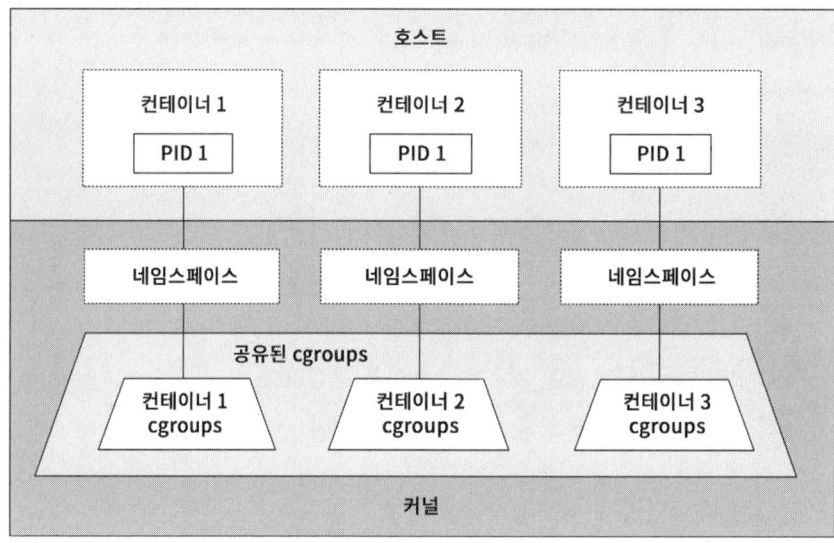

그림 11.10 리눅스 컨테이너

각 컨테이너 안에는 PID가 1인 프로세스가 있지만, 각 컨테이너는 서로 다른 네임스페이스에 속하기 때문에, 이들은 독립적인 프로세스로 동작하며 PID 중복으로 인한 충돌이 발생하지 않습니다.

---

[17] 커널은 struct nsproxy를 통해 프로세스와 네임스페이스를 연결합니다. 이 구조체는 프로세스가 어떤 네임스페이스에 속하는지, 이를 통해 어떻게 컨테이너화 되는지 정의합니다. 따라서 커널 관점에서는 nsproxy가 컨테이너라는 개념을 가장 잘 나타낸다고 할 수 있습니다.

다수의 컨테이너 배포 환경에서 쿠버네티스가 사용되므로, 쿠버네티스의 아키텍처를 그림 11.11에 수록했습니다. 쿠버네티스는 11.1.6절 "오케스트레이션(쿠버네티스)"에서 소개했습니다.

그림 11.11은 쿠버네티스 프락시(Kube Proxy)를 통한 파드 간 네트워크 경로와 CNI로 구성된 컨테이너 네트워킹을 보여줍니다.

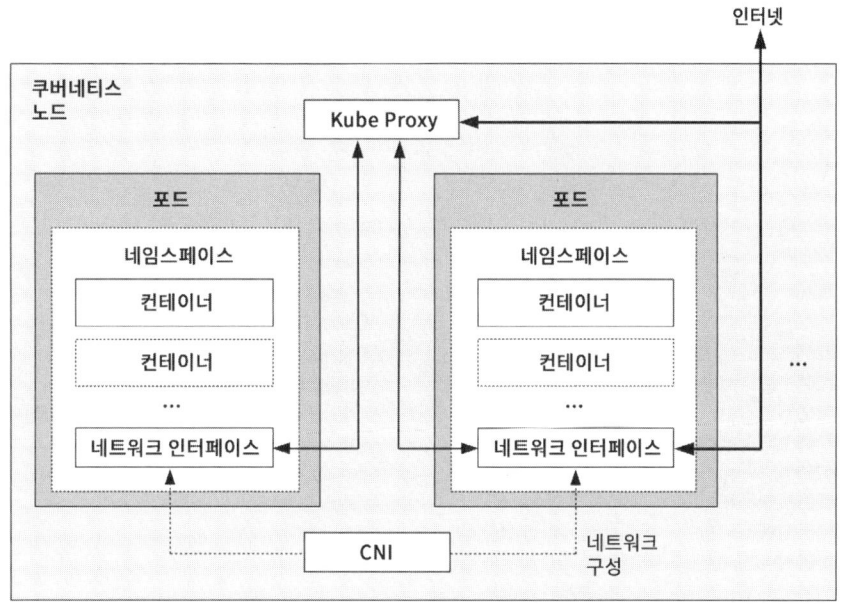

그림 11.11 쿠버네티스 노드

쿠버네티스의 주요 장점 중 하나는 파드(Pod)라는 단위를 통해 동일한 네임스페이스를 공유하는 여러 컨테이너를 쉽게 생성할 수 있다는 점입니다. 이렇게 하면 컨테이너 간 통신 속도를 크게 향상시킬 수 있습니다.

네임스페이스

네임스페이스는 시스템 자원의 가시성을 제한하는 메커니즘으로, 각 컨테이너가 자신에게 할당된 프로세스, 마운트 포인트, 기타 자원들만 볼 수 있도록 필터링합니다. 이 메커니즘은 컨테이너를 다른 컨테이너와 격리하는 핵심 역할을 합니다. 주요 네임스페이스는 표 11.1에 정리되어 있습니다.

표 11.1 리눅스 네임스페이스의 주요 유형

네임스페이스	설명
cgroup	cgroup 가시성(visibility) 제한
ipc	IPC(프로세스 간 통신) 가시성 제한
mnt	파일 시스템 가시성 제한
net	네트워크 스택 격리(인터페이스, 소켓, 경로 등 필터링)
pid	프로세스 가시성 제한(/proc 필터링)
time	컨테이너별로 독립된 시스템 clock 제공
user	사용자 ID 가시성 제한
uts	호스트 가시성 제한(uname(2) 시스템 콜)

시스템에서 현재 사용 중인 네임스페이스는 lsns(8) 명령어로 확인할 수 있습니다.

```
# lsns
        NS TYPE   NPROCS   PID USER    COMMAND
4026531835 cgroup    105     1 root    /sbin/init
4026531836 pid       105     1 root    /sbin/init
4026531837 user      105     1 root    /sbin/init
4026531838 uts       102     1 root    /sbin/init
4026531839 ipc       105     1 root    /sbin/init
4026531840 mnt        98     1 root    /sbin/init
4026531860 mnt         1    19 root    kdevtmpfs
4026531992 net       105     1 root    /sbin/init
4026532166 mnt         1   241 root    /lib/systemd/systemd-udevd
4026532167 uts         1   241 root    /lib/systemd/systemd-udevd
[...]
```

이 lsns(8) 출력 결과는 init 프로세스가 6개의 다른 네임스페이스를 가지고 있음을 보여주는데, 100개가 넘는 프로세스들이 이 네임스페이스들을 사용하고 있습니다.

네임스페이스에 대한 더 자세한 내용은 리눅스 소스 코드의 문서(Documentation/) 또는 매뉴얼 페이지(namespaces(7))에서 참고할 수 있습니다.

컨트롤 그룹

cgroups(컨트롤 그룹)은 자원 사용량을 제한하는 메커니즘으로, 컨테이너 간 자원 경합을 줄이는 데 사용됩니다. 리눅스 커널에는 v1과 v2[18] 두 가지 버전의 cgroup이 있는데, 쿠버네티스와 같은 많은 프로젝트가 여전히 v1을 사용하고 있습니다.[19]

---

[18] v1과 v2의 일부분을 함께 사용하는 혼합 모드 설정도 있습니다.
[19] (옮긴이) Kubernetes v1.25부터 cgroup v2를 정식으로 지원(general availability, GA)하고 있습니다

표 11.2에는 주요 cgroup 유형들이 정리되어 있습니다(cgroups v1 포함).

표 11.2 리눅스 주요 cgroups 유형

cgroup	설명
blkio	블록 I/O(디스크 I/O)를 제한(바이트 및 IOPS 단위)
cpu	CPU 사용량 제한(가중치(share) 기반)
cpuacct	프로세스 그룹의 CPU 사용량을 집계
cpuset	컨테이너에 CPU와 메모리 노드를 할당
devices	장치 접근 및 관리 제어
hugetlb	huge pages 사용량 제한
memory	프로세스 메모리, 커널 메모리 및 스왑 사용량을 제한
net_cls	패킷에 classid를 설정하여 qdisc 및 방화벽에서 사용할 수 있도록 설정
net_prio	네트워크 인터페이스 우선순위 설정
perf_event	perf에서 cgroup을 사용해 프로세스를 모니터링
pids	생성될 수 있는 프로세스 수 제한
rdma	RDMA 와 InfiniBand 리소스 사용량 제한

이러한 cgroups은 컨테이너 간 리소스 경쟁을 줄이는 데 활용할 수 있으며, 자원에 따라 하드 제한(hard limit, 절대 상한)이나 소프트 제한(soft limit, 완화된 제한, 예: 가중치 기반)을 적용할 수 있습니다. 예를 들어 CPU와 메모리에는 하드 제한을 두어 사용량을 넘지 못하게 할 수 있고, CPU와 디스크에는 소프트 제한을 두어 경쟁 시 가중치에 따라 공정하게 분배할 수 있습니다. 또한 cgroups는 계층 구조로 설정할 수 있으며, 시스템 전체로 공유되는 cgroups도 있습니다(그림 11.10처럼 컨테이너 간에 공유되는 시스템 cgroups).

cgroups v2는 계층 구조를 기반으로 하며 v1의 여러 가지 문제점을 해결합니다. 향후 몇 년에 걸쳐 컨테이너 기술이 cgroups v2로 마이그레이션 될 테고, v1은 결국 사라질 것입니다.[20] 참고로 2019년에 출시된 Fedora 31은 이미 cgroups v2를 기본으로 채택하고 있습니다.

네임스페이스에 대한 문서는 cgroups(7) 매뉴얼 페이지 뿐만 아니라 리눅스 소스의 Documentation/cgroup-v1과 Documentation/admin-guide/cgroup-v2.rst 파일에서 찾아볼 수 있습니다.

---

[20] (옮긴이) 참고로 systemd(리눅스 init, 서비스 관리 데몬) v256부터는 cgroup v1 지원이 기본적으로 비활성화되었습니다.

다음에 이어지는 몇몇 절에서는 컨테이너 가상화와 관련된 주제인 오버헤드, 리소스 제어, 그리고 관측가능성에 대해 설명합니다. 이것들은 컨테이너 구현 방식이나 설정에 따라 달라집니다.

11.3.2 오버헤드

컨테이너 실행 오버헤드는 대체로 가볍습니다. 애플리케이션의 CPU와 메모리 사용은 베어메탈(bare-metal) 수준에 가깝습니다. 다만 I/O 작업에서는 파일 시스템과 네트워크 경로에 추가된 계층으로 인해 커널에서 일부 추가 호출이 발생할 수 있습니다. 가장 큰 성능 문제는 멀티테넌시 경합으로 인해 생기는데, 컨테이너가 다른 환경에 비해 커널 및 물리 리소스를 더 과중하게 공유하기 때문입니다. 이제부터는 CPU 실행, 메모리 사용, I/O 실행, 그리고 다른 테넌트로 인해 발생하는 경합으로 인한 오버헤드에 대해 설명합니다.

CPU

사용자 모드에서 컨테이너 스레드가 실행될 때, 직접적인 CPU 오버헤드는 없습니다. 스레드는 실행을 양보하거나 운영 체제에 의해 선점되기 전까지 CPU에서 직접 실행됩니다. 또한, 리눅스의 네임스페이스와 cgroup에서 프로세스를 실행하는 데에도 별도의 CPU 오버헤드가 없습니다. 이는 컨테이너를 사용하든 않든 모든 프로세스가 기본 네임스페이스와 cgroup 조합에서 이미 실행되고 있기 때문입니다.

CPU 성능 저하의 주요 원인은 다른 테넌트와의 경쟁으로 인한 가능성이 가장 큽니다. (자세한 내용은 뒤에 나오는 "멀티테넌시 경합"을 참고하세요.)

쿠버네티스 같은 오케스트레이터를 사용하는 경우, 네트워크 구성 요소가 추가되어 네트워크 패킷 처리 중 CPU 오버헤드가 발생할 수 있습니다(가령 쿠버네티스 서비스가 많아질수록 iptables 룰 셋이 커지며, 쿠버네티스 네트워크 프락시(kube-proxy)가 첫 번째 패킷을 처리할 때 이 대량의 iptables 룰 셋을 확인해야 하기에 오버헤드가 생길 수 있습니다. 그러나 kube-proxy를 BPF로 대체하면 이러한 오버헤드를 줄일 수 있습니다.[Borkmann 20]).

메모리 매핑

메모리 매핑, 로드 및 저장은 오버헤드 없이 수행됩니다.

메모리 크기

컨테이너 환경에서는 할당된 메모리 전체를 애플리케이션이 온전히 사용할 수 있습니다. 반면, 하드웨어 VM은 테넌트별로 별도의 커널을 실행하므로, 각 커널이 일정량의 메모리를 추가로 소모하게 됩니다. 이로 인해 VM은 컨테이너에 비해 메모리 사용 효율이 떨어지고 일부 메모리 손실이 발생할 수 있습니다.

일반적으로 컨테이너는 OverlayFS를 사용해 동일한 파일에 접근하는 여러 컨테이너 간에 페이지 캐시를 공유합니다. 반면, VM 환경에서는 동일한 파일(예: 시스템 라이브러리)이라 하더라도 각 VM이 이를 메모리에 개별적으로 로드해야 하므로 중복이 발생합니다. 이로 인해 컨테이너는 VM에 비해 메모리를 더 효율적으로 사용할 수 있습니다.

I/O

I/O 오버헤드는 컨테이너 구성에 따라 달라지는데, 다음처럼 격리를 위한 추가 레이어가 포함될 수 있기 때문입니다.

- 파일 시스템 I/O: overlayfs 등
- 네트워크 I/O: 브리지 네트워킹 등

다음은 overlayfs(XFS 파일 시스템 기반)로 구성된 컨테이너의 파일 시스템 쓰기를 보여주는 커널 스택 트레이스입니다.

```
blk_mq_make_request+1
generic_make_request+420
submit_bio+108
_xfs_buf_ioapply+798
__xfs_buf_submit+226
xlog_bdstrat+48
xlog_sync+703
__xfs_log_force_lsn+469
xfs_log_force_lsn+143
xfs_file_fsync+244
xfs_file_buffered_aio_write+629
do_iter_readv_writev+316
do_iter_write+128
ovl_write_iter+376
__vfs_write+274
vfs_write+173
ksys_write+90
do_syscall_64+85
entry_SYSCALL_64_after_hwframe+68
```

이 스택 트레이스에서 Overlayfs는 ovl_write_iter() 함수로 확인할 수 있습니다.

이러한 함수로 인한 오버헤드의 영향 정도는 워크로드와 IOPS 속도에 따라 달라집니다. IOPS가 낮은 서버(대략 < 1000 IOPS)에서는 이러한 오버헤드는 무시할 수 있는 수준입니다.

멀티테넌트 경쟁

실행 중인 다른 테넌트가 있다면 리소스 경합을 유발하거나 인터럽트를 발생시켜 성능에 안 좋은 영향을 줄 수 있는데, 다음과 같은 경우가 해당됩니다.

- 다른 테넌트 쪽에서 CPU 캐시 라인을 사용하거나 비울 수 있기 때문에 적중률이 떨어질 수 있습니다. 특정 프로세서와 커널 구성에서는 다른 컨테이너 스레드로 컨텍스트 스위칭이 발생할 때 L1 캐시가 플러시될 수도 있습니다.[21]
- TLB 캐시 역시 다른 테넌트의 사용으로 인해 적중률이 떨어질 수 있으며, 컨텍스트 스위칭 중 TLB가 플러시 될 가능성도 있습니다(다만 PCID(프로세스 컨텍스트 ID)가 활성화된 경우 이러한 플러시를 방지할 수 있습니다).
- 네트워크 I/O와 같은 다른 테넌트의 장치 작업이 인터럽트를 발생시키면 CPU 실행이 잠시 중단됩니다. 이 과정에서 인터럽트 서비스 루틴이 실행됩니다.
- 커널 실행 도중 버퍼, 캐시, 큐, 락에 대한 추가적인 경합을 접할 수 있는데, 멀티테넌트 컨테이너 시스템은 이러한 리소스에 가해지는 부하를 매우 크게 증가시킬 수 있습니다. 이러한 경합은 애플리케이션 성능을 약간 저하시킬 수 있는데, 커널 자원과 해당 자원의 확장성에 따라 달라질 수 있습니다.
- 네트워크 I/O는 컨테이너 네트워킹 구현을 위해 iptables을 사용하기 때문에 추가적인 CPU 오버헤드가 발생할 수 있습니다.
- 시스템 자원(CPU, 디스크, 네트워크 인터페이스)을 사용하는 다른 사용자들로 인해 경합이 발생할 수 있습니다.

지안루카 보렐로(Gianluca Borello)가 작성한 블로그 포스팅에서는 멀티테넌트 환경에서 컨테이너 성능이 시간이 지남에 따라 서서히 악화되는 사례를 설명합

---

[21] 참고로 2020년 6월, 리누스 토르발스는 프로세스가 선택적으로 L1 데이터 캐시 플러싱을 수행할 수 있도록 하는 패치를 거절했습니다.[Torvalds 20b] 이 패치는 클라우드 환경에 대한 보안 예방 조치였지만, 해당 조치가 필요하지 않을 경우의 성능 비용에 대한 우려로 거절되었습니다. 리눅스 메인라인에 포함되지는 못했지만, 이 패치가 클라우드상의 몇몇 리눅스 배포판에서 실행되고 있다고 하더라도 놀랄 일은 아닙니다.

니다.[Borello 17] 이 글에서는 lstat(2) 함수의 지연이 시간에 따라 증가했음을 보여주고 있는데, 그는 그것을 추적해서 원인이 다른 컨테이너의 워크로드와 그에 따른 dcache 영향으로 인한 것임을 밝혀냈습니다.

맥심 레오노비치(Maxim Leonovich)가 발표한 또 다른 문제는 단일 테넌트 VM에서 멀티테넌시 컨테이너로의 이동이 해당 커널에 대한 posix_fadvise() 호출 빈도를 증가시켰으며 병목 현상을 일으킨다는 것을 보여주었습니다.[Leonovich 18]

위 목록의 마지막 항목은 리소스 제어를 통해 관리될 수 있습니다. 이러한 경합으로 인한 문제는 기존 다중 사용자 환경에서도 나타날 수 있지만, 멀티테넌트 컨테이너 시스템에서는 훨씬 더 빈번하고 일반적으로 발생합니다.

11.3.3 리소스 제어

리소스 제어는 시스템 자원에 대한 접근을 스로틀(throttle)해서 여러 사용자가 자원을 더 공평하게 공유할 수 있도록 돕는 기능입니다. 리눅스에서는 이러한 기능이 주로 cgroup을 통해 제공됩니다.

리소스 제어 방식은 크게 **우선순위**(priorities)와 **제한값**(limits) 두 가지로 나눕니다. 우선순위는 중요도를 기준으로 자원 소모를 조정하여 이웃 간의 사용량을 균형있게 배분합니다. 제한값은 특정 자원에 대해 사용할 수 있는 최대치를 설정하는 방식입니다. 리소스의 종류에 따라 우선순위나 제한값 중 하나를 선택적으로 사용할 수 있으며, 일부 경우에는 두 가지를 함께 적용할 수도 있습니다. 표 11.3에는 이에 대한 예시들이 정리되어 있습니다.

표 11.3 리눅스 컨테이너 리소스 제어

리소스	우선순위 기반	제한값 기반
CPU	CFS share(가중치)	cpusets(CPU 전체), CFS bandwith(대역폭, CPU 일부)
메모리 용량	메모리 소프트 제한	메모리 제한
스왑 용량	-	스왑 제한
파일 시스템 용량	-	파일 시스템 쿼터 / 제한
파일 시스템 캐시	-	커널 메모리 제한
디스크 I/O	blkio 가중치	blkio IOPS 제한, blkio 스루풋 제한
네트워크 I/O	net_prio 속성, qdiscs (fq 등), 커스텀 BPF	qdiscs (fq 등), 커스텀 BPF

다음 절에서는 이러한 리소스 제어를 cgroup v1에 기반해 설명합니다. 리소스 제어를 설정하는 방법은 사용하고 있는 컨테이너 플랫폼에 따라 달라지는데(도커, 쿠버네티스 등), 사용 중인 플랫폼 관련 문서를 참고하세요.

CPU

cpusets cgroup을 사용하거나, CFS 스케줄러의 가중치나 대역폭을 사용해서 컨테이너별로 CPU를 할당할 수 있습니다.

cpusets

cpusets cgroup은 CPU의 사용량을 나누는 게 아니라 개별 CPU를 특정 컨테이너에 할당하도록 설정합니다. 이를 통해 컨테이너는 다른 작업으로 인한 중단없이 CPU를 사용할 수 있으며, 해당 컨테이너에 제공되는 CPU 성능이 일정하게 유지됩니다. 하지만 단점으로, 유휴 상태인 CPU 용량을 다른 컨테이너가 사용할 수 없게 된다는 점이 있습니다.

가중치와 대역폭

CFS 스케줄러가 제공하는 CPU **가중치**는 컨테이너가 유휴 CPU 용량을 공유하여 사용할 수 있도록 지원하는 CPU 할당 방식 중 하나입니다. 이 방식은 **버스팅(bursting)** 개념을 지원하는데, 이를 통해 컨테이너는 다른 컨테이너의 유휴 CPU를 활용해 더 빠르게 실행될 수 있습니다. 하지만 유휴 용량이 없는 경우, 예를 들어 호스트가 과도하게 프로비저닝된 상황에서는, CPU 리소스를 필요로 하는 컨테이너 간에 최선을 다해 가중치 비율에 따라 분배하려 시도합니다.

CPU 할당량은 share라는 단위를 기반으로 작동하며, 이 값은 부하가 많은 컨테이너가 특정 시간에 사용할 수 있는 CPU의 비율을 계산하는 데 사용됩니다. 이 계산은 다음 공식을 따릅니다.

> 컨테이너 CPU = (모든 CPU × 컨테이너 share) / 시스템에서 현재 동작(busy) 중인 컨테이너들의 share 합

다음 예제를 생각해 봅시다. 시스템에 여러 컨테이너가 있으며, 총 100 단위의 CPU share가 분배되어 있다고 가정합니다. 특정 시점에 컨테이너 A와 B만 CPU 리소스를 필요로 하는 상황에서 컨테이너 A는 10을 컨테이너 B는 30을 할당받았다고 합

시다. 이 경우 계산식에 따라 컨테이너 A는 그 시스템에서 전체 CPU 리소스의 25%를 사용할 수 있습니다. 전체 CPU × 10/(10 + 30).

이번에는 모든 컨테이너가 동시에 부하를 받고 있는 시스템을 생각해 봅시다. 주어진 컨테이너의 CPU 사용 비율은 다음과 같을 것입니다.

컨테이너 CPU = (모든 CPU × 컨테이너 share)/시스템에서의 전체 share

위 시나리오에서 컨테이너 A는 전체 CPU 용량의 10%를 사용할 수 있습니다(CPU × 10/100). 이처럼 가중치는 컨테이너가 최소한의 CPU 비중을 보장받을 수 있도록 하며, 유휴 CPU가 있을 경우 버스팅을 통해 더 많은 CPU를 사용할 수도 있습니다. 예를 들어 컨테이너 A는 상황에 따라 전체 CPU 리소스의 10%에서 최대 100%까지 사용할 수 있습니다. 이는 다른 컨테이너들이 얼마나 바쁜지에 따라 달라집니다.

CPU 가중치 기반 분배의 문제 중 하나는 버스팅이 수용량 계획을 혼란스럽게 만든다는 점입니다. 특히 많은 모니터링 시스템에서 버스팅 통계를 제공하지 않기 때문에(사실 이러한 통계는 제공되어야 합니다) 문제가 더욱 복잡해질 수 있습니다. 컨테이너를 테스트하는 사용자는 성능에 만족할 수 있지만, 이 성능이 버스팅에 의해서만 가능하다는 사실을 모르고 있을 수 있습니다. 나중에 다른 테넌트가 들어왔을 때, 그들의 컨테이너는 더 이상 버스팅할 수 없게 되며 낮은 성능을 경험하게 될 것입니다.

예를 들어, 컨테이너 A가 초기 테스트에서 유휴 상태의 시스템에서 100% CPU 사용률을 기록했지만, 이후 다른 컨테이너가 추가되면서 CPU 사용률이 10%로 떨어지는 상황을 생각해 보세요. 필자는 실제로 이런 시나리오를 수없이 경험했습니다. 사용자는 이를 시스템 성능 문제로 오해하고 문제 해결을 요청합니다. 그러나 시스템은 의도한 대로 작동하고 있으며, 다른 컨테이너가 추가되면서 성능이 10배 느려지는 것이 정상이라는 사실을 알게 되면 사용자들은 실망하게 됩니다. 이러한 상황은 사용자들에게 '상술'처럼 느껴질 수 있습니다.

이 문제를 완화하기 위해, 버스팅의 범위를 제한하여 성능 저하 폭이 과도하지 않도록 조정할 수 있습니다. 물론 이렇게 하면 성능이 제한되긴 하지만, 싱능 편차가 줄어드는 장점이 있습니다. 리눅스에서는 CFS 대역폭(bandwith)[22] 제어를 사용

---

[22] (옮긴이) cgroup v1에서는 CPU 가중치를 cpu.shares, 대역폭은 cpu.cfs_quota_us와 cpu.cfs_period_us로 설정했으며, v2에서는 각각 cpu.weight와 cpu.max로 바뀌었습니다. cpu.max는 quota period 형식으로 지정하며, 예를 들어 echo "50000 100000" > cpu.max는 100ms 주기 중 50ms만 CPU를 사용하도록 제한합니다. 커널 내부에서는 이를 여전히 "bandwidth control"이라 부르지만, v2 인터페이스에서는 해당 용어가 직접적으로 드러나지 않습니다.

해 CPU 사용량의 상한선을 설정할 수 있습니다. 예를 들어 컨테이너 A의 bandwith 상한을 시스템 전체 CPU 용량의 20%로 설정하면, 앞선 예시에서 설정된 가중치에 의해 최소 10%의 CPU 사용이 보장되며, 시스템 유휴 CPU 상태에 따라 최대 20%까지 사용할 수 있습니다. 실제 CPU 사용량은 유휴 CPU의 가용성에 따라 이 범위 내에서 동작하게 됩니다.

이러한 동작은 가중치 기반 최소 CPU 사용량과 대역폭 상한값 사이의 범위로 이해할 수 있으며, 이는 그림 11.12에 설명되어 있습니다. 다만, 여기서는 각 컨테이너에 충분한 작업 부하가 걸려 가용 CPU를 모두 활용하려고 시도하는 상태를 가정합니다. 하지만 컨테이너 내부에서 실행 중인 작업이 적다면, 할 일이 없어서 CPU를 다 쓰지 못하고 대역폭 제한에도 미치지 못하는 상황이 발생할 수 있습니다.

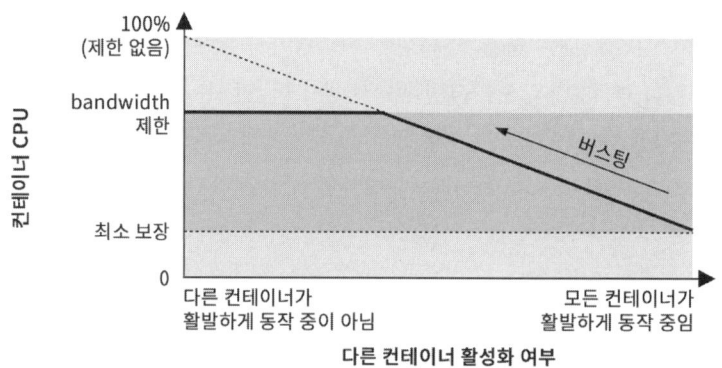

그림 11.12 CPU 가중치(share) 및 대역폭(bandwith)

대역폭 제어는 통상 전체 CPU 사용량의 백분율로 표현되며 2.5는 2.5개의 CPU를 의미합니다. 이 값은 커널 설정에 매핑되는데, 사실 한 주기(period, us 단위)당 사용할 수 있는 쿼터(quota)를 의미합니다. (컨테이너는 매 주기마다 지정된 CPU 쿼터(us 단위)를 받습니다)

버스팅을 관리하는 또 다른 방법은 관리자가 사용자에게 컨테이너가 얼마나 오랜 기간(예: 며칠 동안) 버스팅 상태였는지를 알리는 것입니다. 이렇게 하면 사용자가 잘못된 성능 기대를 갖지 않도록 도와줄 수 있습니다. 이를 기반으로 사용자는 컨테이너 크기를 업그레이드하도록 안내 받게 되며(버스트가 발생했다는 건 자원이 충분하지 않다는 것이니까), 이에 따라 더 높은 가중치와 최소 CPU 사용 비중을 보장 받을 수 있습니다.

CPU 캐시

CPU 캐시 사용은 인텔 캐시 할당 기술(cache allocation technology, CAT)을 사용해서 조절할 수 있는데, 컨테이너가 CPU 캐시를 오염시키는 것을 방지할 수 있습니다. 이에 대해서는 11.2.3절 "리소스 제어"에서 설명했습니다. 다만, 캐시 접근을 제한하면 성능도 저하되니 유념하기 바랍니다.

메모리 용량

메모리 cgroup은 메모리 사용을 관리하는 4가지 메커니즘을 제공합니다. 표 11.4 에서는 메모리 cgroup 설정 이름별로 설명되어 있습니다.

표 11.4 리눅스 memory cgroup 설정

이름	설명
memory.limit_in_bytes	메모리 크기 제한(byte 단위). 컨테이너가 할당된 크기 이상을 사용하려 한다면, 스와핑(구성된 경우) 또는 OOM 킬러가 호출됩니다.
memory.soft_limit_in_bytes	메모리 크기 제한(byte 단위). 컨테이너가 소프트 제한에 맞춰 운용될 수 있도록 하는 최상의 접근 방법. (메모리 reclaim을 수행하기도 함.)
memory.kmem.limit_in_bytes	커널 메모리 크기 제한(byte 단위)
memory.kmem.tcp.limit_in_bytes	TCP 버퍼 메모리 크기 제한(byte 단위)
memory.pressure_level	메모리 부족 알림(notifier). (eventfd(2) 시스템 콜로 사용 가능.) pressure_level을 설정하고 시스템 콜을 사용하기 위해서는 애플리케이션 지원이 필요

메모리가 부족하게 될 때 애플리케이션에게 고지하여 조치를 취할 수 있도록 하는 메커니즘인 memory.pressure_level과 memory.oom_control도 있습니다. 이를 위해선 eventfd(2) 시스템 콜을 통해 알림을 설정해야 합니다.

컨테이너의 사용되지 않은 메모리는 다른 컨테이너에서 커널 페이지 캐시로 사용할 수 있으며, 이를 통해 성능을 향상시킬 수 있습니다(이를 일종의 메모리 버스팅이라고 볼 수 있습니다).

스왑 용량

메모리 cgroup은 스왑에 대한 제한도 설정할 수 있습니다. 실제 설정은 memory.memsw.limit_in_bytes인데, 메모리와 스왑을 합한 값입니다.

파일 시스템 용량

파일 시스템 용량은 보통 파일 시스템에 의해 제한될 수 있습니다. 예를 들어 XFS 파일 시스템은 사용자, 그룹 및 프로젝트에 대한 소프트 및 하드 쿼터 모두를 지원하는데, 소프트 제한은 하드 제한을 넘지 않는 범위에서 일시적인 사용량 초과를 허용합니다. ZFS와 btrfs도 이러한 쿼터 설정을 가지고 있습니다.

파일 시스템 캐시

리눅스에서는 컨테이너가 파일 시스템 페이지 캐시에 사용하는 메모리도 메모리 cgroup 내 컨테이너 사용량으로 집계됩니다. 이를 위한 추가 설정은 필요하지 않습니다. 컨테이너에 swap이 구성되어 있다면, 페이지 캐시 축출 대비 스와핑을 선호하는 정도를 memory.swappiness 설정으로 조절할 수 있습니다. 이 설정은 시스템 전체에 적용되는 vm.swappiness와 유사한 방식으로 작동합니다(7.6.1절 "튜닝 파라미터" 참고).

디스크 I/O

blkio cgroup은 디스크 I/O을 관리하는 메커니즘을 제공합니다. 표 11.5에는 blkio cgroup 설정이 정리되어 있습니다.

표 11.5 리눅스 blkio cgroup설정

이름	설명
blkio.weight	부하 상황에서 디스크 자원의 할당값을 조절하는 cgroup 가중치로 CPU share와 유사합니다. BFQ I/O 스케줄러와 함께 사용됩니다
blkio.weight_device	특정 장치에 대한 가중치 설정
blkio.throttle.read_bps_device	초당 읽기 byte 제한
blkio.throttle.write_bps_device	초당 쓰기 byte 제한
blkio.throttle.read_iops_device	읽기 IOPS 제한
blkio.throttle.write_iops_device	쓰기 IOPS 제한

CPU share 및 bandwith와 마찬가지로, blkio weight 및 throttle 설정은 디스크 I/O 자원이 우선순위 및 제한 설정에 따라 공유되도록 합니다.

네트워크 I/O

net_prio cgroup을 사용하면 아웃바운드 네트워크 트래픽의 우선순위를 설정할 수 있습니다. 이것은 네트워크 스택에서 패킷 처리의 우선순위를 조절하는 SO_PRIORITY 소켓 옵션(socket(7) 참고)과 동일합니다. net_cls cgroup은 패킷에 클래스 ID를 붙여 qdisc가 나중에 관리할 수 있도록 합니다. (이는 쿠버네티스 파드에도 적용할 수 있으며, 포드별로 net_cls를 설정할 수 있습니다.)

큐잉 정책(qdisc, Queueing disciplines, 10.4.3절 "소프트웨어" 참고)은 네트워크 트래픽의 우선순위를 정하거나 스로틀할 수 있는데, 클래스 ID를 기반으로 동작하거나 컨테이너 가상 네트워크 인터페이스에 할당해서 사용할 수 있습니다. qdisc의 유형에는 50가지 이상이 있는데, 각각은 자체의 정책, 기능 및 튜닝 옵션을 가지고 있습니다. 예를 들어, 쿠버네티스의 kubernetes.io/ingress-bandwidth와 kubernetes.io/egress-bandwidth 설정은 토큰 버킷 필터(token bucket filter, tbf) qdisc를 만들어서 구현합니다.[CNI 18] 10.7.6절 "tc"에서는 네트워크 인터페이스에 qdisc를 추가하거나 제거하는 사례가 수록되어 있습니다.

이러한 것들 외에도 프로그래밍을 사용한 맞춤형 리소스 제어나 맞춤형 방화벽을 설정할 수도 있습니다. 이런 대표적인 사례가 cilium 프로젝트이며, 여기선 XDP, cgroup, tc(qdiscs)와 같은 여러 레이어에서 BPF 프로그램을 조합해 보안, 로드 밸런싱 및 컨테이너 간 방화벽 기능을 제공합니다.[Cilium 20a]

11.3.4 관측가능성

무엇을 관측할 수 있는지는 관측 도구가 실행되는 위치와 호스트의 보안 설정에 따라 달라집니다. 컨테이너는 다양한 방식으로 설정할 수 있기 때문에, 여기서는 일반적인 사례를 설명합니다. 일반적으로는 다음과 같습니다.

- 호스트에서 실행(가장 권한이 높은 네임스페이스): 하드웨어 자원, 파일 시스템, 게스트 프로세스, 게스트 TCP 세션 등 모든 것을 관찰할 수 있습니다. 게스트 프로세스는 게스트에 직접 로그인하지 않고도 분석할 수 있습니다. 게스트 파일 시스템 또한 호스트에서 쉽게 살펴볼 수 있습니다.
- 게스트에서 실행: 일반적으로 컨테이너는 자신의 프로세스, 파일 시스템, 네트워크 인터페이스, TCP 세션만 볼 수 있습니다. 주요한 예외는 시스템 단위 통계인데, 예를 들어 CPU 및 디스크 관련 통계는 컨테이너뿐 아니라 호스트 정보까지 보여주는 경우가 많습니다. 이러한 통계의 구체적인 상태는 보통 문서화되지 않습니다(필자는 다음 절인 "기존 도구들"에서 이에 대한 문서를 작성했습니

다). 또한, 컨테이너 내부에서는 커널의 내부 구조를 검사하기 어려워 커널 트레이싱 프레임워크를 사용하는 성능 도구들(13장에서 15장까지)이 제대로 작동하지 않는 경우가 많습니다.

마지막 항목은 앞에서도 설명했듯, 컨테이너 환경으로 전환하면 커널 경합 문제가 발생할 가능성이 더 커지며, 컨테이너 사용자는 이러한 경합 문제를 진단하는 데 있어 한층 더 어려움을 겪게 될 것입니다.

컨테이너 성능 분석에서 흔히 제기되는 우려는 '시끄러운 이웃(noisy neighbor)'의 존재 가능성인데, 이는 리소스를 과도하게 사용하고 다른 컨테이너가 자원에 접근할 때 경합을 유발하는 테넌트를 말합니다. 이러한 '시끄러운 이웃' 문제는 모든 컨테이너 프로세스가 동일한 커널 아래에서 실행되기 때문에, 호스트에서 동시에 분석할 수 있다는 점에서 기존의 시간 공유 시스템에서 여러 프로세스를 분석하는 방식과 유사한 측면이 있습니다. 다만 cgroup이 추가적인 소프트웨어 제한(리소스 제어)을 적용하기 때문에, 하드웨어 자원의 한계에 도달하기 이전에 이러한 제한으로 인해 성능 제약이 발생할 수 있음을 유의해야 합니다.

독립형 시스템을 위해 설계된 많은 기존 모니터링 도구들은 OS 가상화(컨테이너)를 제대로 지원하지 못해 cgroup이나 기타 소프트웨어 제한을 인식하지 못하는 경우도 있습니다. 컨테이너 환경에서 이를 사용하는 고객들은 도구가 정상적으로 작동하는 것으로 생각할 수도 있지만, 사실은 물리적 시스템 자원만을 보여주는 상황에 직면할 수 있습니다. 또한, 클라우드 자원 제어에 대한 고려가 이루어지지 않은 경우, 시스템이 사실 소프트웨어 제한에 도달했음에도 여유가 있다고 잘못 보고할 수 있습니다. 뿐만 아니라 자원 사용량이 높다고 보고할 수도 있는데, 실제로는 다른 테넌트로 인한 자원 사용을 고려하지 않은 것일 수 있습니다.

호스트나 게스트 환경에서의 컨테이너 관측가능성은 여전히 복잡하고 시간도 많이 소요되는데, 현재 리눅스 커널에는 컨테이너를 식별하기 위한 식별자가 따로 없으며,[23] 기존 성능 도구들도 아직 컨테이너에 대한 지원이 부족하기 때문입니다.

이어지는 절에서는 기존 성능 도구의 상태에 대해 정리하고, 호스트와 컨테이너로부터의 관측가능성을 탐색하며 성능 분석 전략에 대해 설명합니다.

---

[23] 컨테이너 관리 소프트웨어는 컨테이너 ID에 따라 cgroup 이름을 정할 텐데, 이러한 경우에 커널 내부의 cgroup 이름은 사용자 레벨 컨테이너 이름을 따라갑니다. cgroup v2의 디폴트 ID는 커널 내부에서 사용할 수 있는 ID 후보 중 하나인데, BPF와 bpftrace도 이 목적으로 cgroup V2 ID를 사용합니다. 854쪽 11.3.4절 "관측가능성"의 BPF 트레이싱 설명 부분에서는 또 다른 방안에 대해 설명했는데, 이는 UTS 네임스페이스의 nodename(주로 컨테이너 이름으로 설정됨)을 이용하는 방식입니다.

11.3.4.1 기존 도구들

기존 성능 도구에 대해 정리해 놓은 표 11.6에서는 리눅스 5.2 커널에서 호스트 및 일반적인 컨테이너(프로세스 네임스페이스와 마운트 네임스페이스 사용) 환경에서 주요 도구들을 실행했을 때 어떤 결과를 보여주는지 설명합니다. 컨테이너 내부에서 도구를 실행했을 때 컨테이너 정보가 아닌 호스트 통계를 보여주는 것 같은 예상과 다른 상황들은 **굵은 글씨**로 표시되어 있습니다.

표 11.6 리눅스 기존 도구

도구	호스트에서 실행	컨테이너에서 실행
top	도구의 summary 헤더에서 호스트 정보를 보여줍니다. 프로세스 테이블은 모든 호스트와 컨테이너 프로세스를 보여줍니다	도구의 summary 헤더에서 혼합 통계를 보여주는데, **몇몇 정보는 호스트에 해당하고 일부는 컨테이너에 해당합니다**. 프로세스 테이블은 컨테이너 프로세스를 보여줍니다
ps	모든 프로세스를 보여줍니다	컨테이너 프로세스를 보여줍니다
uptime	호스트(시스템 전체) 부하 평균을 보여줍니다	**호스트 부하 평균을 보여줍니다**
mpstat	호스트 CPU별 통계와 호스트 CPU 사용량을 보여줍니다	**호스트 CPU별 통계와 호스트 CPU 사용량을 보여줍니다**
vmstat	호스트 CPU, 메모리 및 기타 통계를 보여줍니다	**호스트 CPU, 메모리 및 기타 통계를 보여줍니다**
pidstat	모든 프로세스를 보여줍니다	컨테이너 프로세스를 보여줍니다
free	호스트 메모리를 보여줍니다	**호스트 메모리를 보여줍니다**
iostat	호스트 디스크를 보여줍니다	**호스트 디스크를 보여줍니다**
pidstat -d	모든 프로세스 디스크 I/O를 보여줍니다	컨테이너 프로세스 디스크 I/O를 보여줍니다
sar -n DEV, TCP 1	호스트 네트워크 인터페이스와 TCP 통계를 보여줍니다	컨테이너 네트워크 인터페이스와 TCP 통계를 보여줍니다
perf	모든 대상을 프로파일할 수 있습니다	**올바르게 동작하지 않을 수 있습니다. 혹은 동작하더라도 다른 테넌트를 프로파일 할 수 있습니다**
tcpdump	모든 인터페이스를 스니핑 할 수 있습니다	컨테이너 인터페이스 만을 스니핑 합니다
dmesg	커널 로그를 보여줍니다	**올바르게 동작하지 않을 수 있습니다**

향후 이러한 도구들이 컨테이너 환경을 더 잘 지원하게 되면, 컨테이너 내부에서 실행될 때 해당 컨테이너에 특화된 통계만을 보여주거나, 더 나아가 컨테이너와 호스트의 통계를 구분해 보여주게 될 겁니다. 호스트 도구는 모든 정보를 출력할 수 있으며, 나중에는 컨테이너나 cgroup에 따른 세부 내역이나 필터가 추가되며 개선될 수도 있습니다. 이들과 관련한 주제에 대해서는 뒤의 호스트와 게스트 관측가능성을 다루는 절에서 설명합니다.

11.3.4.2 호스트

호스트에 로그인하면 앞의 여러 장에서 사용했던 도구를 활용해 모든 시스템 자원(CPU, 메모리, 파일 시스템, 디스크, 네트워크)을 조사할 수 있습니다. 컨테이너를 사용할 때 살펴봐야 할 요소가 두 가지 있습니다.

- 컨테이너별 통계
- 리소스 제어의 효과

11.3.1절 구현에서 설명한 것처럼 커널에는 컨테이너를 식별할 식별자가 없습니다. 컨테이너는 단지 네임스페이스와 cgroups의 조합에 불과합니다. 여러분이 보는 컨테이너 ID는 사용자 공간 소프트웨어가 만들고 관리하는 값입니다.

다음은 쿠버네티스(이 경우에는 단일 컨테이너로 구성된 Pod 입니다)와 도커에서 확인할 수 있는 컨테이너 ID의 사례입니다.

```
# kubectl get pod
NAME                           READY   STATUS              RESTARTS   AGE
kubernetes-b94cb9bff-kqvml     0/1     ContainerCreating   0          3m
[...]
# docker ps
CONTAINER ID   IMAGE    COMMAND   CREATED       STATUS        PORTS   NAMES
6280172ea7b9   ubuntu   "bash"    4 weeks ago   Up 4 weeks            eager_bhaskara
[...]
```

이러한 이유 때문에 ps(1), top(1) 등과 같은 기존 성능 도구들에서는 문제가 발생하는데, 이러한 도구들에서 컨테이너 ID를 보여주고자 한다면 쿠버네티스, 도커 및 다른 모든 플랫폼에 대한 지원을 추가해야 할 것입니다. 만일 커널 수준에서 컨테이너 ID를 지원했다면, 이는 모든 성능 도구가 사용하는 표준이 되었을 것입니다. 솔라리스는 이러한 방식을 채택해 컨테이너를 zones로 정의하고, 이를 위한 커널 기반 zone ID를 제공합니다(솔라리스에서는 ps(1) 또는 기타 도구를 사용해 Zone을 쉽게 관찰할 수 있습니다). 리눅스에서도 이를 해결하기 위한 방법들이 있는데, UTS 네임스페이스의 nodename을 컨테이너 ID로 사용하는 방법이 대표적입니다. 이는 이어지는 BPF 트레이싱에서 다룹니다.

실제로 리눅스의 컨테이너 ID에 따른 성능 통계는 다음의 방법으로 확인할 수 있습니다.

- 컨테이너 플랫폼 제공 도구: 도커는 각 컨테이너의 리소스 사용량을 확인할 수

있는 도구를 제공합니다.
- 성능 모니터링 소프트웨어: 대부분의 성능 모니터링 소프트웨어는 여러 컨테이너 플랫폼을 지원하는 플러그인을 제공합니다.
- cgroup 통계 및 관련 도구 사용: cgroup과 관련된 도구를 통해 컨테이너의 리소스 사용량을 확인할 수 있지만, 이 도구들은 컨테이너 이름을 보여주지 않기에 어느 cgroup이 어느 컨테이너와 매핑되는지 확인하는 별도의 단계가 필요합니다.
- 네임스페이스 매핑: 호스트 환경에서 nsenter(1)을 사용하여 네임스페이스를 매핑하면 호스트 성능 도구를 컨테이너 내부에서 실행할 수 있습니다. 이러한 방법은 -p(PID 네임스페이스) 옵션과 함께 사용함으로써 컨테이너 내부의 프로세스만 확인할 수 있도록 할 수 있습니다. 하지만 이 방식으로도 통계가 컨테이너 전용이라고 보장할 수는 없습니다(표 11.6 참조). -n(네트워크 네임스페이스) 옵션을 사용하면 동일한 네트워크 네임스페이스 내에서 ping(8), tcpdump(8) 같은 네트워크 도구를 실행할 수 있습니다.
- BPF 트레이싱: 커널 내부의 cgroup과 네임스페이스 정보를 읽을 수 있습니다.

이어지는 몇몇 절에서는 컨테이너 도구, cgroup 통계, 네임스페이스 진입, BPF 트레이싱, 또한 리소스 제어 관측가능성에 대한 사례들을 다룹니다.

컨테이너 도구

쿠버네티스는 kubectl top을 사용해서 기본적인 자원 사용량을 확인할 수 있습니다.

다음은 호스트 노드('nodes')를 확인하는 명령입니다.

```
# kubectl top nodes
NAME                          CPU(cores)   CPU%   MEMORY(bytes)   MEMORY%
bgregg-i-03cb3a7e46298b38e    1781m        10%    2880Mi          9%
```

CPU(cores) 시간은 누적 CPU 시간을 밀리초(ms) 단위로 보여주며, CPU%는 노드의 현재 사용량을 보여줍니다.

다음은 컨테이너 포드('pods')를 확인하는 명령어입니다.

```
# kubectl top pods
NAME                          CPU(cores)   MEMORY(bytes)
kubernetes-b94cb9bff-p7jsp    73m          9Mi
```

위 명령은 포드의 누적 CPU 시간과 현재 메모리 사용량을 보여줍니다.

이 명령어를 사용하려면 메트릭 서버(metrics-server)가 실행 중이어야 하는데, 쿠버네티스를 초기화하는 방법에 따라 기본적으로 설정되어 있을 수 있습니다. cAdvisor, Sysdig, 구글 클라우드 모니터링(Google Cloud Monitoring)과 같은 기타 모니터링 도구를 사용하면 GUI로도 데이터를 확인할 수 있습니다.[Kubernetes 20c]

도커는 stats와 같은 몇 가지 docker(1) 분석 명령어를 제공합니다. 예를 들어, 다음은 프로덕션에서 사용 중인 호스트에서 명령어를 실행한 결과입니다.

```
# docker stats
CONTAINER      CPU %     MEM USAGE / LIMIT     MEM %     NET I/O     BLOCK I/O        PIDS
353426a09db1   526.81%   4.061 GiB / 8.5 GiB   47.78%    0 B / 0 B   2.818 MB / 0 B   247
6bf166a66e08   303.82%   3.448 GiB / 8.5 GiB   40.57%    0 B / 0 B   2.032 MB / 0 B   267
58dcf8aed0a7   41.01%    1.322 GiB / 2.5 GiB   52.89%    0 B / 0 B   0 B / 0 B        229
61061566ffe5   85.92%    220.9 MiB / 3.023 GiB 7.14%     0 B / 0 B   43.4 MB / 0 B    61
bdc721460293   2.69%     1.204 GiB / 3.906 GiB 30.82%    0 B / 0 B   4.35 MB / 0 B    66
[...]
```

이 명령은 UUID가 353426a09db1인 컨테이너가 해당 인터벌 동안 총 527%의 CPU를 사용하고, 메인 메모리는 8.5GB의 제한값 대비 4GB를 쓰고 있었음을 보여줍니다. 해당 시간 동안 네트워크 I/O은 없었으며, 작은 양(MB)의 디스크 I/O만 있었습니다.

cgroup 통계

/sys/fs/cgroups는 cgroup 관련된 다양한 통계를 제공합니다. 이러한 통계는 여러 컨테이너 모니터링 도구와 제품에서 읽혀 그래프로 시각화되며, 커맨드 라인에서도 직접 확인할 수 있습니다.

```
# cd /sys/fs/cgroup/cpu,cpuacct/docker/02a7cf65f82e3f3e75283944caa4462e82f...
# cat cpuacct.usage
1615816262506
# cat cpu.stat
nr_periods 507
nr_throttled /4
throttled_time 3816445175
```

cpuacct.usage 파일은 이 cgroup의 CPU 사용량 총 시간을 나노초(ns) 단위로 보여줍니다. cpu.stat 파일은 이 cgroup이 CPU 스로틀된(nr_throttled) 횟수와 스로

틀된 총 시간을 ns 단위로 보여줍니다. 이 cgroup은 총 507회의 시간 주기 중 74회 CPU 스로틀이 발생했고, 이로 인해 총 스로틀된 시간은 3.8초였음을 보여줍니다.

cpuacct.usage_percpu도 있는데, 이번에는 쿠버네티스 cgroup에 대해 살펴본 결과입니다.

```
# cd /sys/fs/cgroup/cpu,cpuacct/kubepods/burstable/pod82e745...
# cat cpuacct.usage_percpu
37944772821 35729154566 35996200949 36443793055 36517861942 36156377488 36176348313
35874604278 37378190414 35464528409 35291309575 35829280628 36105557113 36538524246
36077297144 35976388595
```

출력 결과는 16개의 CPU가 있는 시스템에서 각 CPU별 총 사용 시간을 나노초 단위로 나타냅니다. 이러한 cgroupv1 지표는 커널 소스의 Documentation/cgroup-v1/cpuacct.txt 아래에 문서화되어 있습니다.

이러한 지표들을 활용하는 커맨드 라인 도구로는 htop(1)과 systemd-cgtop(1)이 있습니다. 예를 들어 프로덕션 컨테이너 호스트에서 systemd-cgtop(1)을 실행한 결과는 다음과 같습니다.

```
# systemd-cgtop
Control Group                                  Tasks   %CPU   Memory  Input/s  Output/s
/                                                -     798.2   45.9G     -        -
/docker                                         1082   790.1   42.1G     -        -
/docker/dcf3a...9d28fc4a1c72bbaff4a24834         200   610.5   24.0G     -        -
/docker/370a3...e64ca01198f1e843ade7ce21         170   174.0    3.0G     -        -
/system.slice                                    748     5.3    4.1G     -        -
/system.slice/daemontools.service                422     4.0    2.8G     -        -
/docker/dc277...42ab0603bbda2ac8af67996b         160     2.5    2.3G     -        -
/user.slice                                        5     2.0   34.5M     -        -
/user.slice/user-0.slice                           5     2.0   15.7M     -        -
/user.slice/u....slice/session-c26.scope           3     2.0   13.3M     -        -
/docker/ab452...c946f8447f2a4184f3ccff2a         174     1.0    6.3G     -        -
/docker/e18bd...26ffdd7368b870aa3d1deb7a         156     0.8    2.9G     -        -
[...]
```

이 출력 결과는 /docker/dcf3a...라는 이름의 cgroup이 200개의 태스크를 실행 중이고, 인터벌 동안 전체 CPU의 610.5%(여러 CPU)와 24GB의 메인 메모리를 사용했음을 보여줍니다. 또한 이 출력 결과에는 시스템 서비스(/system.slice)와 사용자 세션(/user.slice) cgroup도 표현되어 있는데, 이는 systemd에 의해 생성된 것입니다.

네임스페이스 매핑

컨테이너는 일반적으로 프로세스 ID와 마운트에 대해 각각 별도의 네임스페이스를 사용합니다.

예를 들어, 프로세스 네임스페이스를 사용하면 게스트 내부에서 보이는 PID와 호스트에서 보이는 PID가 다를 수 있습니다. 이는 컨테이너 환경에서 흔히 발생하는 상황으로, 이를 인지하고 접근하는 것이 중요합니다.

성능 문제를 진단할 때, 필자는 먼저 컨테이너 내부에 로그인하여 사용자의 관점에서 문제를 살펴봅니다. 이후 호스트에 로그인해 시스템 단위 도구를 사용하여 분석을 이어가는데, 이 과정에서 컨테이너에서 보이는 PID와 호스트에서의 PID가 일치하지 않을 수 있습니다. 이 경우 /proc/PID/status 파일의 NSpid 필드를 확인하면 PID 간 매핑 정보를 얻을 수 있습니다. 예를 들어 아래는 호스트에서 확인한 결과입니다.

```
host# grep NSpid /proc/4915/status
NSpid:	4915	753
```

이 출력 결과는 호스트 PID 4915가 게스트 PID 753에 해당함을 보여줍니다. 호스트에 해당하는 게스트 PID를 찾는 것은 쉽지만, 불행히도 필자는 통상 이것과 반대 방향으로 매핑을 할 필요가 있었는데, 컨테이너 내부의 PID에 해당하는 호스트 PID를 찾아야 했기 때문입니다. 이것을 찾는 방법 하나는 (약간은 비효율적인) status 파일을 전부 스캔하는 것입니다.

```
host# awk '$1 == "NSpid:" && $3 == 753 { print $2 }' /proc/*/status
4915
```

이 예시에서는 게스트 PID 753이 호스트 PID 4915에 해당함을 확인할 수 있습니다. 다만 주의할 점은, 이 출력 결과에는 한 개 이상의 호스트 PID가 출력될 수 있는데, 그 이유는 '753'이 여러 프로세스 네임스페이스에서 나타날 수 있기 때문입니다. 이 경우에는 753에 매핑되는 네임스페이스 중 어떤 것이 해당 컨테이너 네임스페이스인지 밝혀내야 할 필요가 있습니다. 이때 /proc/PID/ns 파일들을 사용할 수 있는데, 이 파일은 심볼릭 링크 파일으로 네임스페이스 ID를 포함하고 있습니다. 이 파일들을 게스트와 호스트로부터 확인해보면 다음과 같습니다.

```
guest# ls -lh /proc/753/ns/pid
lrwxrwxrwx 1 root root 0 Mar 15 20:47 /proc/753/ns/pid -> 'pid:[4026532216]'
```

```
host# ls -lh /proc/4915/ns/pid
lrwxrwxrwx 1 root root 0 Mar 15 20:46 /proc/4915/ns/pid -> 'pid:[4026532216]'
```

파일에 대응되는 네임스페이스 ID(4026532216)를 통해 호스트 PID 4915가 게스트 PID 753과 동일하다는 것을 확인할 수 있습니다.

한편 마운트 네임스페이스에서도 비슷한 상황을 경험할 수 있습니다. 예를 들어 호스트에서 perf(1) 명령어를 실행하면 /tmp/perf-PID.map 경로에서 보조 심벌 파일을 검색하지만, 컨테이너 애플리케이션은 해당 심벌을 호스트의 /tmp가 아니라 컨테이너 내부의 /tmp에 생성합니다. 게다가 PID는 프로세스 네임스페이스로 인해서 다를 가능성이 있습니다. 이에 대한 초기 해결책은 앨리스 골드퍼스(Alice Goldfuss)가 제안했는데, 심벌 파일을 이동하고 이름을 바꾸어 호스트에서 접근 가능하도록 만드는 방식이었습니다.[Goldfuss 17] 이 이후 perf(1)에 네임스페이스 지원이 추가되어 이 문제를 피할 수 있게 되었습니다. 커널은 현재 컨테이너의 루트('/')로 바로 접근할 수 있는 /proc/PID/root 마운트 네임스페이스 매핑을 제공하기도 합니다. 예를 들면 다음과 같습니다.

```
host# ls -lh /proc/4915/root/tmp
total 0
-rw-r--r-- 1 root root 0 Mar 15 20:54 I_am_in_the_container.txt
```

이렇게 하면 컨테이너의 /tmp에 있는 파일을 호스트에서 직접 확인할 수 있습니다.

/proc 파일과는 별개로, nsenter(1) 명령어는 특정 네임스페이스에 진입해 명령어를 실행할 수 있습니다. 다음은 호스트에서 PID 4915의 마운트 네임스페이스(-m)와 프로세스 네임스페이스(-p) 안에서 top(1) 명령을 실행한 예입니다.

```
# nsenter -t 4915 -m -p top
top - 21:14:24 up 32 days, 23:23,  0 users,  load average: 0.32, 0.09, 0.02
Tasks:   3 total,   2 running,   1 sleeping,   0 stopped,   0 zombie
%Cpu(s):  0.2 us,  0.1 sy,  0.0 ni, 99.4 id,  0.0 wa,  0.0 hi,  0.0 si,  0.2 st
KiB Mem :  1996844 total,    98400 free,   858060 used,  1040384 buff/cache
KiB Swap:        0 total,        0 free,        0 used.   961564 avail Mem

  PID USER      PR  NI    VIRT    RES    SHR S %CPU %MEM     TIME+ COMMAND
  753 root      20   0  818504  93428  11996 R 100.0  0.2   0:27.88 java
    1 root      20   0   18504   3212   2796 S   0.0  0.2   0:17.57 bash
  766 root      20   0   38364   3420   2968 R   0.0  0.2   0:00.00 top
```

위의 결과는 가장 활발한 프로세스가 PID 753의 자바 프로세스임을 보여줍니다.

Systems

BPF 트레이싱

몇몇 BPF 트레이싱 도구는 이미 컨테이너 환경을 고려한 트레이싱을 지원하지만, 많은 도구는 그렇지 않습니다. 다행히도 bpftrace 도구가 컨테이너를 고려하도록 지원을 추가하는 것은 기본적으로 어렵지 않은데, 다음은 그 사례입니다. bpftrace 프로그래밍에 대한 설명은 15장을 보세요.

forks.bt 도구는 clone(2), fork(2), vfork(2) 시스템 콜을 계측하여, 트레이싱하는 동안 생성된 새로운 프로세스의 수를 집계합니다. 다음은 해당 도구의 소스입니다.

```
#!/usr/local/bin/bpftrace

tracepoint:syscalls:sys_enter_clone,
tracepoint:syscalls:sys_enter_fork,
tracepoint:syscalls:sys_enter_vfork
{
        @new_processes = count();
}
```

출력 사례는 다음과 같습니다.

```
# ./forks.bt
Attaching 3 probes...
^C

@new_processes: 590
```

트레이싱하는 동안 전체 시스템에서 590개의 새 프로세스가 만들어졌음을 확인할 수 있습니다.

컨테이너별로 생성된 프로세스를 세분화할 수도 있는데, uts 네임스페이스의 nodename(호스트 이름)을 출력하는 방식입니다. 이 nodename은 네임스페이스를 설정하는 소프트웨어에 따라 달라지는데, 일반적으로 그렇습니다. 수정된 코드는 굵게 강조하였습니다.

```
#!/usr/local/bin/bpftrace

#include <linux/sched.h>
#include <linux/nsproxy.h>
#include <linux/utsname.h>

tracepoint:syscalls:sys_enter_clone,
tracepoint:syscalls:sys_enter_fork,
tracepoint:syscalls:sys_enter_vfork
```

```
{
    $task = (struct task_struct *)curtask;
    $nodename = $task->nsproxy->uts_ns->name.nodename;
    @new_processes[$nodename] = count();
}
```

이 추가된 코드는 현재 커널의 task_struct에서 uts 네임스페이스 nodename을 참조하며, @new_processes 출력 맵에 이 값을 키로 추가합니다.

출력 결과는 다음과 같습니다.

```
# ./forks.bt
Attaching 3 probes...
^C

@new_processes[ip-10-1-239-218]: 171
@new_processes[efe9f9be6185]: 743
```

이 출력 결과는 이제 컨테이너별로 세분화되어서, nodename 6280172ea7b9(컨테이너)가 트레이싱하는 동안 252개의 프로세스를 만들었음을 보여줍니다. 또 다른 nodename인 ip-10-1-239-218는 호스트 시스템을 가리킵니다.

이는 시스템 콜이 인터럽트 컨텍스트가 아닌 태스크(프로세스) 컨텍스트에서 실행되기 때문에 가능한 방식인데, 그렇기 때문에 curtask는 현재의 task_struct를 리턴하고 이를 통해 nodename 값을 가져올 수 있게 되는 것입니다. 예를 들어 프로세스-비동기 이벤트(예: 디스크 I/O 완료 인터럽트)를 트레이싱한다면, 해당 이벤트를 유발한 프로세스가 CPU에 없을 수 있으므로 curtask로 정확한 nodename을 확인하지 못할 수 있습니다.

uts nodename을 가져오는 작업이 bpftrace에서 자주 사용될 가능성이 있기 때문에 bpftrace는 내장 변수 nodename 추가를 고려 중인데, 이렇게 된다면 코드를 다음처럼만 수정하면 됩니다.

```
@new_processes[nodename] = count();
```

이것이 이미 추가되었는지 보려면 bpftrace 업데이트 내역을 확인하세요.

리소스 제어

컨테이너가 리소스 제한을 받고 있는지 확인하려면 11.3.3절 "리소스 제어"에 정리되어 있는 항목들을 반드시 살펴봐야 합니다. 기존의 성능 분석 도구들과 문서는 물리적 리소스에만 초점을 맞추기 때문에, 이러한 소프트웨어 기반 제한은 탐지하지 못합니다.

리소스 제어를 살펴보는 방법에 대해서는 USE 방법론(2.5.9절 "USE 방법론")에서 설명했는데, 자원들의 사용량, 포화 정도와 오류를 반복적으로 확인하는 방식입니다. 리소스 제어가 설정된 경우 각 자원에 대해 제한에 도달했는지 여부도 반드시 확인해야 합니다.

앞서 다룬 절 "cgroup 통계"에서는 /sys/fs/cgroup/.../cpu.stat 파일을 보여주었는데, 이 파일에는 CPU 스로틀(nr_throttled)과 스로틀 된 시간(throttled_time, ns 단위)을 제공한다고 설명했습니다. 이러한 스로틀은 CPU 대역폭(bandwidth) 제한과 관련이 있는데, 컨테이너가 대역폭 제약으로 인해 CPU 사용이 제한되고 있는지는 throttled_time 값이 증가하는지를 보면 쉽게 확인할 수 있습니다. 만일 cpusets가 대신 사용된다면, CPU 사용은 mpstat(1) 등 CPU별 정보를 보여주는 도구들과 지표들을 통해 확인할 수 있습니다.

CPU는 대역폭 외에도 가중치(share)에 따라 관리될 수도 있는데, 이에 대한 자세한 내용은 앞의 "가중치와 대역폭" 절을 참고하세요. 하지만 share에 의해 제한된 컨테이너는 확인하기 더 어려운데, 확인할 수 있는 지표가 없기 때문입니다. 아래 그림 11.13은 컨테이너의 CPU 사용 제한 원인을 분석하는 과정을 나타낸 플로 차트입니다.[Gregg 17g]

그림 11.13의 플로 차트는 아래 5개의 통계를 사용해서 컨테이너 CPU가 어떻게 스로틀되었는지 확인합니다.

- 스로틀된 시간: cpu cgroup의 throttled_time 확인
- 비자발적 컨텍스트 스위치: /proc/PID/status 파일의 nonvoluntary_ctxt_switches 값 증가 확인
- 호스트 유휴 CPU: mpstat(1)의 %idle, /proc/stat 및 기타 도구로 확인
- cpuset CPU가 100%로 사용 중인지 확인: cpusets을 사용 중이라면 mpstat(1), /proc/stat 등을 통해 CPU 사용량 확인 가능
- 다른 모든 테넌트가 유휴 상태인지 확인: 컨테이너 전용 도구(docker stat), 또는 CPU 리소스에 대한 경쟁이 없음을 보여주는 시스템 도구(예: top(1)의 출력 결과에 %CPU를 사용하는 컨테이너가 하나인 경우)를 통해 확인

위 과정은 CPU가 아닌 다른 자원에도 적용할 수 있으며, 이를 지원하는 통계 데이

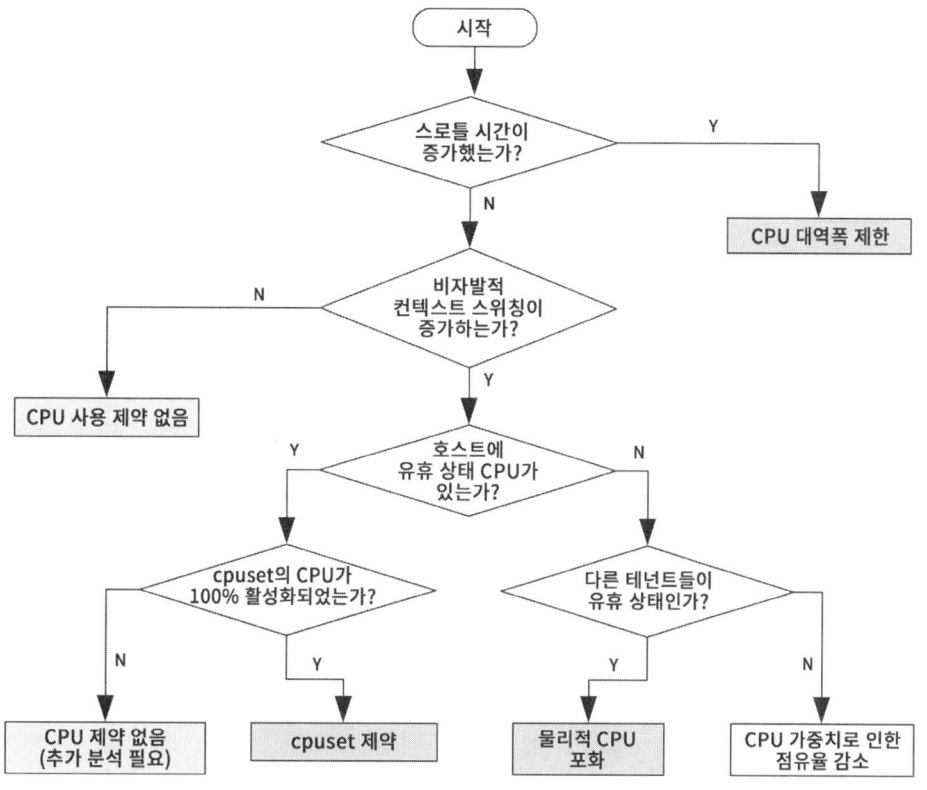

그림 11.13 컨테이너 CPU 사용 제한 원인 분석

터는 cgroup 통계 등을 통해 모니터링 도구에서 제공할 수 있습니다. 이상적인 모니터링 제품이나 도구는 이러한 분석 과정을 지원하며, 각 컨테이너의 스로틀 상태를 세부적으로 보고해 줄 것입니다.

11.3.4.3 게스트(컨테이너)

컨테이너에서 실행되는 성능 도구는 흔히 컨테이너 자체의 통계만 보여주리라 예상하지만, 실제로는 그렇지 않은 경우가 많습니다. 예를 들어, 유휴 상태의 컨테이너에서 iostat(1)를 실행하면 다음과 같습니다.

```
container# iostat -sxz 1
[...]
avg-cpu:  %user   %nice %system %iowait  %steal   %idle
          57.29    0.00    8.54   33.17    0.00    1.01

Device             tps    kB/s    rqm/s   await  aqu-sz  areq-sz  %util
nvme0n1        2578.00 12436.00  331.00    0.33    0.00     4.82 100.00
```

```
avg-cpu:   %user   %nice %system %iowait  %steal   %idle
           51.78    0.00    7.61   40.61    0.00    0.00

Device             tps    kB/s   rqm/s   await  aqu-sz  areq-sz  %util
nvme0n1         2664.00 11020.00   88.00    0.32    0.00     4.14  98.80
[...]
```

이 출력 결과는 CPU와 디스크 두 가지 모두 부하가 있음을 보여주며, 이 컨테이너는 완전히 유휴 상태입니다. 이는 OS 가상화를 처음 접하는 사람들에게 혼란스러울 수 있는데, 자신의 컨테이너에 왜 부하가 발생했는지 알 수 없기 때문입니다. 그 이유는 이 도구들이 다른 테넌트의 활동까지 포함한 호스트 통계를 보여주기 때문입니다.

이러한 성능 도구들의 현재 상태는 11.3.4절 "관측가능성"에 있는 "기존 도구들"에서 설명했습니다. 시간이 지나면서 이러한 도구들은 발전하여 점점 더 '컨테이너 인식' 기능을 갖추어 가고 있으며, cgroup 기반 통계를 지원하고, 컨테이너 내부에서는 특정 컨테이너에만 적용되는 통계를 제공하게 될 것입니다.

블록 I/O에 대한 cgroup 통계도 있습니다. 다음은 컨테이너로부터 확인한 결과입니다.

```
container# cat /sys/fs/cgroup/blkio/blkio.throttle.io_serviced
259:0 Read 452
259:0 Write 352
259:0 Sync 692
259:0 Async 112
259:0 Discard 0
259:0 Total 804
Total 804
container# sleep 10
container# cat /sys/fs/cgroup/blkio/blkio.throttle.io_serviced
259:0 Read 452
259:0 Write 352
259:0 Sync 692
259:0 Async 112
259:0 Discard 0
259:0 Total 804
Total 804
```

이 통계는 유형별로 I/O 연산을 집계합니다. 필자는 10초 간격을 두고 해당 결과를 두 번 출력했는데, 해당 인터벌 동안 집계 수가 증가하지 않았기에 컨테이너가 디스크 I/O 작업을 수행하지 않았음을 알 수 있습니다. blkio.throttle.io_service_ bytes라는 I/O 수행 크기를 byte 단위로 보여주는 또 다른 파일도 있습니다.

불행히도 이들 카운터는 iostat(1)이 필요로 하는 모든 통계를 제공하지는 않습니다. iostat(1)이 컨테이너 환경을 완전히 지원하려면 cgroup에 의해 더 많은 카운터들이 노출될 필요가 있습니다.

컨테이너 인식

도구를 '컨테이너 인식'으로 만든다고 해서 반드시 도구의 시야를 특정 컨테이너 내부로만 제한해야 한다는 뜻은 아닙니다. 컨테이너가 물리적 리소스의 상태를 볼 수 있는 것 또한 중요한 장점이 될 수 있기 때문입니다. 이는 컨테이너 사용 목적에 따라 접근 방식이 달라집니다.

A) 컨테이너를 독립된 서버로 간주하는 경우: 클라우드 벤더 환경에서 흔히 볼 수 있는 사례입니다. 이 경우 도구를 '컨테이너 인식'으로 만든다는 것은 현재 컨테이너의 활동만 표시하도록 하는 것을 의미합니다. 예를 들어 iostat(1)은 현재 컨테이너가 호출한 디스크 I/O만 표시하고, 다른 테넌트의 작업은 제외합니다. 이를 구현하려면 /proc, /sys, netlink 등 통계 소스를 완전히 분리해야 합니다. 다만 이런 분리는 게스트 분석을 돕기도 하고 방해하기도 합니다. 예를 들어 다른 테넌트의 리소스 사용으로 인해 디스크 지연이 발생했다면 이를 확인하기 어렵고, 알 수 없는 지연 증가로 인해 추론에 의존해야 하므로 더 많은 시간이 걸릴 수 있습니다.

B) 컨테이너를 패키징 솔루션으로 간주하는 경우: 컨테이너 클라우드를 자체적으로 운영하는 회사에서는 컨테이너 통계를 분리할 필요가 없을 수 있습니다. 컨테이너가 호스트 통계를 볼 수 있게 되면(앞서 iostat(1)에서 보았던 것과 마찬가지로, 어쨌든 현재는 흔한 경우입니다) 사용자가 하드웨어 상태나 '시끄러운 이웃'으로 인해 발생한 문제를 더 잘 이해할 수 있습니다. 이 경우 통계를 숨기는 것보다 더욱 세분화된 방식으로 제공하는 것이 바람직합니다. 예를 들어 iostat(1)에서 현재 컨테이너의 통계뿐만 아니라 호스트 전체 또는 다른 컨테이너의 리소스 사용량도 함께 보여준다면, 컨테이너 환경을 더욱 잘 이해할 수 있습니다.

두 가지 시나리오 모두에서 성능 도구들은 컨테이너 인식 기능의 일환으로 필요한 경우 리소스 제어 설정을 보여주는 기능 역시 지원해야 합니다. iostat(1)를 가지고 설명을 계속하면, 장치 %util(시나리오 A에서는 보이지 않는)과는 별개로, blkio 스루풋과 IOPS 제한을 기반으로 하는 %cap 지표를 추가해서, 디스크 I/O가 리소스 제어로 인해 제한되는지를 보여줄 수 있습니다(컨테이너 안에서).[24]

물리적 리소스 관측가능성을 사용할 수 있다면, 게스트는 시끄러운 이웃과 같이 몇몇 유형이 현재 문제의 원인이 아님을 판단하고 배제할 수 있을 것입니다. 이는 컨테이너 관리자의 부담을 조금 덜어줄 수 있을 텐데, 사람들은 볼 수 없는 것에 대해 책임을 돌리는 경향이 있기 때문입니다. 이 점은 하드웨어 가상화와의 중요한 차이점이기도 한데, 하드웨어 가상화는 물리적 리소스를 게스트로부터 숨기며, 별도의 수단 없이는 이러한 통계를 공유할 방법도 없습니다. 앞으로 리눅스에 호스트 통계 공유를 제어하는 설정이 추가된다면, 각 컨테이너 환경은 필요에 따라 A 또는 B 시나리오를 선택할 수 있을 것입니다.

트레이싱 도구

perf(1), Ftrace, BPF와 같은 커널 기반의 고급 트레이싱 도구들은 유사한 문제점들을 가지고 있으며 '컨테이너 인식'이 되기 위해서는 일부 부족한 점이 있습니다. 현재 이런 도구들은 컨테이너 내부에서는 제대로 동작하지 않는데, 여러 시스템 콜(perf_event_open(2), bpf(2) 등)과 시스템 파일(/proc 및 /sys) 접근에 필요한 권한 부족으로 인해서 그렇습니다. 앞서 설명한 시나리오 A와 B 관점에서의 향후 전망은 다음과 같습니다.

A) 트레이싱 도구 사용 시 격리(Isolation) 필요: 다음 방법을 통해 컨테이너에서 트레이싱 도구를 사용할 수 있을 것입니다.
- 커널 필터링: 커널이 이벤트와 이벤트 인자들을 필터링할 수 있어야 합니다. 예를 들어 트레이싱 할 때 block:block_rq_issue tracepoint를 필터링 함으로써 현재 컨테이너의 디스크 I/O만을 보여줄 수 있을 것입니다.
- 호스트 API: 호스트에서 안전한 API나 GUI를 통해 특정 트레이싱 도구에 대한 접근을 제공할 것입니다. 예를 들어, 컨테이너가 execsnoop(8)이나 biolatency(8) 같은 BCC 도구의 실행을 요청하면, 호스트는 요청을 확인한 뒤 해당 도구의 필터링된 버전을 실행하며 출력 결과를 리턴할 것입니다.

---

[24] 현재 iostat(1) -x는 필드를 너무 많이 가지고 있어서, 필자의 가장 폭이 넓은 터미널에서도 정리되지 않아서 더 추가하는 것을 권장하지는 않습니다. 필자는 차라리 -L과 같은 또 다른 옵션을 추가해서 소프트웨어 제한 컬럼을 출력하는 방안을 선택할 것입니다.

B) 트레이싱 도구 사용 시 격리 불필요: 컨테이너가 필요한 시스템 자원(시스템 콜, /proc, /sys)에 접근할 수 있도록 허용하여, 기존 트레이싱 도구가 컨테이너에서도 정상적으로 작동할 수 있게 만듭니다. 또한 트레이싱 도구 자체가 '컨테이너 인식' 기능을 갖추게 하여, 현재 컨테이너의 이벤트만 필터링할 수 있도록 개선할 수 있습니다.

리눅스 및 기타 커널에서 이러한 '컨테이너 인식' 기능을 도구와 통계에 적용하는 작업은 오랜 시간이 걸리며, 완전히 구현되기까지는 여러 해가 걸릴 것입니다. 이러한 상황은 시스템에 직접 로그인하여 커맨드 라인에서 성능 도구를 사용하는 고급 사용자들에게는 안타까운 일입니다. 반면, 많은 사용자들은 이미 (어느 정도는) '컨테이너 인식'이 가능한 모니터링 제품을 활용하기 때문에 이러한 제약을 덜 느낄지도 모릅니다

11.3.4.4 전략

앞의 몇몇 장에서는 물리적 시스템 자원 분석 기법과 다양한 방법론을 살펴보았습니다. 이러한 기법들은 호스트 관리자가 활용할 수 있으며, 게스트 관리자도 일부 따라할 수 있습니다. 다만 앞에서 언급한 여러 한계를 고려해야 합니다. 게스트 환경에서는 보통 자원의 전체적인 사용 상태를 관찰하는 수준에서 그치며, 커널 내부를 깊이 들여다보는 드릴다운 분석은 어렵습니다.

또한, 호스트와 게스트 모두 물리적 자원뿐만 아니라 클라우드에서 설정한 리소스 제어 제한도 확인해야 합니다(사용 중인 경우). 클라우드 환경에서는 이러한 제한값이 물리적 자원의 한계보다 낮게 설정되는 경우가 많아, 실제로는 이 제한에 먼저 도달할 가능성이 높기 때문입니다. 따라서 이러한 제한값을 우선적으로 점검하는 것이 중요합니다.

top(1)이나 iostat(1) 같은 기존 관측가능성 도구들은 컨테이너나 리소스 제어가 도입되기 전에 개발되었기 때문에, 리소스 제어 정보를 기본적으로 제공하지 않습니다. 이로 인해 사용자들은 리소스 제어 정보를 확인해야 한다는 점을 간과하거나, 이를 체크할 수 있는 도구를 사용하는 것을 자주 잊게 됩니다.

다음은 각 제원 제어에 대한 설명과 이를 체크해 볼 수 있는 전략입니다.

- CPU: cpusets, 대역폭(bandwith), 가중치(share)의 사용 상태를 모두 확인하세요. 그림 11.13의 플로 차트를 참고하세요.

- 메모리: 메인 메모리의 경우 현재 사용량을 메모리 cgroup 제한값과 비교하세요.
- 파일 시스템 용량: 일반적인 파일 시스템과 마찬가지로 가상화 게스트에서도 사용 가능한 용량을 정상적으로 관찰할 수 있습니다(df(1) 등 사용).
- 디스크 I/O: blkio cgroup 스로틀 설정(/sys/fs/cgroup/blkio)과 blkio.throttle. io_serviced 및 blkio.throttle.io_service_bytes 파일의 통계를 확인하세요. 이 값들이 스로틀과 같은 비율로 증가하고 있다면, 디스크 I/O가 스로틀에 의해 제한되고 있다는 증거입니다. BPF 트레이싱을 사용할 수 있다면, blkthrot(8) 도구로 blkio 스로틀 상태를 확인할 수 있습니다.[Gregg 19]
- 네트워크 I/O: 설정해 둔 한계치가 있다면 현재 네트워크 스루풋을 해당 대역폭 한계치와 비교하세요. 이러한 제한값은 보통 호스트에서만 관찰 가능합니다. 한계에 도달하면 네트워크 I/O 지연시간이 늘어나는데, 이는 테넌트의 I/O를 한도에 맞춰 스로틀하기 때문입니다.

최종 정리: cgroup v1과 리눅스 컨테이너의 현재 상태에 대해 설명하는 데 이 절의 많은 부분을 할애했습니다. 커널의 기능은 빠르게 변경되고 있지만 벤더 문서화와 도구의 '컨테이너 인식' 같은 기능은 이러한 변화를 따라잡기 위해 여전히 노력하고 있습니다. 리눅스 컨테이너의 최신 내용을 알고 있으려면 새로 발표되는 커널 버전에서 추가된 내용을 확인하고 리눅스 소스의 Documentation 디렉터리를 꼼꼼히 읽어볼 필요가 있습니다. 특히 cgroups v2의 주요 개발자인 허태준(Tejun Heo)님이 작성한 문서(Documentation/admin-guide/cgroup-v2.rst)를 읽어보기 바랍니다.[Heo 15]

11.4 경량 가상화

경량 하드웨어 가상화는 하드웨어 가상화의 높은 보안성과 컨테이너의 효율성과 빠른 부팅 시간이라는 두 가지 모두의 장점만을 취하도록 설계되었습니다. 이에 대해서는 그림 11.14에 Firecracker를 예로 들어 그려 두었고, 비교할 수 있도록 옆에 컨테이너를 그려놓았습니다.

경량 하드웨어 가상화는 프로세서 가상화와 최소한의 에뮬레이션 장치를 사용하는 경량 하이퍼바이저를 기반으로 합니다. 이는 기존에 사용하던 장치 구성 요소 (다양한 수준의 프로세서 기능뿐만 아니라 비디오, 오디오, BIOS, PCI 버스, 기타 장치에 대한 지원을 포함) 전부를 갖춘 full-machine 하드웨어 하이퍼바이저(11.2

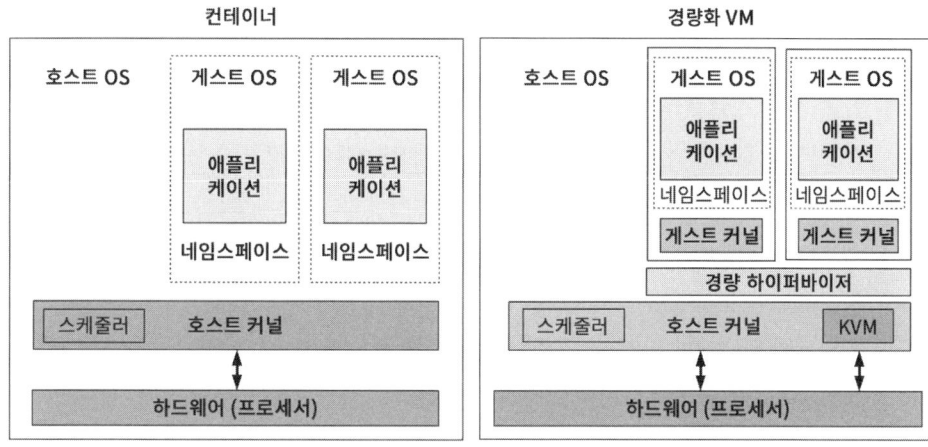

그림 11.14 경량 가상화

절 "하드웨어 가상화")와는 다릅니다. 서버 컴퓨팅만을 목표로 설계된 경량 하이 퍼바이저는 이러한 장치 지원이 불필요하며, 최신 프로세서 가상화 기능(예: 인텔 VT-x)을 기본적으로 사용할 수 있음을 전제로 합니다.

위의 그림을 통해 차이점을 설명하자면, QEMU는 KVM에서 사용되는 full-machine 하드웨어 하이퍼바이저로 코드가 140만 줄 이상입니다(QEMU 버전 4.2). 반면, 아마존 Firecracker는 경량 하이퍼바이저로 코드가 단 5만 줄에 불과합니다.[Agache 20]

경량 VM은 11.2절에서 설명한 구성 B 하드웨어 VM과 유사하게 동작합니다. 그러나 하드웨어 VM에 비해 부팅 시간이 훨씬 빠르고, 메모리 오버헤드가 적으며, 보안성이 더욱 향상되었습니다. 경량 하이퍼바이저는 그림 11.14에 나온 것처럼 네임스페이스를 또 하나의 보안 계층으로 설정해서 보안성을 더 향상시킬 수 있습니다.

일부 구현에서는 경량 가상 머신을 **컨테이너**라고 설명하기도 하고, 다른 구현에서는 **마이크로VM(MicroVM)**이라는 용어를 사용합니다. 필자는 마이크로 VM이 더 마음에 드는데, 컨테이너라는 용어가 일반적으로 OS 가상화와 연관되어 사용되기 때문입니다.

11.4.1 구현

경량 하드웨어 가상화는 여러 프로젝트에서 구현되고 있으며, 다음 프로젝트가 대표적인 사례입니다.

- 인텔 클리어 컨테이너(Clear Containers): 2015년에 시작되었으며, 인텔 VT 기능을 활용해 경량 가상 머신을 제공합니다. 이 프로젝트는 45ms 미만의 부팅 시간을 달성해 경량 컨테이너의 가능성을 입증했습니다.[Kadera 16] 2017년 이 프로젝트는 카타 컨테이너 프로젝트와 통합되어 개발이 계속되고 있습니다.
- 카타 컨테이너(Kata Containers): 2017년에 시작된 이 프로젝트는 인텔 클리어 컨테이너와 Hyper.sh의 RunV 프로젝트에 기반을 두고 있으며 오픈 스택 재단(OpenStack foundation)의 관리하에 운영됩니다. 프로젝트의 슬로건은 "컨테이너의 속도와 VM의 보안성을 제공합니다(The speed of containers, the security of VMs)"입니다.[Kata Containers 20]
- 구글 gVisor: 오픈 소스로 2018년에 시작되었으며, 컨테이너 보안성을 향상시키기 위해 Go로 작성된 게스트용 특수 사용자 공간 커널을 사용합니다.
- 아마존 Firecracker: 2019년에 오픈 소스로 공개되었으며[Firecracker 20], QEMU 대신 새로운 경량 VMM을 KVM과 함께 사용하는데, 100ms 내외의 부팅 시간을 달성했습니다(시스템 부팅 기준).[Agache 20]

이어지는 절에서는 주로 사용되는 구현 방식인 경량 하드웨어 하이퍼바이저(인텔 클리어 컨테이너, 카타 컨테이너, Firecracker)에 대해 설명합니다. 구글 gVisor는 자체의 경량 커널을 사용하기 때문에 접근 방식이 다르며, 컨테이너와 더 유사한 특성을 가지고 있습니다(11.3절 "OS 가상화").

11.4.2 오버헤드

경량 하드웨어 가상화의 오버헤드는 11.2.2절 "오버헤드"에서 설명한 KVM 가상화의 오버헤드와 유사한데, VMM의 크기가 훨씬 작기 때문에 메모리 사용량(footprint)이 더 적습니다. 인텔 클리어 컨테이너 2.0은 컨테이너당 48~50MB 메모리 오버헤드를 보이며[Kadera 16], 아마존 Firecracker는 5MB 미만을 보입니다.[Agache 20]

11.4.3 리소스 제어

경량 하드웨어 가상화의 VMM 프로세스는 호스트 시스템에서 실행되기 때문에 11.2.3절 "리소스 제어"에서 설명한 KVM 가상화와 유사하게 cgroup, qdisc 등의 OS 수준 리소스 제어로 관리할 수 있습니다. 컨테이너에 대한 OS 수준 리소스 제어는 11.3.3절 "리소스 제어"에서 더 상세하게 설명했습니다.

11.4.4 관측가능성

관측가능성은 11.2.4절 "관측가능성"에서 설명한 KVM 가상화의 관측가능성과 유사합니다. 요약하면 다음과 같습니다.

- 호스트에서 관찰할 경우: 모든 물리적 리소스는 앞의 몇몇 장에서 설명한 것처럼, 표준 OS 도구를 사용해서 관찰할 수 있습니다. 예를 들어, 게스트 VM은 호스트에서는 하나의 프로세스로 보입니다. 하지만 VM 내부의 프로세스나 파일 시스템 등 게스트 내부 구조는 직접 관찰할 수 없습니다. 하이퍼바이저 관리자가 게스트 내부 구조를 분석하려면 반드시 접근 권한이 필요합니다(예: SSH).
- 게스트에서 관찰할 경우: 게스트는 가상화된 자원과 해당 자원이 사용되는 상태를 관찰할 수 있으며, 이를 통해 물리적 문제를 추론할 수 있습니다. BPF 기반의 도구를 포함해 커널 트레이싱 도구들을 모두 사용할 수 있는데, VM이 자체적으로 동작하는 커널을 가지고 있기 때문입니다.

관측가능성의 사례로, 다음은 호스트로부터 top(1)을 사용해서 관측된 Firecracker VM을 확인하는 예시입니다.[25]

```
host# top
top - 15:26:22 up 25 days, 22:03,  2 users,  load average: 4.48, 2.10, 1.18
Tasks: 495 total,   1 running, 398 sleeping,   2 stopped,   0 zombie
%Cpu(s): 25.4 us,  0.1 sy,  0.0 ni, 74.4 id,  0.0 wa,  0.0 hi,  0.0 si,  0.0 st
KiB Mem : 24422712 total,  8268972 free, 10321548 used,  5832192 buff/cache
KiB Swap: 32460792 total, 31906152 free,   554640 used. 11185060 avail Mem

    PID USER      PR  NI    VIRT    RES    SHR S  %CPU %MEM     TIME+ COMMAND
  30785 root      20   0 1057360 297292 296772 S 200.0  1.2   0:22.03 firecracker
  31568 bgregg    20   0  110076   3336   2316 R  45.7  0.0   0:01.93 sshd
  31437 bgregg    20   0   57028   8052   5436 R  22.8  0.0   0:01.09 ssh
  30719 root      20   0  120320  16348  10756 S   0.3  0.1   0:00.83 ignite-spawn
      1 root      20   0  227044   7140   3540 S   0.0  0.0  15:32.13 systemd
[..]
```

전체 VM은 `firecracker`이라는 이름의 단일 프로세스로 나타납니다. 해당 출력 결과를 통해 `firecracker`가 200%의 CPU(2CPU)를 사용하고 있는 것을 확인할 수 있습니다. 그러나 호스트에서는 이 CPU를 실제로 사용하는 게스트 내부의 프로세스를 알 수 없습니다.

---

[25] 이 VM은 마이크로VM(microVM) 컨테이너 매니저인 Weave Ignite를 사용해서 만들었습니다.[Weaveworks 20]

다음은 firecracker 게스트 환경에서 top(1)을 실행한 모습입니다.

```
guest# top
top - 22:26:30 up 16 min,  1 user,  load average: 1.89, 0.89, 0.38
Tasks:  67 total,   3 running,  35 sleeping,   0 stopped,   0 zombie
%Cpu(s): 81.0 us, 19.0 sy,  0.0 ni,  0.0 id,  0.0 wa,  0.0 hi,  0.0 si,  0.0 st
KiB Mem :  1014468 total,   793660 free,    51424 used,   169384 buff/cache
KiB Swap:        0 total,        0 free,        0 used.   831400 avail Mem

  PID USER      PR  NI    VIRT    RES    SHR S  %CPU %MEM     TIME+ COMMAND
 1104 root      20   0   18592   1232    700 R 100.0  0.1   0:05.77 bash
 1105 root      20   0   18592   1232    700 R 100.0  0.1   0:05.59 bash
 1106 root      20   0   38916   3468   2944 R   4.8  0.3   0:00.01 top
    1 root      20   0   77224   8352   6648 S   0.0  0.8   0:00.38 systemd
    3 root       0 -20       0      0      0 I   0.0  0.0   0:00.00 rcu_gp
[...]
```

이 출력 결과는 두 개의 bash 프로그램이 CPU를 사용한 것을 보여주고 있습니다.

호스트에서는 1분 부하 평균이 4.48로 나타난 반면, 게스트에서는 1.89로 나타났습니다. 이 차이는 상단 헤더 요약 부분에서 명확히 드러납니다. 기타 세부사항 역시 상이한데, 이는 게스트가 자체 커널을 사용하여 게스트 전용 통계를 독립적으로 관리하기 때문입니다. 반면, 컨테이너 환경에서는 게스트 내부에서 관찰한 통계가 시스템 전반(호스트)의 통계를 그대로 보여줄 수 있어 이러한 차이가 없습니다(11.3.4절 "관측가능성" 참고).

또 다른 사례로, 다음은 게스트에서 실행한 mpstat(1)를 보여줍니다.

```
guest# mpstat -P ALL 1
Linux 4.19.47 (cd41e0d846509816)    03/21/20    _x86_64_    (2 CPU)

22:11:07    CPU   %usr  %nice   %sys %iowait   %irq  %soft %steal %guest %gnice  %idle
22:11:08    all  81.50   0.00  18.50    0.00   0.00   0.00   0.00   0.00   0.00   0.00
22:11:08      0  82.83   0.00  17.17    0.00   0.00   0.00   0.00   0.00   0.00   0.00
22:11:08      1  80.20   0.00  19.80    0.00   0.00   0.00   0.00   0.00   0.00   0.00
[...]
```

이 출력 결과는 두 개의 CPU만 보여주는데, 게스트에 두 개의 CPU가 할당되었기 때문입니다.

11.5 기타 유형

기타 클라우드 컴퓨팅 구성 요소와 기술에는 다음과 같은 것들이 있습니다.

- 서비스형 함수(Functions as a service, FaaS): 개발자가 애플리케이션 함수를 클라우드로 보내면, 요청에 따라 해당 함수가 실행됩니다. 이 방식은 관리해야 할 서버가 없기 때문에('serverless') 소프트웨어 개발을 단순화하지만, 성능에 영향이 있을 수 있습니다. 대표적으로, 해당 애플리케이션 함수의 초기 실행 시간(기동 시간)[26]은 상당할 수 있으며, 서버가 없기 때문에 사용자는 기존의 커맨드 라인 관측가능성 도구를 실행할 수 없습니다. 일반적으로 이 환경에서 성능 분석은 애플리케이션 자체에서 제공하는 타임스탬프(예: 로그)를 통해서만 제한적으로 이루어집니다.

- 서비스형 소프트웨어(Software as a service, SaaS): 사용자가 서버나 애플리케이션을 직접 설정하지 않고도 고급 소프트웨어를 바로 사용할 수 있습니다. 다만 성능 분석은 서버에 접근이 가능한 관리자만 수행할 수 있으며, 일반 사용자는 클라이언트 측에서 측정한 시간 데이터 활용 외에는 할 수 있는 것이 거의 없습니다.

- 유니커널(Unikernels): 이 기술은 애플리케이션과 최소한의 커널 기능을 하나로 컴파일하여 운영 체제 없이도 하드웨어 하이퍼바이저에서 직접 실행할 수 있는 단일 소프트웨이 바이너리를 만듭니다. 이는 사용하지 않는 코드를 제거하여 보안을 강화하고, 명령어 텍스트를 최소화해서 CPU 캐시 오염을 줄여 성능을 개선합니다. 그러나 유니커널은 운영 체제가 없기 때문에 관측 도구를 실행할 수 없다는 단점이 있습니다. 심지어 /proc에서 확인할 수 있는 커널 통계도 제공되지 않을 수 있습니다. 다만 유니커널은 하이퍼바이저 없이 일반 운영 체제에서 표준 프로세스로 실행될 수 있도록 설계된 경우가 많아, (하이퍼바이저와는 다른 환경이지만) 분석 및 디버깅이 가능합니다. 하이퍼바이저에서도 스택 프로파일링과 같이 유니커널을 검사하는 방법을 개발할 수도 있는데, 필자는 동작 중인 미라지OS(MirageOS) 유니커널을 대상으로 플레임 그래프를 생성하는 프로토타입을 개발한 바 있습니다.[Gregg 16a]

이러한 유형들에서는 공통적으로 최종 사용자가 로그인해 전통적인 성능 분석을 수행할 수 있는 운영 체제(또는 접근 가능한 컨테이너)가 없습니다. FaaS와 SaaS는 반드시 관리자가 분석해야 합니다. 유니커널은 맞춤형 도구와 통계 정보가 필요하고, 하이퍼바이저 프로파일링이 지원된다면 이상적일 것입니다.

---

26 (옮긴이) 이를 콜드 스타트(cold-start) 시간이라 하며, 서버리스 환경에서 함수가 처음 실행되거나 오랜 시간 호출되지 않다가 다시 호출될 때, 클라우드가 실행 준비를 위해 리소스를 할당하고 초기화하는 데 걸리는 시간을 의미합니다. 이로 인해 함수의 실행이 지연되어 사용자에게 영향을 줄 수 있습니다.

11.6 비교

여러 기술을 비교해 보면 각각을 더 잘 이해할 수 있는데, 여러분이 회사에서 사용 중인 기술을 바꿀 만한 위치에 있지 않더라도 이 같은 비교는 유용합니다. 이 장에서 설명한 세 가지 기술의 성능 특성을 비교한 내용을 표 11.7에 정리했습니다.[27]

표 11.7 가상화 기술의 성능 특성 비교

특성	하드웨어 가상화	OS 가상화 (컨테이너)	경량 가상화
사례	KVM	컨테이너	Firecracker
CPU 성능	높음(CPU 지원 필요)	높음	높음(CPU 지원 필요)
CPU 할당	vCPU로 고정	유연함(가중치 + 대역폭)	vCPU로 고정
I/O 스루풋	높음(SR-IOV 사용)	높음(추가 오버헤드 없음)	높음(SR-IOV 사용)
I/O 지연시간	낮음(SR-IOV 사용, QEMU 사용 안 함)	낮음(추가 오버헤드 없음)	낮음(SR-IOV 사용)
메모리 접근 오버헤드	약간 있음(EPT/NPT 또는 섀도우 페이지 테이블)	없음	약간 있음(EPT/NPT 또는 섀도우 페이지 테이블)
메모리 손실	약간 있음(개별 커널 사용, 페이지 테이블)	없음	약간 있음(개별 커널 사용, 페이지 테이블)
메모리 할당	고정적(이중 캐시 가능성)	유연함(미사용 게스트 메모리를 파일 시스템 캐시로 사용)	고정적(이중 캐시 가능성)
리소스 제어	대부분 가능(커널 + 하이퍼바이저 제어)	다양함(커널에 따라 다름)	대부분 가능(커널 + 하이퍼바이저 제어)
호스트에서 관측가능성	중간(리소스 사용 현황, 하이퍼바이저 통계, OS가 KVM 같은 하이퍼바이저 검사 가능, 그러나 게스트 내부를 볼 수는 없음)	높음(모든 것을 볼 수 있음)	중간(리소스 사용 현황, 하이퍼바이저 통계, OS가 KVM 같은 하이퍼바이저 검사 가능, 그러나 게스트 내부를 볼 수는 없음)
게스트에서 관측가능성	높음(전체 커널 및 가상 장치 확인 가능)	중간(사용자 영역만 가능, 커널 카운터, 커널 전체에 대한 관측 가능성 제한) (일부) 호스트 전역 지표가 출력될 수 있음(예: iostat(1))	높음(전체 커널 및 가상 장치 확인 가능)
선호되는 관측 가능성 대상	사용자	호스트 관리자	사용자
하이퍼바이저의 복잡성	가장 높음(복잡한 하이퍼바이저)	중간(OS)	높음(경량 하이퍼바이저)
다른 게스트 운영 체제 사용	가능	보통은 불가능(시스템 콜 변환을 사용하면 가능한 경우도 있지만 오버헤드가 있음)	가능

[27] 이 표는 성능 분석에만 초점을 맞추고 있음에 유의하세요. 다른 차이점도 있는데, 예를 들어 컨테이너는 여러 인스턴스가 동일한 커널을 공유하기 때문에 보안이 더 취약한 것으로 알려져 있습니다.[Agache 20]

이 표는 시간이 지나면서 새로운 가상화 기술을 위한 여러 특화된 기능이 개발되며 시대에 뒤떨어질 수도 있겠지만, 설령 전혀 다른 방식의 가상화 기술이 등장해 위의 세 가지 분류에 속하지 않더라도, 여전히 비교해야 할 기준을 제시하는 데 유용한 자료로 남을 것입니다.

가상화 기술을 비교할 때는 어떤 것이 성능이 가장 좋은지 보기 위해 마이크로 벤치마킹을 주로 사용하곤 합니다. 그러나 이러한 접근 방식은 시스템 관측의 중요성을 간과하는 경우가 많습니다. 관측가능성이 뛰어난 시스템은 불필요한 작업을 식별하고 제거할 수 있어, 단순히 하이퍼바이저 간의 사소한 성능 차이보다 훨씬 큰 성능 향상을 가져올 수 있습니다.

클라우드 관리자에게 가장 높은 관측가능성을 제공하는 방식은 컨테이너입니다. 이는 관리자가 컨테이너 환경의 호스트에서 모든 프로세스와 컨테이너 간의 상호작용을 명확히 파악할 수 있기 때문입니다. 반면, 사용자에게 관측가능성이 가장 높은 건 가상 머신입니다. 가상 머신은 커널에 직접 접근할 수 있는 환경을 제공해, 사용자는 13장, 14장, 15장에서 소개된 커널 기반 성능 도구를 사용해 볼 수 있습니다. 또 다른 대안으로는 커널 접근이 가능한 컨테이너를 들 수 있습니다. 이 방식은 관리자와 사용자 모두에게 시스템 전체를 관찰할 수 있는 환경을 제공합니다. 하지만 이 접근법은 고객이 컨테이너 호스트까지 직접 운영해야만 가능하며, 컨테이너 간 보안 격리가 어렵다는 한계가 있습니다.

가상화는 여전히 발전되고 있는 분야로 경량 하드웨어 하이퍼바이저는 발표된 지 몇 년 되지 않았습니다. 이들의 장점, 특히 최종 사용자 입장에서의 관측가능성이라는 이점 때문에, 이러한 경량 가상화는 앞으로 더욱 많이 사용되리라 기대합니다.

11.7 연습 문제

1. 다음 가상화 용어에 관한 질문에 답하시오.
   - 호스트와 게스트의 차이점은 무엇입니까?
   - 테넌트란 무엇입니까?
   - 하이퍼바이저란 무엇입니까?
   - 하드웨어 가상화란 무엇입니까?
   - OS 가상화란 무엇입니까?

2. 다음 개념에 대한 질문에 답하시오.
   - 성능 격리의 역할에 대해 기술하시오.
   - 최신 하드웨어 가상화의 성능 오버헤드에 대해 기술하시오(예: Nitro).
   - OS 가상화의 성능 오버헤드에 대해 기술하시오(예: 리눅스 컨테이너).
   - 하드웨어 가상화한 게스트에서 물리적 시스템에 대한 관찰 범위가 어떤지 기술하시오(Xen 또는 KVM).
   - OS 가상화 게스트 환경에서 물리적인 시스템의 관측가능성을 설명하시오.
   - 하드웨어 가상화(예: Xen 또는 KVM)와 경량 하드웨어 가상화(예: Firecracker)의 차이를 설명하시오.

3. 가상화 기술 중 하나를 택해 게스트에 대한 다음 질문에 답하시오.
   - 메모리 제한을 적용하려면 어떻게 해야 하며, 게스트에서는 해당 제한값을 어떤 식으로 확인할 수 있는지 기술하시오. (게스트 메모리를 소진한 경우 관리자는 어디를 살펴봐야 합니까?)
   - CPU 제한을 적용하려면 어떻게 해야 하며, 게스트에서는 해당 제한값을 어떤 식으로 확인할 수 있는지 기술하시오.
   - 디스크 I/O 제한을 적용하려면 어떻게 해야 하며, 게스트에서는 해당 제한값을 어떤 식으로 확인할 수 있는지 기술하시오.
   - 네트워크 I/O 제한을 적용하려면 어떻게 해야 하며, 게스트에서는 해당 제한값을 어떤 식으로 확인할 수 있는지 기술하시오.

4. 리소스 제어에 대한 USE 방법론 체크리스트를 만드시오. 어떻게 각 지표를 얻을 수 있는지(예: 어떤 명령을 실행해야 하는지)와 해석 방법도 포함하시오. 추가 소프트웨어를 설치하거나 사용하기 전에 운영 체제에서 제공하는 기존 관측 가능성 도구를 먼저 활용하시오.

11.8 참고 자료

[**Goldberg 73**] Goldberg, R. P., *Architectural Principles for Virtual Computer Systems*, Harvard University (Thesis), 1972.

[**Waldspurger 02**] Waldspurger, C., "Memory Resource Management in VMware ESX Server," *Proceedings of the 5th Symposium on Operating Systems Design and Implementation*, 2002.

[**Cherkasova 05**] Cherkasova, L., and Gardner, R., "Measuring CPU Overhead for I/O Processing in the Xen Virtual Machine Monitor," *USENIX ATEC*, 2005.

[**Adams 06**] Adams, K., and Agesen, O., "A Comparison of Software and Hardware Techniques for x86 Virtualization," *ASPLOS*, 2006.

[**Gupta 06**] Gupta, D., Cherkasova, L., Gardner, R., and Vahdat, A., "Enforcing Performance Isolation across Virtual Machines in Xen," *ACM/IFIP/USENIX Middleware*, 2006.

[**Qumranet 06**] "KVM: Kernel-based Virtualization Driver," Qumranet Whitepaper, 2006.

[**Cherkasova 07**] Cherkasova, L., Gupta, D., and Vahdat, A., "Comparison of the Three CPU Schedulers in Xen," *ACM SIGMETRICS*, 2007.

[**Corbet 07a**] Corbet, J., "Process containers," LWN.net, *https://lwn.net/Articles/236038*, 2007.

[**Corbet 07b**] Corbet, J., "Notes from a container," LWN.net, *https://lwn.net/Articles/256389*, 2007.

[**Liguori, 07**] Liguori, A., "The Myth of Type I and Type II Hypervisors," *http://blog.codemonkey.ws/2007/10/myth-of-type-i-and-type-ii-hypervisors.html*, 2007.

[**VMware 07**] "Understanding Full Virtualization, Paravirtualization, and Hardware Assist," *https://www.vmware.com/techpapers/2007/understanding-full-virtualization-paravirtualizat1008.html*, 2007.

[**Matthews 08**] Matthews, J., et al. *Running Xen: A Hands-On Guide to the Art of Virtualization*, Prentice Hall, 2008.

[**Milewski 11**] Milewski, B., "Virtual Machines: Virtualizing Virtual Memory," *http://corensic.wordpress.com/2011/12/05/virtual-machines-virtualizing-virtual-memory*, 2011.

[**Adamczyk 12**] Adamczyk, B., and Chydzinski, A., "Performance Isolation Issues in Network Virtualization in Xen," *International Journal on Advances in Networks and Services*, 2012.

[**Hoff 12**] Hoff, T., "Pinterest Cut Costs from $54 to $20 Per Hour by Automatically Shutting Down Systems," *http://highscalability.com/blog/2012/12/12/pinterest-cut-costs-from-54-to20-per-hour-by-automatically.html*, 2012.

[**Gregg 14b**] Gregg, B., "From Clouds to Roots: Performance Analysis at Netflix," *http://www.brendangregg.com/blog/2014-09-27/from-clouds-to-roots.html*, 2014.

[**Heo 15**] Heo, T., "Control Group v2," Linux documentation, *https://www.kernel.org/doc/Documentation/cgroup-v2.txt*, 2015.

[**Gregg 16a**] Gregg, B., "Unikernel Profiling: Flame Graphs from dom0," *http://www.brendangregg.com/blog/2016-01-27/unikernel-profiling-from-dom0.html*, 2016.

[**Kadera 16**] Kadera, M., "Accelerating the Next 10,000 Clouds," *https://www.slideshare.net/Docker/accelerating-the-next-10000-clouds-by-michael-kadera-intel*, 2016.

[**Borello 17**] Borello, G., "Container Isolation Gone Wrong," Sysdig blog, *https://sysdig.com/blog/container-isolation-gone-wrong*, 2017.

[Goldfuss 17] Goldfuss, A., "Making FlameGraphs with Containerized Java," *https://blog.alicegoldfuss.com/making-flamegraphs-with-containerized-java*, 2017.

[Gregg 17e] Gregg, B., "AWS EC2 Virtualization 2017: Introducing Nitro," *http://www.brendangregg.com/blog/2017-11-29/aws-ec2-virtualization-2017.html*, 2017.

[Gregg 17f] Gregg, B., "The PMCs of EC2: Measuring IPC," *http://www.brendangregg.com/blog/2017-05-04/the-pmcs-of-ec2.html*, 2017.

[Gregg 17g] Gregg, B., "Container Performance Analysis at DockerCon 2017," *http://www.brendangregg.com/blog/2017-05-15/container-performance-analysisdockercon-2017.html*, 2017.

[CNI 18] "bandwidth plugin," *https://github.com/containernetworking/plugins/blob/master/plugins/meta/bandwidth/README.md*, 2018.

[Denis 18] Denis, X., "A Pods Architecture to Allow Shopify to Scale," *https://engineering.shopify.com/blogs/engineering/a-pods-architecture-to-allow-shopifyto-scale*, 2018.

[Leonovich 18] Leonovich, M., "Another reason why your Docker containers may be slow," *https://hackernoon.com/another-reason-why-your-docker-containers-may-be-slowd37207dec27f*, 2018.

[Borkmann 19] Borkmann, D., and Pumputis, M., "Kube-proxy Removal," *https://cilium.io/blog/2019/08/20/cilium-16/#kubeproxy-removal*, 2019.

[Cilium 19] "Announcing Hubble - Network, Service & Security Observability for Kubernetes," *https://cilium.io/blog/2019/11/19/announcing-hubble/*, 2019.

[Gregg 19] Gregg, B., *BPF Performance Tools: Linux System and Application Observability*, Addison-Wesley, 2019. (번역서는 《BPF 성능 분석 도구: BPF 트레이싱을 통한 리눅스 시스템 관측가능성과 성능 향상》 이호연 옮김, 인사이트, 2021)

[Gregg 19e] Gregg, B., "kvmexits.bt," *https://github.com/brendangregg/bpf-perf-tools-book/blob/master/originals/Ch16_Hypervisors/kvmexits.bt*, 2019.

[Kwiatkowski 19] Kwiatkowski, A., "Autoscaling in Reality: Lessons Learned from Adaptively Scaling Kubernetes," *https://conferences.oreilly.com/velocity/vl-eu/public/schedule/detail/78924*, 2019.

[Xen 19] "Xen PCI Passthrough," *http://wiki.xen.org/wiki/Xen_PCI_Passthrough*, 2019.

[Agache 20] Agache, A., et al., "Firecracker: Lightweight Virtualization for Serverless Applications," *https://www.amazon.science/publications/firecracker-lightweightvirtualization-for-serverless-applications*, 2020.

[Calico 20] "Cloud Native Networking and Network Security," *https://github.com/projectcalico/calico*, last updated 2020.

[Cilium 20a] "API-aware Networking and Security," *https://cilium.io*, accessed 2020.

[**Cilium 20b**] "eBPF-based Networking, Security, and Observability," *https://github.com/cilium/cilium*, last updated 2020.

[**Firecracker 20**] "Secure and Fast microVMs for Serverless Computing," *https://github.com/firecracker-microvm/firecracker*, last updated 2020.

[**Google 20c**] "Google Compute Engine FAQ," *https://developers.google.com/compute/docs/faq#whatis*, accessed 2020.

[**Google 20d**] "Analyzes Resource Usage and Performance Characteristics of Running containers," *https://github.com/google/cadvisor*, last updated 2020.

[**Kata Containers 20**] "Kata Containers," *https://katacontainers.io*, accessed 2020.

[**Linux 20m**] "mount_namespaces(7)," *http://man7.org/linux/man-pages/man7/mount_namespaces.7.html*, accessed 2020.

[**Weaveworks 20**] "Ignite a Firecracker microVM," *https://github.com/weaveworks/ignite*, last updated 2020.

[**Kubernetes 20b**] "Production-Grade Container Orchestration," *https://kubernetes.io*, accessed 2020.

[**Kubernetes 20c**] "Tools for Monitoring Resources," *https://kubernetes.io/docs/tasks/debug-application-cluster/resource-usage-monitoring*, last updated 2020.

[**Torvalds 20b**] Torvalds, L., "Re: [GIT PULL] x86/mm changes for v5.8," *https://lkml.org/lkml/2020/6/1/1567*, 2020.

[**Xu 20**] Xu, P., "iops limit for pod/pvc/pv #92287," *https://github.com/kubernetes/kubernetes/issues/92287*, 2020.

12장

Systems Performance Second Edition

벤치마킹

> 거짓말이 도처에서 들려오고, 새빨간 거짓말이 난무하고 난 후에야
> 성능 측정 결과가 나온다.
>
> 23인 공동저술, "트랜잭션 처리 능력 척도(A Measure of Transaction
> (A Measure of Transaction Processing Power)" [Anon 85]

벤치마킹은 제어된 환경에서 성능을 테스트하는 과정으로, 이를 통해 선택 사항을 비교하고, 성능 저하 여부를 파악하며, 실제로 프로덕션에 적용하기 전에 성능 한계를 파악할 수도 있습니다. 이러한 한계는 시스템 리소스 부족일 수도 있고, 가상화 환경(클라우드 컴퓨팅)의 소프트웨어적 제한이거나, 아니면 대상 애플리케이션 자체의 성능 한계일 수도 있습니다. 지금까지의 장에서는 이러한 한계 유형과 이를 분석하는 데 사용할 수 있는 도구들에 대해 설명했습니다.

앞의 몇몇 장에서는 **마이크로 벤치마킹**에 사용되는 도구들에 대해서도 소개했습니다. 마이크로 벤치마킹은 파일 시스템 I/O와 같은 간단한 인위적인 워크로드를 생성하여 개별 구성 요소의 성능을 테스트하는 방식입니다. **매크로 벤치마킹**이라는 것도 있는데, 클라이언트 워크로드를 시뮬레이션하여 전체 시스템을 평가하는 방법으로, 클라이언트 워크로드 시뮬레이션뿐만 아니라 트레이스 재현(trace replay)도 포함할 수 있습니다. 어떤 방식이든 결과를 분석하여 측정 대상과 그 의미를 명확히 이해하는 것이 중요합니다. 이러한 테스트는 시스템이 특정 작업을 얼마나 빠르게 처리할 수 있는지를 보여줄 뿐이며, 결과를 해석하고 이를 실제 환경에서 어떻게 활용할지 결정하는 것은 여러분의 몫입니다.

이번 장에서는 다음의 내용을 알아봅니다.

- 마이크로 벤치마킹과 매크로 벤치마킹을 이해합니다.
- 피해야 할 수많은 벤치마킹 실수에 대해 알아봅니다.
- 능동적 벤치마킹 방법론을 따라해 봅니다.
- 결과를 확인하기 위해 벤치마킹 체크리스트를 사용합니다.
- 벤치마크를 더 정확하게 수행하고 결과를 정확하게 해석하는 방법을 배웁니다.

이 장에서는 벤치마킹에 대해 전반적으로 설명하며, 흔히 하게 되는 실수를 막고 시스템을 정확하게 테스트할 수 있도록 조언과 여러 가지 방법론을 제공합니다. 여기에서 얘기하는 내용은 유용한 배경지식이 될 수도 있는데, 특히 벤더나 업계에서 사용 중인 벤치마크를 포함해 다른 사람들이 수행한 결과를 해석할 때 도움이 됩니다.

12.1 배경지식

이번 절에서는 벤치마킹 활동과 효과적인 벤치마크 방법을 설명하고, 흔히 저지르기 쉬운 실수에 대해 정리합니다.

12.1.1 벤치마킹을 하는 이유

벤치마킹을 하는 이유는 다음과 같습니다.

- **시스템 설계**: 여러 시스템, 구성 요소, 또는 애플리케이션을 서로 비교하기 위해 수행합니다. 특히 상용 제품의 경우, 벤치마킹 결과는 선택 가능한 옵션들의 **가격 대 성능비**를 제공하여 구매 결정을 내리는 데 필요한 유용한 정보를 제공합니다.[1] 경우에 따라서는 **업계 벤치마크**(industry benchmarks)에 발표된 결과를 활용하면 고객이 직접 테스트를 수행해야 하는 번거로움을 줄일 수 있습니다.
- **개념 증명**: 제품을 구매하거나 프로덕션 환경에서 사용하기 전에, 부하를 가해 소프트웨어나 하드웨어의 성능을 테스트합니다.
- **튜닝**: 설정 값이나 튜닝 가능한 파라미터를 테스트합니다. 이를 통해 실제 프로

---

[1] 흔히 가격/성능비(가격 대 성능비)로 쓰이지만, 실제로는 성능/가격비를 사용하는 편이 이해하기 쉽다고 생각합니다. 왜냐하면 성능/가격비는 (단순한 표현이 아니라) 수학적 비율로도 '클수록 좋다'라는 특징을 가지기 때문이며, 이는 사람들이 성능 수치를 보면서 생각하는 가정과도 일치합니다.

덕션 워크로드 상황에서 더 심도 있게 살펴볼 가치가 있는 부분을 알아낼 수 있습니다.
- 개발: 제품 개발 과정에서 벤치마킹은 **비회귀 테스트**와 **한계 조사**를 위해 사용됩니다. 비회귀 테스트는 성능 테스트를 자동화하여 정기적으로 실행함으로써, 제품 변경 사항으로 인해 발생할 수 있는 성능 저하를 조기에 발견하고 이를 신속히 수정할 수 있도록 돕습니다. 또한 제품의 한계를 조사하기 위해, 벤치마킹은 개발 중인 제품을 극한까지 테스트하여 성능의 한계를 파악하고, 이를 통해 제품 성능 향상을 위한 엔지니어링 역량을 어디에 쏟아부어야 가장 효과적인지 확인할 수 있습니다.
- 수용량 계획: 시스템이나 애플리케이션의 성능 한계를 파악하여, 수용량 계획을 수립하거나 성능 모델링에 필요한 데이터를 제공합니다.
- 문제 해결: 구성 요소가 최상의 성능을 발휘하고 있는지 검증할 수 있습니다. 예를 들어, 두 호스트 간의 최대 네트워크 대역폭을 테스트해 보면 네트워크에 문제가 있는지 확인해 볼 수 있습니다.
- 마케팅: 제품의 최대 성능 밝혀내 마케팅에 사용할 수 있습니다(**벤치마케팅(benchmarketing)**이라고도 함).

엔터프라이즈 온프레미스 환경의 개념 증명 단계에서 수행하는 하드웨어 벤치마킹은 고가의 하드웨어를 구매하기 전에 반드시 거쳐야 하는 중요한 과정입니다. 이 과정에는 하드웨어 배송, 랙 설치, 시스템 연결, 운영 체제 설치, 그리고 본격적인 테스트까지 포함되며, 몇 주에서 몇 달까지 소요될 수 있습니다. 이러한 벤치마킹은 일반적으로 새로운 하드웨어가 출시될 때마다, 대략 매년 혹은 2년에 한 번씩 진행됩니다.

반면, 클라우드 컴퓨팅 환경에서는 하드웨어에 큰 초기비용을 들이지 않고도 온디맨드 형식으로 리소스를 사용할 수 있으며, 필요에 따라 신속하게 조정할 수도 있습니다(다양한 인스턴스 유형으로 재배포 가능). 하지만 이러한 환경일지라도 애플리케이션 개발에 사용할 언어와 실행할 운영 체제, 데이터베이스, 웹 서버 및 로드 밸런서를 결정하기 위해 장기적인 투자가 필요합니다. 이들 중 일부는 한 번 선택하면 이후 변경하기 어려운 경우가 많습니다. 따라서 벤치마킹을 통해 각 선택 사항이 대규모 환경에서도 얼마나 효율적으로 작동하는지 미리 검토하는 것이 중요합니다. 다행히도 클라우드 환경에서는 온프레미스 환경보다 벤치마크 수행이 훨씬 간편합니다. 대규모 환경을 몇 분 안에 만들 수 있고, 벤치마크가 끝난 뒤에는 손쉽게 제거할 수 있으며, 그럼에도 비용은 그리 많이 들지 않습니다.

또한, 장애 허용 및 분산 클라우드 환경 역시 이러한 실험을 수행하기가 수월합니다. 만약 새로운 인스턴스 유형이 출시될 경우, 이러한 환경에서는 해당 인스턴스를 프로덕션 워크로드에 즉시 적용해 테스트할 수 있어 기존의 전통적인 벤치마킹 평가 단계를 건너뛸 수 있습니다. 그러나 그렇다고 벤치마킹이 무의미해지는 것은 아닙니다. 벤치마킹은 여전히 각 구성 요소의 성능을 비교하고, 성능 차이를 명확히 분석하는 데 중요한 역할을 합니다. 이러한 사례로, 넷플릭스의 성능 엔지니어링 팀은 다양한 마이크로 벤치마크를 통해 새로운 인스턴스 유형들을 분석할 수 있는 자동화된 소프트웨어를 제작하기도 하였습니다. 이 소프트웨어는 시스템 통계 및 CPU 프로파일을 자동으로 수집하며 발견된 어떠한 차이점이든 분석해서 설명해 줍니다.

12.1.2 효과적인 벤치마킹

벤치마킹은 놀랍도록 어려운 작업이며, 실수하거나 착오를 일으킬 만한 틈새가 너무나 많습니다. "파일 시스템과 스토리지 벤치마킹에 대한 9년간의 연구(A Nine Year Study of File System and Storage Benchmarking)"라는 논문에서는 이를 다음과 같이 요약하고 있습니다.[Traeger 08]

> 이 글에서 우리는 최근의 106개 논문에 있는 415개의 파일 시스템 및 저장 장치 벤치마크를 조사했습니다. 그 결과, 대부분의 널리 사용되는 벤치마크가 결함을 가지고 있으며, 많은 연구 논문이 실제 성능을 명확히 드러내지 못하고 있다는 것을 발견했습니다.

이 논문은 효과적인 벤치마킹을 위한 구체적인 실행 방안도 제시하고 있습니다. 특히, 벤치마크 보고에는 **무엇이** 테스트되었고 **왜** 테스트되었는지 명시해야 하며, 시스템이 어떤 동작을 하리라 예상되는지 반드시 분석해야 한다고 강조합니다.

좋은 벤치마크의 핵심은 다음과 같이 정리할 수 있습니다.[Smaalders 06]

- 반복성(Repeatable): 비교가 용이하도록 같은 시도를 반복할 수 있어야 함
- 관측가능성(Observable): 성능을 분석하고 이해하려면 이를 관측할 수 있어야 함
- 이식성(Portable): 경쟁사나 여러 다른 제품 버전을 비교하려면 이식하기 쉬워야 함

- 쉬운 표현(Easily presented): 누구나 결과를 이해할 수 있도록 쉽게 설명할 수 있어야 함
- 현실성(Realistic): 실제 고객이 겪을 수 있는 실제 상황을 반영해서 측정할 수 있어야 함
- 실행의 용이성(Runnable): 개발자들이 변경사항을 빠르게 테스트할 수 있도록 벤치마크 실행이 쉬워야 함

또한, 시스템 구매를 목적으로 서로 다른 시스템을 비교하려면 반드시 추가해야 할 특성도 하나 있는데, 바로 **가격 대 성능비**입니다. 가격은 장비의 자산 가치에 대한 5년간의 감가상각[2]을 고려해 측정할 수 있습니다.[Anon 85]

또한 효과적인 벤치마킹이란 벤치마킹을 어떻게 적용할지에 관한 내용이기도 한데, 다시 말해 어떤 과정을 통해 분석하고 결론을 끌어낼지 그려져 있어야 합니다.

벤치마크 분석

벤치마크를 사용할 때는 다음을 이해해야 합니다.

- 무엇을 테스트하고 있는가?
- 어떠한 제약사항(들)이 있는가?
- 결과에 영향을 끼칠 수 있는 교란 요소는 무엇인가?
- 결과에서 어떤 결론을 내릴 수 있는가?

이 같은 질문에 답하려면 벤치마크 소프트웨어가 어떤 일을 하는지, 시스템이 어떻게 응답하는지, 벤치마크 결과가 대상 환경과 어떤 연관이 있는지 잘 알아야 합니다.

특히 벤치마크를 실행할 시스템에 접근할 수 있는 경우, 벤치마크가 실행 중일 때 시스템 성능을 분석하는 것이 가장 효과적입니다. 흔히 저지르는 실수는 경력이 적은 직원에게 벤치마크를 수행하도록 한 후, 벤치마크가 완료된 다음에야 결과를 성능 전문가에게 가져가서 설명을 듣는 방식입니다. 가장 좋은 방법은 성능 전문가를 벤치마크 수행에 참여시켜 벤치마크가 실행되는 동안 시스템을 분석할 수 있도

---

2 (옮긴이) 기업 환경에서는 서버 등을 구매하면 이 금액을 자산으로 잡고, 법이 정한 일정 기간 동안 감가상각을 통해 자산 가치를 줄여 나갑니다. 프로젝트 성격에 따라서는 단순히 시버나 소프트웨어의 구매 비용만 감안할 것이 아니라 여러 요소를 고려한 재무적 추정을 통해 비용을 산정해야 할 수도 있습니다.

록 하는 것입니다. 그 과정에서 전문가는 드릴다운 분석을 통해 제약사항을 설명하고 정량화해 볼 수도 있습니다.

다음은 흥미로운 분석 사례입니다.

> TCP/IP 구현체의 성능을 살펴보기 위한 실험으로, 서로 다른 장비에 있는 두 사용자 프로세스 사이에 4MB의 데이터를 전송했습니다. 전송 데이터는 1024바이트 크기의 레코드로 분할되어 1068바이트 이더넷 패킷으로 캡슐화되었습니다. 우리가 가진 11/750에서 11/780으로 TCP/IP를 사용해 데이터를 전송하는데 총 28초가 소요되었습니다. 이 시간에는 연결을 수립하고 해제하는데 소요되는 시간이 모두 포함되었으며, 사용자-사용자 사이의 처리량은 1.2Mbaud였습니다. 전송하는 동안 11/750의 CPU는 포화 상태였으며, 11/780은 30% 정도 유휴 시간이 있었습니다. 시스템에서 데이터를 처리하는데 걸린 시간은 이더넷 처리(20%), IP 패킷 처리(10%), TCP 처리(30%), 체크섬(25%), 사용자 시스템 콜 처리(15%)였으며, 이들 중 어느 것도 전체 시간 중 압도적인 비중을 차지하지 않았습니다.

위의 사례에서는 먼저 제약사항에 대해 설명하고("11/750의 CPU는 포화 상태였습니다"[3]), 이 포화 상태를 야기한 커널 요소에 대해 자세히 설명합니다. 첨언하자면, 이러한 분석을 수행하고 커널 CPU 시간이 어디에 사용되었는지 개괄적으로 요약하는 것은 최근 들어서야 플레임 그래프를 통해 쉬워지게 되었습니다. 이 인용문은 플레임 그래프보다 한참 오래전에 작성된 것으로 빌 조이(Bill Joy)가 1981년 최초의 BSD TCP/IP 스택을 개발할 때 쓴 것입니다![Joy 81]

상황에 따라, 기존 벤치마크 도구를 사용하는 대신 직접 벤치마크 소프트웨어를 개발하거나 맞춤형 부하 발생기를 제작하는 편이 더 효과적일 수도 있습니다. 이렇게 하면 테스트가 필요한 부분에만 초점을 맞출 수 있어 코드가 간결해지기 때문에 분석이나 디버그도 빨리할 수 있습니다.

때로는 벤치마크 도구나 시스템에 접근하지 못할 수도 있는데, 가령 다른 사람의 벤치마크 결과를 분석해야 하는 경우라면 그럴 것입니다. 이러한 상황에서는 여러분이 가진 자료를 기반으로 조금 전에 던졌던 핵심 질문들에 대해 생각해보세요. 여기에 추가해서 시스템 환경이 무엇인지, 시스템이 어떻게 구성되어 있는지에 대해서도 질문을 던져 보세요. 더 많은 질문은 12.4절 "벤치마크 질문"을 참고하세요.

---

3 11/750은 VAX-11/750을 줄여서 부르는 것으로, DEC에서 1980년에 제작한 미니 컴퓨터입니다.

12.1.3 벤치마킹 실패

다음은 벤치마킹을 실패로 이끄는 다양한 원인(실수, 논리적 오류, 잘못된 행동)과 그 해결책을 정리한 체크리스트입니다. 벤치마크를 수행하는 방법에 대해서는 12.3절 "방법론"에서 더 자세히 설명합니다.

1. 건성건성 하는 벤치마킹

벤치마크를 잘 하려면, 단순히 한 번 실행하고 잊어버리는 그런 활동이 되어서는 안 됩니다. 벤치마크 도구가 수치를 제공하기는 하지만 이러한 수치의 의미가 여러분이 생각하는 바를 그대로 반영하지 않을 수도 있기에, 그에 따른 결론 역시 엉터리일 가능성이 있습니다. 필자는 이 현상에 대해 다음과 같이 정리했습니다

> 무성의한 벤치마킹(casual benchmarking)이란 A를 벤치마킹하려 했으나, 실제로는 B를 측정하고, 결국 C를 측정했다고 결론 내리는 식의 작업을 말합니다.

좋은 벤치마킹을 위해서는 무엇을 측정하고 있는지 엄격히 따져보고, 시험 대상에 대한 깊은 이해를 바탕으로 결론을 내려야 합니다.

예를 들어, 여러 도구가 디스크 성능을 측정한다고 주장하거나 암시하지만 실제로는 파일 시스템 성능을 테스트하는 경우가 많습니다. 이 둘 사이의 차이는 엄청나게 큰데, 파일 시스템은 캐싱과 버퍼링을 사용하므로 디스크 I/O 대신 메모리 I/O가 발생할 수 있기 때문입니다. 따라서 벤치마크 도구가 제대로 작동해서 파일 시스템 성능을 측정했다고 하더라도, 이를 디스크 성능에 대한 결론으로 해석하면 완전히 잘못된 결과가 됩니다.

특히 초보자는 벤치마크 결과를 이해하기 어려울 수 있는데, 어떤 수치들이 의심스러운지 판단할 감이 없기 때문입니다. 여러분이 구입한 온도계로 방 안의 온도를 측정했더니 화씨(또는 섭씨) 1,000도가 나왔다면 뭔가 잘못되었다고 바로 알아차릴 테죠. 하지만 벤치마크에서는 그렇지 않습니다. 측정 결과로 나오는 값이 아마도 익숙하지 않아서 일 겁니다.

2. 벤치마크를 과신

어떤 벤치마크 도구가 이름이 좀 알려져 있으면 신뢰할 만하다고 여기기 쉬운데, 특히 오픈 소스 벤치마크로 오랫동안 사용되어 왔던 도구일 경우에는 더욱 그렇습

니다. 이렇게 명성과 신뢰도는 비례한다는 잘못된 개념을 일컬어 **군중에 의거한 논증**(argumentum ad populum, "대중에게 호소함"이라는 뜻의 라틴어)이라고 합니다.

현재 사용 중인 벤치마크 도구를 분석하는 데는 시간도 오래 걸리고 제대로 수행하려면 전문성도 필요합니다. 게다가 이미 유명한 벤치마크라면 "굳이 분석할 필요가 있을까?"라고 생각하기 쉬울 수 있습니다.

업계의 최상위 기업 중 하나가 유명한 벤치마크를 홍보한다면 여러분은 신뢰하시겠습니까? 예전에 벌어졌던 일이라 베테랑 성능 엔지니어들은 알고 있는 사안인데, 널리 홍보된 특정 마이크로 벤치마크 도구에 결함이 발견되어 사용하지 말아야 한다는 의견이 있었습니다. 이러한 상황이 다시는 발생하지 않도록 하려는 노력이 있었지만, 이를 완전히 방지하기는 쉽지 않았습니다.

이 문제는 꼭 벤치마크 소프트웨어에만 해당하지 않으며(가끔 버그가 있는 경우도 있긴 하지만), 벤치마크 결과를 해석할 때도 마찬가지입니다.

3. 분석 없이 수치만 제공

날것 그대로의 벤치마크 결과가 아무런 세부 분석 없이 제공된다면, 작성자가 경험이 부족하다는 신호일 수 있으며, 결과 자체를 신뢰하고 최종 결론으로 간주했을 가능성이 있습니다. 하지만 대다수의 경우 벤치마크 결과는 조사 시작점일 뿐이며, 결과적으로 잘못되었거나 명확하지 않다는 점을 발견하는 경우가 많습니다.

모든 벤치마크 수치는 테스트 도중 발견된 한계나 수행한 분석 결과와 함께 제시되어야 합니다. 필자는 이 같은 위험을 다음과 같이 정리했습니다.

> 벤치마크 결과를 분석하는 데 일주일도 걸리지 않았다면, 그 결과는 틀렸을 가능성이 높습니다.

이 책은 많은 부분에서 성능 분석에 초점을 맞추는데, 이는 벤치마킹 도중 반드시 수행되어야 하는 과정입니다. 만약 시간을 충분히 들여 분석할 여유가 없다면, 체크하지 못한 가정들을 나열하여 결과와 함께 포함하는 것이 좋습니다. 예를 들면, 다음과 같습니다.

- 벤치마크 도구에 버그가 없다고 가정
- 디스크 I/O 테스트가 실제로도 디스크 I/O를 측정했다고 가정

- 벤치마크 도구가 의도했던 만큼 디스크 I/O를 한계까지 밀어붙였다고 가정
- 이러한 유형의 디스크 I/O가 실제 애플리케이션과 연관이 있다고 가정

나중에 벤치마크 결과가 자세히 들여다볼 만큼 중요하다고 판단될 경우, 더 심도 있는 검증을 위해 이러한 가정들을 검토해 볼 수 있습니다.

4. 복잡한 벤치마크 도구 사용

벤치마크 도구가 너무 복잡하다면 오히려 결과 분석을 방해할 수 있습니다. 가장 바람직한 경우는 프로그램이 오픈 소스고, 코드가 충분히 짧아서 읽거나 이해하는 데 시간이 오래 걸리지 않는 것입니다.

마이크로 벤치마크의 경우 가벼운 C 언어로 작성된 도구 사용을 추천합니다. 매크로 벤치마크(클라이언트 시뮬레이션 벤치마크)라면 클라이언트와의 차이를 최소화하기 위해 가능한 한 실제 클라이언트와 동일한 언어로 작성된 도구를 사용하는 것이 좋습니다.

흔히 발생하는 문제는 **벤치마크 소프트웨어 자체**가 결과에 한계를 초래하는 경우입니다(이른바 벤치마킹 도구 자체를 벤치마킹한 것과 같습니다[4]). 일반적으로 이런 문제는 벤치마크 소프트웨어가 싱글 스레드로 설계된 경우 발생합니다. 복잡한 벤치마크 도구 모음을 사용하면 이러한 경우를 구별하기 어려운데, 이해하고 분석해야 할 코드가 너무 많기 때문입니다.

5. 잘못된 대상을 테스트

여러 워크로드를 테스트할 수 있는 다양한 벤치마크 도구가 있지만 그중 대부분은 아마도 대상 애플리케이션과는 연관이 없을 것입니다.

예를 들어, 흔히 저지르는 실수는 디스크 벤치마크 도구가 존재한다는 이유만으로 디스크 성능을 테스트하는 것인데, 심지어 이는 대상 환경의 워크로드가 전적으로 파일 시스템 캐시에서 실행되어 디스크 I/O의 영향을 받지 않으리라 예상될 때도 그렇습니다.

이와 유사하게, 제품을 개발 중인 엔지니어링 팀이 특정 벤치마크를 표준으로 택

---

4 (옮긴이) 예를 들어, 멀티코어 CPU의 성능을 측정하려고 하지만 벤치마크 도구가 단일 스레드만을 사용하도록 설계되었다면, 도구 자체가 모든 코어를 활용하지 못해 시스템의 실제 성능을 반영할 수 없습니다. 이런 상황을 놓고 벤치마크가 시스템 성능이 아닌, 벤치마크 도구 자체의 한계를 테스트했다고 합니다.

해서 해당 벤치마크 결과를 개선하는 데 모든 성능 최적화 노력을 집중할 수 있습니다. 하지만 해당 벤치마크가 실제 고객의 워크로드를 반영하지 않는다면 이러한 노력은 엉뚱한 동작을 최적화하는 데 그칠 가능성이 큽니다.[Smaalders 06]

분석할 대상이 기존 프로덕션 환경에서 동작하고 있다면, 워크로드 특성화 방법론(이전 장에서 다룬)을 사용해서 장치 I/O에서부터 애플리케이션 요청에 이르는 실제 워크로드 구성을 측정할 수 있습니다. 이러한 측정 결과는 가장 관련성 높은 벤치마크를 선택하는 지침이 됩니다. 분석할 대상이 프로덕션 환경에서 동작하고 있지 않더라도, 시뮬레이션을 설정해 의도한 워크로드를 분석하거나 모델링하는 방식으로 분석할 수 있습니다. 또한, 해당 벤치마크와 관련된 사람들과 협력하여 테스트가 적합한지도 확인해 보십시오.

한편, 과거에는 적합했던 벤치마크가 몇 년간 업데이트되지 않아 현재의 워크로드와는 전혀 맞지 않는 경우도 발생할 수 있습니다.

6. 환경을 무시함

여러분의 테스트 환경은 프로덕션 환경과 일치합니까? 새 데이터베이스를 평가하는 작업을 맡았다고 생각해보세요. 여러분은 테스트 서버를 구성하고 데이터베이스 벤치마크를 실행했지만 얼마 되지 않아 중요한 단계를 놓쳤다는 사실을 알게 됩니다. 프로덕션 데이터베이스 서버는 높은 디스크 IOPS를 위해 세부적으로 튜닝되어 있었지만, 테스트 서버는 튜닝 옵션들과 파일 시스템 등을 포함한 모든 설정이 기본값으로 구성된 상태에서 테스트를 진행하고 있었습니다! 기본 설정으로 테스트를 실행하면 프로덕션 환경과 동떨어진 결과를 얻게 되고, 이는 현실적이지 않은 평가가 됩니다. 따라서 테스트를 실행하기 전에 프로덕션 환경에 대해 먼저 이해해야만 합니다.

7. 오류를 무시함

벤치마크 도구가 결과를 내놓았다는 이유 만으로 그것이 **성공적인 테스트를** 의미하지는 않습니다. 요청 중 일부, 심지어는 전부 오류가 발생했을 수 있습니다. 이러한 문제는 앞에서 설명한 다른 실수들과 겹치는 부분이 있지만, 워낙 자주 발생하는 실수이기 때문에 별도로 다룰 가치가 있습니다.

필자는 웹 서버 성능 벤치마크를 수행하며 이 같은 실수를 저질렀던 적이 있습니다. 테스트를 실행한 사람들은 웹 서버의 **평균** 지연시간이 너무 길어서 요구사항을 충족할 수 없다고 보고했습니다. 이 서버의 지연시간은 평균적으로 1초 이상이었습니다. 1초? 신속하게 분석해 본 결과 잘못된 부분을 밝혀낼 수 있었는데, 방화벽이 모든 요청을 차단했기 때문에 웹 서버는 테스트를 수행하는 동안 아무 일도 하지 않았던 것입니다. 모든 요청을 말입니다. 벤치마크 클라이언트가 보고한 그 지연시간은 결국 타임아웃에 걸린 시간이었으며, 오류였던 것입니다!

8. 변동을 무시함

벤치마크 도구, 특히 마이크로 벤치마크는 종종 균일하고 일정한 워크로드를 발생시킵니다. 이 같은 워크로드는 실세계의 특성을 측정한(예를 들어, 어떤 기간 동안 또는 하루 중 서로 다른 시간대에 측정) 일련의 결과를 **평균한 값**을 기반으로 결정합니다. 가령, 디스크 워크로드를 측정한 결과 평균적으로 초당 500번의 읽기와 50번의 쓰기가 발생한다고 가정해 보겠습니다. 벤치마크 도구는 읽기/쓰기 비율 (10:1)을 그대로 시뮬레이션하거나, 더 높은 비율을 테스트하기 위해 값을 조정해 실행할 수도 있습니다.

하지만 이 방식은 **변동(variance)**을 고려하지 않는다는 한계가 있습니다. 실제로 디스크 작업 속도는 시간에 따라 달라질 수 있으며, 작업 유형 역시 변화할 가능성이 있습니다. 어떤 작업 유형은 서로 상반된 방식으로 발생하기도 합니다. 예를 들어, 쓰기는 10초마다 폭발적으로 발생하는 반면(비동기적 지연 기록 데이터 플러싱), 동기적인 읽기 동작은 지속적으로 발생하는 상황을 들 수 있습니다. 쓰기가 폭발적으로 발생할 경우, 읽기 요청이 대기열에 쌓여 지연될 가능성이 높아집니다. 이러한 현상은 프로덕션 환경에서 문제를 일으킬 수 있지만, 평균 비율만 시뮬레이션하는 벤치마크 도구로는 재현하기 어렵습니다.

이와 같은 변동을 반영하려면 마르코프 모델(Markov model)을 지원하는 벤치마크 도구를 사용하는 것이 하나의 방법입니다. 마르코프 모델을 활용하면 쓰기가 다른 쓰기에 이어 발생할 확률을 시뮬레이션할 수 있어, 보다 현실적인 벤치마크 결과를 얻을 수 있습니다.

9. 교란을 무시함

어떤 외부의 교란(perturbation)이 벤치마크 결과에 영향을 끼칠지 생각해 보세요. 시스템 백업과 같이 정해진 시간에 수행되는 동작이 벤치마크를 수행하는 동안 시작된다면 어떻게 될까요? 모니터링 에이전트가 1분에 한 번씩 통계를 수집하고 있지는 않나요? 클라우드에서는 같은 시스템상에 있지만 관찰할 수는 없는 다른 테넌트로 인한 교란이 있을 수 있습니다.

이러한 교란 요소의 영향을 최소화하기 위해 흔히 사용되는 전략으로, 벤치마크를 더 오래(몇 초가 아니라 몇 분 이상) 실행하는 방법이 있습니다. 여기서 한 가지 규칙은, 벤치마크의 길이가 1초보다 짧으면 안 됩니다. 테스트 시간이 짧으면 장치 인터럽트(인터럽트 서비스 루틴을 실행하는 동안 스레드 실행이 중단됨), 커널 CPU 스케줄링(CPU 선호도를 유지하기 위해 대기열에 들어있는 스레드 마이그레이션이 끝나기까지 기다려야 함), 그리고 CPU 캐시 온기 효과 등으로 인해 결과가 왜곡될 수 있습니다.

더욱 일관된 결과를 얻으려면 벤치마크를 여러 번 실행하고 표준 편차를 살펴보세요. 표준 편차가 작을수록 결과의 재현 가능성이 높아집니다. 또한, 교란의 원인을 파악하려면 데이터를 체계적으로 수집하는 것이 중요합니다. 단순히 벤치마크의 총 실행 시간만 기록하는 데 그치지 말고, 각 작업의 지연시간 분포를 수집하세요. 이렇게 수집한 데이터를 통해 극단값을 식별하고, 극단값이 발생한 구체적인 상황과 원인을 분석하면 교란 요소를 명확히 이해할 수 있습니다.

10. 여러 요소를 변경함

두 테스트의 벤치마크 결과를 비교할 때, 두 테스트 사이에 차이가 있었던 모든 요소를 이해하도록 주의를 기울여야 합니다.

예를 들어 두 호스트가 네트워크를 통해 벤치마킹 되었다고 가정해 봅시다. 이때 두 호스트 간의 네트워크 조건은 동일했습니까? 한 호스트가 몇 홉 더 멀리 있거나, 더 느린 네트워크상에 있거나, 또는 더 혼잡한 네트워크에 위치하지는 않았나요? 이러한 차이점은 벤치마크 결과를 쓸모없게 만들 수도 있습니다.

클라우드 환경에서는 인스턴스를 생성하여 테스트한 뒤 삭제하는 방식으로 벤치마크를 수행하는 경우가 많습니다. 하지만 이 과정에서 알 수 없는 변수들이 영향을 미칠 가능성이 있습니다. 예를 들어 인스턴스가 생성되는 시스템의 속도가 제각기 다를 수도 있는데, 빠를 수도 있고, 느릴 수도 있고, 다른 테넌트와 경쟁으로 인해 부하가 심한 시스템일 수도 있습니다. 이 문제를 해결하기 위해 여러 개의 인스턴스를 테스트해 보고 평균을 구해 보세요(아니면 분포를 기록하면 더 좋습니다). 그래야 너무 빠르거나 느린 시스템에서 테스트를 진행할 경우 나올 수 있는 극단값을 제외할 수 있습니다.

11. 벤치마크 역설

잠재 고객들이 제품을 평가할 때 벤치마크를 사용하는 경우가 많지만, 결과의 정확도가 너무 낮아 차라리 동전을 던지는 게 나을 때가 많습니다. 한번은 어떤 세일즈맨이 필자에게 그 정도 정확도면 자기는 만족한다고 말했던 적이 있는데, 제품 평가 점수가 100점 만점에 50점만 되어도 자신의 영업 목표는 달성된다는 것이었습니다. 그러나 벤치마크 결과의 한계를 제대로 이해하지 못하고 무조건 신뢰하거나, 반대로 이를 완전히 무시하는 것은 모두 벤치마크를 잘못 활용하는 주요 위험 요인입니다. 실제로 벤치마크는 예상보다 훨씬 더 낮은 정확도를 가질 때가 많습니다. 필자는 이 같은 위험을 다음과 같이 정리했습니다.

> "제품이 벤치마크에서 우위를 점할 확률이 50%라면, 결국 실패할 가능성이 더 높습니다."[Gregg 14c]

이 역설은 간단한 확률을 이용해 설명할 수 있습니다.

성능을 기준으로 제품을 구매한다고 했을 때, 고객들은 흔히 해당 성능이 확실히 나오는지 확인하고 싶어합니다. 그 얘기는 벤치마크를 하나만 돌려보는 것이 아니라, 여러 개의 벤치마크를 돌려서 모든 항목을 만족시키기를 원한다는 의미입니다. 만약 하나의 벤치마크에서 제품이 성능 항목을 만족시킬 확률이 50%라면, 다음과 같이 확률을 계산할 수 있습니다.

3개의 벤치마크에서 모든 성능 항목을 만족시킬 확률 $= 0.5 \times 0.5 \times 0.5 = 0.125 = 12.5\%$

벤치마크의 모든 항목을 만족시켜야 한다는 전제하에 더 많은 벤치마크를 수행한다면 확률은 더 나빠지게 됩니다.

12. 경쟁자 벤치마킹

마케팅 부서에서는 여러분의 제품이 경쟁사 제품보다 얼마나 빠른지 보여주는 벤지미그 결과를 사용하고 싶어할 것입니다. 하지만 이는 말처럼 간단하지 않은 어려운 작업입니다.

고객이 제품을 선택하고 나면 단 5분만 사용하고 끝내지는 않을 테고, 여러 달에 걸쳐 사용합니다. 사용하는 동안 성능을 목표로 제품을 분석하고 튜닝하면서, 아마도 첫 몇 주 동안은 가장 나쁜 문제들을 가지고 흔들어 댈 것입니다.

하지만 여러분은 **경쟁사** 제품을 분석하고 튜닝하면서 몇 주나 보내기 어렵습니다. 사용할 수 있는 시간 내에 얻어낼 수 있는 내용이라곤 단지 튜닝하지 않은, 그래서 비현실적인 벤치마크 결과뿐입니다. 문제는, 이러한 결과를 경쟁사의 고객(즉, 마케팅 대상)들이 보게 되면, 여러분의 회사가 공정하지 않은 방법으로 벤치마크를 수행했다는 인식을 줄 수 있다는 점입니다. 이로 인해 회사는 오히려 신뢰를 잃을 위험이 있습니다.

만약 경쟁사 제품을 벤치마킹해야 한다면, 시간을 들여 제대로 튜닝해야 합니다. 이 책에서 다룬 성능 분석 기법들을 활용하고, 모범 사례나 사용자 포럼, 버그 데이터베이스를 조사해 보세요. 필요하다면 외부 전문가를 초빙해 시스템을 튜닝하는 것도 고려해 보세요. 이렇게 한 뒤, 동일한 노력을 자사 제품에도 기울이고 나서 최종적으로 양 제품을 비교하는 벤치마크를 수행하세요.

13. 자기편 쏘기

자사 제품을 벤치마크 할 때는 가장 성능이 좋은 시스템과 설정에서 테스트 되도록 최선을 다하세요. 그리고 그 시스템을 진짜 한계까지 몰아 붙여야 합니다. 결과를 공개하기 전에 엔지니어링 팀과 협의하세요. 그들이 여러분이 놓친 설정 항목을 알려줄 수도 있습니다. 여러분이 엔지니어링 팀의 일원이라면 벤치마크 테스트(회사 내부 또는 계약된 서드파티가 진행하는 것이든)를 계속 살펴보면서 돕도록 하세요.

필자는 이런 경우를 보았습니다. 한 엔지니어링 팀이 열심히 노력해서 성능이 뛰어난 제품을 개발했지만, 그 성능의 핵심은 신기술이어서 문서화되지 않았던 상황이 있었습니다. 제품 출시를 위해 벤치마크 팀은 성능 수치를 측정해 달라는 요청을 받았습니다. 하지만 벤치마크 팀은 새 기술을 제대로 이해하지 못했고(문서화되지 않음), 설정을 잘못하여 실제보다 낮은 성능 결과를 발표했습니다. 결과적으로 제품의 가치를 깎아내리는 결과를 초래했습니다.

또 다른 문제로는 시스템은 제대로 설정되었는데, 성능의 한계치까지 밀어붙이지 못한 경우가 간혹 있습니다. 이럴 때는 "이 벤치마크의 병목 지점은 무엇인가?"라는 질문을 던져보세요. 만약 병목 지점이 CPU, 디스크, 인터커넥트 등의 물리적 리소스라면 아마도 100% 성능을 발휘하고 있을 텐데, 분석을 통해 이를 판단할 수 있습니다. 12.3.2절 "능동적 벤치마킹"을 참고하세요.

자기편에 해를 입히는 또 다른 상황으로, 성능 문제가 이미 해결된 최신 버전 대신 이전 버전 소프트웨어로 벤치마크를 수행하거나, 시스템에 여유가 있는데도 한

정된 리소스만으로 벤치마크를 진행해 최적의 결과를 얻지 못하는 경우도 있습니다. 잠재 고객들은 회사가 발표한 벤치마크를 보고 해당 제품이 낼 수 있는 최고의 성능을 보여줬다고 생각하지, 벤치마크가 제품의 성능을 제대로 측정하지 못했다는 생각은 하지 않을 것입니다.

14. 벤치마크를 잘못 해석

업계에서 벤치마크 결과를 오도하는 경우도 흔히 발생합니다. 벤치마크가 측정한 실제 값이 뭔지 정보가 부족해 의도치 않게 발생하기도 하고, 고의로 정보를 누락해서 잘못 해석하게 만들기도 합니다. 종종 벤치마크 결과 자체는 기술적으로 맞는데, 고객에게 잘못 설명되는 경우도 있습니다.

다음과 같은 가상의 경우를 생각해 봅시다. 어떤 벤더가 엄두를 못 낼 만큼 비싸서 어떤 고객도 실제로는 구매할 수 없는 제품을 특별히 만들어 환상적인 벤치마크 결과를 내놓았다고 가정해 봅시다. 이 벤더는 벤치마크 결과를 발표하면서 가격은 숨기고, 가격이 아닌 요소와 성능의 비율만을 강조했습니다. 마케팅 팀은 이 명확하지 않은 벤치마크 결과를 마음대로 발표할 텐데("우리 제품은 경쟁사보다 2배 빠릅니다!"), 자칫하면 고객에게 회사나 제품 라인 전체가 그러하다는 인상을 심어줄 수 있습니다. 이는 세부사항을 생략해 제품을 유리하게 호도한 예입니다. (적어도 숫자 자체는 거짓이 아니므로) 속인 거라 할 순 없지만, **누락도 거짓말에 해당합니다**.

그럼에도 이러한 벤더 벤치마크는 성능의 상한선을 파악하는 데 유용할 수 있습니다. 벤더에서 제시하는 값은 실제 사용 환경에서 달성하기 어려운 최고 성능을 나타내므로, 이를 초과하는 성능을 기대하기 어렵기 때문입니다(실수로 자사 제품을 낮게 평가한 경우 제외).

또 다른 가상의 상황을 생각해 봅시다. 마케팅 부서에서 제품 캠페인을 위해 좋은 벤치마크 결과가 필요하다고 가정해 봅시다. 마케팅 팀은 서드파티를 몇 군데 접촉해서 제품을 벤치마크 하게 하고, 그중 가장 좋은 결과를 선택합니다. 이때 선정 기준은 서드파티의 전문성이라기보다 가장 빠르고 저렴한 가격에 결과를 제공하는 업체가 될 것입니다. 사실 전문성이 없는 게 오히려 이점이 될 수도 있는데, 현실과 동떨어진 결과를 제공할수록 더 좋게 여겨지기 때문입니다. 결국 그중 한 업체가 실제보다 훨씬 성능이 좋은 방향으로 크게 벗어난 결과를 내놓게 됩니다!

벤더가 발표한 결과를 사용할 경우, 어떤 시스템에서, 어떤 디스크 유형을 얼마나 사용하고, 어떤 네트워크 인터페이스를 어떻게 설정해 사용했는지 등의 테스트 관련 요소를 세부사항까지 면밀하게 검토해야 합니다. 주의해야 할 구체적인 내용은 12.4절 "벤치마크 질문들"를 보세요.

15. 벤치마크용 특수 기능

벤치마크용 특수 기능(Benchmark specials)은 벤더가 유명한 벤치마크 또는 산업용 벤치마크를 연구하고 난 뒤, 자사 제품이 해당 벤치마크에서 좋은 성능을 내도록 만드는 것으로, 실제 고객이 사용할 때의 성능에 대해서는 고려하지 않는 것입니다. 다른 말로는 **벤치마크를 위한 최적화**라고도 합니다.

벤치마크용 특수 기능이라는 개념은 1993년 TPC-A 벤치마크에서 사용되기 시작했습니다. 이에 대해서는 트랜잭션 처리 성능 위원회(Transaction Processing Performance Council, TPC) 역사 페이지에 다음과 같이 설명되어 있습니다.[Shanley 98]

> 매사추세츠에 위치한 컨설팅 회사인 스타니시 그룹(Standish Group)은 오라클이 데이터베이스 소프트웨어에 특수 옵션(분산 트랜잭션)을 넣었는데, 이 옵션의 유일한 목적은 오라클의 TPC-A 결과를 부풀리는 것이라고 하며 비난했습니다. 스타니시 그룹은 일반적인 고객은 사용하지 않을 분산 트랜잭션이라는 벤치마크용 특수 기능을 넣음으로써 "TPC의 정신을 위배"했다고 주장했습니다. 오라클은 이를 강력히 부인했는데, 몇몇 부분을 정당화하며 자신들이 벤치마크 명세에 있는 규정을 문자 그대로 따랐을 뿐이라고 주장했습니다. 오라클은 벤치마크용 특수 기능이라는 개념 자체가 TPC 벤치마크 명세에 포함되어 있지 않고, 하물며 TPC의 정신이라는 말도 명세에 없기 때문에 뭔가를 위반했다고 자신들을 비난하는 것은 부당하다고 반박했습니다.

이 논란 이후, TPC는 벤치마크용 특수 기능에 반대하는 조항을 추가했습니다.

> 실제 사용 시의 성능이나 가격이 아니라 벤치마크 결과만을 향상시키기 위해 만든 모든 '벤치마크용 특수 기능'의 구현은 금지한다.

TPC는 가격 대비 성능을 중시하기 때문에, 특별한 가격 즉 어떤 고객도 실제로는 제공받지 못할 파격적으로 할인된 가격을 기준으로 벤치마크 결과를 산출하는 방식도 TPC 벤치마크 결과를 부풀리기 위한 또 다른 전략이 될 수 있습니다. 특수한 목적을 위해 소프트웨어를 변경하는 경우와 마찬가지로, 이러한 결과도 실제 고객이 그 시스템을 구매해 사용할 때의 현실과는 차이가 있습니다. TPC는 이 같은 내용을 가격 요구사항에 명시했습니다.[TPC 19a]

> TPC 명세는 벤치마크에 사용한 시스템의 전체 가격과 실제 고객이 같은 사양의 시스템을 구매할 때 지불해야 하는 가격 사이의 차이를 2% 이내로 할 것을 요구한다.

이러한 사례들이 벤치마크용 특수 기능 개념을 설명하는데 유용하기는 하지만 TPC가 이러한 사항들을 명세에 넣었던 시기는 아주 오래전 일이며, 현재도 이런 지침들이 반드시 지켜진다고 기대하긴 어렵습니다.

16. 속이기

벤치마킹 실패의 마지막은 속이는 것, 즉 가짜로 만든 결과를 공유하는 것입니다. 다행히도 이런 일은 드물거나 거의 일어나지는 않습니다. 필자는 아직까지 완전히 조작된 수치를 공유하는 경우는 본 적이 없습니다. 심지어는 가장 피가 마르는 벤치마크 전쟁터에서도 그랬습니다.

12.2 벤치마킹 유형

그림 12.1은 테스트하는 워크로드에 따른 벤치마크 유형의 스펙트럼입니다. 여기에는 실제 프로덕션 워크로드 역시 포함되어 있습니다.

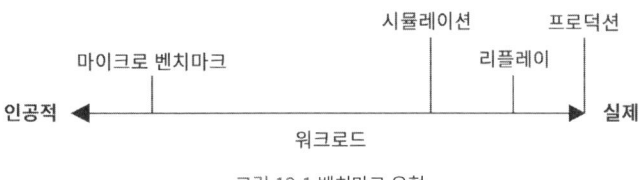

그림 12.1 벤치마크 유형

다음 절에서는 세 가지 벤치마크 유형인 마이크로 벤치마크, 시뮬레이션, 트레이스/리플레이 대해서 설명하며, 산업 표준 벤치마크에 대해서도 설명합니다.

12.2.1 마이크로 벤치마킹

마이크로 벤치마킹은 인공적인 워크로드를 발생시켜 특정 유형의 동작만을 테스트하는데 사용하는 벤치마킹 유형입니다. 예를 들어 특정 유형의 파일 시스템 I/O, 데이터베이스 쿼리, CPU 명령어, 시스템 콜만을 발생시켜 테스트할 수 있습니다. 이처럼 마이크로 벤치마킹은 테스트하는 구성 요소와 관련된 코드 경로가 적어 단순하기 때문에, 내부를 연구하기 쉽고 성능상 차이가 발생하는 근본 원인을 신속하게 파악할 수 있다는 장점이 있습니다. 마이크로 벤치마킹의 테스트는 일반적으로 재현이 가능하기도 한데, 여러 구성 요소로 인한 차이를 가능한 한 없앴기 때문입니다.

또한 마이크로 벤치마킹은 서로 다른 시스템에서 빠르게 테스트하기에도 좋습니다. 아울러 의도적으로 인공적인 워크로드를 발생시키기 때문에 마이크로 벤치마크를 실제 워크로드 시뮬레이션과 혼동할 가능성도 적습니다.

마이크로 벤치마크 결과를 사용하려면 목표로 하는 워크로드에 맞춰 추산할 필요가 있습니다. 마이크로 벤치마크를 통해 여러 방면을 테스트해 볼 수 있겠지만, 보통은 한두 가지 정도만 관련이 있을 것입니다. 대상 시스템에 대한 성능 분석이나 모델링을 해 두면 어떤 마이크로 벤치마크 결과가 어느 정도나 알맞은지 판단하는데 도움이 될 수 있습니다.

앞에서 언급한 여러 마이크로 벤치마크 도구를 리소스별로 정리하면 다음과 같습니다.

- CPU: SysBench
- 메모리 I/O: lmbench (6장 "CPU"에서 다룸)
- 파일 시스템: fio
- 디스크: hdparm, 직접 I/O를 발생시키는 dd 또는 fio
- 네트워크: iperf

물론 훨씬 더 많은 벤치마크 도구가 있습니다. 하지만 [Traeger 08]의 경고인 "대부분의 유명한 벤치마크에는 결함이 있다"라는 점에 유의하기 바랍니다.

특정 벤치마크 도구를 사용하는 대신 여러분 스스로 벤치마크 소프트웨어를 개발할 수도 있습니다. 직접 제작할 경우에는 개별적으로 테스트 할 수 있는 워크로드의 특성을 파악해서 가능한 한 간단하게 만드세요(12.3.6절 "커스텀 벤치마크" 참고). 또한, 외부 도구들을 사용해서 제작한 도구들이 제대로 동작하는지 검증해 보세요.

설계 예시

순차/임의 접근 I/O, I/O 크기, 방향(읽기/쓰기)과 같은 특성을 테스트하기 위한 파일 시스템 마이크로 벤치마크를 설계해 보세요. 표 12.1은 이러한 특성을 조사하기 위한 다섯 가지 테스트 예시를 보여주는데, 각 테스트를 수행하는 이유도 설명되어 있습니다.

표 12.1 파일 시스템에 대한 마이크로 벤치마크 테스트 예시

#	테스트	의도
1	순차 512-Byte 읽기[5]	최대 (실질적인) IOPS 테스트
2	순차 1-MB 읽기[6]	최대 읽기 스루풋 테스트
3	순차 1-MB 쓰기	최대 쓰기 스루풋 테스트
4	임의 접근 512-Byte 읽기	임의 접근 I/O의 효과를 테스트
5	임의 접근 512-Byte 쓰기	다시쓰기의 효과를 테스트

필요에 따라 더 많은 테스트를 추가할 수 있으며, 다음 두 가지 특성을 추가하면 테스트의 개수가 두 배로 늘어납니다.

- 워킹 셋 크기: 접근하는 데이터의 크기(예: 전체 파일 크기)를 조절
  - 메인 메모리보다 훨씬 작을 경우: 데이터가 파일 시스템 캐시에 전부 캐싱될 수 있기 때문에, 파일 시스템 소프트웨어의 성능을 분석할 수 있습니다.
  - 메인 메모리보다 훨씬 클 경우: 파일 시스템 캐시의 영향을 최소화하여 디스크 I/O 성능을 직접 테스트할 수 있습니다.
- 스레드 개수: 스레드의 개수를 조절(워킹 셋의 크기가 작다고 가정)
  - 단일 스레드: 현재 CPU 클럭 속도에 기반해 파일 시스템 성능을 테스트할 수 있습니다
  - 멀티스레드(모든 CPU를 포화시킬 정도): 시스템의 최대 성능을 테스트할 수 있으며, 파일 시스템과 CPU 모두의 성능을 동시에 테스트합니다.

새로운 특성을 추가할 때마다 테스트의 개수는 순식간에 늘어나게 됩니다. 이러한

---

[5] 이 테스트의 의도는 더 작은 I/O를 더 많이 사용함으로써 IOPS를 최대화하는 것입니다. 이러한 목적이라면 1바이트 크기의 I/O가 가장 적합할 것처럼 보일 수 있지만, 실제로 디스크는 최소한 섹터 크기(512바이트 또는 4KB)로 데이터를 처리하므로 I/O 크기는 해당 섹터 크기로 자동으로 조정됩니다.

[6] 이 테스트의 의도는 더 큰 I/O를 더 적게 사용해서 스루풋을 극대화시키는 데 있습니다(I/O 초기화에 시간을 덜 소요). I/O 크기가 클수록 스루풋이 더 높지만 파일 시스템, 커널 할당자, 메모리 페이지 및 기타 세부 요소로 인한 적정 크기('스윗 스팟'이라 부름)가 있을 것입니다. 예를 들어, 솔라리스 커널은 128KB I/O에서 최고의 성능을 보여줬는데, 그 이유는 가장 큰 슬래브 캐시 크기가 128KB였기 때문입니다(더 큰 I/O의 경우 대형 메모리 할당 구역(oversize arena)로 이동했으며 더 낮은 성능을 보였습니다).

경우 필요한 테스트 세트의 개수를 최소화하기 위해 통계 분석 기법을 사용해 볼 수도 있습니다.

최고 속도에 초점을 맞춘 벤치마크만 수행하는 것을 맑은 날 성능 테스팅(sunny day performance testing)이라고 합니다. 문제점을 간과하지 않기 위해서는 경쟁, 교란, 워크로드 변동 등 이상적이지 않은 상태를 테스트하는 **흐린 날**(cloudy day) 혹은 **비 오는 날**(rainy day) 성능 테스팅도 고려해야 합니다.

12.2.2 시뮬레이션

벤치마크 중 대다수는 사용자 애플리케이션 워크로드를 시뮬레이션하는데, 이를 **매크로 벤치마크**(macro-benchmarks)라고 부르기도 합니다. 이러한 시뮬레이션은 시뮬레이션할 특성을 결정하기 위해 프로덕션 환경의 워크로드 특성화(2장 "방법론" 참고) 결과를 기반으로 할 수 있습니다. 예를 들어, 프로덕션 NFS 워크로드가 동작 유형별로 읽기 40%, 쓰기 7%, 파일 속성 읽기 19%, 디렉터리 읽기 1% 등의 확률로 구성되어 있음을 확인하고 이를 시뮬레이션해 볼 수 있습니다. 다른 특성 역시 비슷한 방법으로 측정하고 시뮬레이션할 수 있습니다.

시뮬레이션은 실제 고객이 수행하는 워크로드와 완전히 일치하지는 않더라도 적어도 사용할 수 있을 만큼은 닮은 결과를 내놓습니다. 또한, 시뮬레이션은 마이크로 벤치마크로는 분석하는 데 시간이 오래 걸릴 수 있는 다양한 요소를 한 번에 고려할 수 있습니다. 아울러 마이크로 벤치마크로는 간과하기 쉬운 복잡한 시스템 간 상호작용의 효과까지 포함할 수 있습니다.

6장 "CPU"에서 다룬 CPU 벤치마크 위트스톤(Whetstone)과 드라이스톤(Dhrystone)은 시뮬레이션의 사례입니다. 위트스톤은 1972년 과학기술 관련 계산 워크로드의 시간을 시뮬레이션하기 위해 만들어졌습니다. 1984년에 나온 드라이스톤은 정수 기반 워크로드의 시간을 시뮬레이션합니다.

많은 회사가 클라이언트 HTTP 부하를 시뮬레이션하기 위해 부하 발생기를 자체 제작하거나 외부 소프트웨어(예: wrk[Glozer 19], siege[Fulmer 12], hey[Dogan 20])를 사용하곤 합니다. 이러한 도구들은 소프트웨어 및 하드웨어 변경 사항을 평가하는 데 사용될 뿐만 아니라, 최고 부하(예: 온라인 쇼핑 플랫폼에서의 '특별 세일')를 시뮬레이션하여 병목 지점을 발견하고 이를 분석해 해결하는데도 활용됩니다.

워크로드 시뮬레이션에는 stateless(상태가 없는) 방식과 stateful(상태가 있는) 방식이 있습니다. stateless 방식에서는 각 서버 요청이 이전 요청과 독립적이며, 서로 아무런 관련이 없습니다. 예를 들어, 앞에서 설명한 NFS 서버 워크로드는 사전에 측정된 데이터를 기반으로, 특정 동작 유형이 발생할 확률에 따라 무작위로 선택된 동작을 요청하여 시뮬레이션할 수 있습니다.

한편, stateful 방식은 각 요청이 이전 요청에 의해 영향을 받습니다. 즉, 요청 간의 연속성과 상호작용을 고려하며, 클라이언트 상태에 따라 다음 요청이 결정됩니다. 가장 단순한 형태로는, 바로 이전에 보낸 요청이 다음 요청의 유형을 결정하는 경우가 있습니다. 예를 들어, NFS에서 읽기와 쓰기 요청이 연속적으로 발생하는 경향이 있다는 사실을 알게 되었다고 가정해 봅시다. 이 경우 쓰기 요청이 연이어 발생할 확률은 읽기 요청 뒤에 쓰기 요청이 발생할 확률보다 훨씬 높을 수 있습니다. 이러한 워크로드는 각 요청을 상태(state)로 표현하고, 상태 전환 확률을 측정하여 모델링하는 **마르코프 모델**(Markov model)을 사용하면 더욱 현실적으로 시뮬레이션할 수 있습니다.[Jain 91]

그러나 시뮬레이션의 문제는 변동을 무시한다는 것으로, 12.1.3절 "벤치마킹 실패"에서 설명했습니다. 고객의 사용 패턴은 시간이 지남에 따라 변할 수 있으며, 시뮬레이션에 의미가 있으려면 고객 패턴의 변화에 맞춰 지속적인 갱신과 조정이 필요합니다. 하지만 갱신 과정에서는 저항이 따를 수 있습니다. 예를 들어, 이미 이전 버전의 벤치마크 결과를 토대로 작성된 보고서나 발표 자료가 있다면 새로운 결과와 직접 비교하기 어려워지기 때문입니다.

12.2.3 리플레이

세 번째 유형의 벤치마킹은 테스트하고자 하는 대상 시스템에서 트레이스 로그를 리플레이해서 실제 고객이 수행했던 작업의 성능을 테스트하는 것입니다. 이 아이디어는 프로덕션 환경을 테스트하는 것만큼 이상적으로 보입니다. 그렇지 않습니까? 하지만 실제로는 문제가 많습니다. 서버는 부하 특성이 변함에 따라 지연시간이 변화할 수 있는데, 이미 로그에 수집된 클라이언트의 워크로드는 이러한 변화를 자연스럽게 반영하지 못합니다. 이로 인해 리플레이 방식이 시뮬레이션된 고객 워크로드 테스트와 비교하여 본질적으로 더 우수하다고 말하기가 어렵습니다. 특히, 리플레이 방식에 지나치게 의존하면 상황이 더 악화될 수도 있습니다.

다음의 가상 상황을 생각해 봅시다. 저장 장치 인프라를 업그레이드하려고 하는 고객이 있습니다. 업그레이드에 앞서 성능을 알아보기 위해 현재의 프로덕션 워크로드를 트레이스해서 새 하드웨어에서 리플레이해 보았습니다. 안타깝게도 성능은 더 나빠졌으며, 고객은 구매를 중단했습니다. 이 상황에서의 문제는 트레이스와 리플레이가 디스크 I/O 수준에서 이루어졌다는 점입니다. 기존 시스템에는 10,000rpm 디스크가 장착되어 있었고, 새 시스템은 이보다 느린 7,200rpm 디스크가 장착되어 있었기 때문에 리플레이 결과가 좋지 않았습니다. 그러나 이와는 반대로 새로운 시스템은 기존에 비해 파일 시스템 캐시가 16배 더 크고 더 빠른 프로세서를 가지고 있었습니다. 실제 프로덕션 워크로드의 성능은 더 나아졌을 가능성이 큰데, 대부분의 동작을 캐시에서 수행할 가능성이 높기 때문입니다. 그러나 디스크 이벤트를 리플레이하는 방식으로는 캐시 동작을 테스트할 수 없었습니다.

이 경우는 단순히 테스트 대상이 잘못 선택된 사례입니다. 그러나 트레이스와 리플레이가 올바른 수준에서 수행된 경우에도, 미묘한 타이밍 차이로 인해 문제가 발생할 수 있습니다. 따라서 모든 벤치마크와 마찬가지로, 벤치마크 결과를 분석하고 그 원인을 이해하는 것이 매우 중요합니다.

12.2.4 산업 표준

독립 기관이 제공하는 업계 표준 벤치마크도 있는데, 이러한 벤치마크의 목적은 공정하고 의미 있는 벤치마크를 제공하는 것입니다. 이러한 표준 벤치마크는 보통 여러 다른 마이크로 벤치마크와 워크로드 시뮬레이션으로 구성되어 있으며, 명확하게 정의되고 문서화도 잘 되어 있습니다. 이 같은 벤치마크는 의도한 대로 결과를 낼 수 있도록 특정 가이드라인에 따라 수행해야 합니다. 벤더들도 이러한 표준 벤치마크 기관에 참여할 수 있으며, 보통 비용을 지불하고 관련 소프트웨어를 제공받아 벤치마크를 수행합니다. 벤더의 벤치마크 결과는 설정한 환경을 빠짐없이 설명하는 자료와 함께 제출해야 하며, 보통은 별도의 감사를 거쳐야 인정받을 수 있게 됩니다.

고객 입장에서는 이러한 벤치마크 결과를 통해 다양한 벤더와 제품의 성능을 쉽게 비교할 수 있어 많은 시간을 절약할 수 있습니다. 여러분은 원하는 미래 또는 현재의 프로덕션 워크로드와 가장 유사한 벤치마크를 찾아내기만 하면 됩니다. 현재의 워크로드에 대해서는 워크로드 특성화를 거쳐 벤치마크를 선택할 수 있을 것입니다.

업계 표준 벤치마크의 필요성을 명확히 밝힌 것은 짐 그레이(Jim Gray) 등이 1985년에 발표한 "트랜잭션 처리 능력의 척도(A Measure of Transaction Processing Power)"[Anon 85]라는 논문이었습니다. 그 논문에서는 가격 대 성능비(가격/성능 비율)를 측정할 필요가 있음을 설명하고, 벤더가 실행할 수 있는 Sort, Scan, Debit-Credit이라는 세 가지 벤치마크를 제안했습니다. 또한 논문에서는 DebitCredit을 기반으로 초당 트랜잭션 횟수(transactions per second, TPS)라는 표준 지표를 제안했으며, 이는 마치 자동차 연비를 나타내는 MPG(갤런당 마일)와 같은 역할을 했습니다. 짐 그레이와 그의 작업은 나중에 TPC 설립에도 영향을 미쳤습니다. [DeWitt 08]

TPS 측정과 마찬가지 역할을 해온 다른 지표로는 다음과 같은 것이 있습니다.

- MIPS(밉스): 초당 백만 명령어(millions of instructions per second)를 처리할 수 있는 능력을 나타내는 성능 지표입니다. 하지만 수행하는 작업은 어떤 유형의 명령을 수행하느냐에 따라 달라지기 때문에, 서로 다른 프로세서 아키텍처 간에 MIPS를 직접 비교하는 것은 어려울 수 있습니다.
- FLOPS(플롭스): 초당 수행 가능한 부동 소수점 연산(floating-point operations per second)의 수를 나타내며, MIPS와 비슷한 역할을 합니다. 부동 소수점 연산을 많이 사용하는 워크로드를 비교하는데 주로 사용합니다.

산업 벤치마크는 보통 벤치마크에 특화된 전용 지표를 사용해서 측정합니다. 이러한 지표는 동일한 벤치마크 내에서만 비교가 가능하며, 다른 벤치마크와 비교할 때는 사용할 수 없습니다.

TPC

TPC(Transaction Processing Performance Council, 트랜잭션 성능 처리 위원회)는 데이터베이스 성능에 초점을 맞춘 여러 산업 벤치마크를 만들고 관리해 왔습니다. 주요 벤치마크는 다음과 같습니다.

- TPC-C: 데이터베이스에서 한 사용자 집단이 트랜잭션을 실행하는 컴퓨팅 환경 전체를 시뮬레이션합니다.
- TPC-DS: 의사 결정 지원 시스템(decision support system)을 시뮬레이션합니다. 쿼리와 데이터 유지보수도 포함해 테스트합니다.
- TPC-E: 온라인 트랜잭션 처리(online transaction processing, OLTP) 워크로드를 시뮬레이션합니다. 거래, 계좌 조회, 시장 조사 등과 관련한 트랜잭션을 만들어 내는 고객을 보유하고 있는 거래 중개 업체의 데이터베이스를 모델링합니다.
- TPC-H: 의사 결정 지원 시스템(decision support system)를 시뮬레이션합니다.

애드 혹 쿼리와 동시 데이터 변경을 테스트합니다.
- TPC-VMS: TPC 가상 측정 단일 시스템(TPC Virtual Measurement Single System)은 가상화한 데이터베이스에 대해 여러 다른 벤치마크를 수집할 수 있게 해줍니다.
- TPCx-HS: 하둡 기반 빅 데이터 벤치마크입니다.
- TPCx-V: 가상 머신에서 데이터베이스 워크로드를 테스트합니다.

TPC 결과는 온라인에 공개되며[TPC 19b], 가격 대 성능비를 포함한 다양한 정보를 제공합니다.

SPEC

SPEC(Standard Performance Evaluation Corporation, 표준 성능 평가 기관)는 여러 산업 표준 벤치마크를 개발하고 공개해 왔는데, 다음과 같은 것이 있습니다.

- SPEC Cloud IaaS 2018: 클라우드의 프로비저닝, 컴퓨팅 능력, 스토리지, 네트워크 리소스를 테스트하기 위해 여러 멀티-인스턴스 워크로드를 시뮬레이션하는 벤치마크입니다.
- SPEC CPU 2017: 계산 위주의 워크로드를 측정하는데, 정수 연산 성능 측정과 부동 소수점 연산 성능 측정, 그리고 옵션으로 에너지 소모에 대한 지표도 제공합니다.
- SPECjEnterprise 2018 Web Profile: 자바 엔터프라이즈 에디션(Java Enterprise Edition, Java EE) 웹 프로파일 버전 7이나 그 이후의 애플리케이션 서버, 데이터베이스, 지원 인프라를 위한 전체 시스템 성능 측정 벤치마크입니다.
- SPECsfs2014: NFS 서버와 CIFS(Common Internet File System, 일반 인터넷 파일 시스템) 서버, 그리고 유사한 파일 시스템의 클라이언트 파일 접근 워크로드를 시뮬레이션하는 벤치마크입니다.
- SPECvirt_sc2013: 가상 환경에서 가상화 하드웨어, 플랫폼, 게스트 운영 체제와 애플리케이션 소프트웨어의 종단 간 성능을 측정하는 벤치마크입니다.

SPEC의 벤치마크 결과는 온라인에서 찾아볼 수 있고[SPEC 20], 시스템을 어떻게 튜닝하고 어떤 구성 요소를 사용했는지에 대해서도 설명해 줍니다. 하지만 보통 가격 정보는 제공하지 않습니다.

12.3 방법론

이 절에서는 벤치마킹을 수행하기 위한 방법론과 예제를 다루는데, 세 가지 벤치마킹 유형인 마이크로 벤치마킹, 시뮬레이션, 리플레이 모두에 대해 다룹니다. 다룰 주제는 표 12.2에 요약되어 있습니다.

표 12.2 벤치마크 분석 방법론

절	방법론	유형
12.3.1	수동적 벤치마킹	실험적 분석
12.3.2	능동적 벤치마킹	관찰적 분석
12.3.3	CPU 프로파일링	관찰적 분석
12.3.4	USE 방법론	관찰적 분석
12.3.5	워크로드 특성화	관찰적 분석
12.3.6	커스텀 벤치마크	소프트웨어 개발
12.3.7	연속 부하 증가(Ramping load)	실험적 분석
12.3.8	정상 여부 검사(Sanity check)	관찰적 분석
12.3.9	통계적 분석	통계적 분석

12.3.1 수동적 벤치마킹

수동적 벤치마킹은 '발사 후 망각(fire-and-forget)' 전략, 즉 벤치마크를 시작한 다음 결과가 나올 때까지 그냥 내버려 두는 방식입니다. 이러한 벤치마킹을 하는 주목적은 벤치마크 데이터를 수집하는 데 있습니다. 보통 벤치마크를 실행하는 경우 이 방법을 가장 많이 사용하는데, 여기서는 수동적 벤치마킹이 왜 권장되는 방법론이 아닌지 능동적 벤치마킹과 비교해 설명합니다.

수동적 벤치마킹의 단계를 다음과 같이 나눌 수 있습니다.

1. 벤치마크 도구를 선택합니다.
2. 여러 옵션을 설정한 뒤 벤치마크 도구를 실행합니다.
3. 결과를 슬라이드로 정리합니다.
4. 슬라이드를 관리자에게 전달합니다.

이런 접근법의 문제는 앞에서 이미 설명했습니다. 이를 요약하면 다음과 같습니다.

- 벤치마크 소프트웨어의 버그로 인해 결과가 잘못될 수 있습니다.

- 벤치마크 도구의 제약(예: 단일 스레드 동작)으로 결과가 제한될 수 있습니다.
- 네트워크 혼잡 등 벤치마크 대상과 관계없는 요소로 인해 성능이 제한될 수 있습니다.
- 성능 관련 기능을 활성화하지 않았거나 최적화되지 않은 설정으로 인해 결과가 왜곡될 수 있습니다.
- 결과가 재현되지 않거나, 교란이 발생할 수 있습니다.
- 아예 잘못된 대상을 벤치마킹할 가능성도 있습니다.

수동적 벤치마킹은 실행하기는 쉽지만 오류가 발생하기 쉽습니다. 벤더가 수행하는 경우, 잘못된 결과로 인해 엔지니어링 자원이 낭비되거나 제품 판매에 악영향을 미칠 수 있습니다. 고객이 수행하는 경우에는 정확하지 않은 결과로 인해 바람직하지 못한 제품을 선택하게 되어 나중에 지속적으로 문제를 일으키게 될 수 있습니다.

12.3.2 능동적 벤치마킹

능동적 벤치마킹은 벤치마크를 실행하는 동안(종료된 후가 아니라) 관측가능성 도구를 사용해 성능을 분석하는 방법입니다.[Gregg 14d] 이를 통해 벤치마크가 정확히 의도한 대상을 테스트하고 있는지 확인할 수 있고, 어떻게 테스트하는지도 이해할 수 있습니다. 또한 능동적 벤치마킹은 테스트 대상 시스템이나 벤치마크 자체의 한계를 식별할 수 있게 해줍니다. 벤치마크 결과를 공유하면서 벤치마크 도중에 마주친 한계의 세부내용을 함께 설명한다면 큰 도움이 될 것입니다.

덤으로 이 같은 과정은 성능 관측가능성 도구를 사용하는 기술을 향상시키는 좋은 기회가 될 수 있습니다. 이론적으로는, 벤치마크 부하를 살펴보는 것은 이미 **알려진 부하**를 관찰하는 것이기 때문에 이러한 도구에서 어떤 출력이 나올지 예상할 수 있습니다.

능동적 벤치마킹의 가장 이상적인 상황은 벤치마크를 설정한 다음 안정적인 상태로 계속 운영하는 것인데, 그러면 몇 시간 또는 며칠에 걸쳐 분석을 진행할 수 있습니다.

분석 사례 연구

사례의 하나로 bonnie++ 마이크로 벤치마크 도구의 첫 번째 테스트를 살펴보겠습니다. 매뉴얼 페이지에서는 bonnie++를 다음과 같이 설명합니다. (볼드체는 필자가 표시했습니다).

NAME
    bonnie++ - program to test **hard drive performance.**

또한, 홈페이지에서는 다음과 같이 설명합니다.[Coker 01]

> bonnie++는 하드 드라이브와 파일 시스템 성능에 대한 몇 가지 간단한 테스트들로 구성된 벤치마크 모음입니다.

다음은 우분투 리눅스에서 bonnie++ 를 실행한 결과입니다.

```
# bonnie++
[...]
Version  1.97       ------Sequential Output------ --Sequential Input- --Random-
Concurrency   1     -Per Chr- --Block-- -Rewrite- -Per Chr- --Block-- --Seeks-
Machine        Size K/sec %CP K/sec %CP K/sec %CP K/sec %CP K/sec %CP  /sec %CP
ip-10-1-239-21   4G  739  99 549247  46 308024  37  1845  99 1156838  38 +++++ +++
Latency            18699us       983ms     280ms   11065us    4505us      7762us
[...]
```

첫 번째 테스트는 '순차 출력(Sequential Output)'과 '문자별(Per Chr)'이었으며, 739 KB/s를 기록했습니다.

   정상 여부 검사: 이것이 진짜로 글자(문자) 하나당 I/O가 발생하는 것이었다면, 위의 출력 결과는 이 시스템이 초당 739,000 I/O를 달성하고 있었음을 의미합니다. bonnie++ 벤치마크의 설명에는 하드 드라이브 성능을 테스트한다고 나와있지만, 필자는 이 시스템이 그렇게 많은 디스크 IOPS를 달성할 수 있을지 의문입니다.

   첫 번째 테스트를 수행하는 동안, 필자는 iostat(1)를 사용해서 디스크 IOPS를 체크했습니다

```
$ iostat -sxz 1
[...]
avg-cpu:  %user   %nice %system %iowait  %steal   %idle
          11.44    0.00   38.81    0.00    0.00   49.75

Device             tps     kB/s    rqm/s   await  aqu-sz  areq-sz  %util

[...]
```

아무런 디스크 I/O도 기록되지 않았습니다.

이번에는 bpftrace를 사용해서 블록 I/O 이벤트를 집계해 보면 다음과 같습니다 (9장 "디스크"의 9.6.11절 "bpftrace" 참고).

```
# bpftrace -e 'tracepoint:block:* { @[probe] = count(); }'
Attaching 18 probes...
^C

@[tracepoint:block:block_dirty_buffer]: 808225
@[tracepoint:block:block_touch_buffer]: 1025678
```

여기에는 어떠한 블록 I/O도 요청(block:block_rq_issue)되거나 완료(block:block_rq_complete)되지 않았지만, 버퍼에 변경(dirty)이 발생했음을 보여주고 있습니다. cachestat(8)을 사용해서 파일 시스템 캐시의 상태를 확인해 보면 다음과 같습니다 (8.6.12절 "cachestat" 참고).

```
# cachestat 1
    HITS   MISSES  DIRTIES HITRATIO  BUFFERS_MB  CACHED_MB
       0        0        0    0.00%          49        361
     293        0    54299  100.00%          49        361
     658        0   298748  100.00%          49        361
     250        0   602499  100.00%          49        362
[...]
```

'dirties'를 확인해 보면 출력 결과의 두 번째 줄에서 실행을 시작했음을 알 수 있습니다. 이로 인해 bonnie++의 첫 번째 테스트는 실제 디스크 I/O가 아니라 파일 시스템 캐시에 데이터를 기록하는 워크로드가 발생했음을 확인할 수 있습니다.

bpftrace를 이용해서 I/O 스택의 위쪽에 위치한 VFS 레벨에서 I/O를 확인해 보면 다음과 같습니다(8.6.15절 "bpftrace" 참고).

```
# bpftrace -e 'kprobe:vfs_* /comm == "bonnie++"/ { @[probe] = count(); }'
Attaching 65 probes...
^C

@[kprobe:vfs_fsync_range]: 2
@[kprobe:vfs_statx_fd]: 6
@[kprobe:vfs_open]: 7
@[kprobe:vfs_read]: 13
@[kprobe:vfs_write]: 1176936
```

역시 상당히 많은 vfs_write() 워크로드가 발생했음을 확인할 수 있습니다. 이 크기에 대해 좀 더 상세히 확인하기 위해 bpftrace를 사용해서 분석하면 다음과 같습니다.

```
# bpftrace -e 'k:vfs_write /comm == "bonnie++"/ { @bytes = hist(arg2); }'
Attaching 1 probe...
^C

@bytes:
[1]                 668839 |@@@@@@@@@@@@@@@@@@@@@@@@@@@@@@@@@@@@@@@@|
[2, 4)                   0 |                                        |
[4, 8)                   0 |                                        |
[8, 16)                  0 |                                        |
[16, 32)                 1 |                                        |
```

vfs_write() 함수의 세 번째 인자는 바이트 크기를 의미하며, 여기서는 통상 1바이트만이 사용되었습니다. (16~31바이트 영역에 위치한 한 번의 쓰기는 bonnie++ 벤치마크의 시작으로 인한 안내 메시지일 것입니다.)

벤치마크가 실행되는 동안 관측가능성 도구를 사용해 벤치마크를 분석한 결과(능동적 벤치마킹), 첫 번째 bonnie++ 테스트는 1-바이트 파일 시스템 쓰기를 수행하고 있고, 이는 파일 시스템 캐시에 버퍼링된다는 사실을 확인할 수 있었습니다. 이 테스트는 bonnie++의 설명에서 안내되었던 것과는 다르게 디스크 I/O를 테스트하지 않았습니다.

매뉴얼 페이지에 따르면 bonnie++에는 '쓰기 버퍼링 없음(no write buffering)'을 위한 -b 옵션이 있는데, 이 옵션을 사용하면 매 쓰기 이후마다 언제나 fsync(2)를 호출한다고 설명되어 있습니다. 필자는 strace(1)를 사용해서 이 동작을 분석해 볼 텐데, strace(1)는 해당 명령이 수행하는 모든 시스템 콜을 사람이 읽을 수 있는 방식으로 출력해 줍니다. 다만 유의할 점은, strace(1)는 높은 오버헤드를 발생시키기 때문에 strace(1)를 사용하면서 생성된 벤치마크 결과는 폐기되어야 합니다.

```
$ strace bonnie++ -b
[...]
write(3, "6", 1)                        = 1
write(3, "7", 1)                        = 1
write(3, "8", 1)                        = 1
write(3, "9", 1)                        = 1
write(3, ":", 1)                        = 1
[...]
```

이 출력 결과는 bonnie++가 설명과는 다르게 쓰기를 하고 난 후 매번 fsync(2)를 호출하고 있지는 않음을 보여줍니다. 직접 I/O를 수행하는 -D 옵션도 있지만, 필자의 시스템에서는 작동하지 않았습니다. bonnie++를 통해 문자별 디스크 쓰기 테스트를 수행할 수 있는 방법은 없는 것 같아 보입니다.

일부 사람들은 bonnie++가 "문제가 없다"고 주장할 수도 있는데, 이 도구는 실제로 '순차 출력(Sequential Output)'과 '문자별(Per Chr)' 테스트를 수행하고 있기는 합니다. 다만, 이 두 가지 용어 모두 디스크 I/O를 발생시킨다고 약속하지는 않았습니다. '하드 드라이브' 성능을 테스트한다고 주장하는 벤치마크의 경우, 이것은 어쨌든 오해의 소지가 있습니다.

그렇다고 해서 bonnie++가 특별히 나쁜 벤치마크 도구라는 뜻은 아니며, 대다수의 경우 제 역할을 잘 수행합니다. 필자가 이 예시에서 bonnie++를 선택한 이유는 (그리고 가장 의심스러운 테스트 결과 사례를 분석 사례로 선택한 이유는), 이 벤치마크가 잘 알려져 있고, 필자가 이미 분석해 봤고, 이러한 오류를 찾는 경우가 드물지 않기 때문입니다. 앞의 분석은 단지 하나의 예시일 뿐입니다.

이전 버전의 bonnie++에서는 이 테스트와 관련한 추가적인 문제가 있기도 했습니다. 벤치마크의 쓰기는 파일 시스템으로 보내지기 전에 libc에서 버퍼링될 수 있어서, libc와 OS 버전에 따라 VFS 쓰기 크기가 4KB이거나 이보다 더 높기도 하였습니다.[7] 이 문제는 서로 다른 libc 버퍼링 크기를 사용하는 여러 운영 체제 사이에서의 bonnie++ 결과값 비교를 혼란스럽게 했습니다. 비록 이 문제가 bonnie++의 최근 버전에서는 고쳐졌지만, 이로 인해 새 버전의 결과값과 예전 버전의 결과값을 비교할 수 없다는 또 다른 문제가 생겼습니다.

bonnie++ 성능 분석과 관련된 더 많은 내용은, 로슈 부르보네(Roch Bourbonnais)가 쓴 "bonnie++ 해석하기(Decoding bonnie++)"라는 제목의 글을 참고하세요.[Bourbonnais 08]

12.3.3 CPU 프로파일링

벤치마크 대상과 벤치마크 소프트웨어 모두에 대한 CPU 프로파일링은 별도의 방법론으로 빼낼 만큼 충분히 가치가 있는데, 이를 통해 문제를 신속하게 발견할 수 있기 때문입니다. CPU 프로파일링은 능동적 벤치마킹 분석의 일환으로 진행하는 경우도 자주 있습니다.

CPU 프로파일링의 의도는 모든 소프트웨어가 하고 있는 일을 빠르게 체크하는 것입니다. 이를 통해 뭔가 흥미로운 일이 일어나면 알 수 있게 됩니다. 또한 벤치마크에서 실제로 일어나고 가장 문제가 많이 되는 소프트웨어 구성 요소를 연구하도

---

7 추가로 설명하자면, 이 버퍼링은 bonnie++가 libc putc(3)를 사용함으로 인해 발생하였습니다. libc 버퍼 크기는 setbuffer(3)를 사용해서 조정할 수 있습니다.

록 범위를 좁힐 수 있게 해줍니다.

CPU 프로파일링을 통해서는 사용자 레벨 스택 및 커널 레벨 스택, 두 가지 모두를 프로파일링 할 수 있습니다. 사용자 레벨 CPU 프로파일링은 5장 "애플리케이션"에서 소개했습니다. 또한 6장 "CPU"에서도 두 프로파일링을 모두 소개했는데, 6.6절 "관측가능성 도구"에서 플레임 그래프를 포함한 예시를 다뤘습니다.

예시

새롭게 제안된 시스템에 대해 디스크 마이크로 벤치마크가 수행된 적이 있는데, 디스크 스루풋이 예전 시스템보다 더 나쁘게 나와 실망스러운 결과가 도출되었던 적이 있습니다. 필자는 어디가 잘못되었는지 알아봐 달라는 요청을 받았는데, 예전 시스템에 비해 디스크 컨트롤러나 디스크가 좋지 않은 것 같으니 업그레이드해야 할 것 같다는 이야기도 들었습니다.

필자는 먼저 USE 방법론(2장 "방법론" 참고)을 사용했는데, 이를 통해 디스크가 그리 많이 사용되고 있지 않았음을 발견했습니다. 대신 시스템 시간(커널 내부)에서 CPU 사용이 많았습니다.

디스크 벤치마크라면 CPU가 흥미로운 분석 대상이 되지는 않으리라 예상할 수 있습니다. 커널에서 CPU 사용량이 많다는 사실을 알았기 때문에 별로 그럴 것 같지는 않지만 그래도 뭔가 흥미로운 것이 있는지 CPU를 빠르게 살펴볼 가치는 있다고 생각되었습니다. 프로파일링을 통해 그림 12.2와 같은 플레임 그래프를 얻을 수 있었습니다.

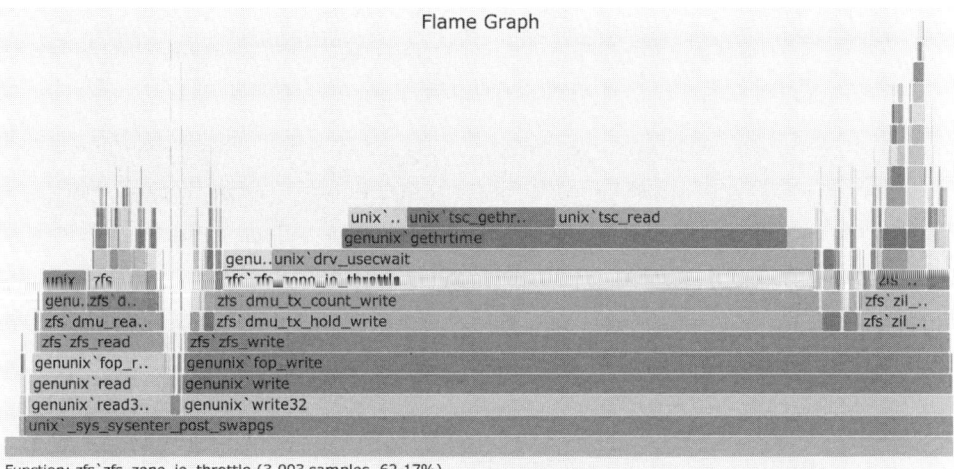

그림 12.2 커널 시간 프로파일링 결과 플레임 그래프

스택 프레임을 살펴보니 CPU 샘플의 62.17%에 zfs_zone_io_throttle() 함수가 포함되어 있었습니다. 이 함수의 코드를 읽어볼 필요도 없이 이름만 봐도 무슨 일이 벌어졌는지 알 수 있었습니다. 리소스 제어의 일환으로써 ZFS I/O 스로틀링을 활성화해 두었기 때문에 **인위적으로** 벤치마크 성능을 제한했던 것입니다! 새로운 시스템에서는 이것이 기본 설정이고(예전 시스템에서는 그렇지 않았습니다), 벤치마크 수행 시 이를 간과했기 때문에 생긴 일이었습니다.

12.3.4 USE 방법론

USE 방법론은 2장 "방법론"에서 소개했으며, 여러 장에 걸쳐 이 방법론을 사용해 특정 리소스를 살펴보는 방법에 대해 설명했습니다. 벤치마킹에서 USE 방법론을 적용하면 테스트를 제한한 요소에 대해 파악할 수 있습니다. 하드웨어나 소프트웨어를 막론하고, 어느 한 구성 요소가 100% 사용률에 도달했거나 여러분이 시스템을 한계까지 밀어붙이지 않았음을 확인할 수 있습니다.

12.3.5 워크로드 특성화

워크로드 특성화는 2장 "방법론"에서도 소개했으며, 그 이후의 여러 장에 걸쳐 설명했습니다. 이 방법론을 사용해 어떤 벤치마크가 현재의 프로덕션 환경과 얼마나 맞아떨어지는지를 프로덕션 워크로드의 특성과 벤치마크의 부하를 비교해서 알아낼 수 있습니다.

12.3.6 커스텀 벤치마크

간단한 벤치마크라면 직접 소프트웨어를 제작하는 편이 바람직합니다. 복잡성을 피하고, 분석의 어려움을 덜기 위해서 프로그램을 가능한 짧게 만드세요.

　마이크로 벤치마크에는 보통 C 프로그래밍 언어를 사용하는 것이 좋습니다. 그 이유는 실제로 실행되는 프로그램이 여러분이 작성한 코드와 가장 유사하기 때문입니다. 하지만 컴파일러 최적화가 코드에 미치는 영향을 신중히 고려해야 합니다. 경우에 따라 컴파일러는 간단한 벤치마크 루틴이 출력 결과에 영향을 주지 않기 때문에 필요하지 않다고 생각하여 해당 루틴을 생략하는 경우가 있습니다. 벤치마크가 실행되는 동안 항상 다른 도구를 사용하여 해당 루틴이 제대로 동작하고 있는지 확인해 보세요. 컴파일한 바이너리 코드를 역어셈블해서 실제 원하는 코드를 실행하는지 확인하는 것이 좋을 수도 있습니다.

가상 머신, 비동기적 가비지 컬렉션, 동적 런타임 컴파일을 사용하는 언어는 디버깅과 실행의 정밀도를 조절하는 것이 훨씬 더 어렵습니다. 하지만 여러분이 그러한 언어로 작성된 클라이언트 소프트웨어를 시뮬레이션(매크로 벤치마크)해야 하는 경우라면 해당 언어를 사용해야 할 수도 있습니다.

커스텀 벤치마크를 작성하는 과정에서 알게 된 세부사항이 나중에 아주 유용한 경우도 있습니다. 예를 들어, 데이터베이스 벤치마크를 개발하는 과정에서 API가 성능을 향상시킬 수 있는 다양한 옵션을 제공한다는 사실을 알게 될 수도 있습니다. 이러한 옵션이 프로덕션 환경에서 사용되지 않는 경우, 이는 해당 환경이 옵션 도입 이전에 개발되었기 때문일 수 있으며, 이를 통해 성능 최적화의 단서를 얻을 수 있습니다.

여러분은 벤치마크 소프트웨어를 단순히 부하를 생성하는 역할(즉, **부하 발생기**) 하도록 설계할 수 있습니다. 이렇게 생성된 부하에 따른 성능 측정은 별도의 도구를 사용해 진행하도록 위임할 수 있습니다. 이와 같은 방식에서 흔히 사용되는 방법 중 하나가 바로 연속 부하 증가(ramp load)입니다.

12.3.7 연속 부하 증가

이 방법은 시스템이 처리할 수 있는 최대 스루풋을 파악하기 위한 간단한 방법입니다. 동작 방식은 간단한데, 부하를 조금씩 증가시키면서 한계에 이를 때까지 산출된 스루풋을 측정합니다. 이렇게 얻은 결과를 그래프로 시각화하면 시스템의 확장성을 나타내는 프로파일을 생성할 수 있습니다. 이 프로파일은 그래프의 형태를 분석하거나, 확장성 모델을 활용하여 연구에 활용할 수 있습니다(2장 "방법론" 참고).

예를 들어, 그림 12.3은 특정 파일 시스템과 서버가 스레드 수 증가에 따라 어떤

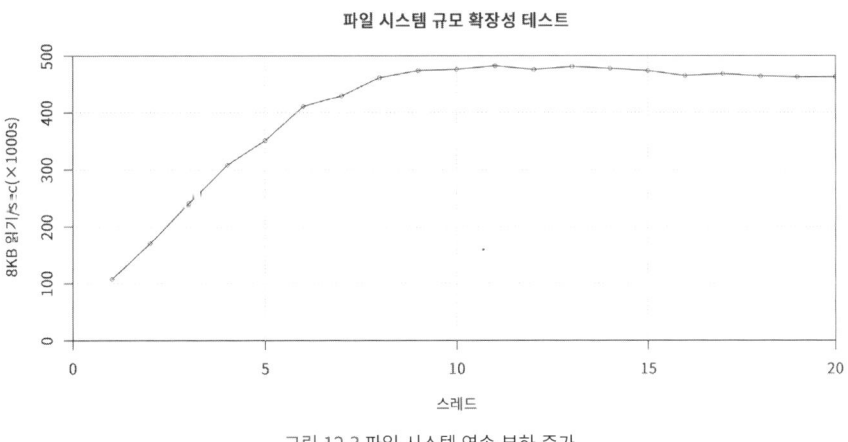

그림 12.3 파일 시스템 연속 부하 증가

규모 확장성을 띠는지 보여줍니다. 여기서 각 스레드는 캐시된 파일에 8KB 임의 접근 읽기를 시도하고 있으며, 스레드의 개수를 하나씩 늘려 나가며 최대치를 측정했습니다.

이 시스템은 약 50만 번 정도의 초당 읽기 동작에서 최대치에 도달했습니다. 결과는 VFS 레벨의 통계를 통해 검증되었고, I/O 크기가 8킬로바이트임을 확인할 수 있었고, 최대 3.5기가바이트의 전송률을 보였습니다.

이 테스트를 위한 부하 발생기는 펄(perl)로 작성했으며, 긴 코드가 아니기 때문에 코드 전체를 수록했습니다.

```perl
#!/usr/bin/perl -w
#
# randread.pl - 지정한 파일에 대해 임의 접근 읽기를 시도한다

use strict;
my $IOSIZE = 8192;                    # I/O 크기, 바이트
my $QUANTA = $IOSIZE;                 # seek 단위, 바이트

die "USAGE: randread.pl filename\n" if @ARGV != 1 or not -e $ARGV[0];

my $file = $ARGV[0];
my $span = -s $file;                  # 임의 접근할 최대 위치(=파일 크기), 바이트
my $junk;

open FILE, "$file" or die "ERROR: reading $file: $!\n";
while (1) {
        seek(FILE, int(rand($span / $QUANTA)) * $QUANTA, 0);
        sysread(FILE, $junk, $IOSIZE);
}

close FILE;
```

이 펄 프로그램은 버퍼링을 피하기 위해 sysread()를 사용해 read(2) 시스템 콜을 직접 호출합니다.

이 코드는 NFS 서버에 대한 마이크로 벤치마크로, 클라이언트 팜(farm)에서 병렬로 실행했습니다. 각 클라이언트는 NFS에 마운트한 파일에 임의 접근 작업을 수행했습니다. 이 마이크로 벤치마크의 결과(읽기/초)는 NFS 서버에서 nfsstat(8)과 다른 도구를 사용해서 측정했습니다.

이 테스트에서는 사용되는 파일의 개수와 총 크기를 조절(**워킹 셋 크기를 조절**)함으로써, 일부 테스트는 읽기 결과를 서버의 캐시로부터 가져오게 하고, 다른 일

부 테스트는 디스크에서 읽기 결과를 가져오도록 하였습니다(12.2.1절 "마이크로 벤치마킹"의 "설계 예시" 참조).

그런 다음, 클라이언트 팜에서 실행되는 인스턴스의 수를 한 개씩 늘려가면서 부하가 한계에 도달할 때까지 테스트를 진행했습니다. 여기서는 테스트 결과를 그래프로 그려서 규모 확장성 프로파일을 살펴보았으며, 리소스 사용률(USE 방법론)과 함께 비교해 어떤 리소스가 전부 소진되었는지 확인해 보았습니다. 포화 상태에 이른 리소스는 서버의 CPU였으며, 성능을 더 향상시키기 위해 이에 대한 추가 분석을 해야 했습니다.

필자는 과거에 이와 동일한 프로그램과 접근방법을 사용해서 썬 ZFS 스토리지 어플라이언스(Sun ZFS Storage Appliance)의 한계를 테스트해 본 적이 있습니다.[Gregg 09b] 테스트 결과는 공식적으로 사용되었으며, 우리가 아는 한에서는 세계 최고 기록이었습니다. 여기서 부하 발생기는 펄로 작성되었는데, 필자는 종종 이러한 소프트웨어를 C로 작성해서 사용하기도 합니다. 사용 언어를 C로 바꾸면 클라이언트의 CPU 사용률이 줄어들었을 테지만, 이 경우에는 클라이언트 CPU가 남아돌았기 때문에 결과가 달라지지 않습니다. 다른 더 복잡한 벤치마크를 시도해 보기도 했고, 다른 언어로 시도해 보기도 했지만 이 펄 기반의 결과를 더 향상시킬 수는 없었습니다.

이 접근방법을 따를 때에는 스루풋뿐 아니라 지연시간도 측정해야 하는데, 특히 지연시간 분포를 측정해야 합니다. 시스템이 한계에 도달하면 큐잉으로 인한 지연이 상당해지면서 지연시간이 늘어나게 됩니다. 만약 너무 높은 부하를 가한다면 지연시간이 너무 커져서 더는 결과값이 유효하다고 생각할 수 없는 상황이 될 수 있습니다. 측정한 지연시간이 고객들이 납득할 만한 값인지 자문해 보아야 합니다.

예를 들어 보겠습니다. 수많은 클라이언트를 사용해서 대상 시스템에 990,000 IOPS까지 부하를 가했다고 합시다. 이때 응답의 평균 I/O 지연시간이 5ms였습니다. 여러분은 100만 IOPS를 진짜로 넘겨보고 싶지만 시스템은 이미 포화 상태입니다. 더 많은 클라이언트를 추가하면 100만 IOPS를 겨우 넘길 수 있습니다. 하지만 모든 연산이 대기열에 들어가 꽉 채우기 때문에 평균 지연시간이 50ms를 넘어가 버리게 되는데, 이는 수용하기 어려운 결과입니다! 어떤 결과를 마케팅 팀에 넘겨야 하겠습니까? (정답은 990,000IOPS입니다.)

12.3.8 정상 여부 검사

이는 벤치마크 결과에 드러난 여러 특성 중에서 말이 되지 않는 부분이 있는지 찾아내는 검증 과정입니다. 이 과정에는 네트워크 대역폭, 컨트롤러 대역폭, 상호연결 대역폭, 디스크 IOPS 등 각 구성 요소가 알려진 한계를 초과하지 않았는지 확인하는 작업이 포함됩니다. 만약 알려진 한계를 벗어나는 값이 있다면 좀 더 자세히 들여다볼 필요가 있습니다. 대부분의 경우 이 같은 과정을 통해 결국 벤치마크 결과가 잘못되었다는 사실을 발견하게 됩니다.

한 가지 예를 들어보겠습니다. 어떤 NFS 서버에 대해 8KB 읽기 동작을 벤치마크 했는데, 결과로 50,000IOPS라는 수치를 얻을 수 있었습니다. 이 서버는 1Gbit/s 이더넷 포트를 통해 네트워크에 연결되어 있었습니다. 이 테스트의 정상 여부를 확인해 보기 위해 계산을 한 번 해 보겠습니다. 50,000IOPS를 처리하는데 필요한 네트워크 스루풋을 계산해보면 50,000IOPS×8kB = 400,000kB/s이며, 여기에 프로토콜 헤더만큼 비용이 더 소요됩니다. 이는 대략 3.2Gbit/s 이상이며 1Gbit/s라는 네트워크 대역폭을 넘어버립니다. 뭔가 잘못 되었습니다!

이러한 결과는 보통 벤치마크가 NFS 서버로 전체 워크로드를 보내지 않고 **클라이언트 캐싱**만을 테스트했음을 의미합니다.

필자는 이런 식의 계산을 통해 잘못된 여러 벤치마크를 판별해 낸 적이 종종 있습니다. 그 중에는 1Gbit/s 인터페이스에 대해 다음과 같은 스루풋을 보고한 경우도 있습니다.[Gregg 09c]

- 120MB/s(0.96Gbit/s)
- 200MB/s(1.6Gbit/s)
- 350MB/s(2.8Gbit/s)
- 800MB/s(6.4GBit/s)
- 1.15MB/s(9.2Gbit/s)

이것들은 모두 단일 방향의 스루풋입니다. 120MB/s는 문제 없어 보이는데, 1Gbit/s 인터페이스의 최댓값은 실제로 약 119MB/s 정도일 것입니다. 200MB/s는 오직 양방향 통신이 다량으로 일어나고 양쪽 속도를 더했을 경우에만 가능한 수치이지만, 위 수치는 모두 단방향 통신이기 때문에 이는 문제가 있습니다. 350MB/s나 그 이상의 값은 모두 잘못된 값입니다.

어떤 벤치마크 결과를 체크해야 한다면 이러한 한계값을 알아내기 위해 여러분이 알고 있는 여러 수치를 합산해 보십시오.

시스템에 접근할 수 있다면 아마도 새로운 관측 도구나 실험을 사용해 결과를 더 분석해 볼 수 있을 것입니다. 이 과정은 과학적 방법론을 따를 수 있는데, 여기서 알아내고자 하는 질문은 벤치마크 결과가 올바른 것인가 입니다. 이를 바탕으로 가설을 세우고 결과를 예측한 뒤 실험을 통해 검증할 수 있습니다.

12.3.9 통계적 분석

통계적 분석은 벤치마크 데이터를 연구하는 과정으로 다음과 같은 세 개의 단계를 거치게 됩니다.

1. 사용할 벤치마크 도구, 도구의 설정 방법, 그리고 수집할 시스템 성능 지표를 선택합니다
2. 벤치마크를 실행하면서 상당한 양의 결과와 지표를 수집합니다
3. 데이터에 대해 통계적 분석을 수행해 해석하고, 보고서를 작성합니다

벤치마크를 수행하는 동안에 시스템을 분석하는데 초점을 맞추는 능동적 벤치마킹과 달리 통계적 분석은 결과를 분석하는데 중심을 둡니다. 통계적 분석은 수동적 벤치마킹과도 다른데, 수동적 벤치마킹에서는 분석 자체를 하지 않습니다.

이 접근방법은 대규모 시스템에 접근하는 것이 시간상 제약이 있을 뿐 아니라 비용도 많이 소요되는 환경에서 사용합니다. 예를 들어, 사용할 수 있는 '최대 설정' 상태의 시스템이 유일하게 하나 있지만 여러 팀이 다음과 같은 테스트를 진행하기 위해 동시에 해당 시스템에 접근하려 하는 경우가 이에 해당합니다.

- 영업팀: 개념 증명 단계(proofs of concept)에서 고객 부하를 시뮬레이션해서 최대 설정 시스템이 어떤 성능을 내는지 보려고 합니다
- 마케팅팀: 마케팅 캠페인을 위해 가능한 한 최고의 숫자를 뽑아내려 합니다
- 지원팀: 최대 설정 시스템에서 과중한 부하가 있는 경우에만 나타나는 특정 경로를 분석하려고 합니다
- 엔지니어링팀: 새로 만든 기능과 코드 변경사항의 성능을 테스트하려고 합니다
- 품질팀: 회귀 테스트를 실행하고 인증을 부여하려 합니다

각 팀이 해당 시스템에서 각자의 벤치마크를 실행할 수 있는 시간은 한계가 있을 것입니다. 반면 실행 후 결과를 분석할 시간은 훨씬 더 많을 수 있습니다.

― Systems

이러한 상황에서는 지표 수집 비용이 높기 때문에, 모든 지표가 신뢰할 만한지 철저히 확인하여, 나중에 문제가 생겨 다시 테스트하지 않도록 해야 합니다. 이를 위해 기술적으로 지표 산출 방식을 점검할 뿐만 아니라, 문제를 조기에 발견할 수 있도록 더 많은 통계적 속성도 함께 수집하는 것이 좋습니다. 이러한 값으로는 분산, 전체 분포, 오류 마진(error margin) 등이 있습니다(2장 "방법론"의 2.8절 "통계" 참고). 특히 코드 변경에 대해 테스트하거나 회귀 테스트를 하는 경우, 두 결과의 차이를 제대로 분석하기 위해 분산과 오류 마진을 정확히 파악하는 것이 중요합니다.

또한 실행 중인 시스템에서 가능한 한 많은 성능 데이터를 수집해야 합니다(수집에 따른 오버헤드 때문에 결과를 손상시켜서는 안 됩니다). 그래야 나중에 수집된 데이터를 기반으로 철저하게 조사해 볼 수 있습니다. 데이터를 수집하기 위해서는 sar(1)이나 기타 모니터링 제품을 사용하거나 혹은 모든 가용 통계를 덤프하는 전용 도구를 만들어 사용할 수도 있습니다.

예를 들어, 벤치마크의 실행 전과 후에 리눅스 /proc 카운터의 내용을 복사하는 커스텀 셸 스크립트를 작성해 사용할 수 있습니다.[8] 필요하다면 사용 가능한 모든 내용을 포함시킬 수도 있습니다. 수행에 따른 오버헤드가 크지 않다면, 벤치마크 실행 중 일정 간격으로 이 스크립트를 실행하는 것도 가능합니다. 이 외에도 다양한 통계 도구를 사용하여 로그를 생성하는 방식도 있습니다.

결과와 지표를 통계적으로 분석하는 과정에서 시스템을 대기열의 네트워크로 모델링하기 위해 규모 확장성 분석(scalability analysis)과 큐 이론(queueing theory)을 포함시킬 수도 있습니다. 이러한 주제에 대해서는 2장 "방법론"에서 소개했으며, 이에 대해 다루는 별도의 전문 서적도 있습니다. [Jain 91][Gunther 97][Gunther 07]

12.3.10 벤치마킹 체크리스트

성능 최적화 지침 체크리스트(Performance Mantras checklist)(2.5.20절 "성능 최적화 원칙")에서 영감을 얻어 필자는 벤치마킹 체크리스트 질문들을 만들었는데, 이 체크리스트에 대한 해답을 찾아나가면서 여러분의 벤치마크의 정확도를 검증해 볼 수 있습니다.[Gregg 18d]

---

8 이 목적으로 tar(1)을 사용하지 마세요. tar(1)는 /proc에 위치한 크기가 0인 파일(stat(2)에 따라)들에 대해서는 내용을 읽지 않고 건너뛰어 해당 파일들이 제대로 포함되지 않을 것입니다.

- 왜 두 배가 아닙니까?
- 그것이 한계를 넘어섰습니까?
- 그것이 오류였습니까?
- 그것이 반복됩니까?
- 그것이 중요합니까?
- 그것이 발생하기는 했습니까?

각 질문들을 부연해서 설명하면 다음과 같습니다.

- 왜 두 배가 아닙니까? 특정 연산에 대한 벤치마크 결과로 산출된 연산 속도가 왜 두 배가 아닙니까? 이는 주로 어떤 요소가 작업의 제한 요인인지 확인하려는 것입니다. 이 질문에 대한 답변으로 많은 벤치마킹 문제를 해결할 수 있는데, 가령 벤치마크에서 측정하려던 대상이 아닌 다른 제한 요인이 발견될 수 있습니다.
- 그것이 한계를 넘어섰습니까? 결과가 정상적인 범위를 벗어나지 않았는지 확인하기 위한 질문으로, 12.3.8절 "정상 여부 검사"와 관련이 있습니다.
- 그것이 오류였습니까? 오류가 발생한 작업은 일반 작업과 다르게 동작하며, 높은 오류율은 벤치마크 결과를 왜곡시킬 수 있습니다.
- 그것이 반복됩니까? 결과가 얼마나 일관성이 있습니까?
- 그것이 중요합니까? 특정한 벤치마크가 테스트하는 워크로드는 여러분의 프로덕션 부하와 관련이 없을 수도 있습니다. 몇몇 마이크로 벤치마크는 개별 시스템 콜과 라이브러리 호출을 테스트하지만, 여러분의 애플리케이션은 이를 사용하지 않을 수도 있습니다.
- 그것이 발생하기는 했습니까? 앞서 12.1.3절 "벤치마킹 실패"의 "오류를 무시함" 부분에서 설명한 사례처럼, 벤치마크가 방화벽에 의해 차단된 경우 타임아웃 기반 지연시간만 기록된 사례가 있을 수 있습니다. 이 질문은 벤치마크 작업이 실제로 수행되었는지 확인하려는 것입니다.

다음 절에는 이것보다 더 많은 질문들로 이루어진 '벤치마크 질문' 목록이 수록되어 있습니다. 이 목록은 벤치마크를 직접 분석하기 위해 대상 시스템에 접근하지 못하는 경우에도 적용해 볼 수 있는 질문들입니다.

12.4 벤치마크 질문

어떤 벤더가 벤치마크 결과를 여러분에게 제시한다면, 이를 더 잘 이해하고 여러분의 환경에 적용하기 위해 여러 가지 질문을 던져볼 수 있습니다. 이러한 질문들은 벤치마크 실행 환경에 접근할 수 없는 경우라도 던져보아야 하는 질문들입니다. 목표는 해당 벤치마크가 어떤 것을 실제로 측정했는지 알아내고 그 결과가 얼마나 실질적이고 반복 가능한지 살펴보는 것입니다.

- 일반적인 질문
  - 해당 벤치마크가 프로덕션 부하와 관련이 있습니까?
  - 테스트한 시스템은 어떻게 설정되어 있습니까?
  - 단일 시스템에서 실행한 결과입니까, 어떤 시스템의 클러스터에서 실행한 결과입니까?
  - 테스트한 시스템의 비용은 얼마입니까?
  - 벤치마크 클라이언트는 어떻게 설정되어 있습니까?
  - 테스트를 얼마동안 진행했습니까? 얼마나 많은 결과가 수집되었습니까?
  - 결과가 평균입니까, 최댓값입니까? 평균은 얼마입니까?
  - 기타 분포의 상세(표준 편차, 백분율, 전체 분포 상세)는 어떻게 됩니까?
  - 벤치마크를 제한하는 요인은 무엇입니까?
  - 해당 동작의 성공/실패 비율은 얼마였습니까?
  - 해당 동작의 특성은 무엇이었습니까?
  - 해당 동작의 특성은 부하를 테스트하기 위해 만들어진 것입니까? 그 특성들은 어떻게 선택되었습니까?
  - 벤치마크가 부하의 변동을 시뮬레이션 합니까, 아니면 평균 부하만 시뮬레이션 합니까?
  - 벤치마크 결과를 다른 분석 도구를 사용해 검증할 수 있습니까? (있다면 화면 캡처를 첨부하세요.)
  - 벤치마크 결과를 가지고 오류 마진을 표현할 수 있습니까?
  - 벤치마크 결과를 재현할 수 있습니까?
- CPU/메모리 관련 벤치마크 질문
  - 어떤 프로세서를 사용했습니까?

- 프로세서가 오버클럭 되었습니까? 커스텀 쿨링이 사용되었습니까?(예: 수냉 쿨링)
- 메모리 모듈(예: DIMM)이 몇 개나 사용되었습니까? 어떤 방식으로 소켓에 결합되고 있습니까?
- 사용하지 않도록 설정한 CPU가 있습니까?
- 시스템 전체의 CPU 사용률은 얼마였습니까? (가벼운 부하가 걸리는 시스템은 터보 부스트로 인해 더 빠르게 실행될 수 있습니다.)
- CPU 코어들이 테스트 되었습니까, 아니면 하이퍼스레드가 테스트 되었습니까?
- 설치한 메인 메모리 용량은 얼마였습니까? 어떤 유형의 메모리를 사용했습니까?
- 특별히 설정한 BIOS 설정값이 있었습니까?

- 저장 장치 관련 벤치마크 질문
  - 저장 장치는 어떻게 설정되었습니까? (사용된 개수, 유형, 저장 프로토콜, RAID 설정, 캐시 크기, 라이트 백 혹은 라이트 스루 등.)
  - 파일 시스템은 어떻게 설정되어 있습니까? (유형, 사용된 개수, 저널링과 같은 파일 시스템 설정, 튜닝)
  - 워킹 셋의 크기는 얼마였습니까?
  - 워킹 셋 중 어느 정도가 캐시 되었습니까? 캐싱된 장소는 어디입니까?
  - 얼마나 많은 파일에 접근했습니까?

- 네트워크 관련 벤치마크 질문
  - 네트워크가 어떻게 설정되었습니까? (사용한 인터페이스 개수, 각 인터페이스의 유형과 설정값)
  - 네트워크 토폴로지는 어떻게 구성되어 있습니까?
  - 어떤 프로토콜이 사용되었습니까? 어떤 소켓 옵션이 사용되었습니까?
  - 어떤 네트워크 스택 설정이 튜닝 되었습니까? 어떤 TCP/UDP의 튜닝이 사용되었습니까?

업계의 각종 벤치마크를 살펴볼 때도 공개된 세부사항으로부터 이 같은 질문의 답을 찾을 수 있을 것입니다.

12.5 연습 문제

1. 다음 개념에 대한 질문에 답하시오.
   - 마이크로 벤치마크가 무엇입니까?
   - 워킹 셋의 크기가 어떻게 됩니까? 워킹 셋 크기가 저장 장치 벤치마크의 결과에 어떠한 영향을 끼칩니까?
   - 가격 대 성능비를 연구하는 이유가 무엇입니까?

2. 마이크로 벤치마크를 선정해서 다음 작업을 수행하시오.
   - 차원(스레드, I/O 크기…)을 하나 정해서 크기를 변화시키면서 성능을 측정하시오.
   - 결과를 그래프로 표현하시오(규모 확장성 참고).
   - 마이크로 벤치마크를 사용하여 대상 시스템을 최고 성능까지 밀어붙여 보고 제한 요인이 무엇이었는지 분석하시오.

12.6 참고 자료

[Joy 81] Joy, W., "tcp-ip digest contribution," http://www.rfc-editor.org/rfc/museum/tcp-ip-digest/tcp-ip-digest.v1n6.1, 1981.

[Anon 85] Anon et al., "A Measure of Transaction Processing Power," *Datamation*, April 1, 1985.

[Jain 91] Jain, R., *The Art of Computer Systems Performance Analysis: Techniques for Experimental Design, Measurement, Simulation, and Modeling*, Wiley, 1991.

[Gunther 97] Gunther, N., *The Practical Performance Analyst*, McGraw-Hill, 1997.

[Shanley 98] Shanley, K., "History and Overview of the TPC," http://www.tpc.org/information/about/history.asp, 1998.

[Coker 01] Coker, R., "bonnie++," https://www.coker.com.au/bonnie++, 2001.

[Smaalders 06] Smaalders, B., "Performance Anti-Patterns," *ACM Queue 4*, no. 1, February 2006.

[Gunther 07] Gunther, N., *Guerrilla Capacity Planning*, Springer, 2007.

[Bourbonnais 08] Bourbonnais, R., "Decoding bonnie++," https://blogs.oracle.com/roch/entry/decoding_bonnie, 2008.

[DeWitt 08] DeWitt, D., and Levine, C., "Not Just Correct, but Correct and Fast," *SIGMOD Record*, 2008.

[**Traeger 08**] Traeger, A., Zadok, E., Joukov, N., and Wright, C., "A Nine Year Study of File System and Storage Benchmarking," *ACM Transactions on Storage*, 2008.

[**Gregg 09b**] Gregg, B., "Performance Testing the 7000 series, Part 3 of 3," *http://www.brendangregg.com/blog/2009-05-26/performance-testing-the-7000-series3.html*, 2009.

[**Gregg 09c**] Gregg, B., and Straughan, D., "Brendan Gregg at FROSUG, Oct 2009," *http://www.beginningwithi.com/2009/11/11/brendan-gregg-at-frosug-oct-2009*, 2009.

[**Fulmer 12**] Fulmer, J., "Siege Home," *https://www.joedog.org/siege-home*, 2012.

[**Gregg 14c**] Gregg, B., "The Benchmark Paradox," *http://www.brendangregg.com/blog/2014-05-03/the-benchmark-paradox.html*, 2014.

[**Gregg 14d**] Gregg, B., "Active Benchmarking," *http://www.brendangregg.com/activebenchmarking.html*, 2014.

[**Gregg 18d**] Gregg, B., "Evaluating the Evaluation: A Benchmarking Checklist," *http://www.brendangregg.com/blog/2018-06-30/benchmarking-checklist.html*, 2018.

[**Glozer 19**] Glozer, W., "Modern HTTP Benchmarking Tool," *https://github.com/wg/wrk*, 2019.

[**TPC 19a**] "Third Party Pricing Guideline," *http://www.tpc.org/information/other/ pricing_guidelines.asp*, 2019.

[**TPC 19b**] "TPC," *http://www.tpc.org*, 2019.

[**Dogan 20**] Dogan, J., "HTTP load generator, ApacheBench (ab) replacement, formerly known as rakyll/boom," *https://github.com/rakyll/hey*, last updated 2020.

[**SPEC 20**] "Standard Performance Evaluation Corporation," *https://www.spec.org*, accessed 2020.

13장

Systems Performance Second Edition

perf

perf(1)는 리눅스의 공식 프로파일링 도구로, 소스 코드는 리눅스 커널의 tools/perf 디렉터리에 포함되어 있습니다.[1] 이 도구는 프로파일링, 트레이싱, 그리고 스크립팅 기능을 가진 다목적 도구이며, 커널 perf_events 서브시스템에 대한 프론트엔드입니다. perf_events는 리눅스용 성능 카운터(Performance Counters for Linux, PCL) 혹은 리눅스 성능 이벤트(Linux Performance Events, LPE)라고도 불립니다. 초기 perf_events와 perf(1) 프론트엔드는 성능 모니터링 카운터(PMC) 기능만 지원했으나, 이후 발전하여 tracepoint, kprobe, uprobe, USDT 같은 이벤트 기반 트레이싱 소스들도 지원하게 되었습니다.

이번 장은 14장 "Ftrace" 및 15장 "BPF"와 함께 시스템 트레이싱 도구에 대해 좀 더 상세하게 알고 싶은 분들이 선택해 읽을 수 있는 내용을 다룹니다.

다른 트레이싱 도구들과 비교해서 perf(1)는 특히 CPU 분석에 최적화되어 있습니다. 예를 들어 이 도구를 사용하면 CPU 프로파일링(샘플링)과 스택 트레이스 수집, CPU 스케줄러의 동작을 트레이싱하는 것은 물론, 성능 모니터링 카운터(PMC)를 활용하여 마이크로 아키텍처 수준에서 CPU의 성능(예: 사이클 동작)을 분석할 수 있습니다. 또한 perf(1)에는 디스크 I/O와 소프트웨어 함수와 같은 기타 대상들을 분석할 수 있는 기능도 있습니다.

---

1 perf(1)는 크기가 크고 복잡한 사용자 레벨 프로그램인데도 리눅스 커널 소스 트리에 포함되어 있다는 점에서 특이합니다. 메인테이너인 아르날도 카르발료 지 멜로(Arnaldo Carvalho de Melo)는 필자에게 이 상황이 '실험적'이라고 설명해 주었습니다. 커널에 포함된 덕에 perf(1)와 리눅스 커널이 발맞춰 개발될 수 있었기 때문에 이득이었지만, 어떤 사람들은 이 점에 대해 불편해하기도 하였는데, 아마도 perf(1)는 리눅스 소스에 포함된 유일한 복잡한 소프트웨어가 되리라 봅니다.

perf(1)를 사용하면 다음과 같은 질문에 대답할 수 있습니다.

- 어떤 코드 경로가 CPU 자원을 소모하고 있습니까?
- 메모리 로드/스토어 동작에서 CPU 지연이 발생하고 있습니까?
- 스레드가 CPU를 떠나는 이유는 무엇입니까?
- 디스크 I/O 패턴은 어떤 양상을 보입니까?

이번 장에서는 perf(1)에 대해 알아보는데, 먼저 사용할 수 있는 이벤트 소스들을 소개하고, 그 다음에는 이 소스들을 사용하는 하위 명령을 설명합니다. 구성 순서는 다음과 같습니다.

- 13.1: 하위 명령어 개요
- 13.2: 원 라이너
- 이벤트
  - 13.3: perf 이벤트
  - 13.4: 하드웨어 이벤트
  - 13.5: 소프트웨어 이벤트
  - 13.6: tracepoint
  - 13.7: Probe 이벤트
- 명령어
  - 13.8: perf stat
  - 13.9: perf record
  - 13.10: perf report
  - 13.11: perf script
  - 13.12: perf trace
  - 13.13: 기타 명령어
  - 13.14: 문서화
  - 13.15: 참고 자료

앞에서 perf(1)를 다룬 장들에서는 이를 사용해 특정 대상들을 분석하는 방법을 보여줬습니다. 이 장에서는 perf(1) 자체에 초점을 맞춥니다.

13.1 하위 명령어 개요

perf(1)의 기능들은 하위 명령어를 함께 지정하여 사용할 수 있습니다. 다음은 perf(1)에서 흔하게 사용되는 두 개의 하위 명령어를 보여줍니다. record는 이벤트들을 계측하고 이것을 파일로 저장하는데 사용되며, report는 이 파일의 내용을 요약 정리합니다. 이들 하위 명령어는 13.9절 "perf record"와 13.10절 "perf report"에서 설명합니다.

```
# perf record -F 99 -a -- sleep 30
[ perf record: Woken up 193 times to write data ]
[ perf record: Captured and wrote 48.916 MB perf.data (11880 samples) ]
# perf report --stdio
[...]
# Overhead  Command    Shared Object       Symbol
# ........  .........  ..................  ..............................
#
    21.10%  swapper    [kernel.vmlinux]    [k] native_safe_halt
     6.39%  mysqld     [kernel.vmlinux]    [k] _raw_spin_unlock_irqrest
     4.66%  mysqld     mysqld              [.] _Z8ut_delaym
     2.64%  mysqld     [kernel.vmlinux]    [k] finish_task_switch
[...]
```

이 사례는 먼저 각 CPU에서 실행 중인 프로그램을 99Hz 주기로 30초간 샘플링하고, 여기서 가장 빈번하게 샘플링된 함수들을 보여주고 있습니다.

표 13.1에는 perf(1)의 최신 버전(리눅스 5.6)에서 사용할 수 있는 하위 명령어 중 일부가 정리되어 있습니다.

표 13.1 perf 하위 명령어

절	명령어	설명
-	annotate	perf.data(perf record가 생성)를 읽고 데이터를 코드(명령어)와 함께 보여줍니다.
-	archive	디버그 및 심벌 정보를 담고 있는 포터블 perf.data 파일을 만듭니다.
-	bench	시스템 마이크로 벤치마크에 사용합니다.
-	buildid-cache	build-id 캐시(USDT probe가 사용)를 관리합니다.
-	c2c	캐시 라인 분석 도구입니다.
-	diff	두 개의 perf.data 파일을 읽고 두 프로파일의 차이를 보여줍니다.
-	evlist	perf.data 파일에 수집된 이벤트들의 이름을 보여줍니다.
14.12	ftrace	Ftrace 트레이싱 도구에 대한 perf(1) 인터페이스.
-	inject	이벤트 스트림(perf record)을 필터링해 추가 정보와 함께 출력합니다.

(다음 쪽에 이어짐)

-	kmem	커널 메모리(슬랩)를 트레이싱/계측합니다.
11.3.3	kvm	kvm 게스트 인스턴스를 트레이싱/계측합니다.
13.3	list	사용할 수 있는 이벤트 유형들을 정리합니다.
-	lock	락 이벤트를 분석합니다.
-	mem	메모리 접근을 프로파일링합니다.
13.7	probe	새 동적 tracepoint를 정의합니다.
13.9	record	명령을 실행하고 해당 명령을 프로파일링한 데이터를 perf.data에 저장합니다.
13.10	report	perf.data(perf record가 생성)를 읽고 프로파일을 보여줍니다.
6.6.13	sched	스케줄러 지연을 트레이싱/측정합니다.
5.5.1	script	perf.data(perf record가 생성)를 읽고 트레이싱 출력 결과를 보여줍니다.
13.8	stat	명령을 실행하고 성능 카운터 통계를 수집합니다.
-	timechart	워크로드가 걸리는 동안의 총 시스템 동작을 시각화합니다.
-	top	시스템 프로파일링 도구(실시간 화면 업데이트).
13.12	trace	실시간 트레이싱 도구(기본적으로 현재 호출되고 있는 시스템 콜을 트레이싱).

그림 13.1에는 흔히 사용되는 perf 하위 명령어와 각 명령이 사용하는 데이터 소스 및 출력 결과 유형이 함께 정리되어 있습니다.

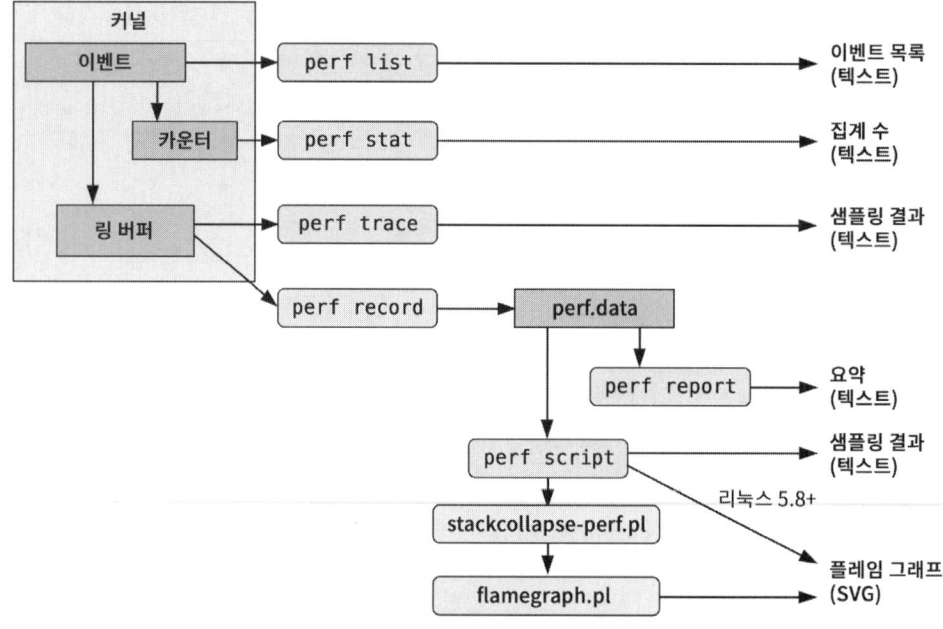

그림 13.1 흔히 사용되는 perf 하위 명령어

이 그림에 나온 대부분의 명령어와 기타 하위 명령어는 뒤에서 설명합니다. 일부 하위 명령은 표 13.1에 정리했듯이 앞의 다른 장들에서 다뤘습니다.

perf(1)의 향후 버전에는 더 많은 기능이 추가될 것입니다. 현재 사용 가능한 모든 하위 명령어를 확인하려면 perf를 아무 인자 없이 실행하면 됩니다.

13.2 원 라이너

다음 원 라이너들은 perf(1)의 다양한 기능을 사례별로 보여줍니다. 이들은 필자가 perf(1)의 기능을 효율적으로 설명하기 위해 온라인에 공개한 자료의 일부입니다.[Gregg 20h] perf(1)의 문법은 뒤에 이어지는 절들과 perf(1)의 매뉴얼 페이지에서 설명하고 있습니다.

유의할 사항은, 이들 원 라이너 중 다수에는 모든 CPU를 지정하기 위한 옵션인 -a가 사용되었지만, 리눅스 4.11부터는 이 옵션이 디폴트로 지정되었기 때문에 상위 버전의 리눅스에서는 이 옵션을 생략할 수 있습니다.

사용할 수 있는 이벤트

현재 사용할 수 있는 이벤트의 목록을 정리합니다.

```
perf list
```

sched tracepoint의 목록을 정리합니다

```
perf list 'sched:*'
```

'block'이라는 문자열로 시작하는 이벤트의 목록을 보여줍니다.

```
perf list block
```

현재 사용할 수 있는 동적 probe의 목록을 보여줍니다.

```
perf probe -l
```

이벤트 집계

지정된 명령어에 대한 PMC 통계를 보여줍니다.

```
perf stat command
```

지정된 PID에 대한 PMC 통계를 출력합니다(Ctrl-C가 입력되기 전까지).

```
perf stat -p PID
```

전체 시스템에 대한 PMC 통계를 5초간 보여줍니다.

```
perf stat -a sleep 5
```

지정된 명령에 대한 CPU 마지막 레벨 캐시(LLC)를 보여줍니다.

```
perf stat -e LLC-loads,LLC-load-misses,LLC-stores,LLC-prefetches command
```

PMC raw specification을 사용해서 중단되지 않은 코어 사이클(CPU_CLK_UN-HALTED)을 집계합니다(인텔).

```
perf stat -e r003c -a sleep 5
```

상세 PMC raw specification을 사용해서 프론트엔드 지연을 집계합니다(인텔).

```
perf stat -e cpu/event=0x0e,umask=0x01,inv,cmask=0x01/ -a sleep 5
```

시스템 전체를 대상으로 시스템 콜 호출을 매초 간격으로 집계합니다.

```
perf stat -e raw_syscalls:sys_enter -I 1000 -a
```

지정된 PID에 대한 시스템 콜 호출을 유형별로 집계합니다.

```
perf stat -e 'syscalls:sys_enter_*' -p PID
```

시스템 전체를 대상으로 블록 장치 I/O 이벤트를 10초 동안 집계합니다.

```
perf stat -e 'block:*' -a sleep 10
```

프로파일링

지정된 명령을 실행하면서 CPU에서 동작 중인 함수들을 99Hz 주기로 샘플링합니다.

```
perf record -F 99 command
```

시스템 전체를 대상으로 CPU 스택 트레이스(프레임 포인터를 통해)를 10초 동안 샘플링합니다.

```
perf record -F 99 -a -g sleep 10
```

지정된 PID의 CPU 스택 트레이스를, 스택 되감기에 dwarf(debuginfo)를 사용해서 샘플링합니다.

```
perf record -F 99 -p PID --call-graph dwarf sleep 10
```

컨테이너의 CPU 스택 트레이스를 /sys/fs/cgroup/perf_event cgroup별로 샘플링합니다.

```
perf record -F 99 -e cpu-clock --cgroup=docker/1d567f439319...etc... -a sleep 10
```

시스템 전체의 CPU 스택 트레이스를, 최종 브랜치 레코드를 사용해서 샘플링합니다(LBR; 인텔).

```
perf record -F 99 -a --call-graph lbr sleep 10
```

CPU 스택 트레이스를, 매 100회의 LLC 미스마다 한 번씩, 5초 동안 샘플링합니다.

```
perf record -e LLC-load-misses -c 100 -ag sleep 5
```

CPU에서 동작 중인 사용자 명령을 정밀하게(예: 인텔 PEBS 사용), 5초 동안 샘플링합니다.

```
perf record -e cycles:up -a sleep 5
```

CPU를 49Hz 주기로 샘플링하고, 최상위 프로세스의 이름과 세그먼트를 실시간으로 보여줍니다.

```
perf top -F 49 -ns comm,dso
```

정적 트레이싱

새로운 프로세스들을 트레이싱합니다(Ctrl-C가 입력되기 전까지).

```
perf record -e sched:sched_process_exec -a
```

컨텍스트 스위치의 일부를 스택 트레이스와 함께 1초 동안 샘플링합니다.

```
perf record -e context-switches -a -g sleep 1
```

모든 컨텍스트 스위치를 스택 트레이스와 함께 1초 동안 샘플링합니다.

```
perf record -e sched:sched_switch -a -g sleep 1
```

모든 컨텍스트 스위치를 5레벨 깊이의 스택 트레이스와 함께 1초 동안 트레이싱합니다.

```
perf record -e sched:sched_switch/max-stack=5/ -a sleep 1
```

connect(2) 호출(아웃바운드 연결)을 스택 트레이스와 함께 트레이싱합니다(Ctrl-C가 입력되기 전까지).

```
perf record -e syscalls:sys_enter_connect -a -g
```

블록 장치 요청을 100Hz 주기로 샘플링합니다(Ctrl-C가 입력되기 전까지).

```
perf record -F 100 -e block:block_rq_issue -a
```

모든 블록 장치 요청 발생 및 완료(타임스탬프 포함)를 트레이싱합니다(Ctrl-C가 입력되기 전까지).

```
perf record -e block:block_rq_issue,block:block_rq_complete -a
```

64KB 크기 이상의 모든 블록 요청을 트레이싱합니다(Ctrl-C가 입력되기 전까지).

```
perf record -e block:block_rq_issue --filter 'bytes >= 65536'
```

모든 ext4 호출을 트레이싱하고, 이 데이터를 ext4 유형이 아닌 경로에 기록합니다 (Ctrl-C가 입력되기 전까지).

```
perf record -e 'ext4:*' -o /tmp/perf.data -a
```

http__server__request USDT 이벤트(Node.js)를 트레이싱합니다(리눅스 4.10 이상).

```
perf record -e sdt_node:http__server__request -a
```

블록 장치 요청 발생을 트레이싱하고, 실시간(perf.data 사용 안 함)으로 출력합니다(Ctrl-C가 입력되기 전까지).

```
perf trace -e block:block_rq_issue
```

블록 장치 요청 발생 및 완료를 트레이싱하고 실시간으로 출력합니다.

```
perf trace -e block:block_rq_issue,block:block_rq_complete
```

시스템 전체를 대상으로 시스템 콜 호출을 트레이싱하고 실시간으로 출력합니다 (출력 결과가 장황할 수 있음).

```
perf trace
```

동적 트레이싱

커널 tcp_sendmsg() 함수 진입점에 probe를 추가합니다(--add는 선택 사항입니다).

```
perf probe --add tcp_sendmsg
```

tcp_sendmsg() 함수의 probe를 제거합니다. (또는 -d)

```
perf probe --del tcp_sendmsg
```

tcp_sendmsg()에서 사용 가능한 변수들과 외부(externals) 변수들을 함께 보여줍니다(커널 debuginfo 필요).

```
perf probe -V tcp_sendmsg --externs
```

tcp_sendmsg()에서 계측 가능한 함수의 라인 probe들을 보여줍니다(debuginfo 필요).

```
perf probe -L tcp_sendmsg
```

tcp_sendmsg() 함수 81번째 라인에서 사용 가능한 변수들을 보여줍니다(debuginfo 필요).

```
perf probe -V tcp_sendmsg:81
```

tcp_sendmsg() 함수 진입점에 인자 레지스터(프로세서별로 다름)와 함께 probe를 추가합니다.

```
perf probe 'tcp_sendmsg %ax %dx %cx'
```

tcp_sendmsg() 함수 진입점에 probe를 추가하는데, 이 probe는 %cx 레지스터를 별칭('bytes')으로 사용합니다.

```
perf probe 'tcp_sendmsg bytes=%cx'
```

이전에 생성한 probe에서 bytes(별칭)가 100보다 클 때만 트레이싱을 수행합니다.

```
perf record -e probe:tcp_sendmsg --filter 'bytes > 100'
```

tcp_sendmsg()의 리턴 지점에 probe를 추가하며, 이 probe는 리턴 값을 캡처합니다.

```
perf probe 'tcp_sendmsg%return $retval'
```

tcp_sendmsg()에 probe를 추가하며, 이 probe는 크기 및 소켓 상태 정보를 함께 수집합니다(debuginfo 필요).

```
perf probe 'tcp_sendmsg size sk->__sk_common.skc_state'
```

do_sys_open() 함수에 probe를 추가하며, 이 probe는 filename 변수를 문자열 형식으로 수집합니다.

```
perf probe 'do_sys_open filename:string'
```

사용자 레벨 libc의 fopen(3) 함수에 probe를 추가합니다.

```
perf probe -x /lib/x86_64-linux-gnu/libc.so.6 --add fopen
```

리포팅

(만약 가능하다면) perf.data를 ncurses 브라우저(TUI)로 보여줍니다.

```
perf report
```

perf.data의 데이터를 수집된 샘플 수 및 각 이벤트가 차지하는 비율과 함께 텍스트 리포트 형식으로 보여줍니다.

```
perf report -n -stdio
```

모든 perf.data 이벤트를 헤더 정보와 함께 출력합니다(추천).

```
perf script -header
```

모든 perf.data 이벤트를 필자가 추천하는 필드들과 함께 출력합니다(perf.data 파일이 record -a 옵션으로 기록되어 있어야 합니다. 리눅스 4.1 이전에는 -F가 아니라 -f였습니다).

```
perf script --header -F comm,pid,tid,cpu,time,event,ip,sym,dso
```

perf.data 이벤트를 플레임 그래프로 시각화 합니다(리눅스 5.8 이상).

```
perf script report flamegraph
```

수집된 데이터를 명령어 수준으로 분해해서, 각 명령어에 소모된 비율과 함께 출력합니다(debuginfo 필요).

```
perf annotate --stdio
```

이상이 필자가 선정한 원 라이너인데, perf(1)에는 여기서 다루지 못한 더 많은 기능이 있습니다. 더 많은 명령어를 확인하기 위해서는 앞 절의 하위 명령어들과 다음에 나오는 절들 그리고 다른 장들에서 설명한 내용을 참고하세요.

13.3 perf 이벤트

perf list를 사용하면, 현재 사용할 수 있는 이벤트들의 목록을 확인할 수 있습니다. 다음은 리눅스 5.8에서 실행한 출력 결과의 일부인데, 다양한 유형의 이벤트에 대해 보여주고 있습니다(볼드로 강조됨).

```
# perf list
List of pre-defined events (to be used in -e):

  branch-instructions OR branches                    [Hardware event]
  branch-misses                                      [Hardware event]
  bus-cycles                                         [Hardware event]
  cache-misses                                       [Hardware event]
[...]
  context-switches OR cs                             [Software event]
  cpu-clock                                          [Software event]
[...]
  L1-dcache-load-misses                              [Hardware cache event]
  L1-dcache-loads                                    [Hardware cache event]
[...]
  branch-instructions OR cpu/branch-instructions/    [Kernel PMU event]
  branch-misses OR cpu/branch-misses/                [Kernel PMU event]
[...]
cache:
  l1d.replacement
       [L1D data line replacements] [...]
floating point:
  fp_arith_inst_retired.128b_packed_double
       [Number of SSE/AVX computational 128-bit packed double precision [...]
frontend:
  dsb2mite_switches.penalty_cycles
       [Decode Stream Buffer (DSB)-to-MITE switch true penalty cycles] [...]
memory:
```

```
      cycle_activity.cycles_l3_miss
          [Cycles while L3 cache miss demand load is outstanding] [...]
      offcore_response.demand_code_rd.l3_miss.any_snoop
          [DEMAND_CODE_RD & L3_MISS & ANY_SNOOP] [...]
other:
  hw_interrupts.received
          [Number of hardware interrupts received by the processor]
pipeline:
  arith.divider_active
          [Cycles when divide unit is busy executing divide or square root [...]
uncore:
  unc_arb_coh_trk_requests.all
          [Unit: uncore_arb Number of entries allocated. Account for Any type:
          e.g. Snoop, Core aperture, etc] [...]
  rNNN                                          [Raw hardware event descriptor]
  cpu/t1=v1[,t2=v2,t3 ...]/modifier             [Raw hardware event descriptor]
   (see 'man perf-list' on how to encode it)
  mem:<addr>[/len][:access]                     [Hardware breakpoint]
  alarmtimer:alarmtimer_cancel                  [Tracepoint event]
  alarmtimer:alarmtimer_fired                   [Tracepoint event]
[...]
  probe:do_nanosleep                            [Tracepoint event]
[...]
  sdt_hotspot:class__initialization__clinit     [SDT event]
  sdt_hotspot:class__initialization__concurrent [SDT event]
[...]
List of pre-defined events (to be used in --pfm-events):
ix86arch:
  UNHALTED_CORE_CYCLES
    [count core clock cycles whenever the clock signal on the specific core is
running (not halted)]
  INSTRUCTION_RETIRED
[...]
```

출력 결과의 원본은 이 테스트 시스템에서 총 4,402줄에 달하기 때문에, 여기서는 내용을 대폭 축약하였습니다. 다음은 이벤트 유형들입니다.

- Hardware event: 주로 프로세서 이벤트(PMC를 통해 구현)

- Software event: 커널 카운터 이벤트

- Hardware cache event: 프로세서 캐시 이벤트(PMC)

- Kernel PMU event: 성능 모니터링 유닛(PMU) 이벤트(PMC)

- cache, floating point...: 프로세서 벤더 이벤트(간략한 설명 포함, PMC)

- Raw hardware event descriptor: 하드웨어 이벤트(PMC 기반 raw 포맷 코드 사용)

- Hardware breakpoint: 프로세서 중단점 이벤트
- Tracepoint event: 커널 정적 계측 이벤트
- SDT event: 사용자 레벨 정적 계측 이벤트(USDT)
- pfm-events: libpfm 이벤트(리눅스 5.8에 추가)

tracepoint와 SDT 이벤트는 대부분 정적 계측 지점들을 보여주지만, 여러분이 동적 계측 probe도 추가했다면 이 역시 같이 출력될 것입니다. 예를 들어 출력 결과에서는 동적 계측 probe 중 하나인 kprobe 기반의 probe:do_nanosleep이 'Tracepoint event'로 표시되고 있습니다.

perf list 명령어는 특정 문자열로 이벤트를 검색할 수도 있습니다. 아래의 예는 'mem_load_l3'가 포함된 이벤트들을 검색한 결과입니다(볼드체 강조).

```
# perf list mem_load_l3

List of pre-defined events (to be used in -e):

cache:
  mem_load_l3_hit_retired.xsnp_hit
       [Retired load instructions which data sources were L3 and cross-core snoop
hits in on-pkg core cache Supports address when precise (Precise event)]    mem_load_
l3_hit_retired.xsnp_hitm
       [Retired load instructions which data sources were HitM responses from shared
L3 Supports address when precise (Precise event)]
  mem_load_l3_hit_retired.xsnp_miss
       [Retired load instructions which data sources were L3 hit and cross-core
snoop
missed in on-pkg core cache Supports address when precise (Precise event)]
  mem_load_l3_hit_retired.xsnp_none
       [Retired load instructions which data sources were hits in L3 without snoops
required Supports address when precise (Precise event)]
[...]
```

이 이벤트들은 하드웨어 이벤트(PMC 기반)로, 출력 결과에는 간단한 설명이 포함되어 있습니다. (Precise event)는 정밀 이벤트 기반 샘플링(PEBS)을 지원하는 이벤트를 참조합니다.

13.4 하드웨어 이벤트

하드웨어 이벤트는 4.3.9절 "하드웨어 카운터 (PMC)"에서 소개했습니다. 이 이벤트는 일반적으로 PMC를 통해 구현되며, 프로세서별 고유 코드를 사용해 설정합

니다. 예를 들어, 인텔 프로세서 분기 명령어는 raw 하드웨어 이벤트 디스크립터 'r00c4'(레지스터 코드인 umask 0x0과 event select 0xc4의 축약형)를 사용해서 계측할 수 있습니다. 이들 코드는 프로세서 매뉴얼에 수록되어 있으며[Intel 16][AMD 18][ARM 19], 인텔은 이를 JSON 형식으로도 사용할 수 있게 만들었습니다.[Intel 20c]

이 코드들을 기억할 필요는 없으며, 필요할 때 프로세서 매뉴얼을 참고하면 됩니다. 사용자가 쉽게 사용할 수 있도록 perf(1)는 코드 대신 읽고 이해하기 쉬운 이름으로 변환해(mapping)줍니다. 예를 들어 이벤트 'branch-instructions'라는 이름은 아마도 시스템의 분기 명령어 PMC에 해당할 것입니다.[2] 이렇게 사람이 읽을 수 있는 이름들은 앞서 다룬 이벤트 목록에서도 확인할 수 있습니다(하드웨어 이벤트 및 PMU 이벤트).

세상에는 수많은 프로세서 유형들이 존재하며, 새로운 버전도 정기적으로 발표되고 있습니다. 여러분이 사용하는 프로세서에 대한 사람이 읽기 쉬운 매핑은 perf(1)에서 아직 지원하지 않거나, 최신의 커널 버전에서만 사용 가능할 수도 있습니다. 일부 PMC들은 사람이 읽을 수 있는 이름을 통해서는 노출되지 않을 수 있습니다. 필자는 PMC를 깊이 파고들수록, 사람이 읽기 쉬운 이름으로 매핑되지 않은 경우가 많아 결국 raw 이벤트 디스크립터로 자주 전환해야 했습니다. 매핑에 버그가 있을 가능성도 있으니 PMC 결과가 의심스럽다면 raw 이벤트 디스크립터를 다시 한 번 확인해 보기 바랍니다.

13.4.1 빈도수 샘플링

perf record를 PMC와 함께 사용할 때는, 디폴트로 지정된 샘플 빈도수가 적용되므로 모든 이벤트가 기록되지는 않습니다. 다음은 사이클 이벤트를 기록하는 사례입니다.

```
# perf record -vve cycles -a sleep 1
Using CPUID GenuineIntel-6-8E
intel_pt default config: tsc,mtc,mtc_period=3,psb_period=3,pt,branch
------------------------------------------------------------
perf_event_attr:
```

---

2 필자는 과거 매핑과 관련해서 이슈를 겪은 적이 있는데, 여기서는 사람이 읽을 수 있는 이름이 정확한 PMC에 매핑되지 않았습니다. perf(1) 출력 결과만으로 이게 제대로 출력되고 있는지 판단하기는 어려운데, 해당 PMC를 사용했던 과거의 경험에 기반해 정상인지 비정상인지 확인해야 합니다. 이러한 이슈가 발생할 수 있음에 유의하세요. 프로세서가 빠르게 업데이트되고 있기에, 앞으로도 이러한 매핑과 관련한 버그는 계속 발생하리라 예상합니다.

```
size                              112
{ sample_period, sample_freq }    4000
sample_type                       IP|TID|TIME|CPU|PERIOD
disabled                          1
inherit                           1
mmap                              1
comm                              1
freq                              1
[...]
[ perf record: Captured and wrote 3.360 MB perf.data (3538 samples) ]
```

이 출력 결과는 **빈도수 샘플링**(frequency sampling)이 활성화되어 있으며(freq 1), 샘플 빈도가 초당 4,000번으로 설정되어 있음을 보여줍니다. 이는 커널이 샘플링 속도를 조정해 CPU 하나마다 초당 약 4,000개의 이벤트만 캡처하도록 한다는 의미입니다. 이렇게 샘플링 레이트를 조절하는 게 바람직한데, 몇몇 PMC가 계측하는 이벤트는 초당 수십 억 번 발생할 수 있으며(예: CPU 사이클), 이러한 모든 이벤트를 기록하게 되면 발생하는 오버헤드가 감당할 수 없는 수준이 됩니다.[3] 하지만 여기에도 주의할 점이 있는데, perf(1)의 기본 출력 결과(아주 상세한 옵션인 -vv를 사용하지 않은 이상)는 빈도수 샘플링이 사용되고 있는지 여부를 말해주지 않기 때문에, 사용자는 모든 이벤트가 기록된다고 기대할지 모릅니다. 이 이벤트 빈도수는 record 하위 명령에만 영향을 미칩니다, stat 하위 명령은 모든 이벤트를 집계합니다.

이벤트 빈도수는 -F 옵션으로 수정하거나, -c period 옵션을 사용해서 **주기 샘플링**(period sampling)으로 변경할 수 있는데, 주기 샘플링은 지정된 주기의 이벤트마다 샘플을 한 번씩 캡처합니다(오버플로 샘플링이라고도 부릅니다). 다음은 -F 옵션을 사용하는 사례입니다.

perf record -F 99 -e cycles -a sleep 1

위의 명령은 99Hz의 샘플링 레이트(초당 이벤트 수)로 동작합니다. 이는 13.2절 "원 라이너"의 프로파일링 사례와 유사한데, 앞에서는 이벤트를 지정하지 않아(-e cycles 옵션 생략) PMC가 가능한 경우 cycles를, 그렇지 않으면 cpu clock 소프트웨어 이벤트를 기본값으로 선택합니다. 더 상세한 내용은 13.9.2절 "CPU 프로파일링"을 보세요.

---

[3] 물론 커널은 커널 자체를 보호하기 위해 샘플링 레이트를 조절하고 이벤트를 드롭시킵니다. 항상 누락된 이벤트가 있는지 확인해 이와 같은 일이 발생했는지 알아보기 바랍니다. (예: perf report -D | tail -20를 통해 카운터 요약 정보를 확인하세요.)

perf(1) 관련 설정 중에는 빈도수 샘플링 속도 제한 뿐 아니라 CPU 사용량 퍼센트 제한도 있는데, 이러한 제한은 sysctl(8)을 사용해서 확인하거나 설정할 수 있습니다.

```
# sysctl kernel.perf_event_max_sample_rate
kernel.perf_event_max_sample_rate = 15500
# sysctl kernel.perf_cpu_time_max_percent
kernel.perf_cpu_time_max_percent = 25
```

위의 예시는 이 시스템의 최대 샘플 레이트가 15,500Hz이며, perf(1)에 의한 CPU 사용량(특히 PMU 인터럽트로 인한 부하)이 최대 25%로 제한되었음을 보여줍니다.

13.5 소프트웨어 이벤트

소프트웨어 이벤트는 주로 하드웨어에서 실제로 발생하는 동작(예: CPU 작업 전환, 캐시 미스)과 관련이 있지만, 이러한 이벤트를 소프트웨어적으로 수집하거나 기록하여 분석합니다. 하드웨어 이벤트와 마찬가지로 소프트웨어 이벤트도 디폴트 샘플 빈도수를 가지고 있는데, 보통 4,000으로 record 하위 명령을 사용할 때 이벤트의 일부만 캡처되도록 합니다.

다음의 컨텍스트 스위치 소프트웨어 이벤트와 이에 상응하는 tracepoint 사이의 차이를 비교해 보세요. 먼저 소프트웨어 이벤트를 살펴보겠습니다.

```
# perf record -vve context-switches -a -- sleep 1
[...]
------------------------------------------------------------
perf_event_attr:
  type                             1
  size                             112
  config                           0x3
  { sample_period, sample_freq }   4000
  sample_type                      IP|TID|TIME|CPU|PERIOD
[...]
  freq                             1
[...]
[ perf record: Captured and wrote 3.227 MB perf.data (660 samples) ]
```

이 출력 결과는 소프트웨어 이벤트가 기본적으로 4000Hz의 샘플링 레이트를 사용하고 있음을 보여줍니다. 이번에는 이에 상응하는 tracepoint의 출력 결과를 살펴보겠습니다.

```
# perf record -vve sched:sched_switch -a sleep 1
[...]
------------------------------------------------------
perf_event_attr:
  type                             2
  size                             112
  config                           0x131
  { sample_period, sample_freq }   1
  sample_type                      IP|TID|TIME|CPU|PERIOD|RAW
[...]
[ perf record: Captured and wrote 3.360 MB perf.data (3538 samples) ]
```

이번에는 주기 샘플링(period sampling)이 사용되었는데(freq 1 없음), 샘플 주기를 1로 하고 있습니다(-c 1 옵션과 동일). 이 설정은 모든 이벤트를 캡처합니다. 소프트웨어 이벤트에도 -c 1을 지정하면 동일하게 샘플링이 가능한데, 다음은 그 사례입니다.

`perf record -vve context-switches -a -c 1 -- sleep 1`

이처럼 모든 이벤트를 기록하게 될 때에는 수집하는 양과 오버헤드를 주의하세요. 특히 컨텍스트 스위치의 경우 매우 빈번하게 발생할 수 있기 때문에 유의하세요. 해당 이벤트의 발생 빈도를 확인하기 위해 `perf stat`를 사용할 수 있는데, 13.8절 "perf stat"을 참고하세요.

13.6 tracepoint 이벤트

tracepoint는 4.3.5절 "tracepoint"에서 소개했었는데, perf(1)를 사용해 계측하는 사례들과 함께 설명하였습니다. 다시 되짚어 보기 위해 block:block_rq_issue tracepoint와 다음의 사례들을 사용했습니다.

block:block_rq_issue를 10초 동안 시스템 전체에서 트레이싱하고 해당 이벤트들을 출력합니다.

`perf record -e block:block_rq_issue -a sleep 10; perf script`

이 tracepoint의 포맷 문자열(메타데이터 요약)을 통해 사용할 수 있는 인자들을 확인합니다.

`cat /sys/kernel/debug/tracing/events/block/block_rq_issue/format`

65,536바이트보다 큰 블록 I/O만 필터링합니다.

```
perf record -e block:block_rq_issue --filter 'bytes > 65536' -a sleep 10
```

perf(1)과 tracepoint에 대한 추가 사례는 13.2절의 "원 라이너" 및 이 책의 다른 장들에 소개되어 있습니다.

kprobe(동적 커널 계측)와 같은 초기화된 probe 이벤트는 `perf list`의 출력 결과에 "Tracepoint event"로 표시됨에 유의하세요. 이에 대해서는 13.7절의 "Probe 이벤트"를 참고하세요.

13.7 Probe 이벤트

Probe 이벤트(probe events)라는 용어는 perf(1)에서 kprobe, uprobe, USDT probe와 같은 이벤트를 가리키는데 사용합니다. 이 probe들은 '동적'이며 트레이싱을 위해서는 먼저 초기화가 필요합니다. 초기화되지 않은 probe는 `perf list` 명령의 기본 출력에 나타나지 않습니다(몇몇 USDT probes는 기본적으로 들어 있을 수 있는데, 해당 probe들은 사동 초기화되었기 때문입니다). 일단 초기화되면 'Tracepoint Event'로 목록에 표시됩니다.

13.7.1 kprobe

kprobe는 4.3.6절 "kprobe"에서 소개했었습니다. 다음은 kprobe를 생성하고 사용하는 일반적인 순서인데, 이 사례에서는 do_nanosleep() 커널 함수를 계측하고 있습니다.

```
perf probe --add do_nanosleep
perf record -e probe:do_nanosleep -a sleep 5
perf script
perf probe --del do_nanosleep
```

여기서 kprobe는 probe 하위 명령과 --add(--add는 선택 사항입니다)를 사용해서 만드는데, 더 이상 필요하지 않으면 probe --del을 사용해서 삭제할 수 있습니다. 다음은 이 순서를 통한 출력 결과인데, 중간에 probe 이벤트의 목록도 출력하고 있습니다.

```
# perf probe --add do_nanosleep
Added new event:
  probe:do_nanosleep    (on do_nanosleep)

You can now use it in all perf tools, such as:

     perf record -e probe:do_nanosleep -aR sleep 1

# perf list probe:do_nanosleep

List of pre-defined events (to be used in -e):

  probe:do_nanosleep                            [Tracepoint event]

# perf record -e probe:do_nanosleep -aR sleep 1
[ perf record: Woken up 1 times to write data ]
[ perf record: Captured and wrote 3.368 MB perf.data (604 samples) ]
# perf script
         sleep 11898 [002] 922215.458572: probe:do_nanosleep: (ffffffff83dbb6b0)
 SendControllerT 15713 [002] 922215.459871: probe:do_nanosleep: (ffffffff83dbb6b0)
 SendControllerT  5460 [001] 922215.459942: probe:do_nanosleep: (ffffffff83dbb6b0)
[...]
# perf probe --del probe:do_nanosleep
Removed event: probe:do_nanosleep
```

perf script의 출력 결과는 트레이싱하는 동안 발생한 do_nanosleep()을 보여줍니다. 첫 번째 호출은 sleep(1) 명령(아마도 perf(1)가 실행한 sleep(1) 명령)으로 인해 발생했으며, SendControllerT에 의한 호출들이 그 뒤를 잇습니다(일부는 생략했습니다).

%return을 추가하면 함수들의 리턴을 계측할 수 있습니다.

```
perf probe --add do_nanosleep%return
```

이렇게 하면 kprobe 대신 kretprobe를 사용하게 됩니다.

kprobe 인자

커널 함수의 인자를 계측하는 방법은 크게 네 가지입니다.

첫 번째는, 커널 debuginfo가 있다면 perf(1)에서 함수의 변수들(인자 포함)에 대한 정보를 얻을 수 있습니다. 다음은 --vars 옵션을 사용해서 do_nanosleep() kprobe의 변수들을 나열해 보여주고 있습니다.

```
# perf probe --vars do_nanosleep
Available variables at do_nanosleep
@<do_nanosleep+0>
                enum hrtimer_mode     mode
                struct hrtimer_sleeper* t
```

이 출력 결과는 mode와 t라는 이름의 변수들을 보여주는데, 이것들은 do_nanosleep() 함수의 진입점 인자입니다. probe를 생성할 때 이 인자들을 같이 추가하면, 이벤트가 기록될 때 인자 값이 함께 포함됩니다. 다음은 probe에 mode를 추가한 사례입니다.

```
# perf probe 'do_nanosleep mode'
[...]
# perf record -e probe:do_nanosleep -a
[...]
# perf script
        svscan  1470 [012] 4731125.216396: probe:do_nanosleep: (ffffffffa8e4e440) mode=0x1
```

이 출력 결과를 통해 mode=0x1을 확인할 수 있습니다.

두 번째는, 커널 debuginfo를 사용할 수 없는 경우(프로덕션 환경에서는 일반적임), 함수 인자 값을 레지스터 위치를 통해 읽어올 수 있습니다. 이를 위해 동일한 하드웨어와 커널 버전을 사용하는 참고용 시스템을 마련하고, 해당 시스템에 커널 디버그 정보를 설치합니다. 이 참고용 시스템에서 레지스터의 위치를 perf probe의 -n(dry run)와 -v(verbose) 옵션으로 조회해 볼 수 있습니다.

```
# perf probe -nv 'do_nanosleep mode'
[...]
Writing event: p:probe/do_nanosleep _text+10806336 mode=%si:x32
[...]
```

이 명령은 시험 실행(dry run)이기 때문에, 이벤트를 생성하지 않습니다. 그 대신 출력 결과는 mode 변수(굵은 서체로 강조된)의 위치를 보여주는데, 레지스터 %si에 있으며 32-비트 16진수(x32)로 출력됩니다(이 문법에 관해서는 다음 절의 uprobe에서 설명합니다). 여러분은 이제 debuginfo가 없는 시스템에서 이 mode 정의 문자열(mode=%si:x32)을 그대로 사용해서 인자들의 값을 알아낼 수 있습니다.

```
# perf probe 'do_nanosleep mode=%si:x32'
[...]
```

```
# perf record -e probe:do_nanosleep -a
[...]
# perf script
         svscan   1470 [000] 4732120.231245: probe:do_nanosleep: (ffffffffa8e4e440)
mode=0x1
```

이 방법은 시스템들이 동일한 프로세서 ABI와 커널 버전을 사용할 경우에만 제대로 동작하며, 그렇지 않으면 잘못된 레지스터 정보가 계측될 수 있습니다.

세 번째로, 프로세서 ABI를 알고 있다면 직접 레지스터 위치를 확인할 수 있습니다. 이에 대한 예시는 다음 절 uprobe에 수록되어 있습니다.

네 번째로, 커널 디버그 정보의 새로운 소스인 BPF type format(BTF)을 사용할 수 있습니다. 나중에는 이 방식이 기본적으로 더 많이 사용될 가능성이 높으며, perf(1)의 향후 버전에서는 BTF를 디버그 정보의 대체 소스로 지원할 예정입니다.

kretprobe를 사용해서 계측되는 do_nanosleep 리턴의 경우, 리턴 값은 특수 $retval 변수를 사용해서 알아낼 수 있습니다.

perf probe 'do_nanosleep%return $retval'

어떤 리턴 값이 포함되어 있는지 확인하려면 커널 소스 코드를 보세요.

13.7.2 uprobe

uprobe는 4.3.7절 "uprobe"에서 소개했었습니다. perf(1)에서 uprobe는 kprobe와 유사하게 생성됩니다. 예를 들어 libc의 파일 열기 함수 fopen(3)에서 uprobe를 생성하는 방법은 다음과 같습니다

```
# perf probe -x /lib/x86_64-linux-gnu/libc.so.6 --add fopen
Added new event:
  probe_libc:fopen     (on fopen in /lib/x86_64-linux-gnu/libc-2.27.so)
You can now use it in all perf tools, such as:

    perf record -e probe_libc:fopen -aR sleep 1
```

바이너리 경로는 -x를 사용해 지정합니다. probe_libc:fopen이라는 이름이 uprobe는 이제 perf record를 이용해 이벤트를 기록할 수 있습니다.

이 uprobe를 더 이상 사용하지 않는다면, --del을 사용해 해당 이벤트를 삭제할 수 있습니다.

```
# perf probe --del probe_libc:fopen
Removed event: probe_libc:fopen
```

함수의 리턴은 %return을 추가해서 계측할 수 있습니다.

```
perf probe -x /lib/x86_64-linux-gnu/libc.so.6 --add fopen%return
```

이렇게 하면 uprobe 대신 uretprobe를 사용하게 됩니다.

uprobe 인자

시스템에 대상 바이너리 debuginfo가 있다면, perf(1)로 변수 정보(인자 포함)를 확인할 수 있습니다. --vars을 사용하면 변수들의 목록을 출력할 수 있습니다.

```
# perf probe -x /lib/x86_64-linux-gnu/libc.so.6 --vars fopen
Available variables at fopen
        @<_IO_vfscanf+15344>
                char*   filename
                char*   mode
```

출력 결과는 fopen(3)이 filename과 mode 변수를 가지고 있음을 보여줍니다. 이 변수들은 probe를 생성할 때 함께 추가할 수 있습니다.

```
perf probe -x /lib/x86_64-linux-gnu/libc.so.6 --add 'fopen filename mode'
```

대상 바이너리에 대한 debuginfo는 -dbg 또는 -dbgsym 패키지를 통해 제공할 수 있습니다. 분석하고자 하는 대상 시스템에서 debuginfo를 사용할 수 없고 다른 시스템에서는 사용할 수 있다면, 그 시스템을 참고용 시스템으로 활용할 수 있고, 이는 앞서 kprobe 섹션에서 설명했습니다.

디버그 정보를 어디에서도 사용할 수 없는 경우라도 방법은 여전히 있습니다. 하나는 소프트웨어를 디버그 정보와 함께 다시 컴파일하는 것입니다(해당 소프트웨어가 오픈 소스라면). 다른 선택지는 프로세서 ABI에 기반해 레지스터 위치를 직접 계산해 내는 방법입니다. 다음은 x86_64 사례입니다.

```
# perf probe -x /lib/x86_64-linux-gnu/libc.so.6 --add 'fopen filename=+0(%di):string mode=%si:u8'
[...]
# perf record -e probe_libc:fopen -a
[...]
```

```
# perf script
            run 28882 [013] 4503285.383830: probe_libc:fopen: (7fbe130e6e30)
filename="/etc/nsswitch.conf" mode=147
            run 28882 [013] 4503285.383997: probe_libc:fopen: (7fbe130e6e30)
filename="/etc/passwd" mode=17
       setuidgid 28882 [013] 4503285.384447: probe_libc:fopen: (7fed1ad56e30)
filename="/etc/nsswitch.conf" mode=147
       setuidgid 28882 [013] 4503285.384589: probe_libc:fopen: (7fed1ad56e30)
filename="/etc/passwd" mode=17
            run 28883 [014] 4503285.392096: probe_libc:fopen: (7f9be2f55e30)
filename="/etc/nsswitch.conf" mode=147
            run 28883 [014] 4503285.392251: probe_libc:fopen: (7f9be2f55e30)
filename="/etc/passwd" mode=17
          mkdir 28884 [015] 4503285.392913: probe_libc:fopen: (7fad6ea0be30)
filename="/proc/filesystems" mode=22
          chown 28885 [015] 4503285.393536: probe_libc:fopen: (7efcd22d5e30)
filename="/etc/nsswitch.conf" mode=147
[...]
```

이 출력 결과에는 다수의 fopen(3) 호출이 포함되어 있는데, /etc/nsswitch.conf, /etc/passwd 등의 filename을 보여줍니다.

필자가 사용한 문법을 분해해 보면 다음과 같습니다.

- `filename=`: 출력 결과를 부연 설명하기 위해 사용된 별칭('filename')입니다.
- `%di`, `%si`: x86_64에서 첫 두 개의 함수 인자를 가르키는 레지스터(AMD64 ABI 기반).[Matz 13]
- `+0(...)`: 오프셋 0부터 내용을 역참조합니다. 이를 사용하지 않으면 주소의 내용을 문자열로 출력하는 대신 뜻하지 않게 주소를 문자열로 출력할 것입니다.
- `:string`: 문자열로 출력합니다.
- `:u8`: 부호 없는 8-비트 정수로 출력합니다.

문법은 perf-probe(1) 매뉴얼 페이지에 문서화되어 있습니다.

uretprobe에서는 리턴 값을 $retval을 사용해서 읽을 수 있습니다.

```
perf probe -x /lib/x86_64-linux-gnu/libc.so.6 --add 'fopen%return $retval'
```

리턴 값에 무엇이 포함되어 있는지 확인하려면 애플리케이션 소스 코드를 보세요.

uprobe는 애플리케이션 내부를 들여다볼 수 있는 반면, 바이너리를 직접 계측하는 불안정한 인터페이스이며 소프트웨어 버전마다 달라질 수 있습니다. USDT를 사용할 수 있다면 훨씬 안정적이기 때문에 이를 사용하는 것이 좋습니다.

13.7.3 USDT

USDT probe는 4.3.8절 "USDT"에서 소개했었습니다. 이 유형의 probe는 이벤트들을 트레이싱하는 안정적인 인터페이스를 제공합니다.

USDT probe가 포함된 바이너리의 경우[4] perf(1)의 buildid-cache 하위 명령으로 해당 probe들을 인식시킬 수 있습니다. 다음은 USDT probe와 함께 컴파일된 Node.js의 예시입니다(./configure --with-dtrace을 사용해서 빌드됨).

```
# perf buildid-cache --add $(which node)
```

해당 명령을 실행하고 나면 USDT probe를 perf list의 출력 결과에서 볼 수 있습니다.

```
# perf list | grep sdt_node
  sdt_node:gc__done                            [SDT event]
  sdt_node:gc__start                           [SDT event]
  sdt_node:http__client__request               [SDT event]
  sdt_node:http__client__response              [SDT event]
  sdt_node:http__server__request               [SDT event]
  sdt_node:http__server__response              [SDT event]
  sdt_node:net__server__connection             [SDT event]
  sdt_node:net__stream__end                    [SDT event]
```

여기서 해당 probe들은 앞에서 보았던 'Tracepoint event'와는 다르게 'SDT event'(정적으로 정의된 트레이싱 이벤트)입니다. 이것들은 프로그램의 명령어 텍스트에 있는 이벤트의 위치를 기술하는 메타데이터입니다. 해당 이벤트들을 실제로 계측하기 위해서는, 앞 절에서 다룬 uprobe와 동일한 방식으로 이벤트를 생성해야 합니다(USDT probe는 USDT 위치를 계측하기 위해 uprobe를 함께 사용합니다).[5] 다음은 sdt_node:http__server_request를 계측하는 사례입니다.

```
# perf probe sdt_node:http__server__request
Added new event:
  sdt_node:http__server__request (on %http__server__request in /home/bgregg/Build/node-v12.4.0/out/Release/node)

You can now use it in all perf tools, such as:
```

---

[4] 바이너리에 USDT probe가 존재하는지 확인하기 위해 readelf -n 명령을 실행해 볼 수 있는데, 이 probe들은 ELF note 섹션에 목록이 정리되어 있습니다.

[5] 향후에는 이 단계가 불필요해질 텐데, 필요하면 뒤에 나올 perf record 명령어가 'SDT event'로부터 'Tracepoint event'를 자동으로 생성할 예정이기 때문입니다.

```
        perf record -e sdt_node:http__server__request -aR sleep 1
```

```
# perf list | grep http__server__request
  sdt_node:http__server__request                    [Tracepoint event]
  sdt_node:http__server__request                    [SDT event]
```

이제 해당 이벤트는 'SDT event'(USDT 메타데이터)와 'Tracepoint event'(perf(1) 및 기타 도구를 사용해서 계측될 수 있는 트레이스 이벤트)[6] 두 가지 모두로 출력된다는 것에 주목하세요. 동일한 항목이 두 번 출력되면 이상해 보일 수 있지만, 다른 이벤트들이 동작하는 방식과 다르지 않습니다. tracepoint에도 이에 대응되는 항목이 있기는 하지만 perf(1)는 예외적으로 tracepoint를 출력하지 않고 해당 트레이스 이벤트만 출력합니다(트레이스 이벤트가 존재하는 경우[7]).

다음은 USDT 이벤트를 기록하는 사례입니다.

```
# perf record -e sdt_node:http__server__request -a
^C[ perf record: Woken up 1 times to write data ]
[ perf record: Captured and wrote 3.924 MB perf.data (2 samples) ]
# perf script
            node 16282 [006] 510375.595203: sdt_node:http__server__request:
(55c3d8b03530) arg1=140725176825920 arg2=140725176825888 arg3=140725176829208
arg4=39090 arg5=140725176827096 arg6=140725176826040 arg7=20
            node 16282 [006] 510375.844040: sdt_node:http__server__request:
(55c3d8b03530) arg1=140725176825920 arg2=140725176825888 arg3=140725176829208
arg4=39092 arg5=140725176827096 arg6=140725176826040 arg7=20
```

이 출력 결과는 이벤트를 기록하는 동안 두 번의 sdt_node:http__server__request probe가 호출되었음을 보여줍니다. 여기에는 USDT probe의 인자들도 함께 출력되었지만, 이들 중 몇몇은 구조체와 문자열이어서 perf(1)는 해당 인자들을 포인터 주소로 출력했습니다. 다른 유형의 probe와 마찬가지로 USDT 역시 probe를 생성할 때 인자들에 대한 정확한 캐스팅 유형 지정이 가능한데, 가령 다음과 같이 3번째 인자를 'address'라는 이름의 문자열로 캐스팅할 수 있습니다.

```
perf probe --add 'sdt_node:http__server__request address=+0(arg3):string'
```

이 책을 쓰고 있는 시점에는 아직 제대로 동작하지 않습니다.

---

6 (옮긴이) 4.3.5절에서 설명했듯이, perf(1)에서 'Tracepoint event'는 tracepoint가 아닌 트레이스 이벤트를 의미한다는 점에 유의하세요.
7 커널 문서에 일부 tracepoint의 경우 이에 상응하는 트레이스 이벤트가 없을 수도 있다고 설명되어 있기는 하지만 필자는 이러한 사례를 아직 직접 접해보지 못했습니다.

리눅스 4.20 이후로는 수정되었지만 흔히 발생하던 문제 중 하나는, 일부 USDT probe가 제대로 동작하려면 프로세스 주소 공간의 세마포어를 증가시켰어야 했다는 점입니다. sdt_ node:http__server__request가 그런 probe 중 하나로, 세마포어를 증가시키지 않으면 어떤 이벤트도 기록하지 않을 것입니다.

13.8 perf stat

perf stat 하위 명령은 이벤트를 집계합니다. 이 명령은 이벤트 발생률을 계측하거나 최소한 이벤트가 발생은 하고 있는지 확인하는데 사용됩니다. perf stat는 소프트웨어 이벤트를 커널 컨텍스트에서 집계하고, 하드웨어 이벤트를 PMC 레지스터를 사용해서 집계하기 때문에 매우 효율적으로 동작합니다. perf stat은 perf record에 비해 오버헤드가 매우 작기 때문에, 먼저 perf stat으로 이벤트 발생률을 확인한 뒤 이 빈도를 기준으로 perf record 실행 시 예상되는 성능 부하를 가늠할 수 있습니다.

다음은 sched:sched_switch tracepoint(-e를 사용해 이벤트 지정)를 시스템 전체를 대상으로(-a) 1초 동안(sleep 1: 더미 명령어) 집계하는 사례입니다.

```
# perf stat -e sched:sched_switch -a -- sleep 1
 Performance counter stats for 'system wide':

5,705      sched:sched_switch

     1.001892925 seconds time elapsed
```

이 출력 결과는 sched:sched_switch tracepoint가 1초 동안 5,705회 호출되었음을 보여줍니다.

필자는 perf(1) 명령어 옵션과 더미 명령어 사이에 '--' 셸 구분자를 종종 사용합니다(필수는 아닙니다).

다음 절에서는 옵션과 사용 예시를 설명합니다.

13.8.1 옵션

stat 하위 명령은 다수의 옵션을 지원하는데, 다음과 같은 옵션들이 있습니다.

- -a: 시스템 전체 CPU를 대상으로 이벤트를 기록합니다(리눅스 4.11부터 기본값)
- -e event: 특정 이벤트를 지정하여 기록합니다
- --filter filter: 이벤트에 대한 필터 표현식을 설정합니다

- -p PID: 특정 PID만 기록합니다
- -t TID: 특정 스레드 ID만 기록합니다
- -G cgroup: 특정 cgroup만 기록합니다(컨테이너에 사용됨)
- -A: CPU별 카운터를 보여줍니다
- -I interval_ms: 지정한 밀리초 간격으로 결과를 출력합니다
- -v: 상세(verbose) 메시지를 보여줍니다; -vv 더 많은 메시지를 보여줍니다

사용할 수 있는 이벤트로는 tracepoint, 소프트웨어 이벤트, 하드웨어 이벤트, kprobe, uprobe, USDT probe가 있습니다(13.3~13.7절 참고). 여러 이벤트에 대응하기 위해서는 파일 글로브 패턴(globbing style) 형식의 와일드카드 문자열을 사용할 수 있습니다('*'는 모든 문자열에 대응하며, '?'는 어떤 글자든 한 글자에 대응합니다). 다음 사례는 sched 유형의 모든 tracepoint에 대응합니다.

```
# perf stat -e 'sched:*' -a
```

복수의 -e 옵션을 여러 이벤트에 대응하기 위해 사용할 수 있습니다. 예를 들어 sched와 block tracepoint 양쪽 모두를 집계하기 위해서는 다음 두 가지 명령 중 하나를 쓰면 됩니다.

```
# perf stat -e 'sched:*' -e 'block:*' -a
# perf stat -e 'sched:*,block:*' -a
```

아무런 이벤트도 지정되지 않았다면 perf stat은 기본적으로 아키텍처 PMC들을 측정합니다. 4장 "관찰 도구"의 4.3.9절 "하드웨어 카운터 (PMC)"에서 이 사례를 확인할 수 있습니다.

13.8.2 인터벌 통계

-I 옵션을 사용하면 인터벌당 통계를 출력할 수 있습니다. 다음은 1000밀리초마다 sched:sched_switch 집계를 출력하는 사례입니다.

```
# perf stat -e sched:sched_switch -a -I 1000
#           time             counts unit events
     1.000791768              5,308      sched:sched_switch
     2.001650037              4,879      sched:sched_switch
     3.002348559              5,112      sched:sched_switch
     4.003017555              5,335      sched:sched_switch
     5.003760359              5,300      sched:sched_switch
^C   5.217339333              1,256      sched:sched_switch
```

counts 칼럼은 이전 인터벌 이후의 이벤트 수를 보여줍니다. 이 칼럼을 훑어보면 시간에 따른 변화량을 확인할 수 있습니다. 마지막 줄은 이전 인터벌인 5초와 perf(1)를 종료하기 위해 Ctrl-C를 입력한 시간 사이의 집계를 보여줍니다. 이 시간이 0.214초임을 time 칼럼에서 확인할 수 있습니다.

13.8.3 CPU별 밸런스

CPU 간의 밸런스는 -A 옵션으로 검토할 수 있습니다.

```
# perf stat -e sched:sched_switch -a -A -I 1000
#           time CPU              counts unit events
     1.000351429 CPU0              1,154      sched:sched_switch
     1.000351429 CPU1                555      sched:sched_switch
     1.000351429 CPU2                492      sched:sched_switch
     1.000351429 CPU3                925      sched:sched_switch
[...]
```

이 명령은 논리 CPU별 이벤트 발생 횟수의 차이를 인터벌마다 출력합니다.

CPU 소켓과 코어별 집계를 위한 --per-socket과 --per-core 옵션도 있습니다.

13.8.4 이벤트 필터

일부 이벤트 유형(tracepoint 이벤트)에는 필터(불 식(Boolean expression))를 사용할 수 있는데, 이를 이용해서 이벤트의 인자를 검사할 수 있습니다. 필터 표현식이 참인 경우에만 이벤트가 집계될 것입니다. 다음은 이전 PID가 25467인 경우에만 sched:sched_switch 이벤트를 집계하는 사례입니다.

```
# perf stat -e sched:sched_switch --filter 'prev_pid == 25467' -a -I 1000
#           time              counts unit events
     1.000346518                131      sched:sched_switch
     2.000937838                145      sched:sched_switch
     3.001370500                 11      sched:sched_switch
     4.001905444                217      sched:sched_switch
[...]
```

4장 "관측가능성 도구"의 4.3.5절 "tracepoint"에서 이들 tracepoint 인자를 설명합니다. 이 인자들은 각 이벤트마다 다르며 /sys/kernel/debug/tracing/events에 있는 포맷 파일로부터 확인할 수 있습니다.

13.8.5 섀도우 통계

perf(1)에는 다양한 섀도 통계(Shadow Statistics)가 있는데, 이벤트를 특정 조합으로 계측할 때 출력됩니다. 가령 사이클과 명령어를 측정하는 PMC를 함께 계측하면, IPC(instructions per cycle, 사이클당 명령어) 통계가 출력되는데 다음과 같습니다.

```
# perf stat -e cycles,instructions -a
^C
 Performance counter stats for 'system wide':

     2,895,806,892      cycles
     6,452,798,206      instructions              #    2.23  insn per cycle

       1.040093176 seconds time elapsed
```

이 출력 결과에서 IPC는 2.23이었습니다. 이러한 섀도 통계는 오른쪽 해시(#) 문자 뒤에 출력됩니다. perf stat을 어떠한 이벤트도 없이 실행한 경우, 출력 결과에는 이러한 섀도우 통계가 여러 개 포함되어 있습니다(관련 예시는 4.3.9절 "하드웨어 카운터"를 보세요).

이벤트들을 좀 더 상세하게 살펴보기 위해서는, perf record를 사용해 해당 이벤트들을 캡처할 수 있습니다.

13.9 perf record

perf record 하위 명령은 추후의 분석을 위해 이벤트 데이터를 파일로 저장합니다. 이벤트들은 -e 옵션과 함께 명시할 수 있으며, 여러 이벤트가 동시에 기록될 수 있습니다(-e를 여러 번 사용하거나 콤마로 분리해서 명시).

기본적으로 출력 파일은 perf.data라는 이름으로 생성됩니다. 예를 들면 다음과 같습니다.

```
# perf record -e sched:sched_switch -a
^C[ perf record: Woken up 9 times to write data ]
[ perf record: Captured and wrote 6.060 MB perf.data (23526 samples) ]
```

출력 결과에는 perf.data 파일의 크기(6.060MB), 파일에 담겨 있는 샘플의 수(23,526), 그리고 perf(1)가 데이터를 기록하기 위해 깨어난 횟수(9회)가 포함되어 있다는 점에 주목하세요. 수집된 데이터는 커널로부터 CPU별 링 버퍼를 통해 커널에서 사용자 공간으로 전달됩니다. 또한 perf(1)는 컨텍스트 스위치로 인한 오버헤드를 최소화하기 위해, 빈번하지는 않지만 수집된 데이터들을 읽는 데 필요한 횟수만큼만 깨어나게 됩니다.

앞에서 본 명령어 예시에서는 Ctrl-C가 입력되기 전까지의 이벤트가 기록되었습니다. 이벤트 기록 시간을 설정하기 위해서는 더미 sleep(1) 명령어(아니면 어떤 명령어든)를 사용할 수 있습니다[8](앞서 다룬 perf stat에서도 사용 가능). 예를 들면 다음과 같습니다.

```
perf record -e tracepoint -a -- sleep 1
```

이 명령어는 특정 tracepoint를 시스템 전체 대상으로(-a) 1초 동안만 기록합니다.

13.9.1 옵션

record 하위 명령은 많은 옵션을 지원하는데, 다음과 같은 옵션이 있습니다.

- -a: 시스템 전체 CPU를 대상으로 이벤트를 기록합니다(리눅스 4.11부터 기본값).
- -e event: 특정 이벤트를 기록합니다.
- --filter filter: 이벤트에 대한 필터 표현식을 설정합니다.
- -p PID: 특정 PID만 기록합니다.
- -t TID: 특정 스레드 ID만 기록합니다.
- -G cgroup: 특정 cgroup만 기록합니다(컨테이너에 사용됨).
- -g: 스택 트레이스를 기록합니다.
- --call-graph mode: 지정된 방법(fp, dwarf, 아니면 lbr)을 사용해 스택 트레이스를 기록합니다.
- -o file: 출력 결과 파일을 설정합니다.
- -v: 상세(verbose) 메시지를 보여줍니다; -vv 더 많은 메시지를 보여줍니다.

동일한 이벤트들은 perf stat을 사용 시에 집계될 수 있고, perf trace를 사용해서 실시간으로(이벤트가 발생할 때) 출력할 수 있습니다.

---

8 (옮긴이) 지정된 명령어가 종료될 때까지 이벤트를 기록합니다.

13.9.2 CPU 프로파일링

perf(1)는 주로 CPU 프로파일러로 사용합니다. 다음 프로파일링 예제는 모든 CPU의 스택 트레이스를 99Hz 주기로 30초 동안 샘플링합니다.

```
perf record -F 99 -a -g -- sleep 30
```

여기서는 이벤트 옵션을 지정하지 않았으므로(-e 없음), perf(1)는 아래 목록에서 시스템이 지원하는 첫 번째 이벤트를 기본값으로 사용합니다. (이들 대부분은 4장 "관측가능성 도구"의 4.3.9절 "하드웨어 카운터(PMC)"에서 소개한 **정밀 이벤트(precise event)**를 사용합니다.)

1. cycles:ppp: 스키드가 없도록(0) 정밀하게 설정된 CPU 사이클 기반 빈도수 샘플링.
2. cycles:pp: 스키드가 없도록 정밀하게 설정된(실제로는 0이 아닐 수 있음) CPU 사이클 기반 빈도수 샘플링.
3. cycles:p: 일정한 스키드를 가지도록 정밀하게 설정된 CPU 사이클 기반 빈도수 샘플링.
4. cycles: CPU 사이클 기반 빈도수 샘플링(정밀하지 않음).
5. cpu-clock: 소프트웨어 기반 CPU 빈도수 샘플링.

perf(1)는 사용할 수 있는 CPU 프로파일링 메커니즘 중 가장 정밀한 것을 선택합니다. :ppp, :pp, :p 문법은 정밀 이벤트 샘플링 모드를 활성화시킵니다. 이 문법은 사이클(cycles)뿐만 아니라 정밀 샘플링 모드를 지원하는 기타 이벤트에도 적용할 수 있습니다. 이벤트는 여러 수준의 정밀도도 지원할 수 있습니다. 인텔에서 정밀 이벤트는 PEBS를 사용하며, AMD에서는 IBS를 사용합니다. 이것들은 4.3.9절의 "PMC 도전 과제" 아래에 정의되어 있습니다.

13.9.3 스택 추적

-g 옵션을 사용해서 스택 트레이스를 기록하는 대신, max-stack 설정 옵션을 사용할 수도 있습니다. 이 방법에는 두 가지 이점이 있는데, 수집하는 스택의 최대 깊이를 지정할 수 있으며, 여러 이벤트마다 서로 다른 설정이 가능합니다. 예를 들면 다음과 같습니다.

```
# perf record -e sched:sched_switch/max-stack=5/,sched:sched_wakeup/max-stack=1/ \
    -a -- sleep 1
```

이 명령은 sched_switch 이벤트를 5개 프레임 깊이의 스택으로, 그리고 sched_wakeup 이벤트는 단일 스택 프레임으로 기록합니다.

유의할 점은, 스택 트레이스가 망가져(broken) 보인다면, 분석하고자 하는 소프트웨어가 프레임 포인터 레지스터를 사용하지 않기 때문일 수 있습니다. 이에 대해서는 앞서 5.6.2절 "누락된 스택"에서 설명했습니다. 문제 해결을 위해 소프트웨어를 프레임 포인터와 함께 다시 컴파일하는 방법(예: gcc(1) -fno-omit-frame-pointer)과 별개로, --call-graph로 아래에 나오는 다른 스택 추적(stack walking) 기법을 사용해도 효과적일 수 있습니다. 가능한 옵션은 다음과 같습니다.

- --call-graph dwarf: debuginfo 기반 스택 추적 기법을 사용하는데, 이 방식을 사용하기 위해서는 분석하고자 하는 실행 파일에 대한 debuginfo가 필요합니다. (몇몇 소프트웨어에서는 이름이 '-dbgsym' 또는 '-dbg'로 끝나는 패키지를 설치하면 얻을 수 있습니다.)
- --call-graph lbr: 프로세서가 지원하는 방법인 인텔 최종 브랜치 레코드(LBR) 스택 추적 기법을 사용합니다. (이 방법을 통해 수집할 수 있는 스택의 깊이는 단지 16프레임으로 한정되어 있어,[9] lbr의 활용성 역시 제한적입니다.)
- --call-graph fp: 프레임 포인터 기반의 스택 추적 기법을 사용합니다(기본값).

프레임 포인터 기반 스택 추적 기법은 3.2.7절 "스택"에 설명되어 있습니다. 다른 유형들(dwarf, LBR, ORC)은 《BPF 성능 분석 도구》[Gregg 19]의 2장 "기술 배경"의 2.4절 "스택 트레이스 추적"에 기술되어 있습니다.

이벤트를 기록한 다음에, 이벤트는 `perf report` 혹은 `perf script`를 사용해서 검토할 수 있습니다.

13.10 perf report

`perf report` 하위 명령은 perf.data 파일의 내용을 요약합니다. 사용할 수 있는 옵션은 다음과 같습니다.

---

[9] 수집할 수 있는 스택의 깊이는 인텔 하스웰(Haswell) 마이크로 아키텍처 이래 16이었으며, 스카이레이크(Skylake) 마이크로 아키텍처 이후로는 32입니다.

- **--tui**: TUI 인터페이스를 사용합니다(기본값).
- **--stdio**: 텍스트 리포트를 출력합니다.
- **-i file**: perf.data 대신 지정한 파일을 입력으로 사용합니다.
- **-n**: 샘플 집계 수를 보여주는 칼럼을 포함해 출력합니다.
- **-g options**: 콜 그래프(스택 트레이스) 출력 방식을 변경합니다.

perf.data는 외부 도구를 사용해서도 요약할 수 있습니다. 또한 이들 도구는 13.11절 "perf script"에서 다룬 perf script의 출력 결과를 처리할 수도 있습니다. perf report 면 대체로 충분할 테고, 외부 도구는 필요할 때에만 사용하면 됩니다. perf report 명령을 사용하면 수집된 데이터를 대화형 텍스트 사용자 인터페이스(text user interface, TUI) 혹은 텍스트 리포트(STDIO) 형식으로 요약 정리할 수 있습니다.

13.10.1 TUI

다음은 CPU 명령어 포인터를 99Hz 주기로 10초간 프로파일링하고(스택 트레이스 수집 안 함), TUI를 실행한 사례입니다.

```
# perf record -F 99 -a -- sleep 30
[ perf record: Woken up 193 times to write data ]
[ perf record: Captured and wrote 48.916 MB perf.data (11880 samples) ]
# perf report
Samples: 11K of event 'cpu-clock:pppH', Event count (approx.): 119999998800
Overhead  Command         Shared Object       Symbol
  21.10%  swapper         [kernel.vmlinux]    [k] native_safe_halt
   6.39%  mysqld          [kernel.vmlinux]    [k] _raw_spin_unlock_irqrestor
   4.66%  mysqld          mysqld              [.] _Z8ut_delaym
   2.64%  mysqld          [kernel.vmlinux]    [k] finish_task_switch
   2.59%  oltp_read_write [kernel.vmlinux]    [k] finish_task_switch
   2.03%  mysqld          [kernel.vmlinux]    [k] exit_to_usermode_loop
   1.68%  mysqld          mysqld              [.] _Z15row_search_mvccPh15pag
   1.40%  oltp_read_write [kernel.vmlinux]    [k] _raw_spin_unlock_irqrestor
[...]
```

perf report는 데이터를 살펴볼 수 있는 대화형 인터페이스로, 더 상세한 정보는 함수와 스레드를 선택해 확인할 수 있습니다.

13.10.2 STDIO

앞의 13.1절 "하위 명령어" 개요에서 CPU 프로파일 결과를 살펴볼 때도 이 절에서 설명하는 텍스트 기반 리포트 옵션(--stdio)을 사용했습니다. 이 옵션은 결과를 대화형으로 출력하지는 않지만 파일로 리다이렉트하는 데 적합하고, 따라서 전체 요약본을 텍스트 파일로 저장할 수 있습니다. 이렇게 하면 perf(1) 없이도 리포트 확인이 가능하기에 채팅, 이메일 및 이슈 티케팅 시스템을 통해 다른 사람들과 쉽게 공유할 수 있습니다. 필자는 보통 -n 옵션을 사용해서 텍스트 레포트에 샘플 집계 칼럼을 포함시킵니다.

STDIO를 사용한 다른 예시로, 다음은 CPU 프로파일링 결과를 스택 트레이스와 함께 보여줍니다.

```
# perf record -F 99 -a -g -- sleep 30
[ perf record: Woken up 8 times to write data ]
[ perf record: Captured and wrote 2.282 MB perf.data (11880 samples) ]
# perf report --stdio
[...]
# Children      Self  Command          Shared Object            Symbol
# ........   .......  ...............  .......................  ................
#
    50.45%     0.00%  mysqld           libpthread-2.27.so       [.] start_thread
               |
               ---start_thread
                  |
                  |--44.75%--pfs_spawn_thread
                  |         |
                  |          --44.70%--handle_connection
                  |                    |
                  |                     --44.55%--_Z10do_commandP3THD
                  |                               |
                  |                               |--42.93%--_Z16dispatch_commandP3THD
                  |                               |         |
                  |                               |          --40.92%--_Z19mysqld_stm
                  |                               |         |
[...]
```

샘플링 된 스택 트레이스는 계층 구조로 병합되는데, 왼쪽에 루트 함수가 위치하며 여기서부터 오른쪽으로 자식 함수로 내려가게 됩니다. 가장 오른쪽의 함수는 이벤트에 해당하는 함수이며(이 경우에는 CPU에서 동작 중인 함수), 왼쪽으로는 해당 함수의 계보가 출력됩니다. 이 경로는 mysqld 프로세스(데몬)가 start_thread()을 실행했으며, 이것이 pfs_spawn_thread()를 호출하고, pfs_spawn_thread()는 handle_connection()를 호출하고, 이렇게 계속됨을 보여주고 있습니다. 가장 오른쪽의 함수들은 이 출력 결과에서는 생략되어 있습니다.

perf(1)에서는 왼쪽에서 오른쪽으로 함수가 호출되는 순서로 출력하는 방식을

caller 정렬이라고 부릅니다. -g callee 옵션을 사용하면 이 스택 트레이스를 callee 정렬로도 바꿀 수 있는데, 이 방식에서는 이벤트에 해당하는 함수가 왼쪽에 있으며 해당 함수의 조상이 오른쪽 아래에 위치하게 됩니다(예전에는 이 방식이 기본값이 었는데, 리눅스 4.4에서는 caller 정렬로 변경되었습니다).

13.11 perf script

perf script 하위 명령어는 디폴트로 perf.data에 수집된 각 샘플을 출력하며, 시간의 흐름에 따른 패턴을 파악하는데 유용합니다. perf report 명령에서는 데이터를 요약 정리해 보여주므로 이러한 정보를 찾아보기 어렵습니다. 이 하위 명령의 출력 결과는 플레임 그래프를 생성하는데 사용할 수도 있으며, **트레이스 스크립트**(trace scripts)를 실행하는 기능도 가지고 있는데 이는 자동으로 사용자가 원하는 방법으로 이벤트를 기록하고 리포팅합니다. 이러한 주제들에 대해서는 이번 절에서 요약하고 있습니다.

예시부터 살펴보자면, 이 예시는 앞에서 수행했던 CPU 프로파일링 결과에서 가져온 출력 결과인데, 이 프로파일은 스택 트레이스 없이 수집되었습니다.

```
# perf script
    mysqld  8631 [000] 4142044.582702:   10101010 cpu-clock:pppH:
c08fd9 _Z19close_thread_tablesP3THD+0x49 (/usr/sbin/mysqld)
    mysqld  8619 [001] 4142044.582711:   10101010 cpu-clock:pppH:
79f81d _ZN5Field10make_fieldEP10Send_field+0x1d (/usr/sbin/mysqld)
    mysqld 22432 [002] 4142044.582713:   10101010 cpu-clock:pppH:
ffffffff95530302 get_futex_key_refs.isra.12+0x32 (/lib/modules/5.4.0-rc8-virtua...
[...]
```

출력 결과의 첫 번째 줄에 있는 필드와 그 내용은 다음과 같습니다.

- 프로세스 이름: mysqld
- 스레드 ID: 8631
- CPU ID: [000]
- 타임스탬프: 4142044.582702(초)
- 샘플링 주기(period): 10101010(-F 99를 통해 계산됨); 몇몇 샘플링 모드에 포함되어 있습니다.
- 이벤트 이름: cpu-clock:pppH

- 이벤트 인자: 이 필드와 그 뒤에 이어지는 항목들은 이벤트의 인자로, 이벤트에 따라 달라집니다. cpu-clock 이벤트의 경우 이벤트 인자로는 명령어 포인터, 함수 이름과 오프셋, 세그먼트 이름이 따라 나옵니다. 이 항목들의 기원은 4.3.5절에서 "tracepoint 인자 및 포맷 문자열" 아래에 있는 내용을 보세요.

이러한 필드들은 현재 이 이벤트의 기본 출력 결과로 사용되고 있지만, perf(1)의 향후 버전에서는 변경될 수 있습니다. 다른 이벤트의 출력 결과에는 샘플링 주기 필드가 포함되지 않습니다.

특히 후처리에서는 일관성 있는 출력 결과를 만들어 내는 것이 중요하기 때문에, -F 옵션을 사용해서 출력할 필드들을 지정할 수 있습니다. 필자는 프로세스 ID를 포함시키기 위해 pid를 자주 사용하는데, 기본적으로 제공되는 필드 모음에 들어 있지 않기 때문입니다. 또한 필자는 --header 옵션 추가를 추천하는데, 이는 perf.data 메타데이터를 포함시킵니다. 이번 사례에서는 CPU 프로파일 결과를 스택 트레이스와 함께 출력하였습니다.

```
# perf script --header -F comm,pid,tid,cpu,time,event,ip,sym,dso,trace
# # captured on    : Sun Jan  5 23:43:56 2020
# header version : 1
# data offset    : 264
# data size      : 2393000
# feat offset    : 2393264
# hostname : bgregg-mysql
# os release : 5.4.0
# perf version : 5.4.0
# arch : x86_64
# nrcpus online : 4
# nrcpus avail : 4
# cpudesc : Intel(R) Xeon(R) Platinum 8175M CPU @ 2.50GHz
# cpuid : GenuineIntel,6,85,4
# total memory : 15923672 kB
# cmdline : /usr/bin/perf record -F 99 -a -g -- sleep 30
# event : name = cpu-clock:pppH, , id = { 5997, 5998, 5999, 6000 }, type = 1, size =
112, { sample_period, sample_freq } = 99, sample_ty
[...]
# ========
#
mysqld 21616/8583  [000] 4142769.671581: cpu-clock:pppH:
                c36299 [unknown] (/usr/sbin/mysqld)
                c3bad4 _ZN13QEP_tmp_table8end_sendEv (/usr/sbin/mysqld)
                c3c1a5 _Z13sub_select_opP4JOINP7QEP_TABb (/usr/sbin/mysqld)
                c346a8 _ZN4JOIN4execEv (/usr/sbin/mysqld)
                ca735a _Z12handle_queryP3THDP3LEXP12Query_resultyy
[...]
```

이 출력 결과에는 "#" 접두사가 붙은 헤더가 포함되어 있는데, perf record가 수행된 시스템에 대해 설명하고 있고, perf.data 파일을 생성하는데 사용된 perf(1) 명령어를 보여주고 있습니다. 이 출력 결과를 나중에 사용하기 위해 파일로 저장할 때는 헤더를 포함시키면 좋은데, 향후 필요하게 될 수 있는 많은 정보를 제공하기 때문입니다. 이 파일들은 시각화를 위한 여타 도구들이 읽을 수 있고, 여기에는 플레임 그래프도 포함됩니다.

13.11.1 플레임 그래프

플레임 그래프는 스택 트레이스를 시각화합니다. 일반적으로는 CPU 프로파일링 결과를 시각화하는데 사용되지만, 플레임 그래프는 perf(1)가 수집한 어떠한 스택 트레이스든 시각화할 수 있습니다. 가령, 컨텍스트 스위치 이벤트의 스택 트레이스로 스레드가 CPU를 떠나는 원인을 볼 수 있고, 블록 I/O 생성 시점의 스택 트레이스로 디스크 I/O를 발생시키는 코드 경로를 확인할 수 있습니다.

`perf script`의 출력 결과를 시각화하는 데는 흔히 두 개의 플레임 그래프(필자가 작성한 것과 d3 버전)가 사용됩니다. perf(1)에 플레임 그래프 기능이 들어간 건 리눅스 5.8부터입니다. perf(1)을 사용해서 플레임 그래프를 만드는 과정은 6.6.13절 "perf"의 "CPU 플레임 그래프" 아래에 수록되어 있습니다. 시각화 자체에 대한 설명은 6.7.3절 "플레임 그래프"에서 다루고 있습니다.

플레임스코프(FlameScope)는 `perf script` 출력 결과를 시각화하는 또 다른 도구인데, 1초 미만의 오프셋 단위로 히트맵을 생성해 시간에 따른 변화를 분석할 수 있으며, 선택한 시간 범위에 대해 플레임 그래프를 함께 제공해 상세한 분석이 가능합니다. 이에 대한 설명은 6.7.4절 "FlameScope"에 수록되어 있습니다.

13.11.2 트레이스 스크립트

perf(1)에서 사용할 수 있는 트레이스 스크립트(trace script)의 목록은 -l 옵션을 사용해서 확인할 수 있습니다.

```
# perf script -l
List of available trace scripts:
[...]
  event_analyzing_sample        analyze all perf samples
  mem-phys-addr                 resolve physical address samples
  intel-pt-events               print Intel PT Power Events and PTWRITE
  sched-migration               sched migration overview
```

```
net_dropmonitor                        display a table of dropped frames
syscall-counts-by-pid [comm]           system-wide syscall counts, by pid
failed-syscalls-by-pid [comm]          system-wide failed syscalls, by pid
export-to-sqlite [database name] [columns] [calls] export perf data to a sqlite3 database
stackcollapse                          produce callgraphs in short form for scripting use
```

이 스크립트들은 perf script 명령의 인자로 전달되어 실행할 수 있습니다. 펄 또는 파이썬을 사용해서 여러분만의 트레이스 스크립트를 추가로 개발할 수 있습니다.

13.12 perf trace

perf trace 하위 명령은 디폴트로 시스템 콜을 트레이싱하며 실시간으로 출력합니다(perf.data 파일 생성 안 함). 이 명령은 5.5.1절 "perf"에서 이미 소개했는데, strace(1)보다 오버헤드가 낮은 버전으로 시스템 전체를 트레이싱 할 수 있습니다. perf trace 역시 perf record와 유사한 문법을 사용해서 어떤 이벤트든 검사할 수 있습니다.

다음은 디스크 I/O 요청 발생 및 완료를 트레이싱하는 사례입니다.

```
# perf trace -e block:block_rq_issue,block:block_rq_complete
    0.000 auditd/391 block:block_rq_issue:259,0 WS 8192 () 16046032 + 16 [auditd]
    0.566 systemd-journa/28651 block:block_rq_complete:259,0 WS () 16046032 + 16 [0]
    0.748 jbd2/nvme0n1p1/174 block:block_rq_issue:259,0 WS 61440 () 2100744 + 120
[jbd2/nvme0n1p1-]
    1.436 systemd-journa/28651 block:block_rq_complete:259,0 WS () 2100744 + 120 [0]
    1.515 kworker/0:1H-k/365 block:block_rq_issue:259,0 FF 0 () 0 + 0 [kworker/0:1H]
    1.543 kworker/0:1H-k/365 block:block_rq_issue:259,0 WFS 4096 () 2100864 + 8
[kworker/0:1H]
    2.074 sshd/6463 block:block_rq_complete:259,0 WFS () 2100864 + 8 [0]
    2.077 sshd/6463 block:block_rq_complete:259,0 WFS () 2100864 + 0 [0]
 1087.562 kworker/0:1H-k/365 block:block_rq_issue:259,0 W 4096 () 16046040 + 8
[kworker/0:1H]
[...]
```

perf record와 마찬가지로 이벤트에 대해 필터를 설정할 수도 있습니다. 이 필터에서는 커널 헤더 파일에서 정의된 몇몇 문자열 상수를 사용할 수 있습니다. 다음은 'SHARED' 문자열 상수를 사용해서 플래그가 MAP_SHARED인 mmap(2) 시스템 콜만 트레이싱하는 사례입니다.

```
# perf trace -e syscalls:*enter_mmap --filter='flags==SHARED'
    0.000 env/14780 syscalls:sys_enter_mmap(len: 27002, prot: READ, flags: SHARED, fd: 3)
```

```
16.145 grep/14787 syscalls:sys_enter_mmap(len: 27002, prot: READ, flags: SHARED, fd: 3)
18.704 cut/14791 syscalls:sys_enter_mmap(len: 27002, prot: READ, flags: SHARED, fd: 3)
[...]
```

perf(1)는 포맷 문자열의 가독성을 향상시키기 위해 문자열도 사용하는데, 'prot: 1' 대신 'prot: READ'로 출력하고 있음에 주목하세요. perf(1)은 이 기능을 '미화(beautification)'라고 부릅니다.

13.12.1 커널 버전

리눅스 4.19 이전에 perf trace는 지정된 이벤트(-e) 외에도 기본적으로 모든 시스템 콜을 계측했습니다(--syscalls 옵션). 지정된 이벤트 외의 시스템 콜 트레이싱을 비활성화 하려면 --no-syscalls 옵션을 지정하세요(현재는 이 옵션이 디폴트입니다). 예를 들면 다음과 같습니다.

```
# perf trace -e block:block_rq_issue,block:block_rq_complete --no-syscalls
```

참고로 리눅스 3.8부터는 모든 CPU를 트레이싱하는 옵션(-a)이 기본값이 되었습니다. 필터(--filter)는 리눅스 5.5에서 추가되었습니다.

13.13 기타 명령어

여기서 다루지 않은 perf(1) 하위 명령어와 기능이 몇 가지 더 있는데, 몇몇은 다른 장에서 사용하고 있습니다. 추가 하위 명령어를 정리하면 다음과 같습니다. (표 13.1을 참고하세요.)

- perf c2c(리눅스 4.10+): 캐시-to-캐시 및 캐시 라인 거짓 공유(false sharing) 분석
- perf kmem: 커널 메모리 할당 분석
- perf kvm: KVM 게스트 분석
- perf lock: 락 분석
- perf mem: 메모리 접근 분석
- perf sched: 커널 스케줄러 통계
- perf script: perf 커스텀 도구

perf(1)의 고급 기능에는 다양한 분석 도구와 기술이 포함되어 있습니다. 예를 들

어 각 이벤트에 대해 BPF 프로그램을 실행하거나, Intel 프로세서 트레이스(PT) 및 ARM CoreSight와 같은 하드웨어 트레이싱 기술을 활용한 명령어별 분석을 수행할 수 있습니다.[Hunter 20]

다음은 인텔 프로세서 트레이스(intel_pt) 사용법의 기본을 보여주는 예시입니다. 이 예시에서는 date(1) 명령어의 사용자 모드 사이클을 기록합니다.

```
# perf record -e intel_pt/cyc/u date
Sat Jul 11 05:52:40 PDT 2020
[ perf record: Woken up 1 times to write data ]
[ perf record: Captured and wrote 0.049 MB perf.data ]
```

기록된 데이터는 다음과 같이 명령어 트레이스(instruction trace)와 함께 출력할 수 있습니다(명령어는 볼드체로 강조).

```
# perf script --insn-trace
        date 31979 [003] 653971.670163672:      7f3bfbf4d090 _start+0x0 (/lib/
x86_64linux-gnu/ld-2.27.so) insn: 48 89 e7
        date 31979 [003] 653971.670163672:      7f3bfbf4d093 _start+0x3 (/lib/
x86_64linux-gnu/ld-2.27.so) insn: e8 08 0e 00 00 [...]
```

출력된 결과에는 기계어 형태의 명령어가 함께 포함되어 있습니다. 인텔 x86 인코더 디코더(XED)를 설치하고 해당 옵션을 사용하면 명령어를 어셈블리 형태로 보여줍니다.[Intelxed 19]

```
# perf script --insn-trace --xed
date 31979 [003] 653971.670163672: ... (/lib/x86_64-linux-gnu/ld-2.27.so) mov %rsp,
%rdi
date 31979 [003] 653971.670163672: ... (/lib/x86_64-linux-gnu/ld-2.27.so) callq
0x7f3bfbf4dea0
date 31979 [003] 653971.670163672: ... (/lib/x86_64-linux-gnu/ld-2.27.so) pushq %rbp
[...]
date 31979 [003] 653971.670439432: ... (/bin/date) xor %ebp, %ebp
date 31979 [003] 653971.670439432: ... (/bin/date) mov %rdx, %r9
date 31979 [003] 653971.670439432: ... (/bin/date) popq %rsi
date 31979 [003] 653971.670439432: ... (/bin/date) mov %rsp, %rdx
date 31979 [003] 653971.670439432: ... (/bin/date) and $0xfffffffffffffff0, %rsp
[...]
```

이 출력 결과는 엄청나게 상세하며, 매우 장황하기도 합니다. 전체 출력 결과는 266,105라인이며, 단순히 date(1) 명령어에만 해당되는 결과입니다. 다른 사례들은 perf(1) 위키를 참고하세요.[Hunter 20]

13.14 perf 문서

각 하위 명령어는 'perf-'로 시작하는 매뉴얼 페이지를 가지고 있습니다(예: record 명령어의 매뉴얼은 perf-record(1)입니다). 이 파일들은 리눅스 소스 트리의 tools/perf/Documentation 아래에 있습니다.

wiki.kernel.org에는 perf(1) 관련 문서도 많이 있는데 perf(1) 튜토리얼이 있고[Perf 15], 빈스 위버(Vince Weaver)가 만든 비공식 perf(1) 페이지도 있으며[Weaver 11], 필자가 만든 또 다른 비공식 perf(1) 예제 페이지도 있습니다.[Gregg 20f]

필자가 만든 페이지에는 더 많은 사례들 뿐만 아니라, 전체 perf(1) 원 라이너 목록이 수록되어 있습니다.

perf(1)에는 새로운 기능들이 자주 추가되기 때문에, 후속 커널 버전의 업데이트를 확인하세요. KernelNewbies에 있는 커널 버전별 changelog의 perf 섹션을 참고하면 도움이 될 것입니다.[KernelNewbies 20]

13.15 참고 자료

[**Weaver 11**] Weaver, V., "The Unofficial Linux Perf Events Web-Page," *http://web.eece.maine.edu/~vweaver/projects/perf_events*, 2011.

[**Matz 13**] Matz, M., Hubička, J., Jaeger, A., and Mitchell, M., "System V Application Binary Interface, AMD64 Architecture Processor Supplement, Draft Version 0.99.6," *http://x86-64.org/documentation/abi.pdf*, 2013.

[**Perf 15**] "Tutorial: Linux kernel profiling with perf," perf wiki, *https://perf.wiki.kernel.org/index.php/Tutorial*, last updated 2015.

[**Intel 16**] Intel 64 and IA-32 Architectures Software Developer's Manual Volume 3B: System Programming Guide, Part 2, September 2016, *https://www.intel.com/content/www/us/en/architecture-and-technology/64-ia-32-architectures-software-developer-vol-3b-part-2manual.html*, 2016.

[**AMD 18**] Open-Source Register Reference for AMD Family 17h Processors Models 00h-2Fh, *https://developer.amd.com/resources/developer-guides-manuals*, 2018.

[**ARM 19**] Arm® Architecture Reference Manual Armv8, for Armv8-A architecture profile, *https://developer.arm.com/architectures/cpu-architecture/a-profile/docs?_ga=2.78191124.1893781712.1575908489-930650904.1559325573*, 2019.

[**Intelxed 19**] "Intel XED," *https://intelxed.github.io*, 2019.

[**Gregg 20h**] Gregg, B., "One-Liners," *http://www.brendangregg.com/perf.html#OneLiners*, last updated 2020.

[**Gregg 20f**] Gregg, B., "perf Examples," *http://www.brendangregg.com/perf.html*, last updated 2020.

[**Hunter 20**] Hunter, A., "Perf tools support for Intel® Processor Trace," *https://perf.wiki.kernel.org/index.php/Perf_tools_support_for_Intel%C2%AE_Processor_Trace*, last updated 2020.

[**Intel 20c**] "/perfmon/," *https://download.01.org/perfmon*, accessed 2020.

[**KernelNewbies 20**] "KernelNewbies: LinuxVersions," *https://kernelnewbies.org/LinuxVersions*, accessed 2020.

Performance —

14장

Systems Performance Second Edition

Ftrace

Ftrace는 리눅스 공식 트레이싱 도구로 여러 가지 트레이싱 유틸리티로 구성된 복합 도구입니다. Ftrace는 스티븐 로스테드(Steven Rostedt)가 만들었으며 리눅스 2.6.27에 처음으로 포함되었습니다(2008). Ftrace는 다른 어떤 사용자 레벨 프론트엔드 없이도 단독으로 사용할 수 있어서, 지장 공간이 매우 협소한 임베디드 리눅스 환경에 특히 적합합니다. 물론 서버 환경에서도 유용합니다.

이번 장은 13장 "perf" 및 15장 "BPF"와 함께 시스템 트레이싱 도구에 대해 좀 더 상세하게 알고 싶은 분들이 선택해 읽을 수 있는 내용을 다룹니다.

Ftrace를 사용하면 다음과 같은 질문에 대답할 수 있습니다.

- 어떤 커널 함수들이 얼마나 자주 호출되고 있습니까?
- 어느 코드 경로가 이 함수를 호출하게 되었습니까?
- 어느 자식 함수가 이 커널 함수를 호출하고 있습니까?
- 선점 불가(preemption disabled) 코드 경로에 의해 발생한 가장 높은 지연시간은 얼마나 됩니까?

이번 장에서는 Ftrace를 소개하고, Ftrace에 있는 프로파일러 및 트레이서를 몇 가지 보여드린 후, 그 다음에는 그것들을 사용하는 프론트엔드들을 설명합니다. 구성 순서는 다음과 같습니다.

- 14.1: 활용 가능성 개요
- 14.2: tracefs(/sys)
- 프로파일러
    - 14.3: Ftrace 함수 프로파일러
    - 14.10: Ftrace 히스토그램 트리거
- 트레이서
    - 14.4: Ftrace 함수 트레이싱
    - 14.5: tracepoint
    - 14.6: kprobe
    - 14.7: uprobe
    - 14.8: Ftrace function_graph
    - 14.9: Ftrace hwlat
- 프론트엔드:
    - 14.11: trace-cmd
    - 14.12: perf ftrace
    - 14.13: perf-tools
    - 14.14: Ftrace 문서
    - 14.15: 참고 자료

Ftrace 히스토그램 트리거는 고급 주제로, 이 주제는 프로파일러와 트레이서를 먼저 다룰 필요가 있기에 이 장의 뒷부분에서 설명합니다. kprobe와 uprobe를 다루는 절에서도 프로파일링 기능의 기본이 수록되어 있습니다.

그림 14.1은 Ftrace와 Ftrace 프론트엔드를 개략적으로 보여 주며, 출력 결과 유형에 따른 경로를 이벤트에서부터 시작해 화살표로 보여 주고 있습니다.

이 내용들은 뒤에서 설명하고 있습니다.

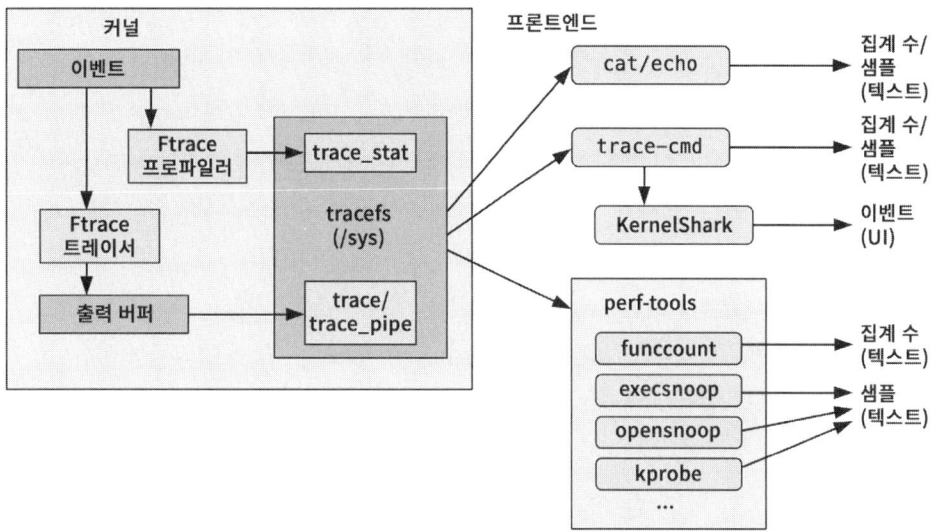

그림 14.1 Ftrace 프로파일러, 트레이서 및 프론트엔드

14.1 활용 가능성 개요

perf(1)가 하위 명령어를 사용해 다양한 기능을 수행하는 반면, Ftrace는 프로파일러(profiler)와 트레이서(tracer)로 구성되어 있습니다. 프로파일러는 집계 수나 히스토그램과 같은 통계 요약을 제공하며, 트레이서는 이벤트별 세부 내용을 제공합니다.

다음의 funcgraph(8) 도구는 Ftrace 트레이서를 사용해 vfs_read() 커널 함수의 자식 호출을 보여주는 사례입니다.

```
# funcgraph vfs_read
Tracing "vfs_read"... Ctrl-C to end.
 1)               |  vfs_read() {
 1)               |    rw_verify_area() {
 1)               |      security_file_permission() {
 1)               |        apparmor_file_permission() {
 1)               |          common_file_perm() {
 1)   0.763 us    |            aa_file_perm();
 1)   2.209 us    |          }
 1)   3.329 us    |        }
 1)   0.571 us    |        __fsnotify_parent();
 1)   0.612 us    |        fsnotify();
 1)   7.019 us    |      }
 1)   8.416 us    |    }
 1)               |    __vfs_read() {
 1)               |      new_sync_read() {
 1)               |        ext4_file_read_iter() {
[...]
```

이 출력 결과는 vfs_read()가 rw_verify_area()을 호출하고, 다시 이 함수가 security_file_permission()를 호출하는 식의 호출 과정을 보여줍니다. 두 번째 칼럼은 각 함수에서 얼마나 지속되는지 시간('us'는 마이크로초)을 보여주기에 성능을 분석할 때 활용할 수 있으며, 이를 통해 부모 함수를 느리게 만드는 자식 함수를 확인할 수 있습니다. 이 특별한 Ftrace 기능을 함수 그래프 트레이싱이라 합니다(14.8 "Ftrace function_graph"에서 다룹니다).

표 14.1과 14.2에는 최근 버전(5.2)의 리눅스에서 사용할 수 있는 Ftrace 프로파일러와 트레이서가 리눅스 **이벤트 트레이서(event tracer)**와 함께 정리되어 있습니다. 이벤트 트레이서(tracepoint, kprobe, uprobe)는 Ftrace와 비슷한 설정 및 출력 인터페이스를 공유하는 등 비슷한 점이 많아 이 장에 수록했습니다. 표 14.2에 수록된 트레이서 중 이 세 종류의 이벤트 트레이서 외에는 전부 Ftrace 트레이서입니다. 또한, 이 이름들은 Ftrace 트레이서를 설정하는데 사용되는 커맨드 라인 키워드이기도 합니다.

표 14.1 Ftrace 프로파일러

프로파일러	설명	절
function	커널 함수 통계	14.3
kprobe 프로파일러	활성화된 kprobe 이벤트 발생 횟수 집계	14.6.5
uprobe 프로파일러	활성화된 uprobe 이벤트 발생 횟수 집계	14.7.4
hist trigger	이벤트에 대한 커스텀 히스토그램	14.10

표 14.2 Ftrace와 이벤트 트레이싱 도구

트레이서	설명	절
function	커널 함수 호출 트레이서	14.4
tracepoint	커널 정적 계측(이벤트 트레이서)	14.5
kprobe	커널 동적 계측(이벤트 트레이서)	14.6
uprobe	사용자 레벨 동적 계측(이벤트 트레이서)	14.7
function_graph	커널 함수 호출을 트레이싱하며, 함수 간 호출 관계를 계층적 그래프로 시각화합니다.	14.8
wakeup	실행 가능한 상태가 된 태스크가 실제로 CPU를 할당받아 실행되기까지의 최대 스케줄러 지연시간을 측정합니다.	-
wakeup_rt	리얼타임(RT) 태스크에 대해, 실행 가능한 상태가 된 이후 실제로 CPU를 할당 받아 실행되기까지의 최대 스케줄러 지연시간을 측정합니다.	-

irqsoff	인터럽트 비활성화(IRQ off) 이벤트를 코드 위치와 지연(인터럽트가 비활성화 되어있던 시간)과 함께 트레이싱합니다.[1]	-
preemptoff	선점 불가 이벤트를 코드 위치 그리고 지연시간과 함께 트레이싱합니다.	-
preemptirqsoff	irqsoff와 preemptoff가 결합된 트레이서	-
blk	블록 I/O 트레이서(blktrace(8)에서 사용)	-
hwlat	하드웨어 지연 트레이서. 외부의 변동에 따른 지연시간 변화를 탐지하는데 사용할 수 있습니다.	14.9
mmiotrace	커널 모듈이 하드웨어를 대상으로 수행하는 호출을 트레이싱합니다.	
nop	다른 모든 트레이서를 비활성화시키는 특수 트레이서	-

다음 명령을 통해 여러분의 커널 버전에서 사용할 수 있는 Ftrace 트레이서의 목록을 확인해 볼 수 있습니다.

```
# cat /sys/kernel/debug/tracing/available_tracers
hwlat blk mmiotrace function_graph wakeup_dl wakeup_rt wakeup function nop
```

위의 명령은 /sys 아래에 마운트된 tracefs 인터페이스를 사용하는데, 이에 대한 자세한 내용은 다음 절에서 다룹니다. 이어지는 여러 절에서는 프로파일러, 트레이서, 그리고 이를 활용하는 다양한 도구들에 대해 설명합니다.

Ftrace 기반 도구들을 먼저 살펴보고 싶다면, 앞서 보여드린 funcgraph(8)가 수록되어 있는 14.13절 "perf-tools"를 확인하세요.

향후의 커널 버전에는 더 많은 Ftrace 프로파일러와 트레이서가 추가될 텐데, 이에 대해서는 리눅스 소스의 Documentation/trace/ftrace.rst 아래에 있는 Ftrace 문서를 확인해 보세요.[Rostedt 08]

14.2 tracefs(/sys)

Ftrace 기능은 tracefs 파일 시스템 인터페이스를 통해 사용할 수 있습니다. 이 인터페이스는 /sys/kernel/tracing 경로에 마운트 되어야 합니다. 다음은 mount(1) 명령을 이용해서 tracefs를 마운트하는 사례입니다.

```
# mount -t tracefs tracefs /sys/kernel/tracing
```

---

1 irqsoff(그리고 preemptoff, preemptirqsoff) 트레이서를 활성화하기 위해서는 CONFIG_PREEMPTIRQ_EVENTS 옵션이 켜져 있어야 합니다.

Ftrace는 원래 독립적인 tracefs로 분리되기 전까지는 debugfs의 일부였습니다. 이러한 이유로 debugfs는 아직까지도 마운트될 때 하위 'tracing' 폴더에 tracefs를 마운트함으로써 기존 디렉터리 구조를 유지하고 있습니다. 여러분은 다음 명령어를 통해 debugfs와 tracefs 두 가지 유형의 마운트 지점들을 모두 확인할 수 있습니다.

```
# mount -t debugfs,tracefs
debugfs on /sys/kernel/debug type debugfs (rw,relatime)
tracefs on /sys/kernel/debug/tracing type tracefs (rw,relatime)
```

위의 출력은 우분투19.10에서 명령어를 실행한 결과인데, tracefs가 /sys/kernel/debug/tracing에 마운트 되어 있음을 보여줍니다. 이후의 예제들에서는 이 경로를 사용하며 현재까지도 널리 사용되고 있지만, 앞으로는 /sys/kernel/tracing으로 변경될 가능성이 있습니다.

　tracefs 마운트에 실패했다면, 한 가지 가능성은 여러분의 커널이 Ftrace 옵션(CONFIG_FTRACE 등)과 함께 컴파일되지 않아서 일 수 있습니다.

14.2.1 tracefs 구성 요소

tracefs가 마운트되면 tracing 디렉터리에서 제어 파일 및 출력 결과 파일들을 확인할 수 있을 것입니다.

```
# ls -F /sys/kernel/debug/tracing
available_events              max_graph_depth          stack_trace_filter
available_filter_functions    options/                 synthetic_events
available_tracers             per_cpu/                 timestamp_mode
buffer_percent                printk_formats           trace
buffer_size_kb                README                   trace_clock
buffer_total_size_kb          saved_cmdlines           trace_marker
current_tracer                saved_cmdlines_size      trace_marker_raw
dynamic_events                saved_tgids              trace_options
dyn_ftrace_total_info         set_event                trace_pipe
enabled_functions             set_event_pid            trace_stat/
error_log                     set_ftrace_filter        tracing_cpumask
events/                       set_ftrace_notrace       tracing_max_latency
free_buffer                   set_ftrace_pid           tracing_on
function_profile_enabled      set_graph_function       tracing_thresh
hwlat_detector/               set_graph_notrace        uprobe_events
instances/                    snapshot                 uprobe_profile
kprobe_events                 stack_max_size
kprobe_profile                stack_trace
```

이러한 파일의 대부분은 직관적으로 이해하기 쉬운 이름을 가지고 있습니다. 이들 중 핵심 파일 및 디렉터리는 표 14.3에 정리되어 있습니다.

표 14.3 tracefs 핵심 파일

파일	접근 방법	설명
available_tracers	읽기	사용 가능한 트레이서 목록 출력(표 14.2 참조)
current_tracer	읽기/쓰기	현재 활성화된 트레이서 출력
function_profile_enabled	읽기/쓰기	함수 프로파일러를 활성화
available_filter_functions	읽기	트레이싱할 수 있는 함수 목록 출력
set_ftrace_filter	읽기/쓰기	트레이싱할 함수 선정
tracing_on	읽기/쓰기	출력 링 버퍼 활성화/비활성화 스위치
trace	읽기/쓰기	트레이서 출력 결과(링 버퍼)
trace_pipe	읽기	트레이서 출력 결과. 이 파일은 버퍼에 있는 데이터를 소모하고 새로운 트레이싱 데이터를 기다립니다
trace_options	읽기/쓰기	트레이스 버퍼 출력 결과를 커스터마이즈하기 위한 옵션
trace_stat (디렉터리)	읽기/쓰기	함수 프로파일러 출력 결과
kprobe_events	읽기/쓰기	활성화된 kprobe 목록
uprobe_events	읽기/쓰기	활성화된 uprobe 목록
events (디렉터리)	읽기/쓰기	이벤트 트레이서 제어 파일: tracepoint, kprobe, uprobe
instances (디렉터리)	읽기/쓰기	다중 사용자를 위한 Ftrace 인스턴스

이 /sys 인터페이스는 리눅스 소스의 Documentation/trace/ftrace.rst 파일에 문서화되어 있습니다.[Rostedt 08] 이 인터페이스는 셸에서 직접 접근하거나, 프론트엔드 및 라이브러리를 이용해 사용할 수도 있습니다. 가령, 다음과 같이 current_tracer 파일을 cat(1) 하면 현재 어떤 Ftrace 트레이서를 사용하고 있는지 확인할 수 있습니다.

```
# cat /sys/kernel/debug/tracing/current_tracer
Nop
```

이 출력 결과에는 nop(no operation)이 표시되는데, 현재 사용 중인 트레이서가 없음을 의미합니다. 트레이서를 활성화하기 위해서는 이 파일에 트레이서의 이름을 기록하세요. 다음은 blk 트레이서를 활성화하는 방법입니다.

```
# echo blk > /sys/kernel/debug/tracing/current_tracer
```

다른 Ftrace 제어 파일 및 출력 결과 파일들 역시 echo(1)와 cat(1)을 사용해서 이용할 수 있습니다. 즉, Ftrace는 별도의 의존성 없이 사용할 수 있다는 의미입니다(셸만 있으면 됩니다[2]).

스티븐 로스테드(Steven Rostedt)는 리얼타임 패치 작업 중 자신이 사용할 목적으로 Ftrace를 개발했습니다. 초기 버전은 다중 사용자를 지원하지 않았으며, 예를 들어 current_tracer 파일에는 한 번에 하나의 트레이서만 설정할 수 있었습니다. 다중 사용자 지원은 나중에 추가되었는데, 'instances' 디렉터리 아래에 새로운 폴더를 만들면 개별적인 Ftrace 인스턴스를 만들 수 있습니다. 각각의 인스턴스는 독립적인 current_tracer 파일과 출력 결과 파일을 가지므로, 별도로 트레이싱 작업을 수행할 수 있습니다.

다음 절(14.3~14.10)에서는 더 많은 /sys 인터페이스 사용 사례를 다루며, 뒤의 절(14.11~14.13)에서는 Ftrace를 기반으로 하는 프론트엔드인 trace-cmd, perf(1) ftrace 하위 명령어 및 perf-tools에 대해 설명합니다.

14.3 Ftrace 함수 프로파일러

함수 프로파일러(function profiler)는 커널 함수 호출에 관련된 통계를 제공하는데, 어느 커널 함수들이 사용되고 있는지 탐색하고 가장 느린 함수가 어느 것인지 확인하는데 적합합니다. 필자는 특정 워크로드에 대한 커널 코드 실행을 이해하기 위한 출발점으로 함수 프로파일러를 사용하는 경우가 많은데, 특히 이 기능은 효율적이며 상대적으로 낮은 오버헤드를 유발하기 때문입니다. 이것을 사용하면 더 비용이 많이 드는 이벤트별 트레이싱을 사용해서 분석할 함수들을 선정할 수 있습니다. 함수 프로파일러 기능은 CONFIG_FUNCTION_PROFILER=y 커널 옵션을 필요로 합니다.

함수 프로파일러는 모든 커널 함수의 시작 부분에 위치한 프로파일링용 내부 함수(컴파일 시 삽입됨)를 사용해서 동작합니다. 이러한 동작 방식은 gcc(1)의 -pg 옵션과 같은 컴파일러 프로파일링 옵션에 기반하고 있습니다. 이 옵션은 gprof(1)와 같은 프로파일러에서 사용할 수 있도록, 컴파일 시 함수의 시작 부분에 프로파일링

---

[2] echo(1)는 셸 빌트인이며, cat(1) 역시 비슷하게 만들어질 수 있습니다.
`function shellcat { (while read line; do echo "$line"; done) < $1; }`
혹은 busybox을 사용할 수도 있습니다(셸, cat(1) 및 기본 명령어 포함).

을 위한 내부 함수인 mcount()를 삽입합니다. 커널에서는 gcc(1) 버전 4.6 이후로 mcount() 호출 대신 __fentry__()가 사용됩니다. **모든 커널 함수에 이 함수 호출을 삽입하면 아주 심각한 오버헤드가 생길 수 있고**, 프로파일러를 자주 사용하지 않는다면 더더욱 걱정되겠지만, 이 오버헤드 문제는 해결되었습니다. 이러한 함수 호출들은 사용되지 않을 때에는 빠른 nop 명령어로 대체되며, 필요할 때만 __fentry__() 호출로 전환됩니다.[Gregg 19f]

다음의 사례는 /sys에 위치한 tracefs 인터페이스로 함수 프로파일러를 사용하는 방법을 보여줍니다. 여기서는 참고를 위해 함수 프로파일러가 활성화되지 않은 원래 상태의 출력 결과 역시 포함시켰습니다.

```
# cd /sys/kernel/debug/tracing
# cat set_ftrace_filter
#### all functions enabled ####
# cat function_profile_enabled
0
```

(동일한 디렉터리에서) 다음 명령어는 함수 프로파일러를 사용해서 'tcp'로 시작되는 모든 커널 함수 호출을 약 10초간 집계하는 사례입니다.

```
# echo 'tcp*' > set_ftrace_filter
# echo 1 > function_profile_enabled
# sleep 10
# echo 0 > function_profile_enabled
# echo > set_ftrace_filter
```

이 사례에서는 프로파일링의 (대략적인) 지속 시간을 설정하기 위해 sleep(1) 명령어가 사용되었습니다. 그 뒤에 호출된 명령어들은 함수 프로파일링을 비활성화시키고 필터를 초기화 하였습니다. 여기서 한 가지 팁을 드리자면 파일에 값을 쓸 때는 '0>'이 아니라 '0 >'처럼 작성해야 한다는 점입니다. 이 둘은 같지 않은데, 붙여서 쓸 경우에는 0번 파일 디스크립터를 리다이렉션 한다는 의미입니다. 마찬가지로 기능을 활성화 할 때는 1번 파일 디스크립터를 리다이렉션 한다는 의미인 '1>'이 아니라 '1 >'처럼 사용하세요.

프로파일 결과는 trace_stat 디렉터리에서 확인할 수 있는데, 'function'으로 시작하는 파일들에는 CPU별 프로파일 통계가 들어 있습니다. 다음의 예시는 CPU가 2개인 시스템이라 'function1', 'function2'라는 2개의 파일이 있습니다. 이 파일들을 head(1) 명령을 사용해서 첫 10줄만 출력하면 다음과 같습니다.

```
# head trace_stat/function*
==> trace_stat/function0 <==
  Function                    Hit         Time          Avg          s^2
  --------                    ---         ----          ---          --
  tcp_sendmsg                 955912      2788479 us    2.917 us     3734541 us
  tcp_sendmsg_locked          955912      2248025 us    2.351 us     2600545 us
  tcp_push                    955912      852421.5 us   0.891 us     1057342 us
  tcp_write_xmit              926777      674611.1 us   0.727 us     1386620 us
  tcp_send_mss                955912      504021.1 us   0.527 us     95650.41 us
  tcp_current_mss             964399      317931.5 us   0.329 us     136101.4 us
  tcp_poll                    966848      216701.2 us   0.224 us     201483.9 us
  tcp_release_cb              956155      102312.4 us   0.107 us     188001.9 us

==> trace_stat/function1 <==
  Function                    Hit         Time          Avg          s^2
  --------                    ---         ----          ---          --
  tcp_sendmsg                 317935      936055.4 us   2.944 us     13488147 us
  tcp_sendmsg_locked          317935      770290.2 us   2.422 us     8886817 us
  tcp_write_xmit              348064      423766.6 us   1.217 us     226639782 us
  tcp_push                    317935      310040.7 us   0.975 us     4150989 us
  tcp_tasklet_func            38109       189797.2 us   4.980 us     2239985 us
  tcp_tsq_handler             38109       180516.6 us   4.736 us     2239552 us
  tcp_tsq_write.part.0        29977       173955.7 us   5.802 us     1037352 us
  tcp_send_mss                317935      165881.9 us   0.521 us     352309.0 us
```

출력되는 칼럼에는 함수 이름(Function), 호출 횟수(Hit), 함수에서의 총 시간(Time), 평균 함수 시간(Avg), 그리고 표준 편차(s^2)가 있습니다. 이 출력 결과는 tcp_sendmsg() 함수가 두 CPU 모두에서 가장 빈번했음을 보여주는데, CPU0에서 955,000회, CPU1에서 317,000회 호출되었습니다. 이 함수의 평균 지속 시간은 2.9 마이크로초였습니다.

프로파일링하는 동안 작은 양의 오버헤드가 프로파일링된 함수에 부가되었습니다. 만일 set_ftrace_filter가 지정되지 않았다면, 모든 커널 함수가 프로파일링되므로 오버헤드가 더 클 수 있습니다(앞서 보았던 초기 상태에서도 "all functions enabled" 라는 경고 메시지가 출력되었습니다). 프로파일러를 사용할 때는 이 점을 염두에 두어야 하며, 오버헤드를 제한하기 위해서는 함수 필터를 사용하는 것이 좋습니다. 뒤에서 다루는 Ftrace 프론트엔드는 이들 단계를 자동으로 처리하며, CPU별 출력 결과를 하나로 합쳐 시스템 전체에 대한 요약 결과를 제공합니다.

14.4 Ftrace 함수 트레이싱

함수 트레이서는 커널 함수 호출에 대한 이벤트별 세부사항을 출력하며, 앞 절에서 설명한 함수 프로파일링 계측 방법을 사용합니다. 함수 트레이서를 사용하면 여러 가지 함수의 호출 순서, 타임스탬프 기반 패턴, 그리고 CPU에서 동작 중이던 프로세스 이름 및 PID를 보여줄 수 있습니다. 함수 트레이싱의 오버헤드는 함수 프로파일링보다 높아서 트레이싱은 상대적으로 덜 빈번하게 호출되는 함수에 가장 적합합니다(초당 1,000회 미만). 따라서 대상 함수를 트레이싱하기 전에 이전 절에서 소개한 함수 프로파일링을 사용하여 함수의 호출 빈도를 확인해 보는 것이 좋습니다.

그림 14.2에는 함수 트레이싱 과정에 사용되는 주요 tracefs 파일들이 정리되어 있습니다.

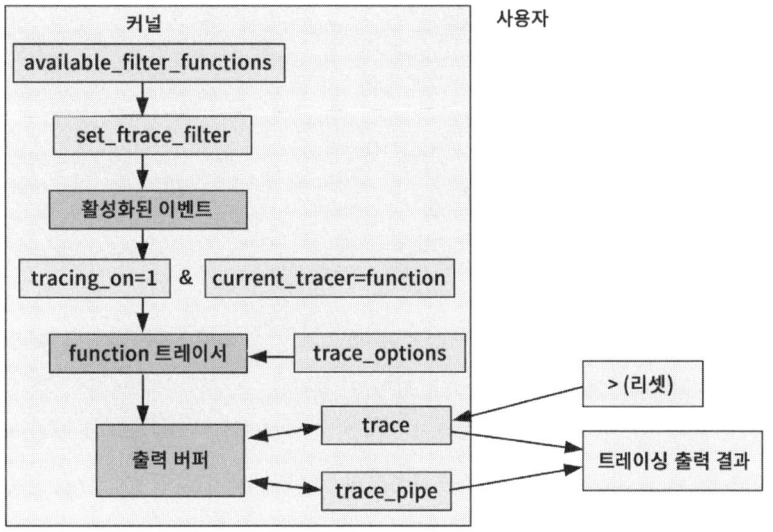

그림 14.2 Ftrace 함수 트레이싱 tracefs 파일

트레이싱의 출력 결과는 trace 혹은 trace_pipe 파일을 통해 확인할 수 있는데, 이에 대해서는 다음 절에서 다룹니다. 이 두 인터페이스는 출력 버퍼를 비우는 데도 사용됩니다. (화살표가 출력 버퍼쪽으로도 되돌아 갑니다.)

14.4.1 trace 사용하기

다음 예시에서는 함수 트레이싱 방법을 보여주는데 트레이싱 결과 출력에 trace 파일을 사용합니다. 여기서는 참고를 위해 함수 트레이서가 활성화되지 않은 원래 상태의 출력 결과 역시 포함시켰습니다.

```
# cd /sys/kernel/debug/tracing
# cat set_ftrace_filter
#### all functions enabled ####
# cat current_tracer
Nop
```

현재 어떠한 트레이서도 사용되고 있지 않습니다.

이 사례에서는 'sleep'으로 끝나는 모든 커널 함수들이 트레이싱되며, 트레이싱된 이벤트들은 최종적으로 /tmp/out.trace01.txt 파일로 저장됩니다. 또한, 적어도 10초 동안의 트레이싱 데이터를 수집하기 위해 더미 sleep(1) 명령어가 사용되었습니다. 트레이싱이 끝난 뒤에는 함수 트레이서를 비활성화시키고 시스템을 정상으로 되돌려 놓았습니다.

```
# cd /sys/kernel/debug/tracing
# echo 1 > tracing_on
# echo '*sleep' > set_ftrace_filter
# echo function > current_tracer
# sleep 10
# cat trace > /tmp/out.trace01.txt
# echo nop > current_tracer
# echo > set_ftrace_filter
```

여러분의 환경에서는 tracing_on을 설정할 필요가 없을지도 모릅니다(필자의 우분투 시스템에서는 기본적으로 1로 설정되어 있습니다). 이 설정이 꺼져있을 경우에 대비해서 해당 명령어를 수록해 두었습니다.

다음으로는 'sleep' 함수 호출을 트레이싱한 결과를 살펴볼 터인데, 여기에는 더미 sleep(1) 명령어도 캡처되었습니다.

```
# more /tmp/out.trace01.txt
# tracer: function
#
# entries-in-buffer/entries-written: 57/57   #P:2
#
#                              _-----=> irqs-off
#                             / _----=> need-resched
#                            | / _---=> hardirq/softirq
#                            || / _--=> preempt-depth
#                            ||| /    delay
```

```
#           TASK-PID    CPU#  ||||   TIMESTAMP   FUNCTION
#              | |        |   ||||      |           |
       multipathd-348   [001] .... 332762.532877: __x64_sys_nanosleep <-do_syscall_64
       multipathd-348   [001] .... 332762.532879: hrtimer_nanosleep <-__x64_sys_
nanosleep
       multipathd-348   [001] .... 332762.532880: do_nanosleep <-hrtimer_nanosleep
           sleep-4203   [001] .... 332762.722497: __x64_sys_nanosleep <-do_syscall_64
           sleep-4203   [001] .... 332762.722498: hrtimer_nanosleep <-__x64_sys_
nanosleep
           sleep-4203   [001] .... 332762.722498: do_nanosleep <-hrtimer_nanosleep
       multipathd-348   [001] .... 332763.532966: __x64_sys_nanosleep <-do_syscall_64
[...]
```

이 출력 결과에는 필드 헤더들과 트레이스 메타데이터가 포함되어 있습니다. 이 사례는 sleep(1) 명령어뿐만 아니라 프로세스 ID가 348인 multipathd라는 이름의 프로세스가 휴면(sleep) 함수들을 호출하고 있는 것을 보여줍니다.

마지막 필드들은 현재의 함수와 이 함수를 호출한 부모 함수를 보여줍니다. 예를 들어 첫 라인에서 트레이싱 된 함수는 __x64_sys_nanosleep()였으며, do_syscall_64()에 의해 호출되었습니다.

trace 파일은 트레이스 이벤트 버퍼에 접근하기 위한 인터페이스입니다. 이 파일을 읽으므로써 버퍼의 내용을 출력할 수 있고, 이 파일에 빈 문자를 기록함으로써 버퍼의 내용을 비울 수 있습니다.

```
# > trace
```

트레이스 버퍼는 current_tracer가 nop으로 설정될 때도 비워집니다(nop은 앞의 사례에서 트레이싱 비활성화 단계에서 사용되었습니다). 또한, trace_pipe 파일을 읽을 때도 버퍼 내용이 비워집니다.

14.4.2 trace_pipe 사용하기

trace_pipe 파일은 트레이스 버퍼를 읽기 위한 또 다른 인터페이스입니다. 이 파일을 읽게 되면 이벤트가 끊임없이 출력되어 나옵니다. 이 인터페이스는 이벤트를 소모하기도 해서, 한 번 읽은 이벤트는 버퍼에 남아 있지 않게 됩니다.

다음은 휴면 이벤트를 트레이싱하고 trace_pipe를 통해 실시간으로 확인하는 사례입니다.

```
# echo '*sleep' > set_ftrace_filter
# echo function > current_tracer
```

```
# cat trace_pipe
    multipathd-348   [001] .... 332624.519190: __x64_sys_nanosleep <-do_syscall_64
    multipathd-348   [001] .... 332624.519192: hrtimer_nanosleep <-__x64_sys_nanosleep
    multipathd-348   [001] .... 332624.519192: do_nanosleep <-hrtimer_nanosleep
    multipathd-348   [001] .... 332625.519272: __x64_sys_nanosleep <-do_syscall_64
    multipathd-348   [001] .... 332625.519274: hrtimer_nanosleep <-__x64_sys_nanosleep
    multipathd-348   [001] .... 332625.519275: do_nanosleep <-hrtimer_nanosleep
          cron-504   [001] .... 332625.560150: __x64_sys_nanosleep <-do_syscall_64
          cron-504   [001] .... 332625.560152: hrtimer_nanosleep <-__x64_sys_nanosleep
          cron-504   [001] .... 332625.560152: do_nanosleep <-hrtimer_nanosleep
^C
# echo nop > current_tracer
# echo > set_ftrace_filter
```

이 출력 결과는 multipathd와 cron 프로세스에서 발생한 수많은 휴면(sleep)을 보여줍니다. 출력된 필드들은 앞서 살펴 본 trace 파일과 동일하지만, 이번에는 칼럼 헤더가 없습니다.

trace_pipe 파일은 낮은 빈도의 이벤트들을 살펴볼 때 유용하지만, 높은 빈도의 이벤트의 경우 앞서 본 trace 파일을 사용해 데이터를 파일로 저장한 뒤 나중에 분석하는 것이 더 적합합니다.

14.4.3 옵션

Ftrace는 트레이싱 출력 결과를 커스터마이징 하기 위한 옵션을 제공하는데, trace_options 파일 또는 options 디렉터리를 통해 설정할 수 있습니다. 다음은 (이전과 동일한 디렉터리에서) 플래그 칼럼들을 비활성화하는 사례입니다. (이전 출력 결과에서 이 칼럼은 "..."으로 표시되었습니다.)

```
# echo 0 > options/irq-info
# cat trace
# tracer: function
#
# entries-in-buffer/entries-written: 3300/3300   #P:2
#
#           TASK-PID    CPU#    TIMESTAMP  FUNCTION
#              | |        |         |         |
    multipathd-348   [001]    332762.532877: __x64_sys_nanosleep <-do_syscall_64
    multipathd-348   [001]    332762.532879: hrtimer_nanosleep <-__x64_sys_nanosleep
    multipathd-348   [001]    332762.532880: do_nanosleep <-hrtimer_nanosleep
[...]
```

이제 출력 결과에 플래그가 표시되지 않습니다. 다음의 명령어를 통해 이 설정을 되돌릴 수 있습니다.

```
# echo 1 > options/irq-info
```

options 디렉터리에는 수많은 옵션이 있는데, 대부분은 직관적으로 이해하기 쉬운 이름들을 가지고 있습니다.

```
# ls options/
annotate           funcgraph-abstime    hex              stacktrace
bin                funcgraph-cpu        irq-info         sym-addr
blk_cgname         funcgraph-duration   latency-format   sym-offset
blk_cgroup         funcgraph-irqs       markers          sym-userobj
blk_classic        funcgraph-overhead   overwrite        test_nop_accept
block              funcgraph-overrun    print-parent     test_nop_refuse
context-info       funcgraph-proc       printk-msg-only  trace_printk
disable_on_free    funcgraph-tail       raw              userstacktrace
display-graph      function-fork        record-cmd       verbose
event-fork         function-trace       record-tgid
func_stack_trace   graph-time           sleep-time
```

이러한 옵션들 중에는 stacktrace와 userstacktrace가 있는데, 이 옵션은 커널 스택 트레이스와 사용자 스택 트레이스를 출력 결과에 추가합니다. 이렇게 하면 함수들이 왜 호출되었는지 이해하는데 도움이 됩니다. 이들 옵션은 모두 리눅스 소스의 Ftrace 문서에 정리되어 있습니다.[Rostedt 08]

14.5 tracepoint

tracepoint는 커널 정적 계측 방법으로, 4.3.5절 "tracepoint"에서 소개했습니다. tracepoint는 말 그대로 커널 소스 안에 위치한 트레이싱 함수인데, tracefs에 위치한 트레이스 이벤트 인터페이스를 통해 tracepoint를 활성화하거나 인자를 확인할 수 있습니다. 또한 이 트레이스 이벤트들은 출력 결과와 제어 파일을 Ftrace와 공유합니다.

다음 사례에서는 block:block_rq_issue tracepoint를 활성화시키고 이벤트를 실시간으로 확인합니다. 마지막에는 tracepoint를 비활성화시킵니다.

```
# cd /sys/kernel/debug/tracing
# echo 1 > events/block/block_rq_issue/enable
# cat trace_pipe
           sync-4844  [001] ....  343996.918805: block_rq_issue: 259,0 WS 4096 () 2048 + 8 [sync]
```

```
            sync-4844   [001] .... 343996.918808: block_rq_issue: 259,0 WSM 4096 ()
10560 + 8 [sync]
            sync-4844   [001] .... 343996.918809: block_rq_issue: 259,0 WSM 4096 ()
38424 + 8 [sync]
            sync-4844   [001] .... 343996.918809: block_rq_issue: 259,0 WSM 4096 ()
4196384 + 8 [sync]
            sync-4844   [001] .... 343996.918810: block_rq_issue: 259,0 WSM 4096 ()
4462592 + 8 [sync]
^C
# echo 0 > events/block/block_rq_issue/enable
```

첫 5개의 칼럼은 4.6.4절에서 보았던 것과 동일하게, 프로세스 이름 '-' PID, CPU ID, 플래그, 타임스탬프(초), 이벤트 이름으로 구성되어 있습니다. 나머지는 tracepoint용 포맷 문자열로 4.3.5절에서 설명했습니다.

이 사례에서 볼 수 있듯이 tracepoint 제어 파일들은 events 폴더 아래의 디렉터리 구조에 들어 있습니다. 상단에는 각 트레이싱 시스템(예: "block")별 디렉터리가 위치하며, 이 안에는 이벤트별 서브 디렉터리(예: "block_rq_issue")가 있습니다. 이 디렉터리에 있는 파일 목록을 출력하면 다음과 같습니다.

```
# ls events/block/block_rq_issue/
enable   filter   format   hist   id   trigger
```

이들 제어 파일은 리눅스 소스의 Documentation/trace/events.rst 파일에 문서화되어 있습니다.[Ts'o 20] 위의 사례에서 enable 파일은 tracepoint를 켜고 끄는데 사용되었습니다. 기타 파일들은 필터링과 트리거 기능을 제공합니다.

14.5.1 필터

tracepoint에 필터를 지정해 불(boolean) 표현식이 참인 경우에만 해당 이벤트를 기록하도록 할 수 있습니다. filter 파일의 문법은 다음과 같습니다.

```
field operator value
```

필드(field)는 4.3.5절 "tracepoint 인자 및 포맷 문자열"에서 소개한 포맷 파일에서 가져온 것입니다(이들 필드는 앞서 본 트레이싱 출력 결과의 포맷 문자열에도 출력됩니다). 사용 가능한 연산자는 숫자의 경우 ==, !=, <, <=, >, >=, &를 사용할 수 있으며, 문자열의 경우 ==, !=, ~를 사용할 수 있습니다. '~' 연산자를 사용하면 셸 글로브 패턴에 기반해 와일드카드(*, ?, []) 문자열 비교를 사용할 수 있습니다. 이들

불 표현식은 괄호를 사용해서 그룹으로 묶을 수 있으며 &&, ||를 사용해 합칠 수 있습니다.

다음은 필터의 사용 사례로, 이미 활성화된 block:block_rq_insert tracepoint에 필터를 설정해서 bytes 필드가 64KB보다 큰 이벤트만 트레이싱하고 있습니다.

```
# echo 'bytes > 65536' > events/block/block_rq_insert/filter
# cat trace_pipe
    kworker/u4:1-7173  [000] .... 378115.779394: block_rq_insert: 259,0 W 262144 () 5920256 + 512 [kworker/u4:1]
    kworker/u4:1-7173  [000] .... 378115.784654: block_rq_insert: 259,0 W 262144 () 5924336 + 512 [kworker/u4:1]
    kworker/u4:1-7173  [000] .... 378115.789136: block_rq_insert: 259,0 W 262144 () 5928432 + 512 [kworker/u4:1]
^C
```

이렇게 필터를 설정하면 출력 결과에는 큰 크기의 I/O만 포함됩니다.

```
# echo 0 > events/block/block_rq_insert/filter
```

다음과 같이 echo 0를 통해 필터를 초기화 할 수 있습니다.

14.5.2 트리거

트리거는 이벤트가 발생할 때 추가적인 트레이싱 명령을 실행합니다. 이 명령을 통해서 다른 트레이싱을 활성화 혹은 비활성화하거나, 스택 트레이스를 출력하거나, 트레이싱 버퍼에 대한 스냅숏을 찍을 수 있습니다. 현재 설정된 트리거가 없는 경우 trigger 파일을 통해 사용할 수 있는 트리거 명령 목록을 확인할 수 있습니다. 예를 들면 다음과 같습니다.

```
# cat events/block/block_rq_issue/trigger
# Available triggers:
# traceon traceoff snapshot stacktrace enable_event disable_event enable_hist disable_hist hist
```

트리거의 한 가지 활용 사례는, 에러 상황을 발생시킨 이벤트를 살펴보는 용도입니다. 에러 상황에서 traceoff 트리거를 통해 트레이싱을 비활성화해 트레이싱 버퍼에 이전 이벤트까지만 남아있도록 하거나, 아니면 snapshot 트리거를 사용해서 해당 이벤트에 대한 스냅숏을 찍을 수 있습니다.

트리거는 if 키워드를 사용해서 필터와 결합할 수 있습니다. 오류 상황이나 흥미로운 이벤트만 살펴보기 위해서는 이 두 개를 결합해서 사용해야 할 것입니다. 예를 들어 다음은 64KB보다 큰 블록 I/O가 큐잉될 때, 이벤트 기록을 중단하는 방법입니다.

```
# echo 'traceoff if bytes > 65536' > events/block/block_rq_insert/trigger
```

14.10 "Ftrace 히스토그램 트리거"에서 소개한 hist trigger를 사용하면 더욱 복잡한 동작들을 수행할 수 있습니다.

14.6 kprobe

kprobe는 커널 동적 계측 방법으로, 4.3.6절 "kprobe"에서 소개했습니다. kprobe를 통해 생성된 이벤트들은 트레이서에서 사용할 수 있고, 이 이벤트들은 tracefs의 출력 결과 파일과 제어 파일들을 Ftrace와 공유합니다. kprobe는 커널 함수들을 트레이싱한다는 점에서 Ftrace 함수 트레이서와 유사합니다. 그렇지만 kprobe는 더욱 세밀한 커스터마이징이 가능하고, 함수 오프셋(개별 명령어) 트레이싱이 가능하고, 함수 인자와 리턴 값을 출력할 수 있습니다.

이 절에서는 kprobe 이벤트 트레이싱과 Ftrace kprobe 프로파일러를 다룹니다.

14.6.1 이벤트 트레이싱

다음은 do_nanosleep() 커널 함수를 kprobe를 사용해서 계측하는 사례입니다.

```
# echo 'p:brendan do_nanosleep' >> kprobe_events
# echo 1 > events/kprobes/brendan/enable
# cat trace_pipe
     multipathd-348    [001] ....   345995.823380: brendan: (do_nanosleep+0x0/0x170)
     multipathd-348    [001] ....   345996.823473: brendan: (do_nanosleep+0x0/0x170)
     multipathd-348    [001] ....   345997.823558: brendan: (do_nanosleep+0x0/0x170)
^C
# echo 0 > events/kprobes/brendan/enable
# echo '-:brendan' >> kprobe_events
```

kprobe는 kprobe_events 파일에 특수한 문법으로 된 문자열을 추가하거나 제거하는 방식으로 생성 및 삭제됩니다. kprobe 이벤트가 생성되고 나면 events 디렉터리에 tracepoint와 나란히 나타나며, 여기에 있는 제어 파일들은 앞서 본 tracepoint와 유사한 방식으로 사용할 수 있습니다.

kprobe 문법에 대해서는 커널 소스의 Documentation/trace/kprobetrace.rst 아래에 상세히 설명되어 있습니다.[Hiramatsu 20] kprobe는 커널 함수의 진입점과 리턴뿐만 아니라 함수 오프셋도 트레이싱할 수 있습니다. 문법을 간략히 설명하면 다음과 같습니다.

```
p[:[GRP/]EVENT] [MOD:]SYM[+offs]|MEMADDR [FETCHARGS]  : kprobe 설정
r[MAXACTIVE][:[GRP/]EVENT] [MOD:]SYM[+0] [FETCHARGS]  : 리턴 kprobe 설정(kretprobe)
-:[GRP/]EVENT                                          : kprobe나 kretprobe 제거
```

위의 사례에서 문자열 'p:brendan do_nanosleep'은 do_nanosleep() 커널 심벌에 이름이 'brendan'인 probe (p:)를 생성합니다. 문자열 '-:brendan'은 'brendan'이란 이름의 probe를 삭제합니다.

이처럼 kprobe를 사용할 때, 커스터마이즈된 이름을 통해 서로 다른 사용자나 사용 목적을 쉽게 구분할 수 있습니다. BCC 트레이싱 도구(15장 "BPF"의 15.1 "BCC"에서 소개)의 경우에는 트레이싱되는 함수의 이름, 문자열 'bcc' 및 BCC PID로 구성된 probe 이름을 사용합니다. 예를 들면 다음과 같습니다.

```
# cat /sys/kernel/debug/tracing/kprobe_events
p:kprobes/p_blk_account_io_start_bcc_19454 blk_account_io_start
p:kprobes/p_blk_mq_start_request_bcc_19454 blk_mq_start_request
```

더 최신의 커널에서는 BCC가 kprobe_events 파일 대신 kprobe를 사용하기 위해 perf_event_open(2) 기반 인터페이스를 사용하도록 전환되었다는 점에 주목하세요. (perf_event_open(2)를 사용하여 활성화된 이벤트는 kprobe_events 파일에 나타나지 않습니다.)

14.6.2 인자

함수 트레이싱과는 다르게(14.4절 "Ftrace 함수 트레이싱") kprobe를 사용하면 함수 인자와 리턴 값을 살펴볼 수 있습니다. 다음은 앞서 트레이싱한 do_nanosleep() 함수의 정의인데(kernel/time/hrtimer.c), 함수 인자의 자료형을 굵은 서체로 강조해 놓았습니다.

```
static int __sched do_nanosleep(struct hrtimer_sleeper *t, enum hrtimer_mode mode)
{
[...]
```

다음은 인텔 x86_64 시스템에서 이 함수의 첫 두개의 인자를 트레이싱하고 16진수 형태로 출력하는 사례입니다. (기본적으로 16진수 형태로 출력합니다.)

```
# echo 'p:brendan do_nanosleep hrtimer_sleeper=$arg1 hrtimer_mode=$arg2' >> kprobe_events
# echo 1 > events/kprobes/brendan/enable
# cat trace_pipe
     multipathd-348    [001] ....  349138.128610: brendan: (do_nanosleep+0x0/0x170)
hrtimer_sleeper=0xffffaa6a4030be80 hrtimer_mode=0x1
     multipathd-348    [001] ....  349139.128695: brendan: (do_nanosleep+0x0/0x170)
hrtimer_sleeper=0xffffaa6a4030be80 hrtimer_mode=0x1
     multipathd-348    [001] ....  349140.128785: brendan: (do_nanosleep+0x0/0x170)
hrtimer_sleeper=0xffffaa6a4030be80 hrtimer_mode=0x1
^C
# echo 0 > events/kprobes/brendan/enable
# echo '-:brendan' >> kprobe_events
```

위 사례에서 첫 줄 kprobe 이벤트 정의 문자열에는 기본 문법 외에 추가 구문 요소가 사용되었습니다. 예를 들어 'hrtimer_ sleeper=$arg1'는 해당 함수의 첫 번째 인자를 트레이싱하는데, 앞으로 이 인자를 'hrtimer_sleeper'로 부르겠다는 의미입니다. 이는 출력 결과에 굵은 서체로 강조해 놓았습니다.

여기서는 인자에 $arg1, $arg2 등과 같은 별칭을 사용해 접근하는데, 이는 리눅스 4.20에 추가된 기능입니다. 이전 버전의 리눅스라면 레지스터 이름을 직접 사용해야 합니다.[3] 위와 동일한 kprobe를 레지스터 이름을 사용해서 정의하면 다음과 같습니다.

```
# echo 'p:brendan do_nanosleep hrtimer_sleeper=%di hrtimer_mode=%si' >> kprobe_events
```

트레이싱하고자 하는 인자에 해당하는 레지스터를 확인하려면, 사용 중인 프로세서 유형과 어떤 함수 호출 규약이 사용되고 있는지 알아야 합니다. x86_64는 AMD64 ABI[Matz 13]를 사용하므로, 함수의 첫 두 개의 인자는 rdi와 rsi 레지스터를 통해 확인할 수 있습니다.[4] 이 문법은 perf(1)에서도 사용됩니다. 13장 "perf"의 13.7.2절 "uprobe"에 문자열 포인터 역참조하기와 같은 더 복잡한 사례를 수록해 놓았습니다.

---

3 별칭이 아직 추가되지 않은 프로세서 아키텍처에서는 레지스터 이름을 사용해야 할 것입니다.
4 syscall(2) 매뉴얼 페이지에는 여러 가지 프로세서의 호출 규약에 대해 정리되어 있습니다. 14.13.4 "perf-tools 원 라이너"에 이 매뉴얼의 일부가 발췌되어 있습니다.

14.6.3 리턴 값

kretprobe를 사용하는 경우에는 리턴 값에 대한 특별한 별칭인 $retval을 사용할 수 있습니다. 다음 사례에서는 do_nanosleep()의 리턴 값을 출력하기 위해 이 별칭을 사용하고 있습니다.

```
# echo 'r:brendan do_nanosleep ret=$retval' >> kprobe_events
# echo 1 > events/kprobes/brendan/enable
# cat trace_pipe
     multipathd-348    [001] d... 349782.180370: brendan: (hrtimer_
nanosleep+0xce/0x1e0 <- do_nanosleep) ret=0x0
     multipathd-348    [001] d... 349783.180443: brendan: (hrtimer_
nanosleep+0xce/0x1e0 <- do_nanosleep) ret=0x0
     multipathd-348    [001] d... 349784.180530: brendan:
(hrtimer_nanosleep+0xce/0x1e0 <- do_nanosleep) ret=0x0
^C
# echo 0 > events/kprobes/brendan/enable
# echo '-:brendan' >> kprobe_events
```

이 출력 결과를 통해 트레이싱하는 동안 do_nanosleep()의 리턴 값은 언제나 '0'(성공)이었음을 확인할 수 있습니다.

14.6.4 필터와 트리거

필터와 트리거는 tracepoint에서와 동일하게 events/kprobes/... 디렉터리에서 사용할 수 있습니다(14.5절 "tracepoint" 참고). 다음은 앞서 설명한 do_nanosleep() kprobe의 포맷 파일인데, 14.6.2절 "인자"에서 본 인자들을 강조해 놓았습니다.

```
# cat events/kprobes/brendan/format
name: brendan
ID: 2024
format:
        field:unsigned short common_type;    offset:0;    size:2;    signed:0;
        field:unsigned char common_flags;    offset:2;    size:1;    signed:0;
        field:unsigned char common_preempt_count;    offset:3;    size:1;    signed:0;
        field:int common_pid;    offset:4;    size:4;    signed:1;

        field:unsigned long __probe_ip;    offset:8;    size:8;    signed:0;
        field:u64 hrtimer_sleeper;    offset:16;    size:8;    signed:0;
        field:u64 hrtimer_mode;    offset:24;    size:8;    signed:0;
print fmt: "(%lx) hrtimer_sleeper=0x%Lx hrtimer_mode=0x%Lx", REC->__probe_ip,
REC->hrtimer_sleeper, REC->hrtimer_mode
```

앞에서 필자가 지정한 hrtimer_sleeper와 hrtimer_mode 변수 이름들이 필드로 설정되어 있습니다. 이러한 필드들은 다음처럼 필터링에 사용할 수 있습니다.

```
# echo 'hrtimer_mode != 1' > events/kprobes/brendan/filter
```

이 필터는 hrtimer_mode가 1이 아닌 경우에만 do_nanosleep() 호출을 트레이싱할 것입니다.

14.6.5 kprobe 프로파일링

kprobe가 활성화되면 Ftrace는 해당 이벤트의 발생 횟수를 집계합니다. 이들 집계는 kprobe_profile 파일을 통해 확인할 수 있습니다. 예를 들면 다음과 같습니다.

```
# cat /sys/kernel/debug/tracing/kprobe_profile
  p_blk_account_io_start_bcc_19454                1808                0
  p_blk_mq_start_request_bcc_19454                 677                0
  p_blk_account_io_completion_bcc_19454            521               11
  p_kbd_event_1_bcc_1119                           632                0
```

칼럼들은 probe 이름(kprobe_events 파일을 통해 확인할 수 있음), 이벤트 히트 수, 그리고 미스(probe는 호출되었지만 오류가 발생해 기록되지 않음) 수로 구성되어 있습니다.

함수 호출 횟수는 기존에 설명한 함수 프로파일러(14.3절)를 통해 이미 확인할 수 있지만, 필자는 kprobe 프로파일러가 모니터링 소프트웨어에서 사용되는 kprobe 이벤트를 확인하는데 유용하다는 것을 발견했습니다. 모니터링 소프트웨어는 특정 kprobe를 항상 활성화된 상태로 사용하기도 하는데, 때때로 일부 이벤트가 너무 빈번하게 발생하여 비활성화시켜야 할 필요성이 있습니다(가능하다면).

14.7 uprobe

uprobe는 사용자 레벨 동적 계측 방법으로, 4.3.7절 "uprobe"에서 소개했습니다. uprobe를 통해 생성된 이벤트들은 트레이서에서 사용할 수 있고, 이 이벤트들은 tracefs의 출력 결과 파일들과 제어 파일들을 Ftrace와 공유합니다.

이 절에서는 uprobe 이벤트 트레이싱과 Ftrace uprobe 프로파일러를 다룹니다.

14.7.1 이벤트 트레이싱

uprobe의 제어 파일은 uprobe_events인데, 리눅스 소스의 Documentation/trace/

uprobetracer.rst 파일에 사용 문법이 정리되어 있습니다.[Dronamraju 20] 문법에 대해 간략히 설명하자면 다음과 같습니다.

```
p[:[GRP/]EVENT] PATH:OFFSET [FETCHARGS] : uprobe 설정
r[:[GRP/]EVENT] PATH:OFFSET [FETCHARGS] : 리턴 uprobe 설정(uretprobe)
-:[GRP/]EVENT                           : uprobe 혹은 uretprobe 이벤트 제거
```

이 문법에서는 uprobe를 설정할 바이너리 경로와 오프셋이 필요합니다. 커널은 사용자 공간 소프트웨어에 대한 심벌 정보를 가지고 있지 않기 때문에, 이 오프셋은 사용자 공간 도구를 사용해서 계산한 뒤 커널에 제공해야 합니다.

다음은 bash(1) 셸의 readline() 함수를 uprobe를 사용해서 계측하는 사례입니다. 먼저, 심벌 오프셋을 조회하면서 시작합니다.

```
# readelf -s /bin/bash | grep -w readline
   882: 00000000000b61e0   153 FUNC    GLOBAL DEFAULT   14 readline
# echo 'p:brendan /bin/bash:0xb61e0' >> uprobe_events
# echo 1 > events/uprobes/brendan/enable
# cat trace_pipe
            bash-3970  [000] d... 347549.225818: brendan: (0x55d0857b71e0)
            bash-4802  [000] d... 347552.666943: brendan: (0x560bcc1821e0)
            bash-4802  [000] d... 347552.799480: brendan: (0x560bcc1821e0)
^C
# echo 0 > events/uprobes/brendan/enable
# echo '-:brendan' >> uprobe_events
```

경고: 명령어 중간에 해당하는 오프셋에 uprobe를 잘못 설정하면, 대상 프로세스가 손상될 수 있습니다(공유 라이브러리의 명령어라면, 이를 사용하는 모든 프로세스를 손상시킵니다!). 여기에 소개한 readelf(1)을 사용해 심벌 오프셋을 찾는 기법은 대상 바이너리가 PIE(position independent executables, 위치 독립 실행 파일)로 컴파일 된 경우 주소 공간 랜덤화(address space layout randomization, ASLR)에 의해 사용이 불가할 수 있습니다. 필자는 이 인터페이스를 결코 권하지 않습니다. 그 대신 심벌 매핑을 알아서 처리하는 고급 트레이싱 도구를 사용하세요(예: BCC 또는 bpftrace).

14.7.2 인자 및 리턴 값

이는 앞서 14.6 "kprobe"에서 살펴본 방법과 유사합니다. uprobe 인자 및 리턴 값은 해당 uprobe를 생성할 때 구체적으로 명시함으로써 검사할 수 있습니다. 사용 문법은 uprobetracer.rst에 정리되어 있습니다.[Dronamraju 20]

14.7.3 필터 및 트리거

kprobe와 마찬가지로 필터와 트리거는 events/uprobes/... 디렉터리에서 설정하여 사용할 수 있습니다(14.6 "kprobe"를 참고).

14.7.4 uprobe 프로파일링

uprobe가 활성화되면 Ftrace는 해당 이벤트의 발생 횟수를 집계합니다. 이들 집계는 uprobe_profile 파일을 통해 확인할 수 있습니다. 예를 들면 다음과 같습니다.

```
# cat /sys/kernel/debug/tracing/uprobe_profile
 /bin/bash brendan                                                  11
```

칼럼들은 바이너리 경로, probe 이름(uprobe_events 파일을 통해 확인할 수 있음), 그리고 이벤트 히트 수로 구성되어 있습니다.

14.8 Ftrace function_graph

function_graph 트레이서는 함수들의 호출 관계를 보여주는 그래프를 출력하는데, 이를 통해 코드의 흐름을 확인할 수 있습니다. 이 장의 도입부에서는 이것을 활용하는 사례인 perf-tools의 funcgraph(8) 도구를 살펴보았습니다. 다음은 Ftrace tracefs 인터페이스를 보여주고 있습니다.

참고를 위해 function_graph 트레이서가 활성화되지 않은 원래 상태의 출력 결과 역시 포함시켰습니다.

```
# cd /sys/kernel/debug/tracing
# cat set_graph_function
#### all functions enabled ####
# cat current_tracer
Nop
```

현재 어떠한 트레이서도 사용되고 있지 않습니다.

14.8.1 그래프 트레이싱

다음은 function_graph 트레이서를 사용해 do_nanosleep() 함수의 자식 함수 호출을 출력하는 사례입니다.

```
# echo do_nanosleep > set_graph_function
# echo function_graph > current_tracer
```

```
# cat trace_pipe
 1)   2.731 us    |  get_xsave_addr();
 1)               |  do_nanosleep() {
 1)               |    hrtimer_start_range_ns() {
 1)               |      lock_hrtimer_base.isra.0() {
 1)   0.297 us    |        _raw_spin_lock_irqsave();
 1)   0.843 us    |      }
 1)   0.276 us    |      ktime_get();
 1)   0.340 us    |      get_nohz_timer_target();
 1)   0.474 us    |      enqueue_hrtimer();
 1)   0.339 us    |      _raw_spin_unlock_irqrestore();
 1)   4.438 us    |    }
 1)               |    schedule() {
 1)               |      rcu_note_context_switch() {
[...]
 5) $ 1000383 us  |  } /* do_nanosleep */
^C
# echo nop > current_tracer
# echo > set_graph_function
```

출력 결과를 통해 자식 함수의 호출과 코드 흐름을 확인할 수 있는데, 예를 들어 do_nanosleep()이 hrtimer_start_range_ns()를 호출하고, 이 함수는 다시 lock_hrtimer_base.isra.0()를 호출하는 식으로 이어집니다.

왼쪽의 칼럼은 CPU(여기서는 주로 CPU 1)와 함수의 지속 시간을 보여주므로, 지연을 확인할 수 있습니다. 지연시간이 높은 경우에는 강조를 위한 특별한 문자가 포함되는데, 이 출력 결과에서는 1000383마이크로초(1.0초)의 지연 옆에 "$"가 추가되었습니다. 이 문자에 대해서는 리눅스 소스의 Ftrace 문서에 설명되어 있습니다. [Rostedt 08]

- $: 1초 이상
- @: 100ms 이상
- *: 10ms 이상
- #: 1ms 이상
- !: 100μs 이상
- +: 10μs 이상

이 사례에서는 함수 필터(set_ftrace_filter)를 의도적으로 설정하지 않아서, 자식 함수의 호출을 모두 확인할 수 있습니다. 하지만 이렇게 하면 오버헤드가 추가로 발생하여 보고된 지속 시간이 실제보다 부풀려질 수 있습니다. 그럼에도 높은 지연의 원인을 파악하는데 매우 유용해서, 추가 오버헤드로 인해 발생하는 시간 증가가 문제가 되지 않을 수도 있습니다. 특정 함수에 대한 더 정확한 시간을 측정하고 싶다면, 함수 필터를 사용해 트레이싱되는 함수들을 줄여보세요. 다음은 do_nanosleep()만을 트레이싱하는 사례입니다.

```
# echo do_nanosleep > set_ftrace_filter
# cat trace_pipe
[...]
 7) $ 1000130 us  |  } /* do_nanosleep */
^C
```

이는 동일한 워크로드(sleep 1)를 트레이싱한 결과입니다. 필터를 적용한 뒤 do_nanosleep()의 지속 시간은 $1000383\mu s$에서 $1000130\mu s$로 떨어졌는데(이 출력 결과 기준), 그 이유는 모든 자식 함수를 트레이싱함으로 인한 오버헤드가 더 이상 포함되지 않기 때문입니다.

여기서는 출력 결과를 실시간으로 살펴보기 위해 trace_pipe를 사용했지만, 이 방법은 매우 장황하기 때문에 trace 파일을 리다이렉트해 파일로 쓴 후 살펴보는 것이 더 현실적인데, 14.4 "Ftrace 함수 트레이싱"에서 설명한 바 있습니다.

14.8.2 옵션

출력 결과를 변경하기 위한 옵션들도 있는데, options 디렉터리를 통해 다음과 같이 살펴볼 수 있습니다.

```
# ls options/funcgraph-*
options/funcgraph-abstime    options/funcgraph-irqs       options/funcgraph-proc
options/funcgraph-cpu        options/funcgraph-overhead   options/funcgraph-tail
options/funcgraph-duration   options/funcgraph-overrun
```

이 옵션들을 통해 출력 결과에 세부 정보를 포함시키거나 빼버릴 수 있는데, 사용할 수 있는 옵션들은 CPU ID(funcgraph-cpu), 프로세스 이름(funcgraph-proc), 함수 지속시간(funcgraph-duration), 지연 마커(funcgraph-overhead) 등이 있습니다.

14.9 Ftrace hwlat

하드웨어 지연 탐지기(hwlat)는 특수 목적 트레이서 중 하나인데, 커널이나 기타 도구에서는 확인할 수 없는 외부 하드웨어 이벤트로 인해 CPU 성능이 요동치는 것을 탐지할 수 있습니다. 이러한 사례에는 SMI(시스템 관리 인터럽트) 이벤트나 하이퍼바이저 교란(시끄러운 이웃에 의해 발생한 성능 문제) 등이 있습니다.

이 트레이서는 특정 코드 루프를 인터럽트를 비활성화시킨 상태로 실행하고 각 반복(iteration)에 소요된 시간을 측정하는 방식으로 동작합니다. 이 루프는 한 번에 하나의 CPU에서 실행되며 CPU들을 순환하며 동작합니다. 출력 결과는 각 CPU에서 수행된 루프 반복 중 가장 오래 걸린 반복이 출력되며, 이 반복이 임계 시간을 넘었음을 보여줍니다(기본 10마이크로초로, tracing_thresh 파일을 통해서 설정할 수 있습니다).

다음은 이 트레이서의 실행 사례입니다.

```
# cd /sys/kernel/debug/tracing
# echo hwlat > current_tracer
# cat trace_pipe
         <...>-5820  [001] d... 354016.973699: #1     inner/outer(us): 2152/1933
ts:1578801212.559595228
         <...>-5820  [000] d... 354017.985568: #2     inner/outer(us):   19/26
ts:1578801213.571460991
         <...>-5820  [001] dn.. 354019.009489: #3     inner/outer(us): 1699/5894
ts:1578801214.595380588
         <...>-5820  [000] d... 354020.033575: #4     inner/outer(us):   43/49
ts:1578801215.619463259
         <...>-5820  [001] d... 354021.057566: #5     inner/outer(us):   18/45
ts:1578801216.643451721
         <...>-5820  [000] d... 354022.081503: #6     inner/outer(us):   18/38
ts:1578801217.667385514 ^C
# echo nop > current_tracer
```

여기에 출력된 대부분의 필드들은 앞서 다룬 절에서 설명했습니다(14.4절 "Ftrace 함수 트레이싱" 참고). 흥미로운 부분은 타임스탬프 이후인데, 먼저 시퀀스 번호(#1, ...)가 나오고, 그 다음에는 'inner/outer(us)' 숫자, 그리고 마지막으로 타임스탬프가 출력되고 있습니다. inner/outer 번호는 루프 안에서의 시간(inner)과 다음 번 루프 사이 코드에서 소요된 시간(outer)을 보여줍니다. 첫 번째 줄의 경우 inner에서는 2,152마이크로초가 소요되었고 outer에서는 1,933마이크로초가 소요되었습니다. 이것은 10마이크로초 임계 시간을 한참 넘어서는데, 외부의 영향 때문에 발생한 것입니다.

hwlat에는 설정할 수 있는 파라미터도 있는데, 코드 루프가 동작하는 시간은 width라는 파라미터로, 몇 초에 한 번 코드 루프를 수행할지(샘플링 주기)는 window 파라미터로 지정할 수 있습니다. 매 width 주기마다, 임계값(10마이크로초)

을 초과한 반복 중 가장 긴 지연이 트레이싱 결과에 기록됩니다. 이들 파라미터는 /sys/kernel/debug/tracing/hwlat_detector 경로의 width와 window 파일을 통해 설정할 수 있습니다(마이크로초 단위).

경고: 필자는 hwlat을 관측가능성 도구보다는 마이크로 벤치마크 도구로 분류하는데, 시스템을 교란시키는 실험을 수행하기 때문입니다(width 기간 동안 인터럽트를 비활성화시키면서 하나의 CPU에 부하를 발생시킵니다).

14.10 Ftrace 히스토그램 트리거

히스토그램 트리거(hist triggers)는 고급 Ftrace 기능으로 톰 자누씨(Tom Zanussi) 가 리눅스 4.7에 추가했는데, 이를 이용하면 이벤트에 대한 커스텀 히스토그램을 생성할 수 있습니다. 커스텀 히스토그램은 또 다른 형태의 통계 요약으로, 이벤트 의 집계를 하나 또는 그 이상의 컴포넌트별로 세분화할 수 있습니다.

히스토그램 트리거의 일반적인 사용 순서는 다음과 같습니다.

1. `echo 'hist:expression' > events/.../trigger`: 히스토그램 트리거를 생성합니다.
2. `sleep duration`: 일정 시간 동안 대기하여, 히스토그램이 채워지도록 합니다.
3. `cat events/.../hist`: 히스토그램을 출력합니다.
4. `echo '!hist:expression' > events/.../trigger`: 히스토그램 트리거를 삭제합니다.

히스토그램 트리거를 정의하는 표현식은 다음과 같습니다.

```
hist:keys=<field1[,field2,...]>[:values=<field1[,field2,...]>]
    [:sort=<field1[,field2,...]>][:size=#entries][:pause][:continue]
    [:clear][:name=histname1][:<handler>.<action>] [if <filter>]
```

이 문법은 리눅스 소스의 Documentation/trace/histogram.rst 파일에 전부 문서화 되어 있으며, 여기서는 몇 가지 사례에 대해 설명합니다.[Zanussi 20]

14.10.1 단일 키

다음 사례에서는 raw_syscalls:sys_enter tracepoint로 히스토그램 트리거를 설정해 시스템 콜의 호출 수를 집계하고, 이를 프로세스 ID별로 세분화해 히스토그램으로 출력합니다.

```
# cd /sys/kernel/debug/tracing
# echo 'hist:key=common_pid' > events/raw_syscalls/sys_enter/trigger
# sleep 10
# cat events/raw_syscalls/sys_enter/hist
# event histogram
#
# trigger info: hist:keys=common_pid.execname:vals=hitcount:sort=hitcount:size=2048 [active]
#

{ common_pid:        347 } hitcount:          1
{ common_pid:        345 } hitcount:          3
{ common_pid:        504 } hitcount:          8
{ common_pid:        494 } hitcount:         20
{ common_pid:        502 } hitcount:         30
{ common_pid:        344 } hitcount:         32
{ common_pid:        348 } hitcount:         36
{ common_pid:      32399 } hitcount:        136
{ common_pid:      32400 } hitcount:        138
{ common_pid:      32379 } hitcount:        177
{ common_pid:      32296 } hitcount:        187
{ common_pid:      32396 } hitcount:     882604

Totals:
    Hits: 883372
    Entries: 12
    Dropped: 0
# echo '!hist:key=common_pid' > events/raw_syscalls/sys_enter/trigger
```

이 출력 결과는 PID 32396이 트레이싱하는 동안 882,604회의 시스템 콜을 수행했음을 보여주고 있고, 기타 PID에 대한 집계도 정리해서 보여주고 있습니다. 마지막에 있는 몇 개의 줄은 히스토그램을 저장하고 있는 해시 객체에 대한 쓰기 횟수(Hits), 해시 객체의 항목(Entries), 그리고 항목이 해시 크기를 초과한 경우 몇 개의 쓰기가 누락되었는지(Dropped)와 같은 통계를 보여줍니다. 누락이 발생하면, 히스토그램 트리거를 정의할 때 해시의 크기를 늘릴 수 있습니다(기본 크기는 2048입니다).

14.10.2 필드

사용할 수 있는 해시 필드는 이벤트의 포맷 파일을 통해 확인할 수 있습니다. 이 사례에서는 common_pid 필드가 사용되었습니다.

```
# cat events/raw_syscalls/sys_enter/format
[...]
        field:int common_pid;           offset:4;  size:4;   signed:1;

        field:long id;      offset:8;  size:8;    signed:1;
        field:unsigned long args[6];    offset:16; size:48;  signed:0;
```

다른 필드 역시 사용해 볼 수 있는데, 이 이벤트에서 id 필드는 시스템 콜 ID를 가리킵니다. 다음은 이를 해시 키로 사용하는 사례입니다.

```
# echo 'hist:key=id' > events/raw_syscalls/sys_enter/trigger
# cat events/raw_syscalls/sys_enter/hist
[...]
{ id:          14 } hitcount:           48
{ id:           1 } hitcount:        80362
{ id:           0 } hitcount:        80396
[...]
```

출력된 히스토그램은 가장 빈번한 시스템 콜의 ID가 0과 1임을 보여주고 있습니다. 필자의 시스템에서 해당 시스템 콜 ID는 다음의 헤더 파일에서 확인할 수 있습니다.

```
# more /usr/include/x86_64-linux-gnu/asm/unistd_64.h
[...]
#define __NR_read 0
#define __NR_write 1
[...]
```

0번과 1번 시스템 콜은 각각 read(2)와 write(2)에 해당합니다.

14.10.3 지시자

흔히 PID와 시스템 콜 ID별로 세분화하기에, 히스토그램 트리거는 출력 결과를 부연 설명하는 지시자(modifier)를 지원합니다. .execname은 PID를 그리고 .syscall은 시스템 콜 ID를 나타내는 지시자입니다. 앞서 살펴본 사례에 .execname 지시자를 추가하면 다음과 같이 출력됩니다.

```
# echo 'hist:key=common_pid.execname' > events/raw_syscalls/sys_enter/trigger
[...]
{ common_pid: bash             [  32379] } hitcount:          166
{ common_pid: sshd             [  32296] } hitcount:          259
{ common_pid: dd               [  32396] } hitcount:       869024
[...]
```

이제 출력 결과에는 이전처럼 PID만 출력되는 것이 아니라 프로세스의 이름이 PID(사각 괄호)와 함께 출력되게 됩니다.

14.10.4 PID 필터

앞서 본 PID별 출력 결과와 시스템 콜 ID별 출력 결과를 바탕으로, 두 결과가 서로 연관되어 있으며 dd(1) 명령어가 read(2) 및 write(2) 시스템 콜을 수행하고 있었음을 추정할 수 있습니다. 이를 직접 측정하려면 시스템 콜 ID별 히스토그램을 생성한 뒤, 필터를 적용해 특정 PID에 해당하는 데이터만 추출하면 됩니다.

```
# echo 'hist:key=id.syscall if common_pid==32396' > \
    events/raw_syscalls/sys_enter/trigger
# cat events/raw_syscalls/sys_enter/hist
# event histogram
#
# trigger info: hist:keys=id.syscall:vals=hitcount:sort=hitcount:size=2048 if
common_ pid==32396 [active]
#

{ id: sys_write                      [  1] } hitcount:       106425
{ id: sys_read                       [  0] } hitcount:       106425

Totals:
    Hits: 212850
    Entries: 2
    Dropped: 0
```

히스토그램은 이제 해당 PID의 시스템 콜만 표시되며, .syscall 지시자를 사용해 시스템 콜 이름도 함께 출력하고 있습니다. 출력 결과를 통해 dd(1)가 read(2)와 write(2)를 호출하고 있었음을 확인할 수 있습니다. 이를 확인하는 또 다른 방법은 다중 키 사용인데, 다음 절에서 설명합니다.

14.10.5 다중 키

다음 사례에는 시스템 콜 ID가 두 번째 키로 포함되어 있습니다.

```
# echo 'hist:key=common_pid.execname,id' > events/raw_syscalls/sys_enter/trigger
# sleep 10
# cat events/raw_syscalls/sys_enter/hist
# event histogram
#
# trigger info: hist:keys=common_pid.execname,id:vals=hitcount:sort=hitcount:si
ze=2048
```

```
[active]
#
[...]
{ common_pid:      sshd      [   14250], id:         23 } hitcount:          36
{ common_pid:      bash      [   14261], id:         13 } hitcount:          42
{ common_pid:      sshd      [   14250], id:         14 } hitcount:          72
{ common_pid:        dd      [   14325], id:          0 } hitcount:     9195176
{ common_pid:        dd      [   14325], id:          1 } hitcount:     9195176

Totals:
    Hits: 18391064
    Entries: 75
    Dropped: 0
    Dropped: 0
```

출력 결과는 이제 프로세스 이름과 PID가 표시되며, 시스템 콜 ID별로 더욱 세분화되어 있습니다. 이 출력 결과는 PID가 14325인 dd 프로세스가 0번과 1번 시스템 콜을 수행하고 있었음을 보여줍니다. 여기서 두 번째 키에 `.syscall` 지시자를 추가하면 시스템 콜의 이름도 함께 출력할 수 있습니다.

14.10.6 스택 트레이스 키

필자는 어떤 코드 경로가 이벤트를 발생시키게 되었는지 확인하고 싶었던 적이 많았습니다. 그래서 커널 스택 트레이스 전체를 키로 사용할 수 있는 기능을 Ftrace에 추가하면 어떻겠냐고 톰 자누씨에게 제안했습니다.

다음은 block:block_rq_issue tracepoint를 호출한 코드 경로의 수를 집계하는 사례입니다.

```
# echo 'hist:key=stacktrace' > events/block/block_rq_issue/trigger
# sleep 10
# cat events/block/block_rq_issue/hist
[...]
{ stacktrace:
         nvme_queue_rq+0x16c/0x1d0
         __blk_mq_try_issue_directly+0x116/0x1c0
         blk_mq_request_issue_directly+0x4b/0xe0
         blk_mq_try_issue_list_directly+0x46/0xb0
         blk_mq_sched_insert_requests+0xae/0x100
         blk_mq_flush_plug_list+0x1e8/0x290
         blk_flush_plug_list+0xe3/0x110
         blk_finish_plug+0x26/0x34
         read_pages+0x86/0x1a0
         __do_page_cache_readahead+0x180/0x1a0
         ondemand_readahead+0x192/0x2d0
```

```
        page_cache_sync_readahead+0x78/0xc0
        generic_file_buffered_read+0x571/0xc00
        generic_file_read_iter+0xdc/0x140
        ext4_file_read_iter+0x4f/0x100
        new_sync_read+0x122/0x1b0
} hitcount:          266

Totals:
    Hits: 522
    Entries: 10
    Dropped: 0
```

이 출력 결과는 마지막에 출력된 가장 빈번한 스택 트레이스를 제외하고는 전부 축약되었습니다. 해당 스택 트레이스는 디스크 I/O 요청이 new_sync_read()를 통해서 발생하였음을 보여주는데, 이 함수가 ext4_file_read_iter()를 호출하는 식으로 계속됨을 확인할 수 있습니다.

14.10.7 합성 이벤트

여기서부터 정말 복잡해지기 시작합니다. Ftrace에서는 **합성 이벤트**(synthetic event)를 생성할 수 있는데, 이 이벤트는 다른 이벤트들에 의해 트리거될 수 있으며, 트리거한 이벤트의 인자들을 커스터마이즈하고 합쳐 자신의 인자로 사용할 수 있습니다. 이전 이벤트의 인자에 접근하려면, 해당 인자를 히스토그램에 저장한 뒤 이후의 합성 이벤트에서 불러올 수 있습니다.

합성 이벤트는 대표적인 활용 사례인 커스텀 지연시간 히스토그램 생성에 특히 유용합니다. 합성 이벤트를 사용하면 하나의 이벤트에서 타임스탬프를 저장하고 다른 이벤트에서 이 시간을 가져와 시간 차이를 계산해서 지연시간을 출력할 수 있습니다.

다음은 모든 시스템 콜의 지연을 계산하기 위해 syscall_latency라는 이름의 합성 이벤트가 사용된 사례로, 여기서는 시스템 콜의 ID 및 이름별로 세분화된 히스토그램을 출력하고 있습니다.

```
# cd /sys/kernel/debug/tracing
# echo 'syscall_latency u64 lat_us; long id' >> synthetic_events
# echo 'hist:keys=common_pid:ts0=common_timestamp.usecs' >> \
    events/raw_syscalls/sys_enter/trigger
# echo 'hist:keys=common_pid:lat_us=common_timestamp.usecs-$ts0:'\
    'onmatch(raw_syscalls.sys_enter).trace(syscall_latency,$lat_us,id)' >>\
    events/raw_syscalls/sys_exit/trigger
```

```
# echo 'hist:keys=lat_us,id.syscall:sort=lat_us' >> \
    events/synthetic/syscall_latency/trigger
# sleep 10
# cat events/synthetic/syscall_latency/hist
[...]
{ lat_us:     5779085, id: sys_epoll_wait      [232] } hitcount:        1
{ lat_us:     6232897, id: sys_poll            [  7] } hitcount:        1
{ lat_us:     6233840, id: sys_poll            [  7] } hitcount:        1
{ lat_us:     6233884, id: sys_futex           [202] } hitcount:        1
{ lat_us:     7028672, id: sys_epoll_wait      [232] } hitcount:        1
{ lat_us:     9999049, id: sys_poll            [  7] } hitcount:        1
{ lat_us:    10000097, id: sys_nanosleep       [ 35] } hitcount:        1
{ lat_us:    10001535, id: sys_wait4           [ 61] } hitcount:        1
{ lat_us:    10002176, id: sys_select          [ 23] } hitcount:        1
[...]
```

위의 출력 결과는 가장 높은 지연만을 보여주도록 축약되어 있습니다. 이 히스토그램은 지연(마이크로초 단위)과 시스템 콜 ID를 쌍으로 해서 발생 횟수를 집계하고 있는데, sys_nanosleep에 10000097마이크로초 지연이 한 번 일어났음을 보여줍니다. 이것은 아마 히스토그램의 수집을 위해 대기한 sleep 10 명령어로 인한 것으로 보입니다.

이 출력 결과는 마이크로초와 시스템 콜 ID 조합을 모두 기록하기 때문에 아주 길기도 한데, 실제로 필자는 기본 히스토그램 크기인 2048을 초과했습니다. 여러분은 히스토그램 트리거 정의에 :size=... 연산자를 추가함으로써 히스토그램의 크기를 늘릴 수 있으며, 아니면 .log2 지시자를 사용해서 지연을 log2로 변환해서 기록할 수 있습니다. 이렇게 하면 히스토그램의 항목 수가 크게 줄어들면서도, 지연을 분석하기에는 충분한 시간 해상도를 얻을 수 있습니다.

이 이벤트를 비활성화하고 삭제하려면, 모든 히스토그램 트리거 정의 문자열의 앞에 '!'를 붙여 정의된 순서의 역순으로 echo를 호출하세요.

표 14.4에 위에서 소개한 합성 이벤트가 어떻게 동작하는지 코드와 함께 설명해 놓았습니다.

표 14.4 합성 이벤트 사례 해설

설명	구문
lat_us와 id 두 개의 인자를 가진 syscall_latency라는 이름의 합성 이벤트를 생성합니다.	echo 'syscall_latency u64 lat_us; long id' >> synthetic_events
sys_enter 이벤트가 발생할 때, common_pid(현재의 PID)를 키로 사용해서 히스토그램을 기록하고,	echo 'hist:keys=common_pid: ... >> events/raw_syscalls/sys_enter/trigger

히스토그램 키(common_pid)와 연관된 히스토그램 변수 ts0에 현재 시간을 마이크로초 단위로 저장합니다.	ts0=common_timestamp.usecs
sys_exit 이벤트에서는 common_pid를 히스토그램 키로 사용하며,	echo 'hist:keys=common_pid: ... >> events/raw_syscalls/sys_exit/trigger
현재 시간과 이전 이벤트에 의해 ts0에 저장된 시작 시간의 차를 구함으로써 계산된 지연을 히스토그램 변수 lat_us에 저장하는데,	lat_us=common_timestamp.usecs-$ts0
이때, 현재 이벤트와 sys_enter 이벤트의 히스토그램 키를 비교합니다. 만일 두 키가 일치한다면(동일한 common_pid), lat_us의 지연 계산은 올바르게 되었으므로(동일한 PID에 대해 sys_enter부터 sys_exit까지),	onmatch(raw_syscalls.sys_enter)
마침내 syscall_latency 합성 이벤트를 lat_us 및 id 인자와 함께 트리거 합니다.	.trace(syscall_latency,$lat_us,id)
이 합성 이벤트를 lat_us와 id를 필드로 해서 히스토그램으로 출력합니다.	echo 'hist:keys=lat_us,id.syscall:sort=lat_us' >> events/synthetic/syscall_latency/trigger

Ftrace 히스토그램은 해시 객체(키/값 저장)로 구현되며, 앞서 다룬 사례(PID 및 ID 별 시스템 콜 집계)에선 이 해시를 단순히 결과 출력용으로만 사용했습니다. 합성 이벤트에서는 이러한 해시를 이용해 두 가지 작업을 추가로 수행하는데, A) 출력 결과에 포함되지 않는 값(예: 타임스탬프)을 저장하고, B) 하나의 이벤트에서 다른 이벤트가 설정한 키/값 쌍을 불러옵니다. 여기서는 산수(마이너스) 연산도 수행했습니다. 어떻게 보면 이는 미니 프로그램을 작성하는 것과 같습니다.

합성 이벤트에 대해서는 리눅스 소스의 Documentation/trace/histogram.rst 아래에 전부 문서화되어 있습니다.[Zanussi 20] 필자는 Ftrace 및 BPF 엔지니어들에게 수년 동안 직/간접적으로 피드백을 제공해 왔는데, 필자가 이전에 제기했던 문제들이 현재 Ftrace를 통해 해결할 수 있는 것으로 미루어 상당한 발전이 있었다고 생각합니다. 발전 과정을 정리해보면 다음과 같습니다.

"Ftrace가 정말 좋기는 하지만, PID와 스택 트레이스별 집계를 위해서는 BPF를 사용해야 합니다."

"여기 새롭게 개발된 히스토그램 트리거를 사용해서도 가능합니다!"

"아주 좋네요. 하지만 지연 계산을 제가 원하는 대로 하기 위해서는 여전히 BPF가 필요합니다."

"여기 새롭게 개발된 합성 이벤트를 사용해서도 가능합니다!"

"아주 좋습니다. 《BPF 성능 분석 도구》 책 집필을 마친 후에 검토해 보겠습니다."
"뭐라고요?"

그렇습니다. 필자는 이제 특정 사용 사례에 합성 이벤트 적용을 고려하고 있습니다. 이 기능은 엄청나게 강력하며, 커널 안에 내장되어 있고, 셸 스크립팅만 갖고도 사용할 수 있습니다. (필자는 BPF 책 집필을 끝내기는 했지만, 이제 이 책을 집필하느라 바쁘게 되었습니다.)

14.11 trace-cmd

trace-cmd는 오픈 소스 Ftrace 프론트엔드인데, 스티븐 로스테드와 다른 몇몇 분이 개발했습니다.[trace-cmd 20] 이 도구는 하위 명령어를 지원하며 트레이싱 시스템, 바이너리 출력 포맷 및 기타 기능들을 설정하는 옵션도 지원합니다. 이벤트 소스로는 Ftrace의 function 트레이서와 function_graph 트레이서를 사용할 수 있고, 또한 tracepoint와 사전에 설정된 kprobe 및 uprobe를 사용할 수 있습니다.

다음은 trace-cmd를 사용해서 커널 함수 do_nanosleep()을 function 트레이서를 통해 10초 동안 트레이싱하는 사례입니다(더미 sleep(1) 명령어 사용).

```
# trace-cmd record -p function -l do_nanosleep sleep 10
  plugin 'function'
CPU0 data recorded at offset=0x4fe000
    0 bytes in size
CPU1 data recorded at offset=0x4fe000
    4096 bytes in size
# trace-cmd report
CPU 0 is empty cpus=2
        sleep-21145 [001] 573259.213076: function:             do_nanosleep
   multipathd-348   [001] 573259.523759: function:             do_nanosleep
   multipathd-348   [001] 573260.523923: function:             do_nanosleep
   multipathd-348   [001] 573261.524022: function:             do_nanosleep
   multipathd-348   [001] 573262.524119: function:             do_nanosleep
[...]
```

출력 결과의 앞부분에서는 trace-cmd에 의해 호출된 sleep(1)을 확인할 수 있으며 (트레이싱을 먼저 설정한 후 해당 명령을 실행합니다), 그 뒤로는 PID 348의 multipathd가 해당 함수를 여러 번 호출하고 있음을 확인할 수 있습니다. 이 사례는 /sys 아래의 tracefs를 통해 동일한 명령을 사용하는 것보다 trace-cmd가 훨씬 더 간결하다는 것도 보여줍니다. trace-cmd는 /sys 인터페이스를 사용하는 것보다 간결할 뿐만 아니라 더욱 안전하기도 한데, 많은 하위 명령어가 트레이싱이 종료될 때 자동으로 상태를 정리하기 때문입니다.

trace-cmd는 주로 'trace-cmd' 패키지로 설치할 수 있는데, 불가하다면 trace-cmd 웹사이트에서 소스 코드를 다운받아 설치할 수 있습니다.[trace-cmd 20]

이 절에서는 trace-cmd 하위 명령어와 트레이싱 기능 중 일부를 정리하고 있습니다. 도구의 전체 기능과 명령어 문법에 대해서는 trace-cmd 문서를 참고하세요.

14.11.1 하위 명령어 개요

trace-cmd의 기능들은 하위 명령어를 함께 지정하여 사용할 수 있는데, 가령 record 기능의 경우 `trace-cmd record`처럼 사용할 수 있습니다. 표 14.5에는 trace-cmd의 최신 버전(2.8.3)에서 사용할 수 있는 하위 명령어 중 일부가 정리되어 있습니다.

표 14.5 trace-cmd 하위 명령어

명령어	설명
record	트레이싱을 하고 결과를 trace.dat 파일에 기록합니다.
report	trace.dat 파일로부터 트레이싱된 데이터를 읽습니다.
stream	트레이싱을 하고 결과를 stdout으로 출력합니다.
list	사용할 수 있는 트레이싱 이벤트의 목록을 정리합니다.
stat	커널 트레이싱 서브시스템의 상태를 보여줍니다.
profile	커널의 실행 시간과 지연시간을 보여주는 맞춤형 리포트를 생성하는 트레이싱을 수행합니다.
listen	원격 호스트에서 트레이싱한 데이터를 받아들이기 위한 기능입니다.

여기에 수록되지 않은 다른 하위 명령어로는 record처럼 한 번 실행하고 끝나는 방식이 아니라, 트레이싱을 제어하기 위한 start, stop, restart, clear 등이 있습니다. 향후 버전에는 더 많은 하위 명령어가 추가될 터인데, trace-cmd를 인자 없이 실행시켜 사용 가능한 명령어의 목록을 확인해 보세요.

각 하위 명령어는 여러 가지 옵션을 지원합니다. 사용할 수 있는 옵션들의 목록은 -h를 사용해 확인할 수 있는데, 예를 들어 record에서 사용할 수 있는 옵션들은 다음과 같습니다.

```
# trace-cmd record -h

trace-cmd version 2.8.3

usage:
```

```
trace-cmd record [-v][-e event [-f filter]][-p plugin][-F][-d][-D][-o file] \
    [-q][-s usecs][-O option ][-l func][-g func][-n func] \
    [-P pid][-N host:port][-t][-r prio][-b size][-B buf][command ...]
    [-m max][-C clock]
    -e run command with event enabled
    -f filter for previous -e event
    -R trigger for previous -e event
    -p run command with plugin enabled
    -F filter only on the given process
    -P trace the given pid like -F for the command
    -c also trace the children of -F (or -P if kernel supports it)
    -C set the trace clock
    -T do a stacktrace on all events
    -l filter function name
    -g set graph function
    -n do not trace function
[...]
```

이 출력 결과에는 옵션들이 축약되어 있는데, 전체 35개 중 첫 12개만을 보여주고 있습니다. 이들 12개에는 가장 흔히 사용되는 옵션들이 포함되어 있습니다. 여기서 사용된 plugin(-p)이라는 용어는 Ftrace 트레이서를 의미하며, 사용할 수 있는 플러그인에는 function, function_graph, hwlat 등이 있습니다.

14.11.2 trace-cmd 원 라이너

다음 원 라이너는 trace-cmd의 다양한 기능들을 사례별로 보여줍니다. 이들 명령어의 문법은 해당 명령어의 매뉴얼 페이지에 수록되어 있습니다.

이벤트 목록 정리

사용할 수 있는 이벤트 소스와 옵션들을 모두 보여줍니다.

```
trace-cmd list
```

Ftrace 트레이서의 목록을 보여줍니다.

```
trace-cmd list -t
```

이벤트 소스(tracepoint, kprobe 이벤트, uprobe 이벤트)의 목록을 보여줍니다.

```
trace-cmd list -e
```

시스템 콜 tracepoint의 목록을 보여줍니다.

```
trace-cmd list -e syscalls:
```

해당 tracepoint의 포맷 파일을 출력합니다.

```
trace-cmd list -e syscalls:sys_enter_nanosleep -F
```

함수 트레이싱

해당 커널 함수를 시스템 전체에서 트레이싱합니다.

```
trace-cmd record -p function -l function_name
```

'tcp_'로 시작되는 모든 커널 함수를 시스템 전체에서 트레이싱합니다(Ctrl-C가 입력되기 전까지).

```
trace-cmd record -p function -l 'tcp_*'
```

'tcp_'로 시작되는 모든 커널 함수를 시스템 전체에서, 10초 동안 트레이싱합니다.

```
trace-cmd record -p function -l 'tcp_*' sleep 10
```

ls(1) 명령어 실행 중 'vfs_'로 시작되는 모든 커널 함수를 트레이싱합니다.

```
trace-cmd record -p function -l 'vfs_*' -F ls
```

bash(1)와 자식 프로세스 실행 중 'vfs_'로 시작되는 모든 커널 함수를 트레이싱합니다.

```
trace-cmd record -p function -l 'vfs_*' -F -c bash
```

PID 21124 실행 중 'vfs_'로 시작되는 모든 커널 함수를 트레이싱합니다.

```
trace-cmd record -p function -l 'vfs_*' -P 21124
```

함수 그래프 트레이싱

커널 함수와 자식 함수 호출을 시스템 전체에서 트레이싱합니다.

```
trace-cmd record -p function_graph -g function_name
```

커널 함수 do_nanosleep()과 자식 함수 호출을 시스템 전체에서, 10초 동안 트레이싱합니다.

```
trace-cmd record -p function_graph -g do_nanosleep sleep 10
```

이벤트 트레이싱

새로운 프로세스들을 sched:sched_process_exec tracepoint를 통해 트레이싱합니다(Ctrl-C가 입력되기 전까지).

```
trace-cmd record -e sched:sched_process_exec
```

새로운 프로세스들을 sched:sched_process_exec를 통해 트레이싱합니다(더 짧은 버전).

```
trace-cmd record -e sched_process_exec
```

블록 I/O 요청을 커널 스택 트레이스와 함께 트레이싱합니다.

```
trace-cmd record -e block_rq_issue -T
```

모든 블록 tracepoint를 트레이싱합니다(Ctrl-C가 입력되기 전까지).

```
trace-cmd record -e block
```

'brendan'라는 이름으로 사전에 생성된 kprobe를 10초 동안 트레이싱합니다.

```
trace-cmd record -e probe:brendan sleep 10
```

ls(1) 명령어 실행 중 호출되는 모든 시스템 콜을 트레이싱합니다.

```
trace-cmd record -e syscalls -F ls
```

리포팅

trace.dat 출력 파일의 내용을 출력합니다.

```
trace-cmd report
```

trace.dat 출력 파일의 내용 중 CPU 0에 해당되는 것만을 출력합니다.

```
trace-cmd report --cpu 0
```

기타 기능

sched_switch 플러그인을 사용해서 이벤트들을 트레이싱합니다.

```
trace-cmd record -p sched_switch
```

원격 호스트에서 트레이싱한 데이터를 받아들이기 위해 TCP 포트 8081에서 수신을 대기합니다.

```
trace-cmd listen -p 8081
```

record 하위 명령을 실행하고 트레이싱한 데이터를 원격 호스트에 전송합니다.

```
trace-cmd record ... -N addr:port
```

14.11.3 trace-cmd vs. perf(1)

trace-cmd 하위 명령어 스타일은 13장에서 다룬 perf(1)와 매우 유사한데, 심지어 두 도구의 기능들까지도 유사합니다. 표 14.6에서 trace-cmd와 perf(1)을 비교하고 있습니다.

표 14.6 perf(1)와 trace-cmd 비교

특징	perf(1)	trace-cmd
바이너리 출력 파일	perf.data	trace.dat
tracepoint	있음	있음
kprobe	있음	부분적(1)
uprobe	있음	부분적(1)
USDT	있음	부분적(1)

(다음 쪽에 이어짐)

PMC	있음	없음
정주기 샘플링	있음	없음
함수 트레이싱	부분적(2)	있음
함수 그래프 트레이싱	부분적(2)	있음
네트워크 클라이언트/서버	없음	있음
출력 파일 오버헤드	낮음	매우 낮음
프론트엔드	다양함	KernelShark
소스	리눅스 소스 tools/perf	git.kernel.org

- 부분적(1): trace-cmd는 해당 이벤트들이 다른 방법을 통해 이미 만들어졌을 경우에만 이들 이벤트의 트레이싱을 지원합니다. (/sys/kernel/debug/tracing/events에서 볼 수 있습니다.)
- 부분적(2): perf(1)은 ftrace 하위 명령을 통해 이 기능들을 지원하는데, 이것은 perf(1)에 완전히 통합된 것은 아닙니다. (가령, perf.data를 지원하지 않습니다.)

두 도구의 유사성을 보여주고자 syscalls:sys_enter_read tracepoint를 시스템 전체에서 10초 동안 트레이싱하고 결과를 출력하는 사례를 시연해 보겠습니다. 먼저 perf(1)를 사용한 경우입니다.

```
# perf record -e syscalls:sys_enter_nanosleep -a sleep 10
# perf script
```

다음은 trace-cmd를 사용한 경우입니다.

```
# trace-cmd record -e syscalls:sys_enter_nanosleep sleep 10
# trace-cmd report
```

trace-cmd의 장점 중 하나는 function 트레이서와 function_graph 트레이서를 perf(1)보다 더 잘 지원한다는 것입니다.

14.11.4 trace-cmd function_graph

이 절의 도입부에서는 trace-cmd를 통해 function 트레이서를 사용하는 사례를 시연하였습니다. 이번에는 동일한 커널 함수 do_nanosleep()에 대해 function_graph 트레이서를 사용해 트레이싱하는 사례를 살펴보겠습니다.

```
# trace-cmd record -p function_graph -g do_nanosleep sleep 10
  plugin 'function_graph'
CPU0 data recorded at offset=0x4fe000
    12288 bytes in size
CPU1 data recorded at offset=0x501000
    45056 bytes in size
# trace-cmd report | cut -c 66-

             |  do_nanosleep() {
             |    hrtimer_start_range_ns() {
             |      lock_hrtimer_base.isra.0() {
   0.250 us  |        _raw_spin_lock_irqsave();
   0.688 us  |      }
   0.190 us  |      ktime_get();
   0.153 us  |      get_nohz_timer_target();
   [...]
```

여기서는 앞선 트레이싱 결과와의 차이점만 살펴보기 위해 cut(1)를 사용해서 함수 그래프와 타이밍 칼럼만을 분리해 출력하였습니다. 이는 앞서 소개한 function 트레이서 사례에서 사용된 일반적인 트레이싱 필드를 간단히 축약한 형태입니다.

14.11.5 KernelShark

KernelShark는 trace-cmd 출력 파일을 시각화 하기 위한 사용자 인터페이스로, Ftrace의 제작자인 스티븐 로스테드가 만들었습니다. 원래 GTK로 개발되었던 KernelShark는 이후 Qt 기반으로 다시 작성되었는데, 현재 이 프로젝트의 메인테이너인 요르단 카라조프(Yordan Karadzhov)가 변경했습니다. KernelShark는 'kernelshark' 패키지로 설치할 수 있는데, 불가하다면 KernelShark 웹사이트에서 소스 코드를 다운받아 설치하면 됩니다.[KernelShark 20] 버전 1.0은 Qt 기반이며, 버전 0.99와 더 이전 버전은 GTK 기반입니다.

다음은 trace-cmd를 사용해서 스케줄러 tracepoint를 모두 기록하고 KernelShark를 사용해서 시각화하는 사례입니다.

```
# trace-cmd record -e 'sched:*'
# kernelshark
```

KernelShark은 trace-cmd의 기본 출력 파일인 trace.dat을 읽어들입니다(-i 옵션을 통해 다른 파일 지정 가능). 그림 14.3에서 KernelShark을 사용해 이 파일을 시각화하는 모습을 보여주고 있습니다.

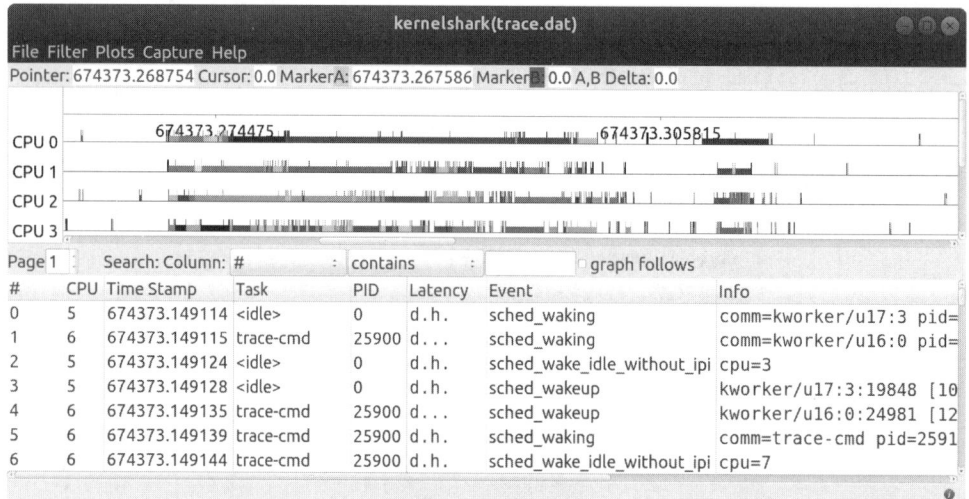

그림 14.3 KernelShark

화면의 윗부분에서는 CPU별 타임라인을 보여주는데, 각 태스크마다 다른 색깔로 표시됩니다. 아랫부분에 위치한 표에서는 이벤트 정보를 확인할 수 있습니다. 이 도구에는 인터랙티브한 기능들이 많이 있는데, 타임라인을 클릭하고 오른쪽으로 드래그하면 선택된 시간 영역으로 줌인되며, 클릭을 하고 왼쪽으로 드래그하면 줌 아웃됩니다. 이벤트를 우클릭하면 필터 설정과 같은 동작을 추가로 제공합니다.

KernelShark는 여러 스레드 사이의 상호 작용으로 인해 발생하는 성능 이슈를 확인하는데 사용할 수 있습니다.

14.11.6 trace-cmd 문서

trace-cmd 관련 문서는 trace-cmd(1) 및 기타 매뉴얼 페이지(예: trace-cmd-record(1))에서 찾아볼 수 있는데, trace-cmd 소스 코드의 Documentation 디렉터리 파일에도 있습니다. 스티븐 로스테드가 Ftrace 및 trace-cmd에 관해 설명한 발표 "Understanding the Linux Kernel (via ftrace)"도 시청해 보시기 바랍니다.

- 슬라이드: *https://www.slideshare.net/ennael/kernel-recipes-2017-understanding-the-linuxkernel-via-ftrace-steven-rostedt*
- 비디오: *https://www.youtube.com/watch?v=2ff-7UTg5rE*

14.12 perf ftrace

13장에서 다룬 perf(1)에는 ftrace 하위 명령이 포함되어 있는데, 이 명령으로 function 트레이서 및 function_graph 트레이서를 사용할 수 있습니다.

다음은 커널 함수 do_nanosleep()에 function 트레이서를 사용하는 사례입니다.

```
# perf ftrace -T do_nanosleep -a sleep 10
 0) sleep-22821    |               | do_nanosleep() {
 1) multipa-348    |               | do_nanosleep() {
 1)  multipa-348   | $ 1000068 us  | }
 1)  multipa-348   |               | do_nanosleep() {
 1)  multipa-348   | $ 1000068 us  | }
[...]
```

이번에는 function_graph 트레이서를 사용하는 사례입니다.

```
# perf ftrace -G do_nanosleep -a sleep 10
 1)  sleep-22828   |               | do_nanosleep() {
 1)  sleep-22828   | ==========>   |
 1)  sleep-22828   |               |   smp_irq_work_interrupt() {
 1)  sleep-22828   |               |     irq_enter() {
 1)  sleep-22828   | 0.258 us      |       rcu_irq_enter();
 1)  sleep-22828   | 0.800 us      |     }
 1)  sleep-22828   |               |     __wake_up() {
 1)  sleep-22828   |               |       __wake_up_common_lock() {
 1)  sleep-22828   | 0.491 us      |         _raw_spin_lock_irqsave();
[...]
```

ftrace 하위 명령어는 몇 가지 옵션을 지원하는데, 그중 -p 옵션은 특정 PID에 대해서만 트레이싱할 수 있도록 해줍니다. 다만 ftrace 하위 명령어는 perf(1)의 다른 기능들과 완전히 통합되어 있지 않다는 점에 유의해야 합니다. 가령, 이 하위 명령어는 트레이스 결과를 stdout으로만 출력하며, perf.data 파일을 생성하지 않습니다.

14.13 perf-tools

perf-tools은 필자가 개발한 Ftrace 및 perf(1) 기반의 고급 성능 분석 도구 모음(오픈 소스)으로 넷플릭스 서버에 디폴트로 설치되어 있습니다.[Gregg 20i] 필자는 이들 도구를 설치하기 쉽고(의존성이 거의 없게) 사용하기 쉽도록 설계했는데, 각 도구는 한 가지의 작업만을 아주 잘 수행하도록 제작되어 있습니다. perf-tools 자체는 대부분 tracefs /sys 파일의 설정을 자동화하는 셸 스크립트로 구현되어 있습니다.

다음은 execsnoop(8)를 사용해서 새 프로세스를 트레이싱하는 사례입니다.

```
# execsnoop
Tracing exec()s. Ctrl-C to end.
   PID    PPID ARGS
  6684    6682 cat -v trace_pipe
  6683    6679 gawk -v o=1 -v opt_name=0 -v name= -v opt_duration=0 [...]
  6685   20997 man ls
  6695    6685 pager
  6691    6685 preconv -e UTF-8
  6692    6685 tbl
  6693    6685 nroff -mandoc -rLL=148n -rLT=148n -Tutf8
  6698    6693 locale charmap
  6699    6693 groff -mtty-char -Tutf8 -mandoc -rLL=148n -rLT=148n
  6700    6699 troff -mtty-char -mandoc -rLL=148n -rLT=148n -Tutf8
  6701    6699 grotty
[...]
```

출력 결과의 앞부분에서 excesnoop(8)이 직접 실행한 cat(1)과 gawk(1) 명령을 확인할 수 있으며, 그 뒤로는 `man ls`가 실행한 명령들이 뒤따릅니다. 이것은 다른 도구로는 파악하기 어려운 짧은 시간 동안만 동작하는 프로세스 관련 문제를 디버그하는데 유용합니다.

execsnoop(8)은 타임스탬프 출력을 위한 -t와 커맨드 라인 사용법을 요약하는 -h와 같은 옵션들을 지원합니다. execsnoop(8)과 여타 모든 도구는 매뉴얼 페이지와 예제 파일을 함께 제공합니다.

14.13.1 도구 사용 분야

그림 14.4은 perf-tools의 여러 가지 도구와 해당 도구들이 관측할 수 있는 분야를 보여줍니다.

대다수는 단일 목적 도구로 한 방향 화살표로 그려져 있으며, 몇 가지는 다목적 도구로 그림 왼쪽에 양방향 화살표로 해당 도구들이 다룰 수 있는 분야를 나타내고 있습니다.

14.13.2 단일 목적 도구

단일 목적 도구들은 한 방향 화살표로 그림 14.4에 표시되어 있습니다. 이 중 몇 가지는 이전 장에서 소개한 바 있습니다.

execsnoop(8)와 같은 단일 목적 도구는 한 가지의 작업만을 하되, 그것을 아주

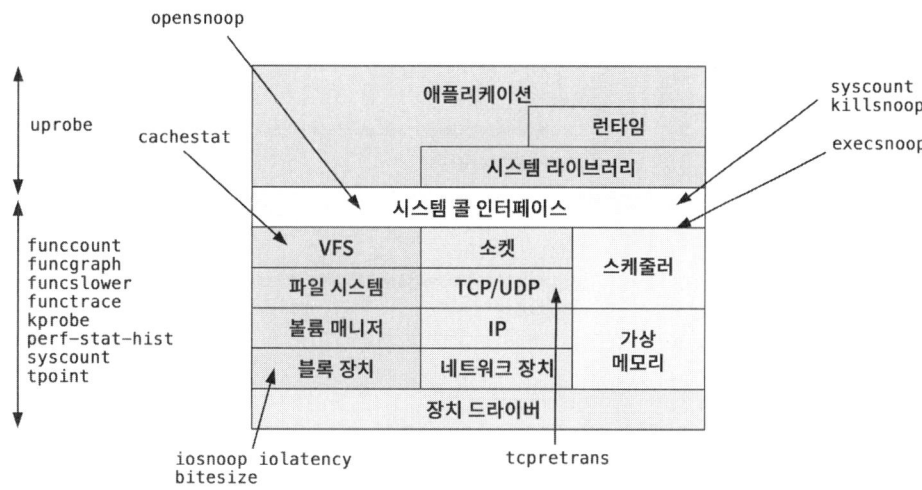

그림 14.4 perf-tools

잘 수행하도록 제작되어 있습니다(유닉스 철학). 이 설계로 인해 도구의 기본 출력 결과는 간결할뿐더러 충분한 정보를 제공하는데, 덕분에 도구를 학습하기 쉽습니다. 커맨드 라인 옵션에 대해 따로 배우지 않아도 '바로 execsnoop을 실행'해 볼 수 있으며, 불필요한 과정 없이 문제를 해결하는데 필요한 출력 결과를 얻을 수 있습니다. 이러한 도구들은 보통 커스터마이징 옵션도 제공합니다.

단일 목적 도구들은 표 14.7에 설명되어 있습니다.

표 14.7 perf-tools 단일 목적 도구

도구	사용하는 기술	설명
bitesize(8)	perf	디스크 I/O 크기를 히스토그램으로 요약합니다.
cachestat(8)	Ftrace	페이지 캐시 히트/미스 통계를 보여줍니다.
execsnoop(8)	Ftrace	새 프로세스(execve(2)를 통한)를 인자와 함께 트레이싱합니다.
iolatency(8)	Ftrace	디스크 I/O 지연을 히스토그램으로 요약합니다.
iosnoop(8)	Ftrace	디스크 I/O를 지연을 포함한 세부 정보와 함께 트레이싱합니다.
killsnoop(8)	Ftrace	프로세스 및 시그널 세부 정보를 보여주는 kill(2) 신호를 트레이싱합니다.
opensnoop(8)	Ftrace	open(2) 계열 시스템 콜을 파일 이름과 함께 트레이싱합니다.
tcpretrans(8)	Ftrace	TCP 재전송을 주소 및 커널 상태와 함께 트레이싱합니다.

execsnoop(8)은 앞에서 살펴보았습니다. 또 다른 사례인 iolatency(8)는 디스크 I/O 지연을 히스토그램으로 출력하는데 다음과 같습니다.

```
# iolatency
Tracing block I/O. Output every 1 seconds. Ctrl-C to end.

 >=(ms) .. <(ms)   : I/O      |Distribution                          |
     0 -> 1        : 731      |######################################|
     1 -> 2        : 318      |################                      |
     2 -> 4        :: 160     |########                              |

 >=(ms) .. <(ms)   : I/O      |Distribution                          |
     0 -> 1        : 2973     |######################################|
     1 -> 2        : 497      |#######                               |
     2 -> 4        : 26       |#                                     |
     4 -> 8        : 3        |#                                     |
 >=(ms) .. <(ms)   : I/O      |Distribution                          |
     0 -> 1        : 3130     |######################################|
     1 -> 2        : 177      |###                                   |
     2 -> 4        : 1        |#                                     |
^C
```

이 출력 결과는 I/O 지연이 대체로 낮으며, 0~1밀리초 범위에 있음을 보여줍니다.

이 도구를 어떻게 구현했는지를 보면, 왜 확장 BPF가 필요한지 이해할 수 있습니다. iolatency(8)는 블록 I/O 요청 및 완료 관련 tracepoint를 트레이싱하고, 이를 사용자 공간에서 파싱 및 후처리하여 히스토그램을 생성합니다(awk(1) 사용). 디스크 I/O는 대부분의 서버에서 발생 빈도가 상대적으로 낮기 때문에, 이 접근 방법은 부담스러운 오버헤드 없이 사용할 수 있습니다. 그렇지만 네트워크 I/O이나 스케줄링과 같은 더 빈번한 이벤트들에서는 오버헤드가 엄청나게 높아 사용이 금지되는 수준입니다. 확장 BPF는 히스토그램 요약을 커널 공간에서 계산하도록 함으로써 오버헤드를 크게 줄여 이 문제를 해결했는데, 요약 결과만 사용자 공간으로 전달하기에 오버헤드가 더욱 줄어듭니다. Ftrace도 요즘에는 히스토그램 트리거 및 합성 이벤트를 통해 이와 유사한 기능을 제공하기도 합니다. (iolatency(8) 역시 해당 기능들을 사용하도록 업데이트되어야 합니다.)

필자는 BPF를 사용하기 이전에도 커스텀 히스토그램을 제작하기 위한 도구를 개발했었는데, perf-stat-hist(8)이란 이름의 다목적 도구로 공개했습니다.

14.13.3 다목적 도구

다목적 도구들은 그림 14.4에 설명과 함께 정리되어 있습니다. 이 도구들은 여러 이벤트 소스들을 지원하며 perf(1)나 trace-cmd와 유사하게 많은 역할을 수행할 수 있는데, 이로 인해 사용 방법이 복잡해지기도 합니다.

표 14.8 perf-tools 다목적 도구

도구	사용하는 기술	설명
funccount(8)	Ftrace	커널 함수 호출을 집계합니다.
funcgraph(8)	Ftrace	커널 함수들을 자식 함수 코드 흐름과 함께 트레이싱합니다.
functrace(8)	Ftrace	커널 함수들을 트레이싱합니다.
funcslower(8)	Ftrace	임계 시간보다 느린 커널 함수를 트레이싱합니다.
kprobe(8)	Ftrace	커널 레벨 함수의 실행을 동적으로 트레이싱합니다.
perf-stat-hist(8)	perf(1)	tracepoint 인자를 집계해, 거듭 제곱 형식의 커스텀 히스토그램으로 출력합니다.
syscount(8)	perf(1)	시스템 콜과 관련된 집계를 출력합니다.
tpoint(8)	Ftrace	tracepoint를 트레이싱합니다.
uprobe(8)	Ftrace	사용자 레벨 함수의 실행을 동적으로 트레이싱합니다.

이들 도구를 손쉽게 사용하기 위해서는 다양한 원 라이너 사용 사례를 수집하고 공유하는 것이 좋습니다. 다음 절에는 일부 사례가 수록되어 있는데, 필자가 앞에서 perf(1)와 trace-cmd에 대한 원 라이너를 소개한 부분과 비슷합니다.

14.13.4 perf-tools 원 라이너

다음 원 라이너들은 따로 설정하지 않는 한 시스템 전체에서 Ctrl-C가 입력되기 전까지 트레이싱합니다. 각 사례는 사용하는 기능에 따라 Ftrace 프로파일링, Ftrace 트레이서, 이벤트 트레이싱(tracepoint, kprobe, uprobe)이라는 세 그룹으로 묶여 있습니다.

Ftrace 프로파일러

모든 커널 TCP 함수들을 집계합니다.

```
funccount 'tcp_*'
```

모든 커널 VFS 함수를 집계하며, 매초 상위 10개의 함수를 출력합니다.

```
funccount -t 10 -i 1 'vfs*'
```

Ftrace 트레이서

커널 함수 do_nanosleep()을 트레이싱하고 모든 자식 함수 호출을 보여줍니다.

```
funcgraph do_nanosleep
```

커널 함수 do_nanosleep()을 트레이싱하고 자식 함수 호출을 3레벨 깊이까지 보여줍니다

```
funcgraph -m 3 do_nanosleep
```

PID 198 실행 중 'sleep'으로 끝나는 모든 커널 함수를 트레이싱합니다.

```
functrace -p 198 '*sleep'
```

10밀리초보다 느린 vfs_read() 호출을 트레이싱합니다.

```
funcslower vfs_read 10000
```

이벤트 트레이싱

do_sys_open() 커널 함수를 kprobe를 사용해 트레이싱합니다.

```
kprobe p:do_sys_open
```

do_sys_open()의 리턴을 kretprobe를 사용해서 트레이싱하고, 리턴 값을 출력합니다.

```
kprobe 'r:do_sys_open $retval'
```

do_sys_open()의 파일 모드 인자를 트레이싱합니다.

```
kprobe 'p:do_sys_open mode=$arg3:u16'
```

do_sys_open()의 파일 모드 인자를 트레이싱합니다(x86_64 한정).

```
kprobe 'p:do_sys_open mode=%dx:u16'
```

do_sys_open()의 파일 이름 인자를 문자열 형식으로 트레이싱합니다.

```
kprobe 'p:do_sys_open filename=+0($arg2):string'
```

do_sys_open()의 파일 이름 인자를 문자열 형식으로 트레이싱합니다(x86_64 한정).

```
kprobe 'p:do_sys_open filename=+0(%si):string'
```

do_sys_open() 중 파일 이름이 '*stat'과 일치하는 경우에만 트레이싱합니다.

```
kprobe 'p:do_sys_open file=+0($arg2):string' 'file ~ "*stat"'
```

tcp_retransmit_skb()를 커널 스택 트레이스와 함께 트레이싱합니다.

```
kprobe -s p:tcp_retransmit_skb
```

tracepoint의 목록을 정리합니다.

```
tpoint -l
```

디스크 I/O을 커널 스택 트레이스와 함께 트레이싱합니다.

```
tpoint -s block:block_rq_issue
```

모든 'bash' 실행 파일에 대한 사용자 레벨 readline() 호출을 트레이싱합니다.

```
uprobe p:bash:readline
```

'bash'의 readline() 리턴을 트레이싱하고 리턴 값을 문자열로 출력합니다.

```
uprobe 'r:bash:readline +0($retval):string'
```

/bin/bash의 readline() 진입점을 진입 인자(x86_64)와 함께 트레이싱하고 값을 문자열로 출력합니다.

```
uprobe 'p:/bin/bash:readline prompt=+0(%di):string'
```

PID 1234 실행 중 libc gettimeofday() 호출을 트레이싱합니다.

```
uprobe -p 1234 p:libc:gettimeofday
```

fopen() 중 리턴이 NULL인 경우에만("file" 별칭 사용) 트레이싱합니다.

```
uprobe 'r:libc:fopen file=$retval' 'file == 0'
```

CPU 레지스터

함수 인자 별칭($arg1, ..., $argN)은 Ftrace의 최신 기능입니다(리눅스 4.20+). 이전 버전의 커널(혹은 별칭들이 존재하지 않는 프로세서 아키텍처)에서는 14.6.2절 "인자"에서 소개한 것처럼 CPU 레지스터 이름을 대신 사용해야 합니다. 위의 원 라이너에는 일부 x86_64 레지스터(%di, %si, %dx)가 사례로 포함되어 있습니다. 이러한 함수 호출 규약은 syscall(2) 매뉴얼 페이지에 문서화되어 있습니다.

```
$ man 2 syscall
[...]
       Arch/ABI     arg1   arg2   arg3   arg4   arg5   arg6   arg7   Notes
       ──────────────────────────────────────────────────────────────────
[...]
       sparc/32     o0     o1     o2     o3     o4     o5
       sparc/64     o0     o1     o2     o3     o4     o5
       tile         R00    R01    R02    R03    R04    R05
       x86-64       rdi    rsi    rdx    r10    r8     r9
       x32          rdi    rsi    rdx    r10    r8     r9
[...]
```

14.13.5 예시

도구의 사용 예로, 다음은 funccount(8)를 이용해 VFS 함수("vfs_*"와 일치하는 함수 이름들) 호출을 집계한 결과입니다.

```
# funccount 'vfs_*'
Tracing "vfs_*"... Ctrl-C to end.
^C
FUNC                              COUNT
vfs_fsync_range                      10
vfs_statfs                           10
vfs_readlink                         35
vfs_statx                           673
```

```
vfs_write              782
vfs_statx_fd           922
vfs_open              1003
vfs_getattr           1390
vfs_getattr_nosec     1390
vfs_read              2604
```

위의 출력 결과에서 트레이싱을 하는 동안 vfs_read()가 2,604번 호출되었음을 확인할 수 있습니다. 필자는 주기적으로 funccount(8)을 사용해서 어느 커널 함수가 빈번하게 호출되며, 그리고 어떤 것들이 전혀 호출되지 않았는지 확인합니다. 이 도구의 오버헤드는 상대적으로 낮기 때문에, 더 비용이 많이 드는 트레이싱을 시도하기 전에 해당 함수의 발생 빈도가 충분히 낮은지 확인하는데 사용할 수 있습니다.

14.13.6 perf-tools vs. BCC/BPF

필자는 넷플릭스 클라우드가 리눅스 3.2를 사용하고 있을 때 perf-tools를 처음으로 개발했는데, 이 버전의 리눅스에서는 확장 BPF를 사용할 수 없었습니다. 그 이후로 넷플릭스가 더 최신 버전의 커널을 사용하게 됨에 따라, 필자는 BPF를 사용하기 위해 이들 도구의 대다수를 다시 작성했습니다. 가령 funccount(8), execsnoop(8), opensnoop(8)과 같은 도구들은 perf-tools와 BCC 두 가지 버전으로 작성되었습니다.

BPF는 프로그래밍이 가능하며 더 강력한 기능을 제공하는데, BPF 프론트엔드인 BCC와 bpftrace 대해서는 15장에서 다룹니다. 그렇지만 perf-tools에도 몇 가지 이점이 있습니다.[5]

- funccount(8): perf-tools 버전은 Ftrace 함수 프로파일링을 사용하는데, 이것은 kprobe를 기반으로 하는 BCC 버전에 비해 훨씬 더 효율적이며 제약은 적습니다.
- funcgraph(8): 이 도구는 Ftrace function_graph 트레이서를 사용하기 때문에, BCC 버전은 존재하지 않습니다.
- 히스토그램 트리거: 향후에 이 기능을 사용하는 perf-tools 도구들은 kprobe를 기반으로 하는 BPF 도구보다 더욱 효과적일 것입니다.

---

5 필자는 BPF 트레이싱 도구의 제작을 완료하게 되면 perf-tools를 더 이상 사용하지 않으리라 생각했지만, 이러한 이유로 여전히 사용되고 있습니다.

- 의존성: perf-tools는 일반적으로 셸과 awk(1) 만을 필요로 하므로 자원이 한정적인 환경에서도 여전히 유용합니다.

때때로 필자는 BPF 도구와 perf-tools를 함께 사용해서 문제들을 교차 검증하고 디버그하기도 합니다.[6]

14.13.7 문서

각 도구에는 문법을 설명하기 위한 사용법 메시지가 포함되어 있습니다. 다음은 그 사례입니다.

```
# funccount -h
USAGE: funccount [-hT] [-i secs] [-d secs] [-t top] funcstring
                 -d seconds      # total duration of trace
                 -h              # this usage message
                 -s seconds      # interval summary
                 -t top          # show top num entries only
                 -T              # include timestamp (for -i)
  eg,
        funccount 'vfs*'         # trace all funcs that match "vfs*"
        funccount -d 5 'tcp*'    # trace "tcp*" funcs for 5 seconds
        funccount -t 10 'ext3*'  # show top 10 "ext3*" funcs
        funccount -i 1 'ext3*'   # summary every 1 second
        funccount -i 1 -d 5 'ext3*' # 5 x 1 second summaries
```

모든 도구는 perf-tools 저장소에 매뉴얼 페이지와 예시 파일(funccount_example.txt)과 함께 수록되어 있는데, 이 파일에는 도구의 출력 결과에 대한 설명도 함께 들어 있습니다.

14.14 Ftrace 문서

Ftrace(및 트레이스 이벤트)는 Documentation/trace 디렉터리 아래에 있는 리눅스 소스에 잘 문서화되어 있습니다. 이 문서는 온라인에서도 찾아볼 수 있습니다.

- *https://www.kernel.org/doc/html/latest/trace/ftrace.html*
- *https://www.kernel.org/doc/html/latest/trace/kprobetrace.html*

6 유명한 명언을 하나 바꿔 말해 보자면 이렇습니다. "트레이싱 도구가 하나만 있는 사람은 어떤 이벤트가 일어났는지 알고 있다고 믿습니다. 하지만 두 개의 트레이싱 도구를 가진 사람은 그중 하나가 잘못되었다는 사실을 깨닫고, 결국 이를 고칠 수 있는 패치를 찾아 LKML을 뒤지게 됩니다."

- *https://www.kernel.org/doc/html/latest/trace/uprobetracer.html*
- *https://www.kernel.org/doc/html/latest/trace/events.html*
- *https://www.kernel.org/doc/html/latest/trace/histogram.html*

프론트엔드 관련 자료:

- trace-cmd: *https://trace-cmd.org*
- perf ftrace: 리눅스 소스 tools/perf/Documentation/perf-ftrace.txt 참고
- perf-tools: *https://github.com/brendangregg/perf-tools*

14.15 참고 자료

[Rostedt 08] Rostedt, S., "ftrace - Function Tracer," Linux documentation, *https://www.kernel.org/doc/html/latest/trace/ftrace.html*, 2008+.

[Matz 13] Matz, M., Hubička, J., Jaeger, A., and Mitchell, M., "System V Application Binary Interface, AMD64 Architecture Processor Supplement, Draft Version 0.99.6," *http://x86-64.org/documentation/abi.pdf*, 2013.

[Gregg 19f] Gregg, B., "Two Kernel Mysteries and the Most Technical Talk I've Ever Seen," *http://www.brendangregg.com/blog/2019-10-15/kernelrecipes-kernel-ftrace-internals.html*, 2019.

[Dronamraju 20] Dronamraju, S., "uprobe-tracer: uprobe-based Event Tracing," Linux documentation, *https://www.kernel.org/doc/html/latest/trace/uprobetracer.html*, accessed 2020.

[Gregg 20i] Gregg, B., "Performance analysis tools based on Linux perf_events (aka perf) and ftrace," *https://github.com/brendangregg/perf-tools*, last updated 2020.

[Hiramatsu 20] Hiramatsu, M., "Kprobe-based Event Tracing," Linux documentation, *https://www.kernel.org/doc/html/latest/trace/kprobetrace.html*, accessed 2020.

[KernelShark 20] "KernelShark," *https://www.kernelshark.org*, accessed 2020.

[trace-cmd 20] "TRACE-CMD," *https://trace-cmd.org*, accessed 2020.

[Ts'o 20] Ts'o, T., Zefan, L., and Zanussi, T., "Event Tracing," Linux documentation, *https://www.kernel.org/doc/html/latest/trace/events.html*, accessed 2020.

[Zanussi 20] Zanussi, T., "Event Histograms," Linux documentation, *https://www.kernel.org/doc/html/latest/trace/histogram.html*, accessed 2020.

Performance —

15장

Systems Performance Second Edition

BPF

이 장에서는 확장 BPF의 프론트엔드인 BCC와 bpftrace를 살펴봅니다. 이들 프론트엔드는 성능 분석 도구 모음을 제공하는데, 앞선 장들에서 이 도구들을 사용한 바 있습니다. BPF 기술은 운영 체제를 다룬 3장의 3.4.4절 "확장 BPF"에서 소개했습니다. 확장 BPF를 한마디로 표현하자면, 트레이싱 도구에 프로그래밍 기능을 제공하는 커널 실행 환경입니다.

이번 장은 13장 "perf" 및 14장 "Ftrace"와 함께 시스템 트레이싱 도구에 대해 좀 더 상세하게 알고 싶은 분들이 선택해 읽을 수 있는 내용을 다룹니다.

확장 BPF 도구들을 사용하면 다음과 같은 질문에 대답할 수 있습니다.

- 디스크 I/O의 지연 분포는 어떻게 됩니까? 히스토그램으로 출력해 보세요.
- CPU 스케줄러의 지연이 문제를 일으킬 만큼 높습니까?
- 애플리케이션이 파일 시스템 지연에 영향을 받습니까?
- 어떤 TCP 세션이 발생했고, 얼마나 오랜 시간 동안 지속되고 있습니까?
- 어느 코드 경로가 얼마나 오랫동안 블로킹 되고 있습니까?

다른 트레이싱 도구와 비교해 BPF만의 차별점은 프로그래밍이 가능하다는 점입니다. BPF를 사용하면 사용자 정의 프로그램(user-defined programs)을 이벤트 발생 시 실행할 수 있는 데, 이 프로그램을 통해 커널 내부에서 이벤트의 필터링, 지연시간 계산, 커널 내부 집계(in-kernel aggregation), 사용자 정의 요약 등 다양한 작업을 수행할 수 있습니다. 다른 트레이싱 도구들이 이와 동일한 동작을 하려면 모든 이벤트를 사용자 공간에 덤프하고 후처리해야 하는 반면, BPF는 이러한 처리를 커널 컨텍스트 내에서 효율적으로 수행할 수 있습니다. 덕분에 기존 방법으로는 오버헤드가 너무 높아 프로덕션 환경에서 사용하기 어려웠던 성능 분석 도구들을 실용적으로 구현할 수 있게 되었습니다.

이번 장에서는 추천되는 프론트엔드인 BCC와 bpftrace 각각에 대해서 알아보는데, 구성 순서는 다음과 같습니다.

- 15.1: BCC
  - 15.1.1: 설치
  - 15.1.2: 도구 사용 분야
  - 15.1.3: 단일 목적 도구
  - 15.1.4: 다목적 도구
  - 15.1.5: 원 라이너

- 15.2: bpftrace
  - 15.2.1: 설치
  - 15.2.2: 도구
  - 15.2.3: 원 라이너
  - 15.2.4: 프로그래밍
  - 15.2.5: 참고 자료

두 도구의 차이는 이미 이전 장들의 사례를 통해 파악했을 것입니다. BCC는 복잡한 도구를 만드는 데 적합하며, bpftrace는 간단히 작성하는 맞춤형 프로그램에 적합합니다. 몇몇 도구는 두 가지 버전 모두로 구현되고, 그림 15.1에서 이를 보여주고 있습니다.

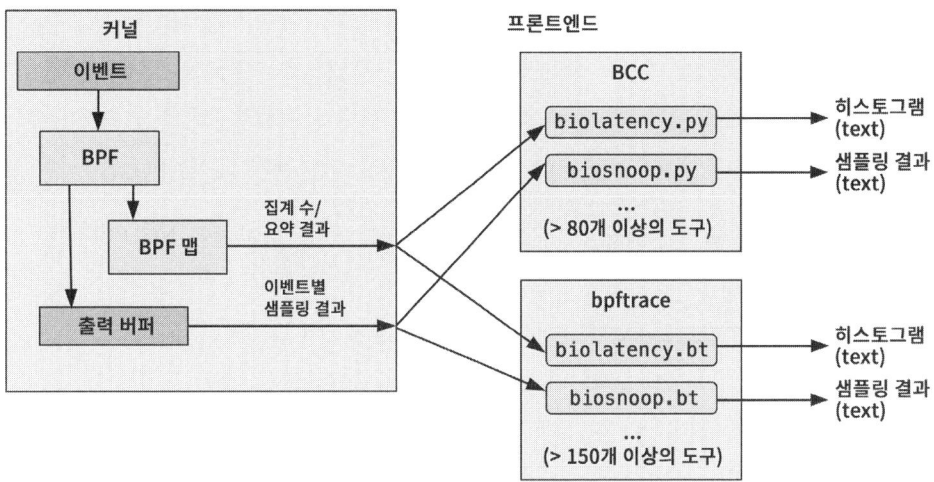

그림 15.1 BPF 트레이싱 프론트엔드

BCC와 bpftrace 간의 구체적인 차이점은 표 15.1에 정리되어 있습니다.

표 15.1 BCC vs. bpftrace

특성	BCC	bpftrace
저장소에 있는 도구 개수	>80 (bcc)	>30 (bpftrace) >120 (bpf-perf-tools-book)
도구 사용법	일반적으로 복잡한 옵션(-h, -P PID 등) 및 인자 지원	일반적으로 단순함. 옵션을 지원하지 않음, 인자는 한 개이거나 없음
도구 문서화	매뉴얼 페이지, 예시 파일	매뉴얼 페이지, 예시 파일
프로그래밍 언어	사용자 공간: 파이썬, 루아(Lua), C, C++ 커널 공간: C	bpftrace
프로그래밍 난이도	어려움	쉬움
이벤트별 출력 유형	어떠한 것이든 가능	텍스트, JSON
요약 유형	어떠한 것이든 가능	집계, 최소, 최대, 합계, 평균, $\log_2$ 히스토그램, 선형 히스토그램 (키 사용 혹은 사용 안 함)
라이브러리 지원	있음(예: 파이썬 import)	없음
프로그램 평균 길이[1] (주석 제외)	228라인	28라인

1 공식 저장소 및 필자의 BPF 책 저장소에서 제공하는 도구를 기준으로 집계하였습니다.

BCC와 bpftrace는 페이스북과 넷플릭스 같은 많은 회사에서 사용하고 있습니다. 넷플릭스는 모든 클라우드 인스턴스에 이들 프론트엔드를 디폴트로 설치하는데, 클라우드 전반을 모니터링하고 대시보드를 살핀 후 더 심층적인 분석을 할 때 사용합니다.[Gregg 18e]

- BCC: 이 프로젝트에 포함된 도구들은 필요할 때 커맨드 라인에서 스토리지 I/O, 네트워크 I/O 및 프로세스 실행을 분석하는 데 사용됩니다. 몇몇 BCC 도구는 GUI 성능 대시보드 시스템에 의해 자동으로 실행되어 스케줄러 및 디스크 I/O 지연 히트맵, off-CPU 플레임 그래프 등을 위한 데이터로 활용되기도 합니다. 또한, BCC 도구를 커스터마이즈하여 데몬으로 항상 실행되도록 설정함으로써, 네트워크 이벤트를 클라우드 스토리지에 로깅하고 이를 네트워크 흐름 분석에 활용하기도 합니다(tcplife(8) 기반).
- bpftrace: 커널 및 애플리케이션 관련 문제에 대해 살펴보기 위해 커스텀 bpftrace 도구를 개발할 수 있습니다.

다음 절에서는 BCC 도구, bpftrace 도구 및 bpftrace 프로그래밍에 대해 설명합니다.

15.1 BCC

BCC(BPF Compiler Collection, BPF 컴파일러 컬렉션)은 오픈 소스 프로젝트로, 수많은 고급 성능 분석 도구들과 도구 제작에 필요한 프레임워크로 구성되어 있습니다. BCC는 브렌든 블랑코(Brenden Blanco)가 만들었는데, 필자도 프로젝트의 개발에 참여했으며 여러 가지 트레이싱 도구를 만들었습니다.

다음은 BCC 도구의 한 가지 예시인데, biolatency(8)는 디스크 I/O 지연 분포를 2의 거듭제곱 히스토그램으로 보여주며, 이것을 I/O 플래그별로 세분화할 수도 있습니다.

```
# biolatency.py -mF
Tracing block device I/O... Hit Ctrl-C to end.
^C

flags = Priority-Metadata-Read
    msecs               : count     distribution
        0 -> 1          : 90        |****************************************|
```

```
flags = Write
    msecs               : count     distribution
        0 -> 1          : 24        |****************************************|
        2 -> 3          : 0         |                                        |
        4 -> 7          : 8         |*************                           |

flags = ReadAhead-Read
    msecs               : count     distribution
        0 -> 1          : 3031      |****************************************|
        2 -> 3          : 10        |                                        |
        4 -> 7          : 5         |                                        |
        8 -> 15         : 3         |                                        |
```

위의 출력 결과를 통해 쓰기 지연은 쌍봉분포 형태를 띄고 있고, 플래그가 'ReadAhead-Read'인 I/O가 여러 번 발생했음을 확인할 수 있습니다. 이 도구는 효율성을 위해 BPF를 사용하여 커널 공간에서 히스토그램을 요약하므로, 사용자 공간 컴포넌트에서는 이미 요약된 히스토그램(집계 칼럼)을 읽고 출력하기만 하면 됩니다.

BCC 저장소에는 일반적으로 이러한 BCC 도구들에 대한 사용법 메시지(-h), 매뉴얼 페이지 및 예시 파일들이 수록되어 있습니다.

https://github.com/iovisor/bcc

이번 절에서는 BCC와 BCC의 단일 목적 및 다목적 성능 분석 도구에 대해 개략적으로 설명합니다.

15.1.1 설치

BCC는 많은 리눅스 배포판(우분투, 데비안, 레드햇(RHEL), 페도라, 아마존 리눅스)에 패키징 되어 있어서 설치가 간편합니다. 사용 중인 환경의 패키지 매니저에서 'bcc-tools', 'bpfcc-tools' 혹은 'bcc'를 검색해 보세요(배포판마다 패키지의 이름이 다릅니다).

원한다면 소스 코드로 BCC를 빌드할 수도 있습니다. 최신의 설치와 빌드 지침은 BCC 저장소의 INSTALL.md를 확인하세요.[Iovisor 20b] INSTALL.md에는 커널 설정 요구사항 또한 정리되어 있습니다(CONFIG_BPF=y, CONFIG_BPF_SYSCALL=y, CONFIG_BPF_EVENTS=y 설정이 필요합니다). 일부 BCC 도구들은 리눅스 커널 4.4에서도 동작합니다. 하지만 대부분의 도구가 제대로 동작하기 위해서는 4.9 이상의 버전이 필요합니다.

15.1.2 도구 사용 분야

그림 15.2에 BCC 트레이싱 도구들이 정리되어 있습니다(몇 가지는 와일드카드 문자열을 사용해 묶여 있는데, 가령 java*는 'java'로 시작하는 도구 전체를 의미합니다).

아래에 표시된 트레이싱 도구들 중 대부분은 한 방향 화살표로 표시된 단일 목적 도구이며, 다목적 도구의 경우에는 도구의 사용 분야를 표시하기 위해 양방향 화살표로 표시되어 있습니다.

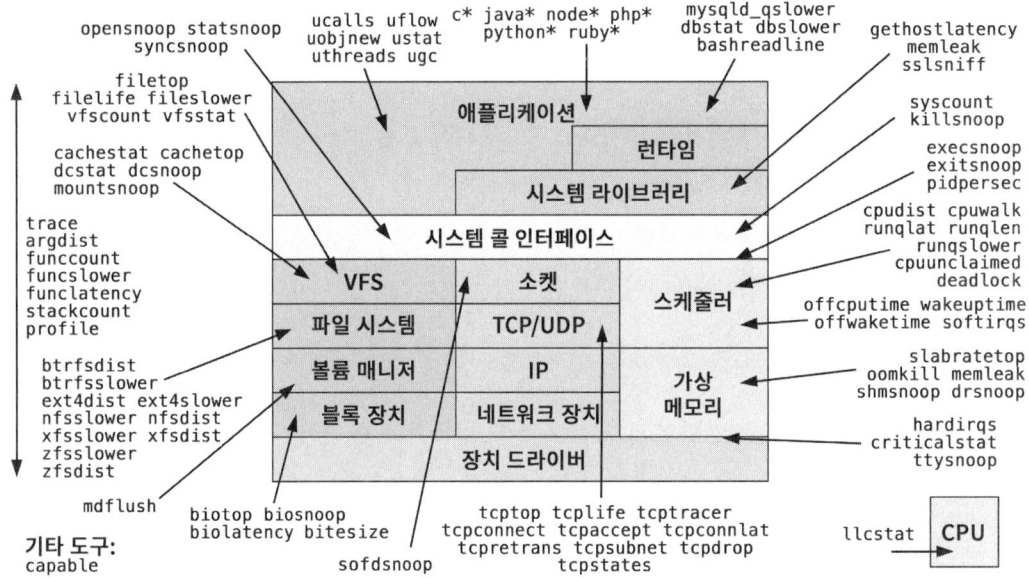

그림 15.2 BCC 도구

15.1.3 단일 목적 도구

필자는 14장에 나와 있는 perf-tools와 마찬가지로 "한 가지의 작업만을 하되, 그것을 아주 잘 수행하도록 하자"라는 철학에 따라 이러한 단일 목적 도구들을 많이 개발했습니다. 이 설계로 인해 도구의 기본 출력 결과는 간결할 뿐더러 대체로 충분한 정보를 담고 있습니다. 예컨대 커맨드 라인 옵션을 전혀 배우지 않아도 '바로 biolatency를 실행'해 볼 수 있으며, 대개 문제 해결에 필요한 정도의 출력 결과를 불필요한 내용 없이 얻을 수 있습니다. 이러한 도구들은 일반적으로 커스터마이징 옵션도 갖추고 있는데, 앞서 살펴본 I/O 플래그별로 세분화하는 biolatency(8) -F 옵션이 여기에 해당합니다.

표 15.2에는 BCC에서 사용할 수 있는 단일 목적 도구들의 일부가 정리되어 있는데, 해당 도구들을 이 책에서 다룬 경우 어디에서 다뤘는지도 표시되어 있습니다. 사용할 수 있는 전체 도구들의 목록은 BCC 저장소를 확인하기 바랍니다.[Iovisor 20a]

표 15.2 단일 목적 BCC 도구

도구	설명	수록된 절
biolatency(8)	블록 I/O(디스크 I/O) 지연을 히스토그램으로 요약합니다	9.6.6
biotop(8)	블록 I/O를 프로세스별로 요약합니다	9.6.8
biosnoop(8)	블록 I/O를 지연 및 기타 세부사항과 함께 트레이싱합니다	9.6.7
bitesize(8)	블록 I/O 크기를 프로세스별 히스토그램으로 요약합니다	-
btrfsdist(8)	btrfs 동작 지연을 히스토그램으로 요약합니다	8.6.13
btrfsslower(8)	느린 btrfs 동작을 트레이싱합니다	8.6.14
cpudist(8)	프로세스당 on-CPU 및 off-CPU 시간을 히스토그램으로 요약합니다	6.6.15, 16.1.7
cpuunclaimed(8)	작업 요청이 있음에도 스케줄링되지 않아 유휴 상태인 CPU 시간을 보여줍니다	-
criticalstat(8)	지속 시간이 긴 커널의 원자적 임계 구역(atomic critical section)을 트레이싱합니다	-
dbslower(8)	임계 값보다 느린 데이터베이스 쿼리를 출력합니다	-
dbstat(8)	데이터베이스 쿼리 지연을 히스토그램으로 요약합니다	-
drsnoop(8)	메모리 직접 회수 이벤트를 PID 및 지연과 함께 트레이싱합니다	7.5.11
execsnoop(8)	execve(2) 시스템 콜로 새로 생성되는 프로세스를 트레이싱합니다	1.7.3, 5.5.5
ext4dist(8)	ext4 동작 지연을 히스토그램으로 요약합니다	8.6.13
ext4slower(8)	느린 ext4 동작을 트레이싱합니다	8.6.14
filelife(8)	짧은 시간 동안만 사용되는 파일들의 수명을 트레이싱합니다	-
gethostlatency(8)	DNS resolver를 통해 수행된 DNS 조회 지연시간을 트레이싱합니다	-
hardirqs(8)	hardirq 이벤트를 처리하는데 소요된 시간을 요약합니다	6.6.19
killsnoop(8)	kill(2) 시스템 콜로 보내는 시그널을 트레이싱합니다	-
klockstat(8)	커널 뮤텍스 록 통계를 요약합니다	-
llcstat(8)	CPU 캐시 레퍼런스와 미스를 프로세스별로 요약합니다	-
memleak(8)	메모리 누수 가능성이 있는 코드 경로를 출력합니다	-
mysqld_qslower(8)	임계 값보다 느린 MySQL 쿼리를 출력합니다	-
nfsdist(8)	느린 NFS 동작을 트레이싱합니다	8.6.13
nfsslower(8)	NFS 동작 지연을 히스토그램으로 요약합니다	8.6.14

(다음 쪽에 이어짐)

도구	설명	수록된 절
offcputime(8)	off-CPU 시간을 스택 트레이스별로 요약합니다	5.5.3
offwaketime(8)	off-CPU 스택과 waker 스택으로 차단 시간을 요약합니다	-
oomkill(8)	OOM 킬러(out-of-memory killer)를 트레이싱합니다	-
opensnoop(8)	open(2) 계열 시스템 콜을 트레이싱합니다	8.6.10
profile(8)	스택 트레이스를 일정 간격으로 샘플링하여 CPU 사용량을 프로파일링합니다	5.5.2
runqlat(8)	실행 큐(스케줄러) 지연을 히스토그램으로 요약합니다	6.6.16
runqlen(8)	정주기 샘플링을 이용해서 실행 큐 길이를 요약합니다	6.6.17
runqslower(8)	임계 값보다 느린 실행 큐 지연을 트레이싱합니다	-
syncsnoop(8)	sync(2) 계열 시스템 콜을 트레이싱합니다	-
syscount(8)	시스템 콜 집계와 지연을 요약합니다	5.5.2
tcplife(8)	TCP 세션 수명을 연결 세부사항과 함께 트레이싱합니다	10.6.9
tcpretrans(8)	TCP 재전송을 커널 상태와 같은 세부사항과 함께 트레이싱합니다	10.6.11
tcptop(8)	TCP 송신/수신 스루풋을 호스트 및 PID별로 요약합니다	10.6.10
wakeuptime(8)	sleep에서 wakeup까지의 시간을 waker 스택별로 요약합니다	-
xfsdist(8)	xfs 동작 지연을 히스토그램으로 요약합니다	8.6.13
xfsslower(8)	느린 xfs 동작을 트레이싱합니다	8.6.14
zfsdist(8)	zfs 동작 지연을 히스토그램으로 요약합니다	8.6.13
zfsslower(8)	느린 zfs 동작을 트레이싱합니다	8.6.14

이 도구들의 실행 사례는 이전 장들뿐 아니라 BCC 저장소에 있는 *_example.txt 파일들에서도 찾을 수 있습니다(이들 중 다수는 필자가 작성했습니다). 이 책에서 다루지 않은 도구들에 대해서는, 필자의 이전 책 《BPF 성능 분석 도구》를 참고하세요.[Gregg 19]

15.1.4 다목적 도구

다목적 도구들은 그림 15.2의 왼쪽에 정리되어 있습니다. 이들 도구는 여러 이벤트 소스를 지원하며 여러 가지 역할을 수행할 수 있는데, perf(1)과 유사합니다. 다만 도구 사용법이 복잡합니다. 표 15.3에는 다목적 도구들과 각 도구에 대한 설명이 수록되어 있습니다.

표 15.3 다목적 BCC 도구

도구	설명	수록된 절
argdist(8)	함수 파라미터 값을 히스토그램이나 집계 횟수로 출력합니다	15.1.15
funccount(8)	커널 또는 사용자 레벨 함수 호출을 집계합니다	15.1.15

funcslower(8)	느린 커널 또는 사용자 레벨 함수 호출을 트레이싱합니다	-
funclatency(8)	함수의 지속 시간을 히스토그램으로 요약합니다	-
stackcount(8)	이벤트로 이어지는 스택 트레이스를 집계합니다	15.1.15
trace(8)	임의의 함수들을 필터와 함께 트레이싱합니다	15.1.15

이들 도구를 유용하게 사용하기 위해서는 다양한 원 라이너 사용 사례를 수집하는 것이 좋습니다. 다음 절에 일부 사례가 수록되어 있는데, 필자가 앞에서 perf(1)와 trace-cmd에 대한 원 라이너를 소개한 부분과 비슷합니다.

15.1.5 원 라이너

다음 원 라이너들은 따로 설정하지 않는 한 전체 시스템을 Ctrl-C 입력 전까지 트레이싱합니다. 원 라이너들은 각기 도구별로 묶어 정리했습니다.

funccount(8)

VFS 커널 함수 호출을 집계합니다.

```
funcgraph 'vfs_*'
```

TCP 커널 함수 호출을 집계합니다.

```
funccount 'tcp_*'
```

TCP 송신 호출을 1초 간격으로 집계합니다.

```
funccount -i 1 'tcp_send*'
```

블록 I/O 이벤트 발생 수를 1초 간격으로 보여줍니다.

```
funccount -i 1 't:block:*'
```

libc getaddrinfo() 호스트 이름 해석(name resolution)이 1초 간격으로 몇 번 호출되었는지 보여줍니다.

```
funccount -i 1 c:getaddrinfo
```

stackcount(8)

블록 I/O를 발생시킨 스택 트레이스를 집계합니다.

```
stackcount t:block:block_rq_insert
```

IP 패킷을 송신하는 스택 트레이스를 해당 PID와 함께 집계합니다.

```
stackcount -P ip_output
```

스레드를 블록시키고 off-CPU로 이동시키는 스택 트레이스를 집계합니다.

```
stackcount t:sched:sched_switch
```

trace(8)

커널 함수 do_sys_open()을 파일 이름과 함께 트레이싱합니다.

```
trace 'do_sys_open "%s", arg2'
```

커널 함수 do_sys_open()의 리턴을 트레이싱하고 리턴 값을 출력합니다.

```
trace 'r::do_sys_open "ret: %d", retval'
```

커널 함수 do_nanosleep()의 동작 모드와 사용자 레벨 스택을 트레이싱합니다.

```
trace -U 'do_nanosleep "mode: %d", arg2'
```

pam 라이브러리를 통한 인증(authentication) 요청을 트레이싱합니다.

```
trace 'pam:pam_start "%s: %s", arg1, arg2'
```

argdist(8)

VFS 읽기 동작의 리턴 값(읽은 크기 혹은 에러)을 히스토그램으로 요약합니다.

```
argdist -H 'r::vfs_read()'
```

PID 1005에서 호출한 사용자 레벨 libc read()의 리턴 값(읽은 크기 혹은 에러)을 히스토그램으로 요약합니다.

```
argdist -p 1005 -H 'r:c:read()'
```

시스템 콜을 시스템 콜 ID별로 집계합니다.

```
argdist.py -C 't:raw_syscalls:sys_enter():int:args->id'
```

커널 함수 tcp_sendmsg()의 size 인자의 값을 집계합니다.

```
argdist -C 'p::tcp_sendmsg(struct sock *sk, struct msghdr *msg, size_t size):u32:size'
```

tcp_sendmsg() 크기를 2의 거듭제곱 히스토그램으로 요약합니다.

```
argdist -H 'p::tcp_sendmsg(struct sock *sk, struct msghdr *msg, size_t size):u32:size'
```

PID 181에서 발생한 libc write() 호출을 파일 디스크립터별로 집계합니다.

```
argdist -p 181 -C 'p:c:write(int fd):int:fd'
```

지연이 100μs를 초과한 읽기를 프로세스별로 집계합니다.

```
argdist -C 'r::__vfs_read():u32:$PID:$latency > 100000'
```

15.1.6 다목적 도구 사례

다음은 다목적 도구를 사용하는 사례로, trace(8) 도구로 커널 함수 do_sys_open()를 트레이싱하고 두 번째 인자를 문자열로 출력하고 있습니다.

```
# trace 'do_sys_open "%s", arg2'
PID     TID     COMM    FUNC          -
28887   28887   ls      do_sys_open   /etc/ld.so.cache
28887   28887   ls      do_sys_open   /lib/x86_64-linux-gnu/libselinux.so.1
28887   28887   ls      do_sys_open   /lib/x86_64-linux-gnu/libc.so.6
28887   28887   ls      do_sys_open   /lib/x86_64-linux-gnu/libpcre2-8.so.0
28887   28887   ls      do_sys_open   /lib/x86_64-linux-gnu/libdl.so.2
```

```
28887    28887    ls        do_sys_open    /lib/x86_64-linux-gnu/libpthread.so.0
28887    28887    ls        do_sys_open    /proc/filesystems
28887    28887    ls        do_sys_open    /usr/lib/locale/locale-archive
[...]
```

trace(8) 도구의 문법은 printf(3)에서 영감을 받아 만들었는데, 포맷 문자열과 인자를 지원합니다. do_sys_open()의 두 번째 인자 arg2에는 열린 파일 이름이 담겨 있기에 문자열 형식으로 출력되었습니다.

trace(8)와 argdist(8) 두 가지 모두 문법의 확장성이 있어 여러 가지 원 라이너를 만들 수 있습니다. 다음 절에서 다룰 bpftrace는 여기서 더 나가서 한 줄 또는 여러 줄의 프로그램을 작성하는데 필요한 기능을 모두 갖춘 프로그래밍 언어를 지원합니다.

15.1.7 BCC vs. bpftrace

두 프론트엔드의 차이점은 이 장의 도입부에서 간략히 설명하였습니다. BCC는 다양한 인자의 사용을 지원하거나 다양한 라이브러리를 사용하는 사용자 맞춤 도구나 복잡한 도구에 적합합니다. bpftrace는 인자를 받아들이지 않거나 정수 인자 한 개 만을 받아들이는 원 라이너나 짧은 프로그램에 적합합니다. BCC는 트레이싱 도구의 핵심인 BPF 프로그램을 C 언어로 개발할 수 있도록 했기에 모든 것을 완전히 제어할 수 있습니다. 다만 이는 복잡성이라는 대가가 따르는데, BCC 도구는 bpftrace 도구에 비해 개발 기간이 10배는 걸릴 수 있고, 코드 길이도 10배는 될 겁니다. 도구는 보통 여러 번의 시행착오를 겪으며 개발되기에, 필자가 경험한 바로는 시간을 절약하려면 더 빨리 개발할 수 있는 bpftrace로 먼저 만들고 추후 필요할 때 BCC로 포팅하는 게 좋습니다.

BCC와 bpftrace 간의 차이점은 C 프로그래밍과 셸 스크립팅 간의 차이점과 마찬가지인데, BCC는 C 프로그래밍과 유사하며(BCC 도구의 일부는 C로 작성됨) bpftrace는 셸 스크립팅과 비슷합니다. 필자는 평상시에 사전에 만들어진 다수의 C 프로그램(top(1), vmstat(1) 등)을 주로 사용하고 필요에 따라 일회성 셸 스크립트를 개발해서 사용합니다. 마찬가지로, 필자는 사전에 만들어진 다수의 BCC 도구들을 사용하고 필요에 따라 일회성 커스텀 bpftrace 도구들을 개발해서 사용합니다.

독자들이 이러한 도구들을 활용할 수 있도록 이 책에는 여러 장에 걸쳐 BCC 도구들을 소개했고, 이 장의 뒷부분에서는 bpftrace로 도구를 직접 어떻게 만들지 보여주고 있습니다.

15.1.8 문서

각 도구는 일반적으로 도구의 사용법을 설명해 놓은 메시지를 출력할 수 있습니다. 예를 들면, 다음과 같습니다.

```
# funccount -h
usage: funccount [-h] [-p PID] [-i INTERVAL] [-d DURATION] [-T] [-r] [-D]
                 pattern

Count functions, tracepoints, and USDT probes

positional arguments:
  pattern               search expression for events

optional arguments:
  -h, --help            show this help message and exit
  -p PID, --pid PID     trace this PID only
  -i INTERVAL, --interval INTERVAL
                        summary interval, seconds
  -d DURATION, --duration DURATION
                        total duration of trace, seconds
  -T, --timestamp       include timestamp on output
  -r, --regexp          use regular expressions. Default is "*" wildcards
                        only.
  -D, --debug           print BPF program before starting (for debugging
                        purposes)

examples:
    ./funccount 'vfs_*'             # count kernel fns starting with "vfs"
    ./funccount -r '^vfs.*'         # same as above, using regular expressions
    ./funccount -Ti 5 'vfs_*'       # output every 5 seconds, with timestamps
    ./funccount -d 10 'vfs_*'       # trace for 10 seconds only
    ./funccount -p 185 'vfs_*'      # count vfs calls for PID 181 only
    ./funccount t:sched:sched_fork  # count calls to the sched_fork tracepoint
    ./funccount -p 185 u:node:gc*   # count all GC USDT probes in node, PID 185
    ./funccount c:malloc            # count all malloc() calls in libc
    ./funccount go:os.*             # count all "os.*" calls in libgo
    ./funccount -p 185 go:os.*      # count all "os.*" calls in libgo, PID 185
    ./funccount ./test:read*        # count "read*" calls in the ./test binary
```

각 BCC 도구는 매뉴얼 페이지(man/man8/funccount.8)와 예시 파일(examples/funccount_example.txt) 역시 제공하고 이는 BCC 저장소에 들어있습니다. 예시 파일에는 도구의 출력 결과와 이에 대한 설명 역시 함께 수록되어 있습니다.

BCC 저장소에 있는 필자가 작성한 다음의 문서들도 참고하기 바랍니다.[Iovisor 20b]

- 최종 사용자를 위한 튜토리얼: docs/tutorial.md

- BCC 개발자용 튜토리얼: docs/tutorial_bcc_python_developer.md
- 레퍼런스 가이드: docs/reference_guide.md

BCC에 대한 더 많은 정보는 필자의 이전 책《BPF 성능분석 도구》4장 "BCC"를 참고하세요.[Gregg 19]

15.2 bpftrace

bpftrace는 BPF와 BCC를 기반으로 만든 오픈 소스 트레이싱 도구로, 성능 분석 도구 모음 뿐만 아니라 새로운 도구를 개발할 수 있도록 고급 언어도 함께 제공합니다. bpftrace 언어는 단순하고 배우기 쉽도록 설계되어 있습니다. 이 언어는 트레이싱의 awk(1)에 해당하는데, 실제로 awk(1)에서 영감을 얻었습니다. awk(1)에서 간단한 프로그램을 작성해 입력 라인을 처리하듯이 bpftrace 역시 간단한 프로그램을 작성해 입력 이벤트를 처리합니다. bpftrace는 알라스테어 로버트슨(Alastair Robertson)이 개발했는데, 필자 역시 이 프로젝트의 주요 기여자입니다.

다음은 bpftrace의 활용을 보여주는 예시로, 이 원 라이너는 TCP 수신 메시지 크기 분포를 프로세스 이름별로 보여줍니다.

```
# bpftrace -e 'kr:tcp_recvmsg /retval >= 0/ { @recv_bytes[comm] = hist(retval); }'
Attaching 1 probe...
^C

@recv_bytes[sshd]:
[32, 64)               7 |@@@@@@@@@@@@@@@@@@@@@@@@@@@@@@@@@@@@@@@@@@@@@@@@@@@@|
[64, 128)              2 |@@@@@@@@@@@@@@                                      |

@recv_bytes[nodejs]:
[0]                   82 |@@@@@@@@@@@@@@@@@@@@@@@@@@@                         |
[1]                  135 |@@@@@@@@@@@@@@@@@@@@@@@@@@@@@@@@@@@@@@@@@@@@        |
[2, 4)               153 |@@@@@@@@@@@@@@@@@@@@@@@@@@@@@@@@@@@@@@@@@@@@@@@@@   |
[4, 8)                12 |@@@                                                 |
[8, 16)                6 |@                                                   |
[16, 32)              32 |@@@@@@@@@@                                          |
[32, 64)             158 |@@@@@@@@@@@@@@@@@@@@@@@@@@@@@@@@@@@@@@@@@@@@@@@@@@@@|
[64, 128)            155 |@@@@@@@@@@@@@@@@@@@@@@@@@@@@@@@@@@@@@@@@@@@@@@@@@@  |
[128, 256)            14 |@@@@                                                |
```

이 출력 결과는 nodejs 프로세스의 수신 크기가 쌍봉 분포를 형태를 띄고 있음을 보여주는데, 하나는 대략 0~4바이트이며 또 하나의 분포는 32~128바이트 사이입니다. 간결한 문법으로 작성된 이 bpftrace 원 라이너는 kretprobe를 사용해서 tcp_recvmsg()를 계측하였는데, 리턴 값이 양인 경우를 필터링 하였으며(오류 코드(음수) 배제), @recv_bytes라는 이름의 BPF 맵 객체에 프로세스 이름(comm)을 키로 사용해서 리턴 값에 대한 히스토그램을 저장했습니다. 사용자가 Ctrl-C 입력하고 bpftrace가 SIGINT 시그널을 받게 되면, 해당 도구는 종료되며 자동으로 BPF 맵의 내용을 출력합니다. 이 부분에 대해서는 다음 절에서 좀 더 상세하게 설명합니다.

bpftrace로 자신만의 원 라이너를 만들 수 있을 뿐 아니라, bpftrace 저장소에서는 즉시 실행해 볼 수 있는 여러 도구를 함께 제공하고 있습니다.

https://github.com/iovisor/bpftrace

이번 절에서는 bpftrace 도구와 bpftrace 프로그래밍 언어에 대해 개괄합니다. 이 내용은 필자의 이전 책《BPF 성능 분석 도구》5장 "bpftrace" 자료를 기반으로 하고 있으며, 여기서는 bpftrace를 좀 더 심도 있게 다룹니다.

15.2.1 설치

bpftrace는 많은 리눅스 배포판에 패키징 되어 있어서 설치가 간편합니다. 사용 중인 환경에서 패키지 매니저를 통해 "bpftrace"를 검색해 보세요. 우분투, 페도라, 젠투, 데비안, 오픈수세(openSUSE) 및 CentOS 패키지가 존재합니다. 레드햇(RHEL) 8.2에는 기술 프리뷰(Technology Preview)의 일부로 bpftrace가 포함되어 있습니다.

패키지 이외에도 bpftrace 도커 이미지, glibc 말고는 달리 의존성이 없는 bpftrace 바이너리, 그리고 소스 코드로부터 bpftrace를 직접 빌드하는 방법을 사용할 수 있습니다. 이와 같은 방법에 대해서는 bpftrace 저장소에 있는 INSTALL.md 문서를 참고하세요.[Iovisor 20a] INSTALL.md에는 커널 설정 요구사항 또한 정리되어 있습니다(CONFIG_BPF=y, CONFIG_BPF_SYSCALL=y, CONFIG_BPF_EVENTS=y 설정이 필요합니다). bpftrace는 리눅스 4.9 또는 더 최신 버전을 필요로 합니다.

15.2.2 도구

그림 15.3에는 bpftrace 트레이싱 도구들이 정리되어 있습니다.

bpftrace 저장소에 있는 도구들은 검은색으로 표시되어 있습니다. 필자는 이전 책《BPF 성능 분석 도구》를 출간하면서 더 많은 bpftrace 도구들을 개발했으며, 이

— Systems

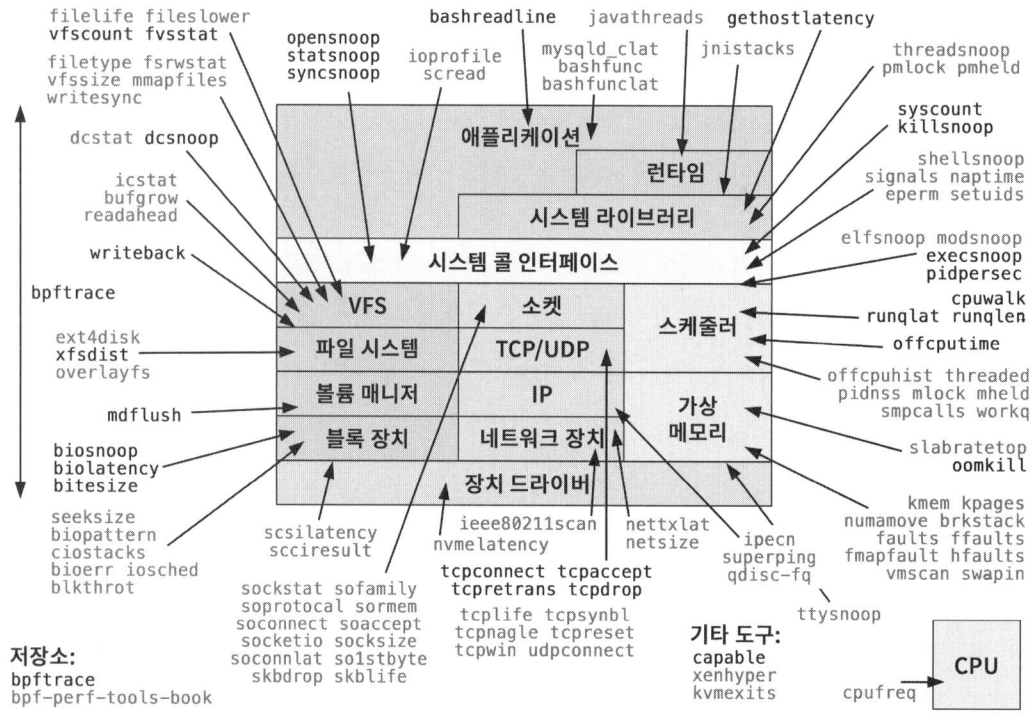

그림 15.3 bpftrace 도구

도구들을 bpf-perf-tools-book 저장소에 오픈 소스로 공개했는데, 이 도구들은 빨간 색과 회색으로 표시되어 있습니다.[2][Gregg 19g]

15.2.3 원 라이너

다음 원 라이너들은 따로 설정하지 않는 한 시스템 전체를 대상으로 Ctrl-C가 입력 되기 전까지 트레이싱합니다. 이 원 라이너들은 그 자체로 유용하며, bpftrace 프로 그래밍 언어를 어떻게 사용해야 하는지 간단하게 보여줍니다. 아래에 분석하는 대 상별로 묶어 설명하고 있습니다. 더 많은 bpftrace 원 라이너 목록은 시스템 자원을 다루는 각 장에서 찾아볼 수 있습니다.

CPU

새로운 프로세스를 인자와 함께 트레이싱합니다.

```
bpftrace -e 'tracepoint:syscalls:sys_enter_execve { join(args->argv); }'
```

2 (옮긴이) https://www.brendangregg.com/BPF/bpf_performance_tools_book.png에서 확인할 수 있습니다.

시스템 콜을 프로세스별로 집계합니다.

```
bpftrace -e 'tracepoint:raw_syscalls:sys_enter { @[pid, comm] = count(); }'
```

PID 189의 사용자 레벨 스택을 49Hz 주기로 샘플링합니다.

```
bpftrace -e 'profile:hz:49 /pid == 189/ { @[ustack] = count(); }'
```

메모리

프로세스 힙 확장(brk())을 코드 경로별로 집계합니다.

```
bpftrace -e tracepoint:syscalls:sys_enter_brk { @[ustack, comm] = count(); }
```

사용자 페이지 폴트를 사용자 레벨 스택 트레이스별로 집계합니다.

```
bpftrace -e 'tracepoint:exceptions:page_fault_user { @[ustack, comm] = count(); }'
```

vmscan 동작을 tracepoint별로 집계합니다.

```
bpftrace -e 'tracepoint:vmscan:* { @[probe]++; }'
```

파일 시스템

openat(2) 시스템 콜로 연 파일들을 프로세스 이름과 함께 트레이싱합니다.

```
bpftrace -e 't:syscalls:sys_enter_openat { printf("%s %s\n", comm,
    str(args->filename)); }'
```

read() 시스템 콜 읽기 크기(와 오류)의 분포를 보여줍니다.

```
bpftrace -e 'tracepoint:syscalls:sys_exit_read { @ = hist(args->ret); }'
```

VFS 호출을 집계합니다.

```
bpftrace -e 'kprobe:vfs_* { @[probe] = count(); }'
```

ext4 tracepoint 호출을 집계합니다.

```
bpftrace -e 'tracepoint:ext4:* { @[probe] = count(); }'
```

디스크

블록 I/O 크기를 히스토그램으로 요약합니다.

```
bpftrace -e 't:block:block_rq_issue { @bytes = hist(args->bytes); }'
```

블록 I/O 요청 사용자 스택 트레이스를 집계합니다.

```
bpftrace -e 't:block:block_rq_issue { @[ustack] = count(); }'
```

블록 I/O 유형 플래그를 집계합니다.

```
bpftrace -e 't:block:block_rq_issue { @[args->rwbs] = count(); }'
```

네트워킹

소켓 accept(2)를 PID와 프로세스 이름별로 집계합니다.

```
bpftrace -e 't:syscalls:sys_enter_accept* { @[pid, comm] = count(); }'
```

소켓 송신/수신 바이트 크기를 on-CPU PID와 프로세스 이름별로 집계합니다.

```
bpftrace -e 'kr:sock_sendmsg,kr:sock_recvmsg /retval > 0/ {
    @[pid, comm] = sum(retval); }'
```

TCP 송신 바이트 크기를 히스토그램으로 보여줍니다.

```
bpftrace -e 'k:tcp_sendmsg { @send_bytes = hist(arg2); }'
```

TCP 수신 바이트 크기를 히스토그램으로 보여줍니다.

```
bpftrace -e 'kr:tcp_recvmsg /retval >= 0/ { @recv_bytes = hist(retval); }'
```

UDP 송신 바이트 크기를 히스토그램으로 보여줍니다.

```
bpftrace -e 'k:udp_sendmsg { @send_bytes = hist(arg2); }'
```

애플리케이션

malloc() 요청된 바이트 크기를 사용자 스택 트레이스별로 합산합니다(오버헤드 높음).

```
bpftrace -e 'u:/lib/x86_64-linux-gnu/libc-2.27.so:malloc { @[ustack(5)] = sum(arg0); }'
```

kill() 시그널을 sender 프로세스 이름과 대상 PID, 시그널 번호와 함께 트레이싱합니다.

```
bpftrace -e 't:syscalls:sys_enter_kill { printf("%s -> PID %d SIG %d\n",
    comm, args->pid, args->sig); }'
```

커널

시스템 콜을 시스템 콜 함수 이름별로 집계합니다.

```
bpftrace -e 'tracepoint:raw_syscalls:sys_enter {
    @[ksym(*(kaddr("sys_call_table") + args->id * 8))] = count(); }'
```

'attach'로 시작하는 커널 함수 호출을 집계합니다.

```
bpftrace -e 'kprobe:attach* { @[probe] = count(); }'
```

vfs_write()의 세 번째 인자(크기) 빈도를 집계합니다.

```
bpftrace -e 'kprobe:vfs_write { @[arg2] = count(); }'
```

커널 함수 vfs_read()의 시간을 측정하고, 히스토그램으로 요약합니다.

```
bpftrace -e 'k:vfs_read { @ts[tid] = nsecs; } kr:vfs_read /@ts[tid]/ {
    @ = hist(nsecs - @ts[tid]); delete(@ts[tid]); }'
```

컨텍스트 스위치 스택 트레이스를 집계합니다.

```
bpftrace -e 't:sched:sched_switch { @[kstack, ustack, comm] = count(); }'
```

유휴 상태를 제외하고 99Hz 주기로 커널 레벨 스택을 샘플링합니다.

```
bpftrace -e 'profile:hz:99 /pid/ { @[kstack] = count(); }'
```

15.2.4 프로그래밍

이번 절에서는 bpftrace 사용법과 bpftrace 언어로 프로그래밍하는 방법을 간략하게 소개합니다. 이번 절의 구성은 awk를 처음 소개한 논문[Aho 78][Aho 88]에서 영감을 얻었는데, 이 논문은 awk 언어 전체를 단 6쪽으로 담아내고 있습니다. bpftrace 언어 자체는 awk와 C, DTrace, SystemTap과 같은 트레이싱 도구에서 영감을 얻었습니다.

다음은 bpftrace로 작성한 프로그래밍 사례로, 커널 함수 vfs_read()의 시간(마이크로초 단위)을 측정하고 이를 히스토그램으로 출력합니다.

```
#!/usr/local/bin/bpftrace

// 이 프로그램은 vfs_read()의 시간을 계측합니다

kprobe:vfs_read
{
        @start[tid] = nsecs;
}

kretprobe:vfs_read
/@start[tid]/
{
        $duration_us = (nsecs - @start[tid]) / 1000;
        @us = hist($duration_us);
        delete(@start[tid]);
}
```

다음 절에서는 이 도구의 컴포넌트에 대해 설명하는데, 일종의 사용 지침서로 볼 수도 있습니다. 15.2.5절 "참고 자료"는 probe 유형, 테스트, 연산자, 변수, 함수 및 맵 유형을 다루고 있습니다.

1. 사용법

명령어 사용 방법:

`bpftrace -e program`

위의 명령어는 명령어가 정의한 어떠한 이벤트든 계측하면서 프로그램(program)을 실행합니다. 이 프로그램은 Ctrl-C를 누를 때까지, 혹은 프로그램이 명시적으로 exit()를 호출할 때까지 실행됩니다. -e 인자로 실행하는 bpftrace 프로그램을 원라이너(one-liner)라고 합니다. 이와는 다르게 프로그램은 파일로 저장할 수 있으며, 다음과 같이 실행할 수 있습니다.

`bpftrace file.bt`

.bt 확장자가 필요하지는 않지만 나중에 파일을 확인하는 데 도움이 됩니다. 파일 맨 위에 인터프리터 라인[3]을 작성함으로서

`#!/usr/local/bin/bpftrace`

파일을 실행 가능하게(`chmod a+x file.bt`) 만들 수 있으며, 다른 프로그램처럼 실행할 수 있습니다.

`./file.bt`

bpftrace는 루트 사용자(superuser) 권한으로 실행해야 합니다.[4] 일부 환경에서는 루트 셸을 이용해서 프로그램을 직접 실행할 수도 있지만 다른 환경에서는 sudo(1)를 통해 특권을 가진 명령어들을 실행하는 것을 선호할 수도 있습니다.

`sudo ./file.bt`

2. 프로그램 구조

bpftrace 프로그램은 여러 probe 그리고 이와 관련된 동작들로 구성되어 있습니다.

```
probes { actions }
probes { actions }
...
```

---

[3] 어떤 사람들은 #!/usr/bin/env bpftrace 사용을 선호할 수 있는데, $PATH에서 bpftrace를 찾을 수 있기 때문입니다. 그러나 env(1)는 여러 문제가 있어 BCC 저장소에서의 사용 빈도는 예전 수준으로 돌아갔습니다.
[4] bpftrace는 UID 0를 확인합니다. 향후 업데이트에서는 특정 권한을 확인할 수도 있습니다.

probe가 작동하면 연관된 동작이 실행됩니다. 선택 사항인 필터 표현식이 그 동작 앞에 포함될 수도 있습니다.

```
probes /filter/ { actions }
```

이러한 경우 필터 표현식이 참인 경우에만 작동합니다. 이것은 awk(1) 프로그램 구조와 유사합니다.

```
/pattern/ { actions }
```

awk(1) 프로그래밍도 bpftrace 프로그래밍과 유사합니다. 다중 동작 블록을 정의할 수 있고, 실행 순서에 제약 없이 패턴이 참이거나 probe + 필터 표현식이 참일 때 실행됩니다.

3. 주석

bpftrace 프로그램 파일에는 '//' 접두사를 써서 한 줄 주석을 추가할 수 있습니다.

```
// 이것은 한 줄 주석입니다.
```

주석으로 표기된 행은 실행되지 않습니다. 여러 줄 주석은 C 언어와 같은 포맷을 사용합니다.

```
/*
 * 이것은
 * 여러 줄 주석입니다.
 */
```

이 문법은 행의 일부분을 주석 처리할 때도 사용할 수 있습니다(예: /* 주석 */).

4. Probe 포맷

probe 포맷에는 제일 먼저 유형(type) 이름이 나오고, 콜론으로 구분된 식별자(identifier)의 계층(hierarchy)이 그 뒤를 따릅니다.

```
type:identifier1[:identifier2[...]]
```

계층은 probe 유형에 의해 정의됩니다. 다음의 두 가지 예시를 생각해 봅시다.

```
kprobe:vfs_read
uprobe:/bin/bash:readline
```

kprobe 유형은 커널 함수 호출을 계측하며, 식별자로 커널 함수 이름만 필요로 합니다. uprobe 유형은 사용자 레벨 함수 호출을 계측하며, 바이너리 경로와 함수 이름, 두 가지를 필요로 합니다.

여러 probe에 대해 동일한 동작을 수행하도록 하기 위해, 다수의 probe를 콤마로 구분해 지정할 수 있습니다.

```
probe1,probe2,... { actions }
```

추가적인 식별자가 필요 없는 두 가지 특별한 probe 유형이 있습니다. bpftrace 프로그램의 시작과 종료에서 작동하는 BEGIN과 END입니다(awk(1)와 같습니다). 예를 들어 다음과 같이 작성하면 트레이싱을 시작하면서 정보 메시지를 출력할 수 있습니다.

```
BEGIN { printf("Tracing. Hit Ctrl-C to end.\n"); }
```

probe 유형과 사용 방법에 대해 더 배우려면, 15.2.5 "참고 자료" 아래에 있는 1. "Probe 유형"을 참고하세요.

5. Probe 와일드카드

몇몇 probe 유형은 와일드카드를 사용할 수 있습니다. 다음 probe를 봅시다.

```
kprobe:vfs_*
```

이렇게 설정하면 'vfs_'로 시작하는 모든 kprobe(커널 함수들)를 계측할 것입니다. 너무 많은 probe를 계측하면 불필요한 성능 오버헤드를 유발할 수 있습니다. 우연히라도 이런 일이 발생하지 않도록 bpftrace에는 BPFTRACE_MAX_PROBES 환경 변수를 통해 활성화할 수 있는 probe의 최대 개수를 지정하는 옵션이 있습니다(현재 기본 값은 512[5]입니다).

와일드카드를 테스트하기 전에 bpftrace -l을 실행해서 일치되는 probe를 나열해 볼 수 있습니다.

```
# bpftrace -l 'kprobe:vfs_*'
kprobe:vfs_fallocate
```

[5] 현재는 probe가 512개가 넘으면 bpftrace의 작동과 종료가 느려지는데, 계측이 한 번에 하나씩 이뤄지기 때문입니다. Probe 계측을 일괄 처리하는 커널 개선 작업이 계획되어 있습니다. 이 경우 최댓값이 크게 높아지거나 없어질 수도 있습니다.

```
kprobe:vfs_truncate
kprobe:vfs_open
kprobe:vfs_setpos kprobe:vfs_llseek
[...]
bpftrace -l 'kprobe:vfs_*' | wc -l
56
```

여기서는 56개의 probe와 일치했습니다. probe 이름은 따옴표 안에 들어 있어서 의도치 않은 셸 확장을 방지해 줍니다.

6. 필터

필터는 불 표현식(Boolean expression)으로 동작의 실행 여부를 제어합니다.

```
/pid == 123/
```

이 필터는 pid(프로세스 ID) 내장 변수가 123과 동일할 때에만 동작을 수행합니다. 검사 식이 지정되지 않는다면,

```
/pid/
```

필터는 해당 값이 0이 아닌지 확인합니다(/pid/는 /pid != 0/과 동일). 필터는 논리 AND(&&)와 같은 불 연산자와 결합될 수 있습니다. 예를 들어

```
/pid > 100 && pid < 1000/
```

이 경우 두 가지 표현 모두 '참'으로 평가되어야 합니다.

7. 동작

동작(actions)은 단일 명령문 혹은 세미콜론(;)으로 구분된 다중 명령문일 수 있습니다.

```
{ action one; action two; action three }
```

마지막 문장에는 세미콜론을 추가할 수도 있습니다. 명령문은 C 언어와 유사한 bpftrace 언어로 작성하고, 변수를 조작하고 bpftrace 함수 호출을 수행할 수 있습니다. 예를 들어 다음 동작을 봅시다.

```
{ $x = 42; printf("$x is %d", $x); }
```

변수 $x를 42로 설정하며 printf()로 출력합니다. 사용 가능한 다른 함수 호출에 대해서는 15.2.5 "참고 자료" 아래에 있는 4. "함수" 및 5. "맵 함수"를 참고하세요.

8. Hello, World!

이제 다음과 같은 기초 프로그램을 이해할 수 있을 겁니다. bpftrace가 실행되기 시작하면 "Hello, World!"를 출력합니다.

```
# bpftrace -e 'BEGIN { printf("Hello, World!\n"); }'
Attaching 1 probe...
Hello, World!
^C
```

파일 형식은 다음과 같습니다.

```
#!/usr/local/bin/bpftrace

BEGIN
{
        printf("Hello, World!\n");
}
```

동작 블록을 들여쓰기 하여 여러 줄로 작성할 필요는 없지만, 이렇게 하면 가독성이 높아집니다.

9. 함수

포맷된 결과물을 출력하기 위한 printf() 외에도 다음과 같은 내장 함수가 있습니다.

- exit(): bpftrace를 종료합니다
- str(char *): 포인터에서 문자열을 리턴합니다
- system(format[, arguments ...]): 셸에서 명령어를 실행합니다.

다음의 동작문은

```
printf("got: %llx %s\n", $x, str($x)); exit();
```

$x 변수를 16진수 정수로 출력한 후, 이를 NULL로 끝나는 문자열 배열 포인터(char *)로 취급하여 문자열로 출력한 다음 종료합니다.

10. 변수

변수 유형은 내장 변수, 스크래치 변수, 그리고 맵 변수 이렇게 세 가지입니다.

내장 변수(Built-in variables)는 bpftrace에서 사전에 정의해 제공하는, 읽기 전용으로 주로 쓰이는 정보 소스입니다. 이러한 내장 변수에는 프로세스 ID를 나타내는 pid, 프로세스 이름인 comm, 나노초 단위 타임스탬프인 nsecs, 현재 스레드의 task_struct 주소값인 curtask가 있습니다.

스크래치 변수(Scratch variables)는 임시 계산용으로 사용되며 접두사 '$'가 붙습니다. 변수의 이름과 유형은 첫 번째 할당문에서 결정됩니다. 다음을 살펴봅시다.

```
$x = 1;
$y = "hello";
$z = (struct task_struct *)curtask;
```

여기서는 $x를 정수로, $y를 문자열로, $z를 task_struct 구조체를 가리키는 포인터로 선언합니다. 이러한 스크래치 변수들은 할당한 동작 블록에서만 사용할 수 있습니다. 변수들이 할당 없이 참조된다면 bpftrace가 오류를 일으킵니다(오타를 잡는데 도움이 됩니다).

맵 변수(Map variables)는 BPF 맵 저장 객체를 사용하며 접두사 '@'가 붙습니다. 이 변수 유형은 동작 간에 데이터를 교환하는 전역 저장 객체로 사용할 수 있습니다. 다음을 살펴봅시다.

```
probe1 { @a = 1; }
probe2 { $x = @a; }
```

probe1이 동작할 때는 1을 @a에 할당하며, 그 다음 probe2가 동작할 때 @a를 $x에 할당합니다. probe1이 먼저 동작하고 나서 probe2가 동작한다면 $x은 1로 설정될 것이고, 그렇지 않다면 0으로 설정될 것입니다(초기화되지 않음).

맵과 키를 함께 사용하면 해시 테이블(연관 배열)로 사용할 수 있고, 맵의 키는 하나 이상의 요소로 구성할 수 있습니다.

```
@start[tid] = nsecs;
```

위 문장은 자주 사용됩니다. 내장 변수 nsecs를 @start라는 이름의 맵에 할당하며 현재 스레드 ID인 tid를 키로 사용합니다. 이렇게 하면 스레드별로 고유한 타임스탬프를 저장할 수 있는데, 서로 값을 덮어쓰지 않습니다.

```
@path[pid, $fd] = str(arg0);
```

이 코드는 다중 키 맵 예시인데, pid 내장 변수와 $fd 변수를 둘 다 키로 사용합니다.

11. 맵 함수

맵에 할당할 수 있는 특수한 함수들도 있습니다. 이 함수들은 특정한 방법으로 데이터를 저장하고 출력합니다.

```
@x = count();
```

위의 할당문은 이벤트를 집계하며, 출력하면 집계 결과가 표시됩니다. 이것은 CPU별 맵을 사용하며, @x는 집계(count) 유형의 특수한 객체가 됩니다. 다음 문장 역시 이벤트를 집계합니다.

```
@x++;
```

그러나 이 방식은 이전과 달리 CPU별 맵(per-CPU map)이 아닌 CPU 전역 맵(global CPU map)을 사용하며, @x는 정수 유형으로 사용됩니다. 전역 정수 유형은 집계 유형은 필요 없고 정수 유형만을 요구하는 일부 프로그램에서 사용될 때가 있지만, 약간의 오차 범위가 있을 수 있음을 유념해야 하는데, 동시에 갱신할 때 오차가 발생할 수 있습니다.

```
@y = sum($x);
```

위 할당문은 $x 변수의 값들을 더하고, 출력 시에 그 합계를 출력할 것입니다.

```
@z = hist($x);
```

위 할당문은 $x를 2의 거듭제곱 히스토그램으로 저장하며, 출력 시에 버킷 집계와 ASCII 히스토그램을 출력합니다.

일부 맵 함수는 맵을 직접 처리합니다. 예를 들어 봅시다.

```
print(@x);
```

위의 문장은 @x 맵을 출력할 것입니다. 예컨대 맵의 내용을 인터벌 이벤트에서 출력하는 데 사용할 수 있습니다. 하지만 자주 사용되지는 않는데, 사용자의 편의를

위해 모든 맵은 bpftrace가 종료될 때 자동으로 출력되기 때문입니다.[6]

일부 맵 함수는 맵의 키를 대상으로 작동합니다.

delete(@start[tid]);

이 문장은 @start 맵에서 tid 키를 가진 키/값 쌍을 삭제합니다.

12. vfs_read() 시간계측

지금까지 더 깊이 있고 실용적인 사례를 이해하는 데 필요한 문법을 학습했습니다. 여기서 살펴볼 vfsread.bt 프로그램은 vfs_read 커널 함수의 시간을 측정하고 마이크로초(us) 단위로 지속 시간 히스토그램을 출력합니다.

```
#!/usr/local/bin/bpftrace

// 이 프로그램은 vfs_read()의 시간을 계측합니다

kprobe:vfs_read
{
        @start[tid] = nsecs;
}

kretprobe:vfs_read
/@start[tid]/
{
        $duration_us = (nsecs - @start[tid]) / 1000;
        @us = hist($duration_us);
        delete(@start[tid]);
}
```

이 프로그램은 vfs_read() 커널 함수의 수행 시간을 측정하는데, 함수의 시작을 kprobe를 이용해 계측하고, @start 해시 맵에 스레드 ID를 키로 사용해 타임스탬프를 저장하며, 함수의 끝을 kretprobe를 사용해서 계측하고, 시각의 차이(delta)를 '현재 시각 - 시작(start) 시각'으로 계산합니다. 필터는 시작 시간이 기록됐는지 확인하는 데 사용합니다. 필터를 사용하지 않으면, 트레이싱이 시작될 때 이미 동작 중이던 vfs_read() 호출의 경우, 종료 시점은 있지만 시작 시간이 없기 때문에 시간이 말도 안되게 크게 나올 것입니다('현재 시각 - 0'으로 시간 차이가 잘못 계산됩니다).

---

6 bpftrace가 종료될 때의 맵 출력은 런타임에서의 맵 출력에 비해 오버헤드가 더욱 낮습니다. 런타임의 경우에는 맵이 상시로 업데이트되기 때문이며 이로 인해 맵 탐색 루틴이 느려질 수 있습니다.

다음은 샘플 출력 결과입니다.

```
# bpftrace vfsread.bt
Attaching 2 probes...
^C

@us:
[0]                 23 |@                                                    |
[1]                138 |@@@@@@@@@                                            |
[2, 4)             538 |@@@@@@@@@@@@@@@@@@@@@@@@@@@@@@@@@@@                  |
[4, 8)             744 |@@@@@@@@@@@@@@@@@@@@@@@@@@@@@@@@@@@@@@@@@@@@@@@@@@|
[8, 16)            641 |@@@@@@@@@@@@@@@@@@@@@@@@@@@@@@@@@@@@@@@@@@@         |
[16, 32)           122 |@@@@@@@@                                             |
[32, 64)            13 |                                                     |
[64, 128)           17 |@                                                    |
[128, 256)           2 |                                                     |
[256, 512)           0 |                                                     |
[512, 1K)            1 |                                                     |
```

프로그램은 Ctrl-C가 입력될 때까지 실행되며, 입력되면 결과를 출력하고 종료됩니다. 출력 결과에는 맵의 이름도 함께 표시되는데, 여기서는 단위를 보여주기 위해 히스토그램 맵의 이름을 'us'라고 하였습니다. 맵에 'bytes'나 'latency_ns' 같은 의미 있는 이름을 붙이면 출력 결과에 주석으로 부연 설명할 필요가 없습니다.

이 스크립트는 필요에 따라 커스터마이즈할 수 있습니다. hist() 할당 라인을 다음과 같이 변경해 보세요.

```
@us[pid, comm] = hist($duration_us);
```

이러한 수정은 프로세스 ID와 프로세스 이름으로 된 한 쌍당 하나의 히스토그램을 저장합니다. iostat(1)과 vmstat(1) 같은 기존의 시스템 도구는 출력 결과가 항상 정해져 있으며 쉽게 커스터마이징할 수 없습니다. 그러나 bpftrace를 사용하면 필요로 하는 해답을 얻을 때까지 지표를 더 세분화할 수 있으며, 다른 probe의 지표를 개선할 수 있습니다.

vfs_read() 지연을 파일 시스템, 소켓 등의 유형별로 세분화하는 파생 사례에 대해서는 8.6.15절 "bpftrace" 아래의 "VFS 지연 트레이싱"을 확인하세요.

15.2.5 참고 자료

이번 절에서는 probe 유형, 흐름 제어, 변수, 함수, 맵 함수와 같은 bpftrace 프로그램의 주요 컴포넌트에 대해서 다룹니다.

1. Probe 유형

표 15.4에 사용 가능한 probe 유형을 정리해 놓았습니다. 이 중 많은 수는 축약형(alias)이 있어서 원 라이너를 더 짧게 작성할 수 있습니다.

표 15.4 bpftrace probe 유형

유형	축약형	설명
tracepoint	t	커널 정적 계측 포인트
usdt	U	정적으로 정의된 사용자 레벨 트레이싱
kprobe	k	커널 동적 함수 계측
kretprobe	kr	커널 동적 함수 리턴 계측
kfunc	f	커널 동적 함수 계측(BPF 기반)
kretfunc	fr	커널 동적 함수 리턴 계측(BPF 기반)
uprobe	u	사용자 레벨 동적 함수 계측
uretprobe	ur	사용자 레벨 동적 함수 리턴 계측
software	s	커널 소프트웨어 기반 이벤트 추적
hardware	h	하드웨어 카운터 기반 계측
watchpoint	w	메모리 watchpoint 계측
profile	p	모든 CPU를 대상으로 하는 정주기 샘플링
interval	i	정주기 리포팅(단일 CPU에서)
BEGIN		bpftrace의 시작
END		bpftrace의 종료

이들 probe 유형 대부분은 기존 커널 기술을 사용하기 위한 인터페이스입니다. 4장에서는 kprobe, uprobe, tracepoint, USDT, 그리고 PMC(하드웨어 probe 유형에 사용) 같은 이러한 기술들이 어떻게 작동하는지 설명했습니다. kfunc/kretfunc probe 유형은 오버헤드가 낮은 새로운 인터페이스로 eBPF 트램펄린과 BTF에 기반하고 있습니다.

일부 probe는 자주 발생할 수도 있는데, 스케줄러 이벤트, 메모리 할당 그리고 네트워크 패킷 등이 그렇습니다. 오버헤드를 줄이려면 가능한 한 자주 발생하지 않는 이벤트를 사용하는 것이 좋습니다. 여러분이 분석하고자 하는 함수가 얼마나 빈번하게 호출되는지 확실하지 않다면, bpftrace를 사용해서 해당 probe의 발생 빈도를 확인해 볼 수 있습니다. 예를 들어, 다음은 vfs_read() kprobe 호출을 1초 동안만 집계합니다.

```
# bpftrace -e 'k:vfs_read { @ = count(); } interval:s:1 { exit(); }'
```

필자는 해당 명령을 짧은 시간 동안만 동작하도록 하였는데, 오버헤드가 심각할 수 있기 때문입니다. 이벤트의 발생 빈도가 높고 낮은지는 사용 중인 CPU 속도, CPU 개수, CPU 여유분, 그리고 probe 계측의 비용에 따라 달라집니다. 오늘날의 일반적인 시스템을 기준으로, kprobe 또는 tracepoint 이벤트가 초당 100,000회 미만 발생할 경우에는 낮은 발생 빈도에 속합니다.

Probe 인자

각 probe 유형은 이벤트에 대한 추가적인 정보를 제공하는 여러 가지 유형의 인자를 가지고 있습니다. 가령 tracepoint의 경우에는 args를 통해 필드 이름을 참조함으로써 포맷 파일에 있는 필드들을 사용할 수 있습니다. 예를 들어 다음은 syscalls:sys_enter_read tracepoint를 계측하며, args->count를 참조하여 요청된 읽기 크기(count 인자) 히스토그램을 생성합니다.

```
bpftrace -e 'tracepoint:syscalls:sys_enter_read { @req_bytes = hist(args->count); }'
```

이 필드들은 /sys에 있는 포맷 파일 또는 bpftrace -lv 명령으로 확인할 수 있습니다.

```
# bpftrace -lv 'tracepoint:syscalls:sys_enter_read'
tracepoint:syscalls:sys_enter_read
    int __syscall_nr;
    unsigned int fd;
    char * buf;
    size_t count;
```

probe 유형과 해당 probe 인자에 대한 설명은 온라인 "bpftrace 레퍼런스 가이드"를 참고하세요.[Iovisor 20c]

2. 흐름 제어

bpftrace에는 필터, 삼항 연산자 그리고 if 문 이렇게 세 가지 유형의 검사식이 있습니다. 이 검사식은 표 15.5에 정리되어 있는 불 표현식에 따라 프로그램의 흐름을 조건적으로 바꿉니다.

표 15.5 bpftrace 불 표현식

표현식	설명
==	같은
!=	같지 않은
>	~보다 큰
<	~보다 작은
>=	~보다 크거나 같은
<=	~보다 작거나 같은
&&	그리고
||	혹은

표현식은 소괄호를 사용해 그룹으로 묶을 수 있습니다.

필터

앞에서 소개했듯이 동작의 실행 여부를 제어합니다. 포맷은 다음과 같습니다.

probe /filter/ { action }

불 연산자를 사용할 수도 있습니다. /pid == 123/ 필터는 pid 내장 변수가 123일 경우에만 해당 동작을 실행합니다.

삼항 연산자

삼항 연산자는 한 개의 검사식과 두 개의 결과로 구성된, 세 가지 요소를 가진 연산자입니다. 포맷은 다음과 같습니다.

test ? true_statement : false_statement

예를 들어 $x의 절댓값을 구하기 위해 삼항 연산자를 사용할 수 있습니다.

$abs = $x >= 0 ? $x : - $x;

If 문

If 문의 문법은 다음과 같습니다.

if (test) { true_statements }
if (test) { true_statements } else { false_statements }

이를 사용해서 IPv4와 IPv6가 다르게 동작하도록 할 수 있습니다. 예컨데, 다음과 같습니다(간단히 설명하기 위해 IPv4와 IPv6 외의 계열은 제외했습니다).

```
if ($inet_family == $AF_INET) {
    // IPv4
    ...
} else {
    // IPv6라 가정
    ...
}
```

else if 문 역시 사용할 수 있는데, bpftrace v0.10.0 버전부터 사용이 가능합니다.[7]

루프

bpftrace는 루프 기능을 필요로 하는 프로그램들을 위해 unroll() 함수로 풀어진 루프(unrolled loops)를 지원합니다. 리눅스 5.3 이상의 커널에서는 while() 루프도 사용할 수 있습니다.[8]

```
while (test) {
    statements
}
```

이 방법은 리눅스 5.3에 추가된 커널 BPF 루프 기능을 사용합니다.

연산자

앞 절에서는 검사식에 사용될 수 있는 불 연산자를 정리했습니다. bpftrace는 다음과 같은 연산자도 지원합니다.

표 15.6 bpftrace 연산자

연산자	설명
=	할당
+, -, *, /	더하기, 빼기, 곱하기, 나누기(정수에 한함)
++, --	자동 증가, 자동 감소
&, |, ^	이진 AND 연산, 이진 OR 연산, 이진 XOR 연산
!	논리적 부정

(다음 쪽에 이어짐)

---

[7] 다니엘 쉬(Daniel Xu)에게 감사를 전합니다.(PR#1211)
[8] bpftrace 로직을 추가해준 바스 스밋(Bas Smit)에게 감사를 전합니다.(PR#1066)

<<, >>	논리적 왼쪽 시프트 연산자, 논리적 오른쪽 시프트 연산자
+=, -=, *=, /=, %=, &=, ^=, <<=, >>=	복합 연산자

이 연산자들은 C 프로그래밍 언어에 있는 유사한 연산자들을 본떠 만들어졌습니다.

3. 변수

bpftrace가 제공하는 내장 변수는 보통 정보를 읽기만 할 수 있습니다. 표 15.7에는 중요한 내장 변수들이 정리되어 있습니다.

표 15.7 bpftrace 내장 변수

내장 변수	유형	설명
pid	정수	프로세스 ID (커널 tgid)
tid	정수	스레드 ID (커널 pid)
uid	정수	사용자 ID
username	문자열	사용자 이름
nsecs	정수	나노초 단위의 타임스탬프
elapsed	정수	bpftrace 초기화 이후 나노초 단위의 타임스탬프
cpu	정수	프로세서 ID
comm	문자열	프로세스 이름
kstack	문자열	커널 스택 트레이스
ustack	문자열	사용자 스택 트레이스
arg0, ..., argN	정수	특정 probe 유형의 인자
args	struct	특정 probe 유형의 인자
sarg0, ..., sargN	정수	특정 probe 유형의 스택 기반 인자
retval	정수	특정 probe 유형의 리턴 값
func	문자열	트레이싱되는 함수의 이름
probe	문자열	현재 probe의 풀 네임
curtask	구조체/정수	커널 task_struct (type 정보를 사용할 수 있으면 task_struct, 불가능하면 uint64)
cgroup	정수	현재 프로세스의 디폴트 cgroup v2 ID(cgroupid( )와 비교할 때 사용)
$1, ..., $N	정수, char *	

모든 정수형은 현재 uint64입니다. 이러한 변수들은 모두 probe가 작동할 때 현재 실행 중인 스레드, probe, 함수 그리고 CPU를 참조합니다.

이 장의 앞부분에서 retval, comm, tid, nsecs 등 여러 내장 변수들이 시연되었습니다. 전체 내장 변수의 최신 목록은 온라인 "bpftrace 레퍼런스 가이드"를 참고하세요.[Iovisor 20c]

4. 함수

bpftrace는 다양한 작업에 사용할 내장 함수를 제공합니다. 이들 중 일부는 표 15.8에 정리되어 있습니다. printf()와 같은 몇몇 내장 함수는 앞서 다룬 사례에서 사용된 바 있습니다.

표 15.8 bpftrace 내장 함수

함수	설명
printf(char *fmt [, ...])	서식이 지정된 문자열 출력
time(char *fmt)	시간을 형식에 맞추어 출력
join(char *arr[])	공백 문자로 연결된 문자열의 배열 출력
str(char *s [, int len])	선택 사항인 길이 제한을 적용하여, 포인터에서 문자열 리턴
buf(void *d [, int length])	데이터 포인터의 값을 16진수 문자열로 리턴
strncmp(char *s1, char *s2, int length)	두 문자열을 length 길이 만큼 비교
sizeof(expression)	표현식 또는 데이터 유형의 크기를 리턴
kstack([int limit])	커널 스택을 limit 깊이의 프레임까지 리턴
ustack([int limit])	사용자 스택을 limit 깊이의 프레임까지 리턴
ksym(void *p)	커널 주소를 변환하고 문자열 심벌 리턴
usym(void *p)	사용자 공간 주소를 변환하고 문자열 심벌 리턴
kaddr(char *name)	커널 심벌 이름을 주소로 변환
uaddr(char *name)	사용자 공간 심벌 이름을 주소로 변환
reg(char *name)	해당 이름의 레지스터에 저장된 값 리턴
ntop([int af,] int addr)	IPv4/IPv6 주소의 문자열 표현을 리턴
cgroupid(char *path)	해당 경로(/sys/fs/cgroup/...)에 해당하는 cgroup ID를 리턴
system(char *fmt [, ...])	셸 명령 실행
cat(char *filename)	파일 내용 출력
signal(char[] sig | u32 sig)	현재 태스크에 시그널을 전송(예: SIGTERM)
override(u64 rc)	kprobe 리턴 값을 재정의[9]
exit()	bpftrace 종료

9 경고: 무엇을 하고 있는지 확실히 알고 있는 경우에만 사용하세요. 조그만한 실수라도 커널의 동작을 멈추거나 손상시킬 수 있습니다.

이 함수 중 일부는 비동기입니다. 커널은 이벤트를 대기 큐에 넣었다가 잠시 후 사용자 공간에서 처리합니다. 비동기 함수에는 printf(), time(), cat(), join() 그리고 system()이 있습니다. kstack(), ustack(), ksym() 그리고 usym()은 주소를 동기적으로 기록하지만, 심벌 변환은 비동기적으로 합니다.

다음의 사례는 openat(2) 시스템 콜의 파일 이름을 출력하기 위해 printf() 함수와 str() 함수 두 가지 모두를 사용합니다.

```
# bpftrace -e 't:syscalls:sys_enter_open { printf("%s %s\n", comm,
    str(args->filename)); }'
Attaching 1 probe...
top /etc/ld.so.cache
top /lib/x86_64-linux-gnu/libprocps.so.7
top /lib/x86_64-linux-gnu/libtinfo.so.6
top /lib/x86_64-linux-gnu/libc.so.6
[...]
```

전체 함수의 최신 목록은 온라인 "bpftrace 레퍼런스 가이드"를 참고하세요. [Iovisor 20c]

5. 맵 함수

맵은 BPF의 특별한 해시 테이블 저장 객체로, 키/값 쌍을 저장하는 해시 테이블이나 통계 요약 등 다양한 용도로 사용할 수 있습니다. bpftrace는 맵 할당과 맵 조작과 관련된 내장 함수를 제공하는데, 대부분은 통계 요약용 맵을 지원하는 데 사용합니다. 가장 중요한 맵 함수들을 표 15.9에 정리해 놓았습니다.

표 15.9 bpftrace 맵 함수

함수	설명
count()	발생 횟수 집계
sum(int n)	값을 전부 더함
avg(int n)	값의 평균 계산
min(int n)	최솟값 기록
max(int n)	최댓값 기록
stats(int n)	집계 수, 평균 및 합계 리턴
hist(int n)	값의 2의 거듭제곱을 히스토그램으로 출력
lhist(int n, const int min, const int max, int step)	값의 선형 히스토그램 출력
delete(@m[key])	맵의 키/값 쌍 삭제
print(@m [, top [, div]])	맵 출력(선택 인자인 limit와 divisor가 있음)

clear(@m)	맵의 모든 키 삭제
zero(@m)	맵의 모든 값을 0으로 설정

이 함수들 중 일부는 비동기입니다. 커널은 이벤트를 대기 큐에 넣었다가 잠시 후에 사용자 공간에서 처리합니다. print(), clear() 그리고 zero()는 비동기 동작들입니다. 프로그램을 작성할 때 이 지연을 염두에 두어야 합니다.

다음은 맵 함수를 사용하는 또 다른 사례입니다. 여기서는 read(2) 시스템 콜 요청 크기를 프로세스 이름별로 분류하고, 선형 히스토그램을 만들기 위해 lhist()를 사용합니다. 히스토그램의 간격은 1로 설정했으므로 각각의 파일 디스크립터 번호가 개별적으로 출력됩니다.

```
# bpftrace -e 'tracepoint:syscalls:sys_enter_read {
    @fd[comm] = lhist(args->fd, 0, 100, 1); }'
Attaching 1 probe...
^C
[...]
@fd[sshd]:
[4, 5)                22 |                                                    |
[5, 6)                 0 |                                                    |
[6, 7)                 0 |                                                    |
[7, 8)                 0 |                                                    |
[8, 9)                 0 |                                                    |
[9, 10)                0 |                                                    |
[10, 11)               0 |                                                    |
[11, 12)               0 |                                                    |
[12, 13)            7760 |@@@@@@@@@@@@@@@@@@@@@@@@@@@@@@@@@@@@@@@@@@@@@@@@@@@@|
```

위의 출력 결과는 이 시스템의 sshd 프로세스가 일반적으로 파일 디스크립터 12를 읽고 있었음을 보여줍니다. 여기서는 구간 표기법을 사용하여 출력 결과를 보여주는데, '['는 >=를 의미하며 ')'는 <를 의미합니다.

전체 맵 함수의 최신 목록은 온라인 "bpftrace 레퍼런스 가이드"를 참고하세요.[Iovisor 20c]

15.2.6 문서

bpftrace는 이 책의 앞부분에서도 이미 다루었는데, 소개된 부분은 다음과 같습니다.

- 5장 "애플리케이션" 5.5.7절
- 6장 "CPU" 6.6.20절

- 7장 "메모리" 7.5.13절
- 8장 "파일 시스템" 8.6.15절
- 9장 "디스크" 9.6.11절
- 10장 "네트워크" 10.6.12절

4장 "관측가능성 도구"와 11장 "클라우드 컴퓨팅"에도 bpftrace 사례가 수록되어 있습니다.

bpftrace 저장소에 있는 필자가 작성한 다음의 문서들도 참고하세요.

- 레퍼런스 가이드: docs/reference_guide.md [Iovisor 20c]
- 튜토리얼: docs/tutorial_one_liners.md [Iovisor 20d]

bpftrace에 대해 더 자세히 알고 싶다면 필자의 전작 《BPF 성능 분석 도구》[Gregg 19]를 참고하면 되는데, 책의 5장 "bpftrace"에서는 이 프로그래밍 언어를 다양한 사례로 살펴보며, 이어지는 장들에서는 여러 대상을 분석하는데 쓰이는 bpftrace 프로그램을 좀 더 다루고 있습니다.

참고로, 필자의 책[Gregg 19]에 "계획 중인 추가 사항"으로 소개한 몇몇 기능이 이제는 bpftrace에 추가되어 이 장에 수록되어 있습니다. 추가된 기능으로는 while() 루프, else-if 문, signal(), override(), watchpoint 이벤트가 있습니다. 그 외 bpftrace에 추가된 기타 내용으로는 kfunc probe 유형, buf(), 그리고 sizeof()가 있습니다. 향후에 추가될 내용에 대해서는 bpftrace 저장소에 있는 릴리스 노트를 확인해 보세요. 많은 것이 추가로 계획되어 있지는 않은데, 이미 120개 이상의 bpftrace 도구가 제작되어 충분한 기능을 갖추고 있기 때문입니다.

15.3 참고 자료

[Aho 78] Aho, A. V., Kernighan, B. W., and Weinberger, P. J., "Awk: A Pattern Scanning and Processing Language (Second Edition)," Unix 7th Edition man pages, 1978. Online at *http://plan9.bell-labs.com/7thEdMan/index.html*.

[Aho 88] Aho, A. V., Kernighan, B. W., and Weinberger, P. J., *The AWK Programming Language*, Addison Wesley, 1988.

[Gregg 18e] Gregg, B., "YOW! 2018 Cloud Performance Root Cause Analysis at Netflix," *http://www.brendangregg.com/blog/2019-04-26/yow2018-cloud-performance-netflix.html*, 2018.

[**Gregg 19**] Gregg, B., *BPF Performance Tools: Linux System and Application Observability*, Addison-Wesley, 2019. (번역서는 《BPF 성능 분석 도구: BPF 트레이싱을 통한 리눅스 시스템 관측가능성과 성능 향상》 이호연 옮김, 인사이트, 2021)

[**Gregg 19g**] Gregg, B., "BPF Performance Tools (book): Tools," *http://www.brendangregg.com/bpf-performance-tools-book.html#tools*, 2019.

[**Iovisor 20a**] "bpftrace: High-level Tracing Language for Linux eBPF," *https://github.com/iovisor/bpftrace*, last updated 2020.

[**Iovisor 20b**] "BCC - Tools for BPF-based Linux IO Analysis, Networking, Monitoring, and More," *https://github.com/iovisor/bcc*, last updated 2020.

[**Iovisor 20c**] "bpftrace Reference Guide," *https://github.com/iovisor/bpftrace/blob/master/docs/reference_guide.md*, last updated 2020.

[**Iovisor 20d**] Gregg, B., et al., "The bpftrace One-Liner Tutorial," *https://github.com/iovisor/bpftrace/blob/master/docs/tutorial_one_liners.md*, last updated 2020.

16장

Systems Performance Second Edition

사례 연구

이번 장은 시스템 성능 사례 연구로, 실제 성능 이슈를 초기 문제 보고부터 최종 해결까지 다룹니다. 앞으로 살펴볼 이 이슈는 프로덕션 클라우드 컴퓨팅 환경에서 발생한 것으로, 시스템 성능 분석의 전형적인 사례에 해당합니다.

필자는 이 장에서 새로운 기술을 소개하기보다, 스토리텔링을 통해 여러 도구와 방법론들이 실제 작업 환경에 어떻게 적용되는지 보여드리고자 합니다. 특히 실제 시스템 성능 이슈를 많이 경험해 보지 못한 초심자들에게 유용할 터인데, 전문가들이 성능 이슈에 접근하는 방식을 어깨 너머로 볼 수 있으며, 분석 과정에서 전문가들이 어떻게 생각하는지 그리고 왜 그렇게 생각했는지에 관한 해설을 제공하기 때문입니다. 여기서는 최선의 접근 방법을 소개하기보단, 왜 이러한 접근을 선택했는지 보여주려 합니다.

16.1 원인 불명의 성능 향상

넷플릭스의 한 마이크로서비스를 새로운 컨테이너 기반 플랫폼에서 테스트했더니 요청 지연이 3~4배 정도 감소했습니다. 물론 컨테이너 플랫폼으로 이전하는데 따른 장점들을 기대하기는 했지만, 이 정도 큰 폭의 성능 향상은 예상 못한 결과였습니다! 이것은 서의 믿기지 않는 수준이었고, 필자는 그런 일이 어떻게 일어났는지 조사하고 설명해 달라는 요청을 받았습니다.

필자는 분석을 위해 카운터, 정적 설정, PMC, 소프트웨어 이벤트, 트레이싱을 기반으로 하는 다양한 도구들을 사용했습니다. 이러한 유형의 도구들을 통해 시스템의 각 부분에 대한 단서를 수집하고, 이를 종합하여 성능 분석을 성공적으로 수행할 수 있었습니다. 이 사례로 시스템 성능 분석 전반을 살펴볼 수 있다고 판단해, 필자는 USENIX LISA 2019 발표 "Systems Performance"[Gregg 19h] 도입부에서 이 사례를 소개했으며, 이 책에도 사례 연구로 수록했습니다.

16.1.1 문제 정의

필자는 서비스 팀과 이야기를 나누면서 해당 마이크로서비스에 대한 자세한 내용을 파악했는데, 이 시스템은 고객의 추천을 처리하는 자바 애플리케이션으로, 기존에는 AWS EC2 클라우드의 가상 머신 인스턴스에서 동작하고 있었습니다. 이 마이크로서비스는 두 개의 컴포넌트로 구성되어 있었으며, 그중 하나를 타이투스(Titus)라는 이름의 새 넷플릭스 컨테이너 플랫폼에서 테스트하던 중이었습니다(타이투스 역시 AWS EC2에서 동작하고 있습니다). 이 컴포넌트는 VM 인스턴스에서 3~4초의 요청 지연이 발생했는데, 컨테이너에서는 1초로 줄어들어 3~4배 빨라졌습니다!

문제는 이 성능 차이를 설명하는 것이었습니다. 단순히 컨테이너로 이전했기 때문에 생긴 차이라면, 마이크로서비스는 영구적으로 3~4배의 향상을 기대할 수 있습니다. 허나 다른 몇몇 요인의 영향을 받았다면, 무엇이 성능에 영향을 주었는지 알아볼 가치가 있고, 성능 향상이 영구적인지 확인할 필요가 있습니다. 이러한 성능 향상의 이유는 다른 곳에서 더 큰 수준으로 적용할 수 있을지도 모릅니다.

필자의 머릿속에 가장 먼저 떠오른 생각은, 워크로드의 컴포넌트 중 하나를 독립적으로 실행함으로써 얻는 이점이었습니다. 이렇게 하면 다른 컴포넌트와의 경쟁 없이 CPU 캐시 전체를 사용할 수 있기 때문에 캐시 히트율이 높아지고, 이에 따라 성능도 향상될 것입니다. 버스트(burst) 동작 때문이 아닐까 하는 짐작도 하는데, 이는 컨테이너 플랫폼에서 한 컨테이너가 다른 컨테이너의 유휴 CPU를 끌어다 사용하는 걸 말합니다.

16.1.2 분석 전략

넷플릭스는 로드 밸런서(AWS ELB)를 사용하고 있기 때문에 네트워크 트래픽을 VM과 컨테이너로 분산시키는 게 가능하고, 필자는 동시에 두 환경에 접속할 수 있었습니다. 이러한 구성은 비교 분석에 아주 이상적인 조건을 마련해 줬는데, 동일한 분석 명령(동일한 트래픽 혼합 및 부하)을 같은 날 동시에 실행시켜 출력 결과를 바로 비교해 볼 수 있었습니다.

이 경우 필자는 컨테이너만이 아닌 컨테이너 호스트에도 접근해야만 했는데, 그 이유는 컨테이너 호스트에서는 어떤 분석 도구라도 사용할 수 있고, 이 도구들이 어떠한 시스템 콜도 발생시킬 수 있기 때문이었습니다. 만약 필자에게 오로지 컨테이너 접근 권한만이 주어졌다면, 한정된 관측가능성 소스와 커널 권한으로 인해 직접 계측하기보다는 제한된 지표를 통해 더 많은 추론을 했어야 하기 때문에 분석에 훨씬 더 많은 시간이 소요되었을 것입니다. 몇몇 성능 이슈는 컨테이너를 통해서만 접근해서는 분석이 현실적으로 어렵습니다(11장 "클라우드 컴퓨팅" 참고).

필자는 분석 방법론으로 60초 체크리스트(1.10.1절 "60초 리눅스 성능 분석")와 USE 방법론(2.5.9절 "USE 방법론")으로 시작해서, 수집한 단서를 기반으로 드릴다운 분석(2.5.12절 "드릴다운 분석")과 기타 방법론을 수행하려고 계획했습니다.

다음에 이어지는 절들에 필자가 실행한 명령어들과 출력 결과를 수록했는데, VM 인스턴스에는 'serverA#' 프롬프트를, 컨테이너 호스트에는 'serverB#' 프롬프트를 사용했습니다.

16.1.3 통계

앞서 60초 체크리스트에서 소개한 바와 같이, 필자는 먼저 부하 평균 통계를 확인하기 위해 uptime(1)을 실행해 보았습니다. 다음은 두 가지 시스템에서 출력한 결과입니다.

```
serverA# uptime
 22:07:23 up 15 days,  5:01,  1 user,   load average: 85.09, 89.25, 91.26

serverB# uptime
 22:06:24 up 91 days, 23:52,  1 user,   load average: 17.94, 16.92, 16.62
```

위의 출력 결과는 부하가 대체로 일정했음을 보여주는데, VM 인스턴스의 경우 부하가 약간 줄어들고 있으며(91.26 -> 85.09) 컨테이너에서는 부하가 약간 늘어나고 있습니다(16.62 -> 17.94). 필자는 문제가 심해지고 있는지, 줄어들고 있는지, 아니면 일정한지 확인하기 위해 부하 평균의 경향을 체크했습니다. 클라우드 환경에서는 비정상적인 인스턴스에서 정상적인 인스턴스로 작업이 자동으로 이전될 수 있기 때문에, 이러한 경향을 확인하는 것이 특히 중요합니다. 필자는 작업이 남아 있는지 확인하기 위해 문제가 발생한 인스턴스에 로그인했는데 활동이 거의 없고 1

분 부하평균이 0에 근접하는 상황을 여러 번 확인했습니다. (부하가 이미 다른 인스턴스로 이전되었을 가능성이 큽니다.)

위의 부하 평균값들은 VM 환경이 컨테이너 호스트에 비해 부하가 훨씬 심했음을 보여주었는데(85.09 vs. 17.94), 정확히 어떤 부하가 발생하고 있는지 파악하기 위해서는 다른 도구들로부터의 통계가 필요했습니다. 높은 부하 평균은 일반적으로 CPU 부하가 높음을 가리키지만, I/O 관련 문제일 수도 있습니다(6.6.1절 "uptime" 참고).

CPU에 부하를 주는 요소를 좀 더 알아보기 위해, 필자는 mpstat(1)로 넘어가 시스템 전체의 평균치들을 살펴보기 시작했습니다. 가상 머신 환경에서는 다음과 같습니다.

```
serverA# mpstat 10
Linux 4.4.0-130-generic (...) 07/18/2019    _x86_64_    (48 CPU)

10:07:55 PM  CPU   %usr  %nice  %sys  %iowait  %irq  %soft  %steal  %guest  %gnice  %idle
10:08:05 PM  all   89.72  0.00  7.84   0.00    0.00  0.04   0.00    0.00    0.00    2.40
10:08:15 PM  all   88.60  0.00  9.18   0.00    0.00  0.05   0.00    0.00    0.00    2.17
10:08:25 PM  all   89.71  0.00  9.01   0.00    0.00  0.05   0.00    0.00    0.00    1.23
10:08:35 PM  all   89.55  0.00  8.11   0.00    0.00  0.06   0.00    0.00    0.00    2.28
10:08:45 PM  all   89.87  0.00  8.21   0.00    0.00  0.05   0.00    0.00    0.00    1.86
^C
Average:     all   89.49  0.00  8.47   0.00    0.00  0.05   0.00    0.00    0.00    1.99
```

그리고 컨테이너에서는 다음과 같습니다.

```
serverB# mpstat 10
Linux 4.19.26 (...) 07/18/2019    _x86_64_    (64 CPU)

09:56:11 PM  CPU   %usr  %nice  %sys  %iowait  %irq  %soft  %steal  %guest  %gnice  %idle
09:56:21 PM  all   23.21  0.01  0.32   0.00    0.00  0.10   0.00    0.00    0.00    76.37
09:56:31 PM  all   20.21  0.00  0.38   0.00    0.00  0.08   0.00    0.00    0.00    79.33
09:56:41 PM  all   21.58  0.00  0.39   0.00    0.00  0.10   0.00    0.00    0.00    77.92
09:56:51 PM  all   21.57  0.01  0.39   0.02    0.00  0.09   0.00    0.00    0.00    77.93
09:57:01 PM  all   20.93  0.00  0.35   0.00    0.00  0.09   0.00    0.00    0.00    78.63
^C
Average:     all   21.50  0.00  0.36   0.00    0.00  0.09   0.00    0.00    0.00    78.04
```

mpstat(1)는 첫 번째 라인에 CPU의 개수를 출력하는데, 가상 머신에는 48개의 CPU가, 컨테이너 호스트에는 64개의 CPU가 있음을 보여주고 있습니다. CPU의 개수는 부하 평균값을 해석하는데 도움이 됩니다. 부하 평균이 높은 이유가 CPU 부하가 높아서라면, VM 인스턴스의 경우에는 부하 평균값이 대체로 CPU 개수의 2배이기 때문에 CPU가 포화 상태로 잘 실행되고 있음을 의미하고, 컨테이너 호스트의 경우에는 부하 평균값이 낮아 덜 사용되고 있음을 의미합니다. mpstat(1) 지표를 통해 이 가설이 사실임을 확인할 수 있었는데, VM 환경에서의 유휴시간은 대략 2%인 반면 컨테이너 호스트에서의 유휴시간은 약 78%였습니다.

필자는 기타 mpstat(1) 통계들을 살펴봄으로써, 다른 단서들도 확인할 수 있었습니다.

- CPU 사용률(%usr + %sys + ...)은 VM의 경우 98%, 컨테이너의 경우 22%였음을 보여주었습니다. 이들 환경에서 사용된 프로세서는 CPU 코어당 두 개의 하이퍼스레드를 가지고 있어서, CPU 사용률이 50%를 넘으면 일반적으로 성능을 저하시키는 하이퍼스레드 코어 경합이 발생합니다. VM은 이 상황에 해당되는 반면, 컨테이너 호스트는 아직까지 코어당 하나의 하이퍼스레드만 바쁘게 동작하고 있기 때문에 성능이 저하되지 않습니다.
- 시스템 시간(%sys)은 VM이 컨테이너보다 훨씬 더 높았습니다(약 8% vs. 0.38%). VM이 CPU 포화 상태로 동작 중이었다면, 이 큰 차이에 해당하는 %sys 시간은 커널 컨텍스트 스위칭 코드 경로가 담길 것입니다. 이에 대해서는 커널 트레이싱이나 프로파일링을 통해 확인할 수 있습니다.

필자는 60초 체크리스트에 있는 다른 명령어들도 사용해 보았습니다. vmstat(8)이 보여준 실행 큐 길이는 부하 평균값과 유사하였는데, 이는 그 부하 평균값들이 CPU 때문에 생겼음을 확인해 주었습니다. iostat(1)은 디스크 I/O가 거의 발생하지 않았음을, sar(1)은 네트워크 I/O가 거의 발생하지 않았음을 보여주었습니다(이 도구들의 출력 결과는 여기에 싣지 않았습니다). 이러한 단서들은 VM이 CPU 포화 상태에서 동작하고 있어서 실행가능한 스레드들이 순서를 기다리고 있는 반면, 컨테이너 호스트는 그렇지 않음을 입증해 주었습니다. 컨테이너 호스트에서 사용해 본 top(1) 역시 하나의 컨테이너만 실행되고 있음을 보여주기도 했습니다.

이들 명령어의 통계에 기반해 USE 방법론도 수행해 보았는데, 이 방법을 통해서도 CPU 부하의 문제를 확인할 수 있었습니다.

필자가 이 문제를 해결했을까요? 필자는 CPU가 48개인 VM 환경의 부하 평균이 85였으며, 이 부하 평균이 CPU 때문에 생겼음을 알아냈습니다. 이는 스레드들이 대체로 77%(85/48 - 1)의 시간 동안 처리 순서를 기다리고 있었음을 의미하며, 이 대기시간을 줄이면 대략 4배(1 / (1 - 0.77))의 성능 향상을 얻을 수 있을 것입니다. 이 4배라는 숫자는 필자가 조사하던 이슈와 맞아떨어짐에도, 필자는 부하 평균이 왜 높았는지 여전히 설명할 수가 없었으며 분석을 추가로 더 해야 했습니다.

16.1.4 구성

CPU와 관련한 문제라는 것을 알게 되었으므로, 필자는 CPU의 구성과 CPU의 사용량 제한 설정을 확인했습니다(정적 성능 튜닝: 2.5.17절과 6.5.7절). VM과 컨테이너에서 사용 중인 프로세서는 서로 달랐습니다. 다음은 가상 머신에서 실행한 /proc/cpuinfo 명령의 결과입니다.

```
serverA# cat /proc/cpuinfo
processor       : 47
vendor_id       : GenuineIntel
cpu family      : 6
model           : 85
model name      : Intel(R) Xeon(R) Platinum 8175M CPU @ 2.50GHz
stepping        : 4
microcode       : 0x200005e
cpu MHz         : 2499.998
cache size      : 33792 KB
physical id     : 0
siblings        : 48
core id         : 23
cpu cores       : 24
apicid          : 47
initial apicid  : 47
fpu             : yes
fpu_exception   : yes
cpuid level     : 13
wp              : yes
flags           : fpu vme de pse tsc msr pae mce cx8 apic sep mtrr pge mca cmov pat
pse36 clflush mmx fxsr sse sse2 ss ht syscall nx pdpe1gb rdtscp lm constant_tsc
arch_perfmon rep_good nopl xtopology nonstop_tsc aperfmperf eagerfpu pni pclmulqdq
monitor ssse3 fma cx16 pcid sse4_1 sse4_2 x2apic movbe popcnt tsc_deadline_timer
aes xsave avx f16c rdrand hypervisor lahf_lm abm 3dnowprefetch invpcid_single kaiser
fsgsbase tsc_adjust bmi1 hle avx2 smep bmi2 erms invpcid rtm mpx avx512f rdseed adx
smap clflushopt clwb avx512cd xsaveopt xsavec xgetbv1 ida arat
bugs            : cpu_meltdown spectre_v1 spectre_v2 spec_store_bypass
bogomips        : 4999.99
clflush size    : 64
cache_alignment : 64
address sizes   : 46 bits physical, 48 bits virtual
power management:
```

그리고 다음은 컨테이너에서 실행한 결과입니다.

```
serverB# cat /proc/cpuinfo
processor       : 63
vendor_id       : GenuineIntel
cpu family      : 6
model           : 79
model name      : Intel(R) Xeon(R) CPU E5-2686 v4 @ 2.30GHz
stepping        : 1
microcode       : 0xb000033
cpu MHz         : 1200.601
cache size      : 46080 KB
physical id     : 1
siblings        : 32
core id         : 15
cpu cores       : 16
apicid          : 95
initial apicid  : 95
fpu             : yes
fpu_exception   : yes
cpuid level     : 13
wp              : yes
flags           : fpu vme de pse tsc msr pae mce cx8 apic sep mtrr pge mca cmov pat
pse36 clflush mmx fxsr sse sse2 ht syscall nx pdpe1gb rdtscp lm constant_tsc arch_
perfmon rep_good nopl xtopology nonstop_tsc cpuid aperfmperf pni pclmulqdq monitor
est ssse3 fma cx16 pcid sse4_1 sse4_2 x2apic movbe popcnt tsc_deadline_timer aes
xsave avx f16c rdrand hypervisor lahf_lm abm 3dnowprefetch cpuid_fault invpcid_
single pti fsgsbase bmi1 hle avx2 smep bmi2 erms invpcid rtm rdseed adx xsaveopt ida
bugs            : cpu_meltdown spectre_v1 spectre_v2 spec_store_bypass l1tf
bogomips        : 4662.22
clflush size    : 64
cache_alignment : 64
address sizes   : 46 bits physical, 48 bits virtual
power management:
```

컨테이너 호스트에서 사용 중인 CPU의 기본 주파수는 약간 더 느렸지만(2.30 vs. 2.50GHz), 마지막 레벨 캐시의 크기는 훨씬 더 컸습니다(45 vs. 33MB). 워크로드에 따라 캐시 크기가 클수록 CPU 성능에 상당한 영향을 미칠 수 있습니다. 더 깊이 분석하기 위해, 필자는 PMC를 사용해야 했습니다.

16.1.5 PMC

성능 모니터링 카운터(PMC)는 CPU 사이클 성능에 대해 설명할 수 있는데, AWS EC2의 특정 인스턴스에서는 이 PMC를 사용할 수 있습니다. 필자는 클라우드 환경에서 PMC를 분석하기 위한 도구 모음을 발표했는데[Gregg 20e], 여기에는 pmcarch(8)가 수록되어 있습니다(6.6.11절 "pmcarch" 참고). pmcarch(8)는 인텔의 PMC 중 가장 일반적으로 사용할 수 있는 기본 세트인 PMC 'architectural set' 정보를 보여줍니다.

가상 머신 환경에서 실행한 pmcarch(8)의 출력 결과는 다음과 같습니다.

```
serverA# ./pmcarch -p 4093 10
K_CYCLES   K_INSTR     IPC  BR_RETIRED    BR_MISPRED  BMR% LLCREF       LLCMISS      LLC%
982412660  575706336   0.59 126424862460  2416880487  1.91 15724006692  10872315070  30.86
999621309  555043627   0.56 120449284756  2317302514  1.92 15378257714  11121882510  27.68
991146940  558145849   0.56 126350181501  2530383860  2.00 15965082710  11464682655  28.19
996314688  562276830   0.56 122215605985  2348638980  1.92 15558286345  10835594199  30.35
979890037  560268707   0.57 125609807909  2386085660  1.90 15828820588  11038597030  30.26
[...]
```

컨테이너 인스턴스에서는 다음과 같이 출력 결과가 나옵니다.

```
serverB# ./pmcarch -p 1928219 10
K_CYCLES   K_INSTR     IPC  BR_RETIRED    BR_MISPRED  BMR% LLCREF       LLCMISS     LLC%
147523816  222396364   1.51 46053921119   641813770   1.39 8880477235   968809014   89.09
156634810  229801807   1.47 48236123575   653064504   1.35 9186609260   1183858023  87.11
152783226  237001219   1.55 49344315621   692819230   1.40 9314992450   879494418   90.56
140787179  213570329   1.52 44518363978   631588112   1.42 8675999448   712318917   91.79
136822760  219706637   1.61 45129020910   651436401   1.44 8689831639   617678747   92.89
[...]
```

이 도구의 출력 결과는 사이클당 명령어(IPC)가 VM의 경우에는 약 0.57이고, 컨테이너의 경우에는 약 1.52로 2.6배의 차이가 있음을 보여주었습니다.

IPC가 낮은 이유 중 하나는 VM 호스트가 50% 이상의 CPU 사용률로 실행되어 하이퍼스레딩 경합 문제가 발생했기 때문일 수 있습니다. 이 도구의 마지막 칼럼은 또 다른 이유를 보여주는데, 마지막 레벨 캐시(LLC) 히트율은 VM의 경우 30%에 불과했지만 컨테이너의 경우 약 90%였습니다. 이로 인해 VM 환경은 명령어 실행을 위해 메인 메모리 접근을 빈번하게 대기할 수 있으며, IPC와 명령어 처리량(성능)이 저하될 수 있습니다.

VM 환경의 LLC 히트율이 낮은 원인은 최소한 다음 3가지 요인 때문일 수 있습니다.

- 더 작은 LLC 크기(33 vs. 45MB).
- (문제 정의에서 언급했듯이) 전체 워크로드를 한꺼번에 실행했는데, 이는 단일 컴포넌트만 독립적으로 실행할 때보다 캐시 효율이 떨어짐. 단일 컴포넌트만 실행하게 되면 명령어와 데이터가 적어 캐시에 효율적으로 저장될 것.

- CPU 포화로 인해 컨텍스트 스위치, 코드 경로(사용자/커널)간 점프가 더욱 빈번하게 발생하고 캐시 부하가 증가.

마지막 요인에 대해서는 트레이싱 도구를 사용해서 확인해 볼 수 있습니다.

16.1.6 소프트웨어 이벤트

컨텍스트 스위치를 살펴보기 위해 먼저 perf(1) 명령으로 시스템 전체의 컨텍스트 스위치 발생 빈도를 집계했습니다. 컨텍스트 스위치 집계에는 하드웨어 이벤트 (PMC)와 유사하지만 소프트웨어로 구현된 소프트웨어 이벤트가 사용되었습니다 (4장 "관측가능성 도구"의 그림 4.5와 13장 "perf"의 13.5절 "소프트웨어 이벤트"를 보세요).

가상 머신 환경에서 실행한 결과는 다음과 같습니다.

```
serverA# perf stat -e cs -a -I 1000
#           time             counts unit events
      1.000411740          2,063,105      cs
      2.000977435          2,065,354      cs
      3.001537756          1,527,297      cs
      4.002028407            515,509      cs
      5.002538455          2,447,126      cs
      6.003114251          2,021,182      cs
      7.003665091          2,329,157      cs
      8.004093520          1,740,898      cs
      9.004533912          1,235,641      cs
     10.005106500          2,340,443      cs
^C   10.513632795          1,496,555      cs
```

이 출력 결과는 초당 약 2백만 회의 컨텍스트 스위치가 발생하고 있음을 보여주었습니다. 다음으로, 컨테이너 호스트에서 동일한 명령을 실행했지만, 이번에는 다른 컨테이너를 제외하기 위해 분석 중인 컨테이너 애플리케이션의 PID와 일치하는 컨텍스트 스위치 이벤트만 수집했습니다. (VM에 대해서도 유사하게 PID 필터링을 해보았지만, 이전의 결과와 눈에 띄는 차이는 없었습니다.[1])

```
serverB# perf stat -e cs -p 1928219 -I 1000
#           time             counts unit events
      1.001931945              1,172      cs
      2.002664012              1,370      cs
      3.003441563              1,034      cs
```

---

1 그렇다면 PID와 일치하는 VM 출력 결과는 왜 포함하지 않았을까요? 출력 결과 수집을 깜박했기 때문입니다.

```
 4.004140394           1,207      cs
 5.004947675           1,053      cs
 6.005605844             955      cs
 7.006311221             619      cs
 8.007082057           1,050      cs
 9.007716475           1,215      cs
10.008415042           1,373      cs
^C 10.584617028          894      cs
```

이 출력 결과는 컨텍스트 스위치가 초당 약 1,000회 정도만 발생한다는 것을 보여주었습니다.

컨텍스트 스위치 빈도가 높을수록 CPU 캐시의 부담이 커지는데, 서로 다른 코드 경로 간의 전환이 발생하면서 기존의 캐시 데이터가 자주 무효화되고 새로운 데이터로 대체되기 때문입니다.[2] 이 과정에는 사용자 코드뿐만 아니라, 여러 프로세스 및 컨텍스트 스위치를 관리하는 커널 코드 실행도 포함됩니다. 필자는 컨텍스트 스위치를 더 자세히 살피고자 몇 가지 트레이싱 도구를 사용해 보았습니다.

16.1.7 트레이싱

CPU 사용량과 컨텍스트 스위칭을 좀 더 분석하기 위한 BPF 기반의 트레이싱 도구가 몇 가지 있는데, BCC 도구 cpudist(8), cpuwalk(8), runqlen(8), runqlat(8), runqslower(8), cpuunclaimed(8) 등이 여기에 포함됩니다(그림 15.1 참고). cpudist(8)는 스레드별 CPU 점유 시간을 보여줍니다. 가상 머신 환경에서 실행한 결과는 다음과 같습니다.

```
serverA# cpudist -p 4093 10 1
Tracing on-CPU time... Hit Ctrl-C to end.
     usecs               : count     distribution
         0 -> 1          : 3618650   |****************************************|
         2 -> 3          : 2704935   |******************************          |
         4 -> 7          : 421179    |****                                    |
         8 -> 15         : 99416     |*                                       |
        16 -> 31         : 16951     |                                        |
        32 -> 63         : 6355      |                                        |
        64 -> 127        : 3586      |                                        |
       128 -> 255        : 3400      |                                        |
       256 -> 511        : 4004      |                                        |
       512 -> 1023       : 4445      |                                        |
      1024 -> 2047       : 8173      |                                        |
```

---

2 일부 프로세서와 커널 설정에서는, 컨텍스트 스위칭이 L1 캐시를 플러시하기도 합니다.

```
    2048 -> 4095      : 9165     |                                        |
    4096 -> 8191      : 7194     |                                        |
    8192 -> 16383     : 11954    |                                        |
   16384 -> 32767     : 1426     |                                        |
   32768 -> 65535     : 967      |                                        |
   65536 -> 131071    : 338      |                                        |
  131072 -> 262143    : 93       |                                        |
  262144 -> 524287    : 28       |                                        |
  524288 -> 1048575   : 4        |                                        |
```

위의 출력 결과는 이 애플리케이션이 일반적으로 CPU를 점유한 시간이 매우 적으며, 대개 7마이크로초 미만임을 보여줍니다. 여기에는 포함시키지 않았지만, 기타 도구(stackcount(8)의 t:sched:sched_switch 그리고 /proc/PID/status)를 통해 해당 애플리케이션이 비자발적인 컨텍스트 스위치[3]로 인해 CPU를 떠나고 있었음을 확인할 수 있었습니다.

컨테이너 호스트에서 실행한 결과는 다음과 같습니다.

```
serverB# cpudist -p 1928219 10 1
Tracing on-CPU time... Hit Ctrl-C to end.

     usecs            : count    distribution
         0 -> 1       : 0        |                                        |
         2 -> 3       : 16       |                                        |
         4 -> 7       : 6        |                                        |
         8 -> 15      : 7        |                                        |
        16 -> 31      : 8        |                                        |
        32 -> 63      : 10       |                                        |
        64 -> 127     : 18       |                                        |
       128 -> 255     : 40       |                                        |
       256 -> 511     : 44       |                                        |
       512 -> 1023    : 156      |*                                       |
      1024 -> 2047    : 238      |**                                      |
      2048 -> 4095    : 4511     |****************************************|
      4096 -> 8191    : 277      |**                                      |
      8192 -> 16383   : 286      |**                                      |
     16384 -> 32767   : 77       |                                        |
     32768 -> 65535   : 63       |                                        |
     65536 -> 131071  : 44       |                                        |
    131072 -> 262143  : 9        |                                        |
    262144 -> 524287  : 14       |                                        |
    524288 -> 1048575 : 5        |                                        |
```

---

3 /proc/PID/status에서는 nonvoluntary_ctxt_switches를 통해 확인할 수 있습니다.

컨테이너 환경에서 이 애플리케이션의 CPU 사용 시간은 보통 2~4밀리초 범위였습니다. 다른 도구들을 사용해 본 결과, 해당 애플리케이션이 비자발적 컨텍스트 스위치로 인해 많이 중단되지는 않았음을 확인할 수 있었습니다.

VM에서 발생한 비자발적 컨텍스트 스위치와 그에 따른 높은 컨텍스트 스위치 발생 빈도가 성능 문제를 야기했습니다. 또한, 애플리케이션을 10마이크로초도 채 되지 않는 시간 안에 CPU를 떠나게 하면 현재 코드 경로가 CPU 캐시에 워밍업되지 않을 것입니다.

16.1.8 결론

필자는 성능 향상의 원인에 대해서 다음과 같이 결론지었습니다.

- 컨테이너 단독 실행: 컨테이너 호스트는 컨테이너 하나를 제외하고는 유휴 상태로 동작했습니다. 이 덕에 해당 컨테이너는 CPU 캐시 전체를 CPU 경쟁 없이 혼자 사용할 수 있었습니다. 이 테스트에서는 컨테이너에 유리한 결과를 얻을 수 있었지만, 이러한 현상은 다른 많은 컨테이너와 함께 동작하는 상시 운영되는 프로덕션 환경에서 일반적으로 기대할 수 있는 상황은 아닙니다. 이 마이크로서비스는 다른 테넌트 컨테이너가 들어서기 시작하면 3~4배의 성능 향상 효과가 사라지게 될 것입니다.

- LLC 크기 및 워크로드 차이: IPC는 VM 환경이 컨테이너보다 2.6배 낮았는데, 이는 속도가 2.6배 느리다는 것을 의미합니다. 원인 중 하나는 하이퍼스레딩 경합 문제로 추정되는데, VM 호스트가 50% 이상의 CPU 사용률로 실행되었기 때문입니다(코어당 두 개의 하이퍼스레드). 그렇지만 주된 원인은 더 낮은 LLC 히트율 차이로 보이는데, VM의 경우 히트율이 30%에 불과했지만 컨테이너의 경우 약 90%였습니다. LLC 히트율이 낮은 원인은 최소한 다음 세 가지 요인 때문일 수 있습니다.
  - VM 환경의 더 작은 LLC 크기: 33 MB vs. 45 MB.
  - VM 환경의 더 복잡한 워크로드: 컨테이너에서는 단일 컴포넌트만 실행하지만, VM에서는 명령어 텍스트와 데이터 크기가 더 큰 전체 애플리케이션을 실행.
  - VM 환경의 높은 컨텍스트 스위치 발생 빈도: 초당 약 2백만 회 정도로, 이로 인해 스레드가 CPU에서 장기간 동안 동작할 수 없으며, 캐시 워밍업을 방해합니다. CPU 실행시간이 보통 VM의 경우 10마이크로초 미만인데 비해 컨테

이너 호스트의 경우 2~4밀리초였습니다.

- CPU 부하 차이: VM 환경에서 더 높은 부하가 발생하여, CPU가 포화 상태로 동작 중이었습니다(CPU 부하로 인해 부하 평균이 85까지 올라갔습니다). 이로 인해 초당 약 2백만 회의 컨텍스트 스위치가 발생했으며, 스레드들이 차례를 기다리면서 실행 큐 지연이 발생했습니다. 부하 평균을 통해 유추한 실행 큐 지연 수치로 VM이 대략 4배 더 느리게 동작하고 있음을 확인할 수 있었습니다.

이러한 차이들은 관측된 성능 차이가 왜 발생했는지를 설명해 줍니다.

16.2 추가 정보

시스템 성능 분석 사례를 더 살펴보려면, 사내 버그 데이터베이스(또는 티케팅 시스템)에서 예전에 발생한 성능 관련 이슈들을 확인하거나, 현재 사용 중인 애플리케이션 혹은 운영 체제의 공개 버그 데이터베이스를 참고하기 바랍니다. 이러한 이슈들은 주로 문제 정의로 시작해 최종 문제 해결로 마무리됩니다. 대부분의 버그 데이터베이스 시스템에는 문제 해결을 위한 대화 이력이 시간과 함께 기록되어 있는데, 여기서 분석 진행 상황을 살펴볼 수 있고, 검토된 가설들과 어떤 잘못된 시도들이 있었는지 확인할 수 있습니다.

몇몇 시스템 성능 사례 연구가 가끔 매체에 소개되기도 하는데, 필자의 블로그에도 일부가 수록되어 있습니다.[Gregg 20j] 실무 중심의 기술 저널, 예컨대 *USENIX; login:*[USENIX 20]와 *ACM Queue*[ACM 20]에서도 종종 이러한 사례 연구를 기존 문제에 대한 새로운 기술 솔루션을 설명할 때 같이 소개합니다.

16.3 참고 자료

[Gregg 19h] Gregg, B., "LISA2019 Linux Systems Performance," USENIX LISA, http://www.brendangregg.com/blog/2020-03-08/lisa2019-linux-systems-performance.html, 2019.

[ACM 20] "acmqueue," http://queue.acm.org, accessed 2020.

[Gregg 20e] Gregg, B., "PMC (Performance Monitoring Counter) Tools for the Cloud," https://github.com/brendangregg/pmc-cloud-tools, last updated 2020.

[Gregg 20j] "Brendan Gregg's Blog," http://www.brendangregg.com/blog, last updated 2020.

[USENIX 20] ";login: The USENIX Magazine," https://www.usenix.org/publications/login, accessed 2020.

부록 A

Systems Performance Second Edition

USE 방법론: 리눅스

이 부록에는 USE 방법론을 기반으로 만든 리눅스용 체크리스트가 수록되어 있습니다.[Gregg 13d] 이 방법은 시스템이 건강한지 진단하고, 일반적인 리소스 병목 지점과 오류를 확인하는데 사용되는데, 2.5.9절 "USE 방법론"에서 소개했었습니다. 후반부 장들(5, 6, 7, 9, 10)에서는 특정 상황에서 이 방법론을 어떻게 사용할 수 있는지 설명하고, 사용할 수 있는 도구에 대해 소개했습니다.

성능 도구들은 끊임없이 나아지며, 새로운 것들이 개발되곤 합니다. 따라서 이 목록을 출발점으로 생각하고 지속적으로 갱신해나가야 할 것입니다. 새로운 관측 가능성 프레임워크와 도구들이 USE 방법론을 더 쉽게 적용할 수 있도록 개발될 수도 있습니다.

물리적 자원

구성 요소	유형	지표
CPU	사용률	CPU별: mpstat -P ALL 1: CPU 사용 항목(%usr, %nice, %sys, %irq, %soft, %guest, %gnice) 합계 또는 유휴 항목(%iowait, %steal, %idle)을 기준으로 계산 (예: 100 - %idle); sar -P ALL: CPU 사용 항목(%user, %nice, %system) 합계 또는 유휴 항목(%iowait, %steal, %idle)을 기준으로 계산 시스템 전체: vmstat 1, us + sy; sar -u, %user + %nice + %system 프로세스별: top, %CPU; htop, CPU%; ps -o pcpu; pidstat 1, %CPU 커널 스레드별: top/htop(K를 눌러 토글), VIRT == 0인 경우를 확인(휴리스틱)

(다음 쪽에 이어짐)

CPU	포화도	시스템 전체: vmstat 1, 'r > CPU 개수'인 경우를 확인[1]; sar -q, 'runq-sz > CPU 개수'인 경우를 확인; runqlat; runqlen 프로세스별: /proc/PID/schedstat 2번째 필드 확인(sched_info.run_delay); getdelays.c, CPU[2]; perf sched latency(스케줄당 평균 및 최대 지연을 보여줌)[3]
CPU	오류	기계 점검 예외(MCEs): dmesg, rasdaemon, ras-mc-ctl --summary 프로세서 특수 오류 이벤트(PMC)를 사용할 수 있다면 perf(1); 예: AMD64의 "04Ah 스크러버가 기록한 단일 비트 ECC 오류(Single-bit ECC Errors Recorded by Scrubber)"[4](메모리 장치 오류로 분류될 수도 있습니다); ipmtool sel list; ipmitool sdr list
메모리 용량	사용률	시스템 전체: free -m, Mem:(메인 메모리), Swap:(가상 메모리); vmstat 1, free(메인 메모리), swap(가상 메모리); sar -r, %memused; kmem 슬랩 사용을 위한 slabtop -s c 프로세스별: top/htop, RES(상주 메인 메모리), VIRT(가상 메모리), Mem(시스템 전체 요약)
메모리 용량	포화도	시스템 전체: vmstat 1, si/so(스와핑); sar -B, pgscank + pgscand(스캐닝); sar -W 프로세스별: getdelays.c, SWAP[2]; /proc/PID/stat의 10번째 필드(min_flt)에서 마이너 폴트 비율 혹은 동적 계측[5]; dmesg | grep killed(OOM 킬러)
메모리 용량	오류	물리적 오류: dmesg, rasdaemon, ras-mc-ctl --summary, edac-util; dmidecode 역시 물리적 오류를 보여줄 수 있습니다; ipmitool sel list; ipmitool sdr list; 혹은 동적 계측 사용(예: 실패한 malloc() 호출을 uretprobe으로 추적, bpftrace 이용)
네트워크 인터페이스	사용률	ip -s link, RX/TX 스루풋/최대 대역폭; sar -n DEV, rx/tx kB/s / 최대 대역폭; /proc/net/dev, bytes RX/TX 스루풋/최대
네트워크 인터페이스	포화도	nstat, TcpRetransSegs; sar -n EDEV, *drop/s, *fifo/s[6]; /proc/net/dev, RX/TX drop; TCP/IP 스택의 기타 큐잉 매커니즘을 동적으로 계측(bpftrace)

1 r 컬럼은 대기 중인 스레드들과 CPU에서 실행되고 있는 스레드들의 수를 보여줍니다. 6장 CPU에서 설명한 vmstat(1)은 보세요.
2 지연 어카운팅을 사용하세요. 4장 "관측가능성 도구" 참고.
3 perf(1)에서 사용할 수 있는 tracepoint 중에는 sched:sched_process_wait도 있습니다. 스케줄러 이벤트는 빈번하니, 트레이싱할 때의 오버헤드에 유의하세요.
4 최근의 인텔이나 AMD 프로세서 매뉴얼을 보면 오류 관련 이벤트가 그리 많지는 않습니다.
5 동적 계측을 이용해 누가 메모리를 사용하고 포화 상태를 유발하는지, 마이너 폴트를 일으킨 프로세스를 찾아 확인할 수 있습니다. htop(1)에서 MINFLT로 찾아볼 수 있습니다.
6 포화가 일어나거나 오류가 일어난 경우 어느 쪽이 원인이든 패킷 드롭이 일어날 수 있습니다.

네트워크 인터페이스	오류	ip -s link, errors; sar -n EDEV all; /proc/net/dev, errs, drop6; /sys/class/net/*/ statistics/*error* 아래에 추가 카운터가 있을 수 있습니다; 드라이버 함수 리턴을 동적으로 계측
저장 장치 I/O	사용률	시스템 전체: iostat -xz 1, %util; sar -d, %util; 프로세스별: iotop, biotop; /proc/PID/sched se.statistics.iowait_sum
저장 장치 I/O	포화도	iostat -xnz 1이나 sar -d의 avgqu-sz > 1, 또는 await가 높은 경우; perf(1) 블록 tracepoint를 통해 큐 길이/지연 확인; biolatency
저장 장치 I/O	오류	/sys/devices/.../ioerr_cnt; smartctl; bioerr; 동적/정적 계측을 통해 I/O 서브시스템 응답 코드[7] 확인
저장 용량	사용률	스왑: swapon -s; free; /proc/meminfo SwapFree/SwapTotal; 파일 시스템: df -h
저장 용량	포화도	(이 지표가 의미가 있는지는 불확실합니다) 가득 찬 경우에는 ENOSPC가 발생(가득 찬 경우에는 파일 시스템이 다른 가용 블록 찾기 알고리즘을 사용함에 따라 성능이 저하될 수 있음).
저장 용량	파일 시스템: 오류	strace를 통해 ENOSPC 확인; 동적 계측을 통해 ENOSPC 확인; /var/log/messages errs, 파일 시스템에 따라 다름; 애플리케이션 로그 오류
스토리지 컨트롤러	사용률	iostat -sxz 1, 장치의 합계를 내서 알려진 카드별 IOPS/스루풋 한계치와 비교
스토리지 컨트롤러	포화도	저장 장치 I/O 포화 참고
스토리지 컨트롤러	오류	저장 장치 I/O 오류 참고
네트워크 컨트롤러	사용률	ip -s link(또는 sar 아니면 /proc/net/dev)의 결과와 해당 인터페이스 컨트롤러의 최대 스루풋으로부터 사용률을 추론
네트워크 컨트롤러	포화도	네트워크 인터페이스 포화 참고
네트워크 컨트롤러	오류	네트워크 인터페이스 오류 참고
CPU 인터커넥트	사용률	perf stat 명령을 사용하여 PMC를 통해 CPU 인터커넥트 포트를 측정하고 스루풋/최댓값 확인
CPU 인터커넥트	포화도	perf stat 명령으로 지연 사이클을 측정하는 PMC 확인
CPU 인터커넥트	오류	perf stat 명령으로 확인 가능한 연관 PMC 모두 확인

(다음 쪽에 이어짐)

[7] I/O 서브시스템의 여러 계층(블록 디바이스, SCSI, SATA, IDE 등)에 속한 함수들을 트레이싱해 봅니다. 일부 정적 probe도 사용 가능합니다(perf(1) scsi와 블록 tracepoint 이벤트). 그렇지 않다면 동적 트레이싱을 사용하세요.

메모리 인 터커넥트	사용률	perf stat 명령으로 메모리 버스 관련 PMC를 사용해서 스루풋/최댓값 확인 (예:Intel uncore_imc/data_reads/,uncore_imc/data_writes/) 가령, 0.2 미만의 IPC 확인; PMC에 로컬과 원격 메모리를 비교하는 정보가 있을 수도 있음
메모리 인 터커넥트	포화도	perf stat 명령으로 지연 사이클을 측정하는 PMC 확인
메모리 인 터커넥트	오류	perf stat 명령으로 확인 가능한 연관 PMC 모두 확인 dmidecode로도 일부 단서를 얻을 수 있을
I/O 인터커 넥트	사용률	perf stat 명령으로 사용 가능한 PMC를 통해 스루풋/최댓값 확인 iostat/ip/… 로부터 알려진 스루풋을 바탕으로 추론
I/O 인터커 넥트	포화도	perf stat 명령으로 지연 사이클을 측정하는 PMC 확인
I/O 인터커 넥트	오류	perf stat 명령으로 확인 가능한 연관 PMC 모두 확인

일반적인 주의사항: uptime "load average"(혹은 /proc/loadavg)는 CPU 지표에는 포함되지 않았는데, 리눅스 부하 평균은 인터럽트 불가능한 I/O 상태까지 포함하기 때문입니다.

perf(1): 강력한 관측가능성 도구 모음으로 PMC를 읽을 수 있고, 동적/정적 계측도 지원합니다. perf(1) 명령어를 통해 사용할 수 있습니다. 13장 "perf"를 참고하세요.

PMC: 성능 모니터링 카운터. perf(1)로 PMC를 사용하는 방법에 대해서는 6장 "CPU"를 참고하세요.

I/O 인터커넥트: 여기에는 CPU와 I/O 컨트롤러 버스 사이, I/O 컨트롤러 사이, 장치 버스(예: PCIe) 간의 연결이 포함됩니다.

동적 계측: 사용자가 원하는 지표를 개발할 수 있습니다. 4장 "관측가능성 도구"나 그 이후의 여러 장에 있는 사례를 살펴보세요. 리눅스용 동적 트레이싱 도구에는 perf(1)(13장), Ftrace(14장), BCC와 bpftrace(15장) 등이 있습니다.

리소스 제어가 적용되는 환경(예: 클라우드 컴퓨팅)에서는 각 리소스 제어에 대한 USE를 확인해 보세요. 포화나 사용량은 하드웨어 자원의 가용량 이전에 리소스 제어에 의해 제한에 도달했을 수 있습니다.

소프트웨어 자원

구성 요소	유형	지표
커널 뮤텍스	사용률	CONFIG_LOCK_STATS=y인 경우, /proc/lock_stat에서 holdtime-total/acquisitions을 확인해 보세요 (holdtime-min, holdtime-max도 보세요)[8]; 락 함수나 명령어에 대해 동적 계측(가능성은 낮지만 커널 버전이나 설정에 따라 가능할 수도 있음)
커널 뮤텍스	포화도	CONFIG_LOCK_STATS=y인 경우, /proc/lock_stat에서 waittimetotal/contentions을 확인해 보세요 (waittime-min, waittime-max도 보세요); 락 함수에 대해 동적 계측 사용, 예: mlock.bt[Gregg 19]; 프로파일링 명령어로 스피닝을 확인할 수 있습니다 (perf record –a –g –F 99 등)
커널 뮤텍스	오류	동적 계측(예: 재귀적 뮤텍스 진입); 기타 오류들은 커널의 잠김이나 패닉을 일으킬 수 있으며, kdump/crash로 디버깅할 수 있습니다.
사용자 뮤텍스	사용률	valgrind --tool=drd --exclusive-threshold= ... (걸린 시간); 락-언락 사이의 함수 시간을 동적 계측[9]
사용자 뮤텍스	포화도	valgrind --tool=drd를 이용해 락이 걸린 시간으로부터 경합으로 인한 시간을 추론합니다; 동기화 함수의 대기시간에 대한 동적 계측, 예: pmlock.bt; 사용자 스택을 프로파일링(perf(1))해서 스핀에 대해 살펴봅니다.
사용자 뮤텍스	오류	valgrind --tool=drd 여러 가지 오류 확인; pthread_mutex_lock()에서 발생하는 EAGAIN, EINVAL, EPERM, EDEADLK, ENOMEM, EOWNERDEAD 등의 오류를 동적 계측
태스크 수용량	사용률	top/htop, Tasks(현재); sysctl kernel.threads-max, /proc/sys/kernel/threads-max(최댓값)
태스크 수용량	포화도	메모리 할당 시 블록되는 스레드 수; 포화 시에는 페이지 스캐너가 실행되고 있어야 하며(sar –B, pgscan*), 동작하지 않는다면 동적 트레이싱을 사용해 확인해 보세요.
태스크 수용량	오류	"can't fork()" 오류; 사용자 레벨 스레드: pthread_create()가 EAGAIN, EINVAL 등으로 실패; 커널: kernel_thread()의 ENOMEM을 동적 트레이싱
파일 디스크립터	사용률	시스템 단위: sar –v, file-nr(사용량), /proc/sys/fs/file-max(최댓값)을 통해 산출; 아니면 단지 /proc/sys/fs/file-nr 프로세스별: echo /proc/PID/fd/* | wc –w 대비 ulimit –n 비교

(다음 쪽에 이어짐)

8 커널 락 분석은 lockmeter를 통해서 이뤄지곤 했는데, 이것은 lockstat라 불리는 인터페이스를 가지고 있었습니다.
9 이 함수들은 아주 빈번하게 호출되기 때문에, 모든 호출을 트레이싱하는데 따르는 성능 오버헤드에 대해 주의해야 합니다. 애플리케이션은 2배 혹은 그 이상 느려질 수 있습니다.

파일 디스크립터	포화도	파일 디스크립터의 포화도는 의미가 없을 것입니다.
파일 디스크립터	오류	strace를 사용하여 파일 디스크립터를 리턴하는 시스템 콜(예: open(2), accept(2), ...)에서 errno == EMFILE 여부를 확인; opensnoop -x

A.1 참고 자료

[**Gregg 13d**] Gregg, B., "USE Method: Linux Performance Checklist," *http://www.brendangregg.com/USEmethod/use-linux.html*, first published 2013.

부록 B

Systems Performance Second Edition

sar 요약

부록 B에는 시스템 활동 리포터(system activity reporter)인 sar(1)에서 사용할 수 있는 옵션들과 지표들을 요약해 두었습니다. 이를 통해 어느 지표들이 어느 옵션 아래에 있는지 기억을 되살려 보세요. 사용할 수 있는 전체 옵션과 지표에 대해서는 매뉴얼 페이지를 참고하세요.

sar(1)은 4.4절 "sar"에서 소개했으며, 아래에 수록된 일부 옵션은 앞서 다뤄진 장들(6, 7, 8, 9, 10)에서도 사용되었습니다.

옵션	지표	설명
-u -P ALL	%user %nice %system %iowait %steal %idle	CPU별 사용률 (-u는 선택 사항)
-u	%user %nice %system %iowait %steal %idle	CPU 사용률
-u ALL	... %irq %soft %guest %gnice	더 자세한 CPU 사용률
-m CPU -P ALL	MHz	CPU별 클럭 속도
-q	**runq-sz** plist-sz ldavg-1 ldavg-5 ldavg-15 **blocked**	CPU 실행 큐 크기
-w	**proc/s cswch/s**	CPU 스케줄러 이벤트
-B	pgpgin/s pgpgout/s fault/s majflt/s pgfree/s **pgscank/s pgscand/s** pgsteal/s %vmeff	페이징 통계
-H	kbhugfree kbhugused %hugused	huge page
-r	kbmemfree **kbavail** kbmemused %memused kbbuffers kbcached kbcommit %commit kbactive kbinact kbdirty	메모리 사용률
-S	kbswpfree kbswpused **%swpused** kbswpcad %swpcad	스왑 사용률

(다음 쪽에 이어짐)

— Systems

-W	pswpin/s pswpout/s	스와핑 통계
-v	dentunusd file-nr inode-nr pty-nr	커널 테이블
-d	**tps rkB/s wkB/s** areq-sz aqu-sz **await** svctm **%util**	디스크 통계
-n DEV	**rxpck/s txpck/s rxkB/s txkB/s** rxcmp/s txcmp/s rxmcst/s %ifutil	네트워크 인터페이스 통계
-n EDEV	rxerr/s txerr/s **coll/s rxdrop/s txdrop/s** txcarr/s rxfram/s rxfifo/s txfifo/s	네트워크 인터페이스 오류
-n IP	irec/s fwddgm/s idel/s orq/s asmrq/s asmok/s fragok/s fragcrt/s	IP 통계
-n EIP	ihdrerr/s iadrerr/s iukwnpr/s idisc/s odisc/s onort/s asmf/s fragf/s	IP 오류
-n TCP	**active/s passive/s iseg/s oseg/s**	TCP 통계
-n ETCP	atmptf/s estres/s **retrans/s** isegerr/s orsts/s	TCP 오류
-n SOCK	totsck tcpsck udpsck rawsck ip-frag tcp-tw	소켓 통계

필자가 주로 살펴보는 지표들의 경우 굵은 서체로 강조해 놓았습니다.

일부 sar(1) 옵션은 커널 기능이 활성화된 경우에만 사용할 수 있으며(예: huge pages), sar(1)의 후속 버전에는 몇 가지 지표가 더 추가되었습니다(여기서 정리한 내용은 12.0.6 버전입니다).

부록 C

S y s t e m s   P e r f o r m a n c e   S e c o n d   E d i t i o n

bpftrace 원 라이너

부록 C에는 몇 가지 유용한 bpftrace 원 라이너가 수록되어 있습니다. 이들 원 라이너는 그 자체로 유용할 뿐만 아니라, 여러분이 bpftrace를 한 번에 한 줄씩 배워나가는 데도 도움이 될 수 있습니다. 이들 대부분은 앞서 해당 내용을 다룬 장들에 수록되어 있습니다. 이 원 라이너 중 대다수는 즉시 작동하지 않을 수도 있는데, 특정 tracepoint 혹은 함수의 존재 여부 또는 특정 커널 버전 및 커널 설정에 따라 달라지기 때문입니다.

bpftrace에 대해서는 15장의 15.2 "bpftrace"에서 소개했습니다.

CPU

새로운 프로세스 생성을 인자와 함께 트레이싱합니다.

```
bpftrace -e 'tracepoint:syscalls:sys_enter_execve { join(args->argv); }'
```

시스템 콜을 프로세스별로 집계합니다.

```
bpftrace -e 'tracepoint:raw_syscalls:sys_enter { @[pid, comm] = count(); }'
```

시스템 콜을 시스템 콜 probe 이름별로 집계합니다.

```
bpftrace -e 'tracepoint:syscalls:sys_enter_* { @[probe] = count(); }'
```

동작 중인 프로세스 이름을 99Hz 주기로 샘플링합니다.

```
bpftrace -e 'profile:hz:99 { @[comm] = count(); }'
```

사용자 스택, 커널 스택 및 프로세스 이름을 시스템 전체에서 49Hz 주기로 샘플링합니다.

```
bpftrace -e 'profile:hz:49 { @[kstack, ustack, comm] = count(); }'
```

PID 189의 사용자 레벨 스택을 49Hz 주기로 샘플링합니다.

```
bpftrace -e 'profile:hz:49 /pid == 189/ { @[ustack] = count(); }'
```

PID 189의 사용자 레벨 스택을 5 프레임 깊이만큼 49Hz 주기로 샘플링합니다.

```
bpftrace -e 'profile:hz:49 /pid == 189/ { @[ustack(5)] = count(); }'
```

"mysqld"라는 이름을 가진 프로세스의 사용자 레벨 스택을 49Hz 주기로 샘플링합니다.

```
bpftrace -e 'profile:hz:49 /comm == "mysqld"/ { @[ustack] = count(); }'
```

커널 CPU 스케줄러 tracepoint를 집계합니다.

```
bpftrace -e 'tracepoint:sched:* { @[probe] = count(); }'
```

컨텍스트 스위치 이벤트 발생 시의 off-CPU 커널 스택을 집계합니다.

```
bpftrace -e 'tracepoint:sched:sched_switch { @[kstack] = count(); }'
```

"vfs_"로 시작하는 커널 함수를 집계합니다.

```
bpftrace -e 'kprobe:vfs_* { @[func] = count(); }'
```

pthread_create() 함수로 생성되는 새로운 스레드를 트레이싱합니다.

```
bpftrace -e 'u:/lib/x86_64-linux-gnu/libpthread-2.27.so:pthread_create {
    printf("%s by %s (%d)\n", probe, comm, pid); }'
```

메모리

libc malloc() 요청된 바이트 크기를 사용자 스택 트레이스 및 프로세스별로 합산합니다(오버헤드 높음).

```
bpftrace -e 'u:/lib/x86_64-linux-gnu/libc.so.6:malloc {
    @[ustack, comm] = sum(arg0); }'
```

PID 181의 libc malloc() 요청 바이트 크기를 사용자 스택 트레이스별로 합산합니다(오버헤드 높음).

```
bpftrace -e 'u:/lib/x86_64-linux-gnu/libc.so.6:malloc /pid == 181/ {
    @[ustack] = sum(arg0); }'
```

PID 181의 libc malloc() 요청 바이트 크기를 사용자 스택 트레이스별 2의 거듭제곱 히스토그램으로 보여줍니다(오버헤드 높음).

```
bpftrace -e 'u:/lib/x86_64-linux-gnu/libc.so.6:malloc /pid == 181/ {
    @[ustack] = hist(arg0); }'
```

커널 kmem 캐시 할당을 커널 스택 트레이스별로 합산합니다.

```
bpftrace -e 't:kmem:kmem_cache_alloc { @bytes[kstack] = sum(args->bytes_alloc); }'
```

프로세스 힙(heap) 확장(brk())을 코드 경로별로 집계합니다.

```
bpftrace -e 'tracepoint:syscalls:sys_enter_brk { @[ustack, comm] = count(); }'
```

페이지 폴트를 프로세스별로 집계합니다.

```
bpftrace -e 'software:page-fault:1 { @[comm, pid] = count(); }'
```

사용자 페이지 폴트를 사용자 레벨 스택 트레이스별로 집계합니다.

```
bpftrace -e 't:exceptions:page_fault_user { @[ustack, comm] = count(); }'
```

vmscan 동작을 tracepoint별로 집계합니다.

```
bpftrace -e 'tracepoint:vmscan:* { @[probe]++; }'
```

스왑 인(swap-in) 동작을 집계합니다.

```
bpftrace -e 'kprobe:swap_readpage { @[comm, pid] = count(); }'
```

페이지 마이그레이션을 집계합니다.

```
bpftrace -e 'tracepoint:migrate:mm_migrate_pages { @ = count(); }'
```

컴팩션 이벤트를 트레이싱합니다.

```
bpftrace -e 't:compaction:mm_compaction_BEGIN { time(); }'
```

libc에 있는 USDT probe의 목록을 보여줍니다.

```
bpftrace -l 'usdt:/lib/x86_64-linux-gnu/libc.so.6:*'
```

커널 kmem tracepoint의 목록을 보여줍니다.

```
bpftrace -l 't:kmem:*'
```

모든 메모리 서브시스템(mm) tracepoint의 목록을 보여줍니다.

```
bpftrace -l 't:*:mm_*'
```

파일 시스템

openat(2) 시스템 콜로 파일이 열릴 때 프로세스 이름과 함께 트레이싱합니다.

```
bpftrace -e 't:syscalls:sys_enter_openat { printf("%s %s\n", comm,
    str(args->filename)); }'
```

읽기 시스템 콜을 시스템 콜 유형별로 집계합니다.

```
bpftrace -e 'tracepoint:syscalls:sys_enter_*read* { @[probe] = count(); }'
```

쓰기 시스템 콜을 시스템 콜 유형별로 집계합니다.

```
bpftrace -e 'tracepoint:syscalls:sys_enter_*write* { @[probe] = count(); }'
```

read() 시스템 콜 요청 크기의 분포를 보여줍니다.

```
bpftrace -e 'tracepoint:syscalls:sys_enter_read { @ = hist(args->count); }'
```

read() 시스템 콜 읽기 크기(와 오류)의 분포를 보여줍니다.

```
bpftrace -e 'tracepoint:syscalls:sys_exit_read { @ = hist(args->ret); }'
```

read() 시스템 콜 에러를 에러 코드별로 집계합니다.

```
bpftrace -e 't:syscalls:sys_exit_read /args->ret < 0/ { @[- args->ret] = count(); }'
```

VFS 호출을 집계합니다.

```
bpftrace -e 'kprobe:vfs_* { @[probe] = count(); }'
```

PID 181의 VFS 호출을 집계합니다.

```
bpftrace -e 'kprobe:vfs_* /pid == 181/ { @[probe] = count(); }'
```

ext4 tracepoint를 집계합니다.

```
bpftrace -e 'tracepoint:ext4:* { @[probe] = count(); }'
```

xfs tracepoint를 집계합니다.

```
bpftrace -e 'tracepoint:xfs:* { @[probe] = count(); }'
```

ext4 파일 읽기 동작을 프로세스 이름과 사용자 레벨 스택별로 집계합니다.

```
bpftrace -e 'kprobe:ext4_file_read_iter { @[ustack, comm] = count(); }'
```

ZFS spa_sync() 시간을 트레이싱합니다.

```
bpftrace -e 'kprobe:spa_sync { time("%H:%M:%S ZFS spa_sync()\n"); }'
```

dcache 참조를 프로세스 이름과 PID별로 집계합니다.

```
bpftrace -e 'kprobe:lookup_fast { @[comm, pid] = count(); }'
```

디스크

블록 I/O tracepoint 이벤트를 집계합니다.

```
bpftrace -e 'tracepoint:block:* { @[probe] = count(); }'
```

블록 I/O 크기를 히스토그램으로 요약합니다.

```
bpftrace -e 't:block:block_rq_issue { @bytes = hist(args->bytes); }'
```

블록 I/O 요청 사용자 스택 트레이스를 집계합니다.

```
bpftrace -e 't:block:block_rq_issue { @[ustack] = count(); }'
```

블록 I/O 유형 플래그를 집계합니다.

```
bpftrace -e 't:block:block_rq_issue { @[args->rwbs] = count(); }'
```

블록 I/O 오류를 장치 및 I/O 유형과 함께 트레이스합니다.

```
bpftrace -e 't:block:block_rq_complete /args->error/ {
    printf("dev %d type %s error %d\n", args->dev, args->rwbs, args->error); }'
```

SCSI opcode를 집계합니다.

```
bpftrace -e 't:scsi:scsi_dispatch_cmd_start { @opcode[args->opcode] = count(); }'
```

SCSI 결과 코드를 집계합니다.

```
bpftrace -e 't:scsi:scsi_dispatch_cmd_done { @result[args->result] = count(); }'
```

SCSI 드라이버 함수 호출을 집계합니다.

```
bpftrace -e 'kprobe:scsi* { @[func] = count(); }'
```

네트워킹

소켓 accept(2)를 PID와 프로세스 이름별로 집계합니다.

```
bpftrace -e 't:syscalls:sys_enter_accept* { @[pid, comm] = count(); }'
```

소켓 connect(2)를 PID와 프로세스 이름별로 집계합니다.

```
bpftrace -e 't:syscalls:sys_enter_connect { @[pid, comm] = count(); }'
```

소켓 connect(2)를 사용자 스택 트레이스와 프로세스 이름별로 집계합니다.

```
bpftrace -e 't:syscalls:sys_enter_connect { @[ustack, comm] = count(); }'
```

소켓 송신/수신을 on-CPU PID, 그리고 프로세스 이름별로 집계합니다.

```
bpftrace -e 'k:sock_sendmsg,k:sock_recvmsg { @[func, pid, comm] = count(); }'
```

소켓 송신/수신 바이트 크기를 on-CPU PID와 프로세스 이름별로 집계합니다.

```
bpftrace -e 'kr:sock_sendmsg,kr:sock_recvmsg /(int32)retval > 0/ { @[pid, comm] =
    sum((int32)retval); }'
```

TCP 연결을 on-CPU PID와 프로세스 이름별로 집계합니다.

```
bpftrace -e 'k:tcp_v*_connect { @[pid, comm] = count(); }'
```

TCP 연결 수락을 on-CPU PID와 프로세스 이름별로 집계합니다.

```
bpftrace -e 'k:inet_csk_accept { @[pid, comm] = count(); }'
```

TCP 송신/수신을 on-CPU PID와 프로세스 이름별로 집계합니다.

```
bpftrace -e 'k:tcp_sendmsg,k:tcp_recvmsg { @[func, pid, comm] = count(); }'
```

TCP 송신 바이트 크기를 히스토그램으로 보여줍니다.

```
bpftrace -e 'k:tcp_sendmsg { @send_bytes = hist(arg2); }'
```

TCP 수신 바이트 크기를 히스토그램으로 보여줍니다.

```
bpftrace -e 'kr:tcp_recvmsg /retval >= 0/ { @recv_bytes = hist(retval); }'
```

TCP 재전송을 유형, 원격 호스트별로 집계합니다(IPv4라 가정).

```
bpftrace -e 't:tcp:tcp_retransmit_* { @[probe, ntop(2, args->saddr)] = count(); }'
```

모든 TCP 함수를 집계합니다(TCP에 높은 오버헤드 부가).

```
bpftrace -e 'k:tcp_* { @[func] = count(); }'
```

UDP 송신/수신을 on-CPU PID와 프로세스 이름별로 집계합니다.

```
bpftrace -e 'k:udp*_sendmsg,k:udp*_recvmsg { @[func, pid, comm] = count(); }'
```

UDP 송신 바이트 크기를 히스토그램으로 보여줍니다.

```
bpftrace -e 'k:udp_sendmsg { @send_bytes = hist(arg2); }'
```

UDP 수신 바이트 크기를 히스토그램으로 보여줍니다.

```
bpftrace -e 'kr:udp_recvmsg /retval >= 0/ { @recv_bytes = hist(retval); }'
```

송신 커널 스택 트레이스를 집계합니다.

```
bpftrace -e 't:net:net_dev_xmit { @[kstack] = count(); }'
```

각 장치 수신에 대한 CPU 히스토그램을 보여줍니다.

```
bpftrace -e 't:net:netif_receive_skb { @[str(args->name)] = lhist(cpu, 0, 128, 1); }'
```

ieee80211 계층 함수를 집계합니다(패킷에 높은 오버헤드 부가)

```
bpftrace -e 'k:ieee80211_* { @[func] = count()'
```

모든 ixgbevf 장치 드라이버 함수를 집계합니다(ixgbevf에 높은 오버헤드 부가).

```
bpftrace -e 'k:ixgbevf_* { @[func] = count(); }'
```

모든 iwl 장치 드라이버 tracepoint를 집계합니다(iwl에 높은 오버헤드 부가).

```
bpftrace -e 't:iwlwifi:*,t:iwlwifi_io:* { @[probe] = count(); }'
```

부록 D

Systems Performance Second Edition

연습 문제 해답(일부)

아래에서는 연습 문제 중 일부를 골라 답을 예시로 보여주고 있습니다.[1]

2장—방법론

Q. 지연시간(latency)이란 무엇입니까?

A. 시간을 측정한 지표로 보통은 어떤 작업이 완료되기까지 걸린 시간을 의미합니다. IT 분야에서는 문맥에 따라 의미가 달라질 수도 있습니다.

3장—운영 체제

Q. 스레드가 CPU를 떠나는 이유에 어떤 것이 있는지 나열하시오.

A. I/O로 블록된 경우, 락에 의해 블록된 경우, yield를 호출한 경우, 타임 슬라이스가 만료된 경우, (우선순위가 높은) 다른 스레드가 선점한 경우, 장치 인터럽트, 스레드 종료 등

6장—CPU

Q. 아주 큰 디스크/락 부하 없이, 안정화된 상태에 있는 다음 시스템의 부하 평균을 계산하시오.

A. 34

[1] 이 책으로 교육 과정을 진행한다면, 출판사나 필자에게 연락해 연습 문제 해답 전체를 받으세요.

7장—메모리

Q. 리눅스 용어에서 페이징과 스와핑의 차이점은 무엇입니까?

A. 페이징은 메모리 페이지를 이동시키는 것이며, 스와핑은 페이지를 스왑 장치/파일로 혹은 스왑장치/파일로부터 이동시키는 것입니다.

Q. 메모리 사용량과 포화도에 대해 설명하시오.

A. 메모리 용량에 대해 말할 때 사용량이라는 용어는 사용 중이어서 다른 곳에 할당할 수 없는 메모리의 용량을 의미하며, 전체 사용 가능 메모리 중 사용하고 있는 메모리의 비율로 표시할 수 있습니다. 이 비율은 파일 시스템 수용량과 마찬가지로 퍼센트(%)로 표현할 수 있습니다. 포화도는 가용 메모리 크기를 초과하는 메모리 요구량을 나타내는 지표로, 포화도가 높다면 메모리의 수요를 만족시키기 위해 커널이 (커널이나 프로세스가 사용 중인) 메모리를 해제해야 합니다.

8장—파일 시스템

Q. 논리적 I/O와 물리적 I/O의 차이점은 무엇입니까?

A. 논리적 I/O는 파일 시스템 인터페이스에 요청하는 I/O를 말합니다. 물리적 I/O는 저장 장치(디스크)에 대해 요청한 I/O를 의미합니다.

Q. 파일 시스템에서 COW(copy-on-write, 쓰기 시 복사)가 성능을 향상시키는 이유를 설명하시오.

A. COW는 기존 블록을 덮어쓰지 않고 새로운 블록에 기록하기 때문에 여러 작은 쓰기를 묶어 큰 단위의 순차 쓰기로 전환할 수 있습니다. 반대로, COW가 아닌 방식은 덮어쓰기로 인해 쓰기 위치가 흩어져 랜덤 접근이 늘어나 성능이 떨어질 수 있습니다. 이러한 효과는 HDD와 SSD 등 저장장치의 특성에 따라 달라질 수 있습니다.

9장—디스크

Q. 디스크에 과부하가 걸리면 어떤 일이 일어나는지 설명하시오. 애플리케이션 성능에 미치는 영향도 포함해서 설명하시오.

A. 지속적으로 사용률이 높아지고(100%까지) 포화도 지표(대기열에 작업이 늘어남)를 관찰할 수 있습니다. 작업이 큐에 들어갈 확률이 늘어남에 따라 I/O 지연

시간이 늘어나게 됩니다(이를 모델링해 볼 수 있습니다). 애플리케이션이 파일 시스템이나 디스크에 대해 동기화된 I/O를 수행하는 경우, 즉 읽기 작업이나 동기화된 쓰기 작업일 경우 늘어난 지연시간으로 인해 성능이 저하될 수 있습니다. 이 같은 일은 (애플리케이션 성능에 간접적으로 영향을 끼치는) 비동기적 백그라운드 작업이 아니라 요청을 처리하는 중요한 애플리케이션 코드 경로에서도 일어납니다. 보통 I/O 지연시간이 늘어남에 따라 역으로 (애플리케이션이 느려지기에) 시간당 I/O 요청이 줄어들어 지연시간이 무한정 늘어나지는 않습니다.

11장—클라우드 컴퓨팅

Q. OS 가상화 게스트 환경에서 물리적인 시스템의 관측가능성을 설명하시오.

A. 호스트 커널 구현에 따라 게스트는 CPU, 디스크 등을 포함한 모든 물리적 리소스의 종합적인 성능 지표를 볼 수 있으며, 이러한 리소스를 다른 테넌트가 사용하고 있는지 알 수 있는 경우도 있습니다. 사용자 데이터를 유출할 수 있는 지표들은 커널에서 차단해야 합니다. 예를 들어 CPU의 사용률은 다른 테넌트로부터 관측될 수 있지만(예: 50%), 이러한 사용률을 유발한 프로세스 ID와 이름은 보여주면 안 됩니다.

부록 E

Systems Performance Second Edition

시스템 성능 분야의 주요 인물

우리가 사용하고 있는 기술을 누가 만들었는지 알아두면 유용할 때가 있습니다. 다음은 시스템 성능 분야의 주요 인물들로, 이 책에서 다룬 기술들을 기반으로 정리했습니다. 이 목록은 [Libes 89]에 정리된 유닉스 주요 인물(who's who)에서 영감을 받았습니다. 누락되었거나 잘못 표기된 분들에게는 사과의 말씀을 전합니다. 수록된 사람이나 기술의 역사에 대해 더 많이 알고 싶은 독자는 각 장의 참고 자료와 리눅스 소스 코드를 참고하세요. 특히, 리눅스 소스 코드에 있는 리눅스 저장소 히스토리와 메인테이너 파일 두 가지를 모두 보세요. 필자의 BPF 책[Gregg 19]에 있는 감사의 글에도 다양한 기술들, 특히 확장 BPF, BCC, bpftrace, kprobe, uprobe 그리고 그 기술들을 만들어 낸 분들의 목록이 정리되어 있습니다.

존 올스포(John Allspaw): 수용량 계획[Allspaw 08]

진 M. 암달(Gene M. Amdahl): 컴퓨터 확장성과 관련된 초기 작업[Amdahl 67]

옌스 악스보(Jens Axboe): CFQ I/O 스케줄러, fio, blktrace, io_uring

브렌든 블랑코(Brenden Blanco): BCC

제프 본윅(Jeff Bonwick): 커널 슬랩 할당(slab allocation) 개발, 사용자 레벨 슬랩 할당 공동 개발, ZFS와 kstat 공동 개발, mpstat 최초 개발

대니얼 보크먼(Daniel Borkmann): 확장 BPF의 공동 개발자 겸 메인테이너

로흐 부르보네(Roch Bourbonnais): 썬 마이크로시스템즈 시스템 성능 전문가

팀 브레이(Tim Bray): 보니(Bonnie) 디스크 I/O 마이크로-벤치마크 개발. XML로 유명함

브라이언 캔트릴(Bryan Cantrill): DTrace 공동 제작, 오라클 ZFS 스토리지 어플라이언스 분석기(Sun ZFS Storage Appliance Analytics) 개발

— Systems

레미 카드(Rémy Card): ext2 및 ext3 파일 시스템의 주 개발자

나디아 이베트 체임버스(Nadia Yvette Chambers): 리눅스 hugetlbfs

기용 차자레인(Guillaume Chazarain): 리눅스용 iotop(1)

애드리안 콕크로프트(Adrian Cockcroft): 성능 관련 책[Cockcroft 95][Cockcroft 98], Virtual Adrian(SE 도구 모음)

팀 쿡(Tim Cook): 리눅스용 nicstat(1) 개발 및 개선

앨런 콕스(Alan Cox): 리눅스 네트워크 스택 성능 향상

마티외 데스노이어스(Mathieu Desnoyers): 리눅스 트레이싱 도구 모음(Linux Trace Toolkit, LTTng), 커널 tracepoint, 사용자 공간 RCU의 주 개발자

프랭크 Ch. 아이글러(Frank Ch. Eigler): SystemTap의 선임 개발자

리처드 엘링(Richard Elling): 정적 성능 튜닝 방법론

줄리아 에반스(Julia Evans): 성능 및 디버깅 문서화 및 도구 개발

케빈 로버트 엘즈(Kevin Robert Elz): DNLC

로저 포크너(Roger Faulkner): 유닉스 시스템 V의 /proc 작성, 솔라리스 스레드와 truss(1) 시스템 콜 트레이싱 도구 구현

토마스 글레익스너(Thomas Gleixner): hrtimer를 포함해 여러 가지 리눅스 커널 성능 관련 작업

세바스천 고다(Sebastian Godard): 리눅스용 sysstat 패키지(iostat(1), mpstat(1), pidstat(1), nfsiostat(1), cifsiostat(1) 등의 도구와 sar(1), sadc(8), sadf(1) 등의 개선 버전이 들어 있음) (부록 B의 지표를 보세요)

사샤 골드스타인(Sasha Goldshtein): BPF 도구 (argdist(8), trace(8) 등), BCC 기여

브렌던 그레그(Brendan Gregg): nicstat(1), DTraceToolkit, ZFS L2ARC, BPF 도구(execsnoop, biosnoop, ext4slower, tcptop 등), BCC/bpftrace 기여, USE 방법론, 히트맵(지연시간, 사용률, 초 단위 미만 오프셋), 플레임 그래프, 플레임스코프, 이 책 및 이전 책들[Gregg 11a][Gregg 19], 기타 perf 작업

닐 군터 박사(Dr. Neil Gunther): 일반 확장성 법칙(Universal Scalability Law), CPU 사용량에 대한 3차 그래프, 성능 관련 책[Gunther 97]

제프리 홀링스워스(Jeffrey Hollingsworth): 동적 계측[Hollingsworth 94]

반 야콥손(Van Jacobson): traceroute(8), pathchar, TCP/IP 성능

라즈 잰(Raj Jain): 시스템 성능 이론[Jain 91]

제리 옐리넥(Jerry Jelinek): 솔라리스 존(Zones)

빌 조이(Bill Joy): vmstat(1), BSD 가상 메모리 작업, TCP/IP 성능, FFS

앤디 클린(Andı Kleen): 인텔 성능 관련 삭업, 리눅스에 수많은 기여

크리스토프 래미터(Christoph Lameter): SLUB 할당자

윌리엄 르페브르(William LeFebvre): top(1)의 첫 번째 버전 작성, 많은 기타 도구들에 영감 부여

데이비드 레빈탈(David Levinthal): 인텔 프로세서 성능 전문가

존 레본(**John Levon**): OProfile

마이크 루키데스(**Mike Loukides**): 유닉스 시스템 성능에 대한 최초의 책.[Loukides 90] 이 책이 CPU, 메모리, 디스크, 네트워크 등의 리소스 기반 분석의 전통을 시작했거나 장려함

로버트 러브(**Robert Love**): (선점과 관련한) 리눅스 커널 성능 관련 작업

메리 마르키니(**Mary Marchini**): libstapsdt, 다양한 언어를 위한 동적 USDT

짐 모로(**Jim Mauro**): *Solaris Performance and Tools*[McDougall 06a], *DTrace: Dynamic Tracing in Oracle Solaris, Mac OS X, and FreeBSD*[Gregg 11]의 공동 저자

리처드 맥두걸(**Richard McDougall**): 솔라리스 microstate 어카운팅, *Solaris Performance and Tools*[McDougall 06a]의 공동 저자

마샬 커크 맥쿠식(**Marshall Kirk McKusick**): FFS, BSD 관련 작업

아르날도 카르발료 쥐 멜로(**Arnaldo Carvalho de Melo**): 리눅스 perf(1) 메인테이너

바튼 밀러(**Barton Miller**): 동적 계측[Hollingsworth 94]

데이비드 밀러(**David S. Miller**): 리눅스 네트워킹 메인테이너 겸 SPARC 메인테이너. 수많은 성능 개선, 그리고 확장 BPF에 대한 지원

캐리 밀샙(**Cary Millsap**): R 방법론

잉고 몰나(**Ingo Molnar**): O(1) 스케줄러, 완전 공정 스케줄러(cfs), 자발적 커널 선점, ftrace, perf와 실시간 선점에 대한 작업, 뮤텍스, futexes, 스케줄러 프로파일링, 워크 큐 관련 개발

리차드 J. 무어(**Richard J. Moore**): DProbe, kprobe

앤드류 모튼(**Andrew Morton**): fadvise, read-ahead

지안 파올로 D. 무스메치(**Gian-Paolo D. Musumeci**): *System Performance Tuning*, 2판[Musumeci 02]

마이크 무스(**Mike Muuss**): ping(8)

쉐일라브 나가르(**Shailabh Nagar**): 지연 어카운팅(Delay accounting), taskstats

리치 페티트(**Rich Pettit**): SE 툴킷

닉 피긴(**Nick Piggin**): 리눅스 스케줄러 도메인

빌 피쥐스키(**Bill Pijewski**): 솔라리스 vfsstat(1M), ZFS I/O 스로틀링

데니스 리치(**Dennis Ritchie**): 유닉스를 개발했으며, 유닉스의 초기 성능상 특징인 프로세스 우선순위, 스와핑, 버퍼 캐시 등을 구현

앨라스터 로버트슨(**Alastair Robertson**): bpftrace 개발

스티븐 로스테드(**Steven Rostedt**): Ftrace, KernelShark, 실시간 리눅스, 적응형 스피닝 뮤텍스, 리눅스 트레이싱 지원

러스티 러셀(**Rusty Russell**): 최초의 futexes, 다양한 리눅스 커널 작업

마이클 샤피로(**Michael Shapiro**): DTrace 공동 개발

알렉시 쉬파일러브(**Aleksey Shipilëv**): 자바 성능 전문가

발비르 싱(Balbir Singh): 리눅스 메모리 리소스 컨트롤러, 지연 어카운팅, taskstats, cgroupstats, CPU 어카운팅

용형 쏭(Yonghong Song): BTF, 확장 BPF 및 BCC 작업

알렉세이 스타로보이토프(Alexei Starovoitov): 확장 BPF 공동 제작자 겸 메인테이너

켄 톰슨(Ken Thompson): 유닉스를 개발했으며, 유닉스의 초기 성능상 특징인 프로세스 우선순위, 스와핑, 버퍼 캐시 등을 구현

마틴 톰슨(Martin Thompson): Mechanical sympathy 개발

리누스 토르발스(Linus Torvalds): 리눅스 커널 및 시스템 성능, 리눅스 I/O 스케줄러, 깃(Git)에 필요한 수많은 핵심 컴포넌트 개발

아르얀 반 더 벤(Arjan van de Ven): latencytop, PowerTOP, irqbalance 및 리눅스 스케줄러 프로파일링 개발

니트산 와까르트(Nitsan Wakart): 자바 성능 전문가

토비아스 발데크란스(Tobias Waldekranz): ply(첫 번째 고급 BPF 트레이싱 도구)

대그 위얼스(Dag Wieers): dstat

카림 야그모어(Karim Yaghmour): LTT, 리눅스에 트레이싱 강조

조비 장웨이(Jovi Zhangwei): ktap

톰 자누씨(Tom Zanussi): Ftrace 히스토그램 트리거(hist triggers)

피터 제일스트라(Peter Zijlstra): 적응형 대기 뮤텍스(Adaptive spinning mutex) 구현, hardirq 콜백 프레임워크 및 기타 리눅스 성능 관련 개발

E.1 참고 자료

[Amdahl 67] Amdahl, G., "Validity of the Single Processor Approach to Achieving Large Scale Computing Capabilities," *AFIPS*, 1967.

[Libes 89] Libes, D., and Ressler, S., *Life with UNIX: A Guide for Everyone*, Prentice Hall, 1989.

[Loukides 90] Loukides, M., *System Performance Tuning*, O'Reilly, 1990.

[Hollingsworth 94] Hollingsworth, J., Miller, B., and Cargille, J., "Dynamic Program Instrumentation for Scalable Performance Tools," *Scalable High-Performance Computing Conference (SHPCC)*, May 1994.

[Cockcroft 95] Cockcroft, A., *Sun Performance and Tuning*, Prentice Hall, 1995.

[Cockcroft 98] Cockcroft, A., and Pettit, R., *Sun Performance and Tuning: Java and the Internet*, Prentice Hall, 1998.

[Musumeci 02] Musumeci, G. D., and Loukidas, M., *System Performance Tuning*, 2nd Edition, O'Reilly, 2002.

[McDougall 06a] McDougall, R., Mauro, J., and Gregg, B., *Solaris Performance and Tools: DTrace and MDB Techniques for Solaris 10 and OpenSolaris*, Prentice Hall, 2006.

[Gunther 07] Gunther, N., *Guerrilla Capacity Planning*, Springer, 2007.

[Allspaw 08] Allspaw, J., *The Art of Capacity Planning*, O'Reilly, 2008.

[Gregg 11a] Gregg, B., and Mauro, J., *DTrace: Dynamic Tracing in Oracle Solaris, Mac OS X and FreeBSD*, Prentice Hall, 2011.

[Gregg 19] Gregg, B., *BPF Performance Tools: Linux System and Application Observability*, Addison-Wesley, 2019. (번역서는 《BPF 성능 분석 도구: BPF 트레이싱을 통한 리눅스 시스템 관측가능성과 성능 향상》 이호연 옮김, 인사이트, 2021)

용어사전

ABI 애플리케이션 바이너리 인터페이스

ACK TCP 승인 응답(acknowledgment)

AMD 프로세서 벤더(Advanced Micro Devices의 약자)

API 애플리케이션 프로그래밍 인터페이스

ARM 프로세서 벤더(Advanced RISC Machine 약자)

ARP 주소 결정(해석) 프로토콜

ASIC 애플리케이션 전용 집적 회로

AT&T 유닉스는 벨 연구소(Bell Laboratories)에서 개발. 벨 연구소는 미국 전화전신 회사(AT&T)의 일부

BCC BPF 컴파일러 컬렉션. BCC는 BPF 컴파일러 프레임워크와 여러 BPF 성능 도구를 포함하는 프로젝트. 자세한 내용은 15장 참조

BIOS 기본 입출력 시스템(Basic Input/Output System)의 약자로, 컴퓨터 하드웨어를 초기화하고 부팅 과정을 관리하는 펌웨어를 의미

BPF 버클리 패킷 필터(Berkeley Packet Filter)의 약자로, 패킷 필터링 성능을 개선하기 위해 만들어진 경량 커널 기술. 2014년 이후 범용 실행 환경으로 확장되었음(eBPF 참조)

BSD 버클리 소프트웨어 배포판(Berkeley Software Distribution), UNIX의 파생물

buffer 임시 데이터를 위한 메모리 영역

C 프로그래밍 언어

CDN 콘텐트 전송 네트워크(Content Delivery Network)

CPI 명령어당 사이클 수(Cycles per instruction). 자세한 내용은 6장 "CPU" 참조

CPU 중앙 처리 장치(Central Processing Unit)의 약자로, 명령을 실행하는 기능 단위 세트, 레지스터, 산술 논리 장치(ALU) 등을 포함. 지금은 프로세서 또는 가상 CPU를 지칭하는데도 자주 사용됨

CPU 교차 호출 다중 CPU 시스템에서 다른 CPU에 작업을 요청하는 CPU 호출(cross call)을 의미. 시스템 전체 이벤트(예: CPU 캐시 일관성 호출)를 처리하는데 사용됨(Linux에선 "SMP 호출"이라고도 함). 자세한 내용은 6장 "CPU" 참조

CPU 사이클 프로세서의 클럭 속도를 기반으로 하는 시간 단위. 가령, 2GHz의 경우 각 사이클은 0.5ns에 해당함. 사이클 자체는 디지털 논리를 트리거하는데 사용되는 전압의 상승 또는 하강과 같은 전기 신호로 구현됨

CSV 쉼표로 구분된 값 파일 형식

CTSS 호환 시분할 시스템, 초기 시분할 시스템 중 하나

debuginfo 파일 디버거와 프로파일러에서 사용하는 심벌 및 디버그 정보 파일

DEC Digital Equipment Corporation의 약자. 과거 미니컴퓨터와 워크스테이션 개발로 유명했음

DNS 도메인 이름 서비스(Domain Name Service)

DRAM 동적 임의 접근 메모리(Dynamic random-access memory), 메인 메모리로 일반적으로 사용되는

휘발성 메모리 유형

duplex 동시 양방향 통신

eBPF 원래 2014년에 업데이트된 확장(extended) BPF를 설명하는 약어. 이 업데이트에서는 레지스터 크기와 명령어 세트를 확장하고, 맵 저장소를 추가하며, 커널 호출을 제한. 2015년부터는 eBPF를 그냥 BPF라고 부르게 됨

ECC 오류를 감지하고 일부 유형의 오류(보통 단일 비트 오류)를 수정하는 알고리즘으로 오류 정정 코드(Error Correction Code)라고 함

ELF 실행 프로그램을 위한 일반적인 파일 형식으로 실행 가능 및 링크 가능한 형식(Executable and Linkable Format)의 약자

errno 마지막 오류를 포함하는 변수로 표준 POSIX.1-2001을 따름

FPGA 프로그래밍이 가능한 집적 회로 반도체(field programmable gate array)의 약자. 일반적으로 특정 작업을 가속화하기 위해 컴퓨팅에서 사용되는 재프로그래밍 가능한 집적 회로를 의미

FreeBSD UNIX 계열의 오픈 소스 운영 체제

fsck 시스템 장애(예: 정전 또는 커널 패닉) 후 파일 시스템을 복구하는 데 사용되는 파일 시스템 검사 명령으로, 이 과정은 몇 시간이 걸릴 수 있음

Gbps 초당 기가비트

GPU 그래픽 처리 장치(Graphics Processing Unit)의 약자로, GPU는 다른 워크로드 예컨대 머신 러닝에도 사용할 수 있음

GUI 그래픽 사용자 인터페이스

HDD 하드 디스크 드라이브, 회전식 자기 저장 장치를 의미. 자세한 내용은 9장 "디스크" 참조

HTTP 하이퍼텍스트 전송 프로토콜

I/O 입력/출력

ICMP 인터넷 제어 메시지 프로토콜. ping(1)(ICMP 에코 요청/응답)에서 사용됨

instance 가상 서버를 의미하는 용어로, 클라우드 컴퓨팅은 서버 인스턴스를 제공함

Intel 프로세서 벤더

IO Visor bcc 및 bpftrace 저장소를 GitHub에서 호스팅하고 다른 회사의 BPF 개발자 간의 협력을 촉진하는 Linux Foundation 프로젝트

IOPS 초당 I/O 작업 수, I/O 속도를 측정하는 단위

IP 인터넷 프로토콜. 주요 버전으로 IPv4와 IPv6가 있음. 자세한 내용은 10장 "네트워크"를 참조

IPC 사이클당 명령어 수(Instructions per cycle), 고급 CPU 성능 메트릭, 또는 프로세스 간 통신(inter-process communication)을 의미할 수 있음. 소켓은 프로세스 간 통신 메커니즘

IRIX 실리콘 그래픽스(SGI)에서 개발한 유닉스 기반의 운영 체제

IRQ 인터럽트 요청, 프로세서에 작업을 요청하는 하드웨어 신호를 의미. 자세한 내용은 3장 "운영 체제" 참조

Kbytes 킬로바이트. 국제 단위계(SI)는 1킬로바이트를 1000바이트로 정의하지만, 컴퓨팅에서는 일반적으로 1킬로바이트가 1024바이트(SI에서는 키비바이트). 이 책 전반에서 Kbytes를 표시하는 도구들은 일반적으로 1024(2^{10}) 바이트를 기준으로 사용

kprobes 커널 수준의 동적 계측을 위한 리눅스 커널 기술

LRU 캐싱에서 사용되는 알고리즘으로, 최근에 가장 덜 사용된 것을 선택하는 방식으로 작동. 자세한 내용은 2.3.14절 "캐싱" 참조

malloc 보통 메모리 할당을 수행하는 함수를 지칭

Mbps 전송 속도의 단위. 초당 메가비트

— Systems

Mbytes 메가바이트(Mbytes)는 일반적으로 1,000,000바이트로 정의되지만, 컴퓨팅에서는 주로 1,048,576바이트(즉, 2^{20}바이트)로 사용됨. SI 단위계에서는 이를 메비바이트(MiB)라고 부름. 이 책에서 Mbytes를 보고하는 도구들은 일반적으로 1,048,576바이트의 정의를 따름

MMU 메모리 관리 장치(Memory Management Unit). 이는 메모리를 CPU에 제공하고 가상 주소를 물리적 주소로 변환하는 역할을 함

mutex 상호 배제 락(mutual exclusion lock). mutex는 성능 병목의 원인이 될 수 있어, 성능 문제를 조사할 때 검토의 대상이 되곤 함. 자세한 내용은 5장 "애플리케이션" 참조

mysqld MySQL 데이터베이스 데몬

NVMe 비휘발성 메모리 익스프레스(Non-Volatile Memory express). 스토리지 장치용 PCIe 버스 사양

off-CPU 현재 CPU에서 실행되고 있지 않은 스레드를 지칭하는 용어. 이는 I/O, 잠금, 자발적인 휴면 또는 다른 이벤트로 인해 'off-CPU' 상태가 될 수 있음

on-CPU 현재 CPU에서 실행 중인 스레드를 지칭하는 용어

OS 운영 체제. 자원과 사용자 수준 프로세스를 관리하기 위한 커널을 포함한 소프트웨어 모음

PC(Program Counter, 프로그램 카운터) 현재 실행 중인 명령어를 가리키는 CPU 레지스터

PCID(Process-Context ID, 프로세스 컨텍스트 ID) 컨텍스트 스위치 시 플러시를 피하기 위해 프로세스 ID로 가상 주소 항목을 태그하는 프로세서/MMU 기능

PCIe(Peripheral Component Interconnect Express) 주로 저장 장치와 네트워크 컨트롤러에 사용되는 버스 표준

PDP 프로그래밍된 데이터 프로세서(Programmed Data Processor)의 약자로, DEC에서 제작한 미니컴퓨터 시리즈

PEBS(Precise Event-Based Sampling, 정밀 이벤트 기반 샘플링) Processor Event-Based Sampling이라고도 하는데, 인텔 프로세서 기술을 사용하여 이벤트 중 CPU 상태를 보다 정확하게 기록하기 위해 PMC와 함께 사용됨

PID 프로세스 식별자(Process Identifier)의 약자로, 운영 체제에서 프로세스를 고유하게 식별하는 숫자 식별자

PMC(Performance Monitoring Counters, 성능 모니터링 카운터) 프로세서의 특수 하드웨어 레지스터로, 저수준의 CPU 이벤트(사이클, 정지 사이클, 명령어, 메모리 로드/스토어 등)를 계측하도록 프로그래밍할 수 있음

POSIX(Portable Operating System Interface, 이식 가능한 운영 체제 인터페이스) 유닉스 API를 정의하기 위해 IEEE에서 관리하는 관련 표준의 모음. 여기에는 시스템 콜 또는 시스템 콜을 기반으로 구축된 시스템 라이브러리를 통해 제공되는 파일 시스템 인터페이스가 포함됨

PSI(Pressure Stall Information, 부하 스톨 정보) 리눅스에서 자원으로 인해 발생하는 성능 문제를 식별하는 데 사용

RCU(Read-copy-update) 리눅스의 동기화 메커니즘

RFC Request For Comments의 약자로, 인터넷 엔지니어링 태스크 포스(IETF)에서 네트워킹 표준과 모범 사례를 공유하기 위해 공개한 문서. RFC는 네트워킹 프로토콜을 정의하는 데 사용. 예를 들어 RFC 793은 TCP 프로토콜을 정의

RSS 메인 메모리 크기를 측정하는 지표인 상주 집합 크기(Resident Set Size)를 의미

ROI 투자 수익률(Return on Investment)의 약자로, 비즈니스 성과를 나타내는 지표

RX 네트워킹에서 수신(Receive)을 의미

SCSI Small Computer System Interface의 약자로, 저장 장치 인터페이스 표준

SLA 서비스 수준 계약(Service Level Agreement) 약자

SMP 대칭형 멀티 프로세싱(Symmetric Multiprocessing)의 약자로, 여러 유사한 CPU가 동일한 메인 메모리를 공유하는 멀티프로세서 아키텍처

SMT 동시 멀티스레딩(Simultaneous Multithreading)의 약자로, 코어에서 여러 스레드를 실행하는 프로세서 기능을 의미. 자세한 내용은 "하이퍼스레드"를 참조

SNMP 간이 네트워크 관리 프로토콜(Simple Network Management Protocol)의 약자

SONET 동기식 광 네트워킹(Synchronous Optical Networking)으로, 광섬유를 사용하는 물리 계층 프로토콜

SPARC 확장 가능한 프로세서 아키텍처(Scalable Processor Architecture)의 약자

SRE 사이트 신뢰성 엔지니어(Site Reliability Engineer)의 약자로, 인프라와 신뢰성에 집중하는 기술 직원. SRE는 사고 대응의 일환으로 성능 관련 업무를 수행하는데, 시간적 제약 아래서 일해야 함. 자세한 내용은 1.3절 "활동" 참조

SSD 솔리드 스테이트 드라이브(Solid-State Drive). 주로 플래시 메모리를 기반으로 하는 저장 장치. 자세한 내용은 9장 "디스크" 참조

SSH 보안 셸(Secure Shell)로, 암호화된 원격 셸 프로토콜

SunOS 썬 마이크로시스템즈 운영 체제(Sun Microsystems Operating System)로, 나중에 Solaris로 재브랜딩됨

SUT 테스트 중인 시스템(System Under Test)을 의미

SVG 확장 가능한 벡터 그래픽(Scalable Vector Graphics) 파일 형식

syscall(시스템 콜) "시스템 콜" 참고

SYN TCP 동기화(synchronize)를 의미

TCP 전송 제어 프로토콜(Transmission Control Protocol). RFC 793에서 처음 정의되었음. 자세한 내용은 10장 "네트워크" 참조

TENEX PDP-10을 위해 개발된 TEN-EXtended 운영 체제를 의미

TLB 변환 색인 버퍼(Translation Lookaside Buffer)의 약자로, 가상 메모리 시스템의 메모리 변환용 캐시로 MMU가 사용. 자세한 내용은 "MMU" 참조

TLS 전송 계층 보안(Transport Layer Security)으로, 네트워크 요청을 암호화하는 데 사용

TPU 텐서 프로세싱 유닛(Tensor Processing Unit)으로, 구글(Google)에서 개발한 AI 가속기 ASIC이며, TensorFlow(기계 학습을 위한 소프트웨어 플랫폼)에서 이름을 따왔음

tracepoint 리눅스 커널 기술로, 정적 계측을 제공

TX 네트워킹에서 송신(Transmit)을 의미

UDP 사용자 데이터그램 프로토콜(User Datagram Protocol)의 약자로, RFC 768에서 처음 정의됨. 자세한 내용은 10장 "네트워크" 참조

uprobes 사용자 수준 동적 계측을 위한 리눅스 커널 기술

us 마이크로초(microseconds)를 의미. ASCII 기반 성능 도구의 출력에서는 종종 'us'로 표시됨. (이 책에서는 vmstat(8)의 출력에 'us' 열이 포함되어 있으며, 이는 사용자 시간을 의미)

μs 마이크로초(microseconds)를 의미. 자세한 내용은 'us' 참조

USDT 사용자 영역에서 정적으로 정의된 트레이싱(User-land Statically Defined Tracing)을 의미하며, 프로그래머가 유용한 추적점을 제공하기 위해 애플리케이션 코드에 정적 계측을 삽입하는 기법.

vCPU 가상 CPU를 의미. 현대 프로세서는 코어당 여러 가상 CPU를 노출할 수 있음(예: 인텔 하이퍼스레딩)

VFS 가상 파일 시스템(Virtual File System)의 약자로,

다양한 파일 시스템 유형을 지원하기 위해 커널에서 사용하는 추상화 계층

VMS 가상 메모리 시스템(Virtual Memory System)으로, DEC에서 만든 운영 체제

x86 인텔 8086을 기반으로 한 프로세서 아키텍처

ZFS 썬 마이크로시스템즈에서 만든 파일 시스템 및 볼륨 매니저

가상 메모리 멀티태스킹과 과할당(over-subscription)을 지원하는 메모리 추상화

경합(contention) 자원 경쟁

관측가능성(observability) 컴퓨팅 시스템을 관찰할 수 있는 능력. 이 용어에는 컴퓨팅 시스템의 상태를 분석하는 데 사용되는 방법과 도구가 포함됨

구조체(struct) 주로 C 프로그래밍 언어에서 사용되는 구조화된 객체를 의미

균형 잡힌 시스템(balanced system) 병목 현상이 없는 시스템

논리 프로세서 "가상 CPU"와 동일한 개념. 자세한 내용은 6장 "CPU" 참조

대역폭 통신 채널의 주파수 범위(Hz). 컴퓨팅에서는 통신 채널의 최대 전송 속도를 설명하는 데 사용. 가끔 현재 처리량을 설명하는 데 쓰이기도 하는데 이는 잘못된 용어 사용임

데몬(daemon) 서비스를 제공하기 위해 지속적으로 실행되는 시스템 프로그램

데이터그램(datagram) "세그먼트" 참조

동적 계측(dynamic instrumentation) 소프트웨어 이벤트(함수 호출 및 리턴 등)를 계측하는 기술로, 명령어 텍스트를 실시간으로 수정하고 임시 추적 명령어를 삽입하여 이루어짐. 이 기술은 동적 트레이싱이라고도 불림

동적 트레이싱(dynamic tracing) 동적 계측을 구현하는 소프트웨어를 지칭할 수 있음

디스크 물리적 저장 장치. "HDD" 및 "SSD" 참조

디스크 컨트롤러 시스템에 직접 연결된 디스크를 관리하여, 이를 시스템에 직접 또는 가상 디스크로 접근 가능하게 만드는 구성 요소. 디스크 컨트롤러는 시스템 메인보드에 내장되거나 확장 카드로 포함되거나 스토리지 어레이에 내장될 수 있음. SCSI, SATA, SAS 등 여러 종류의 스토리지 인터페이스를 지원하며, 보통 인터페이스 유형에 따라 **호스트 버스 어댑터(HBA)**라고도 불림

레지스터 CPU 명령어에서 직접 사용되는 작은 저장 위치로, 데이터 처리를 위해 사용

로컬 디스크 서버에 직접 연결되어 서버에서 관리되는 디스크를 의미. 여기에는 서버 섀시 내부에 있는 디스크와 스토리지 트랜스포트를 통해 직접 연결된 디스크가 포함됨

마이너 폴트(minor fault) 메모리 접근 시 메인 메모리에서 데이터를 불러오는 폴트를 의미. 자세한 내용은 3장 "운영 체제" 참조

마이크로 벤치마크 단일 또는 간단한 작업을 측정하기 위한 벤치마크

메모리 "메인 메모리" 참조

메모리 주소 메모리 위치 정보

메이저 폴트(major fault) 메모리 접근 시 저장 장치(디스크)에서 데이터를 불러오는 폴트를 의미. 자세한 내용은 3장 "운영 체제" 참조

메인 메모리(main memory) 시스템의 주 메모리 저장소, 보통 DRAM으로 구현

메인 보드 메인 보드는 프로세서와 시스템 인터커넥트를 담고 있는 회로 기판으로, 시스템 보드라고도 함

바이트 디지털 데이터의 단위. 이 책은 1바이트가 8비트에 해당하는 산업 표준을 따르며, 비트는 0 또는 1을 의미

배열 값들의 집합. 프로그래밍 언어의 데이터 유형으로, 배열은 일반적으로 연속된 메모리 범위에 저장되고 각 값의 인덱스는 데이터가 저장된 오프셋을 나타냄

백엔드(back end) 데이터 저장 및 인프라 구성 요소를 지칭하는 용어로, 웹 서버가 백엔드 소프트웨어에 해당. 자세한 내용은 "프론트엔드" 참조

벤치마크 컴퓨팅에서 벤치마크는 워크로드 실험을 수행하고 성능을 측정하는 도구. 다양한 옵션의 성능을 평가하는 데 일반적으로 사용

변수(variable) 프로그래밍 언어에서 사용되는 이름이 지정된 저장 객체를 의미

병렬 자세한 내용은 5.2.5절 "동시성과 병렬성" 참조

병렬성(concurrency) 5.2.5절 "동시성과 병렬성" 참조

병목(bottleneck) 성능을 제한하는 요소

사용자 공간(user-space) 사용자 수준 프로세스의 주소 공간을 의미

사용자 레벨 사용자 영역 실행이 사용하는 프로세서 권한 모드(user-level)를 의미. 이는 커널보다 낮은 권한 수준으로, 자원에 직접 접근하지 못하도록 하고 있기에, 사용자 수준의 소프트웨어는 커널을 통해 자원 접근을 요청해야 함

사용자 영역 소프트웨어 유저 랜드(user-land)라고도 불리며, 유저 영역의 소프트웨어 및 파일(예: /usr/bin, /lib 등)을 지칭

샘플링 대상을 이해하기 위해 전체 측정값 중 일부를 선택하여 분석하는 관측 방법 이를 통해 전체 데이터의 특성을 파악할 수 있음

서버 네트워킹에서 HTTP나 데이터베이스 서버와 같은 네트워크 클라이언트에 서비스를 제공하는 네트워크 호스트를 의미. **서버**는 물리적 시스템을 지칭하기도 함

성능 엔지니어(Performance engineer) 컴퓨터 성능 계획, 평가, 분석 및 개선을 주로 담당하는 기술 직원임. 자세한 내용은 1.3절 "활동"을 참조

세그먼트(segment) OSI 네트워킹 모델의 전송 계층에서 메시지를 의미. 자세한 내용은 10.2.3절 "프로토콜 스택" 참조

섹터(sector) 일반적으로 512Byte 또는 4Kbyte 크기의 저장 장치 데이터 단위를 의미. 자세한 내용은 9장 "디스크" 참조

셸(shell) 커맨드 라인 해석기, 스크립팅 언어

소켓 네트워크 통신의 엔드포인트를 나타내는 소프트웨어 추상화

솔라리스(Solaris) 원래 썬 마이크로시스템즈(Sun Microsystems)에서 개발한 UNIX 계열 운영 체제로, 확장성과 신뢰성으로 유명하며 기업 환경에서 인기를 끌었음. 썬이 오라클에 인수된 후, 오라클 솔라리스(Oracle Solaris)로 이름이 변경

스레드(thread) 프로그램 실행의 인스턴스를 나타내는 소프트웨어 추상화로, CPU에서 실행되도록 스케줄링될 수 있음. 커널은 여러 스레드를 가지며, 프로세스는 하나 이상의 스레드를 포함. 자세한 내용은 3장 "운영 체제" 참조

스루풋(throughput) 네트워크 통신 장치의 경우, 처리량은 일반적으로 초당 비트 또는 초당 바이트로 측정되는 데이터 전송 속도를 의미. 처리량은 특히 연구 대상의 통계 분석에서 IOPS(초당 입출력 작업 수)를 의미할 수도 있음

스크립트 컴퓨팅에서 주로 짧고 고급 언어로 작성된 실행 가능한 프로그램을 의미

스택(stack) 관측가능성 도구의 맥락에서 스택은 보통 '스택 트레이스'를 의미

스택 트레이스(stack trace) 여러 스택 프레임으로 구성된 호출 스택으로, 코드 경로의 계층을 보여줌. 성능 분석, 특히 CPU 프로파일링에서 자주 사용

스택 프레임(stack frame) 함수의 상태 정보, 리턴 주소 및 함수 인수를 포함하는 데이터 구조

스토리지 어레이(storage array) 디스크를 한곳에 모아놓은 장치로, 시스템에 연결할 수 있음.

스토리지 어레이는 일반적으로 디스크의 신뢰성과 성능을 향상시키기 위한 다양한 기능을 제공

시스템 콜(system call) 프로세스가 커널에 특권 작업을 요청하는 인터페이스. 자세한 내용은 3장 "운영 체제" 참조.

실시간 워크로드 보통 낮은 지연시간 요구사항을 갖는 워크로드를 의미

실행 큐(run queue) CPU 스케줄러가 CPU에서 실행될 차례를 기다리는 작업들의 큐를 의미. 실제로는 트리 구조로 구현되지만, 여전히 실행 큐라는 용어를 사용

애플리케이션 사용자 레벨 프로그램

연관 배열(associative array) 임의의 키 또는 여러 키로 값을 참조하는 프로그래밍 언어의 데이터 유형

연산 속도(operation rate) 간격당 수행되는 작업 수(예: 초당 작업 수)를 의미하며, I/O가 아닌 작업도 포함될 수 있음

워크로드 시스템이나 자원에 대한 요청을 설명하는 용어

원격 디스크 서버에서 사용하지만 원격 시스템에 연결된 디스크(가상 디스크 포함)를 의미

이더넷(Ethernet) 물리 계층과 데이터 링크 계층에서 사용하는 네트워킹 표준의 집합

적응형 뮤텍스(adaptive mutex) 멀티스레드 환경에서 자원 접근을 제어하기 위해 사용되는 동기화 뮤텍스 락 메커니즘. 2.5절 "동시성과 병렬성" 참조

정적 계측/트레이싱(static instrumentation/tracing) 사전에 컴파일된 probe 지점을 사용하여 소프트웨어를 계측하는 것을 의미. 자세한 내용은 4장 "관측 도구" 참조

주소 공간 가상 메모리 컨텍스트. 7장 "메모리" 참조

지연시간(latency) 대기시간을 의미하며, 컴퓨팅 성능에서 자주 리소스 I/O 시간을 설명하는 데 사용. 지연시간은 성능 분석에서 중요한데, 이는 성능 문제를 가장 효과적으로 측정할 수 있기 때문. 지연시간이 정확히 어디에서 측정되는지는 추가 설명 없이는 모호할 수 있음. 가령 '디스크 지연시간'은 디스크 드라이버 큐에서 대기하는 시간만을 의미할 수 있으며, 애플리케이션에서는 디스크 I/O가 완료될 때까지의 전체 지연시간을 의미할 수도 있음. 지연시간은 하한에 의해 제한되고, 대역폭은 상한에 의해 제한됨

캐시 미스 캐시에서 데이터를 찾을 수 없는 요청

캐시 온기(warmth) 2.3.14절 캐싱의 "캐시의 상태: 뜨거움, 차가움, 따뜻함" 참조

캐시 히트 캐시 내용에서 데이터를 반환할 수 있는 요청

커널 자원을 관리하고 사용자 수준 프로세스를 관리하기 위해 특권 모드에서 실행되는 시스템의 핵심 프로그램

커널 공간 커널의 주소 공간(kernel-space)을 의미

커널 레벨 커널 실행에 사용하는 프로세서 특권 모드(kernel-level)

커널 영역 소프트웨어 커널 랜드(kernel-land)라 부르기도 하며, 커널 소프트웨어를 지칭

커맨드 셸에서 실행되는 프로그램(커맨드 라인 프로그램)

코어 프로세서의 실행 파이프라인. 이는 OS에서 단일 CPU 또는 하이퍼스레드를 통한 다중 CPU로 표시될 수 있음

크로스 콜(cross call) "CPU 교차 호출" 참조

클라이언트 네트워크 서비스의 소비자, 클라이언트 호스트 또는 클라이언트 애플리케이션을 지칭

태스크(task) 리눅스의 실행 단위로, 프로세스, 멀티스레드 프로세스의 스레드 또는 커널 스레드가 이에 해당. 자세한 내용은 3장 "운영 체제" 참조

튜닝 파라미터(tunable) 튜닝 가능한 매개변수를 의미

트레이서(tracer) 트레이싱 도구를 의미. 자세한 내용은 "트레이싱" 참조

트레이싱 이벤트 기반 관측 방법을 의미

파일 디스크립터(file descriptor) 프로그램이 열린 파일을 참조하는 데 사용하는 식별자

패킷 OSI 네트워킹 모델의 네트워크 계층 메시지. 자세한 내용은 10.2.3절 참조

펌웨어(firmware) 임베디드 장치 소프트웨어

페이지 커널과 프로세서가 관리하는 메모리 조각. 시스템에서 사용하는 모든 메모리는 참조 및 관리를 위해 페이지로 나뉨. 일반적으로 페이지 크기는 4Kbytes나 2Mbytes가 사용됨(프로세서에 따라 다름)

페이지 인/아웃(page in/out) 운영 체제(커널)가 메모리의 일부(페이지)를 외부 저장 장치로 이동하거나, 그 반대로 이동하는 동작을 의미

페이지 폴트(pagefault) 프로그램이 가상 메모리에서 아직 실제 메모리(물리적 페이지)에 연결되지 않은 부분을 접근하려고 할 때 발생하는 시스템 트랩(trap). 이는 필요할 때 메모리를 할당하는 on-demand 메모리 모델에서는 정상적인 결과임

프레임(frame) OSI 네트워킹 모델의 데이터 링크 계층에서의 메시지. 자세한 내용은 10.2.3절 "프로토콜 스택" 참조

프로덕션 실제 고객 요청의 워크로드와 이를 처리하는 환경을 지칭하는 용어. 많은 회사에서 프로덕션 배포 전에 테스트 환경에서 합성 워크로드를 사용해 테스트를 진행

프로세스 실행 중인 프로그램의 인스턴스를 의미. 멀티태스킹 운영 체제는 여러 프로세스를 동시에 실행할 수 있으며, 동일한 프로그램의 여러 인스턴스를 다른 프로세스로 실행할 수 있음. 하나의 프로세스는 CPU에서 실행되는 하나 이상의 스레드를 포함

프로세서 링(processor ring) CPU의 보호 모드를 의미

프로파일링 대상의 성능을 특징짓는 데이터를 수집하는 기술. 일반적인 프로파일링 기법으로는 시간 샘플링(자세한 내용은 "샘플링" 참조)이 있음

프론트엔드(front end) 사용자 인터페이스와 프레젠테이션 소프트웨어를 지칭하는 용어로, 웹 애플리케이션이 프론트엔드 소프트웨어. 자세한 내용은 "백엔드" 참조

플레임 그래프(flame graph) 스택 트레이스를 시각화한 그래프. 자세한 내용은 2장 "방법론" 참조

하이퍼스레드(hyperthread) 인텔의 SMT (Simultaneous Multithreading) 구현. 하나의 코어에서 여러 가상 CPU를 생성하고 작업을 예약하여 프로세서가 이를 병렬로 처리할 수 있게 함

헤르츠(Hz) 초당 사이클 수

호스트(host) 네트워크에 연결된 시스템을 의미하는데, 네트워크 노드라고도 함

확장 카드(expander card) 시스템에 연결된 물리적 장치(카드)로, 일반적으로 추가 I/O 컨트롤러를 제공

히트율(hit ratio) 일반적으로 캐시 성능을 설명하는 데 사용되는 용어로, 캐시 히트 대 히트와 미스의 비율(백분율)을 나타냄. 높을수록 좋음

찾아보기

기호, 숫자

1단계 캐시
   데이터 322
   메모리 432
   명령어 322
1초 미만 오프셋 히트맵 397
2단계 ARC 526
2단계 캐시
   내장 322
   메모리 432
2단계 캐시 [파일 시스템] 495
2배속 동기식 동적 임의 접근
        메모리(DDR SDRAM) 431
3D NAND 플래시 메모리 607
3D XPoint 영구 메모리 610
3단계 캐시
   LLC 322
   메모리 432
3방향 핸드셰이크 [TCP] 705
60초 리눅스 성능 분석 21~22

A

accept 시스템 콜 131
AF_NETLINK 주소 계열 201~202
AKS(애저 쿠버네티스 서비스) 802
Amazon EKS(Elastic Kubernetes
        Service) 802
Apdex(애플리케이션 성능 지표) 239
ARC(적응형 교체 캐시) 525
arcstat.pl 도구 564
aRFS(가속된 수신 플로우 스티어링)
    722
arg 변수 [bpftrace] 1052
argdist 도구 1026, 1028~1029
ASG(오토 스케일링 그룹)
   수용량 계획 103
   클라우드 컴퓨팅 797~799
ASLR(주소 공간 랜덤화) 985
atop 도구 393
available_filter_functions 파일 [tracefs]
   969
available_tracers 파일 [tracefs] 969

avg 함수 [bpftrace] 1054
await 지표 [iostat] 639

B

BATCH 스케줄링 정책 337
BBR(병목 대역폭과 왕복 시간)
        알고리즘 164, 708
bcache 기술 163
BCC(BPF 컴파일러 컬렉션) 18
   bpftrace와 비교 1030
   perf-tools와 비교 1015~1016
   개요 1022~1023
   네트워크 727
   느린 디스크 사례 연구 24
   다목적 도구 1026~1027
   다목적 도구 사례 1029~1030
   단일 목적 도구 1024~1026
   도구 사용 분야 1024
   디스크 624
   문서 1031~1032
   설치 1023
   시스템 전반 트레이싱 189
   원 라이너 1027~1029
bcc-tools 도구 패키지 182
BEGIN probe [bpftrace] 1048
BFQ(예산 공정 큐) I/O 스케줄러 165,
    622
Big O 표기법 240~242
bioerr 도구 671
biolatency 도구
   BCC 1022~1025
   디스크 624, 648~651
   예시 1022~1023
biopattern 도구 671
BIOS, 튜닝 410
biosnoop 도구
   BCC 1025
   극단값 652~653
   대기한 시간 653~654
   디스크 651~654
   시스템 전반 트레이싱 188
   이벤트 트레이싱 84

하드웨어 가상화 828~829
biostacks 도구 656~657
biotop 도구
   BCC 1025
   디스크 624, 655~656
bitesize 도구
   BCC 1025
   perf-tools 1009
blame 명령어 [systemd-analyze] 167
blk 트레이서 967
blkio cgroup 835, 844
blkreplay 도구 679
blktrace 도구
   RWBS 설명 660
   기본 출력 결과 658~659
   동작 식별자 659~660
   동작 필터링 660~661
   디스크 658~662
   분석 661~662
   설명 161
   시각화 662
Bonnie, Bonnie++ 벤치마크 도구
   능동적 벤치마킹 900~904
   파일 시스템 567~569
BPF → 버클리 패킷 필터(BPF)
bpftrace 내장 변수 1044, 1052~1053
bpftrace 도구 18
   BCC와 비교 1020~1022, 1030
   CPU 분석 원 라이너 389~391,
      1081~1082
   I/O 프로파일링 290~292
   malloc() 바이트 플레임 그래프
      476
   TCP 트레이싱 762~765
   tracepoint 206
   VFS 트레이싱 559~561
   네트워크 분석 원 라이너 757~759,
      1087~1089
   디스크 I/O 오류 666~667
   디스크 I/O 지연시간 665~666
   디스크 I/O 크기 663~665
   디스크 분석 원 라이너 662~663,
      1086~1087

락 트레이싱 293~294
메모리 내부 구조 477~478
메모리 분석 원 라이너 473~475,
  1083~1084
블록 I/O 이벤트 858, 902
사용자 메모리 할당 스택 475
설명 389
설치 1033
소켓 트레이싱 759~762
스케줄링 내부 구조 391~392
스택 확인 624
시그널 트레이싱 290
시스템 전반 트레이싱 188
시스템 콜 트레이싱 556~561
애플리케이션 내부 구조 294~295
예시 1032~1033
원 라이너 개요 1034~1038
이벤트 소스 765~766
참고 자료 1056~1057
파일 시스템 내부 구조 562
파일 시스템 분석 원 라이너
  555~556, 1084~1086
패키지 내용 182
패킷 조사 727
페이지 폴트 플레임 그래프 476
프로그래밍 → bpftrace 도구
  프로그래밍
하드웨어 가상화 825~826
bpftrace 도구 프로그래밍
  Hello, World! 프로그램 1043
  probe 와일드카드 1041~1042
  probe 유형 1048~1049
  probe 인자 1049
  probe 포맷 1040~1041
  동작 1042
  문서 1055~1056
  변수 1044~1045, 1052~1053
  사용법 1039
  시간 계측 1046~1047
  연산자 1050~1052
  예시 1038
  주석 1040
  프로그램 구조 1039
  필터 1042
  함수 1043~1046, 1053~1055
  흐름 제어 1049~1052
bpftrace 동작(action) 1042
bpftrace 함수 1043, 1053~1056
BQL(바이트 큐 제한)
  드라이버 큐 725
  튜닝 781
breakpoint 이벤트 [perf] 932
brk 시스템 콜 131

brkstack 도구 479
BSD(버클리 소프트웨어 배포) 156
btrace 도구 658~659, 660~661
btrfs 527
btrfs 파일 시스템 527~528, 551
btrfsdist 도구 1025
btrfsslower 도구 1025
btt 도구 661
buf 함수 [bpftrace] 1053
bufgrow 도구 563
BVT(가상 시간 대여) 스케줄러 816

C
C, C++
  스택 298
  심벌 295
  컴파일 언어 253
cachegrind 도구 187
cachestat 도구
  perf-tools 1009
  느린 디스크 사례 연구 25
  메모리 479
  파일 시스템 550~551, 902
CAPI(Coherent Accelerator Processor
  Interface) 328
CAS(컬럼 주소 스트로브) 지연시간
  428
cat 함수 1053
CAT(인텔 캐시 할당 기술) 165, 818
CAT(캐시 할당 기술) 165, 818
CFQ(완전 공정 큐잉) 160, 622
CFS(완전 공정 스케줄러) 161, 162
  CPU 가중치 840~842
  CPU 스케줄링 334
  설명 336
cgroup 변수 1052
cgroup 파일 [procfs] 195
cgroupid 함수 1053
cgroups
  OS 가상화 831, 834~836, 839~849,
    862
  리눅스 커널 161
  메모리 436, 485
  블록 I/O 680
  설명 161, 163
  사원 관리 155, 409
  통계 192, 195, 849, 850~851,
    856~859
cgtop 도구 851
chrt 명령어 405
Cilium(실리움) 702, 803, 845
CISC(복잡 명령어 셋 컴퓨터) 311
clang 컴파일러 170

clear 함수 [bpftrace] 1055
clone 시스템 콜 129, 138
CMP(칩 수준의 멀티프로세싱) 305
CNI(컨테이너 네트워크 인터페이스)
  소프트웨어 803
Coherent Accelerator Processor
  Interface(CAPI) 328
collectd 에이전트 191
comm 변수 [bpftrace] 1052
Compute Unified Device
  Architecture(CUDA) 332
CONFIG 옵션 405~406
CONFIG_TASK_DELAY_ACCT 옵션
  200
connect 시스템 콜 131
Copy-on-write(COW, 쓰기 시 복사)
  파일 시스템 518
  btrfs 527
  ZFS 525
Copy-on-write(COW, 쓰기 시 복사)
  프로세스 전략 139
CoreLink 인터커넥트 328
count 함수 [bpftrace] 1054
CoV(변동 계수) 108
COW(copy-on-write, 쓰기 시 복사)
  파일 시스템 518
COW(copy-on-write, 쓰기 시 복사)
  프로세스 전략 139
CPC(CPU 성능 카운터) 216
CPI(명령어당 사이클 수) 312
CPU 303~304
  1초 미만 오프셋 히트맵 397
  bpftrace 사용 1034~1035,
    1081~1082
  FlameScope 도구 401~402
  I/O 대기 597~598
  OS 가상화 836, 843, 856, 861
  USE 방법론 71~73, 1073~1075
  가비지 컬렉션 257
  가상화 지원 805
  관측가능성 도구 → CPU
    관측가능성 도구
  교차 호출(cross call) 152
  동시 멀티스레딩 311
  멀티프로세스 및 멀티스레딩
    316~318
  메모리 캐시 306~307
  메모리 트레이드오프 39
  명령어, IPC 312
  명령어, 너비 311
  명령어, 단계 309
  명령어, 정의 305
  명령어, 크기 311

— Systems

명령어, 파이프라인 309~310
모델 305~308
바인딩 251~252
방법론 → CPU 방법론
벤치마크 질문 914~915
볼륨과 풀 529
사용률 313~314
사용률 히트맵 396~397
사용자 시간 314
선점 315
스레드 풀 246
스케일링 [네트워크] 722~723
스케줄러 145~146
스케줄링 클래스 159
시각화 395~402
실행 큐 307~308
실험 403~404
아키텍처 → CPU 아키텍처
연습 문제 410~411
용어 304
우선순위 역전 315~316
워드 크기 318
참고 자료 411~414
컴파일러 최적화 319
클럭 속도 308~309
통계 정확도 197~198
튜닝 → CPU 튜닝
포화도 315
프로파일링 → CPU 프로파일링
플레임 그래프 → 플레임 그래프
피드백 지향 최적화(FDO) 170
하드웨어 가상화 808~812, 816~818
cpu cgroup 835
CPU 관측가능성 도구 354~355
  bpftrace 389~392
  cpudist 384~385
  GPU 395
  hardirqs 388~389
  mpstat 359~360
  perf 370~382
  pidstat 364
  pmcarch 367~368
  profile 382~384
  ps 361~362
  ptime 364~366
  runqlat 385~386
  runqlen 386~387
  sar 360~361
  showboost 367
  softirqs 387~388
  time 364~366
  tlbstat 369~370

top 362~364
turbostat 366~367
uptime 355~358
vmstat 358~359
기타 도구 392~393
CPU 레지스터 [perf-tools] 1014
CPU 모드 [애플리케이션] 236
CPU 방법론
  CPU 바인딩 352
  USE 방법론 340~341
  개요 338~339
  도구 방법론 339~340
  리소스 제어 352
  마이크로 벤치마킹 352~353
  사이클 분석 348~349
  샘플 처리 345~346
  성능 모니터링 349~350
  우선순위 튜닝 351~352
  워크로드 특성화 341~343
  정적 성능 튜닝 350
  프로파일링 343~348
cpu 변수 [bpftrace] 1052
CPU 성능 카운터(CPC) 216
CPU 아키텍처 306, 319
  GPU 332~333
  NUMA 그룹 338
  PMC 329~332, 377~380
  P-state와 C-State 320~321
  가속기 333
  메모리 관리 장치 326
  소프트웨어 333~338
  스케줄러 333~335
  스케줄링 클래스 335~338
  연관성(associativity) 325
  유휴 스레드 338
  인터커넥트 327~329
  지연시간 324
  캐시 319~326
  프로세서 319~320
  하드웨어 319~333
CPU 중심 애플리케이션 146
CPU 친화도 308
CPU 튜닝
  CPU 바인딩 408
  개요 404
  리소스 제어 409
  배타적 CPU 셋 408
  보안 부팅 옵션 409~410
  스케일링 거버너(governor) 407
  스케줄러 옵션 405~406
  스케줄링 우선순위 및 클래스 405
  전원 상태 407~408
  컴파일러 옵션 404

프로세서 옵션 410
CPU 프로파일링
  perf 278~279
  perf record 950
  벤치마킹 904~906
  시스템 전체 372~374
  애플리케이션 259~262
  절차 343~348
cpuacct cgroup 835
cpudist 도구
  BCC 1025
  사례 연구 1068~1069
  스레드 384~385
cpufreq 도구 393
cpuinfo 도구 [procfs] 196
cpupower 도구 394~395
Cpusets 160
  CPU 바인딩 352
  배타적 408
cpusets cgroup 835, 840, 856
cpuunclaimed 도구 1025
CPU의 비트 너비 318
critical-chain 명령 [systemd-analyze] 167
criticalstat 도구 1025
CSMA/CD(충돌 감지 다중 접근) 알고리즘 713
C-State [CPU] 320
CSV(콤마로 구분된 값) 형식 [sar] 227
CUBIC 알고리즘 [TCP 혼잡 제어] 708
CUDA(Compute Unified Device Architecture) 332
CUMASK 값 [MSR] 330~332
current_tracer 파일 [tracefs] 969
curtask 변수 [bpftrace] 1052

D

DAX(직접 액세스) 164
dbslower 도구 1025
dbstat 도구 1025
Dcache(덴트리 캐시) 515
dcsnoop 도구 563
dcstat 도구 563
DCTCP(데이터 센터 TCP) 혼잡 제어 164, 708
dd 명령어
  디스크 676
  파일 시스템 566
DDR SDRAM(2배속 동기식 동적 임의 접근 메모리) 431
deadline I/O 스케줄러 336, 621
DEADLINE 스케줄링 정책 336
DebugFS 인터페이스 160

delete 함수 [bpftrace]   1054
devices cgroup   835
df 도구   563
Direct I/O   502
diskstats 도구 [procfs]   196, 671
dmesg 도구
   CPU   340
   OS 가상화   847
   메모리   479
   설명   21
dmidecode 도구   479~480
DNLC(디렉터리 이름 조회 캐시)   515
DNS 지연시간   35~37
DPDK(데이터 플레인 개발 킷)   723
DRAM(동적 임의 접근 메모리)   427
drsnoop 도구
   BCC   1025
   메모리   471
DSCP(차별화된 서비스 코드 포인트)   703
DTrace 도구
   설명   17
   솔라리스 커널   157
DWARF(debuginfo) 이용 스택 추적   298, 370, 925, 951
DynTicks   161

E

e2fsck 도구   574
eBPF → 확장 BPF
EBS(Elastic Block Store)   800
ECC(오류 정정 코드) [자기 회전 디스크]   604
ECN(명시적 혼잡 통지) 필드
   IP   700, 703
   TCP   708
   튜닝   780
EDT(조기 출발 시간)   165, 725
EFS(Elastic File System)   800
EKS(Elastic Kubernetes Service)   802
elasped 변수 [bpftrace]   1052
Elastic Block Store(EBS)   800
Elastic File System(EFS)   800
Elastic Kubernetes Service(EKS)   802
ELF(실행 및 링커 가능한 포맷) 바이너리
   누락된 심벌   295
   설명   253
eMLC(엔터프라이즈 다중 레벨 셀) 플래시 메모리   607
END probe [bpftrace]   1048
epoll 시스템 콜   160, 164
EPT(확장 페이지 테이블)   812

Erlang 가상 머신   256
ethtool 도구   183, 752~753
events 디렉터리 [tracefs]   969
exec 시스템 콜
   커널   131
   프로세스   138
execsnoop 도구
   BCC   1025
   CPU   393
   perf-tools   1009
   정적 계측   16~17
   트레이싱   188
   프로세스 트레이싱   287~288
execve 시스템 콜   16
exit 함수 [bpftrace]   1043, 1053
ext3 파일 시스템   521~522
ext4 파일 시스템
   튜닝   572~574
   특징   522
ext4dist 도구   551~553, 1025
ext4slower 도구   553~554, 1025

F

FaaS(서비스형 함수)   867
FACK(포워드 승인) [TCP]   709
Fastpath [뮤텍스 락]   248
fatrace 도구   546~547
faults 도구   479
FC(파이버 채널) 인터페이스   613
fd 도구 [procfs]   195
ffaults 도구   479
FFS(고속 파일 시스템)
   개요   519~521
   설명   156
FIFO 스케줄링 정책   337
FileBench 도구   569
filelife 도구   563, 1025
fileslower 도구   563
filetop 도구   549~550
filetype 도구   563
fio(Flexible IO Tester) 도구
   디스크   679
   파일 시스템   568~569
Firecracker 프로젝트   864
FlameScope 도구   401~402, 956
Flent(유연한 네트워크 테스터) 도구   776
Flexible IO Tester(fio) 도구
   디스크   679
   파일 시스템   568~569
Floating point 이벤트 [perf]   931
fmapfault 도구   563
fork 시스템 콜   129, 138

forks.bt 도구   854~855
FPGA(프로그래밍이 가능한 집적 회로)   333
free 도구
   OS 가상화   847
   메모리   478
   설명   22
   파일 시스템   542~543
FreeBSD
   jail   830
   jemalloc   445
   TCP LRO   722
   네트워크 스택   709~710
   리눅스와 성능 비교   173
   스레드 상태 분석   300
   커널   156
fsck 시간 [ext4]   522
fsrwstat 도구   563
FTL(플래시 변환 계층) [SSD]   608~609
Ftrace   18, 963~964
   function 트레이서   973~977
   function_graph   986~988
   hwlat   988
   kprobe   980~984
   OS 가상화   860
   perf   1007
   perf-tools   1007~1016
   trace 파일   973~976
   trace_pipe 파일   975
   trace-cmd   998~1006
   tracefs   967~970
   tracepoint   977~980
   uprobe   984~986
   문서   1016~1017
   설명   229
   옵션   976~977
   참고 자료   1017
   트레이싱   188
   함수 프로파일러   970~972
   활용 가능성 개요   965~967
   히스토그램 트리거   990~998
func 변수 [bpftrace]   1052
funccount 도구
   BCC   1026~1027
   perf-tools   1011, 1015
   예시   1014~1015
funcgraph 도구
   Ftrace   965~966
   perf-tools   1011, 1015
funclatency 도구   1027
funcslower 도구
   BCC   1027
   perf-tools   1011

function 트레이서 → ftrace 도구
function_graph 트레이서
　　trace-cmd 사용　1002, 1004~1005
　　그래프 트레이싱　986~988
　　설명　966
　　옵션　986
function_profile_enabled 파일 [tracefs]
　　969
functrace 도구　1011
futex 시스템 콜　131
Futex(빠른 사용자 공간 뮤텍스)　160

G, H

gcc 컴파일러
　　PGO 커널　170
　　최적화　254~255
gdb 도구　189
getdelays.c 도구　393
gethostlatency 도구　769, 1025
github.com 도구 패키지　183
GKE(구글 쿠버네티스 엔진)　802
glibc 할당자　445
gprof 도구　187
Grafana(그라파나)　12~13
GRO(범용 수신 오프로드)　165
GSO(범용 세그먼테이션 오프로드)
　　[네트워크]　719
gVisor 프로젝트　864
hardirqs 도구　388~389, 1025
hardware probe　1048
HBA(호스트 버스 어댑터)　585
HDD(하드 디스크 드라이브)　600~606
hdparm 도구　677
Hello, World! 프로그램　1043
hfaults 도구　479
hist triggers 프로파일러　966
hist 함수 [bpftrace]　1054
Hot/cold 플레임 그래프　264
HPA(수평적 포드 오토스케일러)　104
HT(HyperTransport) [CPU]　328
htop 도구　851
HTTP/3 프로토콜　711
Huge page　160, 162, 433, 483~484
hugetlb cgroup　835
hwlat(하드웨어 지연 탐지기) [Ftrace]
　　967, 988, 990
HyperTransport (HT) [CPU]　328
Hyper-V　807
Hyper-V 파티션　807

I

I/O → 입력/출력(I/O)
I/O 요청 시간　586

I/O 프로파일링
　　bpftrace　290~292
　　perf　281~282
　　시스템 콜 분석　266
I/O별 지연시간 값　631
IaaS(서비스형 인프라)　793
icstat 도구　563
IDD(분리 드라이버 도메인)　817
IDLE 스케줄링 정책　337
Idle 스케줄링 클래스　336
ieee80211scan 도구　770
If 문　1050~1051
ifconfig 도구　742~743
ifpps 도구　770
iftop 도구　770
init 프로세스　138
Initial window(이니셜 윈도) [TCP]　710
inode(아이노드, 인덱스 노드)
　　VFS　512
　　정의　493
　　캐시　516
inotify 도구　563
inotify 프레임워크　160
instances 디렉터리 [tracefs]　969
interrupts 도구 [procfs]　196
interval probe [bpftrace]　1048
IO 어카운팅　161
io_submit 명령　251
io_uring 인터페이스　166
io_uring_enter 명령　251
ioctl 시스템 콜　131
iolatency 도구　1009
ionice 도구　680
ioping 도구　678~679
ioprofile 도구　563
IOPS(초당 입출력 연산 횟수)
　　네트워크　729
　　디스크　589, 593~594
　　설명　10
　　성능 지표　47
　　자원 분석　56
　　정의　33
iosched 도구　671
iosnoop 도구　1009
iostat 도구
　　bonnie++ 도구　901
　　OS 가상화　847, 857~858
　　가동시간 비율 지표　48
　　고정 카운터　185
　　기본 출력　637~639
　　느린 디스크 사례 연구　24
　　디스크　623~624, 636~642
　　메모리　479

　　설명　22
　　옵션　638~639
　　확장 출력　639~642
iotop 도구　624, 654~655
ip 도구　726, 741~742
IP(인터넷 프로토콜)
　　개요　702~703
　　소켓　701
　　혼잡 회피　700
ipc cgroup　834
IPC(사이클당 명령어 수)　312, 348,
　　451
ipecn 도구　769
iperf 도구
　　네트워크 마이크로 벤치마킹　14
　　네트워크 스루풋　773~774
　　예시　19
IPI(프로세서 간 인터럽트)　152
IPMI(지능형 플랫폼 관리 인터페이스)
　　136
iprotue2 도구 패키지　182
IRQ(인터럽트 서비스 요청)　133~134
irqsoff 트레이서　967
ISR(인터럽트 서비스 루틴)　132
istopo 도구　393

J

Jails [BSD 커널]　157, 830
Java Flight Recorder(JFR)　188
JBOD(just a bunch of disks)　614
jemalloc 할당자　445
JFR(Java Flight Recorder)　188
JIT(Just-in-time) 컴파일
　　PGO 커널　170
　　누락된 런타임 심벌　295
　　리눅스 커널　162
jmaps 도구　296
join 함수　1053
JSON(자바스크립트 객체 표기법) 포맷
　　226
Just a bunch of disks(JBOD)　614

K

kaddr 함수　1053
KCM(커널 연결 멀티플렉서)　164
Keep-alive 전략 [네트워크]　698
KernelShark 소프트웨어　118,
　　1005~1006
kfunc probe　1048
killsnoop 도구
　　BCC　1025
　　perf-tools　1009
klockstat 도구　1025

kprobe 937~938
　개요 208~212
　리턴 값 983
　이벤트 트레이싱 980~981
　인자 938~940, 981~982
　트리거 983~984
　프로파일링 984
　필터 983~984
kprobe probe 1048
kprobe 도구 1011
kprobe 프로파일러 966
kprobe_events 파일 [tracefs] 969
kprobes 트레이서 966
KPTI(커널 페이지 테이블 격리) 패치 168
kretfunc probe 1048
kretprobe 210~211, 1048
kstack 변수 [bpftrace] 1052
kstack 함수 [bpftrace] 1053
Kstat(커널 통계) 프레임워크 222
kswapd 도구 438~440, 515
ksym 함수 1053
kubectl 명령어 849
KVM → 커널 기반 가상 머신(KVM) 기술
kvm_entry 도구 825
kvm_exit 도구 825
kvm_vcpu_halt 명령 811
kvmexits.bt 도구 826
Kyber 멀티 큐 스케줄러 622

L

L2ARC 캐시 [ZFS] 526
LatencyTOP 도구 [운영 체제] 161
LatencyTOP 도구 [파일 시스템] 547
LBR(마지막 분기 레코드) 298, 925, 951
LFU(최소 사용 빈도) 캐싱 알고리즘 53
lhist 함수 1054
libpcap 라이브러리 [관측가능성 소스] 220
limit 도구 [procfs] 195
linux-tools-common linux-tools 도구 패키지 182
list 하위 명령어
　perf 922
　trace-cmd 999
Listen 백로그 [네트워크] 717
LLC(마지막 레벨 캐시) 322
llcstat 도구
　BCC 1025
　CPU 393

loadavg 도구 [procfs] 196
LRO(대규모 수신 오프로드) 162
LRU(최소 최근 사용) 캐싱 알고리즘 53
lscpu 도구 393
lsof 도구 770
LTO(링크 시간 최적화) 170
LTTng 도구 229

M

M/D/1 큐 시스템 97~99
M/G/1 큐 시스템 97
M/M/1 큐 시스템 97
M/M/c 큐 시스템 97
MADV_COLD 옵션 166
MADV_PAGEOUT 옵션 166
madvise 시스템 콜 504, 571~572
malloc() 바이트 플레임 그래프 476
Map 변수 [bpftrace] 1044
Map 함수 [bpftrace] 1045~1046
maps 도구 [procfs] 195
max 함수 [bpftrace] 1054
MCS 락 163
mdflush 도구 671
MegaCli 도구 667~668
meminfo 도구 [procfs] 196
memleak 도구
　BCC 1025
　메모리 479
memory cgroup 835, 843
MFU(최대 사용 빈도) 캐싱 알고리즘 53
Midpath [뮤텍스 락] 248
min 함수 [bpftrace] 1054
MINIX 운영 체제 159
MIPS(초당 백만 명령어) [벤치마킹] 897
MLC(다중 레벨 셀) 플래시 메모리 607
mmap 시스템 콜
　메모리 매핑 442, 503~504
　설명 131
mmapfiles 도구 563
mmapsnoop 도구 479
mmiotrace 트레이서 967
MMU(메모리 관리 유닛) 326~327, 432
mnt cgroup 834
mount 도구
　옵션 572~573
　파일 시스템 541
mountsnoop 도구 563
mpstat 도구
　CPU 340, 359~360
　OS 가상화 847

경량 가상화 866
고정 카운터 185
사례 연구 1062~1063
설명 21
mq-deadline 멀티 큐 스케줄러 622
MR-IOV(다중 루트 I/O 가상화) 814
MRU(최근 사용 우선) 캐싱 알고리즘 53
MSG_ZEROCOPY 플래그 165
MSR(모델 특화 레지스터)
　CPU 330
　관측가능성 소스 220
msr-tools 도구 패키지 183
mtr 도구 776
Multics(멀틱스) 운영 체제 155
MySQL 데이터베이스
　bpftrace 트레이싱 293~294
　CPU 프로파일링 278~279, 372~374, 382~383, 391, 953~956
　CPU 플레임 그래프 259~261
　mysqld_qslower 도구 1025
　Off-CPU 분석 283~284, 380~381
　Off-CPU 시간 플레임 그래프 263~266
　네트워크 트레이싱 759~762
　느린 쿼리 로그 237
　디스크 I/O 트레이싱 646~647, 651~652, 672~673
　메모리 매핑 465~466
　메모리 할당 475
　샤드 796
　스케줄러 지연시간 377, 385~386
　스택 트레이스 297
　시스템 콜 트레이싱 279~280
　워킹 셋 크기(wss) 472
　쿼리 지연시간 분석 81
　파일 트레이싱 548~549, 553~554
　페이지 폴트 샘플링 468~469

N

NAGLE 알고리즘 [TCP 혼잡 제어] 709
NAPI(새로운 API) 프레임워크 721
NAS(네트워크 연결 저장장치) 618
net cgroup 834
net_cls cgroup 835
net_prio cgroup 835
Netfilter conntrack [관측가능성 소스] 220
netlink 관측가능성 도구 201~202, 740~741
netperf 도구 774~775
netsize 도구 769

― Systems

netstat 도구   726, 744~748
nettxlat 도구   769
New Vegas(NV) 혼잡 제어 알고리즘   164
nfsdist 도구
　　BCC   1025
　　파일 시스템   551
nfsslower 도구   1025
nfsstat 도구   770
NFU(적은 사용 빈도) 캐싱 알고리즘   53
NIC(네트워크 인터페이스 카드)
　　네트워크 연결   150
　　설명   690
　　송신 및 수신 패킷   721
nice 명령어
　　CPU 우선순위   351
　　스케줄링 우선순위   405
　　자원 관리   153
nicstat 도구   183, 751~752
Nitro 하드웨어 가상화
　　I/O 경로   814~815
　　설명   807
NMI(마스크 불가능 인터럽트)   136
NO_HZ_FULL 옵션   163
Node.js
　　USDT 트레이싱   927, 943~945
　　논블로킹 I/O   250
　　동적 USDT   215
　　심벌   295
　　이벤트 기반 동시성   246
Noop I/O 스케줄러   621
nop 트레이서   967
NORMAL 스케줄링 정책   337
NPT(네스티드 페이지 테이블)   812
nsecs 변수 [bpftrace]   1052
nsenter 명령어   853
nstat 도구   185, 743~744
ntop 함수 [bpftrace]   1053
NUMA → 불균형 메모리 접근(NUMA)
numactl 도구 패키지   182
numactl 명령어   408, 485
numastat 도구   461~462
NV(New Vegas) 혼잡 제어 알고리즘   164
NVME 인터페이스   613
nvmelatency 도구   671

O

O [Big O 표기법]   240~242
O(1) 스케줄링 클래스   336
off-CPU
　　분석 절차   262~266

스레드 상태 분석   273
시간 플레임 그래프   284
혼적   261~262
off-CPU 분석   262~263
off-CPU 혼적   261~262
offcputime 도구
　　BCC   1026
　　네트워크   769
　　느린 디스크 사례 연구   24
　　설명   393
　　스케줄러 트레이싱   263
　　스택 트레이스   283~284
　　시간 플레임 그래프   284
offwaketime 도구   1026
OOM 킬러(메모리 부족 킬러)   435~436, 447
OOM(메모리 부족), 정의   417
oomkill 도구
　　BCC   1026
　　설명   479
open 명령
　　논블로킹 I/O   251
　　설명   130
openat 시스템 콜   556
opensnoop 도구
　　BCC   1026
　　perf-tools   1009
　　파일 시스템   548
oprofile 도구   393
OProfile 시스템 프로파일러   160
Orlov 블록 할당자   521
OS X 시스템 콜 트레이싱   285
OS 가상화
　　cgroup   834~836
　　개요   830~832
　　구현   832~836
　　네임스페이스   832~834
　　리소스 제어   839~845
　　비교   866~869
　　오버헤드   836~839
OS 가상화 관측가능성
　　BPF 트레이싱   854~855
　　개요   845~846
　　게스트   857~861
　　기존 도구   847
　　네임스페이스   852~853
　　리소스 제어   855~857
　　전략   861~862
　　컨테이너   848~850
　　트레이싱 도구   860
　　호스트   848~857
OS 대기시간 [디스크]   653~654
OS 인스턴스 [클라우드 컴퓨팅]   793

OSI 모델   691~692
Overlayfs 파일 시스템   163
override 함수 [bpftrace]   1053

P

PAPI(성능 애플리케이션 프로그래밍 인터페이스)   219
pathchar 도구   773
Pause frame [혼잡 회피]   700
pchar 도구   773
PCI 패스스루(pass-through) [하드웨어 가상화]   813
PCP(Performance Co-Pilot)   191
PE(이식 가능한 실행 파일) 포맷   253
PEBS(정밀 이벤트 기반 샘플링)   218~219
perf annotate 하위 명령어   921
perf archive 하위 명령어   921
perf bench 하위 명령어   921
perf buildid-cache 하위 명령어   921
perf c2c 하위 명령어   165
perf c2c 하위 명령어   921, 958
perf diff 하위 명령어   921
perf evlist 하위 명령어   921
perf ftrace 하위 명령어   921
perf inject 하위 명령어   921
perf kmem 하위 명령어   922, 958
perf kvm 하위 명령어   922, 958
perf lock 하위 명령어   922, 958
perf mem 하위 명령어   922
perf probe 하위 명령어   922
perf record 하위 명령어
　　CPU 프로파일링   950
　　개요   948~949
　　소프트웨어 이벤트   935~936
　　스택 추적   950~951
　　예시   921
　　옵션   949
perf report 하위 명령어
　　STDIO   952~954
　　TUI 인터페이스   952
　　개요   951~952
　　예시   921
perf sched 하위 명령어   376~377, 922, 958
perf script 하위 명령어   922
perf stat 하위 명령어
　　CPU별 밸런스   947
　　개요   945
　　섀도우 통계   948
　　설명   945
　　옵션   945~946
　　이벤트 필터   947

1114

인터벌 통계 946~947
perf timechart 하위 명령어 922
perf top 하위 명령어 922
perf trace 도구 188
perf trace 하위 명령어 921~922, 957~958
perf 도구 18
    CPU 분석 원 라이너 370~372
    CPU 원 라이너 370~372
    CPU 프로파일링 278~279, 340, 372~374
    CPU 플레임 그래프 279
    I/O 프로파일링 281~282
    OS 가상화 847, 860
    PMC 217, 377~380
    trace-cmd와 비교 1003~1004
    tracepoint 203, 205
    tracepoint 이벤트 936~937
    개요 919~920
    네트워크 727, 770
    도구 컬렉션 → perf-tools 컬렉션
    동적 트레이싱 원 라이너 927~929
    디스크 I/O 624, 648
    디스크 분석 원 라이너 647~648
    디스크 블록 장치 645~648
    리포트 원 라이너 929~930
    메모리 447
    메모리 분석 원 라이너 466~468
    문서 382
    사례 연구 1067~1068
    설명 161
    소프트웨어 트레이싱 380~381
    스레드 상태 분석 272
    스케줄러 지연시간 376~377
    시스템 콜 트레이싱 279~280
    이벤트 → perf 도구 이벤트
    이벤트 집계 원 라이너 924
    이벤트 출력 원 라이너 923
    정적 트레이싱 원 라이너 926~927
    참고 자료 960~961
    커널 시간 분석 280
    트레이싱 188~189, 229
    페이지 폴트 샘플링 468~469
    페이지 폴트 플레임 그래프 469~470
    프로세스 프로파일링 376~377
    프로파일링 개요 187
    프로파일링 원 라이너 925~926
    플레임 그래프 166, 374~376
    하드웨어 가상화 824~825, 828
    하드웨어 트레이싱 381
    하위 명령어 → perf tool 하위 명령어

perf 도구 이벤트
    kprobe 937~940
    uprobe 940~942
    USDT probe 943~945
    개요 930~931
    소프트웨어 935~936
    하드웨어 379~380, 930~935
perf 도구 하위 명령어
    ftrace 1007
    miscellaneous 958~959
    record 948~951
    report 951~954
    script 954~957
    stat 945~948
    trace 957~958
    개요 921~923
    문서 960
perf_event cgroup 835
Performance Co-Pilot(PCP) 191
perf-stat-hist 도구 1011
perf-tools 의존성 1016
perf-tools 컬렉션
    BCC/BPF와 비교 1015~1016
    개요 1007~1008
    다목적 도구 1010~1011
    단일 목적 도구 1008~1010
    문서 1016
    예시 1015~1016
    원 라이너 1011~1014
    적용 범위 1007
perf-tools-unstable 도구 패키지 183
pfm-events 932
PGO(프로파일 가이드 최적화) 커널 170
PIC(성능 계측 카운터) 215
pid cgroup 834
pid 변수 [bpftrace] 1052
PID(프로세스 ID)
    프로세스 환경 140
    필터 993
pids cgroup 835
pidstat 도구
    CPU 340, 364
    OS 가상화 847
    디스크 644~645
    설명 21
    스레드 상태 분석 272
ping 도구 770~771
ping 지연시간 696~697, 730
pktgen 도구 776
pmap 도구 186, 465~466
PMC → 성능 모니터링 카운터(PMC)
pmcarch 도구

CPU 367~368
    메모리 478
pmheld 도구 293~294
pmlock 도구 293
PMU(성능 모니터링 유닛) 이벤트 216, 931
poll 시스템 콜 244
posix_fadvise 호출 571
preemptirsqoff 트레이서 967
preemptoff 트레이서 967
pressure 도구 [procfs] 196
print 함수 1054
printf 함수 1043, 1053
Priority pause frames [혼잡 회피] 700
probe 변수 [bpftrace] 1052
probe 와일드카드 1041~1042
probe와 probe 이벤트
    bpftrace 1041~1042, 1048~1049
    kprobe 937~940
    perf 937
    uprobe 940~942
    USDT 943~945
    와일드카드 1041~1042
/proc 파일 시스템 관측가능성 도구 194~199
procps 도구 패키지 182
profile probe [bpftrace] 1048
profile 도구
    BCC 1026
    CPU 340, 382~383
    trace-cmd 999
    애플리케이션 282~283
    프로파일링 187
Prometheus(프로메테우스) 모니터링 소프트웨어 191
ps 도구
    CPU 361~362
    OS 가상화 847
    고정 카운터 186
    메모리 462~463
PSI → 부하 스톨 정보(PSI)
PSS(비례적 메모리 셋 크기) [공유 메모리] 426
P-state [CPU] 321
ptime 도구 364~366
ptrace 도구 220
PV(반가상화) 805~806, 808~809
P-캐시(P-cache) [CPU] 320

Q

qdisc-fq 도구 769
QEMU(Quick Emulator)
    경량 가상화 864

하드웨어 가상화 807
qemu-system-x86 프로세스 823
QLC(사중 레벨 셀) 플래시 메모리 607
QoS(서비스 품질) [네트워크] 736
QPI(Quick Path Interconnect) 328~329
qspinlocks 163
QUIC 프로토콜 711
Quick Emulator(QEMU)
　경량 가상화 864
　하드웨어 가상화 807
Quick Path Interconnect(QPI) 328~329

R

R 방법론 83
RACK(최근 승인) [TCP] 709
RAID 패리티 616
RAID(독립 디스크의 중복 배열)
　아키텍처 614
Raw hardware 이벤트 디스크립터 931
Raw I/O 502, 619
Raw tracepoints 207
RCU(read-copy update) 160
RCU-walk(read-copy-update-walk)
　알고리즘 515
rdma cgroup 835
read 시스템 콜
　설명 130
　트레이싱 557~559
readahead 도구 563
Read-copy update(RCU) 160
Read-copy-update-walk(RCU-walk)
　알고리즘 515
Read-modify-write 연산 [RAID] 616
RED 방법론 76
reg 함수 1053
Reno 알고리즘 [TCP 혼잡 제어] 707
report STDIO 출력 옵션 952~954
retval 변수 [bpftrace] 1052
RFS(수신 플로 스티어링) [네트워크] 722
RISC(간소화된 명령어 세트) 311
RPS(수신 패킷 스티어링) [네트워크] 722
RR 스케줄링 정책 337
RSS(상주 메모리 크기) 423
RSS(수신측 스케일링) [네트워크] 722
RT 스케줄러 클래스 336~337
RTT(왕복 시간) [네트워크] 698, 731
runqlat 도구
　CPU 385~386
　설명 1026

runqlen 도구
　CPU 386~387
　설명 1026
runqslower 도구
　CPU 393
　설명 1026

S

S3(Simple Storage Service) 800
SaaS(서비스형 소프트웨어) 867
SACK(선택적 승인) 알고리즘 709
SACK(선택적 승인) 704
sar(시스템 활동 리포터)
　CPU 360~361
　OS 가상화 847
　개요 222
　고정 카운터 185
　네트워크 748~751
　디스크 642~643
　리포트 225
　메모리 458~460
　모니터링 189~190, 223~228
　문서 228
　설명 21
　설정 224
　스레드 상태 분석 272
　실시간 모니터링 227
　옵션 1079~1080
　적용 범위 223
　출력 형식 225~227
　파일 시스템 543~544
SAS(직렬 연결 SCSI) 디스크 인터페이스 611~612
SATA(직렬 ATA) 디스크 인터페이스 612
sched 명령어 [procfs] 195
SCHED_DEADLINE 정책 163
schedstat 도구 [procfs] 195, 197
scread 도구 563
script 하위 명령어 [perf]
　개요 954~956
　트레이스 스크립트 956~957
　플레임 그래프 956
SCSI(소형 컴퓨터 시스템 인터페이스)
　디스크 611
　이벤트 로깅 670
scsilatency 도구 671
scsiresult 도구 671
SDT 이벤트 932
SEDA(단계적 이벤트 구동 아키텍처) 246
SEDF(단순 최소 마감시간 우선)
seeksize 도구 671

seekwatcher 도구 671
self 도구 [procfs] 197
sendfile 명령 251
set_ftrace_filter 파일 [tracefs] 969
shmsnoop 도구 479
showboost 도구 340, 367
signal 함수 1053
Simple Storage Service(S3) 800
sizeof 함수 1053
skbdrop 도구 770
skblife 도구 770
slabinfo 도구 [procfs] 197
slabtop 도구 460~461, 544~545
SLC(단일 레벨 셀) 플래시 메모리 607
SLOG 로그 [ZFS] 526
Slowpath [뮤텍스 락] 248
SLUB 할당자 161, 444~445
SM(스트리밍 멀티프로세서) 332
smaps 도구 [procfs] 195
SMART(자가 모니터링, 분석 및 보고 기술) 데이터 668
smartctl 도구 668~670
SMP(대칭형 멀티 프로세싱) 151
smpcalls 도구 393
SMR(기와식 자기 기록) 드라이브 605~606
SMT(동시 멀티스레딩) 220, 311
SNMP(단순 네트워크 모니터링 프로토콜) 79, 190
SO_BUSY_POLL 소켓 옵션 721
SO_REUSEPORT 소켓 옵션 162
SO_TIMESTAMP 소켓 옵션 731
SO_TIMESTAMPING 소켓 옵션 731
so1stbyte 도구 769
soaccept 도구 769
socketio 도구 769
socketio.bt 도구 761~762
socksize 도구 769
sockstat 도구 769
soconnect 도구 769
soconnlat 도구 769
sofamily 도구 769
softirqs 도구 387~388
software probe 1048
soprotocol 도구 769
sormem 도구 769
SP(스트리밍 프로세서) 332
SPEC(표준 성능 평가 기관) 벤치마크 898
splice 시스템 콜 161
SRE(사이트 신뢰성 엔지니어) 5
SR-IOV(단일 루트 I/O 가상화) 814
ss 도구 201, 726, 738~741

SSD(반도체 디스크)
  개요 606~610
  캐시 장치 162
stackcount 도구 1027, 1028
starvation(기아) [deadline I/O
  스케줄러] 621
stat 도구 [procfs] 131, 195, 197
stateful(상태가 있는) 시뮬레이션 894
stateless(상태가 없는) 시뮬레이션 894
statm 도구 [procfs] 195
stats 함수 1054
statsnoop 도구 563
status 도구 [procfs] 195
str 함수 1043, 1053
strace 도구
  bonnie++ 도구 903
  네트워크 770
  시스템 콜 트레이싱 285~287
  오버헤드 286~287
  트레이싱 189
  파일 시스템 지연시간 545
  한계 280
strncmp 함수 1053
sum 함수 [bpftrace] 1054
superping 도구 769
SUT(테스트 중인 시스템) 모델 34
SVG(스케일러블 벡터 그래픽) 파일
  226
swapin 도구 479
swapon 도구
  디스크 671
  메모리 458
SYN 백로그 717
SYN 쿠키 704, 718
syncsnoop 도구
  BCC 1026
  파일 시스템 563
/sys 파일 시스템 199~200
/sys/fs 옵션 574
SysBench 시스템 벤치마크 403~404
syscount 도구
  BCC 1026
  CPU 393
  perf-tools 1011
  시스템 콜 집계 288~289
  파일 시스템 563
sysctl 도구
  SCSI 로깅 670
  네트워크 튜닝 777
  스케줄러 406
  혼잡 제어 779
sysstat 도구 패키지 182
system 함수 [bpftrace] 1043, 1053

systemd 서비스 관리자 166
systemd-analyze 명령어 167
SystemTap 도구 229

T

Tahoe 알고리즘 [TCP 혼잡 제어] 708
task 도구 [procfs] 195
taskset 명령어 408
tc 도구 775
tc(트래픽 제어) 유틸리티 [네트워크]
  775
tcdump 도구 188
TCMalloc 할당자 445
TCP → 전송 제어 프로토콜(TCP)
TCP TIME_WAIT 지연시간 730
TCP 대기시간이 짧은 큐(TSQ) 725
TCP 빠른 연결 설정(TCP Fast Open,
  TFO) 162
TCP 세그먼테이션 오프로드(TSO) 719
TCP 쿠키 704, 718
TCP/IP 스택
  BSD 156
  스택 우회 702
  커널 150
  프로토콜 691
tcpaccept 도구 769
tcpconnect 도구 769
tcpdump 도구
  BPF 사용 18
  개요 766~768
  설명 727
  이벤트 트레이싱 83~84
  패킷 스니핑 732~734
tcplife 도구
  BCC 1026
  개요 753
  설명 727
tcpnagle 도구 769
tcpreplay 도구 776
tcpretrans 도구
  BCC 1026
  perf-tools 1009
  개요 755~756
tcpsynbl.bt 도구 764~765
tcptop 도구
  BCC 1026
  설명 727
  최상위 프로세스 755
tcpwin 도구 769
TCQ(태그된 커맨드 큐잉) 603
TFO(TCP Fast Open, TCP 빠른 연결
  설정) 162
THP(transparent huge pages)

리눅스 커널 162
  메모리 484
tid 변수 [bpftrace] 1052
time cgroup 834
time 도구 [CPU] 364~366
time 함수 [bpftrace] 1053
TIME_WAIT 상태 706
TIME_WAIT 지연시간 730
tiptop 도구 479
tiptop 도구 패키지 183
TLB → 변환 색인 버퍼(TLB)
tlbstat 도구
  CPU 369~370
  메모리 478
TLC(삼중 레벨 셀) 플래시 메모리 607
TLP(종단 손실 탐지) 163, 707
TLS(전송 계층 보안) 157
top 도구
  CPU 340, 362~364
  OS 가상화 847, 853
  경량 가상화 865~866
  고정 카운터 186
  메모리 447, 464
  설명 22
  파일 시스템 543
  하드웨어 가상화 825
TPC(트랜잭션 처리 성능 위원회)
  벤치마크 897
TPC-A benchmark 890~891
tpoint 도구 1011
TPU(텐서 처리 장치) 333
trace 도구 1027, 1028
trace 파일 [tracefs] 969, 973~975
trace_options 파일 [tracefs] 969
trace_pipe 파일 [tracefs] 969, 975~976
trace_stat 디렉터리 969
trace-cmd clear 하위 명령어 999
trace-cmd listen 하위 명령어 999
trace-cmd record 하위 명령어 999
trace-cmd report 하위 명령어 999
trace-cmd restart 999
trace-cmd start 하위 명령어 999
trace-cmd stat 하위 명령어 999
trace-cmd stop 하위 명령어 999
trace-cmd stream 하위 명령어 999
trace-cmd 프론트엔드 183
  function_graph 1004~1005
  KernelShark 1005~1006
  perf와 비교 1003~1004
  개요 998
  문서 1006
  원 라이너 1000~1003
  하위 명령어 개요 999~1000

tracefs 파일 시스템 206
  개요 967~968
  구성 요소 968~970
Tracepoint
  perf 이벤트 932, 936~937
  개요 202
  리눅스 커널 161
  문서 208
  설명 16
  예시 203~204
  오버헤드 207
  인자와 포맷 문자열 204~206
  인터페이스 206~207
  트리거 979~980
  필터 978~979
tracepoint probe 1048
tracepoints 트레이서 966
traceroute 도구 771~772
tracing_on 파일 [tracefs] 969
Transparent huge pages(THP)
  리눅스 커널 162
  메모리 484
TSB(변환 저장 버퍼) 327
tshark 도구 768
TSO(TCP 세그먼테이션 오프로드) 719
TSQ(TCP 대기시간이 짧은 큐) 725
TTFB(최초 바이트 지연시간) [네트워크]
  697~698
TUI(텍스트 사용자 인터페이스) 952
tune2fs 도구 572~573
Tuned 프로젝트 782~783
turboboost 도구 340
turbostat 도구 366~367
TXG(트랜잭션 그룹) [ZFS] 525

U

uaddr 함수 1053
UDP 범용 수신 오프로드(GRO) 166
UDP(사용자 데이터그램 프로토콜)
  710~711
udpconnect 도구 769
UDS(유닉스 도메인 소켓) 702
uid 변수 [bpftrace] 1052
UID(사용자 ID) [프로세스] 140
UIO(사용자 공간 I/O) [커널 우회] 723
ulimit 명령어 153
Ultra Path Interconnect(UPI) 328~329
UMA(범용 메모리 할당자) 444
UMA(범용 메모리 할당자) 메모리
  시스템 428~430
UMASK 값 [MSR] 330~332
UNICS(UNiplexed Information and
  Computing Service) 155

UNiplexed Information and Computing
  Service(UNICS) 155
UnixBench 벤치마크 353
unroll 함수 1051
UPI(Ultra Path Interconnect) 328~329
uprobe 940~941
  bpftrace 1048
  Ftrace 966
  개요 212
  리눅스 커널 162
  리턴 값 985
  문서 214
  예시 212
  이벤트 트레이싱 984~986
  인자 213, 985
  인터페이스 및 오버헤드 213
  트리거 986
  프로파일링 986
  필터 986
uprobe 도구 1011
uprobe 프로파일러 966
uprobe_events 파일 [tracefs] 969
uptime 도구
  CPU 339
  OS 가상화 847
  PSI(부하 스톨 정보) 357~358
  부하 평균 355~357
  사례 연구 1061~1062
  설명 21
uretprobe 213
usdt probe 1048
USDT(사용자 레벨 정적 트레이싱) 16,
  214~216
  perf 932
  probe 943~945
USE 방법론 → 사용률, 포화도,
  오류(USE) 방법론
user cgroup 834
username 변수 [bpftrace] 1052
USL(일반 확장성 법칙) 94
ustack 변수 [bpftrace] 1052
ustack 함수 [bpftrace] 1053
usym 함수 1053
util-linux 도구 패키지 182
uts cgroup 834

V

valgrind 도구
  CPU 393
  메모리 479
vCPU(가상 CPU) 816
VFIO(가상 함수 I/O) 드라이버 723
VFS → 가상 파일 시스템(VFS)

VFS 계층 [파일 시스템 지연시간 분석]
  531
vfs_read 도구 [Ftrace] 965~966
vfs_read 함수 [bpftrace] 1046~1047
vfscount 도구 563
vfssize 도구 563
vfsstat 도구 563
VM(가상 머신)
  클라우드 컴퓨팅 793
  프로그래밍 언어 256~257
  하드웨어 가상화 803~806
VMM(가상 머신 관리자)
  클라우드 컴퓨팅 793
  하드웨어 가상화 803~806
vmscan 도구 479
vmstat 도구 11
  CPU 340, 358~359
  OS 가상화 847
  고정 카운터 185
  디스크 671
  메모리 447, 455~457
  설명 21
  스레드 상태 분석 272
  파일 시스템 543
  하드웨어 가상화 827
VMware ESX 806

W

wakeup 트레이서 966
wakeup_rt 트레이서 966
watchpoint probe 1048
Wireshark 도구 768~769
write 시스템 콜 130
writeback 도구 563
Write-back 캐시
  가상 디스크 595~596
  디스크 내장 584
  파일 시스템 500~501
writesync 도구 563
write-through(즉시 쓰기) 캐시 584
wss 도구 471~473
WSS(워킹 셋 크기)
  마이크로 벤치마킹 539~540, 893
  메모리 426, 454, 471~473
  벤치마킹 900
W-캐시(W-cache) [CPU] 320

X

XDP(고속 데이터 경로) 기술
  설명 164
  이벤트 소스 766
  커널 우회 723
Xen 하드웨어 가상화

CPU 사용 816
I/O 경로 815
관측가능성 822~823
네트워크 성능 819
설명 806~807
xentop 도구 822
XFS 파일 시스템 523~524
xfsdist 도구
BCC 1026
파일 시스템 551
xfsslower 도구 1026
XPS(송신 패킷 스티어링) [네트워크] 722~723

Z

zero 함수 [bpftrace] 1055
ZFS 524
ZFS 파일 시스템
성능 특징 525~526
솔라리스 커널 158
옵션 574~576
풀 통계 564
zfsdist 도구
BCC 1026
파일 시스템 551
zfsslower 도구 1026
ZIO 파이프라인 [ZFS] 526
zoneinfo 도구 [procfs] 197
zpool 도구 564

ㄱ

가동시간 비율 지표 48
가로등 효과 60
가변 블록 크기 [파일 시스템] 517
가비지 컬렉션 257~258
가상 CPU(vCPU) 816
가상 디스크
사용률 595~596
정의 582
가상 머신 관리자(VMM)
클라우드 컴퓨팅 793
하드웨어 가상화 803~829
가상 머신(VM)
클라우드 컴퓨팅 793
프로그래밍 언어 256~257
하드웨어 가상화 803~829
가상 메모리
BSD 커널 156
개요 418
관리 143~145
정의 125, 416
크기 423
가상 시간 대여(BVT) 스케줄러 816

가상 파일 시스템(VFS)
설명 148
솔라리스 커널 158
인터페이스 512
정의 493
지연시간 560~561
트레이싱 559
가상 프로세서 305
가상 함수 I/O(VFIO) 드라이버 723
가상화
OS → OS 가상화
하드웨어 → 하드웨어 가상화
가설 단계 [과학적 방법론] 64~66
가성비
벤치마킹 이유 877~878
애플리케이션 238
가속기(Accelerators) [USE 방법론] 71
가용 메모리 리스트 434~438
가용 스왑 425
가중치(Share) [OS 가상화] 840~842, 856
간소화된 명령어 세트(RISC) 311
간접적 디스크 I/O [논리적 I/O vs. 물리적 I/O] 506
감쇠 평균 107
개념 증명
벤치마킹 이유 876
테스트 4
개발 [벤치마킹 이유] 877
개발 난이도, 멀티프로세스 vs. 멀티스레딩 317
개별 파일을 동기로 쓰기 501
개선된 포맷(Advanced Format) [자기 회전식 드라이브] 602
객체 저장소 [클라우드 컴퓨팅] 800
거짓 공유(false sharing) [해시 테이블] 250
건성건성 하는 벤치마킹 881
게스트
OS 가상화 845, 857~861
경량 가상화 865~866
하드웨어 가상화 809~813, 818~829
게스트 주소에서 물리 주소로 변환 812
격리 [OS 가상화] 860
결과 [이벤트 트레이싱] 84
경량 가상화
개요 862~863
관측가능성 865~866
구현 863~864
리소스 제어 864
비교 868~869

오버헤드 864
경량 스레드 245
경쟁자 벤치마킹 887~888
경합
락 274
모델 92
고 언어(Golang)
고루틴 246
시스템 콜 127
고드름 그래프 348
고루틴 [애플리케이션] 246
고속 데이터 경로(XDP) 기술
설명 164
이벤트 소스 766
커널 우회 723
고속 파일 시스템(FFS)
개요 519~521
설명 156
고정 카운터 184~186
공유 메모리 425~426
공정 분배(fair-share) 스케줄러 816
과대 객체 영역(Oversize arena) 444
과도한 쓰기로 인한 읽기 대기 621
과열 부하(Thermal pressure) [리눅스 커널] 166
과학적 방법론 64~66
과할당 [클라우드 컴퓨팅] 798
관계 없는 디스크 I/O [논리적 I/O vs. 물리적 I/O] 506
관점
개요 6
성능 분석 55
워크로드 분석 56~58
자원 분석 55~56
관찰 기반 성능 향상 104
관찰 테스트 [과학적 방법론] 64~65
관찰자 효과 [지표] 47
관측가능성
OS 가상화 → OS 가상화 관측가능성
RAID 616
개요 11
벤치마크 878
볼륨과 풀 529
애플리케이션 240
운영 체제 153
카운터, 통계, 지표 11~14
트레이싱 15~18
프로파일링 14~15
하드웨어 가상화 820~829
할당자 443
관측가능성 도구 179
CPU → CPU 관측가능성 도구
sar 222~228

— Systems

결과 검증 230~231
고정 카운터 184~186
네트워크 → 네트워크 관측가능성
　도구
디스크 → 디스크 관측가능성 도구
메모리 → 메모리 관측가능성 도구
모니터링 189~192
비상 도구 181~183
애플리케이션 → 애플리케이션
　관측가능성 도구
연습 문제 231
유형 184
적용 범위 180
정적 성능 분석 181
참고 자료 232~233
트레이싱 188~189, 229
파일 시스템 → 파일 시스템
　관측가능성 도구
프로파일링 187
관측가능성 도구 결과 검증 230~231
관측가능성 도구 소스 192~194
　kprobe 208~212
　miscellaneous 220~222
　netlink 201~202
　/proc 파일 시스템 194~199
　/sys 파일 시스템 199~200
　tracepoint 302~208
　uprobe 212~214
　USDT 214~216
　지연 어카운팅 200
　하드웨어 카운터 216~220
교란(Perturbation)
　벤치마크 885~886
　시스템 테스트 34
　플레임스코프(FlameScope)
　　401~402
구글 쿠버네티스 엔진(GKE) 802
구성 사례 연구 1064~1065
규모 확장성 감소 45~46
균일하지 않은 난수 분포 568
그래프 트레이싱 986~988
그래픽 처리 장치(GPU)
　CPU와 비교 333
　도구 395
극단값(Outlier)
　정규 분포 109
　지연시간 257, 583, 652~653
　히트맵 116
기간
　디스크 측정 586~589
　이벤트 트레이싱 84
　커널 분석 280
　평균 106

기간별 I/O 평균 지연시간 값 631
기능 블록 다이어그램 [USE 방법론]
　71~72
기능 유닛(Functional Unit) [CPU] 309
기본적인 디스크 모델 583
기아(starvation) [deadline I/O
　스케줄러] 621
기와식 자기 기록(SMR) 드라이브
　605~606
기준 통계 85
기하 평균 106
꺾은선 차트
　기준 통계 85
　디스크 672
　사례 113~114

ㄴ

나쁜 페이징 420
낙관적 스핀 [뮤텍스 락] 248
내장 캐시 322
너비
　명령어 311
　플레임 그래프 399
네거티브 캐싱 [Dcache] 515
네스티드 페이지 테이블(NPT) 812
네이티브 커맨드 큐잉(NCQ) 603
네이티브 하이퍼바이저 803
네임스페이스 [OS 가상화] 832~834,
　849, 852~853
네트워크 687~688
　bpftrace 사용 1036, 1087~1089
　OS 가상화 837~839, 844~845, 862
　USE 방법론 70~73, 1074~1075
　관측가능성 도구 → 네트워크
　　관측가능성 도구
　라우팅 692~693
　로컬 연결 701~702
　마이크로 벤치마킹 대상 88
　모델 689~692
　방법론 → 네트워크 방법론
　버퍼 39, 698~699
　벤치마크 질문 915
　사용률 701
　스니핑 220
　스루풋 729, 732
　스택 715~716
　실험 770~776
　아키텍처 → 네트워크 아키텍처
　연결 백로그 699
　연습 문제 785~786
　왕복 시간(RTT) 698, 731
　용어 688~689
　운영 체제 150

인터페이스 689~690
인터페이스 교섭(negotiation)
　699~700
지연시간 696~698
참고 자료 786~790
캡슐화 694
컨트롤러 690
튜닝 → 네트워크 튜닝
패킷 크기 694~695
프로세서 탑재형 인터페이스 320
프로토콜 693~694
프로토콜 스택 691~692
하드웨어 가상화 819
혼잡 회피 700~701
네트워크 I/O 상태 [스레드 상태 분석]
　269~273
네트워크 관측가능성 도구
　bpftrace 757~766
　ethtool 752~753
　ifconfig 742~743
　ip 741~742
　netstat 744~748
　nicstat 751~752
　nstat 743~744
　sar 748~751
　ss 737~740
　tcpdump 766~768
　tcplife 753~754
　tcpretrans 755~756
　tcptop 755
　Wireshark 768~769
　개요 737~738
　기타 도구 769~770
네트워크 방법론
　TCP 분석 734~735
　USE 방법론 727~728
　개요 725~726
　도구 방법론 726~727
　리소스 제어 736~737
　마이크로 벤치마킹 737
　성능 모니터링 732
　워크로드 특성화 728~730
　정적 성능 튜닝 735~736
　지연시간 분석 730~731
　패킷 스니핑 732~734
네트워크 분석 도구
　설명 770
　소켓 정보 196
네트워크 아키텍처
　소프트웨어 715~725
　프로토콜 702~711
　하드웨어 712~715
네트워크 연결 701~702

1120

3방향 핸드셰이크 705
NIC 150
QUIC 711
TCP 큐 717~718
UDP 710~711
로컬 701~702
모니터링 732
방화벽 714~715
백로그 699, 717~718, 764~765, 779
연결 수명 698
지연시간 10, 35~37, 696~698, 730
특성 728~730
네트워크 연결 저장장치(NAS) 618
네트워크 인터페이스 카드(NIC)
　네트워크 연결 150
　설명 690
　송신 및 수신 패킷 721
네트워크 통신 방식(duplex) 699~700
네트워크 튜닝 776
　설정 784~785
　소켓 옵션 783~784
　시스템 전역 777~783
네트워크에서의 커널 우회 723~724
넷플릭스 클라우드 성능 팀 3
노드 833
　OS 가상화 849
　가용(free) 리스트 437
　메인 메모리 429
　오케스트레이션 802
　클라우드 컴퓨팅 802
노드 테인트(taint) [클라우드 컴퓨팅] 802
논리 CPU
　정의 305
　하드웨어 스레드 306
논리적 I/O
　물리적 I/O와 비교 505~508
　정의 493
논리적 메타데이터 [파일 시스템] 505
논리적 연산 [파일 시스템] 494
논블로킹 I/O
　애플리케이션 250-251
　파일 시스템 503
누락된 스택 297~298
누락된 심벌 295~296
느린 디스크 사례 연구 22~25
느린 시작(Slow-start) [TCP] 704
능동적 벤치마킹 900~904

ㄷ

다른 사람 비난 반방법론 62
다봉 분포 108~109

다봉 분포 형태의 성능 108
다섯 가지 왜? [드릴다운 분석] 81
다중 경로 TCP(Multipath TCP) 166
다중 레벨 셀(MLC) 플래시 메모리 607
다중 루트 I/O 가상화(MR-IOV) 814
다중 블록 할당자 [ext4] 522
다중 영역 기록(multiple-zone recording) 602
다중 채널 메모리 버스 431
다중 프리패치 스트림 525
단계적 이벤트 구동 아키텍처(SEDA) 246
단기 실행 프로세스 17, 287
단대단 추론 699
단서 기반 접근법 [스레드 상태 분석] 272
단순 네트워크 모니터링 프로토콜(SNMP) 79, 190
단순 최소 마감시간 우선(SEDF) 스케줄러 816
단일 레벨 셀(SLC) 플래시 메모리 607
단일 루트 I/O 가상화(SR-IOV) 814
대규모 수신 오프로드(LRO) 162
대기 시간
　I/O 586
　디스크 597~598, 653~654
대니얼 보크먼(Daniel Borkmann) 168
대역폭
　OS 가상화 840~842
　네트워크 689, 701, 736~737
　디스크 583
　인터커넥트 328
대역폭 변환 [네트워크] 714
대칭형 멀티프로세서(SMP) 151
더블 펌핑 데이터 전송 [CPU] 329
데이터 경로 [하드웨어 가상화] 814
데이터 무결성 [자기 회전 디스크] 604
데이터 센터 TCP(DCTCP) 혼잡 제어 164, 708
데이터 전송 속도 [스루풋] 33
데이터 전송이 아닌 디스크 명령 594
데이터 중복 제거 [ZFS] 526
데이터 플레인 개발 킷(DPDK) 723
데이터그램
　OSI 모델 692
　UDP 710~711
데이터베이스
　사례 연구 1071
　애플리케이션 236
　클라우드 컴퓨팅 796
덴트리 캐시(dcache) 515
도구 방법론
　CPU 339~340

개요 66~67
네트워크 726~727
디스크 623~624
메모리 446~447
도메인
　Xen 806~807
　스케줄링 338
도커 832, 849~850
독립 디스크의 중복 배열(RAID) 아키텍처 614
동기 디스크 I/O 598~599
동기 인터럽트 134
동기적 쓰기 501
동기화 요소 [애플리케이션] 247~248
동시 멀티스레딩(SMT) 220, 311
동시성
　마이크로 벤치마킹 539, 633
　애플리케이션 244~250
동적 USDT 215
동적 계측
　kprobe 208
　개요 17
　지연시간 분석 531
동적 우선순위 [스케줄링 클래스] 335~338
동적 임의 접근 메모리(DRAM) 427
동적 크기 변경 [클라우드 컴퓨팅] 797~799
동적 트레이싱
　Dtrace 158
　perf 927~929
　도구 17
동적 트레이싱 도구 17
드라이버
　반가상화 813~815
　벌룬(balloon) 818
　장치 151, 720~721
드라이스톤(Dhrystone) 벤치마크
　CPU 353
　시뮬레이션 894
드릴다운 분석
　개요 79~81
　느린 디스크 사례 연구 25
디렉터리 [파일 시스템] 147
디렉터리 이름 조회 캐시(DNLC) 515
디렉터리 인덱스 [ext3] 522
디스크 581~582
　I/O → 디스크 I/O
　IOPS 593~594
　USE 방법론 624~626
　관측가능성 도구 → 디스크 관측가능성 도구
　데이터 전송이 아닌 디스크 명령 594

Systems

리소스 제어 680~681
모델 → 디스크 모델
방법론 → 디스크 방법론
사용률 595
시각화 671~675
실험 675~679
아키텍처 → 디스크 아키텍처
연습 문제 682~683
용어 582~583
읽기/쓰기 비율 593
지연시간 분석 531~533
참고 자료 684~685
튜닝 679~682
튜닝 파라미터 681
포화도 596~597
디스크 I/O
  bpftrace 사용 1036, 1086~1087
  OS 가상화 839, 844
  OS 가상화 전략 862
  기본적인 디스크 583
  대기한 시간 597~598
  동기 vs. 비동기 598~599
  산점도 672~673
  시간 스케일 589~590
  시간 측정 586~589
  애플리케이션 I/O와 비교 599
  오류 666~667
  운영 체제 스택 618~622
  임의 접근 I/O vs. 순차 접근 I/O 591~592
  지연시간 587~591, 631~632, 649~655, 666~668
  캐싱 590~591
  크기 593, 663~665
  히트맵 673~675
디스크 I/O 상태 [스레드 상태 분석] 269, 270, 272~273
디스크 관측가능성 도구 635~671
  biolatency 648~651
  biosnoop 651~654
  biostacks 656~657
  biotop 655~656
  blktrace 658~662
  bpftrace 662~667
  iostat 637~642
  iotop 654 655
  MegaCli 667~668
  perf 645~648
  pidstat 644~645
  PSI 643~644
  sar 642~643
  SCSI 이벤트 로깅 670
  개요 635~636

  기타 도구들 671
디스크 내장 캐시 584, 591, 603
디스크 대기(wait) 시간 587
디스크 명령 583
디스크 모델
  기본적인 디스크 583
  캐싱 디스크 584~585
  컨트롤러 585
디스크 분석 방법론
  USE 방법론 624~626
  개요 623
  도구 방법론 623~624
  리소스 제어 632
  마이크로 벤치마킹 633~634
  성능 모니터링 626~627
  스케일링 634~635
  워크로드 특성화 627~629
  정적 성능 튜닝 631~632
  지연시간 분석 630~631
  캐시 튜닝 632
디스크 섹터
  영역화 602
  정의 583
  크기 602~603
디스크 시간 측정 586~589
디스크 아키텍처
  SSD 606~610
  영구 메모리 610
  운영 체제 디스크 I/O 스택 618~622
  인터페이스 611~613
  자기 회전 디스크 600~606
  저장장치 유형 613~618
디스크 요청(request) 시간 587
디스크 응답(response) 시간 587
디스크 처리(service) 시간 587~589
디스크 컨트롤러
  USE 방법론 625~626
  자기 회전 디스크 606
  캐시 590~591
  튜닝 파라미터 681~682
디스패처 큐 지연시간 307

ㄹ

라우터 713~714
라우팅 네트워크 692~693
라우팅 테이블 742
락
  분석 274
  애플리케이션 247~250
  트레이싱 293~294
락 상태 [스레드 상태 분석] 269~274
락 소유 시간 274

레이블 셀렉터 [클라우드 컴퓨팅] 802
레코드 크기, 정의 493
로깅
  SCSI 이벤트 670
  ZFS 525
  애플리케이션 237
로드 밸런서
  수용량 계획 103
  스케줄러 334
로컬 네트워크 연결 701~702
로컬 메모리 429
로컬 호스트 네트워크 연결 701~702
루트 [파일 시스템] 147
루프 [bpftrace] 1051~1052
루프백 [네트워크] 701
리눅스 운영 체제
  KPTI 패치 168
  systemd 서비스 관리자 166
  개요 158~159
  관측가능성 도구 181
  관측가능성 소스 192~202
  네트워크 스택 715~716
  비상 도구 181~183
  스레드 상태 분석 271~274
  운영 체제 디스크 I/O 스택 619
  정적 성능 분석 도구 181
  커널 개발 159~166
  확장 BPF 168~169
리소스 격리 [클라우드 컴퓨팅] 801
리소스 제어
  CPU 352, 409
  OS 가상화 839~845, 855~857
  USE 방법론 75
  경량 가상화 864
  네트워크 736~737
  디스크 632, 680~681
  메모리 453, 485~486
  운영 체제 153
  클라우드 컴퓨팅 801
  튜닝 781
  하드웨어 가상화 816~820
리소스 한계 [수용량 계획] 99~101
리턴 값
  kprobe 983
  kretprobe 210
  ukretprobe 213
  uprobe 985
리틀의 법칙(Little's Law) 95
리포트
  perf 929~930
  sar 225~226, 227~228
  trace-cmd 1003
링 버퍼

네트워크 720
애플리케이션 243
링크 시간 최적화(LTO) 170
링크 애그리게이션(aggregation) 튜닝 785

■
마르코프 도착(Markovian arrivals) [큐 시스템] 97~99
마르코프(Markov) 모델 895
마스크 불가능 인터럽트(NMI) 136
마운트 지점 [파일 시스템] 147
마이너 폴트 422
마이크로 벤치마킹
  CPU 352~353
  개요 891~892
  네트워크 737
  디스크 633~634, 677, 678~679
  메모리 454
  방법론 87~88
  설계 예시 892~894
  설명 18
  수용량 계획 100
  파일 시스템 538~540, 567~569
마이크로서비스
  USE 방법론 75
  클라우드 컴퓨팅 797~799
마이크로 오퍼레이션(uOps) 310
마이크로 커널 127, 171
마이크로코드(Microcode) ROM [CPU] 320
마지막 레벨 캐시(LLC) 322
마케팅 [벤치마킹 이유] 877
매크로 벤치마크 18, 894~895
매핑 메모리 → 메모리 매핑
멀티 큐 I/O 스케줄러 165
멀티 큐 블록 I/O 163
멀티 큐 스케줄러
  설명 165
  운영 체제 디스크 I/O 스택 622
멀티 프로세스 CPU 316~318
멀티스레딩
  CPU 316~318
  SMT 311~312
  애플리케이션 244~250
멀티캐스트 네트워크 통신 693
멀티콜 [반가상화] 805
멀티테넌시 [클라우드 컴퓨팅] 793
  개요 800~801
  경쟁 [OS 가상화] 838~839
  경쟁 [하드웨어 가상화] 815
멀티프로세서
  개요 151

솔라리스 커널 지원 158
애플리케이션 244~250
멀틱스(Multics) 운영 체제 155
메모리 415~416
  bpftrace 사용 1035, 1083~1084
  BSD 커널 156
  CPU 캐시 306~307
  CPU 트레이드오프 39
  NUMA 바인딩 485
  OS 가상화 836~837, 839, 843
  OS 가상화 전략 862
  USE 방법론 70~73, 1074~1076
  가비지 컬렉션 257
  가상 125, 416, 418~419
  공유 425~426
  관측가능성 도구 → 메모리 관측가능성 도구
  내부 구조 477~478
  리소스 제어 485~486
  매핑 → 메모리 매핑
  멀티프로세스 vs 멀티스레딩 317
  메모리 축소 방법론 454
  방법론 → 메모리 방법론
  벤치마크 질문 914~915
  사용률 및 포화도 424~425
  아키텍처 → 메모리 아키텍처
  여러 페이지 크기 483~484
  연습 문제 486~487
  영구 610
  오버커밋 423
  오버프로비저닝 [SSD] 609
  요구 페이징 421~423
  용어 416
  워드 크기 426~427
  워킹 셋 크기(wss) 426
  참고 자료 488~489
  튜닝 481~486
  파일 시스템 캐시 사용 424
  페이징 421
  프로세스 스와핑 423~424
  하드웨어 가상화 818~819
  할당자 425, 484~485
메모리 관리 유닛(MMU) 326~327, 432
메모리 관측가능성 도구
  bpftrace 473~478
  drsnoop 471
  numastat 461~462
  perf 466~470
  pmap 465~466
  ps 462~463
  PSI 457~458
  sar 458~460
  slabtop 460~461

swapon 458
top 464
vmstat 455~457
wss 471~473
  개요 454~455
  기타 도구 478~481
메모리 누수 탐지 451~452
메모리 더티(dirty) 상태 420
메모리 매핑
  OS 가상화 836
  마이크로 벤치마킹 539
  출력 465~466
  커널 129
  파일 503~504
  하드웨어 가상화 812~813
  힙 크기 증가 442
메모리 방법론
  USE 방법론 447~449
  개요 446
  누수 탐지 451~452
  도구 방법론 446~447
  리소스 제어 453
  마이크로 벤치마킹 454
  메모리 축소 방법론 454
  사용 특성 분석 449~451
  사이클 분석 451
  성능 모니터링 451
  정적 성능 튜닝 452~453
메모리 버스 430
  공유 시스템 버스 430
  직접 연결 430
메모리 부족 킬러(OOM killer) 435~436, 447
메모리 부족(OOM), 정의 417
메모리 사용 특성 분석 449~451
메모리 아키텍처 428
  CPU 캐시 432
  MMU 432
  TLB 433
  메모리 해제 434~438
  메인 메모리 428~430
  버스 430
  소프트웨어 434~445
  지연시간 428
  프로세스 가상 주소 공간 440~445
  하드웨어 127~434
메모리 오버커밋 419, 423
메모리 지역성 308
메모리 직접 회수(Direct-reclaim) 방식 438~439
메모리 클린(clean) 상태 420
메모리 해제 434~438
메모리 회수(reaping) 435, 438

메모리 회수(reclaim) 상태 [지연
　　　어카운팅] 200
메인 메모리
　개요 427~430
　관리 143~145
　정의 125, 416
　지연시간 38
　캐싱 51~54
메타데이터
　ext3 521
　파일 시스템 504~505
멜트다운(Meltdown) 취약점 168
명령어 너비 3-wide 프로세서 311
명령어 너비 4-wide 프로세서 311
명령어 파이프라인 프론트엔드 310
명령어 포인터 [스레드] 138
명령어, CPU
　IPC 312
　너비 311
　단계 309
　명령어 텍스트 417
　정의 305
　크기 311
　파이프라인 309
명령어당 사이클 수(CPI) 312
명시적 혼잡 통지(ECN) 필드
　IP 700, 703
　TCP 708
　튜닝 780
명시적(explicit) 논리 메타데이터 505
모놀리식 커널 126, 171
모니터링 110~113
　CPU 349~350
　sar 223~225
　관측가능성 도구 189~192
　네트워크 732, 742
　드릴다운 분석 79
　디스크 626~627
　메모리 451
　부팅 시점부터의 요약 113
　시간에 따른 패턴 110~112
　제품 112
　파일 시스템 536~537
모니터링 제품 112
모델
　CPU 305~308
　개요 89
　네트워크 689~692
　디스크 584~585
　방법론 34~35
　시각적 성능 식별 91~93
　암달의 확장성 법칙 93~94
　엔터프라이즈 vs. 클라우드 90

와이어프레임 118~119
일반 확장성 법칙 94
큐 이론 95~99
파일 시스템 494~495
모델 특화 레지스터(MSR)
　CPU 330
　관측가능성 소스 220
모듈화된 I/O 스케줄링 160
모드 스위치
　정의 125
　커널 129
모른다는 걸 모르는 것들 54
모른다는 걸 아는 것들 54
무릎점(Knee points)
　규모 확장성 45
　모델 91~93
묵시적 논리 메타데이터 505
문서
　BCC 1031~1032
　bpftrace 1055~1056
　Ftrace 1016~1017
　kprobe 211
　perf 382, 960
　perf-tools 1016
　PMC 219
　sar 228
　trace-cmd 1006
　tracepoint 208
　uprobe 214
　USDT 216
　애플리케이션 지연시간 531
문자 장치 151
문제 정량화 9
문제 정의
　사례 연구 22, 1060
　작성 63
문제 해결 [벤치마킹 이유] 877
물리적 I/O
　논리적 I/O와 비교 505~508
　정의 493
물리적 메타데이터 [파일 시스템] 505
물리적 연산 [파일 시스템] 494
물리적 자원 [USE 방법론] 1073~1076
뮤텍스 락
　USE 방법론 74
　경합 275
　애플리케이션 247~249
　트레이싱 293~294
미리 읽기 [파일 시스템] 500

ㅂ

바이너리 변환 [하드웨어 가상화] 805, 808

바이너리 실행 파일 253
바이트코드 256
바인딩
　CPU 352, 408
　NUMA 485
　프로세서 251~252
반가상화(PV) 805~806, 808~809
반가상화 I/O 드라이버 813~815
반도체 디스크(SSD)
　개요 606~610
　캐시 장치 162
반방법론
　가로등 60
　다른 사람 비난 62
　임의 변경 61~62
반복성 [벤치마크] 878
방법론 31~32
　60초 리눅스 성능 분석 체크리스트
　　　21~22
　CPU → CPU 방법론
　R 방법론 83
　RED 방법론 76
　USE 방법론 67~76
　과학적 방법론 64~66
　관점 55~58
　규모 확장성 45~46
　기준 통계 85
　네트워크 → 네트워크 방법론
　도구 방법론 66
　드릴다운 분석 79~81
　디스크 → 디스크 방법론
　마이크로 벤치마킹 87~88
　메모리 → 메모리 방법론
　모니터링 110~113
　모델 34~35
　모델링 → 방법론 모델링
　모른다는 걸 아는 것들 54
　문제 내역서 63
　반방법론 61~62
　벤치마킹 → 벤치마킹 방법론
　부하 vs. 아키텍처 44~45
　분석 중단 기준 42
　사용률 48~50
　성능 개선의 한시성 43~44
　성능 분석 58~60
　성능 최적화 지침 88
　수용량 계획 99~104
　시각화 → 시각화 방법
　시간 스케일 37~38
　애플리케이션 → 애플리케이션
　　　방법론
　연습 문제 119~120
　용어 32~34

워크로드 분석 56~58
워크로드 특성화 77
이벤트 트레이싱 83~85
일반적인 58~59
자원 분석 55~56
적합성의 수준 41~42
전용 체크리스트 방법론 62~63
정적 성능 튜닝 86
지연시간 개요 35~37
지연시간 분석 81~82
지표 47~48
진단 사이클 66
참고 자료 120~121
캐시 튜닝 87
캐싱 51~54
통계 104~110
튜닝을 위한 노력 39~41
트레이드오프 38~39
파일 시스템 → 파일 시스템 방법론
포화도 50
프로파일링 51
방법론 모델링 89
시각적 성능 식별 91~93
암달의 확장성 법칙 93~94
엔터프라이즈 vs. 클라우드 90
일반 확장성 법칙 94
큐 이론 95~99
방화벽 693
개요 714~715
잘못 설정 695
튜닝 785
배경색 [플레임 그래프] 400
배타적 CPU 셋 408
백로그 [네트워크 연결] 699, 717~718, 764~765, 779
백분위
설명 107
지연시간 568~569
백엔드 [명령어 파이프라인] 309~310
버그 데이터베이스 시스템
사례 연구 1071
애플리케이션 237
버디 할당자 437
버스트 [클라우드 컴퓨팅] 799, 840~842
버전
애플리케이션 237
커널 154
버클리 소프트웨어 배포(BSD) 156
버클리 패킷 필터(BPF) 1019~1020
BCC 컴파일러 → BCC
bpftrace → bpftrace
iterator 770

perf-tools와 비교 1015~1016
확장 BPF → 확장 BPF
JIT 컴파일러 162
OS 가상화 트레이싱 849, 854~855, 860
설명 18
커널 127
프로그램 125
버킷
해시 테이블 249
히트맵 115~117
버퍼
TCP 718~719, 778~779
네트워크 699
링 720
블록 장치 151, 513~514
애플리케이션 243
버퍼 캐시 151, 513~514
버퍼블로트(bufferbloat) 699
벌룬(balloon) 드라이버 818
범용 메모리 할당자(UMA) 444
메모리 시스템 428~430
범용 세그먼테이션 오프로드(GSO) [네트워크] 719
베어메탈 하이퍼바이저 803
벤치마케팅 877
벤치마크 비교 886
벤치마크 속이기 889, 891
벤치마크 역설 887
벤치마크를 잘못 해석 889~890
벤치마킹 875~877
CPU 352~353
SysBench 403~404
리플레이 895~896
마이크로 벤치마킹 → 마이크로 벤치마킹
메모리 454
분석 879~880, 882~883
산업 표준 896~898
수용량 계획 100
시뮬레이션 894~895
실패 881~891
연습 문제 916
유형 18, 891~898
이유 876~878
질문 914~915
참고 자료 916~917
특수 기능 890~891
효과적인 벤치마킹 878~880
벤치마킹 리플레이 895~896
벤치마킹 방법론
CPU 프로파일링 904~906
USE 방법론 906

개요 899
능동적 벤치마킹 900~904
수동적 벤치마킹 899~900
연속 부하 증가 907~909
워크로드 특성화 906
정상 여부 검사 910~911
체크리스트 912~913
커스텀 벤치마크 906~907
통계적 분석 911~912
벤치마킹 실패 881~891
벤치마킹을 과신 881~882
변동
벤치마크 885
설명 107
플레임스코프(FlameScope) 401~402
변동 계수(CoV) 108
변수 [bpftrace] 1044~1045, 1052~1053
변환 색인 버퍼(TLB)
CPU 322
MMU 326
메모리 433~434
지연 격추(lazy shootdown) 504
캐시 통계 369~370
플러싱 168
변환 저장 버퍼(TSB) 327
병렬성 [애플리케이션] 244~250
병목
USE 방법론 67~72, 339, 446, 624~626
복잡성 8
수용량 계획 99~101
정의 33
병목 대역폭과 왕복 시간(BBR) 알고리즘 164, 708
보안 부팅 옵션 409~410
보호 링 [커널] 128
복잡 명령어 셋 컴퓨터(CISC) 311
복잡성 7
복잡한 벤치마크 도구 883
복잡한 시스템 [워크로드 분석] 57
복합 원인 [성능 분석의 어려움] 8
볼륨
정의 493
파일 시스템 528~529
볼륨 매니저 493
볼륨과 풀 리실버링(Resilvering) 529
볼륨과 풀 재구성 529
부팅 시간 트레이싱 166
부팅 시점부터의 요약 값 [모니터링] 113
부하 vs. 아키텍처 [방법론] 44~45

찾아보기 1125

― Systems

부하 발생기
  마이크로 벤치마킹 88
  수용량 계획 100
  커스텀 부하 발생기 676~677
부하 발생기 제작 676~677
부하 스톨 정보(PSI)
  CPU 357~358
  디스크 643~644
  메모리 447, 457~458
  설명 165
부하 평균 [uptime] 355~357
분기 예측 [명령어 파이프라인] 310
분기별 패턴, 모니터링 112
분리 드라이버 도메인(IDD) 817
분산 운영 체제 172
분산 트레이싱 276~277
분석
  I/O 트레이스 661~662
  off-CPU 262~266
  드릴다운 79~81
  벤치마킹 879~880, 911~912
  수용량 계획 56, 102~103
  스레드 상태 268~274
  워크로드 6, 56~58
  자원 55~56
  지연시간 81~82, 531~533, 630~631
분석 단계 [과학적 방법론] 64~66
분석 전략 [사례 연구] 1060~1061
분포
  다봉 108~109
  정규 107
불 표현식 [bpftrace] 1050
불균형 메모리 접근(NUMA)
  CPU 338
  멀티프로세서 151
  메모리 바인딩 485
  메모리 밸런싱 162
  메인 메모리 429
브렌든 블랑코(Brenden Blanco) 1022
브로드캐스트 네트워크 메시지 692
블록 I/O 상태 [지연 어카운팅] 200
블록 I/O 시간 [디스크] 587~588, 655
블록 기반 파일 시스템 516~517
블록 인터리빙(interleaving) 521
블록 장치 인터페이스 151, 619
블록 저장소(block store) [클라우드 컴퓨팅] 800
블록 캐시 [디스크 I/O] 591
블록 크기
  FFS 521
  정의 493
블루-그린 배포 5

비동기 디스크 I/O 598~599
비동기 인터럽트 133~134
비동기적 쓰기 501
비례적 메모리 셋 크기(PSS) [공유 메모리] 426
비상 도구(Crisis tool) 181~183
비유휴 시간 50
비활성 페이지 [페이지 캐시] 439
비회귀 테스트
  벤치마킹 이유 877
  소프트웨어 변경 사례 연구 26
빅 커널 락(BKL) 성능 병목 162
빈도수 샘플링 [하드웨어 이벤트] 933~935
빠른 사용자 공간 뮤텍스(Futex) 160
빠른 연결 설정(TFO) [TCP] 704
빠른 재전송 [TCP] 704, 707
빠른 회복 [TCP] 704

ㅅ
사례 연구
  PMC 1065~1067
  결론 1070~1071
  구성 1064~1065
  느린 디스크 22~25
  문제 정의 1060
  버그 데이터베이스 시스템 1071
  분석 전략 1060~1061
  소프트웨어 변경 26~28
  소프트웨어 이벤트 1067~1068
  참고 자료 1071
  통계 1061~1064
  트레이싱 1068~1070
사용률
  CPU 313~314, 340~341, 349~350, 1073, 1075
  I/O 1076
  USE 방법론 67~70, 73~76
  네트워크 701, 727~728, 1074~1075
  디스크 595~596,626
  디스크 장치 624
  디스크 컨트롤러 625
  메모리 424~425, 448, 451, 1074, 1076
  방법론 48~50
  사용자 뮤텍스 1077
  성능 지표 47
  스토리지 1075
  애플리케이션 239, 267
  자원 분석 56
  정의 33
  커널 1077

태스크 수용량 1077
히트맵 396~397, 675
사용률, 포화도, 오류(USE) 방법론
  CPU 340~341
  개요 68
  기능 블록 다이어그램 71~72
  네트워크 727~728
  느린 디스크 사례 연구 24
  디스크 624~626
  리소스 제어 75
  마이크로서비스 75
  메모리 447~449
  물리적 자원 1073~1076
  벤치마킹 906
  소프트웨어 자원 74, 1077~1078
  애플리케이션 267
  자원 목록 70
  절차 68~69
  지표 70, 72~73
  참고 자료 1078
사용자 ID(UID) [프로세스] 140
사용자 공간 I/O(UIO) [커널 우회] 723
사용자 공간, 정의 125
사용자 데이터그램 프로토콜(UDP) 710~711
사용자 레벨 정적 트레이싱(USDT) 16, 214~216
  perf 932
  probe 943~945
사용자 메모리 할당 스택 475
사용자 모드 128~130
사용자 뮤텍스 [USE 방법론] 1077
사용자 상태 [스레드 상태 분석] 269~273
사용자 스택 142
사용자 시간 [CPU] 314
사용자 영역 소프트웨어(User land) 125
사용자 주소 공간 [프로세스] 141
사이클 분석
  CPU 348~349
  메모리 451
사이클당 명령어 수(IPC) 312, 348, 451
사이트 신뢰성 엔지니어(SRE) 5
사전 할당 [ext4] 522
사중 레벨 셀(QLC) 플래시 메모리 607
산술 평균 105
산업 벤치마킹 87~88
산업 표준 [벤치마킹] 896~897
산점도
  I/O 지연시간 672~673
  디스크 I/O 114~115

삼중 레벨 셀(TLC) 플래시 메모리 607
상주 메모리 크기(RSS) 423
상주(resident) 메모리, 정의 416
상태
    TCP 705~706
    스레드 상태 분석 268~274
상태가 없는(stateless) UDP 710
새로운 API(NAPI) 프레임워크 721
색상 [플레임 그래프] 399
샘플링
    CPU 프로파일링 51, 186, 259, 278~279, 343~345
    off-CPU 분석 262~263
    PMC 217~218
    분산 트레이싱 277
    실행 큐 334, 336
    페이지 폴트 468~469
샤드
    수용량 계획 104
    클라우드 컴퓨팅 796
섀도우 통계 948
섀도우 페이지 테이블 812
서버 인스턴스 [클라우드 컴퓨팅] 792~793
서비스 스레드 풀 [애플리케이션] 246
서비스 지점 수 [큐 시스템] 97
서비스 콘솔 [하드웨어 가상화] 806
서비스 품질(QoS) [네트워크] 736
서비스형 소프트웨어(Saas) 867
서비스형 인프라(IaaS) 793
서비스형 함수(FaaS) 867
선점
    CPU 315
    리눅스 커널 160
    솔라리스 커널 158
    스케줄러 334
    운영 체제 152
선택적 승인(SACK) 알고리즘 709
선택적 승인(SACK) 704
선형 확장성
    모델 92
    방법론 46
설정
    네트워크 옵션 784~785
    애플리케이션 236
설치
    BCC 1023
    bpftrace 1033
성능 개선의 한시성 [방법론] 43~44
성능 계측 카운터(PIC) 216
성능 모니터링 유닛(PMU) 이벤트 216, 931
성능 모니터링 카운터(PMC) 216

CPU 329~332, 377~378
메모리 451
문서 219
문제점 218~219
사례 연구 1065~1067
사이클 분석 348~349
예시 216~217
인터페이스 217~218
성능 분석 개요 1~3
    관점 6
    관측가능성 11~18
    방법론 21~22
    복잡성 8
    사례 연구 22~28
    성능 분석의 어려움 6~9
    실험 18~20
    여러 성능 문제 8
    역할 3
    지연시간 9~10
    참고 자료 28~29
    카운터, 통계, 지표 11~14
    캐스캐이딩 실패 7
    클라우드 컴퓨팅 20
    활동 4~5
성능 분석과 성능 모니터링
    CPU 349~350
    OS 가상화 849
    네트워크 732
    디스크 626~627
    메모리 451
    성능 분석의 어려움 6~9
    애플리케이션 236
    자원 분석 56
    클라우드 컴퓨팅 20, 820, 845, 865
    파일 시스템 536~537
성능 애플리케이션 프로그래밍 인터페이스(PAPI) 219
성능 엔지니어 3
성능 최적화 지침
    목록 89
    애플리케이션 252
성능 향상 정량화 104~105
세그먼트
    OSI 모델 692
    세그먼테이션 오프로드 719
    정의 417
    프로세스 가상 주소 공간 441
세마포어 [애플리케이션] 247
셸 스크립트 256
소스 코드, 애플리케이션 237
소켓
    BSD 157
    로컬 연결 701

설명 150
옵션 783~784
정의 689
통계 737, 738~740
튜닝 778
트레이싱 759~762
소프트웨어
    네트워크 715~725
    메모리 434~445
소프트웨어 변경 사례 연구 26~28
소프트웨어 이벤트
    perf 931, 935~936
    관측가능성 소스 221
    기록 및 집계 380~381
    사례 연구 1067~1068
소프트웨어 인터럽트 387~388
소프트웨어 자원
    USE 방법론 74, 1077~1078
    수용량 계획 100
소형 컴퓨터 시스템 인터페이스(SCSI)
    디스크 611
    이벤트 로깅 670
솔라리스
    Kstat 222
    Slab 할당자 444
    top 도구 솔라리스 모드 363
    시스템 콜 트레이싱 285
    존(zone) 830, 848
    커널 157
송신 패킷 [NIC] 721
송신 패킷 스티어링(XPS) [네트워크] 722~723
숏 스트로킹 [자기 회전 디스크] 602
수동적 벤치마킹 899~900
수명
    SSD 609
    네트워크 연결 698
수신 패킷 [NIC] 721
수신 패킷 스티어링(RPS) [네트워크] 722
수신 플로 스티어링(RFS) [네트워크] 722
수신측 스케일링(RSS) [네트워크] 722
수용량 계획
    개요 99
    리소스 한계 99~101
    마이크로 벤치마킹 100
    벤치마킹 이유 877
    스케일링 솔루션 103~104
    요인 분석 102~103
    자원 분석 56
    정의 5
    클라우드 컴퓨팅 796~799

수용량 기반 사용률 49
수직 낸드 플래시 메모리 607
수직적 확장(Vertical scaling)
    수용량 계획 103
    클라우드 컴퓨팅 795
수평 확장(Horizontal scaling) 및 확장성
    수용량 계획 103
    클라우드 컴퓨팅 795~796
수평적 포드 오토스케일러(HPA) 104
순서가 뒤바뀐 패킷 732
순차 접근 I/O
    디스크 591~592, 601
    임의 I/O와 비교 497~498
쉬운 표현 [벤치마크] 879
슈퍼 순차(super-serial) 모델 94
슈퍼블록 [VFS] 512
슈퍼스칼라 아키텍처 [CPU] 311
스냅숏
    btrfs 527
    ZFS 526
스레드
    CPU 316~318
    CPU vs. GPU 333
    CPU 시간 384~385
    SMT 311~312
    USE 방법론 74
    경량 245
    마이크로 벤치마킹 893
    스케줄러 145~146
    애플리케이션 244~250
    유휴 137~138, 338
    인터럽트 135~136
    정의 124
    정적 우선순위 336~337
    프로세스 138
    플러시 스레드 514
    하드웨어 306
스레드 블록 [GPU] 332
스레드 상태 분석 268~270
    리눅스 271~274
    상태 269~271
    소프트웨어 변경 사례 연구 27
스레드 정적 우선순위 336~337
스레드 풀 [USE 방법론] 74
스로틀링
    OS 가상화 856
    벤치마크 906
    패킷 721
    하드웨어 가상화 819
스루풋
    SSD 610
    네트워크, 모니터링 732
    네트워크, 정의 689

네트워크, 측정 729, 732
디스크 583
성능 지표 47
애플리케이션 238
워크로드 분석 57
자기 회전 디스크 602
자원 분석 56
정의 33
파일 시스템 493
스와핑
    개요 420~421
    메모리 435, 447
    정의 417
    프로세스 144~145, 423~424
스왑 상태
    스레드 상태 분석 269~273
    지연 어카운팅 200
스왑 영역, 정의 417
스왑 용량 [OS 가상화] 839, 843
스위치 [네트워크] 713~714
스케일러블 벡터 그래픽(SVG) 파일 226
스케일링 거버너(governor) 407
스케일링/확장성 디스크 634~635
스케줄러
    CPU 333~335
    OS 디스크 I/O 스택 621~622
    멀티큐 I/O 165
    스케줄링 내부 구조 391~392
    옵션 405~406
    정의 305
    커널 145~146
    하드웨어 가상화 816~817
스케줄러 지연시간
    CPU 315, 376~377
    실행 큐 308
    지연 어카운팅 200
스케줄러 트레이싱, off-CPU 분석 262~263
스케줄링 [쿠버네티스] 802
스케줄링 클래스
    CPU 159, 335~338
    I/O 159, 680
    우선순위 405
    커널 146, 159~160
스케줄링 클래스 정책 146, 335~338
스크래치 변수 [bpftrace] 1044~1045
스크러빙(Scrubbing) [파일 시스템] 518
스택
    I/O 148~149, 511~512
    JIT 심벌 296
    개요 141

네트워크 150, 715~717
누락된 297~298
사용자 스택과 커널 스택 142
운영 체제 디스크 I/O 618~622
읽기 142
프로세스 가상 주소 공간 441
프로토콜 691
스택 내부 지연시간 [네트워크] 731
스택 트레이스
    설명 141
    출력 283~284
    키 994~995
스택 트레이스 추적 141, 950~951
스택 헬퍼(Stack helper) 296
스텝 도메인 [하드웨어 가상화] 818
스토리지 어레이 617
스토리지 어레이 캐시 591
스토리지 풀
    btrfs 527
    ZFS 525
    개요 528~529
스토리지/저장 장치
    USE 방법론 70~73, 1075
    디스크 → 디스크
    벤치마크 질문 915
    샘플 처리 345~346
    클라우드 컴퓨팅 799~800
스트라이프 [RAID] 614
스트라이프 너비 [볼륨과 풀] 529
스트라이프 할당 [XFS] 524
스트레스 테스트 [소프트웨어 변경 사례 연구] 26
스트리밍 멀티프로세서(SM) 332
스트리밍 워크로드 [디스크] 591~592
스트리밍 프로세서(SP) 332
스티븐 로스테트(Steven Rostedt) 963, 970, 998, 1005
스핀 락
    경합 275
    애플리케이션 247
    큐잉 정책 164
슬라이딩 윈도 [TCP] 704
슬랩
    프로세스 가상 주소 공간 443~444
    할당자 158
시각적 성능 식별 [모델링] 91~93
시각화 113
    blktrace 662
    CPU 395~402
    꺾은선 차트 113~114
    도구 119
    디스크 671~675
    산점도 114~115

타임라인 차트 117~118
파일 시스템 564~565
표면도 118~119
플레임 그래프 → 플레임 그래프
히트맵 → 히트맵
시각화 방법 113~119
꺾은선 차트 113~114
도구 119
산점도 114~115
타임라인 차트 117~118
표면도 118~119
히트맵 115~117
시간 기반 사용률 48~49
시간 스케일
디스크 589~590
방법론 37~38
시간별 패턴, 모니터링 111
시간에 따른 패턴 [모니터링] 110~112
시계열 지표 12
시그널 트레이싱 290
시끄러운 이웃
OS 가상화 846
멀티테넌시 801
시뮬레이션 벤치마킹 894~895
시분할 [스케줄러] 334
시스템 설계 [벤치마킹 이유] 876
시스템 성능 관련 활동 4~5
시스템 성능 인명사전 1095~1099
시스템 성능에서의 풀스택 2
시스템 전반 관측가능성 도구 184
/proc 파일 시스템 194~197
고정 카운터 185
시스템 전역 튜닝 파라미터
BQL(바이트 큐 제한) 781
ECN 780
TCP 백로그 779
TCP 혼잡 제어 779
Tuned 프로젝트 782~783
네트워크 777~783
리소스 제어 781
소켓과 TCP 버퍼 778~779
장치 백로그 779
큐잉 정책 781~782
프로딕션 사례 777~778
시스템 전체 CPU 프로파일링 372~374
시스템 콜
bpftrace 트레이싱 556~561
connect 지연시간 731
perf 트레이싱 279~280
send/receive 지연시간 731
strace 트레이싱 285~287
관측가능성 소스 221
마이크로 벤치마킹 대상 88

분석 266~267
정의 125
집계 288~289
커널 126, 130~132
파일 시스템 지연시간 531
시스템 통계, 모니터링 191
시스템 활동 리포터 → sar(시스템 활동 리포터)
식별 [드릴다운 분석] 79
실리움(Cilium) 702, 803, 845
실린더 그룹 [FFS] 520
실시간 모니터링 [sar] 227~228
실시간 스케줄링 클래스 146, 335~338
실시간 시스템 [인터럽트 마스킹] 136
실행 가능 상태 [스레드 상태 분석] 269~273
실행 가능한 데이터 [프로세스 가상 주소 공간] 441
실행 가능한 텍스트 [프로세스 가상 주소 공간] 441
실행 및 링크 가능한 포맷(ELF) 바이너리
누락된 심벌 295
설명 253
실행 큐
CPU 307~308
스케줄러 146, 333~334
정의 305
지연시간 307
실행의 용이성 [벤치마크] 879
실험
CPU 403~404
개요 18~20
과학적 방법론 65~66
관측가능성 11
네트워크 770~776
디스크 675~679
파일 시스템 567~569
실험 기반 성능 향상 105
심벌 변동(churn) 296
쓰기 유형 [마이크로 벤치마킹] 539
쓰기 증폭 [SSD] 608
쓰기 캐시(W-cache) [CPU] 320

ㅇ

아르날도 카르발류 지 멜로(Arnaldo Carvalho de Melo) 919
아이노드(inode, 인덱스 노드)
VFS 512
정의 493
캐시 516
아키텍처
CPU → CPU 아키텍처

네트워크 → 네트워크 아키텍처
디스크 → 디스크 아키텍처
메모리 → 메모리 아키텍처
파일 시스템 → 파일 시스템 아키텍처 vs. 부하 795~796
확장성 795~796
알고리즘
big O 표기법 240~242
캐싱 53
혼잡 제어 160, 164, 707~708
알라스테어 로버트슨(Alastair Robertson) 1032
알렉세이 스타로보이토프(Alexei Starovoitov) 168
알림 12
암달의 확장성 법칙 93~94
암묵적인 디스크 I/O [논리적 I/O vs. 물리적 I/O] 506~507
압축
btrfs 527
ZFS 526
디스크 507
애저 쿠버네티스 서비스(AKS) 802
애플리케이션 235
big O 표기법 240~242
bpftrace 1037
관측가능성 240
관측가능성 도구 → 애플리케이션 관측가능성 도구
기초 236~238
내부 구조 294~295
누락된 스택 297~298
누락된 심벌 295
방법론 → 애플리케이션 방법론
성능 기법 → 애플리케이션 성능 기법
성능 분석 목표 238~239
연습 문제 298~300
유의사항 295~298
일반적인 최적화 240
지연시간 관련 문서 531
참고 자료 300~301
프로그래밍 언어 → 애플리케이션 프로그래밍 언어
애플리케이션 I/O 507~508, 598
애플리케이션 계층 [off-CPU 분석] 262
애플리케이션 관측가능성 도구
bpftrace 289~295
execsnoop 287~288
offcputime 283~284
perf 278~282
profile 282~283
strace 285~287

syscount 288~289
개요 277~278
애플리케이션 내부 구조 294~295
애플리케이션 방법론
　　CPU 프로파일링 259~262
　　off-CPU 분석 262~266
　　USE 방법론 267~268
　　개요 258
　　락 분석 274~275
　　분산 트레이싱 276~277
　　스레드 상태 분석 268~274
　　시스템 콜 분석 266~267
　　정적 성능 튜닝 275~276
애플리케이션 성능 기법
　　I/O 크기 242
　　논블로킹 I/O 250~251
　　동시성과 병렬성 244~250
　　버퍼 243
　　성능 최적화 지침 252
　　캐싱 243
　　폴링 244
　　프로세서 바인딩 251~252
애플리케이션 성능 지표(Apdex) 239
애플리케이션 지연시간 [파일시스템
　　　　지연시간] 531
애플리케이션 프로그래밍 언어
　　가비지 컬렉션 257~258
　　가상 머신 256~257
　　인터프리터 언어 255~256
　　컴파일 언어 253~255
애플리케이션 호출, 튜닝 570~572
액세스 타임스탬프 510
액티브 연결 [3방향 핸드셰이크] 705
언어 가상 머신 256
에이전트
　　모니터링 소프트웨어 189~192
　　모니터링 제품 112
엔터프라이즈 다중 레벨 셀(eMLC)
　　　　플래시 메모리 607
엔터프라이즈 모델 90
엘리베이터 탐색 알고리즘 [자기 회전식
　　　　디스크] 603~604
여러 성능 문제 8
여러 페이지 크기 483~484
역할 3
연간별 패턴, 모니터링 112
연산 속도
　　정의 33
　　파일 시스템 534, 536~537
연산/동작
　　마이크로 벤치마킹 538
　　애플리케이션 236
　　정의 493

파일 시스템 509
연산자 [bpftrace] 1051~1052
연속 부하 증가 [벤치마킹] 907~909
영구 메모리 610
예산 공정 큐(BFQ) I/O 스케줄러 165,
　　622
예외
　　동기 인터럽트 134
　　사용자 모드 128
예측 단계 [과학적 방법론] 64~66
오류
　　CPU 341
　　I/O 666~667, 1075
　　RED 방법론 76
　　USE 방법론 개요 67~70, 73~76
　　네트워크 727, 732, 1075
　　디스크 장치 624
　　디스크 컨트롤러 625
　　메모리 448~449
　　벤치마킹 884~885
　　사용자 뮤텍스 1077
　　애플리케이션 267
　　저장 장치 1075
　　커널 1077
　　태스크 수용량 1077
오류 정정 코드(ECC) [자기 회전
　　　　디스크] 604
오버커밋 전략 160
오버플로우 샘플링
　　PMC 217~218
　　하드웨어 전략 934
오버헤드
　　kprobe 211
　　OS 가상화 836~839
　　strace 286~287
　　tracepoint 207
　　uprobe 213
　　경량 가상화 864
　　멀티프로세스 vs. 멀티스레딩 317
　　볼륨과 풀 529
　　지표 47
　　틱 137
　　하드웨어 가상화 808~815
오케스트레이션 [클라우드 컴퓨팅]
　　801~803
오토 스케일링 그룹(ASG)
　　수용량 계획 103
　　클라우드 컴퓨팅 797~799
오프셋 히트맵 397, 674
오픈 컨테이너 인터페이스(OCI) 802
온 다이(On-die) 캐시 321
온 칩(On-chip) 캐시 321
온도 센서 [CPU] 320

온도를 고려한 스케줄링 클래스 336
온라인 밸런싱 527
온라인 조각모음 524
와이어프레임 모델 118~119
완전 공정 스케줄러(CFS) 161, 162
　　CPU 가중치 840~842
　　CPU 스케줄링 334
　　설명 336
완전 공정 큐잉(CFQ) 160, 622
완전 선점형 커널 152, 158
완전 연관 캐시 325
왕복 시간(RTT) [네트워크] 698, 731
왜? [드릴다운 분석] 81
외부 캐시 322
요구 페이징
　　BSD 커널 156
　　메모리 421~423
요금 청구 [클라우드 컴퓨팅] 798
요인 분석 [수용량 계획] 102~103
요청 [워크로드 분석] 57
요청 지연시간 10
요청율 [RED 방법론] 76
용량 [파일 시스템] 510
용어사전 1100~1107
우분투 리눅스 배포판
　　sar 설정 224
　　메모리 튜닝 파라미터 481~482
　　비상 도구 181~183
　　스케줄러 옵션 405~406
우선순위
　　CPU 315~316, 351~352
　　OS 가상화 리소스 839
　　스케줄러 145~146
　　스케줄링 클래스 336~337, 405
　　상속 구조 316
　　역전 315~316
운영 체제 123
　　PGO 커널 170
　　가상 메모리 143~145
　　가상화 → OS 가상화
　　관측가능성 153
　　네트워킹 150
　　디스크 I/O 스택 618~622
　　디스크 튜닝 옵션 680~681
　　리눅스 → 리눅스 운영 체제
　　마이크로커널 171
　　멀티프로세서 151
　　분산 172
　　선점 152
　　스케줄러 145~146
　　스택 141~143
　　시스템 콜 130~132
　　연습 문제 174

용어 124~125
유니커널 171
인터럽트 132~136
자원 관리 153
장치 드라이버 151
정의 124
지터 137
참고 자료 174~177
추가 자료 177
캐싱 149~150
커널 126~132, 154~158, 172~173
클럭과 유휴 상태 136
파일 시스템 147~149
프로세스 138~141
하이브리드 커널 171
워드(Word) 크기
    CPU 318
    메모리 427
워크 큐 [인터럽트] 135
워크로드 분리 [파일 시스템] 538
워크로드 분석 관점 6, 56~58
워크로드 성격(Personalities)
    [FileBench] 569
워크로드 특성화
    CPU 341~343
    네트워크 728~730
    디스크 627~629
    방법론 77
    벤치마킹 906
    워크로드 분석 57
    파일 시스템 533~536
워크로드, 정의 33
워킹 셋 크기(WSS)
    마이크로 벤치마킹 539~540, 893
    메모리 426, 454, 471~473
    벤치마킹 908
워터폴 차트 117~118
원격 메모리 429~430
원형 버퍼 [애플리케이션] 243
웨어 레벨링 [SSD] 609
위트스톤 벤치마크 353, 894
윈도
    DiskMon 679
    Hyper-V 807
    LTO와 PGO 170
    PE 포맷 253
    ProcMon 287
    TIME_WAIT 706
    마이크로커널 171
    시스템 콜 트레이싱 285
    워드 크기 427
    파이버 245
    하이브리드 커널 127

유니캐스트 네트워크 통신 693
유니커널 126, 171, 867
유닉스 도메인 소켓(UDS) 702
유닉스 커널 155
유연한 네트워크 테스터(Flent) 도구 776
유휴 메모리 434
유휴 상태 [스레드 상태 분석] 269, 272, 274
유휴 스레드 137~138, 338
응답 시간
    디스크 626
    정의 33
    지연시간 35
이더넷 혼잡 회피 700
이론상 최대 디스크 스루풋 602
이미 알고 있는 것들 54
이벤트
    CPU 377~378
    perf → perf 도구 이벤트
    perf stat 필터 947
    SCSI 로깅 670
    관측가능성 소스 221
    빈도수 샘플링 933~935
    사례 연구 1067~1068
    이벤트 선택(event select) 379~380
    트레이스 이벤트 204
    합성 995~998
이벤트 기반 도구 184
이벤트 기반 동시성 246
이벤트 목록 정리
    perf 923
    trace-cmd 1000~1001
이벤트 선택(Event-select) MSR 330
이벤트 소스 [Wireshark] 768~769
이벤트 워커 스레드 246
이벤트 트레이싱
    Ftrace 966~967
    kprobe 980~981
    perf-tools 사용 1012~1014
    trace-cmd 사용 1002
    uprobe 984~985
    디스크 629
    방법론 83~85
    파일 시스템 536
이식 가능한 실행 파일(PE) 포맷 253
이식성 [벤치마크] 878
이전(Migration) 유형 [가용 리스트] 437
익룡 모양, 지연시간 히트맵 673~674
익명 메모리 417
익명 페이징 419, 420~421
익스텐트 516~517

btrfs 527
ext4 523
익스텐트 기반 파일 시스템 516~517
익스포터 [모니터링] 79, 190
인스턴스 [클라우드 컴퓨팅]
    설명 20
    유형 793
인스턴스 유형 794
인자
    kprobe 210
    tracepoint 204~206
    uprobe 213
인캐스트(Incast) 문제 [네트워크] 724
인터넷 프로토콜(IP)
    개요 702~703
    소켓 701
    혼잡 회피 700
인터럽트
    개요 132
    네트워크 지연시간 731
    동기 134
    마스킹 136
    비동기 133~134
    소프트 387~388
    스레드 135~136
    정의 125
    하드웨어 388
인터럽트 마스킹 136
인터럽트 병합(coalescing) 모드 [네트워크] 720
인터럽트 비활성화 모드 135
인터럽트 서비스 루틴(ISR) 132
인터럽트 서비스 요청(IRQ) 133~134
인터렉티브 기능 [플레임 그래프] 400
인터리빙 [FFS] 521
인터벌 통계 [perf stat] 946~947
인터커넥트
    CPU 327~329
    USE 방법론 71~73
    버스 430
인터페이스
    kprobe 211
    PMC 217~218
    tracepoint 206~207
    uprobe 213
    네트워크 150, 690
    네트워크 IOPS 729
    네트워크 교섭(negotiation) 699~700
    네트워크 하드웨어 712
    디스크 611~613
    스케줄링 [NAPI] 721
    장치 드라이버 151

정의 688~689
  파일 시스템 494
인터프리터 프로그래밍 언어 255~256
인텔 VTune Amplifier XE 도구 187
인텔 캐시 할당 기술(CAT) 165, 818
인텔 클리어 컨테이너 864
인텔 프로세서 캐시 크기 320~321, 323
일간별 패턴, 모니터링 111
일관성
  모델 92
  캐시 326
일반 확장성 법칙(USL) 94
일반적인 경우 최적화하기
  [애플리케이션] 240
일반적인 시스템 성능 분석 방법론 58~59
읽기 지연시간 프로파일
  [마이크로벤치마킹] 634
읽기/쓰기 락 247
읽기/쓰기 비율 [디스크] 593
임시 드라이브 799
임시 포트 734
임의 변경 반방법론 61~62
임의 접근 I/O
  디스크 591~592, 601
  디스크 읽기 예제 677~678
  순차 접근 I/O 497~498
  지연시간 프로파일, 마이크로 벤치마킹 634
임의 접근 패턴 [마이크로 벤치마킹] 539
입력
  SSD 컨트롤러 608
  이벤트 트레이싱 84
입력/출력(I/O)
  I/O 중심 애플리케이션 146
  OS 가상화 837~838, 844~845
  Raw I/O와 Direct I/O 502
  USE 방법론 1076
  논리적 I/O vs. 물리적 I/O 505~508
  논블로킹 250~251, 503
  대기 시간 586
  디스크 → 디스크 I/O
  멀티큐 스케줄러 165
  스케줄러 621
  스케줄링 [NAPI] 159~160
  스택 148~149, 511~512
  요청 시간 586
  임의 접근 I/O vs. 순차 접근 I/O 497~498
  지연시간 583
  처리 시간 586

  크기, 마이크로 벤치마킹 538
  크기, 애플리케이션 242
  파일 시스템 493
  하드웨어 가상화 813~815, 819~820
  합치기 619~621

ㅈ

자가 모니터링, 분석 및 보고
  기술(SMART) 데이터 668
자기 회전 디스크 600~606
자바
  Java Flight Recorder 188
  uprobe 294
  USDT probe 214, 294
  가비지 컬렉션 257~258
  가상 머신 256
  동적 USDT 215, 294
  분석 42
  사례 연구 1060~1071
  스택 트레이스 298
  심벌 295
  플레임 그래프 279, 376
자바스크립트 객체 표기법(JSON) 포맷 226
자발적 커널 선점 152, 160
자원 [USE 방법론] 68
자원 목록 [USE 방법론] 70~71
자원 분석 관점 6, 55~56
자원 활용 [애플리케이션] 238
작아지는 디스크 I/O [논리적 I/O vs. 물리적 I/O] 507
잘못된 대상을 테스트 [벤치마킹] 883~884
잠재적 문제 [SSD] 610
장애 대응, 멀티프로세스 vs. 멀티스레딩 317
장치
  드라이버 151, 720~721
  디스크 I/O 캐시 590~591
  백로그 튜닝 779
  하드웨어 가상화 806, 815, 819~820
재사용되는 페이지 437
재실행(Re-exec) 방법 [힙 궁가] 442
재전송
  TCP 704, 707, 732
  UDP 710~711
  지연시간 730
저널링
  btrfs 527
  ext3 521~522
  XFS 523

  파일 시스템 517
적은 사용 빈도(NFU) 캐싱 알고리즘
적응형 교체 캐시(ARC) 525
적응형 뮤텍스 락 275
적합성의 수준 [방법론] 41~42
전문가, 애플리케이션 238
전송 계층 보안(TLS) 157
전송 제어 프로토콜(TCP)
  3방향 핸드셰이크 705
  anti-bufferbloat 162
  autocorking 163
  bpftrace 트레이싱 762~765
  New Vegas 164
  SACK, FACK, RACK 709~710
  TCP friends 702
  대규모 수신 오프로드 161
  락리스 리스너(lockless listener) 164
  백로그 튜닝 779
  버퍼 718~719, 778~779
  분석 734~735
  상태와 타이머 705~706
  순서가 뒤바뀐 패킷 732
  시간당 TCP 연결 수 729, 732
  연결 지연시간 36, 697, 730
  연결 큐 717~718
  오프로드 [패킷 크기] 695
  이니셜 윈도(initial window) 710
  재전송 162, 708, 730, 731
  전송시간 36
  중복 ACK 감지 707
  최초 바이트 지연시간 730
  특징 703~705
  혼잡 알고리즘 160
  혼잡 제어 164, 707~708, 779~780
  혼잡 회피 701
전용 체크리스트 방법론 62~63
전체 I/O에 대한 디스크 지연시간 분포 631
점보 프레임
  튜닝 784
  패킷 695
정규 분포 107
정렬 모드 [ext3] 521
정밀 이벤트 기반 샘플링(PEBS) 218~219
정상 여부 검사 [벤치마크] 910~911
정적 probe 161
정적 계측
  perf 이벤트 932
  tracepoint 302, 977~978
  개요 16~17
정적 성능 튜닝

CPU 350
네트워크 735~736
도구 181
디스크 631~632
메모리 452~453
방법론 86
애플리케이션 방법론 275~276
파일 시스템 537
정적 트레이싱 [perf] 926~927
제어 경로 [하드웨어 가상화] 814
제어 그룹(cgroups) → cgroups
제어 유닛 [CPU] 319
제어, 리소스 → 리소스 제어
제한값 [OS 가상화 리소스] 839
조각모음 [XFS] 524
조기 출발 시간(EDT) 165, 725
조화 평균 106
존/영역화
　OS 가상화 830, 848
　가용(free) 리스트 437
　솔라리스 커널 158
　자기 회전 디스크 602
종단 손실 탐지(TLP) 163, 707
종합적인 접근법 8
좋음/빠름/저렴 트레이드오프 38~39
주간별 패턴, 모니터링 112
주관성 6
주기 [OS 가상화] 842
주석 [bpftrace] 1040
주소 공간 417
　가상 메모리 143~144, 418~419
　게스트 827
　메모리 417, 427
　스레드 316~317
　커널 124
　프로세스 131, 138~141, 440~445
주소 공간 랜덤화(ASLR) 985
중복 ACK 감지 [TCP] 706
중앙값(median) 108
증가
　big O 표기법 (복잡도) 240~242
　메모리 사용량 257, 435, 452
　힙 크기 441
지능형 프리패치 [ZFS] 525
지능형 플랫폼 관리 인터페이스(IPMI) 136
지속 시간 [RED 방법론] 76
지연 ACK 알고리즘 709
지연 격추(Lazy shootdowns) 504
지연 사이클 [CPU] 309
지연 어카운팅 (delay accounting)
　off-CPU 분석 273
　개요 200

커널 161
지연 할당 (Delayed allocation)
　ext4 522
　XFS 524
지연시간
　biolatency 648~651
　CPU 324
　I/O 프로파일링 290~292
　perf 648
　SSD 610
　VFS 559~561
　개요 9~10
　그래프 트레이싱 986~988
　극단값 84, 257, 583, 652~653
　꺾은선 차트 113~114
　네트워크, 분석 730~731
　네트워크, 연결 10, 35~37, 696~698, 730
　네트워크, 유형 696~698
　네트워크, 정의 689
　디스크 I/O 587~591, 631~632, 649~655, 666~668
　메모리 428, 610
　방법론 35~37
　백분위 568~569
　분석 방법론 81~82
　분포 108~109
　산점도 114~115,
　성능 지표 47
　스케줄러 315, 376~377
　실행 큐 307
　애플리케이션 238
　워크로드 분석 56~58
　인터럽트 135
　정의 33
　트랜잭션 비용 분석 532~533
　틱 137
　파일 시스템 496, 531~533, 536~537
　패킷 736
　하드웨어 164
　하드웨어 가상화 828
　히트맵 115~117, 673~674
지연시간 단위 37
지연시간 유발 경로 [systemd-analyze] 167
지연시간 최대 속도 향상 9
지연시간 히트맵, 익룡 모양 673~674
지터(jitter) [운영 체제] 137
지표 11~14
　USE 방법론 70, 72~73
　고정 카운터 184~186
　관측가능성 도구 230~231

방법론 47~48
애플리케이션 237
워크로드 분석 57
자원 분석 56
직렬 ATA(SATA) 디스크 인터페이스 612
직렬 연결 SCSI(SAS) 디스크 인터페이스 611~612
직접 매핑 캐시 325
직접 액세스(DAX) 164
직접 측정 방식 [스레드 상태 분석] 273~274
진단 사이클 66
진동 [자기 회전식 디스크] 604~605
질문 단계 [과학적 방법론] 64~66
집합 연관(set associative) 캐시 325

ㅊ

차별화된 서비스 코드 포인트(DSCP) 703
처리 시간
　I/O 586~589
　정의 33
체크리스트
　60초 리눅스 성능 분석 21
　CPU 343,
　디스크 628
　메모리 450
　벤치마킹 912~913
　전용 체크리스트 방법론 62~63
　파일 시스템 534~535
초당 부동 소수점 연산(FLOPS) [벤치마킹] 897
초당 입출력 연산 횟수 → IOPS(초당 입출력 연산 횟수)
최근 사용 우선(MRU) 캐싱 알고리즘 53
최근 승인(RACK) [TCP] 709
최대 디스크 스루풋
　마이크로 벤치마킹 633
　자기 회전 디스크 602
최대 디스크 연산 속도 633
최대 디스크 임의 접근 읽기 633
최대 사용 빈도(MFU) 캐싱 알고리즘 53
최대 컨트롤러 스루풋 634
최대 컨트롤러 연산 속도 634
최상위 디렉터리 147
최소 사용 빈도(LFU) 캐싱 알고리즘 53
최소 최근 사용(LRU) 캐싱 알고리즘 53
최장 지연 캐시 322

최적화
  네트워크   724~725
  애플리케이션   240
  컴파일러   254~255, 319
  피드백 지향   170
최초 바이트 지연시간(TTFB) [네트워크]
  697~698
축
  꺾은선 차트   85, 113
  산점도   114~115,
  플레임 그래프   14, 259, 398
  확장성 테스트   92
  히트맵   397, 564~565, 673~674
출력 [SSD 컨트롤러]   608
출력 형식 [sar]   225~227
충돌
  네트워크   713
  해시   249
충돌 감지 다중 접근(CSMA/CD)
  알고리즘   713
칩 수준의 멀티프로세싱(CMP)   305

ㅋ

카나리아 테스팅   5
카운터   11~14
  고정   184~186
  하드웨어   216~220
카타 컨테이너(Kata Containers)   864
캐스케이딩 실패(Cascading failure)   7
캐시 미스율   52
캐시 상태: 따뜻함(warm)   53
캐시 상태: 뜨거움(hot)   53
캐시 상태: 차가움(cold)   53
캐시 연관성   325
캐시 온기   308
캐시 유지 정책   53
캐시 축출 정책   53
캐시 플러싱   500, 569~570
캐시 할당 기술(CAT)   165, 818
캐시 히트   51~52, 495
캐시와 캐싱
  CPU vs. GPU   333
  CPU, OS 가상화   843~844
  CPU, 메모리   306~307, 432
  CPU, 프로세서   319~326
  CPU, 하드웨어 가상화   818
  perf 이벤트   931
  RAID   616
  write-back   500~501
  덴트리(dentry)   515
  디스크 내장   603
  디스크, I/O   590~591
  디스크, 튜닝   632

마이크로 벤치마킹 테스트   538
방법론   51~54
블록 장치   151, 513~514
아이노드(inode)   516
애플리케이션   243
연관성(associativity)   325
운영 체제   149~150
일관성(coherency)   326
정의   33
캐시 라인 크기   325
튜닝   87
파일 시스템, OS 가상화   839
파일 시스템, 개요   494~495, 497
파일 시스템, 사용   424
파일 시스템, 유형   513~516
파일 시스템, 튜닝   538, 570~576
파일 시스템, 플러싱   569
페이지   435, 514~515
캐시의 온기(warmth)   43
캐싱 디스크 모델   584~585
캡슐화 [네트워크]   694
커널
  bpftrace 사용   1037~1038
  BSD   156
  PGO   170
  PMU 이벤트   931
  USE 방법론   1077
  개발   159~166
  개요   126~127
  리눅스   158~169, 172~173
  마이크로커널   171
  모놀리식   171
  버전   154
  비교   172
  사용자 모드   128~130
  선점   152
  솔라리스   157
  스케줄러   145~146
  스택   142
  시간 분석   280
  시스템 콜   130~132
  실행   128
  유니커널   171
  유닉스   155
  정의   124
  파일 시스템   147
  필터링 [OS 가상화]   860
커널 공간   125
커널 기반 가상 머신(KVM) 기술
  CPU 할당량   816
  I/O 경로   815
  관측가능성   823~827
  리눅스 커널   162

설명   807
커널 모드   128
커널 상태 [스레드 상태 분석]   269~274
커널 시간
  CPU   314
  시스템 콜 분석   267
커널 실행   128
커널 연결 멀티플렉서(KCM)   164
커널 연산(kernel compute)   332
커널 우회   130
커널 통계(Kstat) 프레임워크   222
커널 페이지 테이블 격리(KPTI) 패치
  168
커뮤니티, 애플리케이션   237
커스텀 벤치마크   906~907
커지는 디스크 I/O [논리적 I/O vs.
  물리적 I/O]   507~508
컨테이너
  OS 가상화   830~862
  경량 가상화   863~864
  관측가능성   845~863
  리소스 제어   75, 839~845, 855~856
  오케스트레이션   801~803
컨테이너 네트워크 인터페이스(CNI)
  소프트웨어   803
컨텍스트 스위치
  정의   125
  커널   129
컨트롤러
  SSD   608~609
  USE 방법론   71~72, 625~626
  기계적 디스크   606
  네트워크   690, 712~713
  디스크   585
  마이크로 벤치마킹   634
  캐시   590~591
  튜닝 파라미터   681~682
컬럼 양자화   115~117
컬럼 주소 스트로브(CAS) 지연시간
  428
컴파일 프로그래밍 언어
  개요   253
  최적화   254~255
컴파일러
  CPU 최적화   319
  옵션   404
켄달 표기법(Kendall's notation) [큐
  시스템]   97
코드 변경 [클라우드 컴퓨팅]   797
코루틴 [애플리케이션]   245
코어
  CPU vs. GPU   333
  정의   304

콤마로 구분된 값(CSV) 형식 [sar] 227
쿠버네티스
쿼터(Quota) [OS 가상화] 842
큐
   I/O 스케줄러 621~622
   TCP 연결 717~718
   개요 35
   실행 → 실행 큐
   인터럽트 135
   큐 이론 95~99
큐 도착 패턴 [큐 시스템] 96
큐 시스템 97
큐잉 스핀락 163
큐잉 정책
   OS 가상화 845
   네트워크 719~720
   튜닝 781~782
크기
   I/O 242~243, 538
   가상 메모리 423
   가용(free) 리스트 437
   디스크 I/O 593, 663~665
   디스크 섹터 602~603
   명령어 311
   블록 39, 493, 516~517, 521
   여러 페이지 483~484
   워드(word) 318, 426~427
   워킹 셋 → 워킹 셋 크기(WSS)
   클라우드 컴퓨팅 797~799
   패킷 694~695
크레딧 기반(Credit-based) 스케줄러 816
큰 세그먼트 오프로드(LSO) [패킷 크기] 695
클라우드 API 794
클라우드 네이티브 데이터베이스 796
클라우드 컴퓨팅 791~792
   OS 가상화 → OS 가상화
   PMC 219
   개념 증명(POC) 테스트 4
   개요 20
   경량 가상화 862~866
   멀티테넌시 800~801
   배경 792~794
   비교 866~869
   수용량 계획 796~799
   스토리지 799~800
   엔터프라이즈 환경과 비교 90
   연습 문제 869~870
   오케스트레이션 801~803
   유형 866~867
   인스턴스 유형 794
   참고 자료 870~873

하드웨어 가상화 → 하드웨어 가상화
확장 가능한 아키텍처 795~796
클러스터 [클라우드 컴퓨팅] 802
클럭
   CPU 308~309, 320
   CPU vs. GPU 333
   운영 체제 136
클럭 루틴 137

E

타이머 [TCP] 705~706
타이머 기반 재전송 707
타이머 기반 프로파일 샘플링 343~344
타이머 없는 멀티태스킹 163
타임 슬라이스 [스케줄러] 334
타임라인 차트 117~118
타임스탬프
   CPU 타임스탬프 카운터(TSC) 320
   TCP 704
   파일 시스템 510
타입 1 하이퍼바이저 803
타입 2 하이퍼바이저 803
탐색 시간 [자기 회전 디스크] 600~601
태그된 커맨드 큐잉(TCQ) 603
태만한 디스크(Sloth disk) 605
태스크
   유휴 137
   정의 124
태스크 수용량 [USE 방법론] 1077
태스크릿 [인터럽트] 135
테넌시 [클라우드 컴퓨팅] 793
   경합 [OS 가상화] 838~839
   경합 [하드웨어 가상화] 815
테스트 단계 [과학적 방법론] 64~66
테스트 중인 시스템(SUT) 모델 34
테일 기반 샘플링 [분산 트레이싱] 277
텍스트 사용자 인터페이스(TUI) 952
텐서 처리 장치(TPU) 333
통계 11~14
   극단값 109
   기준 85
   꺾은선 차트 113~114
   다봉 분포 108~109
   변동 계수 108
   사례 연구 1061~1064
   성능 향상 정량화 104~105
   평균 105~107
   표준 편차, 백분위, 중앙값 107
통계적 분석 [벤치마킹] 911~912
통신, 멀티프로세스 vs 멀티스레딩 317
통합 버퍼 캐시 513
통합 캐시 321

튜닝
   CPU → CPU 튜닝
   네트워크 776~785
   대상 40
   디스크 679~682
   디스크 캐시 632
   메모리 481~486
   방법론 39~41
   벤치마킹 이유 876~877
   정적 성능 → 정적 성능 튜닝
   캐시 87
   파일 시스템 570~576
   파일 시스템 캐시 538
튜닝 파라미터
   네트워크 776
   디스크 681
   마이크로 벤치마킹 539
   메모리 481~482
   성능 개선의 한시성 43~44
   운영 체제 679~682
   트레이드오프 39
트랜스포트(transport), 정의 582
트랜잭션 그룹(TXG) [ZFS] 525
트랜잭션 비용 [지연시간] 532~533
트랜잭션 처리 능력의 척도 896~897
트랜잭션 처리 성능 위원회(TPC) 벤치마크 897
트랩
   동기 인터럽트 134
   정의 125
트레이드오프 [방법론] 38~39
트레이스 스크립트 [perf script] 954, 956~957
트레이싱
   BPF 18
   bpftrace → bpftrace 도구
   Ftrace → Ftrace 도구
   OS 가상화 849, 854~855, 860
   perf 926~929
   perf-tools 사용 1011
   strace 189, 285~287
   trace-cmd → trace-cmd 프론트엔드
   가상 파일 시스템 559
   관측가능성 도구 188
   도구 229
   동적 계측 17
   락 293~294
   분산 276
   사례 연구 1068~1070
   소켓 759~762
   소프트웨어 380~381
   스케줄러 262~263
   이벤트 → 이벤트 트레이싱

정적 계측 16~17
트리거
  kprobe 983~984
  tracepoint 979~980
  uprobe 986
  히스토그램 → 히스토그램 트리거
특권 링 [커널] 128
특수 파일 시스템 510
틱, 클럭 136
틱이 없는 커널(Tickless kernel) 137, 163

ㅍ

파드 [클라우드 컴퓨팅] 802
파이버 스레드 245
파이버 채널(FC) 인터페이스 613
파이프라인 [ZFS] 526
파일 디스크립터 수 [USE 방법론] 74
파일 시스템
  bpftrace 사용 1035~1036, 1084~1086
  I/O 스택 148~149
  OS 가상화 837~838
  Raw I/O와 Direct I/O 502
  개요 147~148, 491~492
  관측가능성 도구 → 관측가능성 도구
  논 블로킹 I/O 503
  논리적 I/O vs. 물리적 I/O 505~508
  동기적 쓰기 501
  레코드 크기 트레이드오프 39
  마이크로 벤치마크 도구 567~569
  메모리 매핑 파일 503~504
  메타데이터 504~505
  모델 494~495
  미리 읽기 500
  방법론 → 파일 시스템 방법론
  볼륨과 풀 528~529
  시각화 564~565
  실험 567~569
  아키텍처 → 파일 시스템 아키텍처
  액세스 타임스탬프 510
  연산 509
  연습 문제 576~578
  용량 [OS 가상화] 844
  용량에 따른 성능 문제 510
  용어 492
  유형 → 파일 시스템 유형
  인터페이스 494
  읽기 [마이크로 벤치마크] 88
  임의 부하 생성 도구 566
  임의 접근 I/O vs. 순차 접근 I/O 497~498

지연시간 496
참고 자료 578~579
캐시 → 파일 시스템 캐시
튜닝 570~576
특수 510
페이징 420
프리패치 498~500
하드웨어 가상화 819
파일 시스템 관측가능성 도구
  bpftrace 554~562
  cachestat 550
  ext4dist 551~553
  ext4slower 553~554
  fatrace 546~547
  filetop 549~550
  free 542~543
  LatencyTOP 547
  miscellaneous 562~564
  mount 541
  opensnoop 548
  sar 543~544
  slabtop 544~545
  strace 545
  top 543
  vmstat 543
  개요 540~541
파일 시스템 내부 구조 [bpftrace 사례] 562
파일 시스템 데이터 오염 500
파일 시스템 마운팅 147, 541~542
파일 시스템 바로 위 [파일 시스템 지연시간] 531
파일 시스템 방법론
  개요 530
  디스크 분석 530
  마이크로 벤치마킹 538~540
  성능 모니터링 536~537
  워크로드 분리 538
  워크로드 특성화 533~536
  정적 성능 튜닝 537
  지연시간 분석 531~533
  캐시 튜닝 538
파일 시스템 아키텍처
  I/O 스택 148~149, 511~512
  VFS 148, 512
  캐시 513~516
  특징 516~518
파일 시스템 유형
  btrfs 527~528
  ext3 521~522
  ext4 522
  FFS 519~521
  XFS 523~524

ZFS 524~527
OS 가상화 844
write-back 500~501
사용률 424
정의 492
튜닝 538
플러싱 569
히트율 25
파일 시스템 캐시 494~495, 497
파일 시스템과 스토리지 벤치마킹에 대한 9년간의 연구 878
파일 오프셋 패턴 [마이크로 벤치마킹] 539
파일 저장소 [클라우드 컴퓨팅] 800
파편화
  FFS 519~520
  감소 522, 524
  메모리 443
  파일 시스템 498
  패킷 695
패딩(padding) 락 [해시 테이블] 250
패시브 연결 [3방향 핸드셰이크] 705
패키지, CPU vs. GPU 333
패킷
  OSI 모델 692
  네트워크 694
  순서가 뒤바뀐 732
  스니핑 732~734
  스로틀링 721
  정의 689
  지연시간 736~737
  크기 694~695
패킷 스니핑 732~734
패킷 최대 전송 유닛(MTU) 크기 694~695
패트롤(Patrol) 읽기 [RAID] 617
퍼블릭 클라우드 793
페이싱 [네트워크] 724
페이지
  정의 417
  커널 160
  크기 483~484
페이지 스캐닝 438~440, 447, 515
페이지 아웃
  데몬 435
  동작 방식 419
페이지 캐시
  메모리 435
  파일 시스템 514
페이지 테이블 326
페이지 폴트
  샘플링 468~469
  정의 417

플레임 그래프 469~470, 476~477
페이징
　개요 419
　메모리 144~145
　요구 421~423
　익명 420~421
　파일 시스템 420
페이징된 가상 메모리 156
평균 105~107
평균의 한계 107
포맷 문자열 [tracepoint] 204~206
포워드 승인(FACK) [TCP] 709
포트
　네트워크 690
　임시 734
포화도
　CPU 315, 340~341, 349, 1074, 1075
　I/O 1076
　USE 방법론 67~70, 73~76
　네트워크 727, 1074~1075
　디스크 장치 596~597, 625
　디스크 컨트롤러 625
　메모리 424~425, 448, 451, 1074, 1076
　방법론 50
　사용자 뮤텍스 1077
　애플리케이션 267
　자원 분석 56
　저장 장치 1075
　정의 33
　커널 1077
　태스크 수용량 1077
　플레임 그래프 400
폴링 애플리케이션 244
폴트(Fault)
　동기 인터럽트 134
　페이지 폴트 → 페이지 폴트
표면도 118~119
표준 성능 평가 기관(SPEC) 벤치마크 898
표준 편차 107
프라이빗 클라우드 793
프레임
　OSI 모델 692
　네트워크 712
　정의 689
프로그래밍 언어
　bpftrace → bpftrace 도구
　가비지 컬렉션 257~258
　가상 머신 256~257
　개요 252~253
　인터프리터 255~256

　컴파일 254~255
프로그래밍이 가능한 집적 회로(FPGA) 333
프로그램 카운터 [스레드] 138
프로세서
　바인딩 251~252
　전원 상태 407~408
　정의 125, 304
　튜닝 410
프로세서 간 인터럽트(IPI) 152
프로세서 전원 상태 407~408
프로세스
　USE 방법론 74
　가상 주소 공간 440~445
　개요 138
　생명 주기 139~140
　생성 138
　스와핑 144~145, 423~424
　스케줄러 145~146
　시스템 콜 분석 266~267
　어카운팅 221
　정의 124
　트레이싱 287~288
　프로파일링 376~377
　환경 140~141
프로세스 ID(PID)
　프로세스 환경 140
　필터 993
프로세스 생명 주기 139~140
프로세스 컨텍스트 ID(PCID) 165
프로세스별 관측가능성 도구
　/proc 파일 시스템 194~196
　고정 카운터 184~186
　트레이싱 189
　프로파일링 187
프로토콜
　HTTP/3 711
　IP 702~703
　QUIC 711
　TCP 703~710
　UDP 710~711
　네트워크 691~691, 693~694, 702~711
프로파일 가이드 최적화(PGO) 커널 170
프로파일러
　Ftrace 966
　perf-tools 사용 1011
프로파일링
　CPU → CPU 프로파일링
　I/O 282~283, 290~292
　kprobe 984
　perf 925~926

　uprobe 986
　개요 14~15
　관측가능성 도구 187
　방법론 51
　해석 347~348
프로파일링을 통한 대략적 개요 51
프론트 사이드 버스 327~329
프리패치 [파일 시스템]
　ZFS 525
　개요 498~500
프리패치 캐시 320
플래시 메모리 기반 SSD 606~608
플래시 변환 계층(FTL) [SSD] 608~609
플래터 [자기 회전 디스크] 600
플러그인 [모니터링 소프트웨어] 190
플러시 스레드 514
플레임 그래프
　CPU 프로파일링 14~15, 259~261, 383, 904~906
　malloc() 바이트 476
　off-CPU 시간 263~264, 284~285
　perf 166
　perf script 956
　개요 398
　누락된 스택 297
　색상 399
　샘플 처리 345~346
　생성 346, 374~375
　성능 개선점 347
　인터랙티브 400
　자동화 279
　특징 399
　페이지 폴트 469~470, 476~477
　프로파일링 384
　해석 400~401
플레임 그래프 해석 345, 400~401
피드백 지향 최적화(FDO) 170
필터
　bpftrace 1042, 1050
　kprobe 983~984
　PID 993
　tracepoint 978~979
　uprobe 986
　이벤트 947

ㅎ

하드 디스크 드라이브(HDD) 600~606
하드웨어
　네트워크 712~715
　메모리 427~434
　스레드 305
　트레이싱 381
하드웨어 RAID 614

하드웨어 가상화
    CPU 지원 808~812
    I/O 813~815
    개요 803~806
    관측가능성 820~829
    구현 806~807
    리소스 제어 816~820
    멀티테넌트 경쟁 815
    메모리 매핑 812~813
    비교 866~869
    오버헤드 808~815
하드웨어 자원 [수용량 계획] 100
하드웨어 이벤트
    CPU 377~378
    perf 931~935
    빈도수 샘플링 933~935
    이벤트 선택(event select) 379~380
하드웨어 인스턴스 [클라우드 컴퓨팅]
    793
하드웨어 인터럽트 125, 388
하드웨어 지연 탐지기(hwlat) [Ftrace]
    967, 988~990
하드웨어 지연 트레이서 164
하드웨어 지원 가상화 809
하드웨어 카운터 → 성능 모니터링
    카운터(PMC)
하이브리드 커널 127, 171
하이브리드 클라우드 793
하이퍼 콜 [반가상화] 805
하이퍼바이저
    커널 128
    클라우드 컴퓨팅 793
    하드웨어 가상화 803~806
하이퍼스레딩 기술 312
하이퍼스레딩을 고려한 스케줄링
    클래스 337
한계 조사 [벤치마킹 이유] 877
할당 그룹 [XFS] 523
할당자
    멀티스레드 애플리케이션 484
    메모리 425
    프로세스 가상 주소 공간 442~443
함수 트레이싱
    trace-cmd 사용 1001
    프로파일링 344
함수 프로파일링
    Ftrace 965~966, 970~972
    관측가능성 소스 220
합성 이벤트 [히스토그램 트리거]
    995~998
해시 테이블 [애플리케이션] 248~250
해시 필드 [히스토그램 트리거] 991
허브 [네트워크] 713

헤드 [자기 회전식 디스크] 600~601
헤드 기반 샘플링 [분산 트레이싱] 277
현실성 [벤치마크] 879
호스트
    OS 가상화 845, 848~857
    경량 가상화 865
    애플리케이션 237
    클라우드 컴퓨팅 793
    하드웨어 가상화 820~827
호스트 버스 어댑터(HBA) 585
호스트 해석 지연시간 696, 730
혼잡 회피 및 제어
    TCP 704, 707~708
    네트워크 700~701
    튜닝 779~780
혼잡 회피/제어 알고리즘   리눅스 커널
    160
혼합 CPU 프로파일 259
혼합 플레임 그래프 259~260
확장 BPF 18
    BCC 1019~1032
    bpftrace 1021~1022, 1032~1056,
        1081~1089
    개요 168~169
    방화벽 714~715
    설명 163
    커널 모드 애플리케이션 127
    트레이싱 도구 229
    히스토그램 1010
확장 페이지 테이블(EPT) 812
확장성 포화 지점 45
확장성 한계 92
확장성/스케일링
    CPU 722~723
    CPU vs. GPU 333
    디스크 634~635
    멀티스레딩 316
    모델 89~90
    방법론 45~46
    수용량 계획 103~104
    암달의 확장성 법칙 93~94
    일반 확장성 법칙 94
    클라우드 컴퓨팅 795~799
환경
    벤치마킹 884
    프로세스 140~141
활성 페이지 [페이지 캐시] 439
회고 5
회귀 테스트 26
회전 시간 [자기 회전 디스크] 600~601
휴면 상태 [스레드 상태 분석] 269~274
흐름 제어 [bpftrace] 1049~1052
히스토그램 109

히스토그램 트리거
    perf-tools 1015
    PID 필터 993
    다중 키 993
    단일 키 990~991
    사용법 990
    스택 트레이스 키 994~995
    지시자 992
    필드 991~992
    합성 이벤트 995~998
히트맵
    1초 미만 오프셋 397
    CPU 사용률 396~397
    I/O 지연시간 673~674
    개요 115~117
    디스크 사용률 675
    디스크 오프셋 674
    파일 시스템 564~565
    플레임스코프(FlameScope)
        401~402
힙
    설명 417
    익명 페이징 420~421
    크기 증가 441
    프로세스 가상 주소 공간 441